郭곽店점楚초墓묘竹죽簡간

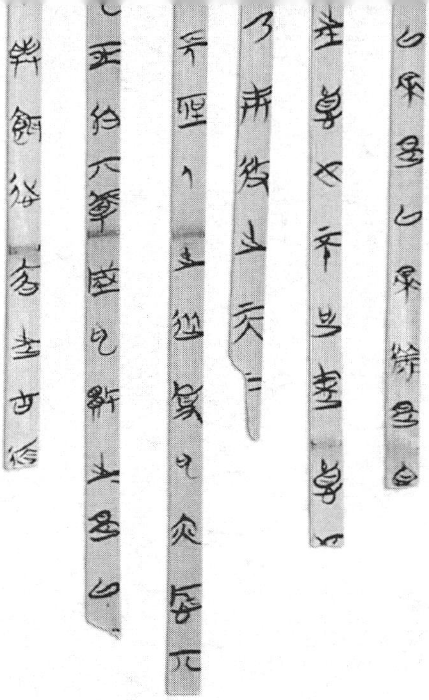

郭店楚墓竹簡

곽점초묘죽간

荊州市博物館
편저

최 남 규
역주

學古房

목 차

들어가기

≪郭店楚墓竹簡≫은 1993년 荊門市博物館이 중국 湖北省 郭店村에서 中國 戰國 말기의 楚竹書를 발굴하여 이를 정리하고 1998年 5月에 文物出版社가 출판한 자료를 말한다.

≪郭店楚墓竹簡≫ (≪郭店楚簡≫)의 일부 내용은 다른 楚竹書와 漢簡에도 보이거나, 현재까지 전해 내려오는 현행본 중에도 보인다. 초죽서 자료로는 ≪上海博物館藏戰國楚竹書≫(≪上博楚簡≫)의 ≪紂衣≫와 ≪性情論≫이나 ≪馬王堆帛書≫의 ≪老子≫ 등이 있고, 현행본으로는 ≪老子≫나 ≪禮記·緇衣≫ 등이 있다. 이러한 자료를 이용하여 상호 비교 연구하여야 만이 ≪곽점초간≫이나 ≪상박초간≫, ≪마왕퇴백서≫의 가치를 제대로 반영할 수 있다.

역주자는 이미 2005년에 ≪곽점초묘죽간-고석과 임서≫(최남규 考釋, 신성출판사, 2005)(≪臨書本≫)와 ≪郭店楚簡-老子考釋≫(최남규 등저, 도서출판 덕, 2011)이란 제목으로 ≪郭店楚墓竹簡≫에 대하여 주해(註解)하여 출간된 바 있지만 다시 수정하고 보완할 필요가 절실하였기에, 이를 다시 종합적으로 주해 정리한 것이다. 따라서 일부 내용은 이전 출판물과 동일한 부분이 있을 수도 있다.

이외에도 ≪上海博物館藏戰國楚竹書≫의 제 1권 ≪孔子詩論≫·≪紂衣≫와 ≪性情論≫을 譯註한 ≪상해박물관장전국초죽서·치의, 공자시론, 성정론≫ 전 3권이 소명출판사(2012)에 출판되었다. 이 중 ≪紂衣≫와 ≪性情論≫은 ≪郭店楚簡≫의 ≪緇衣≫와 ≪性自命出≫과 내용이 기본적으로 같아 이를 비교하여 설명하였다. 그러나 이들 내용은 ≪上博楚簡≫을 기본으로 하기 때문에 본 '郭店楚簡' 역주에서는 ≪郭店楚簡≫의 ≪性自命出≫과 ≪緇衣≫를 기본으로 하여 다시 정리하기로 한다.

'郭店楚墓竹簡' 간백서의 발견은 문헌학적으로 아주 중요한 가치를 지니고 있다. 근 십년 가까이 '郭店村 楚墓 戰國 竹簡'·'上海博物館 所藏 戰國 楚竹書'나 '清華大學 所藏 戰國 楚竹書'는 중국뿐만 아니라 세계 학술계가 많은 관심을 가지고 연구 결과를 지속적으로 출간하고 있다. 본 ≪郭店楚墓竹簡≫ 주해서가 한국 학술계에 조금이나마 도움이 됐으면 한다.

2016년 1월
全州 訓詁樓에서

일러두기

- ‘原文’은 ≪郭店楚墓竹簡≫(荊門市博物館編著, 文物出版社, 1998年 5月 第一版)의 釋文을 가리키고, 죽간의 순서 역시 이 ≪郭店楚墓竹簡≫(1998)을 底本으로 한다. 다만 그동안 연구되었던 隷定(예정)이나 의미 해석이 ≪郭店楚墓竹簡≫과 의견을 달리하는 경우는 주석에서 설명하기로 한다. ≪郭店楚墓竹簡≫의 ‘注釋’ 부분을 참고하는 경우엔 ‘〈注釋〉’이나 ‘裘錫圭’ 혹은 ‘裘錫圭按語’라고 표시를 하기로 한다. 그리고 ‘附錄’의 ‘전체 釋文과 우리말 해석’에서는 본 저서의 예정이나 통가자를 다시 종합적으로 정리하기로 한다.

  傍點이나 죽간의 순서는 기본적으로 ≪郭店楚墓竹簡≫을 따르기로 하나, 의견을 달리하는 곳은 역시 ‘附錄’의 ‘전체 釋文과 우리말 해석’에서 임의적으로 고쳐 문장 내용을 이해하는데 도움이 되도록 한다.
- 圖版 문자는 簡帛書法選編輯組가 편집한 ≪郭店楚墓竹簡≫(文物出版社, 2002年 10月 第一版)을 참고 하였으나, 잘못된 석문이나 예정은 원본 ≪郭店楚墓竹簡≫과 기타 자료를 참고하여 수정하기로 한다.(아래에서는 ≪書法選≫으로 간칭하기로 함).
- 우리말 ‘해석’은 의미적 해석하기로 하며, 해석은 李零의 ≪郭店楚簡校讀記≫와 劉釗의 ≪郭店楚簡校釋≫(福建人民出版社, 2003년 12월), 郭沂의 ≪郭店竹簡與先秦學術思想≫(上海敎育出版社, 2001년 2월), 丁四新의 ≪郭店楚竹書老子校注≫(武漢大學出版社, 2010年10月)를 참고하였다. 이상의 저서가 종합적으로 연구된 되었기 때문에 주요 참고문헌으로 하나, 필요한 경우엔 컴퓨터사이트 ‘簡帛’, ‘簡帛研究’ 등 논문자료를 참고하여 의견을 달리하는 곳에서는 따로 설명하기로 한다. 이외에도 일본자료로는 池田知久의 ≪郭店楚簡儒敎研究≫(汲古書院, 2004年)나 李承律의 ≪郭店楚簡儒敎の研究≫(汲古書院, 2008年)·東京大學郭店楚簡研究會가 편집한 ≪郭店楚簡の思想史的研究≫(第1卷-第6卷, 1999-2003年) 등을 참고하기로 한다.
- 원 도판 문자는 만약에 축소하여 설명하는 경우엔 안목으로 식별하기가 어렵기 때문에, 張守中의 ≪郭店楚簡文字編≫(文物出版社, 2000)의 摹寫本을 참고하기로 한다.
- 문자 중간에 보이는 숫자는 죽간의 번호를 가리킨다. 예를 들어, “大(太)一生水①, 水反補(辅)②大(太)一, 是以成天. 天反補(辅)大(太)一, 是以成陸(地). 天陸(地)ㅁㅁㅁ 【1】 ③也” 중 ‘【1】’은 첫 번째와 두 번째 죽간의 일부를 가리키고, ‘①’은 본 저서의 ‘주해’번호를 가리킨다.
- 竹簡文 중에 보이는 문장 부호 중 章 符號와 句讀 符號만을 표시하고, 合文과 重文 등의 부호는 ‘원문’에서는 표시하지 않고, 직접 문자로 표기하기로 한다. 다만 학자들이 의견을 달리하는 합문은 부호를 표시하고 주석에서 설명하기로 하며, ‘附錄’에서는 합문이나 중문 부호를 사용하여 표시하기로

한다.

- 通假字와 古今字는 ( )로 표시하며, 부가적 설명이 필요한 경우를 제외하고는 별도로 주석하지 않기로 한다.
- 다른 經書와 문맥 전후를 살펴 竹簡文에 誤字가 있는 경우에는 〈 〉로 표시한다.
- 문맥과 今本(현행본) 등을 고려하여 缺文(결손된 부분의 문자)과 奪文(누락된 자) 등은 'ㅁ'이나 혹은 '……'로 표시한다. 楚簡 중 缺文된 문자의 수는 알 수 있으나, 해당하는 자는 모르는 경우에는 ㅁ로 표시하며, 문자의 흔적이 있어 추정할 수 있는 문자가 있을 경우에는 ㅁ 안에 문자를 표기하며, 확실한 字數를 모르는 경우에는 '……'로 표시한다.
- 죽간의 순서가 저본 ≪郭店楚墓竹簡≫과 달리하는 경우엔 '〔 〕'로 표시한다.
- 衍文(잘못 추가된 문자)은 { }로 표시한다.
- 【註解】에서는 각종 참고 자료를 통하여 본 저자의 의견을 제시하며, 각종 문자 자형의 자료는 아래의 臨摹本 文字編과 字典을 참고하기로 한다.

  李守奎 編著, ≪楚文字編≫, 華東師範大學出版社, 2003年
  ≪上海博物館藏戰國楚竹書(一)-(五)文字編≫, 作家出版社, 2007年
  張守中 選集, ≪郭店楚竹簡文字篇≫, 文物出版社, 2000年
  ≪包山楚竹簡文字篇≫, 文物出版社, 1996年
  ≪郭店楚竹簡文字篇≫, 文物出版社, 2000年
  ≪睡虎地秦竹簡文字篇≫, 文物出版社, 1994年
  滕壬生 者, ≪楚系簡帛文字篇(增訂本)≫, 湖北教育出版社, 2008年
  湯餘惠 主編, ≪戰國文字編≫, 福建人民出版社, 2001年
  陳松長 編著, ≪馬王堆簡帛文字篇≫, 文物出版社, 2001年
  駢宇騫 編著, ≪銀雀山漢竹簡文字篇≫, 文物出版社, 2001年
  陸錫興 編著, ≪漢代簡牘草字編≫, 上海書畫出版社, 1989年
  容庚 編著, 張振林·馬國權 摹補, ≪金文編≫, 中華書局, 1985年
  漢語大字典字形組 編, ≪秦漢魏晉篆隸字形表≫, 四川辭書出版社, 1985年
  徐中舒 主編, ≪漢語古文字字形表≫, 四川人民出版社, 1981年
  高明 編著, ≪古文字類編≫, 臺灣大通書局印行, 1986年
  中國科學院考古研究所 編輯, ≪甲骨文編≫, 中華書局, 1965年
  漢語大字典編輯委員會, ≪漢語大字典≫, 四川辭書出版社, 1993年
  湯可敬, ≪說文解字今釋≫, 岳麓書社, 2001年
- 컴퓨터 주요 참고 사이트는 아래와 같다.

  殷周金文暨青銅器資料庫: http://app.sinica.edu.tw/bronze/qry_bronze.php

小學堂: 臺灣小學堂文字學資料庫, http://xiaoxue.iis.sinica.edu.tw/.

中國古代簡帛字形辭例數據庫, http://www.bsm-whu.org/zxcl/index.php.

簡帛研究: 山東大學文史哲院, http//www.jianbo.org. http//www.bamboosilk.org

簡帛: 武學大學簡帛研究中心, http//www.bsm.org.

孔子20000: 淸華大學簡帛研究, http//http://www.confucius2000.com/

復旦大學出土文獻與古文字硏究中心: http://www.gwz.fudan.edu.cn/http://www.guweni.com/

※ ≪說文解字≫의 내용과 '反切' 음은 孫星衍(1753-1818)이 重刻한 大徐本(徐鉉校訂本)을 참고하기로 하며, 필요에 따라서는 ≪廣韻≫을 참고하기로 한다.

※ ≪老子·甲乙丙≫의 경우 역대 판본과 ≪郭店楚簡≫에 대한 주석본이 많기 때문에 아래와 같은 참고자료를 사용하기로 한다.

- '【郭店楚簡注釋】'은 ≪郭店楚墓竹簡≫(1998)의 〈注釋〉을 가리키고, 【註解】는 본문의 설명부분이다. '裘錫圭案語'란 ≪郭店楚墓竹簡≫(1998)의 注釋 중의 '裘案'의 내용을 가리킨다. '【郭店楚簡注釋】'은 순서는 ≪郭店楚墓竹簡≫의 '原註' 번호에 따라 '1, 2, 3, ……'으로 표시하기로 하며, '【註解】'의 번호는 '①, ②, ③ ……'으로 표시하기로 한다.
- '【校讀記】'는 李零의 ≪郭店楚簡校讀記(增訂本)≫(中國人民大學出版社, 2007)을 가리킨다. ≪郭店楚簡交讀記≫는 2002년에 이미 北京大學出版社에서 출간된 적이 있으며, 이를 보충한 책이 2007년 출판되었다. 본문은 2007년판을 참고하기로 한다. '【註解】'에서는 '李零'이라고 약칭하기로 한다.
- '【校釋】'은 廖名春의 ≪郭店楚簡老子校釋≫(淸華大學出版社, 2003) 중 '釋文'을 가리킨다. 이 책은 ≪郭店楚墓竹簡·老子≫의 전문 연구서이다. ≪郭店楚墓竹簡 · 老子≫의 전반적인 연구뿐만 아니라, 문자 考釋에는 참고할 만한 높은 가치가 있다. 釋文은 문자 原形에 가장 가깝게 예정하고 있기 때문에 수록하기로 한다. '【註解】'에서는 '廖名春'이라고 약칭하기로 한다.
- ≪老子≫에 대해서는 철학계에서도 많은 관심을 보이고 있어 우리나라에도 이미 우리말 해석본이 출간되었고(梁芳雄 集解, ≪초간노자≫, 예경출판사, 2003년 4월 초판), 백서본의 해석으로 ≪노자≫(김홍경 지음, 들녘 출판사, 2003년 6월)도 이미 출간되었기 때문에 필요한 경우에는 이들의 해석을 참고하기로 한다. 왕필본에 대한 우리말 해석은 그동안 많은 해석본이 출간되었지만, 그 중에서도 金學主 譯解의 ≪老子≫(명문당, 2002년 10월 증보판)를 주로 참고하기로 한다. 괄호 안에 있는 숫자는 王弼≪老子道德經注≫本의 章 수를 가리킨다(王弼本 혹은 왕필본으로 간칭함). 王弼本과 내용을 비교하기 위하여 왕필본의 章數와 문자를 주석에 추가하기로 하며 문자 고증이나 용법을 설명하며, 帛書≪老子≫는 高明의 ≪帛書老子校注≫(中華書局, 1996年)와 國家文物局古文獻硏究室編의 ≪馬王堆漢墓帛書帛書[壹]≫(文物出版社)를 참고하기로 한다. 이와 관련된 자료 수집과 문자의 용법에 대해서는 寥名春 ≪郭店楚簡老子校釋≫(淸華大學出版社, 2003년 6월초판)이 비교적 상세하게 설명하고 있기 때문에 경우에 따라서는 이를 참고하기로 한다.

- ≪郭店楚墓竹簡≫과 다른 판본과의 비교를 위하여 '【異本】'에서는 馬王堆 帛書≪老子≫甲乙本 이외에, 漢代의 ≪老子≫를 기본 내용으로 삼고 있는 王弼의 ≪老子道德經註≫, 河上公의 ≪老子道德經章句≫, 傅奕의 ≪道德經古本篇≫, 宋 范應元의 ≪老子道德經古本集註≫ 등의 내용을 수록하기로 한다. 1998년 中華書局은 ≪四部要籍注疏叢刊·老子≫라는 책을 출간하였다. 帛書≪老子≫甲乙本과 위에서 언급한 판본 등 모두 19 種을 망라하고 있기 때문에 이를 참고하기로 한다. 이들 이외에도 비교적 이른 시기의 중요한 판본으로 唐 景龍 2년(708년)에 비문에 새긴 ≪易州龍興觀道德經碑≫의 ≪老子≫가 있다. 현재 河北省 易縣에 소재되어 있고, 이를 景龍碑本 혹은 易州本이라고도 칭한다. 朱謙之의 ≪老子校釋≫(中華書局, 1984年)은 景龍碑本을 底本으로 하기 때문에 본문도 이를 참고하기로 한다.

이외에도 漢代의 판본을 근간으로 하고 있는 것으로 추증되는 嚴遵의 ≪老子眞經指歸≫가 있다. 嚴遵本 중에는 道藏本과 胡震亨 두 종류가 있는데, 도장본에는 ≪노자≫의 본문과 해설이 있고, 호진형에는 편명과 해설만 있다. 嚴遵은 전한시대의 사람이지만, ≪四庫全書總目提要≫는 이 책을 僞書로 보고 있으며, 이 시대에는 ≪老子指歸≫와 같은 형식으로 주석을 덧붙인 사례가 있었다는 등의 이유로 아직도 많은 학자들이 의심하고 있기 때문에 본문에서는 비교 대상으로 삼지 않기로 한다. 河上公本은 宋刊本, 王弼本은 古逸叢書本, 傅奕本은 經訓堂本, 范應元本은 續古逸叢書本을 참고하기로 한다.

• ≪郭店楚墓竹簡≫과 가치

'郭店楚簡竹簡'이란 1993년 10月18日부터 24日까지 荊門市博物館이 中國 湖北省 荊門市 沙洋區 四方鄉 郭店村에서 발굴한 戰國시대(약 BC 475-BC 221)의 楚나라 竹簡을 말한다. 郭店村은 楚나라의 故都인 紀南城에서 약 9㎞ 떨어진 곳에 위치하며, 戰國시대(東周)의 楚나라 귀족들의 묘장 군락지이다. '郭店楚墓'는 도굴을 당한 적이 있었지만, 발굴 당시 비교적 양호한 상태였다. 이 묘지에서 발굴된 生活도구는 戰國時期의 楚나라의 文化를 고스란히 간직한 중요한 자료였다. 이 중 가장 중요한 것은 역시 당시의 經書인 '郭店楚簡竹簡'이었다. '郭店楚墓'는 戰國 중후반기(약 BC300-BC221년)에 만들어진 묘지이며, 竹簡이 쓰여진 연대는 묘장했던 시기보다 약간 앞선 것으로 추정된다.

荊州市博物館이 1998年 5月에 편찬한 ≪郭店楚墓竹簡≫(文物出版社)은 이 묘지에서 발굴된 竹簡의 圖版、釋文과 考證 등을 소개하고 있다. ≪郭店楚墓竹簡≫의 연구자들은 대부분 이 책을 가장 중요한 기본 자료로 삼는다.

'郭店楚墓' 竹簡은 804여 매의 약 13,000여 자이며, '郭店楚墓'의 관곽(棺槨) 頭箱에서 발견되었다. 도굴로 인하여 약간 파손된 것도 있지만, 竹簡의 길이는 모두 약 15~32.4㎝이고, 너비는 약 0.45~0.65㎝이다. 죽간의 형태는 평평하게 다듬은 것과 사다리 모양으로 다듬은 것 두 종류가 있다. 죽간 중간에는 두 곳 혹은 세 곳을 묶은 編線 흔적이 남아 있다.

竹簡의 字體는 戰國時期의 초나라 문자의 특징을 엿볼 수 있는 자료로, 다른 초나라 죽간의 서체와는 확연히 다른 전체적으로 부드럽고 典雅하며 수려한 독특한 풍격을 지니고 있다.

≪郭店楚墓竹簡≫은 道家와 儒家의 저작들이 주를 이룬다. 출토 당시 篇題가 없었으므로 연구자들이 각 내용에 따라 적절한 篇名을 첨가하였다. 이 저작물들은 현행본(今本) 古籍에 보이지 않는 것도 있고, 현행본(今本)에 보이는 것도 있지만, 篇章의 結構·순서와 내용 등이 상당히 달라 현행본(今本)을 보충할 수 있는 매우 귀중한 자료이다.

이 죽간이 출토된 후 荊州博物館은 정리팀을 조직하여 ≪老子·甲乙丙≫·≪太一生水≫·≪緇衣≫·≪魯穆公問子思≫·≪窮達以時≫·≪五行≫·≪唐虞之道≫·≪忠信之道≫·≪性自命出≫、≪成之聞之≫、≪尊德義≫·≪六德≫·≪語叢·一二三四≫ 등 13편의 내용을 정리해냈다. 문장 형식은 어록체나 문답체이거나, 전문적인 논술 형식으로 되어 있다.

'郭店楚墓竹簡'은 그 내용의 중요성 때문에 이전의 어느 죽간보다도 세인들의 주목을 받았다. 이 죽간은 학문적 수양이 깊은 노교수가 귀족 자제를 가르치기 위해 엄선한 당시 최고의 경서집이었으며, 이들은 당시 초나라의 精神적 精華인 동시에 學術사상의 主流를 이루었던 것이다. 이 죽간은 그 뒤에 발견된 ≪上海博物館藏戰國楚竹書≫(≪上博楚簡≫)·≪清華大學藏戰國竹簡≫(≪清華簡≫)과 더불어 그 동안 발견되었던 어느 지하 자료보다 중요한 의의를 지니고 있다.

≪郭店楚簡≫ 중 ≪老子≫와 ≪緇衣≫는 현행본이 있고, 또한 ≪치의≫와 ≪性自命出≫은 ≪上海博物館藏戰國楚竹書(一)≫에도 있다. ≪老子≫는 ≪馬王堆帛書≫에 보이기는 하지만, 그 외의 것은 대부분 전해 내려오지 않는 중요한 문서들로 戰國시대 中期 이전의 儒家와 道家에 속하는 경서들이다. 따라서 이 죽간은 양으로 보나 내용으로 보나 이전에 출토된 어떤 문서보다도 중요한 가치를 지니고 있다.

≪郭店楚簡≫의 ≪老子≫는 '甲'·'乙'·'丙' 세 종류가 있는데, ≪老子·甲≫은 39매로 되어 있고, 죽간 양끝이 사다리 형태로 다듬어져 있고, 죽간의 길이는 32.3㎝이다. ≪老子·乙≫은 모두 18枚이며 죽간의 양 끝은 편평하게 다듬어져 있으며, 길이는 30.6㎝이다. ≪老子·丙≫은 모두 14枚이며 양쪽 끝은 편평하게 다듬어져 있고, 길이는 26.5㎝이다. 이들 세편의 ≪老子≫는 모두 죽간을 묶은 흔적의 編線(契口, 홈)이 두 곳에 있고, 2046字로 현행본(今本)≪老子≫의 5분의 2에 해당되는 내용이다. 현행본(今本)과 비교하여 볼 때 章序와 문자에 상당한 차이가 있으며, 죽간은 〈德經〉과 〈道經〉을 분리하지 않고 있다.

≪太一生水≫(篇題가 없었으나 정리자가 추가함)는 모두 14枚의 竹簡으로 되어있고, 죽간은 양 끝이 편평하게 다듬어져 있고, 길이는 26.5㎝로, 두 곳에 묶은 편선의 흔적이 남아있다. 이 篇은 현재에는 전해지지 않는 佚書이다. '太一'이란 일종의 '道'이다. 이 문장은 '太一'과 天·地·四時·陰陽 등의 관계에 대하여 언급하고 있는데, 이는 선진 道家 철학사상을 이해할 수 있는 중요한 자료이다.

≪緇衣≫는 모두 竹簡 47枚이고, 양 끝이 사다리 모양으로 다듬어져 있으며, 길이는 32.5㎝로, 두 곳에 묶은 편선의 흔적이 남아있다. 이 簡文은 ≪禮記 · 緇衣≫篇과 내용이 유사하다. 그러나 分章과 章의 순서 등이 서로 다르며, 문자들도 상당한 차이를 보이고 있다. 죽간은 원래의 상태를 이해할 수 있어 현행본 ≪예기≫보다 문헌적 가치는 더 높다 하겠다.

≪鲁穆公問子思≫와 ≪窮達以時≫ 두 편은 양 끝이 사다리 모양으로 다듬어져 있으며, 길이는 26.4㎝이다. ≪鲁穆公問子思≫는 佚書이고, ≪窮達以時≫의 내용은 대부분 ≪荀子 · 宥坐≫·≪孔子家語 · 在厄≫·≪韓詩外傳≫(卷七)과 ≪說苑 · 雜言≫ 등에 보인다.

≪五行≫은 모두 竹簡 50枚로 되어 있으며 竹簡 양끝이 사다리 모양으로 다듬어져 있고, 길이는 32.5㎝로 중간 두 곳에 묶은 편선의 흔적이 남아 있다. 내용은 仁·義·禮·智와 聖 등 五行에 관한 설명이다.

≪唐虞之道≫는 모두 29枚로 되어 있으며, 죽간은 편평하게 다듬어져 있고, 길이는 28.3㎝로 두 곳에 묶은 편선의 흔적이 있으며, 내용은 堯舜의 禪讓을 찬미한 것이다.

≪忠信之道≫는 모두 9枚로 양 끝은 편평하게 다듬어져 있고, 길이는 약 28.3㎝ 이고, 두 곳을 묶었다. 忠信에 대하여 언급하고 있으며, "忠, 仁之實也. 信, 義之期也."(충은 인의 실제적 함의이며, 신은 의의 최고 목표이다)라 하였다.

이외에도 ≪性自命出≫(共67枚)·≪成之聞之≫(共40枚)·≪尊德義≫(共39枚)와 ≪六德≫(共49枚)은 모두 길이가 32.5㎝쯤 된다. 이들은 字體도 상당히 비슷하다. 모두 두 곳에 묶은 편선의 흔적이 있다.

≪語叢≫은 모두 네 편으로 분리되어 있고, 모두 265枚로 되어 있다. ≪郭店楚簡≫ 중에서 길이가 가장 짧은 죽간에 쓰여져 있다. '仁義禮德'·'喜怒哀樂'·'君臣父子'와 '結交謀友' 등에 관련된 내용을 포함하고 있으며 그 체제는 ≪說苑 · 談從≫과 ≪淮南子 · 說林≫ 등과 유사하다.

이 ≪郭店楚簡≫ 중에 가장 세인의 주목을 끈 것은 아마도 ≪老子≫일 것이다. ≪老子≫에 관한 단편 연구논문과 전문 서적은 현재까지도 끊임없이 출간되고 있다. 그 중에서도 廖名春의 ≪郭店楚簡老子校釋≫은 각종 판본을 비교 고찰하여 ≪곽점초간노자≫의 문자를 상세하게 고증하고 있다.[1)]

≪馬王堆帛書·老子甲乙≫이 세상에 알려지고 난 뒤, ≪老子≫의 탄생과 작자에 대한 획기적인 연구성과가 있었다. ≪老子≫라는 책은 東周 시기의 작품이고, 老子는 이 시기의 사람이라는 것이 일반적인 인식이다. 하지만 ≪老子≫라는 책이 형성되기 이전에는 어떤 상태였는가를 지금으로서는 알 수 없다. ≪郭店楚簡≫은 지금까지 발견된 다른 판본보다 이른 시기의 내용을 반영하고 있어, ≪노자≫의 原貌를 이해하는데 매우 중요한 학술자료이다.

≪郭店楚簡≫은 한 묘 관곽 내에서 발견된 죽간 중 양이 가장 많다. 이 죽간은 출토된 후 ≪上博楚簡≫이 출간되기 이전까지는 줄곧 학술계에서 최고의 주목을 받아왔다. 지금은 ≪上博楚簡≫·≪清華簡≫과 함께 여전히 이 ≪郭店楚簡≫에 관한 연구 논문과 전문서적은 끊임없이 출간되고 있다. '郭店楚墓

1) 廖名春 ≪郭店楚簡老子校釋≫, 清華大學出版社, 2003년 6月 初版

竹簡'은 그 당시 누구나 반드시 읽어야 할 경서들을 엄선 편집한 竹簡書이기 때문에 '郭店楚墓竹簡'의 내용을 이해한다면, 지금 우리가 읽고 있는 ≪禮記≫나 ≪詩經≫과 같은 '十三經'의 문장을 이해하고 탐독할 수 있는 것과 똑같은 효과를 거둘 수 있다.

문자학적인 측면에서는, '郭店楚墓竹簡'의 자형을 다른 楚簡의 서체와 비교연구하고 이를 다시 漢簡이나 秦簡들과 비교 고찰한다면 각 시대의 서체가 지니고 있는 자형이나 필법의 역사적 변천과정을 밝혀낼 수 있다. 자형의 세세한 차이나 필법 연구를 통하여 '郭店楚墓竹簡'의 서체는 예서의 초기적인 형태라는 것을 알 수 있다.

甲骨文의 발견과 金文의 연구, 지하 자료에 대한 연구 성과는 초죽서의 발견과 연구에 상당한 영향을 미쳤다. 또한 근 20~30년간에 발견된 각종 簡帛牘 文獻 역시 ≪郭店楚簡≫·≪上博楚簡≫과 ≪淸華簡≫ 연구에 훌륭한 밑거름이 되었다. ≪郭店楚簡≫과 ≪上博楚簡≫ 중 ≪周易≫과 ≪老子≫는 어느 학술서보다도 학자들이 많은 관심을 보이는 자료이다. 이는 이들 著書가 중국 문화에 중요한 영향을 미쳤을 뿐만 아니라, 지금까지 전해 내려오는 현행본(今本)들에서 야기된 문제들을 해결할 수 있는 값진 자료이기 때문이다. ≪郭店楚簡 · 老子≫는 유가 사상과 극적인 대립을 보이지 않고 있다. 이러한 관념은 중대한 학술적 문제이다. 이는 先秦 儒家와 道家思想이 유행했던 區域과 이 두 사상의 관계, 유가 도가의 사상의 변혁 등에 관한 새로운 증거를 제공하였고, 기존의 학술 사상에 관한 새로운 증거를 제시하여 학술사 전면을 새롭게 수정할 수 있는 근거를 제공하였다. 竹簡本 ≪老子≫에 "絶仁棄義"와 같은 구절이 없는 예들로 보아 초기 道家는 "仁義"를 반대하지 않고, 오히려 儒學과 서로 상통하는 개념을 가지고 있었음을 알 수 있다. 老子學의 分派가 어떻게 형성되었는지에 관하여 학자들이 언급한 적이 있는데, 지금 ≪郭店楚簡 · 老子≫와 ≪馬王堆帛書 · 老子≫의 異同을 통하여 그 증거를 찾을 수 있을 것이다.

孟子와 荀子 철학이 득세한 이래, 儒門이 얼마나 많았으며, 그들의 관계가 얼마나 복잡했었는지에 지금까지는 증거로 삼을 만한 자료가 별로 없었다. 子思의 저서마저도 유실되어 그동안 전해 내려오지 않았다. ≪郭店楚簡≫과 ≪上博楚簡≫ 중에는 儒書에 관한 내용이 주를 이룬다. 예를 들어 ≪郭店楚簡≫은 13편 중 儒書가 11종이다. 그 동안 연구자들은 이들의 저작이 子思·子游·公孫尼子·陳良 등의 儒家학파에 속하는 것이라고 주장하였다. 이는 先秦儒學 發展의 다양성을 보여주는 실정이라 할 수 있다. 그 동안 逸失된 많은 유학 저서들은 儒道의 사상 개념의 異同, 先秦諸子들의 原流와 分流 등에 관하여 이해할 수 있는 증거이다.

이른바 學術思想의 주류는 時代에 따라 변천하여 새로 추가되기도 하고 다시 복원되기도 하며, 혹은 발전되기도 하고, 변형되기도 하며, 중도에 사라지기도 하고, 왜곡되기도 한다. 이 ≪郭店楚簡≫·≪上博楚簡≫과 ≪淸華簡≫은 2천 년 동안 지하에 매몰된 채 잊혀졌던 고대 儒家 사상이 다시 세상의 빛을 보게 하였다. 예를 들어, "禪而不傳, 聖之盛也. 利天下而弗利."(선양하고 계승하지 않은 경우는 聖의 최고경지이다.)(≪唐虞之道≫)·"恒稱其君之惡者可謂忠臣."(항상 임금의 죄와 허물을 지적하는 사람을 충신이라고 할 수 있다.)"(≪魯穆公問子思≫)·"君臣不相在也, 則可已. 友, 君臣之道也."(군신관계는 부자관계처럼 의지하지 않는다(좋아하지 않으면 떠난다). 친구처럼 대하는 것이 군신의 관계다.)"(≪語叢三≫)·"道始於情, 情生於性."(도는 정에서 시작되었고, 정은 성에서 생겼다.)(≪性自命出≫)와 "禮作於情."(예는 인정에서 비롯된 것이다.)(≪性自命出≫)와 같은 사상적 개념은 중국 전통사상을 이해할 수 있는 귀중한 자료이다.

이외에도 학자들은 ≪尚書≫에 대한 楚簡의 언급을 통하여 ≪六經≫의 형성 시기에 대한 문제를 제기하였고, ≪逸周書≫의 성질에 대한 문제를 제기하기도 하였으며, 今古文 ≪尚書≫에 대한 논쟁도 제기하였다. 이러한 학술적 논쟁은 ≪郭店楚簡≫·≪上博楚簡≫과 ≪清華簡≫을 전문적으로 연구함으로써 해결될 것이고, 이러한 결과는 또한 中國學術史·經學流變史와 楚國文化史를 재수정하는 결정적 자료가 될 것이다. 따라서 초간 자료가 얼마나 중요한가를 가히 짐작할 수 있다.

1973年 湖南 長沙 馬王堆 漢墓에서 帛書 문헌이 발굴된 이래, 이 문헌은 약 20여 년 동안 줄곧 先秦學術 研究의 중요한 매개체 역할을 해왔다. 그 중에서 ≪周易≫部分이 1993—1995년에 세상에 공포된 후에,[2] 이 ≪馬王堆帛書 · 周易≫은 戰國 後期 孔門들이 쓴 저서라고 하는 의견이 공통적으로 제시되었다. 이는 孔子를 비롯한 先秦 儒家들과 易學과의 관계, 戰國 楚地는 道家文化卷이라고 하는 이전의 관점들이 잘못되었음을 입증하는 좋은 증거다.

≪郭店楚簡≫ 중 道家에 속하는 ≪太一生水≫는 그 동안의 先秦 哲學 宇宙生成論에 관한 미비점을 보충할 수 있는 자료로써, ≪老子≫에서 ≪淮南子≫까지의 사상적 발전 전개의 교량적 역할을 하는 자료이다. 이 죽간을 통하여 老子 思想을 더욱 체계화할 수 있고, 老子와는 다른 또 하나의 철학적 獨創性을 엿볼 수 있다. 이와 같이 ≪太一生水≫는 당시의 철학적 개념과 수준을 이해할 수 있는 문헌으로 중국 철학사에 있어 매우 중요한 위치를 차지하고 있다.

≪郭店楚簡≫은 학문적 수양이 깊은 노교수가 귀족 자제를 가르치기 위해 엄선한 당시 최고의 경서이다. 馬王堆帛書의 문헌 중에서는 帛書 ≪老子≫甲乙本의 道家文獻에 관심이 집중되었다면, ≪郭店楚墓竹簡≫은 상대적으로 儒書部分에 더 많은 관심이 집중되었다고 할 수 있다. 이는 儒家 문헌의 ≪緇衣≫가 현행본 ≪禮記≫에 전해지고, ≪五行≫이 馬王堆帛書에 보이고 있는 것 이외에 전부가 이미 전해 내려오지 않는 佚書이기 때문이기도 한다.

≪郭店楚簡≫이 발견된 楚墓는 戰國中期의 것으로, 학자들의 연구에 의하면 BC 300年 전후의 것으로 추정하고 있다. 이 시기라면 거의 孟子 말년에 해당된다. 이 죽간은 ≪老子≫와 같은 道家 이외에는 거의가 儒家에 관한 문헌이다. 이는 곧 儒家思想文化가 楚國을 포함한 戰國 各國에 광범위하게 영향을 미치고 있었음을 나타낸다.

2) ≪帛書〈二三子問〉·〈易之義〉·〈要〉釋文≫, ≪道家文化研究≫第三輯, 上海古籍出版社, 1993年. ≪馬王堆帛書〈繆和〉·〈昭力〉釋文≫, ≪道家文化研究≫第六輯, 上海古籍出版社, 1995年.

≪上博楚簡≫ 중 ≪緇衣≫와 ≪性自命出≫의 ≪郭店楚簡≫에도 보이는데, 이 두 죽서를 비교하여 상호 보완 연구한다면, 고대 문헌의 原貌를 그대로 확인할 수 있을 것이다. ≪上博楚簡≫은 ≪郭店楚簡≫보다 數量과 篇數가 훨씬 많으며, 그 중에는 이미 佚書한 儒家典籍이 많다.

≪郭店楚簡≫의 儒書들을 지금 전하고 있는 文獻들과 비교해 볼 때, 思想·內容·文字에 있어 ≪禮記≫와 가장 가깝다고 할 수 있다. 지금까지 발표된 ≪上博楚簡≫ 역시 그 특징이 ≪郭店楚簡≫과 같은 유사하고, 내용은 ≪禮記≫와 상당히 비슷하다. 특히 ≪禮記·緇衣≫의 ≪郭店楚簡≫에서의 발견은 편 자체의 연구 가치 이외에도 ≪禮記≫의 시대 연구에 상당한 추진력을 갖게 한다.

≪郭店楚簡≫은 學術研究에 새로운 진로를 개척하게 하였을 뿐만 아니라, 앞으로 많은 학술적 문제를 해결할 수 있는 중요한 자료를 제공하여 中國 古代思想史와 學術史 研究에 지대한 영향을 미칠 것임은 의심할 여지가 없다. 이는 중국의 先秦思想史·書法藝術史·音樂史와 圖書史 등에 풍부한 연구재료를 제공하였다. 뿐만 아니라 거의 모든 자료들은 이미 逸失되었는데, 여기에는 분서갱유로 유실되었던 보고들이 수정되지 않은 채로 고스란히 담겨있어, 이는 역사의 공백을 메워줌과 동시에 그동안 우리의 잘못된 인식들을 바로 잡을 수 있는 귀중한 실물유산이기 때문이다.[3)]

3) 朱淵清, ≪馬承源先生談上博簡≫, ≪上博館藏戰國楚竹書研究≫, (上海古籍出版社, 2002) 5쪽.

I

道家문헌

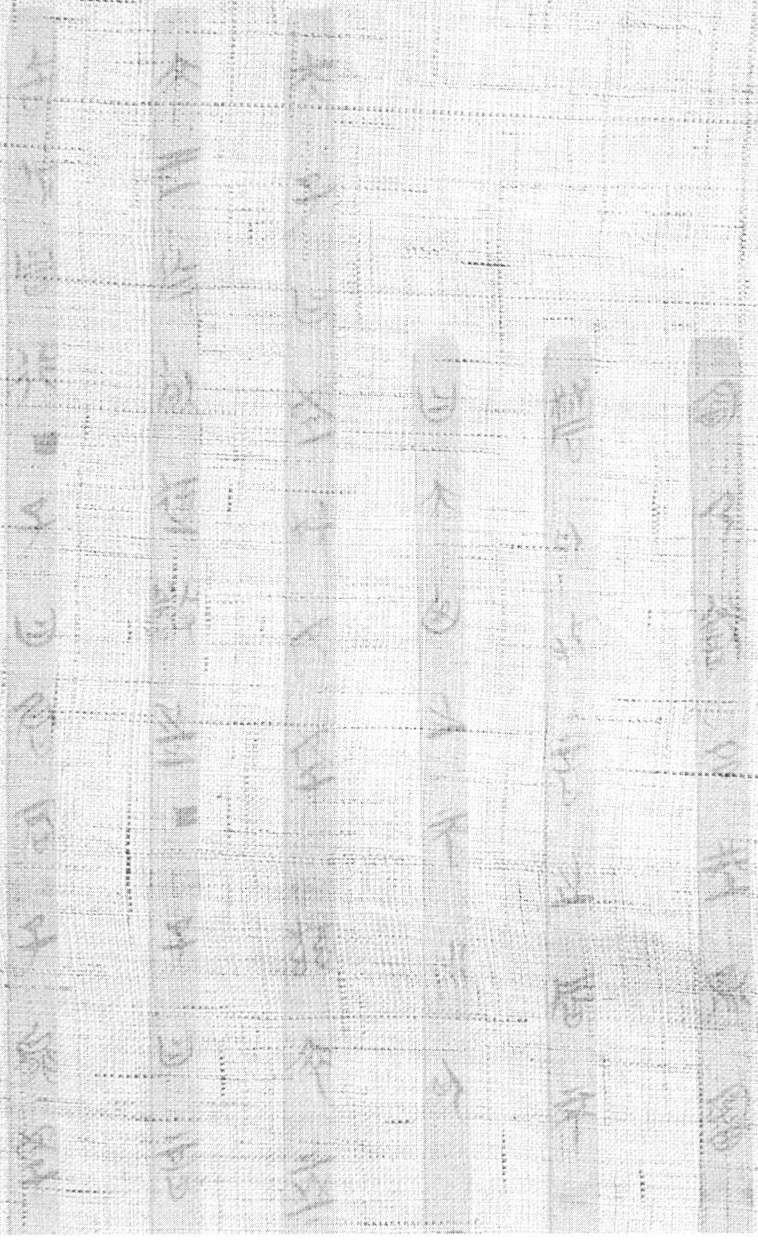

1. 老子

① ≪老子·甲≫

● ≪郭店楚墓竹簡·老子≫와 ≪老子≫의 版本

≪老子≫의 注釋書는 많다. ≪論語≫ 다음으로 많다고 할 수 있다. 嚴靈峰이 편집한 ≪無求備齋老子集成≫(1965)은 350 종의 ≪老子≫주석본을 소개하고 있다.

≪郭店楚墓竹簡 · 老子≫가 발견되기 이전에는 ≪馬王堆帛書 · 老子甲乙≫이 가장 이른 시기의 것이었다.

今本(현행본) 중 嚴遵의 ≪老子指歸≫ · 王弼의 ≪老子道德經註≫ · 河上公의 ≪老子道德經章句≫ · 傅奕의 ≪道德經古本篇≫ 등이 漢代의 ≪老子≫판본을 참고하고 있다. 이외에도 宋代 范應元의 ≪老子道德經古本集註≫는 傅奕의 ≪道德經古本篇≫을 校釋하고 있기 때문에 漢代의 ≪老子≫를 이해하는 중요한 참고자료이다.

帛書≪老子≫와 ≪郭店楚簡 · 老子≫가 발견되기 이전에는 河上公의 ≪老子道德經≫ · 嚴遵의 ≪道德眞經指歸≫ · 王弼의 ≪老子道德經注≫ · 傅奕의 ≪道德經古本篇≫ · 范應元의 ≪老子道德經古本集註≫ 등이 비교적 오래된 판본을 사용하고 있기 때문에 善本으로 간주되었다. 그러나 이러한 판본들이 비록 그 근원을 漢代에 두고 있다할지라도 魏晉시대 이후에 출현한 판본들이며, 長沙 ≪馬王堆帛書 · 老子≫와 같이 순수한 漢代의 ≪老子≫판본과는 다르다.

晉 常璩가 지은 ≪華陽國志≫에 嚴遵의 ≪老子指歸≫가 처음으로 언급되고 있고, 宋 晁公武의 ≪郡齋讀書志≫는 "≪老子指歸≫十三卷, 漢嚴遵君平選, 谷神子注(≪老子指歸≫十三卷은 漢代 君平 嚴遵이 지은 것이고, 谷神子가 주석을 가한 것이다)"라고 설명하고 있다. 이러한 설명에 의하면 ≪老子指歸≫는 漢代의 판본인 것으로 추증되나, ≪四庫全書總目提要≫는 후세인들이 꾸며 위탁한 僞書라고 주장하고 있다. 위서가 아니라 漢代부터 전해 내려온 판본이라고 확신한다 할지라도 지금은 거의 반절이 산실되어 단지 7권에서 8권까지만 전해 내려오고, 또한 많은 부분들이 이미 전해 내려오면서 와전되었기 때문에 다른 판본에 비하여 주목을 덜 받고 있는 실정이다. 따라서 본문에서도 ≪老子指歸≫는 문자 판본 비교 대상에서 제외하기로 한다.

魏나라 王弼(226-249)이 注釋한 ≪老子道德經注≫에 관한 기록은 ≪隋志≫에 처음으로 보이며, 唐 陸德明의 ≪經典釋文≫에 音義가 표시되어 있다. 현재 우리가 보는 王弼本은 武英展 聚珍板 叢書로

써, 이는 明 萬歷 張之象(1496-1577)이 刻本한 것을 기본 텍스트로 하고 ≪經典釋文≫ 등을 참고하여 刊訂한 것이다. 한편 張之象은 宋 晁說之(1059-1129)의 요청에 따라 熊克이 판각한 宋本을 근간으로 하였다.

河上公의 ≪老子道德經章句≫에 관한 기록은 ≪隋志≫에 "老子道德經二卷, 周柱下史李耳撰, 漢文帝時河上公注(≪老子道德經≫二卷은 周柱下史 李耳가 지은 것으로, 漢 文帝 때 河上公이 주석을 가하였다)"라고 설명하고 있다. 왕필본이 비교적 간결 명료하게 주석이 되어 있는 반면에, 河上公本은 비교적 통속적이고 명확한 주석을 덧붙이고 있기 때문에 가장 널리 알려진 판본 중에 하나이기도 하지만, 河上公이 어떤 인물이지 알 수 없어 가장 많이 논쟁되는 판본이기도 하다. 현재 우리가 보는 河上公本은 瞿鏞(1800~1864?)의 四部叢刊本이다. 이 판본은 송 효종 때 印刻된 것이라고 설명하고 있다. ≪隋志≫는 河上公이 漢 文帝 때의 사람이라고 설명하고 있지만, 주석의 내용으로 보아 왕필과 거의 동일 시대인 玄學이 유행하기 시작한 魏晉 正始年間으로 추증된다.[1]

傅奕本은 唐代 傅奕의 ≪道德經古本篇≫을 가리킨다. ≪新唐書≫와 ≪舊唐書≫에 모두 부혁에 관한 기록이 남아있다. 이 책은 古本 ≪老子≫를 校訂한 것으로, 古本은 北齊 後主 高緯 武平 五年(574)에 彭城 사람이 項羽의 妻 묘지에서 발견한 것을 말한다. 이 판본은 古墓에서 발굴된 古本이기 때문에 상당한 주목을 받아왔다. 馬王堆漢墓帛書 정리 팀이 帛書≪老子≫를 校勘할 때에도 이 판본을 사용하였다.

湖南長沙馬王堆3號漢墓 ≪老子≫는 1973年12月에서 1974年 초까지 湖南省博物館이 長沙市馬王堆 제 3호 漢代 묘지에서 발굴한 帛書≪老子≫를 가리킨다. 이 묘지에서 출토된 木牘 중에 漢文帝前元 12年(BC 168年)이라는 연대가 기록되어 있어, 그 연대를 추증할 수 있다. 3호 漢墓에서 출토된 600여 매의 竹簡은 古代 醫書와 隨葬器物에 대한 기록이다. 竹簡 이외에 십만여 자를 기록한 帛書가 발견되었는데, 이들은 대부분이 佚書들이어서 그 수량이나 내용 면에서 많은 주목을 받았다. 또한 ≪老子≫나 ≪周易≫은 비록 今本(현행본)이 있다하더라도 상당한 차이가 있어, 고대 문헌 연구에 소중한 자료가 되고 있다.

출토된 두개의 帛書 중 하나는 편폭이 48㎝ 쯤 되고 하나는 24㎝ 쯤 되는데, 絹帛이 나무에 감겨진 卷의 형식으로 되어 있다.

전자는 변두리 부분이 파손되었으며, 후자는 천과 천이 서로 붙어 있어 파손된 부분이 비교적 많다.

帛書 佚書는 대부분이 篇題가 없었는데, 그 내용에 따라 정리 팀이 ≪老子≫·≪周易≫·≪戰國縱橫家書≫와 ≪春秋事語≫ 등 15 종류로 나누었다.

帛書 ≪老子甲≫은 24㎝ 絹帛에 쓰여져 있고, ≪老子乙≫은 48㎝ 견백에 쓰여져 있다.

篆書로 쓰여진 甲本은 漢 高帝 劉邦을 避諱하지 않은 것으로 보아, 高帝 시기의 것일 가능성이 높다.

1) ≪四部要籍注疏叢刊·老子≫〈前言〉, 中華書局, 11 쪽 참고.

隸書로 쓰여진 乙本은 '邦'字를 避諱하고, 惠帝 劉盈을 避諱하지 않는 것으로 보아 惠帝 혹은 呂后 시기의 것 일 가능성이 높다.

帛書≪老子≫는 ≪德經≫이 앞에 있고, ≪道經≫이 뒤에 있어 ≪韓非子≫의 〈解老〉·〈喩老〉에서 인용한 ≪老子≫의 순서와 일치하고 있다.

帛書 ≪老子乙≫의 上篇과 下篇의 끝 부분에 "德三千四十一"·"道二千四百六十二"라고 총 문자수가 표기되어 있다. 우리가 일반적으로 말하는 "五千言"의 ≪老子≫라고 하는 숫자와 일치한다. 帛書≪老子乙≫은 모두 5467字이다.

≪老子甲≫ 뒤에 수록한 古佚書 四篇에는 모두 篇題가 없다.

第 1篇은 모두 181行으로 약 5,400여 자로 儒家의 '愼獨'·'性善'의 내용을 담고 있고, 第 2篇은 모두 52行으로 약 1,500여 자로 되어 있으며, 君主에 대하여 언급하면서 특별히 '法君'을 강조하고 있다. 第 3篇은 모두 48行으로 약 1,500여 자이며, 兵家와 관련된 내용이며, 第 4篇은 모두 13行에 약 400여자로 "五行"과 德·聖·智에 관하여 설명하고 있다. 하지만 많은 부분이 파손되어 문장 해석에 어려움이 많다.

≪老子乙≫ 앞에 편제가 ≪經法≫·≪十大經≫·≪稱≫과 ≪道原≫으로 되어 있는 四篇의 古佚書가 있다. 모두 175行으로 되어 있으며, 약 11,160여 자이다. 보존 상태가 대체로 좋으며, 학자들은 이 문서들을 戰國 말기나 秦代 쯤 쓰여진 것으로 추론하고 있다.

≪郭店楚墓竹簡·老子≫와 ≪帛書·老子≫는 각각 戰國 중말기나 혹은 그 후의 기록물이 땅 속에 약 2000년 이상 묻혀 있다가 고스란히 발견된 자료이기 때문에 어느 판본보다도 학술지 가치가 크다. 이들 두 판본은 형식이나 내용면에서 차이를 보이고 있다. 먼저 ≪郭店楚墓竹簡≫과 ≪帛書·老子≫가 서로 사용하는 문자들이 다른 경우가 있고, ≪郭店楚墓竹簡≫은 ≪老子·甲乙丙≫을 합쳐 현재 우리가 볼 수 있는 현행본의 5 분의 2 정도 분량이기 때문에, ≪帛書·老子≫에는 보이는 내용들이 ≪郭店楚墓竹簡·老子≫에는 상당부분 보이지 않는다. 또한 ≪帛書·老子≫는 ≪郭店楚墓竹簡≫에 비하여 문자나 조사를 추가하여 쓰는 경우가 많으며, 이외에도 백서본의 일부 문구가 중복되어 출현하는 경우가 있다.

백서본은 당시 유행하던 사상에 영향을 받았으므로, ≪郭店楚墓竹簡·老子≫에 비하여 反儒家적 개념이 두드러져, 사상적으로 보다 발전된 견해를 보이고 있다.

공자의 도덕적인 관념에 대한 비판 내용이 今本(현행본)에는 보이지만 ≪郭店楚墓竹簡·老子≫에는 보이는 않는 내용은 아래와 같다.

1. 今本(현행본) 제 5장의 내용을 ≪郭店楚墓竹簡≫은 "天地之間, 其猶橐籥歟? 虛而不屈, 動而愈出."[2](제 23간)라는 구절만 쓰고, "天地不仁, 以萬物爲芻狗. 聖人不仁, 以百姓爲芻狗."[3]의 내용

은 보이지 않는다.

2. 今本(현행본) 18章은 "大道廢有仁義, 智慧出有大僞, 六親不和有孝慈, 國家昏亂有忠臣."[4]라 했는데, ≪郭店楚簡 · 丙≫은 "故大道廢, 安有仁義. 六親不和, 安有孝慈. 邦家昏□安又(有)正臣."[5]라 하여 "智慧出有大僞"라는 구절은 보이지 않는다.
3. 今本(현행본) 제 19장은 "絶聖棄智, 民利百倍, 絶仁棄義, 民復孝慈, 絶巧棄利, 盜賊無有."[6]라 했는데, ≪郭店楚墓竹簡≫은 "絶知棄辯, 民利百倍. 絶巧棄利, 盜賊無有. 絶僞棄慮, 民復季子."[7]라 했다.
4. 今本(현행본)의 제 38장은 "故失道而後德, 失德而後仁, 失仁而後義, 失義而後禮."[8]라 했는데, ≪郭店楚簡≫에는 보이지 않는다.

≪郭店楚墓竹簡 · 五行≫에서는 '仁義禮智聖'을 '五行'이라 했다. 今本(현행본)은 이들 다섯 가지 항목을 모두 비평하고 있다.

≪郭店楚簡 · 五行≫은 '五行'이란 "仁形於內謂之德之行, 不形於內謂之行. 義形於內謂之德之行, 不形於內謂之行. 禮形於內謂之德之行, 不形於內謂之行, 智形於內謂之德之行, 不形於內謂之行. 聖形於內謂之德之行, 不形於內謂之德之行."[9]이라 했다.

≪郭店楚簡 · 老子≫는 '五行' 중 '智(知)'만을 반대하여 '絶知棄辯(지모를 단절하고 교묘한 말재주를 버리다)'라 했지만, '仁' · '義' · '禮'와 '聖'에 대해서는 비평하지 않고 있다. 그러나 今本(현행본)은 모두를 비평하고 있다.

---

2) "하늘과 땅은 마치 풀무같다고나 할까? 텅비어 있으면서도 다함이 없으며, 움직일수록 바람은 더욱 세진다."
3) "천하가 인하지 않으니 만물을 짚으로 만든 개처럼 버려두며, 성인도 인하지 않으니 백성들을 짚으로 만든 개처럼 버려둔다."
4) "큰 도가 무너지자 인의가 생겨났다. 지혜가 생겨나자 대단한 거짓이 존재하게 되었다. 집안사람들이 친화하지 않게 되자 효도와 자애가 존재하게 되었다. 국가가 혼란해지자 충신이 존재하게 되었다."
5) "그런고로 大道가 사라지고 어찌 인의가 생겨나겠으며, 육친이 화목하지 않고 어찌 효도와 자애가 있을 수 있겠는가? 나라가 혼란에 빠지는데 어찌 정직한 신하가 있겠는가?"
6) "성스러움을 끊어버리고, 지혜를 버리면 백성들의 이익은 백배로 늘어난다. 仁을 끊어 버리고 義를 버리면 백성들은 효도와 자애로움으로 되돌아간다. 기교를 끊어버리고 이익을 버리면 도둑들이 존재하지 않을 것이다."
7) "지모를 단절하고 교묘한 말재주를 버리면 백성의 이익은 백배로 늘어난다. 교묘함을 단절하고 탐욕을 버리면 도적은 사라진다. 허위를 단절하고 사사로운 걱정을 없애면 백성은 어린아이의 세계와 같은 천진하고 소박한 상태로 다시 돌아간다."
8) "그러므로 도를 잃은 뒤에야 덕이 드러나며, 덕을 잃은 뒤에야 인이 드러나고, 인을 잃은 뒤에야 의가 드러나며, 의를 잃은 뒤에야 예가 드러난다."
9) "'仁'이 내심에서 형성된 것을 '德之行'이라 하고 내심에서 형성되지 않은 것을 '행'이라 한다. '義'가 내심에서 형성된 것을 '德之行'이라 하고, 내심에서 형성되지 않은 것을 '행'이라 한다. '禮'가 내심에서 형성된 것을 '德之行'이라 하고, 내심에서 형성되지 않은 것을 '행'이라 한다. '智'가 내심에서 형성된 것을 '德之行'이라 하고, 내심에서 형성되지 않은 것을 '행'이라 한다. '聖'이 내심에서 형성된 것을 '德之行'이라 하고, 내심에서 형성되지 않은 것을 '행'이라 한다."

이미 아마도 판본의 차이에서 비롯된 것으로 보인다. 즉 郭店楚簡의 墓主가 道家보다는 儒家를 신봉하는 유학자였기 때문에 ≪老子≫의 내용을 재편집한 것으로 보인다.

老子·甲

一〇 九 八 七 六 五 四 三 二 一

一 二 三 四 五 六 七 八 九 一〇 一一 一二 一三

二三 二四 二五 二六 二七 二八 二九 三〇 三一 三二 三三 三四

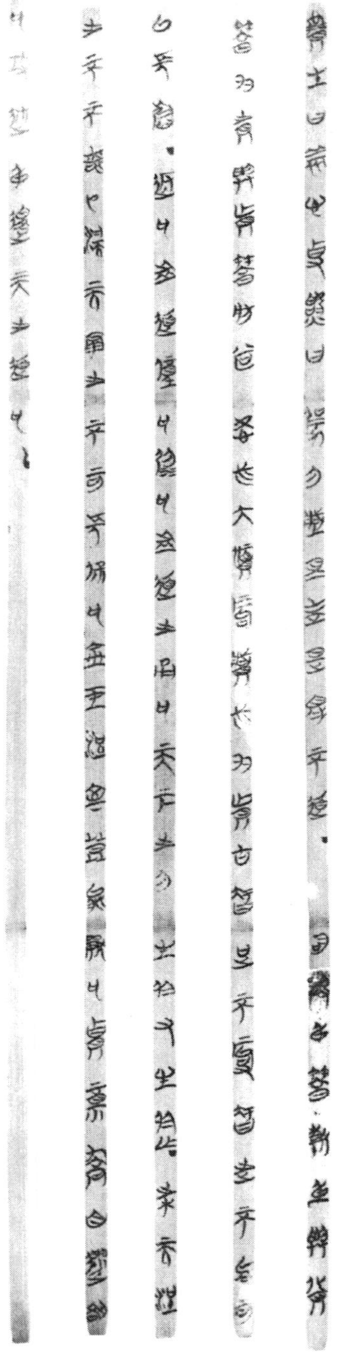

三九 三八 三七 三六 三五

【老子甲】

≪郭店竹簡 · 老子≫는 ≪老子 · 甲≫ · ≪老子 · 乙≫ · ≪老子 · 丙≫ 등 세 부분으로 나누어져 있다.

그 중 ≪老子 · 甲≫은 39枚이며, 죽간의 양 끝은 사다리형태로 다듬어져 있고, 총 길이는 32.3㎝이다. 두 곳에 죽간을 묶은 편선(編線, 홈, 契口)의 흔적이 있고, 편선과 편선 사이의 거리는 13㎝이다.

≪老子 · 乙≫은 모두 18枚이고, 죽간의 양 끝은 편평하게 다듬어져 있으며, 길이는 30.6㎝이다. 두 곳에 죽간을 묶은 편선이 있으며, 편선과 편선 사이의 거리는 13㎝이다.

≪老子 · 丙≫은 모두 14枚이며, 죽간의 양 끝은 편평하게 다듬어져 있으며, 길이는 26.5㎝이다. 두 곳에 편선이 있으며, 편선과 편선 사이의 거리는 10.8㎝이다.

≪郭店竹簡 · 老子≫는 전체적으로 현행본(今本)의 약 5분의 2가 되는 양이다. ≪郭店竹簡 · 老子≫와 현행본은 章의 순서와 문자면에서 상당한 차이가 있다.

≪老子 · 甲≫은 現行本의 제 19장, 제 66장, 제 46장의 일부, 제 30장의 일부, 제 15장, 제 64장의 일부, 제 37장, 제 63장, 제 2장, 제 32장, 제 25장, 제 5장의 일부, 제 16장의 일부, 제 64장의 일부, 제 56 장, 제 57장, 제 55장, 제 44장, 제 40장과 제 9장 등을 포함하고 있다.

≪老子 · 乙≫은 현행본의 제 59장, 제 48장의 일부, 제 20장의 일부, 제 13장, 제 41장, 제 52장의 일부, 제 45장, 제 54장 등의 내용을 포함하고 있다.

≪老子 · 丙≫은 현행본의 제 17장, 제 18장, 제 35장, 제 31장의 일부, 제 64장의 일부를 포함하고 있다.

甲【第1簡 原文】

㡭(絶)[1]智(知)弃①卞(辯)②, 民利百伓(倍)■. 㡭(絶)攷(巧)③弃利, 覜(盜)④惻(賊)⑤亡又(有)■[2]. 㡭(絶)憍(僞)弃慮[3]⑥, 民復(復)季〈孝〉子(慈)■⑦. 三言以

【校讀記】

絶知棄辯, 民利百倍. 絶巧棄利, 盜賊無有. 絶僞棄詐, 民復孝慈. 三言以

【校釋】

㡭智弃支, 民利百⑧伓. 㡭攷弃利, 覜悬亡又. 㡭憍弃慮, 民復季子. 三言以

【異本】

帛書甲本: 絶聲(聖)棄知(智), 民利百負(倍). 絶仁棄義, 民$_{126}$復畜(孝)玆(慈). 絶巧棄利, 盜賊无有. 此三言也, 以

帛書乙本: 絶耶(聖)棄知(智), 而民利百倍. 絶仁棄義, 而民$_{233}$下復孝玆(慈). 絶巧棄利, 盜賊无有. 此三言也, 以

王弼本 · 河上公本: 絶聖棄智, 民利百倍. 絶仁棄義, 民復孝慈. 絶巧棄利, 盜賊無有. 此三言者, 以

傅奕本: 絶聖棄知, 民利百倍. 絶仁棄義, 民復孝慈. 絶巧棄利, 盜賊無有. 此三言者, 以

范應元本: 絶聖弃知, 民利百倍. 絶仁弃義, 民復孝慈. 絶巧弃利, 盜賊无有. 此三言者, 以

景龍碑本: 絶聖棄智, 民利百倍. 絶民棄義⑨, 民復孝慈. 絶巧棄利, 盜賊无有. 此三言者,

【해석】

지모를 단절하고 교묘한 말 재주를 버리면 백성의 이익은 백배로 늘어난다. 교묘함을 단절하고 탐욕을 버리면 도적은 사라진다. 허위를 단절하고 사사로운 걱정을 없애면 백성은 어린아이의 세계와 같은 천진하고 소박한 상태로 다시 돌아간다. 이 세 가지 내용(글)으로는

【郭店楚簡注釋】

1 '㡭'자는 「絶」의 의미이다. 이 자는 「𢇍」자로 쓰기도 하며, 이는 楚文字만이 가지고 있는 특별한 형태이다. ≪說文解字≫는 「絶」자의 古文을 「𢇍」로 쓴다. 簡文과 다소 비슷하다. 「㡭(絶)智(知)弃卞(辯)」을 馬王堆漢墓帛書 ≪老子 · 甲≫과 ≪老子 · 乙≫은 (아래에서는 이를 각각 ≪帛書 · 甲≫과 ≪帛書 · 乙≫로 약칭하며, 필요에 따라서는 ≪帛書≫本이라고 하기로 한다.) 「絶聲(聖)棄知」로 쓴다.

裘錫圭 案語: 「弃」자 다음 자는 「鞭」자의 古文임이 확실하다. ≪望山楚簡≫(中華書局, 1995年)의 116쪽 注釋 16번을 참고할 수 있다. 「鞭」과 「辯」은 음이 비슷하기 때문에 서로 통한다. ≪老子・丙≫의 第 8簡에 이 자가 보이며, 이곳에서는 「偏」의 의미이다. ≪成之聞之≫의 第 32簡, ≪尊德義≫의 第 14簡에도 이 자형이 보이는데, 「辨」과 「辯」의 의미로 각각 쓰인다. ≪五行≫의 第 34簡은 偏旁 「言」을 추가하여 쓰고, 馬王堆 ≪帛書≫本의 ≪五行≫에도 이 자와 유사한 자가 보이며, 「辯」의 의미로 쓰인다.

2 ≪帛書≫本은 「絶巧棄利, 盜賊无有」로 쓰고, 이 구절을 「絶僞棄詐, 民復孝慈」의 뒤에 쓰고 있다.
裘錫圭 案語: ‘䁕’자는 「盜」자의 가차자이다. 第 31簡에도 이 자가 보인다.

3 ≪帛書≫本은 이 구절을 「絶僞棄義」로 쓴다.
裘錫圭 案語: 본 구절은 「絶𢡺(僞)弃慮(詐)」 와 같이 해석을 해야 한다. 「慮」자는 소리부가 「且」이며, 음이 「詐」와 비슷하다.

【註解】

① ‘弃’: ‘(弃)’자는 ‘棄’자를 간략하게 쓴 형태이다. ≪中山王嚳鼎≫은 ‘()’로 쓰고, ≪說文解字≫는 ‘棄’자의 古文을 ‘(弃)’로 쓴다. 楚帛書의 ≪老子・甲≫과 ≪老子・乙≫은 생략하지 않은 형태인 ‘’와 ‘’로 쓰고, ≪包山楚簡≫과 ≪新陽楚簡≫은 생략된 형태인 ‘’・‘’와 ‘’로 쓴다.[10]

② ‘卞’: ‘’자를 ≪郭店楚墓竹簡≫은 ‘卞’으로 예정하고 있고, 廖名春은 ‘攴’으로 예정하고 있다. ≪說文解字≫는 ‘(鞭)’자의 古文을 ‘(㚇)’으로 쓴다. ‘攴’자는 ‘(㚇)’자의 일부를 생략한 형태다. ‘鞭’과 ‘辯’자는 독음이 유사하다. ≪望山楚簡≫은 역시 ≪郭店楚墓竹簡≫과 같은 형태인 ‘’으로 쓴다.[11]

裘錫圭(2004)는 후에 ‘卞’자는 ‘辨’자로 읽어야 한다 하였다.[12] ‘辯’은 ‘辨’의 의미와 통한다.

③ ‘攷’: ‘’자를 ≪郭店楚墓竹簡≫ 등은 모두 ‘攷’로 예정하고 있다. ≪郭店楚簡・性自命出≫은 ‘攷’자를 ‘’・‘’로 쓴다.[13] ≪說文解字≫는 ‘(攷)’자에 대하여 『敂也, 從攴丂聲(‘두드리다’의 의미. ‘攴’과 소리부 ‘丂’로 이루어진 형성자.)』라 하였다.

≪廣雅・釋詁≫의 『攷, 擊也(‘攷’는 ‘치다’의 의미.)』 구절에 대하여, 王念孫은 ≪廣雅疏證≫에서 『考與攷通(‘考’와 ‘攷’는 서로 통한다.)』라고 하고, 朱駿聲은 ≪說文通訓定聲≫에서 『考, 假借爲巧

10) ≪楚系簡帛文字篇≫, 391쪽 참고.
11) ≪楚系簡帛文字篇≫, 247쪽 참고.
12) 裘錫圭, 〈糾正我在郭店〈老子〉簡釋讀中的一個錯誤——關於“絶偽棄詐”〉, 武漢大學中國文化研究院編, ≪郭店楚簡國際學術研討會論文集≫, 武漢: 湖北人民出版社’ 2000. “應以讀‘辨’指對美與惡, 善與不善等的分辨.”(11 쪽)
13) ≪楚系簡帛文字篇≫, 310쪽 참고.

(‘考’는 ‘巧’의 가차자로 쓰인다.)』라 하였다. ≪玉篇≫은 또한『攷, 今作考(‘攷’자를 현재는 ‘考’로 쓴다.)』라 하였다. 따라서 ‘攷’・‘考’와 ‘巧’는 서로 통용됨을 알 수 있다.

④ ‘覜’: ‘’자를 ≪郭店楚墓竹簡≫은 ‘覜’로 예정하고 있다. ‘覜’자는 소리부가 ‘兆’이다. ≪說文解字≫는 ‘覜(覜)’자에 대하여『視也. 從見兆聲(‘알현하다’의 의미. 의미부 ‘見’과 소리부 ‘兆’로 이루어진 형성자.)』라고 하였다. 소리부가 ‘兆’인 ‘桃(복숭아나무 도, táo)’자나 ‘駣(말 조, táo, zhào)’자는 ‘盜’자와 서로 통용된다. 廖名春은 원 형태대로 ‘䟌’로 예정하고 있다.
아래 ≪老子甲≫ 第31簡 ‘’자 역시 ‘盜’의 의미로 쓰인다.

⑤ ‘惻’: ‘’자를 ≪郭店楚墓竹簡≫의 ≪整理本≫은 ‘惻’자로 예정하고 있으나, 廖名春은 ‘𢚨’로 예정하고 ‘惻’의 생략형이라 하였다. ‘心’과 소리부 ‘則’으로 이루어진 형성자이다. ≪包山楚簡≫은 ‘’으로 쓰고, ≪上博楚簡・容成氏≫는 ‘’으로 쓴다. 아래 ≪老子甲≫ 第31簡에서는 ‘’으로 쓴다.[14)]

⑥ ‘𢝊’: 죽간의 ‘’자를 ≪郭店楚墓竹簡≫의 ≪整理本≫은 ‘𢝊’로 예정하고 ‘詐’의 의미로 설명하였다. 하지만 裘錫圭는 후에 ≪糾正我在郭店〈老子〉簡釋讀中的一個錯誤≫라는 문장에서『我們只能把‘𢝊’釋爲‘慮’或視爲‘慮’的誤字(우리는 이 ‘𢝊’자를 ‘慮’자의 의미로 파악할 수 있고, 혹은 이 자는 ‘慮’자를 잘못 쓴 것으로 이해할 수 있을 것이다.)』라 하였다.[15)] ≪郭店楚墓竹簡・緇衣≫의 第 33簡에 ‘’자 있는데, ≪郭店楚墓竹簡≫은 ‘𢡺’로 예정하고, ‘慮’로 해석하고 있으며, ≪上博楚簡・紂衣≫의 17간은 ‘’(慮)’로 쓴다. 楚竹書 ‘慮’자의 중간부분을 ‘且’・‘目’이나 혹은 ‘胃’의 형태로 쓴다는 것을 알 수 있다. 모두 ‘慮’자의 변형이다. 따라서 본문도 이 자를 ‘慮’의 의미로 해석하기로 한다.

⑦ ‘季〈孝〉子(慈)’: ≪郭店楚墓竹簡≫은 ‘季子’를 ‘孝慈’로 해석하고 있으나, 裘錫圭는 후에 ≪糾正我在郭店〈老子〉簡釋讀中的一個錯誤≫라는 문장에서『≪老子≫今本28章: ‘爲天下溪, 常德不離, 復歸於嬰兒.’ ‘民復季子’與‘復歸於嬰兒’意近(현행본 ≪老子≫ 28장에 ‘세상이 골짜기와 같은 존재가 되면 변함없는 덕이 그에게서 떠나지 않게 되어 어린아이 같은 상태로 되돌아간다.’라는 구절이 있는데, 이 중 ‘復歸於嬰兒’의 구절은 ‘民復季子’의 구절과 내용이 같다.)』라 하여,[16)] ‘孝慈’를 ‘季子’로 다시 수정하였다. ‘季子’자는 ‘小子’・‘稚子’나 ‘赤子’의 의미와 같다. ≪說文解字≫는『季, 少偁也. 從子, 從稚省, 稚亦聲(‘季’는 어린아이를 가리킨다. ‘子’와 ‘稚’의 일부분을 생략한 자부로 이루어진 회의자이며, 이 중 ‘稚’는 또한 소리부이기도 하다.)』라 하였다. 본문에서는 ‘季子’의 의미로 풀이하기로 한다.

⑧ ‘’(百)’자는 ‘百’자의 이체자이다. 廖名春 등은 ‘百’으로 예정하였다. ≪上博楚簡≫의 ≪孔子詩論≫과 ≪紂衣≫는 ‘’・‘’으로 쓴다.[17)]

14) ≪楚系簡帛文字篇≫, 921 쪽 참고.
15) ≪郭店楚簡國際學術硏討會論文集≫(2000), 27 쪽 참고.
16) ≪郭店楚簡國際學術硏討會論文集≫, 29 쪽 참고.
17) ≪楚系簡帛文字篇≫, 357쪽 참고.

⑨ '絶民棄義': 景龍碑本의 '絶民棄義(백성과의 인연을 끊고, 인의를 없애다)'에 대하여 ≪老子校釋≫(朱謙之)은 『'民'字涉上下文'民'字而誤('民'자는 앞 뒤 문장 내용으로 보아 '民'자를 잘못 쓴 것이다.)』라 하였다.[18]

18) 朱謙之, ≪老子校釋≫, 75 쪽 참고.

甲-第 2 簡

甲【第2簡 原文】

爲叏(辨)①不足[4], 或②命(令)之或③虛(乎)豆(屬)[5]④. 視索(素)⑤保僕(樸)[6], 少厶(私)須(寡)⑥欲■[7]. 江㳙(海)所以爲百浴(谷)王, 以其

【校讀記】

爲使不足, 或令之有乎屬. 視素抱樸, 少私寡欲.(19) 江海所以爲百谷王, 以其

【校釋】

爲叏不足, 或命之或虛豆: 視索保菐⑦, 少厶𡩖欲. 江㳙所以爲百浴王, 以其

【異本】

帛書甲本: 爲文未足, 故令之有所屬. 見素抱[樸$_{127}$, 少私而寡欲]. [江]海之所$_{61}$以能爲百浴(谷)王者, 以其

帛書乙本: 爲文未足, 故令之有所屬. 見素抱樸, 少私而寡欲. 江海所以能爲百浴(谷)[王者, 以]$_{203}$上其

王弼本・河上公本: 爲文不足, 故令有所屬. 見素抱樸, 少私寡欲. 江海所以能爲百谷王者, 以其

傅奕本: 爲文而不足也, 故令有所屬. 見素褏朴, 少私寡欲. 江海所以能爲百谷王者, 以其

范應元本: 爲文不足也, 故令有所屬. 見素抱朴, 少私寡欲. 江海所以能爲百谷王者, 以其

景龍碑本: 爲文不足, 故令有所屬. 見素抱朴, 少私寡欲. 江海所以能爲百谷王者, 以其

【해석】

설명해도 부족하기 때문에, 더욱 더 잘 알려주고자 설명을 덧붙여 알아듣게 하는 말이 있어야 한다. 즉 원래의 바탕(素)을 드러나게 하면서 소박함 그대로를 지니며, 사사로움을 줄이고 욕망을 적게 가져야만 하는 것이다. 강과 바다가 모든 계곡의 왕이 될 수 있는 이유는

【郭店楚簡注釋】

4 '叏'자를 李家浩는 「弁」의 의미로 해석하고 있다(≪釋「弁」, ≪古文字研究≫第一緝). 문장 중 「叏」자는 「辨」자의 의미이다. ≪說文解字≫는 「判也('판별하다'의 의미.)」라 하였고, ≪小爾雅・廣言≫은 「判, 別也('判'은 '판별하다'의 의미.)」라 하였다.

5 裘錫圭 案語: '虛豆'를 帛書는 「所屬」으로 쓴다. 「豆」자와 「屬」자는 上古 讀音이 비슷하다.

「唬」자는 의미부가 「口」이고, 소리부가 「虎」이다. 「虎」자의 음은 「乎」와 비슷하며, 죽간문에서는 「乎」의 의미로 주로 쓰인다. 하지만 본 구절에서는 「呼」의 의미로 쓰이고 있다. 「或命之」의 구절과 「或唬(呼)豆(屬.)」 구절은 연결된 내용이 아니라, 두 개의 분리된 내용으로 보인다. 또한 「命」자는 「令」의 의미로 해석할 필요는 없겠다.

6 ‘視’자 아랫부분에 「人」자가 세워져 있다. 簡文에서의 「見」자를 「」으로 쓰는 것과는 다르다. 「保」자 아래 자는 아랫부분이 「臣」으로 되어 있다. ≪說文解字≫가 「僕」자의 古文으로 의미부가 「臣」인 자와 같다. 따라서 이 자는 「僕」으로 해석할 수 있다.

7 ‘厶’자의 형태는 六國의 고대 인장문자(古印)와 유사하다. ‘口’자를 ‘ㅂ’와 같이 쓰는 것과는 다른 형태이다. ‘須’자는 ‘寡’자를 잘못 쓴 것이다.

본 구절까지가 王弼本의 제 19장에 해당된다. 그 내용은 「絶聖棄智, 民利百倍, 絶仁棄義, 民復孝慈, 絶巧棄利, 盜賊無有, 此三者, 以爲文不足. 故令有所屬, 見素抱樸少私寡欲(지모를 단절하고 교묘한 말재주를 버리면 백성의 이익은 백배로 늘어난다. 교묘함을 단절하고 탐욕을 버리면 도적은 사라진다. 허위를 단절하고 사사로운 걱정을 없애면 백성은 어린아이의 세계와 같은 천진하고 소박한 상태로 다시 돌아간다. 이 세 가지 내용(글)으로는 설명해도 부족하기 때문에, 더욱 더 잘 알려주고자 설명을 덧붙여 알아듣게 하는 말이 있어야 한다. 즉 본시의 바탕(素)을 드러나게 하면서 소박함 그대로를 지니며, 사사로움을 줄이고 욕망을 적게 가져야만 하는 것이다.)」이다.

【註解】

① ‘叓’자를 ≪郭店楚墓竹簡≫은 ‘辨’자로 해석하고 있으나, 李零은 『簡文‘吏’·‘弁’易混. 整理者‘弁’讀‘辯’, 疑當釋吏讀使, 在簡文中是用的意思(竹簡文에서는 ‘吏’자와 ‘弁’자를 혼동하기 쉽다. ≪郭店楚墓竹簡≫은 ‘弁’자를 ‘辯’으로 해석하고 있으나, 이 자는 ‘吏’로 예정할 수 있고, ‘使’의 의미로 사용되고 있는 것으로 보인다. 여기에서는 ‘用’의 뜻이다.)』로 해석하였다.[19] ≪帛書·甲乙≫本과 ≪王弼≫本 모두는 ‘文’으로 쓴다. ‘史’·‘使’와 ‘文’자는 모두 ‘文辭’ 혹은 ‘문장이 繁多하다’라는 것을 가리킨다. 제 35간에서는 이 자와 같은 ‘’자를 ‘使’로 해석하고 있다. ≪論語·雍也≫의 『質勝文則野, 文勝質則史(바탕이 외관을 넘어서면 촌스럽고, 외관이 바탕을 이기면 꾸밈이 많다.)』와 ≪韓非子·難言≫의 『捷敏辯給, 繁于文采, 則見以爲史, 殊釋文學, 以質信言, 則見以爲鄙(기민하게 말을 잘 꾸며내고, 문채가 繁多하면, 꾸밈이 많고 실속없이 많기만 한 것이고, 일부러 문장이나 학문을 끊어 버리고 있는 바탕 그대로 드러내어 말하면 야비하다고 여길 것이다.)』 구절 중의 「文」이나 「史」의 의미와 같다. ≪楚系簡帛文字編(增訂本)≫은 ‘弁(覍)’자에서 ‘’(≪郭店楚簡·性自命出≫)·‘’(≪包山楚簡≫)·‘’(≪郭店楚簡·五行≫·‘’(≪上博楚簡·孔子詩論≫) 등을 수록하고(787쪽), ‘史’자는 ‘’(≪包山楚簡≫)·‘’(≪郭店楚簡·六德≫)·‘’(≪上博楚簡·從政≫) 등을 수록

19) ≪郭店楚簡校讀記≫, 10 쪽 참고.

하고 있다.[20]

② ‘(或)’자와 ‘故’자는 음과 의미가 서로 비슷하다.

③ ‘(或)’자는 여기에서 ‘有’자의 의미로 쓰인다. ≪周易 · 比 · 初六≫ 「有孚(참되고 믿음성이 있다.)」 · ≪豫 · 上六≫ 「有渝(사태가 변하다.)」 · ≪隨 · 初九≫ 「官有渝(관직은 때에 따라 변한다.)」 · ≪姤 · 九五≫ 「有隕自天(하늘에서 떨어져 얻는 것이 있으리라.)」 등 중의 「有」 자를 帛書는 모두 「(或)」으로 쓴다.

④ ‘(豆)’자와 ‘屬’자는 음이 서로 통한다. ‘屬’은 ‘囑咐’의 의미로 ‘알아듣게 이야기하다’의 뜻이다.

⑤ 고문자에서 ‘(索)’자와 ‘素’자는 서로 같다. ≪楚系簡帛文字篇≫는 ‘索’자에서 ‘’(≪包山楚簡≫) 등의 문자를 수록하고 『索素本由一字分化二字. 可以通用. 簡文索多讀素(‘索’과 ‘素’자는 본래 같은 자에서 분화되어, 서로 통용된다. 죽간문에서 ‘索’자는 일반적으로 ‘素’의 의미로 쓰인다.)』라 하였다.[21]

⑥ ‘’자는 ‘寡’자의 誤字가 아니라 간략하게 쓴 형태가 아닌가 한다. ≪金文編≫은 ‘1211 (寡)’에서 ‘’(≪毛公鼎≫ · ‘’(≪中山王譻鼎≫) 등 자를 수록하고[22], ‘1487 (須)’에서는 ‘’(≪易弔盨≫) · ‘’(≪伯孝盨≫) 등 자를 수록하고 있다. 형태가 매우 유사하다. ≪郭店楚簡 · 老子甲≫의 제 24간은 ‘須’자를 ‘’로 쓴다.

≪郭店楚簡 · 緇衣≫ 제 22간의 ‘’자에 대하여, ‘〈註釋〉61’은 자를 ‘㝈(顧)’로 풀이하고, 이 자는 ‘寡’의 이체자이고 ‘顧’자로 가차되어 사용되고 있다고 설명하였다(134 쪽) · ‘’자는 ‘’자를 간략하게 쓴 형태이다. ‘㝈’자는 ‘寡’자의 일부를 생략하고 쓴 형태이다. ≪中山王譻鼎≫의 ‘(寡)’자는 자부 「宀」을 생략 ‘㝈’로 쓴다.

≪楚系簡帛文字編≫은 ‘()’자를 ‘寡’자 아래 수록하고 있다.[23]

⑦ 廖名春은 ≪郭店楚簡老子校釋≫에서 ‘’자를 ‘𦣞’으로 예정하였다. ‘𦣞’자는 ‘僕’자와 같은 자이다. 윗부분은 ‘菐’의 생략형이고, 아랫부분은 ‘臣’이다. ≪說文解字≫는 ‘(僕)’의 古文을 의미부 ‘臣’과 소리부 ‘菐’인 ‘’으로 쓴다.

20) ≪楚系簡帛文字編≫, 288 쪽 참고.
21) ≪楚系簡帛文字篇≫, 1109 쪽 참고.
22) ≪金文編≫, 529 쪽 참고.
23) ≪楚系簡帛文字篇≫, 691 쪽 참고.

甲-第 3 簡

甲【第3簡 原文】

能爲百浴(谷)下[8], 是以能爲百浴(谷)王. 聖人之才(在)民前①也, 以身後②之, 其才(在)民上也, 以

【校讀記】

能爲百谷下, 是以能爲百谷王. 聖人之在民前也, 以身後之, 其在民上也, 以

【校釋】

能爲百浴下, 是以能爲百浴王. 聖人之在民歬也, 以身逡之; 亓才民上也, 以

【異本】

帛書甲本: 善下之, 是以能爲百浴(谷)王. 是以聖人之欲上民也, 必以其言下之, 其欲先[民也]62, 必以其身後之.

帛書乙本: [善]下之也, 是以能爲百浴(谷)王. 是以耶(聖)人之欲上民也, 必以其言下之, 其欲先民203下也, 必以其身後之.

王弼本: 善下之, 故能爲百谷王. 是以欲上民, 必以言下之, 欲先民, 必以身後之.

河上公本: 善下之, 故能爲百谷王. 是以聖人欲上民, 必以言下之, 欲先民, 必以身後之.

傅奕本: 善下之也, 故能爲百谷王. 是以聖人欲上民, 必以其言下之, 欲先民, 必以其身後之.

范應元本: 善下之, 故能爲百谷王. 是以聖人欲上民, 必以其言下之, 欲先民, 必以其身後之.

景龍碑本: 善下之, 故能爲百谷王. 是以聖人欲上人, 必以其言下之, 欲先人, 必以身後之.

【해석】

그것은 능히 百谷보다 낮은 자리에 있기 때문이다. 그래서 모든 계곡의 왕이 될 수 있는 것이다. 성인은 백성들 앞에서 백성을 인도할 때 자신의 몸은 뒤에 있게 하고, 백성들 위에 있으면,

【郭店楚簡注釋】

8 ≪帛書≫本은 「以其善下之(자기를 잘 낮추기 때문이다.)」로 쓴다.

【註解】

본 죽간의 마지막 '以'자는 제 4간의 첫 구절 '言下之'와 연계되는 내용이다. ≪郭店楚墓竹簡≫은 '民前'하려면, '身後'해야하는 내용을 먼저 언급하고, 이어서 '民上'하려면 '言下'해야 하는 내용을

뒤에 언급하고 있다. 그러나 ≪帛書≫本 이후의 판본들은 이 순서와는 달리 먼저 「上民」과 「言下」를 언급하고, 이어서 「先民(先人.)」과 「身後」의 내용을 언급하고 있다.

① '(歬)'자에 대하여 ≪說文解字≫는 『不行而進謂之歬. 從止在舟上('가지 않으나 앞으로 나아가다'의 의미. 의미부 '止'가 '舟' 위에 있는 회의자.)』라 하였고, ≪玉篇≫은 『歬, 今作前('歬'자는 지금은 '前'으로 쓴다.)』라 하였다. ≪上博楚簡≫도 '前'자를 ''(≪孔子詩論≫ 第20簡)으로 쓰고, ≪包山楚簡≫은 ''으로 쓴다.[24] ≪金文編≫은 '0191 (前)'에서 ≪兮仲鐘≫의 ''자를 수록하고 『後人以前爲歬(후에 '歬'자 대신 '前'으로 썼다.)』라 하였다.[25]

② ≪郭店楚簡≫은 '後'자를 자부 '辵'을 써서 '(逡)'자로 쓴다. '後'자의 이체자다. ≪說文解字≫는 '(後)'자의 古文을 ''로 쓴다. ≪上博楚簡≫은 ≪郭店楚簡≫과 같이 ''(≪孔子詩論≫第 2簡)로 쓰거나, 口'를 추가하여 ''(≪性情論≫)로 쓰기도 한다. ≪包山楚簡≫ 역시 ''나 ''로 쓴다.[26] 金文도 ''(≪小臣單觶≫)나 ''(≪杕氏壺≫)로 쓴다.[27]

24) ≪楚系簡帛文字篇≫, 129 쪽 참고.
25) ≪金文編≫, 84 쪽 참고.
26) ≪楚系簡帛文字篇≫, 181 쪽 참고.
27) ≪金文編≫ '0272 , 112 쪽 참고.

甲-第 4 簡

甲【第4簡 原文】

言下之[9]. 其才(在)民上也, 民弗厚①也, 其才(在)民前也, 民弗害也[10]②. 天下樂進③而弗詀(厭)④.

【校讀記】

言下之. 其在民上也, 民弗厚也, 其在民前也, 民弗害也. 天下樂進而弗厭.

【校釋】

言下之. 亓才民上也, 民弗䛨也; 亓才民歬也, 民弗𡧊也; 天下樂進而弗詀.

【異本】

帛書甲本: 故居前而民弗害也, 居上而民弗重也, 天下樂隼(推)而弗猒(厭)也.

帛書乙本: 故居上而民弗重也, 居前而民弗害, 天下皆樂誰(推)而弗猒(厭)也.

王弼本・河上公本: 是以聖人處上而民不重, 處前而民不害, 是以天下樂推而不厭.

傅奕本: 是以聖人處之上而民弗重, 處之前而民不害也, 是以天下樂推而不猒.

范應元本: 是以聖人處之上而民弗重, 處之前而民弗害, 是以天下樂推而不猒.

景龍碑本: 是以聖人處上而人不重, 處前而人不害也, 是以天下樂推而不厭.

【해석】

반드시 말을 낮추어야 한다. 그러면 백성들 위에 있어도 백성들은 부담을 느끼지 않으며, 백성의 앞에 있어도 백성들은 해로운 것으로 여기지 않는다. 그래서 천하가 그를 즐거이 받들고도 싫어하지 않는다.

【郭店楚簡注釋】

9 ≪帛書≫本은 죽간문과 달리 「是以聖人之欲上民也, 必以其言下之, 其欲先民也, 必以身後之(그런고로 성인은 백성 위에서 백성을 인도할 때, 말은 반드시 겸손하게 하여야 하고, 백성의 앞에 서고자 하면 반드시 자신을 뒤로 해야한다.)」로 쓴다.

10 ≪帛書≫本은 본 구절을 본 초간(楚簡)과는 달리 「故居前而民弗害也, 居上而民弗重也(그러면 성인이 앞에 있어도 害롭게 여기지 않고, 위에 있어도 부담스러워 하지 않는다.)」로 쓴다.

죽간문은 「害」자를 「丰」와 「日」로 쓴다. 그 중 「丰」가 소리부이다.

裘錫圭 案語: 이 자는 「㝶」자로 예정할 수 있고, 「害」로 읽을 수 있다. 「㝶」자는 ≪說文解字≫에 보이지 않지만, 「憲」자의 소리 부분은 「害」자의 일부를 생략한 형태다.

【註解】

① ≪郭店楚墓竹簡≫의 ‘’자를 ‘重’자로 釋文하기도 한다. 이 자의 아랫부분은 「毛」나, 혹은 「主」·「戈」·「干」자로 보기도 한다. ≪郭店楚墓竹簡≫은 ‘厚’자를 ‘’(≪老子≫5簡), ‘’(≪緇衣≫44簡), ‘’(≪成之聞之≫18簡), ‘’(≪尊德義≫29簡) 등으로 쓰기도 한다. ≪上博楚簡≫은 중간 부분의 ‘口’를 생략하고 ‘’(≪緇衣≫22簡)로 쓰기도 한다. ‘厚’와 ‘重’은 의미와 음이 서로 통하며, ‘부담이 되다’의 의미이다. ≪詩經·小雅·無將大車≫의 『無思百憂, 只自重兮(여러가지 쓸데없는 걱정을 하지 마라. 스스로 피곤하게 되나니.)』의 구절에 대하여 鄭玄 ≪箋≫은 『重猶累也(‘重’은 ‘피곤하다(累)’의 의미.)』라 했다.

② ‘(害)’자의 아랫부분은 ‘皿’이다. ‘憲’자를 ≪史牆盤≫은 ‘()’으로 쓴다. ≪金文篇≫은 이 자에 대하여 ‘1719 (憲)’에서 『不从心, 說文从心从目害省聲(이 자는 의미부 ‘心’을 쓰지 않고 있다. ≪說文解字≫는 ‘憲’자에 대하여 의미부가 ‘心’·‘目’이고, ‘害’자의 일부가 생략된 형태가 소리부라고 설명하였다.)』라 하였다.[28] ‘憲’자와 ‘害’자는 모두 자부 ‘㝶’자를 쓰고, 두 자는 통가자(通假字)로 쓰인다. ‘害’자를 ≪郭店楚簡≫은 ‘’자 이외에도 ‘’(≪成之聞之≫)·‘’(≪老子甲≫나 ‘’(≪老子丙≫)로 쓴다.[29] ≪郭店楚簡·尊德義≫는 ‘憲’자를 ‘’·‘’으로 쓴다.[30]

≪淮南子·原道≫는 『處上而民弗重, 居前而民弗害, 天下歸之, 奸邪畏之(得道한 군자가 백성 위에 있어도 백성들은 중압감을 느끼지 않고, 백성들 앞에 있어도 백성들에게는 피해가 되지 않는다. 그런고로 천하의 백성들은 모두 그에게 모여들게 되고 사악함은 그를 두려워하게 된다.)』라 했다.

③ 楚簡 ‘(樂)’자는 자부 ‘木’ 대신 ‘矢’를 쓴다. ≪郭店楚墓竹簡≫은 字部 ‘木’을 추가하여 ‘’(≪老子丙≫)·‘’(≪語叢≫)으로 쓰기도 한다.[31] ‘矢’는 ‘木’이 譌變(와변)된 것이다.

楚簡의 ‘(進)’자를 다른 판본들은 ‘誰’·‘推’나 혹은 ‘隼’으로 쓴다. 소리부가 모두 ‘隹’이기 때문에 서로 통한다. ‘推擧하다’·‘받들다’의 뜻이며, ‘樂進’은 ‘즐거운 마음으로 기꺼이 받들다’의 의미이다. ≪禮記·儒行≫의 『適弗逢世, 上不援, 下弗推(세상을 만나지 못하여 위로는 불러 이끌어 쓰이지 못하고, 아래로는 밀어주는 이가 없다.)』의 구절에 대하여 鄭玄은 『推猶進也, 擧也(‘推’는 ‘이끌어 주다(進)’나 ‘천거하다(擧)’의 의미.)』라 하였다.

④ ‘’자는 ‘言’과 소리부 ‘占’으로 이루어진 ‘詀(우두커니 설 참, 수다스러울 점, 잔소리할 첩, chè, tiē,

28) ≪金文編≫, 715쪽 참고.
29) ≪楚系簡帛文字篇≫, 694 쪽 참고.
30) ≪楚系簡帛文字篇≫, 934 쪽 참고.
31) ≪楚系簡帛文字篇≫, 548 쪽 참고.

zhān)'이다. 음은 '沾(더할 첨, zhān)'자와 유사하다. ≪說文解字≫는 '𣴑'자에 대하여 『一曰沾, 益也. 从水占聲('더하다(益)'다의 의미가 있다. '水'와 소리부 '占'으로 이루어진 형성자.)』라 설명하였다. '沾'은 물기가 더해짐을 말하고, '詀'은 말이 더해짐을 말한다. '詀'은 '불평불만의 잔소리'이다. '厭(싫을 염, yàn)'과 같은 의미이다. 싫어하니까 불평불만의 잔소리를 하는 것이다.
≪帛書 · 甲乙≫本은 '猒(물릴 염, yān, yàn)'으로 쓰고, 王弼本은 '厭(싫어할 염, yàn)'자로 쓴다.

甲-第 5 簡

甲【第5簡 原文】

以其不靜(爭)也, 古(故)天下莫能與之靜(爭)①. 辠(罪)②莫厚③虐(乎)甚欲[11]④, 咎莫僉(憯)⑤虐(乎)谷(欲)得,

【校讀記】

以其不爭也, 故天下莫能與之爭.(66) 罪莫重乎貪欲, 咎莫險乎欲得,

【校釋】

以丌不靜也, 古天下莫能與之靜. 辠莫𦎫虐㑒欲, 咎莫𩐁虐谷㝵

【異本】

帛書甲本: 非以丌无諍(爭)與? [天$_{63}$下莫能與]靜(爭). 罪莫大於可欲, 𢡺莫大於不知足, 咎莫憯於欲得,

帛書乙本: 不[以]丌无爭與? 故天$_{204上}$下莫能與爭. 罪莫大可欲, 禍……

王弼本: 以其不爭, 故天下莫能與之爭. 禍莫大於不知足, 咎莫大於欲得.

河上公本: 以其不爭, 故天下莫能與之爭. 罪莫大於可欲, 禍莫大於不知足, 咎莫大於欲得,

傅奕本: 不以其不爭? 故天下莫能與之爭. 罪莫大於可欲, 禍莫大於不知足, 咎莫憯於欲得,

范應元本: 不以其爭, 故天下莫能與之爭. 罪莫大於可欲, 禍莫大於不知足, 咎莫憯於欲得,

景龍碑本: 不以其爭, 故天下莫與之爭. 罪莫大於可欲, 禍莫大於不知足, 咎莫大於欲得,

【해석】

그는 또한 남들과 다투지 않기 때문에 천하에는 그와 다툴 자가 없다. 죄는 심한 탐욕 때문에 생기는 것보다 심한 것이 없고, 재앙은 분수에 넘치게 얻으려는 것보다 심한 것이 없고,

【郭店楚簡注釋】

11 이곳의 「甚」자는 제 36간의 「甚愛必大費」 중의 「甚」자와 같다. 본 구절에서는 「淫」의 의미로 쓰이는 것이 아닌가 한다.

【註解】

① 본 구절까지가 王弼本의 제 66장에 해당된다. 그 내용은 「江海之所以能爲百谷王者, 以其善

下之, 故能爲百谷王. 是以聖人欲上民, 必以言下之. 欲先民, 必以身後之. 是以聖人處上而民不重, 處前而民不害. 是以天下樂推而不厭. 以其不爭, 故天下莫能與之爭(강과 바다가 모든 계곡의 왕이 될 수 있는 까닭은 백곡보다 낮은 자리에 있기 때문이다. 그래서 모든 계곡의 왕이 될 수 있는 것이다. 성인은 백성들 앞에서 백성들을 인도할 때, 말은 반드시 겸손하게 낮추어 한다. 백성들 위에 있으며 자기 자신을 낮추어 그들의 뒤에 있었다. 그러므로 성인들이 백성들의 윗자리에 있어도 백성들은 부담을 느끼지 않으며, 백성들의 앞에 있어도 백성들은 해로운 것으로 여기지 않는다. 그러므로 온 천하가 그를 즐겁게 받들고도 싫어하지 않는다. 또한 남과 다투지 않기 때문에 천하에는 그와 다툴 자가 없다.)」이다.

'爭'자를 楚簡은 '(靜)'으로 쓴다. '靜'은 '爭'자의 가차자이다. 앞의 '不靜也' 중의 '(靜)'자는 字部 '靑' 부분에 '口'가 없고 오른쪽 아랫부분에 字部 '口'를 추가하여 쓴다. 金文은 '靜'자를 일반적으로 字部 '口'를 추가하지 않고 ''(≪靜卣≫)·''(≪毛公鼎≫)·''(≪多友鼎≫)으로 쓰나, ≪班簋≫는 아랫부분에 '口'를 추가하여 ''으로 쓴다.[32] ≪郭店楚簡≫·≪上博楚簡≫ 중 字部 '靑' 부분에 '口'를 하여 쓰는 예는 ''(≪郭店楚簡·尊德義≫)·''(≪上博楚簡·緇衣≫) 등이 있다.[33]

② '(辠)'자는 '罪'자의 고문이다. ≪帛書·甲≫은 '(罪)'로 쓴다. 「辠(罪)莫厚虖(乎)甚欲(죄는 심한 탐욕 때문에 생기는 것보다 심한 것이 없다.)」의 내용은 ≪王弼≫本에 보이지 않고 있으며, ≪王弼≫本 46장 중의 「天下有道, 却走馬以糞. 天下無道, 戎馬生於郊(천하에 도가 있으면, 천리마가 거름을 나르나, 천하에 도가 없으면, 戰馬가 들판에서 태어나네.)」 내용은 ≪帛書·甲≫·≪帛書·乙≫·≪河上公≫本·≪傅奕≫本·≪范應元≫本 등에는 모두 있으나, 초간(楚簡)에는 보이지 않고 있다.

③ '厚'자는 바로 앞 第 4簡에도 보인다. 제 3간은 ''로 쓰고, 본 죽간은 ''로 쓴다. 아랫부분이 약간 다르나, 같은 자이다. 모두 '厚'의 이체자이다. 第 4簡 〈譯註〉 ① 참고.

④ ≪郭店楚墓竹簡≫은 '(甚欲)' 중 '(甚)'자를 '淫'의 의미로 풀이하고 있다. 李零 ≪校讀記≫는 '貪欲'으로 해석하며, 「案从甚之字古多从今, 如'堪'字的異體是从戈从今, '堪'字在西周金文中的寫法是从龍从今(後世龕字), 這裏似應讀爲貪(古文字에서 의미부가 '甚'인 자는 일반적으로 의미부를 '今'으로 쓴다. 예를 들어, '堪'자의 이체자 중에는 의미부를 '戈'와 '今'으로 쓴 것이 있고, '堪'자를 西周金文는 의미부 '龍'과 '今'을 사용하여 쓴다(이 자는 후대의 '龕'자이다). 이 문장에서는 '貪'의 의미가 아닌가 한다.)」라 하였다.[34]

'(甚)'자를 ≪帛書≫本·≪河上公≫本·≪傅奕≫本·≪范應元≫本과 ≪景龍碑≫本은 모두 '可'로 쓴다. 제 36간 「甚悉(愛)必大賓(費.)」 구절 중의 '(甚)'자를 다른 판본들은 모두 '甚'자로

32) ≪金文編≫, '0819 (靜)', 350 쪽 참고.
33) ≪楚系簡帛文字篇≫, 501 쪽 참고.
34) ≪郭店楚簡校讀記≫, 8 쪽 참고.

쓴다. 顔世鉉은 ≪郭店楚簡散論(一)≫에서 '舸'·'閜'·'訶'·'柯'·'阿'자는 모두 '可'가 소리부이며, '盛大'나 '盛多'의 의미를 지니고 있다고 설명하였다.35) '可'와 '甚'자는 모두 '甚하다'·'盛多'하다는 의미로 쓰인다.

≪韓詩外傳≫九卷은 ≪老子≫ 구절 중의 '可欲'을 '多欲'으로 쓴다. 『賢士不以恥食, 不以辱得. 老子曰: 「名與身孰親? 身與貨孰多? 得與亡孰病? 是故甚愛必大费, 多藏必厚亡. 知足不辱, 知止不殆, 可以長久. 大成若缺, 其用不敝; 大盈若冲, 其用不窮; 大直若詘大辯若讷, 大巧若拙, 其用不屈. 罪莫大于多欲, 禍莫大于不知足. 故知足之足, 常足矣」(어진 선비라면 녹봉 때문에 부끄러운 짓을 하지 않으며, 명리 때문에 모욕 당할 짓을 하지 않는다. 노자는 다음과 같이 말했다. 명예와 몸 중 어느 것이 더 중요하며, 몸과 재물 중에 어느 것이 더 중요한가? 어느 것을 얻고 어느 것을 잃는 것이 더 바람직한가? 그러므로 (명예를) 너무 아끼면 마음을 크게 허비할 것이고, (재물을) 너무 저장하면 틀림없이 몸을 잃을 것이다. 그래서 만족을 알면 욕을 당하지 않고, 그칠 줄 알면 위태함이 없을 것이고, 그래야 또한 오래 보존할 것이다. 큰 성공은 오히려 빠진 듯이 해야 그 쓰임이 무궁하고, 가득 찬 것을 텅 빈 듯이 해야 그 쓰임이 끝이 없는 것이다. 또한 곧은 것일수록 굽은 듯이 해야 하고, 뛰어난 말솜씨일수록 어눌한 듯이 해야 하며, 기교가 클수록 졸렬한 듯이 해야 그 쓰임이 비뚤어짐이 없는 것이다. 죄는 탐욕보다 큰 것이 없고 화는 만족을 모르는 것보다 큰 것이 없으며, 허물은 얻고자 하는 것보다 더 지나친 것이 없다. 그런고로 만족을 만족으로 알면 늘 만족할 수 있다.)』

⑤ '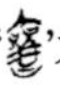'자를 ≪郭店楚墓竹簡≫은 '僉'로 예정하고 '憯'의 의미로 풀이하고 있으며, 다른 판본들은 '憯'이나 혹은 '大'자로 쓴다. ''자의 윗부분은 '僉'이고, 아랫부분은 '朁'이다. 따라서 '憯'과 통한다. 앞 문장에 '大'자가 있고 '憯'과 동의어이기 때문에 王弼本과 河上公本은 '大'자로 쓴다.

≪方言≫은 '僉'자에 대하여 「自關而西, 秦晉之間, 凡人語而過謂之, 或曰僉(關西지방의 秦나라와 晉나라에서는 말을 심하게 험담하는 것을 '僉'이라 한다.)」라 하였다. '險'·'僉'과 '憯'자나 '僭'자의 가차자로 쓰이며, '甚하다'나 '盛大하다'의 의미로 쓰인다.

朱謙之는 ≪老子校釋≫에서 『谦之案: '大'作'憯', 是也. '憯'與'甚'通. 敦·遂本作'甚', 傅·范本作'憯'. 范曰: "憯音慘, 痛也." 畢沅曰: "河上公·王弼'憯'字亦作'大', 韓非作'咎莫憯于欲利', 李约'憯'作'甚'. 說文解字: '憯, 痛也.' 古音甚, 憯同." 馬叙倫曰: 成疏·羅卷作'甚'. 成疏曰: "其爲咎責, 莫甚于斯." 是成亦作'甚'. '甚'借爲'憯', 聲同侵類. 說文'糂'重文作'糣', 是其例證.('大'자를 '憯'자로 쓰는데 이는 옳다. '憯'자와 '甚'자는 서로 통용된다. ≪敦煌·甲≫本과 ≪遂州≫本은 모두 '甚'자로 쓰고, ≪傅奕≫本과 ≪范應元≫本은 '憯'자로 쓴다. 范應元本은 "'憯'자의 음은 '慘'자와 같다. '아프다(痛)'의 의미이다"라 했다. 畢沅은 ≪老子道德經考異≫에서 "≪河上公≫과 ≪王弼≫本은 '憯'자를 '大'자로 쓴다. 韓非子는 '咎莫憯于欲利'으로 쓰고, 李约은 '憯'자를 '甚'자로 쓴다. ≪說文解字≫는 '憯'

35) ≪郭店楚簡國際學術研討會論文集≫, 100-101 쪽 참고.

은 '비통하다'의 의미라고 설명하였다. '甚'자와 '憯'자는 古音이 같다"라 하였다. 馬叙倫은 "成玄英 ≪道德眞經義疏≫와 羅振玉의 ≪老子殘卷≫은 '甚'으로 쓴다. 成玄英이 '其爲咎責, 莫甚于斯(그 책망은 그것보다 더 심함이 없다)'라 설명하였듯이 '甚'자로 쓴다. '甚'자와 '憯'자는 성모가 같고 운모는 모두 '侵'類로 가차자이다. 說文은 '糂'자의 重文을 '糣'으로 쓰는 예가 있다"라 했다.)』라 하였다.[36)]

楚簡은 '僉'자를 ''(≪望山楚簡≫) · ''(≪郭店楚簡 · 性自命出≫) · ''(≪上博楚簡 · 緇衣≫)으로 쓰거나, '亼'을 생략하고 ''(≪包山楚簡≫)으로 쓴다.[37)]

36) ≪老子校釋≫, 187-188 쪽 참고.
37) ≪楚系簡帛文字篇≫, 510 쪽 참고.

甲-第 6 簡

甲【第6簡 原文】

化(禍)莫大虐(乎)①不智(知)②足[12]. 智(知)足之爲足, 此亙(恒)③足矣■[13]. 以𧗠(道)④差(佐)⑤人宔(主)⑥者[14], 不谷(欲)以兵强

【校讀記】

禍莫大乎不知足. 知足之爲足, 此恒足矣.(46) 以道佐人主者, 不欲以兵强

【校釋】

化莫大虐不𣉻足. 𣉻足之爲足, 此亙足矣. 以𧗠差人宔者, 不谷以兵𢑚

【異本】

帛書甲本: (𥚃(禍)莫大於不知足), [故知$_{19}$足之足]恒足矣. 以道佐人主, 不以兵[於]

帛書乙本: (禍[莫大於不知$_{183上}$足), 咎莫憯於欲得. 故知足之足, 恒]足矣. 以道佐人主, 不以兵强$_{244下}$

王弼本: (禍莫大於不知足), 故知足之足, 常足矣. 以道佐人主者, 不以兵强

河上公本: (禍莫大於不知足), 故知足之足, 常足. 以道佐人主者, 不以兵强

傅奕本: (禍莫大於不知足), 故知足之足, 常足矣. 以道佐人主者, 不以兵彊

范應元本: (禍莫大於不知足), 故知足之足, 常足矣. 以道佐人主者, 不以兵强

景龍碑本: (禍莫大於不知足), 故知足之足, 常足. 以道作人主者, 不以兵强

【해석】

화는 만족할 줄 모르는 것보다 더 큰 것이 없다. 그런 까닭에 만족할 줄 앎으로서 만족을 하면, 항상 만족을 하게 되는 것이다. 도로써 임금을 보좌하는 사람은, 군대로써 천하에 강함을 드러내지 않는다.

【郭店楚簡注釋】

12 이상의 두 구절을 ≪帛書≫本은 「𥚃(禍)莫大於不知足, 咎莫憯於欲得(만족을 모르는 것보다 더 큰 화가 없고, 허물은 얻으려고 하는 욕심보다 더 큰 것이 없다.)」으로 쓴다.

13 楚簡의 '亙'자는 ≪說文解字≫의 '恒'자의 古文과 같다.

14 '𧗠'자는 즉 '道'자이다. ≪汗簡≫의 「道」자와 형태가 같다.

【註解】

본 죽간의 내용은 ≪王弼≫本의 제 46장으로 「天下有道, 却走馬以糞. 天下無道, 戎馬生於郊. 禍莫大於不知足. 咎莫大於欲得. 故知足之足常足矣(천하에 도가 행하여지면 전장에서 달리던 말을 돌려보내어 농사일에 힘쓴다. 천하에 도가 없으면 처음부터 전쟁에 쓰이는 말로서 교외 전장에서 출생케 되는 것이다. 죄는 욕망을 따르는 것보다 더 큰 것이 없으며, 화는 만족할 줄 모르는 것보다 더 큰 것이 없고, 허물은 획득하려는 것보다 더 큰 것이 없다. 그러므로 만족할 줄 앎으로써 만족을 하게 되면 언제나 만족을 얻게 되는 것이다.)」로 쓴다.

楚簡은 '咎'의 내용이 먼저 출현하고 '禍'가 뒤에 나오나, ≪王弼≫本 등은 이와 달리 '禍'가 먼저 나오고, '咎'가 뒤에 나온다.

① '(虐)'자를 ≪帛書≫本 등은 '(於)'자로 쓴다. '虐'자는 소리부가 '虎'이다. '虎'는 '曉母'이고 '於'는 '影母'로 모두 喉音에 속한다. '虐'·'於'와 '乎'는 음이 서로 통한다.

② 金文은 '智(智)'자를 楚簡과 같이 '()'(≪毛公鼎≫)·''(≪智君子鑒≫)·''(≪中山王䁐鼎≫)로 쓰고[38], ≪上博楚簡·性情論≫ 등도 '(智)'(第 32簡)로 쓴다.

③ '(死)'자는 '亙'자의 고문으로 '恒'과 같은 자이다. ≪說文解字≫는 '(恒)'자를 「常也. 从心从舟, 在二之間上下. ……(死), 古文恒從月. ≪詩≫曰:『如月之恆』('恒常'의 의미. '心'과 '舟'로 이루어진 자이며, '舟'가 '二'의 중간에 위치한 형태. '恒'자의 古文은 의미부 '月'인 '(死)'으로 쓴다.)」이라 하였다. 楚簡 ''자와 같은 형태이다. 漢代에 漢 文帝의 이름 劉恒을 피휘하기 위하여 ≪帛書≫本 등은 ''·'(常)'자로 쓴다.

④ '(衍)'자를 제 18간에서는 '(道)'로 쓴다. ≪上博楚簡≫도 ''(≪性情論≫)·''(≪孔子詩論≫)로 쓴다.[39]

⑤ ≪說文解字≫는 '(差)'에 대하여 「从左, 从𠂹. , 籒文差从二('左'와 '𠂹'로 이루어진 회의자. 籒文은 '二'를 추가하여 ''로 쓴다.)」라 하였다. 戰國시기의 齊나라 銘文 ≪侯氏䃱(國差䃱)≫은 '差'자를 ''로 쓴다. 容庚 ≪金文篇≫은 「經典通作佐, 佐說文所無(이 자를 經典에서는 일반적으로 '佐'로 쓴다. '佐'자는 ≪說文解字≫에 보이지 않는다.)」라 하였다.[40] '差'자는 소리부가 '左'이기 때문에 '佐'자와 서로 통용된다.

'(差)'자를 ''(≪曾侯乙墓≫)·''(≪包山楚簡≫)로 쓰기도 한다.[41]

⑥ '宔(主)': '(宔)'자는 '宀'과 소리부 '主'로 이루어진 형성자이다. '(宔)'자에 대하여, ≪說文解字≫

38) ≪金文編≫ '0593 (智)', 248 쪽 참고.
39) ≪楚系簡帛文字篇≫, 166 쪽 참고.
40) ≪金文編≫, 311 쪽 참고.
41) ≪楚系簡帛文字篇≫, 462 쪽 참고.

는『宗廟宔祏. 从宀主聲('종묘에 모신 신주 위패'의 의미. '宀'와 '主'聲로 이루어진 형성자.)』라고, 段玉裁는『經典作主, 小篆作宔(經典은 일반적으로 '主'로 쓰고, 小篆은 '宔'로 쓴다.)』라 하였다.

甲-第 7 簡

甲【第7簡 原文】

於天下. 善者果①而已, 不以取强■②. 果而弗𤼲(伐)[15]③, 果而弗喬(驕)④, 果而弗𥎦(矜)[16]⑤, 是胃(謂)果而不强■. 其

【校讀記】

於天下. 善者果而已, 不以取强. 果而弗伐, 果而弗驕, 果而弗矜, 是謂果而不强. 其

【校釋】

於天下. 善者果而已, 不以取𢡔. 果而弗𤼲, 果而弗喬, 果而弗𥎦, 是胃果而不𢡔. 丌

【異本】

帛書甲本: [於]天下. [其事好還. 師之]152所居, 楚朸(棘)生之. 善者果而已矣, 毋以取强焉. 果而勿驕(驕), 果而勿矜. 果而[勿伐].152 果而毋得已居. 是胃(謂)[果]而不强. 物壯而老, 是胃(謂)之不道, 不道蚤(早)已.

帛書乙本: 於天下. 其[事好還. 師之所處, 荊]棘生之. 善者果而已矣, 毋以取强焉. 果而毋驕, 果而勿矜. 果[而毋]245上伐. 果而毋得已居. 是胃(謂)果而强. 物壯而老, 胃(謂)之不道, 不道蚤(早)已

王弼本: 天下. 其事好還. 師之所处, 荆棘生焉. 大軍之後, 必有凶年. 善有果而已, 不敢以取强. 果而勿矜. 果而勿伐. 果而勿驕. 果而不得已. 果而勿强. 物壯則老, 是謂不道, 不道早已.

河上公本: 天下. 其事好還. 師之所处, 荆棘生焉. 大軍之後, 必有凶年. 善者果而已, 不敢以取强. 果而勿矜. 果而勿伐. 果而勿驕. 果而不得已. 果而勿强. 物壯則老, 是謂不道, 不道早已.

傅奕本: 天下. 其事好還. 師之所处, 荆棘生焉. 大軍之後, 必有凶年. 故善者果而已矣, 不敢以取彊焉. 果而勿矜. 果而勿伐. 果而勿驕. 果而不得已. 是果而勿彊. 物壯則老, 是謂非道, 非道早已.

范應元本: 天下. 其事好還. 師之所处, 荆棘生焉. 大軍之後, 必有凶年. 故善者果而已, 不敢以取强. 果而勿矜. 果而勿伐. 果而勿憍. 果而不得已. 是謂果而勿彊. 物壯則老, 是謂不道, 不道早已.

景龍碑本: 天下. 其事好還. 師之所处, 荆棘生. 故善者果而已, 不以取强. 果而勿驕, 果而勿矜,

果而勿伐. 果而不得已. 是果而勿强. 物壯則老, 謂之非道, 非道早已.

【해석】

보필을 잘하는 사람은 어려움을 잘 해결하여 성공적 결과만을 고려할 뿐이지 강한 힘으로 취하지 않는다. 훌륭한 성과를 이루고도 공적을 내세우지 않으며, 훌륭한 성과를 거두고서도 교만하지 않으며, 훌륭한 성과를 이루고도 자만하지도 않는 것은, 성공적 결과를 얻었으나 강함을 드러내지 않는 것을 말한다.

【郭店楚簡注釋】

15 '癹'자의 윗부분은 '癶'를 복잡하게 쓴 형태이다. '癹'은 簡文에서 '伐'자로 가차되어 쓰인다.

16 이상의 세 구절을 帛書는 「果而勿驕, 果而勿矜. 果而□伐(성과를 이루고도 교만하지 않고, 성과가 있으나 자만하지 않고, 성과가 이루었으나 공적을 내세우지 않는다.)」로 쓰고 있고, 아래 「果而毋得已居(성과를 자기가 이룬 것으로 생각하지 않는다.)」 구절은 ≪郭店楚墓竹簡≫에 보이지 않는다.

【註解】

≪郭店楚墓竹簡≫ 第 6, 7, 8簡의 내용을 王弼本의 第 30章은 「以道佐人主者, 不以兵强天下. 其事好還. 師之所处, 荊棘生焉. 大軍之後, 必有凶年. 善有果而已, 不敢以取强. 果而勿矜. 果而勿伐. 果而勿驕. 果而不得已. 果而勿强. 物壯則老, 是謂不道, 不道早已(도로써 임금을 보좌하는 사람은 군사력으로써 천하에 강함을 드러내지 않는다. 이렇게 해야 만이 보필을 잘하는 것이다. 군대가 주둔한 곳엔 가시덤불이 자라게 된다. 큰 전쟁을 치른 뒤에는 반드시 흉년이 든다. 용병을 잘하는 사람은 어려움을 해결할 따름이지, 감히 강한 힘으로 취하려 하지 않는다. 어려움을 해결하되 뽐내지 아니하며, 어려움을 해결하되 자랑하지 않으며, 어려움을 해결하되 교만하지 아니하며, 어려움을 해결하되 부득이할 때만 싸우며, 어려움을 해결하되 강함을 드러내지 않는다. 만물이란 강해지면 늙게 마련이니, 不道함이란 것에 이르는 것이다. 不道함이란 일찍 멸망하게 되는 것이다.)」로 쓴다.

楚簡보다 「其事好還」 구절 뒤에 「師之所處, 荊棘生焉. 大軍之後, 必有凶年」 구절이 더 추가되어 있다. 후에 추가된 것으로 보인다.

① 王弼은 ≪老子道德經注≫에서 「果猶濟也. 言善用師者, 趣以濟難而已矣, 不以兵力取强於天下也('果'는 '濟(구제하다, 해결하다)'의 의미이다. 즉 용병을 잘하는 사람은 어려움을 해결할 따름이지 병력으로 천하에 강함을 드러내려 하지 않는다.)」라 하였다.[42]

② '[illegible](强)'자 다음에 검은 색 점 '●' 부호가 있다. 문장 마침표에 해당된다.

42) ≪老子道德經注≫, 中華書局, 97 쪽 참고.

③ '(癹)'자를 ≪成之聞之≫는 '()'(第 24簡)로 쓰고, ≪老子丙≫은 '()'(第 3簡)로 쓴다. ≪成之聞之≫는 '發'의 의미로 쓰이고, ≪老子丙≫은 '廢'의 의미로 쓰이고 있다. 아랫부분을 생략하고 ''(≪包山楚簡≫)로 쓰기도 한다.43) 모두 '發'의 이체자이다.

'發'과 '廢'·'伐'자는 음이 비슷하기 때문에 경전에서 서로 통용된다. '伐'은 '功績이나 功勳에 뽐내고 자랑하다'의 의미이다. ≪論語·公冶長≫은 『願無伐善, 無施勞(잘하는 것을 자랑하지 않고, 공로를 과시하지 않다.)』라 했다.

④ '(喬)'자를 ≪帛書≫本은 '驕'로 쓰고, 다른 판본들은 '驕'이나 혹은 '憍'로 쓰기도 한다. ''자는 윗부분이 '九'이고, 아랫부분이 '高'이다. '驕'·'驕'·'憍'자의 기본 소리부는 '高'이기 때문에 서로 통한다. '교만하다'·'거만하다'의 의미이다.

≪郭店楚簡·唐虞之道≫는 ''로, ≪五行≫은 ''로, ≪包山楚簡≫은 '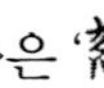'로, ≪上博楚簡·容成氏≫는 ''로 쓴다.44)

⑤ '(矝)'자는 의미부 '矛'와 소리부 '命'으로 이루어진 형성자이다. '矜'자는 원래 '矝'자의 이체자이다. '矝'자는 의미부 '矛'와 소리부 '令'으로 이루어진 형성자이다. '命'과 '令'은 음이 비슷하기 때문에 서로 통용된다. ≪江陵天星觀譴責簡≫은 ''으로 쓴다.45)

43) ≪楚系簡帛文字篇≫, 135 쪽 참고.
44) ≪楚系簡帛文字篇≫, 886 쪽 참고.
45) ≪楚系簡帛文字篇≫, 1179 쪽 참고.

甲-第 8 簡

甲【第8簡 原文】

事好■[17]. 長①古之善爲士者[18], 必非(微)溺②玄達[19], 深不可志(識), ■是以爲之頌(容)[20]③: 夜(豫)虐(乎)奴(若)④冬涉川[21], ■猷(猶)虐(乎)其

【校讀記】

事好長.(30) 古之善爲士者, 必微溺玄達, 深不可識, 是以爲之容: 豫乎 【其】 如冬涉川, 猶乎其

【校釋】

事好長. 古之善爲士者, 必非溺玄達, 深不可志, 是以爲之頌: 夜虐奴各涉川, 猷虐丌

【異本】

帛書甲本: [古之$_{118}$善爲道者, 微妙玄達], 深不可志(識). 夫唯不可志(識), 故强爲之容. 曰: 與呵其若冬[涉水, 猶呵$_{119}$亓

帛書乙本: 故之□爲道者, 微眇(妙)玄達, 深不可志(識). 夫唯$_{230上}$不可志(識), 故强爲之容. 曰: 與呵亓若冬涉水, 猷(猶)呵亓

王弼本: 故之善爲士者, 微妙玄通, 深不可識. 夫唯不可識, 故强爲之容. 豫兮若冬涉川, 猶兮

河上公本: 故之善爲士者, 微妙玄通, 深不可識. 夫唯不可識, 故强爲之容. 與兮若冬涉川, 猶兮

傅奕本: 故之善爲道者, 微妙玄通, 深不可識. 夫惟不可識, 故彊爲之容曰. 豫兮若冬涉川, 猶兮

范應元本: 故之善爲士者, 微妙玄通, 深不可測. 夫惟不可測, 故强爲之容. 豫兮若冬涉川, 猶兮

景龍碑本: 故之善爲士者, 微妙玄通, 深不可識. 夫唯不可識, 故强爲之容. 豫若冬涉川, 猶

【해석】

이렇게 보좌하는 것은 좋은 것이며, 오래 가는 것이다. 옛날 훌륭한 선비는 마음과 몸가짐이 미묘(微妙)하고 유현(幽玄)하고 사리를 통달하여 그의 심오함을 알 수가 없다. 억지로 그 모습을 형용한다면, 조심스러운 행동은 겨울에 냇물을 건너가는 듯하고, 신중한 행위는

【郭店楚簡注釋】

17 「其事好」 아래 「還」자 한 자가 누락되었다. 이 장은 현행본 제 30 장에 해당된다. ≪帛書≫本은 「不以兵强於天下(군사력으로써 천하에 강함을 드러내지 않는다.)」라는 구절과 그 아래 「[其事好還, 師之]所居, 楚朸生之([이렇게 해야 만이 보필을 잘한 것이다] 군대가 주둔한 곳엔

가시덤불이 자라게 된다.)」라는 문장이 더 추가되어 있다(甲本에 보이지 않은 자는 현행본을 참고한 것이다.)

18 ‘長’자는 簡帛書와 현행본에 모두 보이지 않고 있다. ≪說文解字≫는 「長, 久遠也(長, ‘아주 오래되다’의 의미이다.)」라 하였다. 「長古」는 ‘上古’의 의미이다. ‘士’자를 帛書乙은 ‘道’자로 쓰고 있으나, 現行本은 楚簡과 같이 ‘士’로 쓴다.

19 ‘溺’자는 ‘弓’·‘勿’과 ‘水’로 이루어진 자이다. 이곳에서는 「妙」의 가차 의미로 쓰인다. ≪包山楚簡≫ 第 246簡의 「思功解於水上與溺人(물 위에 있는 사람과 물속에 빠진 사람을 구하려 궁리하다.)」 구절 중 「溺人」은 ‘물에 빠진 사람’을 가리킨다.

‘達’자를 簡文은 ‘’로 쓴다. ≪古文四聲韻≫은 ≪古老子≫를 인용하여 楚簡과 매우 유사한 ‘’자로 쓴다. ≪包山楚簡≫ 第 119簡의 ‘達’자는 人名 「司馬達」의 의미이다.

20 다른 판본들은 이 구절을 「故强爲容(억지로 그 모습을 형용하다.)」로 쓴다. ≪帛書≫本은 이 구절 앞에 「夫唯不可志(기록할 수 없다.)」라는 구절이 있다.

21 문맥으로 보아 「奴」자 앞에 「其」자가 누락된 것으로 보인다. ≪說文解字≫가 수록하고 있는 古文 「冬」자와 楚簡의 「冬」자의 형태가 같다.

裘錫圭 按語: 「奴」자는 「如」자의 의미이다.

【註解】

① ‘(好)’자 아래 문장 마침 부호 ‘(丨)’가 있다. 그러나 李零과 廖名春 등은 문맥과 다른 판본을 참고하여 ‘長’자 뒤에 놓여야 한다고 주장하고 있다. 이 楚簡의 구절을 王弼本 등은 「其事好還(이렇게 보좌해야 좋은 것이고 오래 가는 것이다.)」로 쓴다. 李零은 ‘還’자를 ‘遠’의 의미로 보고 있다. ‘遠’은 ‘長’과 동의어이다.

한편, 朱謙之의 ≪老子校釋≫은 『‘還’, 釋文“音旋”. 范應元云: “還, 句缘切, 經史‘旋’·‘還’通.” 案 “其事好還”, 謂兵凶戰危, 反自爲禍也(‘還’자에 대하여 ≪釋文≫은 「‘旋’자와 독음이 같다」라 했다. 范應元은 「‘還’자의 반절은 ‘句缘切’이고, 경전에서는 ‘旋’자와 ‘還’자는 통가자로 사용된다.」라 했다. “其事好還”는 ‘전쟁은 참혹한 것으로 오히려 화가 되는 것’이라는 의미다.)』라 하였다.[46] 그러나 “其事好還” 구절의 이러한 해석은 ≪郭店楚簡≫의 전후 문맥으로 보아 가능성이 적다.

② ‘(非溺)’ 두 자를 다른 판본들은 ‘微妙’나 ‘微眇’로 쓴다. ‘非’자는 ‘微’자의 의미이다. ‘溺’자에 대하여 崔仁義는 ≪荊門郭店楚簡老子研究≫에서 「溺, 同尿, 通妙. 尿妙古韻同在宵部(‘溺’자는 ‘尿’자와 같은 자이며, ‘妙’자와 서로 통한다. ‘尿’와 ‘妙’는 古韻이 모두 ‘宵’部이다.)」라 하였다.[47] ‘溺’자와 ‘妙’자는 음이 서로 통한다.

46) 朱謙之, ≪老子校釋≫, 120 쪽 참고.
47) 崔仁義, ≪荊門郭店楚簡老子研究≫, 64 쪽 참고.

③ ≪說文解字≫는 ‘(颂)’자를 『皃也. 从頁公聲. , 籀文(‘容貌’의 의미. ‘頁’과 소리부 ‘公’으로 이루어진 형성자. 籀文은 ‘(額)’으로 쓴다.)』로 설명하였다. ‘皃’자는 ‘貌’자로 ‘容(額)貌’를 의미한다.

④ ‘(夜)’자는 소리부 ‘亦’과 ‘夕’으로 이루어진 자이다. ≪說文解字≫는 ‘(夜)’자에 대하여 『舍也. 天下休舍也. 从夕, 亦省聲(‘머무르다’의 의미. 즉 천하가 모두 멈추고 휴식하다의 의미. ‘夕’과 ‘亦’자의 일부를 생략한 자부가 소리부인 형성자.)』라 하였다. ‘夜’자를 ≪包山楚簡≫은 ‘’·‘’로, ≪曾侯乙墓竹簡≫은 ‘’로 ≪上博楚簡·民之父母≫는 ‘’로 쓴다. ≪曾侯乙墓竹簡≫·≪包山楚簡≫과 ≪新蔡葛陵楚墓竹簡≫ 중의 ‘坪夜君’을 ≪史記·秦始皇本紀≫는 ‘平輿君’으로 쓴다.[48] ‘夜’자와 ‘輿’자 혹은 ‘與’자나 ‘豫’자와 음이 통한다. ‘猶豫’의 의미로 ‘주저하는’·‘조심스러운’ 행동을 가리킨다.

‘(虛)’자는 ‘乎’의 가차자로 쓰이고 있다. ‘乎’·‘呵’·‘兮’와 ‘焉’ 등은 語氣詞로 서로 통용된다. 朱謙之는 ≪老子校釋≫에서 『王念孫讀書雜志(卷四之一)謂: 「猶豫雙聲字, 猶楚辭之言夷猶耳, 非謂獸畏人而豫上樹, 亦非謂犬子豫在人前」二說均可通, 王說爲勝. 此云若冬涉川者怯寒, 若畏四隣者懼敵, 猶兮與兮, 遲回不進, 蓋因物而狀其容如此(王念孫은 ≪讀書雜志≫(卷四之一)에서 「‘猶豫’는 쌍성연면사로 ≪楚辭≫ 중의 ‘夷猶’와 동의어이다. 사람을 두려워하여 원숭이(豫)가 나무에 오른다거나, 개가 사람 앞에서 주저주저하는 한다는 의미와 관련이 없다.)」라 했다. 두 사람(葉夢得과 王念孫)의 주장 모두가 설득력은 있지만, 王念孫의 주장이 옳다. (賢者를) 사물에 빗대어 그 상태를 형용하자면, 엄동설한에 차가운 냇물을 건너듯이 이웃을 두려운 적을 대하듯이 주저주저 조심스럽게 행하는 것을 말한다.)』라 하였다.[49]

48) ≪楚系簡帛文字篇≫, 662 쪽 참고.
49) 朱謙之, ≪老子校釋≫, 59 쪽 참고.

甲-第 9 簡

甲【第9簡 原文】

奴(若)①愄(畏)四哭(隣)■[22]②. 敢(嚴)③虐(乎)其奴(若)客, 觀(渙)虐(乎)其奴(若)懌(釋)■[23]④, 屯⑤虐(乎)其奴(若)樸■[24]⑥, 坉⑦虐(乎)其奴(若)濁[25]. 竺(孰)能⑧濁以朿(靜)⑨

【校讀記】

如畏四隣, 嚴乎其如客, 渙乎其如釋, 混乎其如樸, 沌乎其如濁. 孰能濁以靜

【校釋】

奴愄四哭; 敢虐丌奴客, 觀虐其奴懌, 屯虐丌奴樸, 坉虐其奴濁. 竺能濁以朿

【異本】

帛書甲本: 若]畏四[鄰, 嚴]呵其若客, 渙呵亓淩(凌)澤(釋), □呵其若楃(樸), 湷[呵其若濁, 湴呵[120] 浴(谷), 濁以情(靜)之,

帛書乙本: 若畏四哭(鄰), 嚴呵亓若亓若客, 渙呵[230下]亓若淩(凌)釋, 沌呵亓若樸, 湷呵亓若濁, 湴呵亓若浴(谷), 濁而靜之,

王弼本: 若畏四隣, 儼兮其若客, 渙兮若冰之將釋, 敦兮其若樸, 曠兮其若谷, 混兮其若濁, 孰能濁以靜之

河上公本: 若畏四隣, 儼兮其若客, 渙兮若冰之將釋, 敦兮其若樸, 曠兮其若谷, 渾兮其若濁, 孰能濁以靜之

傅奕本: 若畏四隣, 儼若客, 渙若冰將釋, 敦兮其若樸, 曠兮其若谷, 混兮其若濁, 敦能濁以澄靖之而

范應元本: 若畏四隣, 儼兮其若客, 渙兮若冰之將釋, 敦兮其若樸, 曠兮其若谷, 渾兮其若濁, 敦能濁以靖之而

景龍碑本: 若畏四隣, 儼若客, 渙若冰將釋, 敦若樸, 混若濁, 曠若谷, 熟能濁以靜之

【해석】

사방 이웃을 모두 두려워하는 듯하고, 위엄 있는 모습은 손님 같고, 풀어지는 것은 얼음이 녹아 내리는 듯하고, 돈독하기는 樸나무(통나무) 같기도 하고, 혼탁하기는 탁한 물과 같다. 그런데 무엇이 이 탁한 물을 고요함으로

【郭店楚簡注釋】

22 죽간문의 「愄」자는 의미부 「心」과 「畏」자의 일부를 생략한 형태이다. 죽간문은 일반적으로 이와 같이 쓰며, 의미는 「畏(두려워할 외, wèi.)」이다.

「𠳵」자를 현행본은 「隣」으로 쓴다. 음이 유사하기 때문에 서로 통한다.

23 「𧢲」자는 소리부가 「遠」이며 「渙」의 의미이다. 「懌」은 「釋」의 의미이다. 「懌」자 앞에는 「凌」자가 누락되었다.

24 「樸」자의 윗부분은 古文 「僕」자와 같다.

25 簡文 「濁」자의 우측 부분은 「蜀」자의 일부를 생략한 형태다. 楚簡(초간) 중에서 「蜀」旁은 일반적으로 이와 같이 쓴다. 帛書乙本은 이 구절 뒤에 「莊呵其若浴(장엄하기가 계곡 같네.)」라는 구절을 쓴다.

【註解】

① ‘(奴)’자를 다른 판본들은 ‘若’자로 쓴다. ‘若’자 또한 ‘如’와 통한다. ≪包山楚簡≫은 ‘’로 쓴다.[50]

② ≪馬王堆帛書≫ 「𠳵國相望(이웃 나라가 서로 바라보이다.)」(≪老子≫乙本) 중의 「(𠳵.)」자를 현행본은 ‘隣’으로 쓴다.[51] ≪郭店楚簡 · 六德≫의 ‘(四𠳵)’과 ≪上博楚簡 · 從政甲≫은 ‘(四𠳵)’은 모두 ‘四隣’의 의미이다.[52]

容庚 ≪金文編≫은 ≪中山王䁠鼎≫의 ‘’자를 수록하고 『說文所無讀爲鄰. 老子德經鄰國相望, 道經猶兮若畏四鄰. 馬王堆漢墓帛書老子乙本均作𠳵(‘𠳵’자는 ≪說文解字≫에 수록되어 있지 않다. ‘鄰’의 의미이다. ≪老子 · 德經≫의 「鄰國相望」과 ≪道經≫의 「猶兮若畏四鄰」 중 ‘鄰’자를 ≪馬王堆漢墓帛書 · 老子乙≫本은 모두 ‘𠳵’자로 쓴다.)』이라 설명하였다.[53]

③ ‘(敢)’자를 현행본은 ‘嚴’ 혹은 ‘儼’으로 쓴다. ≪上海博物館藏戰國楚竹書(五) · 三德≫(第 15簡)은 ‘嚴’자를 ‘𡽍’으로 쓴다. ‘嚴’ · ‘儼’과 ‘𡽍’자의 기본 소리부는 ‘敢’이다. ‘敢’자를 ‘’(≪包山楚簡≫) · ‘’(≪長沙子彈庫楚帛書≫) · ‘’(≪上博楚簡 · 容成氏≫) 등으로도 쓴다.[54]

④ 竹簡文의 ‘(懌)’자를 다른 판본들은 ‘釋’으로 쓴다. ≪郭店楚墓楚簡注釋≫은 ≪帛書≫本의 「凌釋」을 참고하여 「懌」자 앞에는 「凌」자가 누락되었다고 설명하였다. 현행본은 ‘懌’ 앞에 ‘冰之將’라는 구절이 있다. 그러나 ‘懌’자는 이미 ‘氷釋’나 ‘氷解’의 의미를 지니고 있기 때문에, 굳이 ‘凌’이나 ‘氷’자가 누락된 것으로 볼 필요는 없겠다.

50) ≪楚系簡帛文字篇≫, 1012 쪽 참고.
51) 王弼本, 第 80 章 참고.
52) ≪楚系簡帛文字篇≫, 615 쪽 참고.
53) ≪金文編≫, ‘1490 𠳵’, 638 쪽 참고.
54) ≪楚系簡帛文字篇≫, 400 쪽 참고.

⑤ ‘(屯)’자를 다른 판본들은 ‘沌’이나 ‘敦’으로 쓴다. 이 자를 李零은 ‘混’으로 해석하고 있으나, ≪王弼≫本 등은 다음 구절을 「混兮其若濁(혼탁하기는 탁한 물과 같다.)」으로 쓰고 있어 가능성이 적어 보인다. ‘屯’·‘沌’·‘純’과 ‘敦’·‘淳’자는 음이 서로 통한다. ‘屯’을 ‘樸’으로 비유한 것으로 보아 ‘순박하다’·‘질박하다’·‘돈독하다’의 의미이다. ≪新蔡葛陵楚簡≫은 ‘’으로, ≪新陽楚簡≫은 ‘’·‘’으로, ≪包山楚簡≫은 ‘’으로 쓰기도 한다.55)

⑥ ‘’자를 廖名春은 ‘菐’으로 예정하고 있다. ‘樸’자의 이체자이다. 帛書甲本은 ‘’으로 쓴다. 古音이 ‘樸’과 통한다.

≪郭店楚墓竹簡≫〈注釋〉은 ‘’자의 윗부분은 古文 ‘僕’자와 같다고 하였다. ≪老子甲≫ 제13간과 제 2간은 각각 ‘僕’자를 ‘’·‘’으로 쓴다.56)

≪說文解字≫는 ‘(僕)’의 고문을 의미부 ‘臣’을 써서 ‘(䊩)’으로 쓴다. ≪上博楚簡(三)·周易≫은 ‘僕’자를 의미부 ‘臣’을 추가하여 ‘(䑑)’(第 53 簡)으로 쓴다.57)

⑦ ‘(坉)’자를 다른 판본들은 ‘湷’·‘混’·‘渾’ 등으로 쓴다. ‘湷’자 중 소리부 ‘(春)’은 ‘艸’·‘日’과 소리부 ‘屯’으로 이루어진 자이기 때문에 ‘坉’자와 통용되고, ‘混’과 ‘渾’은 음과 의미가 서로 비슷하다.

⑧ ‘(竺能)’의 구절은 ≪帛書≫本에 보이지 않고, 현행본은 ‘熟能’ 혹은 ‘敦能’으로 쓴다. ≪說文解字≫는 ‘(竺)’자에 대하여 『厚也. 从二竹聲(‘두텁게 하다’의 의미. ‘二’와 소리부 ‘竹’으로 이루어진 형성자』라 하였다. 徐鉉은 ‘竺(대나무 축, 竹zhú)’자의 孫愐≪唐韻≫을 ‘冬毒切’로 표기하고 있다. ≪廣韻≫은 ‘熟’·‘孰’·‘淑’·‘塾’·‘䦒’·‘璹’·‘婌’·‘碧’자를 모두 ‘殊六切’로 표기하고 있다. ‘熟’과 ‘敦’은 모두 ‘孰(누구 숙, shú)’의 가차자이다.

≪江陵九店楚簡≫의 ‘’자는 ‘築’의 의미로 쓰인다.58)

⑨ ‘(朿)’자를 다른 판본은 ‘靜(고요할 정, jìng)’이나 ‘竫(편안할 정, jìng)’으로 쓴다. ≪說文解字≫는 ‘(朿)’자의 음을 『讀若刺(‘刺’의 음과 같다.)』라고 설명하고, ‘朿’자의 음을 ‘七賜切’로, ‘靜’과 ‘竫’자는 ‘疾郢切’로 표기하고 있다. ‘七賜切’은 ‘淸’母에 속하고, ‘疾’은 ‘淸’母에 속하며 서로 통한다.

55) ≪楚系簡帛文字篇≫, 59 쪽 참고.
56) ≪楚系簡帛文字編≫, 233 쪽.
57) 李守奎 編著, ≪上海博物館藏戰國楚竹書文字編≫, ‘僕’(36 쪽)·‘䑑’(129 쪽) 참고.
58) ≪楚系簡帛文字篇≫, 1124 쪽 참고.

甲-第 10 簡

甲【第10簡 原文】

者, 牆(將)舍(徐)淸■[26]. 竺(孰)能庀①以迬②者[27], 牆(將)③舍(徐)生. 保此衍(道)者不谷(欲)竘(尚)呈(盈)④. 爲之者敗之, 執之者遠⑤

【校讀記】

者, 將徐淸,⑥ 孰能安以動者, 將徐生. 保此道者不欲尚盈.(15) 爲之者敗之, 執之者遠

【校釋】

者? 牆舍淸; 竺能庀以迬者? 牆舍生. 保此衍者, 不谷竘呈. 爲之者敗之, 執之者遠

【異本】

郭店楚簡丙本: ……爲之者敗之, 執之者遊(失)

帛書甲本: 余(徐)淸? 女〈安〉以重(動)之, 余(徐)生? 葆此道, 不欲盈. 夫唯不欲[盈, 是]以能成[敝而不]121成. [爲之者敗之, 執(執)者遊(失)

帛書乙本: 徐淸? 女〈徐〉以重之, 徐生? 葆此道, [者, 不]欲盈. 是以能褩(敝)而不成。爲之者敗之, 執者失

王弼本: 徐淸? 孰能安以久動之, 徐生? 保此道者, 不欲盈. 夫唯不盈, 故能蔽不新成. 爲者敗之, 執者失

河上公本: 徐淸? 孰能安以久動之, 徐生? 保此道者, 不欲盈. 夫唯不盈, 故能蔽不新成. 爲者敗之, 執者失

傅奕本: 徐淸? 孰能安以久動之而徐生? 保此道者, 不欲盈. 夫惟不盈, 是以能敝而不成. 爲者敗之, 執者失

范應元本: 徐淸? 孰能安以久動之而徐生? 保此道者, 不欲盈. 夫惟不盈, 是以能敝而不成. 爲者敗之, 執者失

景龍碑本: 徐淸? 安以動之, 徐生? 保此道者, 不欲盈. 夫唯不盈, 能弊復成. 爲者敗之, 執者失

【해석】

서서히 맑게 할 수 있는가. 무엇이 이 안정된 것을 움직임으로써 서서히 생동하게 하는가. 도를 보유하고 있는 사람은 언제나 가득 차기를 바라지 않는다. 고의적으로 하는 자는 오히려 실패하고 너무 집착하는 자는 오히려 그것과 멀어지게 된다.

【郭店楚簡注釋】

26 「舍」자를 竹簡文은 ''로 쓴다. 「舍」와 「徐」는 음이 서로 비슷하기 때문에 통가자(通假字)로 쓰인다. ≪汗簡≫은 「余」자를 竹簡文과 형태가 비슷하게 ''로 쓴다. 「舍」자와 「余」자는 통가자로 쓰인다.

27 「厇」자를 竹簡文은 「」로 쓴다. 이 자는 「安」자를 잘못 쓴 것이 아닌가 한다.
裘錫圭 按語: 「迬」자를 ≪帛書≫本은 「重」으로 쓰고, 현행본은 「動」으로 쓴다. 「主」와 「重」의 上古音 聲母(성모)는 서로 비슷하고, 韻部 또한 陰陽對轉 관계이다.

【註解】

① ≪郭店楚墓竹簡≫은 '(厇)'자는 '安'자의 오자라고 설명하였다. 그러나 혹은 '厇'자를 '安'이나 혹은 '牝'의 이체자로 보기도 한다. 고문자에서 '广'은 '宀'형의 변형이고, '安'자는 '匕'를 추가하여 ''으로 쓰기 때문에 '安'의 이체자로 볼 수 있다. '宅'자를 字部(자부) '宀'방 대신 '广'을 써서 ''(≪郭店楚簡·成之聞之≫)으로 쓴다.59)

'安'자는 ''(≪包山楚簡≫)·''(≪曾侯乙墓≫)·''(≪江陵天星觀≫)·''(≪郭店楚簡·五行≫)·''(≪郭店楚簡·語叢三≫)·''·'' (≪上博楚簡·民之父母≫)등으로 쓰고, 혹은 '宀'을 생략하고 ''(≪郭店楚簡·六德≫)·''(≪包山楚簡≫)·''(≪郭店楚簡·尊德義≫)·''(≪郭店楚簡·尊德義≫)·''(≪上博楚簡·容成氏≫)·''(≪上博楚簡·孔子詩論≫)·''(≪曾侯乙墓≫)·''(≪郭店楚簡·老子丙≫)으로 쓴다.60)

문자의 형태로 보아 '安'의 이체자가 아니고, 의미부 '广'과 소리부 '匕'로 이루어진 자로 '宓(성 복 mì)'으로 읽고 '편안하다'의 '安'의 의미로 쓰인 것이 아닌가 한다.61)

② '(迬)'자는 의미부가 '辵'이고 소리부가 '主'이다. 음이 '重'이나 '動'과 통한다. ≪說文解字≫는 '(主)'자에 대하여 『鐙中火主也. 从𡈼, 象形. 从丶, 丶亦聲(등불의 불꽃 심지. '𡈼'은 등잔의 형상이다. 불꽃의 형상인 '丶'는 또한 음을 표시하기도 한다.)』라 하고, 徐鉉은 '之庾切'로 음을 표기하며, '(重)'자에 대해서는 『厚也. 从壬東聲('중후하다'의 의미. '壬'과 소리부 '東'으로 이루어진 형성자.)』이라고 설명하고, 徐鉉은 '柱用切'으로 음을 표기하며, '(動)'자에 대해서는 『作也. 从力重聲. 古文動从辵('작동하다'의 의미. '力'과 '重'으로 이루어진 형성자. '動'자의 고문은 字部(자부) '辵'을 추가하여 ''으로 쓴다.)』라고 설명하고, 徐鉉은 '徒總切'로 음을 표기하고 있다. 反切 上字 '之'는 '照'母이고, '柱'는 '澄'母이고, '徒'는 '定'母로 고음이 서로 통한다.

59) ≪楚系簡帛文字篇≫, 680 쪽 참고.
60) ≪楚系簡帛文字篇≫, 684 쪽 참고.
61) 顔世玆, 〈郭店楚簡散論(一)〉(2000), 101 쪽 참고.

③ ''(䤄)은 '醬'의 고문자이다. '將'의 의미로 쓰인다. ≪說文解字≫는 ''(醬)'자에 대하여 『䀋也. 从肉从酉. 酒以和醬也. 爿聲. '', 古文. '', 籒文(소금으로 절인 고기. 자부 '肉'와 '酉'는 술로 고기를 절이는 의미. '爿'은 소리부이다. 古文은 ''(䤄)'이고, 籒文은 ''(𤮊)'이다.)』이라 하였다.

④ ''자를 ≪郭店楚墓竹簡≫은 '𡭊'으로 예정하고 있고, 廖名春은 '堂'로 예정하고 있다. 소리부가 '尙'이다. ''자는 '尙'자의 복잡하게 쓴 형태이며 '尙'의 의미이다.
≪郭店楚簡・性自命出≫과 ≪上博楚簡・性情論≫은 '𡭊'자를 ''・''으로 쓰고, ≪上博楚簡・容成氏≫는 ''으로 쓰며, 모두 '當'의 의미로 쓰인다.62)
''(呈)'자는 '浧(흐를 영, chěng, yǐng)'자와 통하고, '浧'자는 또한 '盈'자와 음과 의미가 통한다. ≪說文解字≫는 ''(呈)'자에 대하여 『平也. 从口壬聲('평균'의 의미. '口'과 소리부 '壬'으로 이루어진 형성자.)』라 설명하고, 음은 '直貞切'이다. ''(盈)'의 음은 '以成切'이다.

초간(楚簡)의 8簡, 9簡 10簡은 ≪王弼≫本의 제 15장에 해당된다. 제 15장은 『古之善爲士者, 微妙玄通, 深不可識. 夫唯不可識, 故强爲之容. 豫焉若冬涉川, 猶兮若畏四隣, 儼兮其若容, 渙兮若冰之將釋, 敦兮其若樸, 曠兮其若谷, 混兮其若濁. 孰能濁以靜之徐清. 孰能安以久動之徐生. 保此道者不欲盈. 夫唯不盈故能蔽不新成(옛날 훌륭한 선비는 마음과 몸가짐이 미묘(微妙)하고 유현(幽玄)하고 사리를 통달하였으며, 그의 심오함을 알 수가 없다. 만약에 그 억지로 그 모습을 형용한다면, 조심스러운 행동은 겨울에 냇물을 건너가는 듯하고, 신중한 행위는 사방 이웃을 모두 두려워하는 듯하고, 위엄 있는 모습은 손님 같고, 풀어지는 것은 얼음이 녹아내리는 듯하고, 돈독하기는 樸나무(통나무) 같기도 하고, 혼탁하기는 탁한 물과 같다. 그런데 무엇이 이 탁한 물을 고요함으로 서서히 맑게 할 수 있는가. 무엇이 이 안정된 것을 움직임으로써 서서히 생동하게 하는가. 도를 보유하고 있는 사람은 언제나 가득 차기를 바라지 않는다. 완전히 채워짐을 원치 않기 때문에 자신을 가리고 다시 새롭게 이루려 하지 않는다.)』로 쓰고 있는데, 초간(楚簡)과 비교하여 「夫唯不盈故能蔽不新成(완전히 채워짐을 원치 않기 때문에 자신을 가리고 다시 새롭게 이루려 하지 않는다.)」의 내용이 더 추가되어 있다. ≪帛書・乙≫은 「是以能㢼而不成(자신을 가리고 완전히 이루지 않는다.)」로 쓴다.

⑤ 「爲之者敗之, 執之者遠」의 구절을 ≪老子・丙≫ 第 11簡은 「爲之者敗之, 㙯之者遊之(고의로 하는 자는 오히려 실패하고 너무 집착하는 자는 오히려 그것과 멀어진다.)」로 쓴다. 초간(楚簡)의 ''(㙯)'자는 '執'의 繁形이다. '執'자를 ≪曾侯乙墓≫는 ''으로, ≪包山楚簡≫은 ''・''으로 쓴다. 모두 '執'자의 이체자이다.

62) ≪楚系簡帛文字篇≫, 895 쪽 참고.

≪郭店楚墓竹簡≫과 李零은 '(遠)'자와 '失'자가 비슷하기 때문에 '失'자를 잘못 쓴 것으로 설명하고 있으나(6 쪽), '遠(멀어지게 된다)'의 의미는 '失(잃다, 실패하다)'과 동의어이기 때문에 잘못 쓴 것이 아니다.

'遠'자는 楚簡(초간)에서 가운데 '口'를 생략하고 ''으로 쓰기도 하고, '日'의 형태를 써서 ''(≪郭店楚簡 · 五行≫)으로 쓰기도 한다.[63]

'遊(失)'자를 ≪包山楚簡≫은 ''로, ≪郭店楚簡 · 老子乙≫은 ''로, ≪上博楚簡 · 緇衣≫는 ''로 쓴다.[64]

⑥ 楚簡은 원래 '(淸)'자 아래 문장부호 ''을 삽입하고 있는데, 이에 대하여 李零은 「■號原誤'淸'字下, 今移'盈'字下(부호 '■'은 원래 '淸'자 아래 놓여 있었지만, 이는 잘못 표기한 것이기 때문에 '(呈, 盈)'자 아래에 놓기로 한다.)」라 하였다.[65]

63) ≪楚系簡帛文字篇≫, 165 쪽 참고.
64) ≪楚系簡帛文字篇≫, 1004 쪽 참고.
65) ≪郭店楚簡校讀記≫, 6-7 쪽 참고.

甲-第 11 簡

甲【第11簡 原文】

之.[①] 是以聖人亡爲古(故)亡敗, 亡執古(故)亡遊(失)[28][②]. 臨事之紀[29], 誓(愼)冬(終)女(如)忖(始)[30][③], 此亡敗事矣. 聖人谷(欲)

【校讀記】

之. 是以聖人無爲故無敗, 無執故無失. 臨事之紀, 愼終如始, 此無敗事矣. 聖人欲

【校釋】

之. 是以聖人亡爲, 古亡敗; 亡𢦏, 古亡遊. 臨事之紀: 誓各女怠, 此亡敗事矣. 聖人谷

【異本】

郭店楚簡丙本: 之■. 聖人無爲, 古(故)無敗也, 無執, 古(故)□□□.$_{11}$ 新(愼)終若詞(始), 則無敗事喜(矣)■. 人之敗也, 亘(恒)於其𠭁(且)成也敗之. 是以□$_{12}$人欲

帛書甲本: 之. 聖$_{57}$人无爲]也. [故]无敗[也], 无執也, 故无失也. 民之从事也. 恒於其成事而敗之, 故愼終若始, 則[无敗$_{58}$事矣. 是以聖人]欲

帛書乙本: 之. 是以耶(聖)人无爲[也, 故无敗也. 无執也, 故$_{201上}$无失也]. 民之从事也. 恒於其成而敗之, 故曰: 愼冬(終)若始, 則无敗事矣. 是以耶(聖)人欲

王弼本: 之. 是以聖人無爲, 故無敗, 無執, 故無失. 民之从事, 常於幾成而敗之. 愼終如始, 則無敗事. 是以聖人欲

河上公本: 之. 聖人無爲, 故無敗, 无執, 故無失. 民之从事, 常於幾成而敗之. 愼終如始, 則無敗事. 是以聖人欲

傅奕本: 之. 是以聖人無爲, 故無敗, 無執, 故無失. 民之从事, 常於其幾成而敗之. 愼終如始, 則無敗事矣. 是以聖人欲

范應元本: 之. 是以聖人无爲, 故无敗, 无執, 故无失. 民之从事, 常於其幾成而敗之. 愼終如始, 則无敗事. 是以聖人欲

景龍碑本: 之. 是以聖人無爲, 故無敗, 無執, 故無失. 民之从事, 常於幾成而敗之. 愼終如始, 則無敗事. 是以聖人欲

【해석】

따라서 성인은 무위하기 때문에 실패가 없고, 집착하지 않기 때문에 잃는 것이 없다. 일을 임할

때, 끝을 시작같이 신중하게 하는 준칙이 있기 때문에 실패하지 않는다. 성인은

【郭店楚簡注釋】

28 「遊」자를 다른 판본들은 「失」자로 쓴다. 이 자는 楚簡에서 자주 보이는데, 모두 「失」의 의미로 쓴다. 자형에 대해서는 좀 더 연구가 필요하겠다.

29 「臨」자는 「視」 혹은 「治」의 의미이다. ≪國語 · 晋語≫의 「臨長晉國者(진나라 군정대권을 장악하다.)」 구절에 대하여 賈誼는 「治也(다스리다.)」라 하였다.
≪禮記 · 樂記≫의 「中和之紀(만물이 화합하는 근본적인 도리.)」라는 구절에 대하여 「總要之名也(총괄적인 명목.)」라고 주석하고 있다. 이 구절은 ≪帛書≫本에 보이지 않는다. ≪帛書≫本의 「民之从事也, 恒於其成事而敗之(사람들은 일을 할 때, 거의 완성된 상태에서 실패한다.)」의 구절은 楚簡에 보이지 않는다.

30 金文은 '誓'자를 竹簡文과 비슷하게 ''(≪散盤≫)나 ''(≪鬲比簋≫)로 쓴다. 「誓」자는 「愼」의 가차자이다.
裘錫圭 按語: 「誓」자와 '注釋 64'에서 설명하고 있는 「新」자는 동일한 자이다, 이 자가 「誓」의 의미로 쓰이는 지에 대해서는 좀 더 연구해 봐야한다.
「忖」자의 소리부는 「㚅」로 예정할 수 있다. 아래 문장 중 소리부가 「㚅」인 자는 모두 같은 자이다.

【註解】

① 第 10簡의 마지막 구절 「爲之者敗之, 執之者遠之」에서 第 13簡 첫 구절 「能爲」까지 ≪老子 · 丙≫은 「爲之者敗之, 執之者遊(失)之. 聖人無爲, 古(故)無敗也, 無執, 古(故)□□□.11 新(愼)終若訂(始), 則無敗事喜(矣). 人之敗也, 亘(恒)於其䖒(且)成也敗之. 是以□12 人欲不欲, 不貴𩁹(難)得之貨, 學不學, 復衆之所𨒪(過). 是以能補(輔)𥡴(萬)勿(物)13 之自肰(然), 而弗敢爲.14 (고의적으로 하는 자는 오히려 실패하고 너무 집착하는 자는 오히려 그것과 멀어지게 된다. 따라서 성인은 무위하기 때문에 실패가 없고, 집착하지 않기 때문에 잃는 것이 없다. 일에 임할 때, 끝을 시작같이 신중하게 하기 때문에 일은 실패하지 않는다. 성인은 욕심을 부리지 않으며, 얻기 어려운 재물을 귀하게 여기지 않는다. 가르침이 없는 것으로 가르치면, 잘못이 있는 백성들은 스스로 돌아오게 된다. 그런 고로 성인들은 만물의 자연스런 존속을 돕고, 인위적인 행위를 하지 않는다.)」로 쓴다. 내용이 중복된다.

② '(遊)'자에 대해서 학자마다 의견이 분분하다. '羊'은 '矢'를 잘못 쓴 것이기 때문에 '逬'으로 예정하거나, '逬'자는 '迭'자를 복잡하게 쓴 형태라고 주장하기도 하며, '逹'자의 이체자로 보기도 한다.[66]

66) 廖名春, ≪郭店楚簡校釋≫, 116-117 쪽 참고.

‘逹’자는 ‘達’과 같은 자이다. 고문자에서 자부(字部) ‘大’ · ‘失’ · ‘矢’는 혼용되기 때문에 ‘迭’자를 ‘达’로 쓰기도 한다.

≪說文解字≫는 ‘ (達)’에 대하여 「行不相遇也. 从辵, 羍聲. ≪詩≫曰: 挑兮達兮. , 達或从大. 或曰迭(큰 길이기 때문에 서로 길에서 만나지 못하다의 의미이다. ‘辵’과 소리부 소리부 ‘羍’로 이루어진 형성자. ≪詩經≫은 『挑兮達兮(왔다갔다하며 서로 바라보네.)』라 했다. ‘達’자는 ‘大’를 써서 ‘ (达)’로 쓰거나 ‘迭’로 쓴다.)」라 하였다. 따라서 ‘迭’ · ‘達’ · ‘达’과 ‘失’은 서로 통한다. ≪郭店楚簡≫의 ≪老子乙≫과 ≪老子丙≫는 각각 ‘’과 ‘’로 쓴다.

③ ‘(誓斤)’자는 ‘愼’으로 읽으며, ≪郭店楚簡 · 緇衣≫도 같은 형태인 ‘’으로 쓴다. 그러나 자부 ‘十’ 대신 ‘幺’를 써서 ‘’(≪老子丙≫) · ‘’(≪包山楚簡≫)으로 쓰기도 하고, 혹은 ‘心’을 추가하여 ‘’(≪五行≫) · ‘’(≪五行≫)으로 쓰기도 하고, ‘斦’을 생략하고 ‘’(≪上博楚簡 · 性情論≫)으로 쓴다.67)

소리부가 ‘斦(모탕 은, yín)’이며, ‘愼’의 의미이다. ≪說文解字≫는 ‘ (斦)’자에 대하여 『二斤也. 从二斤(‘두 개의 도끼’의 의미. 두 개의 ‘斤’으로 이루어진 회의자.)』, ‘語斤切’로 설명하였다.

‘誓’자를 金文은 ‘’(≪洹子孟姜壺≫) · ‘’(≪鬲攸比鼎≫) · ‘’(≪散盤≫) · ‘’(≪番生簋≫)로 쓴다.68)

‘’자는 ‘冬’자의 고문이며, ‘終’의 의미이다. ≪說文解字≫는 ‘ (冬)’자의 古文을 字部(자부) ‘日’을 써서 ‘ ’으로 쓴다. ‘冬’자를 ≪新蔡葛陵楚簡≫은 ‘’ · ‘’으로 쓰고, ≪上博楚簡 · 緇衣≫는 ‘’으로 쓴다.69)

‘(忖)’자의 윗부분은 ‘台’이다. ‘台’자는 ‘以’와 ‘口’로 이루어진 자이며, ‘以’가 소리부이다. ≪說文解字≫는 ‘ (台)’자에 대하여 『說也. 从口㠯聲(‘기뻐하다’의 의미. ‘口’와 ‘㠯(以)’의 음으로 이루어진 형성자.)』라고 설명하고, 음은 ‘與之切’이다. ‘ (始)’에 대해서는 『女之初也. 从女台聲(‘초생하다’의 의미. ‘女’와 ‘台’의 음으로 이루어진 형성자.)』라 하고, 음은 ‘詩止切’이다. ‘台’자와 ‘始’자의 기본 음은 ‘以’이다.

≪老子 · 丙≫(第12簡)의 ‘’자를 ≪郭店楚墓竹簡≫은 ‘詞’으로 예정하고 ‘始’의 의미로 해석하고 있으나, ‘忖’로 예정해야 옳다. ‘’자는 자부 ‘口’를 추가하여 ‘’(≪上博楚簡 · 孔子詩論≫)로 쓰고, ‘心’을 추가하여 ‘’(≪包山楚簡≫)로 쓰기도 한다. 초간(楚簡)에서 ‘始’의 의미 이외에 ‘怡’나 ‘治’의 의미로 쓰인다.70)

67) ≪楚系簡帛文字篇≫, 1177 쪽 참고.
68) ≪金文編≫, ‘0346 ’ 142 쪽 참고.
69) ≪楚系簡帛文字篇≫, 958 쪽 참고.
70) ≪楚系簡帛文字篇≫, 928 쪽 참고.

甲-第 12 簡

甲【第12簡 原文】

不谷(欲), 不貴難得之貨, 𡥈(教)不𡥈(教)[31]①, 復衆之所㐌(過)■[32]②. 是古(故)聖人能尃(輔)③萬勿(物)之自肰(然)④, 而弗

【校讀記】

不欲, 不貴難得之貨, 教不教, 復衆之所過. 是故聖人能輔萬物之自然, 而弗

【校釋】

不谷, 不貴難㝵之貨; 𡥈不𡥈, 復衆之所㐌. 是古聖人能尃萬勿之自肰, 而弗

【異本】

郭店楚簡丙本: 不欲, 不貴戁(難)得之貨, 學不學, 复衆之所㭊(過). 是以能補(輔)𡁵(萬)勿(物)$_{13}$ 之自肰(然), 而弗

帛書甲本: 不欲, 而不貴難得之𩡣(貨). 學不學, 復衆人之所過, 能輔萬物之自[然, 而]$_{59}$弗

帛書乙本: 不欲$_{201下}$, 而不貴難得之貨. 學不學, 復衆人之所過, 能輔萬物之自然, 而弗

王弼本: 不欲, 不貴難得之貨. 學不學, 復衆人之所過, 以輔萬物之自然, 而不

河上公本: 不欲, 不貴難得之貨. 學不學, 復衆人之所過, 以輔萬物之自然, 而不

傅奕本: 不欲, 不貴難得之貨. 學不學, 以復衆人之所過, 以輔萬物之自然, 而不

范應元本: 不欲, 不貴難得之貨. 學不學, 復衆人之所過, 以輔萬物之自然, 而不

景龍碑本: 不欲, 不貴難得之貨. 學不學, 復衆人之所過, 以輔萬物之自然, 而不

【해석】

탐욕하지 않음을 추구하니, 얻기 어려운 재물을 귀하게 여기지 않는다. 가르침이 없는 것으로 가르치면, 잘못이 있는 백성들은 스스로 돌아오게 된다. 그런 고로 성인들은 만물의 자연스러움에 의한 것이지, 인위적인 행위를 하지 않는다.

【郭店楚簡注釋】

31 '𡥈'자에 대하여 ≪古文四聲韻≫은 ≪古老子≫를 인용하여 「學」으로 풀이하고 있다. ≪漢簡≫과 ≪古文四聲韻≫에서 인용하고 있는 郭昭卿의 ≪字指≫ 중의 「敎」자와 동일한 형태이다. ≪說文解字≫는 「敎」자의 古文을 '𢽤'나 '𡦅'로 쓰고, ≪汗簡≫에는 '𢿛'가 있는데, 모

두 소리부가 '斈'이거나 혹은 '斈'의 일부를 생략한 형태로 쓴다. 이러한 예로 보아 簡文의 이 자는 「敎」의 의미로 해석하여야 옳다. 「行不言之敎」 중의 「敎」자 또한 이 형태와 같다. 竹簡文은 「學」자를 '𭡇'으로 쓴다. 「學」과 「敎」는 음과 형태가 비슷하기 때문에 혼동하기 쉽다.

이 구절을 ≪帛書≫本과 현행본(今本)은 모두 「學不學」으로 쓴다.

32 「所」자 아래 중문부호가 있는데, 잘못 추가된 것이다.

【註解】

① '斈(教)不斈(教)'를 현행본(今本)은 모두 '學不學'으로 쓴다. '斈'자는 '教'자를 생략하여 쓴 형태다. '敎'자는 楚簡(초간)에서 ' (敎)'(≪包山楚簡≫)로 쓰기도 하나, ' (斈)'(≪上博楚簡 · 容成氏≫) · ' (斈)'(≪上博楚簡 · 性情論≫) · ' (效)' · ' (教)'(≪郭店楚簡 · 唐虞之道≫) · ' (𢽤)'(≪郭店楚簡 · 尊德義≫) · ' ( )'(≪郭店楚簡 · 尊德義≫) · ' ( )'(≪上博楚簡 · 語叢三≫)로 쓴다.[71] 모두 '敎'자의 이체자이다. ≪說文解字≫는 ' (敎)'자의 古文으로 ' ( )' · ' (效)' · ' ( )'로 쓴다. 소리부가 '爻'이다. '學' · '覺' · '鷽' · '交' · '校' · '效' · '肴'자도 모두 소리부가 '爻'이기 때문에 의미상 서로 관련이 있다. '爻'는 周易의 괘로도 쓰인다.

'斈' · '教'자와 '學'자는 원래 같은 자였으나, 후에 각각 세분화 되었다.

≪郭店楚簡 · 老子丙≫(第13簡)은 ' '(學不學)으로 쓴다. 판본이 다르기 때문인 것으로 보인다.

② ' (𠂤)'자는 '𨑫'자의 생략한 형태이며 소리부가 '化'이고, '過'의 의미이다. ' (𠂤)'자를 ≪郭店楚簡 · 老子丙≫은 ' '로 쓰고, ≪郭店楚簡 · 語叢三≫은 ' '로 쓴다.[72]

③ ' (尃)'자를 ≪郭店楚簡 · 老子丙≫은 ' (補)'로 쓴다. 모두 소리부가 '甫'이다. ≪說文解字≫는 ' (甫)'자에 대하여 『男子美稱也. 从用 · 父, 父亦聲(남자에 대한 존칭. '用'과 '父'로 이루어진 회의자이며, '父'는 또한 음을 표시하기도 한다.)』라 하였고, 음은 '方矩切'이다.

본 구절에서는 '따르다' · '의지하다'나 '순리적'의 의미인 '輔'의 용법으로 사용되고 있다. 楚簡(초간)에서 '尃'자는 ' '(≪包山楚簡≫) · ' '(≪郭店楚簡 · 五行≫) · ' '(≪忠信之道≫) · ' '(≪上博楚簡 · 孔子詩論≫) · ' '(≪上博楚簡 · 容成氏≫) 등으로 쓰며, '輔(도울 보, fǔ)' · '溥(넓을 부, pǔ)' · '薄(엷을 박, báo, bó)' · '博(넓을 박, bó)' 등의 의미로 쓰인다.[73]

④ ' (肰)'자는 '肉'과 '犬'으로 이루어진 회의자이다. ≪說文解字≫는 '肰(개고기 연, rán)'자에 대하여 『 , 犬肉也. 从犬 · 肉. 讀若然. 古文肰. 亦古文肰('肰'자는 '개 고기'의 의미. '犬'과 '肉'으로 이루어진 회의자이며, 음은 '然'과 비슷하다. '肰'자의 고문은 ' '이나 ' '으로 쓴다.)』라 하였다.

71) ≪楚系簡帛文字篇≫, 321 쪽 참고.
72) ≪楚系簡帛文字篇≫, 152 쪽 참고.
73) ≪楚系簡帛文字篇≫, 302 쪽 참고.

甲-第 13 簡

甲【제13簡 原文】

能爲.[33]① 衍(道)②亙(恒)③亡爲也[34], 侯王能守之, 而萬勿(物)牆(將)自𢡺(化)④. 𢡺(化)而雒(欲)复(作), 牆(將)貞(鎭)之以亡名之㯷(樸)⑤. 夫

【校讀記】

能爲.(64) 道恒無爲也, 侯王能守之, 而萬物將自化. 化而欲作, 將鎭之以無名之樸. 夫

【校釋】

能爲. 衍亙亡爲也, 侯王能守之, 而萬勿牆自𢡺. 𢡺而雒复, 牆貞之以亡名之㯷. 夫

【異本】

郭店楚簡丙本: 敢爲■$_{14}$.

帛書甲本: 敢爲. 道恒无名, 侯王若守之, 萬物將自𢡺(化). 𢡺(化)而欲$_{168}$[作, 吾將鎭之以]无名之楃(樸). [鎭之以]无名之楃(樸), 夫

帛書乙本: 敢爲. 道恒无名, 侯王若$_{251下}$能守之, 萬物將自化. 化而欲作, 吾將闐(鎭)之以无名之樸. 闐(鎭)之以无名之樸, 夫

王弼本: 敢爲. 道常無爲而無不爲. 侯王若能守之, 萬物將自化. 化而欲作, 吾將鎭之以無名之樸. 無名之樸, 夫

河上公本: 敢爲. 道常無爲而無不爲. 侯王若能守, 萬物將自化. 化而欲作, 吾將鎭之以無名之朴. 無名之朴, 夫

傅奕本: 敢爲也. 道常無爲而無不爲. 侯王若能守, 萬物將自化. 化而欲作, 吾將鎭之以無名之樸. 無名之樸, 夫

范應元本: 敢爲也. 道常无爲而无不爲. 王侯若能守之, 萬物將自化. 化而欲作, 吾將鎭之以无名之樸. 无名之樸, 夫

景龍碑本: 敢爲. 道常无爲而无不爲. 侯王若能守, 萬物將自化. 化而欲作, 吾將鎭之以无名之朴. 无名之朴, 夫

【해석】

도란 언제나 무위(無爲)이지만, 후왕들이 이를 지킨다면 만물은 곧 스스로 조화를 이루게 된다. 만물이 스스로 조화를 이루나 작위(作爲)를 하려는 욕망이 생기면 이름이 없는 생긴 그대로의 소박함에 의하여 진정되어야 한다.

【郭店楚簡注釋】

33 「是古(故)聖人」 구절은 ≪帛書≫本에 보이지 않는다.

34 「亡爲」를 ≪帛書≫本은 「無名」으로 쓰고, 현행본(今本)은 「無爲」로 쓴다. 이 구절 뒤에 현행본은 「而無不爲」의 구절이 있으나, 竹簡文과 ≪帛書≫本에는 보이지 않는다.

【註解】

① ≪王弼≫本의 第 64章은 『其安易持, 其未兆易謀. 其脆易泮, 其微易散. 爲之於未有, 治之於未亂. 合抱之木生於毫末. 九層之臺起於累土. 千里之行始於足下. 爲者敗之, 執者失之. 是以聖人無爲故無敗, 無執故無失. 民之從事常於幾成而敗之. 愼終如始則無敗事. 是以聖人欲不欲, 不貴難得之貨. 學不學, 復衆人之所過, 以輔萬物之自然而不敢爲(고요히 있을 때 유지하기 쉽고, 아직 드러나지 않을 때 도모하기 쉬우며, 허약한 것은 쪼개기 쉽고, 작은 것은 흐트러뜨리기 쉽다. 아직 있지 않을 때 그것을 위하여 행하고 아직 혼란하지 않을 때 다스린다. 한 아름되는 나무는 털끝만한 것에서 자라고, 아홉 층 되는 높은 누각은 한 삼태기의 흙에서 세워지며, 백리나 되는 먼 거리도 발끝에서 시작된다. 억지로 하는 사람은 실패하고 집착하면 잃게 되기 때문에 성인은 억지로 하지 않으니 실패가 없고, 집착하지 않으니 잃는 것이 없다. 백성들이 일을 할 때는 항상 일이 다 될 때쯤 잘못되게 마련이다. 그런 까닭에 마지막을 조심하기를 처음과 같이 하고, 그렇게 하면 잘못되는 일이 없다. 성인은 탐욕하지 않음을 추구하니, 얻기 어려운 재물을 귀하게 여기지 않는다. 가르침이 없는 것으로 가르치면, 잘못이 있는 백성들은 스스로 돌아오게 된다. 그런 고로 성인들은 만물의 자연스러움에 의한 것이지, 인위적인 행위를 하지 않는다.)』로 쓴다. '爲者敗之'부터는 楚簡 제10간에서 13간까지이고, '其安易持'에서 '千里之行始於足下'까지는 제 25간에서 제 27간까지이다.

② ≪老子・甲≫에서 '(衍)'자의 형태는 모두 일곱 번 출현하고, '(道)'자의 형태는 열일곱 번 출현하고 있다. '(衍)'자는 '行'과 '人'으로 된 회의자이고, '(道)'자는 '辵'과 '首'로 이루어진 회의자이다. ≪上博楚簡≫도 ''(≪性情論≫)・''(≪孔子詩論≫)로 쓴다.[74)]
≪說文解字≫는 '道'자의 古文을 '(䢍)'로 쓴다.

③ '(死)'자는 '亙'자의 古文이며, '恒'과 같은 자이다. ≪王弼≫本 등은 '常'으로 쓰고 있는데, 이는 漢 文帝 劉恒의 이름을 避諱한 것이다. ≪說文解字≫는 '(恒)'자를 『常也. 从心从舟, 在二之間上下. …… (死), 古文恒从月. ≪詩≫曰: 「如月之恆」('恒常'의 의미. '心'과 '舟'로 이루어진 회의자. '二'의 중간에 '舟'가 위치한 형태. '(死)'은 '恒'자의 古文으로 의미부는 '月'이다.)」라 하였다.

74) ≪楚系簡帛文字篇≫, 166 쪽 참고.

≪魯穆公問子思≫와 ≪尊德義≫는 자부 '心'을 추가하여 '' · ''으로 쓴다.[75)]

④ '(憍)'자는 '化'의 의미로 쓰이고 있다. '訛'자를 '譌'로 쓰기도 하는 것과 같이 '化'와 '爲'는 서로 음이 통한다. ≪郭店楚簡 · 性自命出≫과 ≪上博楚簡 · 性情論≫은 ''와 ''로 쓴다.[76)] 초간에서 '化'나 '僞'자의 가차자로 쓰인다.

⑤ ''자는 '樸'자의 이체자이다. 第 2 簡에서는 아래 '又(手)'를 생략하고 '(業)'으로 쓴다. ≪說文解字≫는 '(業)'자에 대하여 『瀆業也. 从丵从廾, 廾亦聲('번거롭다'의 의미. '丵'과 '廾'으로 이루어진 자이며, '廾'은 음을 표시하기도 한다.)』라 하였고, 음은 '蒲沃切'이다.

''자는 '僕(종 복, pú, pū)'자의 이체자이며 '菐'으로 예정할 수 있다. 윗부분은 '業(번거로울 복, pú)'의 생략형이고, 아랫부분은 '臣'이다. ≪說文解字≫는 '(僕)'의 古文을 의미부 '臣'과 소리부 '業'인 ''으로 쓴다.

75) ≪郭店楚簡文字編≫, 182 쪽.
76) ≪楚系簡帛文字篇≫, 932 쪽 참고.

甲-第 14 簡

【第14簡 原文】

亦𤖷(將)智(知)足[35], 智(知)足以朿(靜)[36①], 萬勿(物)𤖷(將)自定■[37②] 爲亡爲, 事亡事, 未(味)亡未(味). 大, 少(小)之. 多惕(易)必多難(難)[38③]. 是以聖人

【校讀記】

亦將知足, 知【足】以靜, 萬物將自定.(37) 爲無爲, 事無事, 味無味. 大小之多易必多難. 是以聖人

【校釋】

亦𤖷智足, 智足以朿, 萬勿𤖷自定. 爲亡爲, 事亡事, 未亡未. 大, 小之. 多惖必多難. 是以聖人

【異本】

帛書甲本: 將不辱. 不辱以情(靜), 天地將自正$_{169}$. 爲无爲, 事无事, 味无未(味). 大小多少, 報怨以德. 圖難乎[其易也, 爲大乎其細也]. 天下之難作於易. 天下大作於细. 是以聖人冬(終)不爲大, 故能[成其大$_{54}$. 夫輕諾者必寡信, 多易]必多難. 是以[以聖]人

帛書乙本: 將不辱. 不辱以靜, 天地將自正.$_{252上}$ 爲无爲[事无事, 味无未(味). 大小多少, 報怨以德. 圖難乎$_{199上}$其易也, 爲大乎]其細也. 天下之[難作於]易. 天下大[作於细. 是以聖人冬(終)不爲大, 故能成其大]$_{199下}$. 夫輕若(諾)必[必寡]信. 多易必多難. 是以耶(聖)人

王弼本: 無名之樸, 夫亦將無欲. 不欲以靜, 天下將自定. 爲無爲, 事無事, 味無味. 大小多少, 報怨以德. 圖難於其易, 爲大於其细. 天下難事必作於易. 天下大事必作於细. 是以聖人終不爲大, 故能成其大. 夫輕諾必寡信. 多易必多難. 是以聖人

河上公本: 無名之朴, 亦將不欲. 不欲以靜, 天下將自定. 爲無爲, 事無事, 味無味. 大小多少, 報怨以德. 圖難於其易, 爲大於其细. 天下難事必作於易. 天下大事必作於细. 是以聖人終不爲大, 故能成其大. 夫輕諾必寡信. 多易必多難. 是以聖人

傅奕本: 無名之朴, 夫亦將不欲. 不欲以靖, 天下將自正. 爲無爲, 事無事, 味無味. 大小多少, 報怨以德. 圖難乎於其易, 爲大乎於其细. 天下之難事必作於易. 天下大事必作於细. 是以聖人終不爲大, 故能成其大. 夫輕諾者必寡信. 多易者必多難. 是以聖人

范應元本: 无名之樸, 夫亦將不欲. 不欲以靜, 天下將自正. 爲无爲, 事无事, 味无味. 大小多少, 報怨以德. 圖難乎於其易, 爲大乎於其细. 天下之難事必作於易. 天下大事必作於细. 是以聖人終不爲大, 故能成其大. 夫輕諾者必寡信. 多易者必多難. 是以聖人

景龍碑本: 无名之朴, 亦將不欲. 不欲以靜, 天下將自正. 爲無爲, 事無事, 味無味. 大小多少, 報怨以德. 啚難於易, 爲大於细. 天下難事必作於易. 天下大事必作於细. 是以聖人終不爲大, 故能成其大. 夫輕諾必寡信. 多易必多難. 是以聖人

【해석】

이외에도 또한 스스로 만족할 줄 알아야 하고, 만족할 줄 알고 정숙해지면, 만물은 저절로 안정을 이루게 된다. 무위(無爲)하게 행동하여야 하며, 일 하는 것 없이 일을 하고, 맛보는 것 없이 맛을 보아야 한다. 큰일을 작게 취급하고 많은 일을 적은 일로 처리하며 많은 일들은 쉽게 여기면, 곤란한 일이 많이 생기게 된다. 그래서 성인은

【郭店楚簡注釋】

35 「亦牆(將)智(知)足(또한 스스로 만족할 줄 알아야 하고.)」의 구절을 ≪帛書≫本은 「夫將不辱(무릇 욕심을 부리지 않으면.)」으로 쓰며, ≪王弼≫本은 「夫亦將無欲(무릇 또한 욕심이 없으면.)」으로 쓴다.

36 「足」자 아래 중문부호가 누락되어 있다. 앞 구절을 참고하여 「足」을 보충할 수 있다. 「智(知)足以朿(靜)(만족할 줄 알고 정숙해지면.)」의 구절을 ≪帛書≫本은 「不辱以靜(욕심을 부리지 않고 안정되면.)」으로 쓰고, ≪甲≫本은 '靜'자를 '情'으로 쓰며, 현행본(今本)은 「不欲以靜(욕심을 부리지 않고 안정되면.)」으로 쓴다.

37 「萬勿(物)」을 ≪帛書≫本은 「天地」로 쓰고, 현행본(今本)은 「天下」로 쓴다. 「定」자를 ≪帛書≫本은 「正」으로 쓴다. 「定」자는 「正」이 소리부분이다.

38 본 구절은 다른 판본과 그 내용이 상당히 다르다. ≪帛書≫本은 「大小多少, 報怨以德. 圖難乎其易也, 爲大乎其細也. 夫輕若(諾)必寡信, 多易必多難(작은 일이든 큰일이든 덕으로 원한을 갚아야한다. 어려운 일은 쉬울 때 하고, 큰일은 작을 때 하라. 무릇 쉽게 대답하는 것은 반드시 믿음이 적고, 너무 쉽게 대처하면 반드시 큰 어려움이 있게 된다.)」로 쓴다. 현행본(今本)과 ≪帛書≫本의 내용은 서로 비슷하다. 연구가들은 「大小多少」의 다음 문장이 빠졌거나, 注釋을 했던 부분이 잘못 삽입되었거나, 혹은 다른 문장이 잘못 삽입된 것으로 보기도 한다. 죽간문과 ≪帛書≫本이 다른 것은 ≪帛書≫本이 판본이 서로 다르거나 혹은 죽간문을 다시 편집하였을 가능성도 있다.

【註解】

① '靜'·'情'·'竫'자는 소리부가 모두 '靑'이고 서로 통용되며, '朿'와도 음이 통한다.

'(朿)'자를 다른 판본은 '靜(고요할 정, jìng)'이나 '竫(편안할 정, jìng)'으로 쓴다. ≪說文解字≫는 '(朿)'자의 음을 『讀若刺('刺'의 음과 같다.)』라 하고, '朿'자의 음은 '七賜切'로, '靜'과 '竫'자는 '疾

郢切'로 표기하고 있다. '七賜切'은 '淸'母에 속하고, '疾'은 '淸'母에 속하며 서로 통한다.

'朿'자를 ≪包山楚簡≫은 ''으로 쓴다.77)

② 초간(楚簡) 13간과 14간의 내용을 王弼本 37장은 「道常無爲, 而無不爲. 侯王若能守之, 萬物將自化. 化而欲作, 吾將鎭之以無名之樸. 無名之樸, 夫亦將無欲. 不欲以靜, 天下將自定(도는 언제나 무위(無爲)하지만 하지 않는 일이 없다. 제후들이 능히 이 도를 지킨다면 만물은 스스로 변화될 것이다. 변화할 때 욕심을 내면, 이름도 없는 생긴 그대로의 도로써 억제하여야 한다. 이름 없는 생긴 그대로란 이른바 욕심이 없는 것을 말한다. 욕망이 없고 고요해지면 온 천하가 스스로 안정될 것이다.)」으로 쓴다. 초간(楚簡)의 「亦將知足, 知足以靜」의 구절을 「無名之樸, 夫亦將無欲. 不欲以靜(이름이 없는 생긴 그대로의 도는 이른바 장차 욕심이 없는 것이고, 욕심이 없으면 천지가 스스로 안정된다.)」로 쓴다.

③ '(𡎸)'자는 소리부 '難'과 '土'로 이루어진 형성자이며, '難'자의 이체자다. 第 12簡에서는 '(難)'으로 쓴다.

'難'자를 초간(楚簡)에서는 '(𡎸)'(≪包山楚簡≫)·'(難)'(≪郭店楚簡·成之聞之≫)·'(難)'(≪上博楚簡·孔子詩論≫)·'(難)'(≪新蔡葛陵楚簡≫)·'(𡎸)'(≪曾侯乙墓≫)·'(鞋)'(≪郭店楚簡·語叢三≫)으로 쓴다.78)

第 16 簡에서는 '難'자를 자부(字部) '心'을 추가하여 '(戁)'으로 쓴다. ≪說文解字≫는 '(戁)'자를 『敬也. 从心難聲('공경하다'의 의미. '心'과 소리부 '難'으로 이루어진 형성자.)』로 설명하고, 음은 '女版切'이다. '戁'자는 '難'의 의미 이외에 '歎'의 의미로 쓰인다.79)

77) ≪楚系簡帛文字篇≫, 668 쪽 참고.
78) ≪楚系簡帛文字篇≫, 374 쪽 참고.
79) ≪楚系簡帛文字篇≫, 911 쪽 참고.

甲-第 15 簡

甲【第15簡 原文】

猷(猶)䜿(難)①之，古(故)終②亡䜿(難)③ 天下皆智(知)敚(美)④之爲敚(美)也[39]，亞(惡)已，皆智(知)善[40]，此其不善已. 又(有)亡之相生也,

【校讀記】

猶難之，故終亡難.(63) 天下皆知美之爲美也，惡已，皆知善，此其不善已. 有無之相生也,

【校釋】

猷䜿之，古夂亡䜿. 天下皆智敚之爲敚也，亞已，皆智善，此丌不善已. 又亡之相生也,

【異本】

帛書甲本: 猷(猶)難之, 故終於无難. 天下皆知美爲美, 惡已, 皆知善, 訾(斯)不善矣. 有无之相生也,

帛書乙本: [猶難]之, 故[終於无難]. 天下皆知美之爲美,218下 亞(惡)已, 皆知善, 斯不善矣. [有无之相]生也,

王弼本: 猶難之, 故終無難. 天下皆知美之爲美, 斯惡已, 皆知善之爲善, 斯不善已. 故有無相生,

河上公本: 猶難之, 故終無難. 天下皆知美之爲美, 斯惡已, 皆知善之爲善, 斯不善已. 故有無相生,

傅奕本: 猶難之, 故終無難. 天下皆知美之爲美, 斯惡已, 皆知善之爲善, 斯不善已. 故有無之相生,

范應元本: 猶難之, 故終无難. 天下皆知美之爲美, 斯惡已, 皆知善之爲善, 斯不善已. 故有无之相生,

景龍碑本: 猶難之, 故終無難. 天下皆知美之爲美, 斯惡已, 皆知善之爲善, 斯不善已. 故有无相生,

【해석】

어려운 일을 어려운 일로 보기 때문에 결국에 어려운 일이 없게 된다. 세상 사람들이 아름다움을 아름다운 것으로만 알면, 이것은 추한 것이고, 선한 것을 모두가 선한 것으로만 알면 이것은 선한 것이 아니다. 본래 유와 무는 서로 생기고,

【郭店楚簡注釋】

39 「𢼸」와 「𢼸」는 모두 「美」의 의미이다. ≪汗簡≫은 ≪尙書≫의 「美」자를 「女」와 「𢼸」로 쓴다. 楚簡(초간)에서는 「美」자를 「𡵂」로 쓰기도 하는데, 이는 「𢼸」가 생략된 형태이다.

40 현행본(今本)은 楚簡과 ≪帛書≫本과는 달리 이 구절을 「皆知善之爲善(선한 것을 모두가 선한 것으로만 알다.)」로 쓴다.

【註解】

① '(𩁹)'자는 '難'자의 이체자이다. 第 14 簡 '譯註' 참고.

② '(冬)'자는 '終'자의 고문자이다. 第 11簡은 ''으로 쓴다. ≪說文解字≫는 '(冬)'자에 대하여 『四時盡也. 从仌从夂. 夂, 古文終字. 古文冬从日('사계절 중 마지막'이란 의미. '仌'와 '夂'로 이루어진 회의자. '夂'는 '終'자의 古文이다. 古文은 자부(字部) '日'을 추가하여 '(㫚)'으로 쓴다.)』라 하였다. '冬'자를 ≪新蔡葛陵楚簡≫은 ''·''으로 쓰고, ≪上博楚簡·緇衣≫는 ''으로 쓴다.80)

③ 제 14간과 제 15간은 ≪王弼≫本의 제 63장에 속한다. 내용은 「爲無爲, 事無事, 味無味. 大小多少, 報怨以德. 圖難於其易, 爲大於其細. 天下難事必作於易. 天下大事必作於細. 是以聖人終不爲大, 故能成其大. 夫輕諾必寡信. 多易必多難. 是以聖人猶難之, 故終無難矣(무위(無爲)하게 행동하여야 하며, 일 하는 것 없이 일을 하고, 맛보는 것 없이 맛을 보아야 한다. 큰일을 작게 취급하고 작은 것도 큰 것이나 같게 여기고, 적은 것도 많은 것으로 여기며, 덕으로 원한을 보답하여야 한다. 어려운 일을 도모함에 있어서는 그것이 쉬울 때 처리하도록 하며, 큰일을 처리함에 있어서는 그것이 작을 때 해결하도록 한다. 천하의 어려운 일이란 반드시 쉬운 일로부터 생겨나고, 천하의 큰일이란 반드시 작은 일로부터 생겨나는 것이기 때문이다. 그래서 성인이란 큰일을 하지 않아도 큰일을 완성시킬 수 있게 되는 것이다. 무릇 가벼이 일을 수락하는 사람은 반드시 믿음이 적다. 일을 쉽게 여기면 반드시 많은 어려움을 당하게 되는 법이다. 그래서 성인들은 쉬운 일도 어려운 일처럼 처리한다. 그렇기 때문에 끝내 어려운 일이 없게 되는 것이다.)」와 같이 상당히 다르다.

≪王弼≫本 등과 비교해 볼 때, 약 60 여 글자가 적다. ≪郭店楚墓竹簡≫이 약 두 간(簡) 정도 누락한 것이 아닌가 한다.

만약에 ≪王弼≫本 등 다른 판본을 참고하여 보충한다면, 『大, 小之, [多, 少之, 報怨以德. 圖難於其易, 爲大於其細. 天下難事必作於易. 天下大事必作於細. 是以聖人終不爲大, 故能成其大. 夫輕諾必寡信], 多易必多難』으로 쓸 수 있다.

④ '(𢼸)'·'(媺)'자를 ≪郭店楚簡·緇衣≫는 ''로 ≪郭店楚簡·語叢≫는 '(頿)'로 쓴다. 모두

80) ≪楚系簡帛文字篇≫, 958 쪽 참고.

'美'자의 이체자이다. ≪老子乙≫은 자부 '女'나 '殳'를 생략하고 ''로 쓰기도 한다.[81)]

''(媺)'자는 '女'와 소리부 '𢼸'로 이루어진 형성자이고, ''(頿)'자는 '頁'과 소리부 '𢼸'로 이루어진 형성자이다.

''(𢼸)'자에 대하여 ≪說文解字≫는 『妙也. 从人从支豈省聲('미세하다'의 의미. '人'·'攴'와 '豈'자의 일부가 소리부인 형성자.)』으로 설명하고, 음은 '無非切'이다. '𢼸'자를 갑골문은 ''·''로 쓰고, 금문은 ''(≪召尊≫)·''(≪衛盉≫)로, ≪石鼓文≫은 ''로, ≪侯馬盂書≫는 ''로 쓴다.[82)] '𢼸'자 중 왼쪽 부분 ''은 소리부가 '𡵂'이다. ''는 사람이 머리위에 장식물을 부착하는 모습을 형상화한 것으로, ''(美)자와 같은 자이다. ''(𡵂)'는 측면에서 바라본 모습이고, ''는 정면에서 바라본 모습이다. '𡵂'자는 '𢼸'자와 같은 자이다. 후에 의미부 ''(支, 攵)'을 추가하였다. '𢼸'자는 머리의 장식품이 여자와 관계가 있기 때문에 후에 '女'를 추가하여 '嫐'자로 쓴다. '嫐'자는 또한 '美'자와 같은 자이며, 혹은 '女'를 추가한 ''(媄)'로 쓰기도 한다. ≪說文解字≫는 『媄, 色好也. 从女从美, 美亦聲('여인이 아름답다'의 의미. '女'와 '美'로 이루어진 자이며, '美'은 또한 음을 표시하기도 한다.)』라 하고, 음은 '無鄙切'이다.

≪廣韻≫은 '嫐'자는 '美'자라고 설명하고, ≪集韻≫은 『嫐, 通作美('嫐'자는 일반적으로 '美'자로 쓴다.)』라 하였고, ≪周禮·地官≫의 『師氏掌以嫐詔王(사씨는 좋은 일을 임금에게 보고하는 일이 담당한다.)』 중의 '嫐'자에 대하여 鄭玄은 '嫐'는 곧 '美이다'라고 설명하였다. ≪說文解字≫의 '媄'자에 대하여 段玉裁는 『周禮作嫐, 蓋其古文('媄'자를 周禮는 '嫐'자로 쓰며, '媄'자는 '嫐'자의 고문자이다.)』라 하였다.

따라서 '美'·'微'·'𡵂'·'𢼸'·'媺'·'嫐'·'媄'자는 음과 의미가 같은 동원자(同源字)이다. '媺'자와 '頿'자 중의 자부 '女'와 '頁'은 의미가 서로 통하기 때문에 종종 구분 없이 통용되기도 한다. 고문자는 자부(字部)의 뜻이 비슷하면 서로 호환하여 사용하곤 한다. 예를 들어 '儿(亻)'과 '女'가 서로 통하기 때문에 '任'을 '妊'으로, '僚'를 '嫽'로 쓰기도 한다. 중국 문자학에서 자부가 서로 통용되는 예들은 제시하고 있지만, 아직까지 '女'와 '頁'이 통용되는 예를 제시하는 예는 없다. 초간을 참고하여 이를 보충할 수 있다.

81) ≪郭店楚墓竹簡≫, 119 쪽.
82) ≪漢語古文字字形表≫, 315 쪽 참고.

甲-第 16 簡

甲【第16簡 原文】

戁(難)惕(易)①之相成也, 長耑(短)②之相型(形)也, 高下之相浧(盈)③也, 音聖(聲)④之相和也[41], 先後之相墮(隨)⑤也[42]. 是

【校讀記】

難易之相成也, 長短之相形也, 高下之相盈也, 音聲之相和也, 先後之相隨也. 是

【校釋】

戁惖之相城也, 長耑之相型也, 高下之相浧也, 音聖之相咊也, 先遂之相墮也. 是

【異本】

帛書甲本: 難易之相成也, 長短之$_{95}$相刑(形)也, 高下相盈也, 意(音)聲之相和也, 先後之相隋(隨). 恒也. 是

帛書乙本: 難易之相成也, 長短之相刑(形)也, 高下相盈也, 音聲之相和$_{219下}$也, 先後之相隋(隨). 恒也. 是

王弼本: 難易相成, 長短相較, 高下相傾, 音聲相和, 前後相隨. 是

河上公本: 難易相成, 長短相形, 高下相傾, 音聲相和, 前後相隨. 是

傅奕本: 難易之相成, 長短之相形, 高下之相傾, 音聲之相和, 前後之相隨. 是

范應元本: 難易之相成, 長短之相形, 高下之相傾, 音聲之相和, 前後之相隨. 是

景龍碑本: 難易相成, 長短相形, 高下相傾, 音聲相和, 前後相隨. 是

【해석】

어려운 것과 쉬운 것은 서로 이루어지며, 긴 것과 짧은 것은 서로 형성이 되고, 높은 것과 낮은 것은 서로 채워지기도 하고, 소리는 서로 조화를 이루며, 앞과 뒤는 서로 따르게 된다.

【郭店楚簡注釋】

41 「音」자를 簡文은 '𦔻'으로 쓴다. 「音」과 「意」자는 형태가 비슷하기 때문에 혼동하기 쉽다. ≪帛書 · 甲≫은 「意」로 쓰고, ≪帛書 · 乙≫은 「音」으로 쓴다.

42 '墮'자를 竹簡文은 '𡏳'로 쓴다. ≪包山楚簡≫의 제 163 · 184간의 '阝 '자를 「隋」의 의미로 풀이하고 있다. ≪郭店楚墓竹簡≫의 '墮'자와 윗부분이 같다. ≪帛書≫本은 이 구절 다음에

「恒也(변함없는 이치이다.)」를 추가하고 있으나, 다른 판본들은 없다.

【註解】

① ‘難惕’을 다른 판본들은 ‘難易’로 쓴다. ‘難’자는 초간(楚簡)에서 일반적으로 ‘’(≪郭店楚簡 · 老子丙≫) · ‘’(≪郭店楚簡 · 性自命出≫)으로 쓰고, ‘歎(읊을 탄, tàn)의 의미로 쓰인다.[83] 본 간 ‘’자는 두 개의 ‘土’와 ‘心’을 추가하여 쓴다.

‘難’자가 자부(字部) ‘心’을 추가한 것과 같이 ‘(惕)’자 역시 ‘心’변을 추가하고 있다. 쉽고 어려움은 심리적인 것이기 때문에 ‘心’변을 추가한 것으로 보인다. ‘(惕)’자에 대하여 ≪說文解字≫는 『敬也. 从心易聲. 或从狄(‘존경하다’의 의미. ‘心’과 소리부 ‘易’으로 이루어진 형성자. 고문은 혹은 자부 ‘狄’을 추가하여 ‘’으로 쓴다.)』고 하고, 음은 ‘他歷切’이다.

② ≪老子甲≫ 第 38簡의 「湍而羣之(다듬어서 날카롭게 하다.)」 중 ‘湍’자를 ‘’으로 쓴다. ‘湍(여울 단, tuān)’자를 현행본(今本)은 ‘揣(잴 췌, chuāi, chuǎi, chuài, tuán)’로 쓰고(제 9장), ≪帛書 · 乙≫은 ‘(掜)’으로 쓴다. ‘耑(시초 단, duān,zhuān)’과 ‘短(짧을 단, duǎn)’은 음이 서로 통한다.

‘耑’자를 ‘’(≪包山楚簡≫) · ‘’(≪郭店楚簡 · 語叢三≫) · ‘’(≪上博楚簡 · 容成氏≫)으로 쓰며, ‘短’이나 ‘端’의 의미로 쓰인다.

③ ‘’자는 ‘水’와 소리부 ‘呈’으로 이루어진 형성자 ‘浧(흐를 영, chěng,yǐng)’자이며, ≪帛書 · 甲乙≫본은 ‘盈’으로 쓰고, ≪王弼≫本 등은 漢 惠弟 劉盈의 이름을 피휘하기 위하여 ‘傾’으로 쓴다. ‘浧’자는 ‘盈(찰 영, yíng)’ · ‘傾(기울 경, qīng)’자와 음이 서로 통한다.

④ ‘(聖)’과 ‘聲’은 음이 비슷하기 때문에 가차자로 사용된다. ≪說文解字≫는 ‘(聖)’자에 대하여 『通也. 从耳呈聲(‘통달하다’의 의미. ‘耳’와 소리부 ‘呈’으로 이루어진 형성자.)』고 하였고, 음은 ‘式正切’이다. ‘(聲)’자에 대하여 ≪說文解字≫는 『音也. 从耳殸聲. 殸, 籒文磬(‘악기의 소리’의 의미. ‘耳’와 소리부 ‘殸’으로 이루어진 형성자. ‘殸(소리 성, qìng)’자는 籒文의 ‘磬(경쇠 경, qìng)’자이다.)』라 하였고, 음은 ‘書盈切’이다.

‘聖’자를 ‘’(≪郭店楚簡 · 唐虞之道≫) · ‘’(≪郭店楚簡 · 唐虞之道≫) · ‘’(≪上博楚簡 · 緇衣≫)으로 쓰기도 한다.[84]

≪馬王堆帛書 · 老子甲≫은 ‘聲’자를 ‘’ · ‘’ · ‘’ · ‘’으로 쓰고, ≪老子乙≫은 ‘’으로 쓴다.[85]

83) ≪楚系簡帛文字篇≫, 911 쪽 참고.
84) ≪楚系簡帛文字篇≫, 998 쪽 참고.
85) ≪秦漢魏晉篆隸字形表≫, 854 쪽 참고.

⑤ '先後'의 '後'자를 '辵'을 추가하여 '(逡)'로 쓴다. ≪說文解字≫는 「, 古文後, 从辵('後'의 古文은 자부(字部) '辵'을 써서 '逡'로 쓴다.)」라 하였다. ≪包山楚簡≫ 역시 ''·''로 쓴다.86) 金文도 ''(≪小臣單觶≫)나 ''(≪秋氏壺≫)로 쓴다.87)

⑥ '(隓)'자는 '土'와 소리부 '隋'로 이루어진 형성자로 '隨'와 古音이 같다.88) ≪說文解字≫는 '(隋)'자에 대하여『裂肉也. 从肉, 从隓省('고기를 찢다'의 의미. '肉'과 '隓'의 일부를 생략한 형태로 이루어진 형성자.)』라 하였고, 음은 '徒果切'이다. ≪說文解字≫는 '(隓)'자의 篆文을 '(墮)'로 쓴다.

'墮(떨어질 타, duò,huī)'자를 ≪郭店楚簡≫은 ''(≪唐虞之道≫)로 쓰기도 하고, ≪包山楚簡≫은 ''·''·''·''·''·''로 쓰기도 한다.89) ≪馬王堆帛書·老子甲≫은 ''로 쓰고, ≪老子乙≫은 ''·''로 쓴다.90)

86) ≪楚系簡帛文字篇≫, 181 쪽 참고.
87) ≪金文編≫ '0272 ', 112 쪽 참고.
88) ≪楚系簡帛文字篇≫은 ''자를 '隓'로 예정하였다. 1192 쪽 참고.
89) ≪楚系簡帛文字篇≫, 1192 쪽 참고.
90) ≪秦漢魏晉篆隸字形表≫, 270 쪽 참고.

甲-第 17 簡

甲【第17簡 原文】

以聖人居亡爲之事, 行不言之𡥈(教)①. 萬勿(物)㑆(作)而弗忖(始)②也, 爲而弗志(恃)③也[43], 成而弗居[44]. 天〈夫〉唯

【校讀記】

以聖人居無爲之事, 行不言之教. 萬物作而弗始也, 爲而弗恃也, 成【功】而弗居. 夫唯

【校釋】

以聖人居亡爲之事, 行不言之𡥈. 萬勿㑆而弗怠也, 爲而弗志也, 城而弗居. 天售

【異本】

帛書甲本: 以聲(聖)人居无爲之事, 行[不$_{96}$不言之教. 萬物作而弗始]也, 爲而弗志(恃)也, 功成而弗居也. 夫唯

帛書乙本: 以耶(聖)人居无爲之事, 行不言之教. 萬物昔(作)而弗始. 爲而不侍(恃)$_{219}$下, 功成而弗居也. 夫唯

王弼本: 以聖人処無爲之事, 行不言之教. 萬物作焉而不辭. 生而不有, 爲而不恃, 功成而弗居. 夫唯

河上公本: 以聖人処無爲之事, 行不言之教. 萬物作焉而不辭. 生而不有, 爲而不恃, 功成而弗居. 夫惟

傅奕本: 以聖人処無爲之事, 行不言之教. 萬物作而不爲始. 生而不有, 爲而不恃, 功成而不處. 夫唯

范應元本: 以聖人処无爲之事, 行不言之教. 夫惟

景龍碑本: 以聖人処無爲之事, 行不言之教. 萬物作而不辭. 生而不有, 爲而不恃, 功成不居. 夫惟

【해석】

그런 까닭에 성인은 무위(無爲)하게 일에 처신하며, 말하지 않는 가르침을 행하는 것이다. 만물을 움직이더라도 억지로 시작하지 않으며, 하고 나서도 혜택을 바라지 않고, 공로를 이루고도 그곳에 머무르지 않는다.

【郭店楚簡注釋】

43 현행본(今本)은 본 구절 앞에 「生而不有(생겨나도 소유하지 않다.)」의 구절이 있다.

44 ≪帛書≫本은 「成」자 아래 「功」자가 있다. 簡文이 「功」자를 누락한 것이 아닌가 한다.

【註解】

① '季'·'教'자와 '學'자는 원래 같은 자였으나, 후에 각각 세분화 되었다.

제 12간의 '季(教)不季(教)'를 현행본(今本)은 모두 '學不學'으로 쓴다. '季'자는 '教'자를 생략하여 쓴 형태다. '教'자는 楚簡(초간)에서 '(教)'(≪包山楚簡≫)로 쓰기도 하나, '(季)'(≪上博楚簡·容成氏≫)·'(季)'(≪上博楚簡·性情論≫)·'(效)'·'(教)'(≪郭店楚簡·唐虞之道≫)·'(斆)'(≪郭店楚簡·尊德義≫)·'(𡥈)'(≪郭店楚簡·尊德義≫)·'(諮)'(≪上博楚簡·語叢三≫)로 쓴다.[91] 모두 '教'자의 이체자이다. ≪說文解字≫는 '(教)'자의 古文으로 '(𢽦)'·'(效)'·'(斆)'로 쓴다. 소리부가 '爻'이다. '學'·'覺'·'鷽'·'交'·'校'·'效'·'肴'자도 모두 소리부가 '爻'이기 때문에 의미가 상호 관련이 있다. '爻'는 周易의 괘도로 쓰인다.

≪郭店楚簡·老子丙≫(第13簡)은 '(學不學)으로 쓴다. 판본이 다르기 때문인 것으로 보인다.

② '(怠)'자는 윗부분이 '台'이고, 아랫부분은 '心'으로 '怠(게으름 태, dài)'·'怡(기쁠 이, yí)'자와 같은 자이다. 제 36간에서는 ''로 쓰고, ≪包山楚簡≫은 자부(字部) '口'를 추가하여 ''로 쓰기도 한다.[92]

≪易·雜卦≫의 『謙輕而豫怠也(겸괘는 가벼운 것이지만, 예괘는 게으른 것이다.)』에 대하여 ≪經典釋文≫은 『怠, 京作治. 虞作怡('怠'자는 京房은 '治'자로 쓰고, 虞翻은 '怡'로 쓴다.)』라 하였다. 郭沫若은 ≪管子集校≫에서 『怠與怡古本一字(고문자 '怠'자와 '怡'자는 같은 자이다.)』라 하였다.[93]

≪說文解字≫는 '(怠)'자와 '(怡)'자에 대하여 『从心台聲('心'과 소리부 '台'로 이루어진 형성자.)』라 하고, '怡'의 음은 '與之切'이고, '怠'의 음은 '徒亥切'이다.

≪書經·益稷≫의 『聞六律五聲八音, 在治忽, 以出納五言(여섯 가지 악률과 다섯 가지 소리와 여덟 가지 재료로 만든 악기 소리를 듣고, 다스려지고 다스려지지 않음을 살펴 다섯 가지 덕에 맞는 말을 백성들에게 전해 주다.)』의 구절을 ≪史記·夏本紀≫와 ≪漢書·律曆志≫는 모두 '治'자를 '始'자로 쓴다. ≪孟子·萬章下≫의 『始條理也(노래의 가락이 조화를 이루게 하다.)』에 대하여 宋孫奭의 ≪孟子音義≫는 『始本亦作治('始'자를 또한 '治'자로 쓰기도 한다.)』라 하였다. 따라서 '怠'·'治'와 '始'자는 서로 통가자로 사용됨을 알 수 있다.

91) ≪楚系簡帛文字篇≫, 321 쪽 참고.

92) ≪楚系簡帛文字編≫, 917-928 쪽 참고.

93) ≪漢語大詞典≫第7卷, 467 쪽 참고.

≪王弼≫本과 ≪河上公≫本은 '辭'로 쓴다. '辭'자는 '治'자와 同源字(동원자)이며, '始'자와 통가자로 사용된다. 畢沅은 『古始辭聲同('始'자와 '辭'자는 고음이 같다.)』라 하였다.[94] 于省吾의 ≪新證≫은 『金文治字均作𤔲, 與辭同用(금문에서 '治'자를 모두 '𤔲'자로 쓰고 '辭'자의 용법과 같다.)』라 하였다.[95] ≪毛公鼎≫은 ''로 쓰고, ≪幐匜≫는 ''로 쓴다.

'辭'자에 대하여 ≪說文解字≫는 『辭, 訟也. 从𤔔, 𤔔猶理辜也. 𤔔, 理也. 𤔲 籒文辭从司('송사'의 의미. '𤔔'과 '辛'으로 이루어진 회의자. '𤔔辛'는 '죄를 다스리다'의 의미이고, '𤔔'은 '다스리다(理)'의 의미이다. '辭'자의 籒文은 자부(字部) '司'를 추가하여 ' (𤔲)'로 쓴다.)』라 하였다.

③ '(志)'자는 '心'과 소리부 '止'로 이루어진 회의자이다. ≪帛書 · 乙≫은 '侍'로 쓰고, ≪王弼≫本 등은 '恃'로 쓴다. '寺'자와 '志'자의 소리부가 모두 '止'이다. ≪上博楚簡≫은 '志'자를 '' · ''(≪民之父母≫)로 쓰기도 한다.[96]

94) ≪老子校釋≫, 10 쪽 참고.
95) ≪漢語大字典≫, 1599 쪽 참고.
96) ≪楚系簡帛文字編≫, 904 쪽 참고.

甲-第 18 簡

【第18簡 原文】

弗居也①, 是以弗去也■45②. 道亙(恒)亡名, 僕(樸)唯(雖)妻(微)③, 天陰(地)弗敢臣④, 侯王女(如)能

【校讀記】

弗居也, 是以弗去也.(2) 道恒無名, 樸雖微, 天地弗敢臣, 侯王如能

【校釋】

弗居也, 是以弗去也. 道死亡名, 僕, 售妻, 天陰弗敢臣, 侯王女能

【異本】

帛書甲本: 居, 是以弗去. 道恒无名. 楃(樸)唯(雖)158[小, 而天下弗敢臣. 侯]王若能

帛書乙本: 弗居, 是以弗去. 道恒无名. 樸唯(雖)小, 而天下弗敢臣. 侯王若能

王弼本: 弗居, 是以不去. 道常無名. 樸雖小, 天下莫能臣也. 侯王若能

河上公本: 弗居, 是以不去. 道常無名. 朴雖小, 天下不敢臣. 侯王若能

傅奕本: 不處, 是以不去. 道常無名. 樸雖小, 天下莫能臣. 王侯若能

范應元本: 不處, 是以不去. 道常无名. 樸雖小, 天下莫能臣. 若能

景龍碑本: 弗居, 是以不去. 道常无名. 朴雖小, 天下不敢臣. 若能

【해석】

그곳에 머물지 않기 때문에 (공로가) 떠나는 법도 없다. 도란 언제나 이름이 없고, 소박하며 비록 미세하게 보이지만, 천하는 감히 그를 신하로 부릴 수 없다. 만약에 후왕들이

【郭店楚簡注釋】

45 「天」자는 「夫」자를 잘못 쓴 것이다. 竹簡文에서는 「天」자를 일반적으로 '天'이나 '天'으로 쓰고, 「而」자는 '而'로 쓰고, 「夫」자는 '夫'로 쓴다. 이 세 자는 형태가 비슷하여 쉽게 혼동할 수 있다.

【註解】

① '弗居'를 ≪帛書 · 甲≫本은 '居(居)'로 쓴다. '弗(弗)'자를 누락한 것으로 보인다. '居'자를

≪傅奕≫本 등은 '處'로 쓴다. '居'와 '處'자는 同義語(동의어)이다.

② 초간(楚簡)의 15, 16, 17간과 18간의 앞부분까지가 ≪王弼≫本의 제 2장에 속한다. 『天下皆知美之爲美, 斯惡矣, 皆知善之爲善, 斯不善已. 故有無相生, 難易相成, 長短相形, 高下相傾, 音聲相和, 前後相隨. 是以聖人處無爲之事, 行不言之教. 萬物作焉而不辭. 生而不有, 爲而不恃, 功成而弗居. 夫唯弗居, 是以不去(세상 사람들이 아름다움을 아름다운 것으로만 알면 이것은 추한 것이고, 선한 것을 모두가 선한 것으로만 알면 이것은 선한 것이 아니다. 본래 유와 무는 서로 생기고, 어려운 것과 쉬운 것은 서로 이루어지며, 긴 것과 짧은 것은 서로 형성이 되고, 높은 것과 낮은 것은 서로 채워지기도 하고, 소리는 서로 조화를 이루며, 앞과 뒤는 서로 따르게 된다. 그런 까닭에 성인은 무위(無爲)하게 일에 처신하며, 말하지 않는 가르침을 행하는 것이다. 만물을 움직이더라도 억지로 시작하지 않으며, 생겨나도 소유하지 않으며, 하고 나서도 혜택을 바라지 않고, 공로를 이루고도 그곳에 머무르지 않기 때문에 공로가 그에게서 떠나지 않는다)』로 쓴다.

③ ≪郭店楚墓竹簡≫이 '妻(微)'로 해석하고 있는 ''자를 廖明春은 ''로 예정하고 있다. 李零은 「僕雖妻」를 「樸雖細」로 해석하고 「'細'與'妻'讀音也更爲接近. 妻是淸母脂部字, 細是心母脂部字, '微'是明母微部字.('細'자와 '妻'자의 음이 더욱 근접하다. '細'자의 음은 성모가 '心'이고 운모는 '脂'部이고, '妻'자는 성모가 '淸'이고 韻母는 '脂'部이고, '微'자는 성모가 '明'이고 운모는 '微'部이다.)」라 하였다.[97] '細'와 '小'자는 의미가 같다.

'妻'자를 ≪包山楚簡≫은 ''로, ≪楚帛書≫는 ''로, ≪郭店楚簡 · 六行≫은 ''로 쓴다.[98]

④ 「天埅(地)弗敢臣」의 구절을 ≪帛書 · 乙≫은 「而天下弗敢臣(천하는 감히 그를 신하로 부릴 수 없다.)」로 쓴다. 다른 판본들은 모두 '而'자가 없는 것으로 보아 衍文으로 보인다.

'(埅)'자는 의미부가 '阜'와 '土'이고 소리부가 '它'이다. 고문자에서 '它'와 '也'는 자주 혼용되기 때문에 '地'로 쓰기도 한다. 즉 '埅'자는 '地'자의 고문자이다. ≪說文解字≫는 '(地)'자에 대하여 『从土也聲. , 籒文地从隊('地'자는 '土'와 소리부 '也'로 이루어진 형성자. '地'자의 籒文은 '隊'을 써서 '(墬)'로 쓴다.)』라 하였다.

초간(楚簡)은 '地'자를 '(坨)'(≪包山楚簡≫) · '(坨)'(≪郭店楚簡 · 語叢三≫) · '(埅)'(≪包山楚簡≫) · '(埅)'(≪郭店楚簡 · 尊德義≫) · '(埅)'(≪上博楚簡 · 容成氏≫) · '(埅)'(≪太一生水≫) · '(垄)'(≪郭店楚簡 · 語叢一≫) · '(墬)'(≪郭店楚簡 · 忠信之道≫)로 쓴다.[99]

97) ≪郭店楚簡校讀記≫, 11 쪽 참고.
98) ≪楚系簡帛文字編≫, 1009 쪽 참고.
99) ≪楚系簡帛文字編≫, 1127 쪽 참고.

甲-第 19 簡

【第19簡 原文】

獸(守)之, 萬勿(物)𤖼(將)自賓(賓)■[46]①. 天隍(地)相合②也[47], 以逾③甘零(露)[48]. 民莫之命(令)天〈而〉自均安[49]. 訂(始)④折(制)⑤又(有)名. 名

【校讀記】

守之, 萬物將自賓. 天地相合也, 以輸甘露. 民莫之令而自均安. 始制有名. 名

【校釋】

獸之, 萬勿𤖼自賓. 天隍相盒也, 以逾甘零. 民莫之命天自均安. 訂折又名, 名

【異本】

帛書甲本: 守之, 萬物將自賓. 天地相谷〈合〉, 以俞甘洛(露). 民莫之159[令, 而自]均焉. 始制有[名. 名

帛書乙本: 守之, 萬物將247下自賓. 天地相谷〈合〉, 以俞甘洛(露). [民莫之]令, 而自均焉. 始制有名. 名

王弼本: 守之, 萬物將自賓. 天地相合, 以降甘露, 民莫之令而自均. 始制有名. 名

河上公本: 守, 萬物將自賓. 天地相合, 以降甘露, 民莫之令而自均. 始制有名. 名

傅奕本: 守, 萬物將自賓. 天地相合, 以降甘露, 民莫之令而自均. 始制有名. 名

范應元本: 守, 萬物將自賓. 天地相合, 以降甘露, 人莫之令而自均. 始制有名. 名

景龍碑本: 守之, 萬物將自賓. 天地相合, 以降甘露, 民莫之令而自均. 始制有名. 名

【해석】

그것을 잘 지키면 만물은 스스로 탄복하고 복종하게 된다. 하늘과 땅이 서로 화합하여 달콤한 이슬을 내리게 할 것이고, 백성들에게 아무런 명령이 없어도 고루 편안해지게 된다. 처음에 제도를 만듦에 명분이 있게 되었으니,

【郭店楚簡注釋】

46 '賓'자는 '貝'와 '宀'를 일부 생략한 것으로 이루어져 있다. 「賓」자의 이체자이다.

47 「合」자를 竹簡文은 일반적으로 '盒'·'合'으로 쓴다.

裘錫圭 按語: 이 「合」자의 윗부분은 초문자에서 쓰는 일반적인 「合」자와 형태가 다르다.

이 자는 「會」자의 중간 필획이 생략된 것이 아닌가 한다.

48 「逾」자는 '亼'과 '舟'와 '止'로 이루어져 있다. ≪帛書≫本은 「俞」로 쓴다. 整理者는 「俞, 疑讀爲揄或輸('俞'자는 '揄'나 혹은 '輸'의 의미가 아닌가 한다.)」라고 설명하고 있는데, 이 주장이 옳다.

49 「均」자 아래의 자를 죽간문은 ''으로 쓴다. ≪曾侯乙墓竹簡≫은 「安」자를 죽간문과 비슷하게 ''으로 쓴다. ≪汗簡≫은 ≪華岳碑≫를 인용하여 「焉」자를 ''으로 쓰는데, 형태로 보아 「安」자이고, 「焉」의 의미로 가차되어 사용된 것으로 보인다. 죽간문의 ''자 역시 「安」자이며, 「焉」의 의미로 쓰이고 있다.

≪包山楚簡≫ 중의 ''자는 오른쪽 부분은 ≪曾侯乙墓竹簡≫의 「安」자와 형태가 같다. 왼쪽 부분에 「邑」을 더 추가하여 쓰고 있는 것으로 보아 地名을 표시하는 고유명사임을 알 수 있다.

≪包山楚簡≫은 「安」자에 '宀'을 추가하여 ''(제 96간)이나, ''(제 117간)으로 쓰기도 한다. 地名 중 「安陸」(제 62간)과 「安陵」(제 117간)이 있다. 따라서 초간(楚簡)의 「安」과 「邑」으로 이루어진 자는 「郊」의 의미가 아니라, 지명인 「鄢」자로 해석하여야 한다. 「鄢」은 지금은 湖北省 宜城縣에 있는 東周 시기의 초나라 지방 이름 중에 하나이다. 楚簡에는 아직 보이지 않지만 ≪史記≫에는 「鄢郢」이란 명칭을 사용하고 있다.

【註解】

① '(賓)'은 '賓'자의 이체자이며, '賓'은 '服從'의 의미인 '탄복하다'의 뜻이다.

≪爾雅 · 釋詁一≫은 『賓, 服也('賓'은 복종의 의미이다.)』에 대하여 郭璞은 『謂喜而服從(기쁜 마음으로 복종하다.)』이라고 설명하고, ≪書 · 旅獒≫는 『明王愼德, 四夷咸賓(명철한 임금님께서 덕을 삼가시니, 사방의 오랑캐들이 모두 찾아와 복종하다.)』라 했다. ≪國語 · 楚語上≫의 『蠻夷戎狄, 其不賓也久矣(蠻夷과 戎狄이 복종하지 않은 지가 오래 되었다.)』의 구절에 대하여 韋昭는 『賓, 服也('賓'은 '服從'의 의미.)』라 하였다.

≪新蔡葛陵楚簡≫은 ''으로 쓰고, (≪郭店楚簡 · 性自命出≫은 ''으로 쓴다.[100])

② '天陛(地)相合'의 구절을 ≪帛書 · 甲乙≫本은 '天地相谷〈谷〉'으로 쓰고 있는데, '谷'은 '合'자를 잘못 쓴 것으로 보인다. 廖名春은 ≪帛書≫本의 ''자를 '谷'자로 예정하고 있는데, '谷'자가 아니라 '谷' 자이다. '谷'자를 ≪馬王堆縱橫家書≫는 ''으로 쓴다. 윗부분이 다르다.

≪說文解字≫는 '(谷)'자에 대하여 『口上阿也(입술이 굴곡된 모양.)』이라고 설명하고, 음은 '其虐切(각)'로 표기하고 있다. ≪廣韻≫은 『谷, 笑皃('谷'은 '웃는 모양'의 의미.)』라 하였다.

'合'자를 ≪包山楚簡≫은 ''으로 쓰고, ≪望山楚簡≫은 ''으로 쓴다.[101]

100) ≪楚系簡帛文字編≫, 603 쪽 참고.
101) ≪楚系簡帛文字編≫, 509 쪽 참고.

③ ‘’자는 ‘止’와 소리부 ‘兪’로 이루어진 형성자이다. ‘(逾)’(≪新蔡葛陵楚簡≫) · ‘(逾)’로 쓰기도 한다.[102] ≪帛書≫本은 ‘兪’로 쓰고, 王弼本 등은 ‘降’으로 쓴다. 高明은 ≪帛書老子校注≫에서 「兪字當借爲雨.……雨字作動詞則有降義(‘兪’자는 ‘雨’의 가차자로 쓰이고 있다. ……‘雨’자는 動詞의 용법으로 ‘降’의 의미다.)」라 하였다.[103]

李零과 廖名春은 ‘’자를 ‘輸’의 의미로 해석하고 있다.[104] ≪說文解字≫는 ‘(輸)’자에 대하여 『委輸也. 从車俞聲(‘수레로 물건을 옮기다’의 의미. ‘車’와 소리부 ‘俞’로 이루어진 형성자.)』라 하였다. ‘’자와 ‘輸’자는 소리부가 ‘俞’이기 때문에 서로 통가자로 사용된다.

≪詩 · 小雅 · 正月≫의 『載輸爾載, 將伯助予(짐이 모두 떨어지자 남에게 날 도와 달라 하는 꼴이네.)』 구절에 대하여 鄭玄은 『輸, 墮也(‘輸’는 ‘떨어지다(墮)’의미.)』이라고 설명하고, ≪商君書 · 去强≫의 『國彊而不戰, 毒輸於內, 禮樂虱官生, 必削. 國遂戰, 毒輸於敵, 國無禮樂虱官, 必彊(나라가 강하여 전쟁을 하지 않으면 독이 내부로 스며들어, 禮樂이나 타락한 관리들이 생겨나 필히 폐해가 끊이지 않는다. 나라가 전쟁을 하게 되면 독이 적군에게 스며들어 나라에는 禮樂이나 피폐한 관리들이 없게 되어 나라는 강해진다.)』 구절 중 ‘輸’는 ‘주입되다(注)’의 의미이다.

‘輸’자는 또한 ‘渝(달라질 투, yú)’자의 통가자로 쓰인다. ≪書 · 呂刑≫의 『獄成而孚, 輸而孚(옥사가 이루어지면 사실과 부합해야 하며, 옥사가 바뀌어도 사실과 부합되어야 한다.)』 구절에 대하여 王引之 ≪經義述聞 · 書下≫는 『成與輸相對爲文, 輸之言渝也, 謂變更也(‘成’자와 ‘輸’자는 대구(對句) 문장형식이다. ‘輸’는 ‘渝’의 의미로 즉 ‘변경되다(變更)’의 뜻이다.)』라 하였다.

≪郭店楚墓竹簡≫ 역시 『‘兪’자는 ‘揄’나 혹은 ‘輸’의 의미가 아닌가 한다라고 설명하고 있는데, 이 주장이 옳다』라 하였다. ≪說文解字≫는 ‘(逾)’자에 대하여 『逃進也. 从辵俞聲. ≪周書≫曰: “無敢昬逾”(‘초월하여 지나가다’의 의미. ‘辵’과 소리부 ‘俞’로 이루어진 형성자. ≪周書≫는 “감히 혼란스럽게 초월하지 않다”라 했다.)』라 하였다. ‘逾(넘을 유, yú)’자와 ‘降(내릴 강, jiàng,xiáng)’자는 의미가 비슷하다.

④ ‘(訂)’자는 의미부가 ‘言’이고 소리부가 ‘台’인 ‘詒’자이고, 제 17간의 ‘(忖)’자는 의미부가 ‘心’이고 소리부가 ‘台’인 ‘怠’자이며, 소리부가 ‘台’인 ‘始’자와 서로 통한다. 제 19간에서는 ‘’로 쓰고, ‘殆(위태할 태, dài)’의 의미이다.

‘(忖)’자는 윗부분이 ‘台’이고, 아랫부분은 ‘心’으로 ‘怠(게으름 태, dài)’ · ‘怡(기쁠 이, yí)’자와 같은 자이다. 제 36간에서는 ‘’로 쓰고, ≪包山楚簡≫은 자부(字部) ‘口’를 추가하여 ‘’로 쓰기도 한다.[105]

102) ≪楚系簡帛文字編≫, 153 쪽 참고.
103) ≪帛書老子校注≫, 399쪽 참고.
104) ≪郭店楚簡老子校釋≫, 190 쪽 참고.
105) ≪楚系簡帛文字編≫, 917 · 928 쪽 참고.

≪易·雜卦≫의 『謙輕而豫怠也(謙卦는 가벼운 것이지만, 豫卦는 게으른 것이다.)』에 대하여 ≪經典釋文≫은 『怠, 京作治. 虞作怡('怠'자는 京房은 '治'자로 쓰고, 虞翻은 '怡'로 쓴다.)』라 하였다. 郭沫若은 ≪管子集校≫에서 『怠與怡古本一字(고문자 '怠'자와 '怡'자는 같은 자이다.)』라 하였다.[106]

≪說文解字≫는 ' (怠)'자와 ' (怡)'자에 대하여 『从心台聲('心'과 소리부 '台'로 이루어진 형성자.)』라 설명하고, '怡'의 음은 '與之切'이고, '怠'의 음은 '徒亥切'이다.

≪書經·益稷≫의 『聞六律五聲八音, 在治忽, 以出納五言(여섯 가지 악률과 다섯 가지 소리와 여덟 가지 재료로 만든 악기 소리를 듣고, 다스려지고 다스려지지 않음을 살펴 다섯 가지 덕에 맞는 말을 백성들에게 전해 주다) 』의 구절을 ≪史記·夏本紀≫와 ≪漢書·律曆志≫는 모두 '治'자를 '始'자로 쓴다. ≪孟子·萬章下≫의 『始條理也(노래의 가락이 조화를 이루게 하다.)』에 대하여 宋 孫奭의 ≪孟子音義≫는 『始本亦作治('始'자를 또한 '治'자로 쓰기도 한다.)』라 하였다. 따라서 '怠'·'治'와 '始'자는 서로 통가자로 사용됨을 알 수 있다.

⑤ ' (折)'자는 '𣂚'로 예정할 수 있고, '𣂔'·'折'자의 이체자이다. ≪說文解字≫는 『 , 斷也, 从斤斷艸, 譚長說. , 籒文𣂔, 从艸在仌中, 仌寒, 故折. , 篆文𣂔, 从手('𣂔'자는 자르다의 의미. '斤'과 '艸'를 자르는 의미를 지닌 부분으로 이루어진 자이다. 譚長은 『'𣂚'자를 籒文은 '𣂔'로 쓰며, '艸'가 얼음 중에 있는 모양이다. 얼었기 때문에 부러진 것이다.』라 하였다. '折'자의 篆文은 '手'를 써서 '𣂔'로 쓴다.)』라 하였다. '𣂚' 자 중의 '仌' 부분은 '仌寒'이 아니라, 도끼로 찍힌 자국의 형상이다. 고대 문장에서는 '折'자와 '制'자는 자주 통용된다. ≪書·呂刑≫의 『制以刑(형벌로 제재하다.)』에서 '制'자를 ≪墨子·尙同中≫은 '折'로 쓰고, ≪書·呂刑≫의 『哀敬折獄(동정하는 마음을 가지고 옥사를 처리하다.)』에서 '折'자를 ≪鹽鐵論·詔聖≫은 '制'로 쓴다.

≪帛書≫本은 '制'자를 ''·''로 쓴다.[107]

106) ≪漢語大詞典≫第7卷, 467 쪽 참고.
107) ≪漢語大字典≫, 335 쪽 참고.

甲-第 20 簡

甲【第20簡 原文】

亦既又(有), 夫亦𤖯(將)智(知)止[50]①, 智(知)止所以不詞(殆). 卑(譬)②道之才(在)天下也, 猷(猶)③少(小)浴(谷)之與江海(海)■.④

【校讀記】

亦既有, 夫亦將知止, 知止所以不殆. 譬道之在天下也, 猶小谷之與江海.(32)

【校釋】

亦既又, 夫亦𤖯智止, 智止所以不詞. 卑道之才天下也, 猷少浴之與江海.

【異本】

帛書甲本: 亦既]有, 夫[亦將知止, 知止], 所以不[殆]. 俾(譬)道之在[下也, 猶160, 小]浴(谷之)與江海也.

帛書乙本: 亦既有, 夫亦將知止, 知止, 所以不殆. 卑(譬)[道之]248上在天下也, 猷(猶)小浴(谷)之與江海也.

王弼本: 亦既有, 夫亦將知止, 知止可以不殆. 譬道之在天下, 猶川谷之於江海.

河上公本: 亦既有, 夫亦將知之, 知之所以不殆. 譬道之在天下, 猶川谷之與江海.

傅奕本: 亦既有, 夫亦將知止, 知止所以不殆. 譬道之在天下, 猶川谷之與江海也.

范應元本: 亦既有, 夫亦將知止, 知止所以不殆. 譬道之在天下, 猶川谷之與江海也.

景龍碑本: 亦既有, 天將知止, 知止不殆. 譬道在天下, 猶川谷之與江海.

【해석】

이미 명분이 생기게 되었다면, 또한 장차 그칠 것을 알아야 한다. 그칠 것을 알아야 위태롭지 않게 된다. 도가 천하에 있음을 비유하자면, 작은 계곡과 강해(江海)의 관계와도 같다.

【郭店楚簡注釋】

50 「止」자를 죽간문은 「止」로 쓴다. 본 편 竹簡에서는 일반적으로 「止」의 의미로 쓰이나, 다른 의미로 쓰이는 경우도 있다. 「止」의 뜻으로 쓰일 때는 「止」로 예정하기로 한다.

【註解】

① '=(止=)'자를 河上公本은 '之='로 쓴다. '그치다'의 의미이기 때문에 '止'자로 쓰는 것이 옳겠다. ≪郭店楚簡 · 五行≫은 '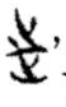'로 쓰고 '之'나 '等'의 의미로 쓰이며, ≪郭店楚簡 · 尊德義≫는 ''로 쓰고 '止'의 의미로 쓰이며, ≪郭店楚簡 · 性自命出≫은 ''로 쓰며 '待'의 의미로 쓰인다.108)

② '(卑)'자를 ≪帛書甲本≫은 '(俾)'로 쓴다. '卑(낮을 비, bēi)'와 '俾(더할 비, bǐ)'자는 모두 '譬(비유할 비, pì)'의 가차자로 쓰인다. ≪集韻≫은『比, 近也, 或作俾』('比'는 '가깝다'의 의미이다. 혹은 '俾'로 쓴다.)라 하였고, ≪大雅 · 皇矣≫의『克順克比(백성의 뜻대로 친화하게 되었네.)』구절을 ≪樂記≫은『克順克俾』로 쓴다. '俾' · '卑' · '譬' · '比'자는 음이 비슷하기 때문에 가차자로 쓰인다.

③ '(猷)'자는 '猶'자와 같은 자이다. 王筠은 ≪說文解字句讀≫에서『猶, ≪韻會≫引作猷. 又引徐曰'今作猶'. 知今篆以隸改之.(≪韻會≫는 '猶'자를 '猷'자로 쓰고, "지금은 '猶'로 쓴다."라는 徐鉉의 말을 인용하고 있다. 따라서 篆書를 隸書의 자형에 따라 고친 글자이다.)』라 하였다.109) 금문은 ''(≪牆盤≫) · ''(≪克鼎≫) · ''(≪毛公鼎≫)로 쓰고,110) ≪說文解字≫는 '(猶)'자에 대하여『从犬, 酉聲('犬'과 소리부 '酉'로 이루어진 형성자.)』라 하였다.
≪郭店楚簡 · 語叢三≫은 일반적인 형태와 달리 ''로 쓴다.111)

④ 초간(楚簡)의 18, 19, 20簡은 ≪王弼≫本의 제 32간의 내용이다.『道常無名. 樸雖小天下莫能臣也. 侯王若能守之, 萬物將自賓. 天地相合以降甘露, 民莫之令而自均. 始制有名, 名亦既有, 夫亦將知止, 知止可以不殆. 譬道之在天下, 猶川谷之於江海(도란 언제나 이름이 없고, 소박하며 비록 미세하게 보이지만, 천하는 감히 그를 신하로 부릴 수 없다. 만약에 후왕들이 그것을 잘 지키면 만물은 스스로 탄복하고 복종하게 된다. 하늘과 땅이 서로 화합하여 달콤한 이슬을 내리게 할 것이고, 백성들에게 아무런 명령이 없어도 고루 편안해지게 된다. 처음에 제도를 만듦에 명분이 있게 되었으니, 이미 명분이 생기게 되었다면, 또한 장차 그칠 것을 알아야 한다. 그칠 것을 알아야 위태롭지 않게 된다. 도가 천하에 있음을 비유하자면, 작은 계곡과 강해(江海)의 관계와도 같다.)』의 내용과 비슷하다.

108) ≪楚系簡帛文字編≫, 131 쪽 참고.
109) ≪漢語大字典≫, 1359 쪽 참고.
110) ≪金文編≫, 685 쪽 참고.
111) ≪楚系簡帛文字編≫, 865 쪽 참고.

甲-第 21 簡

甲【第21簡 原文】

又(有)𤖅①蟲(蚰)②成[51], 先天𡐦(地)生, 敓繆(穆)③, 蜀(獨)立不亥(改), 可以爲天下母. 未智(知)其名, 孳(字)之④曰道, 虗(吾)

【校讀記】

有狀混成, 先天地生, 寂寥獨立不改, 可以爲天下母. 未知其名, 字之曰道, 吾

【校釋】

又𤖅蟲城, 先天𡐦生, 敓繆, 蜀立不亥, 可以爲天下母. 未智亓名, 孳之曰道, 虗

【異本】

帛書甲本: 有物昆(混)成, 先天地生. 繡(蕭)呵繆(漻)呵, 獨立[而不改]$_{140}$, 可以爲天地母. 吾未知其名, 字之曰道. 吾

帛書乙本: 有物昆成, 先天地生. 蕭(蕭)呵漻呵, 獨立而不玹(改), 可$_{239}$下以爲天地母. 吾未知其名也, 字之曰道. 吾

王弼本: 有物混成, 先天地生. 宗兮寥兮, 獨立不改, 周行而不殆, 可以爲天下母. 吾不知其名, 字之曰道.

河上公本: 有物混成, 先天地生. 寂兮寥兮, 獨立而不改, 周行而不殆, 可以爲天下母. 吾不知其名, 字之曰道. 吾不知其名, 字之曰道.

傅奕本: 有物混成, 先天地生. 寂兮寞兮, 獨立而不改, 周行而不殆, 可以爲天下母. 吾不知其名, 故彊字之曰道.

范應元本: 有物混成, 先天地生. 宗兮莫兮, 獨立而不改, 周行而不殆, 可以爲天下母. 吾不知其名, 故强字之曰道.

景龍碑本: 有物混成, 先天地生. 寂漠, 獨立不改, 周行不殆, 可以爲天下母. 吾不知其名, 字之曰道. 吾

【해석】

어떤 혼돈된 상태에서 이루어진 물건이 있으니, 이는 천지보다 먼저 생겨났다. 아무 소리도 없이 寂寞(적막)하며, 홀로 존재하며 바뀌지도 않으니, 천하의 母體라 할 수 있다. 나는 아직 그 이름을 알지 못하겠으나, 글자로는 道라 칭하고, 나는

【郭店楚簡注釋】

51 '𤖽'자는 의미부가 '爿'이고 소리부가 '𦣻'이며, 「道」의 뜻으로 쓰이는 것 같다. ≪帛書≫本은 「道」의 뜻인 「物」자로 쓴다.

「蚰」자는 昆蟲인 「昆」의 本字로 「混」으로 읽을 수 있다.

【註解】

① '(𤖽)'자에 대하여 裘錫圭는 ≪郭店老子簡初探≫에서 『郭店簡≪五行≫篇三十六號簡也有'𤖽'字, 郭店一五三頁注四七說: '𤖽', 帛書本作裝, 解說部分作莊. 𤖽從爿聲, 與莊可通. 此說甚是. 見於老子甲二一的'𤖽', 無疑也應分析爲從'𦣻'(首)'爿'聲, 依文意當讀爲'狀'. '狀'也是'爿'聲的, 老子第十四章形容'道'的時候, 有'是謂無狀之狀, 無物之狀, 是謂惚恍'之語. '有狀混成'的'狀'就是'無狀之狀'的狀(≪郭店楚簡·五行≫篇의 제 36簡에도 '𤖽'자가 있는데, 153 쪽 〈註釋〉47에서는 『'𤖽'자를 ≪帛書≫本은 '裝'으로 쓰는데, 해설부분에서는 '莊'으로 쓴다. '𤖽'자는 소리부가 '爿'이기 때문에 '莊'과 통한다』라 하였다. 이는 옳은 설명이다. ≪老子甲≫ 제 21간에 '𤖽'자가 있는데, 이 자 역시 의미부가 '𦣻(首)'이고 소리부가 '爿'이다. 문맥으로 보아 '狀'의 의미로 쓰이고 있다. '狀'자 역시 소리부가 '爿'이다. ≪老子≫ 第 14章이 '道'를 「是謂無狀之狀, 無物之狀, 是謂惚恍(그래서 이것을 형상이 없는 상태, 無物의 상태라고 말하는 것이며, 종잡을 수 없는 것이라 말하는 것이다.)」라고 설명하고 있는데, 이는 「有狀混成(어떤 혼돈된 상태에서 이루어진 물건이 있다.)」 중의 '狀'의 의미 역시 「無狀之狀(형상이 없는 형상.)」 구절 중의 '狀'과 같은 의미이다.)』라 하였다.112)

≪上博楚簡·容成氏≫는 ''·''·''으로 쓰고, 모두 '狀'의 의미로 쓰인다.113)

② '(蟲)'자를 ≪帛書≫는 '昆'으로 쓰고, 다른 판본들은 '混'으로 쓴다. ≪說文解字≫는 '(蚰)'자에 대하여 『蟲之總名, 从二虫, 讀若昆('蚰'자는 곤충의 總名이다. 두 개의 '虫'으로 이루어진 자이다. '昆'자의 음과 유사하다.)』라 하고, 음은 '古魂切'이다. 초간(楚簡) '蟲(벌레 충, chóng)'자는 '蚰(벌레 곤, kún)'자를 잘못 쓴 것이다. ≪說文解字≫는 '(蟲)'자에 대하여 『有足謂之蟲, 無足謂之豸. 从三虫(다리가 있는 벌레를 '蟲'이라 하고, 다리가 없는 벌레를 '豸'라 한다. 세 개의 '虫'으로 이루어진 회의자.)』라 하고, 음은 '直弓切'이다.

③ '(敓繆)'을 ≪帛書·甲≫은 '繡呵繆呵'로, ≪帛書·乙≫은 '蕭呵漻呵'로, ≪王弼≫本은 '宋兮寥兮'로, ≪河上公≫本은 '寂兮寥兮'로 쓰거나, 기타 다른 판본들은 '寂寞'·'寂漠'으로 쓰기도 한다. '繡(수 수, xiù)'·'蕭(맑은대쑥 소, xiāo)'·'宋'과 '寂(고요할 적, jì)'자는 모두 음과 의미가 비슷하고, '繆(얽을 무, móu,miào,miù)'·'漻(맑을 류{유,깊을 료,변할 력}, liáo)'와 '寥(쓸쓸할 요{료}, liáo)'자는

112) ≪道家文化硏究≫, 17輯, 45-46 쪽 참고.
113) ≪楚系簡帛文字編≫, 802 쪽 참고.

음이 같기 때문에 가차자로 통용되고, '莫(없을 막{저물 모, 고요할 맥}, mò)' 혹은 '漠(사막 막, mò)'자와는 의미가 비슷하기 때문에 서로 통용한다.

'敓繆' 두 자에 대해서는 의견이 매우 분분하다. 崔仁義는 ≪荊門郭店楚簡老子硏究≫에서 이 두 자를 '敓綉'로 예정하고, 『敓卽奪, 與寞古韻相近, 綉, 寥古韻同在幽部('敓'자는 '奪'자와 같은 자로, '寞'자와는 古韻이 근사하고, '綉'자는 '寥'자와 古韻이 '幽'部로 같다.)』(56 쪽)이라 하였고, 廖名春은 『敓卽挩, 文獻中挩與涚通. …… 楚簡假爲敓('敓'자는 '挩'자와 같은 자로 文獻에서는 '挩'자와 '涚'자가 서로 통용된다. ……楚簡에서는 '敓'자의 가차자로 사용되고 있는 것이 아닌가한다.)』라 하였다.[114)]

'挩'자는 '털어닦다'라는 의미이다. ≪集韻≫은 『涚, 拭勺以酌酒('涚'자는 '술잔을 닦고 술을 따르다'의 의미』라고 설명하고, 陸德明의 ≪經典釋文≫은 『涚, 舒銳反. 李一音雪('涚'자의 음은 '舒銳反'로 '雪'자의 음과 같다.)』라 하였다. 孫詒讓의 ≪正義≫는 『涚拭之挩, 余本及注疏本並作挩, 涚挩字通(다른 판본들과 주석서는 '맑은 물로 닦다'의 의미인 '涚'자를 '挩'자로 쓴다. '涚'자와 '挩'자는 서로 통용된다.)』라 하였다.[115)]

'涚(잿물 세, shuì)'자는 '肅(엄숙할 숙, sù)' · '寂'자와 同義語(동의어)이다.

초간(楚簡)에서 '敓(빼앗을 탈, duó)'자를 ≪包山楚簡≫은 ''로, ≪郭店楚簡 · 語叢三≫은 ''로, ≪上博楚簡 · 孔子詩論≫은 ''로 쓰고, '悅' · '說' · '奪' 등의 가차자로 쓰인다.[116)]

'繆'자는 '糸'와 소리부 '穆'으로 이루어진 형성자이며, '穆'의 의미이다. '繆'자는 '寥'자와 '寞'자 등과 동의어이다.

'穆'은 '깊고 심오하다' · '적막하다'의 의미를 지니고 있다. 段玉裁 ≪說文解字注≫는 『穆, 凡經傳所用穆字皆假穆爲㣎, 㣎者細文也. 凡言穆穆 · 於穆 · 昭穆皆取幽微之義('穆'자는 經傳에서 '㣎'자의 가차자로 쓰인다. '㣎'는 '잔무늬'의 의미다. '穆穆' · '於穆' · '昭穆'의 단어는 '깊고 심오하다'는 의미이다.)』이라 하고, ≪楚辭 · 九章 · 悲回風≫ 『穆眇眇之無垠兮, 莽芒芒之無儀(깊고 심오함이 끝이 없고, 망망하여 어찌할 바를 모르겠네.)』에 대하여 洪興祖의 ≪補注≫는 『穆, 深微貌('穆'은 '깊고 심미한 모양'.)』라고 설명하고, ≪淮南子 · 原道≫ 『穆忞隱閔, 純德獨存(깊고 아득하여 오직 순수한 덕만이 오직 홀로 존재하네.)』에 대하여 高誘는 『穆忞隱閔, 皆無形之類也('穆忞'과 '隱閔'은 모두 형태가 없는 것들을 말한다.)』라 하였다.[117)]

'寥'자를 ≪說文解字≫는 '廫(텅빌 료, liáo)'로 쓴다. ≪說文解字≫는 『空虛也, 从广膠聲('공허하다'의 의미. '广'과 소리부 '膠'로 이루어진 형성자.)』라 하고, 음은 '洛蕭切'이다.

114) ≪郭店楚簡老子校釋≫, 210 쪽 참고.
115) ≪漢語大字典≫, 1633 쪽 참고.
116) ≪楚系簡帛文字編≫, 306 쪽 참고.
117) ≪漢語大字典≫, 2629 쪽 참고.

'繆'자를 ≪望山楚簡≫은 '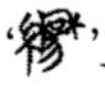'으로 쓴다.[118]

④ '⿱𢆶才'자는 '𢆶(玆)'와 소리부가 '才'인 형성자이며, '字'자와 통한다. ≪上博楚簡・從政甲≫의 '(⿱𢆶才)' 자는 '災'의 의미이다.[119]

118) ≪楚系簡帛文字編≫, 1100 쪽 참고.
119) ≪楚系簡帛文字編≫, 396 쪽 참고.

甲-第 22 簡

甲【第22簡 原文】

弜(强)①爲之名曰大[52]. 大曰濫[53]②, 濫曰連〈遠〉③, 連〈遠〉曰反(返). 天大, 陸(地)大, 道大, 王亦大[54]. 國④中又(有)四大安⑤, 王凥(居)⑥一安. 人

【校讀記】

强爲之名曰大. 大曰羨, 羨曰連, 連曰返. 天大, 地大, 道大, 王亦大. 國中有四大焉, 王居一焉. 人

【校釋】

弜爲之名曰大. 大曰澨, 澨曰連, 連曰反. 天大, 陸大, 道大, 王亦大. 囯中又四大安, 王凥一安. 人

【異本】

帛書甲本: 强爲之名曰大. [大]曰筮(逝), 筮(逝)曰[遠, 遠曰反. 道大]141, 天大, 地大, 王亦大. 國中有四大, 而王居一焉. 人

帛書乙本: 强爲之名曰大. 大曰筮(逝), 筮(逝)曰遠, 遠曰反. 道大, 天大, 地大, 王亦大240上. 國中有四大, 而王居一焉. 人

王弼本: 强爲之名曰大. 大曰逝, 逝曰遠, 遠曰反. 故道大, 天大, 地大, 王亦大. 域中有四大, 而王居其一焉. 人

河上公本: 强爲之名曰大. 大曰逝, 逝曰遠, 遠曰反. 故道大, 天大, 地大, 王亦大. 域中有四大, 而王居其一焉. 人

傅奕本: 强爲之名曰大. 大曰逝, 逝曰遠, 遠曰返. 道大, 天大, 地大, 人亦大. 域中有四大, 而王處其一. 人

范應元本: 彊爲之名曰大. 大曰逝, 逝曰遠, 遠曰反. 故道大, 天大, 地大, 人亦大. 域中有四大, 而人居其一焉. 人

景龍碑本: 强爲之名曰□. □□逝, 逝曰遠, 遠曰反. 道大, 天大, 地大, 王大. 域中有四大, 而王處一. 人

【해석】

이를 억지로 大(크다)라 명명하기로 한다. 大는 끊임없이 흘러가고, 끊임없이 흘러가는 것은 돌고 돌아가지 않는 곳이 없다. 끊임없이 돌고 돌아 다시 제자리로 돌아오는 것이다. 하늘도 크고, 땅도 크고, 도도 크고 왕 또한 크다. 세상에서 이 네 가지가 위대한데, 왕도 그 중 하나를 차지한다. 그런데 사람은

【郭店楚簡注釋】

52 「虗」자는 소리부가 「虍」이며, 「吾(나 오, wu)」의 의미이다. 이 자는 죽간에 자주 보인다. ≪信陽楚簡≫ 「虗(吾)聞周公(나는 주공에게서 들었다.)」 구절 중의 「吾」자와 형태가 같다.

53 「灡」자는 아직 잘 모르는 자이나, 「逝」의 의미로 쓰이고 있다.

54 「天大, 地大, 道大」의 구절을 ≪帛書≫本은 「道大, 天大, 地大」로 쓴다.

【註解】

① ‘(弜)’은 ‘力’과 ‘强’자의 일부를 생략한 형태가 합하여 이루어진 자이며, ‘勥’의 이체자이다. 오른쪽 가운데 ‘(=)’은 ‘虫’자의 생략형이다. ≪說文解字≫는 ‘(勥)’자에 대하여 『勥, 迫也, 从力, 强聲, 古文从彊(‘勥’은 ‘강박하다’의 의미. ‘力’과 소리부 ‘强’으로 이루어진 형성자. 古文은 字部(자부)가 ‘彊’인 ‘’으로 쓴다.)』라 하였다. ≪郭店楚簡≫ 중 ≪尊德義≫는 ‘(弜)’으로, ≪五行≫은 ‘(㔃)’ · ‘(㔃)’으로 쓴다.120)

② ‘(灡)’자를 다른 판본들은 ‘筮’나 ‘逝’로 쓴다. 白於藍의 ≪簡牘帛書通假字字典≫은 ‘灡’자를 ‘筮’ · ‘逝’나 ‘噬’자 등의 통가자로 보았다.(317-318 쪽)

裘錫圭는 ≪曾侯乙編鐘≫을 참고하여 『很可能就是與‘遣’音近的‘衍’. ‘衍’字古訓‘溢’, 訓‘廣’, 訓‘大’, 有‘延伸’ · ‘廣大’ · ‘超過’一類意思. ……簡文此字大概也應該讀爲‘衍’. 從文意上看, 『大曰衍, 衍曰遠』是講得通的(이 자는 ‘遣’자로 ‘遣’자와 음이 유사한 ‘衍’의 의미일 가능성이 크다. ‘衍’자는 ‘溢’ · ‘廣’이나 ‘大’의 뜻인 ‘延伸(펼치다)’ · ‘廣大(확대하다)’ · ‘超過(초과하다)’ 등의 의미를 지니고 있다. ……죽간문의 이 글자도 ‘衍’의 의미로 쓰이는 것으로 보인다. 『大曰衍, 衍曰遠(크면 흘러가고, 흘러가면 멀어진다.)』의 의미가 문맥상 통한다.)』라 하였다.121)

‘衍(넘칠 연, yǎn)’자에 대하여 ≪說文解字≫는 『, 水朝宗于海也. 从水从行(‘衍’자는 ‘물이 제후가 천자를 배알하듯이 바다로 흘러가다’의 의미. ‘水’와 ‘行’으로 이루어진 회의자.)』로 설명하고, 음은 ‘以淺切’이다.

≪帛書≫本은 ‘筮’자로 쓴다. ‘筮(점대 서, shì)’자는 ‘遾(미칠 서, xù)’와 통한다. ≪廣雅 · 釋詁≫는 『遾, 遠也(‘遾’는 ‘멀다(遠)’의 의미.)』라 하였다. ‘衍’ · ‘遾’와 ‘逝’는 모두 ‘멀리 나아가다’는 의미를

120) ≪楚系簡帛文字編≫, 1154 쪽 참고.
121) ≪郭店老子簡初探≫, ≪道家文化研究≫, 17輯, 45-46 쪽 참고.

지니고 있다.

'灊'자를 ≪包山楚簡≫은 ''·''·''·''로 쓴다.[122]

③ '(連)'자는 '辵'과 소리부 '叀'로 이루어진 형성자이다. ≪說文解字≫는 '叀(삼가할 전, zhuān)'자에 대하여『叀, 專小謹也. 从幺省, 屮, 財見也, 屮亦聲. 古文叀, 亦古文叀('叀'자는 '집중하고 조심하다'는 의미. '幺'의 생략형과 '屮'로 이루어진 자이며, '屮'는 나무에 새싹이 돋아나는 모양을 나타낸다. '屮'는 또한 음을 나타내기도 한다. 古文을 ''이나 ''으로 쓴다.)』라 하고, 음은 '職緣切'이다.

≪郭店楚墓竹簡≫은 '連'자를 '遠'자의 오자로 이해하였고, ≪帛書≫本과 ≪王弼≫本은 '遠'자로 쓴다. 후대 판본들은 '連'자가 '轉'자의 이체자이며, '遠'자가 음과 의미가 통하기 때문에 '遠'자로 쓴 것이 아닌가 한다.[123] ≪上博楚簡(五)·季庚子問於孔子≫(第 14簡)의 '連'자 역시 '傳'의 의미로 쓰인다.

초간(楚簡)에서 '連'자는 ''(≪郭店楚簡·尊德義≫)·''(≪曾侯乙墓楚簡≫)·''(≪楚帛書≫)·''(≪郭店楚簡·唐虞之道≫) 등으로 쓰고, 일반적으로 '傳'의 의미로 쓰인다.[124]

④ ''자를 裘錫圭는 '囿'로 예정하고 ≪睡虎地雲夢秦簡≫의 문자를 참고하여 '囿'자의 이체자라 하고, '有'자와 '域'자는 고음이 비슷하다고 하였다.[125]

초간(楚簡)에서 '國'자는 ''(≪包山楚簡≫)·''(≪上博楚簡·緇衣≫)·''(≪上博楚簡·民之父母≫)·''(≪新蔡葛陵楚簡≫)·''(≪楚帛書≫)·''(≪郭店楚簡·老子≫) 등으로 쓴다.[126]

⑤ '(安)'자는 윗부분에 '宀'을 생략하고 쓴 형태이다. 제 25간은 '宀'을 생략하지 않고 ''으로 쓴다.

⑥ '(凥)'자는 '處'자의 고문자이다. ≪說文解字≫는「(凥)」·「(処)」와「(居)」에 대하여 각각『凥, 處也. 從尸得幾而止('凥'자는 거처하다는 의미이다. 사람이 걸상을 찾아 앉는 의미를 표시하고 있다.)』,『居, 蹲也. 从尸古者, 居从古. , 俗居从足('居'는 '앉다'의 의미이다. 웅크리고 앉는 것은 예부터 전해 내려 온 습성이기 때문에 의미부 '尸'와 '古'를 쓴다. 의미부 '足'을 쓰는 '踞'자는 '居'의 俗字이다.)』,『処, 止也. 得几而止, 从几, 从夊. , 処或从虍聲('処'는 휴식하다의 뜻. 책상을 가져다 앉아 휴식함을 의미한다. '几'와 '夊'로 이루어진 자이다. '処'자를 혹은 소리부 '虍'를 써서 '處'로 쓴다.)』라 하였다.

≪上博楚簡·性情論≫제 28간은「居仉(處)谷(欲)牄(壯)莫(?)而毋曼(행동거지는 간결하되 거만하지 않아야 한다.)」와 같이「居處」를 함께 쓴다.「居處」라는 단어는 경전에서 자주 쓰인다. ≪論語·

122) ≪楚系簡帛文字編≫, 949 쪽 참고.
123) 廖名春, ≪郭店楚簡老子校釋≫(2003), 223 쪽 참고.
124) ≪楚系簡帛文字編≫, 177 쪽 참고.
125) ≪郭店老子簡初探≫, ≪道家文化研究≫, 17輯, 49 쪽 참고.
126) ≪楚系簡帛文字編≫, 595 쪽 참고.

子路≫는 「居處恭, 執事敬, 與人忠. 雖之夷狄, 不可棄也(행동거지는 공손하고, 일은 처리는 신중하며, 사람을 대할 때는 온 정성을 다하여야 하는데, 이러한 태도는 비록 오랑캐 나라에 간다해도 꼭 간직해야 한다.)」라고, ≪禮記·經解≫는 「居處有禮, 進退有度, 百官得其宜, 萬事得其序(행동거지는 예의가 있어야하며, 벼슬을 하고 물러나는데도 절차가 있어야 하며 모든 관리는 적절하게 안배되어야 하며, 모든 일은 질서가 있어야 한다.)」라고, ≪呂氏春秋·孝行≫은 「居處不莊, 非孝也. 事君不忠, 非孝也. 莅官不敬, 非孝也(행동거지가 정중하지 않으면 효가 아니고, 군주를 섬기되 충성을 다하지 않는 것도 불효요, 벼슬을 하면서도 일을 공경하게 처리하지 않는다면 이 또한 불효인 것이다.)」라 했다. ≪上海博物館楚竹書≫의 '凥'자를 현행본(今本)은 '居'로 쓴다고도 하고,[127] 혹은 '凥'자는 '居'의 고체자라고 설명하기도 하지만,[128] '居處'라는 단어를 사용하는 것으로 보아 '居'와 '處'는 같은 자가 아님을 알 수 있다.

≪郭店楚墓竹簡≫ 중 '凥'자는 세 가지 형태로 쓴다. 첫째는 ''(≪老子甲≫제22간)·''(≪緇衣≫第9簡), 둘째는 ''(≪成之聞之≫第8簡)·''(≪成之聞之≫第34簡)·'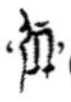'(≪語叢三≫第36簡), 셋째는 ''(≪老子甲≫第24簡)·''(≪性自命出≫第26簡)이다. ≪郭店楚簡文字編≫(張守中 主編)은 이들을 각각 '凥', '処'와 '居'로 예정하고 있다(123, 190 쪽). 초죽서의 자형으로 보아 '凥'자는 '処'의 이체자이고, '凥'·'処'자와 '居'자는 음과 의미가 비슷한 同意詞이다. ≪郭店楚簡·老子甲≫第22簡 「王凥一安(왕도 그 중에 하나를 차지한다.)」 중의 「凥」자를 현행본(今本)은 '居'나 혹은 '處'로 쓴다.[129] ≪玉篇≫은 『凥, 與居同('凥'자는 '居'자와 같은 자이다.)』라 하였는데, 이는 후에 형태가 비슷하기 때문에 '凥'와 '居'를 혼용하여 쓴 것으로 보인다.

127) 李守奎, ≪上海博物館楚竹書(一-五)文字編≫, 616 쪽 참고.
128) 廖明春,≪郭店楚簡老子校釋≫, 231-232쪽 참고..
129) ≪郭店楚簡老子校釋≫, 231 쪽 참고,

甲-第 23 簡

甲【第23簡 原文】

法①陛(地), 陛(地)法天, 天法道, 道法自肰(然)② 天陛(地)之囘(間)[55], 其猷(猶)囩(橐)籊〈籥〉③與[56]? 虛而不屈, 迵(動)④而愈出⑤

【校讀記】

法地, 地法天, 天法道, 道法自然.(25) 天地之間, 其猶橐籥歟? 虛而不屈, 動而愈出.(5)

【校釋】

蘀陛, 陛蘀天, 天蘀道, 道蘀自肰. 天陛之囘, 丌猷囩籊與? 虛而不屈, 迵而愈出.

【異本】

帛書甲本: 法地, [地]法[天], 天法[道], [道]法自然. 天地不仁, 以萬物爲芻狗. 聲(聖)人不仁, 以百省(姓)[爲芻][101]狗. 天地[之]間, [亓]猶橐籥輿(與)? 虛而不淈(屈), 踵(動)而俞(愈)出. 多聞數窮, 不如守於中.[102]

帛書乙本: 法地, 地法天, 天法道, 道法自然. 天地不仁, 以萬物爲芻狗. 耶(聖)人不仁, [以]百姓爲芻狗. 天地之間, 亓猶橐籥乎? 虛而不淈, 動而俞出. 多聞數窮, 不如守於中.[222上]

王弼本: 法地, 地法天, 天法道, 道法自然. 天地不仁, 以萬物爲芻狗. 聖人不仁, 以百姓爲芻狗. 天地之間, 其猶橐籥乎? 虛而不屈, 動而愈出. 多言數窮, 不如守中.

河上公本: 法地, 地法天, 天法道, 道法自然. 天地不仁, 以萬物爲芻狗. 聖人不仁, 以百姓爲芻狗. 天地之間, 其猶橐籥乎? 虛而不屈, 動而愈出. 多言數窮, 不如守中.

傅奕本: 法地, 地法天, 天法道, 道法自然. 天地不仁, 以萬物爲芻狗; 聖人不仁, 以百姓爲芻狗. 天地之間, 其猶橐籥乎? 虛而不詘, 動而俞出. 多言數窮, 不如守中.

范應元本: 法地, 地法天, 天法道, 道法自然. 天地不仁, 以萬物爲芻狗. 聖人不仁, 以百姓爲芻狗. 天地之間, 其猶橐籥乎? 虛而不詘, 動而俞出. 多言數窮, 不如守中.

景龍碑本: 法地, 地法天, 天法道, 道法自然. 天地不仁, 以萬物爲狗芻. 聖人不仁, 以百姓爲狗芻. 天地之間, 其猶橐籥? 虛而不屈, 動而俞出. 多言數窮, 不如守中.

【해석】

땅을 법도로 삼고, 땅은 하늘을 법도로 삼고, 하늘은 도를 법도로 삼으며, 도는 자연을 법도로 삼는다. 하늘과 땅은 마치 풀무같다고나 할까? 텅 비어 있으면서도 다함이 없으며, 움직일수록 바람은 더욱 세진다.

【郭店楚簡注釋】

55 '間'자를 竹簡文은 ''으로 쓴다. 金文 ≪曾姬無卹壺≫는 「間」자를 ''으로 쓴다. 竹簡文은 「門」을 생략한 형태이고, 「間」의 의미이다. 이와 같은 형태는 ≪包山楚簡≫에도 보인다.

56 「㐂」자는 의미부가 '口'이고 소리부가 '乇'이며, 「橐(전대 탁, tuó)」의 의미로 쓰인다.

【註解】

① ≪郭店楚簡 · 老子甲≫은 '法'자를 '(灋)'으로 쓴다. '法'자는 '灋'자의 일부를 생략하고 쓴 형태다. 초간에서 '灋'자는 다양한 형태로 쓴다. ≪新陽一號墓竹書簡≫은 ''으로, ≪上博楚簡 · 昔者君老≫는 ''으로, ≪郭店楚簡 · 六德≫은 ''으로, ≪包山楚簡≫은 '' · ''으로 쓴다.[130] ≪上博楚簡 · 紂衣≫는 ''으로 쓰는데, ≪說文解字≫의 '灋'자 古文 ''과 비슷하다.

② 초간(楚簡)의 21, 22, 23간의 내용은 ≪王弼≫本의 제 25장 『有物混成先天地生. 寂兮寥兮獨立不改, 周行而不殆, 可以爲天下母. 吾不知其名, 字之曰道. 强爲之名曰大. 大曰逝, 逝曰遠, 遠曰反. 故道大 · 天大 · 地大 · 王亦大. 域中有四大, 而王居其一焉. 人法地, 地法天, 天法道, 道法自然. (어떤 혼돈된 상태에서 이루어진 물건이 있으니, 이는 천지보다 먼저 생겨났다. 아무 소리도 없이 寂寞(적막)하며, 홀로 존재하며 바뀌지도 않으니, 천하의 母體라 할 수 있다. 나는 아직 그 이름을 알지 못하겠으나, 글자로는 道라 칭하고, 나는 이를 억지로 大(크다)라 명명하기로 한다. 大(크다)면 끊임없이 흘러가고, 끊임없이 흘러가면 멀리 멀어지고, 멀리 멀어지면 돌고 돌아 다시 돌아온다. 하늘도 크고, 땅도 크고, 도도 크고, 왕 또한 크다. 세상에서 이 네 가지가 위대한데, 왕도 그 중 하나를 차지한다. 그런데 사람은 땅을 법도로 삼고, 땅은 하늘을 법도로 삼고, 하늘은 도를 법도로 삼으며, 도는 자연을 법도로 삼는다.)』에 속한다.

③ '(雚)'자는 '竹'과 소리부 '雚(황새 관, guān)'으로 이루어진 형성자다. '雚'자는 '管'의 의미이다. '管'은 '바람을 불어 넣을 수 있는 죽통으로, '籥'자와 동의어이다.[131] '橐籥'은 바람을 일으킬 때 사용하는 풀무를 가리킨다. '籥(피리 약, yuè)'자를 ≪馬王堆帛書 · 老子甲≫은 ''으로 쓰고, ≪馬王堆帛書 · 老子乙≫은 ''으로 쓴다.[132]

④ '(迵)'자를 ≪馬王堆帛書 · 老子甲≫은 '(踵)'으로 쓴다. ≪說文解字≫는 '動'자의 고문을 字部 '辵'과 '重'으로 이루어진 ''으로 쓴다. 모두 '動'과 음이 비슷하기 때문에 통한다. 그러나 '迵'자를 앞 구절 '虛'자와 관련있는 의미로 보고, '沖(비어있다)'의 가차자로 해석하기도 한다.[133]

130) ≪楚系簡帛文字編≫, 860 쪽 참고.
131) 劉信芳, ≪荊門郭店竹簡老子解詁≫, 28 쪽 참고.
132) ≪馬王堆簡帛文字編≫, 188 쪽 참고.

⑤ 王弼本 제 5장은 '天地之間'부터 '動而愈出'까지를 『天地不仁, 以萬物爲芻狗. 聖人不仁, 以百姓爲芻狗. 天地之間, 其猶橐籥乎? 虛而不屈, 動而愈出. 多言數窮, 不如守中(하늘과 땅은 인하지 않으니, 만물을 짚으로 만든 개처럼 버려둔다. 성인도 인하지 않으니, 백성들을 짚으로 만든 개처럼 버려둔다. 하늘과 땅 사이는 마치 풀무같다고나 할까? 텅 비어 있으면서도 다함이 없으며, 움직일수록 바람은 더욱 세진다. 말을 많이 하면 자주 궁지에 몰린다. 중간의 텅 빔을 지키는 것이 좋을 것이다.)』로 쓴다. 「天地不仁, 以萬物爲芻狗. 聖人不仁, 以百姓爲芻狗」와 「多言數窮, 不如守中」의 구절은 초간(楚簡)에 보이지 않는다.

133) 廖名春, ≪郭店楚簡老子校釋≫, 241 쪽 참고.

甲-第 24 簡

甲【第24簡 原文】

至虛, 亙(恒)①也[57], 獸(守)中, 箮(篤)②也. 萬勿(物)方(旁)𢀩(作), 居以須③復也[58]. 天道員員④, 各復其堇(根)■.⑤

【校讀記】

至虛, 恒也, 守中, 篤也. 萬物並作, 居以須復也. 天道云云, 各復其根.(16)

【校釋】

至虛, 𠄢也; 獸中, 箮也. 萬勿方𢀩, 居以夏復也. 天道員員, 各復亓堇.

【異本】

帛書甲本: 致虛, 極也, 守情(靜), 表〈𥫍(篤)〉也. 萬物旁(並)作, 吾以觀其復也. 天物雲雲, 各復歸於其根.122

帛書乙本: 致虛, 極也, 守靜, 督(篤)也. 萬物旁(並)作, 吾以觀亓復也. 天物231下袪袪, 各復歸於亓根.

王弼本: 致虛, 極, 守靜, 篤. 萬物並作, 吾以觀復. 夫物芸芸, 各復歸其根.

河上公本: 致虛, 極, 守靜, 篤. 萬物並作, 吾以觀其復. 夫物芸芸, 各復歸其根.

傅奕本: 至虛, 極, 守靖, 篤. 萬物並作, 吾以觀其復. 夫物䒜䒜, 各歸其根.

范應元本: 致虛, 極, 守靜, 篤. 萬物並作, 吾以觀其復. 夫物䒜䒜, 各歸其根.

景龍碑本: 至虛, 極, 守靜, 蔦. 萬物並作, 吾以觀其復. 夫物云云, 各歸其根.

【해석】

虛靜(허정)에 이르게 되면 永恒(영항)에 이르게 되고, 中庸(중용)을 지키면 돈독함에 이르게 된다. 이렇게 되면 만물은 다함께 흥하게 되고 제자리로 반드시 돌아가게 된다. 천도는 돌고 돌아 근원으로 되돌아간다.

【郭店楚簡注釋】

57 '亙(恒)'자를 다른 판본들은 모두 「極」으로 쓴다. 竹簡文은 「恒」자를 '𠄢'(이 자는 ≪說文解字≫의 古文이다)로 쓰는데, 「亟」자와 형태가 비슷하기 때문에 쉽게 혼동한다. '恒'은 '恒常'의 의미이다.

58 ‘居’자를 다른 판본들은 ‘吾’로 쓴다. ‘須’는 ‘待(기대하다)’의 의미이다. 다른 판본들은 「觀」으로 쓴다.

【註解】

① ‘’(亙)’자는 ‘恒’자와 같은 자이다. ≪包山楚簡≫은 ‘恒’자를 ‘’으로 쓰고 ≪江陵天星觀竹簡≫은 ‘’으로 쓰고 ≪上博楚簡性情論≫은 ‘’으로 쓰고, ≪包山楚簡≫은 字部 ‘心’을 쓰지 않고 ‘’으로 쓰고, ≪郭店楚簡成之聞之≫는 ‘’으로 쓴다. ‘亟’자를 ≪郭店楚簡 · 唐虞之道≫는 ‘’자로 쓴다.[134] ≪說文解字≫는 ‘恒’자의 고문을 ‘’으로 쓴다. ‘’자와 ‘亟’자가 비슷하기 때문에 잘못 쓴 것이다.

② ‘’(篙)’자를 帛書甲本은 ‘表’자로 쓰고, 다른 판본들은 ‘篤’이나, ‘督’으로 쓴다. ≪說文解字≫는 ‘’(篙)’자에 대하여 「厚也. 从亯竹聲. 讀若篤(‘두터이 하다’의 의미. ‘亯’과 소리부 ‘竹’으로 이루어진 형성자. 음은 ‘篤’자와 비슷하다.)」라고 설명하고, 음은 ‘冬毒切’로 표시하고 있다. ‘篙’ · ‘篤’과 ‘督’자는 음이 서로 통한다.

高明의 ≪帛書老子校注≫는 ‘表’자는 ‘毛’와 ‘衣’로 이루어진 회의자인데, ‘裻(등솔기 독, dǔ)’자의 자부 ‘叔’이 ‘毛’의 형태와 비슷하기 때문에 잘못 쓴 것이며, 「裻字或從衣毒聲, 寫作䄍, 䄍篤二字同音(‘裻’자는 의미부 자건이 ‘衣’이고, 소리부가 ‘毒’인 ‘䄍’자로 쓰기도 한다. ‘䄍’과 ‘篤’자는 음이 같다.)」이라 했다.[135] ‘裻’자는 ‘督’ · ‘篤’와 음이 비슷하다. ‘篙’자는 ≪郭店楚簡≫의 ≪五行≫ · ≪唐虞之道≫ · ≪性自命出≫에서 모두 ‘篤’의 의미로 쓰인다.[136]

≪說文解字≫는 ‘’(表)’자에 대하여 「上衣也. 从衣从毛. 古者衣裘, 以毛爲表. , 古文表从麃(‘상의’의 의미. 자부 ‘衣’와 ‘毛’로 이루어진 회의자. 옛날 가죽옷은 외피를 털로 만들었다. ‘表’자의 고문은 자부 ‘麃’자인 ‘’로 쓴다.)」라 하였다. ‘’(表)’자는 ‘表’자와 같은 자이다. ‘表’자를 ≪包山楚簡≫은 ‘’로 쓰고, ≪上博楚簡 · 容成氏≫는 ‘’로 쓰며,[137] ≪馬王堆帛書 · 老子甲≫은 ‘’로 쓴다.[138]

③ ‘’자를 ≪郭店楚墓竹簡≫은 ‘須’로 예정하고 있다. ≪緇衣≫ 제 22간의 ‘’자에 대하여, 〈注釋〉‘61’은 자를 ‘㬋(顧)’로 풀이하고, 이 자는 ‘寡’의 이체자이고 ‘顧’자로 가차되어 사용되고 있다고 설명하였다.[139] ‘’자는 ‘’자를 간략하게 쓴 형태이다. ‘㬋’자는 ‘寡’자의 일부를 생략하고 쓴 형태이다. ≪中山王䢅鼎≫의 銘文과 ≪天星觀秦簡≫은 모두 죽간문과 같이 ‘寡’자를 의미부 「宀」을

134) 滕壬生, ≪楚系簡帛文字編≫, 1122 쪽 참고.
135) 高明, ≪帛書老子校注≫, 299 쪽 참고.
136) 白於藍, ≪簡牘帛書通假字字典≫, 173 쪽 참고.
137) 滕壬生, ≪楚系簡帛文字編≫, 769 쪽 참고.
138) 陳松長, ≪馬王堆簡帛文字編≫, 348 쪽 참고.
139) ≪郭店楚墓竹簡≫, 134 쪽.

생략하고 '(寡)'로 쓴다.[140]

≪禮記・緇衣≫의 「故君子寡言而行」 구절에 대하여 鄭玄은 「寡當爲顧, 聲之誤也('寡'자는 '顧'로 써야한다. 음이 유사하기 때문에 잘못 쓴 것이다.)」라 하였고, 朱駿聲의 ≪說文通訓定聲≫은 「寡, 假借爲顧('寡'자는 '顧'자의 가차자로 쓰인 것이다.)」라 하였다. 본 구절도 '觀'의 의미인 '顧(돌아볼고, gù)'의 의미로 쓰인다.

④ '=(員員)'을 다른 판본은 '云云'・'芸芸'・'雲雲'이나 '䢵䢵' 등으로 쓴다. 모두 음이 통한다. 중문 '員員'은 '운행이 멈추는 않는 모양'을 나타내는 형용어이다.

⑤ 제 24간의 내용을 ≪王弼≫本은 제 16장에서 『致虛极守靜篤. 萬物並作, 吾以觀復. 夫物芸芸各復歸其根. 歸根曰靜, 是謂復命, 復命曰常, 知常曰明. 不知常, 妄作凶. 知常容, 容乃公, 公乃全, 全乃天, 天乃道, 道乃久, 沒身不殆(허함에 이르기를 지극히 하고, 고요함을 지키기를 돈독히 한다. 만물이 바야흐로 끊이지 않고 운행하는 것을 통하여 그들의 반복됨을 본다. 세상의 사물은 번성하지만 모두 그 뿌리로 돌아간다. 뿌리로 돌아감을 고요함이라고 하였으니, 고요함을 일러 운명으로 돌아간다고 한다. 운명으로 돌아가는 것이 변치 않는 이치이고, 변치 않는 이치를 아는 것이 명철함이다. 변치 않는 이치를 모르면 망령스럽게 행동할 것이니, 망령스럽게 행동하면 흉하다. 변치 않는 이치를 알면 너그러워지고, 너그러워지면 공정하게 되며 공정하게 되면 왕과 같이 된다. 왕과 같이 되면 하늘과 짝하고, 하늘과 짝하면 도와 하나가 되고, 도와 하나가 되면 장구하게 되니 죽을 때까지 위태롭지 않다.)』로 쓴다.

140) ≪金文編≫ '1211 ', 529 쪽 참고.

甲-第 25 簡

甲【第25簡 原文】

其安也, 易𣏾也[59]. 其未菲(兆)也, 易悔(謀)也. 其䨺(脆)也[60], 易畔(判)①也. 其幾②也, 易𢓜(散)③也. 爲之於其

【校讀記】

其安也, 易持也. 其未兆也, 易謀也. 其脆也, 易泮也. 其微也, 易散也. 爲之於其

【校釋】

亓安也, 易𣏾也; 其未菲也, 易𢘻也; 其䨺也, 易畔也; 其幾也, 易𢓜也. 爲之於亓

【異本】

帛書甲本: 其安也, 易持也. [其未$_{55}$兆也], 易謀[也. 其脆也, 易判也. 其微也, 易散也. 爲之於
帛書乙本: [其安也, 易持. 其未兆也, 易謀, 其脆也, 易$_{200上}$判, 其微也, 易散. 爲之於
王弼本: 其安易持, 其未兆易謀. 其脆易泮, 其微易散. 爲之於
河上公本: 其安易持, 其未兆易謀. 其脆易破, 其微易散. 爲之於
傅奕本: 其安易持, 其未兆易謀. 其脆易判, 其微易散. 爲之乎其
范應元本: 其安易持, 其未兆易謀. 其脆易判, 其微易散. 爲之乎其
景龍碑本: 其安易持, 其未兆易謀. 其脆易破, 其微易散. 爲之於

【해석】

안정되어 있을 때에는 유지하기 쉽고, 아직 드러나지 않은 것은 도모하기 쉬우며, 허약한 것은 쪼개기가 쉽고, 작은 것은 흐트러뜨리기가 쉽다. 아직

【郭店楚簡注釋】

59 '𣏾'자는 의미부가 '木'이고, 소리부가 '止'이다. 「持(유지하다.)」의 의미이다.

60 '䨺'자는 의미부 '毳(솜털 취, cuì,chuì)'를 써서 '𩃃'자로 쓰기도 한다(≪包山楚簡≫ 第 185簡). 王弼本은 「脆(무를 취, cuì.)」로 쓴다. ≪經典釋文≫은 '脆'자에 대하여 「一作膬('膬'로 쓰기도 한다.)」라 하였다. '䨺'자와 소리부가 같다.

【註解】

① ≪書法選≫이 편집한 ≪郭店楚墓竹簡・老子甲≫의 제 25간에 ‘’(悔)’자가 모두 두 번 보인다. 두 번째 자는 ‘’(畔)’자를 잘못 인쇄한 것이고, 이 구절 뒤 ‘’(幾)’자 역시 ‘’(霾)’로 잘못 쓰고 있다. ‘畔’자를 다른 판본들은 ‘泮’・‘破’・‘判’ 등으로 쓴다. 음이 비슷하기 때문에 모두 통한다. ‘’자는 의미부가 ‘雨’이고 소리부가 ‘毳(솜털 취, cuì,chuì)’이며, ‘脆(무를 취, cuì)’자와 음이 통한다. ≪說文解字≫는 ‘’(膬)’를 「从肉毳聲(‘肉’과 소리부 ‘毳’로 이루어진 형성자.)」라 설명하고, ‘膬’자는 ‘脆’자와 같은 자이다.

② ‘’(幾)’자에 대하여 ≪說文解字≫는 『幾, 微也, 殆也.(‘幾’자는 ‘미세하다’나 ‘위기이다’의 의미이다.)』라 하였다. ‘’(幾)’자를 ≪郭店楚簡老子乙≫은 ‘’로 쓴다.[141]

③ ‘’(後)’자는 소리부가 ‘戔’이며 ‘散’자와 음과 의미가 서로 통한다. ‘’(後)’자에 대하여 「迹也, 从彳戔聲(‘자취’의 의미. ‘彳’과 소리부 ‘戔’으로 이루어진 형성자.)」라 하고, 음은 ‘慈衍切’이다. 段玉裁는 ≪說文解字注≫에서 「踐同後(‘踐’자는 ‘後’자와 같다.)」라 하였다. ‘’(散)’자에 대하여 ≪說文解字≫는 「散, 雜肉也. 从肉㪔聲(‘散’은 ‘흩어진 고기’의 의미. ‘肉’과 소리부 ‘㪔’으로 이루어진 형성자.)」라 하고, 음은 ‘穌旰切’이다. ‘後’자의 고음은 ‘從’母‘元’部이고, ‘散’은 ‘心’母‘元’部로 음이 통한다. ≪包山楚簡≫은 자부 ‘辵’을 써서 ‘’으로 쓴다.[142]

141) 張守中, ≪郭店楚墓竹簡≫, 73 쪽 참고.
142) 滕壬生, ≪楚系簡帛文字編≫, 180 쪽 참고.

甲-第 26 簡

甲【第26簡 原文】

亡又(有)也. 絧(治)①之於其未亂. 合②□□□□□□末[61], 九成③之臺甲④□□□□□□□□□

【校讀記】

無有也. 治之於其未亂. 合[抱之木, 生於毫]末, 九成之臺, 作[於累土. 千里之行, 始於]

【校釋】

亡又也. 絧之於亓未亂. 盒[抱之木生於毫]末; 九城之臺, 甲[於虆; 百仞之高, 始於]

【異本】

帛書甲本: [其未有也, 治之於其未亂也. 合抱之]木作於毫末, 九成$_{56}$之臺, 作於虆土. 百仁(仞)之高台(始)於

帛書乙本: 其未有也, 治之於其未亂也. 合抱之]木作於毫末, 九成$_{200下}$之臺, 作於虆土. 百千(仞)之高, 始於

王弼本: 未有, 治之於未亂. 合抱之木, 生於毫末. 九層之臺, 起於累土. 千里之行, 始於

河上公本: 未有, 治之於未亂. 合抱之木, 生於毫末. 九層之臺, 起於累土. 千里之行, 始於

傅奕本: 未有, 治之於未亂. 合褎之木, 生於毫末. 九成之臺, 起於累土. 千里之行, 始於

范應元本: 未有, 治之乎其未亂. 合抱之木, 生於毫末. 九成之臺, 起於累土. 千里之行, 始於

景龍碑本: 未有, 治之乎其未亂. 合抱之木, 生於毫末. 九層之臺, 起於累土. 千里之行, 始於

【해석】

있지 않았을 때 그것을 해야 하며, 아직 혼란이 생기기 전에 다스려야 한다. 【아름드리 나무도 터럭만한 작은 새싹에서 생겨나며】, 아주 높은 누각도 【한 삼태기의 흙을 쌓아 만든 것이며, 천리 길도】

【郭店楚簡注釋】

61 簡文이 파손된 부분은 ≪帛書≫本과 현행본(今本)을 참고하여「抱之木生於毫(아름드리 나무도 터럭만한 작은 새싹에서 생겨난다.)」를 보충할 수 있다.

【註解】

① ‘(絧)’자는 ‘治’자의 이체자이다. ≪上海博物館藏戰國楚竹書・文字編≫는『簡文中絧及其異體多讀爲治理之治, 或即楚動詞治之專字(죽간문에서 ‘絧’자와 그 이체자들은 일반적으로 ‘治理(다스리다)’의미인 ‘治’자의 용법으로 쓰인다. 초나라에서 전적으로 動詞 ‘治’의 의미로 쓰이는 자가 아닌가 한다.)』라 하였다.143) ≪上博楚簡・容成氏≫는 ‘’로 쓰고, ≪郭店楚簡唐虞之道≫는 ‘’로 쓴다.144) ‘(絧)’자와 ‘(治)’자의 기본 소리부가 ‘㠯’이기 때문에 서로 통한다.

② ≪郭店楚墓竹簡≫이 ‘合’으로 예정하고 있는 자를 ‘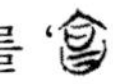’으로 쓴다. 아랫부분에 ‘曰’이 더 추가되어 있다. 廖名春은 ‘𠵄’으로 예정하였다. ‘𠵄’은 ‘畣’과 같은 자이며 ‘答’자의 古文이다. ≪玉篇≫은「畣, 今作荅(答)(‘畣’자를 지금은 ‘荅(答)’으로 쓴다.)」, ≪集韻≫은「答, 古作畣(‘答’자의 고문은 ‘畣’이다.)」이라 하였다.145) ≪爾雅釋詁≫의「畣, 然也(‘畣’은 ‘그렇다’의 의미.)」에 대하여 郭璞은「畣者, 應也, 亦爲然(‘畣’은 또한 그렇다고 응답하는 의미이다.)」라 하였다. ‘畣’과 ‘答’ 모두 소리부가 ‘合’이기 때문에 ‘合’과도 통한다.

③ ‘城’・‘層’자는 모두 ‘重疊(중첩)’의 의미를 지니고 있다. ‘’자는 ‘城’자이다. ≪說文解字≫는「以盛民也. 从土从成, 成亦聲.  籒文城从𩫏(‘백성이 가득 차는 곳’이라는 의미. ‘土’와 ‘成’으로 이루어진 자이며, ‘成’은 또한 음을 표시하기도 한다. 籒文은 자부 ‘𩫏’을 써서 ‘’으로 쓴다.)」라 하고, ‘層’자에 대하여「, 重屋也. 从尸曾聲(‘층 집’의 의미. ‘尸’와 소리부 ‘曾’으로 이루어진 형성자.)」라 하였다. 段玉裁의 ≪說文解字注≫는「曾之言重也. 曾祖曾孫皆是也. 故從曾之層爲重屋(‘曾’은 ‘重疊’의 의미이다. ‘曾祖’・‘曾孫’ 중의 ‘曾’은 모두 이 의미로 쓰이고 있다. 그래서 자부가 ‘曾’인 ‘層’자는 ‘층집(重屋)’이다.)」라 하였다. ‘城’과 ‘層’은 고음이 서로 통한다.
초간에서 ‘城’자는 ‘成’・‘誠’ 등의 의미로 쓰인다.146)

④ ‘’자는 ‘甲’자가 아니라, ‘乍’자를 잘못 쓴 것으로 보인다. ≪書法選≫도 역시 ‘作’으로 고쳐 쓰고 있다.

143) 李守奎, ≪上海博物館藏戰國楚竹書(一-五)·文字編≫589 쪽.
144) 滕壬生, ≪楚系簡帛文字編≫, 1106 쪽 참고.
145) ≪漢語大字典≫, 2541 쪽 참고.
146) 滕壬生, ≪楚系簡帛文字編≫, 1136 쪽 참고.

甲-第 27 簡

甲【第27簡 原文】

足下■[62①] 智(知)之者弗言, 言之者弗智(知). 閔(閉)[②]其兌(兌)[③], 賽(塞)其門[63], 和其光, 迵(同)其訢(塵)[64], 剮其纇[65④], 解其紛,

【校讀記】

足下.(64) 知之者弗言, 言之者弗知. 閉其兑, 塞其門, 和其光, 同其塵, 銼其穎, 解其紛,

【校釋】

足下. 智之者弗言, 言之者弗智. 閔亓兌, 賽亓門, 咊亓光, 迵亓訢, 剮亓纇, 解亓紛,

【異本】

帛書甲本: 足[下]. [知者]弗言, 言者弗知. 塞其悶(兑), 閉其[門, 和其光, 同其𡐦(塵), 坐(挫)其閱(銳), 解$_{38}$其紛,

帛書乙本: 足下. 知者弗言, 言$_{191下}$者弗知. 塞其垠(兑), 閉其門, 和其光, 同其塵(塵), 銼(挫)其兑(銳)而解其紛,

王弼本: 足下. 知者不言, 言者不知. 塞其兌, 閉其門, 挫其銳, 解其分, 和其光, 同其塵,

河上公本: 足下. 知者不言, 言者不知. 塞其兌, 閉其門, 挫其銳, 解其紛, 和其光, 同其塵,

傅奕本: 足下. 知者不言也, 言者不知也. 塞其兌, 閉其門, 挫其銳, 解其紛, 和其光, 同其塵,

范應元本: 足下. 知者不言也, 言者不知也. 塞其兌, 閉其門, 挫其銳, 解其紛, 和其光, 同其塵,

景龍碑本: 足下. 知者不言, 言者不知. 塞其兌, 閉其門, 挫其銳, 解其紛, 和其光, 同其塵,

【해석】

한걸음부터 시작한 것이다. 아는 사람은 말이 없으며, 말을 하는 자는 알지 못하는 것이다. 耳目口鼻 등의 구멍을 막고, 身體의 門을 닫고, 빛을 조화롭게 하고, 속세와 함께 하며, 봉우리의 끝을 무디게 하며, 갈등을 해소하는 것을

【郭店楚簡注釋】

62 '甲'자는 '作'자를 잘못 쓴 것이 아닌가 한다. 竹簡文이 파손된 부분은 ≪帛書≫本과 現行本을 참고하여 「於羸土百仁之(仞)高台(始)於.(아주 높은 누각도 한 삼태기의 흙을 쌓아 만든 것이고, 높은 누대도 한 줌의 흙에서 시작된다.)」를 보충할 수 있다.

63 '閔'자는 '閉'자를 잘못 쓴 것이다. 다른 판본들은 「塞」로 쓴다. '逸'자는 '兑'의 의미이다. 帛書甲本은 「悶」으로 쓰고, 乙本은 「堄」으로 쓴다. 이상의 두 구절을 帛書甲本은 「塞其悶, 閉其□」으로 쓰고, 乙本은 「塞其堄, 閉其門」으로 쓴다.

64 '訢'자를 竹簡文은 일반적으로 「愼」으로 쓴다. 이곳에서는 「塵」자의 가차자로 쓰이고 있다. 「愼」과 「塵」자는 음이 비슷하다. 竹簡文에는 '訢'자 아래 重文부호가 있다.

65 이 구절을 현행본(今本)은 「挫其銳(봉우리의 끝을 무디게 하다.)」로 쓰고 있으나, 竹簡文에 대해서는 연구가 좀 더 필요하겠다.

【註解】

① 제 25, 26, 27간 앞부분까지는 ≪王弼≫本의 제 64장 『其安易持, 其未兆易謀. 其脆易泮, 其微易散. 爲之於未有, 治之於未亂. 合抱之木生於毫末. 九層之臺起於累土. 千里之行始於足下. 爲者敗之, 執者失之. 是以聖人無爲故無敗, 無執故無失. 民之從事常於幾成而敗之. 愼終如始則無敗事. 是以聖人欲不欲, 不貴難得之貨. 學不學, 復衆人之所過, 以輔萬物之自然而不敢爲(일이란 평안한 상태로서 유지하기가 쉽고, 문제의 조짐이 드러나기 전에 도모하기가 쉬운 것이다. 문제가 취약할 때에는 그것을 깨쳐 버리기 쉽고, 그것이 미세할 적에는 흩어 버리기 쉬운 것이다. 그러나 문제가 생기기 전에 처리하고 혼란해지기 전에 다스려야만 한다. 한 아름의 큰 나무도 터럭 끝 만한 싹으로부터 생겨난 것이고, 구층의 높은 누대도 한 줌의 흙을 쌓는 데서부터 세워진 것이며, 천리 길도 한 발자국을 내딛는 데서부터 가게 되는 것이다. 인위적으로 행하는 자는 일을 실패케 되고, 너무 집착하는 자는 그것을 잃게 된다. 성인은 무위하기 때문에 실패가 없는 것이다. 그는 집착하는 일이 없기 때문에 실수하는 일이 없는 것이다. 백성들이 일을 처리하는 것을 보면 언제나 거의 성공할 단계에서 실패를 한다. 끝머리를 신중히 하기를 시작할 때와 같이 하면 곧 일에 실패하는 일이 없게 될 것이다, 그래서 성인들은 욕구를 갖지 않으려고 하며, 얻기 어려운 재물을 귀중히 여기지 않는다. 공부하지 않는 것을 학문하는 것으로 삼으며, 여러 사람들이 지나쳐 버리는 근본으로 되돌아간다. 그럼으로써 만물의 자연스러운 존속을 돕고 감히 인위적인 행위는 하지 않는다.)』의 내용과 관계가 있다.

② ≪郭店楚墓竹簡≫은 '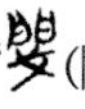(閔)'자는 '閉'자를 잘못 쓴 것이라고 하고 있는데, '閉'자를 잘못 쓴 것이 아니라, '閟(문 닫을 비, bì)'자를 잘못 쓴 것이다.[147] ≪郭店楚簡老子乙≫은 '閟'자를 ''로 쓰고, ≪九店楚簡≫은 '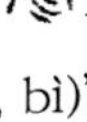'로 쓰고, '閉'의 의미로 쓰인다.[148]

'閟'와 '閉(닫을 폐, bì)'자는 의미가 비슷하다. ≪說文解字≫는 '(閟)'자에 대하여 『閉門也. 从門必聲('문을 닫다'의 의미. '門'과 소리부 '必'로 이루어진 형성자.)』라 하고, '(閉)'자에 대하여 『闔門

147) 李零, ≪郭店楚簡校讀記≫(增訂本), 12 쪽 참고.
148) 滕壬生, ≪楚系簡帛文字編≫, 993 쪽.

也, 从門, 才, 所以歫門也('문을 닫다'의 의미. '門'과 '才'로 이루어진 회의자이며, '才'는 '문을 걸어 잠그다'는 의미를 나타낸다.)』라 하였다.

현행본(今本) 52장의 『塞亓兌, 閉亓門(구멍을 막고 문을 닫다.)』의 구절을 楚簡은 『閟(閉)亓門, 賽(塞)亓逸(문을 닫고, 구멍을 막다.)』로 쓴다.

③ '(逸)'자를 帛書乙本은 '垙(무너질 태)'로 쓴다. '兌'는 '孔竅(구멍)'의 의미로 耳目口鼻를 가리킨다. ≪郭店楚簡 · 老子乙≫은 ''로 쓰고, '兌'의 의미이다.[149] ≪說文解字≫는 '(兌)'자에 대하여 『說也. 从儿台聲.('기뻐하다'의 의미. '儿'와 소리부 '台'로 이루어진 자이다.)』라 하였는데, 이에 대하여 徐鉉은 『台, 古文兖字, 非聲. 當从口从八, 象气之分散.('台'자는 '兖(바를 연, yǎn)'자의 고문자이며, 소리부가 아니다. 이 자는 '口'와 '八'로 이루어진 회의자이며, 기운이 흩어지는 형상을 나타낸다.)』라 하였다.

≪淮南子 · 道應訓≫편에 「王若欲久持之, 則塞民於兌(왕이 오랫동안 세력을 유지하고자 한다면 백성의 육관을 틀어막을 수밖에 없다.)」라는 구절이 있는데, 高誘는 '兌'에 대하여 「耳目口鼻也.('兌'는 '귀' · '눈' · '입' · '코' 등의 육관을 가리킨다.)」라 주석하였다.

④ '(䞶)'자는 소리부가 '畜'으로 '坐'자와 음이 서로 통한다. 帛書甲本은 '坐'로 쓰고, 帛書乙本은 '挫(꺾을 좌, cuò)'로 쓴다. ≪說文解字≫는 '(剉)'자에 대하여 『剉, 折衷也. 从刀, 坐聲('剉'자는 '꺽다'의 의미이다. '刀'와 소리부 '坐'로 이루어진 형성자.)』라 하였다. '坐' · '挫'는 '剉(꺾을 좌, cuò)'의 의미를 지니고 있다. ≪九店楚簡≫은 '剉'자를 ''로 쓴다.[150]

'(䫻)'자를 廖明春은 '𡚁'로 예정하고, 『上部爲金之省文, 下從兩尹, 尹古音與允同. 而從允之字與從兌之字可通用. ≪書 · 顧命≫: 『一人冕執銳.』 ≪說文 · 金部≫引 『銳』作 『鈗』(이 자의 윗부분은 '金'자의 생략 형태이고, 아래는 두 개의 '尹'으로 되어 있다. '尹'자는 '允'자의 古音과 같다. 의미부 '允'의 자와 의미부 '兌'의 자들은 通用된다. ≪說文 · 金部≫는 ≪書 · 顧命≫의 『한 사람이 면류관을 쓰고 무기를 들고 있다』라는 구절 중의 '銳'자를 '鈗'로 쓴다.)』라 하였다.[151]

'(鈗)'자에 대하여 『侍臣所執兵也. 从金允聲. ≪周書≫曰: "一人冕, 執鈗." 讀若允('근위대가 병기를 들고 있다'의 의미. '金'과 소리부 '允'으로 이루어진 형성자. ≪周書≫은 "면류관을 쓴 한 사람이 병기를 들고 있다"라 했다. 이 자의 음은 '允'와 같다.)』라 하고, 음은 '余準切'이다. '(銳)'자에 대하여 『芒也. 从金兌聲. 籒文銳从厂剡('날카로운 바늘의 끝'의 의미. '金'과 소리부 '兌'로 이루어진 형성자. '銳'자의 籒文은 자부가 '厂'과 '剡'인 ''로 쓴다.)』라 하였다.

이외에 ''자를 '嬰(갓난아이 영, yīng)'의 이체자로, '颖(이삭 영, yǐng)'의 의미로 해석하기도 한다.

149) 滕壬生, ≪楚系簡帛文字編≫, 175 쪽.
150) 滕壬生, ≪楚系簡帛文字編≫, 430 쪽.
151) ≪郭店楚簡老子校釋≫, 281 쪽.

만약에 이 주장이 옳다면, '嬰'자와 '罌'자는 '賏(이어 꿴 영, yīng, yìng)'이 소리부이며, '穎'자와 서로 통한다. '穎'은 이삭(穀穗)의 끄트머리를 가리키거나, 붓의 銳鋒(예봉)을 가리킨다.
본문에서는 문자의 형태와 의미를 고려하여 廖明春의 주장에 따라 '銳'자로 해석하기로 한다.

甲-第 28 簡

甲【第28簡 原文】

是胃(謂)玄同. 古(故)不可得[①]天〈而〉[②]新(親), 亦不可得而疋(疏)[③], 不可得而利, 亦不可得而害:

【校讀記】

是謂玄同. 故不可得而親, 亦不可得而疏, 不可得而利, 亦不可得而害:

【校釋】

是胃玄同. 古不可旻天新, 亦不可旻而疋, 不可旻而利, 亦不可旻而害:

【異本】

帛書甲本: 是胃(謂)玄同. 故不可得而親. 亦不可得而踈. 不可得而利. 亦不可得而害;

帛書乙本: 是胃(謂)玄同. 故不可得而親也. 亦192上[不可]得而踈. 不可得而害利. [亦不可]得而害;

王弼本: 是謂玄同. 故不可得而親. 亦不可得而疎. 不可得而利. 不可得而害;

河上公本: 是謂玄同. 故不可得而親. 亦不可得而疎. 不可得而利. 亦不可得而害;

傅奕本: 是謂玄同. 故不可得而親. 亦不可得而疏. 不可得而利. 亦不可得而害;

范應元本: 是謂玄同. 故不可得而親. 亦不可得而疎. 不可得而利. 亦不可得而害;

景龍碑本: 是謂玄同. 故不可得而親. 不可得而疎. 不可得而利. 亦不可得而害;

【해석】

玄同(道와 하나가 되는 상태, 玄妙한 어울림)이라 한다. 그러므로 가까이 할 수 없고 또한 멀리할 수도 없다. 이는 또한 이롭게 할 수도 없고, 해롭게 할 수도 없으며,

【註解】

① ‘(旻)’자의 윗부분은 ‘貝’가 생략된 형태이고, 아랫부분은 ‘寸’이다. 갑골문은 ‘’으로, ≪楚帛書≫는 ‘’으로,[152] 금문 ≪中山王鼎≫은 ‘’으로 쓴다.[153] ≪說文解字≫는 ‘得’자의 고문을 ‘ ’으로 쓴다.

② ‘天’자와 ‘而’자의 형태가 비슷하기 때문에 ‘而’자를 ‘天’으로 잘못 쓴다. 일반적으로 ‘天’자는

152) ≪漢語大字典≫, 828 쪽 참고.

153) ≪金文編≫ ‘0274 ’(113 쪽) 참고.

''·''으로 쓰고,154) '而'자는 ''·''로 쓴다.155)

③ '(疋)'자에 대하여 段玉裁는 ≪說文解字注≫에서『後代改疋爲疏耳, 疋疏古今字(후에 '疋'자를 '疏'로 바꿔 썼다. '疋'자와 '疏'자는 古今字 관계이다.)』라 하였다. '疋'자를 ≪曾侯乙墓楚簡≫은 ''로 쓰고, ≪包山楚簡≫은 ''로 쓰고, ≪新蔡葛陵楚墓≫는 ''로 쓴다.156)

154) ≪楚系簡帛文字編≫, 8 쪽 참고.
155) ≪楚系簡帛文字編≫, 830 쪽 참고.
156) ≪楚系簡帛文字編≫, 196 쪽 참고.

甲-第 29 簡

甲【第29簡 原文】

不可得而貴, 亦可不可得而戔(賤)[66]. 古(故)爲天下貴■.① 以正之(治)②邦, 以戠(奇)③甬(用)兵, 以亡事

【校讀記】

不可得而貴, 亦可不可得而賤. 故爲天下貴.(56) 以正治邦, 以奇用兵, 以無事

【校釋】

不可㝵而貴, 亦可不可㝵而戔. 古爲天下貴. 以正之邦, 以戠甬兵, 以亡事

【異本】

帛書甲本: 不可[得]而貴, 亦不可得而淺(賤). 故爲天下貴. 以正之(治)邦, 以畸(奇)用兵, 以无事
帛書乙本: 不可得而貴, 亦不可得而賤. 故爲天下貴192下. 以正之(治)國, 以畸(奇)用兵, 以無事
王弼本: 不可得而貴, 不可得而賤. 故爲天下貴. 以正治國, 以奇用兵, 以無事
河上公本: 不可得而貴, 亦不可得而賤. 故爲天下貴. 以正治國, 以奇用兵, 以無事
傅奕本: 不可得而貴, 亦不可得而賤. 故爲天下貴. 以正治國, 以奇用兵, 以無事
范應元本: 不可得而貴, 亦不可得而賤. 故爲天下貴. 以正治國, 以奇用兵, 以无事
景龍碑本: 不可得而貴, 亦不可得而賤. 故爲天下貴. 以政治國, 以奇用兵, 以無事

【해석】

귀하게 할 수도 없고, 또한 천하게 할 수도 없다. 그렇기 때문에 천하의 귀한 것이 된다. 올바름으로 나라를 다스리고, 기이함으로 군대를 지휘하며, 玄同(道와 하나가 되는 상태, 玄妙한 어울림)이라 한다. 그러므로 가까이 할 수 없고 또한 멀리할 수도 없다. 일 삼음이 없는 것으로

【郭店楚簡注釋】

66 「亦」자 아래 「可」자는 衍文(연문, 원래 없어도 되는 자이나 추가된 자)이다.

【註解】

① 초간(楚簡) 27, 28, 29간의 내용은 ≪王弼≫本의 제 56 장『知者不言. 言者不知. 塞其兌, 閉其門, 挫其銳, 解其紛, 和其光, 同其塵, 是謂玄同. 故不可得而親. 不可得而疏. 不可得而

利. 不可得而害. 不可得而貴. 不可得而賤. 故爲天下貴(아는 사람은 말이 없으며, 말하는 자는 알지 못한다. 耳目口鼻의 구멍을 막고, 身體의 門을 닫고, 봉우리의 끝을 무디게 하며, 갈등을 해소하고, 빛을 조화롭게 하고, 속세와 함께 하는 것을 玄同(道와 하나가 되는 상태)이라 한다. 그러므로 가까이 할 수 없고 또한 멀리할 수도 없고, 이는 또한 이롭게 할 수도 없고, 해롭게 할 수도 없다. 그렇기 때문에 천하의 귀한 것이 되는 것이다.)』의 내용과 유사하다.

② '之'자를 ≪帛書≫本은 '之'로 쓰고, ≪王弼≫本 등은 '治'자로 쓴다. 그러나 ≪帛書≫本이 모두 '之'로 쓰는 것으로 보아 '治'의 가차자가 아닌가 한다. '之'자는 '用'의 의미가 있다. 본 구절에서도 '用'의 의미로 쓰인다.(≪郭店楚簡老子校釋≫, 292 쪽 참고) ≪戰國策 · 齊策三≫의 『故物舍其所長, 之其所短, 堯亦有所不及矣(그런 까닭에 자신이 가지고 있는 그 장점을 버리고, 다른 사람의 단점을 취해야 하는데, 요임금도 이 점은 헤아리지 못했다.)』 구절에 대하여 高誘는 『之, 猶用也('之'자는 '用'의 의미와 비슷하다.)』라 설명하였다.157)

③ '(⿰奇戈)'자는 '奇'자의 繁形이다. ≪帛書 · 甲乙≫은 '畸'자로 쓴다. ≪郭店楚簡 · 老子甲≫은 '奇'자를 '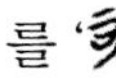'로 쓴다.158) ≪說文解字≫는 '(奇)'자에 대하여 『異也. 一曰不耦. 从大从可('특이하다'의 의미. '쌍을 이루지 못하다'라는 의미도 있다. '大'와 '可'로 이루어진 회의자.)』라고, 段玉裁는 ≪說文解字注≫에서 『可亦聲('可'는 이 자의 소리부기도 하다.)』라 하였다. ''자는 '戈'와 소리부 '可'로 이루어진 형성자이다. ≪說文解字≫는 '(畸)'자에 대하여 『殘田也. 从田奇聲('뙈기 밭'의 의미. '田'과 소리부 '奇'로 이루어진 형성자.)』라 하였다.

157) ≪漢語大字典≫, 43 쪽 참고.
158) ≪楚系簡帛文字編≫, 1057 쪽 참고.

甲-第 30 簡

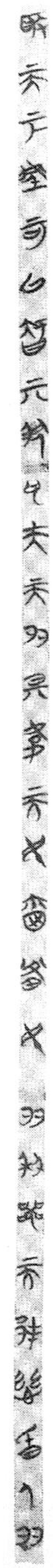

【第30簡 原文】

取天下. 虗(吾)可(何)以智(知)其肰(然)也. 夫天多期(忌)①韋(諱)[67], 而民爾(彌)畔(叛)②. 民多利器, 而邦慈(滋)③昏. 人多

【校讀記】

取天下. 吾何以知其然也? 夫天多忌諱, 而民彌叛. 民多利器, 而邦滋昏. 人多

【校釋】

取天下. 虗可以智其肰也. 夫天多昪韋而民尔畔. 民多利器而邦慈昏. 人多

【異本】

帛書甲本: 取天下. 吾[何以知其然]$_{40}$也𢦏(哉)? 夫天下[多忌]諱, 而民彌貧(分). 民多利器, 而邦家玆(滋)昏. 人多

帛書乙本: 取天下. 吾何以知其然才(哉)? 夫天下多忌諱, 而民彌貧(分). 民多利器, [而國$_{193上}$家滋]昏. [人多]

王弼本: 取天下. 吾何以知其然哉? 以此. 天下多忌諱, 而民彌貧. 民多利器, 國家滋昏. 人多

河上公本: 取天下. 吾何以知其然哉? 以此. 天下多忌諱, 而民彌貧. 民多利器, 國家滋昏. 人多

傅奕本: 取天下. 吾奚以知天下其然哉? 以此. 夫天下多忌諱, 而民彌貧. 民多利器, 國家滋昏. 民多

范應元本: 取天下. 吾奚以知天下其然哉? 以此. 夫天下多忌諱, 而民彌貧. 民多利器, 而國家滋昏. 民多

景龍碑本: 取天下. 吾何以知其然? 以此. 天下多忌諱, 而民彌貧. 民多利器, 國家滋昏. 人多

【해석】

천하를 얻는다. 내가 어떻게 그런 줄 아는가? 무릇 천하가 꺼리는 것이 많으면 백성이 배반하는 경우가 많아지며, 백성들이 예리한 무기를 많이 가지면 가질수록 나라는 더욱 더 혼란해진다. 사람이

【郭店楚簡注釋】

67 각 판본을 참고해 볼 때, 竹簡文은 「天」자 아래 「下」자가 누락되었다.

【註解】

① ''자를 ≪郭店楚墓竹簡≫은 '期'자로 예정(隸定)하고 '忌'의 가차자로 풀이하였다. ''는 '期'의 이체자이다. ≪包山楚簡≫은 ''로 쓰고, ≪郭店楚簡 · 忠信之道≫는 ''로 쓴다. 윗부분은 '日'이고 아래는 '丌'로 소리부이다. ≪說文解字≫는 '(期)'자의 고문을 자부가 '日'과 '丌'인 ''로 쓴다.

② '(爾畔)'을 다른 판본들은 '彌貧'으로 쓴다. '彌(두루 미, mí)'는 '多'의 의미부이고, '貧'은 소리부가 '分'이기 때문에 '畔' · '判' · '叛'과 통한다. '爾畔'은 '邇叛'으로 '배반하는 경우가 많다'의 의미이다. ≪新蔡葛陵楚簡≫은 '爾'자를 '' · ''로 쓰고,[159] '畔'자는 ≪上博楚簡 · 容成氏≫는 ''으로 쓰고, '叛'의 의미로 쓴다.[160]

③ '(丝)'는 '慈'자를 간략하게 쓴 형태이다. '滋'의 의미이다. ≪上博楚簡 · 紂衣≫는 ''로 쓰고, '子'의 의미로 쓰인다.[161]

159) ≪楚系簡帛文字編≫, 329 쪽 참고.
160) ≪楚系簡帛文字編≫, 1148 쪽 참고.
161) ≪楚系簡帛文字編≫, 912 쪽 참고.

甲-第 31 簡

【第31簡 原文】

智(知)天〈而〉戠(奇)①勿(物)慈(滋)记(起)②. 法勿(物)③慈(滋)章(彰)④, 覜(盜)惻(賊)多又(有). 是以聖人之言曰: 我無事而民自禧(富).

【校讀記】

智, 而奇物滋起. 乏物滋章, 盜賊多有. 是以聖人之言曰: 我無事而民自富.

【校釋】

郭店本: 智天𢦏勿慈记. 灋勿慈章, 覜惻多又. 是以聖人之言曰: 我無事而民自禧.

【異本】

帛書甲本: 知(智)而(能), 而何(奇)物玆(滋)[起. 法物滋41章, 盜賊[多有. 是以聖人之言曰], 我无爲也, 而民自化. 我好靜, 而民自正. 我无事, 民[自富].

帛書乙本: [智而(能), 而何(奇)物玆起, 法]物滋章, 而盜賊[多有]. 是以[聖]人之言曰: 我无爲而193下民自化. 我好靜而民自正. 我无事而民自富.

王弼本: 伎巧, 奇物滋起. 法令滋彰, 盜賊多有. 故聖人云, (我無爲而民自化. 我好靜而民自正.) 我無事而民自富.

河上公本: 技巧, 奇物滋起. 法物滋彰, 盜賊多有. 故聖人云, (我無爲而民自化. 我好靜而民自正.) 我無事而民自富.

傅奕本: 知慧, 而衺事滋起. 法令滋章, 盜賊多有. 故聖人云, (我無爲而民自化. 我好靖而民自正.) 我無事而民自富.

范應元本: 智慧, 而衺事滋起. 法令滋章, 而盜賊多有. 故聖人云, (我无爲而民自化. 我好靜而民自正.) 我无事而民自富.

景龍碑本: 伎巧, 奇物滋起. 法物滋彰, 盜賊多有. 故聖人云, (我無爲, 人自化, 我好靜, 人自正;) 我無事, 人自富.

【해석】

지략을 많이 쓸수록 기괴한 물건이 더욱 많이 생겨나게 된다. 법으로 제정해야할 물건들이 많을수록 도적이 많아진다. 그래서 성인들이 이렇게 말하였다. 내가 일을 만들어 내지 않으니 백성이 저절로 부유해지고,

【註解】

① ‘(戠)’자를 제 29간에서는 왼쪽 윗부분에 ‘大’를 추가하여 (戠)’로 쓴다. 모두가 ‘奇’자의 繁形이다. 帛書甲本은 ‘何’자로 쓰고, 다른 판본들은 ‘奇’나 ‘衺(사특할 사, xié)’로 쓴다. ‘奇’와 ‘何’자는 모두 소리부가 ‘可’이기 때문에 가차자로 사용된다. ‘衺’ · ‘邪’와 ‘奇’는 유의어이다.

② ‘(迡)’자는 ‘辵’旁으로 쓴다. 자부 ‘辵’과 ‘走’는 의미가 비슷하기 때문에 서로 통용된다.

③ ‘法勿(物)’을 王弼本 · 傅奕本과 范應元本은 ‘法令’으로 쓴다. ‘法物’은 의미 파악이 쉽지 않기 때문에 후세에 의미가 비슷한 ‘法令’으로 바꾼 것으로 보인다. 초간(楚簡), ≪帛書 · 乙≫本과 기타 다른 판본들은 모두 ‘法物’로 쓴다. 현행본(今本) 제 3장의 『不貴難得之貨, 使民不爲盜(얻기 어려운 물건을 귀하게 여기지 않으면 백성들은 도둑질을 하지 않는다.)』, 제 19장의 『絶巧弃利, 盜賊無有(교묘함과 이익을 버리면 도둑이 없게 된다.)』 제 53장의 『財貨有餘, 是謂盜夸(남아도는 재물이 있다면, 이는 도둑질을 자랑하는 것이다.)』 등의 내용으로 보아 ‘法物’은 ‘貨物’과 밀접한 관련이 있는 것으로 보인다. 즉 ‘법으로 제정한 물건’들을 총칭하는 것으로 보인다.
이외에도 ‘法’자를 ‘乏’ 혹은 ‘廢’의 의미로 파악하여 ‘없애야 할 물건들’이라고 해석하기도 한다.

④ ‘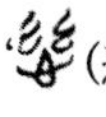(慈)’는 ‘慈’자를 간략하게 쓴 형태로 제 30간에도 보인다. ‘(章)’자는 금문과 초간(楚簡)에 자주 보이는 자로 ‘彰’의 의미이다.

⑤ ‘(賘)’자는 의미부가 ‘貝’이고 소리부가 ‘兆’이다. 소리부가 ‘兆’인 ‘桃’자의 음은 ‘徒刀切’이다. 소리부가 ‘兆’인 자는 ‘盜’자와 음이 통한다. 제 1간은 ‘’로 쓰고, 역시 ‘盜’의 의미로 쓰인다.
‘(悬)’자는 ‘惻’자의 생략형이다. ≪說文解字≫는 ‘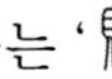 (賊)’자에 대하여 『敗也. 从戈則聲(‘손상시키다’의 의미. ‘戈’와 소리부 ‘則’으로 이루어진 형성자.)』라 하였다. 따라서 ‘(悬)’자는 소리부가 ‘心’이고, ‘則’의 일부를 생략한 자부가 소리부인 형성자이다. ≪郭店楚簡≫의 ≪老子 · 甲≫ 제 1간에서는 ‘’으로 쓰고, ≪語叢二≫는 생략하지 않고 ‘’으로 쓴다.[162]

162) ≪楚系簡帛文字編≫, 921 쪽.

甲-第 32 簡

【第32簡 原文】

我亡爲而民自蠱(化)①. 我好青(靜)而民自正[68]. 我谷(欲)不谷(欲)而民自樸ᒐ.②

【校讀記】

我無爲而民自化. 我好靜而民自正. 我欲不欲而民自樸(57).

【校釋】

我亡爲而民自蠱. 我好青而民自正. 我谷不谷而民自䒠.

【異本】

帛書甲本: 我无爲也, 而民自化. 我好靜, 而民自正. (我无事, 民[自福.) 我欲42不欲, 而民自樸].

帛書乙本: 我无爲而民自化. 我好靜而民自正. (我无事而民自富.) 我欲不欲而民自樸.

王弼本: 我無爲而民自化. 我好靜而民自正. (我無事而民自富.) 我無欲而民自樸.

河上公本: 我無爲而民自化. 我好靜而民自正. (我無事而民自富.) 我無欲而民自朴.

傅奕本: 我無爲而民自化. 我好靖而民自正. (我無事而民自富.) 我無欲而民自樸.

范應元本: 我无爲而民自化. 我好靜而民自正. (我无事而民自富.) 我无欲而民自朴.

景龍碑本: 我無爲, 人自化, 我好靜, 人自正, (我無事, 人自富.) 我無欲, 人自樸

【해석】

내가 인위적으로 일을 처리하지 않으니, 백성이 저절로 순화되고, 내가 고요함을 좋아하니 백성이 저절로 端正해지게 되며, 내가 욕심을 내지 아니하니 백성이 저절로 순박해진다.

【郭店楚簡注釋】

68 이 세 구절의 순서는 ≪帛書≫本과 다르다. 첫 번째 구절은 ≪帛書≫本의 세 번째 구절에 해당되고, 두 번째 구절은 ≪帛書≫本의 첫 번째 구절에 해당되고, 세 번째 구절은 ≪帛書≫本의 두 번째 구절에 해당된다.

【註解】

① '(蠱)'자는 윗부분이 '爲'이고, 아랫부분이 '蚰'으로 이루어진 자이다. ≪唐虞之道≫의 제 21簡은 '蟡'자를 ''로 쓰고, ≪忠信之道≫ 제 2간은 ''로 쓴다. ''자는 '蟡'자에 '虫'을

추가하여 쓴 형태이다. '訛'자를 '譌'자로 쓰듯이, '化'와 '爲'를 자부(字部)로 쓰는 자는 서로 통용된다.[163]

② ≪王弼≫本 등은 제 31간과 32간의 「我無事而民自富. 我無爲而民自化. 我好靜而民自正. 我欲不欲而民自樸(내가 인위적으로 일을 처리하지 않으니, 백성이 저절로 순화되고, 내가 고요함을 좋아하니 백성이 저절로 端正해지게 되며, 내가 욕심을 내지 아니하니 백성이 저절로 순박해진다.)」내용의 순서와는 달리 「我無爲而民自化. 我好靜而民自正. 我無事而民自富. 我無欲而民自樸」으로 쓴다. 제 31간과 32간의 내용을 ≪王弼≫本의 제 57장은 『以正治國, 以奇用兵, 以無事取天下. 吾何以知其然哉？ 以此. 天下多忌諱而民彌貧. 民多利器國家滋昏. 人多伎巧奇物泫起. 法令滋彰盜賊多有. 故聖人云我無爲而民自化. 我好靜而民自正. 我無事而民自富. 我無欲而民自樸(올바름으로 나라를 다스리고, 기이함으로 군사를 지휘하며, 일삼음이 없음으로 천하를 취한다. 내가 어떻게 그런 줄을 아는가. 무릇 천하에 꺼리는 것이 많으면 백성이 배반하는 경우가 많아지며, 백성들이 예리한 무기를 많이 가지면 가질수록 나라는 더욱 더 혼란해진다. 사람이 지략을 많이 쓸수록 기괴한 물건이 더욱 많이 생겨나게 된다. 법령이 많을수록 도적이 많아진다. 그래서 성인들은 말하였다. 내가 일을 만들어 내지 않으니 백성은 스스로 교화되고, 내가 고요함을 좋아하니 백성은 스스로 올바르게 되며, 내가 일삼는 것이 없으니 백성은 저절로 부유해지고, 내가 욕심을 내지 아니하니 백성이 저절로 순박해진다.)』로 쓴다.

163) ≪楚系簡帛文字編≫은 '[illegible]'자 등을 '逶'로 예정하고 있다. 160 쪽 참고.

甲-第 33 簡

甲【第33簡 原文】

酓(含)①悳(德)之厚②者, 比於赤子, 蝟(螝)蠆③蟲它(蛇)④弗蠚(蠚)[69]⑤, 攫鳥⑥猷(猛)獸⑦弗扣[70], 骨溺(弱)⑧堇(筋)柔(柔)而捉⑨

【校讀記】

含德之厚者, 比於赤子, 虺蠆蟲蛇弗螫, 攫鳥猛獸弗扣, 骨弱筋柔而握

【校釋】

酓悳之厚者, 比於赤子, 蝟蠆虫它弗蠚, 攫鳥猷獸弗哺, 骨溺堇柔而捉

【異本】

帛書甲本: [含德]之厚[者], 比於赤子. 逢(蠭)㓶(蝲)螝(虺)地(蛇)弗螫, 攫鳥猛獸弗搏. 骨弱筋柔而握

帛書乙本: 含德之厚者, 比於赤子. 蠭(蜂)癘(蠆)虫(虺)蛇弗190下赫(螫), 據鳥孟(猛)獸弗搏. 骨弱筋柔而握

王弼本: 含德之厚, 比於赤子. 蜂蠆虺蛇不螫, 猛獸不據, 攫鳥不搏. 骨弱筋柔而握

河上公本: 含德之厚, 比於赤子. 毒蟲不螫, 猛獸不據, 玃鳥不搏. 骨弱筋柔而握

傅奕本: 含德之厚者, 比之於赤子也. 蜂蠆不螫, 猛獸不據, 攫鳥不搏. 骨弱筋柔而握

范應元本: 含德之厚者, 比於赤子也. 毒蟲虺蛇弗螫, 猛獸攫鳥不搏. 骨弱筋柔而握

景龍碑本: 含德之厚, 比於赤子. 毒虫不螫, 猛獸不據, 玃鳥不搏. 骨弱肕柔而握

【해석】

덕이 중후한 자는 마치 어린아이와 같다. 고슴도치 · 전갈 · 살모사 · 뱀 등도 물지 않고, 사나운 새나 맹수도 덤벼들지 않고, 뼈도 약하고 근육도 부드럽지만, 쥐는 힘이 세고,

【郭店楚簡注釋】

69 '蠚'자는 「蠚」자의 이체자이다. ≪說文解字≫는 '蠚'자에 대하여 「螫也(독이 있는 벌레.)」라 하였다. 이 자를 「蠚」로 쓰기도 한다.

裘錫圭 按語: 「弗蠚」의 앞 구절은 「蝟蠆虫(虺)它(蛇).」의 의미이다.

70 '扣'자는 「敂」의 의미로 쓰이는 것이 아닌가 한다. ≪說文解字≫는 '敂'자에 대하여 「擊也(두

드리다).」라 하였다.

【註解】

① '(㑒)'자는 소리부가 '今'이며, 소리부가 '今'인 '含'과 통한다. '(含)'자에 대하여 『嗛也. 从口今聲('머금다'의 의미. '口'와 소리부 '今'으로 이루어진 형성자.)』라 하였다. ≪包山楚簡≫은 '㑒'자를 ''·'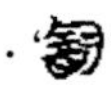'·''으로, ≪新蔡葛陵楚簡≫은 ''으로 쓰고, ≪九店楚簡≫은 ''으로 쓴다.[164]

② ''자는 '厚'의 이체자이다. 제 4간 【註解】 참고. ≪新陽楚簡≫은 '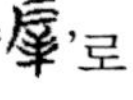'로 쓰고, ≪老子甲≫의 제 4간은 ''로 쓴다.[165]

③ '蟲(螝)蠆'를 ≪帛書·甲≫本은 '逢㾢'으로 쓰고, 帛書乙本은 '𧒒蠆'으로 쓰고, 河上公本 등은 '毒蟲'으로 쓴다. '(蟲)'자의 윗부분은 '鬼'자를 간략하게 쓴 형태이고, 아랫부분은 두 개의 '虫'으로 이루어진 자로 '螝'자의 이체자이다. ≪楚系簡帛文字編≫에서는 이 자의 윗부분은 소리부 '胃'이고, ≪包山楚簡≫은 자부 '鼠'와 소리부 '胃'인 ''로 쓴다하였다.[166]

'𧒒'자는 '蜂'자와 같은 자이다. '螝'자와 '𧒒'자는 모두 독이 있는 害蟲을 가리킨다.

'𧓍'자는 '蠆'자의 繁形으로 이체자이다. ≪廣雅·釋蟲≫은 『蠆, 蝲, 蠍也』라 하였다. '㾢'·'蠆(전갈 채, chài,tà)'·'蝲(벌레 이름 랄, là)'·'蠍(전갈 헐{갈}, xiē)'와 '癘(창질 려{여}, lì)'자들은 古音이 모두 통한다. ≪帛書≫本의 '逢㾢'은 '蜂蝲'이고, 이러한 곤충은 모두가 해가 있기 때문에 ≪河上公≫本은 '毒蟲'으로 쓴다. ≪包山楚簡≫은 '蠆'자를 ''으로 쓴다.[167]

≪左傳·僖公二十二年≫의 『蠭蠆有毒』이나 ≪荀子·議兵≫의 『慘如蜂蠆(독충이 사람을 해치듯 하다.)』와 같이 '蜂蠆'는 고대문장에서 자주 등장하는 단어이다.

④ ''자는 '蠆'자 아래 중문부호가 있으나, '蠆'자를 중복한 것이 아니라, '虫'자를 중복한 것이다. '虫它(蛇)'를 帛書甲本은 '螝地'로 쓰고, ≪王弼≫本은 '虺蛇'로 쓴다. ≪玉篇≫은 『虫, 此古文虺('虫'자는 '虺'자의 고문이다.)』라 하였다. '虫它' 중의 '虫'자는 '虫'자로 '虺'자의 고문이다. '虺(살무사 훼, huǐ,huī)'와 '螝'자는 음이 비슷하기 때문에 서로 통용된다. 帛書甲本 '螝地' 중의 '地'는 '虵'자를 잘못 쓴 것이다. ≪玉篇≫은 『虵, 正作蛇('虵'자는 원래 '蛇'자와 같은 자이다.)』라 하였다.

≪王弼≫本 등의 독충 '蜂蠆虺蛇'를 ≪范應元≫本 등은 '毒蟲'으로 바꾸었다.

⑤ '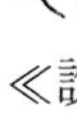(螫)'자를 ≪帛書≫本과 기타 다른 판본들은 '螫'으로 쓰고, ≪帛書·乙≫本은 '赫'으로 쓴다. ≪說文解字≫는 『(螫), 蟲行毒也. 从虫, 赦聲('螫'은 벌레가 독을 쏜다는 의미이다. '虫'과 소리

164) ≪楚系簡帛文字編≫, 1257 쪽 참고.
165) ≪楚系簡帛文字編≫, 522 쪽 참고.
166) ≪楚系簡帛文字編≫, 848 쪽 참고.
167) ≪楚系簡帛文字編≫, 1112 쪽 참고.

부 '赦'로 이루어진 형성자.)』라 하였다. '赦'자는 소리부가 '赤'이고, '赫' 또한 소리부가 '赤'이기 때문에 '螫'과 서로 통한다.

⑥ '攫鳥' 중의 '(攫)'자를 다른 판본들은 '據'나 '玃'으로 쓴다. '攫'자는 '矍'자와 같은 자이고, 기본 소리부가 '瞿(놀라서 볼 구, qú,jù)'이다. '瞿'의 고음은 '據'와 비슷하여 서로 통용된다. ''자에 대하여 ≪說文解字≫는 『扟也. 从手矍聲('당기다'의 의미. '手'와 소리부 '矍'으로 이루어진 형성자.)』라고, ''에 대하여 『隹欲逸走也. 从又持之, 矍矍也. 讀若詩云"穬彼淮夷"之"穬". 一曰視遽皃(새가 달아나려하여 손으로 붙잡자 놀라서 사방을 둘러보는 모양. 음은 ≪魯頌 · 泮水≫의 "穬彼淮夷" 구절 중 "穬"자와 같다. 이외에 또한 '급히 둘러보는 모습'의 의미가 있다.)』라 하였다. '矍'자와 '攫'자는 고금자 관계이다.

⑦ '(猒)'자는 의미부가 '犬'이고 소리부가 '丙'이며, '猛'이나 '孟'자와 음이 통한다.[168] ≪楚系簡帛文字編≫은 ≪郭店楚簡六行≫의 '' · ''자를 '敔'자로 예정하고 '更'의 의미로 풀이하였다.[169] ''자와 ''자의 기본 소리부는 '丙'이다.

≪書法選≫은 '猒'자를 '獸'자로 잘못 예정하고 있다. '獸'자를 ≪包山楚簡≫은 ''로 쓰고, ≪郭店楚簡 · 老子甲≫의 제 38간은 ''로 쓴다.[170]

⑧ '(溺)'자는 아랫부분이 '水'이고 윗부분이 '弱'이다. 사람에 기대어 소변을 보는 모습을 형상한 것이다. 古文字에서 '溺' · '弱' · '尿'와 '休(빠질 닉)'자는 같은 자이다.[171] ≪郭店楚簡語叢二≫의 '(休)'자는 '溺 (弱)'의 의미로 쓰인다.[172] '溺'자를 ≪包山楚簡≫은 ''으로, ≪郭店楚簡太一生水≫는 ''으로, ≪上博楚簡容成氏≫는 ''으로 쓴다.[173]

⑨ '(堇)'자는 소리부가 '堇'으로 '筋'자와 음이 통한다.

'(梂)'자는 의미부가 '矛'이고 소리부가 '求'이다. ≪說文解字≫는 『(柔), 木曲直也. 从木, 矛聲('柔'자는 '나무가 휘어지다'의 의미. '木'과 소리부 '矛'로 이루어진 형성자이다.)』라 하였다. '矛'와 '求'는 음이 서로 통한다.

'(捉)'자를 다른 판본들은 '握'으로 쓴다. '捉(잡을 착, zhuō)'자와 '握(쥘 악, wò)'자는 古韻이 같고, 유의어이기 때문에 서로 통용된다.

168) ≪楚系簡帛文字編≫, 863 쪽 참고.
169) ≪楚系簡帛文字編≫, 305 쪽 참고.
170) ≪楚系簡帛文字編≫, 1207 쪽 참고.
171) 廖名春, ≪郭店楚簡老子校釋≫, 324-326 쪽 참고.
172) ≪楚系簡帛文字編≫, 944 쪽 참고.
173) ≪楚系簡帛文字編≫, 938 쪽 참고.

甲-第 34 簡

甲【第34簡 原文】

固. 未智(知)牝戊(牡)①之合然惹(怒)[71]②, 精之至也. 終日唇(乎)而不惪(憂)③, 和之至也, 和曰県〈祟(常)〉④, 智(知)和曰明.

【校讀記】

固. 未知牝牡之合然怒, 精之至也. 終日號而不嗄, 和之至也, 和曰常, 知和曰明.

【校釋】

固. 未智牝戊之𠓛𡏭惹, 精之至也. 夂日唇而不惪, 咊之至也, 咊曰県, 智和曰明.

【異本】

帛書甲本: 固. 未知牝牡[之會]36, 而朘[怒], 精[之]至也. 終曰〈日〉號而不发, 和之至也. 和曰常. 知和曰明.

帛書乙本: 固. 未知牝牡之會朘怒, 精之至也. 冬(終)日號而不[嗄], 和[之191上至也. 知和曰]常, 知常曰明.

王弼本: 固. 未知牝牡之合而全作, 精之至也. 終日號而不嗄, 和之至也. 知和曰常. 知常曰明.

河上公本: 固. 未知牝牡之合而峻作, 精之至也. 終日號而不啞, 和之至也. 知和曰常. 知常日明.

傅奕本: 固. 未知牝牡之合而朘作, 精之至也. 終日號而嗌不𠷑, 和之至也. 知和曰常. 知常曰明.

范應元本: 固. 未知牝牡之合而朘作, 精之至也. 終日號而嗌不嗄, 和之至也. 知和曰常. 知常曰明.

景龍碑本: 固. 未知牝牡之合而□作, 精之至. 終日號而不嗄, 和之至也. 知和曰常. 知常曰明.

【해석】

양수의 교접을 알지 못하면서도 저절로 발기하는 것은 정기의 지극함이다. 온종일 울어도 목이 메이지 않는 것은 조화로움의 극치이다. 조화로움은 恒常이라 하고, 조화를 아는 것을 밝다고 하는 것이다.

【郭店楚簡注釋】

71 '然'자를 竹簡文은 「𡏭」으로 쓴다. ≪古文四聲韻≫은 ≪古老子≫를 인용하여 「然」자를 '𤈦' ·

''으로 쓴다. ≪說文解字≫는 「肰」자의 古文을 ''으로 쓴다. 죽간문의 「」자는 자부 「月」을 생략하고 쓴 것이 아닌가 한다.

裘錫圭 按語: 이 자는 帛書乙本이 쓰고 있는 「朘」의 의미이지, 「然」자가 아닌 것으로 보인다.

【註解】

① ≪郭店楚墓竹簡≫이 '牝'으로 예정하고 있는 ''자를 李零은 좌측은 '扌'이고 우측은 '匕'인 '扎'자로 '必'의 이체자라 하였다.174) '必'과 '牝'자는 음이 서로 비슷하다. '扎'자를 ≪唐虞之道≫제 3간은 '' 으로 ≪忠信之道≫의 제 2간은 ''으로 쓴다.

''(戊)'자와 '牡'자의 고음은 서로 같다. '牡'자는 소리부가 '土'이고 '莫厚切'이며, '戊'자의 음은 '莫候切'이다.

② ''자를 裘錫圭는 〈按語〉에서 ≪帛書≫本과 같이 '朘'자로 보아야 한다고 주장하고 있다. '朘(갓난아이 음부 최, juān,zuí)'자는 갓난아이의 성기를 가리킨다. 그러나 李零은 '家'자로 예정하고 '朘'의 가차자로 사용된다고 설명하였다.175) 廖名春은 아랫부분은 '勿'이고, 윗부분은 '丄'로 수컷의 성기를 묘사한 '昜'자이고, 후에 '易'자로 변했고, '陽'자의 古字라 하였다.176) '陽'과 '朘'는 모두 성기를 나타낸다.

''(惹)'자는 '怒'의 의미로 쓰이고 있다. ≪王弼≫本 등은 '作'으로 쓴다. 모두 '성기가 발기하다'의 의미이다. ≪上博楚簡 · 從政乙≫은 자부 '心'을 생략하고 ''로 쓴다.177)

③ ''(惪)'자는 '憂'자의 古文이며, '嚘(목이 메이다)'자의 뜻이다. 이 자를 다른 판본들은 '发' · '嗄' · '啞' · '歍' 등으로 쓴다. '发'자는 '憂'자가 생략된 형태이고, '憂'와 '夏'가 형태가 비슷하기 때문에 '嚘'자를 '嗄'로 쓰기도 한다. '啞'자와 '歍'자는 같은 자이며, '嗄'자의 통가자(通假字)로 사용된다.

④ ''은 '崇'자로, '常'의 이체자이다. ''자의 윗부분은 '尙'을 간략하게 쓴 것이고, 아랫부분은 '木'은 '巾'과 형태가 비슷하기 때문에 '木'과 유사한 형태로 쓴 것이다. ≪說文解字≫는 '常'자의 고문을 '裳(裳)'으로 쓴다. ≪郭店楚簡 · 成之聞之≫은 ''으로 쓴다.178)

174) ≪郭店楚簡校讀記≫(增訂本), 9쪽 참고.
175) ≪郭店楚墓竹簡≫, 7 쪽 참고.
176) ≪郭店楚簡老子校釋≫, 330 쪽 참고.
177) ≪楚系簡帛文字編≫, 69 쪽 참고.
178) ≪楚系簡帛文字編≫, 36 쪽 참고.

甲-第 35 簡

甲【第35簡 原文】

賹(㱃)生曰羕(祥)①, 心𠭆(使)𣜚(氣)②曰弜(强), 勿(物)𡌅(壯)③則老, 是胃(謂)不道■.[72]④ 名與身筸(孰)新(親)? 身與貨

【校讀記】

㱃生曰祥, 心使氣曰强, 物壯則老, 是謂不道.(55) 名與身孰親? 身與貨

【校釋】

賹生曰羕, 心𠭆𣜚曰弜, 勿𡌅則老, 是胃不道. 名與身, 筸新? 身與貨

【異本】

帛書甲本: 㱃生曰祥, 心使氣曰强, [物壯]$_{37}$卽老, 胃(謂)之不道, 不[道早已]. 名與身孰親? 身與貨
帛書乙本: 㱃生[曰]祥, 心使氣曰强, 物[壯]則老, 胃(謂)之不道, 不道蚤(早)已. 名與$_{181下}$[身孰親? 身與貨
王弼本: 㱃生曰祥, 心使氣曰强, 物壯則老, 謂之不道, 不道早已. 名與身孰親? 身與貨
河上公本: 㱃生曰祥, 心使氣日强, 物壯則老, 謂之不道, 不道早已. 名與身孰親? 身與貨
傅奕本: 㱃生曰祥, 心使氣則强, 物壯則老, 謂之不道, 不道早已. 名與身孰親? 身與貨
范應元本: 㱃生曰祥, 心使氣曰强, 物壯則老, 是謂之不道, 不道早已. 名與身孰親? 身與貨
景龍碑本: 㱃生曰祥, 心使氣曰强, 物壯則老, 謂之不道, 不道早已. 名與身孰親? 身與貨

【해석】

억지로 生을 취하면 재앙이 따르게 되고, 마음의 기를 억지로 하는 것을 강하다고 하고, 만물이 억세지면 늙어지는데, 이러한 것을 도가 아니라 한다. 이름과 몸 중에 어느 것이 더 가까운가? 몸과 재물 중에

【郭店楚簡注釋】

72 「勿(物)𡌅(壯)則老, 是胃(謂)不道」의 구절은 ≪帛書≫本과 현행본(今本)에는 제 55장과 제 30장에 중복해서 출현하고 있다. 簡文은 이 한 곳에만 보인다. 현행본(今本)은 이 구절 끝에 「不道早已(도가 아니면 일찍 없어진다.)」라는 구절이 있다.

【註解】

① ‘(羕)’자를 다른 판본들은 ‘祥’으로 쓴다. 본 구절에서는 ‘祥’의 일반적인 의미인 ‘상서롭다’가 아니라, 그와 반대의 개념인 ‘재앙’의 의미로 쓰이고 있다. 고대 문장 중에는 이와 같이 반대적인 개념으로 이해하여야만 하는 경우가 종종 있다. 예를 들어, ≪說文解字≫는 『(亂), 治也』라 했고, ≪廣雅釋詁≫는 『亂, 理也』라 하였다. ‘亂’은 원래 ‘混亂’의 의미인데, 그와 상반되는 ‘治理’로 해석하고 있다. 이와 같은 훈고방법을 ‘反訓’이라 한다. 東晋 郭璞은 ≪方言注≫에서 『以苦爲快者, 猶以臭爲香, 亂爲治, 徂爲存, 此訓義之反覆用之是也(‘苦’자를 ‘快’로 풀이하는 경우는 ‘臭’자를 ‘香’으로 풀이하고 ‘亂’을 ‘治’로 풀이하고, ‘徂’를 ‘存’으로 풀이하는 경우와 같다. 이와 같은 뜻의 풀이는 서로 반대적인 개념으로 사용되는 경우이기 때문이다.)』라고 설명하였다.179) ≪尙書・咸有一德≫ 『毫有祥』의 구절을 孔穎達은 『祥是惡事先見之徵, 故爲妖怪也(‘祥’은 나쁜 일이 일어나기 전의 징조로 妖怪의 의미이다.)』라 하였다.

② ‘(𣱛)’는 ‘氣’의 이체자이다. ≪說文解字≫는 『(氣), 或从旣(‘氣’자는 혹은 자부 ‘旣’를 쓰기도 한다.)』라고 설명하고, 고문을 자부 ‘食’인 ‘’와 자부 ‘旣’인 ‘’로 쓴다. ‘𣱛’자는 왼쪽 윗부분 ‘艮’을 생략하고 ‘炁(기운 기, qì)’로 쓰기도 한다.

③ ‘(𡎴)’자의 중간 부분은 ‘臣’이 아니라, ‘口’를 써서 ‘𡑞’로 쓴다. ‘臧’자의 古文이다. ≪說文解字≫는 『(臧), 善也, 籒文(‘臧’은 ‘베풀다(善)’의 의미이다. 籒文은 ‘(𡑞)’로 쓴다.)』라 하였다. ‘臧’자와 ‘壯’자는 소리부가 ‘爿(나뭇조각 장, qiáng)’이다.

④ 초간(楚簡) 33, 34간과 35간의 내용은 ≪王弼≫本의 제 55간 『含德之厚比於赤子. 蜂蠆虺蛇不螫, 猛獸不据, 攫鳥不搏. 骨弱筋柔而握固. 未知牝牡之合而全作, 精之至也. 終日號而不嗄, 和之至也. 知和曰常. 知常曰明. 益生曰祥. 心使氣曰强. 物壯則老. 謂之不道, 不道早已(덕이 중후한 자는 마치 어린아이와 같다. 고슴도치・전갈・살모사・뱀도 물지 않고 사나운 맹수가 덤벼들지 않고, 사나운 새도 후려치지 못한다. 뼈도 약하고 근육도 부드럽지만 쥐는 힘이 세고, 양수의 교접을 알지 못하면서도 저절로 발기하는 것은 정기의 지극함이다. 온종일 울어도 목이 메이지 않는 것은 조화로움의 극치이다. 조화로움은 恒常이라 하고, 조화를 아는 것을 밝다고 하는 것이다. 억지로 生을 취하면 재앙이 따르게 되고, 마음의 기를 억지로 하는 것을 강하다고 하고, 만물이 억세지면 늙어지는데, 이러한 것을 도가 아니라 한다. 도가 아니면 일찍 없어진다.)』의 내용과 유사하다.

179) ≪訓詁學大綱≫, 胡楚生, 臺灣蘭基書局, 104-105 쪽

甲-第 36 簡

甲【第36簡 原文】

管(孰)①多？ 貴(得)與貢(亡)管(孰)疠(病)[73]？ 甚②㤅(愛)必大𧶠(费), 𠪋(厚)𧷸(藏)③必多貢(亡)[74].
古(故)智(知)足不辱, 智(知)止不怠(殆), 可

【校讀記】

孰多？ 持與亡孰病？ 甚愛必大费, 厚藏必多亡. 故知足不辱, 知止不殆, 可

【校釋】

管多？ 貴與貢管疠？ 甚㤅必大𧶠, 𠪋𧷸必多貢. 古智足不辱, 智止不怠, 可

【異本】

帛書甲本: 孰多? 得與亡孰病? 甚[愛必大费, 多藏必厚]16亡, 故知足不辱. 知止不殆. 可
帛書乙本: [孰多? 得與亡孰病? 甚愛必大费, 多藏必厚亡, 故知足不辱. 知止不殆. 可]
王弼本: 孰多? 得與亡孰病? 是故甚愛必大费. 多藏必厚亡. 知足不辱. 知止不殆. 可
河上公本: 孰多? 得與亡孰病? 是故甚愛必大费. 多藏必厚亡. 知足不辱. 知止不殆. 可
傅奕本: 孰多? 得與亡孰病? 甚愛必大费. 多藏必厚亡. 知足不辱. 知止不殆. 可
范應元本: 孰多? 得與亡孰病? 是故甚愛必大费. 多藏必厚亡. 知足不辱. 知止不殆. 可
景龍碑本: 熟多? 得與亡熟病? 是故甚愛必大费. 多藏必厚亡. 故知足不辱. 知止不殆. 可

【해석】

어느 것이 더욱 중요한가? 얻는 것과 잃는 것 중에 어느 것이 더 근심스러운가? 지나치게 아끼면 반드시 크게 쓰게 되고, 많이 간직하게 되면 반드시 많이 잃게 된다. 그런고로 족함을 알아야 욕되지 않으며, 멈출 줄 알아야 위험하지 않으며, 이렇게 하여야 길고 오래 갈 수 있다.

【郭店楚簡注釋】

73 '貴'자는 의미부가 '貝'이고 소리부가 '之'이다. 「得」자와는 음이 유사하기 때문에 통가자(通假字)로 쓰인다.
'貢'은 '亡'자의 이체자이다. '疠'은 '病'의 의미로 쓰인다. '疠'자는 ≪包山楚簡≫ 第 243・245・247簡 등에도 보이며,[180] 모두 「病」자의 의미로 쓰이고 있다. ≪說文解字≫는 「病, 疾加

180) ≪包山楚簡≫은 '疠'자를 '疠'・'疠'으로 쓴다. ≪楚系簡帛文字編≫, 707 쪽 참고.

也(질병이 심해지다.)』라 하였다.

74 '㡏'자는 의미부가 '厂'이고 소리부가 '句'이며, '厚'의 의미이다.

【註解】

① '(竺)'자에 대하여 段玉裁는 ≪說文解字注≫는『竺, 篤亦古今字('竺'자와 '篤'자는 古今字 관계이다.)』라 하였다. ≪說文解字≫는『(竺), 厚也. 从亯, 竹聲. 讀若篤('竺'은 '두텁다(厚)'의 의미이다. '亯'과 소리부 '竹'으로 이루어진 형성자. 음이 '篤'과 같다.)』라 하고, 음은 '冬毒切'이다. '篤'의 음 역시 '冬毒切'이다. ≪說文解字≫는 '(䐋)'자에 대하여『孰也. 从亯从羊. 讀若純('누구'의 의미. '亯'과 '羊'으로 이루어진 회의자이며 음은 '純'과 같다.)』이라고, '(埶)'자에 대해서『从土孰聲('土'와 소리부 '孰'으로 이루어진 형성자.)』이라고, '(䵻)'자에 대하여『食飪也. 从丮䐋聲. 易曰孰飪('음식을 익히다'의 의미. '丮'과 '䐋'으로 이루어진 형성자. ≪易經≫은 "孰飪(음식물을 끓이다)"라 했다.)』라 설명하고 음은 '殊六切(shú)'이다. ≪說文解字≫의 설명과 楚簡에서 '竺'자가 '篤'·'孰'·'築' 등의 의미로 쓰이는 것으로 보아[181], '竺'·'埶'·'䵻'의 기본 소리부는 모두 '亯(亨)'임을 알 수 있다.

≪郭店楚簡·老子甲≫의 제 24간에서는 '篤'의 의미로 쓰인다.

② '(𠯑)'자는 '甚'자의 고문이다. ≪說文解字≫는『(甚), 尤安樂也. 从甘, 从匹. 耦也. , 古文甚('甚'자는 더욱 편안하고 행복하다의 의미이다. '甘'과 '匹'로 이루어진 자이다. '匹'은 '배우자'라는 의미이다. 고문은 '𠯑'으로 쓴다.)』라고 설명하였다. '(𠯑)'자는 '𠯑'자의 이체자이다. ≪郭店楚簡語叢四≫은 ''으로 쓰고, ≪唐虞之道≫는 ''으로 쓴다.[182]

③ '(𧸘)'자는 윗부분이 '臧'이고 아랫부분이 '貝'인 '贓'의 이체자이다. '藏'의 의미로 쓰인다. ≪仰天湖楚簡≫은 ''으로 쓰고, ≪郭店楚簡太一生水≫는 ''으로 쓴다.[183]

181) ≪楚系簡帛文字編≫, 522 쪽 참고.
182) ≪楚系簡帛文字編≫, 464 쪽 참고.
183) ≪楚系簡帛文字編≫, 69 쪽 참고.

甲-第 37 簡

甲【第37簡 原文】

以長舊(久)■.[①②] 返[③]也者, 道僮(動)也. 溺(弱)也者, 道之甬(用)也. 天下之勿(物)生於又(有), 生於亡■.[75④] 柴而浧(盈)

【校讀記】

以長久.(44) 反也者, 道動也. 弱也者, 道之用也. 天下之物生於有, 【有】生於亡.(40) 持而盈

【校釋】

以長舊. 返也者, 道僮也; 溺也者, 道之甬也. 天下之勿生於又, 生於亡. 柴而浧

【異本】

帛書甲本: 以長久. [反也者], 道之動也. 弱也者, 道之用也. 天[下之物生於有, 有生於无.]$_{12}$ 揗(持)而盈

帛書乙本: 以長久$_{\text{182上}}$. 反也者, 道動也. [弱也]者, 道之用也. 天下之物生於有, 有[生]於无. 持而盈

王弼本: 以長久. 反者, 道之動. 弱者, 道之用. 天下之萬物生於有, 有生於無. 揗(持)而盈

河上公本: 以長久. 反者, 道之動. 弱者, 道之用. 持而盈

傅奕本: 以長久. 反者, 道之動. 弱者, 道之用. 天下之物生於有, 有生於無. 持而盈

范應元本: 以長久. 反者, 道之動. 弱者, 道之用. 天下之物生於有, 有生於无. 持而盈

景龍碑本: 以長久. 反者, 道之動. 弱者, 道之用. 持而盈

【해석】

순환하는 것은 도의 움직임이다. 약함은 도의 쓰임이다. 천하의 만물은 有에서 생겨났지만, 그 有는 無에서 생겨난 것이다. 모아서 가득 채우는 것은

【郭店楚簡注釋】

75 이 구절 앞부분에 「有」자가 빠졌다. 즉 「又」자 아래 중문부호가 누락되었다. 帛書乙本을 참고하여 보충할 수 있다.

【註解】

① '(舊)'자와 '久'자는 음과 의미가 유사하다. ≪小爾雅 · 廣詁≫는 『舊, 久也('舊'는 '久'의 의미이다.)』라 하고, ≪尙書 · 無逸≫의 『其在高宗, 時舊勞于外, 爰暨小人(고종 때에는 오랫동안 밖에서 일하며 지위가 낮은 백성들과 더불어 지냈다.)』의 구절에 대하여 孔安國은 『武丁, 其父小乙使之久居民間, 勞是稼穡(武丁의 부친 小乙은 武丁으로 하여금 오랫동안 백성들과 함께 지내면서 부지런히 씨 뿌리고 거둬들이도록 하였다.)』라 하고, ≪漢書 · 雋不疑傳≫의 『竊伏海瀕, 聞暴公子威名舊矣(바닷가에 은둔하여 살면서 暴公子의 명성을 익혀 들은 지 오래되었다.)』 구절에 대하여 顔師古는 『舊, 久也('舊'는 '오래되다(久)'의 의미.)』라 하였다.[184] ≪郭店楚簡 · 老子乙≫은 ''로 쓴다.[185]

② 초간(楚簡) 제35, 36, 37간의 앞부분은 ≪王弼≫本 제 44장 『名與身孰親. 身與貨孰多. 得與亡孰病. 是故甚愛必大費. 多藏必厚亡. 知足不辱. 知止不殆. 可以長久(이름과 몸 중에 어느 것이 더 가까운가? 몸과 재물 중에 어느 것이 더욱 중요한가? 얻는 것과 잃는 것 중에 어느 것이 더 근심스러운가? 지나치게 아끼면 반드시 크게 쓰게 되고, 많이 간직하게 되면 반드시 많이 잃게 된다. 그런고로 족함을 알아야 욕되지 않으며, 멈출 줄 알아야 위험하지 않는다.)』의 내용과 같다.

③ '(返)'자를 다른 판본들은 '反'으로 쓴다. ≪包山楚簡≫은 '返'자를 ''으로 쓴다.[186]

④ 본 簡의 뒷부분을 ≪王弼≫本의 제 40장은 『反者道之動. 弱者道之用. 天下萬物生於有, 有生於無(되돌아가는 것은 도의 움직임이며, 약하다는 것은 도의 작용이다. 천하의 만물은 유에서 생기지만 유는 무에서 생긴 것이다.)』로 쓴다.

---

184) ≪漢語大字典≫, 3043 쪽 참고.
185) ≪楚系簡帛文字編≫, 369 쪽 참고.
186) ≪楚系簡帛文字編≫, 158 쪽 참고.

甲-第 38 簡

甲【第38簡 原文】

之[76], 不不若已[77]. 湍①而羣②之[78], 不可長保也. 金玉浧(盈)室, 莫能獸(守)也. 貴福(富)喬(驕)[79], 自遺咎

【校讀記】

之, 不若已. 揣而群之, 不可長保也. 金玉盈室, 莫能守也. 貴富驕, 自遺咎

【校釋】

之, 不不若已. 湍而羣之, 不可長保也. 金玉浧室, 莫能獸也. 貴福喬, 自遺咎

【異本】

帛書甲本: 之, [不若其已, 揣而]㕣(允)之□之, [不]可長葆之. 金玉盈室, 莫之守也. 貴富而驕(驕), 自遺咎$_{38}$

帛書乙本: 之, 不其若已. 抿(揣)而允之, 不可長葆也. 金玉$_{224上}$盈室, 莫之能守也. 貴富而驕, 自遺咎

王弼本: 之, 不如其已, 揣而梲之, 不可長保. 金玉滿堂, 莫之能守. 富貴而驕, 自遺其咎

河上公本: 之, 不如其已. 揣而銳之, 不可長保. 金玉滿堂, 莫之能守. 富貴而驕, 自遺其咎

傅奕本: 之, 不如其已, 敊而梲之, 不可長保. 金玉滿堂, 莫之能守. 富貴而驕, 自遺其咎

范應元本: 之, 不如其已, 揣而銳之, 不可長保. 金玉滿堂, 莫之能守. 富貴而驕, 自遺其咎

景龍碑本: 之, 不如其已, 揣而銳之, 不可長保. 金玉滿堂, 莫之能守. 富貴而驕, 自遺其咎

【해석】

채우기를 그만 두는 것보다 못하다. 다듬어서 날카롭게 하면 오랫동안 유지할 수 없다. 금은보화가 방안에 가득차면 지킬 수 없다. 부귀하면서도 교만하면, 스스로 허물을 남기게 된다.

【郭店楚簡注釋】

76 '𣏟'자는 의미부가 '木'이고 소리부가 '之이며 「殖」의 의미가 아닌가 한다. ≪廣雅 · 釋詁一≫은 「殖, 積也(축적하다.)」라 하였다.

77 竹簡文은 '不不'로 쓰고 있는데, 이 중 한 자는 衍文(연문)이다. 「若」자 아래 「其」자가 빠져 있다.

78 竹簡文에서의 '羣'자는 「羊」과 일부를 생략한 「君」으로 이루어져 있다. ≪古文四聲韻≫은 王存乂 ≪切韻≫ 이 '羣'자 '君'부분의 '口'를 생략하여 쓴 것을 인용하였다. 본 竹簡文의 형태와 같다. 帛書乙本은 이 구절을 「揾而允之(다듬어서 날카롭게 하다.)」로 쓴다.

79 ≪帛書≫本은 본 구절을 「富貴而驕」로 쓴다. 竹簡文은 「福」자 아래 「而」자를 누락하였다.

【註解】

① '(湍)'자를 다른 판본들은 '揾'·'揣'·'敚' 등으로 쓴다. ≪說文解字≫는 '(揣)'자에 대하여『揣, 量也. 从手耑聲('揣'자는 '양을 측정하다'의 의미. '手'와 소리부 '耑'으로 이루어진 형성자.)』라고 설명하였다. '敚'자는 '揣'자의 이체자이다.

'揾'자는 소리부가 '短'이며, 소리부가 '耑(시초 단, duān,zhuān)'인 자와 통한다. '湍(여울 단, tuān)'자는 '揣(잴 췌, chuāi,chuǎi,chuài,tuán)'의 가차자로 쓰이며, 고대 문장에서는 '鍛'나 '揣'자와 음과 의미가 비슷하기 때문에 통가자(通假字)로 쓰인다. '湍而羣之'는 '집결해서 단련하여 날카롭게 만들다'는 의미이다.

② '(羣)'자의 기본 소리부는 '尹'이며 '允'과 음이 통한다. '允'과 '兑'의 형태가 비슷하기 때문에 자주 혼용된다. ≪說文解字≫는 ≪尙書·顧命≫의『一人冕執鋭(면류관을 쓴 한 사람이 날카로운 무기를 들고 있다.)』구절 중의 '鋭'자를 '鈗'으로 쓴다. 자부 '尹'·'兑'와 '允'이 의미부로 쓰이는 자들은 서로 통용된다. '鋭'자는 '挩'자는 음과 의미가 서로 비슷하며, '예리하게 만들다'의 뜻이다.

甲-第 39 簡

【第39簡 原文】

也[80]. 攻(功)延(遂)①身退, 天之道也乚.②

【校讀記】

也. 功遂身退, 天之道也.(9)

【校釋】

也. 攻延身退, 天之道也.

【異本】

帛書甲本: 也. 攻(功)述(遂)身芮(退), 天[之$_{107}$道也].

帛書乙本: 也. 功遂身退, 天之道也.

王弼本: 攻遂身退, 天之道.

河上公本: 成功名遂身退, 天之道.

傅奕本: 成功名遂身退, 天之道.

范應元本: 成功名遂身退, 天之道.

景龍碑本: 成功名遂身退, 天之道.

【해석】

공을 이룬 뒤에 물러나는 것이 곧 하늘의 도이다.

【郭店楚簡注釋】

80 '咎'자의 의미부는 「刃」이다. ≪說文解字≫가 자부 「刀」를 쓰는 것과 다르다. ≪古文四聲韻≫은 ≪古老子≫가 의미부 '刀'를 쓰는 '咎'자를 인용하였다. 죽간문의 형태와 유사하다. 裘錫圭 按語: 죽간문의 「咎」자는 와변(訛變)된 형태가 아닌가 한다.

【註解】

① '延(延)'자는 의미부가 '辵'이고 소리부가 '朮'이며, '遂(이를 수, suì,suí)'자와 음이 비슷하다.

② 초간(楚簡) 37, 38, 39간의 내용을 ≪王弼≫本 제 9장은 『持而盈之不如其已, 揣而銳之不可長保, 金玉滿堂莫之能守, 富貴而驕, 自遺其咎. 功遂身退, 天之道(모아서 가득 채우는 것을

그만 두는 것보다 못하다. 다듬어서 날카롭게 하면 오랫동안 유지할 수 없다. 금은보화가 방안에 가득차면 지킬 수 없다. 부귀하면서도 교만하면, 스스로 허물을 남기게 된다. 공을 이룬 뒤에 물러나는 것이 곧 하늘의 도이다.)』로 쓴다.

② 《老子·乙》

一八　一七　一六　一五　一四　一三　一二　一一

乙-第1簡

乙【第1簡 原文】

給(治)①人事天, 莫若嗇②. 夫唯嗇③, 是以杲(早)[1]④, 是以杲(早)備(服)是胃(謂)……[2]⑤

【校讀記】

治人事天莫若嗇. 夫唯嗇, 是以早服, 是謂[重積德, 重積德則無不極, 無]

【校釋】

給人事天, 莫若嗇. 夫唯嗇, 是以杲, 是以杲備, 是胃[重積悳, 重積悳, 則亡]

【異本】

帛書甲本: [治人事天莫若嗇. 夫唯嗇, 是以早服, 早服是謂重積德, 重積德]
帛書乙本: 治人事天莫若嗇. 夫唯嗇, 是以蚤(早)服, 蚤(早)服是胃(謂)重積$_{195上}$德, 重積德
王弼本: 治人事天, 莫若嗇. 夫唯嗇, 是謂早服, 早服謂之重積德, 重積德則無
河上公本: 治人事天, 莫若嗇. 夫唯嗇, 是謂早服, 早服謂之重積德, 重積德則無
傅奕本: 治人事天, 莫若嗇. 夫惟嗇, 是以早服, 早服謂之重積德, 重積德則無
范應元本: 治人事天, 莫若嗇. 夫惟嗇, 是以早服, 早服謂之重積德, 重積德則無
景龍碑本: 治人事天, 莫若嗇. 夫唯嗇, 是謂早服, 早服謂之重積德, 重積德則無

【해석】

사람을 다스리고 하늘을 섬기는데, 아끼는 것보다 더 좋은 것은 없다. 오직 아낄 줄 알기 때문에 미리 순리에 따를 수 있다. 미리 순리에 따르는 것을 【덕을 두텁게 쌓는 것이라고】 한다. 【덕을 두텁게 쌓으면 이기지 못할 것이 없고】

【郭店楚簡註釋】

1 「杲」자 다음에 「備」자가 누락되었다. 「備」자는 「服」의 의미이다. 「杲」자는 「[illegible]」자의 이체자이며, 의미 부분이 「日」이고, 음성 부분이 「棗」이다. 「棗」와 「早」는 음이 같다.

2 '是以'를 두 번 중복해서 쓰고 있는데, 이는 잘못된 것이다. 보이지 않는 문자는 현행본(今本)을 참고하여 구절 「重=積=德=則無=」 보충할 수 있고, 뒷 문장과 연결하여 전체적으로 「早備是謂重積德, 重積德則無不克, 無不克則莫知其恒〈極〉(미리 순리에 따르는 것을 덕을 두텁게 쌓는 것이라고 한다. 덕을 두텁게 쌓으면 이기지 못할 것이 없고, 이기지 못할 것이

없으니 극에 달함을(능력의 한계를) 알지 못하는 것이다.)」이다.

【註解】

① ‘’(紿): ‘’자는 일반적으로 ‘’(≪包山楚簡≫)의 형태로 쓴다. ≪楚系簡帛文字編≫은 ‘’자에 대하여 『誤寫爲約(‘約’자로 잘못 쓴다.)』라 하였다.[168] 즉 왼쪽 자부는 한 종획을 누락하였다.

≪說文解字≫는 ‘(紿)’자와 ‘(治)’자의 소리부를 모두 ‘台’로 설명하였다. ‘紿’와 ‘治’자는 서로 통가자(通假字)로 사용된다.

② ‘夫唯嗇’: ≪簡帛書法選≫의 ≪郭店楚墓竹簡≫≪老子乙・丙≫(2002)에는 ‘夫唯嗇’의 세 문자가 보이지 않고 있다. 잘못 편집한 것으로 보인다.[169]

③ ‘(嗇)’: ≪說文解字≫는 ‘嗇’자에 대하여 『, 愛濇也. 从來, 从㐭. 來者, 㐭而藏之. 故田夫謂之嗇夫. , 古文嗇從田(‘’자는 ‘아끼다’는 의미이며, ‘來’와 ‘㐭’으로 이루어진 회의자. 보리와 같은 곡물을 창고에 보관한다는 의미이다. 그래서 농부를 嗇夫라고도 부른다. 嗇자의 고문은 자부 ‘田’을 써서 ‘’으로 쓴다.)』라고 설명하였다. 죽간문의 ‘’자는 ≪說文解字≫의 고문과 비슷하다. ‘嗇’자를 갑골문은 ‘’・‘’으로 쓰고, 금문은 ‘’으로 쓴다.[170] 朱駿聲의 ≪說文通訓定聲≫은 『嗇字本訓當爲收穀, 卽穡之古文也(‘嗇’자는 원래 ‘곡식을 거둬들이다’의 의미이다. 즉 ‘穡’자의 고문자이다.)』라 하였다.

④ ≪郭店楚墓竹簡≫의 ≪整理本≫은 「是以彔(早)」구절 뒤에 ‘備’가 누락되었고 앞 ‘是以早’는 잘못 쓴 衍文이라 하였다. 李零의 ≪校讀記≫도 「是以早服, 是謂[重積德, …….」으로 석문하였다.[171] 그러나 이 문장은 ‘重積德’이 목적어이고, 주어는 ‘早服’이 아니라 ‘是以早服’이기 때문에 문장 형식이 매끄럽지 않다. 따라서 본 구절은 백서본이나 ≪韓非子・解老≫ 와 같이 「夫唯嗇, 是以蚤備, 蚤備是胃…….」로 이해하기로 한다.[172]

⑤ ‘(備)’: ‘(備)’자를 ≪帛書≫本, ≪河上公≫本, ≪王弼≫本 등은 모두 ‘服’으로 쓴다. ‘服’과 ‘備’는 음이 서로 통한다.

‘備’와 ‘服’자의 의미를 ‘用(사용하다)’・‘得(얻다)’・‘從(복종하다)’・‘準備하다’로 해석하는 등 의견이 분분하다.

≪韓非子・解老≫는 「夫能嗇也, 是從於道而服於理者也. 衆人離患, 陷於禍, 猶未知退, 而不服從

168) ≪楚系簡帛文字編≫, 1106 쪽 참고.
169) 文物出版社, 1 쪽 참고.
170) 徐中舒, ≪漢語古文字字形表≫, 206 쪽 참고.
171) 李零, ≪郭店楚簡校讀記≫, 28 쪽 참고.
172) ≪韓非子 解老≫: “虛無服從於道理, 以稱蚤服. 故曰: ‘夫謂嗇, 是以蚤服.’”(허문의 자세로 도리에 따르려 하므로 早服이라 일컫는 것이다. 그러므로 노자가 말하기를 ‘오직 아끼기 때문에 이를 도리에 일찍 따른다.’고 하는 것이다.)

道理. 聖人雖未見禍患之形, 虛無服從於道理, 以稱蚤服. 故曰: 『夫謂嗇, 是以蚤服(능히 아낄 수 있어야 그것이 도리에 따르며 이치에 따른다고 할 수 있는 것이다. 일반 사람들은 우환이 있고 재난에 빠져들더라도 아직 물러설 줄 모르고 도리에 따르려고 하지 않는다. 성인은 비록 우환이나 재난의 형태가 나타나지 않더라도 허무의 자세로 도리에 따르려 하므로 早服이라 일컫게 된다. 그러므로 노자에 말하기를 '오직 아끼기 때문에 이를 도리에 따른다'라고 하는 것이다.)」라 하여, '嗇'과 '服'의 관계를 비교적 자세하게 설명하고 '服'자를 '服從'의 의미로 해석하였다. 韓非子는 '嗇(절약하다)'해야 하는 것은 물질보다는 정신과 지혜로 보고, 「嗇之者, 愛其精神, 嗇其智識也(아낀다는 것은 정신을 소중히 하고 지혜를 아껴 쓴다는 것이다.)」라 하였다. 본문도 '服'을 '복종하고 따르다'의 의미로 해석하기로 한다.

≪韓非子·解老≫는 또한 『聰明睿智, 天也, 動靜思慮, 人也. 人也者, 乘于天明以視, 寄於天聰以聽, 托于天智以思慮. 故視強, 則目不明, 聽甚, 則耳不聰, 思慮過度, 則智識亂. 目不明, 則不能決黑白之分, 耳不聰, 則不能別清濁之聲, 智識亂, 則不能審得失之地. 目不能決黑白之色則謂之盲, 耳不能別清濁之聲則謂之聾, 心不能審得失之地則謂之狂. 盲則不能避晝日之險, 聾則不能知雷霆之害, 狂則不能免人間法令之禍. 書之所謂『治人』者, 適動靜之節, 省思慮之費也. 所謂『事天』者, 不極聰明之力, 不盡智識于任. 苟極盡, 則費神多, 費神多, 則盲聾悖狂之禍至, 是以嗇之. 嗇之者, 愛其精神, 嗇其智識也. 故曰: 『治人事天莫如嗇』 眾人之用神也躁, 躁則多費, 多費之謂侈. 聖人之用神也靜, 靜則少費, 少費之謂嗇. 嗇之謂術也, 生於道理. 夫能嗇也, 是從於道而服於理者也. 眾人離患, 陷於禍, 猶未知退, 而不服從道理. 聖人雖未見禍患之形, 虛無服從於道理, 以稱蚤服. 故曰: 『夫謂嗇, 是以蚤服』 知治人者, 其思慮靜, 知事天者, 其孔竅虛. 思慮靜, 故德不去, 孔竅虛, 則和氣日入. 故曰: 『重積德』 夫能令故德不去, 新和氣日至者, 蚤服者也. 故曰: 『蚤服, 是謂重積德』(총명(聰明)이나 예지(叡智)는 천부적인 효능이며, 행동이나 사려(思慮)는 인위적인 활동이다. 사람은 하늘이 준 시력을 가지고 보며, 하늘이 준 청력을 가지고 들으며, 하늘이 준 지력에 의지하여 사려하게 된다. 그러므로 시력을 무리하게 쓰면 눈이 잘 보이지 않고, 청력을 심하게 쓰면 귀가 밝지 못하며, 사려를 도에 지나치게 하면 지혜가 혼란해진다. 눈이 잘 안보이면 흑백 색깔을 구분할 수 없고, 귀가 밝지 못하면 맑고 탁한 음성을 분별할 수 없으며, 지혜가 환란하면 이득과 손실보는 곳을 가려낼 수 없다. 눈이 흑백 색깔을 구분할 수 없는 것을 가리켜 맹(盲)이라하고 귀가 맑고 탁한 음성을 분별할 수 없는 것을 농(聾)이라 하며 마음이 이득과 손실 보는 곳을 가려낼 수 없는 것을 가리켜 狂이라고 한다. 눈이 멀면 한낮에도 위험물을 피할 수 없고 귀머거리가 되면 천둥번개치는 해악도 알아차리리 못하며 광적인 사람이 되면 이 세상에서 법령을 어겨 받는 화를 면치 못한다. 老子에 이른바 '治人'이라 함은 행동에 있어 절도를 알맞게 취하고 사려에 있어 낭비를 줄이자는 것을 말한다. 또 이른바 '事天'이라 함은 청력이나 시력을 끝까지 쓰지 않고 지혜의 기능을 다하지 않는 것을 말한다. 굳이 끝까지 다하면 정신적인 낭비가 많으며 정신적이 낭비가 많아지면

눈이 멀고 귀 먹고 도리에 어긋난 광적인 화가 닥치게 된다. 이런 까닭에 아껴야 한다. 아낀다는 것은 정신을 소중히 하고 지혜를 아껴 쓴다는 것이다. 그러므로 노자에 말하기를 '사람을 다스리고 하늘을 섬기는데, 아끼는 것보다 더 좋은 것은 없다.'라고 한 것이다. 일반 사람들의 마음가짐은 부산하다. 부산하면 낭비가 많다. 낭비가 많은 것을 가리켜 사치라고 한다. 성인의 마음가짐은 조용하다. 조용하면 낭비가 적다. 낭비가 적은 것을 가리켜 아낀다고 한다. 아끼는 방법은 도리로부터 나온다. 대저 아낄 수 있어야 그것이 도에 따르며 이에 따른다고 할 수 있는 것이다. 일반 사람들은 우환에 걸리고 재난에 빠져들더라도 아직 물러설 줄 모르고 자연의 도리에 따르려고 하지 않는다. 성인은 비록 우환이나 재난의 형태가 나타나지 않더라고 허무의 자세로 도리에 따르려 하므로 '早服'이라 일컫게 된다. 그러므로 노자에 말하기를 '오직 아끼기 때문에 이를 도리에 따른다'고 하는 것이다. 사람을 다스리줄 아는 자는 사려가 침착하여 조용하다. 하늘을 섬길 줄 아는 자는 이목구비, 즉 감관이 텅빈 상태이다. 사려가 침착하면 본래 지닌 덕을 잃지 않는다. 감관이 비어 있으면 화기가 날로 들어온다. 그러므로 말하기를 '덕을 거듭 쌓는다'고 한다. 대저 본래 지닌 덕을 잃지 않도록 할 수 있고 새로운 화기를 날로 이르게 할 수 있는 자가 일찍 준비를 하는 자다. 그러므로 말하기를 '일찍 따르는 것은 두텁게 덕을 쌓는 것이다'라고 한다.)」라 하였다.[173)]

173) 우리말 해석은 ≪韓非子≫(이운구 옮김, 한길사), 291-295 쪽 참고.

乙-第 2 簡

乙【第2簡 原文】

不=克=■, 則莫智(知)其亘〈亟(極)〉[3]①, 莫智(知)其亘〈亟(極)〉可以又(有)⿰或阝(國).② 又(有)⿰或阝(國)之母, 可以長……[4]③

【校讀記】

不克則莫知其極, 莫知其極可以有國. 有國之母, 可以長[久, 是謂深根固柢之法]④

【校釋】

不克, [亡]不克, 則莫智丌亙, 莫智丌亙, 可以又⿰阝或, 又⿰阝或之母, 可以長[舊, 是胃深根固柢]

【異本】

帛書甲本: [則无不克, 无不克則莫知$_{45}$其極, 莫知其極], 可以有國, 有國之母, 可以長久, 是胃(謂)深槿(根)固氐(柢),

帛書乙本: [則无不克, 无不克, 則]莫知其[極], 莫知其[極, 可以]有國. 有國之母, 可[以長], 是胃(謂)[深]根固氐(柢),

王弼本: 不克, 無不克則莫知其極, 莫知其極, 可以有國. 有國之母, 可以長久, 是謂深根固柢,

河上公本: 不剋, 無不剋則莫知其極, 有國之母, 可以長久, 是謂深根固蔕,⑤

傅奕本: 不克, 無不克則莫知其極, 莫知其極, 可以有國. 有國之母, 可以長久, 是謂深根固柢,

范應元本: 不克, 無不克則莫知其極, 莫知其極, 則可以有國. 有國之母, 可以長久, 是謂深根固柢,

景龍碑本: 不剋, 無不剋則莫知其極, 莫知其極, 可以有國. 有國之母, 可以長久, 是謂深根固蔕,

【해석】

극복하지 못할 것이 없게 되면 능력은 그 한계가 없게 된다. 극복해야 할 것이 없게 되어야만이 나라를 가질 수 있다. 나라를 잘 다스릴 수 있는 모체를 가지고 있어야 장구할 수 있으며, 【이는 굵은 밑뿌리를 굳게 박은 것이라 한다.】

【郭店楚簡註釋】

3 '亙'자를 현행본(今本)은 '極'자로 쓰고, 백서본은 파손되어 보이지 않는다. 압운상황으로 보

아 「極」자로 써야 옳다.

4 백서본은 죽간문에서 보이지 않은 부분을 「久是胃深根固柢(장구할 수 있으며, 이를 굵은 밑뿌리를 굳게 박은 것이다.)」로 쓴다.

【註解】

① '亘〈亟(極)〉': '亘(恒)'자를 ≪包山楚簡≫은 '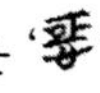'·'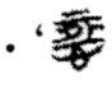'이나 ''으로, ≪郭店楚簡·魯穆公問子思≫는 ''이나 ''으로, ≪上博楚簡·性情論≫은 ''으로, ≪郭店楚簡·性情論≫은 ''으로 쓰고, 혹은 자부 '口'를 추가하여 ≪江陵天星觀楚簡≫은 ''으로 쓴다. 윗부분이 '亟'으로 되어 있다. '亟'자를 ≪郭店楚簡·唐虞之道≫는 '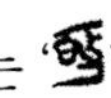'으로 쓴다.[174] '亙'과 '亟'자의 형태가 비슷하여 혼용한 것으로 보인다. ≪說文解字≫는 '(恒)'자의 고문을 자부 '夕'을 추가하여 '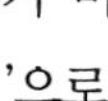'으로 쓰고, '亟'자는 자부가 '人'·'口'·'又'·'二'인 '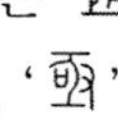'으로 쓴다.[175]

≪韓非子·解老≫는 '無不克, 則莫知其極(극복하지 못할 것이 없게 되면 그 한계를 모르게 된다)'에 대하여 「積德而後神靜, 神靜而後和多, 和多而後計得, 計得而後能禦萬物, 能禦萬物則戰易勝敵, 戰易勝敵而論必蓋世, 論必蓋世, 故曰『無不克』無不克本於重積德, 故曰『重積德, 則無不克』戰易勝敵, 則兼有天下, 論必蓋世, 則民人從. 進兼有天下而退從民人, 其術遠, 則眾人莫見其端末. 莫見其端末, 是以莫知其極. 故曰:『無不克, 則莫知其極』(덕을 쌓은 후에 비로소 마음이 침착해지고 마음이 침착해진 후에 비로소 화기가 많아지고, 화기가 많아진 후에 비로소 계략이 잘되고 계략이 잘 된 후에 비로소 만물을 능히 제어할 수 있고, 만물을 제어할 수 있으면, 싸움에서 적을 쉽게 이기고 논의하면 반드시 일세를 풍미하므로 말하기를 '이기지 못하는 것이 없다'고 한다. 이기지 못하는 것이 없다함은 '거듭 덕을 쌓으면 이기지 못하는 것이 없다'라고 하는 것이다. 싸워서 적을 쉽게 이긴다면 천하를 모두 차지할 수 있고, 논의에 있어 반드시 일세를 풍미한다면 인민이 복종하게 된다. 앞으로 나아가 천하를 모두 차지하고 물러서서 안으로 인민을 복종하게 하는 그 도술이 심원하여 일반 사람들은 그 끝도 볼 수 없다. 그 끝을 볼 수 없기 때문에 그 궁극을 알 수 없다. 그러므로 노자에 말하기를 '극복할 것이 없게 되면 그 한계를 알 수 없게 된다.)」라 하였다.

② '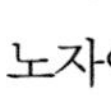(郕)': '郕'자는 의미부가 '邑'이고 소리부가 '或'이다. '國'은 원래 都邑이나 都城이었기 때문에 '邑'과 '囗'은 의미가 통한다.

≪韓非子·解老≫는 '莫知其極, 則可以有國(그 한계를 알 수 없게 되어야 만이 나라를 세울 수 있다)'에 대하여 「凡有國而後亡之, 有身而後殃之, 不可謂能有其國·能保其身. 夫能有其國, 必能安其社稷, 能保其身, 必能終其天年, 而後可謂能有其國·能保其身矣. 夫能有其國·保其身者,

174) ≪楚系簡帛文字編≫, 1122 쪽 참고.
175) ≪說文解字今釋≫, 1948 쪽 참고.

必且體道. 體道, 則其智深, 其智深, 則其會遠, 其會遠, 衆人莫能見其所極. 唯夫能令人不見其事極, 不見其事極者爲保其身・有其國. 故曰:『莫知其極, 則可以有國』(무릇 나라를 보유하다가 나중에 그것을 망치고, 몸을 보존하다가 나중에 그것을 해친다면 능히 나라를 보유할 수 있고 능히 몸을 보존할 수 있다고 말할 수 없다. 능히 나라를 보유할 수 있다면 반드시 능히 사직을 안정시킬 수 있으며 능히 몸을 보존할 수 있으며 반드시 능히 천수를 다 마칠 수 있다. 그런 연후에 비로소 능히 나라를 보유할 수 있으며 능히 몸을 보존할 수 있다고 말할 수 있는 것이다. 능히 나라를 보유하고 몸을 잘 보존할 수 있는 자는 반드시 도를 체득하게 된다. 도를 체득하면 지혜가 깊어지고 지혜가 깊으면 계략이 원대해지며 계략이 원대하면 일반 사람들은 그 능력의 한계를 알 수 없게끔 될 뿐이다. 능력의 한계를 알 수 없게 하는 자만이 몸을 보존하고 나라를 보유한다. 그러므로 노자가 말하기를『능력의 한계를 알 수 없어야 가히 나라를 보유할 수 있다』라 했다.)」고 하였다.

③ ≪韓非子・解老≫는 '有國之母, 可以長久(나라를 잘 다스릴 수 있는 모체는 가히 장구할 수 있다)'에 대하여「所謂『有國之母』: 母者, 道也, 道也者, 生於所以有國之術, 所以有國之術, 故謂之『有國之母』夫道以與世周旋者, 其建生也長, 持祿也久. 故曰:『有國之母, 可以長久』(이른바 '나라를 잘 다스릴 수 있는 모체' 중의 '모체'란 도이다. 도라고 하는 것은 나라를 다스릴 수 있는 계략에서 생기는 것이다. 나라를 다스릴 수 있는 계략이기 때문에 이를 가리켜 나라를 다스리는 모체라 하는 것이다. 무릇 도라는 것은 이 세상과 함께 끊임없이 변화되는 것이고, 그러기 때문에 그 생을 살아가는 것이 길고 봉록을 받는 것도 오래 지속되는 것이다. 그런고로 '나라를 잘 다스릴 수 있는 모체는 가히 장구할 수 있다'라 한 것이다.)」라 하였다.

④ 李零은 ≪校讀記≫에서「'可以長'下缺文可容九字, 似比各本多兩字, 疑作'久, 是謂深根固柢之法'('可以長' 아래 '久, 是謂深根固柢之法' 등 모두 아홉 자 정도가 파손된 것으로 보인다. 다른 판본에 비하여 두 자 '之法'이 더 많은 것으로 보인다.」라고 설명하였다.(28 쪽) 그러나 제 5간은 모두 22자를 쓰고 있고, 백서본이나 다른 판본과 비교해 볼 때, 일곱 자만 파손된 것으로 보인다.
≪韓非子・解老≫는 '深其根, 固其柢, 長生久視之道也(그 실뿌리를 깊게 펴고 그 밑뿌리를 단단하게 하는 것이 생을 길게 하고 오래 사는 길이다.)'에 대하여「樹木有曼根, 有直根. 直根者, 書之所謂『柢』也. 柢也者, 木之所以建生也, 曼根者, 木之所以持生也. 德也者, 人之所以建生也, 祿也者, 人之所以持生也. 今建於理者, 其持祿也久, 故曰:『深其根』體其道者, 其生日長, 故曰:『固其柢』柢固, 則生長, 根深, 則視久, 故曰:『深其根, 固其柢, 長生久視之道也』(나무에는 가는 실뿌리가 있고 곧은 뿌리가 있다. 곧은 뿌리란 노자에서 말하는 '밑뿌리'를 말한다. 밑뿌리라는 것은 나무가 살아가는 바탕이다. 가는 실뿌리는 나무가 생을 유지하는 바탕이다. 덕이라고 하는 것은 사람이 살아가는 근거다. 녹이라고 하는 것은 사람이 생을 유지하는 근거다. 만일 이치에 맞게 살아간다면 녹을 유지하는 것이 오래갈 것이다. 그래서 '실뿌리를 깊게 하라'고 하는 것이다. 또 도를 체득한 자는 생이 날로 길어진다. 그러므로 말하기를 '그 밑뿌리를 단단하게 하다'고 하는 것이다. 밑뿌리가

단단하면 생이 길어지고 실뿌리를 깊게 펴나가면 오래 살게 될 것이다. 그러므로 노자가 말하기를 '그 실뿌리를 깊게 펴고 그 밑뿌리를 단단하게 하는 것이 생을 길게 하고 오래 사는 길이다'라고 한 것이다.)」라 하였다.

⑤ '蔕': '蔕'자와 '柢'자는 고음이 같다.[176] '蔕(가시 체, dì)'자는 후에 '蒂(가시 체, dì,chài,chàn)'으로 쓴다. ≪說文解字≫는 ' (蔕)'자는 「瓜當也. 从艸帶聲('오이의 꽃받침'의 의미. '艸'와 소리부 '帶'로 이루어진 형성자.)」이고 음은 '都計切'이며, ' (柢)'자는 「木根也. 从木氐聲('나무뿌리'의 의미. '木'과 소리부 '氐'로 이루어진 형성자.)」이고 음은 '都禮切'이라 하였다.

176) 朱謙之, ≪老子校釋≫, 243 쪽 참고.

乙-第 3 簡

乙【第3簡 原文】

長生㠯(舊=久)[1]視之道也■. 學者日益[2], 爲道者日員(損)[3]. 員(損)之或員(損), 以至亡爲

【校讀記】

長生久視之道也.■ (59) 【爲】學者日益, 爲道者日損. 損之又損, 以至亡爲

【校釋】

長生㠯視之道也. 學者日㚔, 爲道者日鼎. 鼎之或鼎, 以至亡爲

【異本】

帛書甲本: 長[生久視之]道也. 爲[學者日益, 聞道者日損. 損之有損, 以至於$_{21}$无爲

帛書乙本: 長生久視之道$_{195下}$也. 爲學者日益, 聞道者日云. 云之有云, 以至於无[爲]

王弼本: 長生久視之道也. 爲學日益, 爲道日損. 損之又損, 以至於無爲.

河上公本: 長生久視之道. 爲學日益, 爲道日損. 損之又損, 以至於無爲.

傅奕本: 長生久視之道. 爲學者日益, 爲道者日損. 損之又損之, 以至於無爲.

范應元本: 長生久視之道. 爲學者日益, 爲道者日損. 損之又損之, 以至於无爲.

景龍碑本: 長生久視之道. 爲學日益, 爲道日損. 損之又損之, 以至於無爲.

【해석】

이것은 오래 살고 오래 볼 수 있는 長生久視의 道인 것이다. 학문을 하는 자는 날마다 (교만함이) 더 하지만, 도를 행하는 자는 (교만함이) 갈수록 줄어들고 줄어드니 결국은 무위에 이르게 된다.

【註解】

① '㠯(舊=久)': '(㠯)'자는 '舊'자의 이체자이다. '舊'와 '久'의 고음이 서로 통한다. '舊'자를 ≪包山楚簡≫은 '' · ''로, ≪郭店楚簡 · 老子甲≫은 ''로, ≪上博楚簡性自命出≫은 '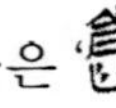'로 쓴다.177)

② '學者日益': 백서본, 王弼本 등은 '學'자 앞에 모두 '爲'자가 있다. 다음 구절 '爲道'가 동목구

177) ≪楚系簡帛文字編≫, 369 쪽 참고.

조(動目構造)인 것으로 보아 '學'자 앞에 '爲'자가 누락된 것으로 보인다.

'(森)'자는 '嗌'의 이체자로 '益'의 의미로 쓰인다. ≪說文解字≫는 '(嗌)'자에 대하여「咽也. 从口, 益聲. 籒文嗌. 上象口, 下象頸脈理也('嗌'자는 목구멍이라는 뜻이다. '口'와 소리부 '益'으로 이루어진 형성자. 籒文은 '嗌'자를 '森'으로 쓴다. 윗부분은 입의 모양이고, 아랫부분은 목구멍의 혈맥 줄기 모양이다.)」라 하였다. '益'자를 ≪包山楚簡≫은 ''·''으로 쓰고, ≪新陽楚簡≫은 ''으로 쓴다.[178] '嗌'자를 ≪包山楚簡≫은 ''·''으로 쓴다.[179]

③ '員(損)': ''자를 劉信芳 등은 '異'자로 예정하고 있다.[180] ≪上海博物館藏戰國楚竹書·民之父母≫ 제 13간은 '異'자를 ''로 쓴다. 아랫부분은 같으나, 윗부분이 '口'가 아니라 '田'이다. ≪上海博物館藏戰國楚竹書·緇衣≫ 제 2간은 '員'자를 '(鼎)'으로 쓴다. ''는 '(鼎)'자의 변형이 아닌가 한다. ≪說文解字≫는 '(員)'자에 대하여「物數也. 从貝, 囗聲. 籒文从鼎(물건의 개수를 나타내는 양사이다. 의미 부분이 '貝'이고 음성 부분이 '囗'인 형성자이다. '員'자의 籒文은 자부 '鼎'을 써서 '鼎'로 쓴다.)」로 설명하였다. '員'자의 갑골문과 금문은 모두 아랫부분을 '鼎'으로 쓴다. '貝'와 형태가 비슷하기 때문에 '鼎'을 생략하여 썼다. 백서본은 '云'으로 쓰고 있는데, '員'과 음이 통한다. '員'자를 ≪郭店楚簡≫은 ''(≪緇衣≫)·''(≪語叢三≫)으로 쓰고, ≪上博楚簡·紂衣≫는 ''·''·''으로 쓴다. ≪楚系簡帛文字編≫은 ''자를 '員'자로 예정하고 있다.[181]

---

178) ≪楚系簡帛文字編≫, 495 쪽 참고.
179) ≪楚系簡帛文字編≫, 99 쪽 참고.
180) 劉信芳, ≪荊門郭店竹簡老子解詁≫, 50 쪽 참고.
181) ≪楚系簡帛文字編≫, 598 쪽 참고.

乙-第 4 簡

乙【第4簡 原文】

也, 亡爲而亡不爲■①. 㡭(絶)②學亡惪(憂)③, 唯與可(呵)④, 相去幾可(何)? 光(美)⑤與亞(惡), 相去可(何)若?

【校讀記】

也, 無爲而無不爲■.(48) 絶學無憂, 唯與呵, 相去幾何? 美與惡, 相去何若?

【校釋】

也, 亡爲而亡不爲. 㡭學亡惪, 唯與可, 相去幾可? 光与亞, 相去可若?

【異本】

帛書甲本: [无爲而无不爲. (將欲]取天下, 恒无事, 及其有事, [又不]足以取[天下矣]). [絶學无憂], 唯與訶, 其相去幾何? 美與惡, 其相去何若?

帛書乙本: 无$_{184上}$爲而无不爲矣. (取天下, 常以無事, 及其有事, 不足以取天下.) 絶學$_{234上}$无憂, 唯與呵, 其相去幾何? 美與亞(惡), 其相去何若?

王弼本: 無爲而無不爲. 絶學無憂. 唯之與阿, 相去幾何? 善之與惡, 相去何若?

河上公本: 無爲而無不爲. 絶學無憂, 唯之與阿, 相去幾何? 善之與惡, 相去何若?

傅奕本: 無爲則無不爲. 絶學無憂, 唯之與阿, 相去幾何? 善之與惡, 相去何若?

范應元本: 无爲則无不爲. 絶學无憂, 唯之與阿, 相去幾何? 善之與惡, 相去何若?

景龍碑本: 無爲無不爲. 絶學无憂, 唯之與阿, 相去幾何? 善之與惡, 相去何若?

【해석】

무위하면 하지 못하는 것이 없다. 배움을 끊으면 걱정이 없다. 공손한 대답과 공손치 않은 대답의 차이는 얼마나 있는가? 미와 추함은 얼마나 차이가 있는가?

【註解】

① 高明은 ≪帛書老子校注≫에서 「云(損)之有云(損), 以至於无[爲, 无爲而无以爲]」 구절을 보충하였다.182) 高明은 嚴遵의 ≪道德眞經指歸≫를 참고하여 「无爲而无以爲」로 보충하고 있으나, 楚簡의 「亡爲而亡不爲」 내용으로 보아 高明의 주장은 잘못된 것으로 보인다. 趙建

182) 高明, ≪帛書老子校注≫, 54-57 쪽 참고.

偉는 또한 ≪郭店楚簡老子校釋≫에서 「今本亦多作『無爲而無不爲』唯嚴遵本作『無爲而無以爲』. 案: 『不』與『而』形近, 故典籍中『不』常訛作『而』, 『而』音同『以』. 所以, 嚴本『無不爲』訛作『無以爲』. 三十八章『上德無爲而無不爲』, 帛本王弼本亦訛作『上德無爲而無以爲』, 如此同(일반적으로 현행본(今本)은 대부분 『無爲而無不爲』로 쓰고 있으나, 유일하게 嚴遵 판본만 『無爲而無以爲』로 쓴다. 案컨대, 『不』자와 『而』자의 자형이 서로 비슷하기 때문에 고전적에서는 『不』자를 『而』자로 잘못 쓰거나, 또한 『而』와 『以』의 음이 유사하기 때문에 嚴遵은 『無不爲』를 『無以爲』로 쓰기도 한다. 38章의 구절 『上德無爲而無不爲』를 ≪帛書≫本과 ≪王弼≫本은 각각 『上德無爲而無以爲』로 잘못 쓰고 있는 경우와 같다.)」라 하였다.[183]

② '𢇍(絶)': '𢇍(絶)'자를 ≪郭店楚簡 · 老子甲≫은 '(𠤎)'자로 쓰기도 한다.≪說文解字≫는 「(絶.)」자의 古文을 '(𢇍)'로 쓴다. 죽간문과 비슷하다. ≪中山王𰯼鼎≫은 「絶」자를 '(𢇍)'로 쓴다.[184]

③ '𢝊(憂)': ≪說文解字≫는 '(𢝊)'자에 대하여 「愁也. 从心, 从頁(시름겹다라는 의미이다. '心'과 '頁'로 이루어진 회의자이다.)」이라 하였다. 朱駿聲≪說文通韻定聲≫은 「經典皆以憂爲之, 而𢝊字廢矣(經典에서 '憂'자가 통용되자 '𢝊'자를 쓰지 않게 되었다.)」라 하였다. ≪郭店楚墓竹簡≫에서 '𢝊'자는 매우 다양한 형태로 쓰이고 있다. 의미부 '頁' 중 아래 '八' 부분을 ''(≪六德≫, 제 40간) · ''(≪老子≫, 제 34간) · ''(≪唐虞之道≫, 제 16간)으로 쓰거나, '八'을 생략하고 ''(≪五行≫, 제 5간)로 쓰기도 한다.

④ '唯與可(呵)': '唯'자를 백서본 이외에는 모두 '唯之'로 쓴다. 아마도 '之'자는 후학들이 추가한 것으로 보인다.

'可'자를 '呵' · '阿'나 혹은 '訶'로 쓴다. 소리부가 모두 '可'이기 때문에 서로 통한다. 뒤 구절 '美'와 '惡'가 상반된 개념인 것으로 보아, '唯'('옳다'라고 대답하다)자와 대립적 개념인 '訶(꾸짖을 가, hē)'의 의미로 쓰이고 있다.

⑤ '𢼸(美)':≪郭店楚墓竹簡≫에서 '(𢼸)'자는 혹은 의미부 '女'를 추가하여 ''(≪老子甲≫, 第 15簡) · ''(≪老子甲≫, 第 15簡)와 ''(≪老子丙≫ 第 7簡) 등으로 쓴다. 모두 '媺'자의 일부를 생략하여 쓴 형태이다. '媺'자는 '美'의 고문이다. ≪集韻≫은 「媺, 善也, 通作美('媺'는 아름답다는 의미이다. 일반적으로 '美'자로 쓴다.)」라 하였다.

183) ≪道家文化硏究≫, 第十七輯, 285 쪽 참고.
184) ≪金文編≫, '2100 '(858 쪽) 참고.

乙-第 5 簡

乙【第5簡 原文】

人之所①禩(畏)②, 亦不可以不禩(畏)■. 人③⿱龍心(寵)辱若纓(驚). 貴大患若身④. 可(何)胃(謂)⿱龍心(寵)[5]

【校讀記】

人之所禩(畏), 亦不可以不禩(畏)■.(20) 人⿱龍心(寵)辱若纓(驚). 貴大患若身. 可(何)胃(謂)⿱龍心(寵)

【校釋】

人之所畏, 亦不可以不畏人. ⿱龍心辱若纓. 貴大患若身. 可胃⿱龍心

【異本】

帛書甲本: 人之[所畏], 亦不$_{128}$[可以不畏人]. 龍(寵)辱若驚. 貴大梡(患)⑤若身. 苛(何)胃(謂)龍(寵)

帛書乙本: 人之所畏, 亦不可以不畏人⑥. 弄(寵)辱若驚. 貴大患若身. 何胃$_{227上}$(謂)弄(寵)

王弼本: 人之所畏, 不可不畏. 寵辱若驚. 貴大患若身. 何謂寵

河上公本: 人之所畏, 不可不畏. 寵辱若驚. 貴大患若身. 何謂寵

傅奕本: 人之所畏, 不可不畏. 寵辱若驚. 貴大患若身. 何謂寵

范應元本: 人之所畏, 不可不畏. 寵辱若驚. 貴大患若身. 何謂寵

景龍碑本: 人之所畏, 不可不畏. 寵辱若驚. 貴大患若身. 何謂寵

【해석】

뭇 백성들이 두려워하는 人君 또한 뭇 백성들을 두려워하지 않을 수 없다. 총애를 받거나 모욕을 당하는 것을 모두 놀란 것 같이 대하고, 존귀함과 큰 우환을 내 몸 같이 귀하게 여겨라. 그렇다면 총애는 무엇이고,

【郭店楚簡註釋】

5 竹簡文의 '纓'자는 「糸」와 「賏」으로 이루어진 자이다. ≪汗簡≫은 ≪古老子≫를 인용하여 「嬰」자를 「⿱𡗕」으로 쓰는데, 이 자는 「賏」과 같은 글자이고, 음은 「嬰」과 같다. 「纓」은 「驚」의 의미다.

裘錫圭 按語: 이 자는 「賏」과 「縈」으로 이루어진 것 같다. 「賏」과 「縈」자는 모두 聲母가

'影'이고 韻母가 '耕'部인 자이다. 「縈」 중에서 「糸」가 의미부 역할을 한다면 이 자는 역시 「纓」의 의미로 해석할 수 있다.

【註解】

① '之所': ''는 '之所'의 合文이며, 아랫부분에 합문부호 '='가 있다.

② '禝(畏)': ''자는 '㬰'로 예정할 수 있다. '畏'자를 복잡하게 쓴 형태다.
'畏'자를 ≪郭店楚簡 · 五行≫은 '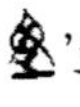'로, ≪郭店楚簡 · 成之聞之≫는 '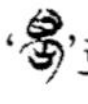'로, ≪上博楚簡 · 容成氏≫는 '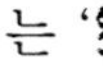'로 쓴다.185)

③ '人之所㬰, 亦不可以不㬰人': 단락의 문장 부호 ''가 뒤 '畏'자와 '人'자 사이에 있다. 이에 대하여 廖名春의 ≪郭店楚簡老子校釋≫은『從楚簡和帛書甲乙本看, 故書當作『亦不可以不畏人』, '畏'字下楚簡有一短畫, 當爲斷句符號, 應誤書, 應在'人'字下(楚簡과 ≪帛書 · 甲乙≫本을 참고하면『亦不可以不畏人』으로 써야 옳다. 楚簡은 '畏'字 아래 짧은 획으로 된 단락 문장 부호를 쓰고 있지만, 이는 잘못 표기한 것이다. '人'자 다음에 놓아야 옳다』라 하였다.186)

④ '㦟(寵)辱若纓(驚). 貴大患若身': '㦟' · '龍' · '弄'자는 모두 '寵'의 가차자이다. 앞 구절 '美'와 '善' 혹은 '寵'과 '辱'자가 상대적인 개념으로 쓰이고 있기 때문에 '貴大患' 중의 '貴'와 '大患'는 상대적인 개념으로 해석하기로 한다.

⑤ ≪帛書甲本≫은 '患'자를 '梡'자로 쓴다. ≪說文解字≫는 '(睆)'자를 「讀若患」이라 설명하였다. 따라서 '完'의 音과 '患'의 음이 서로 통함을 알 수 있다.

⑥ 김용옥 ≪노자와 21세기(2)≫에서『이 구문에 王(≪王弼≫本) · 帛(≪帛書≫本) · 竹(楚竹書) 三者의 미묘한 차이가 있다. 의미상으로 王本과 簡本은 대동소이하게 해석되어진다. 그런데 백본에는 끝에 人이라는 목적어가 다시 붙어 있기 때문에 그 뜻이 전혀 달라질 수가 있다.『人之所畏』는 뭇 사람들이 두려워하는 존재를 가리키는 것으로 이것은 人君이다. 그리고 이 人君이 주어가 되어 그 다음 문장을 받는다. 그러면 이렇게 될 것이다.『뭇 백성들이 두려워하는 人君 또한 뭇 백성들을 두려워하지 않을 수 없다』즉 두려움의 상보성의 문제가 되며, 그것은 앞에서 말한 긍정-부정, 아름다움-추함과의 모종의 연계선상에서 해석될 여지가 있다. 아마도 나의 느낌에는 帛本이 가장 정확한 원래 맥락을 보존하고 있지 않나 생각된다』라 하였다.187)

王本	人之所畏, 不可不畏
帛本	人之所畏, 亦不可不以畏人
簡本	人之所畏, 亦不可以不畏

185) ≪楚系簡帛文字編≫, 817 쪽 참고.
186) 廖名春, ≪郭店楚簡老子校釋≫, 406 쪽 참고.
187) 김용옥, ≪노자와 21세기(2)≫(통나무), 255-256 쪽 참고.

乙-第 6 簡

【第6簡 原文】

辱？ 龍(寵)爲下也. 得①之若纓(驚)②, 遊(失)③之若纓(驚), 是胃(謂)龍(寵)辱纓(驚)[7]④. □□□□□[8]

【校讀記】

辱？ 寵爲下也. 得之若驚, 失之若驚, 是謂寵辱驚. [何謂貴大患]

【校釋】

辱？ 龍爲下也. 旻之若纓, 遊失之若纓, 是謂寵辱辱纓. [何謂貴大患]

【異本】

帛書甲本: 辱若驚? 龍(寵)之爲下, 得之若驚, 失[之]$_{113}$若驚, 是胃(謂)龍(寵)辱若驚. 何胃(謂)貴大梡(患)

帛書乙本: 辱若驚? 弄(寵)之爲下也, 得之若驚, 失之若驚, 是胃(謂)弄(寵)辱若驚. 何胃(謂)貴大患$_{227下}$

王弼本: 辱若驚? 寵爲下, 得之若驚, 失之若驚, 是謂寵辱若驚. 何謂貴大患

河上公本: 辱？ 辱爲下, 得之若驚, 失之若驚, 是謂寵辱若驚. 何謂貴大患

傅奕本: 辱若驚? 寵爲下, 得之若驚, 失之若驚, 是謂寵辱若驚. 何謂貴大患

范應元本: 辱？ 寵爲下, 得之若驚, 失之若驚, 是謂寵辱若驚. 何謂貴大患

景龍碑本: 辱？ 辱爲下, 得之若驚, 失之若驚, 是謂寵辱若驚. 何謂貴大患

【해석】

모욕은 무엇인가? 총애는 항상 하찮은 것이니, 그것을 얻어도 놀란 것처럼 하고, 그것을 잃어도 놀란 것처럼 해야 하는 것이다. 이것을 이른바 총애를 받거나 욕을 받거나 늘 놀란 것 같이 하라는 것이다. [큰 환란을 내 몸 같이 귀하게 여겨라하는 것은 무엇을 말하는 것인가?]

【郭店楚簡註釋】

7 문장 형식상 「辱」자 아래 「若」자가 누락되었다.

裘錫圭 按語: 「辱」자 아래 句逗 문장부호가 있는데, 校讀者가 문자가 누락되었다고 표시한 부호가 아닌가한다. ≪老子・甲≫의 「其事好還」 구절 중에 「還」자가 누락되었기 때문에 「好」

자 아래 이와 비슷한 문장부호가 표시되어 있다(≪老子・甲≫第8簡 참고).

8 竹簡文 중 파손된 문자는 ≪帛書・乙≫을 참고하여 「何謂貴大患」의 문자를 보충할 수 있다.

【註解】

① '得': '(㝵)'자는 ≪老子・甲≫에서는 '(𢔶)'으로 쓴다. '(㝵)'자는 '(𢔶)'의 형태를 간략하게 쓴 것이다.

② '纓(驚)': ''자를 ≪郭店楚簡≫의 ≪整理本≫은 '纓'으로 예정하고 裘錫圭는 「賏」과 「縈」으로 이루어진 자라고 설명하였다(제 5간 참고). 廖名春의 ≪郭店楚簡老子校釋≫은 '䋸'으로 예정하고 있다.[188] ''자는 자부 '賏'과 '縈'으로 이루어진 자로 자부 '賏(목걸이 영, yīng,yìng)'과 '縈(얽힐 영, yíng)' 모두 음을 표시한다. 다른 판본들은 모두 '驚'자로 쓴다. '賏'・'縈'과 '驚'의 古音은 서로 통한다.

③ '遊(失)': ≪郭店楚墓竹簡≫ 整理本은 「≪老子・甲≫ 第 11簡에서 ''자는 「楚簡에서 자주 쓰이고, 모두 「失」의 의미로 쓰인다. 자형에 대해서는 좀 더 연구가 필요하겠다」라 하였다.[189] 이 자 중 자부 '羊'은 '矢'를 잘못 쓴 것이며 '遊'으로 예정하고 '迭'자를 복잡하게 쓴 형태라고 주장하기도 하며, '逹'자의 이체자로 보기도 한다.[190] '逹'자는 '達'과 같은 자이다. 고문자에서 자부 '大'・'失'・'矢'는 서로 혼용하여 쓰기 때문에 '迭'자를 '达'로 쓰기도 한다. ≪說文解字≫는 ''(達)'에 대하여 「从辵, 羍聲. , 達或从大. 或曰迭('辵'과 소리부 '羍'로 이루어진 형성자. '達'자는 자부 '大'인 '达'으로 쓰거나 혹은 '迭'로 쓴다.)」라 하고 음은 '徒葛切'이다. '迭(갈마들 질, dié)'・'達'・'达'와 '失'은 모두 음이 통한다. ≪說文解字≫는 ''자에 대하여 「更迭也. 从辵失聲. 一曰達('바꾸다'의 의미. '辵'과 소리부 '失'로 이루어진 형성자. '達'의 의미라고 설명하기도 한다.)」라 하고, 음은 '徒結切'이다.

≪楚系簡帛文字編≫은 ''자를 '失'자로 해석하고 ''(≪包山楚簡≫)・''(≪楚帛書≫)・''(≪郭店楚簡・語叢二≫)・''(≪上博楚簡・紂衣≫) 등의 문자를 수록하고 있다.[191]

④ '寵(寵)辱纓(驚)': ≪郭店楚簡≫의 整理本은 '寵辱纓' 구절 중 '辱'자 아래 '若'자가 누락되었고, '辱'자 아래 '-'는 누락을 표시하는 부호라 하였다. 이에 대하여 李零 ≪校讀記≫는 '辱'자 아래 '若'자가 없어도 무관하고,[192] 李天紅은 ≪郭店楚簡文字雜考≫에서 '-'는 重文符號이며 '辱'과 '若'은 서로 통하고 '辱辱'은 즉 '辱若'이라 하였다.[193]

188) 廖名春, ≪郭店楚簡老子校釋≫, 407 쪽 참고.
189) ≪郭店楚墓竹簡≫, 114 쪽 참고.
190) 廖名春, ≪郭店楚簡校釋≫, 116-117 쪽 참고.
191) ≪楚系簡帛文字編≫, 1004 쪽 참고.
192) ≪郭店楚簡校讀記≫, 28 쪽 참고.
193) ≪郭店楚簡國際學術研討會論文集≫, 94 쪽 참고.

乙-第 7 簡

乙【第7簡 原文】

若身? 虗(吾)[①]所以又(有)大患者, 爲[②]虗(吾)又(有)身, 汲(及)[③]虗(吾)亡身, 或[④]可(何)□□□□□□[9][⑤]

【校讀記】

若身? 吾所以有大患者, 爲吾有身, 及吾無身, 有何[患? 故貴爲身於]

【校釋】

若身? 虗所以又大患者, 爲虗又身, 汲虗亡身, 或可[患]? [古貴以身]

【異本】

帛書甲本: 若身? 吾所以有大梡(患)者, 爲吾有身也. 及吾无身$_{114}$, 有何梡(患)? 故貴爲身於

帛書乙本: 若身? 吾所以有大患者, 爲吾有身也. 及吾無身, 有何患? 故貴爲身於

王弼本・河上公本: 若身? 吾所以有大患者, 爲吾有身, 及吾無身, 吾有何患? 故貴以身

傅奕本: 若身? 吾所以有大患者, 爲吾有身. 苟吾无身, 吾有何患? 故貴以身

范應元本: 若身? 吾所以有大患者, 爲吾有身. 苟吾無身, 吾有何患乎? 故貴以身

景龍碑本: 若身? 吾所以有大患, 爲我有身. 及我無身, 吾有何患? 故貴身於

【해석】

(무엇을) 내 몸과 같이 하라는 것인가? 나에게 큰 걱정이 있는 까닭은 내가 내 자신을 의식하기 때문이며, 내가 내 자신을 의식하지 않으면 나에게 어떤 걱정이 있겠는가? 그런 고로 천하를 위하는 것보다 자기 자신을 귀하게 여기는 자에게

【郭店楚簡註釋】

9 파손된 부분은 ≪帛書≫本을 참고하여 「患故貴爲身於」를 보충할 수 있다.

【註解】

① '虗(吾)': '(虗)'자는 '虍'와 '壬'으로 이루어진 자이다. '壬'자를 甲骨文은 사람이 땅 위에 서있는 모습을 형상한 ''·''으로 쓰기도 한다.[194] '虗'자는 의미부 '壬'과 소리부 '虍'로 이루어

194) ≪漢語古文字字形表≫, 327 쪽 참고.

진 형성자이며 '吾'의 가차자로 쓰인다. ≪上博楚簡≫은 ''(≪孔子詩論≫) · ''(≪孔子詩論≫) · '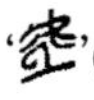'(≪孔子詩論≫) · '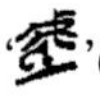'(≪魯邦大旱≫) · ''(≪紂衣≫) · ''(≪子羔≫) · ''(≪容成氏≫)로 쓴다.[195]

② '爲': 본 '爲'자를 ''로 쓴다. 제 3간 「爲道者日員(損). ……以至亡爲」 구절 중의 '爲'자 역시 ''로 쓴다. '爲'자는 ≪郭店楚墓竹簡≫에서 일반적으로 세 가지 형태로 쓴다. 첫째는 '' · '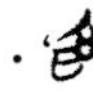', 둘째는 '' · '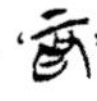', 셋째는 '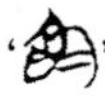' · '' 이다.[196] ≪上博楚簡≫은 두 번째 형태로 주로 쓴다.[197]

③ '返(及)': '返'자는 '及'의 가차자이며, 가설(假設) 관계를 표시하는 연사 '若'의 의미로 쓰이고 있다. 王引之는 ≪經傳釋詞≫(第五卷)에서 「'及'猶'若'也. ……≪老子≫曰: '吾所以有大患者, 爲吾有身, 及吾無身, 吾有何患?' 言若吾無身也. 又曰: '取天下常以無事, 及其有事, 不足以取天下.' 言若其有事也. '及'與'若'同義, 故'及'可訓爲'若', '若'亦可訓爲'及'('及'자는 '若'의 의미이다. ……≪老子≫'吾所以有大患者, 爲吾有身, 及吾無身, 吾有何患?' 중의 '及吾無身'은 '若吾無身', '取天下常以無事, 及其有事, 不足以取天下.' 중의 '及其有事'는 '若其有事'의 의미이다. '及'과 '若'은 같은 의미이기 때문에 '及'자는 '若'의 의미로, '若'자는 '及'의 의미로 쓰인다.)」라 하였다. 朱謙之는 ≪老子校釋≫에서 「今證之古本, 知'及'與'若'同, 與'苟'字亦可互用(古代 다른 板本을 통하여 '及'과 '若'은 같은 의미이고, '苟'자와도 서로 통한다는 것을 알 수 있다.)」라 하였다.[198] ≪史記 · 五帝本紀≫ 「瞽叟愛後妻子, 常欲殺舜, 舜避逃, 及有小過, 則受罪(瞽叟는 후처의 아들을 좋아하여 틈만 있으며 舜을 죽이려 하였고, 그때마다 순은 도망을 쳤으며, 만약에 작은 과실이라도 있으면 죄 값을 치르려 하였다.)」 구절 중의 '及'자 역시 '若'의 의미이다.

④ '或': 楚簡의 '或'자를 ≪帛書≫와 다른 판본들은 '有'자로 쓴다. ≪廣雅 · 釋詁≫는 「或, 有也('或'은 '有'의 의미다.)」라 하였다.

≪周易≫ 중 ≪比 · 初六≫ 「終來有它, 吉(마침내 다른 곳에서 길하다.)」, ≪豫 · 上六≫ 「冥豫成, 有渝無咎(기쁨에 눈이 어두워졌으나, 변함이 있으면 허물이 없다.)」, ≪隨 · 初九≫ 「官有渝(주관하는 일에 변함이 있다.)」, ≪姤 · 九五≫ 「有隕自天(하늘로부터 내리는 것이 있다.)」의 '有'자를 ≪上博楚簡≫은 '又'자로 쓰고 ≪帛書≫는 모두 '或'자로 쓴다.[199] ≪呂氏春秋 · 貴公≫은 「無有作好, 遵王之道(혼자만 좋아하는 일을 하지 말고 임금의 길을 따르라.)」(≪書經 · 洪範≫) 구절 중의 '有'자를 '或'으로 쓴다. ≪書經 · 五子之歌≫ 「有一於此, 未或不亡(이 중 어느 한가지만 있다해도 망하지 않을 자가 하나도 없다.)」의 '或'자 역시 '有'의 의미로 쓰인다.[200]

195) ≪楚系簡帛文字編≫, 491 쪽 참고.
196) 張守中, ≪郭店楚簡文字編≫, 47 쪽 참고.
197) 李守奎, ≪上海博物館藏戰國楚竹書(一)-(五)文字編≫137 쪽 참고.
198) 朱謙之, ≪老子校釋≫, 51 쪽 참고.
199) ≪上博楚簡(三)·周易≫, 216-250 쪽 참고.
200) ≪漢語大字典≫, 1402 쪽 참고.

⑤ '□□□□□□□': '□□□□□□□' 부분은 ≪帛書≫본을 참고하면 「患故貴爲身於」를 보충할 수 있고, 만약 ≪王弼≫本 등을 참고하면 「患故貴以身」을 보충할 수 있다. 본문은 ≪帛書≫本을 참고하여 「患故貴爲身於」를 보충하며, '於'자를 비교급 용법으로 보고 「그런 고로 천하를 위하는 것보다 자기 자신을 귀하게 여기는 자에게 천하를 맡길 수 있네.」로 해석하기로 한다.

乙-第 8 簡

乙【第8簡 原文】

爲天下, 若可以厇(託)①天下矣. 炁(愛)②以身爲天下, 若可(何)③以迲④天下矣■.

【校讀記】

爲天下, 若可以托天下矣. 愛以身爲天下, 若可以去天下矣■.(13)

【校釋】

爲天下, 若可以宅天下矣, 炁以身爲天下, 若可以迲天下矣.

【異本】

帛書甲本: 於爲天下, 若可以迈(託)天下矣, 愛以身爲天下, 女(如)何(可)以寄天下.
帛書乙本: 於爲天下, 若可以橐(託)天下228上[矣], 愛以身爲天下, 女(如)可以寄天下矣.
王弼本: 爲天下, 若可寄天下, 愛以身爲天下, 若可託天下.
河上公本: 爲天下者, 則可寄於天下, 愛以身爲天下者, 乃可以託於天下.
傅奕本・范應元本: 爲天下者, 則可以託天下矣, 愛以身爲天下者, 則可以寄天下矣.
景龍碑本: 於天下, 若可託天下, 愛以身爲天下者, 若可寄天下.

【해석】

천하를 맡길 수 있다. 자기 몸을 아끼는 것처럼 천하를 위하는 사람에게 천하를 맡길 수 있다.

【註解】

① '若可以厇(託)': '若'자에 대하여 王引之의 ≪經傳釋詞≫는「'若'猶'則'也. ≪老子≫曰: '故貴以身爲天下, 若可寄天下, 愛以身爲天下, 若可託天下.'(≪老子≫'故貴以身爲天下, 若可寄天下, 愛以身爲天下, 若可託天下.' 중의 '若'자는 '則'의 의미이다.)」라 하였다.

'厇(厇)'자는 '宅'과 같은 자이다. ≪說文解字≫는 '宅(宅)'자에 대하여「宅, 所託也. 从宀乇聲. 𡧶古文宅. 厇亦古文宅('宅'은 '사람이 기거하는 곳'. '宀'과 소리부 '乇'으로 이루어진 형성자. '宅'자의 고문은 '𡧶'과 '厇'으로 쓴다.)」라 하였다. '宅'・'迈'・'橐(자루 탁, tuó)'과 '託'은 음이 서로 통한다.

② '炁(愛)': ≪上博楚簡(一)・孔子詩論≫第 11簡의 '蟋'자를 '蟋'로 예정하고「이 자는 '虫'과 '炁'으로 이루어진 자이다. ≪說文解字≫에 보이지 않으며,「㤅」자의 가차자로 쓰이고 있다.

「㤅」자는 「愛」자와 같다. 「炁」는 「㤅」자의 소리부이다」라 하였다.[201] ‘炁’자를 ≪上博楚簡≫은 ‘’(≪孔子詩論≫) · ‘’(≪緇衣≫) 등으로 쓰고, ≪郭店楚簡≫은 ‘’(≪六德≫)의 형태이외에 ‘’(≪尊德義≫) · ‘’(≪尊德義≫) · ‘’(≪緇衣≫) · ‘’(≪五行≫) · ‘’(≪五行≫) · ‘’(≪唐虞之道≫) · ‘’(≪語叢一≫) · ‘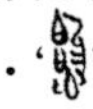’(≪語叢三≫) 등으로 쓴다.[202] ≪說文解字≫는 ‘(愛)’자에 대하여 「行皃. 從夊, 炁聲(걸어가는 모습. ‘夊’와 소리부 ‘炁’로 이루어진 형성자.)」라 하였다.

③ ‘若可(何)’: ‘若’자를 ≪帛書≫본은 모두 ‘如’의 가차자인 ‘女’자로 쓴다. ‘若可’는 ‘若何’로 ‘如何(어떻게)’의 의미이다.[203]

④ ‘迲’: ‘迲’자를 다른 판본들은 ‘寄’ 혹은 ‘託’으로 쓴다. ‘(迲)’자는 자부 ‘辵’과 ‘去’로 이루어진 자이다. 李零은 ‘去’자와 ‘寄’자는 고음이 유사하기 때문에 통가자(通假字)라 하고,[204] 廖名春은 ‘去’자는 ‘藏’의 의미로 있기 때문에 ‘迲天下’자는 곧 ‘藏天下’ · ‘守天下’의 의미라 하였다.[205]

201) ≪上海博物館藏戰國楚竹書(一)≫, 141 쪽 참고.
202) ≪郭店楚簡文字編≫, 143 쪽 참고.
203) 廖名春, ≪郭店楚簡老子校釋≫, 424 쪽 참고.
204) ≪郭店楚簡校讀記≫, 28 쪽 참고.
205) ≪郭店楚簡老子校釋≫, 425 쪽 참고.

乙-第 9 簡

乙【第9簡 原文】

上士昏(聞)道, 堇(勤)能行於其中[10]. 中士昏(聞)道, 若昏(聞)若亡. 下士昏(聞)道, 大芺(笑)①之. 弗②大

【校讀記】

上士聞道, 僅能行於其中. 中士聞道, 若聞若無. 下士聞道, 大笑之. 弗大

【校釋】

上士昏道, 堇能行於丌中. 中士聞道, 若昏若亡. 下士昏道, 大芺之. 弗大

【異本】

帛書甲本: 上[士聞]道, 堇(勤)能行之. [中士聞道, 若存若亡. 下士聞道, 大笑之. 弗]

帛書乙本: 上[士178上聞]道, 堇(勤)能行之. 中士聞道, 若存若亡. 下士聞道, 大笑之. 弗

王弼本: 上士聞道, 勤而行之. 中士聞道, 若存若亡. 下士聞道, 大笑之. 不

河上公本: 上士聞道, 勤而行之. 中士聞道, 若存若亡. 下士聞道, 大笑之. 不

傅奕本: 上士聞道, 而勤行之. 中士聞道, 若存若亡. 下士聞道而大笑之, 不

范應元本: 上士聞道, 懃而行之. 中士聞道, 若存若亡. 下士聞道而大笑之, 不

景龍碑本: 上士聞道, 勤而行之. 中士聞道, 若存若亡. 下士聞道, 大唉之. 不

【해석】

上士는 도를 들으면 진심으로 행하려 하는데 만 힘쓰고, 中士는 도를 들으면 마치 들은 것 같기도 하고 안 들은 것 같이 행동하고, 下士가 도를 들으면 웃어 버린다. 만약에 그들이 조소하지 않는다면

【郭店楚簡註釋】

10 裘錫圭 按語: ≪帛書 · 乙≫은 본 구절을 「上[士聞]道, 堇能行之」로 쓴다. 劉殿爵은 ≪馬王堆漢墓帛書〈老子〉初探≫에서 「堇」자를 현행본(今本)은 「勤」으로 쓰고 있지만, 「僅」의 의미로 해석하여야 한다고 하였다.(≪名報月刊≫, 1982年8月號, 17 쪽). 죽간문은 「堇能行於其中」으로 쓰고 있는데, 문맥으로 보아 劉殿爵이 풀이한 「僅」의 의미가 옳은 것 같다.

【註解】

① '芺(笑)': '(芺)'자는 자부 '艸'와 '犬'으로 이루어진 자다. 曾憲通의 ≪楚帛書文字編≫은 '129, (芺)'자 아래에서 楚帛書는 '', 秦簡과 ≪馬王堆漢墓帛書 · 老子≫는 '', ≪縱橫家書≫는 '', ≪臨沂漢墓竹簡 · 孫子≫는 '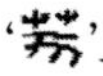'로 쓴다 하였다.[206)]

② '弗': 劉殿爵은 '弗'은 '不之'의 의미로, '不'자의 용법과는 다르다고 설명하였다. 「'弗'與'不'在古漢語用法上是有區別的, '不'字不包含代名詞賓語在內, 但用'弗'時, 第三人代名詞賓語就必定省略不用, 把'弗'字全部改成'不'字, 句法便模糊之. …… 乙本卽'大笑之' · '弗笑'相對成文, 兩者的對象都是'道', 這顯然是憂於今本(古漢語 중 '弗'자와 '不'자는 그 용법이 서로 같지 않다. '不'자는 의미적으로 代名詞 목적어가 포함되어 있지 않지만, 그러나 '弗'자는 의미적으로 第三人稱 代名詞 목적어가 생략되어 있다. 따라서 '弗'자를 모두 '不'자로 바꾸면 그 의미가 모호해진다. ……≪帛書 · 乙≫의 '大笑之'는 楚簡의 '弗笑'에 해당되는 구절이며, 모두 '道'를 설명하는 내용이기 때문에 현행본(今本)보다 낫다.)」라 하였다.[207)]

206) 曾憲通, 文物出版社, 44-45 쪽 참고.
207) ≪馬王堆漢墓帛書〈老子〉初探≫(上), 名報月刊總第200期, 15 쪽 참고.

乙-第 10 簡

乙【第10簡 原文】

芺(笑), 不足以爲道矣. 是以建言①又(有)之. 明道女(如)孛(昧)[11]②. 遅(夷)③道□□□④

【校讀記】

笑, 不足以爲道矣. 是以建言有之. 明道如昧. 夷道[如類, 進]

【校釋】

芺, 不足以爲道矣. 是以建言又之. 明道女孛. 遅道女績⑤, [進]

【異本】

帛書甲本: [笑, 不足以爲道. 是以$_{09}$建言有之曰: 明道如費. 夷道如類, 進]

帛書乙本: 笑, [不足]以爲道. 是以建$_{178下}$言有之曰: 明道如費. 夷道如類, 進

王弼本: 笑, 不足以爲道. 故建言有之: 明道若昧. 夷道若纇, 進

河上公本: 笑, 不足以爲道. 故建言有之: 明道若昧. 夷道若類, 進

傅奕本: 笑, 不足以爲道. 故建言有之曰: 明道若昧. 夷道若類, 進

范應元本: 笑, 不足以爲道. 故建言有之曰: 明道若昧. 夷道若纇, 進

景龍碑本: 咲, 不足以爲道. 故建言有之: 明道若昧. 夷道若類, 進

【해석】

도가 될 만한 것이 못 될 것이다. 그러므로 옛말에 '밝은 도는 어두운 듯 보이고, 평탄한 도는 구불구불한 道로 보이고, 진취적인 道는

【郭店楚簡註釋】

11 竹簡文의 '孛'자는 ≪古文四聲韻≫에서 인용하고 있는 ≪古孝經≫의 「悖」자와 같은 형태이다. ≪帛書 · 乙≫은 이 자를 「費」로 쓰며, ≪整理本≫은 「費疑當作昒('費'자는 '昒'의 의미가 아닌가 한다.)」라 했는데, 믿을 만하다하겠다.

【註解】

① '建言': '建言'은 '立言'의 의미다.

② '孛(昧)': '…(孛)'자는 '昧'의 의미로 쓰이고 있다. ≪說文解字≫는 '…(昧)'자에 대하여 「昧,

目不明也. 从目, 弗聲('費' '눈이 잘 보이지 않다'의 의미. '目'과 소리부 '弗'로 이루어진 형성자.)」라 하였다. '孛(살별 패, bó,bèi)'자는 '茀(풀 우거질 불, fú)'자와 자주 통용된다. ≪漢書 · 李尋傳≫의 「則伏不見而爲彗茀(가려져 빛이 희미하게 보이지 않는 것이 곧 혜성이다.)」에 대하여 顔師古는 「茀與孛同」이라 하였다.[208] '茀'자는 음성 부분이 '弗'이다. '孛' · '費'와 '茀'은 음이 서로 통한다.

③ '遲(夷)': ' (遲)'자에 대하여 ≪說文解字≫는 「徐行也. 从辵, 犀聲. ≪詩≫曰: 行道徐徐. , 遲或从𡰥, , 籒文遲从屖('徐行하다'의 의미. '辵'과 소리부 '犀'로 이루어진 형성자. ≪詩經≫은 『천천히 서행하다.』라 했다. '遲'자의 或體를 자부 '𡰥'를 써서 ' '로 쓰고, 籒文은 자부 '屖'를 써서 ' '로 쓴다.)」라 하였다. ' '자는 '辵'과 '𡰥'로 이루어진 자이며 ≪說文解字≫의 或體 ' '와 같다. '遲'자는 이외에도 ' ' · ' ' · ' '(≪新蔡葛陵楚簡≫) · ' '(≪包山楚簡≫) · ' '(≪江陵天星觀卜筮簡≫) · ' '(≪望山楚簡≫) · ' '(≪上博楚簡 · 孔子詩論≫) · ' '(≪上博楚簡 · 民之父母≫)로 쓴다.[209]

④ ≪帛書 · 乙≫ · ≪王弼≫本 · ≪河上公≫本 · ≪范應元≫本 · ≪景龍碑≫本은 ≪傅奕≫本과 ≪郭店楚簡≫과는 달리 「進道若退(나아가는 道는 마치 물러서는 것과 같다.)」 구절을 먼저 쓰고, 「夷道如類(평탄한 도는 구불구불한 道와 같다.)」를 나중에 쓴다. ≪郭店楚簡≫의 순서에 따라 「夷道如類」구절을 앞에 놓기로 한다.

⑤ '女績': 廖明春은 ≪郭店楚簡老子校釋≫에서 「'遅道'以下≪郭店楚墓竹簡≫釋文原缺3字, 李家浩以竹簡殘片20號拼接補'女績'二字, 以爲'女'讀爲'如'. '績'從'糸'從'貴'聲, '纇'從'糸''頪', 二字形旁相同, 聲旁音近. 上古音'貴'屬見母物部, '頪'屬來母物部, 二字韻部相同, 聲母(성모)相近. 在形聲字中, 見來二母的字有互諧的情況. ……'貴''頪'二字古音十分相近, 可以通用. 疑楚簡本'績'當從王弼本讀爲'纇'(≪郭店楚墓竹簡≫의 釋文은 '遅道' 아래 3字가 보이지 않는 것으로 되어 있다. 李家浩는 竹簡 殘片 20號를 참고하여 '女績' 두 자를 보충하고 있다. 또한 '女'자는 '如'자의 의미이고, '糸'와 소리부 '貴'로 이루어진 '績'자와 '糸'와 소리부 '頪'로 이루어진 '纇'자는 形旁이 서로 같고 음성은 서로 비슷하다고 설명하였다. '貴'자의 上古音은 '見'母'物'部이고, '頪'자는 '來'母'物'部로 韻部가 서로 같고, 聲母(성모)는 서로 근접하다. 形聲字 중에는 '見'母'來'母가 상호 소리부로 쓰이는 경우가 있다. ……'貴'와 '頪'자는 古音이 서로 유사하기 때문에 통용된다. 楚簡本의 '績'자는 王弼本과 같이 '纇(실마디 뢰{뇌}, lùi)'의 의미가 아닌가 한다.)」라 하였다.[210]

≪說文解字≫는 ' (纇)'자에 대하여 「絲節也. 从糸頪聲('명주실의 마디'의 의미. '糸'와 소리부 '頪'로 이루어진 형성자.)」라 하였다.

---

208) 施丁, ≪漢書新注≫, 三秦出版社, 2177 쪽.
209) ≪楚系簡帛文字編≫, 159 쪽 참고.
210) 廖明春, ≪郭店楚簡老子校釋≫, (437 쪽.

乙-第 11 簡

乙【第11簡 原文】

道若退[12]. 上悳(德)女(如)浴(谷)①■. 大白女(如)辱, 㞷(廣)②悳(德)女(如)不足. 建悳(德)女(如)□□貞(眞)女(如)愉[13].

【校讀記】

道若退. 上德如谷, 大白如辱, 廣德如不足. 建德如[偸, 質]眞如愉.

【校釋】

道若退. 上悳女浴, 大白女辱, 㞷悳女不足. 建悳女[偸], [質]貞女愈.

【異本】

帛書甲本: [道若退. 上德如谷, 大白如辱, 廣德如不足. 建德$_{10}$如偸, 質眞若渝]
帛書乙本: 道若退. 上德如浴(谷), 大白如辱, 廣德如不足. 建德如[偸], 質[眞$_{179上}$若渝]
王弼本: 道若退. 上德若谷, 大白若辱, 廣德若不足. 建德若偸, 質眞若渝.
河上公本: 道若退. 上德若谷, 大白若辱, 廣德若不足. 建德若揄, 質眞若渝.
傅奕本: 道若退. 上德若谷, 大白若黷, 廣德若不足. 建德若偸, 質眞若輸.
范應元本: 道若退. 上德若谷, 大白若黷, 廣德若不足. 建德若輸, 質眞若渝.
景龍碑本: 道若退. 上德若谷, 大白若辱, 廣德若不足. 建德若偸, 質眞若渝.

【해석】

물러서는 道와 같고, 훌륭한 도는 마치 골짜기와 같고, 매우 하얀 색은 오염되게 보이고, 큰 덕은 마치 부족한 듯 보이고, 건실한 덕은 구차한 덕처럼 보이고, 본질이 참된 사람은 게으른 것처럼 보이고,

【郭店楚簡註釋】

12 竹簡文「遲」자는 ≪說文解字≫의 古文「遲」자의 형태와 같고,「夷」자의 의미이다.「遲道」 다음 구절은 파손되어 보이지 않으나, ≪帛書 · 乙≫을 참고하여「如纇進」세 자를 보충할 수 있다. ≪帛書 · 乙≫의「進道如退, 夷道如纇」구절은 그 구절 순서가 다르다.

13 죽간문 중 파손된 부분은 현행본(今本)과 ≪帛書 · 乙≫을 참고하여「偸質」두 자를 보충할 수 있다.「偸質」두 자 중「偸」자는 앞 구절에 해당되고,「質」은 아래 구절에 해당된다.

【註解】

① ‘女(如)浴(谷)’: 蔣錫昌≪老子校詁≫는 「二十八章‘爲天下谷’, 三十九章‘谷得一以盈’, ‘谷’字用法, 均如此同(제 28장 ‘爲天下谷(천하의 골짜기가 되다)’와 39장 ‘谷得一以盈(골짜기는 一을 터득하여 가득차게 된다)’ 중의 ‘谷’자와 본 구절 중의 ‘浴’자의 의미와 같다.)」라 했다.[211] 曾憲通의 ≪長沙楚帛書文字編≫은 ‘浴(浴)’자 아래에서 「山川萬浴, 選堂先生讀作‘山川萬谷’(‘山川萬浴’을 饒宗頤는 ‘山川萬谷’으로 해석하고 있다.)」라 설명하였다.[212]

② ‘㞷(廣)’: ≪說文解字≫는 ‘㞷(㞷)’자에 대하여 「艸木妄生也. 從之在土上. 讀若皇(‘초목이 무질서하게 자라는 것’. ‘之’가 ‘土’위에 있는 회의자. ‘皇’과 음이 같다.)」라 하였다. ‘往’자를 갑골문은 자부가 ‘止’와 ‘王’聲인 ‘㞷’으로, ≪鄂君啓節≫은 ‘’으로, ≪三體石經≫은 ‘往’으로 쓴다.[213] ‘㞷’자는 ‘往’자의 初文이다. ≪說文解字≫는 ‘往(往)’자에 대하여 「之也. 从彳㞷聲. 往 古文从辵(‘가다’의 의미. ‘彳’과 소리부 ‘㞷’으로 이루어진 형성자. 古文은 자부 ‘辵’을 써서 ‘往’으로 쓴다.)」라 하였다. ‘㞷’자는 ‘㞷’자 이외에도 ‘㞷’(≪包山楚簡≫) · ‘㞷’(≪望山楚簡≫) · ‘㞷’(≪郭店楚簡 · 性自命出≫) · ‘㞷’(≪上博楚簡 · 容成氏≫)으로 쓴다.[214]

‘往’과 ‘廣’자는 음이 서로 통한다.

---

211) 蔣錫昌, ≪老子校詁≫, 273 쪽 참고.
212) 曾憲通, ≪長沙楚帛書文字編≫, 62 쪽 참고.
213) ≪漢語古文字字形表≫, 71 쪽 참고.
214) ≪楚系簡帛文字編≫, 582 쪽 참고.

乙-第 12 簡

乙【第12簡 原文】

大方亡禺(隅). 大器曼成[14]. 大音祗①聖(聲)[15]. 天象亡坓(形). 道……[16]

【校讀記】

大方亡隅. 大器慢成. 大音希聲. 天象無形. 道[始無名, 善始善成.■](41)

【校釋】

大方亡禺. 大器曼成. 大音㠥聖. 天象亡坓. 道……

【異本】

帛書甲本: [大方无隅. 大器免成. 大音希聲. 大象无形. 道褒无名. 夫唯]道, 善[始且$_{11}$善成].

帛書乙本: 大方无禺(隅). 大器免(晩)成. 天〈大〉音希聲. 天象无形. 道褒无名. 夫唯道, 善始且善$_{179下}$成.

王弼本: 大方無隅. 大器晩成. 大音希聲. 大象無形. 道隱無名. 夫唯道, 善貸且成.②

河上公本: 大方無隅. 大器晩成. 大音希聲. 大象無形. 道隱無名. 夫唯道, 善貸且成.

傅奕本: 大方無隅. 大器晩成. 大音希聲. 大象无形. 道隱無名. 夫唯道, 善貸且善.

范應元本: 大方无隅. 大器晩成. 大音希聲. 大象无形. 道隱無名. 夫唯道, 善貸且善.

景龍碑本: 大方無隅. 大器晩成. 大音希聲. 大象無形. 道隱無名. 夫唯道, 善貸且善.

【해석】

큰 모는 모퉁이가 없고, 큰 그릇은 늦게 이루어지고, 큰 음악은 소리가 잘 들리지 않고, 큰 형상은 모습이 없는 듯하다』라 했다. 그런 고로 道가 매우 크며, 이름이 없다. 오직 도만이 잘 시작하고, 유종의 미를 거둘 수 있다.

【郭店楚簡註釋】

14 '曼'자는 「晩」의 의미이다.

裘錫圭 按語: 「曼」자는 「趨(慢)」의 의미가 아닌가 한다.

15 裘按: 「聲」자 앞의 자는 두 개의 「甾」가 서로 맞대고 있는 형상인 古文 「祗」자의 변형이 아닌가한다.[215)]

215) ≪金文篇≫ '0016 祗'자 아래 수록된 ≪者沪鐘≫·≪中山王嚳鼎≫의 銘文 참고, 10 쪽.

16 「道」자 아래 약 7자 내지 8자가 파손된 것으로 보인다. 그런데, ≪帛書 · 乙≫은 파손된 부분을 「褒无名. 夫唯道, 善始且善成」으로 쓰는 것으로 보아, 두 판본이 서로 다른 것으로 보인다.

【註解】

① '祗': ''자를 裘錫圭는 古文 「祗」자의 변형으로 보고 있다. ≪楚系簡帛文字編≫과 ≪郭店楚簡文字編≫ 역시 이 자를 '祗'자에 수록하고 있다.[216] 그러나 廖明春≪郭店楚簡老子校釋≫은 윗부분은 '事'이고 아랫부분은 '而'인 '耑'자로 예정하고, '耑'의 이체자로 보고, 「朱駿聲也認爲'希'爲'黹'之古文. 從現有出土材料看, '黹'習見於金文, '黹'可作'耑'又可作'希', 而'耑'又可寫作'耑'. 故帛書乙本王弼本等之'希'楚簡作'耑'. 故書當作'耑'(朱駿聲도 '希'자는 '黹'의 古文이라고 하고 있다. 현재 출토된 재료로 보아 金文 중에 '黹'자는 자주 보이는 자이다. '黹'자는 '耑'이나 혹은 '希'자로 쓴다. '耑'자는 '耑'자의 이체자이다. 그래서 帛書乙本과 王弼本은 '希'로 쓰고, 楚簡은 '耑'으로 쓴다. 따라서 ''은 '耑'자이다.)」라 했다.[217]

≪金文編≫은 '0016 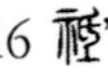'에서 ''(≪鄦侯簋≫) · ''(≪召伯簋≫) · ''(≪蔡侯鸛鐘≫) · ''(≪蔡侯鸛盤≫) · ''(≪者沪鐘≫) · '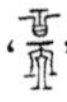'(≪中山王嚳鼎≫) · ''(≪𡘇壺≫) 등을 수록하고 있다.[218] 금문의 '祗'자의 아랫부분과 ''자의 아랫부분이 비슷하다. '耑'자를 ≪郭店楚簡≫의 ≪老子甲≫은 ''으로 쓰고 ≪語叢一≫은 ''으로 쓴다.[219]

耑	twan	元部
希	xjər	微部
祗	ter	脂部

문자의 자형과 상고음 중 '微部'와 '脂部'가 비교적 가깝기 때문에 裘錫圭의 주장을 따르기로 한다.

② '善貸且成': 朱謙之의 ≪老子校釋≫은 '成'자는 '終'의 의미라는 于省吾의 말을 인용하여, 「于省吾曰: 慶龍本作『夫有道, 善貸且善』, 當脫'成'字. 敦煌'貸'作'始', 乃聲之轉. 國語『純明則終』, 注『終, 成也』又『故高明令終』注『終猶成也』書皐陶謨『簫韶九成』, 鄭注『成猶終也』是成終互訓, 義同. 然則『善始且成』, 卽善始且終也. 六十四章『愼終如始』, 亦'終''始'對文(于省吾는 慶龍本은 '成'자를 빠트리고『夫有道, 善貸且善』으로 쓴다. 敦煌本은 '貸'자를 '始'자로 쓴다. '貸'자와 '始'자는 聲轉관계이다. ≪國語≫『純明則終(순정해야 맑고 낭랑한 음악이 끝까지 연주된다.)』구절에 대하

216) ≪楚系簡帛文字編≫, 23 쪽. ≪郭店楚墓竹簡≫, 3 쪽.
217) ≪郭店楚簡老子校釋≫, 450 쪽 참고.
218) ≪金文編≫, 10 쪽 참고.
219) ≪楚系簡帛文字編≫, 678 쪽.

여『終, 成也('終'은 곧 '成'이다.)』라고,『故高明令終』구절 중의『終猶成也('終'은 '成'과 같은 의미이다.)』라 하였다. ≪書經・皐陶謨≫『簫韶九成(簫韶 九章을 연주하다.)』구절에 대하여 鄭玄은『成猶終也('成'은 '終'의 의미다.)』라 하였다. '成'과 '終'은 의미가 같기 때문에 互訓된다.『善始且成』은 즉 '끝도 좋고 시작도 좋다'의 뜻이다. 제 64장『愼終如始』구절은 '終'과 '始'자가 對句로 쓰이고 있다.)」라 하였다.[220]『簫韶九成』구절은 ≪書經・皐陶謨≫ 아니라 ≪書經・益稷≫이다.

220) 朱謙之, ≪老子校釋≫, 中華書局, 172 쪽 참고.

乙-第 13 簡

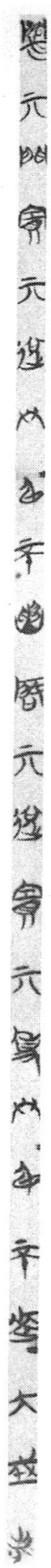

乙【第13簡-原文】

閟(閉)其門[①], 賽(塞)其迎(兌)[17][②]終身不丞[③]. 啓其迎(兌)[18], 賽其事[19][④], 終身不逨[⑤]■. 大成[⑥]若

【校讀記】

閉其門, 塞其兌, 終身不侮. 啓其兑, 塞其事, 終身不來.■(52) 大成若

【校釋】

閟亓門, 賽亓迎, 夂身不丞. 啓亓迎, 賽亓事, 夂身不逨.■ 大城若

【異本】

帛書甲本: 塞其悶(悶), 閉其門, 終身不堇(勤). 啓其悶, 濟其事, 終身[不棘(救)].30 大成若

帛書乙本: 塞其境, 閉亓門, 冬(終)身不堇(勤). 啓其境, 齊亓[事188上, 終身]不棘(救).

王弼本: 塞其兌, 閉其門, 終身不勤. 開其兑, 濟其事, 終身不救. 大成若

河上公本: 塞其兌, 閉其門, 終身不勤. 開其兑, 濟其事, 終身不救. 大成若

傅奕本: 塞其兌, 閉其門, 終身不勤. 開其兑, 濟其事, 終身不救. 大成若

范應元本: 塞其兌, 閉其門, 終身不勤. 開其兑, 濟其事, 終身不救. 大成若

景龍碑本: 塞其兌, 閉其門, 終身不勤. 開其兑, 濟其事, 終身不救. 大成若

【해석】

오관의 문을 닫고 오관의 구멍을 막으면 평생이 고달프지 않으며, 욕망의 문을 열고 일을 충실하여 그 일을 이루려고 하면 평생이 순조롭지 않다. 크게 이루어진 것은

【郭店楚簡註釋】

17 이 두 구절을 ≪帛書・甲≫은 「塞其悶, 閉其門」으로 쓰고, ≪帛書≫乙本은 「塞其境, 閉亓門」으로 쓴다.

18 이 구절을 ≪帛書・甲≫은 「啓其悶」으로 쓰고, ≪帛書≫乙本은 「啓其境」로 쓴다.

19 본 구절을 ≪帛書・甲≫은 「濟其事」로 쓴다. 「賽」는 「寋」의 의미가 아닌가한다. ≪說文解字≫는 「寋, 實也(‘寋’는 ‘충실하다’의 의미이다.)」라고, ≪廣雅・釋詁一≫은 「安也(‘안정되다’의 의미이다.)」라 하였다.

【註解】

① '閟(閉)其門': ''자는 소리부가 '必'인 형성자이다. ≪說文解字≫는 '(閟)'와 '(閉)'자에 대하여 각각 「閉門也. 从門必聲. ≪春秋傳≫曰:『閟門而與之言』('閟'는 '문을 닫다'의 의미. '門'과 소리부 '必'로 이루어진 형성자. ≪春秋傳≫에 『문을 닫고 그녀와 함께 이야기하다』라는 구절이 있다.)」, 「闔門也. 从門, 才, 所以歫門也('閉'는 '문을 닫다'의 의미. '門'과 '才'로 이루어진 자로, '才'는 이른바 걸어 잠그는 나무토막을 나타낸다.)」라 하였다. '閟'자와 '閉'자는 同源字이다.

② '賽(塞)其迯(兌)': '(賽)'자를 다른 판본들은 모두 '塞'로 쓴다. '賽'와 '塞'자는 고음이 서로 같다. ≪說文解字≫는 '(賽)'자에 대하여 「報也. 从貝, 塞省聲('보고하다'의 의미. '貝'와 '塞'의 일부가 생략된 부분이 소리부인 형성자.)」라 하였다.

''자는 '辵'과 '兌'로 이루어진 형성자이고, '兌'의 의미로 쓰이고 있다. 이 자를 ≪帛書 · 甲≫은 '悶'로 쓰고, ≪帛書 · 乙≫은 '垙'로 쓰며, 王弼 등은 '兌'로 쓴다. 高明 ≪帛書老子校注≫는 '悶'자에 대하여 「'悶'字由二門心三者組成. ≪說文 · 門部≫:『𨳿, 登也. 从門二. 二古文下字. 讀若軍敶之敶』段玉裁注:『按從'門二'當作'從門二', 篆當作𨳿. ≪集韻≫'𨶜'可證. 直刃切十二部, 從此爲聲者有'閃''闐'……』'𨳿'卽'悶'字之소리부'閂', '閂'與'𨳿'乃同字異形, 讀音如'敶(陳)'. 古聲在定紐, 韻在眞部, 恰與'兌'同音. '兌'古音定紐字, 韻爲入聲月部, '眞' · '月'乃一聲之轉('悶'자는 '二' · '門' · '心'으로 이루어진 자이다. ≪說文 · 門部≫는 『'𨳿'자는 '오르다'의 의미. '門'과 '二'로 이루어진 자. '二'는 '下'자의 古文이다. 음은 '軍敶'의 '敶'자와 유사하다』라 하였다. 段玉裁≪說文解字注≫는 『≪說文解字≫가 '門' · '二'으로 이루어진 자라고 하였는데, '門'과 '二'로 이루어진 자가 맞다. 따라서 篆書는 '𨳿'으로 써야 된다. ≪集韻≫의 '𨶜'자가 이를 증명하고 있다. 이 자는 음이 '直刃'이며, 第 12部에 속한다. 이를 소리부로 삼은 자는 '閃' · '闐' 등이 있다. ……'𨳿'자는 '悶'자의 소리부인 '閂'자와 같은 자이다. '閂'와 '𨳿'자는 형태가 다르지만 같은 자이며 음은 '敶(陳)'과 같다. 古聲은 '定'紐'眞'部이다. '兌'자의 聲紐와 같다. '兌'자의 古音은 '定'紐'月'部에 속한다. '眞'과 '月'部는 음이 상호 전환관계(一聲之轉)이다.)」고 하였다.[221)]

'兌'자는 '穴'과 같은 의미로 사람의 오관을 가리킨다. 兪樾의 ≪諸子平議≫는 「'兌'當讀爲'穴'. ≪文選 · 風賦≫'空穴來風'注引≪莊子≫'空閱來風'. '閱'從'兌'聲, '閱'可假作'穴', '兌'亦假作'穴'也. '塞其穴'正與'閉其門'文義一律('兌'는 '穴'의 의미이다. ≪文選 · 風賦≫의 '空穴來風(빈 구멍에서 바람이 일다.)' 구절에 대하여 ≪莊子≫의 '空閱來風'의 구절을 인용하여 주석하고 있다. '閱'자의 음성 부분이 '兌'이기 때문에 '閱'자는 '穴'자의 가차자로 쓰이며, '兌'자 역시 '穴'의 가차자로 쓰인다. '塞其穴(구멍을 막다)'의 의미는 '閉其門(문을 막다)'와 같은 맥락의 의미이다.)」라 하였다.[222)]

「閟(閉)其門, 賽(塞)其迯(兌.)」의 순서를 ≪帛書≫本과 다른 판본들은 모두 「塞其悶, 閉其門」으로

221) 高明, ≪帛書老子校注≫, 76 쪽 참고.
222) 兪樾,≪諸子平議≫, 154 쪽 참고.

쓴다. 그러나 그 다음 구절이 「啓其逸(兌), 賽其事」와 같이 대구 형식을 이루는 것으로 보아 ≪郭店楚簡≫의 순서가 옳다. 즉 '閉'자는 '啓'자와, '賽'자는 '賽'자와 각각 대구를 이루는 문장 형식이다.

③ '終身不孞': '終'자를 楚簡은 '(夂)'로 쓴다. ≪帛書 · 乙≫은 '冬'으로 쓰고, 다른 판본들은 '終'으로 쓴다. ≪說文 · 仌部≫은 ' (冬)'자에 대하여 「从仌, 从夂. 夂, 古文終字. 古文冬从日('冬'자는 '仌'과 '夂'로 이루어진 자이다. '夂'자는 古文 '終'자이다. 古文은 자부 '日'인 으로 쓴다.)」라 하였다. '夂'의 '終'의 本字이다. ≪說文解字≫는 '終'자의 고문을 ' '으로 쓴다.

''자를 ≪郭店楚簡≫은 '孞'로 ≪백서≫본은 '堇'으로 王弼本은 '勤'으로 쓰며, 李零은 '侮'로 예정하고 있다. ≪金文篇≫은 ≪須孞生鼎≫의 ''자를 '敄'로 예정하고, 「柯昌泗釋謂敄爲敄之省(柯昌泗은 ''자를 '敄'로 해석하였으며, '敄'의 생략형이다.)」라 하였다.[223] '敄'자의 기본 소리부는 '矛'이다. ≪郭店楚簡 · 老子丙≫의 제 1간 ''자 중 윗부분은 ''의 윗부분과 같다. 모두 자부 '矛'이다. 현행본(今本)은 '侮'자로 쓴다.

≪毛公鼎≫의 「弇橐廼敄鰥寡(착복은 홀아비와 과부들과 같은 궁핍한 사람들을 속이는 행위이다.)」 중의 '(敄)'자 역시 '侮'의 의미로 쓰인다.[224] ≪書經 · 泰誓≫ 「罔懲其侮(남을 업신여기면서 뉘우치지 않다.)」 중의 '侮'자를 ≪墨子 · 非命中≫은 '務'자로 쓰고, ≪小雅 · 常棣≫ 「外御其務(밖의 모욕을 함께 감당하네.)」의 '務'자를 ≪左傳 · 僖公二十四年≫과 ≪國語 · 周語中≫은 모두 '侮'로 쓴다.

'堇'자는 '廑(앓을 근, qín)'자와 통한다. ' (廑)'자에 대하여 ≪說文解字≫는 「病也」라 하였다. '侮'와 '廑'은 동의어이다. 「終身不侮(평생이 고달프지 않다.)」는 「終身不廑(평생이 피곤하지 않다.)」와 같은 의미이다.[225]

④ '賽其事': 楚簡의 '(賽)'자를 ≪帛書≫와 王弼本 등은 '齊'와 '濟'자로 쓴다. ≪郭店楚墓竹簡≫은 '寋'의 의미로 추측하였다. 王念孫의 ≪讀書雜志≫는 「賽本作塞, 古無賽字, 借塞爲之('賽'자는 본래 '塞'로 쓴다. 고문자 중에는 '賽'자 없어 '塞'가 가차자로 쓰였다.)」라 하였다. ≪書經 · 皐陶謨≫의 「剛而塞(강하면서도 착실하다.)」 구절에 대하여 孔穎達은 「剛斷而實塞(강하면서도 실질적이다.)」라고 설명하고, ≪鄘風 · 定之方中≫의 「秉心塞淵(마음가짐이 성실하고 깊다.)」 구절에 대하여 鄭玄은 「塞, 充實也('塞'는 '充實하다'이다.)」라 하였다. '齊'는 '濟'의 가차자이고, '濟'는 '구제하다' · '충만하다'의 의미이다. '塞'와 '濟'는 동의어이다.

⑤ '終身不逨': 楚簡 (逨)'자를 ≪帛書 · 乙≫은 '棘'자로 쓰고, 王弼本 등은 '救'로 쓴다. '救'는 '逑'의 가차자이다. ≪說文解字≫는 ' (逑)'자에 대하여 「聚斂也('거두어 모으다'의 의미.)」라 하였다. 白

223) ≪金文編≫, '1538 ', 656 쪽 참고.
224) ≪金文篇≫, '0509 ', 212 쪽 참고.
225) 朱謙之, ≪老子校釋≫, 207쪽 참고.

於藍은 ≪郭店楚簡〈老子〉'丞'·'賽'·'𡊄'校釋≫에서 「確知'棘'·'救'·'來'三字音通義同, 都包含有窮盡, 終止之意. 故本段最後一句 『終身不救(或棘·或來.)』意卽終身不會窮盡·不會終止('棘'·'救'와 '來'자 세 자는 음이 서로 통하고 의미가 같다는 것을 확실하게 알 수 있다. '다하다(窮盡)'·'끝나다(終止)'의 의미이다. 따라서 『終身不救(혹은 '棘'나 '來'로 쓴다.)』는 '평생 동안 다하지 않다'나 '일생 동안 그치지 않다'의 의미이다.)」라 하였다.[226]

⑥ '成': ''자는 '𡊄'이나 혹은 '㦳'으로 예정할 수 있다. '𡊄'(혹은 '㦳')자는 ''자 이외에도 ''(≪老子·甲≫)·''(≪緇衣≫)·'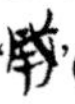'(≪忠信之道≫) 등으로 쓰며, '成'자는 ''(≪緇衣≫)으로 쓰며, ≪包山楚簡≫은 ''으로 쓴다.[227] ≪上博楚簡≫도 ≪郭店楚簡≫과 같은 형태로 쓴다.[228] '𡊄'(혹은 '㦳')자는 '城'자의 변형으로 '成'의 가차자로 쓰인다.

226) ≪古籍整理研究學刊≫, 2000, 60-61 쪽 참고.
227) ≪楚系簡帛文字編≫, 1213 쪽 참고.
228) 李守奎, ≪上海博物館藏戰國楚竹書·文字編≫, 602쪽 참고.

乙-第 14 簡

乙【第14簡 原文】

夬(缺), 其甬(用)不幣(敝)■[20]①. 大浧(盈)若中(盅)②, 其甬(用)不寡(窮)■[21]③, 大攷(巧)若仳(拙)■④, 大成若詘⑤, 大植(直)⑥

【校讀記】

缺, 其用不敝. 大盈若盅, 其用不窮, 大巧若拙, 大成若詘, 大直

【校釋】

夬, 丌甬不㡀. 大浧若中, 丌其甬不寡, 大攷若仳, 大城若詘, 大稟

【異本】

帛書甲本: 缺, 其用不幣(敝). 大盈若盅(冲), 其用不𡨋(窘). 大直$_{17}$如詘(屈), 大巧如拙, 大赢如炳

帛書乙本: [缺, 其用不弊. 大]盈若冲, 亓[用不窮. 大直若如詘, 大]巧如拙, 大辯若]絀$_{182}$

王弼本: 缺, 其用不弊. 大盈若冲, 其用不窮. 大直若屈, 大巧若拙, 大辯若訥.

河上公本: 缺, 其用不弊. 大盈若冲, 其用不窮. 大直若屈, 大巧若拙, 大辯若訥.

傅奕本: 缺, 其用不敝. 大滿若盅, 其用不窮. 大直若詘, 大巧若拙, 大辯若訥.

范應元本: 缺, 其用不敝. 大滿若盅, 其用不窮. 大直若詘, 大巧若拙, 大辯若訥.

景龍碑本: 䂅, 其用不弊. 大盈若冲, 其用不窮. 大直若屈, 大巧若拙, 大辯若訥.

【해석】

마치 모자라는 것 같으나 그 쓰임은 끝나지 않는다. 크게 가득 찬 것은 마치 텅 빈 듯 하나 아무리 써도 궁핍하게 되지 않는다. 크게 교묘한 것은 마치 서툰 듯 하고, 크게 언변이 좋은 것은 마치 어눌한 듯하고, 크게 곧은 것은

【郭店楚簡註釋】

20 竹簡文 중의 「幣」자는 「巾」과 소리부 「釆」로 이루어진 형성자이다. 金文 「番」자의 윗부분 「釆」와 竹簡文의 형태와 서로 같다. ≪古文四聲韻≫은 의미부가 「釆」·「巾」·「口」로 이루어진 ≪古老子≫의 「獘」자를 인용하고 있는데, 竹簡文에 비하여 의미부 「口」가 더 추가되어 있다. 「幣」자는 「敝」의 의미로 쓰이고 있다. 「釆」자의 古音은 '元'部'幷'母이며, 「敝」

자는 '月'部'幷'母로 서로 비슷하다.

21 '穿'자는 「竆」자의 생략 형태로 「窮」의 의미이다. ≪古文四聲韻≫은 자부가 「宀」과 「躳」인 ≪道經≫의 「竆」자를 인용하고 있다.

【註解】

① '其甬(用)不幣(敝)': ''자는 '幣'의 생략형으로 '㡀'로 예정할 수 있다. 각 판본은 '敝'·'弊'·'幣'으로 쓰고, 본 구절에서는 '敝(해질 폐, bì,bié)'의 의미로 쓰이고 있다. 이외에 '㡀'자를 ≪郭店楚簡·緇衣≫는 ''·''로 쓰고, ≪新蔡葛陵楚墓≫는 ''로 쓰며, ≪上博楚簡·孔子詩論≫은 ''로 쓴다. ≪包山楚簡≫은 자부 '攵'을 추가한 '敝'자를 ''로 쓴다.229)

② '大浧(盈)若中(盅)': ''자는 '水'와 소리부 '呈'으로 이루어진 형성자이며, '浧(거침없이 흐를 영, yǐng)'은 '盈'자와 음과 의미가 같다. ≪玉篇·水部≫와 ≪字匯補·水部≫는 '浧'자에 대하여 「音盈('盈'자와 음이 같다.)」이라 하였다. ≪上博楚簡≫에서 '浧'은 모두 '盈'의 의미로 쓰이고 있다.230) ≪上海博物館藏戰國楚竹書(五)·三德≫은 '盈'자를 '皿'과 '浧'인 '(湦)'으로 쓴다.
'(中)'자는 '盅(빌 충, zhōng)'의 가차자이다. ≪說文·皿部≫는 '(盅)'자에 대하여 「盅, 器虛也. 从皿, 中聲. 老子曰道盅而用之.('盅'은 '그릇이 비다'의 의미. '皿'과 소리부 '中'으로 이루어진 형성자. ≪老子≫는 '도는 비어있으나 효용이 한이 없다'라 하였다.)」라 하였다.

③ '其甬(用)不穿(窮)': '(穿)'자를 ≪帛書·甲≫은 '(窌)'으로 쓰고, 기타 다른 판본은 '窮'으로 쓴다. ≪包山楚簡≫은 '窮'자를 자부 '身'과 '呂'를 써서 '(躳)'으로, 혹은 자부 '宀'·'呂'·'身'을 써서 ''이 그 변형인 ''으로, 혹은 자부 '宀'과 '身'을 써서 '(穿)'이나 그 변형인 ''으로 쓴다.231) ≪睡虎地秦簡≫은 자부 '宀'·'身'·'呂'를 써서 ''으로 쓴다.232) ≪說文解字≫는 '(躳)'자에 대하여 「身也. 从身, 从呂. , 躳或从弓(''자는 '신체'의 의미. 자부 '身'과 '呂'로 이루어진 회의자. '躳'의 혹체자는 의미부 '弓'을 써서 '(弓)'으로 쓴다.)」라 하였다. '竆'자 중의 자부 '弓'은 '呂'의 변형이다.233) ≪帛書·甲≫의 '窌'자는 '窘'자를 복잡하게 쓴 형태다. '窘(막힐 군, jiǒng)'자과 '窮'은 음과 의미가 통한다.

④ '大攷(巧)若倔(拙)': '(攷)'는 '攵'과 소리부 '丂(공교할 교, kǎo)'로 이루어진 형성자이다. ≪說文解字≫는 '(丂)'자에 대하여 「丂, 古文以爲亏字, 又以爲巧字('丂'자는 古文에서 형태가 비슷하기 때문에 '亏'자로 쓰이거나, 혹은 음성이 비슷하기 때문에 '巧'자로 쓴다.)」라 하였다. ≪郭店楚簡·性

229) ≪楚系簡帛文字編≫, 727 쪽 참고.
230) 李守奎, ≪上海博物館藏戰國楚竹書文字編≫, 512 쪽
231) ≪包山楚簡文字編≫, 126 쪽 참고.
232) ≪睡虎地秦簡文字編≫, 119 쪽 참고.
233) 楚簡 중의 '竆'자는 ≪楚系簡帛文字編≫, 703 쪽 참고.

自命出≫은 '巧'자를 ''·''로 쓴다.[234]

⑤ '大成若詘': ''자를 ≪帛書·甲≫은 '贏'으로 쓰고, ≪王弼≫本은 '辯'으로 쓴다. 趙建偉는 '成'·'贏'·'辯'자의 관계에 대하여 「成同盛, 訓爲盛盈. ……成·平古通互作, 平同辯.≪漢書·敍傳下≫集注『平字當爲成』, ≪詩·采菽≫疏『平·辯義通而古今之異耳』. 詘可釋讀爲訥(炳·絀皆釋讀爲訥). 帛甲之'贏'由簡本之'成'字來, 成同盛, 盛贏(盈)同訓('成'자는 '盛'자과 같이 모두 '가득 차다(盛盈)'라는 의미이다. ……'成'과 '平'자는 고문에서 서로 통용되고, '平'은 또한 '辯'과 의미가 같다. ≪漢書·敍傳下≫의 ≪集注≫는 『'平'자는 '成'의 의미이다』라고, ≪詩·采菽≫의 〈疏〉는 『'平'과 '辯'자는 의미가 서로 통한다. 古今의 의미적 차이이다.)』라 하였다. '詘'은 '訥'의 뜻이다('炳'와 '絀'자 역시 '訥'의 의미이다). ≪帛書·甲≫의 '贏'자는 楚簡의 '成'자와 관계가 있다. '成'과 '盛'자는 모두 '가득차다('盛贏'혹은 '盛盈')'의 의미이다.)」라 하였다.[235] 이외에도 廖明春은 '成'은 '呈'과 음이 같이 서로 통용되고, '贏'자는 '呈'의 가차자로 쓰인 것이며, '辯'과는 의미가 같다고 풀이하고 있다.[236] 따라서 '成'자는 ≪王弼≫本 등과 같이 '辯'의 의미로 해석하기로 한다. 즉 '大成若詘'은 '大辯若訥'의 의미와 같다.

''자는 '言'과 소리부 '出'로 이루어진 형성자이다. ≪說文解字≫는 ''(詘)'자에 대하여 「詰詘也. 一曰屈襞. 从言, 出聲. '', 詘或從屈('어눌하다'의 의미. '주름진 치마'라는 의미도 있다. '言'과 소리부 '出'로 이루어진 형성자. 혹은 '詘'자를 자부 '屈'을 써서 '䛨'로 쓴다.)」라 하였다. '詘'자를 ≪帛書·甲≫은 '炳'으로 쓰고, ≪帛書·乙≫은 '絀(물리칠 출, chù)'로 쓰며, ≪王弼≫本 등은 '訥(말 더듬을 눌, nè)'로 쓴다. '詘'·'絀'과 '訥'은 음과 의미가 통한다.

⑥ '大植(直)': ''(植)'자는 윗부분 '直'과 아랫부분 '木'으로 이루어진 형성자로 '直'자의 이체자이다. ≪說文解字≫는 ''(植)'자에 대하여 『戶植也. 从木直聲. '', 或从置('문을 걸어 잠그는 가로대'의 의미. '木'과 소리부 '直'으로 이루어진 형성자. 자부 '置'를 사용하여 '櫃'으로 쓰기도 한다.)』라 하였다. ≪郭店楚簡·尊德義≫는 '植'자를 ''으로 쓴다.[237]

234) ≪楚系簡帛文字編≫, 310 쪽 참고.
235) ≪郭店竹簡老子校釋≫, ≪道家文化硏究≫第17輯, 283 쪽 참고.
236) ≪郭店楚簡校釋≫, 471 쪽 참고.
237) ≪楚系簡帛文字編≫, 546 쪽 참고.

乙-第 15 簡

乙【第15簡-原文】

若屈■[22]. 喿(燥)勳(勝)蒼(滄)[23]①, 靑(淸)勳(勝)②然(熱)③. 淸淸(靜)爲天下定(正)[24]. 善建者不拔[25]④, 善保⑤者[26]

【校讀記】

若屈■.(45) 燥勝寒, 靜勝熱. 淸靜爲天下正(45). 善建者不拔, 善抱者

【校釋】

若屈. 喿勳蒼, 靑勳然. 淸淸, 爲天下定. 善建者不喿, 善保者

【異本】

帛書甲本: (……)如詘. 趮(躁)勝寒, 靚(靜)勝炅(熱). 請(淸)靚(靜)可以爲天下正$_{18}$. 善建[者不]拔, [善抱者]

帛書乙本: (……)[如]拙. 趮(躁)朕(勝)寒$_{182下}$. [靜勝熱. 淸靜可以爲天下正]. 善建者[不拔, 善抱者]

王弼本: (大直)若屈. 躁勝寒, 靜勝熱. 淸靜爲天下正. 善建者不拔, 善抱者

河上公本: (大直)若屈. 躁勝寒, 靜則熱. 淸靜爲天下正. 善建者不拔, 善抱者

傅奕本: (大直)若詘. 躁勝寒, 靖勝熱. 知淸靖以爲天下正. 善建者不拔, 善襃者

范應元本: (大直)若詘. 躁勝寒, 靜勝熱. 知淸靖以爲天下正. 善建者不拔, 善抱者

景龍碑本: (大直)若屈. 躁勝寒, 靜勝熱. 淸靜以爲天下正. 善建者不拔, 善抱者

【해석】

마치 굽은 것 같다. 자주 움직이면 추위를 이기고, 안정되면 더위를 이긴다. 맑고 고요하면 천하를 바르게 할 수 있다. 잘 세운 것은 뽑을 수 없고, 잘 안은 것은

【郭店楚簡註釋】

22 이상의 세 구절을 ≪帛書甲本≫은 본 초간(楚簡)과는 달리 「大直如詘, 大巧如拙, 大赢如炳(큰 곧음은 마치 구부러진 듯하고, 큰 재주는 마치 졸렬한 듯하고, 큰 여유는 마치 부족한 듯하다.)」로 쓴다.

23 '蒼'자 중의 아랫부분은 ≪說文解字≫의 古文「蒼」자와 같다.「滄」의 의미이다. ≪說文解字≫는「滄, 寒也('滄'은 '차갑다(寒)'의 의미.)」라 하였다. ≪太一生水≫의 註釋 七 참고.

24 裘錫圭 按語: 竹簡文 중의 「淸=」은 「淸靑(靜.)」이나 「靑(淸)淸(靜.)」의 의미로 추증된다. 「定」자의 소리부는 「正」이며, 현행본(今本)은 「正」으로 쓴다.

25 竹簡文 '拔'자는 ≪古文四聲韻≫에서 인용하고 있는 ≪古老子≫자의 「拔」자와 같다.

26 '保'자는 「保」자를 간략하게 쓴 형태가 아닌가한다. 현행본(今本)은 이 자를 「抱」자로 쓴다. 「保」와 「抱」자는 음과 의미가 서로 비슷하다.

【註解】

① '喿(燥)勳(勝)蒼(滄)': '(喿)'자를 ≪帛書≫本은 '趮'로 쓰고, ≪王弼≫本은 '躁'로 쓴다. '躁'·'趮'와 '燥'자의 관계에 대하여, 馬敘倫은 「躁, ≪說文解字≫作趮, 疾也. 今通作躁. 此當作燥('躁'자를 ≪說文解字≫는 '趮'로 쓰고, '질주하다'라 하였다. 지금은 일반적으로 '躁'로 쓴다. 본 구절에서는 '燥'의 의미이다.)」라고, 朱謙之는 「則躁字燥也. 燥乃老子書中用楚方言, 正指爐火而言('躁'자는 '燥'와 같은 자이다. ≪老子≫ 중의 '燥'자는 '화롯불'이라는 楚國 方言이다.)」라 하였다.[238] 高明은 ≪帛書老子校注≫에서 「'趮'·'躁'同字異體, 古文足旁與走旁通用('趮'와 '躁'자는 異體자이다. 古文에서 자부 '足'과 '走'는 서로 通用된다.)」라 하였다.[239]

② '勳(勝)': '(勳)'자는 '力'과 소리부 '乘'으로 이루어진 자로 '勝'의 이체자이다. ≪帛書乙本≫은 '勝'의 소리부인 '朕'으로 쓴다. ≪淮南子·兵略≫은 「凡物有朕, 唯道無朕. 所以無朕者, 以其無常形勢也(만물은 모두 조짐이 있으나, 오직 도만이 조짐이 없다. 조짐이 없다는 것은 고정적인 형태가 없기 때문이다.)」라 했다. 이 구절은 ≪文字·自然≫에도 보이는데, 이 구절에 대하여 王利器는 ≪文子疏義≫에서 「'朕'原誤作'勝', 下同. 今據淮南子改正('朕'자를 원래 '勝'자로 잘못 쓴다. 아랫부분에서도 역시 마찬가지다. 지금 ≪淮南子≫를 참고하여 수정하기로 한다.)」라 하였다.[240] '乘'은 '朕'자와 음이 통한다. ≪史記·宋微子世家≫ 「戰於乘丘」의 구절에 대하여 ≪集解≫는 徐廣의 말을 인용하여 「乘, 一作媵('乘'자를 또한 '媵'으로 쓴다.)」라 하였다. 따라서 '勝'·'朕'·'乘'·'媵'자는 고문에서 서로 통용된다.

'勝'자를 ≪郭店楚簡·成之聞之≫은 ''·''으로 쓰고, ≪尊德義≫는 ''으로 쓰고, ≪上博楚簡·從政乙≫은 ''으로 쓴다.[241]

③ '然(熱)': '(然)'의 古音은 '元'部'日'母이고, '熱'자의 고음은 '月'部'日'母로 서로 통한다. ≪帛書甲本≫은 '炅(빛날 경, jiŏng, guì)'으로 쓴다. ≪說文解字≫는 '(炅)'자에 대하여 「見也, 從火日('빛이 비치다'의 의미. '火'와 '日'로 이루어진 회의자.)」라 하였다. '炅'과 '熱'자는 동의어이다. ≪郭店楚

238) ≪老子校釋≫, 183 쪽 참고.
239) 高明, ≪帛書老子校注≫, 45-46 쪽 참고.
240) 王利器, ≪文子疏義≫, 中華書局, 378 쪽 참고.
241) ≪楚系簡帛文字編≫, 1154 쪽 참고.

簡 · 太一生水≫는 '然'자를 '' · ''으로 쓴다.[242]

④ '拔': ''자는 '臼'와 '木'으로 이루어진 '臬'자로 예정할 수 있다. ≪古文四聲韻≫은 ≪古老子≫를 인용하여 '拔'을 '臬'자로 쓴다. '拔'은 '臬'자의 이체자이다. ≪周易 · 否 · 初六≫「拔茅茹以其彙(잔디의 뿌리를 뽑는다. 그 뿌리가 엉키어 있다.)」와 ≪泰 · 初九≫「拔茅茹以其彙」를 ≪帛書 · 六十四卦≫는 모두 '犮'로 쓴다. '犮'은 원래 두 손(友)으로 樹木을 뽑은 형상으로 ''과 같다. 후에 '手'를 더하여 '拔'자가 되었다.

'拔'자를 ≪郭店楚簡 · 性自命出≫은 ''로 쓰고, ≪上博楚簡 · 性情論≫은 ''로 쓴다.[243]

⑤ '㑜': ''자는 ≪郭店楚墓竹簡≫은「保」자를 간략하게 쓴 형태라고 보고 있다. 이외에도 劉信芳은 '㑜'으로 예정하고 '綏(인끈 수, suí)'의 의미로 풀이하고 있다.[244] 그러나 다른 판본이 '抱' · '褒' 등으로 쓰는 것으로 보아, 이들 자와 음성이 비슷한 '保'자의 생략형인 것으로 보인다. '保'자를 ≪包山楚簡≫은 '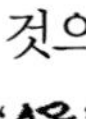'로 쓰고, ≪望山楚簡≫은 '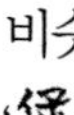'로 쓰고, ≪郭店楚簡 · 老子甲≫은 '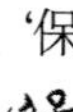'로 쓴다.[245]

242) ≪楚系簡帛文字編≫, 827 쪽 참고.
243) ≪楚系簡帛文字編≫, 1005 쪽 참고.
244) ≪荊門郭店竹簡老子解詁≫, 66 쪽 참고.
245) ≪楚系簡帛文字編≫, 739 쪽 참고.

乙-第 16 簡

乙【第16簡 原文】

不兌(脫)①, 子孫以其祭祀不乇[27]②. 攸(修)③之身, 其悳(德)乃貞(眞)④. 攸(修)之豙(家)⑤, 其悳(德)乃舍(餘)⑥. 攸(修)

【校讀記】

不脫, 子孫以其祭祀不乇. 修之身, 其德乃眞. 修之家, 其德乃餘. 修

【校釋】

不兌, 子孫以其祭祀不屮. 修之身, 丌悳乃貞. 修之豙, 丌悳乃舍. 攸

【異本】

帛書甲本: [不脫]. 子孫以其禜(祭)祀[不絕. 脩之身[23], 亓德乃眞. 脩之家, 亓德有]餘. 脩
帛書乙本: [不脫]. 子孫以其祭祀不絕. 脩之身, 亓德乃眞[189下]. 脩之家, 亓德有餘. 脩
王弼本: 不脫, 子孫以其祭祀不輟. 修之於身, 其德乃眞. 修之於家, 其德乃餘. 修
河上公本: 不脫, 子孫以其祭祀不輟. 修之於身, 其德乃眞. 修之於家, 其德乃餘. 修
傅奕本: 不脫, 子孫以其祭祀不輟. 修之身, 其德乃眞. 修之家, 其德乃餘. 修
范應元本: 不挩, 子孫以其祭祀不輟. 脩之身, 其德乃眞. 脩之家, 其德乃餘. 脩
景龍碑本: 不脫, 子孫以其祭祀不輟. 脩之身, 其德乃眞. 脩之家, 其德有餘. 脩

【해석】

빠져 나가지 않기 때문에 자손 대대로 제사가 끊이지 않는다. 도로써 내 몸을 닦으며 그 덕이 참되고, 집안을 닦으면 그 덕이 넉넉해진다.

【郭店楚簡註釋】

27 竹簡文 '乇'자는 「乇」자를 간략하게 쓴 형태다. ≪說文解字≫는 「乇, 難也('乇'은 '어렵다(難)'의 의미이다.)」라 하였다.
裘錫圭 按語: 문자의 자형으로 보아 「乇」자로 추증된다.

【註解】

① '兌(脫)': '(兌)'자를 范應元本은 '挩(칠 탈, tuō)'로 쓰고, 기타 다른 판본은 '脫'로 쓴다. 소리

부가 모두 ‘兌’이다. ≪說文解字≫는 ‘(挩)’자에 대하여 「挩, 解挩也. 从手, 兌聲(‘挩’은 ‘해탈하다’의 의미. ‘手’와 소리부 ‘兌’로 이루어진 형성자.)」이라 했고, 段玉裁는 「今人多用‘脫’, 古則用‘挩’, 是則古今字之異也. 今‘脫’行而‘挩’廢矣(현재는 일반적으로 ‘脫’자를 주로 사용하나, 이전에는 ‘挩’자를 사용했다. ‘脫’과 ‘挩’는 古今字의 관계이다. ‘脫’자를 주로 사용하자 ‘挩’자를 사용하지 않게 되었다.)」라 하였다. 따라서 ‘脫’과 ‘挩’는 본래 같은 자임을 알 수 있다.

楚簡에서 ‘兌’자는 ‘挩’이나 ‘悅’의 의미로 쓰인다.[246]

② ‘乇’: ‘’자를 ≪郭店楚墓竹簡≫은 ‘乇’으로 예정하였다. 그러나 ‘乇’자를 ≪郭店楚簡 · 老子甲≫은 ‘’(제 9간)으로 쓰고, ≪緇衣≫는 ‘’(제 1간)으로 쓴다. ‘’보다 가운데 한 횡획이 더 있다. 裘錫圭는 ‘乇’으로 예정하였다. ‘’자는 ‘屮’자가 아닌가한다.[247] ≪說文解字≫는 ‘屮(屮)’자를 「草木初生也. 象丨出形, 有枝莖也. 古文或以爲艸字. 讀若徹(‘屮’자는 草木 싹이 막 나오는 형상이다. 즉 초목이 지면으로 솟아나고 잎이 있는 모양이다. 古文에서는 혹은 이 자를 ‘艸’자로 보기도 한다. ‘徹’자와 음이 비슷하다.)」라 하였다. ≪帛書 · 乙≫은 ‘絕’로 쓰고, 기타 다른 판본은 ‘轍’로 쓴다. ‘屮’자의 고음이 ‘月’部‘透’母이기 때문에 ‘轍’ · ‘絕’과 음이 유사하다.[248]

③ ‘攸(修)’: ≪說文解字≫는 ‘(修)’자에 대하여 『飾也. 从彡攸聲(‘수식하다’의 의미. ‘彡’과 소리부 ‘攸’로 이루어진 형성자.)』라고 설명하고, ‘(脩)’자에 대해서는 『脯也. 从肉攸聲(‘말린 고기’의 의미. ‘肉’과 소리부 ‘攸’로 이루어진 형성자.)』라 하였다. 소리부가 모두 ‘攸’이다.

④ ‘貞(眞)’: ‘(貞)’자를 다른 판본들은 모두 ‘眞’으로 쓴다. ≪韓非子 · 解老≫의 「今治身而外物不能亂其精神, 故曰: 『修之身, 其德乃眞』 眞者, 愼之固也(지금 자신을 수양한다면 외부 사물이 그 정신을 어지럽힐 수 없을 것이다. 그래서 『자신을 수양하면 그 덕은 참되다』라고 했다. ‘참되다’란 ‘확고한 진실’을 말한다.)」라고, ≪淮南子 · 道德訓≫의 「故老子曰: 『脩之身, 其德乃眞也』(그런 고로 老子는 ‘도로써 자신을 수양하면 그 덕이 참되다’라 했다.)」와 같이 모두 ‘眞’으로 쓴다. ≪包山楚簡≫은 ‘貞’자를 ‘’으로 쓰고, ≪新蔡葛陵楚簡≫은 ‘’으로 쓴다.[249]

⑥ ‘冢(家)’: ‘(冢)’자는 ‘家’자의 복잡한 형태이다. ≪唐虞之道≫와 ≪上博楚簡 · 紂衣≫는 윗부분 ‘爪’를 쓰지 않고 ‘’와 ‘’로 쓴다.[250]

⑤ ‘舍(餘)’: ‘’는 ‘舍’자로 예정할 수 있다. ‘舍’자와 ‘餘’자는 소리부가 모두 ‘余’이다. ≪中山王嚳鼎≫에 「含(今)舍(余)方壯智(知)天若否(지금 나는 하늘에 順逆하는 것이 무엇인가를 인식하였다.)」라는 구절이 있는데, ‘含’자는 ‘今’의 古今字이고, ‘(舍)’자는 ‘余’의 이체자이다. ≪包山楚簡≫은 ‘’로

246) ≪楚系簡帛文字編≫, 785 쪽 참고.
247) 廖明春, ≪郭店楚簡老子校釋≫, 483 쪽 참고.
248) 廖明春, ≪郭店楚簡老子校釋≫, 483-484 쪽 참고.
249) ≪楚系簡帛文字編≫, 324 쪽 참고.
250) ≪楚系簡帛文字編≫, 678 쪽 참고.

쓰고, ≪郭店楚簡性自命出≫은 ''로 쓰고, ≪上博楚簡 · 孔子詩論≫은 '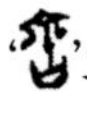'로 쓴다.[251)]

251) ≪楚系簡帛文字編≫, 510 쪽 참고.

乙-第 17 簡

乙【第17簡 原文】

之向(鄕)[28①], 其悳(德)乃長. 攸(修)之邦[②], 其悳(德)乃奉(豐)[③]. 攸(修)之天下□□□□□□□□

【校讀記】

之鄕, 其德乃長. 修之邦, 其德乃豐. 修之天下, [其德乃溥. 以家觀]

【校釋】

之卲, 丌悳乃長. 攸之邦, 丌悳乃奉. 攸之天下, [丌悳乃溥. 以豪觀]

【異本】

帛書甲本: 之[鄕, 亓德乃長. 脩之邦, 亓德乃豐. 脩之天下, 亓德[34]乃博]. 以身[觀]身, 以家觀
帛書乙本: 之鄕, 亓德乃長. 脩之國, 亓德乃夆(豐). 脩之天下, 亓德乃博(溥). 以身觀身, 以家觀
王弼本: 之於鄕, 其德乃長. 修之於國, 其德乃豐. 修之於天下, 其德乃普. 故以身觀身, 以家觀
河上公本: 之於鄕, 其德乃長. 修之於國, 其德乃豐. 修之於天下, 其德乃普. 故以身觀身, 以家觀
傅奕本: 之鄕, 其德乃長. 修之邦, 其德乃豐. 修之天下, 其德乃溥. 故以身觀身, 以家觀
范應元本: 之鄕, 其德乃長. 脩之邦, 其德乃豐. 脩之天下, 其德乃普. 故以身觀身, 以家觀
景龍碑本: 之鄕, 其德乃長. 脩之於國, 其德乃豐. 脩之於天下, 其德乃普. 故以身觀身, 以家觀

【해석】

마을을 닦으면 그 덕이 오래 가고, 나라를 닦으면 그 덕이 풍성해지고, 천하를 닦으면 [그 덕이 널리 미친다. 집안의 덕으로 집안을 드러내 보이고],

【郭店楚簡註釋】

28 裘錫圭 按語: 簡文의 「向」자는 변형이며 「鄕」의 의미로 쓰인다. 이 「向」자는 ≪郭店楚簡≫의 ≪緇衣≫의 第43簡 · ≪魯穆公問子思≫ 第3簡 · ≪尊德義≫ 第28簡 · ≪語叢四≫ 第15簡 등에도 보인다. 이 중 ≪魯穆公問子思≫ · ≪尊德義≫ · ≪語叢四≫의 「向」자의 형태와 비교적 유사하다. 「向」자는 원래 「∧(宀)」으로 이루어진 자인데, 竹簡文은 변형된 형태인 두 개의 「∧」로 쓴다. 이는 竹簡文 「輪」자의 의미부 「侖」을 혹은 두 개의 「∧」를 사용하여 쓰는 경우와 같다(≪語叢四≫제 20간).

【註解】

① '向(鄕)': ''은 '鄕'의 이체자이다. ≪金文篇≫은 ≪宰出簋≫의 '(卿)'자에 대하여「象兩人相向就食之形, 公卿之卿, 鄕黨之鄕, 饗食之饗, 皆爲一字, 羅振玉說(두 사람이 마주 앉아 음식을 먹고 있는 형상이다. 公卿의 '卿'·鄕黨의 '鄕'·饗食의 '饗'은 모두 같은 자이다. 羅振玉의 주장이다.)」이라 하였다.[252] 금문에서는 '鄕'·'卿'·'饗'자는 모두 ''의 형태로 쓴다. ''자는 ''자를 간략하게 쓴 형태이다.

② '邦': 傅奕本과 范應元本은 '邦'으로 쓰고, 다른 판본들은 '國'으로 쓴다. 漢 高祖 劉邦의 이름을 避諱하기 위하여 '國'으로 썼다.

③ '奉(豐)': '(奉)'자를 ≪帛書·乙≫은 '(夆)'으로 쓰고, 다른 판본들은 '豐'으로 쓴다. ≪國語·周語上≫「臣聞之, 道而得神, 是謂逢福, 淫而得神, 是謂貪禍. 今虢少荒, 其亡乎?(제가 듣건대『정도를 행하여 신령의 강림을 구하면 복을 비는 것이고, 방탕하면서 신령의 강림을 구하면 이는 탐심으로 인해 재난을 초래하는 것이다.』라 했다. 지금 괵군은 주색과 전렵에 탐닉하고 있으니, 어찌 쇠망을 예시하는 것이 아니겠습니까?)」중의 '逢'자를 ≪說苑≫은 '豐'자를 써서「臣聞之. 道而得神, 是謂豐福 ; 淫而得神, 是謂貪福. 今虢少荒, 其亡也(제가 듣건대『정도를 행하여 신령의 강림을 구하면 복을 비는 것이고, 방탕하면서 신령의 강림을 구하면 이는 탐심으로 인해 재난을 초래하는 것이다.』라 했다. 지금 괵군은 주색과 전렵에 탐닉하고 있으니, 망하고 말 것이다.)」로 쓴다. '夆'·'逢'과 '豐'의 음이 유사하기 때문에 호용된다.

252) ≪金文編≫, '1511 (卿)', 645 쪽 참고.

乙-第 18 簡

乙【第18簡 原文】

豙(家)[29], 以向(鄉)觀向(鄉), 以邦觀邦, 以天下觀天下. 虐(吾)①可(何)②以智(知)天□□□□□[30].

【校讀記】

家, 以鄉觀鄉, 以邦觀邦, 以天下觀天下. 吾何以知天[下然? 以此. √](54)

【校釋】

豙, 以卲觀卲, 以邦觀邦, 以天下觀天下. 虐可以智天[下然? 以此].

【異本】

帛書甲本: 家, 以鄉觀鄉, 以邦觀邦, 以邦觀邦, 以天[下]觀[天下. 吾何以知天下然哉? 以此]35.
帛書乙本: [家190上, 以國觀]國, 以天下觀天下. 吾何[以]知天下之然兹(哉)? 以[此].
王弼本: 家, 以鄉觀鄉, 以國觀國, 以天下觀天下. 吾何以知天下然哉? 以此.
河上公本: 家, 以鄉觀鄉, 以國觀國, 以天下觀天下. 何以知天下然哉? 以此.
傅奕本: 家, 以鄉觀鄉, 以國觀國, 以天下觀天下. 吾奚以知天下之然哉? 以此.
范應元本: 家, 以鄉觀鄉, 以國觀國, 以天下觀天下. 吾奚以知天下之然哉? 以此.
景龍碑本: 家, 以鄉觀鄉, 以國觀國, 以天下觀天下. 吾何以知天下之然? 以此.

【해석】

마을의 덕으로 마을을 드러내 보이고, 나라의 덕으로 나라를 드러내 보이고, 천하의 덕으로 천하를 드러나 보이게 한다. 천하가 그러함을 내 어찌 아는가? 이는 곧 앞에서 언급한 도로서 아는 것이다.

【郭店楚簡註釋】

29 이 구절은 ≪帛書≫本은 「脩之天下其德乃博以身觀身以家觀家(그것으로 천하를 다스리면 그 덕은 광대해진다. 몸으로 몸을 살피고 집안으로 집안을 살피다.)」로 쓴다. 竹簡文은 「其德乃博以家觀」을 보충할 수 있다.

30 이 장 끝 부분을 현행본(今本)은 「吾何以知天下然哉以此(천하가 그러함을 내 어찌 아는가?)」로 쓴다.

【註解】

① '虛(吾)': '(虛)'자는 '壬'과 소리부 '虍'로 이루어진 형성자. '虍'와 '吾'자는 모두 고음 韻部가 '魚'部이기 때문에 서로 통한다.

② '可(何)': 古文에서는 '何' · '曷(害)' · '盍'과 '胡'자는 모두 의문대사 용법으로 쓰이며 同源詞이다.[253] '可'자는 楚簡에서 '可' · '何'와 '阿'의 의미로 쓰이며, ≪郭店楚簡≫은 '可'자를 '' · '' 이외에 ''로 쓰기도 한다.[254]

253) 王力, ≪同源字典≫, 文史哲出版社, 435 쪽 참고.
254) ≪楚系簡帛文字編≫, 474 쪽 참고.

③《老子·丙》

老子丙

一〇 九 八 七 六 五 四 三 二 一

一四　一三　一二　一一

【老子 · 丙】

≪老子 · 丙≫은 모두 14개의 竹簡으로 되어 있다. 죽간의 양 끝은 편평한 모양으로 다듬어져 있으며, 길이는 25.5 ㎝이다. 두 곳에 끈으로 묶은 編線의 흔적이 있고, 편선 간의 거리는 10.8 ㎝이다. 문자는 모두 268자이며, 重文과 合文이 각각 한 자씩 있다.

내용은 ≪王弼≫本의 17장, 18장, 35장, 31장의 중하단 부분에 해당된다.

≪老子 · 丙≫의 14개의 죽간은 내용상 네 부분으로 나눌 수 있다.

첫 번째는 제 1간에서 제 2간까지이며, ≪王弼≫本의 제 17장과 제 18장에 해당된다.

두 번째는 제 3간에서 제 4간까지이며, ≪王弼≫本의 35장에 해당된다.

세 번째는 제 6간에서 10간까지이며, ≪王弼≫本의 31장 일부에 해당된다.

네 번째는 제 11간에서 14간까지이며, ≪王弼≫本의 64장 일부에 해당된다.

丙-第 1 簡

丙【第1簡 原文】

大上下智(知)又(有)之①, 其即(次)新(親)譽之②, 其既〈即(次)〉③愄(畏)之, 其即(次)柔(侮)之[1]. 信不足, 安④

【校讀記】

太上下知有之, 其次親譽之, 其次畏之, 其次侮之. 信不足, 焉

【校釋】

大上, 下智又之, 丌即, 新譽之, 丌既, 愳之, 丌即, 柔之. 信不足, 安

【異本】

帛書甲本: 大(太)上, 下知有之. 其次, 親譽之. 其次, 畏之, 其下, 母(侮)之. 信不足, 案
帛書乙本: 大上, 下知又(有)[之]. 亓[次], 親譽之. 亓次, 畏之, 亓下, 母(侮)之. 信不足, 安232下
王弼本: 太上, 下知有之. 其次, 親而譽之. 其次, 畏之, 其次, 侮之. 信不足焉,
河上公本: 太上, 下知有之. 其次, 親之, 譽之. 其次, 畏之, 其次, 侮之. 信不足焉,
傅奕本: 太上, 下知有之. 其次, 親之, 譽之. 其次, 畏之, 其次, 侮之. 故信不足焉,
范應元本: 太上, 下知有之. 其次, 親之, 譽之. 其次, 畏之, 侮之. 故信不足焉,
景龍碑本: 太上, 下知有之. 其次, 親之, 豫之. 其次, 畏之, 侮之. 信不足焉,

【해석】

가장 좋은 군주가 아래 있는 백성을 다스리면 임금이 있다는 것만 아는 것이고, 그 다음은 사랑하고 존경하는 경우이고, 그 다음은 두려워하는 것인데, 가장 나쁜 것은 모욕하는 경우이다. 믿음이 부족하기 때문에

【郭店楚簡註釋】

1 초간(楚簡)의 '柔'자는 '矛'와 '人'으로 이루어진 자이다. ≪古文四聲韻≫이 인용하고 있는 ≪古孝經≫ 중의 '侮'자는 자부 '矛'와 '人'으로 이루어진 楚簡의 자와 같다.

【註解】

① '大上': 高亨은 '大上'을 '太上'으로 해석하고, 「『太上』者, 最高之君也, 『下知有之』者, 民知有

君而無愛惡恩怨於其間也(『太上』은 최고의 군주를 말한다. 『下知有之』는 백성은 군주가 있다는 것은 알고 있으나, 그 군주에게 좋아하거나 싫어하거나 은혜롭다거나 원망하다라는 감정이 없다.)」라 하였다.[255]

② ‘譽之’를 景龍碑本은 ‘豫之’로 쓴다. ‘豫’는 ‘譽’의 가차자이다.

③ ‘既〈即(次)〉’: ‘’자는 ≪郭店楚墓竹簡≫은 ‘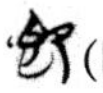(卽)’자를 잘못 쓴 것으로 이해하고 있다. 하지만 ≪上博楚簡≫은 ‘既’자를 ‘㳄’·‘歆’·‘㳄’ 등으로 쓰고,[256] ≪老子甲≫ 第 2簡)의 ‘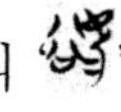’(欲)자와 ‘’자의 오른쪽 자부 ‘欠(次)’은 같다. 따라서 ‘’자는 ‘歆’으로 예정할 수 있고, ‘次’와 ‘卽’의 음은 서로 통하기 때문에 ‘既’자는 ‘即’자를 잘못 쓴 것이 아니다. ≪楚系簡帛文字編≫은 ‘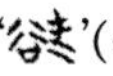’(≪新蔡葛陵楚簡≫)·‘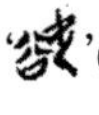’(≪上博楚簡·魯邦大旱≫)·‘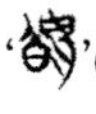’(≪上博楚簡·容成氏≫)·‘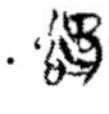’(≪九店楚簡≫)자 등을 ‘欲(欲)’으로 해석하였다.[257]

④ ‘信不足安又(有)不信.’: ‘信不足安又(有)不信’의 구절에 대하여 王念孫은 「『信不足』爲句, 『焉有不信』爲句. 焉, 於是也. 言信不足, 於是有不信也(이 문장은 『信不足, 焉有不信』으로 읽어야 한다. ‘焉’은 ‘그래서 ~이다(於是)’의 뜻이다. ‘믿음이 부족하기 때문에 불신하는 것이다’.)」라 하였다. 高明은 ‘安’자에 대하여 「‘焉’·‘案’·‘安’三字皆如今語中之連詞『於是』或『則』, 意義相同. 王引之≪經傳釋詞≫卷二: 『安, 猶於是也, 乃也, 則也. ‘安’或作‘案’, 或作‘焉’, 其義一也(‘焉’·‘案’과 ‘安’ 세 글자는 모두 현대 한어 連詞(접속사) 『於是』나 『則』의 의미이다. 王引之는 ≪經傳釋詞≫(卷二)에서 『‘安’은 ‘於是’·‘乃’와 ‘則’의 의미이다. ‘安’자는 ‘案’으로 쓰거나 혹은 ‘焉’으로 쓴다. 모두 같은 의미이다.)」라 하였다.[258] 第 3簡 중의 ‘安’자 역시 ‘於是’·‘乃’와 ‘則’의 의미이다.

255) ≪老子正詁≫, 41 쪽 참고.
256) 李守奎, ≪上海博物館藏戰國楚竹書(一)-(五)·文字編), 272 쪽 참고. ≪楚系簡帛文字編≫, 502 쪽 참고.
257) ≪楚系簡帛文字編≫, 796 쪽 참고.
258) ≪帛書老子校注≫, 308 쪽 참고.

丙-第 2 簡

丙【第2簡 原文】

又(有)不信. 猷(猶)虐(乎)①其貴言也. 成事䢒(遂)𧘇(功)[2]②, 而百眚(姓)曰我自肰(然)也. 古(故)大

【校讀記】

有不信. 猶乎其貴言也. 成事遂功, 而百姓曰我自然也(17) 故大

【校釋】

又不信. 猷虐(乎), 丌貴言也. 成事䢒𧘇, 而百眚曰我自肰也. 古大

【異本】

帛書甲本: 有不信. [猶呵], 其貴言也. 成功遂事, 而百省(姓)胃(謂)我自然. 故大

帛書乙本: 有不信. 猷(猶)呵, 亓貴言也. 成功遂事, 而百姓胃(謂)我自然. 故大

王弼本: 有不信焉. 悠兮, 其貴言. 成功事遂, 百姓皆謂我自然. 大

河上公本: 信不足焉. 猶兮, 其貴言. 成功事遂, 百姓皆謂我自然. 大

傅奕本: 有不信. 猶兮, 其貴言哉. 成功事遂, 百姓皆曰我自然. 大

范應元本: 有不信焉. 猶兮, 其貴言哉. 成功事遂, 百姓皆曰我自然. 大

景龍碑本: 有不信. 由其貴言. 成功事遂, 百姓謂我自然. 大

【해석】

불신이 생기는 것이다. 군주는 유연히 대처하고 말을 조심스럽고 신중하게 한다. 공을 세우고 일이 잘 이루어져도 백성들은 모두가 우리 자신이 자연히 그렇게 된 것이라고 말하게 된다. 그런고로

【郭店楚簡註釋】

2 帛書는 이 구절을 「成功遂事」로 쓴다.

【註解】

① ‘猷(猶)虐(乎)’: ‘猷(猶)虐(乎)’를 각 판본은 ‘猶呵’ · ‘悠兮’ · ‘猶兮’나 ‘由’ 등으로 쓴다. ‘猷’는 ‘猶’자와 같고, ‘悠’나 ‘由’와 음이 통하며, ‘虐(乎)’ · ‘呵’와 ‘兮’는 語氣詞로 음이 서로 통한다. 趙建偉는 ≪郭店楚簡〈老子〉校釋≫에서 「『猶乎其貴言』, 謂猶豫審愼而重其言說(『猶乎其貴言』

은 '조심스럽고 신중하게 말을 아껴야 한다'는 의미이다.)」라 하였다.[259] 참고할 만하다.

② '成事逑(遂)社(功)': '成事逑(遂)社(功)'을 '成功事遂'로 쓰기도 한다. '成事逑(遂)社(功)' 중 '成'자와 '逑(遂)'는 동사이고, '事'와 '社(功)'은 명사용법으로 쓰이고 있다. 따라서 '成功事遂' 구절은 어법상 '成事逑(遂)社(功)'보다 매끄럽지 못한다.

'逑'자는 초간에서 '逑'·'術'·'遂' 등의 의미로 쓰인다.[260]

'社'자를 ≪包山楚簡≫은 ''·''으로 쓰고, ≪郭店楚簡≫은 ''·''으로 쓰고, ≪上博楚簡≫은 ''으로 쓰며,[261] ≪上博楚簡·紂衣≫는 '功'자를 ''으로 쓴다.[262]

259) ≪道家文化研究≫17輯, 269 쪽 참고.
260) ≪楚系簡帛文字編≫, 150 쪽 참고.
261) ≪楚系簡帛文字編≫, 30 쪽 참고.
262) ≪楚系簡帛文字編≫, 1153 쪽 참고.

丙-第 3 簡

丙【第3簡 原文】

道發(廢)①, 安有𢖩(仁)義[3]. ②六新(親)不和[4], 安有孝学(慈)[5]. 邦豕(家)緍(昏)③□安又(有)正臣[6].

【校讀記】

道廢, 焉有仁義. 六親不和, 焉有孝慈. 邦家昏亂, 焉有正臣.■(18)

【校釋】

道燮, 安又𢖩義. 六新不和, 安又有孝学. 邦豕緍[亂], 安又正臣.

【異本】

帛書甲本: 道廢, 案有仁義. 知(智)快(慧)出, 案有大125僞. 六親不和, 案有畜(孝)玆(慈). 邦家悶(昏)亂, 案有貞臣.

帛書乙本: 道廢, 安有仁義. 知(智)慧出, 安有[大僞]233上. 六親不和, 安又(有)孝玆(慈). 國家悶(昏)亂, 安有貞臣.

王弼本: 道廢, 有仁義. 慧智出, 有大僞. 六親不和, 有孝慈. 國家昏亂, 有忠臣.

河上公本: 道廢, 有仁義. 慧智出, 有大僞. 六親不和, 有孝慈.

傅奕本: 道廢, 焉有仁義. 智慧出, 焉有大僞. 六親不和, 有孝慈. 國家昏亂, 有貞臣.

范應元本: 道廢, 焉有仁義. 知惠出, 有大僞焉. 六親不和, 有孝慈焉. 國家昏亂, 有貞臣焉.

景龍碑本: 道廢, 有人義. 智惠出, 有大僞. 六親不和, 有孝慈. 國家昏亂, 有忠臣.

【해석】

그런고로 大道가 사라지자 인의가 생겨나고, (지혜가 생겨난 후 큰 속임이 생기게 되었다) 육친이 화목하지 않아 효도와 자애가 있게 되었고, 나라가 혼란하게 되자 정직한 신하가 생겨나게 되었다.

【郭店楚簡註釋】

3 '𢖩'자는 '心'과 소리부 '身'으로 이루어진 형성자이다. ≪說文解字≫의 '仁'자 古文과 같다. ≪說文解字≫는 「古文仁从千心('仁'자의 고문은 '心'과 '千'으로 이루어져 있다.)」라고 설명하고 있는데, 「千」이 아니라 「身」이다.

裘錫圭 按語: 「千」과 「身」은 고음이 비슷하기 때문에, 「身」을 「千」으로 잘못 설명한 것이

아니다.

4 ≪帛書 · 甲≫은 「知快出, 案有大僞(지혜가 생겨나자 큰 거짓이 생기다.)」로 쓴다.

5 '孶'자는 '㓜(玆)'와 '子'로 이루어진 자이며, '慈'의 의미이다.

6 '□'자를 ≪帛書≫本은 '亂'으로 쓴다.

裘錫圭 按語: 잘 보이지 않는 ' '자는 ≪老子 · 甲≫(제 26간)의 「亂」자의 형태와 비슷하다.

【註解】

① '癹(廢)': ' '자를 ≪郭店楚墓竹簡≫은 '癹'로 예정하고 '廢'의 의미로 풀이하고 있다. ' '자는 '癹(짓밟을 발, bá, pō)'자를 복잡하게 쓴 형태이다. ≪說文解字≫는 ' (發)'자에 대하여 「䠶發也, 从弓, 癹聲('화살을 쏘다'의 의미. '弓'과 소리부 '癹'로 이루어진 형성자.)」이라 하였다. '發'자를 ≪包山楚簡≫은 ' ' · ' ' · ' ' · ' '로 쓴다.[263]

② '六新(親)不和' 앞 구절에 다른 판본들은 모두 「知快出, 案有大僞(지혜가 생겨나자 큰 거짓이 생기다.)」의 구절이 추가되어 있다. 「安有㤰(仁)義」 중의 '義'자와 「案有大僞」 중의 '僞'자는 모두 '歌'部로 押韻이고, 「安有孝孶(慈.)」 중의 '慈'자와 「㝒又(有)正臣」 중의 '臣'자는 '之'와 '眞'部로 合韻인 것으로 보아 ≪郭店楚簡≫이 누락한 것으로 보인다.[264]

③ '邦豙(家)緍(昏)': ' (邦)'자를 다른 판본들은 '國'으로 쓴다. 漢 高祖 劉邦의 이름을 避諱하기 위하여 '國'으로 썼다. ≪老子乙≫(第 17簡) 역시 '邦'으로 쓴다.

' (緍)'자는 '糸'와 소리부 '昏'으로 이루어진 형성자이며, ≪帛書≫는 소리부가 '門'인 ' (閽)'으로 쓴다.[265]

≪郭店楚簡 · 緇衣≫는 '緍'자를 ' '으로 쓴다. '昏'자는 음이 '民'인 ' (昬)'자로 쓰기도 한다.

263) ≪楚系簡帛文字編≫, 1073 쪽 참고.
264) 廖明春, ≪郭店楚簡老子校釋≫, 515 쪽 참고.
265) ≪馬王堆帛書文字編≫, 433 쪽 참고.

丙-第 4 簡

丙【第4簡 原文】

執①大象[7], 天下往. 往而不害, 安坪(平)大②. 樂與餌, 怂(過)客止③. 古(故)道□□□,

【校讀記】

執大象, 天下往. 往而不害, 安坪大. 樂與餌, 過客止. 故道[之出言],

【校釋】

埶大象, 天下徍. 徍而不害, 安坪大. 樂與餌, 怂客歨. 古道[之出言],

【異本】

帛書甲本: 執大象, [天下]164往. 往而不害, 安平大(太). 樂與餌, 過格(客)止. 故道之出言也,
帛書乙本: 執大象, 天下往. 往而不害, 安平大(太). 樂與[餌]250上, 過格(客)止. 故道之出言也,
王弼本: 執大象, 天下往. 往而不害, 安平太. 樂與餌, 過客止. 故道之出口,
河上公本: 執大象, 天下往. 往而不害, 安平太. 樂與餌, 過客止. 道之出口,
傅奕本: 執大象者, 天下往. 往而不害, 安平泰. 樂與餌, 過客止. 道之出言,
范應元本: 執大象者, 天下往. 往而不害, 安平泰. 樂與餌, 過客止. 道之出言,
景龍碑本: 執大象, 天下往. 往而不害, 安平太. 樂與餌, 過客止. 道出言,

【해석】

성인이 도를 준칙으로 하면 천하가 그에게로 돌아오게 되고, 돌아오되 해치지 않으면, 태평은 크게 성하게 되는 것이다. 음악과 음식은 지나가는 과객을 멈추게 할뿐이지만, 道를 말로써 표현하면,

【郭店楚簡註釋】

7 ''자는 「埶」자이며, 「設」의 의미로 쓰이고 있다. 다른 판본들이 「執」으로 쓰고 있는데, 이는 아마 잘못된 것이 아닌가 한다.

【註解】

① '執': 裘錫圭는 ≪郭店楚墓竹簡≫에서 「埶」자로 예정하고 「設」의 의미라 하였다. '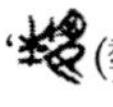(埶)'자는 「埶」와 「女」로 이루어진 자이며, '埶'자를 복잡하게 쓴 형태이다.

≪說文解字≫는 '(埶)'자에 대하여「至也. 从女, 埶聲. ≪虞書≫曰:「大命不埶」, 讀若執同('埶'자는 '도달하다'의 의미. '女'와 소리부 '埶'로 이루어진 형성자. ≪虞書≫에「天命이 도달하지 않다.」라는 구절이 있다. 음은 '執'와 같다.)」라고 설명하고, 음은 '脂利切'이다. ≪上博楚簡 · 性情論≫의「善不善, 眚(性)也. 所善所不善, 埶(勢)也.(선하다 선하지 않다라는 것은 天性이다. 이른바 선한 행위와 선하지 않은 행위는 情勢이다.)」(第 3簡) ·「出眚(性)者, 埶(勢)也.(性을 발현하는 것은 勢이다.)」(第 5簡)와「勿(物)之埶(勢)者之胃(謂)埶(勢).(物의 情勢를 勢라 한다.)」(第 6簡) 중의 '埶(勢)'는「物誘於外(물질이 외부에 의해 유도.)」된 情勢를 말한다.[266] 초간에서 '埶'자는 '埶' · '藝' · '蓺'와 '勢'의 의미로 쓰인다.[267] ≪廣韻≫은 '藝'자에 대하여「藝, 常也, 準也('藝'는 '법칙'이고, '준칙'의 의미이다.)」라 하였다.

초간(楚簡)의「藝大象」은 '大象을 준칙으로 하다'의 의미이다. 王弼은 '大象'을「大象, 天上之母也. 不寒不溫不涼, 故能包統萬物, 無所犯傷, 主若執之, 則天下王也('大象'이란 하늘의 추상적 가치의 근원을 말하는 것이다. 춥지도 않고 덥지도 않으며 서늘하지도 않다. 그래서 만물을 능히 포함하고 통일할 수 있기 때문에 범하고 상하게 될 바가 없는 것이다. 군주가 그것을 잡으면 곧 천하가 움직이게 되는 것이다.)」라 하였다.

'執'자를 ≪包山楚簡≫은 '' · ''으로 쓰며,[268] '埶'자를 ≪郭店楚簡≫의 ≪老子甲≫은 ''으로 쓰고 ≪老子丙≫은 ''으로 쓴다.[269] 형태가 비슷하다.

'勢'자는 '威力'이나 '權勢' 등을 의미하기 때문에 '가장 중요한 것으로 여기다' 즉 '준칙으로 삼다'의 의미로 해석할 수 있다.

② '安坪(平)大': 朱謙之의 ≪老子校釋≫는 '安'자에 대하여「王引之≪經傳釋詞≫持異議, 謂『'安'猶於是也, 乃也, 則也. ≪老子≫曰: '往而不害, 安平太.'言往而不害, 乃得平泰也(王引之는 ≪經傳釋詞≫에서 다른 학자와 다른 의견을 주장하고 있다. 즉『'安'자는 '그래서 ~(於是)' · '乃'나 '則'의 의미이다. ≪老子≫의 '往而不害, 安平太' 구절은 '천하가 그에게로 돌아오게 되고, 돌아오되 해치지 않으면, 태평은 크게 성하게 된다'의 의미다』.)」라 하였다.[270]

'坪'자를 ≪曾侯乙墓楚簡≫은 ''으로 쓰고, ≪楚帛書≫는 ''으로 쓴다.[271]

③ '怸(過)客止': '(怸)'자는 소리부가 '化'이며, '過'자와 통한다. '怸'자는 ≪郭店楚簡≫ 중 ≪太一生水≫ · ≪成之聞之≫ · ≪性自命出≫에서 모두 '過'의 의미로 쓰인다.[272]

266) ≪上海博物館藏戰國楚竹書≫, 224 쪽 참고.
267) ≪楚系簡帛文字編≫, 261 쪽 참고.
268) ≪楚系簡帛文字編≫, 888 쪽 참고.
269) ≪楚系簡帛文字編≫, 261 쪽 참고.
270) 朱謙之, ≪老子校釋≫, 140 쪽 참고.
271) ≪楚系簡帛文字編≫, 1129 쪽 참고.
272) ≪楚系簡帛文字編≫, 925 쪽 참고.

‘(客)’자를 ≪帛書≫本은 ‘(格)’으로 쓴다.[273)]

‘’는 ‘歨’로 예정할 수 있다. ‘止’자를 복잡하게 쓴 형태다. 楚簡에서 ‘歨’자는 ‘止’ · ‘之’와 ‘待’의 의미로 쓰인다.[274)]

273) ≪漢語古文字字形表≫, 219 쪽 참고.
274) ≪楚系簡帛文字編≫, 131 쪽 참고.

丙-第 5 簡

丙【第5簡 原文】

淡可(呵)①其無味也[8]. 視之不足見, 聖(聽)之不足䎽(聞), 而不可既也[9]②.

【校讀記】

淡兮其無味也. 視之不足見, 聽之不足聞, 而不可既也.■(35)

【校釋】

淡可丌無味也. 視之不足見, 聖之不足䎽(聞), 而不可既也.

【異本】

帛書甲本: 曰談(淡)呵其无味也. [視之]$_{165}$不足見也, 聽之不足聞也, 用之不可既也.

帛書乙本: 曰淡呵其无味也. 視之不足見也, 聽之不足聞也, 用之不$_{250下}$可既也.

王弼本: 淡乎其無味. 視之不足見, 聽之不足聞, 用之不足既.

河上公本: 淡乎其無味. 視之不足見, 聽之不足聞, 用之不既.

傅奕本: 淡兮其無味. 視之不足見, 聽之不足聞, 用之不可既.

范應元本: 淡兮其無味. 視之不足見, 聽之不足聞, 用之不可既.

景龍碑本: 淡無味. 視之不足見, 聽之不足聞, 用不足既.

【해석】

담백하여 맛이 없고, 보아도 보이지 않고, 들어도 들리지 않으나 쓰임은 다함이 없다.

【郭店楚簡註釋】

8 본 구절을 ≪帛書≫는 「故道之出言也, 曰談呵其無味也(道는 담백하여 맛이 없다는 말로써 표현할 수 있다.)」로 쓴다.

9 '而不可既也' 구절을 ≪帛書≫는 「用之不可既也(쓰임은 다함이 없다.)」로 쓴다.

【註解】

① '淡可(呵)': '(淡)'자를 ≪帛書 · 甲≫은 '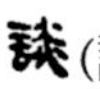(談)'으로 쓰며, 음이 서로 통한다. '淡可(呵)'와 같은 문장 형식은 第 2簡의 '猷(猶)虐(乎)'가 있다. '猷(猶)虐(乎)'는 '猶呵' · '悠兮' · '猶兮' 등으로도 쓴다. '虐(乎)' · '呵'와 '兮'는 어기사(語氣詞)이며, 음이 서로 통한다.

② '不可旣也': 馬叙倫은 '可'자를 ≪王弼≫本 등이 '足'으로 쓰는 것에 대하여 「足, 可音近, 傳寫譌改耳. 三句皆當作可('足'자와 '可'자가 음이 비슷하기 때문에 잘못 쓴 것이다. 세 구절 중의 '足'자는 모두 '可'자로 써야 한다.)」라 하였다.[275]

'(旣)'는 '다하다(盡)'의 의미이다. ≪廣雅 · 釋詁一≫은 「旣, 盡也」라고 설명하고, ≪莊子 · 應帝王≫의 「吾與汝旣其文, 未旣其實, 而固得道與?(내가 그대에게 도의 외적인 형식만을 다 가르치고 실질적 내용에 대해서는 아직 가르치지 못했는데, 그대는 이미 도를 깨달았다고 생각하는가?)」 구절 중의 '旣'자는 '다하다'의 의미이다.

'旣'자를 ≪包山楚簡≫은 '' · '' · '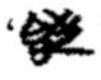' · ''로 쓰고, ≪望山楚簡≫은 '' · ''로 쓰고, ≪郭店楚簡 · 五行≫은 '' · ''로 쓰며, ≪郭店楚簡 · 緇衣≫는 ''로 쓰고, ≪上博楚簡 · 容成氏≫는 '' · ''로 쓴다.[276]

275) ≪老子校詁≫, 113 쪽.
276) ≪楚系簡帛文字編≫, 503 쪽 참고.

丙-第 6 簡

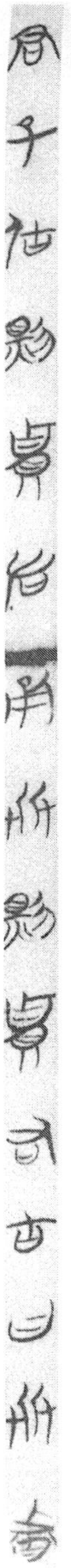

丙【第6簡 原文】

君子居則貴左, 甬(用)兵則貴右.[①] 古(故)曰兵者□□□□□□[10②]

【校讀記】

君子居則貴左, 用兵則貴右. 故曰兵者[非君子之器, 不]

【校釋】

君子居則貴左, 甬兵則貴右. 古曰兵者, [不祥之器也, 不]

【異本】

帛書甲本: 夫兵者, 不祥之器[也]$_{154}$, 物或惡之, 故有欲者弗居. 君子居則貴左, 甬(用)兵則貴右. 故兵者非君子之器也, [兵者]$_{155}$不祥之器也, 不

帛書乙本: 夫兵者, 不祥之器也$_{245下}$, 物或亞(惡)[之, 故有欲者弗居. 君]子居則貴左, 用兵則貴右. 故兵者非君子之器, 兵者不祥]之]$_{246上}$器也, 不

王弼本: 夫佳兵者, 不祥之器, 物或惡之, 故有道者不處, 君子居則貴左, 用兵則貴右. 兵者不祥之器, 非君子之器, 不

河上公本: 夫佳兵者, 不祥之器, 物或惡之, 故有道者不處, 君子居則貴左, 用兵則貴右. 兵者不祥之器, 非君子之器, 不

傅奕本: 夫美兵者, 不祥之器, 物或惡之, 故有道者不處, 是以君子居則貴左, 用兵則貴右. 兵者不祥之器, 非君子之器, 不

范應元本: 夫佳兵者, 不祥之器, 物或惡之, 故有道者不處, 君子居則貴左, 用兵則貴右. 兵者不祥之器, 非君子之器, 不

景龍碑本: 夫佳兵者, 不祥之器, 物或惡之, 故有道不處, 君子居則貴左, 用兵則貴右. 兵者不祥之器, 非君子之器, 不

【해석】

군자가 평시에 거처할 때에는 왼쪽을 귀히 여기고, 무기를 사용할 때에는 오른쪽을 중히 여긴다. 그런 고로 무기는 군자의 기물이 아니고,

【郭店楚簡註釋】

10 第 6簡 마지막 부분에 약 여섯 자가 파손되었다고 볼 수 있고, 제일 마지막 자는 「不得已而用之」 중의 첫 자 「不」자이다. 따라서 이 「故曰兵者」의 구절은 다섯 자가 파손되었다. ≪帛書≫는 이 부분에 「故兵者非君子之器,[277] 兵者不祥之器也(무기라는 것은 군자가 쓸 물건이 아닌 것은 병기가 불길한 연모이기 때문이다.)」라는 구절이 있는데, 楚簡의 어느 부분에 해당되는지 확실히 알 수가 없다.

【註解】

① 본 구절의 앞부분을 ≪帛書≫本과 기타 다른 판본은 「夫兵者, 不祥之器, 物或惡之, 故有欲者弗居(병기는 불길한 기물이기 때문에 만물 중에는 그것을 싫어하는 것이 있다. 그러므로 도를 터득하고자 하는 자는 그를 가까이 두지 않는다.)」 등의 문장을 추가하고 있다. 裘錫圭는 ≪帛書≫의 문장이 衍文이라고 주장하고 있다.[278] 彭浩도 ≪郭店楚簡老子校釋≫에서 「簡本這組簡的書寫體例是, 凡獨立的一章結尾處均有明顯的分章標誌, 且其下的空白處不在續寫它章文字. 每章的起首都是頂頭書寫, 簡文『君子居則貴左』係頂格抄寫, 似爲一章的開頭. 故帛書本『夫兵者……故有欲者不居』可能是另外的一章(본 초간(楚簡)은 한 문장이 끝나면 죽간에 공백이 있어도 계속해서 다음 문장을 쓰지 않고, 각 문장의 첫 자를 죽간의 첫 부분부터 시작하는 형식을 취하고 있다. 『君子居則貴左』의 구절은 第6簡의 첫 자인 것으로 보아 문장의 시작 부문이다. 따라서 ≪帛書≫의 『夫兵者……故有欲者不居』 구절은 다른 문장에 해당된다.)」이라고 주장하고 있다.[279] 現行本 第24章 「企者不立, 跨者不行, 自見者不明, 自是者不彰, 自伐者無功, 自矜者不長. 其在道也, 曰: 餘食贅形. 物或惡之, 故有道者不处(발돋움을 하고는 오래 서 있지 못한다. 발걸음을 떼어 놓는 사람은 멀리 가지 못한다. 스스로 드러내는 사람은 분명히 드러나지 않는다. 스스로 옳다고 하는 사람은 밝게 인정받지 못한다. 스스로 자랑하는 사람은 공적이 오히려 없게 된다. 스스로 뽐내는 사람은 훌륭하다고 알려지지 않는다. 도의 입장에서 보면 남은 찌꺼기와 같은 쓸데없는 행동이다. 만물이 모두 그러한 짓을 싫어한다. 그러므로 도를 터득한 사람은 그렇게 처신하지 않는다.)」 구절 중에 「物或惡之, 故有道者不处」의 문구가 있기 때문에 馬叙倫은 王弼本의 「物或惡之, 故有道者不處」 구절은 잘못 삽입된 것이라 하였다.[280] 그러나 ≪帛書≫ 등이 모두 쓰고 있는 것으로 보아 혹은 楚簡本이 누락한 것이 아닌가 한다.

'貴左'와 '貴右'에 대하여 高明은 「左爲陽位屬吉, 右爲陰位屬喪(좌측은 양을 의미하기 때문에 길에 속하고, 우측은 음을 의미하기 때문에 흉에 속한다.)」고 설명하고, ≪禮記 · 檀弓上≫ 「二三子皆尙

277) ≪帛書 · 甲≫은 '也'자가 있다.
278) ≪郭店老子簡初探≫, ≪道家文化硏究≫17輯, 50쪽 참고.
279) 彭浩, ≪郭店楚簡老子校釋≫, 112 쪽 참고.
280) ≪老子校詁≫, 101 쪽 참고.

左(두 사람의 문인들도 오른쪽을 위로 들었다.)」의 구절에 대하여 鄭玄은 「喪尙右, 右, 陰也. 吉尙左, 左陽也(喪事는 오른손을 위로 드는 것은 우측이 음에 속하기 때문이며, 吉事는 왼손을 드는 것은 좌측이 양에 속하기 때문이다.)」고 하였다.[281)]

② ≪文子・上仁篇≫이 「兵者不祥之器, 不得已而用之」로 쓰는 것으로 보아 「不祥之器也, 不」이 보이지 않는다.[282)]

281) ≪帛書老子校注≫, 391 쪽 참고.
282) 朱謙之, ≪老子校釋≫125 쪽, 참고.

丙-第 7 簡

丙【第7簡 原文】

得已而甬(用)之. 銛纏①爲上[11], 弗媺(美)也. 敓(美)②之[12], 是樂殺人[13]. 夫樂③□□□[14]

【校讀記】

得已而用之. 恬淡爲上, 弗美也. 美之, 是樂殺人. 夫樂[殺, 不可]

【校釋】

旻已而甬之. 銿纏爲上, 弗攷(美)也. 敓(美)之, 是樂殺人. 夫樂[殺人不可]

【異本】

帛書甲本: 得已而用之. 銛(恬)襲(淡)爲上, 勿美也. 若美之, 是樂殺人也. 夫樂殺人, 不[156]可

帛書乙本: 得已而用之. 銛(恬)龐(淡)爲上, 勿美也. 若美之, 是樂殺人也. 夫樂殺人, 不可

王弼本: 得已而用之. 恬淡爲上, 勝而不美. 而美之者, 是樂殺人. 夫樂殺人者, 則不可

河上公本: 得已而用之. 恬惔爲上, 勝而不美. 而美之者, 是樂殺人. 夫樂殺人者, 則不可

傅奕本: 得已而用之. 以恬憺爲上, 故不美也. 若美, 必樂之, 樂之者, 是樂殺人也. 夫樂人殺人者, 不可

范應元本: 得已而用之. 以恬淡爲上, 故不美也. 若美, 必樂之, 樂之者, 是樂殺人也. 夫樂殺人者, 不可

景龍碑本: 得已而用之. 恬惔爲上, 故不美. 若美之, 是樂煞人. 夫樂煞人者, 則不可

【해석】

부득이한 경우에만 사용하게 되는데, 사용할 때는 편안하고 깨끗한 마음으로 쓰는 게 제일 좋지 이를 찬미해서는 안 된다. 찬미하는 자는 살인을 즐기게 될 것이고, 사람을 죽이는 것을 즐기는 자는

【郭店楚簡註釋】

11 「銛」자 중 왼쪽의 윗부분은 「舌」이고, 아랫부분은 「肉」이다. 「銛纏」은 「恬淡」의 의미가 아닌가 한다. ≪帛書 · 甲≫은 「銛襲」으로 쓰며, ≪郭店楚墓竹簡≫은 「銛, 恬古音同. 襲, 淡古音相近('銛'과 '恬'자는 古音이 같고, '襲'과 '淡'은 古音이 유사하다.)」라 하였다.

裘錫圭 按語: 첫 번째 자의 왼쪽 윗부분 「舌」은 의미부가 아니고, 두 번째 「纏」자는 「淡」으

로 읽을 수 없는 것 같다. 앞으로 연구가 좀 더 필요하겠다.

12 '[illegible]'자는 '[illegible](媺)'자의 변형이다. '美色'이라는 의미의 '美'자를 ≪說文解字≫는 「媄」로 쓰고, 典籍들은 「媺」로 쓴다.

13 簡文 중의 '殺'자와 ≪說文解字≫의 古文 '殺'자와 비슷하다. 이 자는 ≪長沙子彈庫帛書≫에도 보인다.

14 簡文의 파손된 부분을 ≪帛書 · 甲≫은 「殺人不可」로 쓴다. 하지만 簡文은 세 자가 파손된 것으로 보인다.

【註解】

① '銛纙': ''과 ''자를 ≪郭店楚墓竹簡≫은 '銛纙'으로 예정하고 있다. 다른 판본은 '銛襲' · '銛慲' · '恬淡' · '恬惔'이나 '恬憺'으로 쓴다. 그러나 '纙' · '襲' · '慲'자와 '淡' · '惔' · '憺'자의 音이 차이가 있기 때문에 의견이 분분하다.

張舜徽는 「'銛襲', 各本作'恬澹', 或作'恬憺', 蓋傳寫者初以形近誤'銛'爲'恬', 後又改下一字爲'澹'或'憺'耳. '銛', 銳利也, 襲, 攻敵也. 謂用兵以銳利襲敵爲上, 然有道之主, 不可稱美也('銛襲'을 다른 판본은 '恬澹'이나 '恬憺'으로 쓴다. '銛'자와 '恬'자의 자형이 비슷하기 때문에 잘못 것이다. '襲'자를 또한 '澹'이나 '憺'으로 바꾸어 썼다. '銛(가래 섬, xiān)'은 '예리하다(銳利)', '襲'은 '적을 공격하다(攻敵)'의 의미이다. 즉 병사는 민첩하게 적을 공격하는 것을 상책으로 하지만, 도를 가장 중요시해야지 이를 찬미해서는 안된다는 의미이다.)」라고,[283] 裘錫圭는 「簡文'銛'下一字從'糸' · '龏'聲, '龏' · '龔'同音, 與'工' · '功'都是見母東部字. 此從'糸''龏'聲之字似當讀爲'攻苦'之'功'. ……帛甲本的'襲'應是從'龍'之字的形近譌字. '襲' · '淡'二字上古音相距不遠. '襲'屬邪母, '淡'屬定母. '襲'本以從二'龍'之字爲聲旁, 此字卽屬定母. '襲'屬緝部, '淡'屬'談'部, 兩部有旁對轉關係. 可能有人將'銛襲'一類異文讀爲'恬淡', 遂爲今本所襲用('銛'자 다음 자는 '糸'와 소리부 '龏'으로 이루어진 형성자이다. '龔'자와 음이 같은 '龏' · '工' · '功'자는 모두 '見'母'東'部이다. '纙'자는 '糸'와 소리부 '龏'으로 이루어진 형성자이며, '攻苦'의 '功'의 의미이다. ……帛書甲本 '襲'자는 음이 '龍'인 자와 형태가 비슷하기 때문에 잘못 쓴 것이다. '襲'자와 '淡'자의 上古音은 차이가 크지 않다. '襲'자는 '邪'母이고, '淡'자는 '定'母이다. '襲'자의 聲旁은 원래 '龖(두 마리의 용 답, tà)'이기 때문에, 이 자 역시 '定'母에 속한다. '襲'자는 '緝'部에 속하고, '淡'자는 '談'部에 속하기 때문에 이들 음은 旁對轉 관계이다. 아마 어떤 사람이 '銛襲'을 '恬淡'으로 해석한 후에 현행본(今本)들이 이를 답습하여 쓴 것으로 보인다.)」라 하였다.[284] 廖明春은 이들 자의 관계를 同義語로 보고 「'襲'訓掩藏, '襜' · '裧'訓遮蔽, 義近通用, 故'襲'可寫作'襜' · '裧', 後人又假借爲'憺' · '澹' · '淡' · '惔'('襲'은 '감추다(掩藏)의 의미이고, '襜'과 '裧'자 역시 '가

283) ≪老子疏證≫≪周秦道論發微≫, 192 쪽 참고.
284) ≪郭店老子簡初探≫, ≪道家文化研究≫17輯, 51쪽 참고.

리다(遮蔽)'로 의미가 비슷하기 때문에 서로 통용된다. 따라서 '襲'자는 '襜'이나 '裧'자로 썼고, 후대 사람들은 이 자의 가차자인 '憺'·'澹'·'淡'이나 '惔'자로 썼다.)」라 하였다.[285)]

李零≪郭店楚簡校讀記(增訂本)≫은 「上字右半厂字下從肉之字正是楚文字中的舌字, 讀恬是可以的……. 古書有讋字, 是章母葉部字, 與淡字讀音相近, 馬乙本从心从龏的字也可能是這個字, 照後一種情況, 讀淡也可以的('')'자는 오른쪽의 위는 자부 '厂'이고 아래는 자부 '肉'이다. 이 자는 楚文字 중의 '舌'자와 같기 때문에 '恬'로 읽을 수 있다……. 고문 중의 '讋'자는 고음이 '章'母'葉'部이고 '淡'자와 음이 비슷하다. ≪帛書·乙≫의 자부 '心'와 '龏'으로 이루어진 '(龐)'자[286)] 역시 '讋'자가 아닌가 한다. 이러한 상황으로 미루어 볼 때 '淡'자로 읽을 수 있다.)」라 하였다.[287)]

≪郭店楚簡·語叢四≫는 '舌'자를 ''로 쓴다.[288)] ''자의 우측 자부와 비슷하다.

② '美'자를 '(媺)'나 '(敓)'로 쓴다. ≪上博楚簡≫은 '美'자는 '(媺)'(≪(五)·三德≫8簡)·'(敚)'(≪(二)·容成氏≫21簡)·'(敚)'(≪(三)·周易≫24簡)·''(岂)≪(二)·孔子詩論≫16簡) 등으로 쓴다. '(敓)'자 역시 '美'의 이체자이다.

③ '樂': '夫樂' 중 '樂'자는 앞 '(樂)'자와 달리 아랫부분을 자부 '矢'를 써서 ''으로 쓴다. ≪郭店楚簡≫의 ≪成之聞之≫·≪六德≫와 ≪包山楚簡≫ 등도 자부 '矢'를 쓴다.[289)]

---

285) 廖明春, ≪郭店楚簡老子校釋≫, 543 쪽 참고.

286) ≪馬王堆帛書文字編≫, 434 쪽 참고. '銛'자를 ≪帛書·乙≫은 ''으로 쓴다(≪馬王堆帛書文字編≫, 565 쪽 참고).

287) 李零, ≪郭店楚簡校讀記(增訂本)≫, 35 쪽 참고.

288) ≪楚系簡帛文字編≫, 199 쪽 참고.

289) ≪楚系簡帛文字編≫, 549 쪽 참고.

丙-第 8 簡

丙【第8簡 原文】

以得志於天下■. 古(故)吉事上左, 喪①事上右[15]. 是以卞(偏)②[爿酉](將)

【校讀記】

以得志於天下. 故吉事上左, 喪事上右. 是以偏將

【校釋】

以㝵志於天下. 古吉事上左, [哭/死]事上右. 是以攴[爿酉]

【異本】

帛書甲本: 以得志於天下矣. 是以吉事上左, 喪事上右. 是以便(偏)將

帛書乙本: 以得志於246下天下矣. 是以吉事[上左, 喪事上右]. 是以偏將

王弼本: 以得志於天下矣. 吉事尙左, 凶事尙右. 偏將

河上公本: 以得志於天下矣. 故吉事尙左, 凶事尙右. 是以偏將

傅奕本: 以得志於天下矣. 故吉事尙左, 凶事尙右. 是以偏將

范應元本: 以得志於天下矣. 故吉事尙左, 凶事尙右. 是以偏將

景龍碑本: 以得志於天下. 故吉事尙左, 凶事尙右. 是以偏將

【해석】

천하를 얻을 수 없게 될 것이다. 길한 일에 있어서는 왼쪽을 숭상하고 흉한 일을 있어서는 오른쪽을 숭상하게 된다. 그래서 偏장군이

【郭店楚簡註釋】

15 簡文의 '喪'자 아랫부분은 의미부 「死」이다.

【註解】

① '喪': '喪'자를 초간(楚簡)은 '哭'과 '死'를 ''으로 쓴다. ≪說文解字≫는 '(喪)'자에 대하여 「亡也. 从哭, 从亡, 會意, 亡亦聲('喪'은 '사망하다(亡)'의 의미. '哭'과 '亡'으로 이루어진 會意字. '亡'은 또한 소리부기도 하다.)」라 하였다. '亡'과 '死'는 같은 동의어이기 때문에 서로 호환하여 사용된다.

‘喪’자를 ≪郭店楚簡 · 語叢一≫은 자부 ‘亡’인 ‘’으로 쓰고, ≪上博楚簡 · 民之父母≫는 ‘’ · ‘’으로 쓴다.[290]

② ‘卞(偏)’: ‘’자는 ‘卞’聲과 ‘又’로 이루어진 형성자이다. 裘錫圭는 ≪老子甲≫의 第 1簡에서 ‘(卞)’자는 「鞭」자의 古文이고, ≪老子甲≫(第 1簡)에서는 「辯」의 의미로, ≪老子 · 丙 ≫(第8簡)에서는 「偏」의 의미로 쓰이고 있다고 설명하였다. ≪說文解字≫는 ‘ (㑒)’자를 ‘ (鞭)’의 古文이라 하였다. ‘攴’자는 ‘㑒’자의 일부를 생략한 형태다.

‘鞭’자를 ≪望山楚簡≫은 ‘’으로 쓰고, ≪郭店楚簡 · 尊德義≫는 ‘’으로 쓰고, ≪上博楚簡 · 容成氏≫는 ‘’으로 쓰고, ≪郭店楚簡 · 六德≫은 ‘’으로 쓴다.[291]

290) ≪楚系簡帛文字編≫, 126 쪽 참고.
291) ≪楚系簡帛文字編≫, 247 쪽 참고.

丙-第 9 簡

丙【第9簡 原文】

軍居左, 上牆(將)軍居右, 言以喪豊(禮)居之也. 古(故)𣪘①□□[16],

【校讀記】

軍居左, 上將軍居右, 言以喪禮[居之也. 故殺人衆]

【校釋】

軍居左, 上牆軍居右, 言以喪豊居之也. 古殺[人衆],

【異本】

帛書甲本: 軍居左, 上將軍居[157]右, 言以喪禮居之也. 殺人衆,

帛書乙本: 軍居左, 而上將軍居右, 言以喪禮居之也. 殺[人衆]

王弼本: 軍居左, 上將軍居右, 言以喪禮處之. 殺人之衆,

河上公本: 軍居左, 上將軍居右, 言以喪禮處之. 殺人之衆,

傅奕本: 軍處左, 上將軍處右, 言居上勢則以喪禮處之. 殺人衆多,

范應元本: 軍處左, 上將軍處右, 言居上勢則以喪禮處之. 殺人衆多,

景龍碑本: 軍居左, 上將軍居右. 煞人衆多,

【해석】

왼쪽에 위치하고, 上장군이 오른쪽에 위치하는 것은 喪禮에 따른 것이다. 그런 고로 살인을 많이 했다는 것은

【郭店楚簡註釋】

16 簡文의 파손된 부분을 ≪帛書 · 甲≫은 「人衆」으로 쓴다.

【註解】

① '𣪘': ''자는 파손되어 윗부분 일부만 보이고 있다. '殺'자를 제 7간은 ''로 쓴다. ≪包山楚簡≫은 '殺'자를 '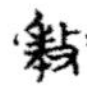' · '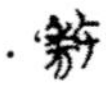' · '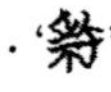'로 쓴다.292)

292) ≪楚系簡帛文字編≫, 299 쪽 참고.

丙-第 10 簡

丙【第10簡 原文】

則以恷(哀)悲位(莅)①之17, 戰勅(勝)則②以喪豊(禮)居之.

【校讀記】

則以哀悲蒞之, 戰勝則以喪禮居之.■(31)

【校釋】

則以㤌悲位(莅)之, 戰勝則以㖠豊居之.

【異本】

帛書甲本: 以悲依(哀)立(莅)之. 戰勝, 以喪禮處之.

帛書乙本: [以悲247上哀]立(莅)之. [戰]朕(勝), 而以喪禮處之.

王弼本: 以哀悲泣之. 戰勝, 以喪禮處之.

河上公本: 以悲哀泣之. 戰勝, 以喪禮處之.

傅奕本: 則以悲哀泣之. 戰勝者, 則以喪禮處之.

范應元本: 則以哀悲泣之. 戰勝者, 則以喪禮處之.

景龍碑本: 以悲哀泣之. 戰勝者, 以哀禮處之.

【해석】

곧 애통한 마음으로 임했다는 것이고, 전쟁에서 승리하였다고 해도 상례로 처리해야 하는 것이다.

【郭店楚簡註釋】

17 '哀'자는 「心」과 소리부 「衣」로 이루어진 형성자이다. 「衣」와 「哀」의 古音은 비슷하다.

【註解】

① '位(莅)': '(位)'자는 '莅(다다를 리{이}, lì)'의 의미이다. 王弼本 등은 '泣'으로 쓴다. 裘錫圭는「與今本'泣'字相當之字, 帛書本作'立', 簡文作'位', 整理本都讀爲'莅', 無疑是正確的. 羅運賢早在1928年印行的≪老子餘意≫中, 就認爲此章'泣'字『當爲'涖'之譌』, 可謂卓識(현행본의 '泣'자를 ≪帛書≫는 '立'으로, 簡文은 '位'로 쓰고, ≪郭店楚墓竹簡≫의 ≪整理本≫은 '莅'의 의미로 해석하고 있다. 옳은 주장이다. 羅運賢은 일찍이 1928년에 출판된 ≪老子餘意≫

에서 현행본의 '泣'자는 『'涖'자를 잘못 쓴 것이다』라고 정확하게 지적하고 있다.)」라 하였다.[293)]

② '(則)'자는 잘못 쓴 글자 위에 다시 '則'자를 덧 붙여 썼다.

293) ≪郭店老子簡初探≫, ≪道家文化研究≫제17집, 53 쪽 참고.

丙-第 11 簡

丙【第11簡 原文】

爲之者敗之, 執之者遊(失)之■[18①]. 聖人無爲, 古(故)無敗也, 無執, 古(故)□□□[19].

【校讀記】

爲之者敗之, 執之者失之. 聖人無爲, 故無敗也, 無執, 故[無失也].

【校釋】

爲之者敗之, 執之者遊之. 聖人無爲, 古無敗也, 無執, 古[無遊也.]

【異本】

郭店楚簡甲本: 爲之者敗之, 執之者遠之. 是以聖人亡爲, 古亡敗, 亡執, 古亡遊.

帛書甲本: [爲之者敗之, 執之者失之. 聖$_{57}$人无爲]也, [故]无敗[也]. 无執也, 故无失也.

帛書乙本: 爲之者敗之, 執之者失之. 是以耶(聖)人无爲[也, 故无敗也. 无執也, 故$_{201上}$无失也].

王弼本: 爲者敗之, 執者失之. 是以聖人無爲, 故無敗, 無執, 故無失.

河上公本: 爲者敗之, 執者失之. 聖人無爲, 故無敗, 無執, 故無失.

傅奕本: 爲者敗之, 執者失之. 是以聖人無爲, 故無敗, 無執, 故無失.

范應元本: 爲者敗之, 執者失之. 是以聖人无爲, 故无敗, 无執, 故无失.

景龍碑本: 爲者敗之, 執者失之. 是以聖人無爲, 故無敗, 無執, 故無失.

【해석】

고의적으로 하는 자는 오히려 실패하고, 너무 집착하는 자는 오히려 그것과 멀어지게 된다. 그런 까닭에 성인은 무위하기 때문에 실패가 없고, 집착하지 않기 때문에 잃는 것이 없다.

【郭店楚簡註釋】

18 본 구절은 ≪老子・甲≫에도 보인다. 이 구절을 ≪老子・甲≫은 「執之者遠之(너무 집착하는 자는 오히려 멀어지게 된다.)」로 쓴다.

19 '故'자 아래 세 자가 보이지 않는다. ≪老子・甲≫에는 「無遊」 두 자만 보이는데, 「遊」자 다음에 「也」자가 있었던 것이 아닌가 한다.

【註解】

① ‘執之者遊(失)之’: ‘(執)’자는 뒷부분 ‘無執’에서는 ‘’으로 쓴다. ‘䄉’으로 예정할 수 있으며, ‘執’자의 이체자이다. ≪說文解字≫은 ‘ (執)’에 대하여「捕罪人也. 从丮从幸, 幸亦聲(‘체포하다’의 의미. 자부 ‘丮’과 ‘幸’으로 이루어진 회의자. ‘幸’은 또한 음을 나타내기도 한다.)」라 하였다. ‘’자를 ≪楚系簡帛文字編≫은 ‘埶’으로 예정하고 ≪郭店楚簡 · 老子≫의 ‘’ · ‘’ · ‘’ · ‘’자를 수록하고 있다.

楚簡에서 ‘埶’자는 ‘執’ · ‘設’ · ‘藝’ · ‘勢’의 의미로 쓰인다.[294]

‘(遊)’자에 대해서 학자마다 의견이 분분하다. ‘羊’은 ‘矢’를 잘못 쓴 것이기 때문에 ‘遳’으로 예정하고, ‘遳’자는 ‘迭’자를 복잡하게 쓴 형태라고 주장하기도 하며, ‘達’자의 이체자로 보기도 한다.[295] ‘達’자는 ‘達’과 같은 자이고, ‘失’과 음이 통한다. ≪說文解字≫는 ‘ (達)’자에 대하여「行不相遇也. 从辵羍聲. 達或从大. 或曰迭(‘길이 엇갈리다’의 의미. ‘辵’과 소리부 ‘羍’로 이루어진 형성자. ‘達’자의 혹체는 자부 ‘大’인 ‘ (达)’로 쓰기도 하며, ‘达’자는 혹은 ‘迭’자와 같은 자라 주장하기도 한다.)」고 설명하고, ‘ (迭)’자에 대하여「更迭也. 从辵失聲. 一曰达(‘경질하다’의 의미. ‘辵’과 소리부 ‘失’로 이루어진 형성자. 혹은 ‘迭’자는 ‘达’자와 같은 자라고 주장한다.)」라 하였다. ≪包山楚簡≫은 ‘達’자를 ‘’ · ‘’로 쓴다.[296]

≪老子 · 甲≫ 第 11簡 참고.

294) ‘埶’자는 ≪楚系簡帛文字編≫, 261 쪽 참고. ‘執’자는 ≪楚系簡帛文字編≫, 888 쪽 참고.
295) 廖名春, ≪郭店楚簡校釋≫, 116-117 쪽 참고.
296) ≪楚系簡帛文字編≫, 160 쪽 참고.

丙-第 12 簡

丙【第12簡 原文】

新(愼)終若訂(始)[20]①, 則無敗事喜(矣)■[21]. 人之敗也[22], 亙(恒)於其㪅(且)成也敗之[23]. 是以□[24]

【校讀記】

愼終若始, 則無敗事矣. 人之敗也, 恒於其且成也敗之. 是以[聖]

【校釋】

新夂若詞, 則無敗事壴. 人之敗也, 死於丌虘成也敗之. 是以[聖]

【異本】

郭店楚簡甲: 臨事之紀, 新各若怠, 此亡則敗事矣. 聖

帛書甲本: 民之從事也, 恒於其成事而敗之. 故愼終若始, 則[无敗58事矣. 是以聖].

帛書乙本: 民之從事也, 恒於其成事而敗之. 故曰: 愼冬(終)若始, 則无敗事矣. 是以耶(聖)

王弼本: 民之从事, 常於幾成而敗之. 愼終如始, 則無敗事. 是以聖

河上公本: 民之从事, 常於幾成而敗之. 愼終如始, 則無敗事. 是以聖

傅奕本: 民之从事, 常於其幾成而敗之. 愼終如始, 則無敗事矣. 是以聖

范應元本: 民之从事, 常於其幾成而敗之. 愼終如始, 則无敗事. 是以聖

景龍碑本: 民之从事, 常於幾成而敗之. 愼終如始, 則無敗事. 是以聖

【해석】

일을 임함에 있어서의 준칙은 끝을 시작같이 신중하게 하기 때문에 일은 실패하지 않는다. 일반 백성들의 실패는 항상 거의 성공할 단계에서 실패하고 만다. 그런고로 성인은

【郭店楚簡註釋】

20 ≪老子・甲≫은「愼終若始」앞에「臨事之紀」구절 네 자가 있다.

21 簡文의 '喜'자와 金文 '喜'자의 자형이 비슷하다.「矣」의 의미로 쓰이고 있다. 裘錫圭 按語: 簡文에서는「壴」자가「喜」의 의미로 쓰이는 것 같다.

22 ≪帛書≫는 본 구절을「民之從事也」로 쓴다.

23 ≪帛書≫는 본 구절을「恒於其成事而敗之」로 쓴다. 위의 두 구절은 ≪老子・甲≫에 보이지 않는다.

24 簡文 중에 보이지 않는 부분을 ≪老子 · 甲≫은 「教不教」로 쓴다.

【註解】

① '新(愼)終若訂(始)': 본 죽간의 '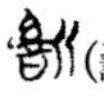(新)'를 ≪老子 · 甲≫(제 11간)은 ''로 쓰고, ≪郭店楚簡≫은 '誓'로 예정하고 있다. '愼'의 의미이다. 이외에도 '心'을 추가하여 ''(≪五行≫, 제 16간) · ''(≪五行≫, 제 17간)으로 쓰기도 한다. 소리부가 '所(모탕 은, yín)'이다.

≪老子 · 甲≫(제11簡)은 「誓(愼)冬(終)女(如)忖(始)」로 쓴다. ≪老子 · 甲≫의 ''자와 본 구절의 ''자는 같다. 따라서 '訂'자가 아닌 '忖'로 예정하는 것이 옳겠다. ≪上博楚簡 · 孔子詩論≫은 의미부분으로 '口'를 써서 ''(제 23간)으로 쓰기도 한다.

丙-第 13 簡

丙【第13簡 原文】

人欲不欲, 不貴戁(難)①得之貨, 學不學[25]②, 复衆之所𨑳(過)③. 是以能補(輔)𥜽(萬)④勿(物)

【校讀記】

人欲不欲, 不貴難得之貨, 學不[學, 復]衆之所過. 是以能輔萬物

【校釋】

人欲不欲, 不貴戁㝵之貨, 學不學, 復衆之所𨑳. 是以能補𦺢勿

【異本】

郭店楚簡甲: 人谷不谷, 不貴難㝵之貨, 𡕒不𡕒, 復衆之所化. 是古聖人能尃萬勿

帛書甲本: [人]欲不欲, 而不貴難得之䝿(貨), 學不學, 而復衆之所過. 能輔萬物

帛書乙本: 人欲不欲201下, 而不貴難得之貨, 學不學, 復衆之所過. 能輔萬物

王弼本: 人欲不欲, 不貴難得之貨, 學不學, 復衆之所過. 以輔萬物

河上公本: 人欲不欲, 不貴難得之貨, 學不學, 復衆之所過. 以輔萬物

傅奕本: 人欲不欲, 不貴難得之貨, 學不學, 以復衆之所過. 以輔萬物

范應元本: 人欲不欲, 不貴難得之貨, 學不學, 復衆之所過. 以輔萬物

景龍碑本: 人欲不欲, 不貴難得之貨, 學不學, 復衆之所過. 以輔萬物

【해석】

탐욕이 없는 것을 하려고 하며, 얻기 어려운 재물을 귀하게 여기지 않는다. 가르침이 없는 것으로 가르치면, 잘못이 있는 백성들은 스스로 돌아오게 된다. 그런 고로 성인들은 만물의

【郭店楚簡註釋】

25 「學不學」을 ≪老子・甲≫은 「敎不敎」로 쓴다.

【註解】

① '貴戁(難)戁(難)': '貴'자를 ≪曾侯乙墓楚簡≫은 ''・'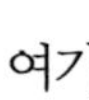'로 쓴다.[297]

297) ≪楚系簡帛文字編≫, 604 쪽 참고.

'(戁)'자를 ≪老子 · 甲≫(제 12간)은 의미부 '心'을 쓰지 않고 ''으로 쓴다.

② '學不學': ''자를 ≪老子 · 甲≫제12간은 '(教)'로 쓴다.

③ '复衆之所𨑃(過)': '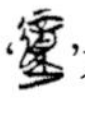'자는 '辵'과 '复'으로 이루어진 형성자이다. ≪老子 · 甲≫(제 12간)은 ''으로 쓴다. ≪曾侯乙墓楚簡≫은 자부 '口'를 추가하여 ''으로 쓴다.[298)]

''자 아래 합문부호 '='가 있다. '之所'의 합문이다. ≪老子 · 甲≫제12간은 합문으로 쓰지 않고 각각 '(之)'와 '(所)'로 쓴다.

④ '桶(輔)蠆(萬)': '(桶)'자를 ≪老子 · 甲≫(제 12간)은 '(尃)'로 쓴다. '尃'자를 ≪包山楚簡≫은 ''로 쓰고, ≪郭店楚簡 · 五行≫은 ''로 쓰며, ≪上博楚簡 · 容成氏≫는 '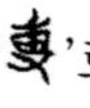'로 쓴다.[299)]

'(蠆)'자를 자부 '土'를 생략하고 '(萬)'(≪老子 · 甲≫第 12簡)으로 쓴다.

298) ≪楚系簡帛文字編≫, 180 쪽 참고.
299) ≪楚系簡帛文字編≫, 302 쪽 참고.

丙-第 14 簡

丙【第14簡 原文】

之自肰(然), 而弗敢爲.①

【校讀記】

之自然, 而弗敢爲■.(64)

【校釋】

之自肰(然), 而弗敢爲.

【異本】

郭店楚簡甲: 之自肰, 而弗能爲.

帛書甲本: 之自[然, 而]58弗敢爲.

帛書乙本: 之自然, 而弗敢爲.

王弼本: 之自然, 而不敢爲.

河上公本: 之自然, 而不敢爲.

傅奕本: 之自然, 而不敢爲也.

范應元本: 之自然, 而不敢爲也.

景龍碑本: 之自然, 而不敢爲.

【해석】

본성을 따를 뿐이지, 스스로 옳다고 여기지 않는다.

【註解】

① '弗敢爲': '敢'자를 ≪包山楚簡≫은 '' · ''으로 쓰고, ≪郭店楚簡六德≫은 '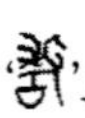'으로 쓰며, ≪上博楚簡 · 民之父母≫는 '' · ''으로 쓰고, ≪上博楚簡 · 政甲≫은 '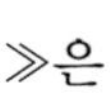'으로 쓴다.[300]

'爲'자 아래 검은 문장 마침표 '■'가 있고, 그 아래로 약 16자 정도를 쓸 수 있는 공간이 있다.

300) ≪楚系簡帛文字編≫, 400 쪽 참고.

≪老子≫ 參考文獻

一·專 著

1. 荆門市博物館編: ≪郭店楚墓竹簡≫, 文物出版社, 1998年5月
2. 國家文物局古文獻研究室編: ≪馬王堆漢墓帛書帛書[壹]≫, 文物出版社, 1980年3月
3. 郭店老子國際學術硏討會論文, 美國達慕思大學, 1998年5月.
4. 崔仁義:≪荆門郭店楚簡〈老子〉研究≫, 科學出版社, 1998年10月.
5. 丁原植:≪郭店竹簡〈老子〉釋析與研究≫, 台北萬卷樓圖書有限公司, 1998年9月.
6. 姜廣輝主編: ≪郭店楚簡研究≫(≪中國哲學≫第20輯), 沈陽遼寧教育出版社, 1999年1月.
7. 劉信芳: ≪郭店楚簡〈老子〉解詁≫, 台北藝文印書館, 1999年1月.
8. 丁四新: ≪郭店楚竹書老子校注≫, 武漢大學出版社, 2010年10月.
   : ≪郭店楚墓竹簡思想研究≫, 武漢大學博士學位論文, 1999年4月.
   : ≪楚地出土簡帛文獻思想研究(一)・前言≫, 湖北教育出版社, 2002年12月
   : ≪郭店楚墓竹簡思想研究≫, 東方出版社, 2000年10月初版
9. 張光裕主編: ≪郭店楚簡研究≫第一卷≪文字編≫, 台北藝文印書館, 1999年1月.
10. 陳福濱主編: ≪本世紀出土思想文獻與中國古典哲學論文集≫(上・下册), 台北輔仁大學出版社, 1999年4月.
11. 魏啓鵬: ≪楚簡〈老子〉柬釋≫, 台北萬卷樓圖書有限公司, 1999年8月.
12. 陳鼓應主編: ≪道家文化研究≫第17輯("郭店楚簡"專號), 北京三聯書店, 1999年8月.
13. 高定彝: ≪老子道德經研究≫, 北京廣播學院出版社, 1999年6月.
14. ≪郭店楚簡國際學術研討會論文彙編≫第一・二册, 武漢大學中國文化研究院等, 1999年10月.
15. 侯才: ≪郭店楚墓竹簡〈老子〉校讀≫, 大連出版社, 1999年9月.
16. 彭浩: ≪郭店楚簡老子校讀≫, 湖北人民出版社, 2000年1月.
17. 東京大學郭店楚簡研究會編: ≪郭店楚簡思想史的研究≫第一卷, 1999年11月.
18. ≪中國哲學≫編輯部・國際儒聯學術委員會合編: ≪郭店簡與儒學研究≫(≪中國哲學≫第21輯), 沈陽: 遼寧教育出版社, 2000年1月.
18. 李零: ≪郭店楚簡校讀記≫, 北京大學出版社, 2002年3月 初版
   : ≪郭店楚簡校讀記≫(增訂本), 中國人民大學出版社, 2007年8月 初版
20. 李天虹 著: ≪郭店竹簡〈性自命出〉研究, 湖北教育出版社, 2003年1月初版
21. 陳偉 著: ≪郭店竹書別釋≫, 湖北教育出版社, 2003年1月初版
22. 劉釗 著: ≪郭店楚簡校釋≫, 福建人民出版社, 2003年12月初版

23. 中國哲學編輯部: ≪郭店楚簡與儒學硏究≫(≪中國哲學≫第二十一輯), 遼寧教育出版社, 2001年 1月初版
24. 中國哲學編輯部: ≪郭店楚簡硏究≫(≪中國哲學≫第二十輯), 遼寧教育出版社, 2000년1月第二版
25. 李守奎 編著: ≪楚文字編≫, 華東師範大學出版社, 2003年12月初版
26. 張守中 選集: ≪郭店楚簡文字篇≫, 文物出版社, 2000年5月 第一版
: ≪包山楚簡文字篇≫, 文物出版社, 1996年8月 第一版
: ≪郭店楚簡文字篇≫, 文物出版社, 2000年5月 第一版
: ≪睡虎地秦簡文字篇≫, 文物出版社, 1994年2月 第一版
27. 廖名春 著: ≪郭店楚簡老子校釋≫, 清華大學出版社, 2003年 6月 初版
: ≪出土簡帛叢考(新出簡帛硏究叢書第二輯)≫, 湖北教育出版社, 2003年1月
: ≪荊門郭店楚簡與先秦儒學≫, 中國哲學, 第20輯
28. 何琳儀 著: ≪戰國古文字典≫上下冊, 中華書局, 1998年9月第一版
: ≪戰國文字通論≫上下冊, 江蘇教育出版社, 2003年1月第一版
29. 艾蘭・邢文 編: ≪新出簡帛硏究≫, 新出簡帛國際學術硏討論文集, 文物出版社, 2000年8月.
30. ≪四部要籍注疏叢刊・老子≫, 中華書局, 1998年
31. Sarah Allan 等著, 邢文 編譯: ≪郭店老子≫, 學苑出版社, 2002年
32. 徐志鈞: ≪老子帛書校注≫, 學林出版社, 2002年
33. 李守奎 等 編著: ≪上海博物館藏戰國楚竹書(一)-(五)文字編≫, 作家出版社, 2007年 12月
34. 滕壬生 者: ≪楚系簡帛文字篇≫, 湖北教育出版社, 1995年 7月第一版
35. 湯餘惠 主編: ≪戰國文字編≫, 福建人民出版社, 2001年12月第一版
36. 饒宗頤 等人: ≪楚帛書硏究≫, 中華書局, 1985年 9月
37. 陳松長 編著: ≪馬王堆簡帛文字篇≫, 文物出版社, 2001年6月第一版
38. 商承祚 編著: ≪戰國楚竹書匯編≫, 齊魯書社, 1995年11月
39. 湖北省荊沙鐵路考古隊: ≪包山楚簡≫, 文物出版社, 1991年10月初版
40. 駢宇騫 編著: ≪銀雀山漢簡文字篇≫, 文物出版社, 2001年7月第一版
41. 陸錫興 編著: ≪漢代簡牘草字編≫, 上海書畵出版社, 1989年12月第一版
42. 高明 著: ≪中國古文字學通論≫, 北京大學出版社, 1996年
43. 崔南圭 等人: ≪동양철학과 문자학-유가철학 주요개념의 형성과 변천≫, 아카넷, 2003년
: ≪四書의 자구 이해와 개념고찰≫, 신성출판사, 2004년
: ≪郭店楚墓竹簡-임서와 고석≫, 신성출판사, 2005년
44. 李若揮 著: ≪郭店楚簡老子論考≫, 齊魯書局, 2004년
45. 金學主 譯解:≪老子≫, 명문당, 2002년.

46. 聶中慶: ≪郭店老子硏究≫, 中華書局, 2004年 2月 第一版
47. 김홍경: ≪노자≫, 들녘, 2003년.
48. 이석명: ≪백서노자≫, 청계, 2003年
49. 梁芳雄 集解: ≪楚簡老子≫, 예경, 2003년(초판).
50. 김용옥 저: ≪노자와 21세기≫, 통나무, 2000년
51. 傅學有 等編著: ≪馬王堆漢墓文物≫, 湖南出版社, 1992년.
52. ≪郭店楚簡國際學術硏討會論文集≫: 湖北人民出版社, 2000년.
53. 高亨: ≪老子正考≫, 中國書店, 1988년
54. 高明: ≪帛書老子校釋≫, 浙江人民出版社, 中華書局, 1996년
55. 許抗生: ≪帛書老子註譯及硏究≫, 浙江人民出版社, 1985년.
56. 戴維: ≪帛書老子校釋≫, 岳麓書社, 1998년
57. 尹振環: ≪帛書老子釋析≫, 貴州人民出版社, 1998년
58. 韓非 著, 이운구 옮김, ≪韓非子≫, 한길사, 2002년(초판).

二·論文

1. ≪我國考古史上的又一重大發現－－最早竹簡〈老子〉等典籍在荊門出土≫, 1994年12月15日, ≪湖北日報≫.
2. ≪荊門出土戰國時期五部典籍≫, 1995年1月25日, ≪中國文化報≫.
3. 何鋒・徐義德: ≪荊門出土〈老子〉等五部竹簡典籍爲我國目前發現最早・最完整・數量最多的楚簡≫, ≪人民日報≫海外版, 1995年2月7日.
4. 劉祖信・梅訓安: ≪荊門出土我國最早竹簡≫, ≪人民日報≫海外版 1995年2月8日.
5. 何鋒・徐義德: ≪荊門出土〈老子〉等五部竹簡典籍≫, ≪中國文物報≫1995年3月19日.
6. "Bamboo Ships of Classics Unearthed", Beijing Review, April, 1995
7. 左鵬: ≪荊門竹簡〈老子〉出土意義≫, 1995年6月25日,≪中國文物報≫.
8. 劉祖信・崔仁義: ≪荊門竹簡〈老子〉並非對話體≫, ≪中國文物報≫1995年8月20日.
9. 劉祖信: ≪荊門楚墓的驚人發現≫, ≪文物天地≫1995年第6期.
10. Huang Paulos: ≪湖北荊門郭店1號楚墓發現的〈老子〉竹簡: 老子其書其人≫, The Finnish Oriental Society, Helsinki, 1996年.
11. 崔仁義: ≪試論荊門竹簡〈老子〉的年代≫, ≪荊門大學學報≫1997年2期.
12. 崔仁義: ≪荊門楚墓出土的竹簡〈老子〉初探≫, ≪荊門社會科學≫1997年5期.

13. 湖北省荆門市博物館: ≪荆門郭店一號楚墓≫, ≪文物≫1997年第7期.
14. 廖名春: ≪從荆門楚簡論先秦儒家與周易的關系≫, 第二屆易學與當代文明研討會論文, 1997年10月西安交通大學；≪國際易學研究≫第四輯, 華夏出版社, 1998年5月.
15. 李學勤: ≪荆門郭店楚簡中的〈子思子〉≫, ≪文物天地)1998年第2期, ≪郭店楚簡研究≫(≪中國哲學≫第20輯), 75-80, 遼寧教育出版社, 1999年1月版.
16. 李學勤: ≪荆門郭店楚簡所見關尹遺說≫, ≪中國文物報≫1998年4月8日. ≪郭店楚簡研究≫(≪中國哲學≫第20輯), 160-164, 遼寧教育出版社, 1999年1月版.
17. 劉祖信: ≪荆門郭店楚簡一號墓概述≫, 達慕思會議論文, 1998年5月.
18. 彭浩: ≪關于郭店楚簡〈老子〉整理工作的幾點說明≫, 達慕思會議論文, 1998年5月.
19. 李零: ≪讀郭店楚簡〈老子〉≫, 達慕思會議論文, 1998年5月.
20. 裘錫圭: ≪以郭店〈老子〉簡爲例談談古文字考釋≫(資料摘要), 達慕思會議論文, 1998年5月；≪郭店簡與儒學研究≫(≪中國哲學≫第21輯), 遼寧教育出版社, 2000年1月.
21. 李零: ≪三一考≫, 達慕思會議論文, 1998年5月. 陳福濱主編: ≪本世紀出土思想文獻與中國古典哲學論文集≫(上册), 台北 輔仁大學出版社, 1999年4月.
22. 羅浩: ≪郭店〈老子〉對文中的一些方法論問題≫, 達慕思會議論文, 1998年5月；≪道家文化研究≫第17輯("郭店楚簡"專號), 三聯書店, 1999年8月.
23. 雷敦龢: ≪郭店〈老子〉及〈太一生水〉英譯≫, 達慕思會議論文, 1998年5月.
24. 池田知久: ≪荆門市博物館〈郭店楚墓竹簡〉筆記≫(≪老子≫甲), 達慕思會議論文, 1998年5月.
25. 池田知久: ≪荆門市博物館〈郭店楚墓竹簡〉筆記≫(≪老子≫乙), 達慕思會議論文, 1998年5月.
26. 池田知久: ≪荆門市博物館〈郭店楚墓竹簡〉筆記≫(≪老子≫丙), 達慕思會議論文, 1998年5月.
27. 池田知久: ≪荆門市博物館〈郭店楚墓竹簡〉筆記≫(≪五行≫), 達慕思會議論文, 改訂版, 1998年4月, 增補版, 1998年8月.
28. 譚朴森(PM Thompsen): 〈老子古本校對說明〉, 達慕思會議論文, 1998年5月.
29. William G.Boltz: 中國古代手寫本整理校訂工作的九項基本原則, 達慕思會議論文, 1998年5月.
30. 王博: ≪帛書〈五行〉與先秦儒家〈詩〉學≫, 達慕思會議論文, 1998年5月.
31. 王博: ≪郭店〈老子〉爲什麽有三組≫, 達慕思會議論文, 1998年5月.
32. 王博: ≪荆門郭店楚簡與先秦儒家經學≫, 達慕思會議論文, 1998年5月；≪中國傳統哲學新論－－朱伯崑教授75壽辰紀念文集≫, 九洲出版社, 1999年3月.
33. 邢文: ≪郭店楚簡〈五行〉試論≫, 達慕思會議論文, 1998年5月.
34. 劉信芳: ≪郭店竹簡文字考釋拾遺≫, 紀念徐中舒先生誕辰100周年暨國際漢語古文字學研討會論文, 1998年, 成都四川大學.
35. 李學勤: ≪先秦儒家著作的重大發現≫, ≪人民政協報≫1998年6月8日.≪郭店楚簡研究≫(≪中國哲學≫第20輯), 遼寧教育出版社1999年1月版.
36. 龐朴: ≪儒聯召開“郭店楚簡”研討會≫, ≪國際儒學聯合會簡報≫1998年第2期, 1998年6月28日.
37. ≪“儒學的人論”國際學術研討會述要≫, ≪國際儒學聯合會簡報≫1998年第2期, 1998年6月28日.
38. ≪美國郭店〈老子〉國際研討會≫, ≪國際儒學聯合會簡報≫1998年第2期, 1998年6月28日.
39. 李學勤: ≪釋郭店簡祭公之顧命≫, ≪文物≫1998年第7期. ≪郭店楚簡研究≫(≪中國哲學≫第20輯), 遼寧教育出版社1999年1月版.
40. 陳來: ≪郭店簡可稱“荊門禮記”≫, ≪人民政協報≫1998年8月3日.
41. 廖名春: ≪楚文字釋讀三篇≫, ≪漢字與文化國際學術研討會論文集≫, 1998年8月.
42. 躍進: ≪振奮人心的考古發現－－略說郭店楚簡的學術史意義≫, ≪文史知識≫1998年8期.
43. 李學勤: ≪從簡帛佚籍〈五行〉談到〈大學〉≫, ≪孔子研究≫1998年第3期.
44. 陳來: ≪郭店楚簡之〈性自命出〉篇初探≫, ≪孔子研究≫1998年第3期. ≪郭店楚簡研究≫(≪中國哲學≫第20輯), 遼寧教育出版社 1999年1月版.
45. 郭沂: ≪郭店楚簡〈天降大常〉〈誠之聞之〉篇疏證≫, ≪孔子研究≫1998年第3期.
46. 廖名春: ≪郭店楚簡儒家著作考≫, ≪孔子研究≫1998年第3期. 中國人民大學報刊復印資料≪中國哲學史≫1999年第1期.
47. 姜廣輝: ≪郭店楚簡與〈子思子〉≫, ≪哲學研究≫1998年第7期. ≪郭店楚簡研究≫(≪中國哲學≫第20輯), 遼寧教育出版社 1999年1月版.
48. 郭沂: ≪從郭店楚簡〈老子〉看老子其人其書≫, ≪哲學研究≫1998年第7期. 龐朴: ≪孔孟之間－－郭店楚簡的思想史地位≫, ≪中國社會科學≫1998年第5期. ≪郭店楚簡研究≫(≪中國哲學≫第20輯), 遼寧教育出版社 1999年1月版.
49. 邢文: ≪郭店楚簡研究述評≫, ≪民族藝術≫1998年3期.
50. 許抗生: ≪初談郭店竹簡〈老子〉≫, ≪宗教哲學)第4卷第4期, 1998年10月. ≪郭店楚簡研究≫(≪中國哲學≫第20輯), 遼寧教育出版社 1999年1月版.
51. 馬寶珠: ≪郭店楚簡: 終于揭開一個迷－－訪龐朴≫, ≪光明日報≫1998年10月29日第2版.
52. 龐朴: ≪古墓新知－－漫談郭店楚簡≫, ≪讀書≫1998年第9期, ≪郭店楚簡研究≫(≪中國哲學≫第20輯), 遼寧教育出版社 1999年1月版.
53. 龐朴: ≪初讀郭店楚簡≫, ≪歷史研究≫1998年第4期.
54. 陳來: ≪〈性自命出〉: 沉睡了兩千餘年的文獻≫, ≪文史知識≫1999年9期.
55. 邢文・李縉云: ≪郭店〈老子〉國際研討會綜述≫, ≪文物≫1998年第9期, ≪郭店楚簡研究≫(≪中國哲學≫第20輯), 遼寧教育出版社, 1999年1月版.
56. 陳鼓應: ≪初讀簡本〈老子〉≫, ≪文物≫1998年第10期, 達慕思會議論文, 1998年5月.
57. 邢文: ≪楚簡〈五行〉試論≫, ≪文物≫1998年第10期.

58. 龐朴: ≪孔孟之間－－郭店楚簡的思想史地位≫, ≪中國社會科學≫1998年5期.
59. 李澤厚: ≪初讀郭店竹簡印象紀要≫, ≪世紀新夢≫, 合肥安徽文藝出版社, 1998年10月；≪道家文化研究≫第17輯("郭店楚簡"專號), 三聯書店, 1999年8月.
60. 吳曉萍・卜憲群: ≪二十世紀末簡牘的重大發現及其價値≫, ≪光明日報≫1998年10月23日.
61. 高明: ≪讀郭店〈老子〉≫, ≪中國文物報≫1998年10月28日.
62. 馬寶珠: ≪郭店楚簡: 終于揭開一個迷－－訪龐朴≫, ≪光明日報≫1998年10月29日2版.
63. 彭浩: ≪談郭店〈老子〉分章和章次≫, ≪中國文物報≫1998年10月28日. ≪簡帛硏究≫第3輯, 廣西教育出版社, 1998年版.
64. 李家浩: ≪關于郭店〈老子〉乙組一支殘簡的拼接≫, ≪中國文物報≫1998年10月28日.
65. 郭沂: ≪試談楚簡〈太一生水〉及其與簡本〈老子〉的關系), ≪中國哲學史≫1998年第4期.
66. 李學勤: ≪郭店簡與〈禮記〉≫, ≪中國哲學史≫1998年第4期.
67. 陳寧: ≪〈郭店楚墓竹簡〉中的儒家人性言論初探≫, ≪中國哲學史≫1998年第4期.
68. 邢文: ≪郭店楚簡與國際漢學≫, ≪書品≫1998年4期.
69. 李存山: ≪先秦儒家的政治倫理教科書－－讀楚簡〈忠信之道〉及其他≫, ≪中國文化硏究≫1998年冬之卷(總第22期)；≪郭店楚簡硏究≫(≪中國哲學≫第20輯), 2遼寧教育出版社1999年版1月；中國人民大學報刊復印資料≪中國哲學史≫1999年第1期.
70. 陳偉: ≪郭店楚簡別釋≫, ≪江漢考古≫1998年第4期.
71. 張立文: ≪論郭店楚竹簡的篇題和天人有分思想≫, ≪傳統文化與現代化≫1998年6期.
72. 廖名春: ≪楚簡老子校釋之一≫, ≪華學≫第3輯, 189-211, 紫禁城出版社, 1998年11月.
73. 廖名春: ≪楚簡老子校釋≫(二), ≪簡帛硏究≫第3輯, 廣西教育出版社, 1998年12月.
74. 李學勤: ≪說郭店簡"道"字≫, ≪簡帛硏究≫第3輯, 廣西教育出版社, 1998年12月.
75. 周鳳五: ≪郭店楚簡〈忠信之道〉考釋≫, ≪中國文字≫新24期, 1998年12月；≪郭店簡與儒學硏究≫(≪中國哲學≫第21輯), 遼寧教育出版社, 2000年1月.
76. 廖名春: ≪楚文字考釋三則≫, ≪吉林大學古籍整理硏究所建所十五周年紀念論文集≫, 吉林大學出版社, 1998年12月.
77. 黃德寬・徐在國: ≪郭店楚簡文字考釋≫, ≪吉林大學古籍整理硏究所建所十五周年紀念論文集≫, 吉林大學出版社, 1998年12月.
78. 饒宗頤: ≪從新資料追踪先代耆老的"重言"一一儒道學脈試論≫, 1998年12月香港中文大學"中國文化與二十一世紀"國際學術硏討會論文, ≪中原文物≫1999年4期.
79. 季旭升: ≪讀郭店楚墓竹簡札記: 卞絶爲棄詐・民復季子≫, ≪中國文字≫新24期, 台北藝文印書館, 1998年12月.
80. 魏啓鵬: ≪"大成若詘"考辨－－讀楚簡〈老子〉札記之一≫, 1998年12月羅浮山道家會議論文.

81. 杜維明: ≪郭店楚簡與先秦儒道思想的重新定位≫, ≪郭店楚簡研究≫(≪中國哲學≫第20輯), 遼寧教育出版社1999年1月版.
82. 李學勤: ≪郭店楚簡與儒家經籍≫, ≪郭店楚簡研究≫(≪中國哲學≫第20輯), 遼寧教育出版社1999年1月版.
83. 廖名春: ≪荆門郭店楚簡與先秦儒學≫, ≪郭店楚簡研究≫(≪中國哲學≫第20輯), 遼寧教育出版社1999年1月版.
84. 王中江: ≪郭店竹簡〈老子〉略說≫, ≪郭店楚簡研究≫(≪中國哲學≫第20輯), 遼寧教育出版社1999年1月版.
85. 郭沂: ≪楚簡〈老子〉與老子公案≫, ≪郭店楚簡研究≫(≪中國哲學≫第20輯), 遼寧教育出版社1999年1月版.
86. 廖名春: ≪〈老子〉"无爲而无不爲"說新證≫, ≪郭店楚簡研究≫(≪中國哲學≫第20輯), 遼寧教育出版社1999年1月版.
87. 邢文: ≪論郭店〈老子〉與今本〈老子〉不屬一系——楚簡〈太一生水〉及其意義≫, ≪郭店楚簡研究≫(≪中國哲學≫第20輯), 遼寧教育出版社1999年1月版.
88. 李存山: ≪從郭店楚簡看早期道儒關系≫, ≪郭店楚簡研究≫(≪中國哲學≫第20輯), 遼寧教育出版社1999年1月版; ≪道家文化研究≫第17輯("郭店楚簡"專號), 三聯書店, 1999年8月.
89. 周桂钿: ≪荊門竹簡〈緇衣〉校讀札記≫, ≪郭店楚簡研究≫(≪中國哲學≫第20輯), 遼寧教育出版社1999年1月版.
90. 張立文: ≪〈窮達以時〉的時與遇≫, ≪郭店楚簡研究≫(≪中國哲學≫第20輯), 遼寧教育出版社1999年1月版.
91. 龐朴: ≪竹帛五行篇比較≫, ≪郭店楚簡研究≫(≪中國哲學≫第20輯), 遼寧教育出版社1999年1月版.
92. 邢文: ≪〈孟子·萬章〉與楚簡〈五行〉≫, ≪郭店楚簡研究≫(≪中國哲學≫第20輯), 遼寧教育出版社1999年1月版.
93. 陳明: ≪〈唐虞之道〉與早期儒家的社會理念≫, ≪郭店楚簡研究≫(≪中國哲學≫第20輯), 遼寧教育出版社1999年1月版. ≪原道≫第五輯, 貴陽: 貴州人民出版社, 1999年4月.
94. 郭沂: ≪郭店楚簡〈成之聞之〉篇疏證≫, ≪郭店楚簡研究≫(≪中國哲學≫第20輯), 遼寧教育出版社1999年1月版.
95. 彭林: ≪郭店楚簡〈性自命出〉補釋≫, ≪郭店楚簡研究≫(≪中國哲學≫第20輯), 遼寧教育出版社1999年1月版.
96. 錢遜: ≪〈六德〉諸篇所見的儒學思想≫, ≪郭店楚簡研究≫(≪中國哲學≫第20輯), 遼寧教育出版社1999年1月版.

97. 龐朴: ≪〈語叢〉臆說≫, ≪郭店楚簡研究≫(≪中國哲學≫第20輯), 遼寧教育出版社1999年1月版.
98. 張立文: ≪〈郭店楚墓竹簡〉的篇題≫, ≪郭店楚簡研究≫(≪中國哲學≫第20輯), 遼寧教育出版社1999年1月版.
99. 李家浩: ≪讀〈郭店楚墓竹簡〉瑣議≫, ≪郭店楚簡研究≫(≪中國哲學≫第20輯), 遼寧教育出版社1999年1月版.
100. 劉樂賢: ≪讀郭店楚簡札記三則≫, ≪郭店楚簡研究≫(≪中國哲學≫第20輯), 遼寧教育出版社1999年1月版.
101. 龐朴: ≪撫心曰辟≫, ≪郭店楚簡研究≫(≪中國哲學≫第20輯), 遼寧教育出版社 1999年1月版.
102. 王葆玹: ≪試論郭店楚簡各篇的撰作時代及其背景－－兼論郭店及包山楚墓的時代問題≫, ≪郭店楚簡研究≫(≪中國哲學≫第20輯), 遼寧教育出版社1999年1月版.
103. 劉宗漢: ≪有關荊門郭店一號楚墓的兩個問題－－墓主人的身份與儒道兼習≫, ≪郭店楚簡研究≫(≪中國哲學≫第20輯), 遼寧教育出版社1999年1月版.
104. 姜廣輝: ≪郭店一號墓墓主是誰≫, ≪郭店楚簡研究≫(≪中國哲學≫第20輯), 遼寧教育出版社1999年1月版.
105. ≪國際儒聯首次楚簡研討會≫, ≪郭店楚簡研究≫(≪中國哲學≫第20輯), 遼寧教育出版社1999年版1月版.
106. ≪〈郭店楚墓竹簡〉學術研討會述要≫, ≪郭店楚簡研究≫(≪中國哲學≫第20輯), 遼寧教育出版社1999年1月版.
107. 陳高志: ≪〈郭店楚墓竹簡・緇衣篇〉部分文字隸定檢討≫, ≪張以仁先生七秩壽慶論文集≫, 台北學生書局, 1999年1月.
108. 顔世鉉: ≪郭店楚簡淺釋≫, ≪張以仁先生七秩壽慶論文集≫, 台北學生書局, 1999年1月.
109. 廖名春: ≪楚簡老子校詁≫(上), 台灣≪大陸雜志≫98卷1期, 1999年1月.
110. 廖名春: ≪楚簡老子校詁≫(下), 台灣≪大陸雜志≫98卷2期, 1999年2月.
111. 袁國華: ≪郭店楚簡文字考釋十一則≫, 台灣≪中國文字≫新24期.
112. 劉昕嵐: ≪郭店楚簡〈性自命出〉篇箋釋≫(上), ≪北京大學研究生學志≫1999年第1期.
113. 張立文: ≪略論郭店楚簡的"仁義"思想≫, ≪孔子研究≫1999年第1期.
114. 徐洪興: ≪疑古與信古－－從郭店竹簡本〈老子〉出土回顧本世紀關于老子其人其書的爭論≫, ≪復旦學報≫1999年第1期. 中國人民大學報刊復印資料≪中國哲學史≫1999年第3期. 陳福濱主編: ≪本世紀出土思想文獻與中國古典哲學論文集≫(下册), 台北輔仁大學出版社, 1999年4月.
115. 向世陵: ≪郭店竹簡"性""情"說≫, ≪孔子研究≫1999年第1期.
116. 周桂鈿: ≪〈郭店楚墓竹簡・緇衣〉研究札記≫, ≪孔子研究≫1999年第1期.
117. 姜廣輝: ≪郭店楚簡與原典儒學－－國內學術界關于郭店楚簡的研究(一)≫, ≪書品≫1999年第

1期. ≪郭店簡與儒學研究≫(≪中國哲學≫第21輯), 遼寧教育出版社, 2000年1月.
118. 董鐵柱: ≪從〈唐虞之道〉談“禪讓”≫, ≪學園≫1999年第1期.
119. 廖名春: ≪楚簡老子校釋≫(五), ≪中國傳統哲學新論－－朱伯昆教授75壽辰紀念文集≫, 九洲出版社, 1999年3月.
120. 李學勤: ≪天人之分≫, ≪中國傳統哲學新論－－朱伯昆教授75壽辰紀念文集≫, 九洲出版社, 1999年3月.
121. Huang Paulos: The Guodian Bamboo slip Texts and theLaozi, 〔日〕中國出土資料學會: ≪中國出土資料研究≫第3號, 1999年3月.
122. 李建民:≪太一新證－－以郭店楚簡爲線索≫, 〔日〕中國出土資料學會: ≪中國出土資料研究≫第3號, 1999年3月.
123. 陸正明: ≪“老子”何許人, “竹簡 ”辨眞身≫, ≪文彙報≫1999年3月24日.
124. 張光裕: ≪〈郭店楚簡研究〉第一卷〈文字編〉緒說≫, ≪中國出土資料研究≫第3號, 1999年3月31日.
125. 顔世鉉: ≪郭店楚墓竹簡儒家典籍文字考釋≫, ≪經學研究論叢≫第6輯, 1999年3月.
126. 郭沂: ≪從郭店竹簡看先秦哲學發展脉絡≫, ≪光明日報≫1999年4月23日.127.姜廣輝: ≪郭店楚簡與早期道家－－國内學術界關于郭店楚簡的研究(二)≫, ≪書品≫1999年第2期. ≪郭店簡與儒學研究≫(≪中國哲學≫第21輯), 遼寧教育出版社, 2000年1月.
128. 羅熾: ≪郭店楚墓竹簡印象≫, ≪湖北大學學報≫1999年第2期.
129. 郭齊勇: ≪郭店儒家簡的意義與價值≫, ≪湖北大學學報≫1999年第2期.
130. 陳偉: ≪文本復原是一項長期艱巨的工作≫, ≪湖北大學學報≫1999年第2期.
131. 劉澤亮: ≪從郭店楚簡看先秦儒道關系的演變≫, ≪湖北大學學報≫1999年第2期.
132. 丁四新: ≪略論郭店簡本〈老子〉甲乙丙三組的歷時性差異≫, ≪湖北大學學報≫1999年第2期.
133. 羅運環: ≪郭店楚簡的年代・用途及意義≫, ≪湖北大學學報≫1999年第2期.
134. 白于蓝: ≪〈郭店楚墓竹簡〉釋文正誤一例≫, ≪吉林大學社會科學學報≫1999年2期.
135. 張桂光: ≪〈郭店楚墓竹簡・老子〉釋注商榷≫, ≪江漢考古≫1999年2期.
136. 張吉良: ≪從老聃〈老子〉到太史儋〈道德經〉≫, ≪江西社會科學≫1999年2期.
137. 王葆玹: ≪試論郭店楚簡的抄寫時間與莊子的撰作時代－－兼論郭店與包山楚墓的時代問題≫, ≪哲學研究≫, 1999年4期.
138. 尹振環: ≪也談楚簡〈老子〉其書≫, ≪哲學研究≫, 1999年4期.
139. 李缙云: ≪郭店楚簡研究近況≫, ≪古籍整理出版情況簡報≫1999年第4期(總341期).
140. 劉焕藻: ≪郭店楚簡〈老子〉研究≫, ≪理論月刊≫(武漢)1999.5. 中國人民大學報刊復印資料≪中國哲學≫1999.7.

141. 韓東育: ≪郭店楚簡太一生水篇與老子的幾個問題≫, ≪社會科學≫1999年2期.
142. 丁原植: ≪從出土〈老子〉文本看中國古典哲學的發展≫, ≪哲學與文化≫26卷第4期. 陳福濱主編: ≪本世紀出土思想文獻與中國古典哲學論文集≫(上册), 台北輔仁大學出版社, 1999年4月.
143. 沉清松: ≪郭店竹簡〈老子〉的道論與宇宙論－－相關文本的解讀與比較≫, ≪哲學與文化≫26卷第4期；陳福濱主編: ≪本世紀出土思想文獻與中國古典哲學論文集≫(上)台北輔仁大學出版社, 1999年4月. ≪郭店簡與儒學研究≫(≪中國哲學≫第21輯), 遼寧教育出版社, 2000年1月.
144. 陳麗桂: ≪從郭店竹簡〈五行〉檢視帛書〈五行〉說文對經文的依違情況≫, ≪哲學與文化≫26卷第5期. 陳福濱主編: ≪本世紀出土思想文獻與中國古典哲學論文集≫(上) 台北輔仁大學出版社, 1999年4月.
145. 龐朴: ≪竹帛〈五行〉篇與思孟五行說≫, ≪哲學與文化≫26卷第5期. 陳福濱主編: ≪本世紀出土思想文獻與中國古典哲學論文集≫(上册), 台北輔仁大學出版社, 1999年4月；≪中國哲學的詮釋和發展－－張岱年先生90壽慶紀念文集≫, 北京大學出版社, 1999年.
146. 協烟海: ≪〈太一生水〉與莊子的宇宙觀≫, ≪哲學與文化≫26卷第4期. 陳福濱主編: ≪本世紀出土思想文獻與中國古典哲學論文集≫(上册), 台北輔仁大學出版社, 1999年4月；≪郭店簡與儒學研究≫(≪中國哲學≫第21輯), 遼寧教育出版社, 2000年1月.
147. 莊萬壽: ≪太一與水之思想探究－－〈太一生水〉楚簡之初探≫, ≪哲學與文化≫26卷第5期. 陳福濱主編: ≪本世紀出土思想文獻與中國古典哲學論文集≫(下册), 台北輔仁大學出版社, 1999年4月.
148. 李學勤: ≪太一生水的數術解釋≫, 陳福濱主編: ≪本世紀出土思想文獻與中國古典哲學論文集≫(上册), 台北輔仁大學出版社, 1999年4月；
149. 郭梨華: ≪簡帛〈五行〉的禮樂考述≫, ≪哲學與文化≫26卷第5期. 陳福濱主編: ≪本世紀出土思想文獻與中國古典哲學論文集≫(上册), 台北輔仁大學出版社, 1999年4月.
150. 彭浩: ≪郭店一號墓的年代及相關的問題≫, 陳福濱主編: ≪本世紀出土思想文獻與中國古典哲學論文集≫(下册), 台北輔仁大學出版社, 1999年4月.
151. 潘小慧: ≪〈五行篇〉的人學初探≫, ≪哲學與文化≫26卷第5期. 陳福濱主編: ≪本世紀出土思想文獻與中國古典哲學論文集≫(上册), 台北輔仁大學出版社, 1999年4月.
152. 雷敦龢: ≪郭店〈老子〉: 一些前提的討論≫, 陳福濱主編: ≪本世紀出土思想文獻與中國古典哲學論文集≫(下册), 台北輔仁大學出版社, 1999年4月. ≪道家文化研究≫第17輯("郭店楚簡"專號), 三聯書店, 1999年8月.
153. 趙建偉: ≪郭店楚簡〈老子〉校釋≫, 陳福濱主編: ≪本世紀出土思想文獻與中國古典 哲學論文集≫(上册), 台北輔仁大學出版社, 1999年4月. ≪道家文化研究≫第17輯("郭店楚簡"專號), 三聯書店, 1999年8月.

154. 一文: ≪郭店楚簡的發現是否改變先秦學術思想史≫, 1999年5月8日≪人民日報≫.

155. 廖名春: ≪楚簡老子校詁≫(二)(上), ≪大陸雜志≫98卷第5期, 1999年5月.

156. 廖名春: ≪楚簡老子校詁≫(二)(下), ≪大陸雜志≫98卷第6期, 1999年6月.

157. 干春松: ≪郭店楚簡研究――中國社科院哲學所'99第一次學術新進展報告會紀要≫, ≪哲學動態≫1999.6.

158. 王博: ≪關于〈唐虞之道〉的幾個問題≫, ≪中國哲學史≫1999年2期.

159. 趙建偉: ≪郭店竹簡〈忠信之道〉·〈性自命出〉校釋≫, ≪中國哲學史≫1999年2期.

160. 黄德寬·徐在國: ≪郭店楚簡文字續考≫, ≪江漢考古≫1999年2期.

161. 張桂光: ≪〈郭店楚墓竹簡·老子〉釋注商榷≫, ≪江漢考古≫1999年2期.

162. 劉信芳: ≪荆門郭店楚簡〈老子〉文字考釋≫, ≪中國古文字研究≫第1輯, 吉林大學出版社, 1999年6月.

163. 白于籃: ≪〈郭店楚墓竹簡〉讀後記≫, ≪中國古文字研究≫第1輯, 吉林大學出版社, 1999年6月.

164. 郭洪新: ≪中國哲學史應當改寫――郭沂訪談錄≫, ≪北京日報≫1999年6月9日.

165. 谷口滿: ≪郭店楚簡老子的作者和成書時代≫, 第44屆國際東方學論文, 日本, 1999年6月.

166. 黄占竹: ≪戰國楚簡和楚國歷史地理≫, 第44屆國際東方學論文, 日本, 1999年6月.

167. 李承律: ≪郭店楚簡〈魯穆公問子思〉的忠臣觀≫, 第44屆國際東方學論文, 日本, 1999年6月. 東京大學郭店楚簡研究會編: ≪郭店楚簡思想史的研究≫第一卷, 1999年11月

168. 彭浩: ≪望山·包山·郭店楚墓的發掘與楚文化≫, 第44屆國際東方學論文, 日本, 1999年6月.

169. 平勢隆郎: ≪從太歲議論的出現看郭店楚簡〈太一生水〉≫, 第44屆國際東方學論文, 日本, 1999年6月.

170. W.Wagner, Rudolf G.:The Impact of Conceptions of Rhetoric and Styleupon the Formation of Early Laozi Editions.Evidence from Guodian,Mawangduiand the Wang Bi Laozi, 第44屆國際東方學論文, 日本, 1999年6月.

171. 鄭良树: ≪〈老子〉嚴遵本校記≫, ≪書目季刊≫1999年6月28日.

172. 高正: ≪論屈原與郭店楚墓竹書的關系≫, ≪光明日報≫1999年7月2日.

173. 谷萍·喻少柏: ≪"郭店楚簡"研究走向世界≫, ≪長江日報≫1999年7月11日.

174. 劉釗: ≪讀郭店楚簡字詞雜記(一)≫, 中國語言學會第10屆學術會暨國際中國語文研討會論文, 1999年7月.

175. 協坦: ≪儒家"无爲"說――從郭店楚簡談開去≫, ≪哲學研究≫1999年第7期.

176. 廖名春: ≪楚簡老子校詁≫(三)(上), ≪大陸雜志≫99卷第1期, 1999年7月.

177. 廖名春: ≪楚簡老子校詁≫(三)(中), ≪大陸雜志≫99卷第2期, 1999年8月.

178. 王博: ≪美國達慕思大學郭店〈老子〉國際學術討論會紀要≫, ≪道家文化研究≫第17輯("郭店楚

簡"專號), 三聯書店, 1999年8月.

179. 彭浩: ≪郭店一號墓的年代與簡本〈老子〉的結構≫, ≪道家文化研究≫第17輯("郭店楚簡"專號), 三聯書店, 1999年8月.

180. 王博: ≪張岱年先生談荊門郭店竹簡〈老子〉≫, ≪道家文化研究≫第17輯("郭店楚簡"專號), 三聯書店, 1999年8月.

181. 裘錫圭: ≪郭店〈老子〉簡初探≫, ≪道家文化研究≫第17輯("郭店楚簡"專號), 三聯書店, 1999年8月.

182. 陳鼓應: ≪從郭店簡本看〈老子〉尚仁及守中思想≫, ≪道家文化研究≫第17輯("郭店楚簡"專號), 三聯書店, 1999年8月.

183. 丁原植: ≪就竹簡資料看〈文子〉與解〈老〉傳承≫, ≪道家文化研究≫第17輯("郭店楚簡"專號), 三聯書店, 1999年8月.

184. 張立文: ≪論簡本〈老子〉與儒家思想的互補互濟≫, ≪道家文化研究≫第17輯("郭店楚簡"專號), 三聯書店, 1999年8月.

185. 王博: ≪關于郭店楚墓竹簡〈老子〉的結構與性質－－兼論其與通行本〈老子〉的關系≫, ≪道家文化研究≫第17輯("郭店楚簡"專號), 三聯書店, 1999年8月.

186. 池田知久: ≪尚處形成階段的〈老子〉最古文本－－郭店楚簡〈老子〉≫, ≪道家文化研究≫第17輯("郭店楚簡"專號), 三聯書店, 1999年8月.

187. 韓祿伯: ≪治國大綱－－試讀郭店〈老子〉甲組的第一部分≫, ≪道家文化研究≫第17 輯("郭店楚簡"專號), 三聯書店, 1999年8月.

188. 魏啓鵬: ≪楚簡〈老子〉柬釋≫, ≪道家文化研究≫第17輯("郭店楚簡"專號), 三聯書店, 1999年8月.

189. 龐朴: ≪一種有机的宇宙生成圖式－－介紹楚簡〈太一生水〉≫, ≪道家文化研究≫第17輯("郭店楚簡"專號), 三聯書店, 1999年8月.

190. 許抗生: ≪初讀〈太一生水〉≫, ≪道家文化研究≫第17輯("郭店楚簡"專號), 三聯書店, 1999年8月.

191. 李零: ≪讀郭店楚簡〈太一生水〉≫, ≪道家文化研究≫第17輯("郭店楚簡"專號), 三聯書店, 1999年8月.

192. 賀碧來: ≪論〈太一生水〉≫, ≪道家文化研究≫第17輯("郭店楚簡"專號), 三聯書店, 1999年8月.

193. 戴卡琳: ≪〈太一生水〉初探≫, ≪道家文化研究≫第17輯("郭店楚簡"專號), 三聯書店, 1999年8月.

194. 强昱: ≪〈太一生水〉與古代的太一觀≫, ≪道家文化研究≫第17輯("郭店楚簡"專號), 三聯書店, 1999年8月.

195. 趙建偉: ≪郭店楚墓竹簡〈太一生水〉疏證≫, ≪道家文化研究≫第17輯("郭店楚簡"專號), 三聯書店, 1999年8月.

196. 陳鼓應: ≪〈太一生水〉與〈性自命出〉發微≫, ≪道家文化研究≫第17輯("郭店楚簡"專號), 三聯書店，1999年8月．≪東方文化≫1999年5期．

197. 李澤厚：≪初讀郭店竹簡印象紀要≫，≪道家文化硏究≫第17輯(“郭店楚簡”專號)，三聯書店，1999年8月;≪郭店簡與儒學硏究≫(≪中國哲學≫第21輯)，遼寧敎育出版社，2000年1月．

198. 白奚：≪郭店楚簡與戰國黃老思想≫，≪道家文化硏究≫第17輯(“郭店楚簡”專號)，三聯書店，1999年8月．

199. 李零：≪郭店楚簡校讀記≫，≪道家文化硏究≫第17輯(“郭店楚簡”專號)，三聯書店，1999年8月．

200. 廖名春：≪楚簡老子校詁≫(三)(下)，≪大陸雜志≫99卷第3期，1999年9月．

201. 廖名春：≪郭店楚簡〈成之聞之〉·〈唐虞之道〉與〈尙書〉≫，≪中國史硏究≫1999第3期．

202. 高晨陽：≪郭店楚簡〈老子〉的眞相及其與今本〈老子〉的關系－－與郭沂先生商討≫，≪中國哲學史≫1999年3期．

203. 尹振環：≪論〈郭店楚墓竹簡老子〉－－簡帛〈老子〉比較硏究≫，≪文獻≫1999年第3期．

204. 周鳳五：≪郭店楚墓竹簡〈唐虞之道〉新釋≫，≪中央硏究院歷史語言硏究所集刊≫第70本第3分，1999年9月．

205. 廖名春：≪楚簡老子校釋≫(七)，武漢大學≪人文論叢≫1999年卷，1999年10月．

206. 陳偉：≪郭店楚簡〈六德〉諸篇零釋≫，≪武漢大學學報≫(哲社版)1999年2期．

207. 陳偉：≪讀郭店竹書〈老子〉札記(四則)≫，≪江漢論壇≫1999年第10期．

208. 吳根友：≪道論在簡本〈老子〉中的地位及道德等概念在簡帛王本中的含義異同初探≫，≪江漢論壇≫1999年第10期．

209. 丁四新·劉琛：≪楚簡〈語叢〉前三篇思想論析≫，≪江漢論壇≫1999年第10期．

210. 郭齊勇：≪郭店儒家簡與孟子心性論≫，≪武漢大學學報≫(哲社版)1999年5期．

211. 鄧建鵬：≪略論〈唐虞之道〉的思想及其學派性質≫，≪武漢大學學報≫(哲社版)1999年5期．

212. 丁四新：≪〈性自命出〉與公孫尼子的關系≫，≪武漢大學學報≫(哲社版)1999年5期．

213. 龔建平：≪郭店簡與禮記二題≫，≪武漢大學學報≫(哲社版)1999年5期．

214. 劉國勝：≪郭店竹簡釋字(八則)≫，≪武漢大學學報≫(哲社版)1999年5期．

215. 宋啓發：≪從〈論語〉到〈五行〉，孔子與子思的幾點思想比較≫，≪安徽大學學報≫(哲社版)1999年5期．

216. 龐朴：≪“太一生水”說≫，≪東方文化≫1999年5期；≪郭店簡與儒學硏究≫≪中國哲學≫第21輯)，遼寧敎育出版社，2000年1月．

217. 周鳳五：≪讀郭店楚簡〈成之聞之〉札記≫，≪古文字與古文獻≫試刊號，42-54，1999年10月．

218. 龐朴：≪“使由使知”解≫，≪文史知識≫1999年9期．≪紀念孔子誕辰2550周年國際學術討論會論文≫，1999年10月北京．

219. 錢遜：≪對堯舜禪讓意義的認識≫，≪紀念孔子誕辰2550周年國際學術討論會論文≫，1999年10

月北京.
220. 王葆玹: ≪晚出的“子曰”及其與孔氏家學的關系≫, ≪紀念孔子誕辰2550周年國際學術討論會論文≫, 1999年10月北京.
221. 廖名春: ≪六經次序探源≫, ≪紀念孔子誕辰2550周年國際學術討論會論文≫, 1999年10月北京.
222. 呂紹綱: ≪紀念孔子誕辰2550周年國際學術討論會論文≫, 1999年10月北京.
223. 龐朴: ≪郢燕書說－－郭店楚簡中山三器心旁文字試說≫, ≪郭店楚簡國際學術研討會論文彙編≫第一册, 1999年10月 武漢大學.
224. 龐朴: ≪天人三式－－郭店楚簡所見天人關系試說≫, ≪郭店楚簡國際學術研討會論文彙編≫第一册, 1999年10月 武漢大學.
225. 劉釗: ≪讀郭店楚簡字詞札記≫, ≪郭店楚簡國際學術研討會論文彙編≫第一册, 1999年10月 武漢大學.
226. 李天虹: ≪郭店楚簡文字雜釋≫, ≪郭店楚簡國際學術研討會論文彙編≫第一册, 1999年10月 武漢大學.
227. 顔世鉉: ≪郭店楚簡散記(一)≫, ≪郭店楚簡國際學術研討會論文彙編≫第一册, 1999年10月 武漢大學.
228. 郭梨華: ≪竹簡〈五行〉的“五行”研究≫, ≪郭店楚簡國際學術研討會論文彙編≫第一册, 1999年10月 武漢大學.
229. 劉樂賢: ≪郭店楚簡〈六德〉初探≫, ≪郭店楚簡國際學術研討會論文彙編≫第一册, 1999年10月 武漢大學.
230. 徐少華: ≪〈六德〉思想及其淵源初探≫, ≪郭店楚簡國際學術研討會論文彙編≫第一册,1999年10月 武漢大學.
231. 彭邦本: ≪郭店〈唐虞之道〉初論≫, ≪郭店楚簡國際學術研討會論文彙編≫第一册, 1999年10月 武漢大學.
232. 丁四新: ≪愛賢與尊親的統一－郭店簡書〈唐虞之道〉思想論析≫, ≪郭店楚簡國際學術研討會論文彙編≫第一册, 1999年10月 武漢大學.
233. 李景林: ≪從郭店簡看思孟學派的性與天道論－－兼談郭店簡儒家類著作的學派歸屬問題≫, ≪郭店楚簡國際學術研討會論文彙編≫第一册, 1999年10月 武漢大學.
234. 陳來: ≪儒家系谱之重建與史料困境之突破－－郭店楚簡儒書與先秦儒學研究≫, ≪郭店楚簡國際學術研討會論文彙編≫第一册, 1999年10月 武漢大學.
235. Jeffrey Riegel(王安國):The Guodian "ZIYI"--New Evidence for the ZiSi School of EarlyConfucianism? ≪郭店楚簡國際學術研討會論文彙編≫第一册, 1999年10月 武漢大學.
236. 黃錫全: ≪讀郭店楚簡〈老子〉札記三則≫, ≪郭店楚簡國際學術研討會論文彙編≫第一册, 1999

年10月 武漢大學.

237. 連劭名: ≪郭店楚簡〈老子〉中的“恒”≫, ≪郭店楚簡國際學術研討會論文彙編≫第一册, 1999年10月 武漢大學.

238. 程水金: ≪時間・變化・對策－－老子哲學思想研究導論≫, ≪郭店楚簡國際學術研討會論文彙編≫第一册, 1999年10月 武漢大學.

239. 劉澤亮: ≪郭店〈老子〉所見儒道關系及其意義≫, ≪郭店楚簡國際學術研討會論文彙編≫第一册, 1999年10月 武漢大學.

240. 谷中信一: ≪從郭店〈老子〉看今本〈老子〉的完成≫, ≪郭店楚簡國際學術研討會論文彙編≫第一册, 1999年10月 武漢大學.

241. 唐明邦: ≪竹簡〈老子〉與通行本〈老子〉比較研究≫, ≪郭店楚簡國際學術研討會論文彙編≫第一册, 1999年10月 武漢大學.

242. 黃釗: ≪竹簡〈老子〉應爲稷下道家傳本的摘抄本≫, ≪郭店楚簡國際學術研討會論文彙編≫第一册, 1999年10月 武漢大學.

243. 魏啓鵬: ≪〈太一生水〉札記≫, ≪郭店楚簡國際學術研討會論文彙編≫第一册, 1999年10月 武漢大學.

244. 顔世安: ≪道與自然知識－－談〈太一生水〉在道家思想上的地位≫, ≪郭店楚簡國際學術研討會論文彙編≫第一册, 1999年10月 武漢大學.

245. 彭浩: ≪一種新的宇宙生成理論－－讀〈太一生水〉≫, ≪郭店楚簡國際學術研討會論文彙編≫第一册, 1999年10月 武漢大學.

246. 熊鐵基: ≪對“神明”的歷史考察≫, ≪郭店楚簡國際學術研討會論文彙編≫第一册, 1999年10月 武漢大學.

247. 張思齊: ≪太一生水與道教玄武神格≫, ≪郭店楚簡國際學術研討會論文彙編≫第一册, 1999年10月 武漢大學.

248. 劉昕嵐: ≪郭店楚簡〈性自命出〉篇箋釋≫, ≪郭店楚簡國際學術研討會論文彙編≫第一册, 1999年10月 武漢大學.

249. 李維武: ≪〈性自命出〉的哲學意蘊初探≫, ≪郭店楚簡國際學術研討會論文彙編≫第一册, 1999年10月 武漢大學.

250. 高華平: ≪論述〈郭店楚墓竹簡・性自命出〉的道家思想≫, ≪郭店楚簡國際學術研討會論文彙編≫第一册, 1999年10月 武漢大學.

251. Donald Harper(夏德安):Reading Comprehension and Writing States (as Evidenced in the GuodianManuscripts), ≪郭店楚簡國際學術研討會論文彙編≫第一册, 1999年10月 武漢大學.

252. 李存山: ≪郭店楚簡研究散論≫, ≪郭店楚簡國際學術研討會論文彙編≫第一册, 1999年10月 武漢大學.

253. 郭沂: ≪郭店竹簡與中國哲學≫, ≪郭店楚簡國際學術硏討會論文彙編≫第一册, 1999年10月 武漢大學.

254. 丁四新: ≪郭店簡書的天人之辯≫, ≪郭店楚簡國際學術硏討會論文彙編≫第一册, 1999年10月 武漢大學.

255. 胡治洪: ≪試論郭店楚簡的文化史意義≫, ≪郭店楚簡國際學術硏討會論文彙編≫第一册, 1999年10月 武漢大學.

256. 郭齊勇: ≪郭店楚簡的硏究現狀≫, ≪郭店楚簡國際學術硏討會論文彙編≫第一册, 1999年10月 武漢大學.

257. 饒宗頤: ≪從郭店楚簡談古代樂教≫, ≪郭店楚簡國際學術硏討會論文彙編≫第二册, 1999年10月 武漢大學.

258. 劉釗: ≪讀郭店楚簡字詞札記(二)≫, ≪郭店楚簡國際學術硏討會論文彙編≫第二册, 1999年10月 武漢大學.

259. 劉信芳: ≪郭店簡〈緇衣〉解詁≫, ≪郭店楚簡國際學術硏討會論文彙編≫第二册, 1999年10月 武漢大學.

260. 邢文: ≪楚簡〈緇衣〉與先秦禮學≫, ≪郭店楚簡國際學術硏討會論文彙編≫第二册, 1999年10月 武漢大學.

261. 袁國華: ≪〈郭店楚墓竹簡・唐虞之道〉"弓爲天子而不驕"句"弓"字考釋≫, ≪郭店楚簡國際學術硏討會論文彙編≫第二册, 1999年10月 武漢大學.

262. 歐陽楨人: ≪超越窮達≫, ≪郭店楚簡國際學術硏討會論文彙編≫第二册, 1999年10月 武漢大學.

263. 東方朔: ≪〈性自命出〉篇的心性觀念初探≫, ≪郭店楚簡國際學術硏討會論文彙編≫第二册, 1999年10月 武漢大學.

264. 歐陽楨人: ≪在摩蕩中弘揚主體－－郭店楚簡〈性自命出〉的認識論檢析≫, ≪郭店楚簡國際學術硏討會論文彙編≫第二册, 1999年10月 武漢大學.

265. 林素淸: ≪郭店竹簡〈語叢四〉箋釋≫, ≪郭店楚簡國際學術硏討會論文彙編≫第二册, 1999年10月 武漢大學.

266. 陳偉: ≪〈語叢〉一・三中有關"禮"的幾條簡文≫, ≪郭店楚簡國際學術硏討會論文彙編≫第二册, 1999年10月 武漢大學.

267. 廖名春: ≪郭店楚簡引〈書〉・論〈書〉考≫, ≪郭店楚簡國際學術硏討會論文彙編≫第二册, 1999年10月 武漢大學.

268. 王葆玹: ≪郭店楚簡的時代及其與子思學派的關系≫, ≪郭店楚簡國際學術硏討會論文彙編≫第二册, 1999年10月 武漢大學.

269. 郭齊勇: ≪郭店楚簡身心觀發微≫, ≪郭店楚簡國際學術研討會論文彙編≫第二册, 1999年10月 武漢大學.
270. 龔建平: ≪郭店楚簡中的儒家禮樂思想述略≫, ≪郭店楚簡國際學術研討會論文彙編≫第二册, 1999年10月 武漢大學.
271. 程一凡: ≪墨孟之間: 以智性資源觀念看郭簡儒籍≫, ≪郭店楚簡國際學術研討會論文彙編≫第二册, 1999年10月 武漢大學.
272. 劉國勝: ≪郭店〈老子〉札記一篇≫, ≪郭店楚簡國際學術研討會論文彙編≫第二册, 1999年10月 武漢大學.
273. 李若暉: ≪郭店〈老子〉校注簡論(上)≫, ≪郭店楚簡國際學術研討會論文彙編≫第 二册, 1999年10月 武漢大學.
274. 李若暉: ≪郭店老子偶札≫, ≪郭店楚簡國際學術研討會論文彙編≫第二册, 1999年10月 武漢大學.
275. 黄人二: ≪讀郭簡〈老子〉並論其爲邹齊儒者之版本≫, ≪郭店楚簡國際學術研討會論文彙編≫第二册, 1999年10月 武漢大學.
276. 李零: ≪郭店楚簡研究中的兩個問題－－美國達慕思學院郭店楚簡〈老子〉國際學術討論會感想≫, ≪郭店楚簡國際學術研討會論文彙編≫第二册, 1999年10月 武漢大學.
277. 蕭漢明: ≪論莊生的性命說與道性二重觀≫, ≪郭店楚簡國際學術研討會論文彙編≫第二册, 1999年10月 武漢大學.
278. 丁原植: ≪解〈老〉傳承與文子≫, ≪郭店楚簡國際學術研討會論文彙編≫第二册,1999年10月 武漢大學.
279. 陳松長: ≪〈太一生水〉考論≫, ≪郭店楚簡國際學術研討會論文彙編≫第二册, 1999年10月 武漢大學.
280. 陳偉: ≪〈太一生水〉篇校讀並論與〈老子〉的關系≫, ≪郭店楚簡國際學術研討會論文彙編≫第二册, 1999年10月 武漢大學.
281. 彭林: ≪論郭店楚簡中的禮容≫, ≪郭店楚簡國際學術研討會論文彙編≫第二册, 1999年10月 武漢大學.
282. 周鳳五: ≪郭店竹簡的形式特征及其分類意義≫, ≪郭店楚簡國際學術研討會論文彙編≫第二册, 1999年10月 武漢大學.
283. 張正明: ≪郭店楚簡的幾點啓示≫, ≪郭店楚簡國際學術研討會論文彙編≫第二册, 1999年10月 武漢大學.
284. 丁四新: ≪郭店楚墓竹簡研究文獻目錄≫, ≪郭店楚簡國際學術研討會論文彙編≫第二册, 1999年10月 武漢大學.

285. 劉釗: ≪讀郭店楚簡字詞札記(三)≫, 郭店楚簡國際學術研討會論文, 1999年10月 武漢大學.
286. 裘錫圭: ≪糾正我在郭店〈老子〉簡釋讀中的一個错誤－－關于"絶僞弃詐"≫, 郭店楚簡國際學術研討會論文, 1999年10月 武漢大學.
287. 杨儒賓: ≪郭店出土儒家竹簡與思孟學派≫, 郭店楚簡國際學術研討會論文, 1999年10月 武漢大學.
288. 羅運環: ≪郭店楚簡有關君臣論述的研究－－兼論〈語叢四〉的問題≫, 郭店楚簡國際學術研討會論文, 1999年10月 武漢大學.
289. 陳明: ≪民本政治的新論證－－對〈尊德義〉的一種解讀≫, 郭店楚簡國際學術研討會論文, 1999年10月 武漢大學.
290. 艾蘭: ≪太一 水 郭店〈老子〉≫, 郭店楚簡國際學術研討會論文, 1999年10月 武漢大學.
291. 任繼愈: ≪郭店竹簡與楚文化≫, 郭店楚簡國際學術研討會論文, 1999年10月 武漢大學.
292. Annping Chin:Chengzhiwenzhi in light of theShangshu, 郭店楚簡國際學術研討會論文, 1999年10月 武漢大學.
293. Rudolf G. Wangner: The Guodian MSS and the "Units of thought" in Early Chinese Philosophy, 郭店楚簡國際學術研討會論文, 1999年10月 武漢大學.
294. 陳昭瑛: ≪性情中人－－試從楚文化論〈郭店楚簡・性情篇〉≫, 郭店楚簡國際學術研討會論文, 1999年10月 武漢大學.
295. 王博: ≪"槁木三年, 不必爲邦旗"釋≫, 郭店楚簡國際學術研討會論文, 1999年10月 武漢大學.
296. 饒宗頤: ≪詩言志再辨－－以郭店楚簡資料爲中心≫, 郭店楚簡國際學術研討會論文, 1999年10月 武漢大學.
297. 翁賀凱: ≪兩漢〈禮記〉源流新考－－從〈郭店簡與禮記〉談起≫, ≪北京大學研究生學志≫1999年3期.
298. 尹振環: ≪楚簡〈老子〉"絶智弃辯"思想及其發展演變≫, ≪中國文化研究≫1999年冬之卷18-24.
299. 尹振環: ≪驚人之筆, 驚人之誤, 驚人之訛≫, ≪復旦學報≫, 1999年第6期.
300. 羅新慧: ≪郭店楚簡與〈曾子〉≫, ≪管子學刊≫1999年3期
301. 羅新慧: ≪郭店楚簡與儒家的仁義之辨≫, ≪齊魯學刊≫1999年5期
302. 解光宇: ≪郭店竹簡〈老子〉研究綜述≫, ≪學術界≫1999年第5期
303. 方旭東: ≪郭店一號楚墓墓主身份考異≫, ≪北京大學學報≫(哲社版)1999年6期
304. 李承律: ≪郭店楚簡〈魯穆公問子思〉譯注≫, 東京大學郭店楚簡研究會編: ≪郭店楚簡思想史的研究≫第一卷, 1999年11月.
305. 池田知久: ≪郭店楚簡〈五行〉譯注≫, 東京大學郭店楚簡研究會編: ≪郭店楚簡思想史的研究≫第一卷, 1999年11月.

306. 李承律: ≪郭店楚簡〈唐虞之道〉譯注≫, 東京大學郭店楚簡研究會編: ≪郭店楚簡思想史的研究≫第一卷, 1999年11月.
307. 王必勝・崔仁義: ≪春秋〈老子〉及其人物論－－兼論郭店竹簡〈老子〉的命名≫, 東京大學郭店楚簡研究會編: ≪郭店楚簡思想史的研究≫第一卷, 1999年11月.
308. 林亨錫: ≪郭店楚簡〈太一生水〉篇與緯書≫, 東京大學郭店楚簡研究會編: ≪郭店楚簡思想史的研究≫第一卷, 1999年11月.
309. 侯才: ≪老子及其學說的再發現≫, ≪光明日報・理論周刊≫, 1999年11月5日.
310. 李學勤: ≪郭店簡與〈樂記〉≫, ≪中國哲學的詮釋和發展－－張岱年先生90壽慶紀念文集≫, 北京大學出版社, 1999年.
311. 郭梨華: ≪"德之行"與"行"的哲學意義≫, 台灣中國文化大學史學系主辦第一屆簡帛學術討論會論文, 1999年12月.
312. 蔣義斌: ≪郭店楚簡〈六德〉的仁與圣≫, 台灣中國文化大學史學系主辦第一屆簡帛學術討論會論文, 1999年12月.
313. 周鳳五: ≪楚簡文字瑣記(三則)≫, 台灣中國文化大學史學系主辦第一屆簡帛學術討論會論文, 1999年12月.
314. 陳錫勇: ≪〈老子〉通行本謬誤舉證≫, 台灣中國文化大學史學系主辦第一屆簡帛學術討論會論文, 1999年12月.
315. 姜廣輝: ≪郭店楚簡與道統攸系－－儒學傳統重新詮釋論綱≫, ≪郭店簡與儒學研究≫(≪中國哲學≫第21輯), 遼寧教育出版社, 2000年1月.
316. 彭林: ≪郭店楚簡與≪禮記≫的年代≫, ≪郭店簡與儒學研究－－中國哲學≫21輯, 遼寧教育出版社, 2000年1月.
317. 陳來: ≪郭店竹簡與儒家記說續探≫, ≪郭店簡與儒學研究≫(≪中國哲學≫第21輯), 遼寧教育出版社, 2000年1月.
318. 池田知久: ≪郭店楚簡〈五行〉研究≫, ≪郭店簡與儒學研究≫(≪中國哲學≫第21輯), 遼寧教育出版社, 2000年1月.
319. 陳金生: ≪郭店楚簡〈緇衣〉校讀札記≫, ≪郭店簡與儒學研究≫(≪中國哲學≫第21輯), 遼寧教育出版社, 2000年1月.
320. 邢文: ≪〈太一生水〉與〈淮南子〉・〈干鑿度〉再認識≫, ≪郭店簡與儒學研究≫(≪中國哲學≫第21輯), 遼寧教育出版社, 2000年1月.
321. 鍾肇鵬: ≪郭店楚簡略說≫, ≪郭店簡與儒學研究≫(≪中國哲學≫第21輯), 遼寧教育出版社, 2000年1月.
322. 陳高志: ≪讀〈郭店楚墓竹簡〉札記≫, ≪郭店簡與儒學研究≫(≪中國哲學≫第21輯), 遼寧教育出版社, 2000年1月.

323. 王博: ≪關于郭店楚墓竹簡分篇與連綴的幾點想法≫, ≪郭店簡與儒學研究≫(≪中國哲學≫第21輯), 遼寧教育出版社, 2000年1月.

324. 羅運環: ≪論郭店一號楚墓四出漆耳杯文及墓主和竹簡的年代≫, ≪考古≫2000年1期.

325. 廖名春: ≪郭店楚簡〈緇衣〉篇引〈書〉考≫, ≪西北大學學報≫2000年1期.

326. 姚才刚: ≪郭店楚簡國際學術研討會紀要≫, ≪中國哲學史≫2000年1期.

327. 任繼愈: ≪郭店竹簡與楚文化≫, ≪中國哲學史≫2000年1期.

328. 魏启鹏: ≪〈太一生水〉札記≫, ≪中國哲學史≫2000年1期.

329. 蔣瑞: ≪說郭店簡本〈老子〉"大器曼成"≫, ≪中國哲學史≫2000年1期.

330. 侯才: ≪郭店楚墓竹簡老子的特色≫, ≪中共中央党校學報≫, 2000年第1期.

331. 尹振環: ≪重寫老子其人, 重釋〈老子〉之書≫, ≪中州學刊≫2000年第2期.

332. 丁巍: ≪郭店楚墓竹簡中外研究述略≫, ≪中州學刊≫2000年第2期.

333. 龐樸: ≪三重道德論≫, http://www.bamboosilk.org, 2000年2月.

334. 錢遜: ≪"使由使知"與"可道不可强"≫, http://www.bamboosilk.org, 2000年2月.

335. 歐陽楨人: ≪從〈魯穆公問子思〉到〈孟子〉≫, http://www.bamboosilk.org, 2000年3月.

336. 張豐干: ≪關于郭店竹簡〈老子〉與今本〈老子〉的關系－－就教于郭沂先生≫, http://www.bamboosilk.org, 2000年3月.

337. 李存山: ≪"窮達以時"與"大德者必受命"≫, http://www.bamboosilk.org, 2000年3月.

338. 劉樂賢: ≪〈性自命出〉與〈淮南子 · 謬稱〉論"情"≫, 清華大學簡帛講讀班2000年2月26日.

339. 李天虹: ≪從〈性自命出〉談孔子與詩書禮樂≫, 清華大學簡帛講讀班2000年3月11日.

340. 李天虹: ≪〈性自命出〉的編聯及分篇≫, 清華大學簡帛講讀班2000年3月11日.

341. 韓星: ≪郭店楚簡儒家天道觀述略≫, ≪西北大學學報≫(哲社版)2000年第2期.

342. 梁濤: ≪郭店楚簡與〈中庸〉公案≫(提綱), http://www.bamboosilk.org, 2000年4月.

343. 郭齊勇: ≪郭店楚簡〈性自命出〉的心術觀≫, http://www.bamboosilk.org, 2000年4月.

344. 陳偉: ≪關于郭店楚簡〈六德〉諸篇編連的調整≫, http://www.bamboosilk.org, 2000年4月.

345. 廖名春: ≪郭店楚簡〈性自命出〉下篇校釋札記≫, 清華大學簡帛講讀班2000年4月8日.

2. 太一生水

七　六　五　四　三　二　一

一四 一三 一二 一一 一〇 九 八

【太一生水】

≪太一生水≫는 모두 14매의 죽간으로 되어있다. 죽간의 양쪽 끝은 평평하게 다듬어져 있고, 길이는 26.5㎝이다. 죽간의 상하 양쪽에 실로 묶은 흔적(編線)이 있는데, 그 간격은 10.8㎝이다. 죽간의 형태와 서체가 ≪老子丙≫과 같은 것으로 보아, 본래 한권으로 되어 있었거나, 혹은 ≪老子丙≫ 부록에 해당되는 것이 아닌가한다. 문자는 모두 284자이고, 重文이 12字, 合文이 10字, 脫文이 7字이다. 약 27여자가 잔손(殘損)되었다.

문장 제일 끝에는 검은 사각형의 '■'와 같은 제법 두터운 모양 큰 篇章 符號가 있다. 구두(句讀) 부호는 비교적 짧은 한 개의 가로 획으로 되어 있으며, 중문과 합문 부호는 모두 두개의 짧은 가로 선으로 되어있다.

내용은 우주생성과정에 관한 도가 사상이다. 만물의 본원인 '大一'과 '水'의 중요성을 반영하고 있고, "여유가 있으면 덜어서 부족함을 보충한다."[1]와 관련된 도가적 사상을 언급하고 있으며, 초기 도가를 이해할 수 있는 중요한 문헌이다.

≪太一生水≫는 현행본 ≪老子≫에 보이지 않지만, 내용상 긴밀한 관계가 있다. ≪太一生水≫의 우주생성진화론은 노자의 사상을 한층 계승 발전시키고 있으면서도, 노자와는 또 다른 독창성을 지니고 있다. 우주생성진화론이 ≪太一生水≫의 중심사상이라 할 수 있다.[2]

'神明'[3]은 전국 중후기 사상 중 상당히 중시를 받았던 문제이다. 간문(簡文) 중 '神明'은 '天地'나 '陰陽'

1) "損有餘而補不足."(≪老子≫ 77 章)

2) 李學勤은 〈楚簡≪恒先≫首章釋義〉에서 ≪莊子·天下≫의 '常無有'의 뜻과 같다고 하였다. "'恒'與'常'通. 所以'恒先無有'即'常無有'. ≪莊子 · 天下≫云: '以本爲精, 以物爲粗, 以有積爲不足, 澹然獨與神明居, 古之道述有在于是者. 關尹·老聃聞其風而悅之, 建之以常無有. 主之以太一, 以濡弱謙下爲表, 以空虛不毁萬物爲實.' 前些時在荆門郭店楚簡≪老子≫所附文字中看到≪太一生水≫, 我曾引用上述≪天下≫一段, 推測它可能是關尹一派的遺說, 因爲≪老子≫雖有多處講'一'講'水', 却沒有'太一'以及'太一生水', ≪太一生水≫章乃是≪老子≫之後的一種發展. '常無有'也是這樣, ≪老子≫有'常(恒)'·'無'·'有'等概念, 而不曾說到'常無有'. '建之以常無有, 主之以太一', 已經是道家較晩的學說形態了."('恒'과 '常'은 통한다. 그래서 '恒先無有'는 즉 '常無有'이다. ≪莊子 · 天下≫는 '만물의 근본을 정순한 것으로 여기고, 형체 있는 물건은 조잡한 것으로 여기며, 쌓이는 것은 부족한 것으로 여기고, 담담히 홀로 '神明'과 더불어 생활한다. 옛날의 도술에도 이러한 학파가 있었는데, 關尹과 老聃이 이러한 학설을 듣고 좋아하였다. 그들은 '常無有'의 허무의 경지를 세우고, '太一'의 도를 중심사상으로 여겼다. 연약하고 겸손한 것으로 外表를 삼고, 空虛함과 萬物을 손상시키지 않는 것을 실질로 삼았다'라 하였다. 얼마 전에 荆門市 郭店村에서 출토된 楚簡≪老子≫와 관련이 있는 내용 중에 ≪太一生水≫가 있는데, 나는 일찍이 ≪天下≫의 이 단락을 인용하여 ≪太一生水≫는 關尹학파의 유작일 가능성을 추측한 적이 있다. 왜냐하면, ≪老子≫에서 '一'과 '水'에 대하여 언급한 곳은 많지만, 오히려 '太一'과 '太一生水'라는 말은 보이지 않기 때문에 ≪太一生水≫는 ≪老子≫에서 계승 발전되었으며, '常無有'도 마찬가지다. 또한 ≪老子≫에서 '常(恒)'·'無'와 '有'에 대한 내용은 보이나, '常無有'와 '建之以常無有, 主之以太一'의 구절은 보이지 않는다. 따라서 이러한 내용은 道家 중 비교적 후대에 해당되는 학술 중에 하나이다.) 李學勤, 〈楚簡≪恒先≫首章釋義〉, 簡帛硏究, 2004-4-23

과는 대응적 관계로, 이들 단어는 모두 반의적 개념을 나타낸다. '神明'은 곧 '神' 과 '明'을 지칭하는 것으로 '神'이란 헤아릴 수 없는 무형의 精氣이고, '明'은 精氣를 밖으로 드러내는 현상과 작용이다. '太一'은 ≪老子≫의 '道'에 해당하는 개념이다. '太一'이란 단어는 同義語 復詞로, '太'와 '一'은 각각 우주의 근원인 '道'를 의미한다. '太一'은 추상적이고 현묘한 道論인 노자에 비하여 비교적 구체적인 측면이 있다.

≪太一生水≫에 따르면, '太一'은 물, 하늘, 땅 등의 물질을 탄생하고 난 다음, '神明'·'陰陽'·'四時'·'冷熱'·'濕燥'이나 '年數' 등을 탄생되었다. 이외에도 만물이 운동하는 과정 중에 생겨나는 각종 현상과 과정에 대하여도 언급하고 있다. '太一'이란 최초의 시발점이며, 가장 근원적인 만물의 母體이다.

≪老子≫는 우주 생성의 진화과정을 "도에서 하나가 생성되면, 하나는 둘을 낳고, 셋은 만물을 생성한다"[4]라 했고, "사람은 땅을 본받고, 땅은 하늘을 본받고, 하늘은 도를 본받고, 도는 자연을 본받는다"[5]라 했다. 노자가 하나의 비교적 추상적인 '道'에 초점을 맞추고 있는 반면, ≪太一生水≫의 '太一論'은 비교적 다양한 초점에서 전개시키고 있다.

'太一'이 天地를 탄생시킬 때 이를 보조하는 角色들이 필요하다. '물'은 太一을 도와 하늘을 생성하고, '하늘'은 太一을 도와 땅을 생성한다. 이러한 개념은 太一이 天地를 생성하는 것이 결코 조건이 없는 것이 아님을 알 수 있다. ≪노자≫의 道와 ≪太一生水≫을 비교하여 볼 때, 자연현상에 대한 인식과 人間사유의 철학 이념에 있어서는 ≪太一生水≫가 좀 더 구체적이라 할 수 있다.

≪太一生水≫의 전체 14간 중, 제1간에서 제8간까지는 宇宙탄생의 내용과 원리에 대한 내용이고, 제9간에서 제14간까지는 '道'의 개념과 '天地'의 범주에 대하여 설명하였다.[6]

3) '神明' 중 '神'은 천지만물을 생성하는 근원이 되는 기운이고, '明'은 그 기운이 나오게 하는 작용과 현상을 가리킨다. ≪易經·繫辭下≫는 "陰陽合德, 而剛柔有體, 以體天地之變, 以通神明之德, 其名稱也, 雜而不越."(음양이 덕과 합해져서 강유가 형체를 갖게 되니, 이것으로 천지의 변화가 나타나고, 이것으로 주역의 신묘하고 밝은 덕으로 통하는 것을 말하는 것이다. 주역의 점 글은 복잡하나 주역의 범주에서 벗어나지 않는다.)"라 하고, 孔穎達은 "萬物變化, 或生或成, 是神明之德. 易則象其變化之理, 是其易能通達神明之德也."(만물의 변화는 혹 태어나거나 혹 이루거나하는 신명의 덕이다. 역은 그 변화의 원리를 나타낸 것이다. 이것이 역이 신명의 덕을 통달할 수 있는 것이다.)"라 하였다.

4) "道生一, 一生二, 二生三, 三生萬物."(≪老子≫)

5) "人法地, 地法天, 天法道, 道法自然."(≪老子≫)

6) 丁四新, ≪郭店楚墓竹簡思想研究≫, 86 쪽.

1.

大(太)一生水①, 水反補(輔)②大(太)一, 是以成天. 天反補(輔)大(太)一, 是以成墬(地). 天墬(地)□□□【1】③也, 是以成神明④. 神明復相補(輔)也, 是以成侌(陰)昜(陽)⑤. 侌(陰)昜(陽)復相補(輔)也, 是以成四時⑥. 四時【2】復⑦補(輔)也, 是以成倉(沧)然(熱)⑧. 倉(滄)然(熱)⑨復相補(輔)也, 是以成溼澡(燥)⑩. 溼澡(燥)復相補(輔)也, 成戢(歲)⑪【3】而止. 古(故)戢(歲)者, 溼澡(燥)之所生也. 溼澡(燥)者, 倉(滄)然(熱)之所生也. 倉(滄)然(熱)者⑫. 四時【4】者, 侌(陰)昜(陽)之所生⑬. 侌(陰)昜(陽)者, 神明之所生也. 神明者, 天墬(地)之所生也. 天墬(地)【5】者, 大(太)一之所生也. 是古(故)大(太)一贇(藏)⑭於水, 行於時⑮, 迵而或⑯□□□□【6】壖(萬)勿(物)母⑰, 罷(一)⑱块(缺)罷(一)浧(盈), 以忌(紀)爲壖(萬)勿(物)經. 此天之所不能殺, 墬(地)之所【7】不能釐⑲, 侌(陰)昜(陽)之所不能成. 君子智(知)此之胃(謂)⑳……【8】

〔해석〕

大一이 물(水)을 탄생시켰지만,[7] 물은 역으로 大一을 도와 하늘(天)을 낳고, 하늘은 반대로 太一을 도와서 땅(地)을 낳았다. 하늘과 땅은 또한 서로 도와 神明(천지 精神)을 생성하고, 神明은 또한 서로 도와서 음양(陰陽)이 만들어 졌다. 음양은 또한 서로 도와서 사계를 생성하고, 사계는 또한 서로 도와 춥고 더움이 만들어 졌다. 춥고 더움이 또한 서로 도와 건습이 생성되었으며, 건습이 서로 도와 해(年歲)가 생성된 후에야 비로소 끝이 났다.

歲(세월)는 습조(습하고 건조함)에서 나온 것이고, 습조는 滄熱(춥고 더움)에서 나온 것이며, 춥고 더움은 〔四時에서 생성 된 것이다.〕[8] 사시는 음양에서 나온 것이며 음양은 신명에서 생성된 것이다. 신명은 천지에서 나왔으며 천지는 大一에서 생성된 것이다. 그러므로 大一은 물에 숨겨져 있으며, 사시에 맞춰 운행하고, 순환하여 처음으로 다시 돌아간다. 이것은 만물의 母體가 된다. 해와 달이 교대로 한번 기울고 한번 차면서, 만물의 本源이 되어 영원히 변하지 않게 된다. 따라서 천지는 능히 太一을 쇠퇴하게 할 수 없으며, 땅은 능히 太一을 매몰시키지 못하며, 음양은 능히 종결시키지 못하게 한다. 이러한 규칙을 아는 군자는 바로 성인이며, ……

〔註解〕

① '大一'은 곧 '太一'로, '大一'을 '泰一' 혹은 '天一'로 쓰기도 한다. '天一'은 '道'의 다른 이름이다. ≪呂氏春秋·大樂≫에서는 "도라는 것은 지극한 정이다. 형체를 가지고 있지도 않고, 명명할 수도 없는데, 억지로 말하면 太一이라 할 수 있다."[9]라 했다. '大一'은 또한 고대 陰陽家들이 생각하는 天神이

7) 郭沂≪郭店楚簡先秦學術思想≫은 본 구절을 "太一首先創生出水."로 번역하였다. 141 쪽 참고.
8) 제 4간과 5간 사이에 "之所生也, 四時"을 추가할 수 있다.
9) "道也者, 至精也, 不可爲形, 不可爲名, 强爲之謂之太一."

다. ≪史記·封禪書≫에서는 "천신 중 가장 귀한 것은 太一"[10]이라 하였고, 이에 대하여 司馬貞의 ≪索隱≫은 宋均의 말을 인용하여 "天一은 곧 太一로 北極 神의 다른 이름이다."[11]라 하였다. '大一'은 원래 북극성을 지칭하는 별의 이름이었는데, 후에 고인들은 '大一'을 우주, 천지, 음양의 궁극이라는 개념으로 생각하였다. '大一'은 북극을 지칭하기 때문에, 오행의 개념으로 보면 물에 속한다. 그래서 편명을 '太一生水'라 한 것이다. 물은 氣의 근원이며, 천지 만물을 생성하는 근본이라고 생각하고 있기 때문에, 도가에서는 '水'를 '上善(최고의 선)'으로 보았다.[12] 이를 형태와 성질 면에서 말한다면, '至高無上'인 '道'인 것이다.

② '復相補' 중 '補자'는 '輔'로 읽으며, '보조한다'는 의미이다. '輔'자를 '俌'자로 쓰기도 한다. '復'자는 초간에서는 '辵'과 소리부 '复'인 '(返)'으로 쓴다.

③ 전후 문장을 참고하여 '復相輔' 세 자를 보충할 수 있다.

④ '神明'이란 말은 선진 兩漢 시기에는 천지간의 '신령'이나, 사람의 정신 혹은 지혜를 가리키기도 하는데, 이는 '精氣'와도 유사한 개념이다. 이는 후에 사람의 지혜가 신과 같아 지혜가 매우 출중함을 가리킨다. 이를 "神而明之"라고 쓰기도 한다. 여기에서의 '神明'은 천지간의 精神을 말한다.

⑤ '陰陽'은 우주간의 모든 물질의 두 가지 대립적인 면을 가리킨다. '(侌)'자는 '云'과 소리부 '今'으로 형성자로 '陰'자의 이체자이다. ≪說文解字≫는 '(霒)'자에 대하여 "'구름이 태양을 가린 응달'의 의미. '雲'과 소리부 '今'으로 이루어진 형성자. 고문은 혹은 생략하여 '(侌)으로 쓰고, 또한 '(㕦)으로 쓴다."[13]라 하였다.

⑥ '四時'는 春夏秋冬 사계절을 말한다. ≪說文解字≫는 '(時)'자에 대하여 "'四時 때'라는 의미이다. '日'과 소리부 '寺'로 이루어진 형성자이다. '時'자의 고문은 자부 '之'와 '日'인 '旹'로 쓴다."[14]라 하였다. ≪唐虞之道≫에서는 '時'자를 '(旹)'로 쓴다.

⑦ '四時復' 아래 전후 문장의 형식으로 보아 '相'자가 누락된 것으로 보인다.

⑧ '然'은 '熱'의 의미이다. '然'자의 고음은 성모가 '日'紐, 운모는 '元'部에 속하고, '熱'의 고음은 '日'紐와 '月'部에 속하기 때문에 서로 통한다.

⑨ '倉(滄)然(熱)'은 곧 '寒暑'를 가리킨다. ≪說文≫은 "滄(찰 창)은 寒이다."[15]라 하였다. ≪荀子·正名≫은 "疾養, 滄熱, 滑鈹, 輕重, 以形體異"[16])라 하였고, ≪逸周書·周祝≫은 "天地之間有滄熱"[17]이라

10) "天神貴者太一."
11) "天一, 太一, 北極神之別名."
12) ≪老子≫"上善若水, 水善利萬物而不爭."(최상의 선은 물과 같다. 물의 선함을 만물을 이롭게 해주고 있지만 다투지 아니하며 여러 사람들이 싫어하는 낮은 위치에 처신한다.)
13) "霒, 雲覆日也. 从雲, 今聲. 侌, 古文或省. 㕦, 亦古文霒."
14) "四時也. 从日, 寺聲. 旹, 古文時, 从之·日."
15) "滄, 寒也. 从仌, 倉聲."
16) "질병과 건강, 차가움과 더움, 부드러움과 거침, 가벼움과 무거움 등은 형체의 다름이다."
17) "하늘과 땅 사이에 차가움과 더움이 있다."

했다. ≪郭店楚簡·緇衣≫는 '滄'자를 ''으로 쓰고, ≪上博楚簡·從政甲≫은 ''으로 쓴다.[18] 본 '(倉)'자는 의미부 '水'가 생략되었다.

⑩ '澡'는 '燥'의 의미이다. '濕燥'는 곧 '乾濕'이다. ≪淮南子·天文≫에 "양의 기운이 불이고, 음의 기운이 물이다. 물이 승하여 여름엔 습하게 되고, 불이 승하여 겨울엔 건조하게 된다."[19]라 했다.

⑪ '歲'는 세월을 가리킨다. ≪說文解字≫는 '(歲)'자에 대하여 "'木星'이라는 의미. 자부 '步'와 소리부 '戌'로 이루어진 형성자."[20]이라 하였다. ≪爾雅·釋天≫에 "載는 歲이다"[21]라 하고, 孫炎은 "사계절이 한번 끝남을 歲라고 한다."[22]라 하였다. '歲'자는 초간에서 '(戢)' 혹은 '(戢)'등으로 쓰고,[23] ≪鄂君啓節≫은 ''·''로 쓴다.[24] '歲'자를 갑골문은 '도끼의 형상'인 ''·''로 쓰거나, '止(疋)'를 추가하여 ''로 쓴다. 徐中舒≪甲骨文字典≫은 "'歲'자과 '戉'자는 원래 같은 자이다. 甲骨文의 '歲'자는 '도끼(戉)'의 상형자이다."[25]라 하였다.[26] 郭沫若≪金文叢考≫는 "여러 번의 변화를 걸쳐 '歲'자와 '戉'자는 서로 분화되었다. 또한 '歲'자는 원래의 의미가 상실되고 형성자가 되었다."[27]라 했다.

⑫ '倉(滄)然(熱)者' 아래에는 "四時之所生也"란 구절이 누락되었다.

⑬ "陰陽之所生" 아래에는 '也'자가 한자가 누락되었다.

⑭ '(贊)'자는 의미부 '貝'와 소리부 '臧'의 생략형으로 이루어진 '贓'자이다. ≪玉篇·貝部≫는 "賦는 藏이다."[28]라 했다. '贓'은 '藏'과 통하여 '간직되다'의 뜻이다. ≪郭店楚簡 老子甲≫은 ''으로 쓴다.[29]

⑮ "行於時"는 '大一'이 四時에 의해 두루 미침을 말한다. 우주의 생성은 大一로 시작해서 해가 끝나는 곳에 이르러 이루어진다. 四時는 춥고 덥고 습하고 건조함이 순환되어 일 년이 되고, 이런 반복이 계속된다는 의미이다. '大一'은 우주만물의 본원이다. 그래서 "만물의 어머니가 된다."[30](제7간)라 했다.

⑯ '逌而或' 중의 '(逌)'자는 '周匝(두루 넓다)'라는 의미의 '周'자의 初文으로, 고대 음에서 '舟'와 '周'가

18) ≪楚系簡帛文字編(增訂本)≫, 湖北教育出版社, 946 쪽.
19) "陽氣爲火, 陰氣爲水, 水勝故夏至濕, 火勝故冬至燥."
20) "木星也. 从步, 戌聲."
21) "載, 歲也."
22) "四時一終曰歲."
23) ≪楚系簡帛文字編(增訂本), 湖北教育出版社, 136 쪽.
24) ≪金文編≫, 87 쪽.
25) "歲戉古本一字, 甲骨文歲字象戉形."
26) 徐中舒, ≪甲骨文字典≫, 143 쪽.
27) "經諸演進而歲與戉分化, 歲失其本義遂爲形聲字矣." ≪漢語大字典≫, 1443 쪽 재인용.
28) "贓, 藏也."
29) ≪楚系簡帛文字編(增訂本)≫, 69 쪽.
30) "以忌(紀)爲墋(萬)勿(物)經."

서로 통한다. ‘或’자는 ‘又’로 읽는다. ‘或’자의 상고음 ‘ɡwək’(職部)와 ‘又’자의 상고음 ‘ɣjwəɣ’(之部)로 서로 통한다.

⑰ ‘墤’은 ‘萬’으로 읽는다. ≪곽점초간·노자갑≫은 ‘土’를 생략하고 ‘’으로 쓰기도 한다.[31] 이 단락은 ≪노자≫42장의 내용을 확충한 것이라고 할 수 있다. ≪老子≫ 42장은 “道生一, 一生二, 二生三, 三生萬物. 萬物負陰而抱陽, 沖氣以爲和”[32])라 했다. 간문의 “大一生水”는 곧 “道生一”이며, “水反輔大一是以成天”은 “一生二”이며, “天反輔太一, 是以成地”는 곧 “二生三”에 해당된다. “迵(周)而或(又) ……以忌(紀)爲墤(萬)勿(物)經”의 구절은 ≪老子≫ 25장 “周行不殆, 可以爲天下母”[33])라는 의미에 가깝다.

⑱ ‘(罷)’은 초문자에서 ‘一’의 가차자로 쓰인다. ≪上博楚簡(五)·季庚子問於孔子≫제1간 “罷不晳民豸之安才”[34] 중 ‘(罷)’자는 ‘抑’으로 읽고, 음은 ‘一’과 같다. ≪郭店楚簡·五行≫은 “叏人君子, 其義罷也. 能爲罷, 肰句能爲君子”[35](제 16간)이라 하였는데, 이중 “叏人君子, 其義罷也” 구절을 ≪詩經·曹風·鳲鳩≫은 “淑人君子, 其義一兮”[36]로 쓴다. 또한 ≪成之聞之≫ “貴而罷纕, 則民谷其貴之上也”[37](제18 간) 구절 중의 ‘䶈’자 역시 ‘一’의 의미로 쓰인다. ≪郭店楚簡≫에서 ‘一’자를 ‘’로 쓰기로 한다.[38]

≪字彙≫에서는 “‘䶈’자는 ‘䶑’자와 같다.”[39]라 하고, 「䶑」자에 대하여 ≪廣韻≫은 음이 ‘奴勒切’이라 하고 ≪集韻≫에서는 ‘匿德切’이라 하였다. 즉 이 자는 발음이 두 개다. 초간에서는 轉折관계를 표시하는 접속사 ‘抑’이나 숫자의 ‘一’의 가차자로 쓰인다. 이는 아마도 ‘’이나 ‘’로 쓰면 변경된 가능성이 있기 때문에 비교적 복잡한 형태인 ‘䶈’로 쓴 것이 아닌가 한다. ≪上博楚簡(九)·史蒥問於夫子≫“罷(一)或不免又(有)誯(滑)不(否)?”(제10간)[40] 중의 ‘’자를 정리본은 ‘鼠’로 예정하고 있는데, 이 자는 ‘罷’자의 이체자가 아닌가 한다.

⑲ ‘(𨤡)’자는 ‘里’와 소리부 ‘來’로 이루어진 형성자로 ‘釐(다스릴 리 lí)’의 고문이다. 여기에서는 ‘埋’로 읽는다. ‘釐’자와 ‘埋’는 모두 소리부분이 “里”이다. “此天之所不能殺, 地之所不能埋”[41])의 내용은

31) ≪楚系簡帛文字編≫, 1205 쪽.
32) “도에서 하나가 생성되면, 하나는 둘을 낳고, 셋은 만물을 생성한다. 만물이 음을 지고 양을 안고서 기운이 충만하면 조화롭게 된다.”
33) “두루 널리 운행함에 위태로움이 없으면 천하의 어머니가 될 수 있다.”
34) “抑不知民務之安在”로 읽을 수 있다. “백성에게 해야 할 일이 어떤 것인가요?”
35) “叏人君子, 其義罷也. 能爲罷, 肰句能爲君子”은 “淑人君子, 其儀一也. 能爲一, 然後能爲君子”로 읽을 수 있다. ≪詩經·曹風·鳲鳩≫는 ‘현명한 군자, 그 儀態는 始終一貫 한결같네.’라 했다. 능히 始終一貫해야 군자가 될 수 있다.”
36) “훌륭한 군자는 그의 언행이 한결같네.”
37) “존귀하나 겸양할 줄 알면 백성들은 그 존귀함이 더욱 늘어나기를 원할 것이다.”
38) ≪楚系簡帛文字編(增訂本)≫, 1 쪽.
39) “䶈, 同䶑.”
40) “백성들의 심히 혼란을 면치 못할 것이 아니겠는가?” ≪上博楚簡(九)·史蒥問於夫子≫, 285 쪽.

≪荀子·儒效≫의 “天不能死, 地不能埋”라는 구절과 같은 의미이다.

⑳ 만물의 근원은 ‘太一’이다. 이는 만물의 ‘母’와 “萬物의 經”과 같은 작용을 하기 때문에 하늘을 능히 쇠퇴하게 할 수 없으며, 땅을 능히 매몰하지 못하며, 음양은 능히 재촉한다고 되는 것이 아닌 것이다. 이 내용은 ≪老子≫ 25장 “獨立不改, 周行而不殆”[42]에서 설명한 ‘道’의 절대성과 불멸성(永存性)을 강조한 내용과 관련이 있다.

2.

天道貴溺(弱), 雀(爵)㉑成者以益生者, 伐於弜(强), 責㉒於……㉓ 【9】 下, 土也, 而胃(謂)之陛(地). 上, 氣(氣)㉔也, 而胃(謂)之天. 道亦其志(字)㉕也. 青(请)㉖昏(問)㉗其名㉘. 以 【10】 道從事者, 必㤅(託)㉙其名㉚, 古(故)事成而身長㉛. 聖人之從事也, 亦㤅(託)其 【11】 名, 古(故)紅(功)㉜成而身不剔(傷). 天陛(地)名志(字)㉝並立㉞, 古(故)怂(過)其方㉟, 不思㊱相□□□□㊲ 【12】 於西北, 其下高以弜(强). 陛(地)不足於東南, 其上□□□□□□□㊳ 【13】 者, 又(有)余(餘)於下. 不足於下者, 又(有)余(餘)於上. 【14】

〔해석〕

하늘의 도는 약함을 귀하게 여겨, 강한 것을 쇠약하게 하며 새로이 탄생하는 사물에게 도움을 주게 된다. 그래서 강한 것을 타박하고 강한 것을 질책하여 약한 것을 도우며 위가 부족하면 아래를 풍요하게 하고 아래가 부족하면 위를 풍요롭게 증익시킨다.[43]

아래(下)를 흙(土)이라 하고 이는 즉 땅을 말한다. 위(上)는 기(氣)로 이는 즉 하늘이라 말한다. 道를 문자로 표현하면 地와 天이다. 이 이름(天地)들이 무슨 작용을 하는가 하고 물어보면 다음과 같다. 道에 종사하는 사람들(道家者)이 천지라고 假託한 그 ‘道’에 의지하기 때문에 일을 능히 이루어지게 할 수 있고, 오래 살 수 있다. 聖人이 일을 할 때에도 이 天地라고 이름을 假名한 ‘道’에 기탁하기 때문에 하는 일들을 모두 이룰 수 있고, 신체가 상해를 입지 않는다. 天地는 그 名分과 문자가 각각 존재하지만, 단지 이름을 가탁하는 방법 중에 하나일 뿐이니, 이를 天과 地와 완전히 같은 것으로 여기지 말아야 한다. 따라서 하늘(天)은 西北 지역이 낮고 부족하기 때문에, 동남 지역이 높고 강하며, 땅은 東南 지역이 약하고 부족하기 때문에 서북 지역이 높고 강하다. 이는 곧 서북 지방이 부족하면 동남 지역이 여유가 있고, 동남지역이 부족하면, 서북 지역이 여유가 있는 것과 같다.

〔註解〕

21) 裘錫圭는 ‘(雀)’자를 ‘削’으로 해석하였다.[44] ‘雀’자와 ‘削’자는 모두 ‘小’가 소리부분이다. ≪說文

41) “천지는 능히 太一을 쇠퇴하게 할 수 없으며, 땅은 능히 太一을 매몰시키지 못한다.”
42) “홀로 서서 변함이 없고, 널리 운행하면서도 위태함이 없다.”
43) 제 9간을 제 14간과 연결하여 해석하기로 한다. “그래서 강한 것을 타박하고……”는 제 14간의 내용이다.
44) “疑‘雀’可讀爲‘削’.” ≪郭店楚墓竹簡≫, 126 쪽.

解字≫는 '雀(雀)'자에 대하여, "'사람 가까이에 사는 작은 새'. '小'와 '隹'로 이루어진 자로 '爵'과 음이 같다."45)라 하였다.

22) '伐於勥(强), 責於' 중의 '(責)'자는 '貝'와 소리부 '朿'로 이루어진 형성자로 '책망하다'·'꾸짖다'의 의미이다. ≪說文解字≫는 '責'자에 대하여 "'요구하다(求)'의 의미. '貝'와 소리부 '朿'로 이루어진 형성자"46)라 하였다. ''자는 金文 중 ≪秦公簋≫의 ''의 형태와 비슷하다.47)
'(勥)'자는 '力'과 소리부 '强'의 생략형으로 이루어진 형성자이다.48) 이 형태 이외에도 ≪郭店楚簡≫은 '强'자를 '' 등으로 쓴다.49) ≪說文解字≫에서는 '(强)'자에 대하여 "'蚚(쌀바구미 기)'의 의미. '虫'과 소리부 '弘'으로 이루어진 형성자. '强'자의 籀文은 '蚰'과 '畺'을 써서 '䵹'으로 쓴다."50)라 하였다. ≪說文≫에서 말하는 '弘'자는 사실상 '弖'이 와전된 것이다.51) ≪曾侯乙墓竹簡≫은 '强'자를 오른쪽 아래 가로 두 획을 생략하고 ''으로 쓴다.52)

23) 李零 ≪郭店楚簡校讀記≫는 "□, □於溺, □於□"를 보충하였다.53) 그러나 劉釗≪郭店楚簡校釋≫은 제 9간과 제 14간이 연결되는 내용으로 보고 "□, 是古(故)不足"을 보충하였고,54) 陳偉는 ≪郭店楚簡別釋≫에서 "弱, 是古(故)不足於上"을 보충하였다.55) 잔실된 부분 중 첫 자는 '溺'과 반대되는 개념의 자가 아닌가 한다. 하지만 현재로썬 알 수 없기 때문에 "□, 是古(故)不足於上"을 보충하고 제 9간과 제 14간이 연결되는 내용으로 보기로 한다.

24) '(燹)'자는 '火'와 소리부 '旣'로 이루어진 형성자로 '氣'의 의미로 쓰인다. ≪郭店楚簡·老子甲≫은 ''로 쓴다.

25) '志'자는 '字'로 읽는다. ≪郭店楚簡·老子甲≫ 第 21簡에 "未智(知)其名孥曰道" 중의 '孥'자의 의미와 같다. 백서본은 "吾未知其名, 字之曰道"로 쓰고 왕필본은 "吾不知其名, 字之曰道."56)로 쓴다. '孥'자와 '志'자는 모두 "才"가 소리부로 '字'자와 음이 통한다.

26) '靑'은 '請'으로 읽는다.

27) '昏'은 '問'으로 읽는다. 초간에서 '問'의 의미로 쓰이는 자는 ''으로 쓰는 이외에57) '(䎽, 聞)'으로

45) "依人小鳥也. 从小隹, 讀與爵同."
46) ≪說文≫: "責, 求也. 从貝, 朿聲."
47) ≪金文編≫, 435, 863 쪽.
48) 何琳儀, ≪戰國古文字典: 戰國古文聲系≫, 648 쪽.
49) ≪楚系簡帛文字編≫, 1111 쪽.
50) ≪說文≫: "強, 蚚也. 从虫, 弘聲. 䵹, 籀文強, 从蚰从畺."
51) 何琳儀, ≪戰國古文字典: 戰國古文聲系≫, 648 쪽.
52) ≪楚系簡帛文字編≫, 1111 쪽.
53) 李零, ≪郭店楚簡校讀記≫, 32 쪽.
54) 劉釗,≪郭店楚簡校釋≫, 43 쪽.
55) 陳偉, ≪郭店楚簡別釋≫, 32 쪽.
56) "나는 아직 그 이름을 알지 못하겠으나, 글자로는 道라 칭한다."

쓰기도 한다.58)

28) ‘土’는 ‘地’이고, ‘氣’는 곧 ‘天’이라 한다. ≪鶡冠子·度萬≫은 “이른바 天이란 푸르디푸른 끝없는 기운인 天를 말하는 것이 아니고, 이른바 地란 넓고 넓은 방대한 땅의 地를 가리키는 것이 아니다.”59)라 하였다. “道亦其志(字)也”는 ‘地’와 ‘天’를 문자로 표현하는 것을 말한다. 그러나 진정한 도는 이름으로 형용 할 수 없는 것이고, 이를 억지로 칭하다면 ‘道’라 할 수 있는 것이다. ≪老子≫제25장은 “나는 그 이름을 알지 못하니, 이름하여 ‘도’라 하고 또 억지로 이름하여 ‘크다’고 한다.”60)라 하였다.

29) ‘(⿰忄乇)’은 ‘託’으로 읽는다. 劉釗 ≪郭店楚簡校釋≫에서는 ‘⿰忄乇’자를 ‘⿱乇心’로 예정하고, ‘⿱乇心’자를 ‘托’의 의미로 해석하였다. ≪郭店楚簡·緇衣≫제21간의 “則大臣不台(治), 而埶(褻)臣⿰忄乇(託)也” 구절을 ≪禮記≫는 “大臣不治, 而邇臣比矣.”61)로 쓴다. ‘宅’자를 ≪老子乙≫이나 ≪成之聞之≫는 ‘’·‘’으로 쓴다. 따라서 ‘’·‘’자는 ‘心’과 소리부 ‘宅’으로 이루어진 형성자로 ‘⿰忄宅’으로 예정할 수 있다. 이자는 ‘託’자와 서로 통하여 ‘의탁하다’·‘결탁하다’의 뜻이다.

30) ‘託其名’은 도의 이름을 본명이 잠시 가명으로 기탁한다는 뜻이다. ‘道’란 본래 이름이 없으므로 다만 이름을 빌려서 사용하는 것이다.

31) ‘身長’은 ‘長生(오래 삶)’이란 의미와 같다.

32) ‘(社)’은 ‘功’으로 읽는다. ‘공적’의 의미이다.

33) ‘志’자는 ‘心’과 소리부 ‘才’로 이루어진 형성자로, ‘字’로 읽는다.

34) 하늘을 ‘氣’와 ‘天’이라하고, 땅을 ‘土’와 ‘地’라 명명하는 것을 말한다. 그래서 “天地名字並立”62)라 하였다.

35) ‘方’은 ‘齊等’(동등하다) 혹은 ‘相當’(비슷하다, 같다)의 의미이다.≪詩·大雅·生民≫“實方實苞, 實種實褎”63) 구절에 대하여 鄭玄은 “‘方’은 ‘동등하게 가지런하다’의 뜻이다.”64)라 하였다. “過其方”은 “不相當”이나 “不相稱”(알맞지 않다)의 의미이다. 이 내용은 ≪老子≫ 제77장의 “남는 것은 덜어내고 부족한 것은 보태준다. 하늘의 도는 남는 것은 덜어내고 부족한 것은 보충해 준다.”65)의 구절 내용과 서로 통한다. 이 문장의 내용은 ≪淮南子·天文≫에서 말하는 “옛날에 共工과 전욱이 황제가 되려고 다투다가 화가나 不周의 산에 머리가 닿자, 하늘 기둥이 꺾어지고 땅의 밧줄이 끊어져 하늘이 서북쪽으로 기울어지게 되어 日月星辰은 서북쪽으로 움직이게 되었다. 땅은 또한 동남쪽이 가득 함몰되어

57) ≪楚系簡帛文字編(增訂本)≫, 646 쪽.
58) ≪楚系簡帛文字編(增訂本)≫, 1000 쪽.
59) “所謂天者, 非是蒼蒼之氣之謂天也, 所謂地者, 非是膊膊之土之謂地也.”
60) “吾不知其名, 字之曰道, 强名之曰大.”
61) “대신들은 나라를 다스릴 수가 없으며 간신들이 중임을 맡게 된다.”
62) “天과 地 라는 이름을 함께 사용한다.”
63) “싹이 뾰족뾰족 올라오더니 쭉쭉 길게 자라났네.”
64) “方, 齊等也.”
65) “有餘者損之, 不足者補之. 天之道, 損有餘而補不足.”

물은 동남쪽으로 흘어 들어갔고, 진흙먼지가 생기게 되었다."[66]라는 개념과 일치한다.

36) '思'자는 ≪五行≫과 ≪尊德義≫ 등은 '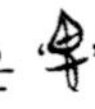'·'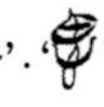'로 쓴다. 본 ''자는 '心'을 생략하여 썼다.[67] 이 자는 사실상 '由'로 예정할 수 있다. '思'자의 윗부분과 같다.

37) 李零 ≪郭店楚簡校讀記≫는 '當, 天不足' 세 자가 잔실되었다고 하였다.[68]

38) 李零 ≪郭店楚簡校讀記≫는 "□以□. 不足於上"을 보충하였다.[69]

66) "昔者共工與顓頊爭爲帝, 怒而觸不周之山, 天柱折, 地維絶, 天傾西北, 故日月星辰移焉, 地不滿東南, 故水潦塵埃歸焉."

67) 張守中, ≪郭店楚簡文字編≫, 140 쪽.

68) 李零, ≪郭店楚簡校讀記≫, 32 쪽.

69) 李零, ≪郭店楚簡校讀記≫, 33 쪽.

II

儒家문헌

3. ≪緇衣≫

一 二 三 四 五 六 七 八 九 一〇 一一 一二

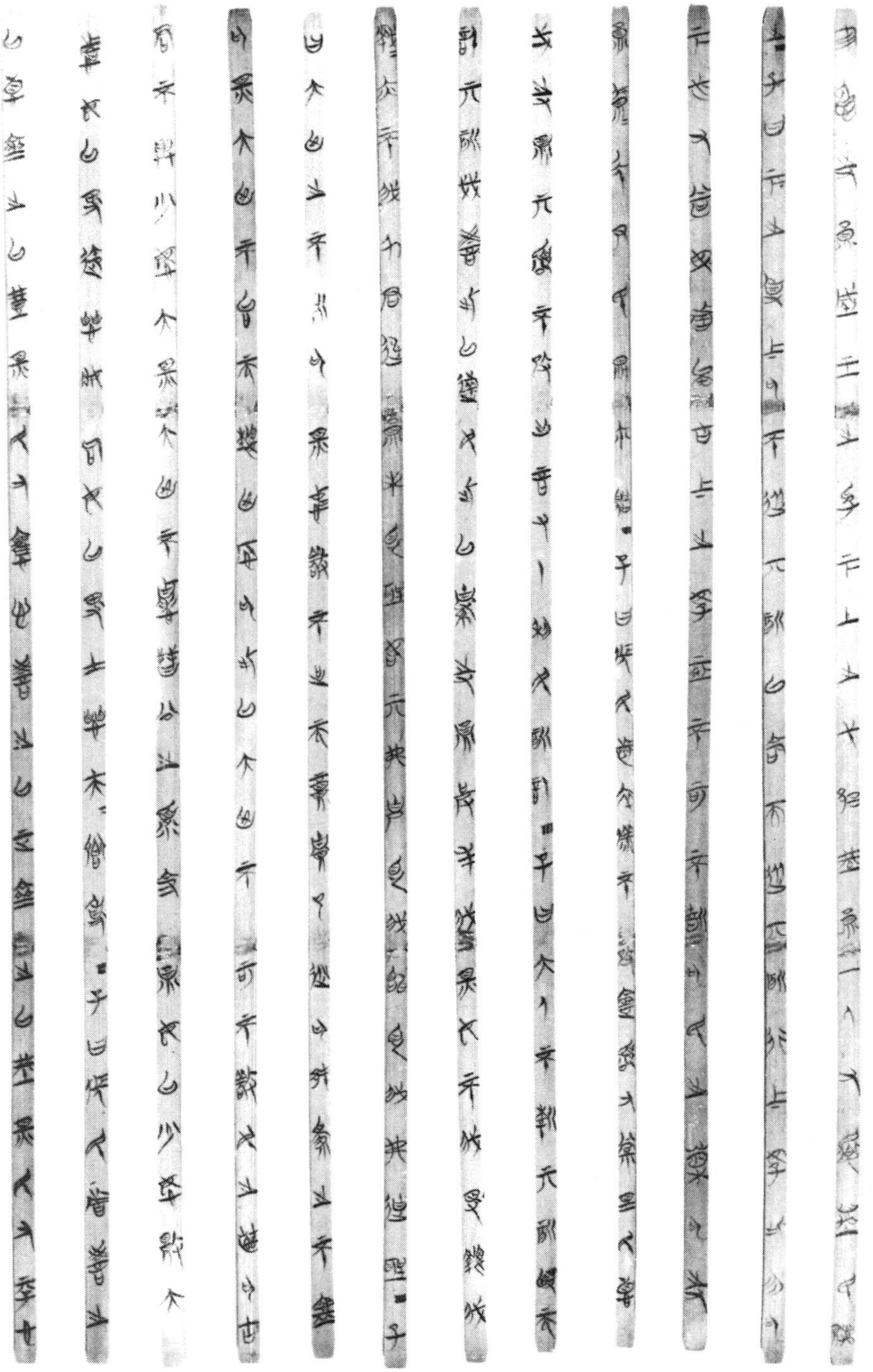

一三 一四 一五 一六 一七 一八 一九 二〇 二一 二二 二三 二四

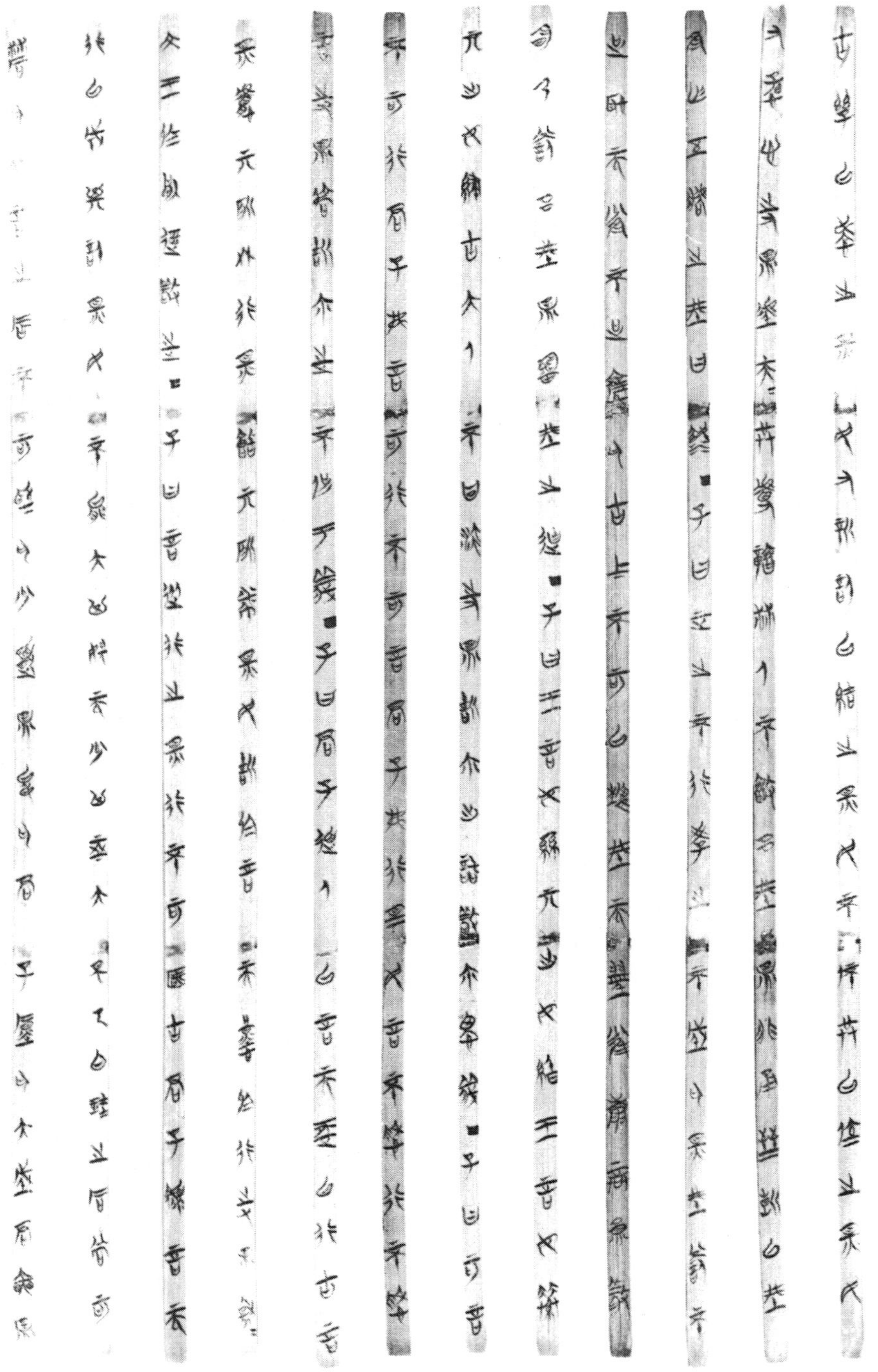

二五 二六 二七 二八 二九 三〇 三一 三二 三三 三四 三五 三六

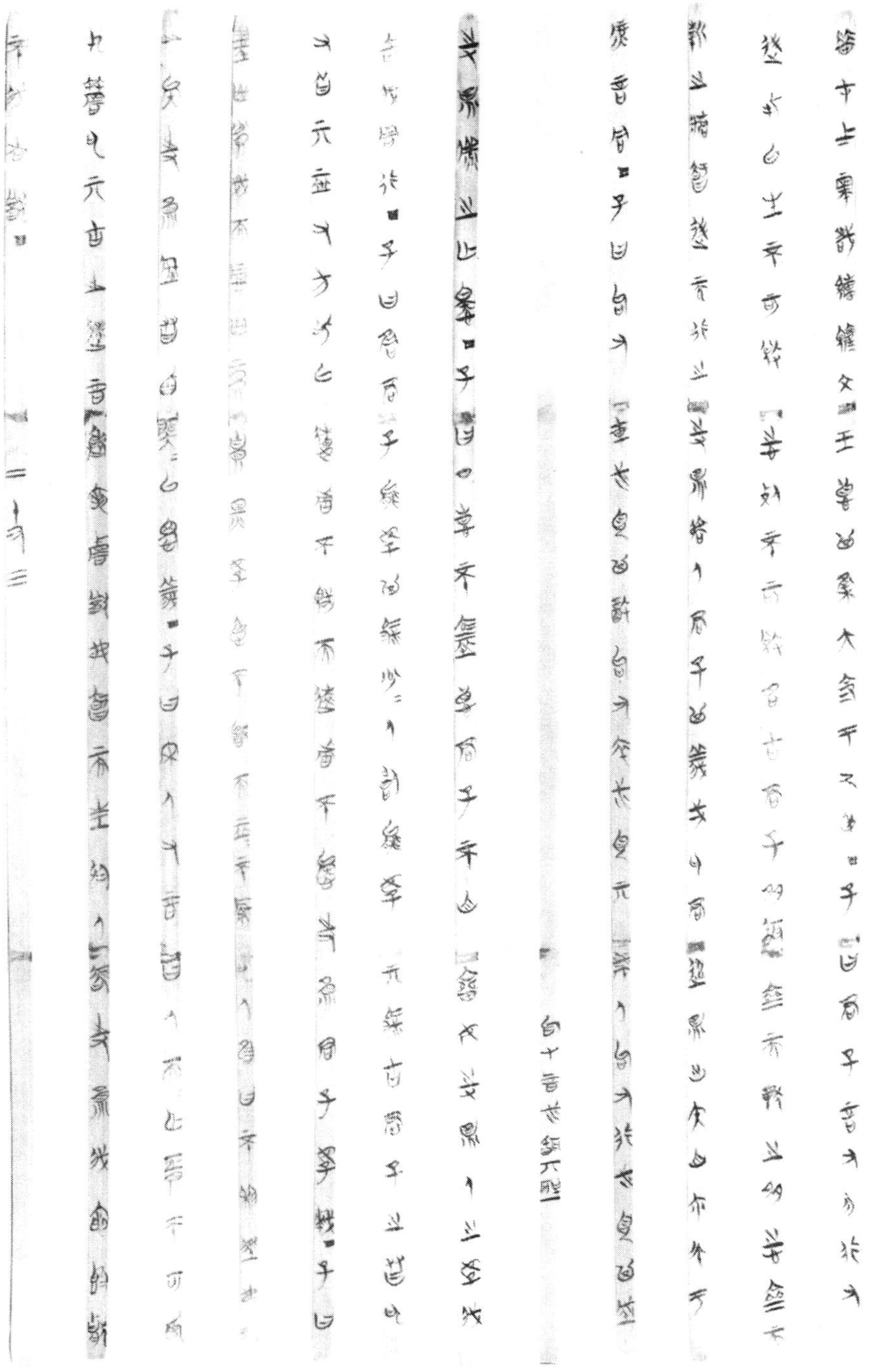

三七 三八 三九 四〇 四〇背 四一 四二 四三 四四 四五 四六 四七

【緇衣】

≪緇衣≫는 현재 우리가 볼 수 있는 중국 경서 ≪禮記≫ 중의 한 편이다. 현존하는 현행본 ≪禮記≫와 ≪郭店楚簡≫ · ≪上博楚簡≫의 ≪緇衣≫는 내용이 서로 같기 때문에, 이들 셋을 서로 비교 고찰한다면, 초죽간 서체의 특징은 물론, 같은 자를 다르게 쓰는 이체자(異體字) 현상, 소리가 서로 같거나 유사하여 빌려 쓰는 통가자(通假字) 등의 현상을 고찰할 수 있을 뿐만 아니라, 현행하는 ≪禮記≫의 ≪치의≫의 진면목을 알아 낼 수 있다.

≪郭店楚簡 · 緇衣≫는 모두 1156자, ≪上博楚簡 · 紂衣≫는 모두 978자, ≪禮記≫의 ≪緇衣≫는 1549자이다. 또한 현행본 ≪緇衣≫는 모두 25장으로 되어 있으나, ≪郭店楚簡≫과 ≪上博楚簡≫은 모두 23장으로 되어있다. 현행본의 제1장 · 제16장과 제18장이 ≪郭店楚簡≫과 ≪上博楚簡≫에는 없고, 현행본의 제7장과 8장이 ≪郭店楚簡≫과 ≪上博楚簡≫에서는 제14 · 15 · 16장으로 분리되어 있다. 이와 같은 이유는 전국시대에는 ≪치의≫가 본래 23 장으로 구성되어 있었는데, 전해 내려오면서 漢代의 유학자들이 수정하였기 때문일 것이다.

≪緇衣≫는 ≪詩經≫을 모두 22 곳에서 인용하고 있는데, 그 중 9 곳은 ≪大雅≫이고, ≪小雅≫는 8 곳, ≪國風≫은 4 곳에서 인용하고, 하나는 逸詩(전해 내려오지 않은 시)이다. ≪書經≫은 모두 10곳에서 인용하고 있는데, 그 중 ≪尹誥≫·≪君陳≫과 ≪君牙≫ 등 세 편은 ≪古文尚書≫, ≪康誥≫·≪呂刑≫과 ≪君奭≫은 ≪今文尚書≫에 보이며, ≪祭公之顧命≫은 ≪逸周書≫에 보인다.

≪詩經≫과 ≪尙書≫의 인용구 대조표

楚簡			禮記		
章序	詩經	尙書	章序	詩經	尙書
第1章	大雅 文王		2	大雅 文王	
第2章	小雅 小明		11	小雅 小明	
第3章	曹風 鳲鳩	尹誥[1)]	10	曹風 鳲鳩	
第4章	大雅 板 / 小雅 巧言		12	大雅 板 / 小雅 巧言	
第5章	小雅 節南山	君牙	17	小雅 節南山	君雅
第6章	大雅 抑		6	大雅 抑	
第7章	大雅 下武	呂刑	5	大雅 下武	甫(呂)刑
第8章	小雅 節南山		4		
第9章	小雅 都人士		9	小雅 都人士	
第10章	小雅 正月	君陳	15	小雅 正月	君陳
第11章		祭公之顧命	14		葉公之顧命
第12章	逸詩	呂刑	3		甫(呂)刑
第13章		康誥 / 呂刑	13		康誥 / 呂刑
第14章	大雅 抑		7	大雅 抑	
第15章	大雅 抑				

<table>
<tr><th colspan="4">楚簡</th><th colspan="6">禮記</th></tr>
<tr><th>章序</th><th colspan="2">詩經</th><th>尙書</th><th>章序</th><th colspan="2">詩經</th><th colspan="3">尙書</th></tr>
<tr><td>第16章</td><td colspan="2">大雅 文王</td><td></td><td>8</td><td>大雅 抑</td><td>大雅 文王</td><td colspan="3"></td></tr>
<tr><td>第17章</td><td>大雅 抑</td><td>小雅 車攻</td><td>君奭</td><td>24</td><td>大雅 抑</td><td>小雅 車攻</td><td colspan="3">君奭</td></tr>
<tr><td>第18章</td><td colspan="2">曹風 鳲鳩</td><td>君陳</td><td>19</td><td colspan="2">曹風 鳲鳩</td><td colspan="3">君陳</td></tr>
<tr><td>第19章</td><td colspan="2">周南 葛覃</td><td></td><td>23</td><td colspan="2">周南 葛覃</td><td colspan="3"></td></tr>
<tr><td>第20章</td><td colspan="2">小雅 鹿鳴</td><td></td><td>22</td><td colspan="2">小雅 鹿鳴</td><td colspan="3"></td></tr>
<tr><td>第21章</td><td colspan="2">周南 關雎</td><td></td><td>20</td><td colspan="2">周南 關雎</td><td colspan="3"></td></tr>
<tr><td>第22章</td><td colspan="2">大雅 旣醉</td><td></td><td>21</td><td colspan="2">大雅 旣醉</td><td colspan="3"></td></tr>
<tr><td>第23章</td><td colspan="2">小雅 小旻</td><td></td><td>25</td><td colspan="2">小雅 小旻</td><td colspan="2">兌命[2]</td><td>易(恒卦)</td></tr>
<tr><td rowspan="3">未</td><td colspan="2"></td><td></td><td>1</td><td colspan="2"></td><td colspan="3"></td></tr>
<tr><td colspan="2"></td><td></td><td>16</td><td colspan="2"></td><td>大甲</td><td>兌命</td><td>大甲
尹吉[3]</td></tr>
<tr><td colspan="2"></td><td></td><td>18</td><td colspan="2"></td><td></td><td></td><td></td></tr>
</table>

楚簡에서는 ≪尙書≫를 열 곳에서 인용하고 현행본에서는 15 곳에서 인용하고 있다. 楚簡의 제23장은 ≪禮記·緇衣≫의 제 25장에 해당되는데 楚簡은 ≪尙書≫를 인용하지 않고 있으나 ≪禮記·緇衣≫는 ≪兌命≫을 인용하고 있다. 또한 현행본 ≪緇衣≫ 제 16장은 楚簡에 보이지 않으나 ≪大甲≫ 두 차례와 ≪兌命≫·≪尹吉(誥)≫를 인용하였다. 모두 구체적인 篇名으로 쓰고 있다.

楚簡에서 인용하고 있는 ≪君牙≫와 ≪君陳≫, 현행본≪緇衣≫에서 인용한 ≪兌命≫과 ≪大甲≫, 혹은 楚簡과 현행본 모두에서 인용하고 있는 ≪尹誥≫ 등 다섯 편은 모두 古文≪尙書≫25편 중에 속한다.

≪禮記≫에 해당되는 문장은 淸 孫希旦≪禮記集解≫(중화서국 1989년 2월 초판)를 참고하기로 하며, ≪上博楚簡≫은 ≪上海博物館藏戰國楚竹書≫(馬承源 主編. 上海古籍出版社, 2001)를 참고하기로 한다.

1) ≪禮記≫는 ≪尹吉≫로 잘못 썼다. ≪尹誥≫는 ≪尙書≫의 ≪咸有一德≫에 해당된다.
2) 楚簡에서는 ≪兌命≫이 인용되지 않고 있다.
3) '尹吉曰'로 시작하고 있으나, 본 편의 내용은 ≪古文尙書≫≪大甲≫에 속한다.

1.

夫子曰: 好媺(美)①女(如)好兹(緇)衣②. 亞(惡)亞(惡)③女(如)遊(巷)白(伯)④, 則民臧(臧)⑤㐌(它?)⑥而型(刑)不屯⑦. ≪寺(詩)≫【1】員(云):『㦤(儀)型(刑)文王, 萬邦乍(作)孚.』⑧

공자가 말하였다.

좋은 일을 좋아하는 것을 ≪치의≫편이 좋아했었던 것 같이 하고, 악한 일을 미워하기를 ≪항백(巷伯)≫이 미워하는 것과 같이 하면, 백성이 모두 복종하여 형벌을 집결(가할) 할 필요가 없다. ≪시경 · 대아 · 문왕≫에 말하기를 "문왕을 본받으면 온 세상이 곧 믿고 따른다."라 했다.

［註解］

① '(媺)'자는 '媺'자가 생략된 형태이며, '㟴'로 쓰기도 한다. ≪上博楚簡 · 緇衣≫는 이 자를 '(頧)'로 쓴다.[4] ≪郭店楚簡 老子甲≫제 15간 "天下皆智(知)㟴(美)之爲媺(美)也."[5] 구절 중 첫 번째 자는 '(㟴)'로 쓰고,[6] 두 번째 자는 '(媺)'로 쓴다.[7] '美' · '微' · '𡭴' · '㟴' · '媄' · '媺' · '媄'자는 소리부가 '𡭴'와 '美'이며, 모두 의미가 같은 동원자(同源字)이다. '媄'자와 '頧'자 중의 의미부 '女'와 '頁'은 의미가 서로 통하기 때문에 종종 구분없이 통용하기도 한다. ≪周禮≫ 등에서는 '美'자 대신 '媺'자를 쓰기도 한다.

② '(兹)'자는 '緇'로 읽는다. ≪說文解字≫는 '緇'자를 "'검은 색 비단'의 뜻. '糸'와 소리부 '甾'로 이루어진 형성자이다."라 하였다. 段玉裁는 ≪說文解字注≫에서 '緇'자를 혹은 '紂'로 쓰기도 한다라 하였다. '紂'와 '緇' · '兹'는 고음(古音)이 비슷하기 때문에 서로 통한다. ≪上博楚簡≫은 '(紂)'자로 쓴다.

≪緇衣≫는 ≪詩經 · 鄭風≫ 중의 한 편이다. 시에서 백성이 나라를 다스리는 관원에게 朝服인 검은 옷(緇衣)이 해지면 그것을 다시 지어주겠다고 하고, 退朝하면 맛있는 음식을 차려 주겠다고 하여 그에 대한 지극한 사랑을 표시하고 있다.

③ '亞'자는 초간에서 일반적으로 '惡'의 의미로 쓰인다. 초간에서는 '' · '' · '' · '' · '' · '' · '' · '' 등으로 쓴다.[8]

④ '(遊)'자는 의미부가 '辶'이고 소리부가 '𦭝'인 형성자이다. '𦭝'은 '巷'자의 고문자이다. '遊'자를 ≪上

4) ≪楚系簡帛文字編≫, 800 쪽.
5) "세상 사람들이 아름다움을 아름다운 것으로만 알다."
6) ≪楚系簡帛文字編≫은 ''자를 '㟴'로 예정하고 '美'로 읽었다. 747 쪽.
7) 張守中, ≪郭店楚簡文字編≫, 168 쪽. ≪楚系簡帛文字編≫은 ''자와 ''자는 '媄'의 이체자로 보았다. 1012 쪽.
8) ≪楚系簡帛文字編(增訂本)≫, 1198 쪽.

博楚簡·紂衣≫는 '(衙)'으로 쓴다.[9] 이 자는 '衖'자의 이체자이고, '巷'자의 고문자이다. ≪說文解字≫는 '(䢽)'자에 대하여, "'마을 안에 있는 거리'의 의미. 篆文은 '薲'으로 쓴다."[10]라 하고, 段玉裁는 "'薲'자를 지금은 '巷'으로 쓴다."[11]라 하고, ≪正字通≫은 "'薲'은 '마을 안에 있는 거리'의 뜻. 隸書는 '鄉'·'巷'로 일반적으로 '衖'으로 쓴다."[12]라 하였다.

≪巷伯≫은 ≪詩經·小雅≫ 중의 한 편이다. 이 시는 寺人 孟子가 자신보다 지위가 높은 환관 巷伯이 참언한 것을 비난한 내용이다. 시에서는 중상 모략하는 자를 승냥이나 범에게 던져 먹게 하여도 이들마저도 더러워 먹지 않는다고 극도의 분노한 마음을 표현하고 있다. 나쁜 일을 싫어함을 이 참언하는 자를 미워하는 것 같이 하라하였다.

⑤ '(臧)'자는 전후 문맥으로 보아 '咸'자의 오자(誤字)가 아닌가 한다. ≪上博楚簡≫에서는 이 자를 '(咸)'으로 쓴다. ≪郭店楚簡·緇衣≫는 '咸'자를 ''로 쓴다.[13] '모두'·'다'·'전부'의 의미이다.

⑥ ''자에 대해서는 학자마다 의견이 분분하다. 裘錫圭는 주석에서 '旇'으로 보아야 한다고 하였다.[14] 이 자는 소리부분이 '(攴)'이고, 의미부분이 '(力)'으로 '服'자의 통가자로 쓰인 것이 아닌가한다. 현행본 ≪禮記≫는 '服'으로 쓴다. 劉釗≪郭店楚簡校釋≫은 '𢼄'로 예정하고, 이 자는 소리부 '𠬝'이며 '服'으로 읽는다하였으나,[15] '(攴)'과 '𠬝'자는 다르다. ≪說文解字≫는 '服'자에 대하여, "'일용품'의 의미. '舟'와 소리부 '𠬝'으로 이루어진 형성자. '服'자의 고문은 자부 '人'을 써서 '𠬛'로 쓴다."[16]라 하였다. '(𠬝)'자에 대하여, ≪說文解字≫는 "𠬝, 治也. 从又, 从卩."[17]이라 하였다. '服'자는 원래 '𠬝'에서 파생된 자이다. 금문은 '服'자를 ''으로 쓴다.[18] '攴'자에 대하여, ≪說文解字≫는 "'가만히 두드리다.'의 의미. '又'와 소립 '卜'으로 이루어진 형성자이다."라 하고, 段玉裁는 "경전에서는 예변(隸變)되어 '扑'으로 쓴다."[19]라 하였다. 한편 ≪上博楚簡≫은 이 자를 '𢻹'으로 쓰는데, 이 자는 곧 '手'와 소리부 '力'으로 이루어진 '(扐(손가락 사이 륵{늑} lè))'자와 같은 자이다. ≪說文解字≫는 '手()'자의 고문(古文)은 ''로 쓴다. '𢻹'자의 윗부분과 같다. '力'은 고음이 '来母职部(성모는 '來'系에 속하고, 운모는 '職'部에 속함)'에 속하고 '服'은 '並母职部(성모는 '並'系에 속하고, 운모는 '職'部에 속함)'에 속한다. 즉 '扐'과 '服'은 고대 韵部가 모두 '職'部로 같기 때문에 통한다.

9) ≪楚系簡帛文字編(增訂本)≫, 639 쪽.
10) ≪說文≫: "䢽, 里中道. 薲(薲), 篆文."
11) ≪說文解字注≫: "薲, 今作巷."
12) ≪正字通≫: "薲, 里中道也. 隸作鄉·巷, 通作衖."
13) ≪楚系簡帛文字編(增訂本)≫, 112 쪽.
14) "字似當釋旇." ≪郭店楚墓竹簡≫, 131 쪽, 注四.
15) 劉釗, ≪郭店楚簡校釋≫, 51 쪽.
16) ≪說文解字≫: "服, 用也. 从舟, 𠬝聲, 𠬛, 古文服, 从人."
17) ≪說文解字≫: "𠬝, 治也. 从又, 从卩."
18) ≪金文編≫, 190 쪽.
19) "經典隸變作扑."

⑦ '(屯)'자에 대하여 ≪說文解字≫는 "초목이 땅에서 힘들게 솟아오르는 모양."[20]이라 하였다. 갑골문은 ''·''·''으로 쓰고,[21] 금문은 ''·''·''·''으로 쓴다.[22] 초목이 땅을 뚫고 솟아나오는 모양이다. 갑골문이나 금문에서는 일반적으로 '厚(두텁다)'는 의미와 '聚集(모이다)'는 의미로 쓰인다. 이 자는 본래 '芚(둔)'자와 같은 자이다. '芚'은 '초목이 싹트는 모양'·'어리석은 모양'·'두터운 모양' 등의 의미로 쓰인다. 초간에서는 일반적으로 '모으다(聚集)'의 의미로 쓴다. '주둔(駐屯)하다'는 '屯'의 의미와 같다. 劉釗≪郭店楚簡校釋≫은 '屯'자는 '蠢'자로 읽고, '움직이다(動)'의 뜻으로 쓰인다하였다.[23] 李零≪校讀記≫는 '頓'으로 읽었다.[24]

한편 ≪上博楚簡≫은 '𠜴'으로 쓰고 ≪禮記本≫은 '試'로 쓴다. '試'는 곧 '式'으로 '法式'·'樣式' 등의 의미이다. '式'은 '工'과 소리부 '弋'으로 이루어진 형성자이다. '弋'은 또한 '杙'의 의미로 '물건을 걸어서 표지로 삼는 말뚝'이라는 의미에서 '양식' 혹은 '표준'·'법식'이라는 의미로 확대되어 사용된다. 따라서 '屯'과는 음이나 의미상의 차이가 있다. 禮記本의 '試'자는 고문자 '弋'자나 '式'자가 '屯'자의 형태가 비슷하기 때문에 잘못 쓴 것이 아닌가 한다.

⑧ ≪上博楚簡≫

子曰: 𡚾(好)𡠫(美)女(如)𡚾(好)紂衣, 亞₌(惡惡)衛(巷)白(伯). 則民咸(咸)㤅而型(刑)不𠜴. 𧦝(詩)員(云):「𢑴(儀)型文王, 薑(萬)邦乍(作)㞋■」.

≪禮記≫

子曰: 好賢如緇衣, 惡惡如巷伯, 則爵不瀆而民作願, 刑不試而民咸服. ≪大雅≫曰: "儀刑文王, 萬國作孚."[25](2)

2.

子曰: 又(有)𨞐(國)⑨者章好章亞(惡), 以視民厚, 則民【2】青(情)不紅(弋)⑩. ≪寺(詩)≫員(云):「情(靖)共尒⑪立(位), 好氏(是)⑫貞(正)植(直).」⑬

공자가 말하였다.

나라를 가진 자는 좋은 것을 밝히고, 나쁜 것을 밝힘으로써, 백성에게 후덕함(厚)을 보여 주어야 한다.

20) ≪說文≫: "屯, 難也. 象艸木之初生, 屯然而難. 从中貫一, 一, 地也. 尾曲."
21) ≪甲骨文編≫, 18 쪽.
22) ≪金文編≫, 31 쪽, 857 쪽.
23) 劉釗, ≪郭店楚簡校釋≫, 52 쪽.
24) 李零, ≪郭店楚簡校讀記≫, 61 쪽.
25) "공자가 말하였다. 어진 이를 좋아하기를 치의편같이 하고, 악한 자를 싫어하는 것을 항백편같이 하면, 벼슬을 더럽히지 않고서 백성들이 삼가 공손하고, 형벌을 쓰지 않고도 백성들이 모두 복종한다. ≪대아≫에서 말하였다. 오직 문왕을 본받는다면 만방이 이끌어 무궁할지니라." 현행본 ≪禮記≫에는 "爵不瀆而民作願" 구절이 더 추가되어 있다.

그래야 백성의 정이 변하지 않는다. ≪시경 · 소아 · 소명≫에 이르기를 “그대의 직위를 조용히 하고 공손히 하며, 정직한 사람을 좋아하라.(그러면 신이 네 소원을 듣고 축복을 크게 내려 주리라.)” 했다.

〔註解〕

⑨ ‘(𨛭)’자는 ‘國’자의 고문자이다. ≪上博楚簡·緇衣≫는 ‘(國)’으로 쓴다.

⑩ ≪禮記≫의 ‘貳’자를 ≪郭店楚簡≫은 ‘(弑)’으로 쓰고, ≪上博楚簡≫은 ‘(弋)’으로 쓴다. 이 자는 ‘忒(변할 특, tè)으로 읽는다. ≪說文≫은 ‘(忒)’자에 대하여, “‘변하다’의 의미. ‘心’과 소리부 ‘弋’으로 이루어진 형성자이다.”라 하였다.[26] ‘貳’자는 의미부가 ‘貝’이고 소리부가 ‘弍’이다. ‘弍’는 또한 소리부가 ‘弋’이다. 따라서 ‘弋’ · ‘弑’ · ‘貳’·‘忒’자 등은 서로 통한다.

⑪ ‘(尒)’자는 ‘爾’자의 아래 부분을 생략한 형태이다. ‘爾’자를 小篆은 ‘’로 쓰고, 금문은 ‘’·‘’·‘’ 등으로 쓴다. 전국시대 금문에서는 이미 아래 부분을 생략하여 ‘’로 쓴다.[27] 여기에서는 ‘你’로 읽는다. 이인칭 대사로, 후에 ‘尒’자에 ‘人’방이 추가된 자이다. ≪郭店楚簡 · 老子甲)≫에서는 생략하지 않고 ‘(爾)’로 쓰기도 한다.[28]

⑫ ≪郭店楚簡 · 緇衣≫의 ‘(氏)’자는 ≪上博楚簡≫은 ‘是’로 쓴다. ‘氏’자와 ‘是’자는 음성이 비슷하기 서로 통가자로 쓰인다. 금문 ≪中山王嚳鼎≫ ‘(氏)’자 역시 ‘是’의 의미로 쓰인다.[29] ≪郭店楚簡 · 老子甲≫ “是以能爲百浴(谷)王”(제3간)[30] 구절과 같이 ‘(是)’자를 써서 대사의 용법으로 쓰인다.

⑬ ≪上博楚簡≫

子曰: 又(有)國者章𢂑(好)章惡, 㠯(以)眂(示)民【1】厚, 則民情不弋. 𧦝(詩)員(云):「靜(竫)龏(恭)尒立(位), 𢂑(好)是正植(直)■.」

≪禮記≫

子曰: “有國者章善癉惡以示民厚, 則民情不貳. 詩云, “竫共爾位, 好是正直.”(11)

3.

子曰: 爲上可𥈠(望)而智(知)也,⑭ 爲下【3】可𩑛(述)而𦣻(志)也,⑮ 則君不㤚(疑)其臣, 臣不惑於君.⑯ ≪寺(詩)≫員(云):「䨥(淑)人君子, 其義(儀)不【4】弋(忒).」⑰ ≪尹㝴(誥)≫員(云):「隹(惟)尹(伊)躳(尹)及湯, 咸又(有)一悳(德)⑱.」⑲

26) ≪說文≫: “忒, 更也. 从心, 弋聲.”
27) ≪金文編≫, 231 쪽.
28) ≪楚系簡帛文字編≫, 329 쪽.
29) ≪金文編≫, 815 쪽.
30) “그래서 모든 계곡의 왕이 될 수 있는 것이다.”

공자가 말하였다.

군주(상급자)는 공명정대하고 투명하여 다른 사람이 보면 바로 알 수 있어야 하며, 신하(하급자)는 각자의 등급에 따라 자신의 직분을 충실히 이행하여 자신의 의지를 밝혀야 한다.[31] 그래야 만이 군주는 신하를 의혹되지 않고, 신하는 그의 군주를 혼동하게 하지 않을 수 있게 된다. ≪詩經・鳲鳩≫에서는 "정숙한 군자의 언행은 한결 같네."라 고 했고, ≪尙書≫는 伊尹은 말하기를 "나 이윤과 탕은 모두 한결 같은 덕이 있다."라 했다.

〔註解〕

⑭ '(䀕)'자는 의미부 '視'와 소리부 '𦣠'으로 이루어진 형성자이다.[32] '𦣠'자는 또한 의미부 '𡈼'과 소리부 '亡'으로 이루어진 형성자이다.

≪說文解字≫에서는 '(望)'과 '(朢)'자가 각각 다른 자로 보았으나, 사실상 같은 이체자이다. '(望)'자에 대하여 "'望'자는 '밖에서 떠돌다가 집이 그리워 돌아오다'는 의미이다. 의미부 '亡'와 소리부 '朢'의 생략형으로 이루어진 형성자이다."[33]라 하고, '(朢)'자에 대하여 "'朢'자는 '달이 차서 태양과 서로 맞대고 있다.'는 의미이다. 의미부 '臣'은 조정에서 신하가 임금을 조알하는 의미를 나타낸다. 의미부 '月'·'臣'과 '𡈼'으로 이루어진 회의자이다. '𡈼'자는 '朝廷'의 뜻이다. 고문 '(𦣻)'자는 '朢'자의 생략형이다."라 하였다.

徐灝≪注箋≫은 "'望'과 '朢'자는 실제로 같은 자이다. ≪玉篇≫에는 '𦣠'자가 있는데, 이 자는 고문에서 '바라보다(瞻望)'의 '望'자와 같은 자이다. '𦣠'자는 의미부 '𡈼'과 소리부 '亡'으로 이루어진 형성자이다. '𡈼'은 발돋음 하여 바라보다는 의미이다."[34]라 하였고, 商承祚≪古文考≫에서는 '朢'자에 대하여 "사람이 높은 곳에 올라 고개를 들어 멀리 자세히 바라보는 모습이다. ……의미부 '月'은 달은 타향 먼 곳에서 바라보아야 그 의미를 느낄 수 있기 때문이다. ≪說文≫에선 '目'은 '君臣'으로 잘못 인식하였다."라 하고, 朱駿聲≪通訓定聲≫은 "작금은 모두 '朢'자를 '望'으로 쓴다."라 하였다.[35]

'朢'자를 갑골문은 ''·''·''으로 쓰고,[36] 금문은 ''·''·''·''[37] 등으로 쓴다. 모두 높은 곳에

31) 孫希旦, ≪禮記集解≫, 1325 쪽. "志猶識也. 可述而志, 謂其言可稱述而記識也. 上以誠待下, 而見於貌者平易可親, 下以誠事上, 而見於言者終始之不渝, 則君臣之間情意交孚, 而無所疑惑矣."

32) ≪郭店楚墓竹簡≫정리본은 "䀕, 從視省, 亡聲, 獨酌望."('䀕'자는 '視'자의 생략형과 소리부 亡으로 이루어진 형성자이다. 望으로 읽는다)라 하였다. 132 쪽, 注 10.

33) ≪說文解字≫: "望, 出亡在外, 望其還也. 从亡, 朢省聲.""朢, 月滿與日相朢, 以朝君也. 从月, 从臣, 从𡈼. 𡈼, 朝廷也. 𦣻, 古文朢省."

34) 徐灝≪注箋≫: "竊謂望·朢實本一字. ≪玉篇≫有𦣠字, 蓋即古瞻望之望, 从𡈼, 亡聲. 𡈼者, 跂而望之之義也."

35) 商承祚≪古文考≫: "象人登高擧目遠矚……从月, 月遠朢而可見意也. ≪說文≫誤以目爲君臣之臣." 朱駿聲≪通訓定聲≫: "今皆以望爲之."

서서 멀리 바라보는 형상이다. ''은 옆에서 바라 본 '눈'의 형상이다. 금문에서 ''은 후에 '耳'의 형태로 변하기도 하고, '亡'으로 변하여 형성자가 되었다.

초간에서는 '望'인 ''·''이나 '朢'인 ''·''으로 쓴다.38)

≪上博楚簡·紂衣≫는 의미부 '介'와 소리부 '亡'인 ''으로 쓴다. ≪說文解字≫는 '(介)'자에 대하여 "'介'자는 '경계를 그어 나누다'의 의미. 의미부 '八'과 '人'으로 이루어진 회의자로 '사람이 각각 자신의 경계를 지키다'는 뜻을 나타낸다."39)라 하였다. 갑골문은 '介'자를 ''·''로 쓰는데, 羅振玉은 ≪增訂殷虛書契考釋≫에서 '介'자는 사람이 갑옷을 입은 형상이다."40)라 하였다. ≪禮記·聘義≫에서는 "빙례에는 上公이 친히 나갈 때에는 아홉 사람의 介가 수행을 하고, 侯伯의 제후가 친히 가게 되면 두 등급을 내려 다섯 사람의 介가 수행을 하고, 子와 男과 세 사람의 介가 수행을 하게 되는 것은 이른바 귀천을 밝히는 것이다. 介가 서로 이어서 命을 전한다."41)라 하였는데, 이 중 '介'는 수행인원으로 부사(副詞) 혹은 개보(介輔)라고도 한다. 즉 '介'를 사람을 가리킨다.

'而'자를 ≪郭店楚簡≫은 ''로 쓰고, ≪上博楚簡≫은 ''로 쓴다.

'智'자를 ≪郭店楚簡≫은 ''로 쓰고, ≪上博楚簡≫은 의미부 '皿'을 써서 ''로 쓴다. ≪說文解字≫는 '(𥎿)'자에 대하여 "'𥎿'은 총명을 표시하는 낱말이다. 의미부 '白'·'亏'와 '知'로 이루어진 회의자이다. '𥎿'자의 고문은 '(𥏼)'로 쓴다."라 하고, 徐灝≪注箋≫은 "'知'와 '𥎿'자는 본래 같은 자이고, '𥎿'자를 예서에서는 생략하여 '智'로 쓴다."라 하였다.42) 금문 중 ≪毛公鼎≫은 ''로 쓴다.43)

⑮ ≪禮記≫의 '述'자를 ≪郭店楚簡≫은 '(𩑶)'로 쓰고, ≪上博楚簡≫은 ''로 쓴다. ≪郭店楚墓竹簡≫의 정리본은 "'𩑶'은 '述'로 읽는다. 이 두 자 모두 韻部가 '物'部에 속한다. 楚簡에서는 일반적으로 '𩑶'을 '述'로 쓴다."라 하였다.44) ≪上博楚簡≫은 ''자에 대하여 정리본은 '𩑶'로 예정하고, '𩑶'자는 의미부가 '頁'이고 소리부가 '朮'이라 하였다.45)

≪說文解字≫는 '(類)'자에 대하여 "'종류가 유사하다'의 뜻. 개의 경우가 더욱 그렇기 때문에 자부 '犬'을 썼다. 소리부 '頪'로 이루어진 형성자이다"46)라 하였다. ''자와 ''자는 '頪'자의 이체자이며,

36) ≪甲骨文編≫, 354 쪽.
37) ≪金文編≫, 581 쪽.
38) ≪楚系簡帛文字編≫, 1069 쪽.
39) ≪說文解字≫: "介, 畫也. 从八, 从人. 人各有介."
40) 羅振玉, ≪增訂殷虛書契考釋≫, "'介'象人著介(甲)形". http://xiaoxue.iis.sinica.edu.tw 참고.
41) ≪禮記·聘義≫: "聘禮, 上公七介, 侯伯五介, 子男三介, 所以明貴賤也. 紹介而傳命."
42) ≪說文解字≫: "𥎿, 識詞也. 从白, 从亏, 从知. 𥏼, 古文𥎿." 徐灝≪注箋≫: "知𥎿本一字, 𥎿隸省作智."
43) ≪金文編≫, 248 쪽, 373 쪽.
44) ≪郭店楚墓竹簡≫, 132 쪽, 注11. 裘錫圭는 案語에서 "楚簡 '可類而等之.(상하 등급에 따라 분명히 구분되어 각각 등급에 맞게 이행하다)'의 뜻으로 이해하여도 된다. 굳이 ≪禮記≫를 따를 필요가 없다."라 하였다.
45) ≪上博楚簡≫, 176 쪽.
46) ≪說文解字≫: "類, 種類相似, 唯犬爲甚. 从犬, 頪聲."

'類'의 이체자이기도 하다. 따라서 楚簡에서는 일반적으로 '頪'을 '述'로 쓴다는 주장은 잘못된 것이고, 초간에서 '頪'은 주로 '類'로 읽는다.[47] 段玉裁 ≪說文解字注≫는 '頪'자에 대하여 "'서로 비슷하여 구별하기가 쉽지 않다'라는 뜻이다. '頪'자와 '類'는 古今字 관계이다. '類'자는 원래 전문적으로 '犬'에 관한 것을 말했으나, 후에 '類'자가 일반적으로 통용되자 '頪'자를 쓰지 않게 되었다."[48]라 하였다. ≪禮記≫의 '述'자는 '類'자와 형태가 비슷하기 때문에 잘못 쓴 것으로 보인다. '類'자는 '분류하다 · 구별하다 · 구분하다'로 "신하되는 자는 (상하등차에 따라) 분류되어 그 신하를 바로 알아 볼 수 있어야한다."로 해석할 수 있다. 즉 자기가 맡은 각각의 직책을 충실히 이행하여야 군주가 의심을 하지 않게 된다는 의미이다.

≪禮記≫의 '志'자를 ≪郭店楚簡≫의 '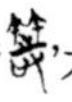'자로 쓴다. ≪郭店楚墓竹簡≫ 정리본은 '𠯑'로 예정하고 '志'로 읽었다. 이 자는 의미부가 '口'이고 소리부가 '等'이다. '等'자는 소리부가 '寺'이다. '寺'자는 또한 소리부가 '之(止)'자로, 篆文은 ''로 금문은 ''로 쓴다. '志'자는 금문은 ''자로 쓰고, 소전(小篆)은 ''로, 이 자 역시 소리부가 '之(止)'이다. '𠯑'자는 '志'와 소리부분이 같기 때문에 서로 통한다.[49] ≪上博楚簡≫은 '(𠯑)'로 쓴다. 소리부가 '止'이다.

그런데 賈誼≪新書·等齊≫에서는 '爲下可類而志也'로 쓰고, '겉으로 들어나는 의복이나 명령을 등급을 다르게 함으로써 알게 되는 것'으로 보았는데, 특히 복식으로 구별해야 한다는 것으로 이해하였다.[50]

人之情不異, 面目狀貌同類, 貴賤之別非天根著於形容也. 所持以別貴賤明尊卑者, 等級 · 勢力 · 衣服 · 號令也. 亂且不息, 滑曼無紀. 天理則同, 人事無別, 然則, 所謂臣主者, 非有相臨之具·尊卑之經也, 特面形而異之耳. 近習乎形貌, 然後能識, 則疏遠無所放, 衆庶無以期, 則下惡能不疑其上? 君臣同倫, 異等同服, 則上惡能不眩其下? ……孔子曰: "爲上可望而知也, 爲下可類而志也, 則君不疑於其臣, 而臣不惑於其君." 而此之不行, 沐瀆無界, 可爲長大息者此也.

(인간의 감정은 다름이 없고 얼굴과 모양새도 비슷해서, 귀하고 천한 구별이 선천적으로 사람의 모습에 드러나 있지 않다. 귀천을 구별하고 존비를 밝혀 주는 것은 등급과 세력과 의복과 명령이다. 이것들이 제멋대로 어지러워져 기강이 없어지면 혼란이 끊이지 않을 것이다. (사람의 타고난) 천성이 같은데 사람의 일까지도 구별이 없어져버린다면, 군주와 신하 간에 서로 대하는 방식이나 높고 낮은 기강이 있지 않으니, 다만 모습을 대해야 구별할 수 있을 뿐이다. 가까이 가서 그 모습을 익히고서야 알 수 있게 된다면, (군주로부터) 멀리 떨어져 있으면 볼 수 없고, 일반 백성들은 (군주를 만나지 못하므로 군주를)

47) ≪楚系簡帛文字編(增訂本)≫, 799 쪽.
48) ≪說文解字注≫: "頪謂相佀難分別也. 頪類古今字. 類本專謂犬, 後乃類行而頪廢矣."
49) ≪金文編≫, 713 쪽.
50) ≪禮記正義≫(孔穎達 疏)는 "爲上可望而知也"에 대하여 "謂貌不藏情, 可望見其貌, 則知其情"(자신의 행동거지에서 감정을 숨기지 않고, 다른 사람이 그 모습을 보면 바로 그 사람의 감정을 알 수 있어야 한다)라 하고, "爲下可述而志也"에 대하여 "志, 知也. 爲臣下率誠奉上, 其行可述敍而知"('志'는 곧 '알다'라는 뜻이다. 신하는 솔직하고 진심으로 윗사람을 모시고, 그 행위는 설명할 수 있고 알 수 있게 하여야 한다)라 하였다. ≪十三經注疏·禮記正義≫, 北京大學出版社, 1507 쪽.

알 기약이 없을 것이니, 아랫사람으로서는 윗사람이 누구인지 의심하지 않을 수 있겠는가? 임금과 신하가 함께 섞여서 등급은 다른데 복식을 똑같이 한다면, 어떻게 윗사람이 아랫사람을 혼동하지 않을 수가 있겠는가? ……공자는 "윗사람이 되어서는 멀리서 바라보면 알 수 있게 할 것이요, 아랫사람이 되어서는 등급에 구별을 주어 자신의 지위를 알리도록 해야 하니, 그렇게 하면 군주는 신하로 하여금 의혹되게 하지 않을 것이며, 신하는 군주로 하여금 혼동되게 하지도 않을 것이다."라 하였다. 그러나 이렇게 행하지 않아서 무너져 경계가 없게 되었으니, 길이 크게 탄식할 일이 바로 이것이다.)

⑯ '則'자를 ≪郭店楚簡≫은 ''으로, ≪上博楚簡≫은 의미부 '刀'를 추가하여 ''으로 쓴다. ≪說文解字≫는 '則'자의 고문을 '(劃)'로 籒文을 '(鼎)'으로 쓴다.
'不'자는 ≪郭店楚簡≫은 ''로, ≪상박초간≫은 ''로 쓴다.
'疑'자를 ≪郭店楚簡≫은 의미부 '心'과 소리부 '矣'인 ''로, ≪上博楚簡≫은 의미부 '心'과 소리부 '矣'인 ''로 쓴다. ≪郭店楚簡≫에서는 '恢(疑)'를 형태 이외에도 ''·''·''·''·''로 쓰고,[51] 이 중 ''는 ≪上博楚簡≫의 형태와 같다. 윗부분은 '矣'의 변형이다.
≪郭店楚簡≫의 '(惑)'에 해당하는 자를 ≪上博楚簡≫은 ''으로 쓴다. '於'자를 ≪郭店楚簡≫은 ''로 쓰고, ≪上博楚簡≫은 ''로 쓴다.

⑰ '詩'자를 ≪上博楚簡≫은 '(峕)'로, ≪郭店楚簡≫은 '(寺)'로 쓴다. '詩'자는 의미부가 '言'이고 '寺'가 소리부이다. ≪郭店楚簡≫의 '寺'자와 '詩'자는 서로 통한다. ≪說文解字≫에서는 '(詩)'의 고문을 '(訨)'로 쓴다. 의미부 '口'와 '言'은 서로 통한다. '峕'는 '訨'자의 이체자이다.
'云'자에 해당되는 자를 ≪郭店楚簡≫과 ≪上博楚簡≫은 모두 '員'인 ''과 ''으로 쓴다. '(員)'자는 의미부 '貝(鼎)'과 소리부 '口'로 이루어진 자이다. ≪說文解字≫는 籒文을 '(鼎)'으로 쓴다. '員'과 '云'은 음이 서로 비슷하기 때문에 고문에서 종종 가차로 쓰인다. 石鼓文에서 '(員)'자를 '云'자의 가차자로 쓴다.
'淑'자에 해당되는 자를 ≪郭店楚簡≫과 ≪上博楚簡≫은 모두 의미부 '口'와 소리부 '弔'인 ''와 ''로 쓴다. '弔'의 이체자이다. ≪金文編≫은 ≪寡子卣≫ ''자를 '1804 淑'자 아래 수록하고 "弔字重見"[52]이라 하였다.[53] 금문에서는 '伯叔'의 '叔'이나 '착하다(善)'의 뜻인 '淑'의 용법으로 쓰인다.[54]

弔	teaw	宵部
淑	djəwk	覺部

51) ≪郭店楚簡文字編≫, 148 쪽 참고.
52) "'弔'자에도 이 자가 수록되어 있다."
53) ≪金文編≫, 570 쪽, 735 쪽.
54) 陳初生, ≪金文常用字典≫, 785 쪽.

'君子'를 ≪郭店楚簡≫은 '(君子)'로 쓰고 ≪上博楚簡≫은 合文인 '(㝆-)'로 쓴다. 혹은 중간에 '口'형을 생략하여 합문 ''로 쓰기도 한다.

≪禮記≫의 '儀'자에 해당되는 자를 ≪郭店楚簡≫과 ≪上博楚簡≫은 ''와 ''로 쓴다. ≪郭店楚簡≫ 제2간 "㦲(儀)型(刑)文王" 중의 '儀'자에 해당되는 자를 ≪上博楚簡≫에서는 '(埶)'로 쓰고, ≪郭店楚簡≫에서는 '(𢘽)'로 쓴다. '儀'자는 소리부가 '義'이고 의미부가 '人'이다. '義'자를 갑골문은 ''·''로 금문은 ''·''로 쓴다.[55] 즉 의미부가 '羊'이고 소리부가 '我'인 형성자이다. 따라서 소리부가 '我'인 '𢘽'·'埶'자와 서로 통한다. '儀刑'이란 (문왕을) 법도·법식으로 삼는다는 뜻이다.

≪禮記≫의 '忒'자를 ≪郭店楚簡≫은 ''으로, ≪上博楚簡≫은 ''으로 쓴다. ≪郭店楚簡≫ 제3간에서의 '(弑)'자를 ≪上博楚簡≫은 '(弋)'자로 쓰고, ≪禮記≫는 '貣'자로 쓰고, '忒(변할 특, tè)'의 의미로 쓰인다. ≪說文解字≫는 '(忒)'자는 의미부가 '心'이고 소리부가 '弋'인 형성문자이며, 의미는 '更(변경)'이라고 설명하고 있다. '(貣)'자는 의미부가 '貝'이고 소리부는 ''이다. ''는 '二'와 같은 자이며 소리부가 '弋'이다. 따라서 '弋'·'弑'·'貣'·'忒'이나 '代'자 등은 서로 통한다.

弋 riək 職部
忒 tʰək 職部
代 dəɣ 之部
貣 njier 脂部

⑱ '(䛅)'는 '誥'와 같은 자이다. '誥誡', 즉 훈계의 의미이다. 초문자에서는 일반적으로 '誥'의 의미로 쓰인다.[56] 금문은 '䛅(誥)'자를 초간과 같이 ''·''·'' 등으로 쓰고, 唐蘭은 이 자를 의미부분이 '言'이고 소리부분이 '共'이라 했다.[57] ≪經典釋文≫에서는 "'誥'자를 '㝅'자로 쓰기도 한다."라 하고, ≪玉篇≫에서는 "'㝅'는 '告'의 古字."라 하였다.[58] '尹䛅'는 즉 '尹誥'이다. ≪尹誥≫는 ≪尙書≫篇名 중 하나이다. ≪禮記≫의 ≪緇衣≫는 '尹吉'로 잘못 썼다. 鄭玄은 "'吉'자은 '告'자여야 한다. '告'의 고문인 '誥'의 誤字이다. '尹告'는 '伊尹의 '誥誡'이다. ≪書序≫는 ≪咸有壹德≫을 언급하고 있지만, 지금은 보이지 않는 僞古文이다."[59]라 하였다. 이 문장은 ≪尹誥≫편을 인용한 것이다. 이 구절은 ≪尙書≫의 ≪咸有壹德≫편에 삽입되어 있다.[60]

55) ≪漢語古文字字形表≫, 483 쪽 참고.
56) ≪楚系簡帛文字編(增訂本)≫, 220 쪽.
57) ≪金文編≫, 163 쪽.
58) 陳初生 編纂,≪金文常用字典≫, 251 쪽 재인용. ≪經典釋文≫: "誥本亦作㝅." ≪玉篇≫: "㝅古文告."
59) 鄭玄: "吉當爲告. 告古文誥字之誤字也. 尹告, 伊尹之誥也. ≪書序≫以爲≪咸有壹德≫今亡." ≪十三經注疏·禮記正義≫, 北京大學出版社, 1506 쪽.

≪郭店楚簡≫ 정리본은 제36간에서 ' '자를 '躳'으로 예정하고 소리부가 '㠯'이고 '允'의 의미로 쓰인다 하였다.[61] ' '자의 윗부분은 '㠯'형이고, 아래 부분은 '身'형이다. '身'자를 초간에서 ' '으로 쓰고, ' (𢙭, 仁)'자 중의 의미부 '身'과 같다. '躳'자는 '允'·'夋'·'尹'자와 음성이 통한다.[62]

楚簡 중에 '躳'이 자주 보이는데, 이 자는 일반적으로 '躬'의 의미로 쓰이며 '躳'자와는 음이 다르다. ≪禮記≫에서는 이 자를 '躬'으로 쓰지만, 이는 「躳」자를 잘못 쓴 것이다. '躬'의 이체자 '躳'자의 오른쪽 부분 '呂'가 '㠯'와 비슷하기 때문에 ≪禮記≫는 '躳'자를 '躬'자로 오인한 것이다. '躳'은 '尹'의 의미로 '㠯(以)'는 韻部 '之'에 속하고, '尹'은 '文'部에 속하기 때문에 음이 서로 통하며 통가자로 쓰인다. '允'字는 소리부가 '㠯'이며 '文'部에 속한다.

≪禮記≫의 '湯'자를 ≪上博楚簡≫에서는 ' (康)'으로 쓰고, ≪郭店楚簡≫에서는 ' (湯)'으로 쓴다. 음이 비슷하기 때문에 경전에서 자주 통용된다.

⑲ ≪上博楚簡≫

子曰: 爲上可弃而𥏼(智)也, 爲下可𣐌而𦥯(志)也, 則君不𢡺(疑)亓(其)臣-(臣, 臣)不或(惑)於君. 㞢(詩)員(云)【2】:「𠫑(淑)人𦥯-(君子), 亓(其)義(儀)不弋.」尹𧧀(誥)員(云):「隹(惟)尹夋及康(湯), 咸(咸)又(有)一悳(德)■.」

≪禮記≫

子曰: 爲上可望而知也, 爲下可述而志也, 則君不疑于其臣, 而臣不惑于其君矣. ≪尹吉≫曰: 惟尹躬及汤, 咸有一德.≪詩≫云: 淑人君子, 其儀不忒.(10)

4.

子曰: 上人𤠔(疑)則百眚(姓)⑳䁥(惑)㉑, 下難【5】智(知)則君倀(長)𢕟(勞). 古(故)君民者, 章好以視民𦕼(欲), 慬(謹)亞(惡)以渫㉒民淫(淫), 則民不䁥(惑). 臣事君【6】, 言其所不能, 不詞(詞)㉓其所能, 則君不𢕟(勞).『大䨞(雅)㉔』員(云): "上帝板板, 下民卒担(疸)."『少(小)䨞(雅)』員(云): "非其【7】止之共唯王𢡱㉕."㉖

공자가 말하였다.

윗사람(군주)이 의심이 있으면 백성은 의혹되고, 아랫사람이 이해하지 못하면 군주가 수고로울 것이다. 백성에게 임금 노릇하는 자는 좋아하는 것을 밝힘으로써 백성이 원하는 것을 드러내야 하며, 미워하는

60) ≪書序≫: "伊尹作咸有一德." 屈萬里 註譯, ≪尙書今注今譯≫, 195 쪽. "本篇已佚. 僞孔本有之, 乃僞作者."

61) ≪郭店楚墓竹簡≫, 132 쪽 注15, 135 쪽 注90. 그런데 裘錫圭 案語는 이 자는 '允'자를 복잡하게 쓴 형태라 하고, 또한 '尹躳'은 반드시 '伊尹'으로 읽을 필요가 없다 하였다.

62) ≪楚系簡帛文字編(增訂本)≫(785 쪽)과 ≪郭店楚簡文字編≫(124 쪽)은 모두 '允'의 이체자로 보았다.

것을 신중하게 드러내어 백성의 음란한 것을 막아야 백성이 미혹되지 않는다. 신하가 군주를 섬김에 있어, 할 수 없으면(할 수 없다고) 말하며, 할 수 있는 일은 사양하지 않아야 군주가 수고롭지 않다. ≪詩經・大雅・板≫은 "하늘(군주를 의미)이 자주 바뀌면 백성이 곧 고생하네."고 하였고, ≪詩經・小雅・巧言≫은 "공경한 마음을 갖지 아니하면, 오직 군주만이 수고롭게 되네."라고 했다.

［註解］

⑳ '省'자를 갑골문은 ''・'' 등으로 쓰고,[63] 금문은 ''・''・'' 등으로 쓴다.[64] '省'자는 '眚'자와 같은 자이다.[65] '性'・'姓'・'眚'자는 소리와 의미가 모두 '生'을 근원하고 있기 때문에 같은 의미로 쓰인다.

㉑ '(賊)'자는 소리부가 '或'이고 의미부가 '(視)'인 형성자이다. '或'・'惑'・'賊' 자는 모두 음성이 통한다.

㉒ ≪郭店楚簡≫ ''자를 ≪상박초간≫은 '(𪊲)'로 쓰고, ≪禮記≫는 '御'로 쓴다. 이 자에 대해서는 의견이 매우 분분하다. 이 자를 '𣐩'나 '渫'[66]로 예정하고 '亡'으로 읽고 '困'으로 해석하거나 '𪊲'자를 잘못 쓴 것이라는 주장하기도 한다.[67] ''자의 윗부분이 '亡'자와 근사하기 때문에 '𣐩'으로 예정할 수 있고, '亡'은 또한 '御'와 고음이 근사하기 때문에 이 자를 의미부가 '水'이고 소리부가 '𣐩'인 형성자로 볼 수 있다. '𪊲'자는 의미부가 '虍'이고 소리부는 '魚'이며, '御'와 고음이 비슷하다. 따라서 '御'・'𣐩'와 '𪊲' 세 자는 음이 서로 통하기 때문에 서로 통가하여 사용할 수 있다. 여기에서는 모두 '御(억제하다・방어하다・다스리다)'의 의미로 사용된다.

魚	ŋjaɣ	魚部
亡	mjwaŋ	陽部
御	ŋjaɣ	魚部

㉓ '(訇)'자는 의미부가 '言'이고 소리부가 '㇆'인 형성자로 '詞'자와 같은 자이다. '㇆'는 '㠯'자이다.[68] '辭'자를 금문은 '(𤔲)'(≪毛公鼎≫)로 쓰거나, '司'자 대신에 '㠯'를 써서 '(辞)'(≪中山王壺≫)로

63) ≪甲骨文編≫, 162 쪽.
64) ≪金文編≫, 242 쪽. "從目從屮, 與眚爲一字."
65) ≪楚系簡帛文字編(增訂本)≫, 332 쪽.
66) ≪郭店楚墓竹簡≫ 중에서 裘錫圭는 案語에서 "이 자의윗부분은 ≪窮達以時≫ 第 2簡의 '殜'자의 우측 부분과 같다. '渫'의 의미로 쓰고 있는 것 같다. ≪說文解字≫는 '渫, 除去也('渫'은 '제거하다'의 의미이다.)"라 하였다. 132 쪽, 注19. 張守中, ≪郭店楚簡文字編≫, 158 쪽.
67) 劉釗, ≪郭店楚簡校釋≫, 54 쪽. 陳偉, ≪楚地出土戰國簡冊十四種≫, 167 쪽 참고.
68) ≪楚系簡帛文字編(增訂本)≫, 807 쪽.

쓰기도 하며,[69] 또한 '台'를 추가하여 '(辝)'(≪邾公牼鐘≫)로 쓰기도 한다.[70] 따라서 '司'와 '㠯(以)'와 '台'가 서로 음성적 관계가 있음을 알 수 있다. 본 문장에서 '詞'와 '辭'자의 의미를 '言辭'의 의미로 풀이하는 경우가 있는데, 문맥상 '辭'는 '辭讓'의 의미로 풀이한다.

㉔ '(頣)'자를 본 편 제 35간에서는 '(夏)'로 쓰기도 하고, ≪上博楚簡≫은 '(夏)'(≪上博楚簡·紂衣≫ 제19간)로 쓰며, '夏'자의 고문이다. '雅'자와 음이 통한다. 금문은 '夏'자를 '·'·'·' 등으로 쓴다.[71] ≪說文解字≫는 '(夏)'자에 대하여 "'중국사람'. 의미부 '夊'·'頁'·'臼'로 이루어진 자이다. '臼'은 두 손이고, '夊'는 두 다리를 나타낸다. '夏'자의 고문은 '(㚇)'로 쓴다."[72]라 하였다.

㉕ 앞 시는 ≪大雅 · 板≫을 ≪小雅≫는 ≪巧言≫을 가리킨다. ≪板≫은 관리들이 나라를 위해 올바르게 일할 것을 조언한 시이고, ≪巧言≫은 참언으로 쫓겨난 사람이 소인의 참언을 믿는 임금을 풍자한 시다. ≪詩經 · 大雅 · 板≫은 '하늘(군주를 의미)이 자주 바뀌면 백성이 곧 고생하네.'의 뜻이고, ≪詩經 · 小雅 · 巧言≫은 '공경한 마음을 갖지 아니하며, 오직 군주만이 수고롭게 되네.'라는 뜻이다.

'(担)'은 의미부가 '手'이고 소리부가 '旦'으로, 소리부가 '亶'과 '單'인 자와 통한다. '癉'자는 '痺(앓을 단 dàn,dān)'과 같은 자다.

'(非)'자는 '匪'와 음이 통한다.

'止'는 '居(마음에 두다, 품다)'의 의미로 쓰이며, ≪郭店楚簡≫은 '' · ''나 혹은 중복된 형태로 '' · ''로 쓰며, '趾(발가락)'을 형상이다.[73]

'共'은 '공경하다'의 '恭'의 의미이고, '邛(지칠 공, qióng)'은 이와 반대인 '피곤하다, 고달프게 하게 하다, 수고하다'의 뜻이다. '(恐)'은 곧 '恭'자로 소리부 '工'이 또다시 추가된 형태이다. 모두 '工'과 음성적 관계가 있기 때문에 서로 통하며, 앞에 나오는 '共(恭, 공경하다)'과 상반되는 '수고하다'의 의미로 쓰이고 있다. '恐'과 '邛'은 음이 통한다.

≪郭店楚簡≫의 '卒'자를 '(𠦊)'자로 쓴다. 부사인 '드디어'·'마침내'의 뜻이다. '卒'자와 '衣'자는 戰國時期까지는 구별 없이 쓰였다. '卒'자를 초간은 '衣'의 형태인 '' · '' · '' · '' 등으로 쓰거나, 혹은 윗부분에 '爪'를 추가하여 '𠦊'자인 '' · ''로 쓴다.[74]

≪郭店楚簡≫은 '之'자를 '止'자 다음에 놓여 있으나, 현존하는 ≪詩經≫과 ≪上博楚簡≫의 형식과 문맥으로 보아 '王'자 다음에 놓여야 한다.

劉釗 ≪郭店楚簡校釋≫은 ≪巧言≫의 문장을 "非丌(其)歨(止)之, 共唯(惟)王恐(恭)"으로 석문하

69) ≪金文編≫, '2375 辭', 975 쪽.
70) ≪金文編≫, '2374 辝', 976 쪽.
71) ≪金文編≫, 384 쪽.
72) ≪說文≫: "夏, 中國之人也. 从夊·从頁·从臼. 臼, 兩手, 夊, 兩足也. 㚇, 古文𡕾(夏)."
73) 劉釗, ≪郭店楚簡校釋≫, 54 쪽. ''자는 초간에서 '之'·'等'·'待'의 의미로도 쓰인다. ≪楚系簡帛文字編≫, 131 쪽.
74) ≪楚系簡帛文字編(增訂本)≫, 772 쪽.

고, "제지하지 않을 뿐만 아니라, 모두 다 같이 군왕을 보필하네."[75]로 번역하였다.

㉖ ≪上博楚簡≫

子曰: 上人惎(疑)則百眚(姓)惑, 下難䇂(知)則君長□□□□□□□□□□□ 【3】 谷, 𢻨惡㠯(以)𢿢民淫, 則民不惑. 臣事君, 言亓(其)所不能, 不訽(詒)亓(其)所能, 則君不褮(勞). ≪大顕(雅)≫員(云): "上帝板=(板板)□□□□□□□□□□□□□□□□[76]: 【4】 「隹(惟)王之功■.」

≪禮記≫子曰: 上人疑則百姓惑, 下難知則君長勞. 故君民者, 章好以示民俗, 愼惡以御民之淫, 則民不惑矣. 臣儀行, 不重辭, 不援其所不及, 不煩其所不知, 則君不勞矣. ≪詩≫云: 上帝板板, 下民卒癉. ≪小雅≫曰: 匪其止共, 惟王之邛. (12)[77]

5.

子曰: 民以君爲心, 君以民爲體. 心好則體安之, 君好則民谷(欲)㉗ 【8】 之. 古(故)心以體法㉘, 君以民芒(亡).㉙ ≪寺(詩)≫員(云): "隹(誰)秉宬(國)成, 不自爲貞, 卒褮(勞)百眚(姓)."㉚ ≪君萏(牙)≫員(云): "日傛雨, 少(小)民 【9】 隹(惟)日悁, 晉冬旨(耆)滄, 少(小)民亦隹(惟)日悁㉛"㉜

공자가 말하였다.

백성은 군주로써 마음을 삼고, 군주는 백성으로써 身體를 삼는다. 마음이 좋으면 신체가 편안해지며, 군주가 좋아하는 것 또한 백성도 원하게 된다. 마음은 몸이 좋지 않으면 상하게 되는 것과 같이 군주는 백성으로 인하여 망할 수도 있는 것이다. ≪시경≫은 "누가 국가의 정무를 주관하는가? 자기 자신이 정직하지 못하면 백성은 더욱 수고스럽게 된다."[78]라고 했고, ≪상서·군아≫는 "여름에 덥고 습하면 백성들은 매일 매일 원망을 하고, 겨울 내 추우면 백성은 또한 매일 매일 원망을 하게 된다."라 했다.

〔註解〕

㉗ ≪郭店楚簡≫은 ' (谷)'으로 쓰고, ≪上博楚簡≫의 '(㕣)'으로 쓰고, ≪禮記本≫은 '欲'으로 쓴다. '欲'자는 소리부가 '谷'이고 의미부가 '欠'이다. '谷'자는 의미부가 '心'이고 소리부가 '谷'이다. ≪郭

75) ≪郭店楚簡校釋≫, 54 쪽. "不但不制止, 還與其一起服待君王"

76) ≪上博楚簡≫정리본은 ≪郭店楚簡≫은 참고하여 "下民卒担. 少顕員: 非其止之共." 구절을 보충할 수 있다했다. 179 쪽.

77) 楚簡의 "臣事君, 言其所不能, 不訽(詞)其所能, 則君不褮(勞)." 구절을 ≪禮記≫는 "臣儀行, 不重辭, 不援其所不及, 不煩其所不知."로 쓴다. 楚簡은 신하가 군주를 섬김에 비록 감히 말할 수 없는 말도 기꺼이 하고, 기꺼이 해야 할 말을 사양하지 말아야 군주가 수고롭지 않다는 뜻이다. 반면 ≪예기≫는 신하의 의표에 관한 내용으로 말을 중복해서 말하지 말고, 능력이 미치지 못하는 일을 기꺼이 하지 말고, 알지 못하는 것은 번거롭게 하지 말라는 뜻이다. 판본이 달라 내용이 다를 수도 있으나, 초간의 내용이 훨씬 실제적이고 실질적이다. 아마도 ≪예기≫는 후에 수정되어진 내용이 아닌가 한다.

78) ≪詩·小雅·節南山≫: 『言今日誰秉持國家之成法乎? 師尹實秉持之. 乃不自爲政, 而信任群小, 終勞苦百姓也.』

店楚簡 語叢二≫는 '口'를 생략하고 ''으로 쓴다.[79]

'㕣(㕣)'자에 대하여 ≪說文解字≫는 "산간의 물 아래 진흙이 있는 연못. '口'와 물에 씻겨 나간 토양을 형상화한 형태로 이루어진 회의자이다. 음성은 '沇(연)'자와 같고, 古文은 '(容)'으로 쓴다."[80]라 하였다. 이 '容'자의 밑 부분은 '谷'자이다. 따라서 '㕣'과 '谷'은 밀접한 관계가 있음을 알 수 있다. '㕣'은 '谷'자 중 윗부분 두 획이 생략된 형태이다.

㉘ '體'자를 ≪郭店楚簡≫은 ''로 쓰고, ≪上博楚簡≫은 의미부가 '人'이고 소리부가 '豊'인 '(僼)'으로 쓴다. ≪說文≫은 '體'자에 대하여 의미부가 '骨'이고, 소리부가 '豊'이라 하고,[81] '豊(예)'자에 대해서는 '禮를 행하는 기물'의 뜻이라 하고,[82] '豐(풍)'자와는 서로 다른 자로 보았다.[83] '豊'자는 '禮'자의 고문자이다. 제사를 드릴 때 제기 안에 玉을 담아 놓은 형태이다. 금문 중 ≪中山王方壺≫는 '體'자를 '(軆)'자로 쓰기도 한다.[84] 즉 '骨'·'人'·'身' 등은 의미가 서로 통하기 때문에 편방에서는 종종 호환되어 사용된다.

'灋(法)'자를 ≪郭店楚簡≫은 '(灋)'으로 쓰고, ≪上博楚簡≫은 생략 형태인 '(廌)'으로 쓴다. ≪上博楚簡·紂衣≫제14간은 '法'자를 ''으로 쓴다.[85] ≪廣雅≫는 "廌, 灋也."라 하였다. ≪禮記≫는 '傷'자로 쓴다. '灋'자는 '法'자의 고문이고, 여기에서 '廢'로 읽는다.[86]

楚簡 "古(故)心以體法, 君以民芒(亡)."의 구절을 ≪禮記·緇衣≫는 "心以體全, 亦以體傷, 君以民存, 亦以民亡."으로 쓴다. 초간은 "마음은 몸이 좋지 않으면 상하게 되는 것과 같이 군주는 백성으로 인하여 망할 수도 있는 것이다."라 하여, 마음과 몸의 관계가 좋지 않게 되면 나쁜 결과가 발생하듯이 군주와 신하가 좋지 않으면 역시 좋지 않은 결과가 발생한다는 것을 직접 상호 비유하였다. ≪禮記≫는 '心'은 '體'로 인하여 '定'해지도하고 '傷'해지는 관계를, '君'은 '民'에 의하여 '存'하기도 하고 '亡'하기도 하는 풀어쓰는 형식을 취하고 있다. 초간의 문장은 간단명료하나 ≪禮記≫는 초간 문장을 注釋한 것 같이 다소 번잡하다. 이는 아마도 ≪禮記≫가 '法'자를 '定'자로 잘못 오인하는 것과 밀접한 관련이 있다.

≪禮記≫는 "(故)心以體全, 君以民亡." 구절의 내용은 '마음은 신체로써 온전'하는 것은 긍정적이 설정인데, 뒤 문장은 '군주는 백성으로 망할 수 있다'라는 부정적인 비유를 하고 있기 때문에 상호 모순이 된다고 보았을 것이다. 그래서 긍정은 긍정의 비유, 부정은 부정의 비유를 추가하여 문장을

79) ≪楚系簡帛文字編(增訂本)≫, 796 쪽.
80) "山間陷泥也. 從口, 從水敗皃. 讀若沇……容, 古文㕣."
81) ≪說文≫: "从骨, 豊聲."
82) ≪說文≫: "豊, 行禮之器也. 从豆, 象形. 讀與禮同"
83) ≪說文≫: "豐, 豆之豐滿者也. 从豆, 象形. 一曰鄉飮酒有豐侯者. 䒠, 古文豐."
84) ≪金文編≫, 281 쪽.
85) ≪楚系簡帛文字編(增訂本)≫, 860 쪽.
86) 裘錫圭는 按語에서 "竹簡 중의 「法」자는 「廢」의 의미로 쓰이고 있는 것으로 보인다. 이 두 자는 고문에서 서로 통한다." ≪郭店楚墓竹簡≫, 132 쪽, 注 29.

완성시키고자 한 것이다.

≪說文解字≫는 ‘灋(法)’자의 고문은 ‘(佱)’으로 쓴다 하였다. ≪上博楚簡·緇衣≫제14간은 ‘’으로 쓴다.[87] 초간 중 ‘定’자는 ‘’·‘’으로 쓴다.[88] ‘心以體全’은 즉 ‘心以體法’으로 써야 옳다. ‘法’은 ‘廢’로 읽는다.

㉙ ‘亡’자를 ≪郭店楚簡≫은 ‘’으로 쓰는데, 이는 ‘芒’자의 윗부분 중 한 ‘屮’를 생략한 형태다. ‘亡’의 의미로 쓰인다.

㉚ ‘宬’자는 ‘國’자의 이체자이다. 초간에서는 ‘’으로 쓰기도 한다. ‘宬(國)成’을 ‘國均’ 혹은 ‘國平’의 뜻인 ‘나라의 권력’으로 해석한다. 금문에서는 ‘(或)’·‘’·‘’·‘’으로 쓴다.[89]

‘寺(詩)員(云)’은 ≪小雅·節南山≫을 말한다. ≪禮記≫의 앞 다섯 구절 “昔吾有先正, 其言明且清, 國家以寧, 都邑以成, 庶民以生.”[90] 구절은 ≪詩經≫과 초간에 보이지 않는다.

㉛ ‘(酉)’는 ‘牙’자의 고문자이다. ≪說文解字≫는 ‘牙’자의 고문자를 ‘(酉)’로 쓴다. ‘牙’와 ‘雅’자는 서로 통용된다. ≪禮記·緇衣≫의 “君雅曰” 구절에 대하여 鄭玄은 “‘雅’자를 ≪書序≫는 ‘牙’로 쓴다. 이 두 자는 假借字의 관계이다.”[91]라 하였다. ≪呂氏春秋·本味≫ 의 “伯牙鼓琴.”[92] 구절에 대하여 高誘는 “‘牙’자를 혹은 ‘雅’로 쓰기도 한다.”[93])라 하였다. ≪禮記≫와 ≪尙書≫의 ≪君牙≫는 이전에 僞作된 古文으로 인식하였지만, 초죽서에도 ≪君牙≫의 내용이 있는 것으로 보아 僞古文이 아니라는 것을 알 수 있다.

≪郭店楚墓竹簡≫정리본의 ‘日傛雨’ 구절을 ≪上博楚簡≫정리본은 “日傽雨”로 쓰고 현행본 ≪예기≫는 “夏日暑雨”로 쓴다. ≪郭店楚簡≫과 ≪上博楚簡≫의 문장 내용으로 보아 ‘日’자 앞에 ‘夏’자는 후에 추가된 것으로 보인다. ‘日’자 다음 자를 ≪上博楚簡≫은 ‘’자로 ≪郭店楚簡≫에서는 ‘’로 쓰고, ≪禮記本≫에서는 ‘暑’로 쓴다. ≪郭店楚墓竹簡≫에서는 ‘傛’자를 ‘溶’자의 의미인 ‘성하다’는 의미로 쓰인다했고, ≪上博楚簡≫ 정리본에서는 알 수 없는 자라고 하였다. ≪郭店楚簡≫의 ‘’자는 ‘居’로 예정(隸定)할 수 있다. 윗부분 ‘尻’는 ‘処’자로 음이 ‘暑’자와 통하여 가차하여 쓸 수 있다. ≪上博楚簡≫의 ‘’는 ≪郭店楚簡≫의 ‘’와 같은 자이다. 오른쪽 자부 ‘日’이 ≪郭店楚簡≫은 위쪽에 놓인 반면 ≪上博楚簡≫에는 아랫부분에 놓였을 뿐이다. 모두 ‘暑’의 의미로 쓰인

87) ≪楚系簡帛文字編(增訂本)≫, 860 쪽.
88) ≪楚系簡帛文字編(增訂本)≫, 682 쪽.
89) ≪金文編≫, 426 쪽.
90) “옛날에 나에게는 先賢이 있었는데, 그 말은 또 밝고 맑았네. 국가가 이로써 편안하고 도읍이 이로써 이루어지고, 백성이 이로써 사네.”
91) “雅, ≪書序≫作牙, 假借字也.”
92) “백아가 거문고를 연주하다.”
93) “牙或作雅.”

다.[94]

‘(晉)’자는 고문에서 ‘進’자의 의미로 쓰이며, ‘到’ · ‘至’ 등의 뜻이다.

‘者’자를 ≪郭店楚簡≫은 ‘(旨)’로 쓰고, ≪上博楚簡≫은 ‘(者)’로 쓴다. ≪廣雅 · 釋詁≫는 “‘者’자는 ‘심하고 강하다’의 의미이다.”[95]라 하였다. 「耆寒」은 즉 ‘酷寒’, ‘엄동설한’을 말한다.

‘(滄)’은 ‘寒’의 의미이다. ≪上博楚簡·紂衣≫는 ‘(寒)’으로 쓴다. ‘耆寒’은 곧 ‘耆寒’으로 ‘極寒’의 뜻이다.

‘(悁)’자는 의미부가 ‘心’이고 소리부가 ‘肙’자인 형성자로 ‘悁’의 이체자이다.[96] ‘肙’자는 ‘肙(장구벌레 연, yuān)’자의 이체자이다. ‘肙’자는 ‘怨’자와의 음이 통한다.

≪禮記·緇衣≫ ‘曰怨’ 중 ‘曰’자를 ≪郭店楚簡≫과 ≪上博楚簡≫은 각각 ‘日’자인 ‘’과 ‘’로 쓴다. 따라서 ≪禮記≫의 ‘曰’자는 ‘日’자의 오자이다.

≪禮記≫의 ≪君雅≫ “夏日暑雨, 小民惟曰怨, 資冬祁寒, 小民亦惟曰怨.” 구절 중 ‘曰怨’을 ≪上博楚簡≫의 ≪紂衣≫의 정리본은 각각 ‘曰命’과 ‘曰令’으로 예정하였다.[97] 이 중 ‘曰’자는 ‘日’자는 잘못 예정한 것이다. 또한 정리본이 ‘命’과 ‘令’으로 예정한 자는 각각 ‘’과 ‘’으로 쓴다. 사실상 이 자는 모두 ‘怨’자의 고문이다.[98] ≪說文解字≫은 ‘(怨)’자에 대하여 “‘성내고 원망하다’의 의미. ‘心’과 소리부 ‘夗’으로 이루어진 형성자. 고문은 ‘(㤈)’으로 쓴다.”[99]라 하였다. 초간에서 ‘命’자는 일반적으로 ‘’으로 쓰고,[100] ‘令’자는 ‘’이나 ‘’으로 쓴다.[101]

㉜ ≪上博楚簡≫

子曰: 民㠯(以)君爲心, 君㠯(以)民爲僼(體). □□□□□□, 君𡚸(好)則民谷之. 古(故)心㠯(以)僼(體)廌, 君㠯(以)民亡. ≪告(詩)≫員(云): 「隹(惟)秉或(國)□□□□【5】正, 卒裳(勞)百眚(姓).」≪君啚(牙)≫員(云): 「日傛雨, 少(小)民隹(惟)曰命, 晉夂(冬)耆(祁)寒, 少(小)民亦隹(惟)曰令■.」

≪禮記≫

子曰: 民以君爲心, 君以民爲體. 心莊則體舒, 心肅則容敬. 心好之, 身必安之; 君好之, 民必欲之. 心以體全, 亦以體傷, 君以民存, 亦以民亡. ≪詩≫云: “昔吾有先正, 其言明且清, 國家以寧, 都邑

94) 陳偉, ≪楚地出土戰國簡冊十四種≫, 168 쪽 참고.
95) “耆, 强也.”
96) ≪楚系簡帛文字編(增訂本)≫, 919 쪽.
97) ≪上博楚簡(一)≫, 180 쪽.
98) ≪楚系簡帛文字編(增訂本)≫, 919 쪽.
99) ≪說文≫: “怨, 恚也. 从心, 夗聲. 㤈, 古文.”
100) ≪楚系簡帛文字編(增訂本)≫, 107 쪽.
101) ≪楚系簡帛文字編(增訂本)≫, 808 쪽.

以成, 庶民以生. 誰能秉國成, 不自爲正, 卒勞百姓."≪君雅≫曰: "夏日暑雨, 小民惟曰怨, 資冬祁寒, 小民亦惟曰怨."(17)[102]

6.

子曰: 上好㤮(仁), 則下之爲【10】㤮(仁)也爭先. 古(故)倀(長)民者㉝, 章志以卲(昭)百眚(姓), 則民至(致)行𢀩(己)以敚(悅)上.【11】≪寺(詩)≫員(云): "又(有)□悳(德)行, 四方𢚩(順)之㉞."㉟

공자가 말하였다.
윗사람이 仁을 좋아하면, 아래 있는 사람은 '仁'을 실천하기를 먼저 힘쓴다. 그런고로 백성을 다스리는 자가 仁을 좋아하는 의지를 드러내 백성에게 환히 나타나게 한다면, 백성들은 자신의 행동을 이룸으로써 그 윗사람을 기쁘게 한다. ≪詩經·大雅·抑≫에서는 "바른 덕행을 실행하면 사국이 여기에 순응한다."라고 했다.

【註解】

㉝ '上好㤮(仁)則下之爲㤮(仁)也爭先' 구절 중 '爭先'을 ≪禮記≫는 '人'자를 추가하여 '爭先人'으로 쓰고 있다. 즉 다른 사람이라는 의미인 '人' 자를 추가하여 구체적인 비교대상을 표시하였다. 초간은 '仁'자와 '爭'자 사이에 어감을 조절하는 조사 '也'자를 추가하여 '아래 있는 사람이 인을 행한다.'라는 내용을 더욱 강조하고 있다. 문장 중간에 '也'자를 사용하는 형식은 옛 문헌에서 자주 쓰인다. 예를 들어, "其爭也君子(≪論語・八佾≫)"[103] 등이 있다
'□(倀)'자는 '長'자의 이체자이다. 여기에서는 '長'은 '통솔하다'・'통치하다'는 의미이다.

㉞ '□'자에 대해서는 의견이 분분하다. ≪禮記·緇衣≫는 '梏'자로 쓴다. 그래서 '梏'자의 고문자로 두 손에 수갑이 채워져 있는 모양을 형상으로 보기도 한다.[104] 현행본 ≪詩經·大雅·抑≫은 "有覺德行, 四國順之."로 쓴다. 그래서 李零≪校讀記≫는 '覺'으로 읽고 있다.[105]

102) "공자가 말하였다. 군자는 백성은 군주로써 마음을 삼고, 군주는 백성으로써 身體를 삼는다. 마음이 건강하면 몸이 부드럽고, 마음이 엄숙하면 용모는 공손해진다. 마음이 좋아하면 신체가 편안해지며, 군주가 좋아하는 것 또한 백성도 원하게 된다. 마음은 몸으로써 온전하고 또한 몸으로써 상하는 것과 같이 백성으로 인하여 망할 수도 있는 것이다. ≪시경≫은 '옛날 나에게 先正이 있었는데, 그 말이 밝고 또 밝았네. 국가가 이로써 편안하고 도읍이 이로써 이루어지고 서민도 이로써 살았네. 누가 국가의 정무를 주관하는가? 자기 자신이 정직하지 못하면 백성은 더욱 수고스럽게 된다.'라 했고, ≪상서・군아≫는 '여름에 덥고 습하면 백성들은 매일 매일 원망을 하고, 겨울 내 추우면 백성은 또한 매일 매일 원망을 하게 된다.'라고 했다." ≪禮記≫는 ≪詩經≫ 구절을 "≪詩≫云: 昔吾有先正, 其言明且清, 國家以寧, 都邑以成, 庶民以生. 誰能秉國成, 不自爲正, 卒勞百姓."으로 쓴다.
103) "其爭也君子"(그 다툼은 군자이다).(≪論語·八佾≫)
104) 劉釗, ≪郭店楚簡校釋≫, 56 쪽.

혹은 '共'자가 아닌가 한다. '共(kjew ŋ, 東部)'자는 '梏(kəwk, 覺部)'·'覺(krəwk, 覺部)자는 고음이 통한다. ≪上博楚簡≫ 역시 ≪郭店楚簡≫과 비슷한 형태인 '‘ ’'로 쓴다. 陳佩芬 정리본은 '共'자로 예정하였다.[106) ≪郭店楚簡·緇衣≫의 제3·8·25·26은 '‘ ’'으로 쓴다. 윗부분이 약간 차이가 있다.[107)

갑골문은 '共'자를 '‘ ’'으로 쓰고,[108) 금문은 '‘ ’'(≪父己卣≫)·'‘ ’'(≪牧公簋≫)으로 쓴다.[109) 갑골문과 금문의 '共'자는 초간의 '‘ ’'자와 상당히 비슷한 형태이다. ≪爾雅·釋詁≫는 "'梏'은 '정직하게 하다(直)'의 뜻이다."[110)라 하고, ≪禮記·射義≫의 "가죽을 묶어 만든 것을 '과녁(鵠)'이라 한다."[111) 구절에 대하여 鄭玄은 "'鵠'은 즉 '梏'을 말하는 것이다. '梏'은 '정직하게 하다(直)'는 뜻이다. 사람이 정직하게 되어 중용을 얻는 것을 말한다."[112)라 하였다. 본문은 '共'으로 예정하고 '梏'로 읽기로 한다.

≪禮記≫의 '國'자를 ≪上博楚簡≫은 '‘ ’(或, 國)'으로 쓰고, ≪郭店楚簡≫은 '‘ ’(方)'자로 쓴다. 고대한어 중 '邦'·'國'·'家'·'方'·'區'와 '畿' 등은 모두 지역을 표시하는 의미로 쓰인다. '國'·'或'과 '域'자는 諸侯 封地에 성곽이란 의미에서 확대되어 '邦國'이라는 의미로 쓰이고, '方'자는 '方圓'이나 '方法' 등의 의미 이외에도 地理를 나타내는 의미로 사용된다. 商周 때에는 왕권이 미칠 수 있는 지역을 '四域' 혹은 '四國'이라고 하고, 왕권이 미치지 않는 비교적 먼 지역을 '四方' 혹은 '多方'이라 한다. 또한 '方'자는 후에 '本國'이나 '中央'의 대립적인 개념인 '地方' 즉 비교적 먼 地域이란 의미로 쓰인다.

㉟ ≪上博楚簡≫

子曰: 上𠍗(好)𢝔(仁), 則下之爲𢝔(仁)也靜(爭)先. 古(故)長民者章志, 【6】 㠯(以)剆(昭)百眚(姓), 則民至(致)行㠯(己)㠯(以)兑(悅)上. ≪𧦝(詩)≫員(云): 「又(有)共悳(德)行, 四或(國)川(順)之.■」

≪禮記≫

子曰: 上好仁, 則下之爲仁爭先人. 故長民者, 章志·貞教·尊仁, 以子愛百姓, 民致行己以說其上矣. ≪詩≫云: "有梏德行, 四國順之."(6)[113)

105) 李零, ≪郭店楚簡校讀記≫, 64 쪽.
106) ≪上博楚簡(一)≫, 181 쪽.
107) ≪楚系簡帛文字編(增訂本)≫, 237 쪽.
108) ≪甲骨文編≫, 104 쪽.
109) ≪金文編≫, 164 쪽.
110) ≪爾雅≫: "梏, 直也."
111) ≪禮記·射義≫"栖皮曰鵠."
112) ≪禮記集解≫: "鄭氏曰: 鵠之言梏. 梏, 直也. 言人正直乃得中也.", 中華書局, 1448 쪽.
113) "공자가 말하였다. 윗사람이 仁을 좋아하면, 아랫사람은 '仁'을 실천하기에 남보다 먼저 하려고 힘쓴다. 그런 고로 백성을 다스리는 자는 뜻을 밝히고, 가르침을 바르게 하고, 인을 존중하고, 백성을 자식 사랑하듯이 하면, 백성들은 자신의 행동을 이룸으로써 그 윗사람을 기쁘게 한다. ≪詩經·大雅·抑≫에서는 '바른 덕행을 실행하면 사국이 여기에 순응한다.'라 했다." 초간 "章志以邵(昭)百眚(姓)" 구절을 ≪禮記≫는 "章志·貞教·尊仁, 以子愛百姓"으로 쓴다. '章志'에 대하여 ≪論語集解≫는 "章志者, 明己之志, 使民皆知我之好人而惡不仁

7.

子曰: 墨(禹)立三年, 百眚(姓)以悬(仁)道㊱, 剴(豈)必【12】𦘼(盡)悬(仁)?≪寺(詩)≫員(云): "成王之孚, 下土之弋(式)."≪郘(呂)型(刑)≫員(云): "一人又(有)慶, 墧(萬)民贎(賴)㊲【13】之."㊳

공자가 말하였다.
禹가 등극한지 삼년 만에 백성들은 인을 실천하였다. 그렇다고 어찌 백성 모두가 어진 자였겠는가? ≪詩經·大雅·下武≫에서 말하기를 "성왕의 참됨과 믿음성은 부하 백성들에게 모범이 되었네."라고 했고, ≪尙書・呂刑≫은 "군왕 한사람이 미덕이 있으면, 만민 모두가 이익을 받네."라고 했다.

【註解】

㊱ ≪郭店楚簡≫의 '(道)'자를 ≪禮記≫는 '遂'자로 쓰고, ≪上博楚簡≫는 '(𩒨)'로 쓴다. ≪禮記集解≫는 "'遂'는 '이루다(成)'의 의미. '以仁遂'이란 백성의 인의가 이루어지지 않음이 없다라는 뜻이다."라 하였다.[114] '(𩒨)'자의 왼쪽 부분은 '達'자 중의 '羍'의 형태와 유사하다. 이 자는 '頁'과 소리부 '羍'로 이루어진 형성자가 아닌가한다.

≪說文解字≫는 '(達)'자에 대하여, "'辵'과 소리부 '羍'로 이루어진 형성자. '達'자는 혹은 '大'를 써서 '(达)'로 쓰고, '达'자는 혹은 '迭'로 쓴다,"[115]라 하였다. 금문은 '・'로 쓴다.[116] ≪上博楚簡≫의 왼쪽 부분은 '羍'형 중 한 횡획이 생략된 형태다. '道'자를 ≪郭店楚簡≫은 '𧗠'이나 '衜'로 쓰기도 한다. '人'・'頁'과 '首'변은 의미가 유사하기 때문에 서로 호환된다. '道'와 '𩒨'은 고음이 '遂'와 통하기 때문에 가차되어 사용된다. '이루어지다'・'달성되다'의 의미다.

羍	tʰat	月部
道	dəw	幽部
遂	rjiwər	微部

㊲ '(贎)'자를 ≪禮記≫는 '賴'로 쓴다. '贎'자의 음성은 '萬'자로 고음은 '明紐元部'이다. 때문에 '來紐

也"라 하였다.(中華書局, 1324 쪽) '章志'를 ≪禮記≫는 '貞教' 등과 함께 나열하여 인을 실천하는 구체적인 항목 중의 하나로 보았다. 그러나 초간과 ≪禮記集解≫의 설명에 의하면, 상관자가 '인을 숭상하고 실천하겠다는 의지를 백성하게 분명히 드러내는 것이다'. 따라서 '以邵(昭)百眚(姓)' 구절은 '章志'에 대한 보충설명이다. 따라서 ≪禮記≫의 '章志'를 '貞教'나 '尊仁'의 인의 덕목의 항목으로 보아서는 안 된다. 이는 아마도 후학들이 원 구절이 간단명료하여 이해하기 쉽기 않다고 생각하고 다시 쉽게 풀이하여 쓴 것으로 보인다.

114) ≪禮記集解≫는 "遂, 成也. 以仁遂, 言民之仁無不成也."라 하였다. 1323 쪽 참고.

115) ≪說文≫" "从辵, 羍聲. 达, 達或从大. 或曰迭."

116) ≪金文編≫, 101 쪽.

月部'에 속하는 '賴'와 서로 통가자로 사용된다.117)

㊳ ≪上博楚簡≫

子曰: 坖(禹)立品(三)年, 百眚(姓)以悬(仁)頪, □□□□□□□□□□□, 【7】 下土之弋(式). 呂型(刑)員(云): 「一人又(有)慶(慶), 臺(萬)民訙之■.」

≪禮記≫

子曰: 禹立三年, 百姓以仁遂焉, 豈必盡仁? ≪詩≫云: "赫赫師尹, 民具尔瞻." ≪甫刑≫曰: "一人有慶, 兆民賴之." ≪大雅≫曰: "成王之孚, 下土之式."(5)118)

8.

子曰: 下之事上也, 不從其所以命, 而從其所行. 上好此勿(物)也 【14】, 下必又(有)甚安者矣. 古(故)上之好亞(惡), 不可不誓(慎)也, 民之蕖(柬)㊴也. ≪寺(詩)≫ 【15】 員(云): "虩(虩)㊵虩(虩)帀(師)尹, 民具尒贍(瞻)."㊶

공자가 말하였다.

아랫사람이 윗사람을 섬기는 것은 그 명령하는 바를 좇지 않고 그 행하는 바로 좇는 것이다. 윗사람이 그 물건을 좋아하면 아랫사람은 반드시 더욱더 심하게 좋아한다. 그런 까닭에 윗사람이 좋아하고 싫어하는 것을 신중하지 않을 수 없으며, 이는 곧 백성의 榜樣이 되기 때문이다. ≪詩經·小雅·節南山≫에서 말하기를 "지위가 높은 師尹, 백성이 모두 지켜보고 있네."라 했다.

【註解】

㊴ ''자를 ≪郭店楚墓竹簡≫은 '蕖'자로 예정하고 '柬'으로 읽고 있다. ≪上博楚簡≫은 ''으로 쓰고, ≪禮記≫는 '表'자로 쓴다. 음과 형태로 보아, 이 자는 '木'과 소리부 '蔈'로 이루어진 형성자 '檦'이다.119) '蔈'나 '標'자는 '表'자와 음성과 의미가 통한다. '표준이 되다'·'방양(榜樣)이 되다'라는 뜻이다.

㊵ '(虩)'자는 '虩(두려워하는 모양 혁, xì)'자가 생략된 형태이다. ≪上博楚簡≫은 ''으로 쓴다. '虩'자는 소리부가 '㡿'이고 의미부가 '虎'인 형성자로, '赫'자와 통한다.

㊶ ≪上博楚簡≫

子曰: 下之事上也, 不從丌(其)所㠯(以)命, 而從丌(其)所行. 上毌(好)□□□□□□□□□□□. □ 【8】 上之毌(好)亞(惡), 不可不新(誓)也, 民之槀也. ≪旹(詩)≫員(云): 「虩_(虩虩)帀(師)尹, 民具

117) 劉釗, ≪郭店楚簡校釋≫, 56 쪽.

118) ≪禮記≫의 ≪詩經·節南山≫ "赫赫師尹, 民具尔瞻." 구절을 초간은 ≪禮記·緇衣≫의 네 번째(제 4 장)에 포함시키고 있다.

119) 李零, ≪上博楚簡三篇校讀記≫, 42 쪽, "從木, 從蔈."

尒奮(贍)■.」

≪禮記≫

子曰: 下之事上也, 不從其所令, 從其所行. 上好是物, 下必有甚者矣. 故上之所好惡, 不可不愼也, 是民之表也. (4)[120]

9.

子曰: 倀(長)民者, 衣備(服)不改, [42]頌(容)又(有)祟(常), 則民悳(德) 【16】 弌(一). ≪寺(詩)≫員(云): "其頌(容)不改, 出言又(有)[43], 利(黎)民所信."[44]

공자가 말하였다.
백성을 다스리는 자는 의복을 예법에 어기지 않고, 행동거지는 항상 규칙에 따라 행동해야 만이 백성들의 덕도 한결같다. ≪詩經·小雅·都人士≫에 말하기를 "언제나 의젓한 그 모습이 예법에 어긋나지 않고, 말 또한 법도에 맞으니 백성이 모두 그를 믿고 따르네"라고 했다.

【註解】

㊷ ''자를 ≪上博楚簡≫은 ''으로 쓴다. 이 자는 아직 확실히 알 수 없기 때문에 잠시 ≪예기≫에 따라 '從'자로 해석하기로 한다.

㊸ ''자를 ≪郭店楚墓竹簡≫은 자형 중 일부만을 쓴 것으로 보았다.[121] ≪예기≫는 '章'자로 쓴다. 李零≪校讀記≫는 초간에서 '信'자를 ''으로 쓰기도 하기 때문에 '信'으로 예정하고 '訓'으로 읽고 있다.[122] 劉釗 ≪郭店楚簡校釋≫은 ''자는 '丨'자로 예정하고 '章'으로 읽고, '民所' 다음 ''자는 '訁丨'으로 예정하고 '望'으로 읽고 있다.[123] ≪郭店楚簡≫"利(黎)民所信." 구절 중의 '(信)'자에 해당되는 자를 ≪上博楚簡≫은 ''자로 쓴다. 陳佩芬 정리본은 '信'자로 예정하였다.[124] ≪禮記 緇衣≫는 '望'자로 쓴다. ≪上博楚簡≫의 ''자는 ≪上博楚簡·紂衣≫ 중의 '信'자인 ''(1간)·''(13간)·''(23간)·''(23간)과는 약간 형태가 다르다. 모두가 字部 '千(人)'을 쓴다. ≪詩經≫이 '黃'·'章'·'望'자를 압운으로 사용하고 있는 것으로 보아, ≪郭店楚簡≫의 ''과 ''자 역시 이들의 자와 압운자일 가능성이 높다. 그러나 지금으로써는 어떤 자인지 확실히 알 수가 없다. 다만 금문은 '章'자를 ''·'

120) ≪郭店楚墓竹簡≫은 '甚'자 다음 '安'자에 대하여 "安, 用法同'焉'. 今本無此字."('安'자는 '焉'의 용법으로 쓰인다. 현행본은 이 자가 없다.)라 하였다. 133 쪽 注133 쪽. 그러나 ≪周易集解≫는 '甚'자 다음에 '焉'자가 있다. 1323 쪽 참고.
121) ≪郭店楚墓竹簡≫, 134 쪽, 注50, "疑爲字之未寫全者."
122) 李零, ≪郭店楚簡校讀記(增訂本)≫, 67 쪽.
123) 劉釗, ≪郭店楚簡校釋≫, 58 쪽.
124) ≪上博楚簡(一)≫, 185 쪽.

'·'·'·' 등으로 '홀(圭章, 珪璋)'의 형상이다.125) ''자 '홀'을 간략하게 쓴 형태가 아닌가 생각된다. 만약에 이가 옳다면 ''자는 '璋'자로 예정할 수 있다. 음성적으로도 '望'과 서로 통한다. 그러나 이러한 주장은 가설일 뿐이지 확신할 수 없다.

≪곽점초간≫은 다른 장과는 달리 ≪詩經≫을 단지 세 구절만을 인용하고 있다. 따라서 문장을 누락하였거나 혹은 문자를 잘못 썼을 가능성도 배제할 수 없다.

㊹ ≪上博楚簡≫

子曰: 長民者衣備(服)不改, 容又(有)祟(常), 則□□□□□□□□□□□□ 【9】 □□□□所信■.」

≪禮記≫

子曰: 長民者, 衣服不貳, 從容有常, 以齊其民, 則民德一. ≪詩≫云: "彼都人士, 狐裘黃黃, 其容不改, 出言有章; 行歸于周, 萬民所望." (9)126)

10.

子曰: 大臣人不新(親)其所臤(賢), 而 【17】 信其所戔(賤); 䡈(教)此以遊(失), 民此以緟(變)㊺. ≪寺(詩)≫員(云): "皮(彼)求我則, 女(如)不我得. 執我 【18】 戟(仇)戟(仇)㊻, 亦不我力." ≪君迪(陳)≫員(云): "未見聖, 如其弗克見; 我既見, 我弗迪聖."㊼

공자가 말하였다.

대인들이 어진 사람을 친하게 여기지 않고 천한 바를 믿으면, 교화하는 것을 잃게 되고 백성은 이로 인하여 변하게 되는 것이다. ≪詩經·小雅·正月≫에 말하기를 "그가 처음에 나를 찾을 때 행여 얻지 못할까 걱정하더니, 나를 얻고 나선 원수를 대하듯 믿지 아니하네."라고 했고, ≪尙書・陳君≫은 "성인의 도를 보지 못할 땐 영원히 보지 못할 듯하더니, 성인의 도를 보고 나서는 오히려 성인의 도를 따르지 않네."라고 했다.

【註解】

㊺ '(緟)'자는 소리부가 '叀(弁)'으로 '變'과 유사하다. ≪說文≫은 '覍(覍)'자의 혹체를 '弁(弁)'으로 쓰

125) ≪金文編≫, 154 쪽, 25 쪽.

126) "백성을 다스리는 자는 의복을 예법에 어기지 않고, 행동거지는 항상 규칙에 따라 행동해야하고, 이로써 백성을 整齊(옷을 격식에 맞게 차려 입고 메무시를 바르게 함)하면 백성들의 덕도 한결같다. ≪詩經·小雅·都人士≫에 말하기를 '도시에서 오신 그분은 누런 여우 갖옷을 입었네. 의젓한 그 모습이 예법에 어긋나지 않고, 말 또한 법도에 맞네. 주나라로 시집을 간다니 백성이 모두 그를 믿고 따르네.'라 했다." ≪禮記·緇衣≫에서는 '以齊其民' 구절이 더 추가하였다. 사실상 이 구절이 없어도 내용 이해에 전혀 문제가 되지 않기 때문에 일종의 군더더기이다. 초간은 ≪詩經≫ "行歸于周" 구절을 누락한 것으로 보인다.

고, 籀文을 '𢍏(昪)'으로 쓴다.

㊻ '𢧵'자를 ≪禮記≫는 '仇'자로 쓰고, ≪上博楚簡≫은 '𢦏'로 쓴다. ≪郭店楚墓竹簡≫은 '𢧵'자로 예정하고, ≪上博楚簡≫정리본은 '𢦏'자를 '𢧢'자로 예정하였다.'𢧢'자는 '戈'와 소리부 '咎'의 생략형으로 이루어진 형성자로, '戟'의 이체자이다.[127] '𢧵'자를 혹은 '𢦒'자로 예정하기도 한다.[128] ≪郭店楚簡·老子甲≫은 '咎'자를 '𠧱'로 쓴다.[129]

㊼ ≪上博楚簡≫

子曰: 大人不𡨦(親)丌(其)所𦣞(賢), 而信其所賤; 𡥈(教)此㠯(以)遊(失), 民此㠯(以)𢘈(變). ≪㫗(詩)≫員(云): "皮(彼)求我則, 女(如)不我𢔶(得). 𢤲(執)我𢧢₌(𢧢𢧢), 亦不我力." ≪君䋣(陳)≫員(云): "未見【10】聖(聖), 女(如)丌₌(其其)弗克見, 我既見, 我弗貴聖(聖)■.」

≪禮記≫

子曰: 大人不親其所賢, 而信其所賤; 民是以親失, 而教是以煩. ≪詩≫云: "彼求我則, 如我不得. 執我仇仇, 亦不我力."≪君陳≫曰: "未見聖, 若己弗克見; 既見聖, 亦不克由聖."(15)[130]

11.

子【19】曰: 大臣之不新(親)也, 則忠敬不足, 而𩠉(富)㊽貴已𨓏(過)也. 邦𡩜(家)之不𡪞(寧)【20】也, 則大臣不台(治), 而𡔹(褻)㊾臣怋(託)也. 此以大臣不可不敬, 民之蕝(蕝)㊿也. 古(故)【21】君不與少(小)悔(謀)[51]大, 則大臣不悁. 𦬁[52]公之𩒠(顧)[53]命員(云): 毋以少(小)悔(謀)敗大【22】𢛳(作)[54], 毋以𤰔(嬖)御息(塞)妝(莊)[55]句(后), 毋以𤰔(嬖)士息(塞)[56]大夫·卿事(士).[57]

공자가 말하였다.

대신들이 친하지 않는다면, 충성과 공경하는 마음이 부족하고 부귀가 이미 지나치기 때문이다. 국가가 안녕하지 않으면 대신들은 나라를 다스릴 수가 없으며 간신들이 중임을 맡게 된다. 그런 까닭에 대신은

127) ≪楚系簡帛文字編(增訂本)≫, 1051 쪽.
128) 張守中, ≪郭店楚簡文字編≫, 172 쪽.
129) ≪楚系簡帛文字編(增訂本)≫, 751 쪽.
130) "공자가 말하였다. 대인들이 어진 사람을 친하게 여기지 않고 천한 바를 믿으면, 백성들은 이 때문에 친한 자를 잃고, 가르침이 이 때문에 번거롭게 된다. ≪詩經·小雅·正月≫에 말하기를 '그가 처음에 나를 찾을 때 행여 얻지 못할까 걱정하더니, 나를 얻고 나선 원수를 대하듯 믿지 아니하네.'라고 했고, ≪尙書·陳君≫은 '성인의 도를 보지 못할 땐 영원히 보지 못할 듯하더니, 성인의 도를 보고 나서는 오히려 성인의 도를 따르지 않네'고 했다." 군주가 현인을 가까이 하지 않고 오히려 소인을 믿으면, 정치 교리는 백성들의 지지를 얻지 못하며, 민심은 변하게 된다는 내용이다. 초간의 '백성들은 교화를 얻지 못하게 되고, 민심은 변하게 된다.'("教此以失, 民此以變")를 ≪禮記≫는 '백성은 친한 자인 현자를 잃고 가르침 또한 번거롭게 된다.("民是以親失, 而教是以煩")로 고쳐 쓰고 있다. 백성의 배반, '민심의 변함'이라는 백성의 주동적 역할을 후대의 집정자들은 그다지 원치 않았는지도 모른다.

공경하지 않을 수 없는데, 이는 백성들의 儀表이기 때문이다. 그런고로 군주는 小臣과 일을 도모하지 않고, 대신과 일을 도모하기 때문에 대신들이 원망하지 않는다. ≪祭公之顧命≫이 말하기를 "小臣의 계략을 가지고 대신의 계획을 망치지 말고, 嬖御(폐어, 비천한 출신으로 왕의 총애를 받는 사람)의 사람으로서 莊后(장후)를 버리지 말고, 폐어의 사로써 장사 · 대부 · 경사를 미워하지 말아야 한다."고 했다.

【註解】

⑱ '(賏)'자는 '富'자의 고문자이다. ≪上博楚簡·紂衣≫는 ''로 쓰고, 제 22간은 ''로 쓴다.131)

⑲ ''자는 '女'와 소리부 '埶'로 이루어진 형성자이다. 본 구절에서는 '褻'로 읽는다. '褻'자의 '衣'와 소리부 '埶'로 이루어진 형성자이다. ≪上博楚簡·容成氏≫는 '褻'자를 ''로 쓴다.132) '埶'자를 ''(≪郭店楚簡·緇衣≫제21간)·''(≪上博楚簡·性情論≫제6간)로 쓰고,133) 혹은 ''(≪郭店楚簡·老子甲≫제2간)·''(≪郭店楚簡·老子丙≫제3간)로 쓴다.134)

⑳ '(𢆶)'자는 '蕝(띠 묶어 표할 절, jué)'자의 이체자이며, ≪禮記≫는 '表'로 쓴다. ≪說文≫은 '(蕝)'자에 대하여, "조회할 때 띠를 묶어 자리를 표시하는 것을 蕝이라 한다. '艸'와 소리부 '絕'로 이루어진 형성자이다."135)라 하였다. '表'와 '蕝'는 동의어이다.

㉑ '(悔)'자는 '謀'자의 고문자이다.136)

㉒ ''자를 ≪上博楚簡≫은 '(䒢)'(제12간)로 쓴다. 윗부분이 같다. 李零은 ≪校讀記≫에서 ''자를 '祭'자로 예정하고,137) 劉釗≪郭店楚簡校釋≫은 '晉'자로 예정하였다. ≪禮記≫는 '葉'자로 쓰는데, 孫希旦은 ≪禮記集解≫에서 '葉'자는 '祭'자로 써야한다 하였다.138)

≪上博楚簡·昔者君老≫는 '祭'를 ''자로 쓰고, ≪上博楚簡 緇衣≫는 '晉'자를 ''(제6간)으로 쓴다. 형태 모두가 ''자나 ''자와는 다르다.

≪禮記≫의 '葉公'을 정현(鄭玄)은 ≪禮記注≫에서 楚나라 葉公子 高라 하였으나, 孫希旦(≪禮記集解≫)은 '葉'자는 '祭'자의 오자라고 주장하였다. 이 내용은 ≪逸周書≫의 ≪祭公≫ 중에 보이며, '祭'자와 '蔡'자는 고문에서 종종 호환되어 사용된다. '蔡'자와 '葉'자의 형태가 비슷하기 때문에 잘못

131) ≪楚系簡帛文字編(增訂本)≫, 686 쪽.
132) ≪楚系簡帛文字編(增訂本)≫, 771 쪽.
133) ≪楚系簡帛文字編(增訂本)≫, 262 쪽.
134) ≪楚系簡帛文字編(增訂本)≫, 888 쪽.
135) ≪說文≫: "朝會束茅表位曰蕝. 从艸, 絕聲."
136) ≪楚系簡帛文字編(增訂本)≫, 216 쪽.
137) 李零, ≪郭店楚簡校讀記≫(增訂本), 62 쪽.
138) ≪禮記集解≫, 1327 쪽 참고. "葉當作祭."

쓴 것이라 하였다. '顧命'이란 죽을 때 회고(回顧)하면서 남기는 유언을 말한다.

초간 '□'자는 아직 좀 더 연구가 필요한 자이다.

⑤③ '□(㝈)'자는 '寡'자가 생략형이다. '顧'와 고음이 통한다.

⑤④ '□(煮)'자는 '心'과 소리부 '者'로 이루어진 자이며, '作'이나 '圖'자와 음이 통한다. 본문에서는 '圖'로 읽는다.[139]

⑤⑤ '□(壯)'자는 '莊'·'妝'자 등과 함께 모두 소리부가 '爿'과 관련이 있다.

⑤⑥ '□(思)'자는 '息'자이다. '塞'로 읽는다.

⑤⑦ ≪上博楚簡≫

子曰: 大臣之不睪(親)也, 則忠敬不足, 而䞷(富)貴□迠(過), 邦家之不寍(寧)也. □□□□□□□□□□□□□□【11】不可不敬也, 民之蕝也. 古(故)君不與(以)少(小)悔(謀)大, 則大臣不令. 𦈡公之≪㝈(寡)命≫員(云):「毋㠯(以)少(小)悬(謀)敗大煮, 毋㠯(以)辟(嬖)御䛿妝后, 毋㠯(以)辟(嬖)士䛿夫=向(卿)使(士)■.」

≪禮記≫

子曰: 大臣不親, 百姓不寧, 則忠敬不足, 而富貴已過也. 大臣不治, 而邇臣比矣. 故大臣不可不敬也, 是民之表也; 邇臣不可不愼也, 是民之道也. 君毋以小謀大, 毋以遠言近, 毋以內图外, 則大臣不怨, 邇臣不疾, 而遠臣不蔽矣. 葉公之顧命曰: 毋以小謀敗大作, 毋以嬖御人疾莊后, 毋以嬖御士疾莊士·大夫·卿士. (14)[140]

12.

子曰: 倀(長)民者𡥈(教)之【23】以悳(德), 齊之以豊(禮), 則民又(有)懽(歡)⑤⑧心; 𡥈(教)之以正(政), 齊之以型(刑), 則民又(有)孛心⑤⑨. 【24】古(故)㴱(慈)以悉(愛)之, 則民又(有)新(親); 信以结之, 則民不伓(倍); 共(恭)以位(莅)之, 則民【25】 又(有)愻(遜)心. ≪寺(詩)≫員(云): "虗(吾)⑥⓪夫夫⑥①共虘⑥②䡘⑥③, 林⑥④人不斂."≪呂型(刑)≫員(云): "非甬(用)臸⑥⑤`, 折(制)以型(刑)【26】, 隹(惟)乍(作)五瘧(虐)之刑曰法."⑥⑥

공자가 말하였다.

139) 陳偉, ≪楚地出土戰國簡冊≫, 164 쪽.

140) "공자가 말하였다. 대신들이 친하지 않고, 백성들이 편안치 않다면, 충성과 공경하는 마음이 부족하고 부귀가 이미 지나치기 때문이다. 대신이 나라를 다스리지 않으면 근신(近臣)이 자리를 빼앗게 된다. 그런 까닭에 대신을 공경하지 않을 수 없으니, 이는 백성들의 儀表이기 때문이다. 근신은 삼가지 않으면 안 되는 것이니 이는 백성의 도인 것이다. 그런고로 군주는 소신으로써 대신의 일을 도모하지 않고, 먼 것을 가지고 가까운 것을 말하지 않으며, 안의 일을 가지고 밖의 일을 도모하지 말아야 한다. 이렇게 하면 대신은 원만하지 않고, 근신은 질투하지 않으며 원신은 감추지 않을 것이다." 초간은 '大臣'의 내용의 중심을 맞추고 있으나, ≪禮記≫는 '大臣'과 '小臣' 혹은 '遠臣'과 '近臣'을 구체적으로 언급하고 있다.

백성을 다스리는 자는 덕으로써 가르치고, 예로써 정제(整齊)를 시키면 백성들은 즐거운 마음으로 따르게 되고, 정령(政令)으로써 가르치고, 형벌로써 정제(整齊)를 시키면 백성들은 달아나게 된다. 그런 고로 군주는 백성을 자식을 사랑하는 마음으로 사랑하면 백성들과 친해지고, 믿음을 가지고 맺으면 백성은 배반하지 않으며, 공손한 마음으로 임하면 백성은 또한 순종하는 마음을 갖는다. ≪시경≫에서 말하기를 "우리의 대부 모두가 공경하고 절검하니 검소하지 않은 자 없네."라고 했고, ≪呂刑≫은 "善意적인 다스림을 쓰지 않고, 형벌을 만들어 백성을 다스리고, 오직 오학의 형벌을 만들어서 법이라고 했다."라고 했다.

【註解】

⑱ ''자는 '心'과 소리부 '雚'으로 이루어진 형성자이다. 裘錫圭 案語는 懽'자를 '勸'으로 읽고, '勉(勤勉하다)'의 의미로 쓰인다 하였다.[141] ≪緇衣≫는 '格'자로 쓰고, ≪上博楚簡≫에서는 '(卲)'자로 쓴다.

≪論語·爲政≫에서는 "子曰道之以政, 齊之以刑, 民免而無恥, 道之以德, 齊之以禮, 有恥且格."[142]이라 하였다. 이 중 '格'자를 朱熹 등은 '至(이르다)'로 해석하여 "至於善也"[143]라 하였다. 楊伯峻 ≪論語譯註≫는 '格心'은 '遯心'과 반의어이기 때문에 '친근하다(親近)'·'歸服(귀순하여 따르다)'·'嚮往(동경하다)'의 뜻이라 하였다.[144]

≪上博楚簡≫의 ''자는 자부 '口'와 '立'으로 이루어져 있다. 이 자를 '咠'으로 예정(隷定) 하고 '恥'의 의미로 해석하기도 하지만,[145] '吳'자를 ≪包山楚簡≫에서는 ''·''·''로 쓴다.[146] ≪上博楚簡≫의 '卲'자는 곧 '吳'자의 변형이 아닌가 한다. 古籍에서 '吳'자는 '娛'의 의미로 쓰인다. '娛心'은 곧 '歡心'과 같은 의미로 모두 '즐거워하고'·'기뻐하는' 마음이다. ≪禮記≫에서는 아마도 ≪論語≫에서 '格'자로 쓰고, '(各)'자가 '吳'자와 형태가 비슷하기 때문에 '格'자로 바꾸어 쓴 것으로 보인다.

⑲ '(孛)'을 劉釗는 '娩'자의 이체자로 보고, '免'으로 읽었다.[147] '免'은 '逃避'의 뜻이다. ≪上博楚簡≫은 '(免)'으로 쓰고, ≪禮記≫는 '遁'자로 쓴다. ≪說文解字≫에는 '免'자가 보이지 않는다. 金文은 '免'자는 ''으로 쓰고,[148] 초간 중 ≪性自命出≫은 ''로 쓴다.[149] 초간 중에 '(孛)'자와 유사한

141) ≪郭店楚墓竹簡≫, 134 쪽, 注 65.
142) "백성을 인도하기를 정치술로 하고 가지런히 하기를 형벌로써 하면 백성들은 형벌을 면하려고만 하고 부끄러움을 모른다. 인도하기를 덕으로 하고 가지런히 하기를 예로써 하면 백성들은 부끄러움을 알고 또한 각각 선에 이르게 될 것이다."
143) "선에 이르다."
144) 楊伯峻, ≪論語譯註≫, 12 쪽.
145) 李零, ≪上博楚簡三篇校讀記≫, 44-45 쪽.
146) 滕壬生, ≪楚系簡帛文字編(增訂本)≫, 885 쪽 참고.
147) 劉釗, ≪郭店楚簡校釋≫, 60 쪽.
148) ≪金文編≫, 574 쪽.

자로는 ‘’(≪成之聞之≫23간)·‘’(≪容成氏≫14간)·‘’(≪六德≫) 등이 있다.[150] 모두 ‘免’의 이체자가 아닌가 한다. ‘免’에서 ‘娩’·‘挽’자가 파생되었다. ≪說文解字≫는 ‘(挽)자에 대하여 “아이를 낳아 모태에서 분리된다는 의미’. ‘子’와 ‘免’으로 이루어진 회의자이다”[151]라 하고, 朱駿聲≪說文通訓定聲≫은 “‘挽’자는 또는 ‘娩’으로 쓴다. ≪纂要≫는 ‘齊나라 사람들은 분만하는 것을 娩이라 한다’.”[152]라 하였다.

⑥⓪ ‘(虗)’자는 ‘虎’자의 변형으로 楚문자에서는 ‘吾’의 의미로 쓰인다.

⑥① 裘錫圭 案語는 ‘’는 ‘夫夫’가 아니라 ‘大夫’라 하였다.[153]

⑥② ‘’자는 ‘虘’나 혹은 ‘䖒’자로 예정할 수 있다. ‘據’와 같은 자이다. ≪上博楚簡≫은 ‘(虘)’자로 쓴다. 모두 ‘且’의 의미로 쓰인다.

⑥③ ‘(韽)’자는 ‘章’과 소리부 ‘酓’으로 이루어진 형성자이다. ‘酓’은 ‘僉’자의 번형이며, ‘儉’으로 읽는다. ≪上博楚簡≫은 ‘(酓)’으로 쓴다.[154]

⑥④ ≪郭店楚簡≫의 ‘(𣏟)’자를 ≪上博楚簡≫은 ‘(𣏟)’로 쓴다. 이 자에 대해서 ≪郭店楚簡≫의 ≪整理本≫은 인식할 수 없는 자라 하였는데, 혹은 ‘靡’이나 ‘㪚(산)’으로 풀이하기도 한다. ≪說文解字≫에서는 ‘(𣏟)’자를 㡿(마)의 총칭이며, ‘微’의 의미로 가차하여 사용한다고 설명하였다.[155] 본문은 ‘靡’나 ‘微’나의 통자가로 쓰인다. 이 자는 ≪郭店楚墓竹簡≫의 整理本처럼 ‘𣏟’자로 예정(隸定) 하고, 부정의 의미인 ‘적다’·‘미세하다’인 ‘靡’로 해석할 수 있다. ‘靡’는 ‘非’와 소리부 ‘㡿’로 이루어진 형성자이다.

⑥⑤ ‘(𦤺)’자를 ≪禮記≫는 ‘命’자로 쓰고, ≪上博楚簡≫은 ‘(霝)’으로 쓴다. 李零≪校讀記≫는 ‘𦤺’자는 ‘臻(이를 진, zhēn)’자의 통가자로 쓰인다 하였다.[156] ‘臻’·‘靈’·‘令’은 모두 ‘善’의 의미가 있다.[157]

현행본≪尙書≫에서는 “묘민은 선한 일로 백성을 다스리지 않고, 형벌을 가지고 제어하고, 오직 오학(五虐)의 형벌을 만들어서 법이라고 했다”라 했다. 오학이란 黥(경)·刖(월)·劓(의)·宮(궁)·死刑(사형) 등 다섯 가지 중형을 말한다. 초간은 ‘苗民’ 두 자가 없다. 후에 중화민족과 다른 적대적인 민족을

149) ≪楚系簡帛文字編(增訂本)≫, 786 쪽.
150) ≪楚系簡帛文字編(增訂本)≫, 1225 쪽.
151) ≪說文≫: “生子免身也. 从子, 从免.”
152) 朱駿聲≪說文通訓定聲≫: “挽, 字亦作娩. ≪纂要≫ 云: ‘齊人謂生子曰娩.’”
153) ≪郭店楚墓竹簡≫, 134 쪽, 注68. 疑當讀爲“吾大夫恭且儉.”
154) ≪楚系簡帛文字編(增訂本)≫, 509 쪽.
155) ≪說文≫: “𣏟, 葩之總名也. 𣏟之爲言微也, 微纖爲功. 象形.”
156) 李零, ≪上博楚簡三篇校讀記≫, 45 쪽.
157) ≪周易集解≫, 1323 쪽. “格, 至也. 謂至於善也. ……靈, 善也.”

추가한 것이다.

⑯ ≪上博楚簡≫

子曰: 【12】 長民者𡥈(教)之㠯(以)悳(德), 齊之㠯(以)豊(禮), 則民又(有)𢘦心; 𡥈(教)之㠯(以)正(政), 齊之㠯(以)型(刑), 則民又(有)免心. 古(故)慈(子)㠯(以)㤅(愛)之, 則民又(有)㦸(親); 信㠯(以)结之, 則民伓=(不伓); 龍(恭)㠯(以)位(涖)之, 則民又(有)㤎=(㤎心). ≪峕(詩)≫員(云): 【13】「虗(吾)夫=(大夫)龏(恭)虘(且)䛳(儉), 林人不斂.」≪呂型(刑)≫員(云): 「䖝(苗)民非甬(用)霝(命), 折(制)㠯(以)型(刑), 隹(惟)复(作)五虐之型(刑)曰金■.」

≪禮記≫

子曰: 夫民, 教之以德, 齊之以禮, 則民有格心; 教之以政, 齊之以刑, 則民有遁心. 故君民者, 子以愛之, 則民親之; 信以结之, 則民不倍; 恭以莅之, 則民有孫心. ≪甫刑≫曰: "苗民匪用命, 制以刑, 惟作五虐之刑曰法."是以民有惡德, 而遂絶其世也. (3)[158]

13.

子曰: 正(政)之不行, 教之不成也, 則型(刑)罰不 【27】 足恥. 而雀(爵)不足懽(勸)也. 古(故)上不可以埶(褻)型(刑)而𢡺(輕)雀(爵). ≪康𢍏(誥)[67]≫員(云): "敬 【28】 明乃罰."≪呂型(刑)≫員(云): "𢓜(播)型(刑)之迪."[68]

공자가 말하였다.

정치가 행해지지 않고 가르침이 이루어지지 않으면, 형벌도 부끄러운 것이 못되며, 작록(爵祿)은 권할 것이 못된다. 그런고로 윗사람은 형벌을 더럽히고 벼슬을 가볍게 여겨서는 안 된다. ≪강고≫가 말하기를 「공경하여 형벌을 밝게 하라」고 했고, ≪여형≫은 「형벌은 도리에 맞게 선포되어야 한다」고 했다.

【註解】

⑰ '[illegible](𢍏)'자는 '誥'자의 고체자이다.

158) "공자가 말하였다. 백성을 다스리는 자가 백성을 덕으로써 가르치고, 예로써 정제(整齊)시키면, 백성들에게는 곧 기쁜 마음을 갖게 되며, 이와는 반대로 백성을 정치로써 가르치고, 형벌로써 정제하면 법망을 빠져나가려만 하는 마음을 갖게 된다. 그런 고로 백성을 자식과 같이 사랑하면 백성들은 친근한 마음을 가지고 되고, 믿음으로 맺으면 백성이 배반하지 않고, 공손한 마음으로 임하면 순종한 마음을 갖게 된다. 呂刑이 말하였다. 묘민은 착한 일로 백성을 다스리지 않고 벌을 만들어 백성을 다스리고, 오직 오학의 형벌을 만들어서 법이라고 했다. 그런고로 백성들이 악덕이 있게 되어서 드디어 그 대를 끊이게 되었다."는 내용이다. 초간은 ≪詩經≫을 인용하고 있으나, ≪禮記≫는 ≪尙書・呂刑≫만을 인용하고 있다. 이는 인용된 ≪詩經≫의 구절이 현재 전해내려 오지 않는 逸詩이기 때문에 후에 이를 빼버리고, 대신 ≪甫刑≫ 즉 ≪呂刑≫만을 인용하고 마지막에 전체적인 설명부분 "是以民有惡德, 而遂絶其世也."를 추가한 것으로 보인다.

⑱ ≪上博楚簡≫

子曰: 正(政)之不行, 㸒(教)之不㞷(成)也, □□□□□□□□□□□ 【14】 也. 古(故)上不可㠯(以)埶型(刑)而翠(輕)爵(爵). ≪康亯(誥)≫員(云): 「敬明乃罰.」 ≪呂型(刑)≫員(云): 「𤔲型(刑)之由(迪)■.」

≪禮記≫

子曰: 政之不行也, 教之不成也, 爵祿不足勸也, 刑罰不足耻也. 故上不可以褻刑而輕爵. ≪康誥≫曰: "敬明乃罰."≪甫刑≫曰: "播刑之不迪."(13)[159]

14.

子曰: 王言女(如)絲[69], 其出女(如)絬[70], 王言女(如)索; 【29】 其出女(如)緯(紼). 古(故)大人不昌(倡)流. ≪寺(詩)≫員(云): "誓(愼)尒出話, 敬尒愄(威)義(儀)."[71]

공자가 말하였다.

왕의 말이 실과 같으나 일단 나오면 이는 '綸(굵은 실 윤, lún)'과 같고, 왕의 말이 纶과 같으면 일단 나오면 이는 '불(紼)'[160]과 같다. 그런고로 대인은 헛소리를 하지 않는 것이다. ≪詩經·大雅·抑≫에서 "그대의 행동을 조심하고 삼가서, 위엄있는 의태(儀態)를 공경토록 하라."라 했다.

【註解】

⑲ '(絲)'는 生絲를 가리키고, '綸'은 綬絲(수실, 늘어트린 끈)를 가리킨다. 왕의 말은 실오라기처럼 가늘지만 일단 말이 나오면 수실처럼 크게 되고, 왕의 말은 수실처럼 작더라도 일단 한번 나오면 새끼줄과 같이 굵어진다는 의미이다.

159) ≪禮記≫는 초죽서의 '爵'을 '爵祿'으로 풀어 쓰고, ≪甫刑(呂刑)≫의 '由(迪)'자에 부정어를 추가하여 '不由(迪)'으로 쓰며, 이외에 조사를 추가하여 쓰는 것 이외에는 기본적으로 초죽서의 내용과 같다. 鄭玄은 ≪禮記≫의 '不'자는 '衍文(불필요하게 추가한 문자)'라고 지적하였다. 현행본 ≪尙書 · 甫刑≫에서는 "今爾何監? 非時伯夷. 播刑之迪, 其今爾何懲?(그대는 무엇을 거울삼아야 하겠는가? 백이가 아니겠는가! 법령을 실행하는 도리로 그대는 지금 무엇을 경계로 삼겠는가?)"로 쓰는데, 초죽서처럼 '不'을 사용하지 않아도 문맥상 전혀 문제가 없기 때문에 '衍字'로 보았다. 만약에 '不'자를 사용한다면, '법령이 도리에 맞지 않게 실행됨은'이라고 해석할 수 있다. 현행본 ≪尙書≫는 법령을 실행한 도리의 예로 '백성들이 옥사에 관한 법을 잘 살피지 못하고, 좋은 사람을 골라 다섯 가지 형벌을 공정하게 살피도록 하지 못했으며, 위세만을 부리고 남의 재물을 약탈하는 자들에게 다섯 가지 형벌을 쓰게 함으로써 죄 없는 사람들을 어지럽혔던 묘나라가 하느님의 벌을 받음'을 들어 설명하였다.

160) '紼'은 관을 묶는 굵은 새끼줄.

(70) ‘[illegible]’자를 정리본 ≪郭店楚墓竹簡≫은 ‘緍’자로 예정하고 있으나, 裘錫圭 案語는 ‘緡’자로 보아야 한다 하였다.[161] ‘緡(낚싯줄 민, mín)’은 곧 ‘綸’의 의미이다.

(71) ≪上博楚簡≫

子曰: 王言女(如)絲, 丌(其)出女(如)緡; 王言女(如)索, 丌(其)□□□□□□□□□□□□□□□□□□,

【15】敬介威義■.」

≪禮記≫

子曰: 王言如絲, 其出如綸, 王言如綸; 其出如綍 . 故大人不倡游言. 可言也, 不可行, 君子弗言也; 可行也, 不可言, 君子弗行也. 則民言不危行, 而行不危言矣. ≪詩≫云: “淑愼尔止, 不諐于儀.” (7)[162]

15.

子曰: 可言【30】不可行, 君子弗言; 可行不可言, 君子弗行. 則民言不陒行[72], 不陒【31】言. ≪寺(詩)≫員(云): “眘(淑)誓(愼)介止, 不侃(諐)[73]于義(儀).”[74]

공자가 말하였다.

말만하고 행동으로 옮기지 못할 것은 군자는 말하지 않으며, 행동만 하고 말하지 못할 것 또한 군자는 행하지 않는다. 백성들의 말은 그 행동보다 넘어서지 않고, 행동은 말을 넘어서지 않는다. ≪詩經·大雅·抑≫에 말하기를 “그대의 행동을 조심하고 삼가서 그 위엄 있는 의표에 허물이 없이 하라.”고 했다.

[註解]

(72) ‘[illegible](陒)’자는 소리부가 ‘禾’로 ‘危’자와 고음이 통한다.[163] ≪禮記≫는 ‘危’로 쓰고, ≪上博楚簡≫은

161) ≪郭店楚墓竹簡≫, 135 쪽, 注74.

162) 이 문장은 ≪禮記・緇衣≫편 제 7장에 해당되나, 이 7장은 초죽서의 다음 문장인(第 30-32簡) 내용까지도 포함하여, “子曰: 王言如絲, 其出如綸, 王言如綸, 其出如綍. 故大人不倡游言. 可言也, 不可行, 君子弗言也, 可行也, 不可言, 君子弗行也. 則民言不危行, 而行不危言矣. ≪詩≫云: ‘淑愼尔止, 不諐于儀.’(공자가 말씀하셨다: 왕의 말이 실과 같으면, 그 나오는 것은 綸(낚싯줄과 같은 굵은 실)과 같고, 왕의 말이 綸(윤)과 같으면 그 나오는 것은 綍(발, 관을 묶는 밧줄)과 같다. 그런 까닭에 대인은 유언을 떠들지 말아야 한다. 말만 하고 행하지 못할 것을 군자는 말하지 않는다. 행동만 하고 말하지 못할 것을 군자는 행하지 않는다. 곧 백성들의 말은 행동보다 위태롭지 않고, 행동은 말보다 위태롭지 않다. ≪詩經≫이 말하기를 ‘그대의 말을 조심하고 삼가서 그 威儀에 허물이 없게 하라 했다.’ 내용을 추가하였다. 또한 초죽서에서 인용하고 있는 ≪詩經·大雅·抑≫의 “誓(愼)介出話, 敬介愄(威)義(儀)” 구절은 ≪禮記≫ 제 8장에서 ≪大雅≫의 詩와 함께 두 편이 인용되어 있다. 현행 ≪禮記≫의 제 7장은 사실상 두 가지 내용을 포함하고 있다. 하나는 윗사람은 말의 파장이 크기 때문에 조심해야 한다는 것과, 다른 하나는 언행이 일치해야 하고 자기가 행동한 것에 대해서는 남들이 납득할 만 것이어야 한다는 것이다. 따라서 초죽서처럼 두 개의 장으로 분리해야 마땅하다. 漢代 경학자들 모두가 언행에 관한 내용이라 판단하고 이를 임의적으로 합친 것이다.

의미부가 '石'이고 소리부가 '今'인 '(硂)'로 쓴다. 이 자에 대해서는 확실히 알 수가 없다. 혹은 '硂'자는 '矜'이나 '岑'의 통가자로 쓰이는 것이 아닌가 한다. 李零≪校讀記≫는 '危'자를 잘못 쓴 것이라 하였다.[164] ≪論語·憲問≫은 "공자가 말하였다. 나라에 도가 있으면 당당하게 말하고 당당하게 행하되, 나라에 도가 없으면 당당하게 행하되 말은 겸손해야한다."[165]라 하였다. '危'자에 대하여 ≪廣雅≫는 '정직하다'[166]라 하였다. ≪論語集解≫는 "'危'는 '매우 높다(高峻)'라는 뜻이다. 君子의 言行은 中庸을 도를 넘어서지 않는 것이다. 그래야 백성이 이를 본받는 것이다."라 하였다.[167]

(73) '(侃)'자는 '諐'과 같은 자로 '허물'이라는 의미인 '愆'자와도 같은 자이다.

(74) ≪上博楚簡≫

子曰: 可言不可行, 君_(君子)弗言; 可行不可言, 君▬(君子)弗行. 則民言不硂行_(行, 行)不硂言. ≪告(詩)≫員(云):「雪(淑)誓(愼)尒(爾)止, 不侃□□.」

≪禮記≫

子曰: 王言如絲, 其出如綸, 王言如綸; 其出如綍 . 故大人不倡游言. 可言也, 不可行, 君子弗言也; 可行也, 不可言, 君子弗行也. 則民言不危行, 而行不危言矣. ≪詩≫云: "淑愼尔止, 不諐于儀."(7)

16

子曰: 君子道人以言, 而恆以行. 古(故)言【32】則慮(慮)其所終, 行則稽(稽)[75]其所幣(敝); 則民誓(愼)於言而懂(謹)於行. ≪寺(詩)≫云: "穆穆【33】文王, 於佴(緝)迟(熙)敬止[76]."[77]

공자가 말하였다.

군자는 말로써 사람을 인도하고, 행동은 항상심을 잃지 않는다. 그런 까닭에 말은 반드시 그 끝나는 바를 신중하게 여기고, 행동은 반드시 그 폐단되는 바를 생각한다. 그러면 백성은 말을 조심하고 행동을 삼갈 것이다. ≪詩經·大雅·文王≫에서 말하기를 "깊은 덕을 지닌 문왕이여 끊임없이 존경하소서."라 했다.

【註解】

(75) '(恆)'자는 윗부분이 '亟'이다. '亟'의 음은 '禁'과 통한다. 초간에서 '恒'과 '亟'이 형태가 비슷하기 때문에 자주 혼용하여 쓴다.[168]

163) ≪郭店楚墓竹簡≫, 135 쪽, 注 78.
164) 李零, ≪上博楚簡三篇校讀記≫, 47 쪽.
165) ≪論語·憲問≫: "子曰: 邦有道, 危言危行, 邦無道, 危行言孫."
166) ≪廣雅≫: "危, 正也." '정직하다'의 뜻이다. 楊伯峻, ≪論語譯註≫, 146 쪽.
167) ≪禮記集解≫, 1324 쪽. "危, 高峻也. 君子之言行, 不越乎中庸, 而民效之."

‘’자를 ≪郭店楚墓竹簡≫은 ‘䭫’로 예정하고 있으나, ‘䭫’로 예정할 수 있다. ≪說文解字≫는 ‘(稽)’자에 대하여 “‘머무르다’의 의미. ‘禾’·‘尤’와 소리부 ‘旨’로 이루어진 형성자이다”[169]라 하였다. ≪郭店楚簡·五行≫은 ‘稽’자를 ‘’로 쓴다.[170]

⑯ ‘’자를 ≪郭店楚墓竹簡≫은 ‘咠’자로 예정하고 있는데, 裘錫圭 案語는 “≪說文解字≫에 「㪅」자가 있는데, 이 자가 訛變된 형태가 아닌가 한다.”라 하였다.[171] 이 자는 ‘緝’자로 읽는다. ‘(逗)’자는 ‘辵’과 소리부 ‘臣’로 이루어진 형성자로 ‘熙’로 읽는다. ‘緝熙’는 ‘끊임없이 일이 계속됨’의 뜻이다. ‘止’는 조사이다.[172] ‘於緝熙敬止’를 ≪上博楚簡≫은 “於幾義之”로 쓴다. ≪周頌·清廟之什·昊天有成命≫의 “於緝熙, 單厥心” 구절에 대하여 毛傳은 “‘緝熙’는 ‘빛나다’의 의미”[173]라 하였다. ‘緝熙’와 ‘幾義’는 동원사로 ‘光明貌’ 혹은 ‘繼續不絶貌’의 의미이다.

⑰ ≪上博楚簡≫

□□□□□□□□□□□□□. 【16】古(故)言則慮丌(其)所冬(終), 行則旨(稽)丌(其)所蔽(敝); 則民新(愼)於言而斆(謹)於行. ≪峕(詩)≫員(云):「穆-(穆穆)文王, 於幾義之■.」

≪禮記≫

子曰: 君子道人以言, 而禁人以行. 故言必慮其所終, 而行必稽其所敝; 則民謹于言而愼于行. 詩云: “愼尔出話, 敬尔威儀.”≪大雅≫曰: “穆穆文王, 于緝熙敬止.”(8)[174]

17.

子曰: 言從行之, 則行不可匿. 古(故)君子顧(顧)⑱言【34】而行, 以成其信, 則民不能大其媺(美)而少(小)其亞(惡). ≪大虽(雅)⑲≫員(云): “白珪之石, 尙可【35】磨(磨)也; 此言之砧(玷), 不可爲也.”≪少(小)頣(雅)≫員(云): “躳(允)也君子, 䫏(則)也大成.”⑳ ≪君奭≫【36】員(云): “昔才(在)上帝, 戠(割)紳㉑觀文王悳(德), 其㉒集大命于氒(厥)㉓身.”㉔

168) ≪楚系簡帛文字編(增訂本)≫, 1122 쪽.

169) ≪說文解字≫: “稽, 留止也. 从禾, 从尤, 旨聲.”

170) ≪楚系簡帛文字編(增訂本)≫, 592 쪽.

171) ≪郭店楚墓竹簡≫, 135 쪽, 注 83 참고.

172) 朱熹≪詩經集傳≫: “止, 語辭.”

173) 毛傳: “緝熙, 光明也.”

174) “공자가 말하였다. 군자는 말로써 사람을 인도하고, 경계하기를 행동으로 한다. 그런 까닭에 말은 반드시 그 끝나는 바를 신중하게 여기고, 행동은 반드시 그 폐단 되는 바를 생각한다. 그러면 백성은 말을 조심하고 행동을 삼갈 것이다. ≪大雅·抑≫에서는 「그대의 행동을 조심하고 삼가서, 위엄 있는 의태(儀態)를 공경토록 하라’라 하고, ≪大雅·文王≫에서는 ‘깊은 덕을 지닌 문왕이여 끊임없이 존경하소서.’라 했다.” 초간의 “而恒以行”을 ≪禮記≫는 “而禁人以行”로 쓴다. 초간은 ‘변함없는 마음으로 행동하는 함’으로써 교화하고, ≪禮記≫는 ‘바른 행동을 보여 줌으로써 백성의 행동을 금지시키는’ 교화방법을 강조하고 있다. ≪禮記≫의 ≪大雅·抑≫의 구절은 잘못 삽입된 것이다.

공자가 말하였다.

말한 바에 따라 행해야 하는데, 그 행위는 은닉하기 힘들다. 그런고로 군자는 말을 적게 하고 행동으로써 그 믿음이 이루어지도록 한다. 그렇게 하면 백성은 그 아름다운 것을 크게 하고(과장하지 않고), 그 악한 것을 작게(축소) 할 수 없다. ≪大雅·抑≫은 말하기를 "흰 구슬은 흠집(허물)을 갈면 되지만, 말은 흠집(허물)을 어떻게 할 수가 없다네."라 했고, ≪小雅·車攻≫은 "진실로 군자이고 정말 큰일 이루시겠네."라고 했고, ≪君奭≫은 "옛날의 하나님은 문왕의 덕행을 신중하게 관찰하시어 천명이 그대 몸에 내리셨네."라고 했다.

【註解】

⑱ '(䙳)'자는 '見'과 소리부 '寡'로 이루어진 형성자이다. 따라서 '寡'나 혹은 '顧'의 의미로 쓰인다.

⑲ '(頣)'자와 '(昰)'자는 '夏'자의 변형이다. '夏'와 '雅'는 음성이 서로 통한다.

⑳ '(躳)'자는 '身'과 소리부 '㠯'로 이루어진 형성자이다. ≪楚系簡帛文字編≫에서는 '躳'자를 '允'의 이체자로 보았다.175) '躳'자와 '允'자는 모두 기본 음성이 '厶'와 관계가 있다. '誠信(진실하다)'의 의미이다.

정리본이 '聖(厠)'자는 원래 ''로 쓴다. 裘錫圭는 裘錫圭는 이 자에 대하여 "본 구절을 현행본은 '展也大成'으로 쓴다. 簡文 '也'자 위 자는 '廛'자로 해석해야 옳은 것 같다. '廛'자와 '展'자는 음이 통하기 때문에 통한다."176)라 하였다. 본 구절에서는 '진실로'라는 부사의 의미로 쓰인다.

㉑ '(𢧢)'자는 '戈'와 소리부 '害'로 이루어진 형성자로 '割'자의 이체자이다. '割'자를 ≪郭店楚簡·語叢四≫는 ''로 쓴다.177)

''자는 '紳'의 이체자이다. ≪包山楚簡≫은 '紳'자를 ''으로 쓴다.178) '割紳'은 '신중하게 계속해서 관찰하다'의 의미이다.179)

㉒ ''자를 ≪郭店楚簡·緇衣≫는 ''로 쓴다. '其'자의 이체자이다.180)

㉓ '(氒)'자는 '厥'자의 고문자이다.181)

㉔ ≪上博楚簡≫

175) ≪楚系簡帛文字編≫, 785 쪽.

176) ≪郭店楚墓竹簡≫, 135 쪽, '注 [92]': "此句今本作'展也大成'. 簡文'也'字上一字似當釋'廛', '廛'·'展'音近可通." 이라 하였다.

177) ≪楚系簡帛文字編(增訂本)≫, 429 쪽.

178) ≪楚系簡帛文字編(增訂本)≫, 1089 쪽.

179) 劉釗, ≪郭店楚簡校釋≫, 64 쪽 참고.

180) ≪楚系簡帛文字編(增訂本)≫, 444 쪽.

181) ≪楚系簡帛文字編(增訂本)≫, 1050 쪽.

子曰: 言衜(率)行之, 則行不可匿. 古(故)君■(君子)募(寡)言而行, 㠯(以)𡉗(成)亓(其)信, 則民不【17】能大亓(其)頻(美)而少(小)亓(其)亞(惡). ≪大昰(雅)≫員(云): 「白珪(圭)之砧, 尚可𥔲(磨); 此言之砧, 不可爲.」≪少(小)昰(雅)≫員(云): 「夋也君子, 𡌛(則)也大𡉗(成).」≪君奭≫員(云): 「□□□□□□□□□□□, □【18】集大命于氏(是)身■.」

≪禮記≫

子曰: 言從而行之, 則言不可飾也; 行從从而言之, 則行不可飾也. 故君子寡言而行, 以成其信, 則民不能大其美而小其惡. ≪大雅≫云: "白圭之玷, 尚可磨也; 此言之玷, 不可爲也."≪小雅≫曰: "允也君子, 展也大成."≪君奭≫曰: "昔在上帝, 割紳觀文王德, 其集大命于厥身."(24)[182]

18.

子曰: 君子言又(有)勿(物), 行又(有)【37】迲(格)㉕, 此以生不可敓(奪)志, 死不可敓(奪)名. 古(故)君子多𦖞(聞), 齊而獸(守)之; 多志,㉖ 齊而【38】新(親)之; 精智(知), 迲(略)而行之. ≪寺(詩)≫員(云): "峕(淑)人君子, 其義(儀)弌(一)也."≪君連(陳)≫員(云): "出內(入)自尒帀(師)于(虞)㉗【39】, 庶言同."㉘

공자가 말하였다.

말은 징험(徵驗)이 있어야 하고, 행동은 법칙이 있어야 한다. 이렇게 생활하면 뜻을 빼앗을 수 없고, 죽어도 이름을 빼앗지 못하게 된다. 고로 군자는 많이 듣고 이를 바르게 해서 지켜 나가며, 많이 인식하고 바르게 해서 가깝게 하며, 깊이 이해하고 간략히 해서 행하여야 한다. ≪曹風·鳲鳩≫에서 말하기를 "어진 군자는 행동거지가 한결같네."라 했고, ≪상서・군진≫에서 말하기를 "대중의 의견을 좇아서 행하면 모든 사람의 의견이 일치한다."고 했다.

【註解】

㉕ '迲(迲)'자는 '辵'과 소리부 '丯'로 이루어진 형성자이다. '格'자나 '略'자와 음이 통한다. '格'은 '옛날 법칙'을 의미한다. ≪上博楚簡≫은 '𨹧(𨹧)'으로 쓴다. 초간 중 ≪天策≫은 '戟'자를 '戈'와 '丯'聲인 '䩶'으로 쓰고, ≪上博楚簡·紂衣≫는 의미부 '戈'와 소리부가 '各'인 '𢦏'으로 쓴다.[183] '𨹧'자 역시 '丯'가 소리부(소리부)이다. ≪說文解字≫는 '丯(풀이 자라 산란할 개)'자에 대하여 "음은 '介'자와 같다"[184]라 하였다.

182) 초간의 "言从行之, 則行不可匿."(말한 바에 따라 행해야 하기에 그 행위는 은닉하기 힘들다) 구절은 ≪禮記≫는 "言从而行之, 則言不可飾也; 行从而言之, 則行不可飾也.(말한 바대로 행위를 해야 하기에, 말은 가식이 없어야 한다. 행동은 말한 바에 따라 해야 하기에 행동은 가식이 없어야 한다.)"로 쓴다. ≪예기≫는 초간의 내용이 이해하기 쉽지 않기 때문에 이를 풀어쓴 것으로 보인다.

183) ≪楚系簡帛文字編(增訂本)≫, 1051 쪽.

184) ≪說文≫: "讀若介."

(86) ≪中山王嚳方壺≫은 ‘志’자를 ‘ ’자로 쓰고,[185] 소전(小篆)은 ‘ ’로 쓴다. 모두가 소리부(소리부)가 ‘之(止)’이다. ≪上博楚簡≫은 ‘齒’의 이체자인 ‘ (旨)’로 쓰고, ≪郭店楚簡≫은 ‘ ’로 쓴다. 여기에서의 ‘志’자는 ‘識’으로 해석하여 ‘인식하다’・‘학습하다’의 의미로 쓰인다.

(87) ‘于’자는 ‘虞’로 읽는다. ≪上博楚簡≫은 ‘ (雩)’자로 쓴다.

(88) ≪上博楚簡≫

子曰: 君子言又(有)勿(物), 行又(有)𨹟, 此㠯(以)生不可敓(奪)志, 死不可敓(奪)名. 古(故)君子多䎽(聞), 齊而守之; 多旨(志), 齊而罙(親)之, 青(精)䀢(知), 𨹟而行之.【19】 □□□人君子, 丌(其)義(儀)一也.」≪君迪(陳)≫員(云):「出內(入)自尒帀(師)雩, 庶言同■.」

≪禮記≫

子曰: 言有物而行有格也, 是以生則不可奪志, 死則不可奪名. 故君子多聞, 質而守之; 多志, 質而親之; 精知, 略而行之. ≪君陳≫曰: “出入自尔師虞, 庶言同.”≪詩≫云: “淑人君子, 其儀一也.”(18)[186]

19.

子曰: 句(苟)又(有)車, 必見其㪤(笰)(89); 句(苟)又(有)衣, 必見其幣(敝)(90); 人句(苟)又(有)行, 必見其成, 句(苟)又(有)言, 必䎽(聞)其聖(聲).【40a40b】≪寺(詩)≫員(云): “備(服)之亡懌(91).”(92)

공자가 말하였다. 수레가 있으면 반드시 수레의 덮개가 있는 것이고, 의복이 있으면, 반드시 옷의 수 무늬를 볼 수 있으며, 사람에게 행위가 있다면 반드시 그 결과를 볼 수 있고, 말이 있다면 반드시 그 소리를 들을 수 있다. ≪詩經·周南·葛覃≫에서 말하기를「의복을 입으니 아름답네」라고 했다.

【註解】

(89) 裘錫圭는 ‘ (㪤)’자의 소리부가 ‘曷’로 ‘蓋’자와 통한다 했다.[187] ‘蓋’는 ‘수레의 덮개’를 가리킨다. ≪上博楚簡≫은 ‘ ’로 쓴다. 李零은 이 자는 ‘車’·‘攴’과 소리부 ‘曷’로 이루어진 자라 하였다.[188] 현행본은 ‘軾(수레 앞턱 가로나무 식, shì)으로 쓴다.

(90) ‘ (㡀)’자는 ‘幣’나 ‘黻(폐슬 불)’자와 음이 통하다. ≪說文解字≫는 ‘ (㡀)’자에 대하여, “‘헤어지

185) ≪金文編≫ ‘1713 ’(713 쪽) 참고.

186) 초간의 “齊而守之, 齊而親之”를 ≪禮記≫는 “質而守之, 質而親之”로 쓴다. ‘質’은 ‘質正’으로 ‘일의 옳고 그름을 따져서 바로 잡음’을 말하다. ≪禮記集解≫는 “則所以辨之於人者審矣.(이른바 사람에게서 옳고 그름을 따져서 살피는 것이다.)”라 하였다. 1330 쪽. ‘質’과 ‘齊’자는 고음이 서로 통한다. ≪郭店楚墓竹簡≫, 136 쪽, 注 97.

187) ≪郭店楚墓竹簡≫, 136 쪽, 注 101.

188) 李零, ≪上博楚簡三篇校讀記≫, 48 쪽.

옷'의 의미. '巾'과 헤어지 옷의 형상으로 이루어진 자."[189]라 하였다.

⑨① '(懌)'자는 소리부가 '睪'인 형성자로 '斁(미워할 역)'의 의미로 쓰인다. ≪上博楚簡≫은 '(臭)'자로 쓰는데, '斁'자와 같은 자이다. ≪禮記≫는 '射'자로 쓰는데, 孫希旦 ≪禮記集解≫는 '射'자의 음은 '斁'자와 같다 하였다.[190]

⑨② ≪上博楚簡≫

子曰: 句(苟)又(有)車, 朼見亓(其)鑒; 句(苟)又(有)衣, 朼□□□□□□□□□□□□□□, 【20】 朼見亓(其)成, ≪峕(詩)≫員(云): 「備之亡臭(斁)■.」

≪禮記≫子曰: 苟有車, 必見其軾; 苟有衣, 必見其敝; 人苟或言之, 必聞其聲; 苟或行之, 必見其成. ≪葛覃≫曰: "服之無射."(23)

20.

子曰: ム(私)⑨③惠不㚷⑨④悳(德), 君子不自窗(留)女〈安(焉)〉⑨⑤. ≪寺(詩)≫員(云): "人之好我, 【41】 旨⑨⑥我周行."⑨⑦

공자가 말하였다.

사사로이 은혜를 베풀고 덕으로 돌아오지 않는다면 군자는 그 곳에 편안하게 머무르지 않는다. ≪小雅·鹿鳴≫에서 말하기를 "나를 좋아하는 사람은 나를 큰 길로 인도하네."라고 했다.

【註解】

⑨③ '(ム)'자는 '私'자의 고문자이다.

⑨④ '(㚷)'자는 '壞'자의 오자이다.[191] '懷'자로 가차자로 쓰인다. ≪說文≫은 '(壞)'자에 대하여 "'무너지다'의 의미. '土'와 소리부 '褱'로 이루어진 형성자. 고문은 생략하여 '(㙟)'로 쓰고, 籒文은 '(𣀔)'로 쓴다."[192]라 하였다. ≪郭店楚簡·唐虞之道≫는 '壞'자를 ''로 쓴다.[193]

⑨⑤ '(女)'자는 '安'자를 잘못 쓴 것으로, '安'자는 '焉'의 의미로 쓰인다. ≪上博楚簡≫은 '(安)'자로 쓴다.

⑨⑥ '(旨)'자는 '示'자의 의미로 쓰인다.

⑨⑦ ≪上博楚簡≫

189) ≪說文≫: "敗衣也. 从巾, 象衣敗之形."
190) ≪禮記集解≫, 1331 쪽.
191) 劉釗, ≪郭店楚墓竹簡≫, 66 쪽 참고.
192) ≪說文≫: "壞, 敗也. 从土, 褱聲. 㙟(㙟), 古文壞省. 𣀔(𣀔), 籒文壞."
193) ≪楚系簡帛文字編(增訂本)≫, 1140 쪽.

子曰: 厶(私)惠不褱(懷)悳(德), 君子不自留(留)安(焉). ≪𢘢(詩)≫員(云): 「人之丌(好)我, 䀡我周行■.」

≪禮記≫子曰: 私惠不歸德, 君子不自留焉. ≪詩≫云: "人之好我, 示我周行."(22)

21

子曰: 唯君子能好其駜(匹), 少(小)人剴(岂)能好其駜(匹). 古(故)君子之友也【42】又(有)向(鄉), 其亞(惡)又(有)方[98]. 此以逡(邇)[99]者不賊(惑), 而遠者不悇(疑). ≪寺(詩)≫員(云): "君子好𢻱(逑)."[100]

공자가 말하였다.

군자는 친구를 능히 좋아할 수 있지만, 소인은 어찌 그 친구를 좋아할 수 있겠는가? 그런고로 군자는 누구를 좋아함에도 준칙이 있으며 남을 싫어함에도 반드시 그 무리를 선택하는 도리가 있다. 그런 까닭에 군자 주위에 있는 인재들은 미혹되지 않으며, 멀리 있는 자들이 그를 의심하지 않는다. ≪周南·關雎≫에서 말하기를 「군자는 그의 친구를 좋아하네」라 했다.

【註解】

⑱ ''자는 '鄕'과 음이 통한다. '向'은 '이른바 향하는 곳'의 의미이고, '方'은 '도리·법칙'의 뜻이다.

⑲ '(逡)'자는 소리부가 '埶'이고, 음은 '爾'나 '邇'와 통한다. ≪上博楚簡≫은 '辵'과 소리부 '尒'인 ''로 쓴다.[194]

⑳ ≪上博楚簡≫

子曰: 隹(唯)君子▬(君子)能丌(好)丌(其)匹, 少(小)人敳能丌(好)丌(其)匹.【21】古(故)君子▬(君子)之晉(友)也又(有)䛢, 丌(其)惡也又(有)方. 此目(以)迩(邇)者不惑, 而遠者不怣(疑). ≪𢘢(詩)≫員(云): 「君子丌(好)𨑁■.」

≪禮記≫

子曰: 唯君子能好其正, 小人毒其正. 故君子之朋友有鄕, 其惡有方; 是故邇者不惑, 而遠者不疑也. ≪詩≫云: "君子好仇."(22)[195]

22.

子曰:【43】𨊠(輕)𢇍(絶)貧戔(賤), 而厚𢇍(絶)䞋(富)貴, 則好𢖵(仁)不𥕛(堅), 而亞(惡)亞(惡)不紑(著)[101]也. 人唯(雖)曰不利, 虐(吾)弗信【44】之矣. ≪寺(詩)≫員(云): "倗(朋)友𠧪(攸)𦔻(攝), 𦔻(攝)[102]以愄

194) ≪楚系簡帛文字編(增訂本)≫, 164 쪽.

195) 鄭玄은 "正當爲匹, 字之誤也. 匹謂知識朋友.('正'은 '匹'로 써야한다. 문자를 잘못 쓴 것이다. '匹'은 아는 친구를 말한다.)"라 하였다. ≪郭店楚墓竹簡≫, 136 쪽, 注 107 재인용.

(畏)義(儀).”⑩③

공자가 말하였다.

빈천한 친구와 절교하기를 쉽게 하고, 부귀한 친구와 절교하기를 쉽게 하지 못하는 것은 어진 이를 좋아하는 마음이 굳지 못하고 악을 미워하는 것이 뚜렷하지 않기 때문이다. 설사 어떤 이가 이익을 위한 것이 아니라고 말하여도 나는 그것을 믿지 못하겠다. ≪大雅·旣醉≫에서 말하기를 “친구 사이가 굳건히 유지되는 것은 인격과 위엄이 함께 하기 때문이네”라 했다.

【註解】

⑩① ‘(紝)’자는 ‘糸’와 소리부 ‘尾’로 이루어진 자이며, 기본 소리부가 ‘乇’으로 ‘著’자와 고음이 통한다.

⑩② ‘(㚗)’자는 ‘大’와 소리부 ‘耴’으로 이루어진 형성자로 자이다. ‘耴(편안할 접, dié,zhāi,zhé)’과 ‘攝(몰아 잡을 섭, shè)’은 古音이 비슷하다. ‘攝’은 ‘굳건히 유지하다’의 의미로 쓰인다.

⑩③ ≪上博楚簡≫

子曰: 巠(輕)𢇍(絶)貧賤, 而厇(厚?)𢇍(絶)賵(富)貴, 則好𢝊(仁)不【22】臤(堅), 而亞_(惡惡)不㞌也. 人隹雖曰不利, 虗(吾)弗信之矣. ≪时(詩)≫員(云):「堋(朋)𠭊(友)卣(攸)図=(攝, 攝)㠯(以)威義(儀)■.」

≪禮記≫

子曰: 輕絶貧賤, 而重絶富貴, 則好賢不堅, 而惡惡不著也. 人雖曰不利, 吾不信也. ≪詩≫云: “朋友攸攝, 攝以威儀.”(21)[196]

23.

子曰: 宋人又(有)言曰: 人而亡𡖊(恒), 不可爲【45】卜簪(筮)⑩④也. 其古之遺言𦦙(與)? 龜𥮴(筮)猷(猶)弗智(知), 而皇(況)於人唐(乎)?≪寺(詩)≫員(云): “我龜既猒(厭),【46】不我告猷.”⑩⑤ 二十又三【47】⑩⑥

공자가 말하였다.

송나라의 어떤 사람이 말하기를 “사람이 항상심이 없으면 복서(卜筮)할 것이 없다.”고 했다. 이는 아마 예부터 전해 내려오는 말이 아니겠는가? 이러한 사람은 귀서(龜筮)도 알 수가 없는 것인데, 하물며 사람은 어찌하겠는가. ≪小雅·小旻≫에서 말하기를 “거북이도 싫증이 나서 나에게 길흉을 알려 주지 않네”라고 했다.

196) 초간의 “好𢝊(仁)不臤(堅)” 구절을 ≪禮記≫는 “好賢不堅”으로 쓴다. 뒷구절 ‘惡’와 댓구로 쓰이기 때문에 ‘仁’으로 쓰는 것이 더 적절할 것 같다.

【註解】

151) '(簪)'자는 '筮'의 번체자이다.[197]

152) ≪上博楚簡≫

子曰: 南人有言曰: 人而無恒, □□□□□□□□…… 【23】 員(云): 「我龜既猒(厭), 不我告猷■.」

≪禮記≫子曰: 南人有言曰: 人而無恒, 不可以爲卜筮. 古之遺言與? 龜筮猶不能知也, 而況于人乎?≪詩≫云: "我龜既厭, 不我告猶."≪兑命≫曰: "爵無及惡德, 民立而正事. 純而祭祀, 是爲不敬; 事煩則亂, 事神則難."≪易≫曰: "不恒其德, 或承之羞.""恒其德偵, 婦人吉, 夫子凶."(25)[198]

153) '二十又三'은 ≪치의≫는 모두 23장으로 되어 있다는 의미이다. ≪禮記≫는 모두 25장으로 되어 있다. ≪禮記≫의 제1장, 제16장, 제18장이 ≪郭店楚簡≫에서는 보이지 않는다.

≪禮記≫子言之曰: 爲上易事也, 爲下易知也, 則刑不煩矣. (1)

공자가 말하였다. 윗사람이 되어 섬기기 쉽고, 아랫사람이 되어 알기 쉬울 때는 형벌이 번거롭지 않은 것이다.

≪禮記≫子曰: 小人溺于水, 君子溺于口, 大人溺于民, 皆在其所褻也. 夫水近于人而溺人, 德易狎而難親也, 易以溺人. 口費而煩, 易出難悔, 易以溺人. 夫民閉于人, 而有鄙心, 可敬不可慢, 易以溺人. 故君子不可以不愼也. ≪大甲≫曰: "毋越厥命以自覆也; 若虞机張, 往省括于厥度則釋. ≪兑命≫曰: 惟口起羞, 惟甲胄起兵, 惟衣裳在笥, 惟干戈省厥躬. ≪大甲≫曰: "天作孽, 可违也; 自作孽, 不可以逭."≪尹吉≫曰: "惟尹躬天, 見于西邑; 夏自周有終, 相亦惟終."(16)

공자가 말하였다. 소인은 물에 빠지고 군자는 입에 빠지고 大人은 백성에게 빠진다. 모두 그 친근한 데 있는 것이다. 대체로 물은 사람에 가까워서 사람을 물에 빠트린다. 물의 덕은 가까이 하기는 쉬워도 친하기는 어렵다. 입은 내기는 쉽지만 뉘우치기는 어렵다. 그래서 남을 빠트리기가 쉽다. 백성은 人道를 막고 비루한 마음이 있는 것이니, 공경해야 하고 태만하거나 홀대하지 말아야 한다. 그리고 쉽게 사람을 빠트리기 때문에 군자는 삼가지 않을 수 없다. ≪태갑≫이 말하기 "그 명령을 넘어서 스스로 뒤집지마라. 虞人이 활을 펴는 것처럼 하고, 가서 矢括을 그 度에 맞도록 돌아다본 뒤에 화살을 놓아야 한다"라 했다. ≪열명≫이 말하기를 "이 입은 부끄러움을 일으키고 이 甲胄는 전쟁을 일으킨다. 이 의상은 옷그릇에 있어야 하고, 이 干戈는 그 몸을 돌아다봐야 한다"라 했다. ≪태갑≫이 말하기를 "하늘이 지은 재앙은 피할 수 있으나, 스스로 지은 재앙은 도망할 수가 없다."라 했다. ≪尹告≫에서 말하기를 "오직 尹의 몸을 먼저하는 것은 西邑의 夏에 보인다. 周로부터

197) ≪楚系簡帛文字編(增訂本)≫, 436 쪽.

198) ≪禮記≫는 ≪열명≫의 "벼슬이 악덕에 미치게 하지 마라, 백성이 일어나서 이것을 배우리라. 악덕의 사람에게 제사를 지내는 것은 不敬한 일이 된다. 일이 번거로우면 어지럽고 神을 섬기면 어렵다."와 ≪周易≫의 "그 덕을 떳떳하게 하지 않으면 혹 부끄러움을 받는다. 그 덕을 떳떳하게 하면 바르니 婦人은 길하고 夫子는 흉한 것이다." 구절이 추가되어 있다. 후에 추가된 것으로 보인다.

끝이 있고, 輔相도 역시 끝을 맺었다."라 했다.

≪禮記≫子曰: 下之事上也, 身不正, 言不信, 則義不壹, 行無類也.(18)

공자가 말하였다. 아랫사람이 윗사람을 섬기는데 있어 몸이 바르지 않고 말이 미덥지 않으면, 의미가 한결같지 않고 행동이 類가 없는 것이다.

4. ≪魯穆公問子思≫

八 七 六 五 四 三 二 一

【魯穆公問子思】

≪魯穆公問子思≫는 모두 8개의 죽간으로 되어 있다. 죽간의 양쪽 끝은 모두 사다리꼴로 다듬어져 있으며, 길이는 26.4㎝이다. 죽간 중에는 두 곳을 묶은 흔적이 있고, 간격은 9.6㎝이다. 문자는 모두 149자이며, 이중 重文 2자, 잔손된 문자가 약 7자쯤 된다.

篇章 부호는 제일 마지막에 굵은 검은 색 가로선으로 되어 있으며, 句讀(문장 끊어 읽기) 부호는 마치 점처럼 보이는 짧은 가로선을 사용하고 있고, 重文 부호는 구두(句讀) 부호보다 약간 긴 두개의 가로선을 사용하고 있다.

≪魯穆公問子思≫는 유가 문헌 중의 하나로, 魯穆公이 子思나 성손익(成孫弋)과 서로 대화하는 내용이다. 어떠한 신하가 충신인가에 대한 충신의 도와 신하는 군주의 잘못을 덮어 주어서는 안 된다 등의 내용이 제기되어 있다.

魯穆公은 魯繆公이라도 하며, 이름은 顯이다. 전국 시기 노나라 國君으로, 33년간 재위했다.

子思는 공자의 손자이며, ≪漢書·藝文志≫는 ≪子思子≫23편이 있다고 하였고,[1] 班固는 子思를 "이름이 伋(급)이고 공자의 손자이며 노나라 繆公의 스승이다."[2]라고 하였다. 成孫弋은 문헌에 보이지 않는다.

魯穆公이 子思에게 "어떤 신하가 임금에게 충직한 신하라 할 수 있습니까?"[3]라고 묻자, 子思는 "항상 군주의 결점과 과실을 지적하는 사람을 충신이라 할 수 있습니다."[4]라 하였다. 대담하고 솔직한 자사의 대답에 노목공은 불쾌감을 느끼며, 成孫弋에게 내가 방금 자사에게 어떤 신하가 임금에게 충신이라 할 수 있냐고 물었더니, '항상 군주의 결점과 과실을 지적하는 사람이 충신이'라고 했지만 나는 아직 잘 모르겠소라 하자, 成孫弋은 "정말로 당신에게 축하할 일입니다. 당신은 마침내 진실하고 바른 충신을 찾았습니다."[5]라 했다. 노목공이 "이 말이 무슨 말인가?"라 묻자, 成孫弋이 노목공에게 '왜 항상 임금의 결점과 과실을 지적하는 사람이 충신인가?'를 설명해 주었다.

1) ≪漢書 · 藝文志≫: "≪子思≫二十三篇." ≪隋書 · 音樂志≫에서는 沈约의 말을 인용하여 "≪禮記 · 中庸≫·≪表記≫·≪坊記≫·≪緇衣≫皆取自≪子思子≫"라 하였고, 또한 ≪隋書 · 經籍志≫에서는 ≪子思子≫에는 七卷이 있다하였다. ≪郭店楚簡≫ 중 ≪五行≫·≪魯穆公問子思≫·≪窮達以時≫·≪唐虞之道≫·≪忠信之道≫가 ≪子思子≫ 중의 내용일 가능성이 높다. (杨儒賓, 〈子思學派試探〉, http://wenku.baidu.com/view/ a402f5868762caaedd33d48e.html) 하지만 이에 대한 의견이 매우 분분하다. 李學勤은 ≪緇衣≫·≪五行≫·≪成之聞之≫·≪尊德義≫·≪性自命出≫과 ≪六德≫ 등 여섯 편을 子思의 작품으로 보고, 姜廣輝는 ≪唐虞之道≫·≪緇衣≫·≪五行≫·≪性自命出≫·≪窮達以時≫·≪成之聞之≫의 앞 부분·≪魯穆公問子思≫·≪六德≫ 등을 子思의 작품으로 보았다.(郭齊勇, ≪郭店儒家簡與孟子心性論≫, ≪武漢大學學報≫1999年5期, 24-28 쪽 참고)
2) "名伋, 孔子孫, 爲魯繆公師."
3) "可(何)女(如)而可胃(謂)忠臣."(제1간)
4) "恒爯(稱)其君之亞(惡)者, 可胃(謂)忠臣矣."(제2-3간)
5) "悏(噫), 善才(哉), 言唐(乎)!"(제4간)

成孫弋은 군주에게 목숨을 팔거나 군주를 위해 죽으러 가는 사람은 진정한 충신이 아니고, 이러한 신하는 爵祿만을 생각하고 그들이 죽은 후에는 그의 자손에게 후한 상이 있기를 바란다고 하였다. 이와 반대로 임금의 잘못을 지적하는 자는 결코 爵祿을 바라지 않고 단지 임금이 잘못됨을 고치고 英明한 군주가 되기만을 바랄 뿐이라고 成孫弋은 설명하였다.

成孫弋은 또한 노목공에게 자사가 군주의 면전에서 잘못을 지적한 대담함과 용기를 찬양하고 있다.

자사의 정치적인 비판 정신은 물론 유가사상의 초기적인 면모를 보여주고 있다.

魯穆公昏(問)於子思曰①: "可(何)女(如)而可胃(謂)忠臣."② 子思曰: "恒爯(稱) 【1】 其君之亞(惡)者,③ 可胃(謂)忠臣矣."④ 公不敓(悦),⑤ 咠(揖)而退之.⑥ 成孫弋見,⑦ 【2】 公曰: "向(嚮)者虗(吾)昏(問)忠臣於子思,⑧ 子思曰: '亙(恒)爯(稱)其君之亞(惡)者, 可胃(謂)忠 【3】 臣矣.' 募(寡)人惑安(焉), 而未之得也."⑨ 成孫弋曰: "悏(噫), 善才(哉), 言唇(乎)!⑩ 【4】 夫爲其君之古(故)殺其身者,⑪ 嘗又(有)之矣.⑫ 亙(恒)爯(稱)其君之亞(惡)者, 【5】 未之又(有)也. 夫爲其君之古(故)殺其身者,⑬ 交彔(祿)奮(爵)也.⑭ 亙(恒) 【6】 □□□之亞(惡)□□彔(祿)奮(爵)者□□義而遠彔(祿)奮(爵),⑮ 非 【7】 子思, 虗(吾)亞(惡)昏(聞)之矣."⑯ 【8】

노목공이 자사에게 물었다.

"어떠한 사람을 충신이라 말할 수 있습니까?"

자사가 말하였다.

"항상 임금의 죄와 허물을 지적하는 사람을 충신이라 할 수 있습니다."

노목공은 기분이 좋지 않았고, 자사는 예를 갖추어 물러났다.

성손익이 노목공을 알현(謁見)하러 왔을 때, 노목공이 말하였다.

"내가 조금 전에 자사에서 어떠한 사람을 충신이라 할 수 있는가?고 물었더니, 자사가 대답하기를 '항상 임금의 죄와 허물을 지적하는 사람을 충신이라 할 수 있습니다'라 했소이다. 나는 이해할 수 없고, 지금까지도 이해가 되지 않소이다."

성손익이 말하였다.

"아! 이 말은 정말 훌륭합니다!"

성손익이 계속해서 말했다.

"임금을 위한다는 이유로 생명을 바치는 자는 있었지만, 임금의 죄와 과실을 지적하는 자는 일찍이 없었습니다. 임금을 위한다는 이유로 생명을 바치는 자는 직위와 봉록을 탐내고자 하는 것이고, 임금의 죄와 과실을 지적하는 자는 직위와 봉록을 탐내는 사람이 아닙니다. 道義를 지키면서 지위와 봉록에 뜻이 없는 자는 子思 이외에는 나는 다른 사람을 알지 못합니다."

【註解】

① '(魯)'자를 갑골문은 ''로 쓰고,[6] 금문 중 ≪頌鼎≫은 ''로 쓰고,[7] ≪上博楚簡·魯邦大旱≫은 ''로 쓰고 ≪包山楚簡≫은 ''자로 쓴다.[8] ≪說文解字≫小篆은 ''로 쓴다. 林義光≪文源≫에서는 "'魯'자는 아랫부분은 '口'이지 '白'이 아니다. 금문에서 '魯休'이나 '純魯'라는 의미로 쓰인다.[9]

6) ≪甲骨文編≫, 165 쪽.

7) ≪金文編≫, 246 쪽.

8) ≪楚系簡帛文字編≫, 340 쪽.

9) '魯'자는 '旅'·'嘉'나 '嘏'자의 통가자로 쓰인다. ≪詩經·魯頌·閟宮≫"天錫公純嘏, 眉壽保魯.(하늘이 공께 큰 상을 내리시니 오래도록 나라를 보존하시네.)" 구절에 대하여 鄭玄≪箋≫은 "純, 大也. 受福曰嘏.('純'은 '크다'의

阮元은 '魯자는 본래의 뜻은 嘉이다. 이 자는 魚가 입으로 들어가는 형상으로 嘉美라는 뜻이다'라 했다"[10]라 하였다.

''(穆)'자를 ≪說文解字≫는 형성문자로 설명하였다. ≪說文解字≫는 '(穆)'자에 대하여 "'곡물(禾)'의 의미. '禾'와 소리부 '㣎'으로 이루어진 형성자이다"[11]라 하였다. 그러나 갑골문은 ''으로 쓰고,[12] 금문은 ''(≪遹簋≫)으로 쓴다. 갑골문과 금문의 형태로 보아 곡물의 열매가 풍성하고 탐스럽게 달려있는 형상이다.[13] ≪郭店楚簡·緇衣≫는 ''으로 쓰고, ≪上博楚簡·紂衣≫는 ''로 쓴다.[14]

''(昏)'자는 초간에서 일반적으로 '聞'이나 '問'으로 읽는다.[15] 초간 중 ≪郭店楚簡·老子乙≫은 ''으로 쓰고, ≪上博楚簡·子羔≫는 ''으로 쓴다.[16] ≪說文解字≫는 '(昏)'자에 대하여 "'어둡다'의 의미. '日'과 '氐'자의 생략된 형태로 이루어진 회의자이다. '氐'는 '아래(下)'라는 의미이다. 혹은 이 자는 소리부 '民'으로 이루어진 형성자라 한다."라 하였고,[17] 段玉裁는 "'昏'자는 '氐'의 생략형태로 이루어진 회의자이지 절대 소리부 '民'으로 이루어진 형성자가 아니다. 隸書에서 혼란되어 '民'聲인 '昬'자가 있게 되었다."[18]라 하였다. 갑골문은 ''으로 쓰고,[19] 금문은 '(聞)'(≪毛公鼎≫)으로 쓴다.[20] 갑골문과 초간의 문자로 보아 段玉裁의 주장이 옳은 것 같다. ≪說文解字≫ 중 "一曰民聲" 구절은 후에 추가된 것으로 보인다.

'(於)'자는 초간에서 다양한 형태로 쓴다. '''·'·'·'·'·'·'·'·'·'·'' 등으로 쓴다.[21] ≪說文解字≫는 '於'자는 '烏'자의 고문이라하였다. "'(烏)'자는 '까마귀(孝鳥)'의 뜻이다. 상형문자이다. '烏'자의 고문은 '(䍅)'로 쓰며 상형자이다. '烏'자의 고문 '(於)'자는 '烏'자를 생략하여 쓴 형태이다"[22]라 하였다. 段玉裁는 "'烏'자 중 검은 눈동자가 '烏'자 없는 형태이다. 순

의미. '嘏'는 '복을 받다'라는 뜻이다.)"라 하였다.(陳初生, ≪金文常用字典≫, 415 쪽. 참고.) ≪爾雅·釋詁≫는 "休, 美也.('休'는 '훌륭하다(美)'의 의미.)"라하고, ≪廣雅·釋詁≫는 "休, 善也.('休'는 '아름답다(善)'의 의미.)"라 하였다.(≪金文常用字典≫, 622 쪽 참고.)

10) 林義光≪文源≫: "(古魯字)从口, 不从白, 彝器每言'魯休''純魯', 阮氏元云: '魯本義蓋爲嘉, 从魚入口, 嘉美也.'"
11) ≪說文解字≫: "穆, 禾也. 从禾, 㣎聲."
12) ≪甲骨文字詁林≫, 第2卷 1462 쪽.
13) 陳初生, ≪金文常用字典≫, 714-715 쪽.
14) ≪楚系簡帛文字編≫, 671 쪽.
15) ≪楚系簡帛文字編≫, 646 쪽.
16) ≪楚系簡帛文字編≫, 646 쪽.
17) ≪說文解字≫: "昏, 日冥也. 从日, 氐省. 氐者, 下也. 一曰民聲."
18) 段玉裁≪說文解字注≫: "字从氐省爲會意, 絕非从民聲爲形聲也. 蓋隸書淆亂, 乃有从民作昬者."
19) ≪甲骨文編≫, 285 쪽.
20) ≪金文編≫, 457 쪽, 793 쪽. "從日民聲, 因唐諱改民爲氏, 又與婚爲一字." "經典多以昏爲婚."
21) ≪楚系簡帛文字編≫, 377 쪽.
22) ≪說文解字≫: "烏, 孝鳥也. 象形. 䍅, 古文烏, 象形. 於, 象古文烏省."

검정 색의 새이기 때문에 눈동자가 보이지 않는 것이다”[23]라 하였다.

② 초간에서 ‘而’자는 다양한 형태로 쓰인다. ‘’·‘’·‘’·‘’·‘’·‘’·‘’·‘’·‘’·‘’·‘’·‘’·‘’·‘’·‘’·‘’ 등으로 쓴다.[24] ≪說文解字≫는 ‘(而)’자에 대하여 “‘而’는 ‘뺨에 난 수염’의 뜻이다.
털의 모양이다”[25]라 하였다.
‘忠’자는 초간에서 ‘’·‘’·‘’·‘’·‘’·‘’·‘’·‘’ 등으로 쓴다.[26]

③ ‘(恆)’자는 ‘心’과 소리부 ‘亙’으로 이루어진 형성자이다.[27] 제 3.5.6간에서는 ‘(亙)’으로 쓴다. ≪說文解字≫는 ‘(恒)’자에 대하여 “‘항상 변하는 않는다(常)’는 의미. ‘心’과 ‘舟’가 하늘과 땅을 쉼 없이 오간다는 의미가 결합되어 이루어진 자이다. 고문은 ‘月’을 써서 ‘(死)’으로 쓴다.”[28]라 하였다. 갑골문은 ‘’·‘’으로 쓰고, 금문은 ‘’·‘’·‘’으로 쓴다.[29] ‘달(月)’이 ≪說文解字≫에서는 ‘舟’자로 와변되었다.
‘(爯)’자는 ‘稱’으로 읽는다. ≪說文解字≫는 ‘爯’자에 대하여 ‘둘을 한꺼번에 들다’라는 의미이며, ‘爪’와 ‘(冓)’의 생략형으로 이루어진 회의자라 하였다.[30] ‘冓’자를 금문은 ‘’자로 쓴다.[31] ‘(稱)’자는 ‘禾’와 소리부 ‘爯’으로 이루어진 형성자이다.
초간에서 ‘爯’자는 ‘’·‘’·‘’으로 쓰기도 한다.[32] 갑골문은 ‘’·‘’으로 쓰고, 李孝定≪甲骨文字集釋≫은 “갑골문에서 ‘爯’자는 손으로 물건을 드는 형상이다. 그래서 ‘들다(舉)’로 쓰인다. 하지만 그 물건이 무엇인가는 확실히 알 수가 없다”라 하였다.[33]
‘(者)’는 초간에서 매우 다양한 형태로 쓴다. ‘’·‘’·‘’·‘’·‘’·‘’·‘’·‘’·‘’·‘’·‘’·‘’·‘’·‘’·‘’·‘’·‘’·‘’·‘’·‘’ 등으로 쓴다.[34] ≪說文解字≫는 ‘’자에 대하여 “‘사물을 구별하는 助詞’이다. ‘白’과 소리부 ‘’로 이루어진 형성자이다. ‘’자는 ‘旅’의 고문이다.”[35]라

23) 段玉裁≪說文解字注≫: “‘鳥’字點睛, ‘烏’則不, 以純黑故不見其睛也.”
24) ≪楚系簡帛文字編≫, 830 쪽.
25) ≪說文解字≫: “而, 頰毛也. 象毛之形.”
26) ≪楚系簡帛文字編≫, 909 쪽.
27) 陳偉 ≪郭店竹書別釋≫은 자형이 비슷하기 때문에 ‘亟’자로 예정하지만(45 쪽), 전후 문맥상 ‘恒’으로 예정하기로 한다.
28) ≪說文解字≫: “恆, 常也. 从心, 从舟, 在二之閒上下, 心以舟施恆也. 死, 古文恆从月.” ‘施’는 ‘旋(돌 선, xuán,xuàn)’의 의미로 쓰인다.
29) ≪金文編≫, 881 쪽.
30) ≪說文解字≫: “爯, 並舉也. 从爪, 冓省.”
31) ≪金文編≫, 267 쪽. 801 쪽.
32) ≪楚系簡帛文字編≫, 392 쪽.
33) ≪甲骨文編≫, 191 쪽. 李孝定≪甲骨文字集釋≫: “契文爯字象以手挈物之形, 自有舉義, 但不能確言所挈何物耳.”
34) ≪楚系簡帛文字編≫, 340 쪽.

하였다. ≪說文解字≫는 '(旅)'자의 고문을 '(炭)'로 쓰고, 또한 "古文 '旅'자를 '炭'로 쓰며, 古文에서는 魯·衛나라의 '魯'자의 의미로 쓴다."36)라 하였다. '魯'·'旅'·'嘉'자는 상호 통가자로 쓰인다.37) 林義光≪文源≫은 소리부 ''는 담장(垣)의 의미인 '堵'자의 고문이라 하였다. '堵'자의 籒文을 ≪說文解字≫는 '(𩫖)'로 쓴다. '𩫖'자는 '堵'자의 이체자이다. '者'자를 금문은 ''·''·''로 쓴다.38)

④ '(矣)'자는 '矢'와 소리부 '以'로 이루어진 형성자이다. ≪說文解字≫는 "'어미조사'이다. '矢'와 소리부 '以'로 이루어진 형성자이다."39)라 하였다.

⑤ '(敓)'자는 '攴'과 소리부 '兌'로 이루어진 형성자이다. '悅'로 읽는다. 초간에서 '敓'자는 '悅'·'說'·'奪'·'祟'의 통가자로 쓰인다. ≪說文解字≫는 '(敓)'자에 대하여 "'강제로 취하다'의 의미. '攴'과 소리부 '兌'로 이루어진 형성자이다."라 하고, 段玉裁≪說文解字注≫는 "이 자는 '다투어 취하다(爭敓)'의 正字이다. 후에 '敓'자의 가차자로 '奪'자를 썼다. '奪'자가 쓰이고 난 다음 '敓'자를 쓰지 않게 되었다"라 하였다.40) 아래는 周法高의 상고음이다.

敓 dwat 月部
悅 riwat 月部

≪上博楚簡·性情論≫은 '悅'자를 ''로 쓴다.41)

⑥ '(咠)'자는 '口'와 '耳'로 이루어진 회의자이다. '揖'으로 읽는다. ≪說文解字≫는 '(咠)'자에 대하여 "'귀속말하다(聶語)'의 뜻. '口'과 '耳'로 이루어진 회의자이다"42)라 하였다.

'(退)'자는 '彳'·'日'과 '夊'로 이루어진 회의자이다. ≪說文解字≫는 '(復)'자에 대하여 "'물러나다(卻)'의 의미. 혹은 '가는 것이 더디다'의 뜻이라 한다. '彳'·'日'와 '夊'로 이루어진 회의자이다."라 하고, ≪玉篇≫은 "'復'자는 '退'자의 고문이다."라 하고, ≪集韻≫은 "'復'자를 예서는 '退'로 쓴다."라 하였다.43) ≪說文解字≫는 '復'자의 或體를 ''로 쓰고, 古文은 '(退)'로 쓴다.

35) ≪說文解字≫: "者, 別事詞也. 从白, 聲. , 古文旅字."
36) ≪說文解字≫: "炭, 古文旅. 古文以爲魯衛之魯."
37) 陳初生, ≪金文常用字典≫, 415 쪽.
38) ≪金文編≫, 247, 139, 202 쪽.
39) ≪說文解字≫: "矣, 語已詞也. 从矢, 以聲."
40) ≪說文解字≫: "敓, 彊取也. 从攴, 兌聲." 段玉裁≪說文解字注≫: "此是爭敓正字. 後人假奪爲敓, 奪行而敓廢矣."
41) ≪楚系簡帛文字編≫, 926 쪽.
42) ≪說文解字≫: "咠, 聶語也. 从口, 从耳"
43) ≪說文解字≫: "復, 卻也. 一曰行遲也. 从彳, 从日, 从夊." ≪玉篇≫: "復, 古退字.". ≪集韻≫: "復, 隸作退."

⑦ '(成孫弋)'은 인명이다. 확실히 알 수 없는 인물이다. 李零≪郭店楚簡校讀記≫는 ≪禮記≫의 ≪檀弓·上·下≫와 ≪雜記下≫에 '縣子瑣'라는 인물이 있는데, 이 사람인지는 확실히 알 수 없다 했다. 또한 공자 제자 중에 '縣成(字 子棋, 子橫)'과 '縣亶(字 子象)'이 있는데, 이들과 '縣子瑣'와는 어떤 관계인지 알 수가 없다 하였다.[44]

≪說文解字≫는 '成()'자에 대하여 "'이루다'의 의미. '戊'와 소리부 '丁'으로 이루어진 형성자이다. 고문은 '午'를 써서 '(戚)'으로 쓴다."[45]라 하였다. ≪郭店楚簡 緇衣≫는 ''로 쓴다.[46]

⑧ '(向)'자는 '宀'과 '口'로 이루어진 회의자이다. '嚮'으로 읽는다. 부사 '접때'라는 의미이다.

'(虗)'자는 혹은 '虎'자의 변형체가 아닌가 한다.[47] '吾'로 읽는다. 초간에서는 일반적으로 '吾'의 의미이외에 '乎'의 의미로 쓰인다.[48]

⑨ '(募)'자는 '寡'의 이체자이다. ≪郭店楚簡·老子甲≫은 ''로 쓴다.[49] 금문은 ''·''나 혹은 ''로 쓴다.[50] 林義光≪字源≫은 "이 자의 본래의 의미는 홀아비(鰥寡)라는 '寡'의 의미이다. 사람이 집안에 있은 형상으로, ''자는 얼굴에 낭패함의 형상이다"[51]라 하였다.[52]

''자는 '心'과 소리부 '或'으로 이루어진 형성자이다.

''자는 '焉'으로 읽는다. '安'자는 혹은 초간에서 '宀'을 추가하여 ''으로 읽는다.[53] '焉'자는 일반적으로 '于之'·'于此'·'于彼'나 문미어기조사로 쓰인다.

'也'자는 초간에서 일반적으로 ''·''·''·''·''·''·''·''로 쓴다. 王筠≪文字蒙求≫은 '也'자에 대하여 "'也'자는 '匜'자의 고문자이다. 물을 담는 대야의 형상이다"라 하고, 容庚≪金文編≫은 "'也'와 '它'자는 같은 자이다."라 하였다.[54] '它'자를 금문은 ''·''로 쓴다.[55]

⑩ '(恷)'자는 '心'과 소리부 '矣'로 이루어진 형성자로, 감탄사인 '噫'로 읽는다.

44) 李零, ≪郭店楚簡校讀記≫, 85 쪽.
45) ≪說文解字≫: "成, 就也. 从戊, 丁聲. (戚), 古文成从午."
46) ≪楚系簡帛文字編≫, 1213 쪽.
47) 劉釗, ≪郭店楚簡校釋≫, 178 쪽.
48) ≪楚系簡帛文字編≫, 492 쪽.
49) ≪楚系簡帛文字編≫, 691 쪽.
50) ≪金文編≫, 529 쪽.
51) 林義光≪字源≫: "本義爲鰥寡之寡, 象人在屋下, 顚沛見於顔面之形" 陳初生, ≪金文常用字典≫, 743 쪽 재인용.
52) ≪說文≫: "寡, 少也. 从宀, 从頒. 頒, 分賦也, 故爲少."
53) ≪楚系簡帛文字編≫, 683 쪽.
54) 王筠≪文字蒙求≫: "也, 古匜字. 沃盥器也." 容庚≪金文編≫: "也, 與它爲一字."(≪金文編≫, 995 쪽.) ≪說文≫: "(也), 女陰也. 象形."
55) ≪金文編≫, 877, 843 쪽.

‘(善)’자는 ‘言’과 ‘羊(美)’로 이루어진 자이다. ≪說文解字≫는 ‘(譱)’자에 대하여 “‘길하다(吉)’의 의미. ‘誩’과 ‘羊’으로 이루어진 회의자. 이는 ‘義’나 ‘美’의 의미와 같다. 篆文은 ‘言’을 써서 ‘(善)’으로 쓴다.”[56]라 하였다.

‘(才)’자는 조사 ‘哉’로 읽는다. 상당히 긍정적 語氣인 ‘啊’의 의미와 같다.

‘(虐)’자는 ‘口’와 소리부 ‘虎’로 이루어진 형성자로 ‘乎’로 읽는다.

⑪ ‘(夫)’는 어두조사로 쓰인다. ‘(夫)’자에 대하여 高鴻縉≪中國字例≫는 “‘成人’의 의미이다. 어린아이는 머리를 산발하지만 成人은 머리를 묶기 때문에 成人은 비녀를 꽂는 것이다”[57]라 하였다.[58]

‘(爲)’자는 ‘爪’와 ‘象’의 생략형으로 이루어진 자이다. 금문 중 ≪引尊≫은 ‘’로 쓴다.[59]

‘(古)’자는 ‘口’와 ‘十’으로 이루어진 자이다. 혹은 ‘’로 쓰기도 한다. ‘故’로 읽는다.

‘(殺)’은 ‘殳’와 소리부 ‘杀(殺)’로 이루어진 형성자이다. 제 6간에서는 ‘’로 쓴다. ≪說文解字≫는 ‘殺’자의 고문을 ‘(𣪩)’·‘(敊)’·‘(布)’로 쓴다. ‘殺’자를 ≪郭店楚簡 老子乙≫은 ‘’로 쓰고, ≪語叢一≫은 ‘’로 쓴다.[60]

‘(身)’자는 금문은 ‘’으로 쓴다. 신체의 형상이다.[61] ≪上博楚簡·性情論≫은 ‘’·‘’으로 쓰기도 한다.[62]

⑫ ‘(嘗)’자는 ‘旨’와 소리부 ‘尙’으로 이루어진 형성자이다. 부사의 용법인 ‘일찍이(曾经)’의 의미로 쓰인다.

⑬ ‘ ’은 보이지 않으나 문자의 흔적이나 문맥으로 보아 ‘君’자이다.

⑭ ‘(交)’자는 ‘效’로 읽는다. ‘힘을 다하다’·‘(힘이나 목숨을) 바치다’의 뜻이다.

‘(彔)’자는 ‘祿’으로 읽는다. ‘彔’자를 갑골문은 ‘’·‘’으로 쓰고[63] 금문은 ‘’·‘’으로 쓴다.[64] 도르래로 물을 긷는 ‘淥’자의 초문이 아닌가 한다.[65] ≪說文解字≫는 ‘漉’자에 대하여 “‘밭다(浚)’의 의미. ‘水’와 소리부 ‘鹿’으로 이루어진 형성자이다. 혹은 ‘漉’자는 ‘錄’을 써서 ‘渌’으로 쓴다.”[66]라

56) ≪說文解字≫: “譱, 吉也. 从誩, 从羊. 此與義美同意. 善, 篆文善从言.”
57) 高鴻縉≪中國字例≫: “夫, 成人也. 童子披髮, 成人束髮, 故成人戴簪.”
58) ≪說文≫: “夫, 丈夫也. 从大, 一以象簪也.”
59) ≪金文編≫, 174, 792 쪽.
60) ≪楚系簡帛文字編≫, 299 쪽.
61) ≪金文編≫, 583 쪽.
62) ≪楚系簡帛文字編≫, 767 쪽.
63) ≪甲骨文編≫, 307, 6, 268 쪽.
64) ≪金文編≫, 498 쪽, 8 쪽.
65) 陳初生, ≪金文常用字典≫, 712 쪽.
66) ≪說文≫: “漉, 浚也. 从水, 鹿聲. 渌, 漉或从錄.”

하였다. '彔'자를 ≪上博楚簡·孔子詩論≫은 ''·''으로 쓰고, ≪容成氏≫는 ''으로 쓴다.67)

'(舊)'자는 '口'와 소리부 '雀'으로 이루어진 형성자로 '雀'자의 이체자이다. '爵'으로 읽는다. 제 7간에서는 '竹'을 추가하여 ''으로 쓴다. ≪郭店楚簡·緇衣≫는 '(雀)'으로 쓴다.68)

⑮ '(義)'자는 '羊'과 '我'로 이루어진 자이다. '我'는 또한 '亦聲'이다.69) ≪說文解字≫는 '義'의 或體를 '(羛)'로 쓴다. '義'자를 ≪郭店楚簡≫에서는 ''·''나 혹은 '心'과 '我'聲인 ''·''로 쓴다.70) 금문은 ''·''로 쓴다.71)

''자는 '辵'과 소리부 '袁'으로 이루어진 형성자이다. ≪說文解字≫는 '遠'자의 古文을 '(遠)'으로 쓴다.

≪郭店楚墓竹簡≫에서 裘錫圭 案語는 제 6-8간을 "夫爲其君之故殺其身者, 效祿爵者也. 恒[稱其君]之亞(惡)[者, 遠]祿爵者也. [爲]義而遠祿爵, 非子思, 吾惡聞之矣"로 읽었다.72)

⑯ '(非)'자를 '만약에 ……하지 않으면'73)의 의미이다. 금문은 ''·''로 쓴다.74) 張舜徽≪說文解字約注≫는 ''자에 대하여 "새가 날아오를 때 두 날개를 서로 대칭적으로 펼쳐야 한다. 이 뜻이 확대되어 이른바 상호 위배되다는 뜻으로 쓰인다"75)라 하였다.76)

''자는 본 구절에서 'wū'로 읽고 '어찌, 어떻게'77)의 의미로 쓰인다.

'(昏)'은 '聞'으로 읽는다.

군주의 잘못을 지적하는 '匡主之惡'에 관한 내용은 古籍에 ≪說苑≫ · ≪晏子春秋≫와 ≪管子≫ 등에도 보인다.

> "諭主以長策, 將順其美, 匡救其惡, 功成事立, 歸善於君, 不敢獨伐其勞, 如此者良臣也."(≪說苑·臣術≫)
>
> "좋은 책략으로 주인을 깨치고, 좋은 일은 따르고, 나쁜 점은 고치면서, 功과 일을 이루고도, 그 좋은 일은 임금에게 돌리고 그 노고를 혼자의 공으로 여기지 않는 자가 良臣이다."
>
> "君勿惡焉, 臣聞下無直辭, 上有隱惡, 民多諱言, 君有驕行."(≪晏子春秋·內篇雜上≫ 第五)

67) ≪楚系簡帛文字編≫, 669 쪽.
68) ≪楚系簡帛文字編≫, 367 쪽.
69) 王筠≪釋例≫: "義下當云'我亦聲'."
70) ≪楚系簡帛文字編≫, 1061, 96 쪽.
71) ≪金文編≫, 832 쪽. 565 쪽.
72) ≪郭店楚墓竹簡≫, 141 쪽, 注2.
73) "如果……不是.""如果……沒有."
74) ≪金文編≫, 760 쪽.
75) 張舜徽≪說文解字約注≫: "鳥飛擧則兩翅必相背, 因引伸爲凡違背之稱."
76) ≪說文≫: "非, 違也. 从飛下翄, 取其相背."
77) '哪'·'何'.

"군왕이 이 일을 기분나빠하지 마시기 바랍니다. 내가 듣기에 아랫사람이 직언을 하지 않으면, 윗사람은 잘못을 숨기고, 백성은 諱言(꺼리는 말)이 많아지면, 임금은 교만하게 행동할 것입니다."

"以朋黨爲友, 以蔽惡爲仁 ……聖王之禁也."(≪管子·法禁≫)

(떼 지어 다니는 자들과 친구가 되고, 잘못을 덮는 것을 인으로 삼는 것. …… 이것은 聖王이 꺼려야 할 것이다.)

"三曰中實頗險, 外容貌小謹, 巧言令色, 又心嫉妒, 所欲進則明其美而隱其惡, 所欲退則明其過而匿其美, 使主妄行過任, 賞罰不當, 號令不行, 如此者奸臣也."(≪說苑·臣術≫)

(세 번째로는 마음속에는 아주 사악한 마음을 품고 겉모습으로 공손한 척 하며, 말을 좋게 꾸미고 얼굴색을 바꾸며, 마음으로는 질투하거나, 채용하고자 하는 자에 대해서는 좋은 점을 드러내고 잘못은 숨기며, 물러나는 자에 대해서는 그 허물을 들춰내고 좋은 점은 숨겨서 주인 된 자로 망령되게 행동하고 그 임무가 잘못되게 하며, 상과 벌이 마땅하지 않고 명령하는 대로 시행되지 않는다. 이와 같은 자가 간신이다.)

5. ≪窮達以時≫

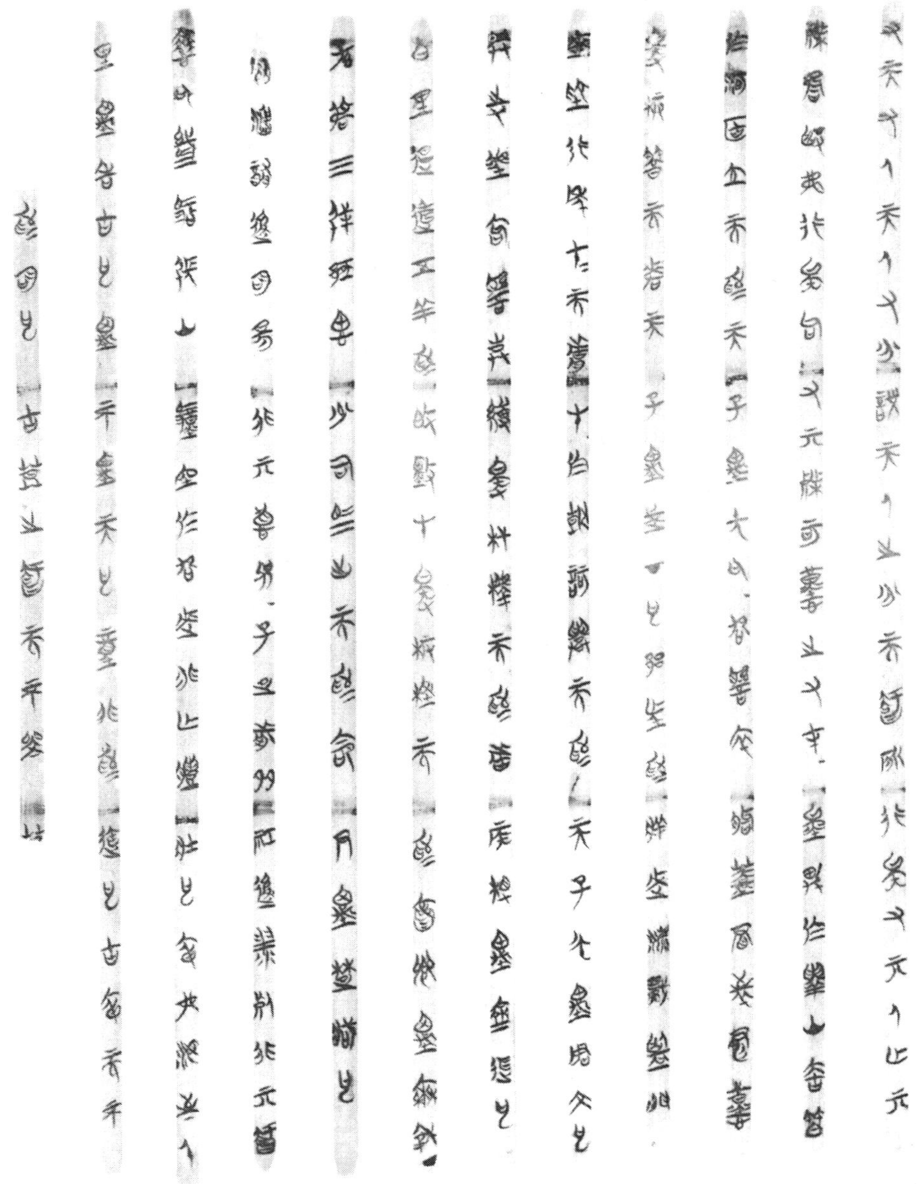

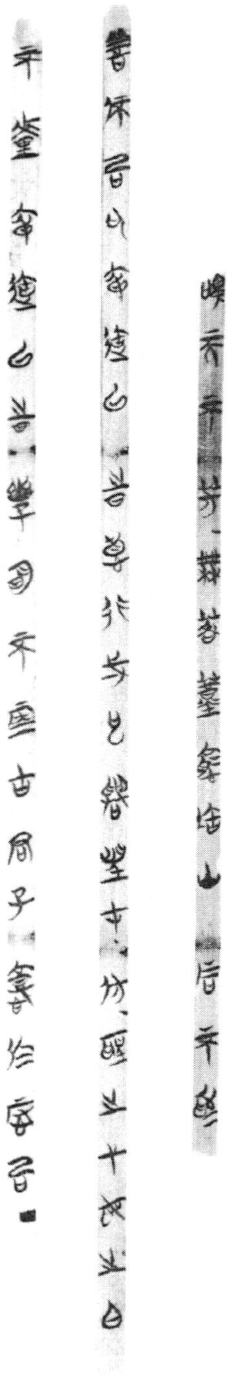

一三 一四 一五

【窮達以時】

≪窮達以時≫는 모두 15매의 죽간으로 되어 있다. 죽간의 양쪽 끝은 사다리꼴로 다듬어져 있으며, 길이는 26.4㎝이다. 죽간 중에는 두 곳을 묶은 흔적 편선이 있는데, 그 간격은 9.4-9.5㎝이다.

문자는 모두 287자이고, 이중 合文은 1자이다. 매 죽간마다 약 20여 자가 쓰여져 있으며, 잔손된 문자는 약 17字이다.

문장 부호 중 篇章 부호는 검은 색의 네모난 뭉치로 되어 있으며, 句讀 부호는 짧은 하나의 가로획으로 쓰고, 합문 부호는 句讀 부호보다 약간 긴 가로 두 획으로 쓴다.

≪窮達以時≫의 내용은 ≪荀子·宥坐≫·≪孔子家語·在厄≫·≪漢詩外傳≫ 卷7과 ≪說苑·雜言≫에서 언급한 공자가 陳나라와 蔡나라 사이에서 곤경에 처했을 때 자로의 질문에 답한 내용과 비슷하다. ≪窮達以時≫의 주 개념은 군자의 窮困이나 達成은 곧 '天時'에 의해 결정된다는 사상이다. '時'란 "應時(응당히 해야 할 때)", "順時(때에 맞추어)", "隨時而變(시기적절한 변화)"가 있으며, 이러한 개념은 중요한 유가 사상 중의 하나이다. 운명의 '天'은 '世', '時', '遇'에 의하여 결정되어지는 반면에, 생명의 본체인 인간(人)은 상대적으로 사회단체의 역량, 예견할 수 없는 것이나 혹은 예측할 수 없는 우연적인 요소에 의하여 결정되어 진다는 것이다.

생명의 객체인 사람이 지니고 있는 잠재력이나 재능을 발휘할 수 있거나, 또 이를 성공적으로 이끌 수 있는 것은, 인간 자신이 가지고 있는 어떤 수양에 의하여 반드시 결정되는 것은 아니라는 것이다. 즉 반드시 修身立德으로만 결정되는 것이 아니라, 운세 및 외적 기회, 환경, 조건 등에 의하여 결정되어 지기도 한다. 그래서 賢能한 군자가 만약 好機나 世道를 만나지 못한다면, 그가 가지고 있는 재능이 제대로 발휘되지 못할 수도 있다. 이러한 개념은 곧 인간의 운명은 '時'나 '世'와 밀접한 관계가 있기 때문이라는 것이다.

그렇다면 본인이 잠재하고 있는 재능을 어떻게 충분하게 발휘할 수 있는가? ≪窮達以時≫는 '遇'가 곧 사람이 顯達할 수 있는 중요한 요소 중의 하나라고 여겼다. 예를 들어, 舜, 呂望, 管仲, 百里奚는 이들이 지니고 있는 才德과 高尙한 품격은 好機와 世道(세상 형편)를 만나서 천고의 역사적 명인으로 이름을 남길 수 있었다는 것이다. 만약 '遇'가 없어서 明君을 만나지 못하고, '遇'가 없어 좋은 世道를 만나지 못한다면, 아무리 뛰어난 賢人이라 할지라도 꼭 顯達할 수 있는 것은 아니다. 심지어 죽음을 당하는 화를 입을 지도 모른다는 것이다. 이러한 '遇'를 만나지 못한 경우로는 伍子胥, 千里馬, 芷蘭 등이 있다.

伍子胥는 일찍이 吳王 闔閭를 도와 楚를 격파하기도 했지만, 결국에는 吳王, 夫差에게 죽임을 당한다. 이는 결코 伍子胥의 재능과 지혜가 변질된 것이 아니라 군주를 잘못 만났기 때문이다. 천리마는 伯樂을 만났기 때문에 바로 천리마가 된 것이다. 伍子胥의 지혜나 천리마의 奇足 혹은 芝蘭의 향기 등은 이들이 지니고 있는 객관적 존재이다. 그러나 이들이 발휘되어질 수 있는 재능과 품격은 그들이 만나는 대상에 의하여 각각 다르게 표현되어지게 되며, 그 결과도 각각 다르다. 이와 같이 禍福은 곧 하늘에 달려 있다.

사람이 곤궁에 처하거나 현달할 수 있는 것은 天時에 의해 결정된다. 그렇다고 해서 天時가 모든 것을 결정하는 절대적인 요소는 아니다. 인간 자신은 고상한 품격과 재능, 지혜를 갖추기 위하여 끊임없이 노력하여 갖추고 있다가 좋은 시기와 좋은 世道를 만나면, 곤궁할 때라도 현달하게 될 수 있는 것이다.

1.

又(有)天又(有)人, 天人又(有)分①. 詨②天人之分, 而智(知)所行矣. 又(有)其人, 亡其【1】殜(世)③, 唯(雖)臤(賢)弗行矣. 句(苟)又(有)其殜(世), 可(何)慬<㬮(難)>④之又(有)才(哉). 舜畊⑤於鬲(歷)山⑥, 匋(陶)⑦笞(拍)⑧【2】於河固⑨, 立而爲天子, 堣(遇)㚖(堯)也. 邵繇⑩衣胎蓋, 冒(帽)袿(绖)冡(冢)⑪慬(巾)⑫,【3】斁(釋)⑬板簹(築)⑭而差(佐)天子, 堣(遇)武丁也. 郘(呂)朢(望)爲牂⑮㙮⑯𣶃⑰, 戰⑱監門⑲【4】来陞(地), 行年⑳七十而睹(屠)牛於朝訶(歌), 舉㉑(擧)而爲天子帀(師)㉒, 堣(遇)周文也.【5】完(管)寺(夷)㉓虐(吾)㉔句(拘)繇㉕弃㉖縛, 斁(釋)杙(桎)㉗桎(梏)㉘而爲者(諸)侯相, 堣(遇)齊逗(桓)也.【6】白(百)里迍㉙遉(饋)㉚五羊, 爲敀㉛斁㉜牛, 斁(釋)板栓㉝而爲朝(朝)㉞卿, 堣(遇)秦穆.【7】

하늘이 있고 땅이 있고, 하늘과 사람은 분별이 있다. 하늘과 사람의 분별을 살펴보면 어떻게 행동해야 할지를 알 수 있다. 비록 현인이라고 하더라도 적당한 시기를 만나지 못한다면 顯達하기가 어렵다. 그러니 적절한 시기를 만나게 된다면 어찌 곤란함을 만날 수 있겠는가! 虞舜이 역산에서 밭을 갈며 황하유역에서 黃河 유역에서 도기를 만들다가 천자가 된 것은 우연히 요임금을 만났기 때문이다. 邵繇(皐陶)가 삼베로 짜서 만든 옷을 입고, 짚에 삼을 감아 만든 둥근 테 수질(首絰)을 머리에 감고, 망건을 머리에 쓰고 석판을 쌓다가 천자를 보좌하게 된 것은 우연히 武丁을 만났기 때문이다. 呂望은 棘津에서 노예로 棘地에서 문지기 일을 하다가 72 세의 나이에 朝歌(地名)에서 푸줏간을 하다가 천자의 스승으로 천거되었던 것은 周文王을 만났기 때문이다. 管夷吾가 꽁꽁 묶인 채 檻車에 갇혔다가 수갑과 형틀을 풀고 諸侯의 仲父가 될 수 있었던 것은 우연히 齊나라 桓公을 만나게 되었기 때문이다. 百里奚가 스스로 다섯 마리의 양가죽을 팔고 秦伯을 위해 소를 방목하다가 채찍을 버리고 卿大夫로 등용될 수 있었던 것은 우연히 秦나라 穆公을 만났기 때문이다.

【註解】

1) '分(分)'은 '구별한다'는 뜻이다.

2) '詨'자에 대하여 ≪郭店楚墓竹簡簡≫에서 裘錫圭 案語는 '察'자로 읽는다 하였다.[1] 이 자는 ≪郭店楚簡≫의 ≪五行≫·≪語叢一·四≫와 ≪包山楚簡≫에도 보이며, '察'·'淺'·'竊' 등으로 읽는다.

---

1) ≪郭店楚墓竹簡≫, 145 쪽, 注1.

3) '(殜)'자는 '歹'과 소리부 '枼'로 이루어진 형성자로 '世'로 읽는다.[2] '(枼)'자는 '木'과 소리부 '世'로 이루어진 자이다.

4) '(慬)'자는 '心'과 소리부 '堇'으로 이루어진 형성자이다. ≪郭店楚墓竹簡≫은 '㦗(難)'자의 오자로 보았다. 그러나 '難'자를 초간(楚簡)에서는 '(𩀍)'(≪包山楚簡≫)·'(難)'(≪郭店楚簡·成之聞之≫)·'(難)'(≪上博楚簡·孔子詩論≫)·'(難)'(≪新蔡葛陵楚簡≫)·'(𩀍)'(≪曾侯乙墓≫)·'(𨿅)'(≪郭店楚簡·語叢三≫)으로 쓴다.[3] ≪郭店楚簡·老子甲≫제 16간에서는 '戁'자를 '堇'을 써서 ''으로 쓴다. 사실상 '(慬)'자는 '(戁)'자 중 '隹'가 생략된 형태이다. 따라서 '慬'자는 '戁'의 이체자이다. 본 구절에서 '難'으로 읽는다.

5) ''자에 대하여 裘錫圭 案語는 '耕'자의 이체자가 아닌가 하였다.[4] 劉釗≪郭店楚簡校釋≫은 '㽞'로 예정하고 '耕'자의 고문이라 하였다.[5] ≪郭店楚簡·成之聞之≫제13간의 ''자와 형태가 비슷하다.[6] '㽞' 중 '力'은 '耒(쟁기)'의 모양을 형상한 것이고, '又'는 손으로 '耒(쟁기)'를 잡고 있음을 뜻한다.

6) '(鬲山)'은 '歷山'이다. 금문 중 ≪善夫吉父鬲≫은 ''으로 쓴다.[7] ≪說文解字≫는 '(鬲)'자의 或體를 '(㼈)'이나 '(䥶)'으로 쓴다. 이중 '䥶'자는 '瓦'와 '厤'으로 이루어진 '鬲'자의 형성자이다.

7) ''자는 '缶'와 소리부 '勹'로 이루어진 형성자로 '陶'와 같은 자이다. 段玉裁≪說文解字注≫는 "지금은 일반적으로 '陶'자로 쓰고, '匋'자를 쓰지 않는다."[8]라 하였다.

8) ''자는 '竹'과 소리부 '白'으로 이루어진 형성자로 '拍'으로 읽는다. '拍'자는 '搏'과 같은 자이다. '陶拍'은 곧 '搏陶'로 동사와 목적어 어순이 바뀐 것이다. ≪史記·五帝本紀≫에서는 "순임금은 역산에서 밭을 일구고, 雷澤에서 고기를 잡고, 黃河 유역에서 도기를 만들고, 壽丘에서 몇 가지의 手藝品을 만들었고, 잠시 負夏에서 장사를 한 적이 있다."[9]라 하였다. ≪周禮·冬官·叙官≫의 '搏埴之工, 陶旊.'[10] 구절의 '搏埴(점토를 짓이기다)'는 곧 '搏陶'의 의미이다.

9) '(固)'자는 '匚'과 소리부 '古'로 이루어진 자로 형성자이다. 劉釗 ≪郭店楚簡校釋≫에서는 이 자를 '浦'로 읽고, 李零 ≪郭店楚簡校讀記≫는 '滸'자로 읽었다.[11] 음성상 '滸(물가 호, hǔ)'자의 음이 '古'음에 더 가깝다.

---

2) ≪郭店楚墓竹簡≫, 145쪽, 注2.
3) ≪楚系簡帛文字篇≫, 374 쪽 참고.
4) ≪郭店楚墓竹簡≫, 146 쪽, 注 3.
5) 劉釗, ≪郭店楚簡校釋≫, 170 쪽.
6) 李零, ≪郭店楚簡校讀記≫, 86 쪽. ≪楚系簡帛文字編(增訂本)≫, 432 쪽.
7) ≪金文編≫, 170 쪽.
8) ≪說文解字注≫: "今字作陶, 陶行而匋廢矣."
9) ≪史記·五帝本紀≫: "舜耕歷山, 魚雷澤, 陶河濱, 作什器於壽丘, 就時於負夏."
10) ≪周禮·冬官·叙官≫: "搏埴之工, 陶旊."(찰흙을 짓이겨서 만드는 공인은 도인과 방인이 있다.)
11) 劉釗, ≪郭店楚簡校釋≫, 170. 李零, ≪郭店楚簡校讀記≫, 87 쪽.

10) ''는 '𠮮繇'로 예정할 수 있다. ≪郭店楚簡≫ 정리본은 '卲繇'로 읽고 있다. '𠮮繇'·'卲繇'는 혹은 '咎繇'로 쓰며, 모두 '皐陶'를 가리킨다. ≪唐虞之道≫에서는 '咎采'로 쓴다.
본문에서는 皐陶가 "석판을 쌓다가 천자를 보좌하게 된 것은 우연히 武丁"[12]을 만났다고 하였는데, ≪史記·殷本紀≫에서는 "그래서 백관으로 하여금 백방으로 찾아보도록 하였는데, 결국 傅險이라는 곳에서 '說'을 찾았다. 이때 '說'은 胥靡라는 죄인으로, 이 곳 傅險에서 판자를 이용하여 도로 양쪽으로 연결하고 있었다. 그들은 '說'을 무정에게 추천하자 무정이 보고는 바로 이 사람이 자신이 찾고 있는 사람이라는 것을 알았다."[13]라 하여 '傅說'이 무정을 만난 것으로 되어있다.

11) '衣胎蓋' 중 '(胎)'자는 '枲'로 읽고, '(蓋)'자는 '褐'로 읽는다. '衣胎蓋' 구절은 '衣'가 동사이고, 목적어 '胎蓋'은 '枲褐'로 삼베로 만든 옷을 말한다.[14]
'(冡)'자는 '冂'와 소리부 '尨'으로 이루어진 형성자로 '冢'으로 읽는다.

12) '(慬)'자는 '心'과 소리부 '堇'으로 이루어진 형성자로 '巾'자와 고음이 통한다. "衣胎蓋冒絰冡慬" 구절은 "衣枲褐冒絰冢巾"[15]으로 읽을 수 있고, 이러한 복장은 刑徒들의 복장이다.

13) '(𣪠)'자는 '又'와 소리부 '睪'으로 이루어진 자로, '釋'의 異體字이다. 제 6간은 ''으로 쓴다.

14) '(篙)'자는 '竺'자의 고문이다. ≪說文解字≫는 '(篙)'자에 대하여 "'두텁다'의 의미. '亯'과 소리부 '竹'으로 이루어진 형성자이다. '篤'자와 음이 같다."[16]라 하고, 段玉裁≪說文解字注≫는 "'篙'과 '篤'자는 古今字이다. '篙'자와 '二'部에 속하는 '竺'자와 음과 뜻이 모두 같다. 지금은 '篤'자로 쓰고 '篙'·'竺'자는 쓰지 않는다."[17]라 하고, ≪集韻≫은 "'竺'자를 혹은 '篙'으로 쓰나 일반적으로 '篤'자로 쓴다."[18]라 하였다. 초간 중 '(竺)'자를 ''(≪老子甲≫9)·''(≪容成氏≫3)으로 쓴다.[19]

15) '(牂)'자는 '爿'과 '羊'으로 이루어진 자로 '臧'으로 읽는다. '臧'이란 노비의 卑稱이다.

16) '(𡍮)'자는 '棘'으로 읽는다. '來'와 '朿'는 형태가 서로 비슷해서 자주 혼동하여 쓴다. ≪老子≫제30장 "師之所处, 荊棘生焉"[20] 구절 중 '棘'자를 馬王堆帛書≪老子甲≫은 '朸'자로 쓴다. 따라서 '棘'·'力'·'來'자 등은 고음이 서로 통한다는 것을 알 수 있다.[21] '𡍮陛' 중의 '棘地'로 지명을 가리킨다.[22]

12) "釋板築而佐天子, 遇武丁也."
13) ≪史記·殷本紀≫: "於是及使百工營求之野, 得說於傅險中. 是時說爲胥靡, 築於傅險. 見於武丁, 武丁曰是也."
14) 劉釗, ≪郭店楚簡校釋≫, 170 쪽.
15) "삼베로 짜서 만든 옷을 입고, 짚에 삼을 감아 만든 둥근 머리 테 수질을 머리에 감고, 두건을 머리에 쓰다."
16) ≪說文解字≫: "篙, 厚也. 从亯, 竹聲. 讀若篤."
17) ≪說文解字注≫: "篙·篤亦古今字. 篙與二部竺音義皆同. 今字篤行而篙·竺廢矣."
18) ≪集韻≫: "竺, 或作篙, 通作篤."
19) ≪楚系簡帛文字編(增訂本)≫, 1124 쪽.
20) "군대가 주둔한 곳엔 가시덤불이 자라게 된다."
21) ≪郭店楚墓竹簡≫, 146 쪽, 注 6.
22) 陳偉, ≪楚地出土戰國簡冊十四種≫, 178 쪽 참고.

17) (濾)'자는 '水'와 소리부 '鳫'로 이루어진 형성자로 '津'으로 읽는다. '坴濾'는 '棘津'로 지명이다.[23]

18) '(戰)'자는 '守'자로 읽는다. '戰'자는 '戈'와 소리부 '單'으로 이루어진 형성자이다. 금문은 '戰'자를 '戈'와 소리부 '嘼'으로 써서 ''(≪酓忎鼎≫)으로 쓰고, 三體石經 역시 ''으로 쓴다. 따라서 '戰'과 '獸'자는 서로 통용된다.

19) '(監門)'은 '문을 지키는 문지기'이다. ≪周禮·地官·司門≫에서는 "祭祀之牛牲繫焉, 監門養之"[24]라 하고 이에 대해 鄭玄은 "'監門'은 '문지기(門徒)이다)"라 하였다.

20) '行年'은 '세월의 흐름'을 말한다. ≪荀子·君道≫에 "以爲好麗邪? 則夫人行年七十有二, 齫然而齒墮矣"[25]라는 구절 중의 '行年'과 같은 의미다.

21) '(舉)'자는 '䙴'자의 이체자이며, '遷'으로 읽는다.[26] '천거하다'의 뜻이다.

22) '(帀)'자는 '師'자의 초문이다. 금문 중 ≪大盂鼎≫은 '師'자를 '(自)'으로 쓰고,[27] 또한 금문에서는 '帀'자가 '師'의 의미로 쓰인다. ≪金文編≫은 ≪鐘伯鼎≫ ''자에 대하여 "'師'의 의미로 쓰인다."라 하였다.[28]

23) ''자를 ≪郭店楚墓竹簡≫은 '完'자로 예정하고, '管'으로 읽었다. 裘錫圭 案語는 이 자는 '竹'과 소리부 '关'으로 이루어진 자이며, '管'자와 고음이 비슷하고, '莞'의 이체자로 보았다.[29] '(寺)'자는 '夷'로 읽는다. '管夷'는 인명이다.

24) '(䖒)'자는 '壬'과 소리부 '虍'로 이루어진 형성자로 '虎'자의 이체자이며 초간에서는 일반적으로 '吾'의 의미로 쓰인다.

25) '(繇)'자는 '囚'의 의미로 쓰인다.

26) ''자를 ≪郭店楚墓竹簡≫에서 裘錫圭는 '束'자가 아닌가 하였다.[30] ≪新蔡葛陵楚墓竹簡≫은 '束'자를 ''로 쓰는데,[31] 그 문자의 형태가 다르다. 劉釗의 ≪郭店楚簡校釋≫은 '弃'로 예정하고 '梏'로 읽었다.[32] '梏'은 족쇄의 의미이다.

---

23) ≪郭店楚墓竹簡≫, 146 쪽, 注 6.

24) ≪周禮·地官·司門≫: "祭祀之牛牲繫焉, 監門養之."(제사 때에 사용할 소는 묶어 놓고, 문지기가 기른다). 鄭玄曰: "監門, 門徒."

25) ≪荀子·君道≫: "以爲好麗邪? 則夫人行年七十有二, 齫然而齒墮矣."(아름다움이 무엇인가? 사람이 72살이 되면 이가 빠져서 떨어진다.)

26) ≪郭店楚墓竹簡≫, 146 쪽, 注 6. 裘錫圭 按語: "疑是䙴, 讀爲遷."≪楚系簡帛文字編≫, 158 쪽.

27) ≪金文編≫, 418 쪽.

28) ≪金文編≫, '0976 帀', 417 쪽. "孳乳爲師."

29) ≪郭店楚墓竹簡≫, 146 쪽, 注 7.

30) ≪郭店楚墓竹簡≫, 146 쪽, 注 7. 李零, ≪郭店楚簡校讀記≫, 86 쪽.

31) ≪楚系簡帛文字編≫, 593 쪽.

32) 劉釗, ≪郭店楚簡校釋≫, 171 쪽.

27) ‘’자는 ‘木’과 소리부 ‘弋’으로 이루어진 형성자이다. ≪郭店楚墓竹簡≫ 정리본은 ‘杙’자를 ‘桎’로 읽고 있으나 음성상 차이가 있다. 李零과 劉釗는 ‘械’로 읽었다.[33] ‘杙’, ‘械’ 고음에서 모두 운모는 ‘職’부이고, 성모는 각각 ‘喩’紐‘匣’紐로 서로 통한다.

28) ‘(榛)’자는 ‘柙’의 이체자이다.[34] ‘柙’자를 ≪玉篇≫은 ‘𣚦’자로 쓴다. ‘械柙’은 죄인을 ‘檻車(함거: 죄인을 실어서 운반하는 수레)’에 묶어서 가둔 것을 말한다. ≪郭店楚墓竹簡≫은 ‘榛’자는 ‘梏’으로 읽어야 한다고 하였다.[35]

29) ‘廸’자는 ‘辵’과 소리부 ‘旦’으로 이루어진 형성자로 ‘轉’으로 읽는다.[36] 淮南子・修務≫는 “百里奚轉鬻”[37]라 하였다.

30) ‘’자를 ≪郭店楚墓竹簡≫ 정리본은 ‘逭’자로 예정하고 ‘饋’로 읽었다. 정리본은 이 자는 ‘追’자와 관련이 있는 것으로 보고 ‘饋’로 읽는 것으로 보인다. 그러나 ‘追’의 형태와는 다르다. 裘錫圭 案語는 이 자를 ‘遖’으로 예정하고, ‘賣’자의 이체자이며, ‘鬻’으로 읽는다 하였다.[38] ≪說文解字≫는 ‘(賣)’자에 대하여 “‘행상을 하다’의 의미. ‘貝’와 소리부 ‘𡕥’으로 이루어진 형성자이다. ‘𡕥’자는 ‘睦’자의 古文이다. ‘育’자의 음과 같다”라 하고, 段玉裁≪說文解字注≫는 “‘賣’자는 경전에서 사용되지 않고 있다. ≪周禮≫에서는 일반적으로 ‘儥’자로 쓰는데, ‘儥’자는 ‘買賣하다’의 뜻이다”라 하였다.[39] 따라서 이 자를 ‘遖’자로 예정하고 ‘鬻(팔 죽, yù)’의 의미로 해석하기로 한다.

31) ‘(敀)’자는 ‘攵’과 소리부 ‘白’으로 이루어진 형성자로, ‘伯’으로 읽는다.

32) ‘(默)’자는 ‘攴’과 소리부 ‘墨’으로 이루어진 형성자로, ‘墨’과 ‘牧’자의 음이 통한다. 혹은 ‘默’자는 ‘牧’자의 이체자가 아닌가 한다.

33) ‘(板柽)’ 중 ‘板’자는 ‘木’과 소리부 ‘反’으로 이루어진 형성자로 ‘鞭’자의 음과 통한다. ‘柽’는 기본 소리부가 ‘夊(뒤져서 올 치, zhǐ)’가 아닌가 한다. ‘夊’는 ‘箠(채찍 추, chuí)’자와 음이 통한다. ‘板柽’은 ‘鞭箠’로 ‘채찍’이라는 뜻이다.[40] 百里奚가 양을 기르기 ‘鞭箠(채찍)’과 관련이 있다.

34) ‘(䵣)’자는 ‘鼂’자의 이체자이다. ‘鼂’자와 ‘朝’자는 고음이 서로 통한다. ‘朝卿’은 ‘조정의 경’으로 ‘卿大父’를 가리킨다.

33) 李零, ≪郭店楚簡校讀記≫, 86 쪽. 劉釗, ≪郭店楚簡校釋≫, 171 쪽.
34) 陳偉, ≪楚地出土戰國簡冊十四種≫, 178 쪽 참고. ≪楚系簡帛文字編≫, 552 쪽.
35) ≪郭店楚墓竹簡≫, 146 쪽, 注 8.
36) ≪郭店楚墓竹簡≫, 146 쪽, 注 9.
37) “백리해는 곳곳을 돌아다니며 장사를 하였다.”
38) ≪郭店楚墓竹簡≫, 146 쪽, 注 9. 劉釗, ≪郭店楚簡校釋≫, 172 쪽.
39) ≪說文解字≫: “賣, 衙也. 从貝, 𡕥聲. 𡕥古文睦. 讀若育.” 段玉裁≪說文解字注≫: “賣字不見經傳, 周禮多言儥. 儥訓買, 亦訓賣.”
40) 劉釗, ≪郭店楚簡校釋≫, 172 쪽.

2.

孫峀(叔)[35]三躲[36]郘(卹)[37]思少司馬，出而爲命(令)尹，堣(遇)楚臧(莊)也.【8】初滔(韜)[38]酭[39]，後名昜(揚)，非其悳(德)加. 子疋(胥)前多祍(功)，後翏(戮)死，非其智【9】懐(衰)也[40]. 驥(驥)馰張山，騹空於邵枈[41]，非亡體(體)壯[42]也，穿(窮)[43]四浻(海)[44]，至[45]千【10】里，堣(遇)告古(故)[46]也. 堣(遇)不堣(遇)，天也. 童(動)非爲達也，古(故)穿(窮)而不【11】□□□爲名也[47]，古(故)莫之智而不旻[48]. □□□□□□□【12】□□□嗅[49]而不芳[50]. 無茖菫愈[51]垍[52]山，石不爲□□□□[53]【13】善伓[54]吕(己)也. 穿(窮)達以旹(時)，悳(德)行弌(一)也. 譽(譽)[55]毀(毀)才(在)仿(旁)，聖(聽?)[56]之弋[57]母. 之白【14】不氂(釐)[58]，穿(窮)達以旹(時)，學(幽)[59]明不再，古(故)君子惇[60]於仮(反)吕(己).【15】

孫叔敖가 세 번이나 期思의 少司馬를 사직하고, 令尹에 임명된 것은 우연히 楚 莊王을 만났기 때문이다. 처음에는 때를 만나지 못해 벼슬에 나아가지 못했다가 후에는 명성을 얻을 수 있었던 것은 덕행을 높이 갖추어서가 아니다. 伍子胥가 전에는 공로가 컸으나 후에는 죽임을 당했는데, 이는 그의 지혜가 쇠한 까닭은 아니다. 驥라는 준마가 張山에서 곤궁에 처하고, 騹이라는 준마가 邵來에 갇히게 된 것은 그가 지니고 있는 形狀(재질)이 없었던 것이 아니다. 四海를 넘나들고, 천리를 달릴 수 있었던 것은 우연이 아니라 造父를 만났기 때문이다. 때를 만나고 안 만나고는 하늘(天)에 달려 있다. 행동에 옮긴다고 반드시 聞達하는 것이 아니기 때문에 궁하다고 해서 원망할 필요가 없고, 은둔한다 해서 명성을 얻지 못하는 것이 아니기 때문에, 세상이 알지 못한다 해서 한탄하지 않는다. 무릇 향기로운 난초는 울창한 숲 속 깊은 산에서 나서 사람들이 알아보지 못한다고 해서 향기를 뿜지 않는 일은 없다. ['瑾瑜'이라는 옥을 캘 수 없는 것은 寶山의 돌이 그 옥을 품안에 간직한 채 내놓지 않으려 하는 것이 아닌 것처럼] 그 이유를 자신에게서 구해야 하는 것이다. 困窮과 通達한 것은 모두 時機에 의해 결정되는 것이다. (하지만 그렇다고 모두 천시에 의지하는 것은 아니다). 덕행은 언제나 시종일관 같아야 한다. 칭찬과 훼방은 언제나 가까운 곳에 있으니, 싫어하는 참훼하는 말을 들어도 그대로 받아들이지 굳이 그것을 변명하여 벗어나려 하지 말아야 한다. 困窮과 通達은 다만 일시적인 것이고 결코 영원하지는 않는다. 따라서 군자는 (곤궁해졌을 때도 궁색하게 굴지 않고, 근심이 있어도 뜻을 약하게 하지 않으며, 마음에 미혹됨이 없어야 하며), 항상 자기 자신에서 구해야 한다.[41]

【註解】

35) '(峀)'자는 '吊'자의 이체자로 고문에서는 '叔'의 의미로 쓰인다.

36) '(躲)'자는 '身'과 소리부 '矢'로 이루어진 형성자로 '謝'의 이체자이다.≪說文解字≫는 '(謝)'자에 대하여 "'사직하고 떠나다'의 의미. '言'과 소리부 '躲'로 이루어진 형성자이다."[42]라 하였다. '三謝'

41) ≪論語·衛靈公≫: "君子求諸己, 小人求諸人(군자는 자기에게서 구하나, 소인은 남에게서 구한다)."의 말과 상통하다.

는 孫叔敖의 '三相三去'를 말한다.[43] 裘錫圭 案語는 '䚾'자는 '斥'으로 읽어야 한다고 하였다.[44]

37) '(郖)'자는 '阝'와 소리부 '亙(亟)'으로 이루어진 자로 '期'자와 음이 통한다. '郖思'는 '期思'로 楚國의 지명이다.[45] ≪包山楚簡≫ 등에 보인다.

38) ''자를 ≪郭店楚墓竹簡≫정리본은 '滔'자로 예정하고 '韜'자로 읽었다. 반면 劉釗≪郭店楚簡校釋≫은 '湝'로 예정하고 '沉'자로 읽었다.[46] '湝'자는 '沈'자의 번체자이고, '沈'자와 '沉'자는 본래 같은 자인데, 후에 분화된 자이다.

39) '(醢)'자는 '酉'와 소리부 '有'로 이루어진 형성자로 '鬱'로 읽는다. '郁'자는 '鬱'자의 이체자이다. '沉鬱'은 곧 '沉滯'라는 의미로, 의미가 확대되어 '不遇'의 의미로 쓰인다.

40) "子疋(胥)前多祍(功), 後翏(戮)死, 非其智懷(衰)也" 구절은 ≪說苑·雜言≫에서의 "伍子胥가 前에는 많은 공을 세웠으나, 후에는 죽임을 당한 것은 그의 지혜가 쇠약하게 된 것이 아니라, 전에는 闔廬를 만났고, 후에는 夫差를 만났기 때문이다."[47]는 내용과 비슷하다.

41) "驥馰張山, 騹空於佮坓"의 내용은 정확하게 알 수 없으나, ≪說苑·雜言≫의 "夫驥厄罷鹽車, 非無驥狀也"[48]의 내용과 비슷하다. 李零≪郭店楚簡校讀記≫는 '張山'은 지명이고, '馰'과 '空'자를 각각 '厄'과 '塞'자의 의미이며, '佮坓'를 지명인 '邵來'라 하였다.[49]

42) '(軆)'자는 '體'자의 이체자이다. '(壯)'자는 '狀'으로 읽는다.

43) '(穿)'자는 '窮'자의 이체자이다.

44) '(浿)'자는 '海'자의 이체자이다.

45) '(至)'자는 '致'로 읽는다.

46) '(告)'자는 '造'로 읽고, '(古)'자 '父'로 읽는다. 즉 '造父(혹은 趙父라고 쓰기도 함)'을 가리킨다.[50] '河浦'를 '河匿'를 쓰는 것으로 보아 '古'의 음은 '浦'의 음과 서로 통한다는 것을 알 수 있다.

---

42) ≪說文解字≫: "辭去也. 从言, 䚾聲."
43) ≪莊子 · 田子方≫: "肩吾問于孫叔敖曰: '子三爲令尹而不荣华, 三去之而无憂色.(선생님께서 세 번이나 초나라 令尹이 되었으나 그것을 영화로 생각하지 않았고, 세 번 그 자리를 떠날 때마다 근심하는 빛이 없었습니다.) ≪荀子 · 堯問≫: "孫叔敖曰: '吾三相楚而心愈卑, 每益祿而施愈博, 位滋尊而礼愈恭, 是以不得罪於楚之士民也.'"(나는 세 번 초나라 재상을 지내면서 마음은 더욱 낮추었고, 봉록이 더해질 때마다 더욱 많이 베풀었으며, 지위가 높아질수록 예의를 더욱 공경히 지켰소이다. 그래서 초나라의 관리와 백성들에게 미움을 받지 않고 있는 것이오.)"
44) ≪郭店楚墓竹簡≫, 146 쪽, 注 11.
45) 劉釗, ≪郭店楚簡校釋≫, 173 쪽. 李零, ≪郭店楚簡校讀記≫, 87 쪽.
46) 劉釗, ≪郭店楚簡校釋≫, 173 쪽. ≪楚系簡帛文字編≫, 945 쪽.
47) ≪說苑·雜言≫: "伍子胥前多功, 後戮死, 非其智益衰也, 前遇闔廬, 後遇夫差也."
48) ≪說苑·雜言≫: "夫驥厄罷鹽車, 非無驥狀也.(준마가 소금 수레에 묶여 있는 액운에 처해 있는 것은 그 준마에 그 모습이 없는 것이 아니라, 세인들이 그것을 모르기 때문이다.)"
49) 李零, ≪郭店楚簡校讀記≫, 88 쪽.

≪說苑·雜言≫의 “준마가 소금 수레에 묶여있는 처지의 액운은 그 준마에 준마의 모양이 없어서가 아니라, 세인들이 그를 알지 못하기 때문이다. 王良과 造父를 만나게 하였다면, 준마가 천리를 달릴 수 있는 다리도 가지지 않았겠는가?”51)의 내용은 간문의 뜻과 같다.

47) 李零은 缺文부분을 ‘〔怨. 隱非〕’를 보충하였다.52) 이 내용은 ≪說苑·雜言≫이 “古學者非爲通也, 爲窮而不困也.”53)로 쓴다. 문장 중에 ‘通’은 ‘達’의 뜻이다.

48) ‘(𠻳)’자는 ‘吝’으로 읽는다. ‘원망스럽다 · 유감이다’의 의미이다.

49) ‘(嗅)’자는 ‘嗅’자의 이체자이고 ‘嗅’로 읽는다.54)

50) 李零≪郭店楚簡校讀記≫는 缺文 부분을 ‘〔芷蘭生於幽谷, 非以無人〕’으로 보충하였다.55) ≪荀子·宥坐≫에서는 “무릇 난초는 울창한 숲 속 깊은 산에 나서 사람들이 알아보지 못한다고 향기를 품지 않는 일이 없다”56)라 하였다. 이 내용은 ≪韓詩外傳≫卷七과 같다.

51) ‘’는 ‘堇愈’로 예정할 수 있고 옥의 일종인 ‘瑾瑜’로 읽기도 하고,57) 혹은 李零≪郭店楚簡校讀記≫는 ‘愈’자를 동사 ‘逾’로 읽고, “茖堇을 채취하기 위하여 보산에 들어갔으나 이를 찾을 수 없는 것은, 돌이 보물을 내놓지 않아 내놓지 않아 보옥을 구할 수 없는 것과 같은 경우로 이는 산의 책임이 아닌 것이다.”58)로 해석하였다.

그러나 ‘茖堇’이라는 풀과 보물을 취하는 것과 서로 연관이 되지 않는다. 본문은 에서는 ‘堇愈’를 ‘瑾瑜’로 해석하고, ‘茖’의 의미는 현재로서는 잘 알 수 없으나, 문맥으로 보아 ‘取하다’·‘캐다’는 동사로 해석하기로 한다. ‘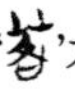’자를 혹은 이 자는 ‘艹’와 ‘各’으로 이루어진 형성자로 ‘捔(뿔 잡을 각, què)’으로 읽는 것이 아닌가한다. 즉 본 구절을 “無茖堇愈, 缶山石不爲□□□□, 善怀㠯(己)也”로 읽어 “‘瑾瑜’라는 옥을 찾을 수 없는 것은 寶山의 돌이 그 옥을 품안에 간직한 채 내놓지 않으려 하는 것이 아니다. 따라서 그 원인은 반대로 자신에게서 구해야 한다.”로 해석하기로 한다.59)

52) ‘(缶)’자는 ‘土’와 소리부 ‘缶’로 이루어진 자로 ‘抱’나 혹은 ‘寶’로 읽는다. ‘寶山’이라는 지명으로 해석하기로 한다.

50) ≪郭店楚墓竹簡≫, 146 쪽, 注 13.
51) ≪說苑·雜言≫: “夫驥厄罷鹽車, 非無驥狀也, 夫世莫能知也. 使驥得王良·造父, 驥無千里之足乎?.”
52) 李零, ≪郭店楚簡校讀記≫, 86 쪽.
53) ≪說苑·雜言≫: “古學者非爲通也, 爲窮而不困也.”(옛 학자들은 현달하지 못하고, 궁하여도 괴롭게 여기지 않는다.)
54) ≪郭店楚墓竹簡≫, 146 쪽 注 15.
55) 李零, ≪郭店楚簡校讀記≫, 86 쪽.
56) ≪荀子·宥坐≫: “夫蘭茞生於茂林之中, 深山之間, 不爲人莫見之故不芳.”
57) 劉釗, ≪郭店楚簡校釋≫, 175 쪽.
58) 李零, ≪郭店楚簡校讀記≫, 88 쪽. “如入寶山, 必賴茖堇, 如無此物, 石不爲開, 寶物不得, 並非因爲山之負己.”
59) 劉釗, ≪郭店楚簡校釋≫, 175 쪽. “無茖堇(瑾)愈(瑜), 缶(抱)山石不爲ㅁㅁㅁㅁ”으로 읽고, 앞 “……嗅而不芳”의 문장형식과 對句로 보았다.

53) 李零≪郭店楚簡校讀記≫는 '〔開, 非以其〕'를 보충하였다.60)

54) '(伓)'자는 '倍'자의 초문이다. ≪說文≫은 '倍'에 대하여 "'배반하다'의 의미. '人'과 소리부 '咅'로 이루어진 형성자이다"61)라 하였다. "善伓(倍)吕(己)也"의 의미는 곧 "善於反諸己"의 뜻으로, '反己'란 '자기 자신에게서 구해야 한다'는 의미다.

55) '(譽)'자는 '譽'의 이체자이다.62)

56) '(聖)'자는 초간에서 '聽'이나 '聲'의 의미로 쓰인다.63) '聖'·'聽'과 '聲'자는 고문자에서 원래 같은 자이나 후에 각각 세분화 되었다.64)

57) '(弋)'자는 '忒'으로 읽는다. '忒'은 '慝(악할 특, tè)'와 같은 의미이다.
≪郭店楚墓竹簡≫정리본은 본 구절을 "聖(聽?)之弋母. 之白"으로 읽고 있는데, 이와 같이 읽는다면 문맥이 맞지 않는다. "聖(聽)之弋, 母(毋)之白"으로 읽는 것이 아닌가 한다.65) '毋之白' 중의 '白'은 '辯白(변명하다)'의 의미이다.

58) '(耋)'자는 '釐'의 이체자이다.66) "母之白不耋(釐)"는 '변명하여 고치려 하지 말라'의 뜻이다. '母'는 '毋'로 읽는다.

59) '(學)'는 '子'와 소리부 '幽'로 이루어진 자로 '幼'자의 이체자이며 '幽'로 읽는다.

60) '(惇)'자는 '(惇)'자의 이체자이다. ≪說文≫은 "厚心(후한 마음)"이라고 설명하고 있다. ≪說文≫은 '惇'자에 대하여 "'후한 마음'의 의미. '心'과 소리부 '享'으로 이루어진 형성자이다"라 하고, 王筠≪句讀≫는 "경전에서는 '敦'자의 가차자로 쓰인다."67)라 하였다.

참고68)

孔子南適楚, 厄于陳蔡之間, 七日不火食, 藜羹不糝, 弟子皆有饑色. 子路進而問之曰: "由聞之: 爲善者天報之以福, 爲不善者天報之以禍, 今夫子累德積義懷美, 行之日久矣, 奚居之隱也? "孔子曰: "由不識, 吾語女. 女以知者爲必用邪? 王子比干不見剖心乎! 女以忠者爲必用邪? 關龍逢不見刑乎! 女以諫者爲必用邪? 吴子胥不磔姑蘇東門外乎! 夫遇不遇者, 時也; 賢不肖者, 材也; 君子博學深謀, 不遇時者多矣! 由是觀之, 不遇世者衆矣, 何獨丘也哉! 且夫芷兰生于深林, 非以无人而不芳. 君子之學, 非爲通也, 爲窮而不

60) 李零, ≪郭店楚簡校讀記≫, 86 쪽.
61) ≪說文≫: "倍, 反也. 从人, 咅聲."
62) ≪楚系簡帛文字編≫, 221 쪽.
63) ≪楚系簡帛文字編≫, 996 쪽.
64) 陳初生, ≪金文常用字典≫, 1003 쪽.
65) 劉釗, ≪郭店楚簡校釋≫, 175 쪽.
66) ≪楚系簡帛文字編≫, 1146 쪽.
67) ≪說文≫: "惇, 厚也. 从心, 享聲." 王筠≪句讀≫: "經典多借敦字爲之."
68) ≪窮達以時≫와 유사한 내용은 ≪荀子·宥坐≫와 ≪韓詩外傳≫ 이외에도 ≪孔子家語·在厄≫과 ≪說苑·雜言≫에 보인다.

困, 憂而意不衰也, 知禍福終始而心不惑也. 夫賢不肖者, 材也; 爲不爲者, 人也; 遇不遇者, 時也; 死生者, 命也. 今有其人, 不遇其時, 雖賢, 其能行乎? 苟遇其時, 何難之有! 故君子博學深謀, 修身端行, 以俟其時."孔子曰: "由! 居! 吾語女. 昔晋公子重耳霸心生于曹, 越王句践霸心生于会稽, 齊桓公小白霸心生于莒. 故居不隱者思不遠, 身不佚者志不廣; 女庸安知吾不得之桑落之下?"(≪荀子・宥坐≫)

공자가 남쪽 초나라로 가다가 陳 나라(하남성 개봉 동쪽)와 蔡나라(안휘성 봉대현 일대) 사이에서 곤경에 빠졌다. 이때 7일 동안 음식을 익혀 먹지 못하고 명아주 나물국에 쌀가루를 넣어 끓이지 못하게 되자, 제자들 모두 굶주린 모습이 완연했다. 자로가 나서 공자에게 물었다.

"저 仲由(子路)가 듣기로는 선행을 한 사람은 하늘이 복으로 보답하고, 선행을 행하지 않는 자는 하늘이 화재(禍災)로 보답한다고 들었습니다. 지금 스승님은 일찍이 덕을 쌓았고(累德), 예의를 익혔으며(積義), 아름다운 미덕을 갖추고 그것을 실천한지(懷美) 매우 오래되었습니다. 그런데도 어찌하여 곤경(居隱)에 처하게 된 것입니까."

공자가 대답했다.

"由야, 너는 모를 것이다. 내가 너에게 말해주겠다. 너는 知者가 반드시 중용된다고 생각하느냐. 왕자 比干은 심장이 해부(剖心)됨을 당하지 않았는가. 너는 忠者가 반드시 중용된다고 생각하느냐. 關龍逢은 형벌을 받지 않았는가. 너는 간언하는 자가 반드시 중용된다고 생각하느냐. 吳子胥는 姑蘇城의 東門 밖에서 책형(磔刑: 우마 등에 사지를 매어 찢어 죽이는 형벌)을 당하지 않았는가. 知遇를 만나 중용되는지 여부는 時運에 달려 있고, 잘 나고 못남은 소질에 달려 있다. 군자 중에는 널리 공부하고 깊이 생각함에도 불구하고 때를 잘 못 만난 자가 매우 많다. 이로써 보면 세상을 잘못 만난 자가 대부분이다. 어찌 나 구(丘) 뿐이겠는가.

향초인 백지(白芷)・蘭草가 깊은 산 속에서 자라나지만 사람이 없다고 해서 향기를 발하지 않는 법이 없다. 군자의 학문도 출세를 위한 通達만을 위한 것이 아니다. 군자는 곤궁할지라도 속수무책에 이르지 않고, 우환이 있을지라도 그 뜻이 쇠하지 않고, 禍와 福의 성격과 일의 시작과 종말을 잘 알아서 마음이 미혹되지 않는다.

무릇 어짐과 못남은 재질에 달려 있고, 治道를 할 수 있는지 없는지의 여부는 사람에 달려 있고, 때를 만나고 만나지 못하는 것은 시운에 달려 있고, 사생(死生)은 명운에 달려 있다. 지금 어떤 사람이 때를 못 만나지 못했다면 비록 현능(賢能)할지라도 능히 자신의 현능을 펼칠 방도가 있겠는가. 그러나 만일 그에게 맞는 때를 만나기만 했다면 하는 일에 무슨 어려움이 있겠는가. 그래서 군자는 널리 공부하고 깊이 생각하며 몸을 닦고 행동을 바르게 함으로써 때를 기다리는 것이다."

이어 공자가 다시 이같이 말했다.

"유야, 거기 앉아라. 내가 네게 더 설명해 주겠다. 옛날 晉나라 공자 중이(重耳: 晉文公)의 패자가 되고자 하는 마음은 망명 중인 曹나라에서 비롯되었고, 월왕 구천(句踐)의 패자가 되고 싶은 마음은 회계(會稽: 구천은 오왕 夫差에게 패해 회계로 들어간 뒤 신하가 되겠다하여 간신히 살아남았음)에서 비롯되었고, 齊桓公 小白의 패자가 되고자 하는 마음은 莒(소백은 제나라에 가까운 이곳에 망명해 있다가 공자 糾보다 제나라에 빨리 돌아와 보위에 오를 수 있었음) 땅에서 비롯되었다. 그래서 살면서 곤경에 처해 보지 않았던 사람은 생각이 원대하지 못하는 것이고, 망명의 괴로움을 겪지 않은 사람은 뜻이 넓을 수가 없다. 네가 어찌 내가 처참하고 어려운 처지라 하더라도 얻은 것이 없으리라는 것을 어찌 알 수 있겠는가?"

孔子困於陳蔡之間, 即三經之席, 七日不食藜羹不糝, 弟子有飢色, 讀≪詩≫≪書≫習禮樂不休. 子路進諫曰: "爲善者, 天報之以福. 爲不善者, 天報之以禍. 今夫子積德累仁, 爲善久矣. 意者尚有遺行乎, 奚居之隱也? "孔子曰: "由來! 汝小人也, 未講於論也. 居吾語汝. 子以知者爲無罪乎, 則王子比干何爲刳心而死? 子以義者爲聽乎, 則伍子胥何爲抉目而懸吳東門? 子以廉者爲用乎, 則伯夷叔齊何爲餓於首陽之山? 子以忠者爲用乎, 則鮑叔何爲而不用, 葉公子高終身不仕, 鮑焦抱木而立, 子推登山而燔? 故君博學深謀, 不遇時者衆矣. 豈獨入哉? 賢不肖者材也. 遇者時也. 今無有時, 賢安所用哉? 故虞舜耕於歷山之陽, 立爲天子, 其遇堯也. 傅說負土而版築, 以爲大夫, 其遇武丁也. 伊尹故有莘氏僮也, 負鼎操俎調五味, 而立爲相, 其遇湯也. 呂望行年五十, 賣食棘津, 年七十屠於朝歌, 九十乃爲天子師, 則遇文王也. 管夷吾束縛自檻車, 以爲仲父, 則遇齊桓公也. 百里奚自賣五羊之皮, 爲秦伯牧牛, 擧爲大夫, 則遇繆公也. 虞丘名聞於天下, 以爲令尹, 讓於孫叔敖, 則遇楚莊王也. 伍子胥前功多, 後戮死, 非知有盛衰也, 前遇闔閭, 後遇夫差也. 夫驥罷鹽車, 此非無形容也, 莫知之也. 使驥不得伯樂, 安得千里之足? 造父亦無千里之手矣. 夫蘭茝身於茂林之中, 深山之間, 不爲人莫見之故不蒼. 夫學者非爲通也. 爲窮而不困, 憂而志不衰, 先知禍福之終始, 而心無惑焉. 故聖人隱居深念, 獨聞獨見. 夫舜亦賢聖矣, 南面而治天下, 惟其遇堯也. 使舜居桀紂之世, 能自免於刑戮之中, 則爲善矣, 亦何位之有? 桀殺關龍逢, 紂殺王子比干, 當此之時, 豈關龍逢無知, 而王子比干不慧乎哉? 此皆不遇時也. 故君子務學, 脩身端行而須其時者也. 子無惑焉."≪詩≫曰: "鶴鳴九皐, 聲聞于天."(≪韓詩外傳≫)

孔子는 陳나라와 蔡나라 사이에서 곤궁해져서 세 줄로 얽은 보잘 것 없는 깔개를 깔고 칠일 동안 음식을 먹지 못하며 쌀가루도 넣지 않은 명아주 국만 마시고 있었다. 弟子들은 모두 굶주림에 허덕이는데, 공자는 ≪詩≫와 ≪書≫를 읽고 禮樂을 익히기를 멈추지 않았다. 子路가 나서서 간언하였다.

"선을 행하는 자는 하늘이 복으로 보답하고 나쁜 일을 행하는 자는 하늘이 재앙으로 갚는다고 하였습니다. 지금 선생님께서는 덕과 인을 쌓으시며 선을 행한 지가 오래 되었는데 아직도 빠뜨린 일이 있는 것입니까? 어찌 이리도 곤궁해지는 것입니까?"

공자가 말하였다.

"由야! 이리 오너라. 너는 소인이구나, 아직 도리를 다 익히지 못하였다. 앉거라. 내 너에게 말해주마. 너는 지혜로운 자가 억울한 죄가 없다고 생각하느냐? 王子 比干은 어째서 심장이 도려내지는 죽음을 맞았겠는가? 너는 의로운 자는 남이 그의 말을 잘 들어준다고 생각하느냐? 伍子胥는 어째서 눈알을 도려내져 吳나라의 東門에 걸렸겠느냐? 그대는 청렴한 자는 반드시 등용된다고 생각하느냐? 伯夷와 叔齊는 어째서 首陽山에서 굶어 죽었겠는가? 그대는 충성스러운 자는 반드시 등용된다고 생각하느냐? 鮑叔은 어째서 등용되지 못하고 섭공(葉公) 子高는 어찌 종신토록 벼슬을 살지 못하였으며, 鮑焦는 어찌 나무를 껴안은 채 울었고, 介子推는 어찌하여 산에 들어가 타 죽었겠느냐? 이렇듯 군자로서 널리 배워 깊은 모책이 있으면서도 때를 만나지 못한 경우는 매우 많단다. 어찌 나 하나뿐이겠는가? 어질고 불초한 것은 타고난 자질이고, 때를 만나고 못 만나는 것은 시운에 달려 있다. 지금은 때가 아니니 어질다고 한들 어디에 쓰이겠느냐? 虞舜이 歷山의 남쪽에서 밭을 갈다가 천자가 될 수 있었던 것은 堯 임금을 만났기 때문이요, 부열(傅說)이 흙을 짊어지고 성을 쌓다가 大夫가 될 수 있었던 것은 武丁을 만났기 때문이고, 伊尹이 有莘氏의 종으로 솥은 짊어지고 도마를 쓰며 음식을 조리하다가 재상에 오를 수 있었던 것은 湯을 만났기 때문이다. 呂望이 나이 50에 棘津에서 음식을 팔고, 70에 朝歌에서 푸줏간을 하다가 90에 천자의 스승이 될 수 있었던 것은 文王을 만났기 때문이다. 管夷吾가 꽁꽁 묶인 채 檻車에 갇혀 있다가 仲父가 될 수 있었던 것은 齊桓公을 만났기 때문이다. 百里奚가 스스로 다섯 마리의 양 가죽을 팔려 秦伯을 위하여 소를 치다가 大夫로 등용될 수 있었던 것은 秦 목공(繆公)을 만났기 때문이다. 반면 虞丘가 천하의 令尹이었다가 孫叔敖에게 자리를 양보한 것은 楚 莊王을 만났기 때문이고, 伍子胥가 앞서 많은 공을 이루고도 끝내 죽음을 당한 것은 그 자신의 능력에 성쇠가 있었기 때문에 아니라 앞서는 闔閭를 만나고 뒤에는 夫差를 만났기 때문이다. 무릇 천리마가 소금 수레나 끌다가 지치고 마는 것은 그 말에게 천리마다운 모습이 없었기 때문이 아니라 아무도 그것을 알아보지 못하기 때문이다. 천리마가 伯樂을 만나지 못했다면 어찌 천리를 달릴 수 있겠는가? 그런 경우에는 조보(造父)라도 천리를 달리게 할 재주가 없는 것이다. 무릇 난초는 울창한 숲 속 깊은 산에 나서 사람들이 알아보지 못한다고 향기를 뿜지 않는 일은 없다. 이처럼 학자란 출세하기 위해 배우는 것이 아니다. 곤궁해졌을 때도 궁색하게 굴지 않고 근심이 있어도 뜻을 약하게 하지 않으며, 남보다 먼저 화복의 시작을 깨달으면서도 마음에 미혹이 없는 것이다. 그런 고로 성인은 은거하여 깊이 생각하며 홀로 돋고 홀로 보는 것이니라. 저 순임금은 지적이 뛰어나 분이기는 하지만 남면하여 천하를 다스린 것은 오직 요를 만났기 때문이다. 만약 순 임금이 桀紂 시대에 있었다면 형벌과 죽음에서 벗어날 수 있는 것만도 잘된 일이었을 테니 무슨 지위가 있었겠느냐? 桀은 關龍逢을 죽이고 紂는 王子 比干을 죽였는데, 그런 때에 어찌 關龍逢이 무지하고 王子 比干이 지혜가 없었겠느냐? 이는 모두 때를 잘 만나지 못한 것이다. 고로 君子는 학문에 힘쓰고, 몸을 수양하여 행동을 단정히 하되 모름지기 때를 만나야 하는 것이다. 그러니 너는 더 이상 미혹되지 말거라." ≪詩經·小雅·鶴鳴≫에서는 "학이 저 아홉 구비 물가에서 우는 구나, 그 소리 멀리 하늘까지 들리네."라 하였다.

6. 五行

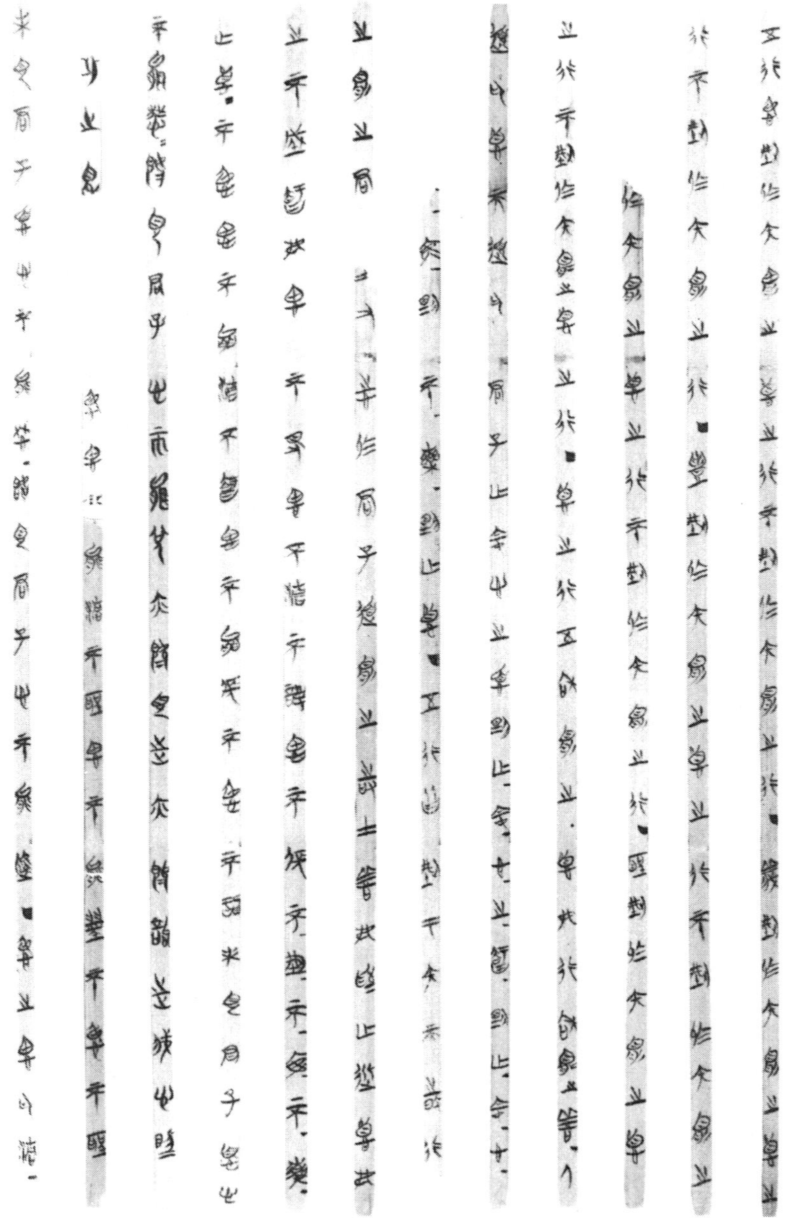

一三 一二 一〇 九 八 七 六 五 四 三 二 一

一三 一四 一五 一六 一七 一八 一九 二〇 二一 二二 二三 二四

二五 二六 二七 二八 二九 三〇 三一 三二 三三 三四 三五 三六

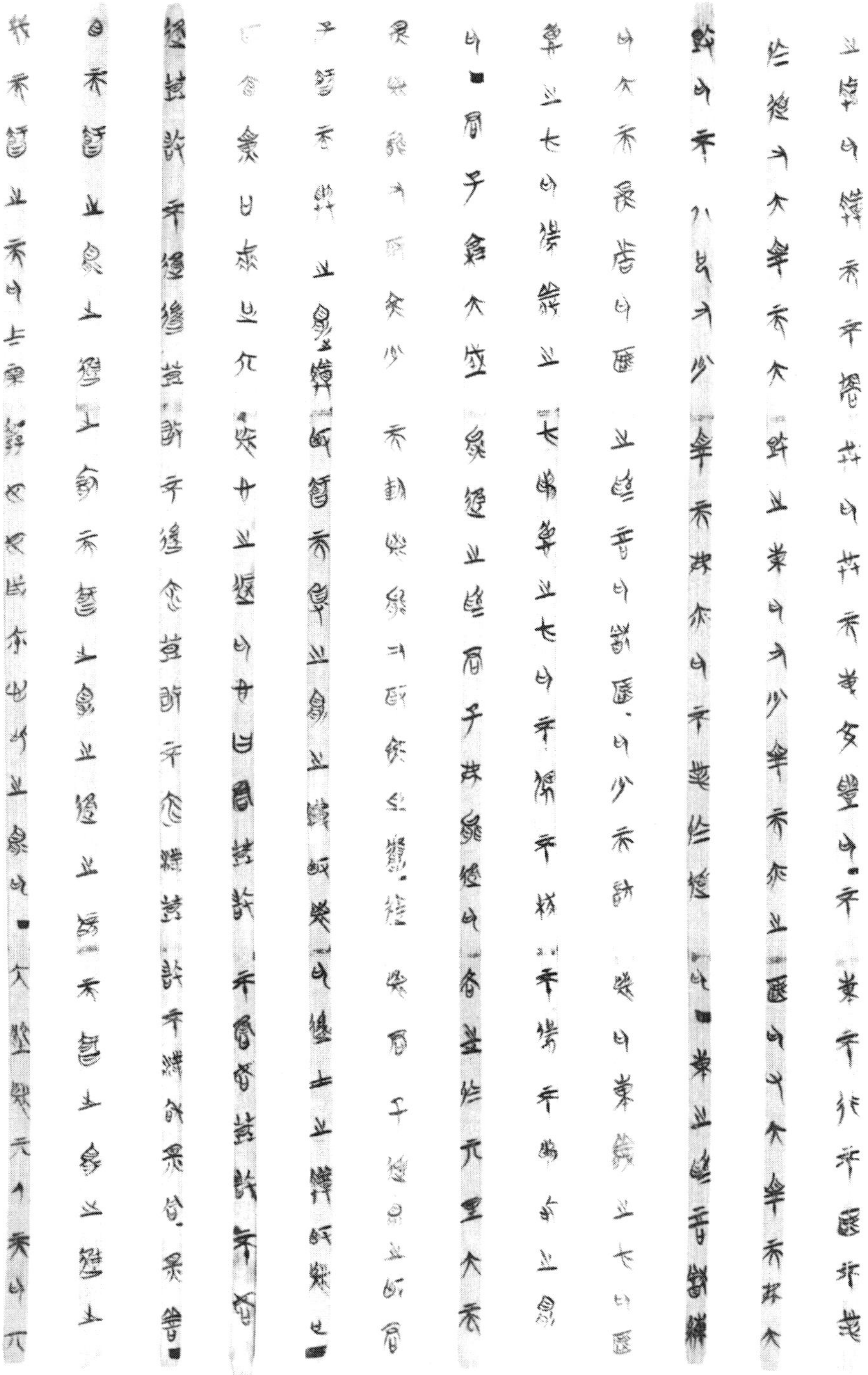

三七 三八 三九 四〇 四一 四二 四三 四四 四五 四六 四七 四八

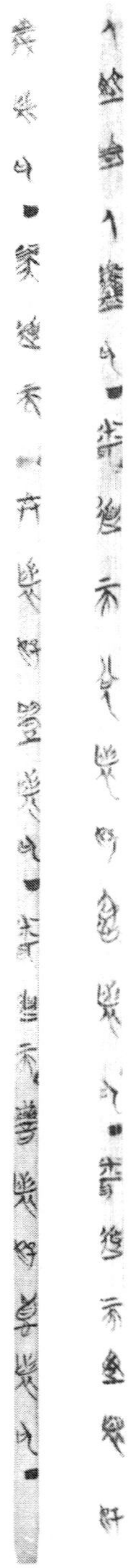

四九 五〇

【五行】

≪五行≫은 모두 50개의 竹簡으로 되어 있으며, 죽간 양 끝은 사다리 모양으로 다듬어져 있다. 죽간의 전체 길이는 32.5㎝이며, 중간 두 곳에 편선(編線)의 묶은 흔적이 있다. 이 편선과 편선 사이는 약12.9㎝~13㎝이다. 문장부호로는 章號는 일반적으로 비교적 큰 사각형의 검은 획으로 되어 있고, 句讀는 작은 횡획(橫劃) 이나 검은 사각 형으로 되어 있으며, 重文은 비교적 짧은 하나 혹은 두개의 횡획을 사용하고 있다. 篇號는 사용하고 있지 않다.

이 ≪五行≫는 章號에 따라 모두 28장으로 분류할 수 있으며, 馬王堆漢墓帛書 ≪老子甲≫ 뒷부분과 내용이 같으며, '五行'이란 인간이 지닌 다섯 가지 情性 즉 '仁'·'義'·'禮'·'智'와 '聖'을 가리킨다. 이는 ≪荀子·非十二子≫에서 子思와 孟子를 비판한 "按往舊造說, 謂之五行"[1] 중의 五行說과 같다.
죽간에서는 '仁'·'義'·'禮'·'智'와 '聖' 등 五行을 '德之行'이고, '仁'·'義'·'禮'와 '智'를 또한 '四行'이라 하였다. '德之行'은 五行이 내심에 형성된 것을 말하고, '四行'은 내심에 형성되지 않을 것을 말한다. '聖'이란 五行 중에서 '天'과 '人'의 중개자이다.

1

五行①: 悬(仁)②型(形)③於内胃(謂)之悳(德)④之行, 不型(形)於内胃(謂)之行. 義型(形)於内胃(謂)之悳(德)之【1】行, 不型(形)於内胃(謂)之行. 豊(禮)⑤型(形)於内胃(謂)之悳(德)之行, 不型(形)於内胃(謂)之【2】行, 智形⑥於内胃(謂)之悳(德)之行, 不型(形)於内胃(謂)之行. 聖型(形)於内胃(謂)之悳(德)【3】之行, 不型(形)於内胃(謂)之悳(德)之行.⑦

오행은 다음과 같다.

'仁'이 내심에서 형성된 것을 '德之行'이라 하고 내심에서 형성되지 않은 것을 '행'이라 한다. '義'가 내심에서 형성된 것을 '德之行'이라하고, 내심에서 형성되지 않은 것을 '행'이라 한다. '禮'가 내심에서 형성된 것을 '德之行'이라하고, 내심에서 형성되지 않은 것을 '행'이라 한다. '智'가 내심에서 형성된 것을 '德之行'이라하고, 내심에서 형성되지 않은 것을 '행'이라 한다. '聖'이 내심에서 형성된 것을 '德之行'이라

1) "略法先王而不知其統, 猶然而猶材剧志大, 聞見杂博. 案往舊造說, 謂之五行, 甚僻违而無類, 幽隱而無說, 閉约而無解. 案飾其辭, 而只敬之, 曰: 此眞先君子之言也. 子思唱之, 孟轲和之. 世俗之沟猶瞀儒·嚾嚾然不知其所非也, 遂受而傳之, 以爲仲尼子弓爲兹厚于後世: 是則子思孟轲之罪也.(대략적으로 앞서간 왕들을 본받으면서도 그 체통을 알지 못하고 점잖은 체하지만 성질을 격하고 뜻은 크며 듣고 보는 것이 많아서 이것저것 많이 섞여 박식하다. 지나간 옛것들을 상고하여 말은 만들어 '다섯 가지 행실'이라고 했는데 매우 편벽되고 어긋나서 부류가 없으며 깊숙이 숨겨져 있어 설명할 수 없으며, 닫히고 얽혀져 있어 해설할 수 없다. 그래도 그의 말을 꾸미고 공경하여 이르기를 '이것이 진실로 앞선 군자의 말이다'라고 한다. 자사가 이를 주장했고 맹자가 이에 따랐다. 세상의 어리석고 미련한 선비들은 왁자지껄하고 있으나 그것의 그릇된 바를 알지 못하고 있다. 마침내는 그것을 배워 받아 전하면서, 공자와 子游가 이들 때문에 후세에 존경을 받는다고 생각하게 되었다. 이것이 곧 자사와 맹자의 죄이다.)"

하고, 내심에서 형성되지 않은 것을 '행'이라 한다.

【註解】

1) 여기에서 가리키는 '五行'은 ≪尙書·洪範≫ 중의 "金木水火土"[2]와는 달리 인품 수양의 다섯 가지 항목으로 ≪尙書·洪範≫중의 '三德'[3]과 같은 맥락으로 쓰이고 있다. 즉 ≪荀子·非十二子≫ 중의 '思盟五行說'의 '五行'에 해당된다.

2) '(㤚)'자는 '心'과 소리부 '身'으로 이루어진 형성자로 '仁'자의 古體字이다. ≪馬王堆帛書·五行≫은 ''으로 쓴다. ≪說文解字≫는 '(仁)'자를 '(忎)'이나 '(𡰥)'으로 쓴다. ''은 ''자의 변형이다.

3) '(型)'자의 기본 소리부는 '井'이다. '形'으로 읽는다. '(刑)'자를 '刑'자나 '荆'자로 쓴다.

4) '(悳)'은 '德'자의 고체자이다. ≪玉篇≫은 "'悳'자를 지금은 일반적으로 '德'자로 쓴다."라 하고, ≪廣韻≫은 "'德'은 '德行'의 뜻이다. 고문은 '悳'으로 쓴다."라 하였다.[4] 漢≪馬王堆帛書·五行≫은 '德'으로 쓴다.[5]

5) '(豊)'자는 '禮'자의 고체자이다. ≪說文解字≫는 '豊'자에 대하여 "'예를 행하는 그릇'의 의미이다. '豆'는 그릇을 모양을 象形한 것이다. '禮'의 음과 같다."[6]라 하였다. 백서본은 '禮'자로 쓴다.

6) 백서본 ≪五行≫을 참고하여 '行, 智形'을 보충할 수 있다. 백서본은 '智'자를 '知'로 쓰고, '形'자를 '刑'으로 쓴다.[7] 이하 □ 안에 문자가 표기된 것은 백서본 등을 참고 보충한 것이다.

7) 초간의 '仁'·'義'·'禮'·'智'·'聖'의 순서와는 달리 帛书本은 '仁'·'智'·'義'·'禮'·'聖'의 순으로 되어 있다. ≪郭店楚簡≫은 마지막 '聖'에 관해서는 '내심에서 형성되지 않은 것'을 앞 네 항목은 모두 '行'으로 쓰는 것과 달리 '德之行'으로 쓴다. 앞 뒤 문맥으로 보아 잘 못 추가된 것이다. 백서본은

---

2) "五行: 一曰水, 二曰火, 三曰木, 四曰金, 五曰土. 水曰潤下, 火曰炎上, 木曰曲直, 金曰從革, 土爰稼穡. 潤下作鹹, 炎上作苦, 曲直作酸, 從革作辛, 稼穡作甘.(5행은—1은 말하되 수(水)요, 2는 말하되 화(火)요, 3은 말하되 목(木)이오, 4는 말하되 금(金)이오, 5는 말하되 토(土)이다. 수는 말하되 윤하(潤下)하고, 화는 말하되 염상(炎上)하고, 목은 말하되 곡직(曲直)하고, 금은 말하되 종혁(從革)하고, 토는 이에 가색(稼穡)하나니라. 윤하(潤下)는 함(鹹)을 하고, 염상(炎上)은 고(苦)를 하고, 곡직(曲直)은 산(酸)을 하고, 종혁(從革)은 신(辛)을 하고, 가색(稼穡)은 감(甘)을 하나니라.)"

3) "三德: 一曰正直, 二曰剛克, 三曰柔克. 平康正直, 強弗友剛克, 燮友柔克; 沈潛剛克, 高明柔克.(삼덕(三德)은 바르고 곧은 것과, 굳센 것으로 다스리는 것과, 부드러운 것으로 다스리는 것을 말한. 평안(平安)하여 마음에 걱정이 없는 사람은 바르고 곧은 것으로 다스리며, 억세어서 따르지 않는 사람은 굳셈으로 다스리고, 화목하여 잘 따르는 사람은 부드러움으로 다스리며, 성정(性情)이 가라앉아 외모에 드러나지 않아 중용에 미치지 못한 사람은 굳셈으로 다스리며, 너무 드러나서 중용에서 벗어난 사람은 부드러움으로 다스려야 한다.)"

4) ≪玉篇≫: "悳, 今通用德."≪廣韻≫: "德, 德行. 悳. 古文."

5) 漢≪馬王堆帛書≫는 ≪馬王堆漢墓帛書(一)≫을 참고하기로 한다. 이하에서는 帛書本으로 간칭함.

6) ≪說文解字≫: "行禮之器也. 从豆, 象形. 讀與禮同."

7) ≪馬王堆漢墓帛書(一)≫, 17—24 쪽 참고. 이하에서 백서본의 ≪五行≫ 문자는 ≪馬王堆漢墓帛書(一)≫을 참고하기로 하며, 쪽수는 따로 표시하지 않기로 한다.

‘行’으로 쓴다.

2

悳(德)之行五, 和胃(謂)之悳(德), 四行和胃(謂)之善. 善, 人【4】道也. 悳(德), 天道也. 君子亡宙(中)⑧心之悳(憂)則亡宙(中)心之智, 亡宙(中)心之智則亡宙(中)心【5】㞢悅, 亡宙(中)心㞢悅則不安, 不安則不藥(樂)⑨, 不藥(樂)則亡悳(德).

‘德’을 행함에는 다섯 가지 덕목(仁義禮智聖)이 있는데, 이 다섯 가지가 서로 조화가 이루어진 것을 ‘德’이라 한다. 네 가지 덕목(仁義禮智)이 서로 조화가 이루어진 것을 ‘善’이라 한다. ‘善’이 사람의 원칙이라면, ‘덕’은 하늘의 원칙에 해당된다. 군자가 내심에 憂慮가 없으면 내심에 지혜가 없으며, 내심이 지혜가 없으면 내심에 喜悅이 없게 되며, 내심에 喜悅이 없으면 내심이 安適하지 못하며, 내심이 안적하지 못하면 내심에 쾌락이 없게 되며, 내심에 쾌락이 없으면 ‘德’이 없게 되는 것이다.[8]

【註解】

8) ‘(宙)’은 ‘中’으로 읽는다.

9) ‘(藥)’자는 ‘藥’의 이체자이다. ‘藥’자 중의 윗부분을 생략하여 쓴 형태이다. ‘樂’으로 읽는다.

3

五行皆型(形)于內而時行【6】之, 胃(謂)之君子. 士又(有)志於君子道, 胃(謂)之時(志)士.⑩ 善弗爲亡近, 悳(德)弗【7】之(志)不成, 智弗思不得. 思不淸不𧡓⑪, 思不倀(長)[不得, 思不輕(淸)]⑫不型(形), 不型(形)不安, 不安不藥(樂), 不藥(樂)【8】亡悳(德).

五行(仁義禮智聖)이 내심에 형성되어 자주 실행에 옮기는 자를 君子라 하고, 선비(士)가 군자의 天道에 뜻을 두고 있는 자를 志士라 한다. ‘善’이란 행하지 않으면 접근되어지지 않으며, ‘德’은 그것에 뜻을 두지 않으면 이룰 수 없으며, ‘智慧’는 사고하지 않으면 얻어지지 않으며, 사려가 깊지 않으면 자세히 관찰할 수 없으며, 사려를 오래하지 않으면 형성되지 않으며, 사고가 깊지 않으면 형성되지 않으며, 형성되지 않으면 안적(安適)할 수 없으며, 안적하지 못하면 즐겁지 아니하며, 즐겁지 아니하면 덕을 잃게 되는 것이다.

【註解】

10) ‘(志)’자는 ‘心’과 소리부 ‘止’로 이루어진 형성자이다. ‘(時)’자는 ‘口’와 소리부 ‘寺’로 이루어진 형성자이며, ‘志’로 읽는다. 초간의 ‘之時(志)士’ 구절은 백서본은 “之=(之志)士”로 쓴다.

8) ‘五行’을 ‘善’과 ‘德’으로 크게 분류한 것이다.

11) 裘錫圭 案語는 帛書本과 ≪包山楚簡≫을 참고하여 '察'자로 해석하였다.9) 백서본은 '[illegible]'자로 쓴다.

12) 초간의 "思不淸不戠, 思不倀(長)不型(形)" 구절을 帛書本은 "思不晴(精)不察, 思不長不得, 思不輕不刑(形)"으로 쓴다. 따라서 초간은 "思不淸不戠, 思不倀(長)[不得, 思不輕(淸)]不型(形)"으로 보충하여 쓸 수 있다.10)

4

不悬(仁), 思不能淸. 不智, 思不能倀(長). 不悬(仁)不智, 未見君子, 憂(憂)心 【9】 不能惙惙⑬; 旣見君子, 心不能兌(悅). "亦旣見止(之), 亦旣詢(覯)止(之), 我心則 【10】 悅." 此之胃(謂)也. 不悬(仁), 思不能淸. 不聖, 思不能翌(輕). 不悬(仁)不聖, 【11】 未見君子, 憂(憂)心不能忞(忡)忞(忡); 旣見君子, 心不能降.

仁愛하지 않으면 사려가 세밀하지 않으며, 지혜롭지 않으면 사려가 오래가지 않으며, 인애하지 않고 지혜롭지 못하면 군자를 보지 못해도 마음이 두근두근 걱정되지 않으며, 군자를 본다 해도 기쁘지 아니한다. ≪詩經·召南·草蟲≫에서 '뵙게만 된다면 만나기만 한다면, 이 마음 기쁘겠네.'라고 한 말이 곧 이 의미이다. 인애하지 않으면 사려가 세밀하지 않으며, 성명(聖明)하지 않으면 사려를 경쾌하게 할 수 없다. 만약에 인애하지 않고 성명하지 않으면, 군자를 보지 않아도 걱정하는 마음이 두근두근하지 않으며, 군자를 보고 난 후에도 마음을 놓지 못하게 된다.

【註解】

13) '[illegible]='은 '惙惙'로 '근심하는 모양'이다. 백서본은 '攴'와 '示'聲인 '[illegible]'로 쓴다. '叕'자의 고음은 'tiwat(月部)'이고 '示'자의 고음은 'zdjier(脂部)'이다. 두 자의 관계에 대해서는 좀 더 연구가 필요하다. 제 10간과 11간은 사이는 문자를 보충하여 "我心則 悅. 此之胃(謂)也. 不悬(仁)"으로 쓸 수 있다.11)

5

悬(仁)之思也淸, 淸 【12】 則戠, 戠⑭則安, 安則悃(溫), 悃(溫)則兌(悅), 兌(悅)則憙(戚)⑮, 憙(戚)則新(親), 新(親)則悉(愛), 悉(愛)則玉色⑯, 玉色則型(形), 型(形)則悬(仁). 【13】

仁愛에 사려가 깊고 세밀하여야 한다. 세밀하면 자세하게 관찰할 수 있고, 관찰할 수 있으면 안적할 수 있고, 안적할 수 있으면 온화하고, 온화하면 기쁨을 누릴 수 있고, 기쁨을 누릴 수 있으면 친척처럼 가까워 질 수 있고, 가까워 질 수 있으면 친숙해지고, 친숙해지면 사랑할 수 있고, 사랑할 수 있으면 玉色같이 용모가 온화해지고, 온화해지면 내심에 형성되고, 내심에 형성되면 곧 그것이 仁愛인 것이다.

9) ≪郭店楚墓竹簡≫, 151 쪽, 注 7.
10) ≪郭店楚墓竹簡≫, 151 쪽, 注8.
11) ≪郭店楚墓竹簡≫, 152 쪽, 注12, 13.

【註解】

14) 앞 '注 11' '察'자 참고.

15) '(褭)'자는 '就'로 읽을 수 있고,[12] '就'의 음성은 '戚'과 서로 통한다. ≪六德≫ 제48간의 ''자는 '辵'과 '褭'聲인 형성자로 역시 '戚'으로 읽는다.

16) '玉色'은 '옥의 품성으로서 온화한 용모'를 비유하고 있다.

6

智之思也倀(長), 倀(長)則得, 得則不亡(忘), 不亡(忘)則明, 明則見臤(賢)人, 見臤(賢)人則玉色, 玉色則型(形), 型(形) 【14】 則智.⑰

지혜의 思慮는 오래해야 하는데, 오랫동안 사려하면 얻을 수 있고, 얻을 수 있으면 잊지 않고, 잊지 않으면 명확하게 되고, 명확하게 되면 현인을 만날 수 있으며, 현인을 만날 수 있으면 용모가 온화해지고, 온화해지면 내심에 형성되고, 내심에 형성되면 총명해 질 수 있는 것이다.

【註解】

17) ≪荀子・解蔽≫에서는 "현인을 아는 것을 '明哲'하다."라 하고, ≪文子・上仁≫에서는 "현인을 아는 것을 지혜라 한다."라 하였다.[13]

7

聖之思也翌(輕), 翌(輕)則型(形), 型(形)則不亡(忘), 不亡(忘)則聰, 聰則𦖞(聞)⑱君子道, 𦖞(聞)君子道則玉音⑲, 玉音則型(形), 型(形) 【15】 則聖.

聖明(비범하고 총명함)한 사려는 경쾌하고 탄력성이 있으며, 경쾌하고 탄력성이 있으면 내심에 형성되고, 내심에 형성되면 곧 잊지 않으며, 잊지 않으면 총명해지고, 총명해지면 군자의 도를 들을 수 있고, 군자의 도를 들을 수 있으면 聖明하고 현덕해지고, 玉音이 내심에 形成되면 곧 聖明해진다.

【註解】

18) '(𦖞)'자는 '聞'자의 고문자이다. 백서본은 ''으로 쓴다.

19) '玉音'은 '聖明하고 賢德한 소리'를 나타낸다.

8

"叏(淑)⑳人君子, 其義(儀)罷(一)㉑也". 能爲罷(一), 肰(然)句(後)能爲君子, 誋(愼)㉒其蜀(獨)也. 【16】

12) ≪郭店楚墓竹簡≫, 189 쪽, 注1. "疑當讀爲就."

13) ≪荀子·解蔽≫: "知賢之謂明." ≪文子·上仁≫: "知賢之謂智."

≪詩經・曹風・鳲鳩≫는 '현명한 군자, 그 儀態는 始終一貫 한결같네.'라고 했다. 능히 始終一貫해야 군자가 될 수 있다. 군자는 시종일관 오직 덕에 집중한다.

【註解】

20) '(要)자는 '女'와 소리부 '弔'로 이루어진 형성자이다. '叔'자와 음이 서로 통하고, '淑'자의 의미로 사용된다.

21) 楚文字에서 '(罷)'자는 '一'이나 '抑'자의 가차하여 사용된다. ≪郭店楚簡·成之聞之≫는 "貴而罷(一)纕, 則民谷(欲)其貴之上也."[14](제18 간)라 하였는데, 이중의 '罷'자는 '[illegible]'자와 같은 자이다. ≪字彙≫에서는 "[illegible], 同龕"[15]라 하고, ≪廣韻≫은 '龕'자에 대하여 그 음이 '奴勒切'이라 하고 ≪集韻≫에서는 '匿德切'이라 하였다. 즉 이 자는 발음이 두 개이다. ≪上博楚簡・季康子問於孔子≫(제1간) "罷不智民务之安才"[16] 중의 '罷'자는 '抑'의 의미인 '轉折'관계를 표시하는 접속사로 쓰인다. ≪國語・晉語九≫에서는 "美則美矣. 抑臣又有懼也"[17]라 하였다.

22) '(誫)'자는 '愼'자의 이체자다. 제 17간은 '糸'를 생략하고 ''으로 쓴다.

9

"瞻望弗及㉓, 泣(泣)㉔涕女(如)雨". 能遲沱(池)㉕其羿(羽), 肰(然)句(後)能至哀. 君子誫(愼)其獨也. 【17】

≪詩經・邶風・燕燕≫은 "바라봐도 보이지 않으니 눈물이 비 오 듯 하네."라고 했다. 능히 (제비들이) 끊임없이 날개 짓을 한 후에야 비통의 극치에 닿을 수 있듯이 군자는 初志一貫 오로지 하나에 뜻을 두어야 한다.

【註解】

23) '及'자는 ''로 쓰는데, 남아 있는 흔적으로 보아 '𨑡'자인 것으로 보인다. '𨑡'자는 '及'자와 같은 자이다. ≪郭店楚簡·老子乙≫제7간은 '𨑡'자를 ''으로 쓴다. '泣(泣)'자 앞부분은 ≪詩經・邶風・燕燕≫과 帛書本을 참고하여 '瞻望弗及' 네 자를 보충할 수 있다.[18]

24) 裘錫圭 案語는 ''자는 '泣'자가 아니라 '深'자로 예정해야 된다고 주장하였다.[19] '泣'으로 읽는다. 劉釗 ≪郭店楚簡校釋≫은 '立'자는 '來'紐'緝'部이고, '罙'자는 '定'紐'緝'部로 서로 통한다하였다.[20]

14) "존귀하나 겸양할 줄 알면 백성들은 그 존귀함이 더욱 늘어나기를 원할 것이다."
15) "'[illegible]'자는 '龕'자와 같다."
16) "그러나 백성에게 해야 할 일이 어떤 것인가를 모르겠네요?"
17) "아름답기는 아름다움지만, 그러나 신하를 두렵게 느끼게 한다."
18) ≪郭店楚墓竹簡≫, 152 쪽, 注19.
19) ≪郭店楚墓竹簡≫, 152 쪽, 注19.

백서본은 ‘汲’자로 쓴다.

25) ‘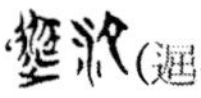(遅沱)를 ≪詩經≫은 ‘差池’로 쓰고 있다. ‘제비가 위아래로 날개 짓 하는 모습’을 형용한 連綿詞다. ≪包山楚簡≫은 ‘屈’자를 ‘’·‘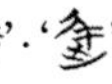’로 쓴다.[21] ‘屈’의 고음은 ‘kjwət(物部)’이고, ‘差’의 고음은 ‘tsʰra(歌部)’이다. ‘遅’자와 ‘差’자의 음성적 관계에 대해서는 좀 더 연구가 필요하다. 백서본은 ‘䟕’(185行)로 쓴다. ‘左’와 ‘差’의 고음은 서로 통한다.

10

君子之爲善也, 又(有)與司(始), 又(有)與冬(終)也. 君子之爲悳(德)也, 【18】 又(有)與司(始), 亡(無)與終也. 金聖(聲)而玉晨(振)之[26], 又(有)悳(德)者也.

군자가 善을 실현함에 있어 시작도 끝도 항상 ‘善’과 같이 하여야 한다. 군자가 德을 실현함에 있어 시작과 끝이 항상 ‘德’과 더불어 있어야 한다. 金聲으로 시작하여 玉音으로 끝나야 德이 있는 자인 것이다.

【註解】

26) ‘金聲’은 鐘과 같은 악기에서 울려 퍼지는 소리이고, ‘玉音’은 ‘磬’과 같은 악기에서 나는 소리를 의미한다. 고인들은 ‘金聲’으로 ‘善’을 비유하고, ‘玉音’으로 ‘德’을 비유하였다. 즉 고대의 음악은 ‘禮’를 실현하는 구체적인 형식임과 동시에 ‘德’을 실현하는 방식이기도 하였다.

11

金聖(聲), 善也; 玉音, 聖也. 善, 人 【19】 道也; 悳(德), 〈天〉道也. 唯又(有)悳(德)者, 肰(然)句(後)能金聖(聲)而玉晨(振)之. 不聰不明,[27], [不明不聖], 不聖不 【20】 智, 不智不息(仁), 不息(仁)不安, 不安不樂, 不樂亡悳(德).[28]

金聲은 善이고, 玉音은 聖이다. 善은 人道이고, 德은 天道이다. 德이 있는 사람만이 金聲으로 시작하여 玉音으로 끝을 맺을 수 있는 것이다. 귀가 총명하지 않으면 눈도 밝지 않으며, 총명하지 않으면 지혜롭지 못하며, 지혜롭지 않으면 仁愛하지 않으며, 仁愛하지 않으면 安適하지 않으며, 安適하지 않으면 즐겁지 않으며, 즐겁지 않으면 德이 없게 되는 것이다.

【註解】

27) 裘錫圭 按語는 ‘不明’과 ‘不聖’ 사이에 ‘不明不聖’을 추가할 수 있다하였다.[22] 李零≪郭店楚簡校讀記≫ 역시 “不明不聖”을 보충하였다.[23]

20) 劉釗, ≪郭店楚簡校釋≫, 77 쪽.
21) ≪楚系簡帛文字編(增訂本)≫, 781 쪽.
22) ≪郭店楚墓竹簡≫, 152 쪽, 注25.

28) 이 단락엔 중문부호가 상당히 많다. 그러나 ≪郭店楚簡·五行·書法選≫은 이 단락과 이하 문장에서도 중문문자를 재대로 반영하지 못하고 있다. ≪郭店楚簡≫을 참고하여 정정할 필요가 있다.

12

不叓(變)不兌(悅), 不兌(悅)不熹(戚), 不熹(戚)不新(親), 不新(親)不悉(愛), 不悉(愛)不悬(仁).㉙

변화하지 않으면 기쁘지 않으며, 기쁘지 않으면 가까이 할 수 없고, 가까이 할 수 없으면 친해질 수 없으며, 친해질 수 없으면 좋아할 수 없고, 좋아할 수 없으면 仁愛할 수 없다.

【註解】

29) 帛书本은 본 구절을 "不瞀(恋)不說(悅), 不說(悅)不戚, 不戚不親, 不親不愛, 不愛不[仁]"(188行)으로 쓴다. ≪郭店楚簡·語叢一≫(제1간)은 '戚'자를 ''으로 쓰고, ≪上博楚簡·性情論≫(제19간)은 ''으로 쓴다.[24]

13

不悳(直)㉚不遙㉛, 不遙不果, 不果【21】不柬(簡), 不柬(簡)不行, 不行不義.

솔직하지 않으면 호방하여 구애됨이 없을 수 없으며, 호방하지 않으면 결단력을 가질 수 없으며, 결단력이 없으면 실행할 수 없고, 실행할 수 없으면 정의롭지 못할 것이다.

【註解】

30) ≪老子≫ 제58장은 "그래서 聖人은 사물에 대하여 대범함으로써 구별을 하지 않고, 청렴함으로 남을 해치지 않으며, 곧기는 하되 지나치게 뻗지는 않고, 빛은 있으되 반짝이지는 않는다."[25]라 하고, ≪禮記·樂記≫에서는 "솔직하고 자애롭다."[26]라 하였다.

31) '(遙)'자를 帛書本은 '泄'자로 쓰고(189行), 李零≪郭店楚簡校讀記≫는 '肆'로 해석하였다.[27] 제34간은 ''로 쓴다. 모두 '肆'의 의미로 쓰인다. '거리낌 없는 호방한 태도'를 말한다.

14

不賹(遠)不敬, 不敬不嚴, 不嚴不障(尊)㉜, 不障(尊)不共(恭), 不共(恭)亡豊(禮).

疏遠하지 않으면 敬畏할 수 없고, 경외하지 않으면 위엄이 없고, 위엄이 없으면 尊敬할 수 없고, 존경

23) 李零, ≪郭店楚簡校讀記≫, 79 쪽.
24) ≪楚系簡帛文字編(增訂本)≫, 1060 쪽.
25) ≪老子≫: "是以聖人方而不割, 廉而不劌, 直而不肆, 光而不耀."
26) ≪禮記·樂記≫: "肆直而慈愛."
27) 李零, ≪郭店楚簡校讀記≫, 81 쪽.

할 수 없으면 禮義가 없게 되는 것이다.

【註解】

32) ''자는 '見'과 소리부 '遠'으로 이루어진 형성자로 '遠'으로 읽는다. '(隣)'자는 '阝'와 '弇(尊)'으로 이루어진 자로 '尊'의 의미로 쓰인다. ≪說文解字≫는 '(弇)'자에 대하여 "'술잔이다'. '酋'와 '廾'으로 이루어진 자이며, '廾'은 술잔을 받든다는 뜻이다. 혹체는 '寸'을 써서 '(尊)'으로 쓴다."[28]라 하였다.

15

未尙(尝)【22】耷(聞)君子道, 胃(謂)之不聰. 未尙(尝)見䝱(賢)人, 胃(謂)之不明. 耷(聞)君子道而不智(知)【23】其君子道也, 胃(謂)之不聖. 見䝱(賢)人而不智(知)其又(有)悳(德)也, 胃(謂)之不智. 【24】

군자의 道理를 들어보지 않은 자를 귀가 총명하지 않다고 하고, 賢人을 보지 않은 자를 눈이 날카롭지 않다고 한다. 군자의 도리는 들어 봤으나 군자의 도리를 이해하지 못하는 자를 聖明하지 않다하고, 현인을 봤으나 賢德을 알지 못하는 자를 聰明하지 않다한다.

16

見而智(知)之, 智也. 耷(聞)而智(知)之, 聖也. 明明, 智也. 虩(虩)[33]虩(虩), 聖也. "明明才(在)下, 虩(虩)虩(虩)【25】才(在)上", 此之胃(謂)也.

보면 알 수 있는 것을 智慧라 하고, 들으면 알 수 있는 것을 聖明이라 한다. 총명하고 명확하게 아는 것은 智慧롭다 하고, 위엄 당당한 것을 聖明하다 한다. ≪詩經・大雅・大明≫에서 '총명하고 지혜로운 자가 아래에 있고, 위풍당당한 자가 위에 있도다.'라고 한 말이 바로 이를 말한다.

【註解】

33) '(虩)'자는 '虎'와 소리부 '㚆'으로 이루어진 형성자로 '虩'자의 생략형이다. 금문은 ''·''으로 쓴다.[29]

17

耷(聞)君子道, 聰也. 耷(聞)而智(知)之, 聖也. 聖人智(知)而〈天〉【26】道也. 智(知)而行之, 義也. 行之而時, 悳(德)也. 見(賢)(賢)人, 明也. 見而智(知)之, 【27】智也. 智(知)而安之, 急(仁)也. 安而敬之, 豊(禮)也. 聖, 智(知)豊(禮)藥(樂)之所𣪊(由)[34]生也, 五【28】行之所和也. 和則譽(樂), 譽(樂)則又(有)

28) ≪說文解字≫: "弇, 酒器也. 从酋, 廾以奉之. 尊, 或从寸."
29) ≪金文編≫, 335 쪽.

悳(德), 悳(德)則邦家(家)舉㉟. 文王之見也女(如)此. "文【29】 王在上, 於昭于而〈天〉", 此之胃(謂)也.

군자의 도리를 듣는 것은 총명하고 지혜로운 것이다. 듣고 깨달을 수 있는 것은 聖明이다. 聖人은 天道를 깨달을 수 있다. 天道를 깨닫고 실행할 수 있는 것을 義라 한다. 실행함에 시기적절함을 德이라 한다. 賢德한 사람을 볼 수 있는 것을 明察이라 한다. 보고서 이해할 수 있는 것을 智慧라 한다. 賢人을 이해하고 안적할 수 있음은 仁愛다. 안적하게 할 수 있고 그를 공경하는 것이 禮이다. 聖은 지혜와 예절과 樂의 근원이며, 또한 五行의 합체이다. 和合하면 快樂하고 쾌락하면 덕이 있게 되고, 덕이 있는 국가는 흥하게 된다. 문왕이 바로 이렇게 했다. ≪詩經・大雅・文王≫에서 '하늘에 계신 문왕, 하늘에서 빛나도다.'라 한 말이 이를 가리킨다.

【註解】

34) ''자를 ≪郭店楚墓竹簡≫정리본은 '毄'자로 예정하였다. 裘錫圭 案語는 이 자는 '繇'자를 잘못 쓴 자가 아닌가 하였고,[30] 李零≪郭店楚簡校讀記≫는 '繇'자의 변형이라 하였고,[31] 劉釗≪郭店楚簡校釋≫은 소리부가 '肉'인 형성자라 하였다.[32] 이 자는 제 31간에도 보인다. 똑같은 자를 반복해서 잘못 쓸 가능성은 적고, 일반적인 초간 '繇'자와의 형태가 상당히 다르다. 따라서 劉釗의 주장이 설득력이 있다. '繇'와 '由'는 음성이 통한다. '繇'자를 ≪包山楚簡≫은 ''로 쓰고, ≪郭店楚簡·六德≫은 ''로 쓴다.[33] ≪說文解字≫는 '䌛(繇)'자에 대하여 "'따르다'의 의미. '糸'와 소리부 '䚻'로 이루어진 형성자이다."[34]라 하고, '䚻'자에 대하여 ≪說文≫은 "'노래'라는 의미이다. '言'과 '肉'으로 이루어진 회의자이다."[35]라 하였다. 段玉裁≪說文解字注≫는 '言'과 소리부 '肉'으로 이루어진 형성자라 하였다.[36]

'䚻'자는 '謠'자의 이체자이다. ≪郭店楚簡·性自命出≫ 제24간은 '木'과 '䚻'聲인 ''로 쓰며 '謠'자로 읽으며, ≪尊德義≫제9-10간에서는 ''로 쓰고 '由'로 읽는다.

35) '(舉)'자는 '擧'로 읽는다.

위의 문장 중 "行之而和也"와 "文王在上, 於昭于天" 구절은 ≪郭店楚墓竹簡≫ 註釋을 참고하여 추가한 것이다.[37]

30) ≪郭店楚墓竹簡≫, 153 쪽, 注 34.
31) 李零, ≪郭店楚簡校讀記≫, 81 쪽.
32) 劉釗, ≪郭店楚簡校釋≫, 81 쪽.
33) ≪楚系簡帛文字編(增訂本)≫, 1074 쪽.
34) ≪說文≫: "繇, 隨從也. 从糸, 䚻聲."
35) ≪說文≫: "䚻, 徒歌. 从言, 肉."
36) ≪說文解字注≫: "各本無聲字. 缶部䍃从缶, 肉聲. 然則此亦當曰肉聲無疑. ……故䚻瑤繇傜皆讀如遙. 䚻謠古今字也. 謠行而䚻廢矣."
37) ≪郭店楚墓竹簡≫, 153 쪽, 注 35, 37.

18

見而智(知)之, 智(知)也. 智(知)而安之, 悬(仁)也. 安【30】 而行之, 義也. 行而敬之, 豊(禮)也. 悬(仁), 義豊(禮)所穀(由)生也[36], 四行之所和也. 和【31】則同, 同則善.

보고 깨달을 수 있는 것을 지혜라 한다. 깨닫고 安適할 수 있는 것을 仁愛라 한다. 안적하고 실행하고 있는 것을 義라 한다. 실행하고 공경할 수 있는 것을 禮라 한다. 仁愛는 義와 禮의 근원이며, 仁義禮智의 調和이다. 調和되면 곧 同合이 되고 同合이 되면 善이 된다.

【註解】

36) 帛書本은 이 구절을 "仁, 義禮知(智)之所繇(由)生也"(202行)로 쓴다. '(穀)'자에 해당되는 자를 백서본은 '(繇)'로 쓴다.

19

顔色伀(容)伎(貌)[37]悃(温)貞(變)[38]也. 以其审(中)心與人交, 兑(悦)也, 审(中)心兑(悦)蚤[39]. 矍[40]【32】於兄弟, 稾(戚)也. 稾(戚)而信之, 新(親)也. 新(親)而筥(篤)之, 悉(愛)也. 悉(愛)父, 其秾(攸)[41]悉(愛)人, 悬(仁)也.

안색과 용모는 온화하고 평이하여야 한다. 衷心으로 사람과 교제한다면 喜悦을 느낀다. 衷心의 기쁜 마음을 전파하고 형제에게 전해주면 가깝게 된다. 가깝게 되고 성심을 다하면 친하게 된다. 친해지고 돈독해지면 깊이 사랑하게 된다. 부친을 사랑하는 마음으로 타인을 사랑하면 이게 곧 仁愛이다.

【註解】

37) '-'자는 '顔色'은 합문이다. '(伎)'자는 소리부가 '爻'로 '貌'와 통한다.
38) ''은 '變'으로 읽는다.
39) '(蚤)'자는 소리부가 '釆'으로 '播'으로 읽는다. '釆'자는 '辨'자의 고문이다.
40) '(矍)'자는 '䙴'이나 '䙲'자로 쓰기도 한다. '遷'자의 이체자이다.
41) '(秾)'자에 대하여, 裘錫圭 案語는 이 자는 '稽'의 이체자이며, '繼'로 읽는다하였다.38)

20

审(中)心【33】詨(辯)肰(然)而正行之, 植(直)也. 悳(直)而逑(遂)[42]之, 迲也. 迲而不畏溺(强)[43]語(禦), 果也. 不【34】以少(小)道 麦[44]大道, 柬(簡)也. 又(有)大辠(罪)而大豉(誅)[45]之, 行也. 貴貴, 其跬(等)[46]障(尊)臤(賢), 義也.【35】

마음이 分明하고 正道로서 행하는 것을 正直이라 한다. 정직하면서 이를 실천하면 호방하고 구애됨이

38) ≪郭店楚墓竹簡≫, 153 쪽, 注 42.

없는 것이다. 호방하면서 强暴함을 두려워하지 않는 것을 용맹하며 果敢하다고 한다. 작은 道로 大道를 해치지 않는 것을 굳세고 간결하다 한다. 大罪를 엄한 법으로 대처하는 것을 정당하게 행했다 한다. 존귀한 것을 존귀하게 여기는 것은 賢人을 존경하는 것과 같고 이를 곧 義라 한다.

【註解】

42) ‘(逑)’자와 ‘遂’자는 음성이 비슷하기 때문에 자주 호용된다.

43) ‘’자를 ≪郭店楚簡≫ 정리본은 ‘勥’자로 예정하고, 왼쪽은 ‘母’의 형태가 아니라 ‘畺’의 생략형이라 하였다.[39] 따라서 ‘𪟝’으로 예정할 수 있다. ‘强’자를 ‘力’을 추가하여 ‘’(≪老子甲≫22간)·‘’(≪五行≫ 41간)으로 쓰고[40], 혹은 ‘力’을 생략하여 ‘’(≪老子甲≫7간)으로 쓰는 것으로 보아,[41] ‘强’의 이체자가 아닌가 한다. ‘彊’자는 초간에서는 ‘力’을 쓰지 않고 ‘’(≪語叢三≫46)으로 쓴다.[42] ‘强’의 의미로 쓰인다.

44) ‘’자를 정리본은 ‘麦’자로 예정하고 있는데, 裘錫圭 案語는 백서본을 참고하여 ‘禼’자로 예정하고 ‘害’의 의미로 해석하였다.[43] 백서는 ‘(害)’자로 쓴다(159行). ≪上博楚簡·孔子詩論≫은 ‘害’자를 ‘’(7간)로 쓴다.[44]

45) ‘(豉)’자는 소리부가 ‘豆’로 소리부가 ‘朱’자인 ‘誅’자와 통한다.

46) ‘(歨)’자는 두 개의 ‘止’로 이루어진 자로 기본 소리부가 ‘止’인 ‘等’으로 읽는다. 초간에서는 ‘等’이나 혹은 ‘待’의 의미로 쓰인다.

21

以其外心與人交, 遠也. 遠而莊㊼之, 敬也. 敬而不卻㊽, 嚴也. 嚴而畏【36】之, 障(尊)也. 障(尊)而不喬(驕), 共(恭)也. 共(恭)而專(博)交, 豊(禮)也.

만약에 진심된 마음이 아닌 것으로 다른 사람과 교제하면 곧 疏遠해진다. 소원하면서 莊重하면 敬畏하게 된다. 경외하면서 느슨해지면 威嚴이 생기게 된다. 엄격하면서 두려움이 생기게 하면 존경심이 생기게 된다. 존경을 받으면서도 교만하지 않으면 겸손하면서도 공경을 받게 된다. 겸손하고 공경을 받게 되면 이게 곧 禮이다.

39) ≪郭店楚墓竹簡≫, 153 쪽, 注 44. "右上部爲畺之省形."
40) ≪郭店楚簡文字編≫, 187 쪽.
41) ≪郭店楚簡文字編≫, 180 쪽.
42) ≪楚系簡帛文字編(增訂本)≫, 1072쪽.
43) ≪郭店楚墓竹簡≫, 153 쪽, 注 45.
44) ≪楚系簡帛文字編(增訂本)≫, 693 쪽.

【註解】

47) ‘(䭐)’자는 소리부가 ‘爿’이고 의미부가 ‘首’이다. ‘莊’과 음이 통한다.

48) ‘(𨚵)’자에 대해서 의견이 분분하다. 백서본은 ‘(解)’(194行)로 쓰고 정리본은 ‘懈’로 읽고 있다. 본문은 ‘懈’로 해석하기로 한다.

22

不柬〈柬(簡)〉, 不行. 不匿, 不[49]【37】於道. 又(有)大辠(罪)而大豉(誅), 之柬〈柬(簡)〉也. 又(有)少(小)辠(罪)而亦(赦)之, 匿也. 又(有)大辠(罪)而弗大【38】豉(誅)也, 不行也. 又(有)少(小)辠(罪)而弗亦(赦)也. 弗亦(赦)也, 不於道也.

剛簡하지 않으면 실행할 수 없다. 친근함을 隱匿하지 않으면 道를 明察할 수 없다. 大罪가 있어 重刑으로 다스림을 剛簡(강하고 간결함)이라한다. 작은 죄가 있어 능히 사면해 준 것은 친근을 은닉한 것이다. 대죄가 있으나 중형으로 다스리지 않으면 행하기가 어렵고, 소죄가 있으나 용서해 주지 않으면 道를 明察할 수 없다.[45]

【註解】

49) ‘’자에 대하여 ≪郭店楚簡≫ 정리본은 ‘’의 오른쪽 부분과 같기 때문에 ‘察’로 읽을 수 있다하였다.[46] 李零≪郭店楚簡校讀記≫는 백서본이 ‘(, 辯)’(204行)으로 쓰는 것을 참고하여 ‘辯’으로 읽고 있다.[47]

23

柬〈柬(簡)〉之爲言猷(猶)練【39】也, 大而晏[50]者也. 匿之爲言也猷(猶)匿匿也, 少(小)而訪〈診(軫)〉[51]者也. 柬〈柬(簡)〉, 義之方也. 匿, 【40】㤅(仁)之方也. 㔟(强), 義之方. 矛(柔), 㤅(仁)之方也. “不彊不梂, 不㔟(剛)不矛(柔)”, 此之胃(謂)【41】也.

簡이란 간결하고 숙련된 것을 말하는 것으로 큰 것에서 작은 것을 이루었음을 말하는 것이고, 匿이란 親近을 隱匿하는 것으로 작은 것에서 많은 것을 이루었음을 말한다. 簡은 義의 표현이고, 匿은 仁의 표현이고, 剛은 義의 표현이고, 柔는 仁의 표현이다. ≪詩經 · 商頌 · 長髮≫에 ‘다투거나 조급하지도 않고, 강하거나 부드럽지 않네’라고 한 말은 곧 이를 가리킨다.

45) 이 문장은 처세함에 있어 강함과 온화함을 두루 갖춰야 한다는 것을 말해 주고 있다. 큰 일을 처리할 때는 강하고 간결하게 처리하여 義理를 추구해야 하며; 작은 일을 처리할 때는 입장을 바꾸어 온화함으로 다스려 仁愛를 발양해야 한다 하고 있다.(剛--簡--大而少--義; 柔--匿--小而多--仁)

46) ≪郭店楚墓竹簡≫, 154 쪽, 注 50.

47) 李零≪郭店楚簡校讀記≫83 쪽.

【註解】

50) ‘(晏)’자를 帛書本은 ‘(罕)’으로 쓴다(204行).

51) ‘(訪)’자는 ‘診’자를 잘못 쓴 것이며, ‘診’자는 ‘軫’의 의미이다.[48] ‘軫’은 ‘수레를 총칭하는 말로 수레가 많이 있음’을 비유하고 있다. ≪睡虎地秦墓竹簡≫은 ‘診’자를 ‘’·‘’으로 쓴다.[49] 簡과 强, 匿과 柔의 관계를 정리하면 아래와 같다.

簡---大而少----義-----强
匿---小而多----仁-----柔

24

君子集大成[52]. 能進之爲君子, 弗能進也, 各止於其里. 大而【42】晏者, 能又(有)取安(焉), 少(小)而軫者, 能又(有)取安(焉)[53]疋膚膚[54]達者君子道, 胃(謂)之臤(賢). 君【43】子智(知)而與(擧)之, 胃(謂)之障(尊)臤(賢); 知而事之, 胃(謂)之障(尊)臤(賢)者也. [前, 王公之障(尊)臤(賢)者也]後, 士之障(尊)臤(賢)者也.【44】

군자는 金聲과 玉音 혹은 강함과 부드러움 모두를 집대성한 자이다. 능히 전진하여 군자가 될 수도 있으며, 만약에 군자가 될 수 없으면 각각이 도달한 곳에 머물게 된다. 크면서 작은 것을 취할 수도 있고, 적으면서도 많은 것을 취할 수도 있다. 군자의 도를 쉽게 이루는 것을 ‘賢’이라 하고, 군자가 현인을 이해하고 이를 추천하는 것은 尊賢(현인을 존경함)이라하고 현인을 이해하면서 이를 따르는 것을 尊賢하는 사람이라 한다.

【註解】

52) ‘集大成’은 金聲인 ‘剛’과 玉聲인 ‘柔’가 전체적으로 모두 갖추어져 조화를 이루는 것을 말한다.

53) ≪簡帛書法選≫(2002년 12월 판)에서 발행한 사진 확대본 ≪五行≫과는 문자 순서가 다르다. ≪郭店楚墓竹簡≫의 순서에 따라 배열하기로 한다.

54) ‘-’는 ‘疋膚膚’로 백서본은 ‘=(索纑纑)’로 쓴다(207行). ‘纑纑’는 ‘힘들지 않고 쉽게 실행하는 모습’을 가리킨다.

25

耳目鼻口手足六者, 心之所後[55]也. 心曰唯, 莫敢不唯; [心曰][56]如(諾), 莫敢不如(諾); [心曰]【45】進, 莫敢不進; [心曰]後[57], 莫敢不後; [心曰]深, 莫敢不深; [心曰]淺[58], 莫敢不淺. 和則同, 同則善.【46】

48) ≪郭店楚墓竹簡≫, 154 쪽, 注 54.
49) ≪睡虎地秦簡文字編≫, 35 쪽.

耳目鼻口手足 등 여섯은 마음이 이들을 다스린다. 마음만 먹으면 무엇이든 할 수 있는 것이 마음(心)이다. 마음이 하고자 한다면 하지 않을 수 없고, 마음이 앞으로 나아가고자 한다면 앞으로 나아가지 않을 수 없고, 후진하고자 한다면 후진해야 하며, 깊고자 한다면 깊게 해야 하고, 얕게 하고자 한다면 얕게 하고자 하는 것이 곧 마음이다. 耳目鼻口手足이 仁義와 화합하고 마음과 합치가 된다면 이게 곧 善이다.

【註解】

55) '[illegible]'은 '目'의 이체자이다. ≪說文解字≫는 '目'의 古文을 '[illegible]'로 쓴다. '[illegible](退)'자는 왼편 편방이 '長'이 아니라 '㕚'의 형태이다.[50] 백서본은 '役([illegible])'으로 쓰며(317行), 본 구절에서는 '役'의 의미로 쓰인다.

56) '心曰'은 백서본을 참고하여 보충할 수 있다. 이하 같다.

57) 백서본은 '退'로 쓴다. 즉 백서본은 "若(諾)亦然, 進亦然, 退亦然"으로 쓴다(323行).

58) '[illegible]'자를 裘錫圭 案語는 '淺'으로 읽었다. 우측 자부가 '察'자와 같다. '察'은 '竊'과 음성이 통하고, '竊'자는 '淺'자와 음이 통한다.[51]

26

目⑲而智(知)之胃(謂)之進之. 俞〈喩〉⑳而智(知)之, 胃(謂)之進之. 辟(譬)而智(知)之, 胃(謂)之進之. 【47】幾㉑而智(知)之, 天也. "上帝賢㉒女(汝), 毋貳尒心", 此之胃(謂)也.

눈으로 살펴 비교하여 이해할 수 있는 것을 道를 향해 앞으로 나아간다고 한다. 명시하고 깨달아 아는 것을 道를 향하여 나아간다고 한다. 비유하여 능히 알 수 있는 것을 道를 향하여 나아간다고 한다. 미세한 징조로도 이해하는 것을 天이라 한다. 따라서 ≪詩經・大雅・大明≫에서 '하느님은 너를 감시하고 있으니 너의 마음을 변하지 않도록 하라'고 한 말은 곧 이를 두고 하는 말이다.

【註解】

59) '目'자는 본문에서 동사인 '살펴 비교하다'는 의미로 쓰인다.

60) '[illegible](俞)'자는 '喩'자의 변형체인 것 같다.

61) '[illegible](幾)'자는 '아주 미세한 징조'를 의미한다.

62) '[illegible]'자는 원래 '[illegible]'자로 예정해야 한다. '賢'의 이체자이다. 裘錫圭 案語는 백서본을 참고하여 '臨'자로 써야 하는데 '賢'자로 잘 못 쓴 것이라고 하였다.[52] 백서본은 '[illegible](臨)'자로 쓴다(212行).

50) ≪郭店楚墓竹簡≫, 154 쪽, 注 60.
51) ≪郭店楚墓竹簡≫, 154 쪽, 注 63.
52) ≪郭店楚墓竹簡≫, 154 쪽, 注 64.

27

大阤(施)者(諸)其人[63], 天也. 其【48】人阤(施)者(諸)人, 儘[64]也.

하늘이 사람에게 내려 준 것을 천성적이고 자연적이라 한다. 사람이 다른 사람에게 내려준 것을 습성이라 한다.

【註解】

63) "大阤(施)者(諸)其人," 구절을 帛书本은 '天生者(諸)其人'(212行)으로 쓴다. 따라서 '大'자는 '天'자를 잘못 쓴 것이다.

64) '(儘)'자를 李零≪郭店楚簡校讀記≫는 '狎'자로 해석하였다.[53] '狎'은 '習'의 의미로 습성이나 습관을 말한다.

28

𦖞(聞)道[65]而兌(悅)者, 好𢖩(仁)者也. 𦖞(聞)道而畏者, 好【49】義者也. 𦖞(聞)[66]道而共(恭)者, 好豊(禮)者也. 𦖞(聞)道而嚳(樂)者, 好悳(德)者也.【50】

도를 듣고 기뻐하는 자는 인을 좋아하는 자라 하고, 도를 듣고 경외하는 자를 의를 좋아하는 자라 하고, 도를 듣고 공경하는 자를 예를 좋아하는 자라 하며, 도를 듣고 기뻐하는 자를 덕을 좋아하는 자라 한다.

【註解】

65) '(道)'를 帛書本은 "君子道"(213行)로 쓴다.

66) '聞'자는 일반적으로 ''으로 쓰는데, 본 죽간의 '(聞)'자는 형태가 약간 다르다.

53) 李零, ≪郭店楚簡校讀記≫, 80 쪽.

7. 唐虞之道

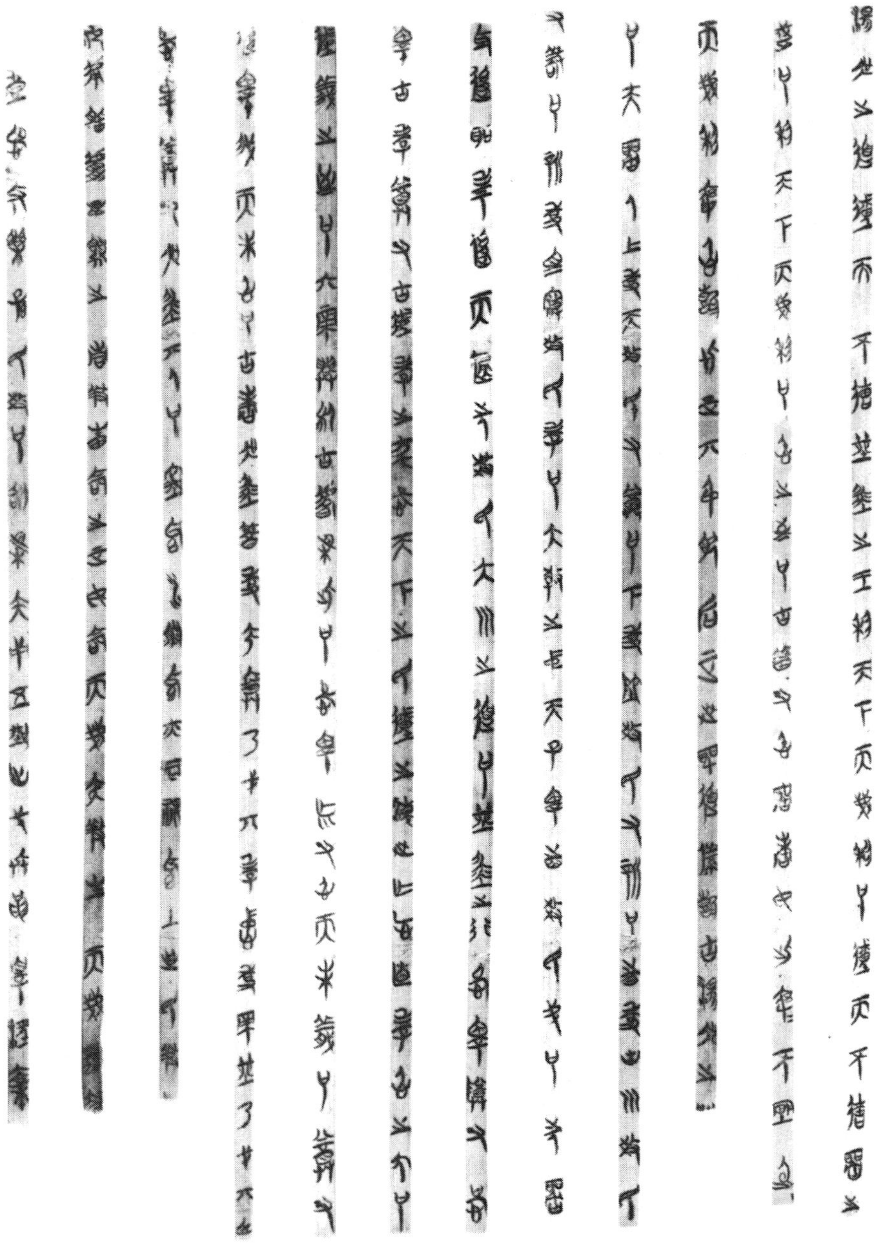

一 二 三 四 五 六 七 八 九 一〇 一一 一二 一三

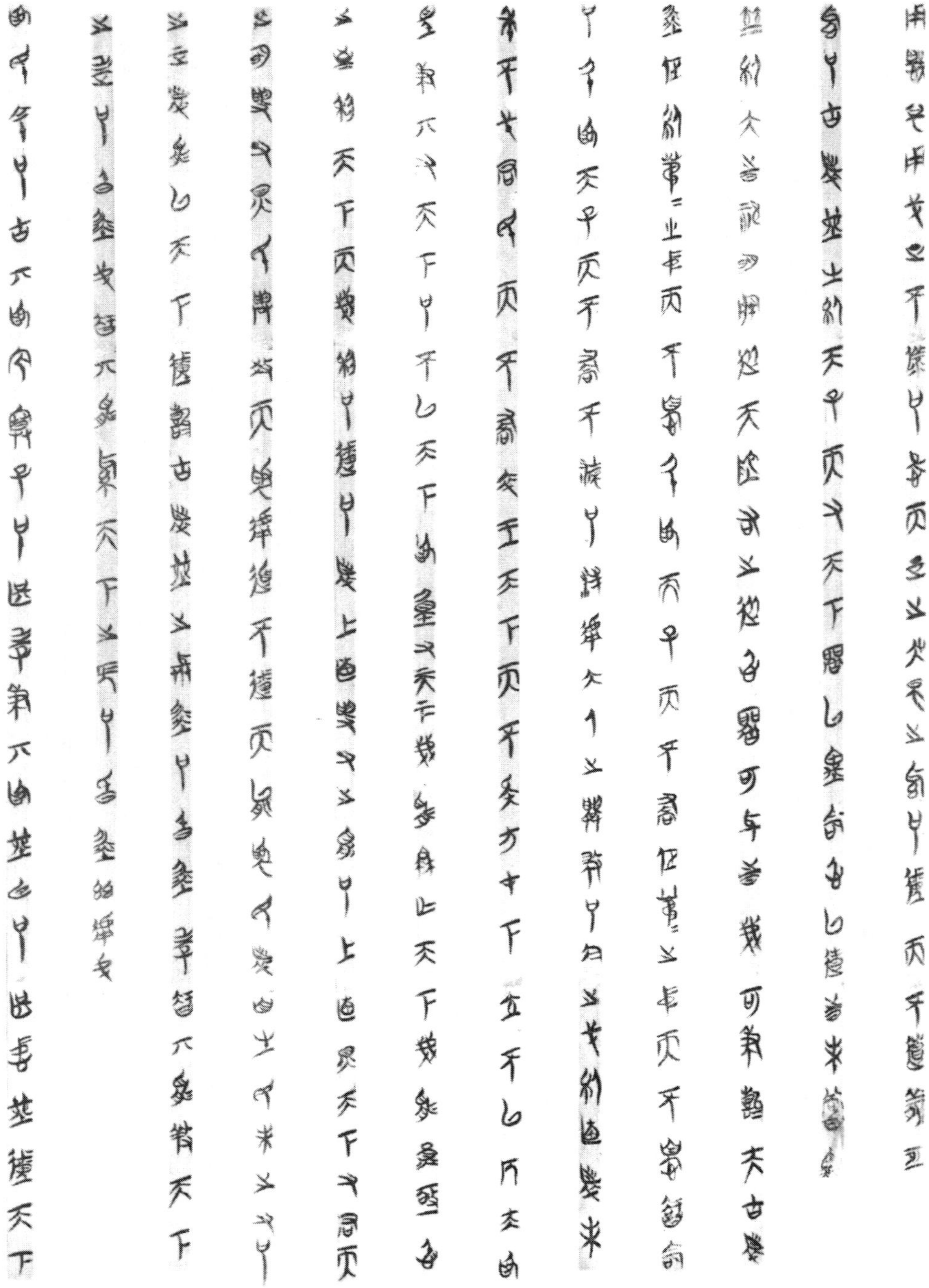

一三 一四 一五 一六 一七 一八 一九 二〇 二一 二二 二三 二四

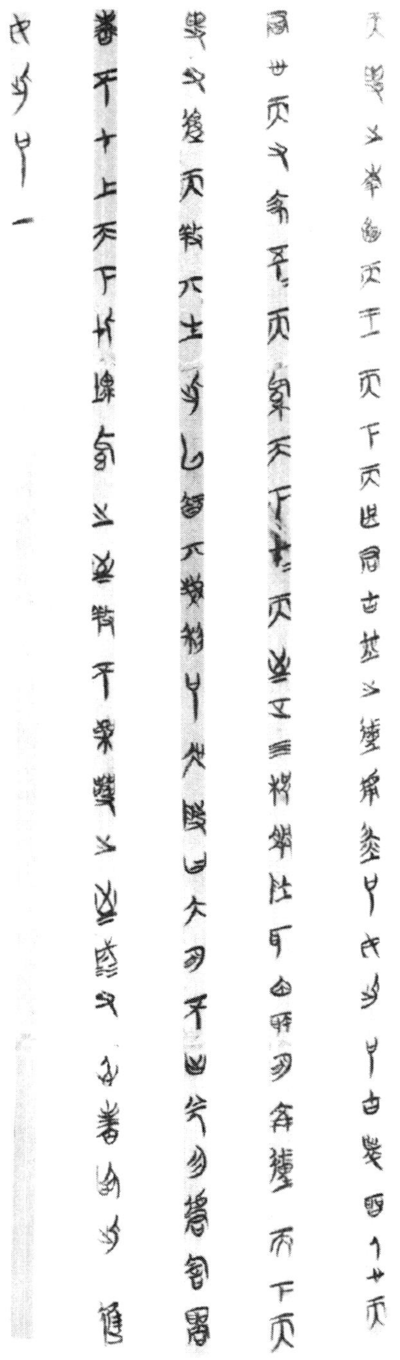

二五 二六 二七 二八 二九

【唐虞之道】

≪唐虞之道≫는 유가 문헌 중의 하나로, 모두 29枚의 죽간으로 되어 있다. 모두 704자이며, 그 중에는 합문 5자이다. 매 간마다 약 25자가 쓰여져 있고, 약 23자 정도가 잔실되었다.

竹簡의 양 끝은 편평하게 다듬어져 있으며, 길이는 28.1~28.3cm이다. 죽간 중간 두 곳에 묶은 흔적이 있는데(편선), 그 간격은 14.3cm이다.

문장 끝에는 篇章 부호가 한 개의 긴 가로선으로 되어 있고, 合文 부호는 두 개의 작은 가로선으로 쓴다. 章을 나타내는 부호나 句讀 부호와 重文 부호는 보이지 않는다.

죽간은 파손된 곳이 많아서 학자마다 죽간의 순서 즉 편련을 달리하는 경우가 있다.

堯舜의 '禪讓', 舜임금의 '知天命', 요순이 '仁義孝悌'의 품덕을 갖추고 있음을 찬양하는 내용이다. ≪唐虞之道≫에서 언급된 내용은 ≪尙書·堯典≫·≪論語·堯日≫·≪左傳·文王十八年≫·≪僖公三十三年≫·≪尙君書·修權≫·≪國語·晋語≫·≪孟子·萬章≫·≪管子·戒篇≫·≪韓非子·五蠹≫·≪黑子·尙賢≫·≪莊子·秋水≫·≪讓王≫·≪盜跖≫·≪天地≫·≪荀子·成相≫·≪禮記·禮器≫·≪呂氏春秋·去私≫·≪行論≫과 ≪史記·五帝本紀≫ 등에도 보인다.

'唐'과 '虞'란 堯가 수령으로 지냈던 陶唐氏 부락과 舜이 수령으로 지냈던 虞氏 부락을 말한다. 전하는 바에 의하면, 堯가 부락연맹 수령을 지낼 때 四嶽이 舜을 계승인으로 추천하였고, 堯는 舜을 삼년동안 수련기간을 겪도록 하였고, 堯가 죽고 난 다음에 舜이 부락 연맹 수령이 되었다고 한다. 이와 같이 부락 연맹의 수령을 선발하는 제도를 禪讓이라 칭한다. ≪唐虞之道≫는 堯舜의 선양의 내용 이외에도 그동안 전해 내려오지 않고 있는 내용들이 있다.

'禪'이란 곧 덕을 숭상하고 현명함을 전수하는 것이며, 덕으로써 세상에 지속되게 하기 위하여 성품이 어진 현자를 추천하여 임금으로 삼는 것을 말한다. '傳'이란 '禪'과 상대적인 개념으로 일종의 血親관계로 세습 계승하는 법을 말한다.

죽간에서 말하는 '唐虞之道'란, 성인인 堯舜은 세습하여 자신을 이롭게 하고자 한 것이 아니라, 권력을 禪讓하여 仁을 天下에 실천하고자 하였다. 이러한 덕성은 "正其身"[1]하는 것이고, '그 자신을 바르게'해야 만이 비로소 '正世'[2]할 수 있기 때문에, '禪'은 '唐虞之道'의 중심 내용이라 할 수 있다.

'愛親尊賢' 사상은 '唐虞의 道'이며 堯舜의 중요한 행동양식이다. '愛親'은 곧 사람을 사랑하는 것으로, 일종의 민주정치의 기초가 되는 자연적인 감정의 표현양식이다. '尊賢'은 혈연적 개념을 버리고 공익을 기초로 하는 일종의 비자연적인 이지적 선택이다.

옛 성인들은 천하를 다스릴 때, 때가 되면 자연스럽게 賢良한 사람에게 권력을 넘겨주고 자기는 물러나 평안한 여생을 보냈다. 그들은 생명의 최종 의의가 무엇인가를 깨닫고 '천하를 이롭게 하고 자신의

1) "자신을 바르게 하다."
2) "세상을 바르게 하라."

이득을 취하지 않는' 초탈의 경지를 실천하고자 하였다.

1.

湯(唐)吳(虞)之道①, 𢓜而不𢓜(傳)②. 堯舜③之王, 利天下而弗利也.④ 𢓜而不𢓜(傳), 聖之【1】盛也.⑤ 利天下而弗利也, 𢖶(仁)之至也. 古昔臤(賢)𢖶(仁)聖者女(如)此. 身窮不𨞒(均),⑥ 【2】而弗利, 竆(窮)𢖶(仁)歖(嘻).⑦ 乢正其身,⑧ 肰(然)后(後)正世,⑨ 聖(聖)道備歖(嘻). 古(故)湯(唐)吳(虞)之□□【3】也.⑩

堯舜의 도는 禪讓하였고, 계승을 하지 않는 것이다. 堯舜의 왕은 천하에 유익을 꾀했을 뿐, 스스로의 이익을 취하지 않았다. 선양하고 계승하지 않는 것은 聖의 최고 경지이고, 천하를 이롭게 하나 자기를 이롭게 하지 않는 것은 仁의 극치이다. 옛 현인과 성자는 이렇게 행하였다. 자기가 곤궁에 처했으나 곤란해 하지 않고, 손해를 입으나 오히려 자기를 이롭게 하지 않는 것, 이것이 바로 仁을 다하는 것이다. 먼저 반드시 자신의 몸을 바르게 한 후에 천하를 다스려야만 한다. 이렇게 해야 聖道가 갖추어지게 되며, 이게 곧 唐虞의 [道인 禪讓이다(?)].

【註解】

1) ≪史記・五帝本紀≫의 "黃帝로부터 舜과 禹 모두 같은 성씨에서 나왔으나, 그 국호가 각각 달리하여 밝은 덕을 더욱 분명히 밝히고 있다. 黃帝은 有熊, 顓顼은 高陽, 帝嚳은 高辛, 堯는 陶唐, 舜은 有虞라 불러 씨를 달리하였다."라는 구절에 대하여 ≪集解≫는 韋昭 말을 인용하여 "陶와 唐은 모두 國名이다. 이는 湯을 殷商이라 부르는 것과 같다."라 하고, 張晏의 말을 인용하여 "堯는 唐侯로 나라는 中山의 唐縣을 말한다."라 하였다.[1] '唐'과 '虞'가 '堯'와 '舜'을 가리키고, '唐虞之道'는 곧 '堯舜之道'이다. 虞는 舜의 氏이고, 舜이 천하를 가졌을 때의 칭호이기도 하다. ≪尙書·虞書≫는 虞氏時代의 史官이 기록한 것이라는 뜻이다.

'(湯)'자는 '唐'과 음이 통하고, '(吳)'자는 '虞'자와 음이 통한다. '(虞)'자는 '虍'와 소리부 '吳'로 이루어진 형성자이다.

2) ''자는 ≪郭店楚簡·唐虞之道≫에 자주 나오는 자이다. 이 자에 대해서는 의견이 분분하지만 '廛'자와 관련이 있는 자로 보기도 한다.[2] ≪郭店楚簡·緇衣≫는 '廛'자를 ''으로 쓴다. '禪讓'의 '禪'자와 음이 통한다.

''자는 '彳'과 소리부 '叀(專)'으로 이루어진 형성자로 '傳'의 이체자이다. ≪說文解字≫는 '(叀)'자의 고문을 '(𠂷)'이나 '(𢆰)'으로 쓴다.

1) ≪史記·五帝本紀≫: "自黃帝至舜·禹, 皆同姓而異其國號, 以章明德. 故黃帝爲有熊, 帝顓顼爲高陽, 帝嚳爲高辛, 帝堯爲陶唐, 帝舜爲有虞." ≪集解≫: "陶·唐皆國名. 猶湯稱殷商矣" 張晏: "堯爲唐侯, 國於中山, 唐縣是也." 이상의 설명은 ≪史記≫, 臺灣鼎文書局(1986), 47 쪽 참고.

2) 李零, ≪郭店楚簡校讀記≫, 96 쪽.

3) ‘’자는 ‘’로 예정할 수 있고, ‘堯’의 이체자이다. ‘土’를 생략하여 ‘’(≪六德≫7간)로 쓰고, 더욱 생략하여 ‘’(≪上博楚簡·容成氏≫6간)로 쓰기도 한다. ≪說文解字≫는 ‘(堯)’자에 대하여 “‘높다(高)’라는 의미. ‘垚’가 ‘兀’ 위에 있는 형상으로 ‘높고 멀리 본다’는 뜻이다. ‘堯’자의 고문은 ‘(兟)’로 쓴다.”3)라 하였다.

‘(舜)’자는 ≪說文≫의 ‘舜’자의 고문 ‘(𩔝)’와 형태가 같다. 생략된 형태인 ‘’(≪上博楚簡·子羔≫6간)으로 쓰기도 한다.4)

4) “堯舜之王, 利天下而弗利也”의 내용은 ≪管子 · 版法解≫의 “무릇 이른바 이롭지 않은 상황의 사람을 이롭게 한 사람은 순임금이 그러하다. 순은 역산에서 밭을 갈고, 하빈에서 도기를 만들고, 뇌택에서 고기를 잡았으나 자기는 그 이익을 취하지 않고, 그것으로 백성을 가르치고, 백성이 모두 이익을 얻었다. 이것이 이른바 이롭지 않은 상황의 사람을 이롭게 한 사람이다.”5)라는 구절과 ≪呂氏春秋 · 孟春紀·貴公≫의 “백금이 魯나라의 제후가 되어 떠나기 전에 노나라를 어떻게 다스려야 하는지 묻자 周公은 ‘이로운 것이 있다 해도 너만을 위해 그 이로움을 탐해서는 안 된다’고 답하였다.”6)라는 구절 중에도 보인다.

5) ‘(聖)’자는 ≪곽점초간≫에서 ‘’·‘’·‘’·‘’·‘’ 등으로 쓰기도 한다.7)

‘聖’이란 儒家에서 말하는 ‘五行’ 중에 제일 높은 경지를 말하며, ‘聖之盛’이란 곧 聖의 최고점을 말한다.

6) ‘’자는 ‘㤅’의 이체자이다. ≪說文≫의 ‘仁’자의 고문 ‘(忎)’자와 같은 형태이다.8)

‘’자는 ‘臤’의 이체자이다. 초간에서는 ‘’·‘’·‘’·‘’·‘’ 등으로 쓴다.9) ‘(臤)’자에 대하여 ≪說文≫은 “‘굳다(堅)’의 의미. ‘又’와 소리부 ‘臣’으로 이루어진 형성자. ‘쨍그랑쨍그랑 울리는 금옥 소리(鏗鏘)’ 중의 ‘鏗’자의 음성과 같다. 古文은 ‘臤’자를 ‘賢’자로 쓴다.”라 하고, 王筠≪句讀≫은 “고문자에서는 ‘言’을 추가하지 않은 ‘臤’자가 ‘賢’으로 사용되었다. 후에 ‘貝’가 추가되어 사용되었다.”10)라 하였다.

‘賢’자는 초간에서 일반적으로 ‘貝’가 아닌 ‘子’를 추가하여 ‘’·‘’·‘’으로 쓴다.11)

‘者’자를 ≪唐虞之道≫에서는 ‘’·‘’·‘’·‘’로 쓰고, 초간에서는 이 형태 이외에도 ‘’·‘’·‘’·

3) ≪說文≫: “堯, 高也. 从垚在兀上, 高遠也. 兟, 古文堯.”
4) ≪楚系簡帛文字編(增訂本)≫, 529 쪽.
5) ≪管子 · 版法解≫: “凡所謂能以所不利利人者, 舜是也. 舜耕歷山, 陶河濱, 漁雷澤, 不取其利, 以敎百姓, 百姓擧利之. 此所謂能以所不利利人者也.”
6) ≪呂氏春秋 · 孟春紀·貴公≫: “伯禽將行, 請所以治魯. 周公曰: ‘利而勿利也’.”
7) ≪楚系簡帛文字編(增訂本)≫, 996 쪽.
8) 裘錫圭 案語는 ≪唐虞之道≫의 ‘仁’는 “모두 ‘千’聲아니면 ‘人’聲이다.”(皆從千或人聲.)라 하였다. ≪郭店楚墓竹簡≫, 159 쪽, 注5.
9) ≪楚系簡帛文字編(增訂本)≫, 294 쪽.
10) ≪說文≫: “臤, 堅也. 从又, 臣聲. 讀若‘鏗鏘’之‘鏗’. 古文以爲賢字.” 王筠≪句讀≫: “不言從臤者, 古直以臤爲賢, 後乃加貝.”
11) ≪楚系簡帛文字編(增訂本)≫, 600 쪽.

'・''・''・'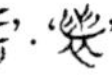' 등으로 쓴다.[12]

''자는 '身窮'의 합문이다.

''자를 ≪郭店楚墓竹簡≫ 정리본은 '𨤿'으로 예정하고 '均'으로 읽고 있다. 그러나 李零≪郭店楚簡校讀記≫는 '不利'와 관련이 있는 구절이기 때문에 '不貪'으로 읽는다 하였다.[13] 劉釗≪郭店楚簡校釋≫은 '里'와 소리부 '匀'으로 이루어진 형성자로 '困'으로 읽어야 한다하였다.[14] '困'으로 읽는 것이 음성상 비교적 가깝다.

7) 李零은 ''자를 '歿'・'沒'자로 해석하였다.[15] 劉釗≪郭店楚簡校釋≫은 의미부가 '又'이고 소리부가 '云'인 '叐'자로 예정하고 '損'으로 읽었다.[16] '損'은 '감소하다・상하다・자기에게 이롭게 하지 않는다.'는 의미다. 李零이나 劉釗의 주장은 의미상으로 모두 통하나, 문자 자형으로 보아 李零의 주장을 따르기로 한다.

''자를 ≪郭店楚墓竹簡≫정리본은 '歖'으로 예정하고 '嘻'로 읽었다. 裘錫圭 案語는 '矣'로 읽었다.[17] '歖'와 '矣'는 음성상 서로 통한다.

8) ''자에 대하여 裘錫圭 案語는 'ㄈ'와 소리부 '才'로 이루어진 형성자로 보고 '始'로 읽어야 하는 것이 아닌가 하였다. 그러나 李零과 劉釗 '才'와 'ㄈ(比)'로 이루어진 형성자로 '必'자와 서로 통한다하였다.[18] 전후 문맥으로 보아 '必'로 해석하는 것이 옳겠다.

9) "才正其身, 肰(然)后(後)正世"[19]의 내용은 ≪禮記・大學≫ "몸을 수양한 후에 가정을 다스리고, 가정을 다스린 후에 나라를 다스리고, 나라를 다스린 후에 천하를 태평하게 한다."[20]의 구절과 비슷하다. 즉 유가의 '修身治平'의 개념이다.

10) 李零은 〔道, 禪〕을 보충하고, 劉釗는 〔女(如)此〕를 보충하였다.[21] 남아 있는 문자의 흔적으로 보아 모두 아닌 것 같다.

2

夫聖人上事天,⑪ 兹(教)民又(有)𢾅也;⑫ 下事𨻰(地), 兹(教)民又(有)新(親)也;⑬ 旹(時)事山川, 兹(教)民【4】又(有)敬也; 新(親)事且(祖)𥨪(廟), 兹(教)民孝也;⑭ 大教之中, 天子𦋟(親)齒,⑮ 兹(教)民弟也. 先聖

12) ≪楚系簡帛文字編(增訂本)≫, 340 쪽.
13) 李零, ≪郭店楚簡校讀記≫, 96 쪽.
14) 劉釗, ≪郭店楚簡校釋≫, 151 쪽.
15) 李零, ≪郭店楚簡校讀記≫, 95 쪽.
16) 劉釗, ≪郭店楚簡校釋≫, 151 쪽.
17) ≪郭店楚墓竹簡≫, 159 쪽, 注 6.
18) ≪郭店楚墓竹簡≫, 159 쪽, 注 6. 李零, ≪郭店楚簡校讀記≫, 96 쪽. 劉釗, ≪郭店楚簡校釋≫, 151 쪽.
19) "반드시 먼저 자신의 몸을 바르게 한 후에 천하를 다스려야 한다."
20) ≪禮記・大學≫: "身修而後家齊, 家齊而後國治, 國治而後天下平."
21) ≪郭店楚簡校讀記≫, 95 쪽. 劉釗, ≪郭店楚簡校釋≫, 151 쪽.

【5】 牙(與)[16]後耶(聖),[17] 考後而逷先,[18] 爻攵(教)民大川(順)之道也.

무릇 성인은 위로는 하늘을 섬기고 백성을 존경하는 마음을 갖도록 교화하였고, 아래로는 땅을 섬기고 백성을 사랑과 화목으로 교화하였다. 항상 산천을 섬기고 백성을 공경하도록 교화하였고, 친히 조상의 사당을 섬겨 백성들로 하여금 효를 배우게 하였다. 太學에서 천자는 長者를 존경하고, 백성은 형제간에 우애가 있도록 하였다. 앞 성인과 뒤 성인 중 앞 성인은 고찰하고 뒤 성인을 존경하여 백성에게 大順의 도를 가리킨다.

【註解】

11) '天' · '𨸏(地)' · '人'의 논리 순서는, ≪禮記·祭義≫의 "사랑을 설교하려면 먼저 부모를 사랑하는 것부터 시작하는 것은 사람에게 상호 친목의 도를 가르치기 위한 것이다. 사람을 공경하는 것을 설교하려면 먼저 연장자를 공경하는 것부터 시작하는 것은 사람에게 순종의 도를 가르치기 위함이다. 임금이 자애로움과 화목함을 백성에게 가르침으로써 백성은 부모를 봉양하는 것을 중히 여기고, 연장자를 공경하는 것을 가르침으로써 백성은 長上의 명령을 지키는 것을 중히 여기는 것이다."[22] 구절과 ≪大戴禮記 · 虞戴德≫의 "聖人이 백성을 다스리는 것은 天을 따르기를 地를 섬기는 것 같이 한다. 그래서 능히 백성의 덕을 사용함에 그것을 높이 들더라도 하늘에 미칠 수 없으며, 깊이 사려한다 해도 땅의 깊이에 미치지 못하는 것이다."[23]의 내용과 유사하다.

12) '(爻攵)'는 '教'자의 이체자이다. 이외에도 초간에서 '' · '' · '' 등으로 쓴다.[24]

13) "爻攵(教)民又(有)新(親)也"는 ≪禮記 · 祭義≫의 "임금이 자애로움과 화목함을 백성에게 가르침으로써 백성은 부모를 봉양하는 것을 중히 여기게 한다."[25] 구절 내용과 같다.

14) "新(親)事且(祖)䆶(廟), 爻攵(教)民孝也"는 ≪大戴禮記 · 朝事≫의 "인솔하여 대묘에 享祠를 지내는 것은 효를 가르치기 위한 것이다."[26] 구절 내용과 같다.

''자는 '水'와 소리부 '廟'로 이루어진 자로 '廟'의 이체자이다. 이외에도 '廟'자는 '' · '' · '' · '' · '' 등으로 쓴다.[27]

15) '大教'를 裘錫圭 案語는 '太學'으로 읽었다.[28]

'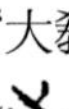(齒)'자는 ≪禮記 · 祭義≫의 "천자는 사학을 설치하여, 입학한 후에 태자는 장자를 존경하는 것을 배웠다."[29] 구절 중의 '齒'와 의미가 같다. '齒'는 어린아이가 윗사람을 존경하는 것을 말한다.

22) ≪禮記·祭義≫: "立愛自親始, 教民睦也. 立敬自長始, 教民順也. 教以慈睦, 而民貴有親; 教以敬長, 而民貴用命."
23) ≪大戴禮記 · 虞戴德≫: "是故聖人之教於民之 , 率天如祖地, 能用民德, 是以高舉不過天, 深慮不過地."
24) ≪郭店楚簡文字編≫, 60 쪽.
25) ≪禮記 · 祭義≫: "教以慈睦, 而民貴有親."
26) ≪大戴禮記 · 朝事≫: "率而享祀於大廟, 所以教孝也."
27) ≪楚系簡帛文字編(增訂本)≫, 821 쪽.
28) ≪郭店楚墓竹簡≫, 159 쪽, 주 8.
29) ≪禮記 · 祭義≫: "天子設四學, 當入學而大子齒."

16) ‘’자를 ‘牙 ’로 예정하기도 하나, 사실상 ‘牙’가 아니라 ‘与’자이다. ‘牙’자는 일반적으로 ‘’·‘’·‘’ 등으로 쓴다.[30]

17) ‘先聖’과 ‘後聖’을 ≪孟子·離婁下≫에서는 “舜임금은 제풍에서 나서 負夏에 옮기어 갔다가 鳴條에서 죽었으니 동쪽 未開民族의 사람이다. 文王은 岐周에서 나서 畢郢에서 죽었으니 서쪽 未開民族의 사람이다. 이들은 피차간의 땅의 거리가 千餘里나 되고 피차의 세대의 차이가 千餘年이나 되는데, 뜻을 이루어 중국에서 王者의 정치를 행한 것은 符節을 맞춘 것 같으니, 先代의 성인과 後代의 성인은 그 행한 법도가 같다.”[31]라 하여 先代의 성인은 舜임금이고, 後代의 성인은 周 文王을 가리킨다. 즉 文王을 중심으로 하여 ‘앞의 성인’과 ‘뒤의 성인’을 가리킨다.

18) ‘’자를 ≪郭店楚墓竹簡≫ 정리본은 ‘逿’로 예정하였다. 이 자는 오른쪽 윗부분이 잘 보이지 않기 때문에, 윗부분을 ‘日’이나 혹은 ‘彐’ 중 어느 형태로 인식하느냐에 따라 각각 해석을 달리한다. 李零은 이 자를 ‘逿’자로 예정하고 ‘甄’자로 읽는 반면에,[32] 劉釗 ≪郭店楚簡校釋≫은 ‘𨒅’로 예정하며, ‘歸’자로 읽고, ‘歸’자는 또한 ‘饋’의 통가자로 보았다.[33]
금문 중 ‘帚’자를 ‘’(≪女歸卣≫)로 쓰는데,[34] ‘’자의 오른쪽 부분은 이와 유사하다. 따라서 이 자는 ‘辵’과 소리부 ‘帚’로 이루어진 형성자인 ‘𨒅’로 예정할 수 있고, ‘追’로 읽는 것이 아닌가 한다. ‘追’는 ‘考’자의 개념과 같다.
≪呂氏春秋·尊師≫의 “천자가 태학에 입학하여 전대의 성인에게 제사 지내고, 일찍이 천자의 스승을 지냈던 스승들을 신하의 등급으로 취급하지 않고 존경하는 것, 곧 배움을 중시하고 스승을 존경하는 것을 밝히는 것이다.”[35]라는 내용으로 보아 ‘追’로 읽고 ‘본받다’·‘존경하다’의 의미로 해석하기로 한다.

3.

堯舜之行, 炁(愛)睪(親)隣(尊)臤(賢). 炁(愛)【6】睪(親)古(故)孝, 尊臤(賢)古(故)𨒅⑱. 孝之𣃍(方),⑲ 炁(愛)天下之民. 𨒅之,⑳ 世亡𢡺直(德).㉑ 孝, 𡰥(仁)之免(冕)也.【7】𨒅, 義之至也. 六帝興於古,㉒ 虘(咸)采(由)此也.㉓ 炁(愛)睪(親)宍(忘)臤(賢), 𡰥(仁)而未義也. 尊臤(賢)【8】遺睪(親), 我(義)而未𡰥(仁)也. 古者吳(虞)舜篙(篤)事寞,㉔ 乃弋其孝;㉕ 忠事帝堯, 乃弋其臣.【9】炁(愛)睪(親)尊臤(賢), 吳(虞)舜

30) ‘牙’자는 ≪楚系簡帛文字編(增訂本)≫, 194 참고. ‘与’자는 ≪楚系簡帛文字編(增訂本)≫, 1167 쪽 침고.
31) ≪孟子·離婁下≫: “舜生于諸馮, 遷于負夏, 卒于鳴条; 東夷之人也. 文王生于岐周, 卒于畢郢, 西夷之人也. 地之相去也, 千有餘里; 世之相後也, 千有餘歲. 得志行乎中國, 若合符節, 先聖後聖, 其揆一也.”
32) 李零, ≪郭店楚簡校讀記≫, 96 쪽. “原從辵炅, 其聲旁與秦公簋‘鎮靜’的‘鎮’字所從相同, 這裏疑讀爲甄.” ‘甄’자는 ‘밝히다’의 의미이다.
33) 劉釗, ≪郭店楚簡校釋≫, 152 쪽.
34) ≪金文編≫, 549 쪽, 794 쪽.
35) ≪呂氏春秋·尊師≫: “天子入太學 , 祭先聖 , 則齒嘗爲師者弗臣, 所以見敬學與尊師也.”

其人也. 墨(禹)紿(治)水, 膉(益)紿(治)火, 后稷紿(治)土, 足民羖(養)□□□㉖【10】卽(節)㉗虖(乎)脂膚血既(氣)之靑(情),㉘ 羖(養)眚(性)命之正, 安命而弗実(夭), 羖(養)生而弗敡(傷), 智□□【11】□㉙豊(禮)・愄(畏)㉚守樂孫㉛民效(教)也.

堯舜은 부모를 사랑하고 賢者를 존경하였다. 부모를 사랑하였기에 孝한 것이고, 현자를 존경하였기에 禪讓한 것이다. 孝의 근본적인 도리는 천하의 백성을 사랑하는 것이며, 禪의 실행은 세상에 덕이 밝혀 드러내지는 것이다. 仁은 孝의 禮帽(조정에 나갈 때 쓰는 관)와 같은 것이다. 禪은 義의 목표이며, 고대에 六帝가 일어나게 된 것은 모두 이러한 이유 때문이다. 가족을 사랑하나 현인을 소홀히 하는 것은 仁이나 義는 아니다. 현인을 존중하나 오히려 가족을 소홀히 하는 것은 義이나 仁은 아니다. 옛날 虞舜이 오로지 瞽瞍를 섬긴 것은 효를 행한 것이고, 堯를 섬긴 것은 신하의 의무를 행한 것이다. 가족을 매우 사랑하는 자는 곧 현인을 존중한다. 虞舜이 곧 이러한 사람이다. 墨(禹)는 물을 다스리는 직무를 맡았고, 膉(益)은 불을 다스리는 직무를 맡았고, 后稷(稷)은 토지를 다스리는 직무를 맡았었다. 이들은 모두 백성의 생존의 필요를 만족시키기 위해서였다. 이러한 것은 모두 피부, 근육, 피, 氣의 실제적 상황을 근거로 하여, 생명의 정기를 양성하고, 생명을 사랑하고 보호하여 죽지 않도록 하고, 신체를 보양하고 손상하지 않도록 하였고, 백성을 지혜롭게 하여 예의를 알게 하였다. 愄(夔)가 음악을 관장하였고, 백성을 다스리고 교화하였다.

【註解】

본 단락은 '부모를 사랑하는 효'와 '가장 큰 효는 부모를 존경하는 것'이라 하여 '孝'의 중요성을 강조하고 있다.

19) ≪郭店楚墓竹簡≫은 정리본은 '󠄀'자를 '㝔'자로 예정하고 '方'자로 읽었다. 劉釗≪郭店楚簡校釋≫에서 '殺'字의 고문인 '㣻'로 예정하고 '減'자로 읽었다.36) 李零≪郭店楚簡校讀記≫는 '殺'자로 예정하고 '施'자로 읽었다.37) 이 자는 ≪郭店楚簡·語叢一≫제 103간은 '禮'에 관한 내용으로 "豊(禮)不同, 不𡋲(害)不㝔"38)이라 하고, ≪郭店楚簡·語叢三≫제 40간은 부모를 사랑하는 내용으로 "慐(愛)睪(親)則其䖐慐(愛)人."39)라 하였다. 만약에 '殺'자로 예정한다면 문맥이 통하지 않는다. ≪說文解字≫는 '殺'자의 고문을 '𣏂(布)'로 쓴다. ''자와는 완전히 다르다. ''·''(≪語叢≫一)과 ''(≪語叢三≫40) 은 '虫'과 소리부 '方'으로 이루어진 형성자가 분명하다. 따라서 본문은 ≪郭店楚墓竹簡≫ 정리본의 주장에 따라 '方'으로 읽기로 한다.

36) 劉釗, ≪郭店楚簡校釋≫, 153 쪽.
37) 李零, ≪郭店楚簡校讀記≫, 97 쪽.
38) "예는 똑 같은 것이 아니며, 해를 끼치지 않으며, 방해하는 것이 아니다." 본 문장에서는 '妨'으로 읽을 수 있다.
39) "육친을 사랑하는 것이 곧 다른 사람을 사랑하는 것으로 변한다." 본 문장에서는 '방도'라는 의미의 '方'자로 읽을 수 있다.

20) ‘’자에 대해서는 학자마다 다르다. ‘傳’이나 ‘流’자로 해석하기도 한다.[40] 李零은 오른쪽 자부는 ‘虫’과 ‘叀’으로 이루어져 있으며, ‘傳’으로 읽는다 하였다.

21) ‘(忈)’자는 ‘心’과 소리부 ‘乚’으로 이루어진 형성자이다. ‘乚’은 ‘隱’이나 ‘㥯’의 이체자이다. ≪說文≫은 ‘乚’에 대하여 “‘숨기다(匿)’의 의미이고 ‘隱’으로 읽는다.”[41]라 하였다.

22) ‘六帝’가 누구인가 대해서는 여러 가지 설이 있다. ‘軒轅’ · ‘少昊’ · ‘高陽’ · ‘高辛’ · ‘陶唐’ · ‘有虞’라 하기도 하고, 혹은 ‘黃帝’ · ‘顓頊’ · ‘帝嚳’ · ‘帝堯’ · ‘帝舜’ · ‘帝禹’라고도 한다.

23) ‘(䖘)’자는 ‘虍’와 소리부 ‘含’으로 이루어진 형성자이다. ‘모두’의 의미인 ‘咸’으로 읽는다. 裘錫圭案語는 ‘㦤’자를 잘못 쓴 것이라 하였다.[42] 그러나 ≪語叢一≫은 ‘㦤’자를 ‘’(제71간)로 쓴다. 형태가 ‘’자와는 다르기 때문에 굳이 ‘㦤’자를 잘못 쓴 것으로 볼 필요는 없을 것 같다.
‘(采)’자는 ‘穗’자와 같은 자이다. ≪說文解字≫는 ‘(采)’자에 대하여 “‘벼 이삭이 잘 익은 모양’의 의미. 사람이 이른바 수확하는 것을 말한다. ‘禾’와 ‘爪’로 이루어진 회의자. ‘采’자를 혹은 ‘禾’와 소리부 ‘惠’로 이루어진 ‘(穗)’자로 쓴다”[43]라 하였다. 본 구절에서 ‘采’는 ‘由’의 의미로 쓰인다.

24) 劉釗≪郭店楚簡校釋≫은 ‘’字를 ‘宀’과 소리부 ‘瓜’인 ‘㼌’자로 예정하였다.[44] 소리부 ‘瓜’는 ‘瞽’의 음과 서로 통한다. ‘㼌(瞽)寞’은 곧 ‘瞽瞍’로 舜의 아버지를 가리킨다.[45] 제 24간에도 이 자가 보인다.

25) ‘乃弋其孝’ 중 ‘弋’자를 ‘(戈)’로 쓰는데, 이는 ‘弋’을 잘못 쓴 것이다. ‘弋’은 ‘式’으로 읽고, ‘用’의 의미이다. 이하 ‘戈(弋)’자도 마찬가지다. ≪郭店楚簡≫에서는 ‘弋’字를 ‘’·‘’으로 쓴다.[46]

26) ‘□□□’ 부분을 李零은 “生. [夫唯]”로 보충하였다.[47] 문맥으로 보아 ‘養生’에 관한 내용인 것으로 보인다.

27) ‘(卲)’자는 왼쪽 부분이 잘 보이지 않는다. ≪郭店楚墓竹簡≫정리본은 ‘節’자가 아닌가 하였다. 그러나 자를 李零은 왼쪽부분이 ‘寸’으로, ‘寸’의 음은 ‘順’자의 음과 통한다 하였다.[48] 하지만 일반적인 ‘寸’의 형태와 다르기 때문에 현재로썬 확실히 알 수가 없다. 한편 이 자 다음 ‘虖(乎)’에서 문장을 끊어 읽어야하는 것이 아닌가 한다.

28) ‘脂膚血𣲡(氣)’는 사람의 각각의 신체부분을 가리킨다.

29) 李零은 〔天下明〕을 보충하였다.[49]

---

40) 李零, ≪郭店楚簡校讀記≫, 95 쪽. 劉釗, ≪郭店楚簡校釋≫, 153 쪽.
41) ≪說文≫: “乚, 匿也. 讀若隱.”
42) ≪郭店楚墓竹簡≫, 159 쪽, 注 11.
43) ≪說文解字≫: “采, 禾成秀也. 人所以收. 从禾, 爪. 穗, 采或从禾, 惠聲.”
44) 劉釗, ≪郭店楚簡校釋≫, 153 쪽.
45) ≪郭店楚墓竹簡≫, 159 쪽, 注12. “寞當指舜父瞽瞍.”
46) ≪楚系簡帛文字編(增訂本)≫, 1031 쪽.
47) 李零, ≪郭店楚簡校讀記≫, 95 쪽.
48) 李零, ≪郭店楚簡校讀記≫, 97 쪽.
49) 李零, ≪郭店楚簡校讀記≫, 95 쪽.

30) '慄(畏)守樂' 중의 '(慄)'자를 劉釗≪郭店楚簡校釋≫은 '夔(조심할, 기)'자로 읽었다.[50] '夔'는 요순 시대 음악의 관리했던 사람이다. ≪禮記.樂記≫에서는 "옛날 舜은 五弦의 琴을 만들어 ≪南風≫을 노래했고, 夔는 음악을 만들어 諸侯들에게 감상하도록 하였다"[51]에 대하여 鄭玄은 "夔는 舜 때 음악을 관리하는 자이다."[52]라 하였다.

31) '(孫)'자는 '順'자로 읽는다.

4.

咎采㉜內用五型(刑), 出弋兵革, 辠(罪)㉝杚(?)㉞□□㉟【12】用憾(威)㊱, 㝵(夏)用戈, 正不備(服)也. 㤅(愛)而正之, 吳(虞)㝵(夏)之紿(治)也. 禪而不違(傳), 義亙(恒)□□㊲【13】紿(治)也. 古者堯生於天子而又(有)天下, 聖以堣命, 㤅(仁)以逵㊳旹(時), 未嘗堣(遇)□□㊴【14】並㊵於大旹(時),㊶ 神明均(?)從, 天隉(地)右(佑)之. 從(縱)㤅(仁)聖可與,㊷ 旹(時)弗可秉(及)歖(嘻). 夫古者【15】舜佢(居)於艸(草)茅之中而不惪(憂), 身爲天子而不喬(驕). 佢(居)艸(草)茅之中而不惪(憂), 智(知)命【16】也. 身爲天子而不喬(驕), 不㊸也. 浗㊹虖(乎)大人之興, 敚(美)也.㊺ 今之弋㊻於直(德)者, 未【17】年不弋㊼. 君民而不喬(驕), 卒王天下而不矣(疑). 方才(在)下立(位), 不以仄夫爲【18】坙(輕); 秉(及)其又(有)天下也, 不以天下爲重. 又(有)天下弗能益, 亡天下弗能員(損). 亟(極)㤅(仁)【19】之至, 利天下而弗利也禪也者, 上直(德)受(授)臤(賢)之胃(謂)也. 上直(德)則天下又(有)君而【20】世明, 受(授)臤(賢)則民興效(教)而蟡(化)虖(乎)道. 不禪(禪)而能蟡(化)民者, 自生民未之又(有)也,【21】之正者, 能以天下禪(禪)歖(嘻).

皋陶(고요)는 다섯 가지 형벌로 다스렸고, 무기를 가지고 출병하였고, 가벼운 법으로 다스렸고, 虞는 위엄으로 다스렸고, 夏는 무기로써 불복종하는 자들을 다스렸다. 백성을 사랑으로 다스렸는데, 虞夏의 통치 방법이 곧 이와 같았다. 禪讓하고, 계승하지 않고, 의가 장구하고 【끊이지 않으니, 이게 곧 夏의】 통치였다. 옛날 堯는 천자로 태어나 天下가 있었던 것은 聖明을 천명으로부터 받은 것이고, 인과 사랑이 적절하게 때에 맞아 방해를 받지 않았다. 천지신명의 뜻을 따르니 천지가 保佑하였다. 설사 仁과 聖이 도울 수 있을지라도, 時機에는 미치지 못한다. 옛 舜왕이 신분이 비천하여 초가집에 살았지만, 근심이 없었고, 임금이 되어서는 교만하지 않았다. 초야만 있었지만, 근심이 없었던 것은 천명을 안 것이고, 임금이 되어서는 교만하지 않은 것은 또한 방종하지 않은 것이다. 大人이 흥하게 되기를 바라는 것은 아름다운 일이다. 현재 德者를 본받고, 항상 덕을 행하기를 멈추지 않는다면, 군주와 백성은 교만하지 않게 되니, 결국엔 천하는 다스리는데 의심을 받지 않게 된다. 비록 낮은 위치에 있는 필부라 할지라도 가볍게 여기지 않으며, 몸이 천하를 다스리는 위치에 있다 해도 천하 다스리는 것만을 가장 중요한 것으로만 여기지 않는다. 그런 고로 천하를 다스리는 자가 이익을 취하지 않기 때문에 천하를 다스리지

50) 劉釗, ≪郭店楚簡校釋≫, 154 쪽.
51) ≪禮記.樂記≫: "昔者, 舜作五弦之琴, 以歌≪南風≫; 夔始製樂, 以賞諸侯."
52) "夔, 舜時典樂者也."

않는 경우가 있다 하여도 결코 손해가 나지 않는 것이다. 따라서 인의 최고는 禪讓이니, 즉 천하를 이롭게 하고 자기를 이롭게 하지 않는 것이다. 禪讓이라는 것은 바로 위에 있는 자가 덕을 갖추고 있어, 그 직위를 현자에게 양보하는 것을 말한다. 위에 있는 자가 덕이 있으며, 천하에는 곧 主宰자가 있게 되며, 세상은 昌明하게 된다. 지위를 물려받은 현자는 백성이 교화하고 흥성하게 하여 大道를 이룰 수 있다. 禪讓하지 않고 백성을 교화하였다는 사례는 이제까지 없었다.

【註解】

32) ‘咎采’는 ‘咎繇’로 쓰기도 하며, ‘皐陶’를 가리킨다.[53] 皐陶는 帝舜의 신하이며 다섯 가지 형벌을 만들었다고 한다. ≪尚書舜典≫에서는 “고요여! 오랑캐가 중국을 넘보고 도둑떼가 안팎에 들끓고 있다. 그대를 사로 임명하니, 다섯 가지 형벌을 행하되 다섯 가지를 세 곳에서 행하며, 다섯 가지로 귀양을 보내되 다섯 가지를 세 곳으로 보내며, 오직 밝게 행하여야만이 믿고 따르게 된다.”[54]라 하였다. ‘采’의 음은 ‘由’와 같고, ‘繇’와 통한다.

33) ‘(涇)’자는 ‘水’와 ‘巠’으로 이루어진 자로 ‘輕’으로 읽는다.

34) ‘’자는 ‘本’과 ‘去’로 이루어진 자이다. 따라서 이 자를 ‘夲’로 예정할 수 있다. 하지만 어떤 의미로 쓰이는지는 확실히 알 수가 없다. 李零은 ‘法’으로 해석하였다.[55] ≪尙書·虞書·大禹謨≫에서는 “고요(皐陶)가 대답하여 아뢰었다. 제(帝)의 덕(德)이야말로 완전무결합니다. 아래 백성들에게 임하실 때는 번거로운 일이 없도록 힘을 쓰시고 사람들을 부리실 때는 관대하도록 힘을 쓰십니다. 벌은 자손에게까지 미치는 일이 없도록 하시고, 은상(恩賞)은 반드시 후대에까지 미치도록 하십니다. 과실에 의한 죄는 어떠한 중죄(重罪)라도 용서하시고, 고의(故意)에 의한 죄는 자그만 것이라도 내버려두지 않으십니다. 벌(罰)의 경중(輕重)을 정하기 어려울 때는 가벼운 쪽을 취하시고, 상(賞)의 경중을 정하기 어려울 때는 무거운 쪽을 취하십니다. 사죄(死罪)에 처할 적부(適否)를 판단하기 어려울 때에는 죄없는 사람을 잘못 죽이느니보다는 차라리 형(刑)의 정한 바를 파기하는 쪽이 옳다 하여 그 쪽을 택하십니다. 이와 같이 백성의 생명을 존중하시는 제(帝)의 덕(德)은 백성들의 마음에 널리 깊이 번져서 그 때문에 백성들은 관(官)을 반대하지 않는 것입니다.”[56]라 하였다. 이 중의 “辠(罪)涇祛”은 “罪疑惟輕”[57]구절 내용과 관련이 있는 것이 아닌가 한다. 따라서 ‘法’으로 해석할 수 있다.

---

53) ≪郭店楚墓竹簡≫, 159 쪽, 주17.

54) ≪尚書.舜典≫: “帝曰 : ‘皐陶 , 蠻夷滑夏 , 寇賊奸宄. 汝作士 , 五刑有服 , 五服三就. 五流有宅 , 五宅三居. 惟明克允!”

55) 李零, ≪郭店楚簡校讀記≫, 96 쪽.

56) ≪尙書·虞書·大禹謨≫“皐陶曰: 帝德罔愆, 臨下以簡, 御衆以寬, 罰弗及嗣, 賞延于世, 宥過無大, 刑故無小, 罪疑惟輕, 功疑惟重. 與其殺不辜, 寧失不經. 好生之德, 洽于民心, 玆用不犯于有司.”

57) “벌(罰)의 경중(輕重)을 정하기 어려울 때는 가벼운 쪽을 취하다.”

35) 李零은 ‘〔也, 虞〕’를 보충하였다.[58]

36) ‘’자는 ‘戈’와 소리부 ‘愄’로 이루어진 형성자이다. ‘威’와 음이 통한다.

37) 李零은 〔絶, 夏〕를 보충하였다. 참고할 만하다.[59]

38) ‘’자에 대하여, 裘錫圭 案語는 이 자는 소리부 ‘丰’으로 ‘逢’으로 읽을 수 있다하였다.[60]

39) 李零은 [賢, 雖〕 두 자를 보충하였다.[61]

40) ‘(並)’자는 ‘傍’으로 읽고 ‘依’의 의미로 쓰인다.

41) ‘大時’란 ‘중요한 시기’이다.

42) ‘(與)’자를 ‘돕다’는 의미로 쓰인다. ≪孟子.公孫丑上≫의 ‘取諸人以爲善，是與人爲善者也’[62] 구절 중 ‘與’자는 ‘돕다(助)’는 의미이다.

43) ‘’자를 劉釗≪郭店楚簡校釋≫은 ‘流’자로 예정하고 ‘放縱’으로 해석하였다. 李零은 앞의 이 글자와 마찬가지로 ‘傳’으로 예정하면서 여기서는 ‘專’자의 의미로 쓰인다 하였다.[63] 앞 구절 ‘不驕’이라는 내용과 관련이 있는 것으로 보아 ‘放縱하다’라는 의미로 해석하기로 한다.

44) ‘(洂)’자는 ‘求’로 읽는다.

45) ‘(散)’자는 초간에서 ‘微’나 ‘美’의 의미로 쓰인다. 전후 문맥으로 보아 본문에서는 ‘美’의 의미로 쓰인다.

46) ‘(戈)’자는 ‘弋’자를 잘못 쓴 자이며, 본 구절에서는 ‘式’의 의미로 쓰인다.

47) 본 구절에서 ‘弋’자는 ‘忒’의 의미로 쓰인다.[64] ≪說文解字≫는 ‘(忒)’자에 대하여 “‘변경되다’의 의미. ‘心’과 소리부 ‘弋’으로 이루어진 형성자이다.”[65]라 하였다.

5.

古者堯之與舜也; 昏(聞)舜孝, 智其能羧(養)天下【22】之老也; 昏(聞)舜弟, 智知其能紂(嗣)㊽天下之長也; 昏(聞)舜兹(慈)虖(乎)弟【23】㊾爲民宔(主)也. 古(故)其爲寞子也, 甚孝; 秉(及)其爲堯臣也, 甚忠; 堯禪天下【24】 而受(授)之, 南面而王而〈天〉下, 而甚君. 古(故)堯之禪虖(乎)舜也, 女(如)此也.

고대 堯가 舜에게 禪讓한 것은, 순이 孝하다는 것을 듣고, 천하의 노인들을 돌볼 수 있음을 알았고, 舜이 형제간에 우애가 있다는 것을 듣고, 천하의 長者를 섬길 수 있음을 알았고, 순이 어린 자들에게

58) 李零, ≪郭店楚簡校讀記≫, 96 쪽.
59) 李零, ≪郭店楚簡校讀記≫, 98 쪽.
60) ≪郭店楚墓竹簡≫, 157 쪽, 注20.
61) 李零, ≪郭店楚簡校讀記≫, 96 쪽.
62) ≪孟子.公孫丑上≫: “取諸人以爲善，是與人爲善者也.”(남이 선하는 것을 취하는 것은 남이 선을 하도록 도와주는 것이다.)
63) 李零, ≪郭店楚簡校讀記≫, 96 쪽. 劉釗, ≪郭店楚簡校釋≫, 154 쪽.
64) 劉釗, ≪郭店楚簡校釋≫, 156 쪽.
65) ≪說文≫: “更也. 从心, 弋聲.”

자비심이 있다는 것을 듣고, ……그가 백성의 주체가 되게 할 수 있다는 것을 알았기 때문이다. 그런 고로 瞽瞍의 아들이라는 것은 곧 지극한 효의 실행이며, 요의 신하를 겸하게 되었다는 것은 곧 지극한 忠의 실행이며, 요가 천하는 순에게 선양하고, 왕이 되고 천하를 다스리게 하는 것은 지극한 君主의 도를 실행한 것이다. 堯가 순에게 천하를 禪讓한 것이 바로 이와 같은 것이다.

【註解】

48) ''자는 '糸'와 소리부 '𠃌(司)'로 이루어진 자로 '嗣'나 '事'자로 읽을 수 있으나 본 구절에서는 문맥을 고려하여 '事'로 읽기로 한다.

49) 이 뒷부분에 李零은 '〔象□□, 知其能〕'이 파손된 것으로 보고 있다.[66]

6.

古者聖(聖)人廿(二十)而【25】冒(曰),㊿ 卅(三十)而又(有)家, 五十而紿(治)天下, 七十而至(致)正(政).[51] 四枳肤陸,[52] 耳目聍明衰,[53] 徨天下而【26】受(授)臤(賢), 退而羧(養)其生. 此以智(知)其弗利也.[54] ≪吳(虞)時(詩)≫[55]曰: '大明不出,[56] 完[57]勿(物)䖍(皆)訇.[58] 聖【27】者不才(在)上, 天下北壞.[59] 紿(治)之至, 羧(養)不喿[60]; 亂之至, 滅臤(賢). 忎(仁)者爲此進,【28】……如此也.【29】

고대 성인은 20세에 관을 하고 30세 때 가정을 가지고 50세에 천하를 통치하고, 70세에 사직을 청원하여 물러났다. 四肢가 권태해지고, 귀와 눈의 총명함이 쇠퇴해지면, 천하를 현자에게 禪讓하고 물러나 養生하여야 한다. 이는 자신이 이득이 되지 못함을 알기 때문이다. ≪虞詩≫에서 '해와 달이 나오지 않으면 만물이 모두 가리어지고, 성인이 위에 오르지 않으면 천하는 필히 폐하고 만다.'라고 했다. 治의 극치는 불초소생을 길러주고, 亂의 극치는 현자를 폐하게 하는 것이다.

【註解】

50) ≪郭店楚墓竹簡≫ 정리본은 ''자의 아랫부분은 '自'가 '目'자로 써야 한다하고 '曰'로 읽는다 하였다.[67] 劉釗≪郭店楚簡校釋≫에서는 '冒'字는 '帽'字의 初文이라 하고, 李零은 '冠'자의 이체자라 하였다.[68] ≪上博楚簡·容成氏≫제 52간에서는 '冠'자는 ''으로 쓰고, ≪包山楚簡≫은 ''으로 쓴다.[69] 자형으로 보아 '冠'의 이체자가 아닌가 한다. '帽'와 '冠'은 동의어이다.

51) '致正'과 '致仕', '致事' 등은 모두 사직함을 말하다. ≪禮記·曲禮上≫의 "大夫七十而致事"[70]에 대하여 鄭玄은 "그가 종사하는 일을 군주에게 나이가 들었음을 알리는 것이다."[71]라 하고, ≪禮記·曲禮

66) 李零, ≪郭店楚簡校讀記≫, 96 쪽.
67) ≪郭店楚墓竹簡≫, 159 쪽, 注29.
68) 劉釗, ≪郭店楚簡校釋≫, 158 쪽. 李零, ≪郭店楚簡校讀記≫, 97 쪽.
69) ≪楚系簡帛文字編(增訂本)≫, 714 쪽.
70) ≪禮記·曲禮上≫: "大夫七十而致事."(대부는 칠십에 사직하였다).

上≫에서는 “사람이 태어나서 열 살이 되면 幼라 하여 이때 배운다. 이십세가 되면 弱이라 하여 관례한다, 삼십이 되면 仕라 하여 이때는 아내를 갖는다, 사십에는 強이라 하여, 이때는 벼슬을 한다, 오십에는 艾라하여 官政에 복무한다, 육십에는 耆라 하여 남에게 지시를 한다, 칠십에는 老라 하여 다른 사람에게 물려준다.”72)라 하였다. 이는 모두 사직에 관한 내용이다.

52) ‘(四枳肤陛)’를 裘錫圭 案語는 ‘四肢倦惰’로 읽어야 한다하였다.73) ≪黃帝內經・靈樞・寒熱病第二十一≫에서는 “사지가 피곤하나 회복하지 않으며, 몸 전체가 피곤하게 된다.”74)라 하였다.

53) ‘’자를 ≪郭店楚墓竹簡≫ 정리본은 ‘聍’자로 예정하고 있으나, 오른쪽 부분은 ‘虫’자로 소리부이다. ‘聰’의 이체자가 아닌가 한다.75) ‘耳目聍明’은 즉 ‘耳目聰明’으로 ≪管子・內業≫에서는 “耳目이 聰明하고 四肢가 堅固하다.”76)라 하였다.

54) ‘弗利’는 簡文에서 일반적으로 ‘타인을 이롭게 하고 자기를 이롭게 하지 않는다’는 뜻으로 쓰인다.

55) ‘(阱)’는 ‘阝’와 ‘寺’로 이루어진 형성자로 ‘詩’와 음이 통한다. ‘吳詩’는 ‘虞詩’로 현재는 전해 내려오지 않는다.

56) ‘大明’은 즉 해와 달을 가리킨다. ≪禮記·禮器≫에서는 “대명인 해는 동쪽에서 뜨고, 달은 서쪽에서 뜨네.”77)라 하고, ≪管子・內業≫에서는 “대청을 바라보고, 대명을 쳐다 보네.”78)라 했는데, 이 중 ‘大明’은 즉 ‘日’과 ‘月’을 가리킨다.

57) ‘’자를 ≪郭店楚墓竹簡≫은 ‘完’자로 예정하고 있으나, 裘錫圭 案語는 ‘萬’자로 예정할 수 있고, ‘萬’자로 읽는다 하였다.79)

58) ‘(訇)’은 ‘勹’(‘伏’字의 初文)와 소리부 ‘言’으로 이루어진 형성자이며, ‘暗’으로 읽는다.

59) ‘(才匕)’자는 ‘才’와 소리부 ‘匕’로 이루어진 형성자로 ‘必’로 읽는다.

‘(㙛)’자는 ‘壞’자의 古文이다. ≪說文解字≫는 ‘(壞)’자에 대하여 “‘무너지다(敗)’의 의미. ‘土’와 소리부 ‘褱’로 이루어진 형성자이다. ‘壞’자의 古文은 생략 형태인 ‘(䵉)’로 쓰고, 籒文은 ‘(𣀔)’로 쓴다.”80)라 하였다.

60) ‘不枽’는 ‘不肖’의 의미이다.81)

71) “致其所掌之事於君而告老.”
72) ≪禮記.曲禮上≫: “人生十年曰幼, 學; 二十曰弱, 冠; 三十日仕, 有室; 四十曰強, 而仕; 五十曰艾, 服官政; 六十曰耆, 指使; 七十日老, 而傳.”
73) ≪郭店楚墓竹簡≫, 159 쪽, 注 30.
74) ≪黃帝內經·靈樞·寒熱病第二十一≫: “四肢懈惰不收 , 名曰體惰.”
75) 李零, ≪郭店楚簡校讀記≫, 97쪽 참고.
76) ≪管子·內業≫: “耳目聰明, 四肢堅固.”
77) ≪禮記·禮器≫: “大明生於東, 月生於西.”
78) ≪管子·內業≫: “鑒於大清, 視於大明.”
79) ≪郭店楚墓竹簡≫, 160 쪽, 注 33.
80) ≪說文解字≫: “壞, 敗也. 从土, 褱聲. 䵉, 古文壞省. 𣀔, 籒文壞.”라 하였다.
81) ≪郭店楚墓竹簡≫, 160 쪽, 注 35.

8. 忠信之道

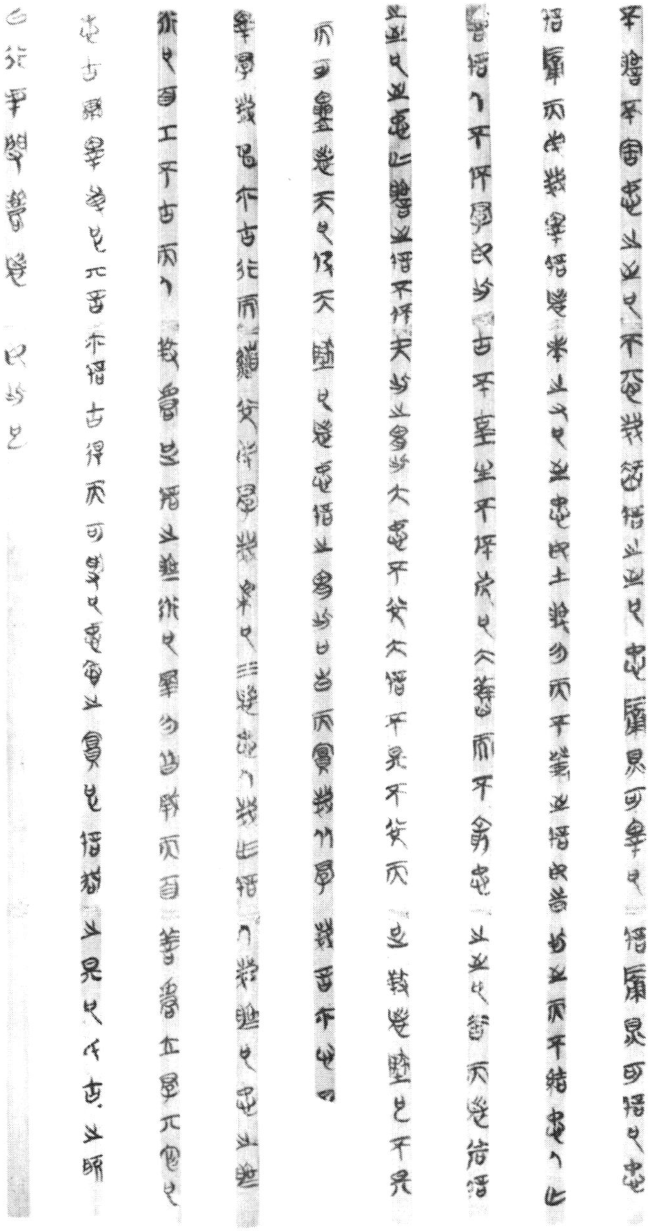

九 八 七 六 五 四 三 二 一

【忠信之道】

≪忠信之道≫는 모두 9매의 죽간으로 되어 있다. 죽간 양쪽 끝은 편평하게 다듬어져 있고, 길이는 28.2-28.3㎝이다. 두 곳에 편선(編線)이 있는데, 간격은 13.5㎝이다. 문자는 모두 256字가 있고, 이 중 합문이 5자이며, 매 죽간마다 약 30자 정도가 쓰여져 있다. 제 8간에 중문 부호가 있는 것 이외에는 다른 부호가 없다.

내용은, 윗사람은 응당히 '忠'과 '信'의 도덕규범을 갖추고 있어야 함을 강조하고 있다. 이 중 '忠'은 "仁之實也"[1]이며, '信'은 "義之期也"[2]'라 하였다. 이러한 '忠'과 '信'이 '仁'과 '義'의 실질이며 목표라는 개념은 전통적인 '忠信'의 관념과는 다르다. 이러한 개념은 일종의 백성이나 신하가 윗사람에게 요구하는 '忠信'이다.

또한 지극한 '忠'을 '기만하지도 의심하지도 않는 것'[3]이라 하고, 지극한 '忠'을 '흙(土)과 같다'고 비유하였다. 최고의 '信'은 '속이지도 총명하지도 않는 것'[4]이라 하고, 최고의 '信'을 '때(時)'와 같다고 비유했다. '土'와 '時'는 모두 객관적으로 존재하는 것이고, 순박하고 진실하며 영원한 것이다.

"忠이 쌓이면 사람과 친근해 질 수 있고, 信이 쌓이면 다른 사람으로 하여금 믿게 할 수 있다. 따라서 위에 있는 사람이 忠信을 쌓았는데도, 사람들이 친근하고 신임하지 않는 예를 본 적이 없다."[5]라는 내용은 백성이 군주에게 충신하기를 바라는 목적으로 교화하지 말아야 하며, 군주의 입장에서 충신을 바라지 말고, 오히려 忠과 信하는 마음으로써 君臣을 구해야하며, 통치자가 오히려 臣民에게 忠信해야 한다는 개념이다. 이외에도 말로만 충신하지 말라고 권고하였다. 즉 겉으로는 복종하나 속으로는 따르지 않으며, 행동을 고치지 않으면서 백성들의 추앙을 얻으려고 기대하지 말아야 한다고 하였다.

또한 '忠信'의 '道'를 행하면 많은 좋은 점들을 얻을 수 있다 하였다. 즉 충신을 하게 되면 "백공이 만드는 물건이 모두 견고하며, 사람이 살아가는데 필요한 물질은 충족하지 않은 것이 없게 되고, 모든 만물은 성장하게 되고, 좋은 일이 이루어지게 된다."[6]는 것이다.
이와 동시에 군자가 忠으로써 일을 행하면, "사랑하고 친해져서 의지하게"[7] 되고, 말에 신의가 있으면 "진실로 사랑할 수 있다."[8]라 했다.

1) "仁之實也.(인의 실제이다)."
2) "義之期也.(의의 최고목표이다)."
3) "不訛不孚.(기만하지도 의심하지도 않는 것)."
4) "不欺弗知.(속이지도 총명하지도 않는 것)."
5) "忠積則可親也, 信積則可信也. 忠信積而民弗親信者, 未之有也."
6) "百工不楛, 而人養皆足, 群物皆成, 而百善皆立." 이러한 개념은 ≪荀子·勸學≫의 "問楛者, 勿告也; 告楛者, 勿問也.(질문하는데 예의가 없는 자에게는 대답하지 않고, 퉁명스럽게 대답하는 자에게는 질문하지 않는다.)" 라는 내용과 유사한다.
7) "戀親附也.(사랑하고 친해져서 의지하게 된다.)"
8) "亶而可愛也.(진실로 사랑할 수 있다.)"

통치자가 忠信으로 도를 행하면 백 가지 이익이 있고 재앙이 없어진다 하였다. 忠信은 곧 아랫사람이 윗사람에게 요구하는 도덕적 항목이다. '忠'이란 곧 성실하고 오랫동안 변하지 않는 것이며, '信'이란 우정과 신뢰같은 일반적인 信이 아니라, ≪大學≫에서 말하는 "국가간의 사귐은 믿음에 머물러야한다."[9]와 같은 것이다.

'仁'은 유가 정치 논리사상 중 가장 핵심적 범주라고 할 수 있는데, 일반적으로 '忠'과 '信'을 '仁'의 도덕적 항목으로 귀결시킨다. 그러나 ≪忠信之道≫에서는 이러한 개념이 아니라, "'忠'은 '仁'의 실제이며, '信'은 '義'의 최고 목표다."[10]라 하였다.

1.

不譌①不[illegible],② 忠之至也. 不惎弗智(知), 信之至也. 忠㾿(積)則可罕(親)也,③ 信㾿(積)則可信也. 忠【1】信㾿(積)而民弗罕(親)信者, 未之又(有)也. 至忠女(如)土, 蝸(爲)勿(物)而不[illegible](發)④; 至信女(如)旹(時), 北⑤至而不结⑥. 忠人亡【2】譌, 信人不怀(背)⑦. 君子女(如)此, 古(故)不[illegible]⑧生, 不怀(背)死也.

거짓이 없고 의문이 없는 것이 忠의 극치이다. 기만함이 없고 총명(교묘)함이 없는 것이 信의 극치이다. 忠을 쌓으면 사람들과 친근해 질수 있고, 신을 쌓으면 사람들에게 신임을 얻을 수 있다. 임금 된 자가 忠信을 쌓았는데도 백성들과 친해지지 않고 신임을 얻지 못한 적은 일찍이 없었다. 지극한 忠은 흙과 같으니, 만물을 회생하게 하면서도 자만하거나 교만함이 없다. 지극한 信은 時節과 같으니 순서에 따라서 행하지만 멈춤이 없다. 忠人은 위배됨이 없고, 信人은 배반함이 없다. 군자는 이와 같으니 또한 생을 기만하지 않고 죽음을 두려워하지 않는다.

【註解】

1) '[illegible](譌)'자는 '言'과 소리부 '爲'로 이루어진 형성자로 '訛'자의 이체자이다. '속이다 · 기만하다'의 의미이다. ≪郭店楚簡·語叢四≫는 '[illegible](訛)'자로 쓴다.[11]

2) '[illegible]'자를 李零 ≪郭店楚簡校讀記≫는 '寶'자의 생략형이라 하고 '孚'자로 읽으며, '不孚'는 곧 '不信'의 의미라 하였다.[12] 그런데 문맥상 '不信'이 어떻게 충성의 극치이겠는가? 혹은 뒷 구절 중의 '智'자와 댓구로 쓰였다면 '信'의 의미인 '孚'로 읽을 수 있으나, 다음 구절에 '信之至也'라 한 것으로 보아 가능성이 적어 보인다. 劉釗의 ≪郭店楚簡校釋≫에서는 '[illegible]'로 예정하고 '謟(의심할 도, tāo,tào)'로 읽었다.[13] '[illegible]'자의 '缶'와 '謟'자의 '舀'의 음성이 서로 통한다. ≪廣雅·釋詁≫는 "'謟'는 '의심하다(疑)의 의미"[14]라 하였고, ≪左傳·昭公二十六年≫의 "天道不謟, 不貳其命, 若之何禳之?"[15] 중의 '謟'에 대하

9) ≪大學≫: "與國人交, 止于信.(국가간의 사귐은 믿음에 머물러야한다)."
10) "忠, 仁之實也; 信, 義之期也.(충은 인의 실제이며, 信은 義의 최고 목표다)."
11) ≪楚系簡帛文字編≫, 222 쪽.
12) 李零, ≪郭店楚簡校讀記≫, 100 쪽.
13) 劉釗, ≪郭店楚簡校釋≫, 161 쪽.

여 杜預는 "'謟'는 '의심하다(疑)의 뜻이다."16)라 하였다. ≪荀子·性惡≫에서는 "其言也謟, 其行也悖"17)라 하였다. 따라서 '謟'로 읽기로 한다.

3) '(厍)'자는 '厂'과 소리부 '朿'로 이루어진 형성자이며 '積'으로 읽는다.18)

'(䇂)'자는 '親'字의 古文이다.19)

4) '(女)'자는 '如'자는 원래 같은 자이나, 후에 分化되었다.

(蟡)'자는 '虫'과 '爲'로 이루어진 형성자이다. 裘錫圭 案語는 본 구절에서는 '化'로 읽는다 하였다.20) '譌'자를 '訛'자로 쓰는 것으로 보아 '化'와 '爲'는 고음이 서로 통한다.

''자를 ≪郭店楚墓竹簡≫ 정리본은 '發'로 읽고 있으나, 裘錫圭 案語는 '伐'자로 읽고 "土地는 萬物을 생장시키지만 그 공적을 바라지 않기 때문에 忠의 극치이다."21)라 하였다.

5) '(𢀳)'자는 '匕'와 '才'로 이루어진 회의자로, '𠤏'字의 초문이다. ≪說文解字≫는 '𠤏(𠤏)'자에 대하여 "'서로 차이가 있다'의 의미. '匕'와 '十'으로 이루어진 회의자이다"22)라 하였다. '𢀳至'는 '比至'로 읽는다. '순서에 따라 이루어진다'는 의미이다.23) '𢀳'자를 혹은 '畢'이나 '必'로 하석하기도 한다.

6) '結'은 '凝結되다', '모이다'의 의미이다. "至信女(如)旹(時), 𢀳至而不结"의 구절에 대하여 裘錫圭 案語는 "사계절이 규칙에 따라 움직이는 것은 어떤 정해진 약속에 의한 것이 아닌 것은 믿음의 극치이다."24)라 하였다.

7) '(伓)' 즉 '倍'字의 初文이다. '背'자로 읽는다. '違背되다'·'背叛하다'의 의미이다. ≪說文解字≫는 '倍'자에 대하여 "'배반하다'의 의미. '人'과 소리부 '咅'로 이루어진 형성자이다."25)라 하였다.

8) ''자를 ≪郭店楚墓竹簡≫은 '㞷'로 예정하고 있으나, 裘錫圭 案語는 '皇'의 이체자이고, '誑'으로 읽는다 하였다.26) 혹은 '妄'이나 '忘'으로 해석하기도 한다.27)

14) ≪廣雅·釋詁≫: '謟, 疑也.'
15) ≪左傳·昭公二十六年≫: "天道不謟, 不貳其命, 若之何禳之?(천도는 의심되지 않고, 천명은 착오가 없는데 무슨 이유로 빌려는 것입니가?)"
16) 杜預曰: "謟, 疑也."
17) ≪荀子·性惡≫: "其言也謟, 其行也悖.(말이 의심스러우면 그 행위 역시 어긋나게 되는 것이다.)"
18) ≪郭店楚墓竹簡≫, 163 쪽, 注2.
19) ≪楚系簡帛文字編≫, 794 쪽.
20) ≪郭店楚墓竹簡≫, 163 쪽, 注3.
21) ≪郭店楚墓竹簡≫, 163 쪽, 注3. "謂土地化生萬物而不自伐其功, 故爲忠之至."
22) ≪說文解字≫: "𠤏, 相次也"
23) 劉釗, ≪郭店楚簡校釋≫, 162 쪽.
24) ≪郭店楚墓竹簡≫, 163 쪽, 注4. "爲四時按規律運行, 而無盟約, 故爲信之至."
25) ≪說文解字≫: "倍, 反也. 从人, 咅聲."
26) ≪郭店楚墓竹簡≫, 163 쪽, 注5
27) 陳偉, ≪郭店竹書別釋≫, 76 쪽.

2.

大舊[9]而不兪(渝), 忠之至也. 匋而者尙[10], 信【3】之至也. 至忠亡譌, 至信不伓(背), 夫此之胃(謂)此[11]. 大忠不兌(奪), 大信不异(期)[12]. 不兌(奪)而足羪(養)者[13], 埅(地)也.[14] 不异(期)【4】而可𢌿者,[15] 天也. 卪(節)[16]天埅(地)也者, 忠信之胃(謂)此. 口[illegible][17]而實弗从(從), 君子弗言尒[18]. 心□□□[19]【5】睪(親), 君子弗申尒[20]. 古(故)[21]行而鯖[22]兌民, 君子弗采(由)也[23]. 三者[24], 忠人弗乍(作), 信人弗爲也.

오랜 시간이 지나도 영원히 변하지 않는 것이 忠의 극치이다. 태고로부터 오랜 동안 일반적인 상태를 유지하는 것이 信의 극치이다. 지극한 忠은 말로 형용할 수 없고, 최고의 신은 배반하지 않는다는 말이 이를 두고 하는 말이다. 이것은 곧 큰 忠은 말의 설명이 필요 없으며, 큰 믿음은 약속이라는 것이 필요 없다는 것이다. 설명이 필요 없는 큰 충이면서 족히 만물을 양성할 수 있는 것은 곧 땅(地)이다. 약속이 없으면서도 그 약정을 지켜낼 수 있는 것은 곧 이는 하늘(天)이다. 따라서 天地의 규칙을 모범으로 삼는다고 하는 忠信은 바로 이를 두고 하는 말이다.

능히 만물을 기르는 것이 땅이라 말할 수 없고, 기약할 수 있는 것이 하늘이라 약정할 수 없다. 天地를 본받았다는 것은 忠信을 두고 하는 말이고, 이것은 또한 입으로는 좋게 말하면서 실제로는 하지 않는 것을 군자는 말하지 않는다. 마음으로는 소원하면서 겉으로는 친근한 척 하지 않는 것, 군자는 이와 같은 일을 하지 않는다. 그러므로 교묘하게 속여서 백성에게서 기쁨을 취하는 것, 군자는 이와 같은 방법을 취하지 않는다. 이 세 가지(口, 心, 行)를 행함에, 忠人은 속임이 없으며, 信人은 거짓이 없다.

【註解】

5) '(舊)'는 '久'로 읽는다. '大久'의 '太久'로 '오랫 동안'의 의미이다.

10) ≪郭店楚墓竹簡≫ 정리본은 ''字를 '匋'자로 예정하고, '匋而者尙' 구절 중에 누락된 자가 있다 하였다.[28] '大舊而不兪'와 댓구이기 때문에, '匋'자 앞에 한 자가 빠졌을 가능성이 있다. 李零 ≪郭店楚簡校讀記≫는 '匋(陶)'자는 "기르고 양육한다."의 뜻이고, '者尙'은 '睹常'으로 읽고 "양육하여 항상 존재토록 하다."의 뜻이라 하였다.[29] 그러나 전체적인 의미가 잘 드러나지 않는다. 陳偉 ≪郭店竹書別釋≫은 ''자는 合文 '大古(太古)'이고, '者尙'은 '處常'으로 읽고 '일반적인 상태를 지속적으로 유지하다'의 뜻이라 하였다.[30]

11) 劉釗 ≪郭店楚簡校釋≫은 "夫此之胃(謂)此" 중의 '此'자와 제 5간의 "忠信之胃(謂)此"자는 '也'자를 잘못 쓴 것이라 하였다.[31] 그러나 陳偉 ≪郭店竹書別釋≫은 각각 "夫此之胃(謂). 此大忠不兌(奪" 와 "忠信之胃(謂). 此口[illegible]"로 읽고, '此'자는 '是'의 용법으로 쓰인다하였다.[32]

28) ≪郭店楚墓竹簡≫, 163 쪽, 注6.
29) 李零, ≪郭店楚簡校讀記≫, 100 쪽. "有長養化育之義"
30) 陳偉, ≪郭店竹書別釋≫, 78-79 쪽. "處常, 卽保持常態."
31) 劉釗, ≪郭店楚簡校釋≫, 164 쪽.
32) 陳偉, ≪郭店竹書別釋≫, 79-80 쪽.

12) ''자를 ≪郭店楚墓竹簡≫ 정리본은 '兌'자로 예정하고 '奪'로 읽고 있으나, 裘錫圭 案語는 아래 '兌'자와 함께 모두 '說(悅)'로 읽어야 한다고 하였다.[33]

'(昇)'자는 '期'의 이체자이며, '約定하다'의 뜻이다.

13) '(羪)'자는 '養'자의 고문이다. ≪說文解字≫는 '(養)'자에 대하여 "'공양하다'의 의미. '食'과 소리부 '羊'으로 이루어진 형성자이다. '養'자의 고문은 '(羪)'으로 쓴다."라 하였다.[34]

14) '(墬)'자는 '地'자의 고문이다. ≪說文解字≫는 '地'자의 고문을 '(墜)'로 쓴다.

15) ''자를 정리본은 '𡑞'자로 예정하고 있으나, 裘錫圭 案語는 '𡎽'로 예정하고 '要'자의 이체자라 하였다.[35] '𡎽'자는 '土'부와 소리부분 '𡢁'로 이루어진 형성자로 '㘻'자의 번문이다. 본 구절에서는 '約定'의 의미로 쓰인다.[36]

16) ''자를 ≪郭店楚墓竹簡≫ 정리본은 '卪'으로 예정하고 '節'로 읽었다. 李零≪郭店楚簡校讀記≫는 '似'로 해석하고 있는 반면, 劉釗의 ≪郭店楚簡校釋≫은 '㔾'로 예정하고 '範'·'法'으로 읽는다 하였다.[37] 陳偉≪郭店竹書別釋≫은 이 자는 ≪唐虞之道≫ 제11간의 ''자와 비슷하며 '妃'자로 예정하고 '配'로 읽어야 한다 하였다.[38] 자형을 참고하여 '配'의 의미로 해석하기로 한다.

17) ''자를 裘錫圭 案語는 '叀'로 예정하고 '惠'로 읽었다.[39]

18) ≪禮記·表記≫에서는 "공자가 말하였다. 입으로만 좋은 척하고 실제로는 그렇게 하지 않으면 원망과 재앙이 자신에게 미칠 것이다. 그러므로 군자는 대답만 하고 실행하지 않아 책망이 있는 것보다는 차라리 대답하지 않는 원망을 원한다. 그래서 ≪國風≫은 '그대는 그렇게 화락했었지. 평생을 밝게 맹세하더니, 그 맹세를 배반할 줄이야. 진정 그럴 줄 생각도 못했네. 이젠 어찌할 수 없네.'라고 했다. 공자는 또 '군자는 안색을 가지고 사람을 친히 하지 않으며, 정은 소원하면서도 모양만 친한 것은 소인에게 있어서는 남의 눈치를 봐서 물건을 훔치는 천두의 도둑인가?'라 했다."[40]라 하였다.

19) '□□□' 부분을 裘錫圭 案語는 "疋(疏)[而]□罕(親)" 구절을 보충하고 '親'자 앞에는 '口'자나 혹은 '貌'자를 보충할 수 있다하였다.[41] 전후 문맥으로 보아 '貌'자를 보충할 수 있을 것 같다.

20) '(申)'자는 '施'자와 혹은 '用'자의 뜻으로 쓰인다.

21) '(古)'자는 '故'로 읽는다. '속이다'는 뜻이다. ≪國語·晉語二≫의 "多爲之故. 以變其志"[42]란 구절

33) ≪郭店楚墓竹簡≫, 163 쪽, 注7.
34) ≪說文解字≫: "供養也. 从食, 羊聲. 羪, 古文養."
35) ≪郭店楚墓竹簡≫, 164 쪽, 注10.
36) 劉釗, ≪郭店楚簡校釋≫, 164 쪽.
37) 李零, ≪郭店楚簡校讀記≫, 劉釗, ≪郭店楚簡校釋≫, 164 쪽. 100 쪽.
38) 陳偉, ≪郭店竹書別釋≫, 81 쪽.
39) ≪郭店楚墓竹簡≫, 164 쪽, 注12.
40) ≪禮記·表記≫: "子曰, 口惠而實不至, 怨菑及其身. 是故君子與其有諾責也, 寧有已怨. ≪國風≫曰'言笑晏晏, 信誓旦旦. 不思其反, 反是不思, 亦已焉哉!' 子曰: '君子不以色親人. 情疏而貌親, 在小人則穿窬之盜也與?'"
41) ≪郭店楚墓竹簡≫, 164 쪽, 注13.

에 대하여 韋昭는 "故'자는 '꾀를 많이 낸다'는 뜻이다."43)라 하고, ≪淮南子·主術≫의 "是以上多故, 則下多詐"44) 구절 중의 '故'자는 '속이다(詐)'의 뜻이다.

22) '(鯖)'자는 '魚'와 소리부 '靑'으로 이루어진 형성자이며, '爭'으로 읽는다.

23) ≪荀子·王覇≫에서는 "傷國者何也? 曰: 以小人尙民而威, 以非所取於民而巧, 是傷國之大災也"45) 중 "以非所取於民而巧"46)와 ≪呂氏春秋·務本≫의 "詐誣之道, 君子不由"47)는 본문의 "故行而爭悅於民"의 내용과 유사하다.

24) '三者'는 위 문장의 '口惠而實弗從', '心疏而貌親'과 '故行而爭悅民'을 가리키며, 모두 '마음과 입이 일치하지 않으며 허위적으로 교묘히 속인다'는 뜻이다. 그러므로 '忠人은 거짓이 없고, 信人은 속임이 없다'는 것이다.

3.

忠之爲【6】衍(道)也, 百工不古㉕, 而人羧(養)㉖虐(皆)㉗足. 信㉘之爲衍(道)也, 羣勿(物)皆成, 而百善㉙虐(皆)立. 君子其它(施)㉚也【7】忠, 古(故)䜌(蠻)㉛睪(親)尃(傅)㉜也; 其言尒信, 古(故)但㉝而可受也. 忠, [身/心](仁)之實也. 信, [我/口](義)之异(期)也㉞. 氏(是)古之所【8】以行虖(乎)閔嘍㉟者, 女(如)此也.【9】

忠의 道라는 것은 모든 職人들이 거칠고 나쁜 것이 없는 훌륭한 물건을 만들어 내게 하여 사람들이 살면서 필요한 물건들을 모두 갖추게 되는 것이다. 信의 道는 만물이 이루어지게 하여, 모든 좋은 일이 생기게 된다. 군자가 忠을 베풀게 되면, 남방 소수 민족인 蠻族과도 친근하게 되고 귀화하게 된다. 군자가 말에 믿음이 있게 행하면, 마음은 진실하게 의심없이 받아들인다. 따라서 忠은 仁의 실제적인 핵심이며, 信은 義의 가장 근본인 것이다. 그런 고로 예부터 忠信이 능히 蠻貊과 주변 소수민족에게도 행해져야하는 것도 바로 이러한 이유이다.

【註解】

25) '(古)'자를 裘錫圭 案語는 '楛'로 읽었다.48) '古'·'苦'와 '楛'는 서로 통하며, '거칠고 나쁘다'는 뜻이다. ≪廣韻·姥韻≫은 "'苦'는 '거칠다(麤)'의 의미이다."49)라 하고, ≪管子·小匡≫의 "辨其功苦" 구절

42) ≪國語·晉語二≫: "多爲之故. 以變其志.(많이 속이면 그 뜻이 변하게 된다.)"
43) 韋昭曰: "故, 謂多作計術."
44) ≪淮南子·主術≫: "是以上多故, 則下多詐.(위로 속임이 많으면, 아랫사람은 거짓을 많이 하게 된다.)"
45) ≪荀子·王覇≫: "傷國者何也? 曰: 以小人尙民而威, 以非所取於民而巧, 是傷國之大災也.(국가를 망하게 하는 자는 어떠합니까? 말하기를 소인이 백성을 다스리려 위협하고, 백성에게서 취해야 하지 말 것을 교묘하게 속이는 것이 국가를 망하게 하는 큰 재앙이다.)"
46) "백성에게서 취해야 하지 말 것을 교묘하게 속이는 것."
47) ≪呂氏春秋·務本≫: "詐誣之道, 君子不由.(교묘히 속이는 방법을 군자는 사용하지 않는다.)"
48) ≪郭店楚墓竹簡≫, 164 쪽, 注17.
49) ≪廣韻·姥韻≫: "苦, 麤也."

에 대하여 尹知章은 "功은 견고하고 좋은 것을 말하고, 苦는 지극히 질이 좋지 않고 견고하지 않음을 말한다."[50]라 하였다. '鹽'·'沽'·'故'와 '楛'는 '모두 거칠고 좋지 않음'의 의미이다. ≪漢書·息夫躬傳≫의 "器用鹽惡"'에 대하여 鄧展은 "'鹽'는 '단단하지 않다.'의 뜻이다"[51]라 하였다. "百工不苦"은 '장인들이 만든 그릇은 거칠고 나쁘지 않다'는 뜻으로 ≪荀子·王覇≫에서는 "如是則百工莫不忠信而不楛矣"[52]라 하였다.

26) '人養'은 '인생을 살면서 꼭 필요한 물질'을 가리킨다. 옛 사람들은 땅이 인간을 양성하는 관념으로 받아들이고 있다. 따라서 '忠'이 곧 땅을 가리킨다.

27) '(𪚤)'자는 ≪語叢一≫제 71간의 '𠺝'와 '皆'자로 쓰는 ''자와 같은 자이다. '皆'로 읽는다. ≪古文四聲韻≫은 '皆'자를 '𪚤'자로 쓴다.[53]

28) '(信)'은 곧 하늘(天)을 지칭한다. ≪禮記·樂記≫에서는 "하늘은 말이 없는 믿음이다."[54]'라 하였다.

29) '百善'은 좋은 일이 많은 것을 가리킨다. ≪呂氏春秋·孝行≫에서는 "夫執一術而百善至, 百邪去, 天下從者, 其惟孝也"[55]라 하였고, ≪孔子家語·五儀≫에서는 "雖不能備百善之美, 必有處也"[56]라 하였다.

30) '(它)'자는 '施'로 읽는다. '行'이나 '用'의 뜻이다.

31) '(緐)'자를 李零≪郭店楚簡校讀記≫는 '戀'으로 읽고, 劉釗의 ≪郭店楚簡校釋≫은 '蠻'으로 읽었다.[57] '蠻'은 남쪽 오랑캐의 소수 이민족들을 가리킨다. 周鳳五≪郭店楚簡≫忠信之道考釋≫은 "남방 소수 민족도 친근하게 되고 귀화하게 된다."라 하였다.[58] '蠻'으로 해석하기로 한다.

32) '(専)'자는 '傅'로 읽고,[59] '傅'자는 '附'자와 서로 통한다.

33) '(但)'자는 '亶'으로 읽는다. ≪爾雅·釋詁≫는 "'亶'은 '진시로(誠)'의 의미이다"[60]라 하였다.[61]

---

50) ≪管子·小匡≫: "辨其功苦.(좋은 것과 나쁜 것을 판별하다.)" 尹知章: "功謂堅美, 苦謂濫惡."

51) ≪漢書·息夫躬傳≫: "器用鹽惡.(기물을 견고하지 않고 나쁜 것을 사용하다.)" 鄧展: "鹽, 不堅固也."

52) ≪荀子·王覇≫: "如是則百工莫不忠信而不楛矣."(이와 같으면 많은 장인들은 충과 신의가 있지 않는 이가 없으며 거칠고 나쁘지 않다.)

53) ≪郭店楚墓竹簡≫, 164 쪽, 注18.

54) ≪禮記·樂記≫: "天則不言而信."

55) ≪呂氏春秋·孝行≫: "夫執一術而百善至, 百邪去, 天下從者, 其惟孝也.(무릇 하나의 법칙을 알게 되면 좋은 일이 많이 생기고 나쁜 일은 많이 사라지고, 천하가 모두 따른다 해도 이 원칙은 모두 효도를 근본으로 한다.)"

56) ≪孔子家語·五儀≫: "雖不能備百善之美, 必有處也.(비록 모든 좋은 일을 다 갖추고 있지 않는다 해도, 반드시 거처할 곳이 있다.)"

57) 李零, ≪郭店楚簡校讀記≫, 100 쪽. 劉釗, ≪郭店楚簡校釋≫, 166 쪽.

58) 周鳳五, ≪郭店楚簡≫忠信之道考釋≫(≪郭店簡與儒學硏究≫, 中國哲學第二十一輯), 2000-2, 137-145쪽. "所以南方小數民族來親近歸附."

59) ≪郭店楚墓竹簡≫, 164 쪽, 注18.

60) ≪爾雅·釋詁≫: "亶, 誠也."

61) ≪郭店楚墓竹簡≫, 164 쪽, 注19.

34) '(䛭)'자는 '口'와 소리부 '我'로 이루어진 형성자로 '義'로 읽는다.[62] '가는 '期'의 이체자로 앞에서는 '約定하다'의 뜻으로 쓰였으나, 본 구절에서는 '根本'이라는 는 의미의 '基'로 읽는다.[63]

35) '(閔嘍)'를 劉釗의 ≪郭店楚簡校釋≫은 '蠻貉(만맥)'으로 읽었다.[64] '蠻貉'의 '蠻'은 남방의 소수민족을 가리키고, '貉'은 북방의 소수민족으로 총체적으로 사방의 이족을 가리킨다라 하였다. 周鳳五 ≪郭店楚簡・忠信之道考釋≫에서 역시 '蠻貉(만맥)'으로 해석하였다.[65] ≪論語・衛靈公≫에서는 "자장이 받아들여지는 것에 대해서 묻자, 공자께서 말하였다. 말이 충성스럽고, 진실되며, 행실이 돈독하고 공경스러우면 비록 만맥의 나라라 하더라도 받아들여질 수 있거니와, 말이 진실하지 아니하며 행실이 돈독하거나 공경스럽지 아니하면, 비록 州里라 하더라도 받아들여지겠는가? 일어서면 그것이(忠信)이 앞에 참여하고 있는 것을 보고, 수레에 있으면, 그것이 멍에에 기대어 있음을 보아야 하는 것이다. 그런 뒤에라야 받아들여질 수 있는 것이다."[66]라 하였다.

62) ≪郭店楚墓竹簡≫, 164 쪽, 注20.
63) 陳偉, ≪郭店竹書別釋≫, 82 쪽.
64) 劉釗, ≪郭店楚簡校釋≫, 166-167 쪽.
65) 周鳳五, ≪郭店楚簡≫忠信之道考釋≫(≪郭店簡與儒學硏究≫, 中國哲學第二十一輯), 2000-2, 137-145쪽.
66) ≪論語·衛靈公≫: "子張問行. 子曰, '言忠信, 行篤敬, 雖蠻貊之邦, 行矣. 言不忠信, 行不篤敬, 雖州里, 行乎哉? 立則見其參於前也, 在輿則見其倚於衡也, 夫然後行.' 子張書諸紳."

9. 性自命出

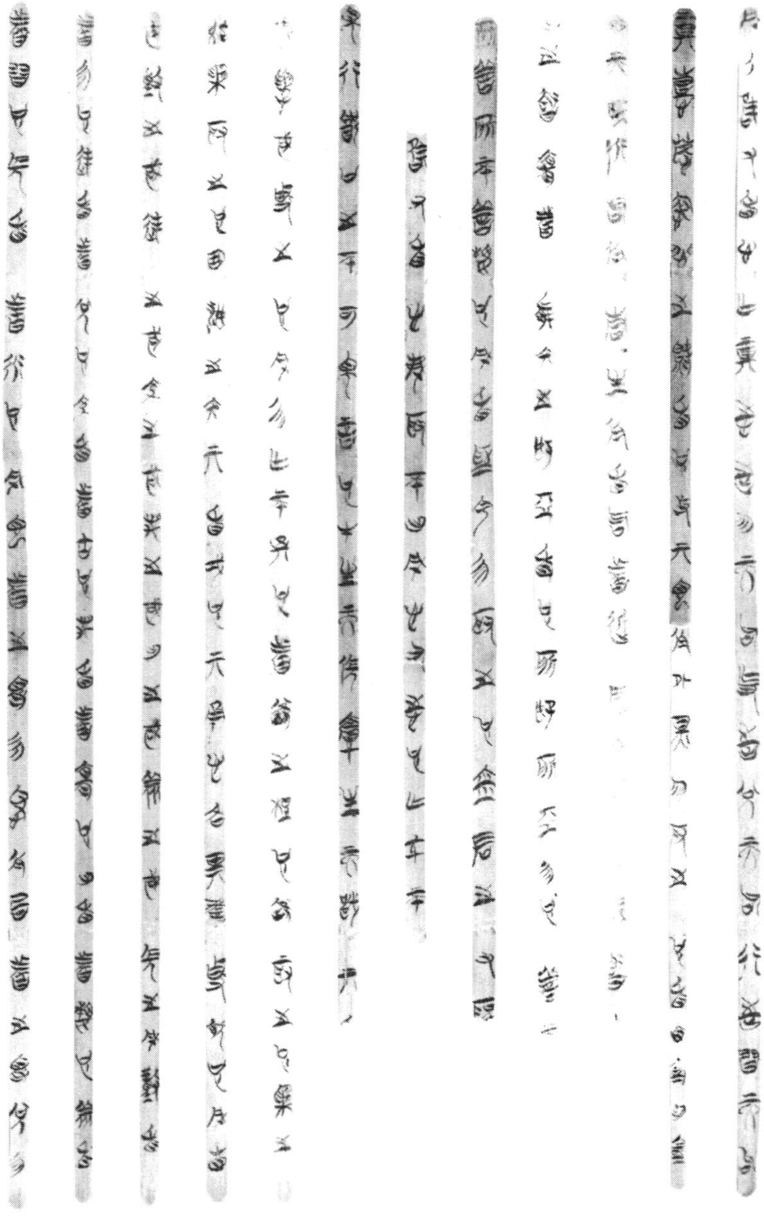

一三 一二 一一 一〇 九 八 七 六 五 四 三 二 一

一三 一四 一五 一六 一七 一八 一九 二〇 二一 二二 二三 二四

三六 三五 三四 三三 三二 三一 三〇 二九 二八 二七 二六 二五

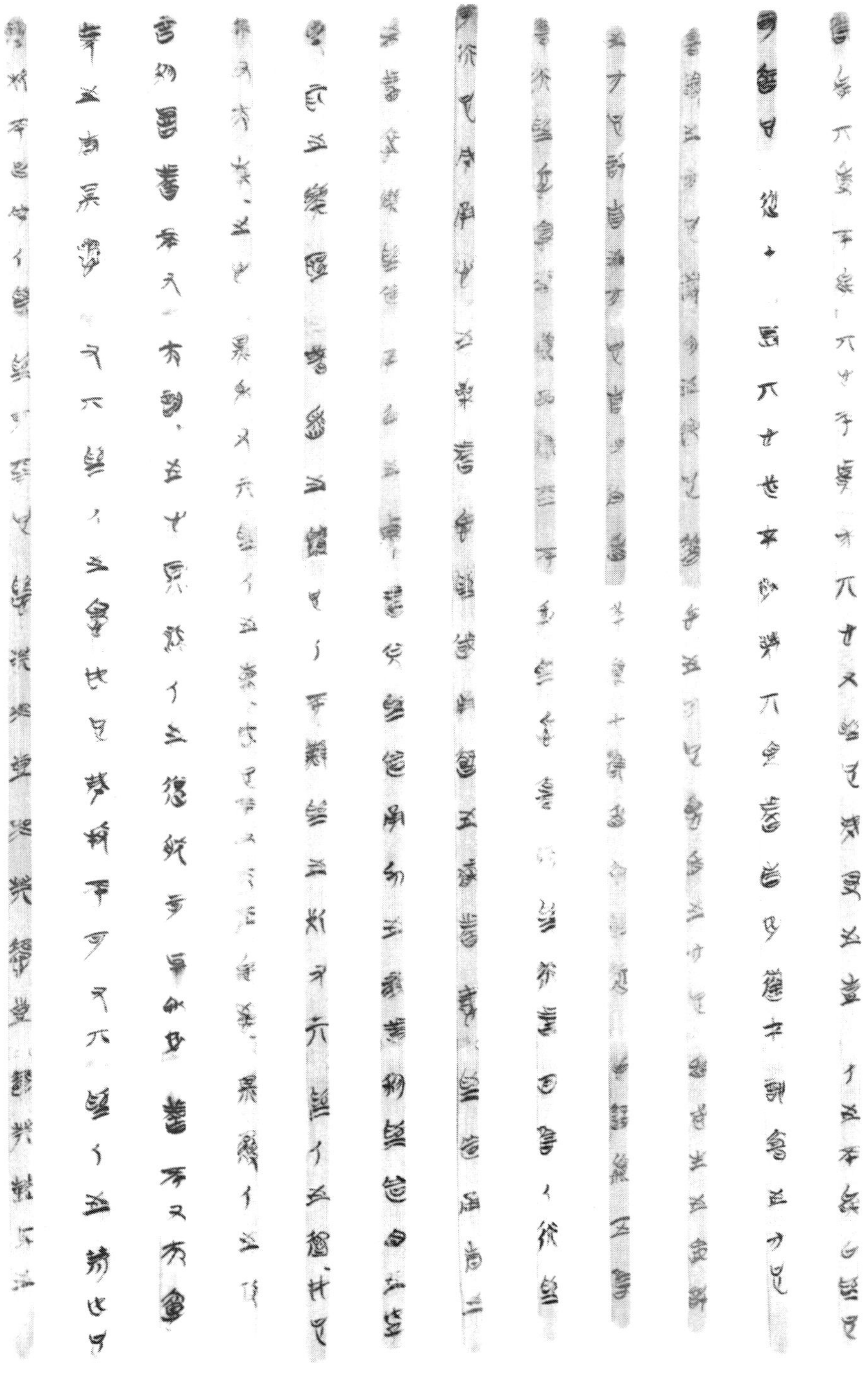

三七 三八 三九 四〇 四一 四二 四三 四四 四五 四六 四七 四八

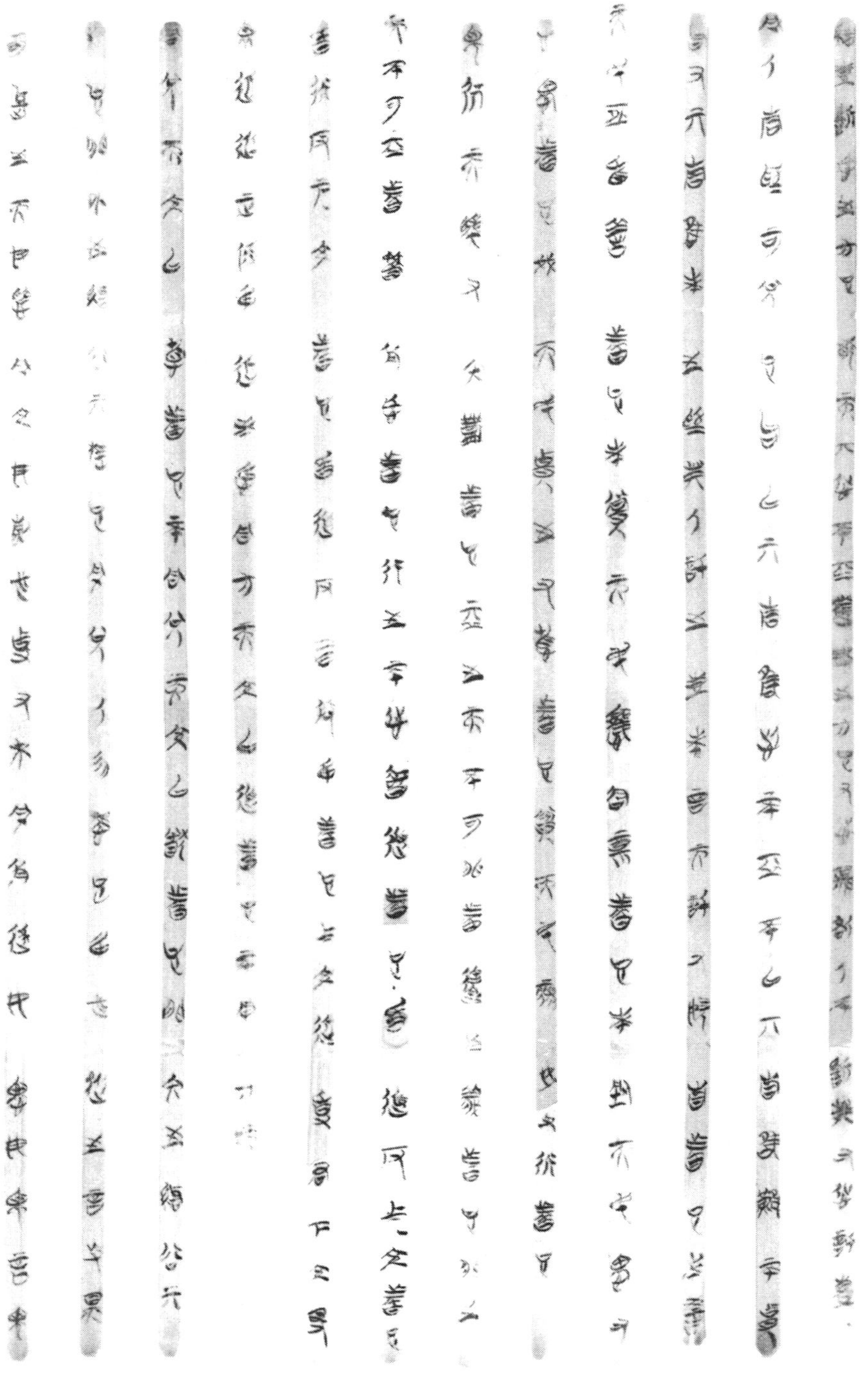

四九 五〇 五一 五二 五三 五四 五五 五六 五七 五八 五九 六〇

六一 六二 六三 六四 六五 六六 六七

【性自命出】

≪性自命出≫은 모두 67簡으로 되어 있다. 죽간의 양쪽 끝은 사다리 모양으로 다듬어져 있으며, 竹簡의 길이는 32.5㎝이다. 竹簡 중에 두 곳을 묶은 흔적(編線)이 있는데, 이 두 편선 사이의 길이는 약 17.5㎝이다. 원래는 篇題가 없었으나, 정리할 때 내용에 따라 임의적으로 설정한 것이다.

≪性自命出≫의 주 내용은 '性'과 '精'의 형성과 연변에 대한 것으로, 외계 환경이 인간의 성정에 미치는 영향, '樂'이 禮樂敎化에서 매우 중요하게 작용하고 있다는 것을 밝히고 있다. 죽간 ≪性自命出≫의 내용은 ≪禮記·樂記≫와 ≪禮記·檀弓≫에 그 내용 일부가 보인다.

【참고】

≪性自命出≫은 ≪上海博物館藏戰國楚竹書(一)≫의 ≪性情論≫과 같은 내용이기 때문에 필요에 따라서 상호 비교하여 설명하기로 한다.

1.

凡人唯(雖)又(有)眚(性), 心亡奠志, 𨑃(待)[①]勿(物)而句(後)𠭁(作), 𨑃(待)兌(悅)而句(後)行, 𨑃(待)習而句(後)【1】奠. 憙(喜)惹(怒)依(哀)悲之𣱼(氣)[②], 眚(性)也. 及其見[③]於外, 則勿(物)取之也. 眚(性)自命出, 命【2】自天降. 衍(道)司(始)於靑(情), 靑(情)生於眚(性)[④]. 司(始)者近靑(情)[⑤], 終[⑥]者近義. 智□□□【3】出之[⑦], 智(知)宜(義)者能內(納)[⑧]之. 好亞(惡), 眚(性)也. 所好所亞(惡), 勿(物)也. 善不□□□[⑨]【4】所善所不善, 埶(勢)[⑩]也.

사람은 모두가 동일한 '性'을 가지고 있다. 그러나 마음(心)이 사람의 의지를 결정할 수 있는 것은 아니다. 물질과 접촉을 한 후에 작용이 일어나는 것이고, 즐거움이 있어야 행하여지는 것이며, 습관이 되고 난 후에 정해지는 것이다. 즐거움·노함·애석함과 슬픔 등의 정신(勢)은 곧 '性'이다. 이 '性'은 물질과 접촉을 한 후에 외부로 발현되어지는 것이다. '性'은 또한 '命'으로부터 나온 것이며, '命'이란 곧 하늘에서 내려진 賦命이다. '道'는 '情'에서 시작된 것이며, 그 '情'은 또한 '性'에서 나온 것이다. 그 시작은 '人情'을 근본으로 하는 것이지만, 그 궁극적인 목적은 곧 '義'를 세우고자 하는 것이다. 그래서 人情을 통달한 자만이 능히 人情을 발흥시킬 수 있는 것이며, 사람의 '義'를 통달한 자만이 곧 능히 人情을 거두어들일 수 있다. 좋아하고 싫어함은 '性'이다. 이른바 좋아하고 싫어함은 곧 외계의 물질에서 비롯된 것이다. 선함과 선하지 않음 또한 '性'이다. 이른바 선하고 선하지 않음은 곧 情勢에서 비롯된 것이다.

[註解]

① '(𨑃)'자는 두 개의 '止'로 이루어진 자이다. ≪上博楚簡≫은 '(寺)'로 쓴다. 모두 '待'자와 음이 통한다. ≪說文≫은 '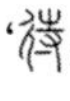(待)'자에 대하여 "'待'는 '기다리다(竢)'의 의미. '彳'과 소리부 '寺'로 이루어진

형성자이다."[1]라 하고, '(寺)'자에 대하여 "'寺'는 '관청(廷)'의 의미. 법도가 있는 자이다. '寸'과 소리부 '之'로 이루어진 자이다."라 하였다. '寺'자를 초간은 의미부 '又'를 써서 ''(≪郭店楚簡·緇衣≫ 14간)로 쓰고,[2] 金文 역시 '又'로 써서 ''(≪邾公牼鐘≫)로 쓴다.[3]

② '(槩)'자는 '火'와 소리부 '旣'로 이루어진 자로 음이 '氣'와 통한다. ≪上博楚簡≫은 '(気)'자로 쓴다. ≪字彙補≫는 이 자를 "고문 '氣'자이다"[4]라 하였다.

③ '(見)'은 '現'의 의미이다.

④ "'道'는 '情'에서 시작된 것이며, 그 '情'은 또한 '性'에서 나온 것이다."[5]의 개념은 ≪語叢二≫의 "정감은 천성에서 나오고, 예의는 정감에서 나온다."[6](제1간)라는 구절과 비슷하다. ≪性自命出≫ 중의 '道'는 天道가 아니라 人道를 가리키는 것으로, 즉 '禮'에 가깝다 할 수 있다. ≪郭店楚簡≫의 이러한 개념은 ≪尊德義≫와 ≪六德≫ 등에도 보인다.

⑤ ≪書法選≫(3쪽)은 '近靑(情)'을 반복하여 쓰고 있으나, ≪郭店楚簡≫의 圖版은 반복하지 않고 있다.

⑥ '(冬)'자를 '(夅)'(≪郭店楚簡·緇衣≫3)으로 쓰기도 한다.[7] ≪說文≫은 '(終)'자에 대하여 "'糸'와 소리부 '冬'으로 이루어진 형성자. '終'자의 고문은 '冬'으로 쓴다."[8]라 하고, '(冬)'자에 대해서는 "'仌'와 '夊'로 이루어진 회의자. '夊'는 '終'자의 고문이다. '冬'자의 고문은 자부 '日'을 써서 ''으로 쓴다."[9]라 하였다. 陳偉는 '始者'는 '性'을 가리키고, '終者'는 '道'를 가리킨다고 하였다.[10]

⑦ 裘錫圭는 주석에서 上下문장을 근거로 '[情者能]'을 보충하였다.[11] ≪上博楚簡≫에는 이 '情者能' 세 자가 있다.

⑧ 裘錫圭는 '內'는 '納'이 아닌 '入'으로 읽어야 하며, '入之'는 '使之入'의 의미라 하였다.[12] 이 문장 중 代詞 '之'는 '人情'을 가리킨다. 뒷 문장의 "理其情而出入之" 중의 '出入之' 역시 '使之出'의 의미로 '인정을 나오게 하는' 의미이고, '使之入'는 곧 '人情을 거둬들이다'의 의미이다.

⑨ 裘錫圭는 상하문장 내용을 근거로 "善不善, □也"를 보충하여야 한다고 하고,[13] 李零≪郭店楚簡校讀記≫에서는 "善不善, 性也"로 쓴다.[14]

1) ≪說文≫: "待, 竢也. 从彳, 寺聲."
2) ≪楚系簡帛文字編(增訂本)≫, 301 쪽.
3) ≪金文編(中華書局)≫, 208 쪽.
4) ≪字彙補≫: "古文氣字."
5) "道始于情, 情生于性."
6) "情生於性, 禮生於情."
7) ≪楚系簡帛文字編(增訂本)≫, 957 쪽.
8) ≪說文≫: "从糸冬聲. 古文終."
9) ≪說文≫: 从仌从夊. 夊, 古文終字. 古文冬从日."
10) 陳偉, ≪郭店竹書別釋≫, 179 쪽 참고.
11) ≪郭店楚墓竹簡≫, 182 쪽, 주 3.
12) ≪郭店楚墓竹簡≫, 182 쪽, 주 3.
13) ≪郭店楚墓竹簡≫, 182 쪽, 주 4.

⑩ ''자는 '埶'자이다. ≪說文解字≫에는 '埶'자에 대하여 "'埶'자는 '도달하다'의 의미이다. 의미부가 '女'이고 소리부가 '埶'이다. ≪周(商)書≫에 '天命이 도달하지 않다'라는 구절이 있다. 음은 '埶'와 같다."[15]라 하였다. '勢'자의 소리부는 '埶'로 '埶'자와 통한다. ≪上博楚簡≫의 ≪性情論≫은 '埶(勢)'에 대하여 "出眚(性)者, 埶(勢)也."[16](第 5簡)와 "勿(物)之埶(勢)者之胃(謂)埶(勢)"[17](第 6簡)라 하였다. '埶(勢)'는 주관적으로 "物誘於外(물질의 외부적인 유도)"를 의미한다.

'勢'에 대하여, ≪玉篇≫에서는 "'勢'는 '形勢'의 의미이다."[18]라 하고, ≪上博楚簡≫의 제 6간은 "物의 情勢를 勢라 한다."[19]라 하였다. '物之勢'란 곧 人間이나 事物들이 처해있는 情勢를 말한다. ≪荀子 · 子道≫에서는 "孔子가 말하였다. ……비록 國士가 장사이지만, 자신의 몸을 들어 올릴 수 없는 것은 힘이 없어서가 아니라, 세가 맞지 않기 때문이다."[20]라 하였고, ≪莊子 · 山木≫에서는 "그가 처해 있는 정세가 불편하여, 그의 능력을 발휘할 수 없는 것이다."[21]라 하였으며, ≪論衡 · 率性≫은 "人間이 거주하는 물(水)은 오염되어 탁하고, 자연의 물은 淸潔하다. 물은 본래 같은 것이나, 하나가 탁하고 하나는 맑은 것은, 처하고 있는 정세가 그렇게 만든 것이다."[22]라 하였다.

2.

凡眚(性)爲宔(主), 勿(物)取之也. 金石之又(有)聖(聲), □□□【5】 □□□唯(雖)又(有)眚(性)⑪, 心弗取不出.

이른바 '性'이 주체가 되는데, 물질은 '性'을 취하여 발현되어진다. (이 과정에서 '心'은 중요한 관건이다.) 金石악기가 만약에 두드리지 않는다면 소리를 내지 못하는 것과 같이, 사람에게는 비록 '性'이라는 것이 있지만, 마음(心)이 없으면 '性'이 취해지지 않는다.

[註解]

⑪ 李零은 ≪校讀記≫에서 상하 문장 내용을 참고하여 "金石之有聲, 〔弗扣不鳴. 人之〕 雖有性"로 쓰고,[23] 龐朴은 〈孔孟之間－郭店楚簡的思想史地位〉에서 "金石之有聲, 棰弗擊不鳴; 凡人雖有性"으로 쓴다.[24] ≪墨子 · 非儒下≫에서 "君子는 鐘과 같아 두드리면 울리고, 두드리지 않으면 울리지

14) 李零, ≪郭店楚簡校讀記≫, 105 쪽.
15) ≪說文≫: "埶, 至也. 從女, 埶聲. ≪周書≫曰: 『大命不埶』, 讀若埶同."
16) "性을 발현시키는 것이 勢이다."
17) "物의 情勢를 勢라 한다."
18) "勢, 形勢也."
19) "物之勢者之謂勢."
20) "孔子曰: ……雖有國士之力, 不能自擧其身, 非無力也, 勢不可也."
21) "處勢不便, 未足以逞其能也."
22) "人間之水汚濁, 在野外者淸潔, 俱爲一水, 源從天涯, 或濁或淸, 所在之勢使之然也."
23) 李零, ≪郭店楚簡校讀記≫, 105 쪽.
24) 龐朴, 〈孔孟之間——郭店楚簡的思想史地位〉, ≪中國社會科學≫1998年第五期, 94 쪽.

않는다."[25]라 하였다. ≪郭店楚簡≫의 '聖'자 다음 결손 부분을 ≪上博楚簡·性情論≫에서는「也, 弗鉤不鳴也」(제3-4간)로 쓴다.

3.

凡心又(有)志也, 亡與不□□□□□【6】蜀(獨)行⑫, 猷(猶)口之不可蜀(獨)言也. 牛生而倀(長), 𢒉⑬生而戟(伸), 其眚(性)……【7】⑭而學或㝃(使)之也.

이른바 '心'에는 '志(意志)'가 있어, 만약에 그것이 없다면 사람은 언행을 할 수 없다. 사람이 맥없이 할 수 없는 것은 곧 입이 스스로 말을 할 수 없는 경우와 마찬가지다. 소가 천성적으로 크며, 기러기가 날 수 있는 것은 그 '性(본성)'이 하게 한 것이다. (사람은 본시 천성이 같기 때문에)학습을 통해서만이 그렇게 할 수 있게끔 되는 것이다(서로 구별이 되어지는 것이다.)

[註解]

⑫ 缺文 부분을 李零 ≪郭店楚簡校讀記≫은 문장 전후관계를 참고하여 "無與〔不可. 人之不可〕獨行"로 쓴다.[26]

⑬ ''자를 ≪郭店楚墓竹簡≫은 '𢒉'으로 예정하고 있는데, 李零 ≪郭店楚簡校讀記≫는 '雁'자로 예정하고, 이 자는 '鳥'와 '彦'의 생략된 형태로 이루어진 자라 하였다.[27]≪包山楚簡≫은 '鳫(雁)'자를 ''으로도 쓰는데,[28] ≪戰國古文字典≫은 이 자는 '鴈'자의 번체자라 하였다.[29] ≪郭店楚簡≫의 ''자는 '鳥'자 부분이 약간 변형된 형태이다. '雁'자는 일반적으로 ''·''으로 쓴다.[30]

⑭ 문자가 잔실된 부분을 李零≪郭店楚簡校讀記≫는 문맥을 참고하여 "其性〔使然, 人〕而學或使之也"로 쓴다.[31]

4.

凡勿(物)亡不異也者⑮. 剛之梪也, 剛取之也.⑯ 柔之【8】約⑰, 柔取之也. 四海(海)之內, 其眚(性)弌(一)也. 其甬(用)心各異, 𦥯(教)㝃(使)肰(然)也.

모든 물질은 서로 다르지 않은 것이 없다. 강한 나무가 세워지는 것은 그 강한 속성으로 인한 것이며, 부드러운 것이 묶을 수 있는 것은 그 부드러움으로 인한 것이다. 천하 모든 이의 속성은 하나이나 心志

25) ≪墨子·非儒下≫: "君子若鐘, 擊之則鳴, 弗擊不鳴."
26) 李零, ≪郭店楚簡校讀記≫, 105 쪽.
27) 李零, ≪郭店楚簡校讀記≫, 108 쪽. "從鳥從彦省. 釋文隷定有誤."
28) ≪楚系簡帛文字編≫, 374 쪽.
29) ≪戰國古文字典≫, 977-978쪽 참고.
30) ≪楚系簡帛文字編(增訂本)≫, 368 쪽.
31) 李零, ≪郭店楚簡校讀記≫, 105 쪽.

가 서로 다름은 교육이 그렇게 만든 것이다.

[註解]

⑮ "凡勿(物)亡不異也者"는 ≪孟子 · 滕文公上≫의 "夫物之不齊, 物之情也."[32]라 하였다. 楊伯峻 ≪孟子譯注≫는 "각 물건의 품종과 질량이 다른 것은 자연적인 것이다."로 번역하였다.[33]

⑯ '(梪)'자를 李零 ≪郭店楚簡校讀記≫는 '樹'로 읽는다.[34] 裘錫圭 案語는 "≪語叢三≫46簡의 구절 '彊(强)之鼓(尌)也, 强取之也'와 같은 뜻이다."[35]라 하였다. '尌'자는 동사의 용법으로 사용되어 '나무를 세우다(樹立)'의 뜻이다. ≪說文解字≫는 '樹'자의 籒文을 '尌()'자로 쓰고, 段玉裁 ≪說文解字注≫는 "지금은 일반적으로 '尌'자를 '樹'자로 쓰며, 이 '樹'자가 통행이 된 뒤로는 '尌'자를 쓰지 않았다. ≪周禮≫의 주석은 '尌'字로 쓴다."[36]라 하였다. 또한 ''자를 '梪'로 예정하기도 한다.[37] '梪'자의 고음은 'dew(侯部)'이고 '樹'자의 고음은 'djew(侯部)'로 쓴다. 음이 비슷하다.

≪荀子 · 勸學≫은 "사물이 강하면 기둥감으로 선택되고, 약하면 다발로 묶이게 된다."[38]라 하고, 楊倞은 이에 대하여 "이른바 물질이 강하면 기둥이 되어 수고로움이 있게 되고, 약하면 묶이게 되어 구속을 받게 되는 것은 모두가 스스로 취하는 것이다."[39]라 하였다.[40]

⑰ '(約)'자는 '糸'와 소리부 '勺'으로 이루어진 형성자이다. ≪說文 · 糸部≫는 "묶다(纏束也)"의 의미라 하였다.[41] ≪望山楚簡≫은 ''·''으로 쓴다.[42]

5.

凡眚(性)【9】, 或囟(動)之, 或逆(逢?)⑱之, 或交⑲之, 或萬(厲)⑳之, 或出㉑之, 或羕(養)之, 或長之.

이른바 (사람의) 천성은 감동되어지기도 하고, 迎合되어지기도 하고, 교류하게 하기도 하고, 높아지게 하기도 하고, 나타내어지기도 하고, 길러지기도 하고, 增益되어지기도 한다.

32) "물질이 서로 다름은 물질의 정황인 것이다."
33) 楊伯峻, ≪孟子譯註≫, 130 쪽. "各種東西的品種質量不一致, 這是自然的."
34) 李零, ≪郭店楚簡校讀記≫, 105 쪽.
35) ≪郭店楚墓竹簡≫, 182 쪽, 注 6. "≪語叢三≫四十六号簡: '彊(强)之鼓(尌)也, 强取之也.'語與此近."
36) "今字通用'樹'爲之, 樹行而尌廢矣. ≪周禮≫注多用尌字."
37) ≪楚系簡帛文字編(增訂本)≫, 483 쪽.
38) "强自取柱, 柔自取束."
39) "凡物强則以爲柱而任勞, 柔則見束而約急, 皆其自取也."
40) 이상은 ≪荀子≫에 관한 내용은 王先謙 ≪荀子集解≫, 藝文印書館印行, 112쪽 참고.
41) 湯可敬, ≪說文解字今釋≫, 1849쪽 참고.
42) ≪楚系簡帛文字編(增訂本)≫, 1081 쪽.

[註解]

⑱ ≪郭店楚簡竹簡≫은 '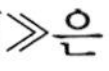'자를 '逹'으로 예정하고 '逢(?)'으로 해석할 수 있다하였다.[43] 李零 ≪郭店楚簡校讀記≫는 "이 자는 ≪成之聞之≫의 제 32간에도 보이며, '順'자와, ……≪成之聞之≫에서 '逆'으로 풀이하고 있는데, 이 자도 응당히 '逆'자로 풀이하여야 한다."[44]라 하였다. ≪爾雅 · 釋言≫은 "逆, 迎也"라고 하고, ≪漢詩外傳≫은 "노인은 버리고 젊은이만 쓰는 것을 고라하고, 귀해졌다고 천하던 시절을 잊는 것을 난이라 하며, 좋은 것을 보고서 무조건 좋아하는 것은 역이라 한다. 내 어찌 이런 행동을 하겠습니까?"[45]라 하였다. 王力은 ≪同源字典≫에서 'ngyak 逆: ngyang 迎 (錫陽對轉)'이라 하여 이 두 자를 동원자로 보았다.[46] ≪上博楚簡·性情論≫은 ''으로 쓴다.[47]

⑲ '(交)'字에 대한 해석이 분분하다. 아랫 문장 중에 "交性者, 故也"와 "有爲也者之謂故"라 한 것으로 보아, '故'는 '어떤 특정한 목적을 위하여 행하는 행위'를 말함을 알 수 있다. 劉昕嵐은 〈郭店楚簡≪性自命出≫篇箋釋〉중에서 이 자를 '敎'와 같은 자로 '使'의 의미로 쓰이고, 裘錫圭는 〈談談上博簡和郭店簡的錯別字〉라는 문장에서 이 자를 '窸'로 예정하고, '交'자는 '室'자를 잘못 쓴 것이라 하였으며, '室' 혹은 '窸'자는 '實'의 의미로 풀이하였다.[48] ≪上博楚簡·性情論≫(제3간)은 이 자를 '心'과 소리부 '交'인 '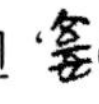(恣)'로 쓰고, 정리본은 '恣'자는 '恔'와 같은 자라 하였다.[49] 이 자의 음은 '效'와 같고, 여기에서는 '交'인 '禮義와 교류하다'의 뜻이다. ≪禮記·禮器≫에서는 "예의와 조화를 이루어 당상에서 움직이고, 악은 이에 호응하여 당하에서 일어나니 호합의 덕이 표현된다."[50]라 하였다.

⑳ '(萬)'자는 '厲'로 읽는다. 아래 문장에서는 "厲性者, 義也"라 하였다. 이곳에서는 '단련하다'나 '제고시키다'의 뜻으로 쓰인다. ≪廣雅·釋詁≫는 '厲'자에 대하여 '위로 오르다'·'제고하다'의 의미로 설명하였다.[51]

㉑ '(出)'자를 李零 ≪郭店楚簡校讀記≫는 '絀(물리칠 출, chù)'로 읽었다.[52] ≪說文通訓定聲≫은 "'絀'자는 '詘'자의 가차자로 쓰인다. '굽다'의 의미이다."[53]라 하고, ≪正字通≫은 "'絀'자는 '詘'·'屈'자와 통한다."[54]라 하였다. 즉 즉 '絀'자는 '屈縮(굽히어 위축되다)'이나 '屈退(굴복하여 물러나다)'의

43) ≪郭店楚簡竹簡≫, 179 쪽.
44) 李零, ≪郭店楚簡校讀記≫, 108 쪽. "案此字也見于≪成之聞之≫簡32, 是與'順'字相對……彼釋爲'逆', 這里也應釋爲'逆'."
45) ≪한시외전≫, 韓嬰 著, 임동석 역주, 예문서원, 2000년 4월 초판, 613쪽 참고. "棄老取少, 謂之瞽; 貴之忘賤, 謂之亂, 見色而悅謂之逆, 吾豈以逆亂瞽之道哉."
46) 王力, ≪同源字典≫, 187-188 쪽.
47) ≪楚系簡帛文字編(增訂本)≫, 156 쪽.
48) 李天虹, ≪郭店竹簡〈性自命出〉硏究≫, 湖北敎育出版社, 2003年 1月第一版, 145쪽을 재 인용함.
49) ≪上博楚簡(一)≫, 227 쪽 참고.
50) ≪禮記≫: "禮交動乎上, 樂交動乎下, 和之至也."
51) ≪廣雅疏證≫: "厲, 上也.". "厲, 高也."
52) 李零, ≪郭店楚簡校讀記≫, 105 쪽.
53) ≪說文通訓定聲≫: "絀, 假借爲詘, 實爲曲."

의미로, '詘性'이란 즉 '性을 屈縮한다'는 뜻이다. 제3간의 "선함과 선하지 않음은 본성이다. 선하고 선하지 않음은 情勢에서 비롯되었다."[55]란 구절과 제6간 중의 "물질의 情勢를 勢라 한다."[56]란 구절 등으로 보아, '出'은 '使之出'로 '물질의 형세가 사람으로 하여금 선하거나 불선한 性으로 발현하게 한다'는 의미이다.[57]

6.

凡潼(動)眚(性)【10】者, 勿(物)也, 逢(逢?)眚(性)者, 兌(悅)也, 交眚(性)者, 古(故)㉒也, 萬(厲)眚(性)者, 宜(義)也, 出眚(性)者, 埶(勢)也, 羕(養)眚(性)【11】者, 習也, 長㉓眚(性)者, 衍(道)也.

이른바 본성을 움직이는 것은 物이고, 성에 순한 것은 기쁨이고, 성에 적절하게 교류하는 것은 도리이고(故意), 성을 단련하는 것은 道義이고, 성을 발현하게 하는 것은 勢이고, 성을 양성하는 것은 습속이고, 성을 增益시키는 것은 道이다.

[註解]

㉒ ''자는 '故'로 읽는다. 李天虹은 ≪郭店楚簡〈性自命出〉硏究≫에서 '故'의 의미를 '事理'·'法則'로 보았다.[58] ≪易·繫辭上≫에서는 "우러러서는 천문을 관찰하고, 굽어서는 지리를 고찰한다. 그래서 어둠과 밝음의 도리(까닭)를 알 수 있다."[59]라 하였다.

㉓ '(長)'자에 대하여 廖名春은 ≪郭店楚簡儒家著作考≫에서 '率(인솔하다)'·'領(인도하다)'의 의미로 풀이하고 있으나[60], 전후 문장 내용으로 보아 '增長(늘어나다)' 혹은 '進益(증익하다)'로 풀이하는 것이 적절하다하겠다.[61]

7.

凡見者之胃(謂)勿(物), 快於㠯(己)者之胃(謂)兌(悅), 勿(物)【12】之埶(勢)者之胃(謂)埶(勢), 又(有)爲也者之胃(謂)古(故). 義也者, 群善之蕝(蕝)㉔也. 習也㉕【13】者, 又(有)以習其眚(性)也. 衍(道)者, 群勿(物)之衍(道).

이른바 世間에 나타내어지는 것은 物이고, 자기 자신에 따르는 것을 悅이라 하고, 物의 情勢를 勢라 하고, 인위적으로 하는 것을 故라고 한다. 義라는 것은 모든 선의 徵表이며, 習이라 하는 것은 성을

54) ≪正字通≫: "詘與詘·屈通."
55) "善不善, 性也; 所善所不善, 勢也."
56) "物之勢者之謂勢."
57) 李天虹, 같은 책, 145 쪽 참고
58) 李天虹, ≪郭店楚簡〈性自命出〉硏究≫, 146 쪽.
59) ≪易·繫辭上≫: "仰以觀于天文, 俯以察于地理, 是故知幽明之故."
60) 廖名春, ≪郭店楚簡儒家著作考≫, ≪孔子硏究≫, 1998年 第三期, 78쪽.
61) 李天虹, 같은 책, 145쪽

修養하는 것이고, 도란 만물에 내재되어 있는 고유의 規則을 말한다.

[註解]

㉔ '[illegible]'자는 '䋎'자의 이체자이다. ≪郭店楚墓竹簡≫은 ≪郭店楚簡·緇衣≫의 제21간을 참고하여 '表徵'의 뜻이라 하였다.62) ≪上博楚簡·紂衣≫는 '[illegible]'로 쓴다.63) 劉昕嵐은 〈郭店楚簡≪性自命出≫篇箋釋〉에서 '䋎'자를 '標準'·'徵表'로 해석하였다.64)

㉕ '習'자 앞에 ≪書法選≫은 '[七]'을 추가하고 있는데,65) 이는 ≪郭店楚簡≫의 주석 '七'을 잘못 옮긴 것이다.

8.

凡衍(道), 心述(術)㉖爲宔(主). 衍(道)四述(術)㉗, 唯【14】人衍(道)爲可衍(道)㉘也. 其參(三)述(術)者, 衍(道)㉙之而已. 時(詩)·箸(書)·豊(禮)·樂, 其司(始)出皆生【15】於人. 時(詩), 又(有)爲爲㉚之也. 箸(書), 又(有)爲言之也. 豊(禮)·樂, 又(有)爲㚔(擧)㉛之也. 聖人比其【16】頪(類)而侖(論)會㉜之, 雚(觀)其之逆㉝而逹訓㉞之, 體其宜(義)而卽度㉟之, 里(理)【17】其靑(情)而出內(入)之㊱, 肰(然)句(後)復以䢅(敎). 䢅(敎), 所以生悳(德)於审(中)者也. 豊(禮)复(作)於靑(情)【18】, 或㊲[illegible]㊳之也, 堂(當)事因方㊴而折(制)之. 其先後之舍㊵則宜(義)道也. 或舍爲之【19】卽則度也㊶. 至頌亩(廟)㊷, 所以度卽也㊸. 君子媺(美)其靑(情), □□□㊹, 【20】善其卽㊺, 好其頌, 樂其衍(道), 兌(悅)其䢅(敎), 是以敬安(焉). 拜, 所以□□□㊻【21】其[illegible]㊼度也. 幣帛, 所以爲信與諟(證)㊽也, 其訂(詞)宜(義)道也. 芺(笑), 豊(禮)㊾之滐滐㊿也. 【22】樂, 豊(禮)之深澤也.

이른바 道는 마음의 느낌이나 체험(心術)이 중심이 된다. 도는 네 가지의 經術이 있는데, 그 중에서 人道(禮樂이나 治民의 道)만이 백성을 教導할 수 있고, 나머지 셋은 단지 道일 따름이다. ≪詩≫·≪書≫·≪禮≫·≪樂≫은 본래 사람에서 시작된 것이다. ≪詩≫는 사람이 특정한 목적을 위하여 만들어낸 것이고, ≪書≫는 사람이 특정한 생각이나 이유 때문에 말로 표현한 것이고, ≪禮≫와 ≪樂≫ 또한 역시 특정한 목적을 위한 행동거지를 나타낸 것이다. 聖人들은 ≪詩≫·≪書≫·≪禮≫·≪樂≫을 각종 人倫 관계에 따라 비교 고찰하여 論議하고 조합하였다. 즉 그 先後 질서를 審察하여 그 발전과 연변을 알아냈고, 그 의리를 체득하여 규장을 제정하였으며, 그 人情을 條理있게 정리하여 발현하거나 수습할 수 있게 하였다. 그런 연후에 다시금 백성을 教化한다. 교화는 백성으로 하여금 마음속에서 德과 善한 心志가 생겨나도록 하는 것이다. 禮는 人情에서 비롯된 것이며, 또한 人情을 근본으로 하여 발흥하게

62) ≪郭店楚墓竹簡≫, 134 쪽 注59 참고.
63) ≪楚系簡帛文字編(增訂本)≫, 66 쪽.
64) 李天虹, ≪郭店楚簡〈性自命出〉研究≫, 146 쪽 재참고.
65) ≪郭店楚墓竹簡·性自命出·書法選≫, 13 쪽.

하는 것이다. 事理에 따라서 혹은 사람의 신분에 의거하여 禮가 갖추어지게 되는 것이며, 그의 本末과 輕重·先後 등의 질서는 義道에 맞게 생겨나는 것이다. 질서의 예절 규범은 곧 節度다. 容貌를 단아하게 하는 것은 風度나 儀表가 예의 규범에 맞게 하기 위해서다. 군자는 禮의 情을 가꾸어 아름답게 하며, 禮의 義理를 尊貴하며, 예의 절도를 愛慕하며, 儀容을 좋아하고 禮의 道에서 安樂하며, 服禮의 가르침을 좋아하기 때문에 서로 능히 공경한다. 參拜할 때 그 용모를 悅順하는 것 또한 禮儀의 규범이다. 幣帛은 이른바 예의의 信物이며 表徵이기 때문에 그 폐백을 饋贈할 때 사용하는 辭令을 도의에 맞게 하여야 한다. 웃음은 깊지 않은 기쁨의 윤택을 함유하고 있지만, 樂은 深厚한 기쁨의 윤택을 내포하고 있다.

[註解]

㉖ '心術'에 관하여, ≪禮記 · 樂記≫에서는 "사람에게는 血氣나 知覺의 기능이 있어서, 때 없이 희로애락의 情이 감각에 응해서 外物에 전하여 발동하고, 그에 의해서 사람 각자의 심정이 밝혀진다."[66]라 하고, 鄭玄은 "그러므로 군자는 백성을 다스림에 있어서 충분하게 인정을 관찰해서 民意를 부드럽게 하고 사람의 성질의 종류에 응해서 바른 행동을 하도록 하는 것이다. 따라서 부정한 음성이나 색채가 사람의 理知를 흐리게 하는 일이 없고 부정한 음악이나 접대가 사람의 심정을 문란하게 하는 일이 없고 부정한 기분이 몸에 배는 일이 없이 하여 이목구비에서 내심에 이르기까지 심신이 모두 정상적인 기능을 가짐으로써 사람 각자에게 그 정의를 행하게 하는 것이다."[67]라 하였다. 즉 鄭玄은 "述, 道也"라 하였다. 따라서 '心術'은 주관적인 의지인 '心志'이며, 곧 '마음씨'나 '심정'의 의미이다.

㉗ '□(述)'자를 '術'로 읽는다. '□(術)'자에 대하여 ≪說文≫의 "도읍의 도로이다."[68]라는 설명에 대하여 徐鍇는 ≪說文繫傳≫에서 "도읍 중의 도로인 述은 큰 도로에서 분파된 것이다."[69]라 하였다. 따라서 '術'은 大道에서 나누어진 길이고, 본 구절에서는 '道'의 일종을 가리킨다. "道之四術"은 '道'에서 분파된 네 가지를 말하는데, 여기서는 구체적인 설명이 없어 알 수 없으나, ≪郭店楚簡·尊德義≫ 6-7簡에서 네 가지 '道'를 '治民之道(民之道)'·'行水治水之道(水之道)'·'御馬之道(馬之道)'와 '藝地務農之道(地之道)' 등으로 나누었다.[70] 문장 전체의 내용과 ≪尊德義≫의 내용으로 보아 여기에서는 '詩書禮樂'과 같은 것을 가리킬 것이다.

㉘ "可道也" 중의 '□(道)'는 '導'의 의미로 해석하여야 한다. 의미로는 두 가지 해석이 가능한데, 그

66) ≪禮記 · 樂記≫: "夫民有血氣心知之性, 而無哀樂喜怒之常, 應感起物而動, 然後心術形焉."
67) "言在所以感之也. 術, 所由也." "是故君子反情以和其志, 比類以成其行. 奸聲亂色, 不留聰明; 淫樂慝禮, 不接心術. 惰慢邪辟之氣不設於身體, 使耳目鼻口, 心知百體皆由順正以行其義." ≪禮記≫, 李相玉 譯, 明文堂, 226, 230 쪽 참고.
68) ≪說文≫: "術, 邑中道也."
69) "邑中道而術, 大道之派也."
70) ≪郭店楚墓竹簡≫, 173 쪽.

중의 하나는 '訓敎(가르치다)'이다. ≪禮記·月令≫ '(孟春之月)以敎道民, 必躬親之' 구절에 대하여 陸德明은 ≪經典釋文≫에서 '道, 音導(道는 導로 읽는다.)'라고 설명하였다. ≪莊子·田子方≫의 "간하기를 아들과 같이 하고, 나를 훈도하기를 아버지 같이 한다."[71]라는 구절에 대하여 成玄英≪疏≫는 "나를 훈도하기를 아버지가 아들을 가르치는 것 같이 한다."[72]라 하였다. 두 번째의 의미는 '治理(다스리다)'이다. ≪廣雅·釋詁三≫는 "'道'는 '다스리다(治)'의 의미."[73]라 하고, ≪論語·學而≫ "道千乘之國, 節用而愛人, 使民以時"의 구절에 대하여, ≪經典釋文≫은 "道, 本或作導(道는 혹은 導로 쓴다.)"라 하고, 何晏≪集解≫는 包咸의 말을 인용하여 "'道'는 '다스리다(治)'의 의미."[74]라 하였다.

㉙ "道之而已" 중의 '道'字에 대하여 李零 ≪郭店楚簡校讀記≫는 "'導'로 읽는 것이 아닌가한다."[75]라 하였다. 그러나 전체적인 내용으로 보아 앞 구절 "群物之道" 중의 '道'자의 용법과 같이 名詞로 보는 것이 가장 타당할 것 같다. 즉 '道'란 '만물의 原理(群物之道)'로 일체 객관적 현실에 존재하는 사물이 지니고 있는 원리를 말하는 것으로, 人心이 客觀적인 만물의 원리인 도에 대하여 깨닫고 응용하는 것을 가장 중요한 관건으로 삼은 것이다. 이른바 '道'에는 네 가지 分派가 있는데, 그 중에서 人道(禮樂治民之道)만이 사람을 지도하여 선에 이르게 할 수 있는 것이며, 이외 나머지 세 가지는 단지 또 다른 '道'일 따름이다.

㉚ "爲爲之" 중 뒤 '爲'자는 '創作하다'이나 '읊다'의 의미이다. ≪周禮·春官·典同≫의 "典同은 六律과 六同의 화음을 관장하여 天地와 사방에서 음양의 소리를 분별하여 악기를 만든다."[76]라는 문장에 대하여 鄭玄≪注≫는 "'爲'는 '하다(作)의 의미"[77]라 하였다. ≪漢書·楊敞傳附楊惲≫의 "家本秦也, 能爲秦聲"[78] 구절과 北魏 楊衒 ≪洛陽伽藍記≫ 중의 "善吹笳, 能爲≪壯士歌≫·≪項羽吟≫"[79] 구절 중의 '爲'자 또한 '읊조리다'·'연주하다'의 의미이다.

㉛ '(㞢)'자는 '止'와 소리부 '与'로 이루어진 형성자이다. ≪包山楚簡≫은 '止'와 소리부 '與'로 쓴다.[80] '擧'자로 읽는다. ≪說文解字≫는 '(擧)'자에 대하여, "'들다'의 의미. '手'와 소리부 '與'로 이루어진 형성자이다."[81]라 하였다. '擧'자는 '擧措(행동거지)'나 '行動'의 뜻이다. ≪左傳·莊公二十三年≫의 "군주가 거동을 하면 그 사실을 기록하는 것인데, 기록을 해서 그것이 법도에 어긋나면 후손들이 그 기록을 어찌 보오리까."[82]이 구절 중의 '擧'자의 의미와 같다. 이 구절의 전체적인 내용은, ≪詩≫

71) "其諫我也似子, 其道我也似父."
72) "訓導我也, 似父之敎子."
73) "道, 治也."
74) ≪經典釋文≫: "道, 本或作導." ≪論語集解≫: "道, 治也." 程樹德, ≪論語集釋≫(中華書局), 21-25 쪽 참고.
75) 李零, ≪郭店楚簡校讀記≫, 108 쪽. "疑讀爲導."
76) ≪周禮·春官·典同≫: "典同掌六律六同之和, 以辨天地四方陰陽之聲, 以爲樂器."
77) "爲, 作也."('爲'자는 '하다(作)'의 뜻이다.)
78) "집이 본래 秦나라 지방이라 秦나라의 노래를 할 줄 안다."
79) "갈잎 피리를 잘 불어 능히 ≪壯士歌≫와 ≪項羽吟≫을 연주할 수 있다."
80) ≪楚系簡帛文字編≫, 133 쪽.
81) ≪說文≫: "擧, 對擧也. 从手, 與聲."

≪書≫·≪禮≫·≪樂≫은 모두가 사람에 의하여 산생된 것으로, 그 중 ≪詩≫는 특정한 목적이나 이유가 있어서 창작하여 읊조리기 위한 것이고, ≪書≫는 말하기 위한 것이고, ≪禮≫와 ≪樂≫은 행동거지를 위하여 탄생된 것이다.

㉜ ‘(會)’는 ‘조합하다’ 혹은 ‘안배하다’의 의미이다. ≪周禮 · 天官 · 食醫≫의 “가장 적절한 음식 조합은 소고기는 粳米 멥쌀과 배합하는 것이고, 양고기는 기장과 함께 배합하는 것이다.”[83]의 구절에 대하여 鄭玄≪注≫는 “‘會’는 ‘맛을 조절하다(成)’의 의미로 즉 음식을 조절하여 맛이 나게 하는 것이다.”[84]라 했고, 賈公彦≪疏≫는 “이른바 ‘會膳食之宜’라는 것은 음식을 조절하여 맛 좋은 음식을 만드는 방법을 말한다.”[85]라 하였다.

㉝ 裘錫圭 案語는 ‘(之遂)’는 ‘先後’를 잘못 쓴 것이라 하였다.[86] ≪上博楚簡·性情論≫은 ≪性自命出≫ ‘(之)’에 해당되는 자를 ‘(先)’으로 쓰고, ‘(遂)에 해당하는 자를 ≪上博楚簡·性情論≫에서는 ‘’로 쓴다. ≪郭店楚簡·性自命出≫ 제 19간에서는 ‘先’자를 ‘’으로 쓴다. ≪郭店楚簡≫에서는 ‘後’자를 모두 ‘’(逡)(≪老子甲≫)’로 쓰고, ≪性自命出≫ 제 62간 역시 ‘’로 쓴다.[87] ‘’ 중 자부 ‘糸’는 ‘夋’와 유사하기 때문에 잘못 쓴 것이다.

㉞ ‘(逹)’자는 제 10간에 이미 설명하였듯이 ‘逆’자로 ‘迎合’의 의미이다. ‘(訓)’자는 ‘順’의 의미이며, ≪法言 · 問神≫에서는 “일이 그 순서에 따라 행해지는 것을 訓(順)이라 한다.”[88]라 하였다.

㉟ 裘錫圭 案語는 ‘(卽度)’는 ‘次序’·‘次度’ 혹은 ‘節度’의 의미라 하였다.[89] ‘節度’란 ‘權衡(가름하다)’·‘조절하다(調節)’ 혹은 ‘재제하다(裁制)’ 등의 의미이다. ≪上博楚簡·性情論≫(제10간)은 ‘節度’로 쓴다. 李零 ≪郭店楚簡校讀記≫와 劉釗 ≪郭店楚簡校釋≫은 ‘節文’으로 예정하였다.[90] 李天虹 ≪郭店楚簡〈性自命出〉硏究≫는 ‘文’으로 읽어야 옳다고 하였다.[91] 사실상 초간에서 ‘’자와 유사한 자로 ‘’가 있다. 후자는 ‘摣’의 이체자가 아닌가 한다. ≪集韻≫은 “摣, ≪說文≫: 又取也. 或從手.”[92]라 하였다.[93] 이 자는 일반적으로 ‘且’의 의미로 쓰인다. ≪上博楚簡·孔子詩論≫은 “□亞而不度”(제28간) 중의 ‘’자를 馬承源 정리본은 ‘度’로 예정하고, ≪爾雅·釋獸≫의 “麕·牡麌·牝麜. 其子麆”[94]

82) “君擧必書, 書而不法, 後嗣何觀.”
83) “凡會膳食之宜, 牛宜稌, 羊宜黍.”
84) “會, 成也, 謂其味相成.”
85) “凡會膳食之宜者, 謂會成膳食相宜之法.”
86) ≪郭店楚墓竹簡≫, 182 쪽, 注9.
87) ≪楚系簡帛文字編(增訂本)≫, 181 쪽.
88) ≪法言 · 問神≫: “事得其序之謂訓.”
89) ≪郭店楚墓竹簡≫, 182쪽, 注 13.
90) 李零, ≪郭店楚簡校讀記≫, 106 쪽. 劉釗, ≪郭店楚簡校釋≫, 95 쪽.
91) 李天虹≪郭店楚簡〈性自命出〉硏究≫20 쪽.
92) “‘摣’자에 대하여 ≪說文≫은 ‘손가락으로 잡아 취하다’의 의미.”
93) ≪上博楚簡(三)·周易≫, 186 쪽 참고.
94) “麕 중에 숫사슴을 麌라고하고, 암 사슴을 ‘麜’라하고, 그 새끼를 ‘麆’라 한다.”

라는 구절을 인용하여, 이 자는 「麈」자의 이체자가 아닌가 한다고 하였다.[95] 李零≪上博楚簡校讀記≫는 이 구절을 "□惡而不閔"으로 읽고, ≪郭店楚簡≫에서 다수 '文'으로 읽고 소수 '敏'으로 읽으며 대다수의 학자들은 이 자의 소리부분이 '民'이라고 여기고 있으며, 이 자는 사실상 '敏'자의 古文이라고 하였다.[96] 이 자를 李學勤〈試解郭店簡讀'文'之字〉에서 '民省聲('民'자의 생략형이 소리부)'이라하고, 李天虹〈釋楚簡文字'度'〉에서는 '麟'자의 象形字라 하고, 李家浩는 '閩'자의 古文이라고 하였다.[97] 본문에서는 '節文'으로 읽기로 한다.

㊱ "出入人情"은 人情을 발흥하거나 절제하는 것을 의미한다.

㊲ '(或)'자는 대략 세 가지의 의미로 해석할 수 있다. 첫째는 '常'의 의미이다. ≪論語 · 子路≫의 "不恒其德, 或承之羞."[98] 구절에 대하여 皇侃 ≪論語義疏≫는 "或, 常也."[99]라 하였다. 두 번째는 '又'의 의미이다. 王引之는 ≪經傳釋詞≫에서 "或, 猶又也."[100]라 하였다. ≪詩 · 小雅 · 賓之初筵≫ "旣立之監, 或佐之史"[101]의 구절과 ≪戰國策 · 秦策四≫"秦白起拔楚西陵, 或拔鄢·郢·夷陵, 燒先王之墓."[102] 구절 중 '或'자는 '又'의 의미다. 세 번째는 '有'의 의미이다. ≪廣雅 · 釋詁一≫은 "或, 有也."[103]라 하고, ≪書經 · 五子之歌≫의 "有一於此, 未或不亡."[104]구절 중의 '或'는 '有'의 의미이다. 본 죽간에서는 '又'의 의미로 쓰인다.

㊳ ''자에 대하여 裘錫圭 案語는 '礜'이나 '興' 중의 하나일 것이라고 보았다.[105] 李零 ≪郭店楚簡校讀記≫는 '興'자로 해석하고 있다.[106]

㊴ '(方)'자는 두 가지의 의미로 풀이 될 수 있다. '方'자는 '品類(물질의 종류)'나 '輩類(무리)'의 의미이다. ≪廣雅 · 釋詁三≫에는 "方, 類也."[107]라 하고, ≪周易 · 繫辭上≫의 "方以類聚, 物以群分."[108] 구절 중의 '方'자는 '種類'의 의미이다. ≪禮記 · 緇衣≫의 "故君子之朋友有鄕, 有惡有方."[109] 구절에 대하여 鄭玄 ≪注≫는 "鄕·方, 喩輩類也."[110]라 하였다.

95) ≪上博楚簡(一)≫, 158 쪽.
96) 李零, ≪上博楚簡三篇校讀記≫, 22 쪽.
97) 季旭昇 主編, ≪上博楚簡(一)讀本≫, 63 쪽 재인용.
98) "그 德에 항상심을 갖지 않으면 언제나 수치스러움을 받게 된다."
99) "'或'은 '항상'의 의미."
100) "'或'은 '又'의 의미이다."
101) "이미 監史를 세우고, 또한 史로 보좌하게 한다."
102) "秦나라 白起는 楚나라 西陵을 토벌하고, 다른 한 부대는 鄢·郢·夷陵 등을 토벌하고 초나라 先王의 墓를 불살랐다."
103) "'或'은 '有'의 의미."
104) "한 가지만 여기에 있다 해도 망하지 않을 자는 하나도 없다."
105) ≪郭店楚墓竹簡≫, 182쪽, 注11.
106) ≪郭店楚簡校讀記≫, 106 쪽.
107) "'方'은 '부류'의 의미."
108) "품종은 각 부류에 따라 모아지고, 천하만물은 무리에 따라 분리된다."
109) "그런고로 군자는 누구를 좋아함에도 준칙이 있으며 남을 싫어함에도 반드시 선택하는 도리가 있다."

㊵ '(舍)'자를 裘錫圭 案語는 '敘'자로 풀이하였다.[111]

㊶ 이 구절을 李零은 "又序爲之節, 則文也."로 예정하였다. '或'자를 李零 ≪郭店楚簡校讀記≫는 '又'자로 보고, '卽'자를 裘錫圭 案語는 '次'나 혹은 '節'의 의미로 보고 있는데, 李零 ≪郭店楚簡校讀記≫는 '節'로 풀이하였다. '度'자를 李零 ≪郭店楚簡校讀記≫는 '文(文飾)'의 의미로 보았다.[112] '度'자의 의미는 '法度'나 혹은 '常規'이다. ≪說文解字≫는 "度, 法制也."[113]라 하고, ≪字匯·廣部≫는 "度, 法也, 則也."[114]라 하였다. ≪禮記·經解≫ "居處有禮, 進退有度, 百官得其宜, 萬事得其序"[115] 구절 중의 '節'자가 '儀節'·'准則'의 의미이다. ≪論語·微子≫의 "長幼之節, 不可廢也."[116] 구절과 ≪禮記·樂記≫의 "禮樂偩天地之情, 達神明之德, 降興上下之神, 而凝是精粗之體, 領父子君臣之節."[117] 구절 중의 '節'자 또한 같은 의미로 쓰인다.

㊷ 裘錫圭 案語는 "至頌宙(廟)" 중 '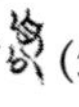(頌)'자는 '容貌(용모)'의 '容'자의 본자라 하였다.[118]

㊸ 정리본 ≪郭店楚墓竹簡≫과 달리 李零≪校讀記≫는 이 문장을 "所以文, 節也."로 읽었다.[119] 본문에서도 '度'의 의미로 쓰인다. '度'는 '法度'나 혹은 '常規'의 의미 이외에 '儀表'나 '風度'라는 의미로 쓰인다. 예를 들어, ≪後漢書·竇融傳論≫의 "嘗獨詳味此子之風度……而進退之禮良可言矣." 구절 중 '節'자는 '儀節'의 뜻이다.

㊹ 裘錫圭 案語는 "'美其情' 아랫부분 중 한 글자의 上端 부분이 약간 보이는데, '貴'자이다. 그 아래로는 '其'가 파손되었고, '其' 아래는 문맥으로 보아 '宜(義)'자가 파손된 것으로 보인다."[120]라 하여 "貴其義" 세 자를 보충하고 있다.

㊺ '(卽)'자를 裘錫圭 案語는 '次'나 '節'자의 의미로 보았고, 李零≪郭店楚簡校讀記≫는 '節'로 해석하였다.

㊻ 혹은 "所以〔爲□也〕"로 보충할 수 있겠으나, 확실한 내용은 알 수가 없다.

㊼ ''자에 대하여 李零 ≪郭店楚簡校讀記≫는 "윗부분은 '臾'자와 비슷하고, 아랫부분은 '音'자로 혹은

110) "'鄕'과 '方'은 '같은 부류'의 의미이다."
111) ≪郭店楚墓竹簡≫, 182 쪽, 注13.
112) ≪郭店楚簡校讀記≫, 106-108 쪽.
113) "'度'는 '法度'의 의미이다."
114) "'度'는 '法度'와 '法則'의 의미이다."
115) "居處함에 禮가 있으며, 행동함에도 준칙이 있어야 만이 모든 관리는 그 마땅함을 얻을 수 있고, 萬事는 질서를 얻게 된다."
116) "벼슬하지 않는 것은 의로움이 없는 것이다. 長幼의 예절을 폐할 수는 없다."
117) "禮樂은 하늘과 땅의 性情에 따라 신과 같은 밝은 功德을 이룰 수 있으며, 제사를 통하여 天神을 내려오게 할 수 있고 地神을 나올 수 있게 하며, 세상의 작거나 혹은 크거나, 정밀하거나 거친 형체들을 바르게 육성하고 질서를 유지하게 하며, 인간은 人倫을 통해서 父子와 군신의 도리를 지키게 한다."
118) ≪郭店楚墓竹簡≫, 182 쪽, 注17.
119) ≪郭店楚簡校讀記≫, 106 쪽
120) ≪郭店楚墓竹簡≫, 182 쪽, 注19. "'美其情'之下一字尙存上端, 似應是 '貴'字. 其下缺字當爲 '其', '其'下缺字從上文看可能是 '宜(義)'字."

'諛'자가 아닌가한다. 어떤 자로 읽을지는 좀 더 연구가 필요하다."라 하였다.121) ≪上博楚簡·性情論≫은 본 구절을 "[所][言]□□□丌(其)(讀?)度(取)也"로 쓴다.122) 李零은 ≪上博楚簡三篇校讀記≫에서 이 구절에 대하여 "사진으로만 봐서는 무슨 자인지 그 형태를 알아 볼 수 없어, 원 사진과 이에 관한 기록물을 참고해야만 할 것 같다. 내가 기록해 놓은 필기를 보면 다섯 번째 자는 그 흔적이 약간 남아 있는데, '之'자가 아닌가 한다. 일곱 번째 자의 윗부분은 '臾'와 유사하고 아랫부분은 '音'자이다. 여덟 번째는 위에서 이미 살펴본 '文'자의 형태와 같다. 하지만 이곳에서는 반드시 '文'의 의미는 아니기 때문에, 잠시 '敏'字로 예정(隷定)하기로 한다."123)라 하였다. 이상은 문자가 보이지 않아 어떤 자인지 판단하기 힘들다. 따라서 잠시 ≪上博楚簡≫정리본의 예정(隷定)에 따르기로 한다.

㊽ '(幣帛)'은 제사나 예물로 사용하는 絲織物을 가리킨다. ''자를 ≪郭店楚墓竹簡≫은 '譔'자로 예정하고 있는데, 裘錫圭 案語는 '徵'자로 읽었다.124)

㊿ '(懽)'자를 裘錫圭는 ≪談談上博簡和郭店簡中的錯別字≫에서 '憘(憙)'자를 잘못 쓴 것이라고 주장하고 있는데, ≪上博楚簡·性情論≫은 이 자를 '(憙)'(제 13간)로 쓴다. ≪郭店楚簡·性自命出≫제 24간은 '憙(喜)'자를 ''로 쓴다.125)

''자는 아랫부분에 합문부호가 있다. '淺澤'의 합문이다.126)

51 '(澤)'자는 '水深처럼 影響이 깊다'라는 비유법으로 쓰인다. ≪孟子 · 離婁下≫에 "君子之澤, 五世而斬"127) 구절 중 '澤'과 같은 의미이다.

9.

凡聖(聲)其出於情也信, 肰(然)句(後)其內(入)拔人之心也敂. 【23】 聒(聞)芺(笑)聖(聲), 則羴(鮮)女(如)52也斯憙(喜). 昏(聞)訶(歌)謠(謠), 則舀女(如)53也斯奮. 聖(聽)琴(琴)開(瑟)之聖(聲), 【24】 則誖女(如)54也斯懟(難)55. 雚(觀)賚(賚)武56, 則齊女(如)57也斯复(作). 雚(觀)卲(韶)頣(夏), 則免(勉)女(如)也58 【25】 斯僉(儉)59. 羕60思而勯(動)心, 胄女(如)61也, 其居卽(次)也舊62, 其反善復訂(始)也 【26】 新(愼), 其出內(入)也訓(順), 司63其悳(德)也. 奠(鄭)躗(衛)之樂, 則非其聖(聽)而從之也. 【27】

이른바 소리는 모두가 진심어린 사람의 감정에서 나오며, 그래야 또한 사람의 마음을 깊이 감동시킨다. 사람이 웃는 소리를 들으면 확연히 기뻐하듯, 歌謠를 들으면 기쁨이 넘쳐난다. 琴瑟의 소리를 들으

121) ≪郭店楚簡校讀記≫, 109 쪽. "上半與臾相似, 下從音, 或卽'諛'字, 讀法待考."

122) ≪上博楚簡(一)≫, 238 쪽.

123) ≪上博楚簡三篇校讀記≫, 58 쪽. "現在從照片已無法辨認, 祇能靠原來的照片和記錄. 第五字, 我查筆記, 仍有殘畫, 似是'之'字, 第七字, 上半與臾相似, 下從音. 第八字, 與上讀爲'文'的字寫法相同, 但不一定讀'文', 這裏暫按'敏'字隷定."

124) ≪郭店楚墓竹簡≫, 182 쪽, 注18.

125) ≪楚系簡帛文字編(增訂本)≫, 480 쪽.

126) ≪郭店楚墓竹簡≫, 182 쪽, 注19.

127) "군자의 깊은 영향도 오대가 지나면 없어진다."

면 마음이 경건해지고 감동이 되듯, ≪賚≫와 ≪武≫를 들으면 행동이 엄숙해지고, ≪韶≫와 ≪夏≫를 들으면 성실하고 겸손한 마음이 발동된다. 心思를 읊어야 만이 다른 사람의 마음을 감동시키고 감탄하게 할 수 있다. 그런고로 ≪賚≫·≪武≫·≪韶≫·≪夏≫와 같은 古典 음악은 사람의 가슴 속에 오랫동안 남게 되고, 이러한 음악은 사람의 근본인 善에 진실로 復歸하게 되며, 또한 사람에게 온화한 情操를 陶冶하게 하여 감상하는 자들에게 그 德을 행하게 하는 것이다. 鄭衛와 같은 음란한 음악은 사람들이 입으로 부정을 하면서도 실제로는 이를 듣고자 하는 것이다.

【註解】

㊷ 李零 ≪郭店楚簡校讀記≫에서는 '(羴女)'를 '鮮如'로 읽고, "'鮮如'는 '粲然(밝고 명랑하게 웃는 모양)'의 뜻이다. '粲'과 '鮮'의 음은 비슷하다. '粲'은 '淸'母 '元'部이고, '鮮'은 '心'母 '元'部이다. 웃는 모양을 나타낸다."[128]라 하여 '鮮如'를 웃는 모양인 '粲然'의 의미로 해석하였다. 만약에 '鮮如'의 의미로 본다면, '사람이 웃는 소리를 듣고 매우 기뻐하다'로 해석할 수 있다.

㊸ 李零 ≪郭店楚簡校讀記≫는 '舀女'를 '陶如'로 읽고, "'陶如'는 '陶然(넘쳐흐르는 모양)'과 같은 의미로 음악이 처음에 시작되어 아직 다하지 않고 도연하게 흐르는 모양을 형용한 것이다"[129]라고 하였다.

㊹ ≪性自命出≫의 '(諄)'자를 ≪上博楚簡·性情論≫은 '(悸)'자로 쓴다. ≪郭店楚簡≫의 '諄如'에 대하여, 李零 ≪郭店楚簡校讀記≫는 "'悸如'의 의미로 '감동한 모습'이다"[130]라 하였다.

㊺ ''자는 '心'과 소리부 '難'으로 이루어진 형성자이다. 裘錫圭 案語는 '歎'으로 해석하였고,[131] 李零 ≪郭店楚簡校讀記≫ 역시 '歎'의 의미로 해석하였다.[132] ≪說文解字≫에서는 '歎'·'嘆'자에 대하여 각각 "'歎'은 '읊다'의 의미이다."[133]·"'嘆'은 '감정을 억누르며 탄식하다' 혹은 '깊이 탄식하다'의 의미이다."[134]라 하였다. 이에 대하여 段玉裁는 ≪說文解字注≫에서 "'嘆'과 '歎' 두 자가 지금은 같은 의미로 사용하고 있지만, ……≪說文解字≫에 의하면 다르다. 歎은 기쁨을 동반한 것이라면, 嘆은 슬픔이 동반된 탄식이다……."[135]라 하였다. 전후 문장의 의미를 살펴볼 때, '歎'(읊다)란 의미가 비교적 합당하다. 아래 문장 "戁, 思之方也."[136] 중의 '戁' 역시 같은 의미이다.

㊻ ≪賚≫와 ≪武≫는 武王이 商을 멸망시키고 天下의 평정을 찬양하고 노래한 ≪詩經·周頌≫ 중의

128) 李零, ≪郭店楚簡校讀記≫, 109 쪽. "'鮮如', 猶'粲然'. '粲'與'鮮'讀音相近, '粲'是淸母元部字, '鮮'是心母元部字, 形容笑貌."
129) 李零, ≪郭店楚簡校讀記≫, 109 쪽. "陶如, 猶陶然, 形容初樂而未暢."
130) 李零, ≪郭店楚簡校讀記≫, 109 쪽. "讀作悸如, 形容動心."
131) ≪郭店楚墓竹簡≫, 183 쪽, 注 23.
132) 李零, ≪郭店楚簡校讀記≫, 106 쪽.
133) "歎, 吟也."
134) "嘆, 呑嘆也……一曰太息也."
135) "嘆·歎二字, 今人通用……依≪說文解字≫則義異. 歎近于喜, 嘆近于哀……."
136) "읊은 것은 사유의 방법이다."

하나이다.

57 李零 ≪郭店楚簡校讀記≫는 '(齊女)'를 '懠如'로 읽고 '恭敬'한 모양을 형용한다고 하였다.137) ≪論語・鄉黨≫의 "食不言, 寢不語, 雖疏食菜羹, 瓜祭, 必齊如也."138) 구절에 대하여 何晏은 ≪集解≫에서 "齊, 嚴敬貌."139)라 하였다. 그러나 ≪上博楚簡≫은 '怒'로 해석하고 있다. 전후 문맥상 '恭敬'의 모양을 형상하고 있는 의미로 해석하기로 한다.

58 李零≪郭店楚簡校讀記≫는 '(免女)'를 '勉如'로 읽고, "근면 성실한 모양을 형용하다"140)라 하였다. 이는 곧 勤勉하는 모습을 형용한 것이다.

59 '(僉)'자를 裘錫圭 案語는 '儉'이라고 읽고,141) 李零 ≪郭店楚簡校讀記≫는 '斂'자로 읽고 "이 구절은 앞 구절의 '齊如也斯作'과 상대되는 개념으로 앞에서는 '作'으로, 이곳에서는 '斂'자를 써서 정 반대의 개념을 표시하고 있다."142)라 하였다.

60 '(羕)'자를 제 34간에도 보이는데, '咏'으로 읽는다. 李零 ≪郭店楚簡校讀記≫는 "詠"으로 해석하였다.143)

61 李零 ≪郭店楚簡校讀記≫는 '(胃)'자는 ≪玉篇≫·≪集韻≫과 ≪馬王堆帛書周易・乾卦≫初六에 보이는 字라 하였다.144) 이 자는 '喟'자의 용법으로 '感歎'의 뜻이다.

62 '(舊)'자를 李零 ≪郭店楚簡校讀記≫는 "久"자로 읽었다.145)

63 ''자를 ≪郭店楚簡≫ 정리본은 '司'로 예정하고 있으나, '訂'로 예정할 수 있다. 이 자는 '詞'자의 이체자로 '司'와 통한다. 李零 ≪郭店楚簡校讀記≫는 '始'로 읽었다.146)

10.

凡古樂龍64心. 益樂龍指65, 皆𡥈(教)其人者也. 㚇(賚)武樂取, 佋(韶)頣(夏)樂情. 【28】

古代의 正樂은 사람의 마음을 유익하게 하여 예의를 尊崇하게 하나, 淫濫한 음악은 사람들로 하여금 향락에 빠지게 한다. 그래서 음악은 사람을 교화하는 작용을 한다. ≪賚≫와 ≪武≫의 음악은 武王이 천하를 통치함을 노래한 것이고, ≪韶≫와 ≪夏≫의 음악은 사람의 진정한 감정을 읊은 것이다.

137) 李零, ≪郭店楚簡校讀記≫, 109 쪽.
138) "음식을 먹을 때는 말씀하지 않으며, 잠자리에 누웠을 때도 말하지 않았다. 비록 거친 밥과 나물국이라도 반드시 제사를 지내되 마음을 가다듬어 엄숙하고 경건하게 지냈다."
139) "齊는 엄숙하고 경건한 모양을 나타낸다."
140) 李零, ≪郭店楚簡校讀記≫, 109 쪽. "形容努力."
141) ≪郭店楚墓竹簡≫, 183 쪽, 注27.
142) 李零, ≪郭店楚簡校讀記≫, 109 쪽. "此句與'齊如也斯作'相對, 彼作'作', 此作'斂', 含義正好相反."
143) 李零, ≪郭店楚簡校讀記≫, 106 쪽.
144) 李零, ≪郭店楚簡校讀記≫, 109 쪽
145) 李零, ≪郭店楚簡校讀記≫, 106 쪽.
146) 李零, ≪郭店楚簡校讀記≫, 106 쪽.

【註解】

(64) '(龍)'자는 ≪上博楚簡·性情論≫(제17간) 역시 '(龍)'자로 쓴다. 濮茅左 정리본은 '隆'으로 읽고. '古樂隆心'이란 '옛날의 음악은 능히 심신을 깊이 수양하게 하여 예의를 중히 여기게 한다.'라는 뜻이라 하였다.[147] 혹은 '龍'자를 '動'이나 '弄'으로 읽기도 한다.

(65) ''자는 '嗌'자의 이체자이다. ≪說文解字≫는 '嗌'자에 대하여 "'목구멍'이라는 의미. '口'와 소리부 '益'으로 이루어진 형성자이다. '嗌'자의 주문은 '(𦍌)'로 쓴다."[148]라 하였다. ≪上博楚簡·性情論≫(제17간) 역시 '嗌'자로 쓴다. 濮茅左 정리본은 ≪上博楚簡≫은 '溢'로 해석하여 '淫'자와 통한다 했다.[149)

'(指)'자는 '手'와 소리부 '旨'로 이루어진 형성자이다. ≪上博楚簡·性情論≫에서는 '指'자에 해당되는 자가 잘 보이지 않으나, 濮茅左 정리본은 ≪郭店楚簡≫을 참고하여 '指'자로 보고, 이 자를 '斥'으로 읽으며, "≪廣雅·釋言≫은 '배척하다.'로 설명하였고, ≪漢書·王嘉傳≫은 '많은 사람이 배척하면 병이 없어도 죽는다.'[150]라 했으며, '嗌(溢)樂龍指'는 '음란한 음악은 많은 사람이 배척하며 사람들에게 호된 질책을 받게 된다'라는 뜻이다."라 하였다.[151]

11.

凡至樂必悲, 哭亦悲, 皆至其情也. 㤅(哀)·樂, 其眚(性)相近也, 是古(故)其心【29】不遠. 哭之𢿅(動)心也, 濸(浸)㲄(66), 其剌(?)(67)𦅫𦅫(68)女(如)也, 慼(戚)肰(然)以終. 樂之𢿅(動)心也,【30】濬(?)深䠷舀(69), 其剌(?)則流女(如)也以悲, 條(70)肰(然)以思.

기쁨(樂)이 극에 달하면 반드시 슬픔이 생겨나는 것이고, 우는 것(哭) 또한 슬픔에서 비롯된 것으로 이 기쁨과 슬픔 모두는 그 감정이 극치를 이룬 결과인 것이다. 哀와 樂은 인간의 본성이기 때문에 哀樂이 발현되는 마음은 유사하다. 곡(哭)의 마음이 발동되면 점점 슬픈 마음이 극에 달하게 되고 그러한 마음이 계속 이어졌다가, 애절하고 슬픈 마음을 지닌 채 끝난다. 기쁨(樂)의 마음이 발동되어 그 기쁨의 마음이 극에 달하면, 오히려 슬픈 마음이 생겨나게 되어 사람을 울적하게 만든다.

【註解】

(66) '(濸㲄)'을 ≪上博楚簡·性情論≫(제18간)은 ''로 쓴다. ≪上博楚簡≫정리본은 '浸焊'으로 읽고 있다. '濸㲄'는 '浸殺'로 읽을 수 있고, '浸焊'과 함께 모두 '점차적으로 쇠락하는 모양'의 의미하는

147) ≪上博楚簡(一)≫, 245 쪽. "指古樂能大深人心, 尊崇禮義.."
148) ≪說文解字≫: "嗌, 咽也. 从口, 益聲. 𦍌, 籒文嗌."
149) ≪上博楚簡(一)≫, 246 쪽.
150) ≪漢書·王嘉傳≫: "千人所指, 無病而死."
151) ≪上博楚簡(一)≫, 246 쪽. ≪廣雅·釋言≫: "斥也." ≪漢書·王嘉傳≫: "千人所指, 無病而死." "嗌(溢)樂龍指, 意爲淫樂千夫所指, 令人痛斥."

連綿詞가 아닌가 한다.[152]

(67) ‘’자는 ≪郭店楚墓竹簡≫ 정리본은 ‘刔(?)’로 예정하였다. 문자의 형태로 보아 왼쪽 부분이 ‘夬’자의 형태는 아니다. 劉釗≪郭店楚簡校釋≫은 ‘剌’로 예정하고 ‘烈’로 읽고 있다.[153] 문자의 형태로 보아 ‘剌’로 예정하는 것이 옳은 것 같다. ‘심하다’·‘다하다(盡)’의 뜻이다. ≪說文解字≫는 ‘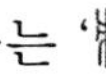(剌)’자에 대하여 “‘刀’와 ‘朿’으로 이루어진 자이며, ‘朿’는 또한 소리부이기도 한다”[154]라 하였다.

(68) ‘(䜌)’자를 ≪郭店楚墓竹簡≫정리본은 ‘戀’로 읽고,[155] 李零≪郭店楚簡校讀記≫ 역시 ‘戀’으로 읽고 있다.[156] ‘戀戀’이란 ‘일종의 비애적인 정서’를 가리킨다.

(69) ‘’자를 ≪上博楚簡·性情論≫(제19간)은 ‘’로 쓴다. 裘錫圭의 ≪郭店楚簡≫ 案語는 ‘濬’으로 해석하였고,[157] ≪上博楚簡≫의 濮茅左 정리본은 역시 ‘濬’으로 예정하였다.[158] ≪爾雅 · 釋言≫은 ‘濬’자는 곧 ‘深’의 의미이다.”[159]라 하였다. ≪說文解字≫는 ‘(濬)’자는 ‘(㕡)’자의 고문이라 하며, “‘㕡’자는 ‘하천을 깊이 파내어 물이 잘 흐르게 하다’의 의미. ‘谷’과 ‘从卢’로 이루어진 자이다. ‘卢’는 판 구덩이가 깊다는 뜻이다. ≪虞書≫는 ‘바닥 깊이 개천 도랑물은 큰 천되어 흐르네’라 했다. 혹은 의미부 ‘水’를 써서 ‘(濬)’으로 쓰기도 하고, ‘㕡’의 고문은 ‘(濬)’으로 쓴다.”[160]라 하였다. ‘䁥舀’는 ‘鬱陶’로 읽는다.[161]

(70) ‘(條)’자를 李零 ≪郭店楚簡校讀記≫는 ‘悠’로 해석하였다.[162] ≪說文 · 心部≫는 “‘悠’는 ‘걱정하다(憂)’의 의미.”[163]라 하였고, ≪爾雅 · 釋詁下≫는 “‘悠’는 ‘생각하다(思)’의 의미.”[164]라 하였다.

12.

凡恖(憂), 思而句(後)悲【31】; 凡樂, 思而句(後)忻[71]. 凡思之甬(用), 心爲甚. 戁(難), 思之方[72]也, 其聖(聲)貞[73]圓□□□[74], 【32】 其心貞則其聖(聲)亦肰(然). 慾[75]游[76]依(哀)也, 喿[77]游樂也, 湫游聖(聲)[78], 㪅[79]游心也. 【33】 憙(喜)斯慆, 慆斯奮, 奮斯羕(咏), 羕(咏)斯猷, 猷斯迮[80]. 迮, 憙(喜)之終也. 怹(慍)斯恖(憂), 恖(憂)斯戚[81], 戚【34】斯戁[82], 戁斯𢝊, 𢝊斯通[83]. 通, 怹(慍)之終也.[84] 【35】

152) 劉釗, ≪郭店楚簡校釋≫, 98 쪽.
153) 劉釗, ≪郭店楚簡校釋≫, 98 쪽.
154) ≪說文解字≫: “从刀, 从朿, 朿亦聲.”
155) ≪郭店楚墓竹簡≫, 183 쪽, 注30.
156) 李零, ≪郭店楚簡校讀記≫, 106 쪽.
157) ≪郭店楚墓竹簡≫, 183 쪽, 注31.
158) ≪上博楚簡(一)≫,
159) ≪爾雅 · 釋言≫: “濬, 深也.”
160) ≪說文≫: “㕡, 深通川也. 从谷, 从卢. 卢, 殘地阬坎意也. ≪虞書≫曰: ‘㕡畎澮距川.’ 濬, 㕡或从水. 濬, 古文㕡.”
161) 李零, ≪郭店楚簡校讀記≫, 109 쪽.
162) 李零, ≪郭店楚簡校讀記≫, 106 쪽.
163) ≪說文≫: “悠, 憂也.”
164) ≪爾雅 · 釋詁下≫: “悠, 思也.”

사람의 心思가 울적하면 곧 슬픔(悲)이 생기고, 心思가 즐거우면 곧 기쁨(喜)이 생기는 것으로 사람의 생각은 마음의 작용이 가장 중요한 것이다. 탄식은 心思의 表象으로 마치 소리가 변하면 마음도 따라 변화하기 때문에 마음이 변하면 그 소리 또한 변하는 것과 같다. 앓는 소리는 슬픔(哀)의 표출이며, 떠들썩한 소리는 기쁨의 표시이다. 衆人의 소리는 心聲의 표시이며, 노래하는 소리는 내심의 표시이다.[165)]

사람은 원래 즐거우면 기쁨이 생기고, 즐거우면 노래 부르고, 노래 부르면 몸이 움직이고, 움직이면 춤추게 되고, 춤추면 기쁨이 극에 달하게 된다. 사람이 노여움이 있으면 슬퍼지고, 슬픔이 더하면 애통하게 되고, 애통한 마음이 더하면 탄식하고, 탄식이 더하면 가슴을 두들기게 되고, 가슴을 두들기는 것을 더하면 몸부림을 치며 슬퍼하는데, 몸부림치며 슬퍼하는 것은 기쁘지 않은 감정의 극단이다.

[註解]

(71) '(忻)'자는 '心'과 소리부 '斤'으로 이루어진 형성자이다. ≪玉篇≫에서는 "'忻'은 '즐거워하다'의 의미."[166)]라 하였다.

(72) '(方)'은 '術'의 의미로 즉 '方法'·'辦法'의 뜻이다.

(73) ''자에 대하여, 裘錫圭 案語는 '弁'으로 예정하고 '變'으로 읽어야 한다하였다.[167)]

(74) ≪上博楚簡·性情論≫은 "其聖(聲)㝸𠟭□□□" 구절을 "丌(其)聖(聲)㝸(變), 則心㘴(從)之矣"로 쓴다.[168)]

(75) '(諗)'자를 劉釗 ≪郭店楚簡校釋≫은 '吟'자로 읽었다.[169)] 즉 '嘆(한탄하다)'의 의미이다. '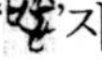'자의 기본 소리부는 '金'으로 '吟'과 통한다.

(76) '(游)'자를 李零 ≪郭店楚簡校讀記≫는 '流露'의 의미인 '流'자로 읽었다.[170)]

(77) '(喿)'자를 李零 ≪郭店楚簡校讀記≫는 '떠들다'의 의미인 '噪'로 읽었다.[171)]

(78) ''자는 원래 '言'과 소리부 '和'로 이루어진 형성자이다. '詸'자를 李零 ≪郭店楚簡校讀記≫는 '시끄러운 소리'의 의미인 '啾'자로 풀이하였다.[172)]

(79) '(㖲)'자를 劉釗는 ≪郭店楚簡校釋≫에서 '戲'의 이체자이며, '嚱'로 읽고 '탄식하다'의 의미라 하였고, 李零 ≪郭店楚簡校讀記≫는 이 자는 소리부가 '豆'이며, '노래부르다(歌唱)'는 의미인 '嘔'로 읽었

165) '衆人의 소리는 心聲의 표시이며, 노래하는 소리는 내심의 표시이다'에 대한 견해는 학자마다 매우 다르다. 본 문은 전후 문맥에 따라 가장 일반적인 해석이 될 수 있는 견해를 따르기로 한다.
166) ≪玉篇≫: "忻, 喜也."
167) ≪郭店楚墓竹簡≫, 183 쪽, 注32.
168) ≪上博楚簡(一)≫, 249-250 쪽.
169) 劉釗, ≪郭店楚簡校釋≫, 99 쪽.
170) 李零, ≪郭店楚簡校讀記≫, 110 쪽.
171) 李零, ≪郭店楚簡校讀記≫, 110 쪽. "喧呼."
172) 李零, ≪郭店楚簡校讀記≫, 110 쪽. "聲音細啐嘈雜." 劉釗, ≪郭店楚簡校釋≫, 99 쪽, "訓爲歌音."

다.[173] 小篆 ''자는 '戈'와 소리부 '虘'로 이루어진 형성자이다. 금문은 ''로 쓴다.[174] ≪說文解字≫는 '(虘)'자에 대하여, "'고대의 질그릇'의 의미. '豆'와 소리부 '虍'로 이루어진 형성자이다."[175]라 하였다.

(80) ''자에 대하여 裘錫圭 案語는 '迒'자가 아니라, '迮'라 하였다.[176] ≪說文 · 辵部≫는 '(迮)'자에 대하여 "'좁혀오다'의 의미. '갑자기 닥히다'의 뜻이다."[177]라 하였다. ≪郭店楚簡 六德≫은 ''·''으로 쓴다.[178]

(81) ''자를 정리본은 '戠'자로 예정하고 있는데, 李零≪郭店楚簡校讀記≫는 ≪禮記 · 檀弓下≫를 근거로 하여 '戚'으로 해석하였다.[179] ≪書法選≫은 '戠'자를 중복하지 않고 있으나, 중문부호가 있기 때문에 중복하여 써야 한다.[180] 劉釗≪郭店楚簡校釋≫은 ≪郭店楚簡·尊德義≫(제17간) ''자에 대하여 字部 ''은 초간 중에서 '淺'·'竊'이나 '察'의 소리부로 쓰인다하였다.[181] ''자는 '心'과 소리부 ''으로 이루어진 형성자로 '戚'과 음이 통한다. ≪尊德義≫와 ≪語叢一≫은 '戚'자를 각각 ''·''으로 쓴다.[182]

(82) '(戁)'자를 李零≪郭店楚簡校讀記≫는 ≪禮記 · 檀弓下≫를 근거로 하여 '嘆'자로 읽었다.[183]

(83) ''자를 ≪郭店楚墓竹簡≫은 '宎'자로 예정하고 있는데, 劉釗≪郭店楚簡校釋≫은 '亡'과 '㣈'자의 생략형으로 이루어진 자라 하였다.[184] ≪郭店楚簡 緇衣≫(33간)은 '㣈'자를 ''로 쓰고, ≪郭店楚簡·性自命出≫(22간)은 ''로 쓴다.[185] '㣈'자의 고음은 'bjiwar(祭部)'이고, '辟'의 고음은 'pjiek(錫部)'로 서로 통한다. 李零≪郭店楚簡校讀記≫는 ≪禮記 · 檀弓下≫를 근거로 하여 '辟'으로 해석하였고,[186] 鄭玄는 ≪禮記≫ 중의 '辟'자에 대하여 "辟, 拊心"[187]이라 하였다. '가슴을 두드리다'는 의미이다.

'(通)'자는 '踊'자와 음이 서로 통한다.

173) 劉釗, ≪郭店楚簡校釋≫, 99 쪽. 李零, ≪郭店楚簡校讀記≫, 110 쪽.
174) ≪金文編≫, 825 쪽.
175) ≪說文≫: "古陶器也. 从豆, 虍聲."
176) ≪郭店楚墓竹簡≫, 183 쪽, 注34.
177) ≪說文≫: "'迮, 迮迮, 起也."
178) ≪楚系簡帛文字編(增訂本)≫, 154 쪽.
179) 李零, ≪郭店楚簡校讀記≫, 110 쪽.
180) ≪郭店楚墓竹簡·性自命出·書法選≫, 34 쪽.
181) 劉釗, ≪郭店楚簡校釋≫, 127 쪽.
182) ≪楚系簡帛文字編(增訂本)≫, 1060 쪽.
183) 李零, ≪郭店楚簡校讀記≫, 110 쪽.
184) 劉釗, ≪郭店楚簡校釋≫, 100 쪽.
185) ≪楚系簡帛文字編(增訂本)≫, 727 쪽.
186) 李零, ≪郭店楚簡校讀記≫, 110 쪽.
187) "'辟'은 '가슴을 어루만지다'의 의미."

(84) ≪禮記·檀弓≫의 “예도는 그렇지 않다. 원래 사람의 마음은 기쁘면 동연해져서 즐거우며, 즐거우면 노래 부르고, 노래 부르면 몸이 움직이고, 움직이면 춤추게 되고, 춤추면 마음이 앙양되고, 마음이 앙양되면 이윽고 마음이 아프고, 마음이 아프면 탄식하고, 탄식하면 가슴을 두들기게 되고, 가슴을 두들기게 되면 가슴은 춤춘다는 식으로 변화한다. 그러므로 이를 조절하는 것을 예라 한다.”188) 구절과 간문의 내용이 유사하다.

13.

凡學者隶〈求〉[85]其心爲難. 從其所爲, 丘(近)得之壴(矣)[86], 不女(如)以樂[87]之速也. 【36】 唯(雖)能其事, 不能其心, 不貴. 求其心又(有)爲也, 弗得之壴(矣). 人之不能以爲也, 【37】 可智(知)也. □[88]怹(過)十皇(擧), 其心必才(在)安(焉), 戠[89]其見[90]者, 靑(情)安遊(失)才(哉)[91]? [illegible][92], 【38】 宜(義)之方也. 宜(義), 敬之方也. 敬, 勿(物)[93]之卽[94]也. 篤(篤), 息(仁)之方也. 息(仁), 眚(性)之方也. 眚(性)或[95]生之. 忠, 信 【39】 之方也. 信, 靑(情)之方也. 靑(情)出于眚(性). 炁(愛)頪(類)七, 唯眚(性)炁(愛) 爲近息(仁). 智頪(類)五, 唯 【40】 宜(義)衍(道)爲忻(近)忠. 亞(惡)[96]頪(類)參(三), 唯亞(惡)不息(仁)爲忻(近)宜(義). 所爲衍(道)者四, 唯人衍(道)爲 【41】 可衍(道)也.

이른바 무릇 배우고자 하는 자가 성현(聖賢)군자들이 지니고 있는 덕성까지 파악하기란 쉽지 않다. 성현군자의 행동거지를 따라 그 언행을 행함은 이미 내심이 德性에 상당히 접근한 것이지만 음악을 통한 敎化의 감화가 성인의 마음을 가장 신속하게 깨달을 수 있는 것이다.

비록 성인군자의 언행을 본받고자 하나 성인과 똑같은 內心 덕성을 갖출 수 없다 해도 이를 너무 마음에 둘 필요는 없다. 그러나 만약에 진실되고 성실한 마음으로 성인의 내심덕성을 추구하지 않는다면 영원히 구할 수 없다. 사람은 그 진면목을 假飾하거나 숨길 수 없는데, 이는 內心을 다른 사람이 알아차릴 수 있기 때문이다.

사람이 똑같은 잘못을 여러 차례 되풀이 하지 말아야 하는데, 만약에 그런다면(되풀이 한다면) 그의 심태는 이미 그 잘못과 똑 같다. 어떤 사람의 행동거지를 자세하게 살펴보면 어찌 그 사람의 진실된 내심 상태를 파악하지 못하겠는가?

용서한다는 것은 義道의 準則이다. 義道는 敬愛의 준칙이다. 공경하는 마음(敬愛)은 또한 만물을 대할 때 반드시 갖추어야 할 원칙이다. 敦厚는 仁心의 準則이며, 仁心은 人性 道理의 準則이며, 仁心은 또한 人性에서 생겨난다. 忠誠은 믿음(信實)의 準則이며, 믿음(信實)은 진실된 內心의 규칙이다. 人心의 진실(情)은 또한 人性에서 생겨난 것이다. 愛는 일곱 가지가 있는데, 그중 人性에서 나온 愛가 가장 仁에 가깝다. 智는 네 가지가 있는데, 그중 義道가 가장 忠誠에 가깝고, 미워하는(惡) 마음은 세 가지가 있는데, 그 중 不仁을 싫어하는 마음이 가장 義道에 가깝다. 道는 네 가지가 있는데, 그 중 人道(禮樂治民)만

188) “禮道則不然, 人喜則斯陶, 陶斯詠, 詠斯猶, 猶斯舞, 舞斯慍, 慍斯戚, 戚斯嘆, 嘆斯辟, 辟斯踴矣. 品節斯, 斯之謂禮.”

이 民衆을 교화할 수 있다.

【註解】

(85) ‘(隶)’자에 대하여 裘錫圭 案語는 ‘求’자의 오자라 하였다.[189] ≪上博楚簡·性情論≫(31간)은 ‘(求)’자로 쓴다.

(86) 裘錫圭 案語는 ‘(豆)’자는 곧 ‘矣’자라 하였다.[190]

(87) ‘(樂)’字는 ‘悅樂’의 ‘樂’이 아니라, ‘禮樂’의 ‘樂’字의 의미이다.

(88) 裘錫圭는 ‘其’자를 보충하고 있는데,[191] ≪上博楚簡·性情論≫은 “‘不’자는 ≪郭店楚墓竹簡·性自命出≫은 잔실되어 보이지 않는다. 본 죽간을 참고하여 보충할 수 있다.”[192]라 하였다. ‘不’자를 보충할 수 있다.

(89) ‘(戝)’자를 裘錫圭 案語는 ≪五行≫의 ‘察’자와 비교하여 ‘察’자로 해석하였다.[193] 앞 제 37간 ‘’자의 설명 참고.

(90) ‘見’자는 “現”자의 의미이다.

(91) ‘(遊)’자는 초간에 자주 보이는 자로 ‘迭’의 이체자이다. 혹은 ‘達’자로 예정하고 甲骨文의 ‘羍’자와 같은 자라고 보는 견해도 있다. ‘失’자와 음성이 서로 통한다.

(92) ‘’자에 대해서는 의견이 매우 분분하다. 白于藍은 ≪郭店楚墓竹簡考釋(四篇)≫에서 이 자는 자부 ‘言’과 ‘女’로 되어있으며, ‘恕’의 의미라고 설명하였다.[194] 劉釗는 ≪郭店楚簡校釋≫에서 “이 자는 ‘詉’자로 소리부가 ‘女’이기 때문에 ‘恕’와 서로 통한다.”라고 설명하였다.[195] 혹은 ‘察’의 의미로 파악하기도 한다. 본문에서는 ‘恕’의 의미로 해석하기로 한다. ≪上博楚簡·性情論≫(제33간)에서는 이 자에 해당하는 자는 잘 보이지 않지만, 濮茅左 정리본은 ‘詘(?)’로 예정하고 “첫 자는 보이지 않지만 ‘詘’자가 아닌가한다. 이 구절은 ≪郭店楚墓竹簡·五行≫의 ‘剛簡이란 간결하고 숙련된 것으로 큰 것에서 작은 것을 이루었음을 말하는 것으로 道義의 준칙이며, 匿이란 親近을 隱匿하는 것으로 작은 것에서 많은 것을 이루었음을 말한다. 簡은 義의 표현이고, 匿은 仁의 표현이고, 剛은 義의 표현이고, 柔는 仁의 표현이다’[196]의 내용과 비슷하다.”라 하였다.[197]

189) ≪郭店楚墓竹簡≫, 183 쪽, 注35. “……從字形看是‘隶’字, 但從文義看應是‘求’字, 當是抄寫有誤. 他篇亦有‘求’訛作‘隶’之例.”
190) ≪郭店楚墓竹簡≫, 183 쪽, 注36.
191) ≪郭店楚墓竹簡≫, 183 쪽, 注39.
192) ≪上博楚簡(一)≫, 266 쪽. “不, ≪郭店楚墓竹簡·性自命出≫殘無, 據此可補.”
193) ≪郭店楚墓竹簡≫, 183 쪽, 注40.
194) ≪簡帛研究2001≫, 廣西師範大學出版社, 192-198 쪽 참고.
195) 劉釗, ≪郭店楚簡校釋≫, 100 쪽 참고. “詉, 从女聲, 故可讀爲‘恕’.”
196) ≪郭店楚墓竹簡·五行≫: “柬〈柬(簡)〉, 義之方也. 匿, 悬(仁)之方也. 彊(剛), 義之方也. 矛(柔), 悬(仁)之

(93) ‘(勿)’은 ‘物’로 읽으며, ‘事’의 의미로 쓰인다.

(94) ‘(卽)’자를 裘錫圭는 ‘節’이나 혹은 ‘次’자의 의미로 보아야 한다하였다.[198]

(95) ‘(或)’자는 ‘又’의 의미로 쓰인다.

(96) ‘(亞)’는 ‘惡’으로 읽고, ‘好惡’의 ‘惡’인 ‘미워하다’의 의미로 쓰인다.

14.

凡甬(用)心之喿(躁)者, 思爲甚. 甬(用)智之疾[97]者, 患爲甚. 甬(用)青(情)之【42】至者, 依(哀)樂爲甚. 甬(用)身之覍(弁)[98]者, 兌(悅)爲甚. 甬(用)力之𦘕(盡)者, 利爲甚. 目之好【43】色, 耳之樂聖(聲), 脁舀[99]之㤅(氣)也, 人不難爲之死. 又(有)其爲人之𨑳𨑳女(如)[100]【44】也, 不又(有)夫柬柬[101]之心則采[102]. 又(有)其爲人之柬柬女(如)也, 不又(有)夫亙(恒)怡之志則縵[103]. 人之攷(巧)【45】言利訇(詞)者, 不又(有)夫詘詘[104]之心則流[105]. 人之㤺肰(然)[106]可與和[107]安者, 不又(有)夫懽(奮)【46】犷[108]之青(情)則悉[109]. 又(有)其爲人之快女(如)也, 弗牧[110]不可. 又(有)其爲人之㝅[111]女(如)也, 【47】弗校[112]不足.

이른바 사람의 마음이 躁急함에 있어 思慮할 때가 가장 심하고, 智慧가 가장 급하게 필요할 때는 곧 患亂이 있을 때이다. 감정을 사용함이 가장 극치에 달하는 것은 悲哀와 歡樂을 느낄 때가 가장 심하다. 몸이 가장 적극적으로 力行하는 것은 마음에 기쁨이 있을 때가 가장 심하다. 온 힘을 다함은 이익이 있을 때 가장 열심이다. 眼目의 기쁨을 추구하고, 귀의 듣기 좋은 음악만을 좋아하고, 心思가 울적하게 되면 사람을 가장 쉽게 죽음에 이르게 한다. 만약에 사람의 행실 태도가 節度가 있으나 진실된 마음이 없다면 실질적이지 못하고 꾸밈만이 있다. 사람은 質朴하고 성실한 마음을 지니고 있으나, 꾸준히 노력하지 않는 마음이 없다면 반드시 태만하고 만다. 사람이 말수가 좋아 말하기 좋아하나 순박하고 성실한 마음 자세가 없다면 방종해지고, 기쁜 마음으로 다른 사람과 잘 어울리나 열심히 노력하고 분투하는 마음 자세가 없다면 남에게 모욕을 당한다. 사람이 방자하고 안일한 생활 습관을 가지고 있으나 노력하여 학습하지 않으면 안 되며, 또한 어떤 사람이 비록 성실하고 돈후한 품성을 소유하고 있다고 하나 스스로 항상 보완하는 자세를 갖추지 않으면 안 된다.

【註解】

97) ‘(疾)’자는 ‘疒’과 소리부 ‘矢’로 이루어진 형성자로 ‘亟’자와 통한다. ‘전력을 다하다’의 뜻이다. ≪說文解字≫는 ‘疾’자의 고문을 ‘𤕫’로 쓴다.

98) ‘(覍)’자는 ‘弁’자의 이체자이다. 裘錫圭는 ‘變’으로 읽어야 한다 하였다.[199]

方也.”

197) ≪上博楚簡(一)≫, 267 쪽.

198) ≪郭店楚墓竹簡≫, 183 쪽, 注 41.

199) ≪郭店楚墓竹簡≫, 183 쪽, 注 43.

99) '(䐪)'자는 '肉'과 '或'으로 이루어진 형성자로 '鬱'과 음이 통한다. ''는 '舀'자를 복잡하게 쓴 형태이다. '舀'는 '陶'로 읽는다. '鬱舀'는 '마음이 울적함'을 말한다.

100) '(迡)'자는 '辵'과 소리부 '即'으로 이루어진 형성자이다. '節'과 음이 통한다. '節節然'이란 '절제와 절도가 있는 상태'를 말한다.[200]

101) '(柬柬)'은 '簡簡'으로 '정직하고 충성스런 상태'를 가리킨다.[201]

102) '(采)'자는 '彩'자의 의미로 '彩飾'·'浮華'의 뜻이다.

103) '(縵)'자에 대하여, ≪集韻≫은 "'縵'은 '느슨하다(緩)'의 의미."[202]라 하고, 朱駿聲 ≪說文通訓定聲≫에서는 "'縵'자는 '慢'자의 가차자로 쓰인다."[203]라 하였다. '縵'은 '게으르다'의 뜻이다.

104) '(詘)'자는 '言'과 소리부 '出'로 이루어진 형성자이다. '詘詘'은 '졸박하고 꾸밈이 없음'의 의미이다. ≪說文解字≫는 '詘'자의 혹체를 '(誳)'로 쓴다.

105) '(流)'자는 '淫放(음란하다)'의 의미이다.[204]

106) '(逆)'자는 '辵'과 소리부 '兌'인 형성자로, '悅'로 읽는다.

107) '(和)자는 ≪論語・子路≫"君子和而不同, 小人同而不和."[205] 구절 중 '和'의 의미와 같다.

108) '(憍䄰)'은 '奮作'으로 읽고, '분투하다'의 뜻이다.[206]

109) '(悉)'자는 '心'과 소리부 '矛'로 이루어진 자로, '懋'의 이체자이다. ≪說文解字≫는 '(懋)'자의 或體를 '(悉)'자로 쓴다. '모욕을 당하다'는 '侮'자와 음이 통한다.

110) '(牧)'자는 '관리하고 다스리다'의 의미이다.

111) (蒝)'자는 '艹'와 소리부 '泉'으로 이루어진 형성자이다. ≪上博楚簡·容成氏≫는 '泉'자를 ''으로 쓰고, ≪郭店楚簡·成之聞之≫는 ''으로 쓴다.[207] 본 구절에서는 '淵'으로 읽는다.[208] '泉'의 고음은 'dzjiwan(元部)'이고, '淵'자의 고음은 'ʔwen(眞部)'이다. ≪廣雅・釋詁三≫은 "'淵'은 '깊다(深)의 의미"[209]라 하였다.

112) '(杸)'자는 '木'과 소리부 '父'로 이루어진 형성자로 '輔'자로 읽는다. ≪廣雅・釋詁二≫는 "'輔'자

---

200) 劉釗, ≪郭店楚簡校釋≫, 102 쪽.
201) 李零, ≪郭店楚簡校讀記≫, 110 쪽. "似是形容人的誠信." 陳偉, ≪楚地出土戰國簡冊十四種≫, 232 쪽.
202) ≪集韻≫: "縵, 緩也."
203) ≪說文通訓定聲≫: "縵, 假借爲慢."
204) 劉釗, ≪郭店楚簡校釋≫, 102 쪽. "流意爲放逸淫侈, 豪無節制."
205) ≪論語・子路≫: "君子和而不同, 小人同而不和.(君子는 조합을 이루지만 같지 않고, 小人은 같지만 조화를 이루지 못한다.)"
206) 劉釗, ≪郭店楚墓竹簡≫, 102 쪽. "奮作意爲振奮."
207) ≪楚系簡帛文字編(增訂本)≫, 954 쪽.
208) 劉釗, ≪郭店楚簡校釋≫, 102 쪽
209) ≪廣雅・釋詁三≫: "淵, 深也"

는 ‘보좌하다’의 의미이다.”[210]라 하였다.

15.

凡人憍[113]爲可亞(惡)也. 憍斯哭壴(矣)[114], 哭斯慮壴(矣), 慮斯莫與之【48】結壴(矣). 訢(愼), 㤅(仁)之方也. 肰(然)而其怣(過)不亞(惡). 速, 悔(謀)之方也, 又(有)怣(過)則咎[115]. 人不訢(愼)斯又(有)怣(過), 信壴(矣).【49】

虛僞는 응당히 싫어해야 한다. 虛僞는 사람을 쉽게 경거망동하게 하고, 경거망동한 행위는 사람을 쉽게 거만하게 만든다. 거만한 사람은 다른 사람이 가까이 하여 사귀려하지 않는다. 謹愼은 仁의 원칙이다. 仁者는 매사에 신중하고 성실하기 때문에 설사 잘못이 좀 있다해도 다른 사람이 그를 미워하지 않는다. 신속하게 처리함은 計策이 준칙이다. 만약에 과실이 있다면 다른 사람에게서 책망을 듣게 된다. 사람이 일을 처리할 때 신중하지 않으면 쉽게 잘못을 하게 되는 것은 필연한 사실이다.

【註解】

113) ‘(憍)’자는 ‘心’과 ‘爲’로 이루어진 형성자로, 본 구절에서는 ‘僞’로 읽는다.

114) ‘(哭)’자는 ‘吅’과 소리부 ‘文’으로 이루어진 형성자로 ‘吝’으로 읽는다.

115) ‘(咎)’字는 ‘증오하다(憎惡하다)’나, ‘비난하다(責備)’의 의미로 쓰인다.

16.

凡人靑(情)爲可兌(悅)也. 句(苟)以其靑(情), 唯(雖)怣(過)不亞(惡); 不以其靑(情), 唯(雖)難不貴.【50】句(苟)又(有)其靑(情), 唯(雖)未之爲, 斯人信之壴(矣). 未言而信, 又(有)媺(美)靑(情)者也. 未𡥈(敎)【51】而民亙(恒), 眚(性)善者也. 未賞而民懽(勸)[116], 含福[117]者也. 未型(刑)而民愄(畏), 又(有)【52】心愄(畏)者也. 戔(賤)而民貴之, 又(有)悳(德)者也. 貧而民聚安(焉)[118], 又(有)衍(道)者也.【53】蜀(獨)処而樂, 又(有)內龘[119]者也. 亞(惡)之而不可非者, 達(?)[120]於義者也. 非之【54】而不可亞(惡)者, 笃(篤)於㤅(仁)者也. 行之不怣(過), 智(知)道者也. 昏(聞)道反[121]上, 上交者也.【55】昏(聞)衍(道)反下, 下交者也. 昏(聞)道反吕(己), 攸(修)身者也. 上交近事君, 下交得【56】衆近從正(政), 攸(修)身近至㤅(仁)[122]. 同方[123]而交, 以道者也. 不同方而□□□□[124].【57】同兌(悅)而交, 以悳(德)者也. 不同兌(悅)而交, 以猷[125]者也. 門內之絧[126], 谷(欲)其【58】𥶵[127]也. 門外之絧, 谷(欲)其折(制)[128]也.

이른바 진실 되고 성실한 사람은 다른 사람들을 기쁘게 한다. 만약에 성실하고 진심으로 일을 처리하다가 설사 잘못이 발생한다 해도 다른 사람이 그를 미워하지 않는다. 성실하게 일을 처리하지 않으면 그 일을 어렵게 완성하였다 하여도 다른 사람들이 가치 있다고 하지 않을 것이다. 만약에 성실하고

210) ≪廣雅 · 釋詁二≫: “輔, 助也.”

진실 된 사람이면 그 일을 아직 실천하지 않았지만 다른 사람들이 믿는다. (군자) 반드시 말로써 설명하지 않아도 그를 믿는 것은 그가 아름다운 性情을 지니고 있기 때문이다. 군자들이 백성들을 인도하지 않아도 항상 善한 마음을 지니고 있는 것은 마음이 善하기 때문이다. 賞賜를 하지 않음에도 백성들이 성실하게 일하는 것은 풍요로운 마음을 지니고 있기 때문이다. 형벌을 가하지 않아도 백성들이 敬畏하는 것은 마음속에 이미 경외한 마음이 자리 잡고 있기 때문이다. 비록 지위가 낮다 해도 백성들이 그를 존경하는 것은 德이 있기 때문이다. 가난하나 백성들이 그를 옹호하고 따르는 것은 그가 道義를 지니고 있기 때문이다.

혼자 있어도 항상 기쁨이 넘쳐나는 것은 禮의 道義를 深通하고 있기 때문이다. 그를 비록 미워하나 그를 비평할 수 없음은 그가 義理를 잘 알고 있기 때문이다. 그를 비평한다 해도 그를 미워할 수 없음은 그가 仁義를 준수하는 사람이기 때문이다. 행동에 과실이 없는 사람은 道를 아는 사람이다. 도를 듣고 위에 있는 사람의 언행을 성찰하는 것은 윗사람과 교류하기를 좋아하는 사람이고, 도를 듣고 아랫사람의 언행을 성찰하는 것은 아랫사람과 교류하기를 좋아하기 때문이다. 도를 듣고 자기 자신의 언행을 반성 고찰하는 사람은 修身하기를 좋아하는 사람이다. 이와 같이 윗사람과 교류하면 군자를 섬기는 도리에 가까워지고, 이와 같이 아랫사람과 교류하면 백성의 지지를 받을 수 있는바 이는 政治의 道에 가까워 질 수 있다. 道로서 수신하면 仁에 가까워진다. 자신의 立身處世와 같은 생각을 가지고 있는 사람과 교류하는 것은 道를 기본으로 하기 때문이고, 志向이 같지 않음에도 교류를 하는 것은 道義상 필요하기 때문이다('故'를 기본으로 하기 때문이다). 자기가 좋아하는 것을 좋아하는 사람과 교류하는 것은 피차의 德行品性이 근사하기 때문이다. 자기와 기호가 같지 않은 사람과 교류하는 것은 공통적으로 계략을 세워 함께 圖謀해야 하기 때문이다. 가정을 다스림은 관대하고 온유함을 원칙으로 하고, 나라를 다스림은 檢束하고 단속함을 원칙으로 하여야 한다.

[註解]

116) ''자는 '心'과 소리부 '雚'으로 이루어진 자로 '勸'자와 통한다.

117) '(含福)'은 '貪富'로 읽고, 君子가 富貴를 貪求함을 말한다.

118) "貧而民聚安(焉)"[211]은 ≪禮記·大學≫의 "그러한 까닭에 재물이 모이면 백성들이 離散하고, 재물이 흩어지면 백성들이 모이는 것이다."[212]라는 구절과 의미가 비슷하다.

119) '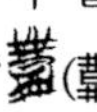(豊)'자에 대하여 李零≪郭店楚簡校讀記≫는 소리부가 '禮'와 유사하다고 하였으나,[213] 상당히 다르다. ≪郭店楚簡·六德≫의 '(儶)'(제43간)·'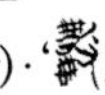(戱)'(제 41·42간) 등과 편방이 유사한 것으로 보아 소리부를 '冊'으로 해석할 수 있다. '冊'은 '策'으로 읽고 '謀略'의 의미이다.

211) "가난하나 백성들이 그를 옹호하고 따르는 것은 그가 道義를 지니고 있기 때문이다."
212) "財聚則民散, 財散則民聚."
213) 李零, ≪郭店楚簡校讀記≫, 110 쪽. 劉釗, ≪郭店楚簡校釋≫, 104쪽, "或釋爲豊, 讀爲禮."

120) ''자를 ≪郭店楚墓竹簡≫ 정리본은 '達(?)'로 예정하였다. 초간에서 '達'자는 일반적으로 ''(≪老子甲≫8간)·''(≪五行≫43간)으로 쓴다.214) ''자는 '達'의 번체자로 소리부분을 표시하는 '月'을 추가한 것이다. '達'과 '月'은 고음이 서로 통한다.

121) '(反)'은 '反省'의 의미이다.

122) "攸(修)身近至悬(仁)"은 ≪中庸≫의 "修身以道, 修道以仁."215) 구절 내용과 비슷하다.

123) 본 구절에서 '(方)'자는 '義理'·'道理'의 의미로 쓰인다.

124) 李零≪郭店楚簡校讀記≫는 "不同方而□□□□" 구절을 "不同方而[交, 以故者也]"로 쓴다.216)

125) '(猷)'자는 '謀'의 의미이다.

126) '(絧)'자를 裘錫圭 案語는 '治'로 풀이하였다.217)

127) '(𥳑)'자는 ≪上博楚簡·孔子詩論≫(제8간)의 '(少𥳑)'은 ≪小雅·節南山之什·小宛≫의 편명이다. ≪上博楚簡(二)·容成氏≫(38간)의 ''자는 '琬'의 의미로 쓰인다.218) 따라서 이 자는 '宛'의 음과 관련이 있다.219) ''자의 윗부분은 '冤(宛)'이다. ≪說文解字≫에 소리부가 '宛'인 자는 '薍(풀이름 원, yuán)'·'韈'·'䳃'·'婉' 등이 있으며, 음이 각각 '於元切'·'於袁切'·'於月切'·'於願節'이다. '(䡝)'자의 或體를 ≪說文解字≫는 '車'와 '宛'聲인 ''으로 쓴다. ''자의 윗부분이 '冤(宛)'임이 확실하다. ''·''과 ''자는 같은 자이다. 李零≪郭店楚簡校讀記≫는 '한적하고 안락하다'의 의미인 '逸'字로 해석하였다.220)

128) ''자는 '折'자의 이체자이다. '制'자로 음이 통한다. '節度'의 의미로 쓰인다. 초간에서 '折'자는 일반적으로 ''로 쓴다.221) ≪說文解字≫는 '折'자의 籒文은 '(斯)'로 쓴다하였다.

17.

凡兌人勿悋也,⑫⑨ 身必從之, 言及則【59】明皇(擧)之而毋僞.

다른 사람을 칭찬할 때 인색하지 말아야 하며, 또한 행동으로 직접 보여주어야 한다.222) 말로 다른

214) ≪楚系簡帛文字編(增訂本)≫, 161 쪽.
215) ≪中庸≫: "修身을 도로 하고, 修道는 仁으로 한다."
216) 李零, ≪郭店楚簡校讀記≫, 107 쪽.
217) ≪郭店楚墓竹簡≫, 184 쪽, 注47.
218) ≪楚系簡帛文字編≫, 417 쪽.
219) 李零, ≪上博楚簡校讀記≫(2002), 18-19 쪽 참고.
220) 李零, ≪郭店楚簡校讀記≫, 111 쪽. "應讀爲逸."
221) ≪楚系簡帛文字編(增訂本)≫, 67 쪽.
222) "凡悅人勿吝"에 대한 설명은 ≪예기≫에 보이고 있다.≪禮記·曲禮上≫: "禮不妄說人, 不辭費." (≪經典釋文≫: "說音悅, 又始悅反." 鄭玄注: "不妄說人, 爲近佞媚也. 不辭費, 爲傷信." 朱子曰: "禮有常度, 不爲佞媚以求說于人也. 辭達則止, 不貴于多.") ≪曲禮≫의 이 문장 구절은 군자는 반드시 예를 기준으로 해야지 달콤한 말로 다른 사람을 기쁘게 하지 말아야한다는 것을 강조하고 있어, 簡文과 내용이 유사하다.

사람에게 승낙 한 것은 조금도 거짓 없이 행동으로 실천해야만 후회가 없다.

【註解】

129) 裘錫圭 案語는 “凡兌人勿慢也” 구절을 ‘凡悅人勿吝也’로 읽었다.

18.

凡交毋剌(?)[130], 必㠯(使)又(有)末[131].

다른 사람과 교류를 할 때는 너무 지나쳐서는 안 되고, 언제나 솔직담백하게 끝까지 변함없는 모습을 보여주어야 한다.[223]

【註解】

130) 이 자는 제 30간의 ‘’자와 같은 자이다. ≪郭店楚墓竹簡≫ 정리본은 ‘剌(?)’로 예정하였다. 문자의 형태로 보아 왼쪽 부분이 ‘夾’자의 형태는 아니다. 劉釗 ≪郭店楚簡校釋≫은 ‘剌’로 예정하고 ‘烈’로 읽고 있다.[224] 문자의 형태로 보아 ‘剌’으로 예정하는 것이 옳은 것 같다. ‘심하다’·‘다하다(盡)’의 뜻이다. ≪說文解字≫는 ‘(剌)’자에 대하여 “‘刀’와 ‘朿’로 이루어진 자이며, ‘朿’는 또한 소리부이기도 하다.”[225]라 하였다.

131) ‘(末)’자는 ‘遺餘’·‘留傳’의 의미이다.

19.

凡於𨑳[132]毋愄(畏), 毋蜀(獨)言. 蜀(獨)【60】處則習父兄之所樂. 句(苟)毋(無)大害, 少枉內(入)[133]之可也, 已則勿復言也.【61】

부름을 받고 外事에 관여하는 일이 있게 되는 경우엔 두려워 할 필요는 없으나, 그렇다고 독단적으로 일을 처리해서는 안 된다. 혼자 있을 때는 부모 형제에게서 이른바 열심히 일하는 태도를 배워야 한다. 만약에 큰 피해가 없지 않다면, 원망할 일이 조금 있다 해도 상관이 없다. 그리고 지난 후일 다시 자꾸 꺼내어 언급하지 말아야 한다.

【註解】

132) ‘(𨑳)’자에 대하여 의견이 분분하다. 李零≪郭店楚簡校讀記≫는 ‘路’자를 잘못 쓴 것이라 하였다.[226] 이 자의 왼쪽 부분과 관련이 있는 자로는, 먼저 ‘’(≪成之聞之≫제31간)자가 있는데, 이

223) 劉釗, ≪郭店楚簡校釋≫, 105 쪽. “凡交往不要過分, 必修要有始有終.(교류는 너무 심하게 하면 안되고, 시종일관 유종의 미를 거두어야 한다.)”로 번역하였다.

224) 劉釗, ≪郭店楚簡校釋≫, 98 쪽.

225) ≪說文解字≫: “从刀, 从朿, 朿亦聲.”

자는 일반적으로 '登'이나[227] '降'으로 본다. 이외에 ≪郭店楚簡·緇衣≫에 ''(제38간)·''(제39간)자가 있는데 '格'이나 '略'으로 읽는다. '格'·'略'자나 '路'자는 모두 소리부가 '各'이다.[228]

133) '(內)'자는 '入'으로 읽는다. '入'자는 '接納'·'收納'의 의미이다.

20.

凡悳(憂)患之事谷(欲)妊(任)[134], 樂事谷(欲)後. 身谷(欲)靑(靜)而毋訧[135], 慮谷(欲)困(淵)而毋愚, 【62】行谷(欲)恿(勇)而必至, 宙[136]谷(欲)壯[137]而毋果(拔), 谷(欲)柔齊[138]而泊[139], 憙(喜)谷(欲)智而亡末, 【63】樂谷(欲)睪[140]而又(有)志, 悳(憂)谷(欲)僉(儉)[141]而毋惛, 惹(怒)谷(欲)浧(盈)而毋𢘓[142], 【64】進谷(欲)孫(遜)而毋攷(巧), 退谷(欲)𦦃[143]而毋巠(輕), 谷(欲)皆𠭯而毋愚[144]. 君子執志必又(有)夫𧻓𧻓[145]之心, 出言必又(有)【65】夫柬柬[146]之信, 賓客之豊(禮)必又(有)夫齊齊[147]之頌(容), 祭祀之豊(禮)必又(有)夫齊齊之敬, 【66】 居喪必又(有)夫緣(戀)緣(戀)[148]之㤅(哀). 君子身以爲宔(主)心. 【67】

憂患의 일이 있으면 주동적으로 任하고, 즐거운 일이 있으면 먼저 가서 그것을 누리지 말아야 한다. 立身은 먼저 淸靜하여야하고 남에게 죄를 지어서는 안 되며, 생각(思慮)은 심사숙고해야하지 거짓된 마음이 있으면 안 되며, 행동은 용감하게 끝까지 밀어 붙어야 하며, 용모는 단정하고 莊重하게 하되 거만하지 말아야 하며, 마음(心志)은 온화하고 엄숙하며 담담하여야 하며, 기쁨(喜)이 있을 때는 지혜로우나 천박하지 말아야 하며, 즐거움(樂)이 있을 때는 기쁨을 가지되 의지력이 있어야 되며, 근심(憂)이 있을 때에는 겸허하되 분노하지 말고, 화나는 일이 있을 때에는 화가 끝까지 찰 때까지 참아야지 남에게 발산을 해서는 안 되며, 앞으로 나아갈 때는 공손하여야지 虛僞가 있어서는 안 되며, 물러날 때는 평상심으로 순서 절차에 맞춰 나아가되 輕慢하지 말아야 하며, 하고 싶은 일을 할 때는 예의에 맞게 하여야 하지 虛僞가 있어서는 안 된다.

군자는 志向을 갖되 원대한 포부를 가져야 하며, 말을 할 때는 정성이 담긴 마음으로 하여야 하며, 賓客을 맞이할 때는 공경스런 용모로 맞이하며, 제사를 지낼 때에는 엄숙하고 공경한 자세로 임해야 하며, 喪을 당한 기간에는 애틋한 哀情의 마음이 있어야 한다. 군자는 자신의 儀容行止를 예의에 맞게 행동하고 內心은 언제나 嚴敬하고 端正하여야 한다.

【註解】

134) ''자는 '力'과 소리부 '壬'으로 이루어진 형성자로 '任'으로 읽는다. '任'은 '담당하다(擔當)'·'(부담하다(承負)'의 의미이다.

226) 李零, ≪郭店楚簡校讀記≫, 111 쪽.
227) 李零, ≪郭店楚簡校讀記≫, 121 쪽. "讀爲登." 劉釗, ≪郭店楚簡校釋≫, 142 쪽, "爲降字古字."
228) ≪說文≫: "路, 道也. 从足, 从各." 徐鍇≪繫傳≫: "从足, 各聲."

135) ''자는 '言'과 '欠'으로 이루어진 자이다. ≪上博楚簡·性情論≫에서는 이 자에 해당되는 자를 '' 자로 쓰는데, 정리본은 '適(動?)'으로 예정(隸定)하고 있으나,[229] 李零은 '遣'으로 예정(隸定)하며 '羨(부러워하다. 탐을 내다)'의 의미로 해석하였다.[230] ≪郭店楚簡·語叢四≫제 21간은 '遣'자를 ''으로 쓴다.[231] '(䜌)'자는 '遣'자와 음이 통하며 '羨'자와 음이 통한다.

136) '(㝱)'자는 '宀'과 소리부 '苗'로 이루어진 형성자이다. 裘錫圭 案語는 자를 '貌'로 읽었다.[232]

137) '(壯)'자는 '莊'의 의미로 쓰인다.

138) '(齊)'는 '莊重'·'肅敬'의 의미이다.

139) '(泊)'자에 대하여 ≪正字通≫에서는 "'泊'은 '담박하다(澹泊)'의 의미이다. 고요히 아무것도 하지 않은 모양이다."[233]라 하였다.

140) '(睪)'자는 '懌'으로 읽는다. '懌'은 '기쁘다(悅樂)'의 의미이다.

141) '(僉)'자는 '儉'으로 읽는다. '겸손하다'·'절제하다'의 의미이다.

142) 李零 ≪郭店楚簡校讀記≫는 ''자에 대하여 윗부분은 '𠂹'이고, 아랫부분은 '共'으로 '希'로 읽는다하였다.[234] 劉釗 ≪郭店楚簡校釋≫은 소리부 '盖'로 이루어진 자로 '掩'으로 읽어야 한다고 하였다.[235] 문자의 형태로 보아 李零의 주장이 옳은 것 같다. ≪玉篇≫은 '希'자에 대하여 "'希'는 '흩어지다(散)'의 의미이다."[236]라 하였다.

143) ''자에 대하여 李零 ≪郭店楚簡校讀記≫는 '肅'字로 예정하고,[237] 陳偉 역시 '肅'자로 예정하였다.[238] ≪楚系簡帛文字編≫은 '潯'자로 보았다.[239] 그러나 초간에서 '肅'자는 일반적으로 ''·''으로 쓴다.[240] 혹은 이 자는 '尋'자가 아닌가 한다. 이 자는 ≪上博楚簡·顏淵問於孔子≫제 5간은 ''자와 비슷하다. 본 구절에서는 '평범하다'·'예사롭다'의 '尋常'의 의미가 아닌가 한다.

144) '(㡯)'자는 '度' 혹은 '文'으로 해석한다. '(㤈)'자는 '僞'자로 읽는다.

145) ''자는 '止'와 '壬'으로 이루어진 '㞷'자로, '往'의 이체자이다. ≪楚系簡帛文字編≫은 이 자를 ''로 잘못 摹寫하였다.[241] "㞷㞷'은 즉 '往往'으로, '廣廣'으로 읽을 수 있다.[242]

229) ≪上博楚簡(一)≫, 259 쪽.
230) 李零, ≪上博楚簡三篇校讀記≫, 63 쪽.
231) ≪楚系簡帛文字編(增訂本)≫, 159 쪽.
232) ≪郭店楚墓竹簡≫, 184 쪽, 注49. "似當讀爲貌."
233) ≪正字通≫: "泊, 澹泊, 恬靜無爲貌"
234) 李零, ≪上博楚簡三篇校讀記≫, 111 쪽.
235) 劉釗, ≪郭店楚簡校釋≫, 106 쪽.
236) ≪玉篇≫: "希, 散也."
237) 李零, ≪上博楚簡三篇校讀記≫, 111 쪽.
238) 陳偉, ≪楚地出土戰國簡冊十四種≫, 231 쪽.
239) ≪楚系簡帛文字編(增訂本)≫, 302 쪽.
240) ≪楚系簡帛文字編(增訂本)≫, 292 쪽.

146) '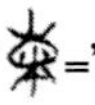='은 '柬柬'으로, '簡簡'으로 읽고, 앞 구절과 같은 '정직하고 충성스런 모습'의 의미이다.

147) '='는 '齊齊'로 '恭敬하는 모양'이다.

148) '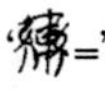='은 '戀戀'으로 읽고, "依依之哀情"과 같은 '애절한 마음이 끊이지 않음'을 말한다.

241) ≪楚系簡帛文字編(增訂本)≫, 582 쪽.

242) 李零, ≪上博楚簡三篇校讀記≫, 111 쪽.

10. 成之聞之

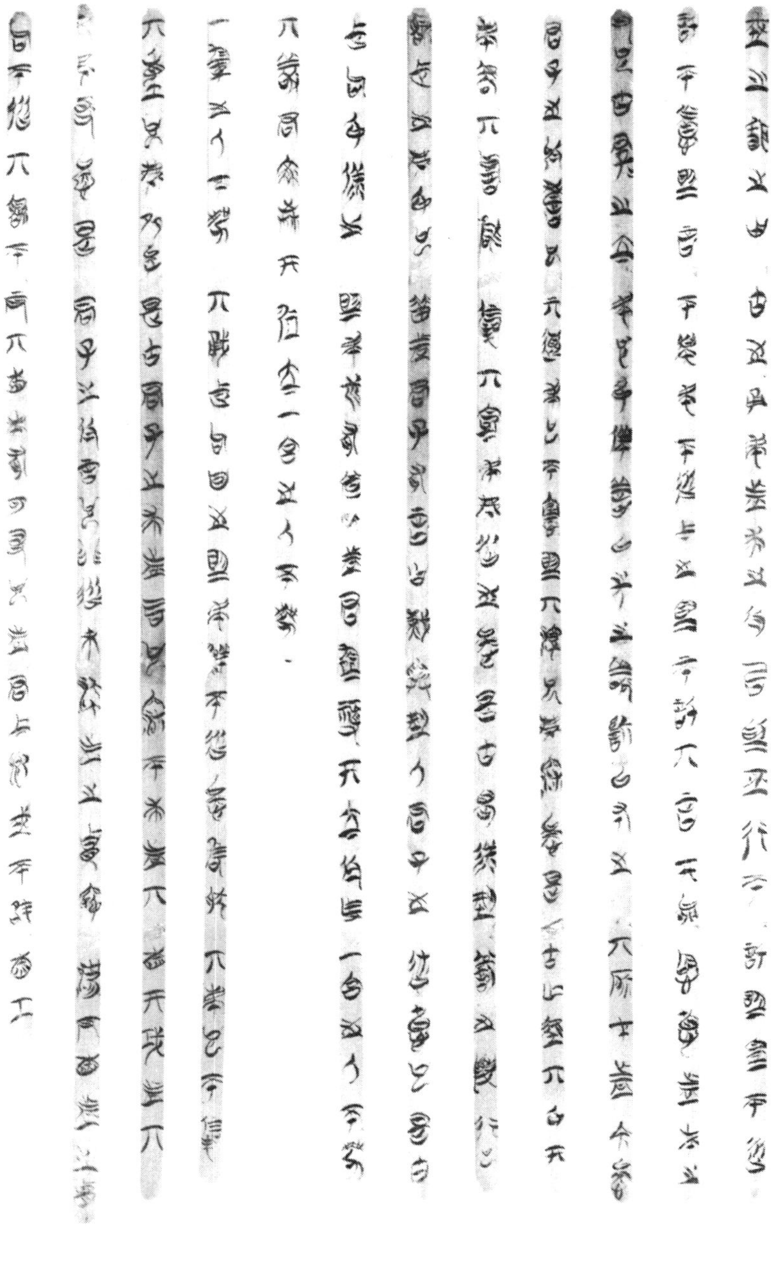

一 二 三 四 五 六 七 八 九 一〇 一一 一二 一三

一三 一四 一五 一六 一七 一八 一九 二〇 二一 二二 二三 二四

二五 二六 二七 二八 二九 三〇 三一 三二 三三 三四 三五 三六

三七 三八 三九 四〇

【成之聞之】

≪成之聞之≫는 유가문헌 중에 하나이다. 40매의 竹簡으로 되어 있다. 竹簡은 양끝이 사다리꼴로 다듬어져 있으며, 길이는 32.5cm이다.

篇章부호는 갈고리 모양으로 쓰고, 合文 부호는 두 개의 가로 획으로 쓰며, 章 부호와 句讀 부호는 없다.

≪成之聞之≫라는 篇名은 이외에도, ≪天常≫·≪大常≫·≪天降大常≫·≪教≫·≪君子之於教≫ 등으로 쓰기도 한다.

≪成之聞之≫는 "하늘에 내린 큰 법칙으로 인륜을 다스린다."[1]라는 내용이 가장 핵심이다. 이외에 인륜의 법칙 및 교화의 중요성, 개인의 수양인 덕행을 강조하였다.

사회질서는 사람 사이의 도덕관계이며, 이 중 君臣관계·父子관계·夫婦관계가 인륜관계의 기초이며 모든 사회관계는 이를 기본으로 하여 발전해온 것이라 하였다. 인간이 하늘의 도를 따르게 되면 인륜(즉 大道)은 질서정연하게 되고, 만일 하늘의 도를 거역한다면 곧 인륜의 법칙은 어지럽혀질 것이라 하였다. 따라서 말(言)은 신의가 있어야 하고, 군자는 순서에 맞춰 백성을 교화해야 한다고 하였다. 또한 겸손하게 사양할 줄 알고, 적절한 시기나 정도에서 그만두어야 하고, 강함으로 이기지 말아야 한다고 하였다.

일은 항상 처음부터 끝까지 한결같이 게을리 해서는 안 되고 군자는 백성을 교화함에 있어 먼저 자신의 덕성을 갖추고 솔선수범하여 힘써 행해야 한다 하였다. 만약에 그렇지 않으면 백성들은 군자에게 복종하지 않을 것이다.

≪成之聞之≫는 또한 上者가 몸소 선한 도를 행하지 않았기 때문에 전쟁과 고통이 있었다고 하고, 君主가 힘써 행하면 백성은 더 잘 하게 되고, 人君이 솔선수범하면 백성들은 그에게 복종하지 않음이 없다라 하였다. 따라서 군자는 말로만 하지 말고 자신이 가지고 있는 德性과 仁心을 구해야 한다. 그렇지 않으면 오히려 중요한 것을 잃고 지엽적인 것만 좇을 수 있으며, 처음과 끝이 바뀔 수 있다 하였다. 백성을 다스릴 때 기만해서는 안 되고, 정세에 따라 백성을 부역에 참여하게 할 수는 있으나 제약을 강행해서는 안 되며, 君主가 백성에게 겸손하게 굴지 않으면, 백성에게서 보복을 당하게 될 것이고 하였다.

군자는 또한 마땅히 항상 자신을 반성해야 하고 사람을 사랑하고 존중해야 하며 마음과 힘을 다하여 덕행을 수양하고 하늘의 법칙에 순응해야한다 하였다.

≪郭店楚簡≫ 중 ≪性自命出≫·≪成之聞之≫·≪尊德義≫와 ≪六德≫ 등 네 편은 죽간의 형태, 글씨체, 편선의 형태 등이 차이가 거의 없다. 특히 ≪成之聞之≫·≪尊德義≫와 ≪六德≫ 세 편은 내용까지 거의 유사하기 때문에 같은 한 편으로 보는 경우도 있다. 또한 편련에 관해서 학자마다 의견이 분분

1) "天降大常, 以理人倫."

하기 때문에 경우에 따라서는 이에 대한 설명을 추가하기로 한다. ≪成之聞之≫·≪尊德義≫와 ≪六德≫ 등 세 편에 대한 고석(考釋)은 아래 문헌을 주로 참고하기로 한다.

李零, ≪郭店楚簡校讀記≫(增訂本), 北京大學出版社, 2002.
劉釗, ≪郭店楚簡校釋≫, 福建人民出版社, 2003.
陳偉, ≪郭店竹書別釋≫, 湖北教育出版社, 2003.
丁原植, ≪郭店楚簡儒家佚籍四種釋析≫, 臺灣古籍出版有限公司, 2004.

1.

成之①䎽(聞)之曰: 古之甬(用)民者, 求之於吕(己)爲亘(恒)②. 行不信則命不从, 【1】 信不㥀(著)則言不樂. 民不从上之命, 不信其言, 而能㝁(含)悳(德)③者, 未之 【2】 又(有)也. 古(故)君子之立民也④, 身備(服)善以先之⑤, 敬新(愼)以之⑥, 其所才(在)者內俟(矣)⑦. 【3】

듣는 바로는, 고대의 백성을 다스리는 자들은 백성을 다스릴 때 자기 자신에게서 그 원인을 찾는 것을 가장 변함없는 일상적인 일로 여겼다.[2] 즉 자신의 행위가 信用이 없으면 백성은 명령을 듣지 않으며, 또한 신용을 보여주지 않으면 백성은 즐거운 마음으로 따르지 않는다. 백성이 천자의 명령에 복종하지 않고 그 말한 것을 신임하지 않는데도, 그의 은덕을 마음에 간직하고 있는 자는 여태껏 없었다.

때문에 군자가 백성을 잘 다스리고, 자신은 솔선수범하여 백성이 귀감이 되고, 근면 성실하게 백성을 삼가 공경하고 신중히 이끌어야 만이, 그 속에 담겨진 일(백성을 교화하고자 하는 일)이 백성의 마음 속 깊이 새겨진다.

【註解】

1) '成之' 두 자는 제 30간 맨 뒤의 '是以君子貴成之'[3] 구절과 연결되는 내용이다.[4] 본문은 ≪郭店楚墓竹簡≫의 죽간 순서에 따라 기본적으로 배열하기로 하나, 필요에 따라서는 설명을 추가하기로 한다.

2) '(亘)'자는 ≪郭店楚簡·唐虞之道≫의 '亟'자 ''자와 형태가 유사하다. '亘'자와 '恒'자는 초간에서 자주 보이는 자이다. ≪上博楚簡(三)·恒先≫ 제 1간의 ''자를 '極'자로 읽는 경우가 있으나, '亙'자를 갑골문은 ''·''·''으로 쓰고,[5] 금문은 ''(≪曶鼎≫)·''(≪恒簋≫)·'' 등으로 쓰며,[6] 초계문자는 ''·''(≪包山楚簡≫)·''(≪老子甲≫)·''(≪上博楚簡·紂衣≫)으로 쓴다.[7] ≪說文解字≫

2) 丁原植, ≪郭店楚簡儒家佚籍四種釋析≫, 175 쪽. "古時人君之役使, 均以反求諸己爲急務."
3) "때문에 군자가 중시해야할 것은 최종의 성공이다."
4) 李零, ≪郭店楚簡校讀記≫, 122 쪽. 劉釗, ≪郭店楚簡校釋≫, 144 쪽. 陳偉, ≪郭店竹書別釋≫, 141 쪽.
5) ≪甲骨文編≫(中華書局), 516 쪽.
6) ≪金文編≫, '2157 亙', 881 쪽.
7) ≪楚系簡帛文字編(增訂本)≫, 湖北教育出版社, 1122 쪽.

는 小篆을 '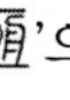'으로 쓰고, 古文은 '亙'으로 쓴다. 郭靜云 〈閱讀恒先〉은 "문자 상으로 볼 때, '死'자는 '亙'자도 '亟'자도 아니고, 즉 '恆'자의 고문이다. 하지만 선진시기에는 확실히 '亙'·'亟'·'恆'자는 서로 통용하였다. 그래서 죽간의 '死'자를 '極'으로 읽어야 한다고 주장하는 학자도 있다. 하지만 의의적으로 볼 때, '恒'은 유일무이의 宇宙의 근원으로서, '極'은 '恆'의 범위에 미치지 못한다"라 하였다.[8] 물론 본문의 ''자를 '亟'자로 예정하는 경우도 있으나,[9] 본 구절의 '恒'자는 우주의 근원과는 관련이 없으나 문자의 형태와 전체 내용으로 보아 '恒'으로 읽는 것이 옳겠다.

3) '(悆)'자는 '心'과 소리부 '含'으로 이루어진 형성자로, '念'의 번체자이다.[10] '含德'은 '집정자의 은덕을 그리워하다'의 뜻이다.

4) '(立)'자는 '莅(蒞, 다다를 리 lì)'로 읽는다.[11] '莅民'는 '백성을 다스리다'의 뜻이다.

5) '身備(服)善以先之' 중의 '備善'은 '服善'으로 '德을 따르다'·'선을 완성시키다'의 뜻이다. '先'은 '인도하여 이를 귀감으로 삼게하다'의 뜻이다.

6) ''자는 '肘'자로 예정할 수 있고, '守'이나 혹은 '導'로 읽는다.[12] "敬愼以守"는 "삼가 지키다(敬守)"의 의미이다. ≪禮記·郊特牲≫에서는 "禮가 존귀하는 것은 그가 지니고 있는 義가 존귀하기 때문이다. 이미 그 의의를 잃은 채 그 수만을 벌려 놓은 것은 祝이나 史가 직무로서 행하는 일이다. 즉 예의 형식은 행하기 쉬우나 그 의의를 알기 어려운 것이다. 그것을 안 다음에 예를 지키는 것이 천자가 천하를 다스리는 도의 근본이다."[13]라 하고, ≪管子·內業≫에서는 "예를 지키고 잃지 않는 것을 德을 이루었다고 하는 것이다."[14]라 하고, ≪呂氏春秋·知度≫에서는 "厚而不博, 敬守一事, 正性是喜."[15]라 하였다.

6) '(才)'자는 '在'나 '存'으로 읽는다. ≪說文≫은 "'在'는 '존재하다'의 의미이다."[16]라 하였다. "其所才(在)者內悞(矣)" 중의 '內'는 '入'의 뜻이며,[17] 전체적으로 '이른바 존재하는 것(백성을 교화하는 것)이 백성의 마음 깊이 새겨진다'의 뜻이다.

8) 簡帛硏究, 2008-07-28. "單從字形而言, 死, 既非「亙」, 亦非「亟」, 而爲「恆」的古字. 不過, 先秦時, 亙·亟·恆確實通用, 因此有些學者認爲, 在這裡「死」應讀爲極, 但從意義來說, 在表達獨一無二的宇宙之源頭, 「極」義不如「恆」義之範圍."
9) 陳偉, ≪郭店竹書別釋≫, 147 쪽.
10) ≪郭店楚墓竹簡≫, 168, 注1.
11) ≪郭店楚墓竹簡≫, 168, 注2.
12) 陳偉, ≪郭店竹書別釋≫, 147 쪽.
13) ≪禮記·郊特牲≫: "禮之所尊, 尊其義也. 失其義, 陳其數, 祝史之事也. 故其數可陳也, 其義難知也, 知其義而敬守之, 天子之所以治天下也."
14) ≪管子·內業≫: "敬守勿失, 是謂成德."
15) ≪呂氏春秋·知度≫: "삶을 온전히 보존하는 일을 중히 여기고 관심을 다른 데로 넓히지 않으며 오로지 삶을 온전히 보존하는 일만을 삼가 지키고 본성을 바르게 하는 일을 기쁜 일로 여긴다."
16) ≪說文≫: "在, 存也."
17) 陳偉, ≪郭店竹書別釋≫, 147 쪽.

7) 1-3간의 내용은 第 30簡와 연결되는 내용이다.

2.

君子之於𢻷(教)也，其道[8]民也不𡩜[9]，則其𣽿也弗深俟(矣)[10]. 是古(故)亡虖(乎)其身[11]而【4】[12]虖(乎)其訂(詞)[13]，唯(雖)𠪚(厚)[14]其命，民弗從之俟(矣).

군자의 교화는 만일 백성을 은연중에 감화시킬 수 없다면, 백성에 대한 교화는 깊지 않을 것이다. 그래서 솔선수범 하지 않고 단지 입으로만 가르친다고 한다면, 설령 끊임없이 政令을 말한다고 해도 백성은 듣고 따르지 않을 것이다.

【註解】

8) '(道)'자는 '導'자의 의미이다.

9) '(𡩜)'자를 裘錫圭 案語는 '浸'의 의미로 쓰인다 하였다.[18] "점점 물에 젖어들 듯이 교화하다"의 뜻이다.

10) 裘錫圭 案語는 '(𣽿)'자는 '淳'자와 같은 자라 하였다.[19] '沃灌(옥관)'의 뜻으로 '논에 물을 대듯이 백성을 교화함'을 말한다. ≪說文解字≫는 '(𣽿)'자에 대하여 "'물을 대다'의 의미. '水'와 소리부 '𦎫'으로 이루어진 형성자이다"라 하였다. '𣽿'자를 지금은 '淳'로 쓴다.[20]

'(俟)'자는 '矣'의 의미이다.

11) ''자는 '土'와 소리부 '虍'로 이루어진 형성자로 '乎'로 읽는다.

'(身)'자는 '스스로 실행하다'[21]·'덕을 수양하다'[22]의 뜻이다.

12) ''자를 裘錫圭 案語는 '薦'자의 이체자이며 '存'으로 읽는다고 하였다.[23] 그러나 이 자를 '民'자를 잘못 쓴 것으로 보고, '泯'으로 읽기도 하며, 다음 구절의 '訂'자를 '治'로 읽기도 한다.[24] ''자를 '泯'자로 읽고 '訂'자를 '治'로 읽는다면 '자신이 도덕적으로 수양이 되지 않으면 政令이 엉망이 된다'라는 의미로 해석할 수 있다. 참고할 만하다. 그러나 '身'→'訂'→'命'으로 내용이 이어지는 것으로 보아, 먼저 말만이 아닌 솔선수범하는 '身教'가 되어야 명령이 재대로 백성에게 전달된다는 뜻이기 때문에 '存'으로 해석하기로 한다.

13) '(訂)'자는 '詞'자이다. '辭'로 읽는다.

14) '(𠪚)'자는 '厚'자의 異體字이다. ≪說文解字≫는 '(厚)'자의 고문을 '土'와 소리부 '后'인 '(垕)'

18) ≪郭店楚墓竹簡≫, 168 쪽, 注2.
19) ≪郭店楚墓竹簡≫, 168 쪽, 注3.
20) ≪說文解字≫:"渌也. 从水, 𦎫聲." 邵瑛羣經正字:"今經典作淳."
21) 陳偉, ≪郭店竹書別釋≫, 148 쪽, 注 5. "親子實行."
22) 丁原植, 133 쪽. "亡其身, 指身無修德."
23) ≪郭店楚墓竹簡≫, 168 쪽, 注4.
24) 丁原植, 133-134 쪽 참고.

자로 쓴다.

3.

是古(故)畏⑮)備(服)⑯型(刑)罰之婁(屢)⑰行也, 【5】 繇(由)[illegible](上)之弗身也. 昔者君子有言曰: 戰與型(刑)人, 君子之述悳(德)也⑱. 是古(故) 【6】 [illegible](上)句(苟)身備(服)之, 則民必有甚安(焉)者.

그런 고로, 威服(협박하여 복종하게 함)과 형벌을 빈번하게 사용하는 것은 윗사람이 솔선수범하지 못하기 때문이다. 옛날에 군자가 말하기를 전쟁과 형벌은 군자가 덕행을 손상시키는 것이라 했다. 그래서 윗사람이 만일 몸소 솔선수범하지 않는다면 백성들은 반드시 본래보다 더 나빠질 것이다.

【註解】

15) 裘錫圭 案語는 '(畏)'자는 '畏'자를 잘못 쓴 것이며 '威'자로 읽는다라 하였다.[25] ≪郭店楚簡·五行≫은 '畏'자를 ''(제34간)로 쓴다.[26]

16) '(備)'는 '服'으로 읽는다.

17) '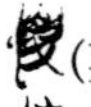(婁)'자는 '屢'로 읽는다.

18) '(述)'자는 '墜'로 읽는다. 裘錫圭 案語는 "戰與型(刑)人, 君子之述悳(德)也" 구절 중 '子'자는 연문이고, 이 구절은 "戰與型(刑), 人君之述(墜)悳(德)也"로 읽어야 한다 하였다.[27] ≪尙書·君奭≫에서는 "天降喪于殷, 殷旣墜厥命"[28] 중의 '墜'자는 본 구절의 의미와 같다.

이상의 내용은 "백성에게 먼저 솔선수범하는 '身敎'를 하여야 하며, '威服'이나 '刑罰'로 다스리게 되면 오히려 해가 된다."는 것이다.

4.

君均⑲[illegible]⑳而立於[illegible](祚)㉑, 一宮之人不[illegible](勝)㉒ 【7】 其敬. 君衰[illegible]而処立㉓, 一宮之人不[illegible](勝)……㉔ 【8】 一軍之人不[illegible](勝)其[illegible](勇)㉕. [illegible](上)句(苟)昌之㉖, 則民鮮不從[illegible](矣).

군주가 祭服을 입고 禮帽를 쓰고 喪主의 자리에 서 있으면 궁중에 있는 사람들은 모두 각별히 공손하고 존경할 것이다. 군주가 상복을 입고 正位에 서 있으면 궁중에 있는 사람들은 모두 더욱 슬퍼할 것이다. [군주가 투구를 쓰고 갑옷을 입고 군 앞에 서 있으면] 장군과 병사들은 각별히 용감할 것이다. 위에 있는 사람이 만일 잘 이끈다면 곧 백성의 복종하지 않음이 매우 적을 것이다.

25) ≪郭店楚墓竹簡≫, 169 쪽, 注5.
26) ≪楚系簡帛文字編≫, 817 쪽.
27) ≪郭店楚墓竹簡≫, 169 쪽, 注6.
28) ≪尙書·君奭≫: "天降喪于殷, 殷旣墜厥命."(하늘이 은나라에 큰 벌을 내리시어 은나라는 천명을 잃었다"

【註解】

19) '(均)'자를 裘錫圭 案語는 '袀'으로 읽는다 하였다.[29] '袀'은 '純服'으로 신분에 상관없이 있는 평상복을 말한다.

20) ''자를 裘錫圭 案語는 '示'와 소리부 '曼'으로 이루어진 형성자 '禣'자로 예정하고 '冕'으로 읽었다.[30] '冕'은 冠이고 '袀冕'은 제사 때 입는 복식이다.

21) '(⿱乍又)'자는 '又'와 소리부 '乍'로 이루어진 자로, ≪郭店楚墓竹簡≫은 '祚(복 조, zhà,zuò)'의 의미로 해석하고 있으나, 李零 ≪郭店楚簡校讀記≫와 劉釗 ≪郭店楚簡校釋≫ 등은 '阼(동편 층계, 천자의 자리 조 zuò)'의 의미로 해석하였다.[31]

22) '(⿰乘力)'자는 '勝'의 異體字이다.

23) '(⿱宀森)'자는 '衰'자의 고문이다. ≪說文解字≫는 '(衰)'자의 고문은 '(⿱宀森)'로 쓴다. '衰'자는 상복 '최'이다. 예를 들어, '齊衰三年'은 '삼 년 동안 입는 상복 중의 하나'이라 한다.

'(⿰木𣏟)'자를 裘錫圭 案語는 '⿱𣏟至'자로 예정하고 '絰'읽었다.[32] '⿱𣏟至'자는 '𣏟(麻)'와 소리부 '至'로 이루어진 자로 '絰'자의 異體字이다. '衰絰'은 상복을 가리킨다.

裘錫圭 案語는 ''자를 '居'자로 예정하고 '處'자로 읽었고, '立'자는 '位'자로 읽었다.[33]

24) 裘錫圭 案語는 ≪禮記·表記≫의 "是故君子衰绖則有哀色; 端冕則有敬色; 甲胄則有不可辱之色."[34] 라는 구절을 참고하여 "一宫之人不⿰乘力(勝)[其哀], [君甲胄甲而……]"를 보충하였고,[35] 李零은 "[其哀. 君冠胄帶甲而立於軍]"을 보충하였다.[36]

25) '(⿰勇戈)'은 '戈'와 소리부 '勇'으로 이루어진 형성자이다. '勇'자의 古文이다. ≪說文解字≫는 '(勇)'자에 대하여 "'용기가 있다'의 의미. '力'과 소리부 '甬'으로 이루어진 형성자이다. 혹은 '戈'과 '用'을 써서 '(㦷)'으로 쓰고, 고문은 '心'을 써서 '(恿)'으로 쓴다."[37]라 하였다.

26) '⿱上之'자는 '上之'의 합문이다.

'(昌)'자는 '倡導하다(이끌다)'의 의미이다.

---

29) ≪郭店楚墓竹簡≫, 169 쪽, 注7.
30) ≪郭店楚墓竹簡≫, 169 쪽, 注7.
31) 李零, ≪郭店楚簡校讀記≫, 121 쪽. 劉釗, ≪郭店楚簡校釋≫, 139 쪽.
32) ≪郭店楚墓竹簡≫, 169 쪽, 注7.
33) ≪郭店楚墓竹簡≫, 169 쪽, 注9.
34) ≪禮記·表記≫: "是故君子衰绖則有哀色; 端冕則有敬色; 甲胄則有不可辱之色."(그런고로 군자는 최질을 했을 때에는 슬퍼하는 빛이 있고, 端冕을 하면 공경하는 빛이 있고, 甲胄를 입으면 남이 욕되게 하지 못할 빛이 있는 것이다.)
35) ≪郭店楚墓竹簡≫, 169 쪽, 注10.
36) 李零, ≪郭店楚簡校讀記≫, 121 쪽.
37) ≪說文解字≫: "勇, 气也. 从力, 甬聲. 㦷, 勇或从戈·用. 恿, 古文勇从心."

5.

唯(雖)肰(然), 其也不𦉢(厚)㉗, 【9】其重也弗多倏(矣)㉘. 是古(故)君子之求者(諸)㠯(己)也深. 不求者其沓(本)而戏(攻)者(諸)其【10】末㉙, 弗得倏(矣).

비록 이와 같을 지라도 군주가 백성에 대한 배려가 충분하지 않으면 그 위엄과 명망은 높지 않을 것이다. 그래서 군자는 자신에게서 구하고자 하는 바에 대해서는 심각해야 한다. 근본적인 것은 붙잡지 못하고 단지 지엽적인 문제에만 주의를 기울인다면 얻어지는 것은 없을 것이다.

【註解】

27) ''자는 제 5간에도 보인다. '廌'자의 이체자이며 '存'으로 읽기로 한다.

28) ''자는 '重'자로 '威重'이라는 뜻이며, ≪論語·學而≫는 "君子가 중엄하지 않으며, 위엄이 없다."[38] 라 하였다.

29) '(沓)'자는 '本'과 '臼'로 이루어져 있으며, '本'의 古文이다. '根本'의 의미이다.

'(戏)'자는 '戈'와 소리부 '工'으로 이루어진 자로 '攻'으로 읽는다.

'(末)'자는 앞의 '本'과 대립되는 개념으로 앞에서 언급한 '威服'이나 '刑罰'을 가리킬 수 있다.

6.

是君子之於言也㉚, 非从末流者之貴, 窮(窮)湶(源)㉛反沓(本)者之貴. 【11】句(苟)不从其繇(由), 不反其沓(本), 未有可得也者.

그러므로 군자는 언론에 대하여서는, 말류의 지엽적인 문제를 중요하게 여기지 않고, 근원을 찾아 캐묻는 것을 중시해야 한다. 만일 그 근본적인 원인을 묻지 않고 그 근본을 추궁하지 않는다면 얻어지는 것은 없을 것이다.

【註解】

30) 전후 문장의 형식으로 보아, '是'자 다음에 '古(故)'자가 누락된 것으로 보인다.[39] '(言)'은 '논술'이나 '講述'이라는 뜻이다.

31) '(湶)'자는 '湶'자와 같은 자로 '泉'자의 번체자이고, '源'자의 古文이다. 아래의 '(繇)'자와 같은 의미로 그 근본적인 원인인 '原由'의 뜻이다.

38) ≪論語·學而≫: "君子不重則不威"

39) ≪郭店楚墓竹簡≫, 169 쪽, 注12.

7.

君上卿成不唯𡴁(本)㉜, 工□□□□.㉝【12】戎夫柔飤不强㉞, 加糧弗足俟(矣)㉟. 士成言不行, 名弗得俟(矣). 是古(故)君子【13】之於言也, 非从末流者之貴, 窮湶(源)反𡴁(本)者之貴. 句(苟)不从其繇(由),【14】不反其𡴁(本), 唯(雖)强之弗內俟(矣)㊱.

군주가 좋은 성과를 열망하지만 그 근본을 붙잡지 못한다면 이루어지는 것은 없을 것이다. 농부가 양식을 생산함에 있어서 열심히 경작하지 않으면 양식은 족하지 않을 것이다. 선비가 말을 하고 행동하면서도 그것을 실천하지 못한다면 명성을 얻을 수 없을 것이다. 그러므로 군자는 언론에 대하여서는 말류(근본정신이 쇠퇴해 버린 유파)의 지엽적인 문제에 대한 관심을 중요하게 여길 것이 아니라 근원을 찾아 캐묻는 것을 중요시해야 한다. 만일 그 원인을 묻지 않고 그 근본을 추궁하지 않는다면 비록 그것을 듣고 따르도록 강요할지라도 백성들은 받아들이지 않을 것이다.

【註解】

32) 裘錫圭는 '(卿成)'을 '鄕(亨)成'으로 읽는다 하였다.[40] '鄕'은 '享'의 의미이다. 그러나 陳偉 ≪郭店竹書別釋≫은 劉樂賢의 주장을 인용하여 '鄕'자는 '向'으로 읽고 '갈망하다(向往)'나 '기대하다(期待)'의 뜻이라 하고, "不唯𡴁(本)"은 "근본을 생각하다 않다('不思本')의 뜻이라 하였다.[41] 참고할 만하다.

33) 李零은 '弗就矣' 세 자를 劉釗는 '弗就俟(矣)' 세 자를 보충하였다.[42]

34) '(戎)'자는 '農'자로 읽고, '(柔)'는 '侮'의 古文이며 '務'로 읽는다. ≪說文解字≫는 '(侮)'자에 대하여 "'어르러지다'의 의미. '人'과 소리부 '每'로 이루어진 형성자이다. '侮'자의 고문은 '母'자를 써서 '㑄'로 쓴다."[43]라 하였다. ''자는 '㑄'자의 이체자이다.
'(飤)'은 즉 '食'과 같은 자이다.

35) ''자는 ≪郭店楚墓竹簡≫ 정리본은 '加'자로 예정하였다. 李零과 劉釗는 '耕'자라 하고, '强耕'은 '力田'으로 '농사일에 힘쓰다'는 뜻이라 하였다.[44] ≪窮達以時≫제 2간의 ''와 유사하다.
"戎夫柔飤不强, 加糧弗足俟(矣)" 구절은 "戎夫柔飤, 不强耕, 糧弗足俟(矣)"로 읽을 수 있다.

36) '(內)'자는 '入'으로 읽는다.

이상의 문장은 군자의 '敎化'에 대하여 언급하였다. 군자는 백성을 교화할 때 논에 물을 대듯이 하고,

40) ≪郭店楚墓竹簡≫, 169 쪽, 注14.
41) 陳偉, ≪郭店竹書別釋≫, 148 쪽.
42) 李零, ≪郭店楚簡校讀記≫, 121 쪽. 劉釗, ≪郭店楚簡校釋≫, 140 쪽.
43) ≪說文≫: "侮, 傷也. 从人, 每聲. 㑄, 古文从母."
44) 李零, ≪郭店楚簡校讀記≫, 123 쪽. 劉釗, ≪郭店楚簡校釋≫, 140 쪽.

몸소 솔선수범하고, 덕을 근본으로 하는 근본을 생각하여야 한다 하였다.

8.

上不以其道, 民之从之也難. 是以民可【15】敬道(導)也㊲, 而不可穽(弇)也㊳; 可馯(御)也㊴, 而不可孯(賢)也㊵. 古(故)君子不貴𢒼(庶)勿(物)㊶, 而貴與【16】民又(有)同也㊷.

위에 있는 사람이 그 덕을 행하지 않고 백성을 복종하게 하고자 한다면 많은 어려움이 따를 것이다. 그러므로 백성들을 신중하게 教導해야지 덮어 두어서는 안 된다. 말을 타고 부리는 것 같아야지 가축을 끄는 것 같아서는 안 된다. 그러므로 군자는 衆物들을 중히 여기지 않고, 백성과 함께 생각하고 행동하며 같은 목표를 향해 노력하는 것을 중히 여긴다.

【註解】

37) ‘(道)’자는 ‘導’로 읽는다. ‘疏導’의 의미이다.

38) ‘(穽)’자는 ‘弇’자와 같은 자로 ‘掩’으로 읽는다. ‘掩蔽(엄폐하다)’의 뜻이다. ≪說文解字≫는 ‘(弇)’자에 대하여 “‘덮다’의 의미. ‘廾’과 ‘合’으로 이루어진 자이다. ‘(𢍭)’자는 ‘弇’자의 고문이다” 段玉裁≪說文解字注≫는 “‘弇’은 ‘덮다’의 의미이다. ‘奄’자는 ‘덮다(覆)’의 의미이다. 이 두 자는 音과 義가 같다.”45)라 하였다.

39) ‘(馯)’자는 ‘馬’와 소리부 ‘午’로 이루어진 형성자로 ‘御’자와 같은 자이다. ‘수레를 몰다(駕御)’라는 의미이다.

40) ‘(孯)’자를 裘錫圭 案語는 ‘馯(御)’자와 관련된 단어로 보고 ‘牽’으로 읽었다.46) ‘牽’자는 ‘手’와 ‘臤’聲인 ‘掔’자로도 쓴다.

41) ‘’은 ‘庶物’로 ‘衆物’ · ‘萬物’로 ‘많은 물건’을 가리킨다. ≪爾雅·釋詁≫는 “‘庶’는 ‘무리’라는 뜻이다.”47)라 하였다.

혹은 잡다한 제도를 가리키는 것이 아닌가 한다.48) 그러나 陳偉는 ‘’가 ‘庶’자가 아니라 ‘辟’자이고 ‘僻’으로 읽는다하였다.49) ‘僻物’은 ‘희귀한 물건’을 가리킨다. 그러나 초간은 ‘辟’자를 일반적으로 ‘’·‘’으로 쓴다.50) 초간에서 ‘庶’자는 ‘’·‘’로 쓴다.51) 따라서 ‘’자는 ‘彳’과 소리부 ‘庶’로

45) ≪說文解字≫: “弇, 蓋也. 从廾, 从合. 𢍭, 古文弇.” 段玉裁≪說文解字注≫: “≪釋言≫曰: 弇, 同也, 弇, 蓋也. 此與‘奄, 覆也’, 音義同.”

46) ≪郭店楚墓竹簡≫, 169 쪽, 注17.

47) ≪爾雅·釋詁≫: “庶, 衆也.”

48) 丁原植, 149 쪽. “庶物, 似指衆多的制度措施.”

49) 陳偉, ≪郭店竹書別釋≫, 149 쪽.

50) ≪楚系簡帛文字編≫, 813 쪽.

51) ≪楚系簡帛文字編≫, 820 쪽.

이루어진 형성자가 아닌가 한다.

42) ≪禮記·學記≫에서는 "그런고로 군자가 학생을 교화하려면, 지도하지만 견인하지 않으며, 강제적이지만 억압하지 않으며, 개발하지만 즉시는 통달시키지 않는다. 즉 견인하지 않으므로 저항하지 않고, 억압하지 않으므로 학생의 마음이 편안하고, 통달케 하지 않으므로 스스로가 잘 사고하는 것이다. 이와 같이 저항하지 않고 편안한 기분으로 잘 사고하도록 지도해야 훌륭한 교육이라고 할 수 있다."52)라 하였는데, 본 구절 "可馯(御)也, 而不可孯(賢)也"의 의미와 같다. 즉 "道而弗牽"이란 의미와 같다.

9.

智而比卽[43], 則民谷(欲)其智(知)之逑也[44]. 福而貧賤[45], 則民谷(欲)其【17】福之大也[46]. 貴而罷(一)纕[47], 則民谷(欲)其貴之上也. 反此道也, 民必因此厚也.[48]【18】以復之, 可不新(愼)虐(乎)[49]?

훌륭한 정책이 지혜로우면서 믿음이 있으면, 백성들은 그 총명한 운영이 원활하게 완성되기를 원할 것이다. 부귀하나 빈천한 사람에게 그 부를 분배해 주면 백성들은 그가 더욱 부유해지기를 원한다. 존귀하나 항상 겸양할 줄 알면 백성들은 그 존귀함이 더욱 늘어나기 원할 것이다. 만일 이 道를 반대로 행하지 않는다면, 백성들은 반드시 심히 반대를 하여 저항을 할 것이니 신중하지 않을 수 있겠는가?

【註解】

43) '(智)'자를 李零은 '秩'자로 읽었다.53) 참고할 만하나 하지만 '智'로 읽어도 전체적인 문맥이 통하기 때문에 굳이 '秩'로 해석하지 않기로 한다. 裘錫圭는 '比卽'은 '比次'로 읽어야한다 하였다.54) '比次'는 '次第(순서)'의 뜻이다. 그러나 禤健聰은 禤健聰, 〈上博楚簡(五)零札(二)〉에서 ≪上博楚簡(五)·君子爲禮≫ 제 4간 '坒(比)信'을 참고하여 '比卽'을 즉 '比節'로 읽고 '合於誠信(참된 믿음을 갖추다)'의 뜻이라 하였다.55) 李松儒는 〈上博五≪君子爲禮≫〉에서 '卽'자는 '信'자와 음이 통하기 때문에 가차자로 쓰인다하였다.56) 전후 문맥으로 보아 '比信'의 의미로 해석하기로 한다.

44) 裘錫圭는 '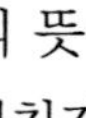(逑)'자를 '遂'자로 해석하고, '智'자는 '知'의 의미가 아니라, '智'자로 해석하여야한다 하였다.57) '智'는 '훌륭하고 지혜로운 정책'을 가리키는 것이 아닌가 한다. '遂'는 '완성되다'의 뜻이다.

45) '(福)'자는 '富'로 읽으며, '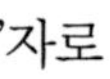(貧)'자는 '分'으로 읽는다.58) 丁原植은 '分'은 '分財(재산을 나누어주

52) ≪禮記·學記≫: "故君子之教喻也, 道而弗牽, 強而弗抑, 開而弗達. 道而弗牽則和, 強而弗抑則易, 開而弗達則思; 和易以思, 可謂善喻矣."
53) 李零, ≪郭店楚簡校讀記≫, 123 쪽.
54) ≪郭店楚墓竹簡≫, 169 쪽, 注18.
55) 禤健聰, 〈上博楚簡(五)零札(二)〉, 武漢大學簡帛研究中心, 2006-02-26
56) 李松儒, 〈上博五≪君子爲禮≫考釋一則〉, 武漢大學簡帛研究中心, 2011-12-10
57) ≪郭店楚墓竹簡≫, 169 쪽, 注18.

다)'로 해석하고 '賤'은 지위가 낮은 '천한 사람'으로 해석하였다.[59] '而'는 조사의 용법으로 쓰이는 것이 아닌가 한다. "形而上者謂之道, 形而下者謂之器"(≪易 · 系辭上≫)[60] 중의 '而'자는 조사로 사용된다. 따라서 "福而貧賤" 구절 중의 '富'자는 동사의 용법으로 해석할 수 있다.

46) "則民谷(欲)其福之大也"는 집정자들이 가난한 백성에게 넉넉하게 베풀어 걱정하지 않고 살게 되면, 백성들은 그 집정자들이 더욱더 부귀해지기를 바란다는 뜻이다.

47) '(龍)'자는 초간에서 '一'의 의미로 쓰인다. '온전'·'항상' 등의 뜻이다. 裘錫圭 案語는 '能'으로 읽고, '(纕)'자를 '讓'으로 해석하였다.[61]

48) ''자는 '厚'자의 이체자이다. ≪說文解字≫는 '厚'자의 고문을 '(垕)'로 쓴다.

49) ''자는 '退'자로 예정할 수 있고 '復'자의 이체자이다. '보복하다'의 '報'자로 읽거나 혹은 '배반하다'·'반대하다'는 '覆'자로 읽는다. 혹은 '背'로 읽을 수 있다.

10.

古(故)君子所復之不多, 所求之不⑳, 戠㉑反者(諸)㠯(己)而可以【19】智(知)人. 是古(故)谷(欲)人之悉(愛)㠯(己)也, 則必先悉(愛)人; 谷(欲)人之敬㠯(己)也, 則必先敬人.㉒【20】

그러므로 군자는 이른바 남들이 보복하고자 하는 마음이 많지 않다면, 구하고자 하는 것에서 멀지 않을 것이다. 자신의 관찰을 통하여 타인을 알 수 있다. 그러므로 타인이 자기를 사랑하길 바란다면 먼저 타인을 사랑해야 한다. 타인이 자기를 공경하길 바란다면 먼저 타인을 공경해야 한다.

【註解】

50) 裘錫圭는 ''자를 '遠'자의 오자라 하였다.[62] '遠'자를 ≪尊德義≫는 ''으로 쓰고, ≪成之聞之≫제21간은 ''으로 쓴다.[63]

58) ≪郭店楚墓竹簡≫, 169 쪽, 注19.

59) 丁原植, 150 쪽. 劉釗 ≪郭店楚簡校釋≫은 '貧賤' 중의 '貧'은 '분배하다'의 '分'의 의미로 쓰인다하였다. 141 쪽 참고. ≪上博楚簡(五)·君子爲禮≫에서는 "韋(回), 蜀(獨)智(知)人所亞(惡)也, 蜀(獨)貴人所亞(惡)也, 蜀(獨)䞉(富)人所亞(惡)▯【9A】▯囦(淵)记(起), 逾𥬇(席)曰: '敢䎽(問)可(何)胃(謂)也?' 夫子: 智(知)而ㅁ(必)信, 斯人欲其【4】ㅁ智【9C】也. 貴而能壤(讓)【9B】, 斯人欲其長ㅁ(貴)ㅁ(也); 富ㅁ(而)【9D】"(안회야! 홀로 지식을 누리는 것은 사람들이 싫어하는 바이고, 홀로 귀함을 누리는 것은 사람들이 싫어하는 바이며, 홀로 부유함을 누리는 것은 사람들이 싫어하는 바이다. 【9A】顏淵이 일어나 앉은 자리를 넘어 앞으로 나아가 말했다. "감히 묻건대 무엇을 일컫는 것입니까?" 孔子께서 말씀하셨다. "지혜로우면서 신뢰가 있으면, 그 사람은 더욱【4】지혜롭고자 하며,【9C】귀하게 여기면서 능히 사양할 줄 알면【9B】그 사람은 더욱 귀하게 되고자한다. 부귀하면서 능히 【9B】"라 하였다.

60) ≪易 · 系辭上≫: "形而上者謂之道, 形而下者謂之器."(形而上을 道라 하고, 形而下는 器라 한다.)

61) ≪郭店楚墓竹簡≫, 169 쪽, 注20.

62) ≪郭店楚墓竹簡≫, 169 쪽, 注21.

51) '(䛝)'자는 '言'과 소리부 '𢦏'로 이루어진 자이며, 소리부가 '𢦏'인 자는 楚簡 중에서는 '察'·'竊'·'淺' 자로 읽는다. 본 구절에서는 '察'로 읽는다.

52) ≪國語·晉語四≫의 "다른 사람이 가지를 사랑하게 하고자 하면, 먼저 필히 다른 사람을 사랑하여야 한다."[64]의 의미와 동일하다.

11.

是古(故)凡勿(物)才(在)疾之.[53] ≪君奭≫曰: "唯不畧爯(稱)悳(德)"[54], 害(曷)[55]? 言疾也. 君子曰: 疾之,【22】行之不疾 , 未又(有)能深之者也. 孯之述(遂)也[56], 强之工也[57] ; 之弃(弇)也[58], 訂(詞)之工也.[59]【23】是以智(知)而求之不疾, 其法(去)[60]人弗遠快(矣); 敔(勇)而行之不果, 其㤅(疑)[61]也弗枉(往)[62]快(矣).【21】[63]

때문에 '物'의 관건은 전력을 다하는데 있다. ≪尙書·君奭≫의 "武王의 인품을 진심으로 稱頌하다."라는 말은 무슨 의미인가? 전심전력한다는 말이다. 군자가 말하는 전심전력이란, 행위가 전심전력하지 않는다면 깊이 헤아릴 수 없다. 전력을 다해야 성공할 것이고, 이것은 신념을 굳게 세우고 확실하게 실천하는 것이다. 陳述함이 넓고 깊은 것은 말이 정교하기 때문이다. 때문에 비록 총명하나 전력하지 않으면, 일반 사람이나 마찬가지다. 용감하나 결단력이 없고 머뭇거리면 다시 앞으로 전진 할 수 없다.

【註解】

53) '勿'은 '物'로 '모든 일'을 가리킨다. '(疾)'은 '전심전력을 다하다'의 뜻이다.

54) 본 구절을 ≪尙書·君奭≫은 "唯冒丕單稱德"으로 쓴다.

李零은 ''자를 '旒(깃발 류, liú)'로 예정하고 '冒'의 가차자라 하였다.[65] 劉釗는 '髟'자로 예정하고 '冒'로 읽었다.[66] 문자의 형태와 음성 관계로 보아 劉釗의 주장이 따를 만 하다. '冒'자는 '勖'의 의미로 '힘써 노력하다'는 뜻이다.

'자를 ≪郭店楚墓竹簡≫은 '畧'자로 예정하고 있는데, 裘錫圭는 '單'자의 繁體라 하였다.[67] '單'은 '큰 것'·'위대한 것'의 의미이다. '(爯)'자는 '稱'으로 읽고, '행하다'·'실천하다'의 뜻이다.

55) '(害)'자는 '曷'이나 '何'자로 읽는다.

56) '(孯)'자를 ≪郭店楚簡·緇衣≫제24간은 '(孨)'로 쓴다. 劉釗는 '娩'자의 이체자로 보고, '免'으로

63) ≪楚系簡帛文字編≫, 165 쪽.
64) ≪國語·晉語四≫: "欲人之愛己也, 必先愛人"
65) 李零, ≪郭店楚簡校讀記≫, 124 쪽
66) 劉釗, ≪郭店楚簡校釋≫, 146 쪽
67) ≪郭店楚墓竹簡≫, 169 쪽, 注22.

읽었다.[68] ≪上博楚簡 · 纣衣≫는 '(免)'으로 쓰고, ≪禮記 · 緇衣≫는 '逦'자로 쓴다. ≪說文解字≫에는 '免'자가 보이지 않지만, 金文은 '免'자를 ''으로 쓰고,[69] ≪性自命出≫은 이 자의 유사한 형태로 ''로 쓴다.[70] 초간 중에 '(孪)'자와 유사한 자로는 ''(≪成之聞之≫23간)·''(≪容成氏≫14간)·''(≪六德≫) 등이 있다.[71] 모두 '免'의 이체자가 아닌가 한다. '免'자에서 '娩'·'挽'자가 파생되었다. ≪說文解字≫는 '(挽)자에 대하여 "아이를 낳아 모태에서 분리된다는 의미'. '子'와 '免'으로 이루어진 회의자이다"[72]라 하고, 朱駿聲≪說文通訓定聲≫은 "'挽'자는 또는 '娩'으로 쓴다. ≪纂要≫는 '齊나라 사람들은 분만하는 것을 娩이라 한다'."[73]라 하였다. 본 구절에서는 '勉'의 의미로 쓰인다.

'(述)'자는 '遂'로 읽는다. '완성되다'·'이루다'의 뜻이다.

57) '强之工' 중 '工'은 '성공하다'의 '功'자로 읽는다.

58) ''자를 李零은 '暈'로 예정하고 '申'자로 읽고, '穿(弇)'은 '淹(담글 엄, yān)'으로 읽었다.[74] ''자는 형태로 보아 '阝'와 소리부 '陳'으로 이루어진 형성자이다.[75] '陳'과 '申'자는 음이 통한다.

59) "之穿(弇)也, 訂(詞)之工也"는 "陳之淹也, 詞之工也"로 읽을 수 있다. '淹'은 '심오하고 깊다'라는 뜻이며 '掩'으로도 읽을 수 있다. '工'은 '工巧롭다'의 뜻이다.

60) '(法)'자는 '去'의 繁體字이다.

61) '(疾)'자는 '疑'로 읽는다. '의심하고 머뭇거리다'의 뜻이다.

62) '(枉)'자는 '往'의 의미로 쓰인다. ≪說文解字≫은 '(枉)'자에 대하여 "'桂'자는 '사곡하다(衺曲)'의 의미. '木'과 소리부 '㞷'으로 이루어진 형성자이다"[76]라 하였다.

63) 李零과 劉釗 등은 죽간을 22, 23, 21 의 순서로 보고 있다.[77]

12.

[古(故)君子之立民也, 身備(服)善以先之, 敬訢(愼)以之, 其所才(在)者內俟(矣).]【3】[64] 民篙弗從? 型(形)於中[65], 雙(發)於色, 其睗也固俟(矣)[66], 民篙(孰)弗信? 是以上之亙(恒)【24】[67], 才信於衆. ≪[68]命≫曰: "允[69]币(師)[70]淒悳(德)[71]." 此言也, 言信於衆可之以【25】淒悳(德)[72]也. 聖人之眚(性)[73]與中人

68) 劉釗, ≪郭店楚簡校釋≫, 60 쪽.
69) ≪金文編≫, 574 쪽.
70) ≪楚系簡帛文字編(增訂本)≫, 786 쪽.
71) ≪楚系簡帛文字編(增訂本)≫, 1225 쪽.
72) ≪說文≫: "生子免身也. 从子, 从免."
73) 朱駿聲≪說文通訓定聲≫: "挽, 字亦作娩. ≪纂要≫ 云: '齊人謂生子曰娩.'"
74) 李零, ≪郭店楚簡校讀記≫, 124 쪽
75) 劉釗, ≪郭店楚簡校釋≫, 146 쪽.
76) ≪說文解字≫: "桂, 衺曲也. 从木, 㞷聲."
77) 李零, ≪郭店楚簡校讀記≫, 122 쪽. 劉釗, ≪郭店楚簡校釋≫, 138 쪽. 陳偉, ≪郭店竹書別釋≫, 141 쪽.

之眚(性)[74], 其生而未又(有)非[75]之[76]. 節於而也[77], 【26】 則猷(猶)是也[78]. 唯(雖)其於善道也, 亦非又(有)譯婁(數)以多也[79], 及其專長而[illegible](厚) 【27】 大也[80], 則聖人不可由與[81][illegible][82]之. 此以民皆又(有)眚(性)而聖人不可莫也[83]. 【28】

때문에 군자가 백성을 잘 다스리고, 자신은 솔선수범하여 백성이 귀감이 되고, 근면 성실하게 백성을 삼가 공경하고 신중히 이끌어야 만이, 그 속에 담겨진 일(백성을 교화하고자 하는 일)이 백성의 마음 속 깊이 새겨진다. 【3】 그러면 백성은 누가 따르지 않겠는가?

마음속에서 진심으로 행하고 즐거운 낯으로 대한다면, 마음이 감동되어 확실하게 되니 백성이 어찌 믿지 않겠는가? 때문에 천자의 오랜 임무는 백성의 신임을 얻는 것이다. ≪冏命≫에 말하기를 "백성에게 진실로 신임을 얻었다면 이미 그 도를 성취한 것이다."라는 말은 무슨 의미인가? 백성에게 신임을 얻었다면 道德을 성취할 수 있다는 말이다.

성인과 일반인의 천성은 원래 어떤 구별이 있었던 것이 아니었으나, 절제하고 조절을 하여 그렇게 구분이 있게 된 것이다. 비록 그 善道를 실행하는데 있어, 성인이라 해서 선행을 할 기회가 특별히 많아서 그런 것이 아니라, 성인이 노력을 넓은 품덕과 두텁고 깊은 수양이 크게 이루어지고 난 다음에는 성인은 쉽게 따라 잡을 수 없고 존경하지 않을 수 없게 된다. 그렇게 되면 백성 역시 모두 천성을 지니고 있지만 성인은 쉽게 모방하여 배울 수 있는 존재가 아니다.

【註解】

64) 제 3간은 이미 앞에서 살펴보았다. 제 1, 2, 3 간은 연결되는 내용이다. 그러나 李零과 劉釗 등은 30→1→2→3→24→25→26→27→28처럼 연결되는 내용으로 보았다.[78] 참고하기 위하여 잠시 제 3간의 내용을 추가하기로 한다.

65) '(篙)'자는 '孰'으로 읽는다.[79] "民篙弗從型(形)於中" 구절은 "民篙弗從"까지가 한 문장이고, "型(形)於中"부터는 그 다음 문장에 속한다.

'形於中'은 '태도 혹은 가식, 혹은 몸의 형태가 마음 속 중심에서 우러나다'의 뜻이다.

66) '(𢝔)'자에 대하여 李零 ≪郭店楚簡校讀記≫는 '誠'자와 음이 비슷하다하였는데 그 이유를 설명하고 있지 않고 있다.[80] 劉釗는 이 자는 소리부가 '昜'으로 '蕩'으로 읽는다 하였다.[81] '心蕩'의 '마음이 감동되어 움직인다'는 뜻이다. 연구가 좀더 필요하지만, 형태로 보아 劉釗의 주장에 따라 해석하기로 한다. ≪郭店楚簡·六德≫ 제 36간의 '(煬)'자와 ''자의 소리부가 '昜'이 같다.

67) '(柔)'자는 제 13간에 보인다. '侮'의 古文이며 '務'로 읽는다.

78) 李零, ≪郭店楚簡校讀記≫, 122 쪽. 劉釗, ≪郭店楚簡校釋≫, 137 쪽.
79) ≪郭店楚墓竹簡≫, 170 쪽, 注23.
80) 李零, ≪郭店楚簡校讀記≫, 124 쪽.
81) 劉釗, ≪郭店楚簡校釋≫, 145 쪽.

68) '자는 '言'과 소리부 '呂'로 이루어진 형성자로 '詔'로 예정하기도 하고, 廖名春은 이 자를 '冏'자로 읽고 ≪尙書≫의 ≪冏命≫이라 하였다.[82] 李學勤은 '言'과 소리부 '旦'으로 이루어진 '誕'자로 '說'자로 읽는다 하였다.[83]

69) '(允)'자는 '진실로'의 뜻이다. ≪爾雅·釋詁≫는 "'允'은 '진실(信)'의 의미이다."[84]라 하였다.

70) '(帀)'자는 '師'자의 이체자이다. ≪爾雅·釋詁≫는 "'師'는 '많다(衆)'라는 뜻이다."[85]라 하였다. '대중'이라는 뜻이다.

71) '(淒)'자는 소리부가 '妻'이며, '濟'로 읽는다. '濟'는 '이루다(成)'의 뜻이다.[86]

72) '淒悳(德)'은 '濟德'으로 읽고, '도덕을 성취하다'는 의미이다.

73) '(眚)'은 '性'자의 이체자이다.

74) '中人'의 의미는 일반사람을 가리킨다.

75) '非'의 의미는 '不同(같지 않다)'이다.

76) '(之)'자를 李零은 '志'로 해석하고 있다.[87]

77) "節於而也" 구절에 대하여 학자마다 의견이 분분하다. 李零 ≪郭店楚簡校讀記≫는 "次於而也"로 읽고 '而'자는 '此'의 의미이며, 전체적으로 "成人與中材之人在人性上是相似的, 他們生下來都沒有什麽壞心眼, 中材以下的人, 情況也是一樣的"[88]의 뜻이라 하였다. 李學勤은 '而'자는 '儒'자로 읽고, "聖人의 天性과 일반인의 天性이 반드시 다른 것만은 아니었다. 그것은 유학 교육을 받고 난 다음에 그렇게 된 것이다"의 뜻이라 하였다.[89] 丁原植은 '節'자는 '制約하다'의 의미이고 '而'는 '此'의 의미로, "則猶是也"는 '그래서 그렇게 달라지게 된 것이다'의 의미라 하였다.[90] 그러나 '而'자를 裘錫圭案語는 잘못 쓴 것이라 하였다.[91] '而'자가 실사 '儒'의 의미로 의미로 쓰이는 것은 가능성이 적고, 丁原植의 주장이 비교적 실제 상황에 가깝기 때문에 이를 참고하기로 한다.

78) '則猷(猶)是也'는 '그렇게 된 것'이란 바로 성인과 보통 사람의 천성이 달라지게 된 것을 말한다.

79) 제 27-28간의 내용에 대한 이해가 쉽지 않다. 본문은 성인과 일반인의 차이가 생기게 되는 근본적인

82) 丁原植, 184 쪽.
83) 陳偉, ≪楚地出土戰國簡冊十四種≫, 210 쪽 재인용.
84) ≪爾雅·釋詁≫: "允, 信也."
85) ≪爾雅·釋詁≫: "師, 衆也."
86) ≪郭店楚墓竹簡≫, 170 쪽, 注25.
87) 李零, ≪郭店楚簡校讀記≫, 124 쪽.
88) 李零, ≪郭店楚簡校讀記≫, 124 쪽. "成人與中材之人在人性上是相似的, 他們生下來都沒有什麽壞心眼, 中材以下的人, 情況也是一樣的."
89) 丁原植, 166 쪽 재인용. "聖人之性與中人之性, 其生而未又別之, 卽於儒也, 卽猶是也." 劉釗≪郭店楚簡校釋≫ 역시 李學勤의 주장과 같다. 145 쪽.
90) 丁原植, 166 쪽.
91) ≪郭店楚墓竹簡≫, 170 쪽, 注26.

원인에 대한 설명으로 보기로 한다. 즉 성인은 원래 일반인과 달리 특별히 善道할 기회가 많아서 그런 것이 아니라, 스스로 수양을 통해서 깊은 품덕을 갖추게 된 것이고, 그리고 성인이 이러한 품덕을 갖추고 난 다음에는 일반인이 쉽게 모방할 수 없을 만큼 높은 단계에 이르게 된다. '善道'는 '가치가 있는 참으로 좋은 도'이다. ≪論語·泰伯≫에서는 "굳게 믿고 배우기를 좋아하고, 죽음으로 좋은 道를 지키라. 위태로운 나라에는 들어가지 말고, 혼란한 나라에는 살지 말라. 세상에 正道가 행하여지지 않으면 숨는 거라. 나라에 正道가 행하여지는데 貧賤하게 산다는 것은 羞恥다. 나라에 正道가 행하여지지 않는데 부귀를 누리는 것은 羞恥다"라 하였다.[92)]

'(譯)'자는 '選擇하다'의 뜻이다. '譯婁(數)多'는 '많은 것을 취하는 것'이다. ≪禮記·表記≫에서는 "仁有數, 義有長短小大"·"取數多者, 仁也"[93)]라 하였다. '善道'는 '여러가지(數)'가 있고, '長短小大'가 있다. "擇數多"는 즉 "수량이 많음 취하는 것(取數多者)"이다. "又(有)譯婁(數)以多也"는 '많은 것을 취한 선택의 기회가 특별히 많다'라는 뜻이다.

80) "及其尃長而𦉢(厚)大也"은 성인이 수양을 통하여 갖추게 된 인격적 품덕의 최고의 경계이다. '及'에 수준에 '이르다'는 뜻이고, '尃'는 '溥(넓을 부 pǔ)'로 읽는다.

81) 劉釗 ≪郭店楚簡校釋≫은 '由與'는 '猶豫'로 읽고, 성인은 선도를 실행할 기회가 있으면 '망설이며 결정하지 못해'서는 안된다. 만약 그렇게 되면 일반인들도 천성이 있기 때문에 성인들을 배우지 않게 된다는 뜻이라 하였다.[94)] 그러나 "則聖人不可由與墠之"는 "及其尃長而𦉢(厚)大也"하고 난 다음의 결과이다. 이미 성인은 최고의 경계에 이르게 되었는데 다시 '망설이고 나태해지게' 되기란 일반적인 일이 아니다. '(由)'는 '따르다(從)'의 뜻이고, '(與)'는 연사의 용법으로 쓰인다.

82) '(墠)'자는 '墠'자로 예정할 수 있고 '憚'으로 읽는다. '꺼리다'의 의미이다. '꺼릴 수 없다'는 존경할 수밖에 없음을 말한다.

83) '(莫)'자는 裘錫圭 案語는 '慕'로 읽었다.[95)] '慕'는 '그리워하다'·'생각하다'의 뜻이다."聖人不可莫也"는 성인은 쉽게 배울 수 없는 단계가 되었다는 것이다.

13.

≪君奭≫曰: "𦅻(襄)[84]我二人, 毋又(有)合才音", 害(曷)?[85] 道不說(悅)之司(詞)也. 君子曰: 唯又(有)其亙(恒)而【29】可, 能終之爲難. "槁木三年, 不必爲邦羿(旗)",[86] 害? 言𡩜之也,[87] 是以君子貴【30】[成之. 䎽(聞)之曰: 古之甬(用)民者, 求之於㠯(己)爲亙(恒). 行不信則命不从,【1】訐(信)不惜(著)則言不

92) ≪論語·泰伯≫: "子曰: 篤信好學, 守死善道. 危邦不入, 亂邦不居. 天下有道則見, 無道則隱. 邦有道, 貧且賤焉, 恥也, 邦無道, 富且貴焉, 恥也."

93) ≪禮記·表記≫: "仁有數, 義有長短小大.(인에는 여러 가지가 있고, 의에는 장단과 대소가 있다.) "取數多者, 仁也."(많음을 취하는 것을 인이라 한다.)"

94) 劉釗, ≪郭店楚簡校釋≫, 146 쪽.

95) ≪郭店楚墓竹簡≫, 170 쪽, 注28.

樂. 民不从上之命, 不信其言, 而能[illegible](含)悳(德)者, 未之【2】又(有)也.]

≪尙書·君奭≫에서 말하기를 "내가 오직 말하고자 하는 것은 우리 두 사람을 빼고 당신과 뜻이 맞는 사람이 또 있느냐는 것이다." 이 말은 무엇을 의미하는가? 이는 (周公이 종족들에게 불만이 있어) 기분이 심히 좋지 않았기 때문에 하는 말이다. 군자는 말하기를 단지 오래 長久하기만 하면 된다고 하지만 그것을 끝까지 유종의 미를 거두기란 쉽지 않다. "썩은 나무가 3년이면, 나라 경계를 표지하는 나무로 삼을 수 없다"라는 말은 무엇을 의미하는가? 너무 오래 되어 陳腐한다는 의미이다. 때문에 군자가 중시해야할 것은 최종의 성공이다. 듣는 바로는 고대의 백성을 다스리는 자들은 언제나 자기 자신에게서 구했다. 즉 자신의 행위가 信用이 없으면, 백성은 명령을 듣지 않으며, 신용을 보여주지 않으면, 백성들은 말을 듣지 않는다. 백성이 천자의 명령에 복종하지 않고 그 말한 것을 신임하지 않는데도, 道德을 마음에 품은 자는 여태껏 없었다.

【註解】

제 1간은 제 30간과 이어지는 내용이기 때문에, 내용 이해를 위하여 참고하기로 한다.

84) ''자는 '土'와 소리부 '襄'으로 이루어진 형성자인 '壤'자이며, '襄'으로 읽는다. ≪上博楚簡·容成氏≫는 ''으로 쓴다.[96] ≪尙書·君奭≫은 "襄我二人, 汝有合哉言"으로 쓴다. '襄'은 '제하다''빼다'의 뜻이다. '我二人'은 주공과 소공을 가리킨다. '合'은 '뜻이 맞는 사람'이다.

85) 현행본 ≪君奭≫은 "合才音"을 "合哉言"으로 쓴다. 그러나 본 구절에서는 '才'자는 '在'로 읽는 것이 아닌가 한다.[97] '말(소리)이 맞는 사람'은 '뜻이 맞는 사람'이다.

'害'는 '曷'이나 '何'로 읽는다.

86) '邦'은 '경계'의 뜻이다.

'(羿)'자는 의미부가 '羽'이고 소리부가 '丌'인 형성자이며, '旗'字의 古文이다. '旗'는 '기표'의 뜻이다.

87) ''자는 의미부 '日'과 소리부 '寅'으로 이루어진 '寳'자로 예정할 수 있다. 李零은 '偃(쓰러질 언, yǎn)'으로 읽고, 劉釗는 '陳'자로 읽었다.[98] '陳'은 '陳舊(낡다, 오래되다)'의 뜻이고, '偃'은 '쉽게 넘어지다'의 뜻이다.

14.

天夅[88]大祟(常)[89], 以里(理)人侖(倫). 折(制)[90]爲君臣之義, 慉(著)[91]爲父子之新(親), 分【31】爲夫婦之支(辨). 是古(故)小人變(亂)天祟(常)以逆大道, 君子詞(治)人侖(倫)以川【32】天悳(德).

천지 대자연의 순화를 통하여 만물의 대 법칙인 大常이 드러나고, 人倫으로 다스린다. 군신간의 義理

96) ≪楚系簡帛文字編≫, 1131 쪽.
97) ≪郭店楚墓竹簡≫, 170 쪽, 注170.
98) 李零, ≪郭店楚簡校讀記≫, 124 쪽. 劉釗, ≪郭店楚簡校釋≫, 144 쪽.

를 정하고, 부자간의 親情을 세우며, 부부간에 差別을 나눈다. 그런고로 소인이 하늘의 법칙을 어기고 어지럽히면, 군자는 하늘의 덕에 순응하며 人倫을 다스린다.

【註解】

88) '(夌)'자에 대하여 劉釗 ≪郭店楚簡校釋≫은 '夆'자의 생략 형태이고, '降'의 古文이라 하였다.[99] 李零≪郭店楚簡校讀記≫는 '𡉚'로 예정하고, '登'으로 읽었다.[100] 그러나 李學勤은 '徵'자의 생략형이라 하였다.[101] '徵'은 '밝히다(明)'의 뜻이다. '天'과 '大常'의 관계로 보아 李學勤 주장이 설득력이 있다. '天明大常'은 '천지 대자연의 운행이라는 대자연의 질서를 통해 大常을 밝히고', 이를 통하여 인간의 윤리를 터득하게 된다는 뜻이다.

89) '(大祟)'은 '大常'으로 천지 운행의 근원이 되는 대자연의 자연 질서나 가장 변치않는 일상적인 常道를 가리킨다. '祟'자는 '常'의 의미로 쓰인다.

90) '(折)"자는 '制'로 읽는다.

91) '(惰)'자는 '煮'자와 같은 자이며, '著'로 읽는다. '드러내다'의 뜻이다.

15.

≪大堣(禹)≫[92]曰: "余才厇(宅)天心"[93], 害(曷)? 此言也, 言余之此而厇(宅)於天心也.[94] 是古(故)【33】君子𥳑若(席)之上, 𦏴(讓)而[illegible];[95] 朝廷之立(位), 𦏴(讓)而処戔(賤).[96] 所厇(宅)不[illegible]俟(矣).[97]

≪大禹≫에서는 "나는 이 일을 처리할 때 천심에 따라 한 것이다."라 했다. 이 말은 무슨 의미인가? 이 말의 뜻은 나는 이 일을 처리할 때 하늘의 뜻을 헤아려 따른 것이다란 뜻이다. 그래서 군자는 대나무로 엮은 자리에 앉고 스스로 겸양하여 작게 하고 낮은 곳에 임하여야 하고, 조정에서는 겸양하고 젊은 사람에게 자리를 양보하여 낮은 위치에 자기를 두어야 한다. 이렇게 하면 하늘의 뜻을 헤아리는 것에 멀지 않다.

【註解】

92) '(堣)'자는 '禹'자로 읽는다.

93) '(才)'자는 '玆'자의 의미로 쓰인다. '(厇)'자는 소리부가 '乇'으로 '宅'자와 통한다. "言余之此而厇(宅)於天心也" 구절 중의 '余'자는 '안배하다'는 '舍'자의 가차자로 쓰인다. 즉 '舍'는 '인륜 질서에 입각한 안배'를 가리킨다.[102]

99) 劉釗, ≪郭店楚簡校釋≫, 142 쪽.
100) 李零, ≪郭店楚簡校讀記≫, 123 쪽
101) 丁原植, 178 쪽.

劉釗는 '余'자는 '舍'로 읽고, '厇'자를 '度'자로 읽었다.[103] 따라서 "余之此而厇於天心也" 구절은 "舍之此而度於天心也"로 읽을 수 있다. '이 일을 안배할 天心을 헤아려 한 것이다'라는 뜻이다. ≪尙書·咸有一德≫에서는 "惟尹躬曁湯, 咸有一德, 克享天心, 受天明命"[104]라 하고, ≪論語·堯曰≫에서는 "舜亦以命禹. 曰: 予小子履敢用玄牡, 敢昭告于皇皇后帝, 有罪不敢赦. 帝臣不蔽, 簡在帝心. 朕躬有罪, 無以萬方, 萬方有罪, 罪在朕躬."[105]이라 하였다. 이러한 내용은 '天心'과 관련이 있다.

95) ' '자를 ≪郭店楚墓竹簡≫ 정리본은 '籔'자로 예정하고 있으나, 李零 ≪郭店楚簡校讀記≫는 이 자를 '竹'·'攴'과 소리부 '尋'으로 이루어진 형성자로 '簭'자로 예정할 수 있고 '簟'으로 읽었다.[106] ' (箬)'자는 '竹'과 소리부 '石'으로 이루어진 형성자이며, '席'으로 읽는다. ' ' 두 자는 문자 자형으로 보아 '受幼'로 예정할 수 있다. '受幼'는 '젊은 사람의 존중하고 양보하다'라는 의미이다.

96) '戔'자는 '賤'의 의미로 쓰인다.

97) ' '자는 제 19간에도 보인다. '遠'자의 오자이다.

16.

少(小)人【34】不綎[98]人於刃,[99] 君子不綎人於豊(禮). 汈靑(情)於〈舟〉,[100] 其先也不若其後也. 言【35】語𡨦之,[101] 其勑(勝)也不若其已也. 君子曰: 从允懌(釋)怂(過),[102] 則先者余, 銮(来)者信.【36】[103]

소인은 사람에게 仁義를 베풀지 못하고, 군자는 사람에게 그 예의가 있다고 과시하지 않는다. 나루터에서 배에 타는 것을 다투는 것은 그 먼저 타는 사람과 나중에 타는 사람과 같지 않기 때문이다. 말로 큰 소리로 서로 논쟁을 하여 한 승리는 차라리 그만두는 것만 못하다. 군자는 말한다. 성실하고 다른 사람의 과실은 너그럽게 받아들이면서, 군자가 현재 다스리고 있는 백성은 안심하고 머무르고, 군주를 믿고 귀순하여 따르고자 하는 사람 역시 믿기 시작한다.

【註解】

98) ' (綎)'자는 '糸'와 소리부 '呈'으로 이루어진 자이며, '逞(굳셀 령{영}, chěng)'으로 읽는다. '드러나다'

102) 丁原植, 183 쪽.
103) 劉釗, ≪郭店楚簡校釋≫, 143 쪽.
104) ≪尙書·咸有一德≫: "惟尹躬曁湯, 咸有一德, 克享天心, 受天明命. 以有九有之師."(윤(尹)은 몸소 탕(湯)임금과 함께 순일한 덕(一德)이 있어, 능히 천심(天心)에 합당하여 하늘의 밝은 명(命)을 받았다.)
105) ≪論語·堯曰≫에서는 "舜亦以命禹. 曰: 予小子履敢用玄牡, 敢昭告于皇皇后帝, 有罪不敢赦. 帝臣不蔽, 簡在帝心. 朕躬有罪, 無以萬方, 萬方有罪, 罪在朕躬."(舜임금도 이 말을 禹임금에게 일러주었다. 湯王은 말했다. "나, 어린 아이 履는 감히 검은 부사리를 희생으로 바치고, 밝히 위대하고 위대한 天帝께 고하니, 죄 있는 자는 감히 용서하지 못하겠나이다. 天帝의 臣下들은 막지 않을 것이오니, 그것을 가려내는 것은 天帝의 마음에 달려 있습니다. 나 자신에 죄가 있다면 萬方을 맡아 다스리는 일을 맡기지 마사이다. 萬方의 백성들에게 죄가 있다면 그 죄는 나 자신의 不德의 탓입니다.)"
106) 李零, ≪郭店楚簡校讀記≫, 123 쪽.

의 뜻이다.

99) 裘錫圭 案語는 '(刃)'자를 '仁'으로 읽고, "소인은 仁義 실행을 다른 사람보다 뛰어나기를 바라지 않고, 군자는 禮義 실행을 다른 사람보다 뛰어나기를 바라지 않는다."라 해석하였다.[107] 그러나 이러한 해석은 그 의미가 잘 드러나지 않는다. 아마도 소인은 仁義의 은혜를 베풀지 못하고, 군자는 예의를 내세워 다른 사람에게 군림하려 하지 않는다는 뜻이 아닌가 한다. '(刃)'자는 또한 '恩'으로 읽을 수 있다.[108]

100) ''를 裘錫圭 案語는 '才'와 소리부 '廌'로 이루어진 '𢹥'자로 예정하고 '津'으로 읽는다 하였다. 또한 '(沏)'자는 '梁'자의 간체자라 하고, '(婧)'자를 '爭'자로 읽었다.[109] 그러나 陳偉≪郭店竹書別釋≫은 이 자는 '才' 또한 소리부로 '栫'로 읽어야 한다 하였다. '栫(울 천, jiàn)'은 '막다'라는 의미로 '栫梁'은 '교량에서 서로 길을 다투다'의 뜻이라 하였다.[110] 참고할 만하다.

''자를 ≪郭店楚墓竹簡≫정리본은 '於'자로 잘못 예정하고 있다. '舟'자로 예정해야 옳다.

101) '(皋)'자를 李零은 '嗥(울부짖을 호 háo)'로 읽었다.[111] '嗥'는 '서로 큰 소리로 다투어 싸우다'의 뜻이다.

102) '(懌)'자는 '心'과 '睪'으로 이루어진 자로 '釋'자로 읽는다. '제거하다'·'해소하다'·'청산하다'의 뜻이다.

103) '(余)'자는 '舍'로 읽는다. '先者'는 이미 군주가 다스리고 있는 백성이고, '來者'는 후에 귀순하여 따르는 백성을 가리킨다.

17.

唯君子, 道可近求, 而可遠遣(?)也.[104] 昔者君子有言曰: "聖人天悳(德)", 害(何)? 【37】 言訢(愼)求之於㠯(己), 而可以至川(順)天祟(常)矣(矣). ≪康𢍰(誥)≫曰: "不還大暊,[105] 文王𢦏(作)罰, 【38】 型(刑)兹(玆)亡愳",[106] 害(曷)? 此言也, 言不𩅦大祟(常)者,[107] 文王之型(刑)莫厚安(焉). 【39】 古(故)君子訢(愼)六立(位),[108] 以巳(祀)天祟(常). 【40】 [109]

군자는 道를 가까운 곳에서 추구하지만, 먼 것까지 실행될 수 있다. 이전에 군자가 "성인은 하늘의 덕이다."라고 말한 것은 무슨 의미인가? 자기 자신을 신중하게 성찰하여야 만이 하늘의 常道를 실현시킬 수 있다는 것이다. ≪康誥≫에서 "常道를 준수하지 않는 자는 크게 법률로 다스려야 한다. 문왕이 제정한 형벌에 따라 집행하고 봐주거나 용서해주지 말라"라 했다. 이 말은 무슨 의미인가? 하늘의 常道을 성실하게 이행하지 않는다면, 문왕의 형벌은 무겁게 내려지지 않겠는가. 때문에 군자는 '六位(君·臣·父

107) ≪郭店楚墓竹簡≫, 170 쪽, 注30. "謂小人不求在仁義方面而勝過人, 君子不求在禮義方面勝過人."
108) 陳偉, ≪郭店竹書別釋≫, 140 쪽.
109) ≪郭店楚墓竹簡≫, 170 쪽, 注31.
110) 陳偉, ≪郭店竹書別釋≫, 140 쪽.
111) 李零, ≪郭店楚簡校讀記≫, 122 쪽.

·子·夫·婦의 道)'를 준수해야 하며, 이로써 하늘의 常道를 받들어야 한다.

【註解】

104) ''(遣)'자를 劉釗는 '辵'과 소리부 '昔'으로 이루어진 자로 '실행하다'의 '措'으로 읽고, 李零은 본 구절을 "而[不]可遠借"로 읽었다.[112)]
그러나 陳偉≪郭店竹書別釋≫에서는 '向'자를 초간에서 ''·''으로 쓰는 것을 참고하여,[113)] 이 ''자를 '辵'과 소리부 '向'으로 이루어진 형성자이고 '向'으로 읽는다고 주장하였다.[114)] 군자의 道는 '近求'하고 '遠向'한다는 뜻으로 이해하면 전체적인 문맥이 매끄럽게 통한다. 그러나 문자 형태로 보아 '昔' 부분이 '向'자와 차이가 있기 때문에 본문에서는 '실행하다'의 의미인 '措'자로 읽기로 한다. ≪成之聞之≫에서 언급된 내용을 직접 참고하면, '近'은 '人倫'의 道나 혹은 '求於己'이고, '遠'은 '天心'(天常)으로 이해할 수 있다.

105) ''(弄)'자는 '誥'의 古文이다. ''(晛)'자는 '夏'의 이체자이며, '憂'로 읽는다. "不還大晛"를 현행본은 "不率大戛"[115)]로 쓴다.

106) "文王复(作)罰, 型(刑)丝(玆)亡懇" 구절을 현행본 ≪尙書·康誥≫는 "文王作罰, 刑玆無赦"[116)]로 쓴다. ''(懇)'자는 '赦'자와 고음이 통한다.[117)]

107) ≪郭店楚墓竹簡≫은 ''자를 '霹'자로 예정하였다. 그러나 李零은 이 자는 '雨'와 소리부 '朔'으로 이루어진 자이며 '逆'으로 읽는다 하였다.[118)] 陳偉는 '溯'로 읽고 있다.[119)] 결국은 모두 '위배하다'·'거스리다'의 뜻이다. 그런데 만약에 이렇게 해석한다면, '常道를 위배하지 않았는데 중형을 내린다'는 뜻으로 문맥상 상호 모순이다. 李學勤 ''자의 아랫부분은 '脽(꽁무니 수, zhōu)'이며, '敦'으로 읽어야 한다하였다.[120)] 만약에 '敦'으로 해석한다면 '성실하게 이행하지 않았으니, 문왕의 중벌이 내려지지 않겠는가'의 뜻이다. '脽'와 '敦'자는 음성상 다소 차이가 있으나, 내용상 문제가 없기 때문에 이에 따라 해석하기로 한다.

108) '六位'는 앞에서 언급한 '君臣父子夫婦'를 가리킨다.

109) ''(巳)'자는 '祀'로 읽는다. '계승하다'·'이어받다'라는 뜻이다.

---

112) 李零, ≪郭店楚簡校讀記≫, 124 쪽. 劉釗, ≪郭店楚簡校釋≫, 146 쪽.
113) ≪楚系簡帛文字編≫, 682 쪽.
114) 陳偉, ≪郭店竹書別釋≫, 137-138 쪽.
115) "不率大戛.(따르지 않는 자는 크게 법률로 다스려야 한다.)"
116) "빨리 문왕의 만드신 벌을 좇아 이를 형벌하여 용서하지 말라."
117) 劉釗, ≪郭店楚簡校釋≫, 147 쪽.
118) 李零, ≪郭店楚簡校讀記≫, 124 쪽. 劉釗, ≪郭店楚簡校釋≫, 146 쪽.
119) 陳偉, ≪郭店竹書別釋≫, 138 쪽.
120) 丁原植, 187 쪽 참고.

≪成之聞之≫은 전체적으로 '天' ←'己'→'人'의 관계를 중요시 하고 있다. '天'은 '天常'·'大常'과 '天命'과 같은 것이고, '人'은 '人倫'이다. '常道'를 이루고 '人倫'의 도를 지키려면 먼저 '愼求之於己'해야 한다. 그리고 "可近求而可遠措"해야 하는데, 가까이는 '六位'를 준수하고 멀리는 '大常'을 추구하는 "愼六立, 以祀天常"해야 하는 것이다. ≪中庸≫에서는 '聖人'의 정의를 아래와 같이 내리고 있다. 이 聖人은 상당히 ≪成之聞之≫의 君子에 해당된다.

唯天下至聖爲能聰明睿知, 足以有臨也; 寬裕溫柔, 足以有容也; 發強剛毅, 足以有執也; 齊莊中正, 足以有敬也; 文理密察, 足以有別也. 溥博淵泉, 而時出之. 溥博如天, 淵泉如淵. 見而民莫不敬, 言而民莫不信, 行而民莫不說. 是以聲名洋溢乎中國, 施及蠻貊; 舟車所至, 人力所通, 天之所覆, 地之所載, 日月所照, 霜露所隊; 凡有血氣者, 莫不尊親, 故曰配天.

오직 天下의 지극한 聖人이라야 총명과 예지가 백성들에 임하기에 충분하고, 관대함과 온순함이 그들을 용납하기에 충분하고, 힘차고 꿋꿋함이 義를 고집하기에 충분하고, 장중하고 정당함이 일을 조심스럽게 다루기에 충분하고, 조리 있음과 세밀히 관찰하는 것이 사물을 판별하기에 충분할 수 있게 된다. 두루 넓고 깊이 근원이 있어서 제때에 내놓는다. 두루 넓은 것은 하늘같고, 깊이 근원 있음은 못 같아서, 나타나면 백성들이 누구나 공경하지 않을 수 없게 되고, 말하면 백성들이 누구나 믿지 않을 수 없게 되고, 행하면 백성들이 기뻐하지 않을 수 없게 된다. 이러한 까닭으로 해서 그 명성이 중국에 넘쳐흘러 미개한 민족까지 뻗어나가, 배와 수레가 가는 곳, 사람의 힘이 닿는 곳, 하늘이 덮는 곳, 땅이 싣고 있는 곳, 해와 달이 비치는 곳, 서리와 이슬이 내리는 곳, 무릇 血氣를 지닌 자는 모두 다 그를 높이고 친근하게 받든다. 그래서 하늘의 짝(天合)이 된다고 말하는 것이다.

11. 尊德義

一四 一五 一六 一七 一八 一九 二〇 二一 二二 二三 二四

二五 二六 二七 二八 二九 三〇 三一 三二 三三 三四 三五 三六

三九 三八 三七

【尊德義】

≪尊德義≫ 역시 유가문헌 중의 하나이다. 39개의 죽간으로 되어 있으며, 죽간의 양 끝은 사다리꼴로 다듬어져 있다. 죽간의 길이는 32.5cm이고, 두 곳에 편선이 있으며, 편선 사이의 간격은 17.5cm이다.

重文 부호는 짧은 한 선으로 되어 있고, 합문(合文)부호는 짧은 두 줄로 되어 있으며, 篇章부호·章부호와 구두(句讀)부호는 보이지 않는다.

통치자가 갖추어야 할 덕목에 대하여 언급하고 있다. 통치자는 덕을 존중하고, 정의를 존중하며, 상벌을 분명히 하고, 솔선수범으로 백성을 다스려야 한다는 것이다.

≪論語·顔淵≫에서 齊 景公이 孔子에게 정사에 대하여 묻자 "君君, 臣臣, 父父, 子子"라고 했는데, 이는 군자는 군자답게, 신하는 신하답게 행해야 한다는 것이다.

그렇다면 어떻게 해야 '君君'이라 할 수 있는가? 군자는 덕을 존중하며, 정의를 존중해야 한다. 군자는 분개하거나, 원망하거나, 성질이 비뚤어지고, 미워하고, 이기려고 애쓰는 것들을 없애야 한다. 포상과 징벌은 타당하게 운용해야 하며,[1] 만약 그렇지 않으면 禍를 면치 못한다고 하였다.

군자는 또한 솔선수범함을 중시하며, 덕으로써 백성을 다스려야 한다. 백성에게 지속적으로 "尊仁, 親忠, 敬壯, 歸禮"[2]하도록 해야 만이, 군자가 최대의 덕치(德治)를 실현할 수 있다는 것이다.

1.

巹悳(德)義,① 明虐(乎)民侖(倫),② 可以爲君. 濉③忿緣(蠻),④ 改惃⑤尅(勝),⑥ 爲人上者之柔(務)也.

【1】

德과 義를 존중하고, 사람이 지켜야 할 도리를 명확히 밝힐 수 있는 자가 군자라 할 수 있다. 분노와 흉악한 마음을 없애고, 질투와 경계를 없애고, 승리에 집착하는 습관을 고치는 것이 윗사람의 임무이다.

【註解】

1) '(巹)'자는 '尊'자의 이체자다.[1] ≪郭店楚簡≫에서 '尊'자는 일반적으로 ''·''으로 쓴다.[2] '德'이 '인간의 도리'를 말한다면, '義'는 '일을 처리하는 일종의 준칙'이다. '尊'자는 '遵守하다'로 해석할 수 있다. '尊德義'는 존경하는 마음으로 덕과 의를 중요한 준칙으로 여기는 것을 말한다.

2) '(侖)'자는 '倫'자의 의미로 쓰인다. '民倫'은 즉 '人倫'이며, 사람과 사람간의 지켜야 할 도리(五倫)를 가리킨다. '明乎民倫'은 人倫의 가치를 정확하게 판단하고 이를 실천함으로써 항상심인 '大常'의

---

1) 제 2간의 "賞與坓(刑), 祡(禍)福之羿也(상을 주는 것과 형벌은 재앙과 福祿의 근원이며)" 구절을 참고하여 ≪尊德義≫를 ≪賞刑≫篇이라 칭하기도 한다. 陳偉, ≪郭店竹書別釋≫, 152 쪽.

2) "仁義를 존중하고, 忠信과 친해지고, 장중함을 경애하고, 禮儀를 귀중히 여기다."

1) ≪郭店楚墓竹簡≫, 174 쪽, 注1.

2) ≪楚系簡帛文字編≫, 1258 쪽.

道를 잃지 않는 것이다.

3) 李零은 ‘(潍)’자는 ‘濩’자가 생략된 형태로 ‘去’자의 읽는다하였다.[3] 劉釗는 ‘推’로 읽고,[4] 陳偉는 ‘沮’로 읽었다.[5] 문자의 형태와 음성으로 보아 ‘沮’자로 읽는 것이 옳은 것 같다. ‘沮’자는 ‘제거하다’·‘배제하다’·‘저지하다’의 뜻이다.

4) ‘(緣)’자는 ‘車’와 ‘䜌’의 일부가 생략된 형태가 소리부로 된 형성자이다. 본문에서는 ‘戾’자의 의미로 쓰인다.[6] ‘潍忿緣’는 ‘沮忿戾’로 ‘분노와 흉포를 없애다’의 뜻이다.

5) ‘’자는 ‘心’과 소리부 ‘己’로 이루어진 형성자 ‘忌’자로 예정할 수 있다. ‘惎’자와 같은 자이다. ‘질투하다·시기하다’이다.

6) ‘(勳)’자는 ‘勝’의 이체자이다. ≪尊德義≫제 36간에서는 ‘’으로 쓰고, ≪成之聞之≫에서는 ‘’으로 쓴다.[7] ‘勝’은 ‘이기려고 애쓰며 승벽이 강함’을 말한다.≪荀子·性惡≫에서는 “옳고 그름을 가리지 않고 잘잘못을 논하지 않으면서 남을 이기려고 하는 뜻(惎勝人爲意)만을 지니고 있다. 이것은 하인의 지혜이다. ……몸을 가벼이 여기면서 재물을 중히 여기며, 화 입을 일을 즐기면서 널리 자신을 변명해 구차히 모면하려 들고, 옳고 그름과 그렇고 그렇지 못한 사정을 따져보지 않고 남을 이기려고 하는 뜻만을 지닌다. 이것이 가장 낮은 하급의 용기이다.”라 하고, ≪荀子·成相≫에서는 “군주는 증오하고 구차히 이기려고만 하면 군신들은 간언하지 않게 되며 반드시 화를 당하게 된다.”라 하였다.[8]

‘改惎勳’는 ‘改惎勝’으로 ‘증오하고 반드시 이기려고 하는 마음을 없애다’의 뜻이다. ‘(改)’를 혹은 ‘戒’자로 읽기도 하는데,[9] ‘改’자에 이미 ‘戒’자의 의미를 포함하고 있기 때문에 그럴 필요는 없을 것 같다.

2.

賞與坓(刑),⑦ 祡(禍)福之羿也,⑧ 或前之者矣.⑨ 雀(爵)立(位),⑩ 所以信其肰(然)也⑪. 正欽,⑫ 所以【2】戉(攻)□□. 坓(刑)□, 所以□舉(擧)也.⑬ 殺殄(戮),⑭ 所以敍(除)舶也.⑮ 不緐(由)其道,⑯ 不行. 㤼(仁)爲可新(親)【3】也, 義爲可畬也, 忠爲可信也, 學爲可益也,⑰ 耈(教)爲可頪(類)也.⑱

상을 주는 것과 형벌은 나라가 재앙과 福祿을 얻을 수 있는 근원이며, 이것은 정치를 하는데 있어

3) 李零, ≪郭店楚簡校讀記≫, 141 쪽.
4) 劉釗, ≪郭店楚簡校釋≫, 125 쪽.
5) 陳偉, ≪郭店竹書別釋≫, 136 쪽.
6) 李零, ≪郭店楚簡校讀記≫, 141 쪽.
7) ≪楚系簡帛文字編≫, 1154. 쪽.
8) ≪荀子·性惡≫: “不恤是非, 不論曲直, 以惎勝人爲意, 是役夫之知也. ……輕身而重貨, 恬禍而廣解苟免, 不恤是非, 然不然之情, 以期勝人爲意, 是下勇也” ≪荀子·成相≫: “主忌苟勝, 羣臣莫諫, 必逢災.”
9) 劉釗, ≪郭店楚簡校釋≫, 125 쪽.

가장 우선적으로 중요하게 여기는 항목이다. 작위를 하사하는 것은 믿음의 확신이다. 정벌과 함락은 반란을 일으키는 적을 공격하기 위한 것이다. 형벌은 사람의 행위를 구속하기 위한 것이다. 살육은 법령을 어기는 자를 제거하기 위한 것이다. 이러한 것은 모두 도가 있어야 하며, 이 도를 따르지 않으면 안 된다. 仁은 가까워질 수 있고, 義는 존중할 수도 있으며, 忠은 신임을 할 수 있는 것이고, 배움은 더욱 전진할 수 있게 되고, 가르침은 유형의 사람을 만들어낼 수 있다.

【註解】

7) '(坓)'자는 '土'와 소리부 '井'으로 이루어진 형성자이다. '刑'자는 원래 '荆'자로 쓰기도 한다. ≪郭店楚簡·成之聞之≫제 39간은 '刑'자를 '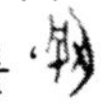'으로 쓴다. '형벌'은 아래 문장에서 언급하는 '爵位'·'征侵'·'刑罰'·'殺戮' 등을 가리킨다.

'(祡)'자는 '示'와 소리부 '化'로 이루어진 형성자이며, '禍'로 읽는다.

8) '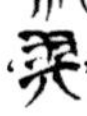'자는 '羽'와 소리부 '丌'로 이루어진 형성자이며, '基'로 읽는다.[10]

9) '(或)'자는 '有'의 용법으로 쓰인다. ≪經典釋詞≫는 "'或'은 '有'와 같은 용법으로 쓰인다."[11]라 하였다.

''자는 '歬'으로 예정할 수 있다. '前'자의 변형체이다. ≪郭店楚簡·窮達以時≫는 ''으로 쓴다.[12]

'有前之者矣'는 '이를 가장 중요하게 여기는 항목이다'로 해석할 수 있다.

그러나 陳偉는 '前者之也' 구절을 그 다음 구절에 해당되는 내용으로 보고, '前'자는 '踐'자로 읽었다.[13] 즉 '有踐之者矣'로 읽고 '그 구체적인 항목으로는 다음과 같다'는 뜻으로 해석하였다. 그러나 어기조사 '矣'를 쓰는 것으로 보아 여기까지 한 문장이, 그 구체적인 중요하게 여기는 항목은 다음 문장부터 하나하나 나열하는 것으로 보인다.

10) '(雀)'자는 '爵'자로 읽는다. '雀立'는 '爵位'이다.

11) '所以信其肰(然)也'는 '이른바 공이 있으면 상을 내려 백성에게 믿음을 보여주는 것이다'라는 뜻이다.

12) '(正)'은 '征'자로 읽는다. 李零은 '(欽)'자를 '侵'자로 읽었다.[14] 劉釗는 '欽'자를 '陷'자로 읽었다.[15] 음성상으로 '欽'자는 '陷'자와 더 가깝다. '征侵'은 곧 '征陷'과 '攻陷'으로 공격하여 함락시킴을 말한다. 그러나 陳偉는 '正欽'을 '政禁'으로 읽었다.[16] 그러나 다음 문장에 '공격하다'자가 '攻'가 있는 것으로 보아 이 주장은 취하지 않기로 한다.

10) ≪郭店楚墓竹簡≫, 174 쪽, 注2.
11) ≪經典釋詞≫: "或猶有也."
12) ≪楚系簡帛文字編≫, 129 쪽.
13) 陳偉, ≪郭店竹書別釋≫, 153 쪽.
14) 李零, ≪郭店楚簡校讀記≫, 139 쪽.
15) 劉釗, ≪郭店楚簡別釋≫, 125 쪽.
16) 陳偉, ≪郭店竹書別釋≫, 153 쪽.

13) ‘戏(攻)□□’ 중 마지막 자는 ‘也’자를, ‘𡉚(刑)□’ 구절은 ‘罰’자를 보충할 수 있다.[17]

14) ‘(殄)’자는 ‘戮’자의 이체자이다.

15) ‘’자는 ‘攴’과 소리부 ‘舍’로 이루어진 자로 ‘敍’로 예정할 수 있다. ‘除’자로 읽는다.

‘’자를 李零은 ‘害’자를 잘못 쓴 오자이고, 劉釗는 ‘㤪’자로 예정하고 ‘怨’자로 읽었다.[18] 이 자 중 오른 쪽 부분 ‘㔾’이 소리부가 아닌가한다. ‘㔾’이 옳다면 ‘犯’자로 읽을 수 있다.[19] ‘犯’은 법령이나 명령을 어기는 ‘犯令’의 뜻이다.

16) ‘(繇)’자는 ‘由’로 읽는다. ≪包山楚簡≫은 ‘繇’자를 ‘’로 쓴다.[20]

17) ‘’자는 제 1간의 ‘尊’자의 이체자이다. ‘’자는 ‘𡥈’으로 예정할 수 있다. ‘學’자의 생략형이다. ‘’자는 ‘口’와 소리부 ‘益’으로 이루어진 ‘嗌’자이며, ‘益’으로 읽는다. ‘嗌’자는 ≪郭店楚簡·語叢三≫은 ‘’으로 쓴다.[21]

18) ‘(頪)’자는 ‘類’의 고문자이다. ≪論語·衛靈公≫에서는 “가르침에는 구별이 없다.”[22]라 하였다. ‘類’자를 혹은 ‘모범이 되다’로 해석할 수 있다. ≪方言≫에서는 “類, 法也”[23]라 하였다.

3.

𡥈(教)非改道也, 敎(教)之也. 【4】 學非改侖(倫)也, 學㠱(己)也.⑲ 墬(禹)以人道訂(治)其民, 桀⑳以人道亂其民. 桀不易 【5】 墬(禹)民而句(後)亂之,㉑ 湯不易桀民而句(後)訂(治)之.㉒ 聖人之訂(治)民, 民之道也. 墬(禹) 【6】 之行水,㉓ 水之道也. 戚(造)父之馯(御)馬,㉔ 馬也之道也.㉕ 句(后)褸(稷)㉖之埶(藝)㉗ 陞(地), 陞(地)之道也. 莫 【7】 不又(有)道安(焉), 人道爲近. 是以君子, 人道之取先.

가르친다는 것은 處世의 道를 고치기 위함이 아니며, 그 處世의 道를 전하여 주기 위함이다. 배움은 또한 인간의 倫理를 고치기 위함이 아니며, 자기 스스로 인간의 倫理를 배울 수 있도록 하기 위함이다. 禹임금은 人道로써 그 백성을 다스렸고, 桀임금은 人道로써 그 백성을 혼란시켰다. 桀임금은 禹임금의 백성을 바꾸어서 혼란스럽게 된 것이 결코 아니고, 湯임금 역시 桀임금의 백성을 바꾸고 나서 나라를 통치할 수 있었던 것은 결코 아니다.

성인이 백성을 다스리는 것은 백성의 도를 이용한 것이고, 禹가 물을 다스린 것은 물의 이치를 이용한 것이고, 造父가 말을 부린 것은, 말의 이치를 이용한 것이며, 后稷이 나무를 심은 것은 땅의 이치를 이용한 것이다. 이처럼 모두는 각각의 도리가 없는 것이 없다. 사람의 도는 사람과 가장 밀접한 것이기

17) 李零, ≪郭店楚簡校讀記≫, 139 쪽.
18) 李零, ≪郭店楚簡校讀記≫, 141 쪽. 劉釗, ≪郭店楚簡別釋≫, 125 쪽.
19) 丁原植, 282 쪽 참고.
20) ≪楚系簡帛文字編≫, 1074 쪽.
21) ≪楚系簡帛文字編≫, 99 쪽.
22) ≪論語·衛靈公≫: “有敎無類.”
23) ≪方言≫: “類, 法也.”

때문에, 군자는 사람의 도를 가장 먼저 생각해야 하는 것이다.

【註解】

19) "學己也"는 '배우는 것은 곧 자기를 위한 것이다'라는 뜻이다. ≪論語·憲問≫에서는 "공자가 말하였다. 옛날엔 배움은 자기 자신을 위한 것이었고, 지금은 다른 사람에게 보여주기 위하여 배운다."라 하고, ≪荀子·勸學≫에서는 "옛날의 배움은 자기 자신을 위한 것이었고, 지금은 다른 사람을 위하여 배운다. 군자의 배움은 자신의 아름다운 품덕을 위한 것이었지만, 소인의 배움을 다른 사람에 기쁨을 주기위해서다"[24]라 하였다.

20) '(桀)'자는 '傑'자의 생략형이다.

21) ''자는 본 문장에서 전체 부정어이다. 아래 문장 '不'도 같은 용법이다.

'(句)'자는 '後'자로 읽는다. ''자는 '𤔔'자로 예정할 수 있다. '亂'자의 고문자이다.

22) '(訂)'자는 초간에서 '治'·'辭'·'殆'·'詞' 등으로 읽는다.[25]

23) '行水'는 '治水'를 가리킨다. ≪孟子·離婁≫에서는 "天下에서 本性을 논하는 것은 되어 진 일을 법칙으로 따르는 것 뿐 인데, 되어 진 일은 順理로 하는 것을 기본으로 한다. 지혜로움을 미워하는 것은 지혜로 (망령되이) 穿鑿하기 때문이다. 만약에 지혜로운 사람이 禹임금이 물 트는 것 같이 한다면야 지혜로움을 미워할 게 없다. 禹임금이 물을 틀 적에는 물이 막히는 일이 없는 데를 텄다. 만약에 지혜로운 사람도 지혜를 막히는 일이 없는 데로 운용한다면 그 지혜로움 역시 위대하다. 하늘이 높고 별은 멀지마는, 진실로 그 되어 진 일을 추구한다면 千年의 冬至도 가만히 앉아서 알 수 있다."[26]라 하였다. "禹之行水也, 行其所無事也"는 '禹임금은 치수를 하는데 있어서 물이 자연스럽게 흘러서 빠져나가도록 하였다'는 것이다.

24) '(戚)'자는 '造'자와 통한다. 소리부가 '戔'인 자는 초간 중에서 '淺'·'竊'이나 '察'의 소리부로 쓰인다.[27]

'(馯)'자는 '馬'와 소리부 '午'로 자로 '御馬'의 '御'자와 같은 자다.

25) '馬'자 다음에 '(也)'자는 잘못 추가된 문자이다.[28]

---

24) ≪論語·憲問≫: "子曰: 古之學者爲己, 今之學者爲人." ≪荀子·勸學≫: "古之學者爲己, 今之學者爲人. 君子之學也, 以美其身; 小人之學也, 以爲禽犢." '以爲禽犢'은 옛날에는 짐승이나 송아지를 선물로 주었기 때문에, 이를 다른 사람에 주어 다른 사람을 기쁘게 한다라는 뜻이다.

25) ≪楚系簡帛文字編≫, 807 쪽.

26) ≪孟子·離婁≫: "天下之言性也, 則故而已矣; 故者, 以利爲本. 所惡于智者, 爲其鑿也. 如智者若禹之行水也, 則無惡于智矣, 禹之行水也, 行其所無事也. 如智者亦行其所無事, 則智亦大矣. 天之高也, 星辰之遠也, 苟求其故, 千歲之日至, 可坐而致也."

27) 劉釗, ≪郭店楚簡校釋≫, 127 쪽.

28) ≪郭店楚墓竹簡≫, 174 쪽, 注3.

26) ‘(禝)’자는 ‘禝’자와 같은 자이며, ‘稷’자의 이체자이다.

27) ‘’자는 ‘女’와 소리부 ‘埶’로 이루어진 형성자로 ‘藝’자와 같은 자이다.

위에서 설명한 人道는 아래와 같다. ≪性自命出≫은 제14-15간에서는 “도는 네 가지의 道가 있는데, 그 중에서 人道(禮樂이나 治民의 道)만이 民衆을 敎導할 수 있고, 나머지 셋은 단지 道일 따름이다.”라 하였다.[29]

聖人之治民: 民之道
禹之行水: 水之道
造父之御馬: 馬之道
后稷之藝地: 地之道

4.

戠者出所以智(知)【8】吕(己).[28] 智(知)吕(己)所以智(知)人, 智(知)人所以智(知)命, 智(知)命而句(後)智(知)道, 智(知)道而句(後)智(知)行. 䌛(由)豊(禮)智(知)【9】樂, 䌛(由)樂智(知)依(哀).[29] 又(有)智(知)吕(己)而不智(知)命者, 亡智(知)命而不智(知)吕(己)者. 又(有)【10】智(知)豊(禮)而不智(知)樂者, 亡智(知)樂而不智(知)豊(禮)者. 善取, 人能從之, 上也.【11】

관찰하고 표현하는 것은 자신을 알기 위함이고 자기를 아는 것은 다른 사람을 알기 위함이며, 다른 사람을 아는 것은 천명을 알기 위함이다. 천명을 알고 난 후에야 비로소 하늘의 이치(道)를 알 수 있으며, 하늘의 이치를 안 후에야 비로소 어떻게 행동해야 할 것인가를 알 수 있다. 禮로 즐거움을 알고, 즐거움(樂)으로 말미암아 비애(슬픔)를 안다. 자신을 알면서 천명을 모르는 것은 천명을 알지 못하여 오히려 자신을 모르는 것이다. 禮를 알고 있으나 즐거움을 모르는 것은 즐거움을 알지 못하여 오히려 禮를 모르는 것이다. (人道) 선택을 잘하여 사람이 능히 잘 따를 수 있게 하는 것이 곧 최상의 선택이다.

【註解】

28) ‘(戠)’자는 ‘言’과 소리부 ‘𢦏’로 이루어진 형성자이다. 초간에서 소리부 ‘𢦏’는 ‘淺’·‘竊’·‘察’ 등으로 읽는다. 본 구절에서는 ‘察’로 읽는다. ≪呂氏春秋·愼大覽·察今≫에서는 “故察已則可以知人, 察今可以知古, 古今一也, 人與我同耳.”[30]이라 하였다.

29) “唯【14】人衍(道)爲可衍(道)也. 其參(三)述(術)者, 衍(道)之而已.”

30) ≪呂氏春秋·愼大覽·察今≫: “故察已則可以知人, 察今可以知古, 古今一也, 人與我同耳.(그러므로 자신을 관찰하면 곧 다른 사람을 알게 되고 지금을 관찰하면 곧 옛날을 알게 된다. 옛날과 지금은 한 가지이고 다른 사람과 나는 동일한 것이다.)”

29) "由禮知樂, 由樂知哀"는 ≪逸周書·度訓≫의 "知和以知樂, 知樂以知哀"[31]와 같은 내용이다.

위의 문장에서 설명하는 '知'의 관계는 아래와 같다.

己　　命

知→

禮　　樂

5.

[善者民必福, 福未必和, 不和不安, 不安不樂.]【27】善者民必衆, 衆未必詞(治), 不詞(治)不川(順), 不川(順)不坪(平). 是以爲正(政)者﹝教﹞(教)道之【12】取先. ﹝教﹞(教)以豊(禮), 則民果㉚以巠.㉛ ﹝教﹞(教)以樂, 則民[illegible]㉜悳(德)淸酭.㉝ ﹝教﹞(教)【13】以支(辯)兌(說),㉞ 則民埶㉟陞㊱倀貴㊲以忘㊳. ﹝教﹞(教)以埶(藝),㊴ 則民埜(野)㊵以靜(爭). ﹝教﹞(教)以[illegible],㊶【14】則民少以叜(吝). ﹝教﹞(教)以言, 則民話(訏)㊷以㝅(寡)信. ﹝教﹞(教)以事, 則民力嗇(嗇)㊸以面利.【15】﹝教﹞(教)以懽(權)㊹悔(謀)㊺, 則民湯[illegible],㊻ 遠豊(禮)亡新(親)㥹(仁). 先=㊼以悳(德), 則民進善安(焉).【16】

(위에 있는 사람이 선행을 베풀면, 백성은 반드시 부유하게 될 것이다. 하지만 부유하다해서 반드시 화목한 건 아니다. 화목하지 않으면, 불안정하고, 불안정하면 기쁘지 않게 된다.) 군자가 선을 행하면 백성은 반드시 많이 모일 것이나, 많이 모인다고 해서 반드시 다스려지는 것만은 아니다. 다스려지지 않는다는 것은 순조로운 방향으로 가지 않는 것이며, 순조롭게 가지 않는다는 것은 평온치 않다는 것이다. 그러므로 집권자는 반드시 백성을 친히 가르치고 인도하는 것을 가장 중요한 임무로 삼아야 한다.

백성에게 禮儀를 가르쳐 주면 백성은 곧 과감하고 강력해질 것이다. 백성에게 禮樂을 가르쳐 주면 백성은 곧 아름답고 선한 품덕과 참신한 재능을 갖출 것이다.

백성에게 論辯을 가르쳐 주면 백성은 곧 기세등등하여 연장자나 귀인보다 더 능가해져서 곧 기세등등하고 오만해질 것이다. 백성에게 六藝의 道를 가르쳐 주면 백성은 곧 상스럽게 다툴 것이다. 백성에게 技能을 가르쳐 주면 백성은 곧 도량이 좁아져 탐하며 인색해질 것이다. 백성에게 言辭를 가르쳐 주면 백성은 곧 궤변하고 믿음이 없어질 것이다. 백성에게 일을 가르쳐 주면 백성은 곧 열심히 경작하여 이익만을 추구하기 위하여 노력할 것이다. 백성에게 지혜와 모략의 임기응변을 가르쳐 주면 백성은 곧 음란하여 혼미해질 것이다.

이와 같이 되면, 禮儀를 멀리하고 仁義와는 疏遠하게 될 것이다. 하지만 만약에 먼저 德으로 백성을 가르쳐 인도한다면, 백성은 善으로 나아갈 것이다.

【註解】

李零≪郭店楚簡校讀記≫는 제 27간은 제 12간과 연결되는 내용으로 보았다[32]

31) ≪逸周書·度訓≫: "知和以知樂, 知樂以知哀.(화합을 알면 기쁨을 알 수 있고, 기쁨을 알면 슬픔을 안다.)"

30) '(果)'자는 '果敢(과감하다)'의 의미이다.

31) '(巠)'자는 '勁'으로 읽는다. '果勁'은 '과감하고 강력하다'하다는 뜻이다. 혹은 '經'으로 읽기도 한다. '經'은 '義理에 따라 행동하다'는 뜻이다.[33)]

32) 劉釗는 ''자를 '㑩'자로 예정하고 소리부가 '弔'로 '淑'자로 읽었다 하였다.[34)] '淑德'은 곧 '美德'이다.

33) '(牆)'자는 '醬'자의 고문이다. '壯'으로 읽는다. ≪說文解字≫는 '牆(醬)'자의 고문을 '(牆)'으로 쓰고, 籒文을 '(䀋)'으로 쓴다. 소리부가 '爿'인 형성자이다.
'(清牆)'은 '清壯'으로 '참신한 굳센 기상을 갖추고 있음'을 가리킨다.

34) '(卞)'자는 '辯'자로 읽는다.

35) ''자는 '女'와 소리부 '埶'로 이루어진 형성자이며, 본 구절에서는 '勢'로 읽는다.

36) ''자는 소리부가 '正'이 아닌가 한다. '正'자는 '陵'자와 음이 통한다. '陵'자는 '欺陵(업신여겨다)'의 뜻이다.

37) '(倀貴)'은 '長貴'로 '연장자와 귀인'을 가리킨다.

38) '(忘)'자는 '妄'자로 읽는다.

39) '敎以埶' 중의 '(埶)'자는 '藝'자로 읽는다.

40) '(埜)'자는 '野'자의 고문자이며, '상스럽고 비루하다다(粗鄙)'의 뜻이다.

41) 李零은 이 ''자를 '只'자로 예정하고 '技'자로 읽었다.[35)] '技'는 '技藝'와 '技能'을 가리킨다.

42) '(話)자는 '訏'자로 읽는다. '속이고 기만하다'의 뜻이다.

43) '(䆃)'자는 분명치 않지만, '色'자가 소리부로 '嗇'나 '穡'자로 읽을 수 있는 것이 아닌가 한다. '농사짓다'의 의미이다. ≪尙書·盤庚≫에서는 "若農服田力穡.(농사꾼이 밭에서 일하고 힘들여 농사지어야 풍성한 가을이 있는 것과 같다.)"라 하였다.

44) '(懽)'자는 '權'으로 읽는다.

45) ''자는 '心'과 소리부 '母'로 이루어진 자로 '悔'로 예정할 수 있다. '謀'자의 고문자이다.

46) ''자를 ≪郭店楚墓竹簡≫은 '湯'자로 예정하고 있으나, 李零은 '昜'이 아니라 소리부가 '尋'인 '潯'자로 예정하고 '淫'자로 읽고 있다.[36)] 그러나 '湯'자를 잘못 쓴 것이 아닌가 한다. 일반적으로 '湯'자는 ''으로 쓴다.[37)] '湯'은 '淫'자와 동의어이다.

32) 李零, ≪郭店楚簡校讀記≫, 140 쪽. 劉釗, ≪郭店楚簡校釋≫, 124 쪽.
33) 丁原植, 321 쪽.
34) 劉釗, ≪郭店楚簡校釋≫, 133 쪽.
35) 李零, ≪郭店楚簡校讀記≫, 142 쪽.
36) 李零, ≪郭店楚簡校讀記≫, 142 쪽.
37) ≪楚系簡帛文字編≫, 945 쪽.

李零은 ‘’자를 ‘昆’자로 예정하고 ‘昏’로 읽었다.

47) 裘錫圭 案語는 ‘=’를 ‘先之’로 읽었다.[38]

6.

行此虘也, 然句(後)可逾(?)也. 因瓦(恒)則古(固),㊽ 戠𨑒㊾則亡避,㊿ 不党(黨)[51]則亡【17】悁(怨), 㞢思則□□. 夫生而又(有)戠(職)事者也, 非𤕫(教)所及也. 𤕫(教)其正(政),【18】不𤕫(教)其人, 正(政)弗行矣. 古(故)𠬪(終?)[52]是勿(物)也而又深安(焉)者, 可學也而不可矣(疑)也.【19】可𡥈(教)也而不可迪其民, 而民不可㞢(止)也. 㤅𢚩(仁)·新(親)忠·敬壯[53]·遠(歸)[54]豊(禮),【20】行矣而亡㦼,[55] 兼心於子俍,[56] 忠信日益而不自智(知)也.

이런 禮節을 민첩하게 실행한 후에 더욱 진일보 할 수 있다. 常道를 의지하면 견고해질 수 있고, 曲解를 올바르게 고찰하면 邪惡함을 없앨 수 있으며, 백성을 편애하지 않으면 원망하지 않게 된다. ……

태어나면서 아는 것은 가르침으로 한 것이 아니다. 정확한 이치를 가르쳐 주어야 하는데, 가르침이 그 본인(根本)이 아니면 정확한 도리를 실행할 방법이 없다. 그러므로 모든 대상에 대하여 심도있게 교육을 시켜야 한다. 이렇게 해야 모든 대상은 모두 가르침을 받을 수 있고, 의심이 없게 된다.

가르칠 수 있지만, 백성을 깨우쳐 인도할 수는 없으며, 곧 백성의 거동을 저지할 수는 없다. 仁義를 존중하고 忠信과 친해지고, 장중함을 경애하고, 禮儀를 귀중히 여기면서 이것을 실행하고 빠뜨리지 아니하고 자애하고 선량한 마음을 수양한다면, 자기 자신이 모르는 사이에 忠信의 마음은 날로 커질 것이다.

【註解】

48) 李零은 ‘’자에 대하여 본 구절에서는 ‘敏’으로 읽어야한다 하였다.[39] ‘(古)’자는 ‘固’자로 읽는다.

49) ‘(戠)’자는 ‘言’과 소리부 ‘戈’로 이루어진 형성자로, ‘察’로 읽는다. ‘(𨑒)’자는 ‘辵’과 ‘尼’로 이루어진 ‘泥’자로, 李零은 ‘曲’으로 읽었다.[40]

50) ‘(避)’자는 ‘僻’으로 읽는다. ‘바르지 않다’·‘옳지 않다’의 뜻이다.

51) ‘’자는 약간 잔실되었으나, ‘黨’자로 ‘두둔하다’·‘편애하다’의 뜻이다.

52) 李零은 ‘(𠬪)’자를 ‘共’자로 예정하였다.[41]

53) ‘(壯)’자는 ‘莊’자의 의미로 쓰이고 있다.

38) ≪郭店楚墓竹簡≫, 174 쪽, 注6.
39) 李零, ≪郭店楚簡校讀記≫, 142 쪽.
40) 李零, ≪郭店楚簡校讀記≫, 142 쪽.
41) 李零, ≪郭店楚簡校讀記≫, 140 쪽.

54) ‘(逺)’자는 ‘歸’자의 이체자로 본 구절에서는 ‘貴’자로 읽는다.

55) ‘(憔)’자는 ‘心’과 소리부 ‘唯’로 이루어진 자로 형성자로, ‘違’자로 읽는다.

56) ‘(佷)’자는 ‘諒’자의 의미로 쓰이고 있다. “羕心於子佷”은 “養心於子諒”으로 읽는다.[42] ≪禮記·樂記≫에서는 “君子曰: 禮樂不可斯須去身. 致樂以治心, 則易直子諒之心油然生矣. 易直子諒之心生則樂, 樂則安, 安則久, 久則天, 天則神. 天則不言而信, 神則不怒而威, 致樂以治心者也. 致禮以治躬則莊敬, 莊敬則嚴威. 心中斯須不和不樂, 而鄙詐之心入之矣. 外貌斯須不莊不敬, 而易慢之心入之矣”[43]라 하였다. 이 중 “易直子諒之心油然生矣” 구절에 대하여, 孔颖達은 “‘子’는 자식을 사랑하는 마음 같은 慈愛이다. ‘谅’은 진실된 믿음이다. 이는 심오하고 유원하게 음악을 자세히 관찰하여 마음을 다스리는 것을 말한다. 즉 그렇게 되면 편안하고 가벼운 마음, 정직하고 자애로우면서 진실한 마음이 자연스럽게 마음속에서 솟아나는 것을 말한다.”[44]라 하였다. ‘子諒’은 ‘慈良’이며, 의미는 ‘자애를 베풀고, 선량하다’이다.

7.

民可叓(使)道【21】之,⑰ 而不可叓(使)智(知)之.⑱ 民可道也, 而不可弜(强)也.⑲ 桀不胃(謂)其民必亂, 而民又(有)【22】爲亂矣. 爰(?)不若也,⑳ 可從也而不可及也.

백성을 인도할 수는 있으나, 알게 할 수는 없는 것이다. 백성을 인도할 수는 있으나 강요할 수는 없다. 桀은 백성이 폭동을 일으킬 수 있다는 것을 알지 못했기 때문에 백성은 폭동을 일으켰다. 이에 만약에 백성이 만약 따르지 않다면, 군자는 백성의 의사에 따라야지 강제적으로 제압할 수는 없다.

【註解】

57) ‘(叓)’자는 ‘史’자와 같은 자이며, ‘使’로 읽는다.[45] ‘道之’ 중의 ‘道’자는 ‘由’의 의미이다.[46]

---

42) ≪郭店楚墓竹簡≫, 174 쪽, 注7.

43) “예악은 잠시라도 몸에서 떼어 놓아서는 안된다. 음악을 익히고 그에 의해 마음을 편안하게 갖도록 노력하면 정직하고 양순한 기분이 자연히 솟아나오는 것이다. 그런 기분이 되면 즐거운 마음이 속에서 우러나고 그 결과 편안해지고, 그 편안함이 오래 지속되게 되면 마음이 하늘에 미치고 신에게 통하기에 이른다. 마음이 하늘에 미치는 사람은 아무 말을 하지 않아도 사람들로부터 존경과 신임을 받으며, 신에게 통하는 사람은 노하지 않아도 위엄이 있다. 이것이 음악을 이수하고 몸을 다스린 사람인 것이다. 또 예를 배우고 그에 의해 몸을 무게 있게 행동하기를 노력하면 우선 동작이 침착해져서 빈틈이 없어지고 그 결과로서 항상 무게가 있어 보여 사람들에게 위엄을 느끼게 하는 것이다. 그리고 마음속에 잠시라도 화락한 기분을 잃었을 때에는 금방 천한 욕념이나 허위가 침입하게 되며, 몸의 외형이 잠시라고 침착성을 잃어 빈틈이 생길 때에는 신중한 마음을 잃고 태만해지는 것이다.”

44) 孔颖達: “子謂子愛, 谅謂誠信, 言能深遠详审此樂以治其心, 則和易正直子愛誠信之心, 油油然从内而生矣.”

45) ≪楚系簡帛文字編≫, 287 쪽.

58) "民可使道之, 而不可使知之"는 引導는 할 수 있지만, 가르쳤다고 모두 아는 것은 아니다. 지혜란 자신이 스스로 깨우쳐야하는 것을 말한다. ≪論語·泰伯≫에서는 "民可使由之, 不可使知之."[47]라 하였다.

59) "民可道也, 而不可强也"는 백성을 인도는 할 수 있으나, 강압적으로 할 수 없다는 것이다. ≪成之聞之≫ 제 15-17간은 "上不以其道, 民之从之也難. 是以民可敬道(導)也, 而不可穿(弇)也."[48]라 하였다.

60) ''자를 ≪郭店楚墓竹簡≫ 정리본은 '爰'자로 예정하고 확실히 알 수 없다는 표시로 '?'를 하고 있다. 李零은 "이 자는 '受'자의 오자가 아닌가한다. 본 구절에서는 '桀紂'의 '紂'자로 읽는다."[49]라 하였다. '桀紂'의 '紂'를 이전에는 또한 '受'라고도 칭하였다. 그러나 '紂'자로 읽을 가능성은 매우 적다. ''자는 일반적인 '受'자와는 형태가 다르고, ≪鄂君啓節≫은 '爰'자 '' 형태와 상당히 비슷하다.[50] 본문에서 '爰'자는 連詞의 용법으로 쓰이는 것이 아닌가 한다. 금문 중 ≪虢季子白盤≫"王各(格)周廟宣廟, 爰卿(饗)"[51] 구절과 ≪尙書·無逸≫ "其在祖甲, 不義惟王, 舊爲小人. 作其即位, 爰知小人之依; 能保惠于庶民, 不敢侮鰥寡. 肆祖甲之享國, 三十有三年."[52] 중의 '爰'자는 연사의 용법으로 쓰인다. 따라서 ''자는 '爰'자로 예정할 수 있고, 연사의 용법으로 쓰인다.

'不若'의 의미는 '불순하다(不順)'와 '나쁘다(不善)'의 뜻이다. 위에서 언급한 '强民'을 가리킨다.

8.

君民者訇(治)民復豊(禮),⑥① 民余憲智,⑥② 【23】 悳裻(勞)之匌也.⑥③ 爲邦而不以豊(禮),⑥④ 猷(猶)戻之亡遻也.⑥⑤ 非豊(禮)而民兌(悅) 【24】 忎此少(小)人矣.⑥⑥ 非侖(倫)而民備(服),⑥⑦ 殜(世?)此亂矣.⑥⑧ 訇(治)民非還生而已也,⑥⑨ 【25】 不以旨谷(欲)害其義.⑦⓪ 匌民悉(愛),⑦① 則子也;⑦② 弗民悉(愛), 即戲(讐)也. 民五之方各,⑦③ 【26】 十之方静, 百之而句(後)萄(服). 善者民必福, 福未必和,⑦④ 不和不安, 不安不樂. 【27】

백성을 다스리는 자는 백성이자신의 욕심을 버리고 사람이 본래 지녀야 할 예도의 마음으로 되돌아가도록 다스려야 한다. 백성은 자신에게 이롭지 않는 해로운 생각을 없애도록 하고, 勞苦로운 근심되는 일을 만났을 때 대체할 수 있는 방도를 알아야 한다. 나라를 다스림에 禮儀로 하지 않으면, 사람들은 어떻게 할 줄 모르게 된다. 禮義적인 행위가 없으면서도 백성을 기쁘게 하고자 하는 것은 모두 小人의

46) ≪郭店楚墓竹簡≫, 174 쪽, 注8.

47) ≪論語·泰伯≫: "民可使由之, 不可使知之.(백성에게 동기유발은 할 수 있으나, 알게 할 수는 없다.)"

48) "위에 있는 사람이 그 덕을 행하지 않고 백성을 복종하게 하고자 한다면 많은 어려움이 따를 것이다. 그러므로 백성들을 신중하게 敎導해야지 덮어 두어서는 안 된다."

49) 李零, ≪郭店楚簡校讀記≫, 313 쪽. "此字疑是受字之誤, 在文中讀爲'桀紂'之紂."

50) ≪金文編≫, 273 쪽.

51) "왕은 주 왕실 太廟 講武堂에 이르러 연회를 베풀었다."

52) "그 조갑(祖甲)에 이르러서는 자신이 王이 된 것이 의롭지 않다하여 오랫 동안 낮은 백성으로 있었다. 그가 지위하게 되자 이에 낮은 백성들의 어려움을 알고 있어, 능히 서민을 보호하고 은혜를 베풀어, 홀아비나 과부들도 업신여기지 아니하였다. 그래서 조갑의 나라를 다스린 것이 33년이나 되었다."

작태이다. 倫理가 아닌 것으로 백성을 복종케 하고자 한다면 혼란의 근원이 된다. 백성의 다스림은 생계만을 위한 것이 아니다. 도락과 욕망으로 인해 道義가 방해를 받지 않도록 해야 된다.

백성을 사랑함에 있어서는 아들이 아비를 섬기는 것과 같이 한다, 백성이 만약 다스리는 자의 사랑을 얻지 못한다면 원수처럼 보게 될 것이다.

백성에게 5할을 주면 백성들은 싸우게 될 것이고, 백성에게 10할을 주면 서로 다투게 되지만, 100할을 주면 안정될 것이다. 군자가 선을 행하면 백성은 반드시 풍족해질 것이나, 풍족함이 결코 화목한 것은 아니다. 화목하지 않음은 곧 불안정한 것이 되며, 불안정하면 곧 즐겁지 않게 된다.

【註解】

61) ‘(復豊)’는 ‘復禮’로 읽고, 자신의 욕심을 버리고 사람이 본래 지녀야 할 예도의 마음으로 되돌아가야한다는 ‘克己復禮’의 ‘復禮’이다.

62) ‘(余)’는 ‘除’자로 읽는다. ‘(憲)’자는 ‘心’과 소리부 ‘害’로 이루어진 형성자이다. 裘錫圭 案語는 ‘害’자로 읽었다.53) “君民者訂(治)民復豊(禮), 民余憲智, 悳袋(勞)之旬也” 구절의 내용 이해가 쉽지 않다. ‘民余憲智’ 중 ‘民除害知’로 읽을 수 있으나 ‘知’자는 이 다음 구절의 동사가 아닌가 한다.

63) ‘’자를 ‘思’나 혹은 ‘惠’자로 예정하기도 한다.54) 劉釗는 ‘悳’자는 ‘罹’자로 읽고, ‘智(知)’자가 본 구절의 동사로 보며 “智悳(罹)袋(勞)之旬(軌)也”로 이해하였다.55) 또한 劉釗는 본 구절을 ‘백성은 자신에게 불리한 해로운 것은 제거하고 어려운 일을 닥쳤을 때의 대체 방도를 알아야 한다’의 의미라고 하였다. 그러나 ‘’자가 왜 ‘罹’로 읽을 수 있는 지에 대해서는 좀 더 연구가 필요하다. 혹은 이 자는 ‘心’과 소리부 ‘(离)’ 생략형으로 이루어진 형성자가 아닌가 한다.

‘(袋)’자는 ‘勞’자의 고문자이다.

李零은 ‘(旬)’자를 ‘簋’자의 이체자라 하였다.56) 제 26간은 ‘’로 쓴다. ‘簋’자는 ‘軌’ 혹은 ‘究’의 음과 통한다. ‘軌’는 ‘법도’·‘법칙’, ‘究’은 ‘窮極’의 의미로 결국은 동의어이다.

64) ‘(爲邦)’은 ‘나라를 다스리다’의 뜻이다.

65) ‘’자는 일반적인 ‘所’자와 다르다. 혹은 ‘所’자를 잘못 쓴 것이지 ‘人’자를 잘못 쓴 것이지 알 수 없다. ‘所’·‘人’ 혹은 ‘所人’으로 이해하여도 전체적인 내용이해에는 문제가 되지 않기 때문에 ‘所’로 읽기로 한다.

‘’자는 ‘適’자의 이체자가 아닌가 한다.57) ‘마음을 붙이고 귀향하고 곳’을 가리킨다.

53) ≪郭店楚墓竹簡≫, 174 쪽, 注9.

54) 丁原植, 315 쪽. 陳偉, ≪郭店竹書別釋≫, 157 쪽. 陳偉는 제 30간과 제 24간이 이어지는 내용으로 보고 본 구절을 “尊惠勞之軌也”으로 읽었다.

55) 劉釗, ≪郭店楚簡校釋≫, 132 쪽.

56) 李零, ≪郭店楚簡校讀記≫, 142 쪽.

57) 陳偉, ≪郭店竹書別釋≫, 162 쪽.

66) '(忐)'자는 '心'과 소리부 '才'로 이루어진 형성자이다. 李零은 '哉'로, 劉釗는 '在'자로 읽었다.[58] 만약에 '哉'로 읽으면 "非豊(禮)而民兌(悅)忐(哉), 此少(小)人矣"로, '在'로 읽으면 ""非豊(禮)而民兌(悅), 忐(在)此少(小)人矣"로 이해할 수 있다. 문장 구조로 보아 '在'로 읽는 것이 옳겠다. 본 구절은 군자와 소인의 대립적으로 비교해서 설명하는 것이 아니라, 군주가 만약에 '禮'와 '倫'으로 백성을 다스리지 않으면, '小人'이 행하는 작태와 같은 결과를 초래한다는 뜻이다.

67) '(備)'자는 '복종하다'의 '服'으로 읽는다.

68) '(殜)'자는 '世'자의 번체자이다.

"殜(世)此亂矣" 구절과 "忐此少(小)人矣" 구절은 문장 형식이 같다. '忐'자를 '才'자로 쓰고 않고 의미부 '心'을 추가하여 쓰고, '殜'자를 '世'자로 쓰는 않는 어떤 이유가 있을 않을까 한다. 그래서 혹은 이 구절을 각각 "殜(世)此, 亂矣"·"忐此, 少(小)人矣"로 읽고, '忐此'와 '殜(世)此'는 각각 집정자가 '禮'와 '倫'으로 백성을 다스는 않은 어떤 '상태'를 표시하는 것이 아닌가 한다.[59]

69) '(還)'자는 '懷'로 읽는다. '懷生'은 '생계에 만족하다'의 뜻이다.[60] ≪左傳·僖公卄十七年≫에서는 "子犯曰: '民未知義, 未安其居.' 於是乎出定讓王, 入務利民, 民懷生矣."[61]라 하였다.

70) 裘錫圭 案語는 '(旨)'자를 '嗜'자로, '(螽)'자는 '害'자로 읽었다.[62] ''자는 윗부분이 '害'자의 생략형이다. 제 23간의 '(憲)'자의 '害'자와 형태가 비슷하다. ≪郭店楚簡·語叢四≫는 '害'자를 ''로 쓴다.[63] ≪禮記·樂記≫는 "是故先王之制禮樂也, 非以極口腹耳目之欲也, 將以教民平好惡而反人道之正也. 人生而靜, 天之性也; 感於物而動, 性之欲也."[64]라 하였다.

71) ''자는 제 24간에도 보인다. '軌' 혹은 '究'로 읽는다.

72) '(子)'는 이른바 '마치 자식이 부모를 받들어 모시는 것과 같다'는 것이다. '慈'자의 의미다.

73) ''자는 '戈'와 소리부 '𠷎'로 이루어진 형성자이다. ≪包山楚簡≫은 '壽'자를 ''로 쓴다.[65] 裘錫圭 案語는 '㦰'자를 '讎'로 읽고,[66] '(各)'자를 '格鬪'의 '格'자로 읽었다.[67]

58) 李零, ≪郭店楚簡校讀記≫, 140 쪽. 劉釗, ≪郭店楚簡校釋≫, 132 쪽.
59) 丁原植, 316 쪽 참고.
60) 劉釗, ≪郭店楚簡校釋≫, 132 쪽.
61) "자범이 말하였다. '백성이 의를 알지 못하는데다 생활도 안정되어 있지 않다.' 이에 진문공은 밖으로는 주왕을 도와 왕위를 안정되게 만들고 안으로는 백성을 이롭게 하는 일에 힘썼다."
62) ≪郭店楚墓竹簡≫, 174 쪽, 注10.
63) ≪楚系簡帛文字編≫, 693 쪽.
64) "선왕이 禮樂을 마련함에 있어서는 그에 의해 입이나 귀 등의 욕망을 만족시키려는 것이 아니라 장차 백성에게 好惡(호오)를 공평하게 하는 일을 가르쳐서 人道의 바른 데로 돌아오게 하려는 것이다. 사람의 마음은 태어날 때부터 조용하고 침착한 것이며, 그것이 천성인 것이다. 그러나 마음은 외물에 느끼고 움직여 여러 가지로 작용하는 것이며 그것은 사람의 욕심인 것이다."
65) ≪楚系簡帛文字編≫, 776 쪽.
66) ≪郭店楚墓竹簡≫, 174 쪽, 注11.

74) 裘錫圭는 '畐(福)'자를 '富'로 읽었다.[68]

본 구절은 전체적으로 군주와 백성과의 관계를 설명하고 있다. 특히 군주가 백성을 다스리는 태도에 대한 설명이다.

마지막 구절을 백성이 풍부하지 않게 되면 이를 쟁취하기 위하여 상호간에 이를 취하기 위하여 다툰다는 의미로 이해할 수 있으나, 다른 한편으로 백성과 군주와의 관계로 이해할 수 있다. 즉 군주가 백성에서 아주 적은 양을 베풀게 된다면 이는 백성과 격투를 벌이는 것과 같이 되고, 만약에 많지 않을 주는 것은 백성과 투쟁하는 것 같이 되고, 만약에 넉넉하게 준다면 이런 상황이 없이 백성들이 복종하고 따르게 된다는 것이다.

9.

爲古(故)衒(率)[75]民向方者,[76] 唯悳(德)可.[77] 悳(德)之流,[78] 速虖(乎)[79]楮蚤[80]而遖(傳)【28】命.[81] 其載也亡厚安(焉),[82] 交矣而弗智(知)也,[83] 亡.[84] 悳(德)者, 虘(且)莫大虖(乎)豊(禮)樂.[85]【29】古(故)爲正(政)者, 或侖(論)之,[86] 或羕之,[87] 或䌛(由)宔(中)出,[88] 或埶(設)之外,[89] 侖隸其頪(類)【30】安(焉).[90]

詞(治)樂和㤂(哀), 民不可或(惑)也.[91] 反之, 此往矣. 坓(刑)不隸於君子,[92] 豊(禮)不【31】隸於小人.[93] 攻□往者復, 依惠則民材足,[94] 不時則亡懽也.[95] 不【32】㤅(愛)則不新(親),[96] 不□則弗褱,[97] 不蠚則亡愄(畏),[98] 不忠則不信, 弗恿則【33】亡復.[99] [illegible][100]則民悭,[101] 正則民不㖃(吝),[102] 龏[103]則民不悁.[104] 坸(均)不足以坪(平)正(政),[105] 㤕(?)[106]【34】不足以安民, 敢(勇)不足以沬衆,[107] 尃(博)不足以智(知)善, 快不足以智(知)侖(倫), 殺【35】不足以夯(剩)民.[108]

이러한 까닭에 백성을 이끌고 常道로 향하고자 할 때, 道德이 있으면 곧 해결된다. 道德의 퍼짐은 郵馬가 전령을 전하는 것 보다 빠르다. 만약 德의 실행이 두텁지 않아 왕래하는 상대방을 이해할 수 없으면 곧 그를 잃게 된다(없는 것과 같다). 그런 고로 德 중에는 禮樂보다 더 중요한 것이 없다.

그러므로 집권자는 예악을 편성해야 하고, 혹은 이를 잘 배양해야 하고, 혹은 마음속에서 진실된 道義가 우러나와야 하며, 또한 이러한 인간의 義理가 밖으로 발현되어지도록 해야 하며, 각각의 사물의 유형에 적절하게 배열 안배하여야만 한다.

'樂'으로 통치하고, '哀'를 조절하면 백성은 미혹되지 않을 것이다. 그러나 반대로 행하면 옳지 않게 될 것이다. 군자는 형벌을 가까이 하지 않으며, 소인은 禮儀를 가까이 하지 못한다. 곧 攻□한 것(공격했던) 적을 귀순시킬 수 있으며, 恩惠을 베풀면 백성은 재물이 풍족하게 될 것이고, 백성을 시기에 맞지 않게 동원을 하면 백성은 근면성실하게 일을 할 수가 없다.

군주가 백성을 사랑치 아니하면 백성은 곧 군주를 가까이 하지 아니하며, 군주가 백성을 □(걱정)하지

67) ≪郭店楚墓竹簡≫, 174 쪽, 注12.
68) ≪郭店楚墓竹簡≫, 174 쪽, 注13.

아니하면 백성은 곧 군주를 그리워하지 않는다. 군주의 훈계하여 다스리지 않으며 백성은 곧 敬畏하지 않으며, 군주가 충실하지 않으면 백성은 믿지를 않는다. 군자가 용감하지 아니하면 백성은 곧 이른바 말한 바를 실천하지 못하게 된다. 군주가 백성을 책망하면 백성은 곧 미워하고 원망하며, 군주가 정직하면 백성은 곧 탐하거나 인색하지 아니할 것이며, 군자가 공경하면 백성은 원망하지 않게 된다.

단지 균등한 세법을 적용하려고 한다면 공정한 정치를 하기에 족하지 않고, 제지하는 것만으로 백성을 편안하게 하기에 족하지 않고, 용맹만으로는 중인들을 앞설 수 없다. 해박한 것만으로는 최상의 道를 알기에 부족하고, 결단력만으로는 倫理를 알기에 족하지 아니하며, 살육은 백성을 說服할 수 없다.

【註解】

75) ‘(衜)’자는 ‘率’자의 고문자이다.

76) ‘(向)’자는 ‘嚮’으로 읽는다.[69] ‘(向方)’은 ‘도리를 향해 나아가다’의 의미이다. ≪呂氏春秋·季夏紀·音初≫에서는 “故君子反道以修德, 正德以出樂, 和樂以成順. 樂和而民向方矣.”라 하고, ≪禮記·樂記≫에서는 “是故君子反情以和其志, 廣樂以成其教, 樂行而民鄉方, 可以觀德矣.”라 하였다.[70] ‘鄉方’·‘向方’은 ‘嚮方’이다.

77) ‘方’는 즉 ‘正道’이라 할 수 있다. 이 ‘정도’가 올바르게 행해지만 오로지 이 ‘(悳)’만이 가능한 것이다. ‘(可)’는 ‘가능하다’의 뜻이다.

78) ‘(流)’자는 금문 중 ≪𧊒壺≫의 ‘’자 형태와 비슷하다.[71] ‘德之流’는 일종의 덕의 마치 물과 같은 작용을 말한다.

79) ‘’자는 ‘𨔶’자로 예정할 수 있고 기본 소리부가 ‘朱’이며, ‘速’자의 이체자이다.[72] ‘(虐)’자는 ‘乎’로 읽는다.

80) ‘’자는 ‘木’·‘首’와 소리부 ‘止(之)’로 이루어진 자로 ‘榃’로 예정할 수 있고, ‘置’자로 읽는다. ‘’자는 ‘虫’과 소리부 ‘又’로 이루어진 ‘蚤’자이며, ‘郵’로 읽는다. ‘榃蚤’은 즉 ‘置郵’로 읽는다.[73] ‘止’자의 고음

69) ≪郭店楚墓竹簡≫, 174 쪽, 注14.

70) ≪呂氏春秋·音初≫: “故君子反道以修德, 正德以出樂, 和樂以成順. 樂和而民向方矣.(그러므로 군자는 도(道)로 돌아가 덕행을 쌓고, 도덕을 바로잡아 음악을 만들며, 음악의 조화를 이루어 순화의 기능을 완성한다. 음악이 조화를 이루면 백성들은 올바름 즉 도를 추구할 것이다.)” ≪禮記·樂記≫: “是故君子反情以和其志, 廣樂以成其教, 樂行而民鄉方, 可以觀德矣.(그런고로 군자는 인정을 잘 고찰하고 음악을 이용해서 인심을 온화하게 하고 음악의 애호를 세상에 퍼뜨려 교육의 효과가 커지도록 노력한다. 이리하여 음악이 널리 퍼져 그 결과로써 민심이 바른 방향으로 나아가도록 한다. 그러면 그 일로 인하여 지도자인 군자의 덕화를 잘 알게 되는 것이다.)” ≪說苑·修文≫: “古樂行而民向方, 可以觀德矣.(옛날의 음악을 유행하게 되면 백성은 올바른 도를 추구할 것이고, 이렇게 되면 덕을 관찰할 수 있을 것이다.)”

71) ≪金文編≫, 742 쪽.

72) ≪郭店楚墓竹簡≫, 174 쪽, 注15.

73) ≪郭店楚墓竹簡≫, 174 쪽, 注15.

은 ‘章’紐‘之’部이고, ‘置’자는 ‘端’紐‘職’部에 속하기 때문에 서로 통하고, ‘蚤’자를 ‘又’가 소리부분이고, ‘又’자와 ‘郵’자의 고음이 ‘匣’紐‘之’部이기 때문에 서로 통한다.74)

81) ‘(逋)’자는 ‘辵’과 소리부 ‘專’으로 이루어지 형성자이며, ‘傳’자의 고문자이다. 금문 중 ≪專車季鼎≫은 ‘專’자를 ‘’으로 쓰고,75) ‘傳’자를 ≪逋簋≫는 ‘’로 쓴다.76)
“德之流, 速乎置郵而傳命”은 ≪孟子·公孫丑≫의 “孔子曰: 德之流行, 速於置郵而傳命”77) 구절 내용과 같다.

82) ‘(𨊠)’자는 ‘車’와 소리부 ‘才’로 이루어진 자이고, ‘(載)’자는 ‘車’와 소리부 ‘𢦏’로 이루어진 자로 같은 자이다. 금문 중 ≪郾侯載器≫는 ‘才’聲인 ‘’로 쓴다.78) ‘載’는 덕행이 실행됨을 말한다.

83) “交矣而弗智(知)也”는 ‘덕행은 백성에게 널리 전파되어 상호 교류 융합되어야 하는데, 백성들이 이를 모르고 있다는 것이다.’라는 뜻이다.

84) ‘’자는 ‘無’로 읽는다. ‘만약에 정령이 백성과 융합되지 않고 백성이 이를 전혀 인식하고 있지 않으며 마치 실행을 하지 않은 것과 같다.’라는 뜻이다.

85) ‘(叡)’자는 기본 소리부가 ‘且’이다. ‘(虐)’자는 ‘乎’로 읽고, 비교급을 나타내는 조사이다. ‘덕의 교화 중 가장 중요한 덕목은 예악이다.’

86) ‘(侖)’자는 ‘論’으로 읽는다. ‘論’자는 ‘배열하다’·‘편성하다’의 의미이다. ‘侖’은 ‘倫’자와 같은 자로 ‘理’와 ‘敍’의 의미로 쓰인다. ‘理’는 ‘사람이 순행하는 도리’이고 ‘敍’는 ‘순서에 따라 행해지다’의 뜻이다. 따라서 ‘侖’(혹은 ‘倫’·‘論’)은 ‘人道의 常道 순서에 따라 규정하는 것’을 말한다.

87) ‘(羕)’자는 ‘養’으로 읽는다. 李零은 ‘義’자의 오자라 하였다.79) ≪尊德義≫제 39간에서는 ‘義’자를 ‘’로 쓴다. 잘못 쓸 가능성은 있으나, ‘養’의 의미로 해석하여도 전체적인 문장에 내용과 부합되기 때문에 굳이 ‘義’로 해석하지 않기로 한다. ‘養’은 ‘侖’의 다음 단계로 상황에 알맞게 안배를 한 후에, 이를 양성하는 하여 융합되도록 하는 것이다.

88) “或繇忠出”은 “或由中出”로 읽는다. ‘(忠)’은 단순한 ‘中’이 아니라 ‘心中’이다. 변함없는 영원한 본성인 常道에서 진심으로 우러나와야 하는 것을 말한다.

89) 裘錫圭 案語는 ‘埶’자는 ‘設’로 읽었다.80) “埶(設)之外”는 인간의 常道나 義理가 밖으로 발현되어지는 것을 말한다.

74) 劉釗, ≪郭店楚簡校釋≫, 128 쪽.
75) ≪金文編≫, 452 쪽.
76) ≪金文編≫, 567 쪽.
77) ≪孟子·公孫丑≫: “孔子曰: 德之流行, 速於置郵而傳命.(공자가 말하였다. 덕정이 보급되는 속도는 역전을 통하여 정령이 전달되는 속도보다 빠르다.)”
78) ≪金文編≫, 933 쪽.
79) 李零, ≪郭店楚簡校讀記≫, 142 쪽.
80) ≪郭店楚墓竹簡≫, 174 쪽, 注16.

90) '隸'자는 '求'자의 오자라 하였다.[81] 그러나 李零은 '列'로 읽어야한다 하였다.[82] 전체 내용을 고려하여 본문도 '列'로 읽기로 한다.
'(頪)'자는 '類'의 이체자이다. '類'는 '일종의 사물의 종류'이다. "侖隸其頪安"은 "侖列其類焉"으로 읽을 수 있고, '人倫의 道義는 각종 사물에 따라 발생되어지는 각각의 작용에 따라 적절하게 안배되어져야 한다'는 뜻이다.

91) '(或)'자는 '惑'으로 읽는다.

92) 裘錫圭는 '(隸)'자를 '逮'자로 읽었다.[83] '逮(미칠 체 dǎi,dài)'는 '가까이 하다'라는 뜻이다.

93) "坓(刑)不隸於君子, 豊(禮)不隸於小人"은 "刑不逮於君子, 禮不逮於小人"으로 읽는다. ≪禮記·曲禮≫에서는 "禮는 士에 그치고 庶人까지 미치지 않고, 刑罰은 士 이하에 그치고 大夫 이상에는 미치지 않는다."[84]라 하였는데, 만약에 이 내용을 고려한다면, 초간의 문장을 '형벌은 군자에게는 적용되지 않고, 예제는 규약은 하층민에게는 미치지 않는다'로 해석할 수도 있다. 그러나 본 초간 문장은 '군자'와 '소인'의 양상에 대한 설명으로 볼 수 있기 때문에 '군자를 형벌을 좋아하지 않고, 소인은 예의를 예의에 대해 철저하지 못하는 뜻'으로 이해하기로 한다.

94) '(材)'자는 '財'로 읽는다. '民財'는 백성의 '재물'을 가리킨다. ≪墨子·節用上≫의 "其籍斂厚, 民財不足", ≪荀子·揆度≫의 "田野充則民財足, 民財足則君賦斂焉不窮"의 의미와 같다.[85]

95) '不時'는 '시기에 맞지 않게 백성을 동원하여 부역을 하게 하는 것'을 말한다. '(懽)'자를 '勸'으로 읽는다.[86] '근면성실하게 노력하다'의 뜻이다. ≪管子·形勢解≫에서는 "하늘은 사계절을 낳고, 땅은 여러 재부를 낳아 만물을 기르지만 (보상을) 취함이 없다. 현명한 군주는 천지와 짝한 사람이다. 백성을 때에 맞추어 밭갈이와 베 짜는 것을 권장하고, 백성을 후하게 기르지만, 그 공로를 자랑하지 않고, 그 이익을 사사로이 취하지 않는다. 그러므로 '백성에게 능히 베풀 줄 알고, 수탈하거나 강압하지 않는 군주라야 (만물을 생성하고 자라게 하는) 천지의 덕에 짝할 수 있다'고 한다."[87]라 하였다.

96) "不愛則不親"에 대해서, ≪荀子·君道≫는 "그런 고로 나라를 다스리는 사람이 백성을 사랑하지 못하고 백성을 이롭게 하지 못하면서도 백성들이 자기와 친하기를 바라는 것을 있을 수 없는 일이다. 백성들과 친하지도 않고 사랑하지도 않는데 그들이 자기를 위해 일하고 자기를 위해 죽기 바란다는

81) ≪郭店楚墓竹簡≫, 174 쪽, 注16.
82) 李零, ≪郭店楚簡校讀記≫, 142 쪽.
83) ≪郭店楚墓竹簡≫, 174 쪽, 注17.
84) ≪禮記·曲禮≫: "禮不下庶人, 刑不上大夫."
85) ≪墨子·節用上≫: "其籍斂厚, 民財不足.(거두어 들이는 장부가 두터우면 백성은 재물은 부족하게 된다.)" ≪荀子·揆度≫: "田野充則民財足, 民財足則君賦斂焉不窮.(논과 밭이 충족하면 백성의 재물이 풍족해지고, 군주가 거둬들이는 세금이 많게 된다.)"
86) ≪郭店楚墓竹簡≫, 174 쪽, 注18.
87) ≪管子·形勢解≫: "天生四時, 地生萬財, 以養萬物而無取焉. 明主配天地者也. 教民以時, 勸之以耕織, 以厚民養, 而不伐其功, 不私其利. 故曰: "能予而無取者, 天地之配也."

것은 있을 수 없는 것이다"[88]라 하였다.

97) '(悉)'자는 '懷'로 읽는다.[89] '그리워하다'·'생각하다'의 의미이다. 李零은 '不'자 다음에 보이지 않는 자는 '慮'자가 아닌가 하였다.[90]

98) ''자를 ≪郭店楚墓竹簡≫정리본은 '釐'자로 예정하고, 劉釗는 '耋'로 예정하고, '勑(위로할 래{내} chì)'자로 해석하였다.[91] '勑'자는 '訓戒(훈계하다)'의 뜻이다. '釐'자는 '다스리다'는 뜻이다, 따라서 원 문자대로 '釐'로 해석하기로 한다.

99) 裘錫圭는 '(恿)'자는 '用'의 의미로 쓰인다.[92] 李零은 '勇'자로 읽었다.[93] 본문은 전후 문맥을 고려하여 '勇'으로 읽기로 한다.

"弗勇則亡復"의 '復'자를 劉釗는 '覆'자로 읽고, '庇護하다'·'감싸주다'·'덮어 가리다'의 뜻이다라 하였다.[94] 그러나 '復'자는 '실천하다'·'실행에 옮기다'의 뜻이 아닌가 한다. ≪論語·學而≫에서는 "有子曰: 信近於義, 言可復也. 恭近於禮, 遠恥辱也. 因不失其親, 亦可宗也."[95]라 하였다.

100) 李零은 '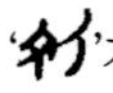'자로 '處'자로 예정하고 '咎'로 읽었다.[96] '責怪(책망하다·원망하다)'의 뜻이다.

101) '(悂)'자는 '心'과 소리부 '巠'으로 이루어진 형성자이다. ≪說文解字≫에서는 '(悂)'자에 대하여 "'원망하다(恨)'의 의미. '心'과 소리부 '巠'으로 이루어진 형성자이다."[97]라 하였다. '悻'자와 같은 자이다. '성내며 원망하다(恨)'의 뜻이다.

102) '(哭)'자는 '吝'자와 같은 자이다. '탐내며 인색하다(貪吝)'이다. ≪論語·泰伯≫에서는 "子曰: 如有周公之才之美, 使驕且吝, 其餘不足觀也已."[98]라 하였다.

103) '(弃)'자에 대하여 裘錫圭는 '龏'의 誤字이고, '恭'자로 읽는다 하였다.[99]

104) '(悄)'자를 裘錫圭 案語는 '怨'자로 읽었다.[100]

88) ≪荀子·君道≫: "故有社稷者而不能愛民, 不能利民, 而求民之親愛己, 不可得也. 民不親不愛, 而求爲己用, 爲己死, 不可得也."
89) ≪郭店楚墓竹簡≫, 174 쪽, 注19.
90) 李零, ≪郭店楚簡校讀記≫, 140 쪽.
91) 劉釗, ≪郭店楚簡校釋≫, 129 쪽.
92) ≪郭店楚墓竹簡≫, 174 쪽, 注20.
93) 李零, ≪郭店楚簡校讀記≫, 140 쪽.
94) 劉釗, ≪郭店楚簡校釋≫, 129 쪽.
95) "有子가 말했다. 약속이 正義에 가까우면 그 말은 실행할 수 있다. 공손한 것이 예절에 가까우면 치욕을 면할 수 있다. 의지하는 사람이 가까이 할 만한 사람의 범위를 벗어나지 않는다면 역시 존경할 만하다."
96) 李零, ≪郭店楚簡校讀記≫, 141 쪽.
97) ≪說文解字≫: "悂, 恨也. 从心, 巠聲."
98) "공자가 말하였다. 만약에 周公에 못지않은 아름다운 재능을 지녔으나 교만하고 인색하다면 그 나머지는 볼게 없다."
99) ≪郭店楚墓竹簡≫, 174 쪽, 注21.
100) ≪郭店楚墓竹簡≫, 174 쪽, 注21.

105) '平政'은 '平征'으로 '조세를 균등하게 하다'는 뜻이다. 즉 공명한 정치를 가리킨다. ≪周禮·大司徒≫에서는 "以土均之法. 辨五物九等. 制天下之地征. 以作民職. 以令地貢. 以斂財賦. 以均齊天下之政"[101]라 하고, ≪荀子·富國≫에서는 "故明君不道也. 必將修禮以齊朝, 正法以齊官, 平政以齊民. 然後節奏齊于朝, 百事齊于官, 衆庶齊于下"[102]라 하였다. 또한 ≪荀子·王制≫에서는 "故君人者, 欲安, 則莫若平政安民矣."[103]라 하였다.

106) ''자를 ≪郭店楚墓竹簡≫ 정리본은 '㤓'로 예정하였다. 그러나 李零은 이 자는 '心'·'宀'과 소리부 '寽'로 이루어진 자이며, '埒'자로 읽는다 하고, '동등하다'라는 뜻이라 하였다.[104] ≪說文解字≫는 '埒'자에 대하여 "'낮은 담'의 의미. '土'와 소리부 '寽'로 이루어진 형성자이다"[105]라 하였다. '埒(둑 랄{날} liè)'자는 '제방'이나 '둑'이라는 뜻이다. 따라서 본 구절에서는 동사로 '제지하다'는 뜻으로 쓰인 것이 아닌가한다.[106]

107) '(沫)'자는 소리부가 '末'로 '沒'자로 읽는다. '沫衆'은 '沒衆'으로 '대중을 초월하다'는 뜻이다. '沫'자는 혹은 '侮'자와 통하다. '侮衆'는 '백성을 경시하다'라는 뜻이다.

108) '(快)'자는 '決'로 읽고, '(劢)'자는 '勑'자와 같은 자이며, '勝'으로 읽는다.[107]
"殺不足以勝民"은 ≪老子≫제74장의 "백성들은 죽음을 두려워하지 않은데, 어찌 죽음으로 두려움을 주려 하는가?"[108]의 내용과 같다.

10.

下之事上也, 不從其所命, 而從其所行. 上好是勿(物)也, 【36】 下必又(有)甚安(焉)[109]者. 夫唯是, 古(故)悳(德)可易而戠(施)可迍也.[110] 又(有)是戠(施)少(小)【37】又(有)利,[111] 迍而大又(有)憲(害)者, 又(有)之.[112] 又(有)是戠(施)少(小)又(有)憲(害), 迍而大又(有)利者, 又(有)之. 【38】

아랫사람이 윗사람을 섬기는 것은 그의 명령을 따르는 것이 아니라 그의 행위를 따르는 것이다. 군자가 만약 어떤 물건을 좋아하면 아랫사람은 반드시 더욱 그 물건을 좋아하게 될 것이다. 이 때문에 德愛는 변화될 수도 있고, 恩惠는 또한 전화될 수 있다. 따라서 어떤 일은 단시일 내에 마치 이득이 있는

101) "토균법으로써 다섯 종류의 토지와 9등급의 토질을 판단한다. 천하의 토지세를 제정하고 백성의 구직(九職)을 일으켜 땅에서 나는 곡식을 공물로 바치도록 명령하여 재물과 구부(九賦)를 거두어 들이고 천하의 정사를 균등하게 한다."

102) "명철한 임금은 반드시 예의를 닦음으로써 조정을 바로잡고, 법을 바로 잡음으로써 관직을 바로 잡으며, 정치를 공평히 함으로써 백성들을 바로 잡는다. 그리고 나면 예절이 조정에 바르게 되고, 모든 일들이 관직을 통하여 바르게 되며, 백성들이 아래에서 바르게 되는 것이다."

103) "그런고로 임금이 안정되려 한다면 정치를 공명히 하고 백성들을 사랑하는 것이 가장 좋다."

104) 李零, ≪郭店楚簡校讀記≫, 141 쪽.

105) ≪說文解字≫: "埒, 卑垣也. 从土, 寽聲."

106) 丁原植, 301 쪽.

107) ≪郭店楚墓竹簡≫, 174 쪽, 注23.

108) ≪老子≫: "民不畏死, 夸何以死懼之?"

것처럼 보이지만 전환되어 큰 해가 있을 수 있고, 이렇게 전환이 거듭 될 수 있다. 또한 어떤 일은 단시일 내에 마치 害가 있는 것 같지만 전환이 되어 이득을 취할 수 있게 되고, 거듭 이렇게 반복된다.

【註解】

109) "上好是物也, 下必有甚焉"의 내용은 ≪孟子·滕文公≫의 "上有好者, 下必有甚焉者矣."[109]와 ≪郭店楚簡·緇衣≫의 "下之事上也, 不從其所以命, 而從其所行. 上好此物也, 下必有甚焉者矣"[110](제36-37간)와 ≪成之聞之≫의 "是古(故)上(上)句(苟)身備(服)之, 則民必有甚安(焉)者"[111](제6-7간)의 내용과 비긋하다.

110) '(攺)'자는 '敀'자로도 예정할 수 있다. '施'자로 읽는다. '施'는 '은혜를 베풀다(恩施)'의 뜻이다. '(迌)'자는 '辵'과 '旦'으로 이루어진 형성자이다. '轉'자와 통한다.[112]
"古悳可易而攺可迌也" 구절은 "故德可易而施可轉也"로 읽을 수 있다. '윗 사람이 어떻게 하느냐에 따라 아랫사람이 윗사람을 배워 그대로 실행하기 때문에, 만약에 윗사람이 잘 하면 아랫사람이 잘 할 수 있게 바뀔 수 있다'는 뜻이다.

111) '少(小)는 '짧은 시간'을 가리킨다.

112) '(憲)'자는 '心'과 소리부 '害'로 이루어진 자이며, '害'자의 本字이다. "又(有)之"은 '이러한 일이 반복해서 계속된다는 뜻이다.'

11.

凡違(動)民必訓(順)民心⑬, 民心又(有)恒, 求其羕.⑭ 童(重)義集(集)釐(理),⑮ 言此章也.⑯ 【39】

무릇 백성을 움직이고자 한다면, 먼저 민심에 순응하여야 한다. 백성에게 변치 않는 꾸준한 마음이 있다면, 오랫동안 유지함을 얻을 수 있을 것이다. '義'를 반복적으로 실행하고, '理'를 실행에 옮기고자 하는 주장 본 문장의 내용이다.

【註解】

113) ''자는 '辵'과 소리부 '童'으로 이루어진 형성자이며, '動'으로 읽는다.

114) '(羕)'자는 '永'자와 같다.[113] ≪爾雅·釋詁≫는 "'永'·'羕'은 '장구하다'라는 뜻이다."[114]라 하였다.

109) "윗사람이 좋아하면 아랫사람은 더욱 심하게 좋아할 것이다."
110) "아랫사람이 윗사람을 섬김은 그의 말을 따르지 않는 것이 아니라 그의 행위를 따르는 것이다. 군자가 만약 어떤 물건을 좋아하면 아랫사람도 반드시 더욱 그 물건을 좋아하게 될 것이다."
111) "그래서 윗사람이 만일 몸소 솔선수범하지 않는다면 백성들은 반드시 본래보다 더 나빠질 것이다."
112) ≪郭店楚墓竹簡≫, 174 쪽, 注24.
113) 李零, ≪郭店楚簡校讀記≫, 140 쪽.
114) ≪爾雅·釋詁≫: "永, 羕, 長也"

'(恒)'은 항상 변치 않는 마음이나, 常道 혹은 시종일관 유종의 미를 거두고자 하는 노력일 수도 있다.

115) '(童)'은 '重'으로 읽는다. '重義'는 義理를 중히 여기고 실천하는 것을 말한다. ''자는 '艹'와 소리부 '集'으로 이루어진 자이며, '集'으로 읽는다. '集'은 '이루다'·'성취하다'의 뜻이다. ''는 '理'로 읽는다. '道理'·'規範'·'原則'의 뜻이다.

116) "言此章也"는 또한 "言此, 彰也"로 읽을 수 있다. '이러한 내용을 말함으로써, (인간의 恒常性) 드러내 명시하고자 하는 것이다'로 이해할 수 있다.

12. 六德

一三 一四 一五 一六 一七 一八 一九 二〇 二一 二二 二三 二四

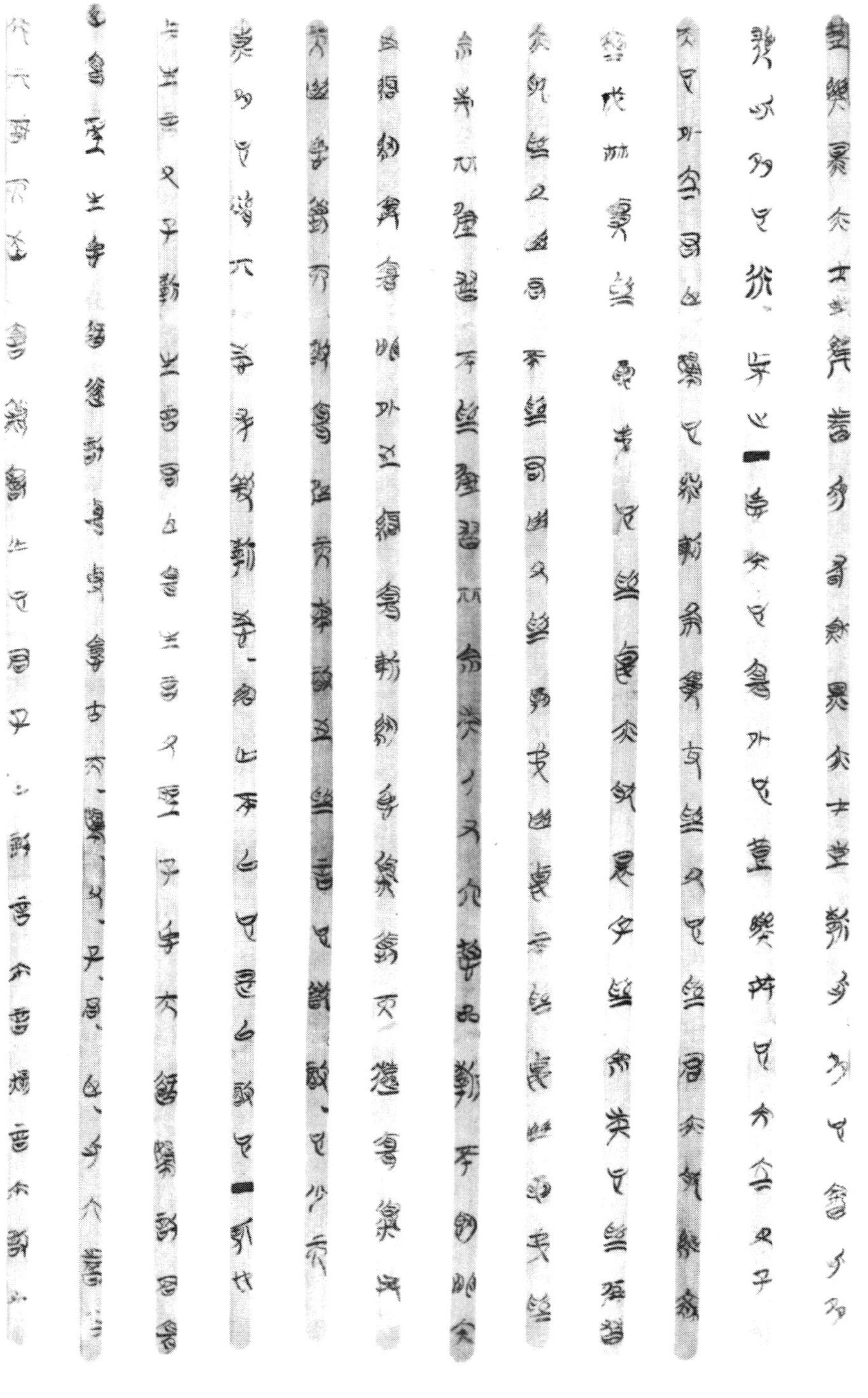

二五 二六 二七 二八 二九 三〇 三一 三二 三三 三四 三五 三六

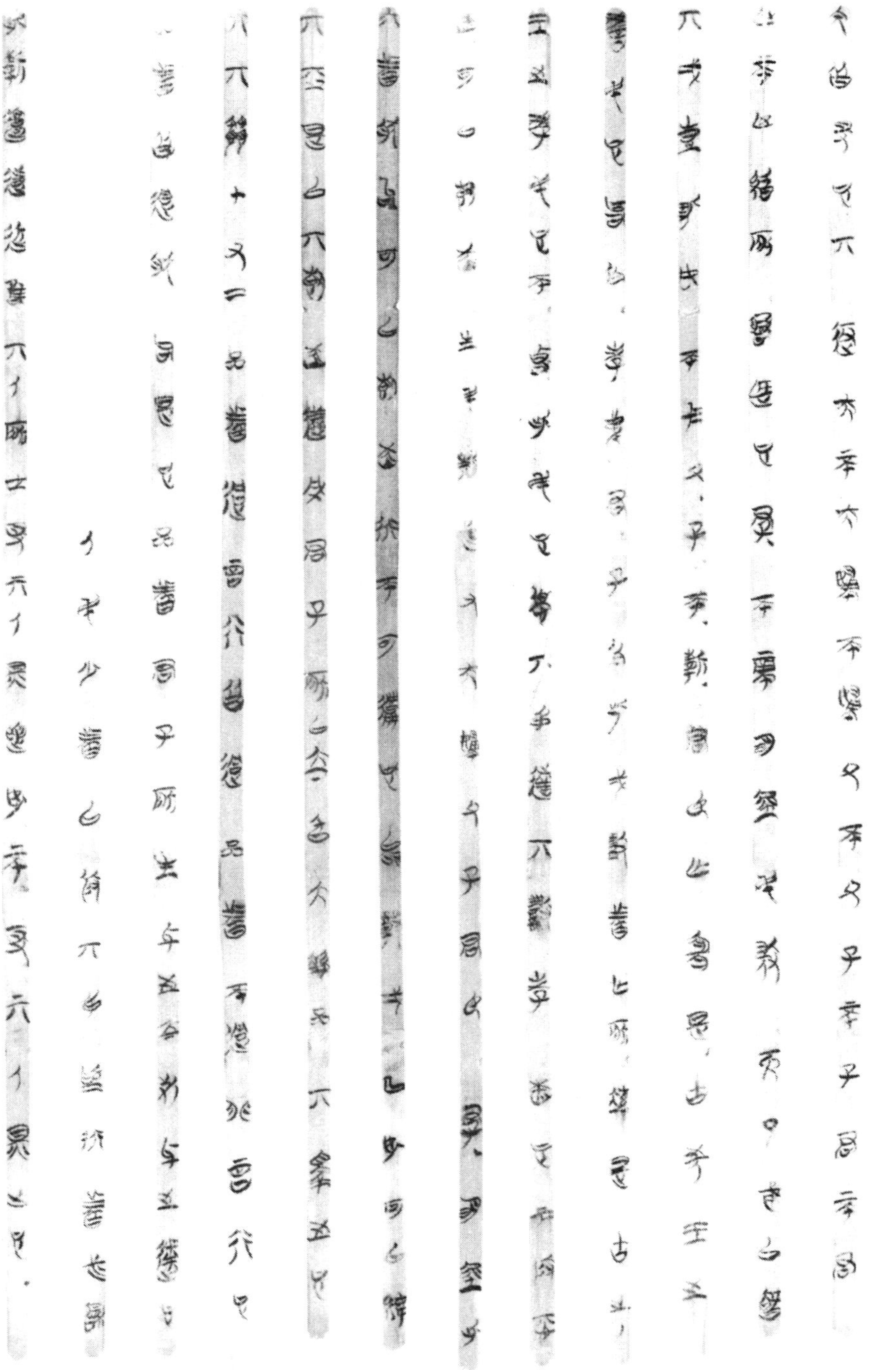

三七 三八 三九 四〇 四一 四二 四三 四四 四五 四六 四七 四八

四九

【六德】

≪六德≫은 유가문헌 중의 하나이다. 49개의 죽간으로 되어 있으며, 죽간의 양 끝은 사다리꼴로 다듬어져 있다. 죽간의 길이는 32.5cm이고, 두 곳에 편선이 있는데, 편선 사이의 거리는 17.5cm이다. 편장부호는 갈고리 모양으로 되어 있고, 章 부호는 한 가로선으로 쓰고, 重文과 合文 부호는 한 개 혹은 두 개의 짧은 선으로 쓴다. 句讀 부호는 없다.

≪六德≫은 '夫婦'·'父子'·'君臣'이라고 하는 '六位'('夫'·'婦'·'父'·'子'·'君'·'臣')가 인간 사회 중에서 가장 중요한 역할을 한다고 하였다. 모든 사람은 '六職'이라고 하는 사회적 직책을 가지고 있으며, 이 '六職'은 '六德'이라고 하는 도덕적 행위가 수반되어야 한다고 하였다. 이 '六德'은 '聖'·'智'·'仁'·'義'·'忠'·'信'이다. 군자는 '義德'을 행하고, 신하는 '忠德'을 행하며, 지아비는 '智德'을 행하여야 하며, 지어미는 '信德'을 행하고, 부모는 '聖德'을 행하며, 자식은 '仁德'을 행하여야 한다.

'六德'이란 용어는 ≪尙書·皐陶謨≫에 제일 먼저 보인다.[1] 그러나 ≪尙書≫ 중의 '六德'은 九德 중의 일부를 지칭하는 것으로 어떤 항목을 가리키는지 확실히 알 수가 없다. ≪周禮·地管·大司徒≫에서는 鄕에서는 세 가지 일로서 백성을 가르쳐 인재를 추천 하였는데, 그 중의 '六德'이 있다하였다.[2] ≪周禮≫에서의 六德은 '知'·'仁'·'聖'·'義'·'忠'·'和'로 초간에서 말하는 '六德' '聖'·'智'·'仁'·'義'·'忠'·'信'과는 '和'와 '信'이 다르다.

군자는 신하와 백성을 다스림에 인물에 맞게 작위와 봉록을 행해야 하며, 백성들로 하여금 먹고 입는 것을 풍족하게 해야 한다, 신하는 군자를 위하고 나라를 위하여 온 힘을 다해야 하며, 두 임금을 忠心으

1) 皐陶曰: "'都! 行有九德; 亦言其人有德, 乃言曰: 載采采.' 禹曰: '何?' 皐陶曰: '寬而栗, 柔而立, 願而恭, 亂而敬, 擾而毅, 直而溫, 簡而廉, 剛而塞, 強而義; 彰厥有常, 吉哉. 日宣三德, 夙夜浚明有家; 日嚴祗敬六德, 亮采有邦. 翕受敷施, 九德咸事; 俊乂在官, 百僚師師, 百工惟時. 撫于五辰, 庶績其凝.'(고요(皐陶)가 말하였다. '아아, 사람의 덕 있는 행실에는 대체로 아홉 가지 것이 있습니다. 그리하여 어떤 사람을 등용할 때, 그 사람의 덕행(德行)이 이 아홉 가지 덕 중에 이러이러한 것이 있다고 실례를 들어야 합니다.' 禹가 물었다. '그 세목(細目)은 무엇인가.' 고요(皐陶)가 말했다. '관홍(寬弘)하고도 장률(莊栗)하고, 유순(柔順)하고도 흔들리지 않고, 근엄하고도 공순하고, 치재(治才)가 있고도 경외(敬畏)하고, 순요(馴擾)하고도 과의(果毅)하고, 경직(徑直)하고도 온화하고, 간이(簡易)하고도 염우(廉隅)하고, 강건(剛健)하고도 독실(篤實)하고, 강용(彊勇)하고도 의(義)를 좋아하는 것입니다. 이 아홉 가지가 언제나 변함이 없는 사람이야말로 참으로 길사(吉士)라 할 수 있습니다.' 고요는 계속하여 말했다. '나날이 구덕(九德) 중 삼덕을 어김없이 실행하고, 아침 일찍부터 밤 늦게까지 쉬는 일없이 더욱더 덕을 닦고 밝히려 하는 사람은 대부(大夫)로서 일가(一家)를 가지게 할 수가 있습니다. 나날이 엄격하게 덕을 닦아나가면서, 삼가 九德 중 육덕까지를 실행하고, 정치를 바르게 행하는 사람은 제후(諸侯)로서 일국(一國)을 다스리게 할 수가 있습니다. 천자(天子)는 이들 三德·六德이 있는 사람들을 널리 받아들여 그들을 등용하면 九德의 사람들이 다 정치에 참여하는 것이 되어, 천인(千人)·백인(百人) 중에 한 사람이라고 하는 뛰어난 인물들이 모두 관(官)에 있는 것이 됩니다. 이렇게 되면 백료(百僚)는 서로가 좋은 점을 가르쳐 이끌며 백공(百工)이 때에 맞춰 일을 재촉하고 4시의 변화에 따르니 온갖 일들이 다 잘 이루어지게 됩니다.')"

2) ≪周禮·地管·大司徒≫: "以鄕三物教萬民. 而賓興之. 一曰六德. 知. 仁. 聖. 義. 忠. 和. 二曰六行. 孝. 友. 睦. 姻. 任. 恤. 三曰六藝. 禮. 樂. 射. 御. 書. 數."

로 섬기지 아니하고, 죽음을 두려워하지 아니해야 한다, 지아비는 총명해야 하며, 지어미는 한 평생 한 남편을 섬기며 아내로써 해야 할 도리를 행해야 한다, 부모는 자녀를 생육하고 깨우쳐 주는 역할을 하여야 한다, 자식은 부모에게 효도하고 형제에게 공손해야 한다는 것이다.

'夫'·'婦'·'父'·'子'·'君'·'臣'의 '六位'는 '內'와 '外'의 구분이 있다. '父'·'子'와 '夫'는 '內'이고, '君'·'臣'과 '婦'는 '外'이다.

'父'·'子'와 '婦'는 가정을 구성하며 '仁德'을 필요로 하며, '仁德'이란 '內心'에서 생겨 혈연관계 중에서 실현되어지는 것이다. '君'·'臣'과 '婦'는 사회를 구성하며, '義德'을 필요로 한다. '義德'은 사회관계에서 필요한 도덕과 정의이기 때문이다. 가정과 사회 중 가정을 더 중시한다 하였다. 그래서 "부친을 위하여 군주와의 관계를 끊을 수는 있어도, 군주를 위하여 부자관계를 끊을 수 없다."[3]라 했다.

'夫'·'婦'·'父'·'子'·'君'·'臣'을 '夫婦'·'父子'와 '君臣'과 세 가지 관계로 설정하고서, '夫婦'는 '有別'을, '父子'간의 친함을, '君臣'간은 의를 행하여야 한다는 도덕적 준칙이 있다 하였다. '聖'·'智'·'仁'·'義'·'忠'·'信' 중에서 '聖'·'智'와 '義'가 비교적 높은 범주에 속하는 반면, '仁'·'信'과 '忠'은 비교적 낮은 범주에 속한다. 즉 '聖'은 '仁'을 낳고, '智'는 '信'이 수반되어야 하며, '義'는 '忠'에서 실현된다 하였다.

'六位'·'六職'·'六德'과 그 관계는 儒家學의 修身齊家治國平天下의 목적이면서 중요한 핵심 문제이기도 하다. ≪六德≫은 倫理와 治國에서 필요한 윤리 도덕을 중점적으로 설명하고 있는데, 이는 공자 이후 儒家學 발전 이해에 있어 중요한 자료이다.

1.

……此. 可(何)胃(謂)六悳(德)?① 聖, 智也, 㤂(仁), 宜(義)也, 忠, 信也. 聖與智᠎就(戚)矣(矣).② 㤂(仁)【1】與宜(義)就(戚)矣(矣), 忠與信就(戚). 乍(作)豊(禮)樂, 折(制)坓(刑)灋(法),③ 季(教)此民尒(?),④ 㥁(使)【2】之又(有)向也, 非聖智者莫之能也. 新(親)父子, 和大臣,⑤ 𡚱(歸)四𤕫(鄰)【3】之剈虐,⑥ 非㤂(仁)宜(義)者莫之能也. 聚人民, 貢(任)𨹹(地)𨹹(地),⑦ 足此民尒(?)⑧【4】生死之甬(用),⑨ 非忠信者莫之能也. 君子不卞 女(如)衍(道).⑩ 衍(道)人之……⑪【5】

'六德'이란 무엇을 일컫는가? 바로 '聖'과 '智', '仁'과 '義', '忠'과 '信'을 말한다. '聖'은 '智'와 가깝고, '仁'은 '義'에 가깝고, '忠'은 '信'에 가깝다. '仁'은 '義'와 가까우며, '忠'은 '信'과 가깝다. 禮樂을 제정하고 형법을 규정하며 백성을 가르쳐 인도하고 백성에게 앞으로 나아갈 목표가 있게 하는 것으로, 聖明하고 智慧로운 자가 아니면 이렇게 할 수 없다. 부모와 자식을 친밀하도록 하는 것, 대신들을 화목하게 하는 것, 이웃의 국가들과 분쟁을 평정시킬 수 것은 仁과 義로운 자가 아니면 할 수 없는 것이다. 백성을 모으고, 토지를 임용하고, 일반 백성의 살아생전과 사후에 사용할 물건을 충분히 갖추게 할 수 있게 하는 것은 忠과 信을 갖춘 자가 아니면 할 수 없다. 군자는 大道를 행하듯 치우침이 없어야 한다. 백성은 ……로 인도하여야 한다.

3) "爲父絶君, 不爲君絶父,"

【註解】

1) 많은 학자들은 ≪六德≫의 제 1간을 첫 번째 죽간으로 보지 않고 제 10간 후의 죽간으로 본다.[1)] 그러나 陳偉 ≪郭店竹書別釋≫은 ≪成之聞之≫제 33간의 이어지는 내용으로 보고 "是故此可謂六德"으로 읽었다.[2)] 이 구절 뒤에서는 '六德'의 각 항목에 대하여 구체적으로 언급하고 있기 때문에 정리본에 따라 해석할 수 있다.

2) '(忎宜)'은 '仁義'로 읽는다. ≪說文解字≫는 '宜'자의 고문을 '(𡧪)와 '(宐)'로 쓴다. 초간의 ''자는 ≪說文解字≫ 고문 '(宐)'와 같다.

裘錫圭 案語는 '(𦎧)'자는 '就'로 읽고, '(壴)'자는 '矣'로 읽어야한다 하였다.[3)] ''자는 '就'자의 이체자이다. ≪說文解字≫는 '(就)'자에 대하여 "'거주하는 곳이 높다'라는 뜻이다. '京'과 '尤'로 이루어진 회의자다. '尤'는 평범한 것과 다르다는 뜻이다. '就'자의 주문은 '(𡮢)'로 쓴다."[4)]라 하였다. ≪鄂君啓節≫은 '就'자를 ''·''로 쓴다.[5)] '就'자는 본 구절에서 '接近하다'·'근접하다'는 의미이다.

'與'자를 초간은 '(与)'로 쓴다.

3) '(折)'자는 초간에서 주로 '制'·'製'·'誓'자로 읽는다. 본 구절에서는 '制'자의 의미로 쓰인다.

4) '(尒)'자는 '爾'자의 이체자이다. 초간에서 '而'자는 ''·''·'' 등으로 쓰는 것으로 보아,[6)] '尒'자 확실하다. '尒'자는 허사로 용법으로 해석하거나,[7)] 혹은 '黎'자로 읽고 백성이라는 의미의 '民黎'로 해석하기도 한다.[8)] ≪爾雅·釋詁≫에서는 "'黎'는 '백성(衆)'의 의미이다"[9)]라 하였다.

5) '(新)'자는 '親'으로 읽는다. '親父子'는 '父子有親'이고, '和大臣'은 '君臣有義'이다.

6) '(帰)'자는 '寢'자의 생략된 형태이다.[10)] ≪郭店楚墓竹簡≫정리본은 '歸'로 읽었다. '사방의 이웃 국가들이 귀순하게 된다'는 의미로, '寢'은 '진압하다'·'평정시키다'의 뜻이다.

'(叜)'자는 '鄰'자로 읽는다. '四叜'은 '四鄰'으로 '이웃 국가'를 가리킨다.

李零은 ''자를 '帝'자의 생략형이고 '䆁'자는 '牾'로 읽고, '帝牾'는 '抵牾'라 하였다.[11)] '牴牾'는 '거스리

---

1) 李零, ≪郭店楚簡校讀記≫, 130 쪽.
2) 陳偉, ≪郭店竹書別釋≫, 111 쪽. '是故' 두 자는 ≪成之聞之≫제 30에 속하는 자이다. ≪成之聞之≫의 제 33간은 "≪大禹(禹)≫曰: "'余才厇(宅)天心)', 害(曷)？ 此言也, 言余之此而厇(宅)於天心也. 是古(故).(≪大禹≫에서는 "나는 이 일을 처리할 때 천심에 따라 한 것이다."라 했다. 이 말은 무슨 의미인가? 이 말의 뜻은 나는 이 일을 처리할 때 하늘의 뜻을 헤아려 따른 것이다란 뜻이다. 그래서.)"로 쓴다.
3) ≪郭店楚墓竹簡≫, 189 쪽, 注1. "疑當讀爲就."
4) ≪說文解字≫: "就, 就高也. 从京, 从尤. 尤, 異於凡也. 𡮢, 籒文就."
5) ≪金文編≫, 438 쪽.
6) ≪楚系簡帛文字編≫, 84 쪽.
7) 劉釗, ≪郭店楚簡校釋≫, 110 쪽.
8) 陳偉, ≪郭店竹書別釋≫, 111 쪽.
9) ≪爾雅·釋詁≫: "黎, 衆也."
10) ≪郭店楚墓竹簡≫, 189 쪽, 注3.
11) 李零, ≪郭店楚簡校讀記≫, 132 쪽.

다'·'저촉되다'의 뜻이다. 그러나 劉釗의 ≪郭店楚簡校釋≫은 '害'를 '央禍'로 읽었다.[12] ≪包山楚簡≫은 '央'자를 ''으로 쓰고, ≪上博楚簡·子羔≫는 ''로 쓴다.[13] 형태로 보아 ''자의 변형이 아닌가 한다. '央害'은 '殃禍'로 읽을 수 있다. "埽四叕之害" 구절은 "寢四鄰之殃禍"로 읽을 수 있고, '이웃 제후 국가들의 분쟁을 평정시키다'의 뜻이다.

7) '(賃)'은 '任'으로 읽는다. 초간의 '-'로 쓰는데, 裘錫圭는 아래 문장 부호는 일반적인 중문부호가 아니라 '土地'의 합문이라 하였다.[14] '任土地'는 '任用土地'로, '토지를 나누어 백성에게 제공해 주다'의 뜻이다.

8) 李零은 '尒(?)'자는 잘못된 예정이 아니라 하였다.[15] '(尒)'자는 '黎'로 읽고, '民黎'는 '백성'·'백성'의 뜻이다.

9) '(甬)'자는 '用'으로 읽는다.

10) ≪郭店楚墓竹簡≫ 정리본은 ''자는 '卞(弁)'자의 이체자이며 '變'자로 읽는다 하였다.[16] 李零은 '別'로 읽었다.[17] ≪郭店楚簡·老子甲≫은 '卞'자를 ''으로 쓴다.[18] 또한 ''자를 '偏'으로 읽기도 한다.[19] ≪尙書·洪範≫에서는 "無偏無黨, 王道蕩蕩. 無黨無偏, 王道平平, 無反無側, 王道正直."[20]이라 하였다. "君子不卞, 女衍-人之" 구절은 "君子不偏如道, 導人之"로 읽을 수 있다. '군자는 大道을 행하듯 치우침이 없이 백성 인도하여야 한다'의 뜻이다.

11) '-(衍衍)'는 '道道'로 '道. 道(導)'로 읽는다.

2.

君子女(如)谷(欲)求人衍(道)……⑫ 【6】

군자가 人道를 추구하고자 한다면, …….

【註解】

12) '(女)'자는 '如'로 읽는다.

잔실된 부분은 혹은 '六德'·'六位'·'六職'에 관한 내용일 수도 있다.

---

12) 劉釗, ≪郭店楚簡校釋≫, 111-112 쪽.
13) ≪楚系簡帛文字編≫, 520 쪽.
14) ≪郭店楚墓竹簡≫, 189 쪽, 注4.
15) 李零, ≪郭店楚簡校讀記≫, 132 쪽.
16) ≪郭店楚墓竹簡≫, 189 쪽, 注5.
17) 李零, ≪郭店楚簡校讀記≫, 131 쪽.
18) ≪楚系簡帛文字編≫, 247 쪽.
19) 陳偉, ≪郭店竹書別釋≫, 113-114 쪽. 劉釗, ≪郭店楚簡校釋≫, 112 쪽.
20) "편벽됨도 치우침도 없으면 王道는 넓게 잘 다스려질 것이며, 치우침도 편벽됨도 없으면 王道의 길은 평평하게 곧게 될 것이다. 배반함도 없고 치우침이 없으면 왕도가 바르고 곱게 된다."

≪禮記·哀公問≫에서는 ‘人道’에 관하여 아래와 같이 설명하고 있다.

孔子侍坐於哀公, 哀公曰, “敢問人道誰爲大?” 孔子愀然作色而對, 曰, “君之及此言也, 百姓之德也. 固臣敢無辭而對, 人道政爲大.” 公曰, “敢問何謂爲政?” 孔子對曰, “政者, 正也. 君爲正, 則百姓從政矣. 君之所爲, 百姓之所從也. 君所不爲, 百姓何從?” 公曰, “敢問爲政如之何?” 孔子對曰, “夫婦別, 父子親, 君臣嚴, 三者正則庶物從之矣.” 公曰, “寡人雖無似也, 願聞所以行三言之道, 可得聞乎?” 孔子對曰, “古之爲政, 愛人爲大. 所以治愛人, 禮爲大. 所以治禮, 敬爲大. 敬之至矣, 大昏爲大, 大昏至矣. 大昏旣至, 冕而親迎, 親之也. 親之也者親之也. 是故君子興敬爲親, 舍敬是遺親也. 弗愛不親, 弗敬不正. 愛與敬其政之本與.” 公曰, “寡人願有言然. 冕而親迎不已重乎?” 孔子愀然作色而對, 曰, “合二姓之好以繼先聖之後以爲天地宗廟社稷之主, 君何謂已重乎?” 公曰, “寡人固, 不固, 焉得聞此言也? 寡人欲問不得其辭. 請少進.” 孔子曰, “天地不合, 萬物不生. 大昏, 萬世之嗣也, 君何謂已重焉?” 孔子遂言曰, “內以治宗廟之禮, 足以配天地之神明. 出以治直言之禮, 足以立上下之敬. 物恥足以振之, 國恥足以興之. 爲政先禮, 禮其政之本與.”

공자가 애공을 모시고 앉아 있었다. 애공이 물었다. “감히 묻거니와 人道는 무엇을 크게 여깁니까?” 공자는 송구스러운 듯 낯빛을 고치고 대답했다. “임금의 말씀이 여기에 이른 것은 참으로 백성들의 행복입니다. 진실로 신하는 사양하지 않고 말씀을 올리겠습니다. 人道는 정치를 크게 여기고 있습니다.” 애공이 물었다. “감히 묻거니와 무엇을 정치라 말하는 것입니까?” 공자가 말하였다. “정치라는 것은 바르게 하는 것입니다. 임금이 바르게 하면 백성은 정치에 따를 것이고, 임금이 하는 바는 백성이 따르는 것이니 임금이 하지 않는 것을 어찌 백성들이 따르겠습니까?” 애공이 또 말하였다. “감히 묻거니와 정치를 하려면 어떻게 해야 하는 것입니까?” 공자가 대답하였다. “부부의 분별과 부자의 친함, 군신 사이의 엄함이 있는 것이니, 이 세 가지가 바르고 보면 곧 만물이 여기에 따를 것입니다.” 애공이 물었다. “과인이 비록 못났지만 요컨대 이 세 가지 말을 행하는 도리를 들을 수 있겠습니까?” 공자가 대답하였다. “옛날의 정치하는 것은 사람을 사랑하는 것을 크게 여겼으며, 사람을 사랑하는 바를 다스리는 데에는 禮를 크게 여겼고, 예를 다스리는 데에는 공경함을 크게 여겼으며, 공경이 지극한 것으로는 大婚은 공경의 지극한 것입니다. 대혼은 이미 지극한 것이니, 冕服으로 친히 맞는 것이며, 이를 친하다고 하는 것입니다. 이런 까닭에 군자는 공경한 마음을 일으켜서 친하기를 일삼는 것입니다. 공경한 마음을 버리는 것은 친함을 버리는 것이요, 사랑하지 않으면 친하지 않고, 친하지 않으면 바르지 못한 것이니, 사랑과 공경은 정치의 근본이 되는 것입니다.”

애공이 말하였다. “과인은 가르침을 원하오나 冕服으로 맞는다는 것은 너무 소중히 하는 것이 아닙니까?” 공자는 또 송구한 듯 낯빛을 고치며 말하였다. “二姓(남여의 양쪽)의 좋은 것을 합하여 이로써 先聖의 뒤를 이어, 천지와 종묘 사직의 주인이 되는 것입니다. 임금께서는 어찌 너무 소중히 하는 것이라고 하십니까?” 애공이 다시 말했다. “과인은 고루합니다. 고루하지 않다면 어찌 이런 말을 들으려 하겠습니까? 과인은 묻고 싶사오나 그 말을 얻지 못합니다. 조금이라도 가르치시어 진보되게 해주시기를 청합니다.” 공자가 말하였다. “천지가 합하지 않으면 만물이 나지 않는 것이니, 大婚이야말로 만세에 이어나갈 일입니다. 임금께서는 어찌 너무 소중하다고 하십니까?” 여기에서 공자는 계속해서 말하였다. “안으로는 이것으로 종묘의 예를 다스리고, 이로써 천지의 神明에 짝하기에 족하며, 나가서는 이로써 直言의 예를 다스려 이로써 상하의 공경함을 세우기에 족합니다. 事物의 수치는 이로써 넉넉히 건져지고, 나라의 수치는 이로써 넉넉히 회복시킬 수 있습니다. 정치를 하는 데는 예를 먼저 하는 것이니, 예는 정치의 근본이 되는 것입니다."

3.

……繇(由)其衍(道),⑬ 唯(雖)堯求之弗得也.⑭ 生民⑮【7】[斯必有夫婦·父子·君臣, 此]⑯六立(位)也.⑰ 又(有)銜(率)人者, 又(有)從人者; 【8】又(有)叓(使)人者, 又(有)事人⑱□□□者; 又(有)□者.⑲ 此六戠(職)也.⑳ 既又(有)【9】 夫六立(位)也,㉑ 以貢(任)此□□也, 六戠(職)既分,㉒ 以[illegible]六悳(德).㉓ 六悳(德)者【10】

……크게 人道를 이룬 자는 일반 백성을 다스릴 수 있고, 아직 크게 이루지 못한 자는 스스로 자기 자신의 品德을 수양해야 한다. 그런데 이 도를 행할 때는 반드시 이 도를 (人道의 규범에 따라) 따라서 해야 한다.【47】

만약 이 도를 따르지 않으면, 堯帝가 구한다 해도 얻지 못할 것이다. 百姓에게는 夫·婦·父·子·君와 臣이라는 天分이 있다. 이는 곧 '六位'이다. 다른 사람을 인솔하는 자가 있고, 다른 사람을 따르는 자가 있다. 다른 사람을 부리는 자가 있으며, 다른 사람을 또한 섬겨야 하는 자가 있다. 가르쳐야 하는 자와 배워야 하는 자가 있다. 이를 '六職'이라 한다. 무릇 '六位'가 있으니, '六職'을 분별하여 맡는다. '六職'은 이미 각자의 위치가 있으니, 각자의 직분에서 '六德'을 널리 발양하게 한다. '六德'은 ……

【註解】

13) 李零은 '繇(由)' 앞에 '苟不' 두 자를 보충하였다.[21] 裘錫圭는 '繇(由)' 앞에 '不'자를 보충할 수 있다하였다.[22] 陳偉와 劉釗 등은 제 6간과 제 7간 사이에 제 47간이 연결되는 내용으로 보나,[23] 꼭 그럴 필요는 없을 것 같다. 陳偉는 또한 제 47간의 또는 "……人民少者, 以攸(修)其身" 부분은 "……, 大者以治]人民, 少者以攸(修)其身"으로 보충할 수 있다 하였다.[24] 즉 '품덕을 크게 갖춘 자는 백성을 다스릴 수 있고, 그렇지 않은 자는 스스로를 수양해야 한다'는 뜻이다.

14) '(𡱝)'자는 '堯'자의 고문자이다.

15) '(生民)'은 곧 '백성'을 가리킨다.

16) 裘錫圭는 [斯必有夫婦·父子·君臣, 此]의 문장을 보충하였다.[25]

17) '六位'는 '夫'·'婦'·'父'·'子'·'君'·'臣'을 가리킨다.

---

21) 李零, ≪郭店楚簡校讀記≫, 130 쪽.

22) 郭店楚墓竹簡≫, 189 쪽, 注6.

23) 陳偉, ≪郭店竹書別釋≫, 113-114 쪽. 劉釗, ≪郭店楚簡校釋≫, 107 쪽.

24) 陳偉, ≪郭店竹書別釋≫, 114 쪽.

25) ≪郭店楚墓竹簡≫, 189 쪽, 注7.

18) ‘叓(使)人’은 ‘부리는 자’이고, ‘事人’은 ‘섬기는 자’이다.

19) 裘錫圭는 [者又(有)□者; 又(有)□者]를 보충하였다.[26] 李零은 ‘事人’부터 ‘此’자 사이에 ‘[者], [有]敎者, 有學者’를 보충하였다.[27]

20) ‘(戠)’은 ‘職’으로 읽는다. ‘六職’ 중 ‘夫’는 지어미를 거느리고, ‘婦’는 지아비를 따르며, ‘君’은 신하를 부리고, ‘臣’은 군자를 섬기며, ‘父’는 자식을 가르치고, ‘子’는 부모를 받드는 것을 가리킨다.

21) ‘(貢)’자는 ‘貝’와 소리부 ‘壬’으로 이루어진 형성자이며, ‘賃’와 같은 자이다. 본 구절에서는 ‘任’자로 읽는다.

22) 裘錫圭는 ‘㐁’자 앞에 ‘六職’이 빠졌다고 하였다.[28] 李零은 ‘㐁’자 앞에 ‘六職’ 두 자를 보충하였다.[29]

23) ‘’자는 ‘依’·‘率’·‘衮’ 등으로 예정하기도 한다.[30] 李零은 ‘裕’자로 읽고 있다.[31] ‘裕’자의 생략형이 아닌가한다. ‘裕德’은 ‘德을 널리 확충하다’의 뜻이다. ≪管子·勢≫에서는 “中靜不留, 裕德無求, 形於女色”라 하고, ≪國語·周語中≫에서는 “叔父若能光裕大德, 更姓改物, 以创制天下, 自显庸也.”라 하였다.[32]

4.

唯(雖)才(在)山岳(?)之宙(中)㉔, 句(苟)臤(賢)…… 【12】 ……賞慶安(焉),㉕ 智(知)其以又(有)所湿(歸)也. 材 【11】 此新(親)遼(戚)遠近,㉖ 唯其人所才(在). 得其人則舉(擧)安(焉), 不得其人則止也. 【48】 ㉗

비록 재야에 묻혀 있는 자라도 賢德을 갖춘 자가 있다면, ……상을 주고 칭송을 해야 한다. 그리고 그 귀순한 이유를 정확히 파악하고, 그를 가까이 할 것인가 아니면 멀리할 것인가를 판단하여 그 현자를 그 위치에 능히 선임할 수 있는 가를 고려해야 한다. 현인이 될 만한 사람이면 바로 추천하되, 현인이 될 만한 자격이 아니라면 바로 그만둔다.

【註解】

본 문장은 재야에 있다가 정치에 참여하게 된 현자를 어떻게 상대할 것인가에 대한 내용이다. 재야에 묻혀 있던 현자가 귀순하여 정치에 참여하게 된다면 이유를 정확히 살피고, 혹은 그를 어느 정도 가깝게

26) ≪郭店楚墓竹簡≫, 189 쪽, 注8.
27) 李零, ≪郭店楚簡校讀記≫, 130 쪽.
28) ≪郭店楚墓竹簡≫, 189 쪽, 注10.
29) 李零, ≪郭店楚簡校讀記≫, 130 쪽.
30) 丁原植, 206 쪽.
31) 李零, ≪郭店楚簡校讀記≫, 130 쪽.
32) ≪管子·勢≫: “中靜不留, 裕德無求, 形於女色”(마음이 안정되고 넉넉하여 죽임을 즐기지 않고, 너그러운 덕으로 욕심 부리지 않는 것이 그 모습에 나타난다.) ≪國語·周語中≫: “叔父若能裕大德, 更姓改物, 以创制天下, 自显庸也.”(만일 숙부가 광대하고 아름다운 덕행을 발양하여 새왕조를 세우고, 새로운 제도를 만들어 천하를 다스리면서 스스로 그 공업을 드러내다.)

지낼 것인가를 판단해야 한다는 것이다. 그 재야 인물이 등용해야할 만한 인물이면 그 인물에 적절한 자리에 앉히고 그렇지 않으면 그를 등용할 필요가 없다는 것이다.

24) ‘ ’ 두 자를 ≪郭店楚墓竹簡≫정리본은 ‘山’과 ‘岳(?)’으로 쓰고 있으나, 陳偉는 ‘屮茆’로 예정하고 ‘草茅’로 읽었다.[33] ‘屮’자는 ‘草’자의 初文이고, ‘茆’자로 ‘茅’와 통한다. “草茅”를 ‘在野(재야에 있다)’의 의미이다. ≪管子·戒≫에서는 “是故, 身在草茅之中, 而無懾意, 南面聽天下, 而無驕色.”이라 하고, ≪說苑·正諫≫에서는 “今子特草茅之人耳.”라 하고, ≪儀禮·士相見禮≫에서는 “在野, 則曰草茅之臣.”이라 하였다.[34]

25) ‘ (賞慶)’은 “포상하다”의 의미이다.

26) ‘ (材)’자를 劉釗는 ‘裁’자로 읽었다.[35] ‘판단하여 取捨를 결정하는 것’을 말한다.

27) 劉釗는 문맥 의미상 12簡을 11簡 앞으로, 11簡 뒤에 48簡의 내용이 연결되는 내용으로 보았다.[36]

5.

……□㉘父兄貢(任)者,㉙ 子弟大材埶(藝)者【13】大官,㉚ 少(小)材埶(藝)者少(小)官, 因而它(施)彔(祿)安(焉),㉛ 叓(使)之足以生, 足以死, 胃(謂)【14】之君, 以宜(義)叓(使)人多. 宜(義)者, 君悳(德)也. 非我血㷉(氣)之新(親),㉜ 畜我女(知)其【15】子弟㉝, 古(故)曰: 句(苟)淒夫人之善 ,㉞ 憥(勞)其 之力弗敢單(憚)也,㉟ 【16】危其死弗敢炁(愛)也, 胃(謂)之[臣]. 以忠叓(事)人多.㊱ 忠者, 臣悳(德)也. 智(知)可【17】爲者, 智(知)不可爲者; 智(知)行者, 智(知)不行者, 胃(謂)之夫, 以智衒(率)人多.【18】智也者, 夫悳(德)也. 能與之齊,㊲ 終身弗改之壴(矣).㊳ 是古(故)夫死又(有)宔(主),㊴ 終【19】身不緣(變),㊵ 胃(謂)之婦, 以信從人多也. 信也者, 婦悳(德)也. 旣生畜之,【20】或從而孝(敎)悔(誨)之,㊶ 胃(謂)之聖. 聖也者, 父悳(德)也. 子也者,㊷ 會墇長材【21】以事上,㊸ 胃(謂)之宜(義), 上共下之宜(義),㊹ 以奔䞓=,㊺ 胃(謂)之孝,㊻ 古(故)人則爲【22】□□□□息(仁).㊼ 息(仁)者, 子悳(德)也.

古(故)夫夫·婦婦·父父·子子·君君·臣臣, 六者客(各)【23】行其戠(職),㊽ 而䛨 亡繇(由)迮(作)也.㊾ 雚(觀)者(諸)時(≪詩≫)·箸(≪書≫)則亦才(在)壴(矣),㊿ 雚(觀)者(諸)【24】豊(禮)·樂則亦才(在)壴(矣), 雚(歡)者(諸)≪易≫·≪春秋≫則亦才(在)壴(矣). 新此多也, 畬此多(51)【25】頪此多也,(52) 衍(道)宲止.(53)

……父兄을 임명해야 하고, 子弟를 임용해야한다. 큰 재능이 있는 자에게는 大官을 맡기고, 재능이

33) 陳偉, ≪郭店竹書別釋≫, 116 쪽. 李零, ≪郭店楚簡校讀記≫, 130 쪽. 劉釗, ≪郭店楚簡別釋≫, 112 쪽.

34) ≪管子·戒≫: “是故, 身在草茅之中, 而無懾意, 南面聽天下, 而無驕色.(그런고로 몸이 초야에 묻혀 있으면 두려운 기색이 없고, 남면에 앉아 천하의 일을 들어도 교만한 기색이 없다.)” ≪說苑·正諫≫: “今子特草茅之人耳.(지금 그대는 특별히 초야에 묻힌 몸이다.)” ≪儀禮·士相見禮≫: “在野, 則曰草茅之臣.(재야에 있는 자를 초야에 묻힌 신하라 한다.)”

35) 劉釗, ≪郭店楚簡別釋≫, 112 쪽.

36) 劉釗, ≪郭店楚簡別釋≫, 108 쪽.

적은 자에게는 小官을 담당케 한다. 그리하여 각각의 지위에 따라 작위와 봉록이 준다. 또한 백성으로 하여금 살아있는 동안 풍족케 하고 죽으면 적절한 장례를 치러 준다. 이러한 자를 '君主'라 부르며, 이 君主는 '義'를 중시하여 인재를 등용한다. 그래서 '義'는 곧 '君의 덕'이다.

君主와 나는 혈육의 육친 관계가 아니지만, 나를 자식과 같이 양육한다. 그래서 다음과 같이 말한다. 만약 군주가 베풀어 준 善德을 발양 광대하고자 온 전신의 힘을 다해 피로하다 해도 두렵지 아니하며, 죽음의 위험에 닥쳐도 결코 감히 자신을 돌보지 자가 바로 이를 '臣下'이다. 이 臣下는 忠信을 중히 여겨 君主를 섬긴다. '忠信'은 신하의 덕이다.

무엇을 할 수 있는가와 무엇을 할 수 없는가를 알고, 어떻게 행할 수 있는지 없는지를 아는 자를 '夫(父親)'라 한다. 총명한 지혜로써 사람을 돌보는 것을 중히 여긴다. '智(총명한 지혜)'는 夫의 덕이다.

일단 남편과 함께 살기로 했으면, 평생 동안 변하지 않는다. 그리하여 남편이 죽으면 변함없이 그 신주를 모시며 일평생 마음이 변하지 않는 자를 '婦'라 한다. 부인은 믿고 따름으로써 남편에게 복종함을 중시한다. '信(믿고 따르는 것)'이 부인의 덕이다.

자녀를 낳아 기르는 것뿐만 아니라, 각각 자식의 상황에 따라 교육하는 것을 '聖明'이라 한다. '聖'(聖明)은 부친의 덕이다.

자식 된 자로서 정성을 다 모으고 자신의 재질을 향상시켜 윗사람을 섬기는 것을 '義'라 한다. 윗사람은 恭敬하고, 아랫사람은 仁義로 대하면서 지신과 곡신을 받들어 제사를 지내는 것을 '孝'라 한다. 그러므로 사람이 사람 노릇하는 것을 '仁'이라 부른다. '仁'은 자식의 덕이다.

고로 夫·婦·父·子·君·臣 등 이 여섯은 각자에게 주어진 그 직분에 따라 행해진다면, 절대로 터무니없이 훼방되는 일은 발생될 수가 없다. ≪詩≫와 ≪書≫에 기록되어 있고, ≪禮≫와 ≪樂≫에 기록되어 있으며, ≪易≫과 ≪春秋≫에도 이와 같은 내용이 기록되어 있다. 이런 고로 이러한 경서들은 더욱 더 親히 해야 하고, 더욱 더 가까이 하고 공경해야 하며, 더욱 더 이를 미덕의 기준으로 삼아야 한다. 이러한 원칙은 모두가 '道'를 가장 근본으로 삼고 이에 따라 통제되어 진다.

【註解】

28) 李零은 '父兄' 앞에 '任者(諸)'자를 보충하고, "□父兄貢(任)者, 子弟" 구절을 "任諸父兄, 任諸者子弟"로 읽었다.[37] 참고할 만하다. 본 구절 역시 '君主'의 역할에 관한 내용으로 형제나 자제를 임용을 해야 한다는 뜻인 것으로 보인다.

29) '者'자는 '諸'자로 읽는다.

30) "(材藝)'는 '才藝'로 읽는다. '재질'이나 '재능'을 가리킨다.

31) '(它彔)'자는 '施祿'으로 읽는다. 이른바 '작위와 봉록을 하사함'을 말한다. ≪周易·夬卦·象傳≫

37) 李零, ≪郭店楚簡校讀記≫, 131 쪽.

에서는 "澤上於天, 夬. 君子以施祿及下, 居德則忌."[38]라 하였다.

"足以生"과 "足以死"는 '살아서 풍족하게 생활할 수 있게 하고, 죽어서도 걱정 없이 풍족하게 장사를 지낼 수 있게 하는 것을 말한다. ≪孟子·梁惠王上≫에서는 "是使民養生喪死無憾也. 養生喪死无憾, 王道之始也."[39]라 하였다.

32) ''자를 정리본은 '火'와 '既'聲인 형성자로 보고 '熋'로 예정하고 있는데, 사실상 '火'가 아닌 '月(肉)'인 '腎'자로 예정할 수 있다. '氣'로 읽는다. '血氣之親'는 '피를 나눈 친한 관계'를 가리킨다.

33) '(畜)'자를 제 20간에서는 ''으로 쓴다.[40] ≪秦公簋≫는 ''으로 쓴다.[41] '돌보다'·'양성하다'는 뜻이다.

34) '(淒)'자는 '濟'로 읽는다. '구제하다'·'도와주다'의 뜻이다. '夫人'은 '斯人' 혹은 '此人'으로 여기에서는 '君主'를 가리킨다.

''자는 '也'자의 변형이 아닌가 한다. 이 자는 '也'나 혹은 '施'로 읽는다.[42] '善施'는 군주가 베풀어 준 善德을 가리킨다.

"句凄夫人之善" 구절은 "苟濟夫人之善施"로 읽을 수 있다. 본 구절은 군주가 베풀어 준 善德을 신하가 그 덕을 발양광대할 수 있기를 바라는 내용인 것으로 보인다.

35) '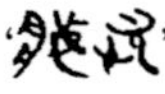'자에 대해서는 아직 더 연구가 필요한 자이다. 李零과 劉釗는 '臟腑(오장육부)'로 읽고,[43] 혹은 '股肱'으로 해석하기도 한다.[44]

''자의 왼쪽부분이 '爿'이며 소리부이며, ''의 오른쪽 부분이 '付'가 소리부가 아닌가한다.

''자를 ≪郭店楚墓竹簡≫은 정리본은 '單'으로 예정하고 있으나, 사실상 '畱'자로 예정할 수 있다. '單'과 '獸'는 음이 통한다. 초간에서 '獸'자를 소리부 '單'을 써서 ''으로 쓴다.[45] '臟腑之力'은 '전심전력을 온 힘을 다하다'의 뜻이다.

36) 裘錫圭는 '謂之' 다음에 '臣'자를 보충해야 한다 하였다.[46]

37) '(能)'자는 '(罷)'자의 생략 형태이다.[47] '罷'자는 楚簡에서 '一'의 의미로 사용된다.

"能與之齊' 구절은 "一與之齊"로 읽을 수 있다. ≪禮記·郊特牲≫에서는 "壹與之齊, 終身不改"[48]라

38) "못이 하늘 위에 있는 것이 쾌괘의 상이다. 군자는 이 괘상을 본받아 백성들에게 녹을 베풀고, 덕을 베풀지 않고 안주하는 것을 꺼린다.)

39) "산 사람을 풍족하게 하고 죽은 사람을 장사지내는 데 유감이 없게 하는 것이 왕노릇하는 방법의 시초입니다.)

40) ≪楚系簡帛文字編(增訂本)≫, 1148 쪽.

41) ≪金文編≫, 893 쪽.

42) 丁原植, 220 쪽.

43) 李零, ≪郭店楚簡校讀記≫, 133 쪽. 劉釗, ≪郭店楚簡別釋≫, 113 쪽.

44) 丁原植, 220 쪽.

45) ≪楚系簡帛文字編≫, 1207 쪽.

46) ≪郭店楚墓竹簡≫, 189 쪽, 注11.

47) 張守中, ≪郭店楚簡文字編≫, 137 쪽.

하였다.

38) “終身弗改之𠀠(矣)”의 구절은 ‘부인이 일단 남편과 함께 하기로 했으면 종신토록 남편이 죽는다 해도 개가하지 않는다’는 뜻이다.

39) 劉釗는 ≪店楚簡校釋≫에서 ‘(宔)’자는 ‘主’로 읽는다.[49] ‘神主’를 가리킨다. ≪說文解字≫에서는 ‘(宔)’자에 대하여 “‘종묘 사당의 신주’의 의미이다. ‘宀’과 소리부 ‘主’로 이루어진 형성자이다”[50]라 하였다. 經典에서는 일반적으로 ‘主’자로 쓴다.

40) ‘’자를 ≪郭店楚墓竹簡≫ 정리본은 ‘䜌’자로 예정하고 ‘變’으로 읽었다.[51] 그러나 李零은 ‘豩’자로 예정하고, 이 자는 ‘𧰨’자의 번체자이며 ‘家’자와 같은 자라 하였다.[52] 본 구절에서는 ‘嫁’로 읽는다. ‘家’자를 ≪郭店楚簡·老子乙≫은 ‘’로 쓴다.[53] 형태로 보아 ‘家’로 예정하고 ‘嫁’로 읽기로 한다.

41) “既生畜之”는 부모가 자식에 관한 내용으로, ‘부모가 이미 자식을 낳아 기르다’는 뜻이다. ‘(或)’자는 ‘又’자의 의미다. “或從而孝悔之” 구절은 “又從而敎誨之”로 읽고, ‘낳고 기르는 것만이 아니라, 또한 각각의 상황에 따라 자식을 교육시키다’라는 뜻이다.

42) ‘(𡎺, 埻)’자는 ‘墩’자와 같은 자이다. ‘惇’으로 읽는다.
“會𡎺長材”은 “會惇長材”로 읽고, 이는 자식된 도리로써 ‘온 정성을 다하고, 자신의 재능을 기르는 것’을 말한다.

44) ‘(共)’자는 ‘恭’으로 읽는다. “上共下之宜” 구절은 “上恭下義”로 읽고, ‘위로는 공경하고 아래로는 인의로 대하다’는 의미다.

45) ‘(𢍕)’자를 李零은 ‘睦’자로 읽었다.[54] ≪說文解字≫는 ‘(睦)’자에 대하여 “‘睦’는 ‘눈매가 온순하다’의 뜻이다. 의미부 ‘目’과 소리부 ‘坴’로 이루어진 형성자이다. 혹은 ‘공경하고 화목하다’의 뜻이다. ‘睦’자의 고문은 ‘(𥈋)’로 쓴다.”라 하고, ‘(坴)’자에 대해서는 “의미부 ‘土’와 소리부 ‘尖’으로 이루어진 자이다. 음은 ‘逐’과 같다.”라 하였다.[55] ‘(𢍕)’자는 ‘廾’과 소리부 ‘尖’로 이루어진 자가 아닌가 한다. 혹은 ‘共’을 소리부로 보고 ‘奉’으로 읽을 수 있다. 혹은 ‘’자는 ‘奉’의 변형체가 아닌가한다.[56] 초간에서 ‘奉’자는 일반적으로 ‘’·‘’으로 쓴다.[57] ‘睦’과 ‘奉’ 모두 가능하지만, 전후 문맥으로 보아 본문은 잠시 ‘奉’으로 읽기로 한다.

48) ≪禮記·郊特牲≫: “壹與之齊, 終身不改.”(일단 같이 하면 종신토록 고치지 않는다.)
49) 劉釗, ≪郭店楚簡別釋≫, 114 쪽.
50) ≪說文解字≫: “宗廟宔祏. 从宀, 主聲.”
51) ≪郭店楚墓竹簡≫, 189 쪽, 注13.
52) 李零, ≪郭店楚簡校讀記≫, 136 쪽.
53) ≪楚系簡帛文字編≫, 678 쪽.
54) 李零, ≪郭店楚簡校讀記≫, 136 쪽.
55) ≪說文解字≫: “睦, 目順也. 从目, 坴聲. 一曰敬和也. (𥈋), 古文睦.” “(坴), 从土, 尖聲. 讀若逐.”
56) 劉釗, ≪郭店楚簡別釋≫, 114 쪽.
57) ≪楚系簡帛文字編≫, 234 쪽.

"以奔𨦯=" 구절은 "以奉社稷"으로 읽고 '사직을 받들어 모시다'나 혹은 '나라에 봉사하다'의 뜻이다. 劉釗는 '(𨦯)='이 합문을 '社稷'으로 예정하였다.[58] ≪上博楚簡≫ 중 ≪孔子詩論≫은 '稷'자를 ''으로 쓰고, ≪容成氏≫는 ''으로 쓴다.[59]

46) 본 구절은 효자에 대한 내용이다. 자신보다 위에 있는 사람에게는 신중하고 공경스럽게 대하고, 자신보다 아래에 있는 사람에게는 의롭게 대하면서 나라에 봉사하는 것 또한 효인 것이다. 효란 꼭 부모에게 효도하는 것만이 아니다. 나라가 필요한 인재가 되어 나라에 봉사하는 하는 것 또한 효도 중 가장 큰 것 중에 하나이다.

47) "古(故)人則爲□□□□急(仁)" 구절을 李零은 "故人則爲[人也, 謂之]仁"로 쓴다.[60] ≪孟子·盡心下≫에서는 "仁也者, 人也"[61]라 하였다.

48) '夫夫·婦婦·父父·子子·君君·臣臣'은 '지아비는 지아비답고, 부인은 부인답고, 애비는 애비답고, 자식은 자식답고, 군주는 군주답고, 신하는 신하다워야 한다'는 뜻이다.

49) ''에 대하여 학자마다 의견이 분분하다.

''자를 ≪郭店楚墓竹簡≫ 정리본은 '犿'으로 예정하고 있으나, 사실상 '犬'으로 예정할 수 있다. 이 자는 '犬'과 소리부 '山'으로 이루어진 형성자로 '訕'으로 읽는다. '毁謗(비방하다, 헐뜯다)'이다. ''자는 의미부 '言'과 소리부 '文'으로 이루어진 형성자이며, '諺'자의 이체자가 아닌가 한다. ≪上博楚簡≫ 중 ≪子道餓≫(제2간)에서는 ''자로 쓰고 '言'의 의미로 쓰이며,[62] '顔淵'의 '顔'자를 ≪顔淵問於孔子≫는 ''으로 쓰고 ≪君子爲禮≫는 ''으로 쓴다. 혹은 '諺'자는 본 구절에서 '諂(아첨할 첨, chǎn)'으로 읽는 것이 아닌가 한다.[63]

50) '(箸)'자는 '書'자의 本字이다.

51) '(𣅝)'자는 '日'과 소리부 '金'으로 이루어진 자가 아닌가 한다.[64] '金'자의 음은 '欽'자와 통한다.

52) '(頪)'자는 '頁'과 소리부 '𡵂'로 이루어진 자이며, '美'자의 이체자이다.

53) "衍(道)𡧊止" 중 "衍(道)𡧊'를 裘錫圭 案語는 편명이라 하고, '止'자는 '여기까지 이다'라는 뜻이라 하였다.[65] 李零은 '道御止'로 읽고, 劉釗는 '道無止'로 읽었다.[66] 본 단락에서는 夫·婦·父·子·君·臣 등 六位에 대한 설명이다. 六位에 대한 규범은 성인들의 기록물이 경서에 이미 기록되어 있다.

58) 劉釗, ≪郭店楚簡別釋≫, 114 쪽.
59) ≪楚系簡帛文字編≫, 671 쪽.
60) 李零, ≪郭店楚簡校讀記≫, 131 쪽.
61) ≪孟子·盡心下≫: "仁也者, 人也."(仁이란 곧 사람 노릇하는 것이다)
62) ≪上博楚簡(八)≫, 123 쪽.
63) 陳偉 等著, ≪楚地出土戰國簡冊十四種≫(經濟科學出版社), 2009, 240 쪽, ≪郭店楚簡·六德≫注36.
64) 李零, ≪郭店楚簡校讀記≫, 133 쪽.
65) ≪郭店楚墓竹簡≫, 189 쪽, 注 15.
66) 李零, ≪郭店楚簡校讀記≫, 131 쪽. 劉釗, ≪郭店楚簡別釋≫, 115 쪽.

그런데 六位의 실행은 모두가 道를 가장 근본적인 원칙으로 삼는 것이다. 본문은 '道御止'로 해석하기로 한다.

6.

𢝓(仁), 內也.[54] 宜(義), 外也.[55] 豊(禮)樂, 共也.[56] 內立父·子·【26】夫也, 外立君·臣·婦也.[57] 絟(疏)斬布實丈,[58] 爲父也, 爲君亦肰(然).[59] 絟(疏)衰【27】齊戉杺實,[60] 爲昆弟也,[61] 爲㚸(妻)亦肰(然).[62] 袒字,[63] 爲宗族也,[64] 爲弸(朋)咎(友)【28】亦肰(然).[65] 爲父𢇁(絶)君,[66] 不爲君𢇁(絶)父. 爲昆弟𢇁(絶)㚸(妻),[67] 不爲㚸(妻)𢇁(絶)昆弟.[68] 爲【29】宗族𠂤弸(朋)咎(友),[69] 不爲弸(朋)咎(友)𠂤宗族.[70] 人又(有)六悳(德),[71] 參(三)新(親)不𠜴.[72] 門內【30】之紿紉穿(弇)宜(義),[73] 門外之紿宜(義)斬紉.[74] 𢝓(仁)頪(類)薾而速,[75] 宜(義)頪(類)卉【31】而𢇁(絶).[76] 𢝓(仁)薾而𢾩, 宜(義)强而柬.[77] 𢾩之爲言也, 猷(猶)𢾩𢾩也,[78] 少而【32】寮(?)多也.[79] 𦃃其志,[80] 求羖(養)新志, 害亡不以也.[81] 是以𢾩也.

'仁'이 家內의 원칙이라면, '義'는 家外의 원칙이다. 하지만 禮樂은 家內外를 구분하지 않고 모두에 속한다. 內(집안)적인 '位'는 父·子·夫이고, 外(집밖)의 '位'는 君·臣·婦이다.

바느질하지 않은 쪽의 광목을 사용하여 옷을 만들고, 암삼을 사용해 허리띠를 만들며, 암삼을 둘둘 감은 죽간을 사용하여 지팡이를 만들어 '부모'의 상을 당했을 때 상복으로 입는다. '君主'도 역시 동일하다. 거친 삼베를 사용하여 가장 자리를 꿰매어 상복을 만들고, 대마로 두건과 腰帶를 만들어 착용한다. 이것은 '형제'가 복상 할 때의 상복이며, '처자'도 역시 동일하다. 상의를 드러내고 왼팔을 드러내며, 모자를 벗는 것은 종족 중의 '친척'이 복상 할 때 입는 상복이며, '친구'도 동일하다.

(당일 두 장례가 맞부딪쳤을 때) 부친의 장례를 위해 군주의 장례를 포기해야 한다. 군주의 장례를 먼저 하기 위하여, 부친의 장례를 포기할 수는 없다. 형제의 장례를 위해 처자의 장례를 포기해야 한다. 처자의 장례를 위하여 형제의 장례를 포기할 수는 없다. 부계 친척의 장례를 위해서는 친구의 장례를 면해야 하며, 친구의 장례를 위해 부계 친척의 장례를 면할 수는 없다.

사람에게는 '六德'이 있다. 사람이 이 六德을 갖추고 있기 때문에, '夫婦'·'父子'와 '君臣'의 '三親'이라는 人倫관계가 단절되지 않고 이어지는 것이다. 家內에서는 '恩情'으로 '道義'를 가릴 수 있지만, 家外의 治理는 '道義'로 '恩情'을 끊어야 한다. 仁이라는 덕목은 잘 드러나지 않지만 굉장히 빠르게 퍼지고, 義는 사회관계가 유지하게 하면서도 제약시키는 특징이 있다. '仁'은 잘 드러나지 않지만 크고 넓게 영향을 미치고, 義란 강하면서도 간결이다. '更(𢾩)'이란 넓고 큼을 말한다. 즉 세밀하면서도 풍성하고 작으면서도 많음을 말한다.

장래의 포부를 밝히고, 윗사람을 공경하고자 하는 의지를 양성하고자 한다면 못 할게 없기 때문에 세밀하나 넓다고 한 것이다.

【註解】

54) '仁'의 성격은 만약에 친속관계로 말하자면 '內'적인 관계에 속한다. 또한 '內'적인 관계 즉 '恩親(仁)' 관계로 맺어진 것은 '夫'·'子'와 '父'가 있는데, 이 셋은 血緣관계이다.

55) '義'는 '外'는 친속관계로 말하자면 '外'에 속한다. '外'적인 관계 즉 '義(正義)'의 관계로 맺어진 것은 '君'·'臣'과 '婦'가 있다. 이들은 혈연적 관계가 아니라 사회적 관계이다.

57) '禮樂'은 '仁'과 '義', '夫'·'子'·'父'와 '君'·'臣'·'婦'를 소통시킬 수 있는 것은 사회적 규범이다. 禮樂은 일종의 사회의 질서와 제도를 적절하게 작용할 수 있게 하는 규율이다. 따라서 內外 모두에게 공통적으로 필요하다.

58) '(紅)'자는 '糸'와 소리부 '疋'로 이루어진 형성자로 '疏'로 읽는다. '疏'는 '소박하고 거친 옷 따위'를 말한다. '(斬)'은 뒷부분 가장자리에 봉합하지 않음을 말한다. '疏斬'는 ≪禮記·喪服四制≫ "其恩厚者, 其服重. 故爲父斬衰三年."[67] 구절 중의 '斬衰(참최)'를 말한다.

'(肴)'자는 '布'와 소리부 '父'로 이루어진 자로 '布'의 이체자다.

'(實)'자는 머리에 쓰는 수질 '絰(질 질 dié)'로 읽는다.

'(丈)'자는 '杖'으로 읽는다.

"肴實丈"은 '布絰, 杖"으로 읽는다.[68]

59) 부모의 상복을 군주의 상복으로 사용할 수 있다는 것은 '外位'보다 '內位'를 중시함을 말한다.

60) '(衰)'자는 '縗(상복 이름 최 cuī)'로 읽는다.

'(齊)'자는 뒷부분 가장자리를 봉합하지 않은 상복을 가리킨다. ≪禮記 喪服四制≫는 "그런 고로 부친이 살아계시면 母親을 위하여 제최(齊衰) 期年의 복을 입는 것은 집안에 두 높은 이가 없음을 보여준다."[69]라 하였다.

'(戊)'자는 '牡'로 읽는다. '(杮)'자는 '麻'자의 초문이다. 裘錫圭는 "戊杮實"을 "牡麻絰"의 의미로 풀이하였다.[70] '牧麻'는 '枲麻'로 '모시 삼'을 말한다.

61) 裘錫圭는 '弟'를 '昆弟'로 해석하였다.[71] 금문에서는 '昆'자를 ''·''·''으로 쓴다.[72]

62) "爲弟也, 爲㝅亦肰"은 "爲昆弟也, 爲妻亦然"으로 읽는다. 형제의 상복과 처의 상복은 같이 사용할 수 있다는 뜻이다. 이 역시 '內位'가 '外位'보다 중시함을 말한다.

67) ≪禮記·喪服四制≫: "其恩厚者, 其服重. 故爲父斬衰三年.(그 은덕이 두터운 자는 그 복이 중하다. 그러므로 아버지를 위해서 참최 삼년 복을 입는다.)"

68) ≪郭店楚墓竹簡≫, 189 쪽, 注16.

69) ≪禮記 喪服四制≫: "故父在爲母齊衰期者, 見無二尊也."

70) ≪郭店楚墓竹簡≫, 189 쪽, 注17.

71) ≪郭店楚墓竹簡≫, 189 쪽, 注17.

72) ≪金文編≫, 458 쪽.

63) ‘’자는 ‘昃’으로 예정할 수 있다. ‘袒’자의 생략형이다. ‘(字)’자에 대하여 裘錫圭는 ‘免’자의 오자이며 ‘娩’자로 읽는다 하였다.[73] ‘袒免’은 곧 “袒衣免冠(옷을 벗고 모자를 벗다)”로 상례 중의 하나이다.

64) ‘’은 ‘宗族’이다. ‘’자는 ‘㫃’과 ‘矢’로 이루어진 자이다. ≪郭店楚簡≫ 중 ≪語叢≫은 ‘’으로 쓰고,[74] 금문 중 ≪毛公鼎≫은 ‘’으로 쓴다.[75]

65) ‘(弸)’자는 ‘倗’자와 같은 자로 ‘朋’의 本字이다. ‘(𦬊)’자는 ‘友’자의 고문이다. ≪說文解字≫는 ‘(友)’의 고문을 ‘(𠬪)’·‘(𦬊)’로 쓴다.

66) ‘(㡭)’자는 ‘絶’자의 이체자이다. ≪說文解字≫는 ‘絶’자의 고문을 ‘㡭’으로 쓴다. ‘멈추다’·‘정지하다’의 의미이다.

67) “爲弟㡭㝲” 구절은 “爲昆弟絶妻”로 읽는다. 형제를 장례를 위하여 처의 장례식을 멈춘다는 뜻이다.

68) “不爲㝲㡭弟”는 “不爲妻㡭昆弟”로 읽는다. “爲昆弟絶妻”와는 반대로 처의 장례를 위하여 형제의 장례를 멈추지는 않는다는 뜻이다.

69) ‘(𠕀)’자는 ‘瑟’자와 같은 자로 ‘殺’로 읽는다.[76] 혹은 ‘疾’이나 ‘失’로 읽기도 한다.[77] 앞에서 사용된 ‘絶’의 의미와 같다.

70) “爲宗族𠕀弸(朋)𦬊(友), 不爲弸(朋)𦬊(友)𠕀宗族”은 ‘종친의 상을 위하여 친구의 상을 멈출 수 있지만, 친구의 상을 위하여 종친의 상을 포기할 수는 없다는 뜻’이다.

71) ‘六德’ 중 지아비의 덕은 ‘智’이고, 지어미의 덕은 ‘信’이며, 부모의 덕은 ‘聖’이고, 자식의 덕은 ‘仁’이며, 군자의 덕은 ‘義’이고, 신하의 덕은 ‘忠’이다.

72) ‘’자는 ‘厽’으로 예정할 수 있다. 參’자와 같은 자이다.

‘’자를 ≪郭店楚墓竹簡≫은 ‘𠛬’자로 예정하고 있으나, 사실상 ‘剸’으로 예정할 수 있다. ‘專’자는 ‘寸’과 소리부 ‘叀’으로 이루어진 형성자로 ‘斷’자와 음이 통한다. ‘不斷’은 인륜적 관계가 끊어지지 않고 이어짐을 말한다.

‘三親’은 ‘夫婦’·‘父子’·‘兄弟’를 가리킨다. 顔之推의 ≪顔氏家訓·兄弟≫에서는 “이른바 백성이 있고 난 후에 夫婦가 있고, 夫婦가 있고 난 후에 父子가 있고, 父子가 있고 난 후에 兄弟가 있다. 한 가족의 친함은 이 세 가지일 따름이다. 이 가족으로 부부터 九族에 이르기 까지 모두 이 세 가지의 친속관계를 가장 근본으로 한다”[78]라 하였다.

---

73) ≪郭店楚墓竹簡≫, 189 쪽, 注19.
74) ≪楚系簡帛文字編≫, 653 쪽.
75) ≪金文編≫, 470 쪽.
76) ≪郭店楚墓竹簡≫, 189 쪽, 注21.
77) 丁原植, 241 쪽.
78) ≪顔氏家訓·兄弟≫: “夫有人民而後有夫婦, 有夫婦而後有父子, 有父子而後有兄弟: 一家之親, 此三而已矣. 自玆以往, 至於九族, 皆本於三親焉.”

73) 裘錫圭는 '(絧紉)' 중의 '絧'자는 '治'로 읽고 '紉'자는 '仁'으로 읽었다.[79] '紉'자는 소리부분이 '刃'으로, '恩'자의 의미로도 쓰인다.

'(弇)'자는 '弇'자로, '掩'자의 의미로 쓰인다.

"門內之絧紉弇宜" 구절은 "門內之治恩弇義"로 읽을 수 있다. '종족 내에서 일을 처리할 때, 종족내의 恩情이 도의적인 절차를 넘어 설 수 있음'을 말한다.

74) "門外之絧宜斬紉" 구절은 "門外之治義斬恩"으로 읽을 수 있다. '사회에서 일 처리는 道義로 다스려야지 情으로 처리해서는 안 된다'는 뜻이다.

75) '(蒴)'자에 대해서는 의견이 분분하다. 廖名春은 이 자의 윗부분이 '瞢(어두울 몽 méng,mèng)'자의 생략형으로 '萌'으로 읽을 수 있다 하였다.[80] 본 구절은 '仁'와 '義'를 상대적으로 비교하였다. 전후 문맥을 고려하여 본문은 '蒙'으로 읽기로 한다. "㤅類蒴而速"의 구절을 잠시 "仁類蒙而速"으로 읽기로 한다. '인과 관련된 덕목은 잘 드러나지 않지만 만약 한번 흥성을 하며 보급됨이 매우 빠르다'는 뜻으로 이해하기로 한다.

76) '(弄)'자에 대하여 아직도 의견이 분분하다. 윗부분은 소리부 '止'가 아닌가 한다. '止'의 음은 '持'와 통한다. "弄而㡭" 구절은 "持而絶"로 읽을 수 있을 것 같다. 즉 義라고 하는 것은 사회적으로 관계나 질서를 유지시켜주기도 하나 또한 절제시키기도 한다는 뜻이다.

77) ≪郭店楚墓竹簡≫정리본은 '𢼸'자를 '更'자로 해석하였으나,[81] 李零은 이 자를 '放'자로 읽고, 뒷 문장의 '柬'자를 '簡'으로 읽었다.[82] '更'은 '光'·'廣'이나 '大'의 의미가 있다. "㤅蒴而𢼸, 宜强而柬"은 "仁蒙而更, 義强而簡"으로 읽기로 한다. '인이란 잘 드러나지 않지만 한번 흥성하면 크게 널리 퍼지고, 의란 강하나 간결하다'의 뜻이 아닌가 한다.

79) '(㝯)'자는 '㝯'자로 예정할 수 있다. 혹은 '遼'자의 이체자가 아닌가 한다. ≪說文解字≫는 '遼'자의 의미가 '遠'이라 하였다. "少而㝯多也"는 "少而遼多也"는 '그 양은 적은 듯하나 그 속에 담긴 도리는 요원하고 매우 풍부하다'는 뜻이 아닌가 한다.

80) 李零은 '(㣤)'자를 '逸'로 읽고,[83] 劉釗는 이 자를 '𢕟'자로 예정하고 '豫'자의 이체자라 하고, '抒'로 읽었다.[84] '抒'는 "포부를 펴고 밝히다"의 뜻이다.

81) "新志-"는 '親之志'로 읽을 수 있다. '志'자 아래 중문 부호가 있기 때문에 '之志'로 읽을 수 있다.[85]

79) ≪郭店楚墓竹簡≫, 189 쪽, 注22.
80) 丁原植, 243 쪽 재인용.
81) ≪郭店楚墓竹簡≫, 189 쪽, 注23.
82) ≪郭店楚簡校讀記≫, 132 쪽.
83) 李零, ≪郭店楚簡校讀記≫, 132 쪽.
84) 劉釗, ≪郭店楚簡校釋≫, 117 쪽.
85) ≪郭店楚墓竹簡≫, 189 쪽, 注24.

劉釗는 '(害)'자를 '蓋'로 읽었다.[86]

7.

男女【33】卡生言,[82] 父子新(親)生言,[83] 君臣宜(義)生言.[84] 父聖, 子急(仁), 夫智, 婦信, 君宜(義), 【34】臣宜〈忠〉. 聖生急(仁), 智衜(率)信, 宜(義)叓(使)忠. 古(故)夫夫·婦婦·父父·子子·君君·臣臣, 此六者客(各)【35】行其戠(職), 而狱畲蔑繇(由)亡〈乍〉也.[85] 君子言信言尒,[86] 言煬言尒,[87] 設外【36】內皆得也.[88] 其返(反), 夫不夫, 婦不婦, 父不父, 子不子, 君不君, 【37】臣不臣, 緍(昏)所繇(由)迮(作)也.[89] 君子不帝(啻)[90]明虛(乎)民涚(微)而已,[91] 或以智(知)【38】其弌(一)壴(矣).[92] 男女不卡, 父子不新(親). 父子不新(親), 君臣亡宜(義).[93] 是古(故)先王之【39】叁(教)民也, 司(始)於孝弟. 君子於此弌(一)戱者亡所灋(法).[94]

是古(故)先【40】王之季(教)民也, 不叓(使)此民也恳(憂)其身,[95] 遊(失)其戱.[96] 孝, 畣(本)也. 下攸(修)亓(其)【41】畣(本), 可以剸狱.[97] 生民斯必又(有)夫婦·父子·君臣. 君子明虛(乎)此【42】六者, 肰(然)句(後)可以剸狱. 衍(道)不可禮也, 能獸(守)弌(一)曲安(焉),[98] 可以緯【43】其亞(惡)[99], 是以剸狱速. 凡君子所以立身大灋(法)參(三), 其睪(繹)之也【44】, 六[100]其籅十又二.[101] 參(三)者迵(同),[102] 言行皆迵(同). 參(三)者不迵(同), 非言行也. 【45】參(三)者皆迵(同), 肰(然)句(後)是也. 參(三)者, 君子所生與之立, 死與之濫(敝)也. 【46】[103]

남녀지간에 구분이 생겼고, 부자지간에 親愛가 생겼고, 君臣지간에 義가 생겨났다. 부친의 본질은 智(현명)이고, 자식의 본질은 仁愛이고, 모친은 본질은 믿고 따르는 信이고, 군주의 본질은 義이고, 신하의 본질은 충성이다. 聖明은 仁愛를 낳고, 智慧는 믿고 따르도록 하며, 仁義는 忠信하도로 한다. 그러므로 夫·婦·父·子·君·臣 이 여섯 가지는 각자의 그 직책을 행하는 것이며, 그래서 교만하거나 자만하는 경우는 발생될 수가 없다. 군자는 그(仁?)에 대한 '信義'적인 말만하고, 그(義?)에 대한 '誠心'적인 말만하며, 이를 또한 이를 내외안팎으로 모두 적절하도록 안배를 하여 얻음이 있도록 한다. 이와 상반되면 남편은 남편답지 않고, 부인은 부인답지 않고, 부친은 부친답지 않고, 아들은 아들답지 않고, 군주는 군주답지 않으며, 신하는 신하답지 않게 된다. 그래서 혼란은 여기서부터 생겨나는 것이다.

군자는 백성의 질고를 명백히 알아야 될 뿐만 아니라 또한 백성이 지니고 있는 고통까지도 세세히 알아야 한다. 남녀가 유별하지 않고, 부자가 곧 親愛하지 않게 되고, 부자가 親愛하지 않으면, 군자와 신하 사이에 義가 없어지게 된다.

고로 왕이 백성을 가르치고 인도 할 때 먼저 부모에게 공경하고 형에게 공손히 대하는 것부터 시작해야 한다. 군자는 이러한 면도 소홀히 해서는 안 된다.

고로 왕이 먼저 백성을 가르쳐 인도하여 백성들에게 스스로 근심이 없게 하고, 백성들에게 어떤 한

86) 劉釗, ≪郭店楚簡校釋≫, 118 쪽.

면이라도 잃지 않도록 해야 한다. 孝는 근본이다. 아래 있는 사람이 이 근본이 확실하면, 훼방과 狂言을 단절시킬 수 있다.

百姓은 곧 夫婦·父子·君臣이다. 군주는 이 여섯 가지를 명확하게 하여야 훼방과 광언을 단절시킬 수 있다. '道'가 편차를 두지 않고, 두루 두루 그 도가 미치게 되면, 그 선치 않음을 감출 수 있으므로, 훼방과 광언을 빨리 단절시킬 수 있다.

무릇 군자의 立身엔 세 가지의 大法이 있고, 세부상황으로는 여섯 가지가 있으며, 그것과 연관 있는 것은 모두 열두 가지가 있다. 세 가지를 모두 통하게 되면, 말과 행실이 모두 통하게 된다. 세 가지가 통하지 않게 되면, 곧 언행이 되지 않는다. 세 가지가 모두 통해야 만이 비로소 정확하게 할 수 있고, 세 가지는 군자와 함께 더불어 존재하며, 군자가 죽으면 함께 없어진다.

【註解】

82) '(卞)'자는 '卞'자의 이체자이다. '別'로 읽는다. 제 5간에도 보인다. '(生言)' 중의 '言'자는 '焉'으로 읽는다. 이하 같다. 그러나 '生言'자를 '언어의 발생'으로 해석하는 경우도 있다.87) 그러나 ≪禮記·哀公問≫에서 "夫婦別, 父子親, 君臣嚴"88)라 하였듯이 각각의 관계에서 필요한 도덕적 준칙에 관한 내용이 아닌가 한다. 따라서 본문은 '言'을 조사로 해석하기로 한다. ≪藝文類聚≫는 '婚'자에 대하여 "男女가 有別한 후에 부자가 有親하고, 父子가 有親한 후에 義가 생겼다."89)라 설명하였다.

83) '(新)'은 '親'으로 읽는다. '父子有親'을 말한다. 부자는 피를 나눈 가족인 혈연적 관계이다.

84) '(宜)'는 '義'로 읽는다. 君臣간에는 도의가 필요하다. 君臣 관계는 우연적이고 선택적이고 사회적 관계이다. 따라서 필요한 것의 道義이다.

85) '(䜌㕣)'은 제 24간에도 보인다. '䜌諺'은 '訕諂'으로 읽으며, '비방하고 자만하다'는 뜻이다. '䜌㕣'를 혹은 '訕誇'로 읽기도 한다.

'(蔑)'자는 '無'나 '靡'로 읽는다.

'(繇)'자는 '由'로 읽는다. '(亡)'자는 '乍'자와 형태가 비슷하여 잘못 쓴 것이다. '乍(作)'자는 일반적으로 ''으로 쓴다.90)

"䜌㕣蔑繇(由)亡也" 구절은 "訕諂無由作也"로 읽을 수 있다. 여섯 가지 본질에 따라 자신의 직분을 다하면 발생이 되나, 자만하거나 교만하면 (六德이) 발생되지 않는 것이다.

87) 丁原植, 250-251 쪽.
88) ≪禮記·哀公問≫: "夫婦別, 父子親, 君臣嚴.(부부는 유별하고 부자는 有親하고, 군신은 엄숙해야 한다.)"
89) ≪藝文類聚≫: "男女別, 然後父子親. 父子親, 然後義生."
90) ≪楚系簡帛文字編≫, 1069 쪽.

86) “君子言信言尒, 言煬言尒” 구절 중의 ‘(言尒)’는 ‘焉爾’로 읽을 수 있다.[91] ‘焉爾’는 ‘於是(그래서)’나 ‘而已(만, 뿐)’ 등의 의미로 사용된다. ≪禮記·玉藻≫ “父沒而不能讀父之書, 手澤存焉爾. 母沒而杯圈不能飮焉, 口澤之氣存焉爾”[92] 구절 중의 ‘焉爾’ 용법과 같다.

87) ‘(煬)’자를 李零은 ‘誠’자로 읽었다.[93]

88) ‘(詃)’자는 ‘言’과 ‘攵’으로 이루어진 자이며, ‘設’자의 이체자가 아닌가 한다.[94]

89) ‘(緍)’자는 ‘糸’와 소리부 ‘昏’으로 이루어진 형성자이며, ‘昏’으로 읽는다.

90) ‘(不啻)’의 의미는 ‘不僅’의 의미이다. ‘……할 뿐만 아니다’의 뜻이다

91) ‘(敚)’자는 ‘微’자와 같은 자이다. ≪說文≫은 ‘𢼸(微)’자에 대하여 “‘숨기고 행동하다’의 뜻. ‘彳’과 소리부 ‘敚’로 이루어진 형성자이다.”[95]라 하였다. “民微”는 즉 “民隱”으로 “백성의 숨겨진 고통”의 뜻이다.

92) ‘(弌)’은 ‘一’과 같은 자이다. ‘一’은 ‘一偏’의 의미로 ‘한 방면(편향된 방면)’을 뜻한다.

93) ‘’자는 ‘卞’의 이체자다. ‘別’로 읽는다. 혹은 ‘辨’으로 읽기도 한다. ‘別’과 ‘辨’은 같은 의미이다.

93) ‘(戩)’자는 왼쪽부분이 ‘扁’자와 관련이 있는 것이 아닌가 한다. ≪說文≫ 小傳은 ‘扁’자를 ‘扁’으로 쓰고, ≪睡虎地秦墓竹簡≫은 ‘扁’으로 쓴다.[96] 본문에서는 ‘偏’으로 읽기로 한다. ‘한쪽으로 치우치다’의 ‘一偏’의 의미이다.

94) ‘(灋)’자는 ‘廢’로 읽는다. ≪六德≫에서는 ‘灋’자는 ‘’(제2간)·‘’(제44간)으로 쓴다.[97] 금문 중 ≪大盂鼎≫은 ‘’으로 쓴다.[98]

95) ‘(息)’자는 ‘憂’자의 고문자이다. ≪說文解字≫는 ‘(憂)’자에 대하여 ‘夊’와 소리부 ‘(惪)’로 이루어진 형성자이다. ‘惪’자는 ‘息’자와 같은 자이다.

91) 陳偉는 “君子言信言尒, 言煬言尒, 詃” 구절을 “君子言, 信言尒言, 陽言尒設”로 읽고, ‘信言’은 “對人而言, 指由人的本性出發的質實之語(이는 ‘仁’에 관한 것으로 인간의 본성으로부터 출발한 실질적인 언어.)”라 하고, ‘陽言’은 “對義而言, 指爲了維系社會倫理的設計的措辭.(이는 義에 관한 것으로 사회의 윤리 질서를 유지하기 만들어낸 언어.)”라 하였다. ‘信言’은 속임이 없는 진솔되고 성실하고 없는 말을 말하고, ‘陽言’은 ‘美辭麗句’와 비슷한 뜻으로 사회생활이나 질서를 유지하기 위해 필요한 제작되어진 언어를 가리킨다. 그러나 이러한 주장은 가능성은 있으나 확실치 않기 때문에 참고만 하기로 한다. 陳偉, ≪郭店竹書別釋≫, 129-130 쪽.

92) ≪禮記·玉藻≫: “부친이 돌아가신 후 아버지의 책을 차마 읽지 못하는 것은 그 책에 아버지가 써 놓은 주석의 글이나 혹은 손때가 묻었기 때문이다. 어머니가 돌아가신 후 어머니가 남긴 잔이나 그릇을 차마 사용할 수 없는 것은 어머니가 입에 댔던 여운이 아직 남아 그리움을 참을 길이 없기 때문이다.”

93) 李零, ≪郭店楚簡校讀記≫, 132 쪽.

94) 李零, ≪郭店楚簡校讀記≫, 132 쪽.

95) ≪說文≫: “微, 隱行也”

96) ≪睡虎地秦簡文字編≫, 27 쪽.

97) ≪楚系簡帛文字編≫, 860 쪽.

98) ≪金文編≫, 679 쪽.

96) '(遊)'자는 楚簡에서 '失'의 의미로 쓰인다.

97) '(剸訕)' 중 '專'자는 '寸'과 소리부 '叀'으로 이루어진 형성자로 '斷'자와 음이 통한다.[99] 제 30간에도 이 자가 보인다. '訕'자를 제 24간은 ''로 쓴다. '犬'과 소리부 '山'으로 이루어진 형성자로 '訕'으로 읽는다. '毁謗(비방하다, 헐뜯다)'의 뜻이다.

98) '(徧)자는 오른쪽 부분이 '扁'자와 관련이 있는 것으로 보인다. '偏' · '徧'이나 '遍'으로 읽는다.

98) '(獸)'자는 '犬'과 소리부 '嘼'으로 이루어진 자이며, '守'로 읽는다.

99) ''자는 '曲'자의 고문자이다. '(弌曲)'은 '一偏'의 의미와 같다. ≪淮南子·繆稱≫의 "察一曲者, 不可與言化. 审一時者, 不可與言大."[100] 구절 중의 '曲'의 의미와 같다.

(緯)'자는 '諱'로 읽는다. "(緯丌亞"는 "諱其惡"로 읽고, "나쁜 것을 숨기다"의 뜻이다.

101) '(睪)'자는 '釋(풀어낼 역, yì)'로 읽는다. ≪郭店楚墓竹簡≫ 정리본의 "其睪(釋)之也. 六" 구절을 裘錫圭는 "其睪(釋)之也六"으로 읽어야 한다 하였다.[101]

101) '(覵)'자는 '覓(대 홈통 견 jiǎn)'자의 번체자이며, '衍(넘칠 연 yǎn)'자의 의미로 쓰인다.

102) 裘錫圭는 '(迵)'자는 '通'자의 이체자라 하였다.[102]

103) '(邀)'자는 '辵'과 소리부 '幣'로 이루어진 자이며, '敝'로 읽는다. '敝敗(패배하다)'나 '衰敗(쇠패하다)'의 뜻이다.

8.

……人民少者, 以攸(修)其身,[104] 爲衍(道)者必繇(由) 【47】 此. 新(親)遠(戚)遠近, 唯其人所才(在). 得其人則舉(擧)安(焉), 不得其人則止也. 【48】 [105]……生古(故)曰: 民之父母新(親)民易,[106] 叀(使)民相親慗(難). 【49】

……크게 人道를 이룬 자는 일반 백성을 다스릴 수 있고, 아직 크게 이루지 못한 자는 스스로 자기 자신의 品德을 수양해야 한다.

그를 가까이 할 것인가 아니면 멀리할 것인가를 판단하여 그 현자를 그 위치에 능히 선임할 수 있는가를 고려해야 한다. 현인이 될 만한 사람이면 바로 추천하되, 현인이 될 만한 자격이 아니라면 바로 그만둔다.

그런 고로 百姓의 父母는 백성과 쉽게 친근할 수 있으나, 백성들을 교화하여 서로 친근하게 하는 것은

99) ≪郭店楚墓竹簡≫, 190 쪽 注25.

100) ≪淮南子·繆稱≫: "察一曲者, 不可與言化. 审一時者, 不可與言大."(한 부분밖에 알지 못하는 사람과는 사물의 변화에 대해 말할 수 없고, 한 시절밖에 알지 못하는 사람과는 '큰 것'에 대해 말할 수 없다.)

101) ≪郭店楚墓竹簡≫, 190 쪽 注26.

102) ≪郭店楚墓竹簡≫, 190 쪽 注27.

매우 어렵다.

【註解】

104) '(攸)'자는 '修'자의 고문자이다.

105) 일반적으로 제 48간은 제 11간과 연결되는 내용으로 본다.

106) "(民之父母)"는 '聖人君子'·'法' 혹은 君王(제후와 천자) 등을 가리킬 수도 있다. ≪詩經·小雅·南山有臺≫에서는 "즐겁구나! 우리 님은 백성의 부모라네."라 하고, ≪管子·小匡≫에서는 "管仲은 백성의 부모이다."라 하였다.[103]

103) ≪詩經·小雅·南山有臺≫: "樂只君子, 民之父母." ≪管子·法法≫: "法者民之父母也." ≪管子·小匡≫: "夫管仲, 民之父母也." ≪韓詩外傳≫: "吾聞聖人仁士之於天地之間也, 民之父母也." ≪荀子·正論≫: "湯武者, 民之父母也."

13. 語叢

① ≪語叢一≫

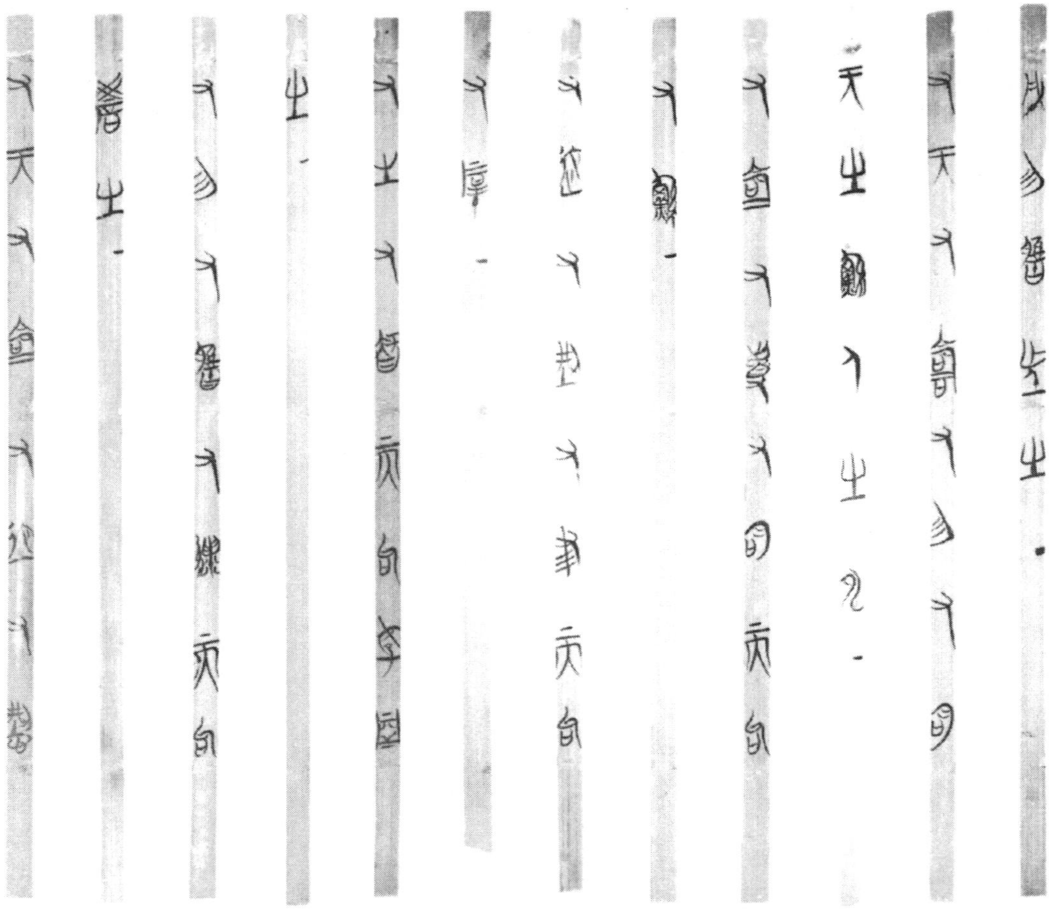

一二 一一 一〇 九 八 七 六 五 四 三 二 一

一三 一四 一五 一六 一七 一八 一九 二〇 二一 二二 二三 二四

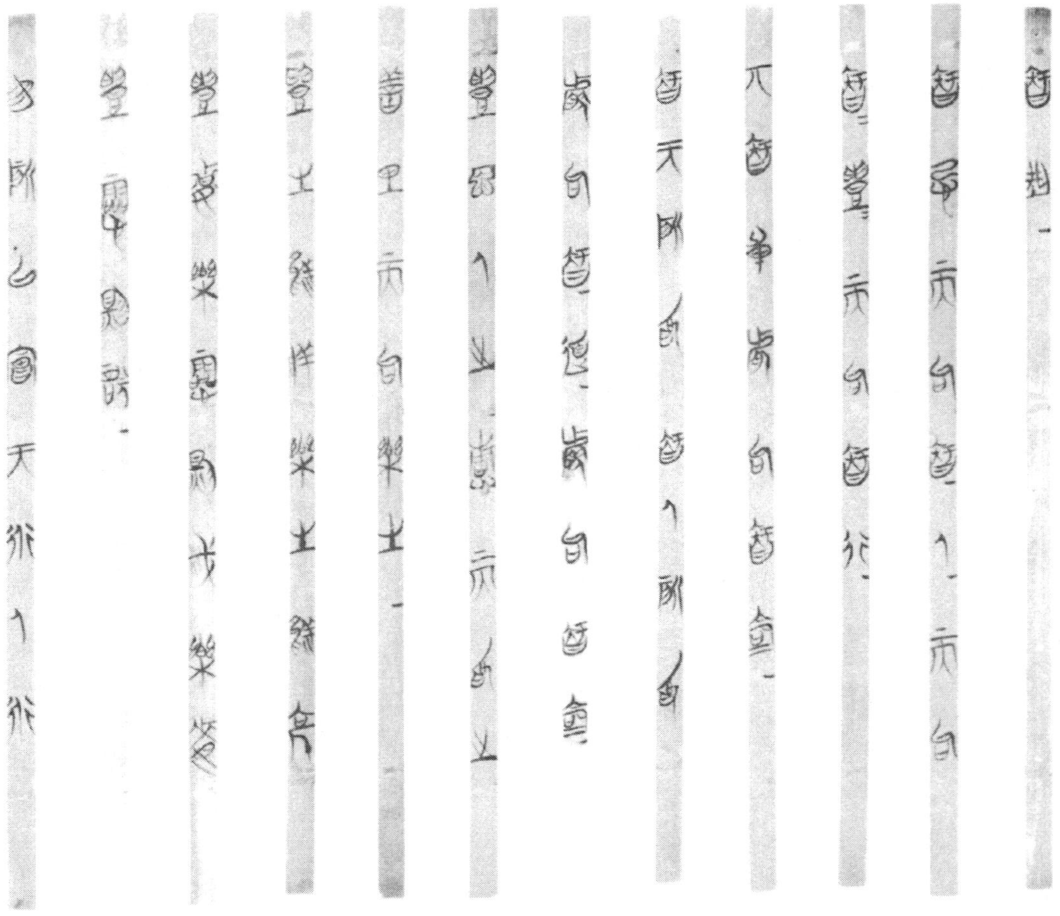

二五 二六 二七 二八 二九 三〇 三一 三二 三三 三四 三五 三六

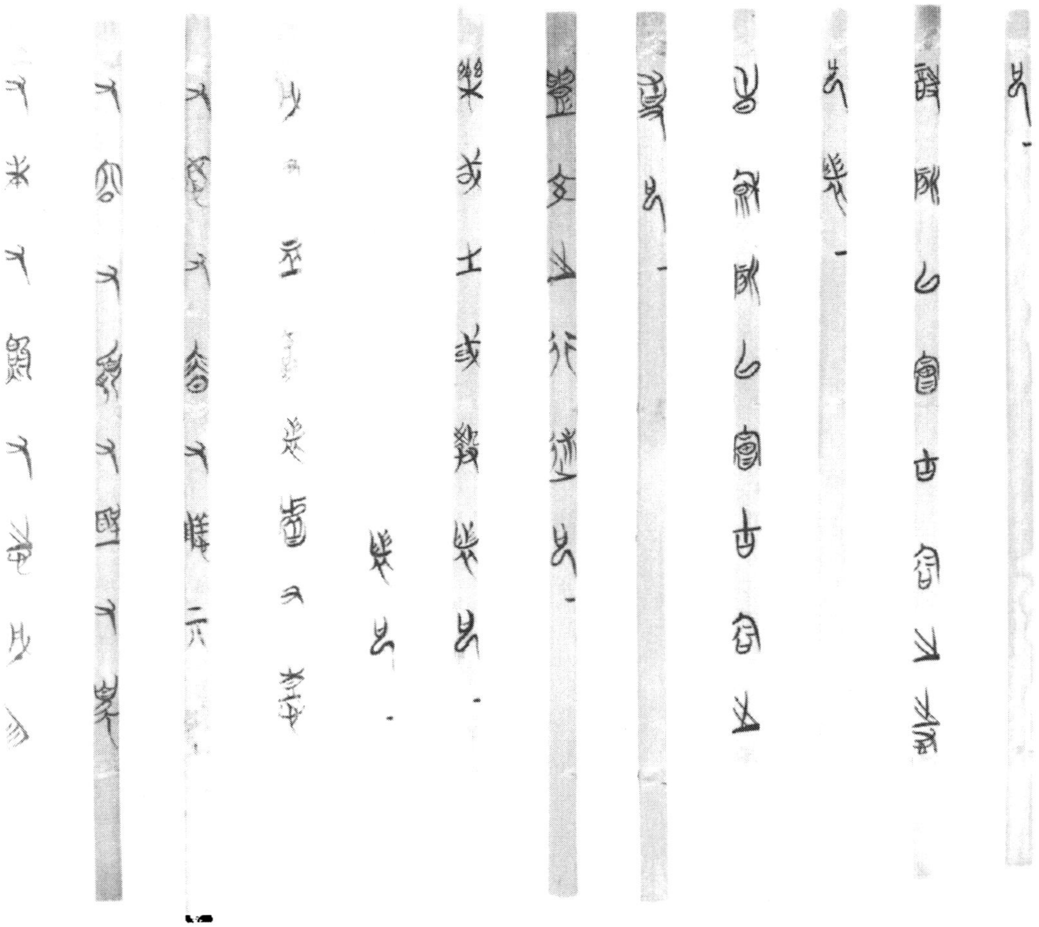

三七 三八 三九 四〇 四一 四二 四三 四四 四五 四六 四七 四八

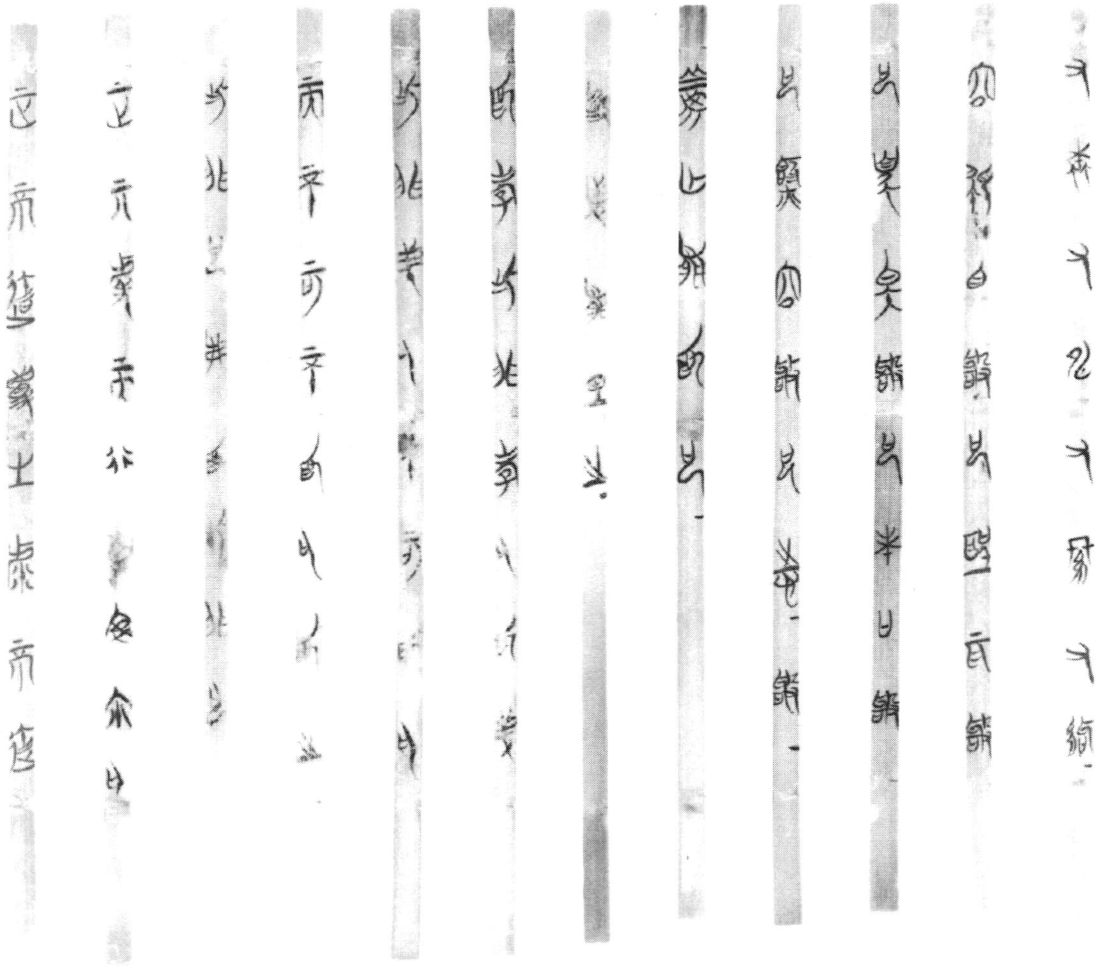

四九 五〇 五一 五二 五三 五四 五五 五六 五七 五八 五九 六〇

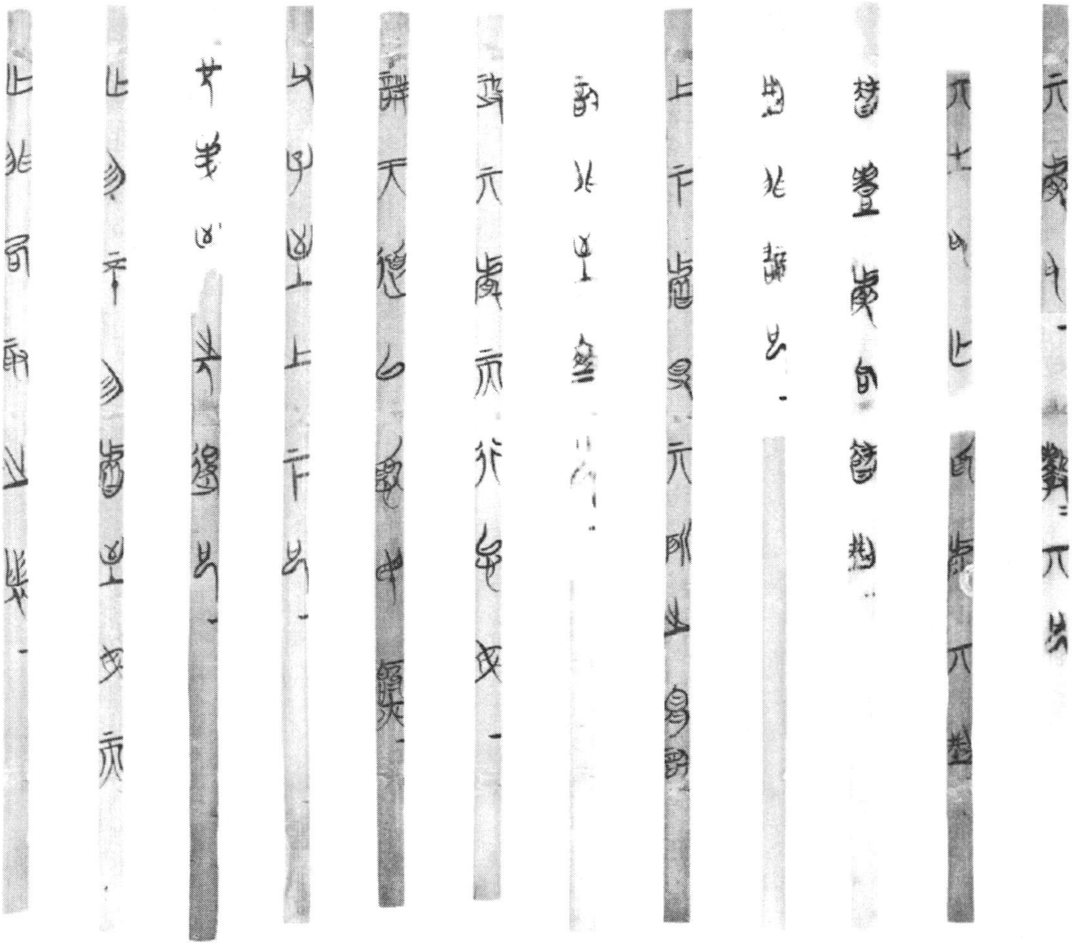

六一 六二 六三 六四 六五 六六 六七 六八 六九 七〇 七一 七二

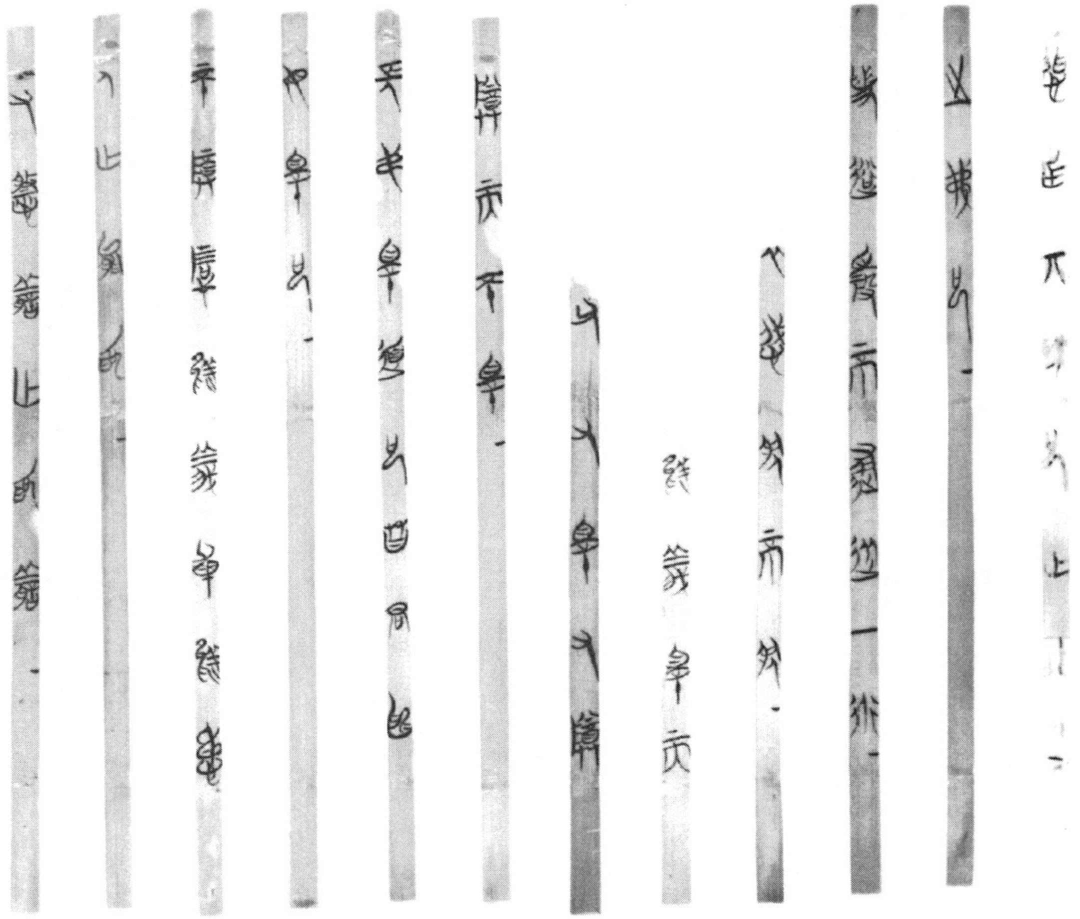

八四 八三 八二 八一 八〇 七九 七八 七七 七六 七五 七四 七三

八五 八六 八七 八八 八九 九〇 九一 九二 九三 九四 九五 九六

九七 九八 九九 一〇〇 一〇一 一〇二 一〇三 一〇四 一〇五 一〇六 一〇七 一〇八

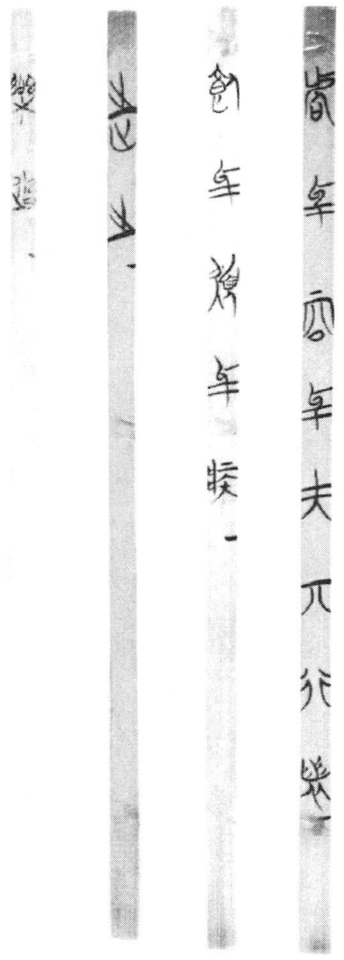

一〇九 一一〇 一一一 一一二

【語叢一】

≪語叢一≫은 儒家문헌 중 하나이다. 죽간에는 제목이 원래 없었으나, 죽간의 문장 형식과 ≪淮南子·說林訓≫[1]·≪說苑·談叢≫ 등의 체제를 참고하여 ≪語叢≫이라 한다.

죽간은 모두 112枚로 되어 있다. 죽간의 양쪽 끝은 편평하게 다듬어져 있으며, 17.2-17.4cm이고, 죽간은 세 곳을 묶었는데, 8-8.1cm이다. 句讀 부호는 모두 61 개가 있으며, 짧은 가로 선으로 되어 있다.

1) '說林'이란 일종의 논설의 숲이라는 뜻이다.

重文과 合文 부호는 하나나 혹은 두 개의 짧은 가로 선으로 되어 있다. 편장(篇章) 부호는 없다.

≪語叢一≫은 유가와 도가의 내용이 포함된 일종의 간략한 기록한 札記 형식의 글이다.

"凡勿(物)繇(由)亡生"[2]라는 구절이 두 곳에 보이는데, 老子의 "천지의 만물은 有에서 생기고, '有'는 '無'에서 생긴다."[3]라는 개념과 비슷하지만, ≪語叢一≫의 중심적 개념은 '없음(無)'에 있는 것이 아니라, '만물(物)'에 있다. 만물로부터 유추된 인간과, 그 인간이 지녀야 할 六德, 또는 인간과 '仁'·'義'·'德'·'禮'·'樂'의 관계에 대한 내용이 주를 이루고 있다. "하늘이 만물을 탄생시키고, 인간이 가장 귀하다."[4](제 18 간)라는 말은 곧 하늘이 만물을 탄생시키고 그 만물 중에서 사람이 가장 귀하다는 개념이지만, 그렇다고 해서 사람이 마음대로 하고자 하는 바를 다 할 수 있는 것은 아니다. 복잡한 사회 속에서 인간은 다양한 도덕적 예의가 요구된다. 이 도덕적 항목이 곧 '仁'·'忠'·'信'·'智'·'義'·'聖' 같은 것들이다. 하지만 이러한 덕목을 실천하기란 결코 쉬운 일이 아니다. 때문에 인간은 자연의 법칙에 순응해야함과 동시에 반드시 인간의 준칙에도 따라야 한다. 이 자연과 인간의 법칙이 조화와 통일을 이루어야 한다고 ≪語叢一≫은 주장하고 있다.

"禮란 사람의 情에 따라 하는 것이다."[5]라고 禮義의 발생 근원에 대해서 서술하고 있고, 이외에도 ≪書≫·≪禮≫·≪樂≫ 등 六經의 내용에 대해서도 개괄하고 있다. ≪詩經≫으로부터 옛날 사람들의 뜻을 알 수 있고, ≪易經≫으로부터 천도와 인간의 도를 알 수 있고, ≪春秋≫로부터 고금의 일들을 알 수 있다 하였다.

≪語叢一≫은 무덤 주인이 생전에 유가와 도가의 저작을 읽고 적은 독서 札記일 가능성이 높다. 내용 중에는 原書의 일부분을 적은 것이 있고, 개인이 학습한 내용을 적은 것도 있다.

李零≪郭店楚簡校讀記≫는 ≪語叢四≫ 대신 ≪物有望生≫이라는 제목을 사용하였다.[6]

[原文] [語叢一]

凡勿(物)繇(由)①亡生.② 【1】

모든 만물은 '無'로부터 생겨난다.[7]

又(有)天又(有)命(命)③, 又(有)勿(物)又(有)名. 【2】 天生鯀④人生卯.⑤ 【3】

하늘이 있어 운명이 있게 됐고, 물체가 있어 이름이 있게 됐다. 하늘이 생겨 도리가 생겼고, 인간이 생겨 풍속이 나왔다.

2) "모든 만물은 無에서 생긴다."(제 1간). 제 104간에서는 "凡勿(物)繇(由)望生"으로 쓴다.

3) ≪老子≫: "天地萬物生于有, 有生于無.』

4) "夫〈天〉生百勿(物), 人爲貴."(제 18간)

5) "豊(禮)因人之情而爲之."(예란 사람의 감정에 따라 절제하여 행하는 것이다)(제 31간)

6) 李零, ≪郭店楚簡校讀記≫, 158 쪽.

7) ≪老子≫의 '有生於無(유는 무에서 생겼다)'라는 개념과 같다.

又(有)命又(有)虔又(有)名,⑥ 而句(後) 【4】 又(有)緜. 【5】
운명과 질서와 이름이 있고 난 다음에 윤리 규율이 있게 되었다.

又(有)㡽〈地〉又(有)型(形)又(有)肂,⑦ 而句(後) 【6】 又(有)厚.⑧ 【7】
땅과 형체, 끝이 있고 난 다음에 두터움이 있게 된다.

又(有)生又(有)智(知), 而句(後)好亞(惡) 【8】 生.⑨ 【9】
생명이 있어야 비로소 지식이 있게 되고, 지식이 있은 후에야 좋고 나쁨이 생기게 된다.

又(有)勿(物)又(有)絲⑩又(有)繰,⑪ 而句(後) 【10】 諺生.⑫ 【11】
물질이 있어 시작과 끝이 있게 되고, 그 다음에 교화가 생겨났다.

又(有)天又(有)命, 又(有)㡽〈地〉又(有)㓝(形).⑬ 【12】
하늘이 있어 운명이 있게 되고, 땅이 있어 형체가 있게 되었다.

又(有)勿(物)又(有)容, 又(有)家又(有)名.⑭ 【13】
물체가 있어 용모가 있게 되고 칭호가 있어 이름이 있게 된다.

又(有)勿(物)又(有)容, 又(有)肂又(有)厚. 【14】
물체가 있어 용모가 있게 되고, 깊이 들어감이 있어 두터움이 있게 된다.

又(有)頾(美)又(有)膳(善).⑮ 【15】
美가 있어 善이 있게 된다.

又(有)悬(仁)又(有)智, 又(有)義又(有)豊(禮). 【16】
仁이 있어 智가 있게 되고, 義가 있어 禮가 있게 된다.

又(有)聖又(有)善. 【17】
'聖'이 있어 '善'이 있다.

夫〈天〉生百勿(物),⑯ 人爲貴人 【18】 之道也,⑰ 或邎(由)中出, 或 【19】 邎(由)外內(入).⑱ 【20】
하늘은 만물을 생기게 하였는데 그 중 인간이 제일 귀하다. 인간의 道란 혹은 中(마음속)에서 나가기도 하고, 혹은 外(밖)에서 들어오기도 한다.

䌛(由)中出者, 悬(仁)·忠·信.⑲ 䌛(由)…… 【21】
마음속에서 나오는 것은 仁, 忠, 信이다. ……에서

悬(仁)生於人, 我(義)生於道. 【22】 或生於内, 或生於外.⑳ 【23】
仁은 사람에게서 나오고, 義는 道에서 나온다. 혹은 마음속에서 생기고 혹은 밖에서 생긴다.

……㉑生悳(德), 悳(德)生豊(禮), 豊(禮)生樂, 䌛(由)樂 【24】 智(知)型.㉒ 【25】
〔性은 仁을 낳고, 仁은 忠을 낳고, 忠은 信을 낳고. 信에서〕 덕이 생겼고, 德에서 禮가 생겼으며, 禮에서 樂이 생겼고, 樂으로부터 刑을 알게 된다.

智(知)㠯(己)而句(後)智(知)人, 智(知)人而句(後) 【26】 智(知)豊(禮), 智(知)豊(禮)而句(後)智(知)行. 【27】
자기를 안 후에야 다른 사람을 알 수 있고, 다른 사람을 안 후에야 비로소 禮義를 알 수 있으며, 禮義를 안 이후에야 비로소 어찌 행동해야 할 것인가를 알 수 있다.

其智(知)尃(博), 肰(然)句(後)智(知)命.㉓ 【28】
만약 널리 많이 안 다면, 운명을 알 수 있다.

智(知)天所爲, 智(知)人所爲 【29】,㉔ 肰(然)句(後)智(知)道, 智(知)道肰(然)句(後)智(知)命. 【30】
하늘이 하는 바를 알아야, 사람이 하는 바를 알 수 있고, 그런 후에야 天道를 알 수 있으며, 天道를 안 후에야 운명을 알 수 있다.

豊(禮)因人之情而爲之, 【31】 卽度者也. 【97】㉕
예란 사람의 감정에 따라 절제하여 행하는 것이다.

善里(理?)㉖而句(後)樂生.㉗ 【32】
예를 잘 다스린 후에야 樂이 생긴다.

豊(禮)生於牂㉘樂生於亳.㉙ 【33】 豊(禮)妻(齊)樂悪(靈)則戚,㉚ 樂𦳝 【34】 豊(禮)悪(靈)則訬 【35】㉛
예는 사람의 용모와 행동을 통해서 나오고 음악은 법도로부터 나온다. 예가 다 갖추어지고 악이 지나친 것은 바로 슬픔이고, 음악이 번성하고 예가 지나친 것은 바로 방자함이다.

《易》所以會天道人道【36】也.[32]【37】《詩》所以會古含(今)之恃【38】也者.【39】[33]
《春秋》所以會古含(今)之【40】事也.【41】《豊(禮)》交之行述也.【42】《樂》或生或敎者也.【43】……者也.【44】[34]

《易》은 천도와 인간의 도를 모은 것이고, 《詩》는 고금의 뜻을 모은 것이며, 《春秋》는 고금의 일들을 모은 것이며, 《豊(禮)》는 인간관계의 행위 질서에 관한 것이며, 《樂》은 사람의 마음에서 생겨나거나 혹은 교화에 쓰는 것이며, 《書》는 ……것이다.

凡又(有)血既(氣)者, 虘(皆)又(有)憙(喜)【45】又(有)忞(怒),[35] 又(有)昚(愼)[36]又(有)𢠵;[37] 其豊(體)【46】[38]又(有)容又(有)頟(色),[39] 又(有)聖(聲)又(有)臭(嗅)【47】又(有)未(味), 又(有)既(氣)又(有)志. 凡勿(物)【48】又(有)蠢[40]又(有)卯,[41] 又(有)終又(有)絧(始).【49】[42]

무릇 혈기가 있는 것은 모두 기쁨과 성냄이 있으며, 조심함과 장중함이 있다. 그 형체는 용모가 있고, 표정이 있고, 소리가 있으며, 후각과 미각이 있으며 정신과 의지가 있다. 무릇 물체는 모두 기원과 변천이 있으며, 시작과 끝이 있다.

容䒜(色),[43] 目𦔻也. 聖(聲), 耳𦔻【50】也.[44] 臭(嗅), 𦤎[45]𦔻也. 未(味), 口𦔻【51】也. 既(氣), 容𦔻也. 志=𦔻.【52】[46]

용모는 눈이 주관하고 소리는 귀가 주관하며, 후각은 코가 주관하고 미각은 입이 주관하며 얼굴색은 용모가 주관하고, 의지는 마음이 주관한다.

義亡[47]能爲也.【53】[48]

義를 행함에 있어서 가식적이어서는 안 된다.

臤(賢)者能里(理?)之.【54】

현자는 능히 다스릴 수 있다.

爲孝,[49] 此非孝也; 爲弟,【55】此非弟也; 不可爲也,【56】而不可不爲也. 爲之,【57】此非也; 弗爲, 此非也.【58】

고의로 효를 행하면 그것은 효가 아니다. 고의로 공경함을 행하면, 그것은 공경함이 아니다. 고의로 해서는 안 되지만, 하지 않아서도 안 된다. 고의로 하는 것도 잘못 된 것이지만, 하지 않는 것도 또한 잘못 된 것이다.

正[50]其𧺆(然)[51]而行𢘓安尒也.【59】[52]正不達𨗩[53]生𧦝(乎)不達【60】其𧺆(然)也.[54]
정치란 정당하게 행해야 다스림을 얻을 수 있으며, 정치를 원하는 바로 성공을 거두지 못하는 것은 마땅히 해야 할 바를 하지 않았기 때문이다.

敎, 學其也.【61】[55]
만약 배운다면 그에게 가르쳐 주어야 한다.

其生也亡爲𧦝(乎)其型(形)【62】[56]
생겨남은 그 근원이 없는가? 그 形態는 ……

智(知)豊(禮)𧺆(然)句(後)智(知)型.【63】
예를 안 후에야 形式을 알게 된다.

型非嚴也.【64】[57]
刑은 엄해야 되는 것이 아니다.

上下𡑞(皆)得其所之胃(謂)信.【65】信非至齊也.【66】
위 아래가 모두 응당히 있어야 할 자리에 있는 것을 信이라 한다. '信'이란 모두 같은 것이 아니다.

政其𧺆(然)而行怠安.【67】[58]
마땅히 적합한 것으로 행해야 다스림을 얻을 수 있다.

辪[59]天道以憍(化)民𣱛(氣).【68】[60]
천도를 살펴 그것으로서 民情을 따라야 한다.

父子至[61]上下也.【69】
부자는 상하관계의 표지이다.

兄弟𡉉先後也.【70】
형제는 선후관계의 표지이다.

亡勿(物)不勿(物), 𡑞(皆)至安(焉), 而【71】亡非㠯(己)取之者.【72】[62]

物이 없는 것, 物이 아닌 것 모두는 최고의 극치이지 않은가! 그래서 無(없는 것)와 非(아닌 것)는 모두 자기 자신에 의해 취해지는 것이다.8)

悲芊其所也, 亡非是【73】[63]之弗也.【74】[64]
(의미 확실하지 않음)

者(?)逧[illegible]不逮從一衍(道).[65]【75】□□酱慦肰(然)不肰(然).【76】
(의미 확실하지 않음).

□□□[66]於義睪(親)而【77】□□[67]; 父, 又(有)睪(親)又(有)⿰阝尊(尊)[68];【78】 ……⿰阝尊(尊)而不睪(親)【79】. 長弟, 睪(親)道也. ⿱収日(友)君臣,【80】毋(無)睪(親)也.【81】[69] 不⿰阝尊(尊)厚於義, 尃(博)於⿱身心(仁)【82】
인은 두터우면서 義가 薄한 자는 친해질 수 있지만 존경하지 않는다. 부친은 친하면서 존경해야 한다. ……존경하되 친해 질 수 없다. 형제사이에 형제 애가 있는 것은 친함의 道다. 친구와 군신사이는 친해지는 것이 아니다. 존경하지 않고 의에 두터우며, 인에는 박하면, (존경하되 친해질 수 없다.)

人亡能爲.[70]【83】
사람은 거짓되어서는 안 된다

又悆[71]膳(善), 亡爲膳(善).【84】
善을 살펴서 가식적으로 선을 행하지 않아야 한다.

悆所智(知), 悆所不智(知).【85】
아는 것도 考察해야 하고 모르는 것도 考察해야 한다.

埶与聖爲可悆也.[72]【86】
세력과 성망은 考察할 수 있는 것이다.

君臣·朋⿱収日(友), 其睪(擇)者也.【87】
군신과 친구는 모두 선택할 수 있는 것이다.

8) 앞 뒤 문맥이 파악한 내용이 없어 잠시 이와 같이 해석하기로 한다.

宧(賓)客, 青(淸)澶(廟)之㝢也.[73] 【88】
빈객은 종묘의 장식과 같은 것이다.

多𢜋者,[74] 亡𢜋者也.[75] 【89】
아름다운 것이 너무 많으면, 아름다운 것이 없어진다.

婁不𦘦也. 【90】 [76]
수는 끝이 없다.

夬(缺)生虖(乎)未得也. 【91】
생겨나는 것이 모자라면 얻지 못한다.

㤅(愛)膳(善)之胃(謂)㣼(仁).[77] 【92】
인은 사랑하는 마음(愛心)과 착한 마음(善心)이 있는 것을 말한다.

㣼(仁)㦓(義)爲之𣓁.[78] 【93】
인과 의를 그 기준으로 삼는 것이다.

備之胃(謂)聖. 【94】
……갖춘 것을 聖이라 한다.

㞅[79]𨘢(由)敬乍(作). 【95】
≪詩經≫은 공경으로 인하여 지은 것이다.

又(有)生虖(乎)名. 【96】 [80]
물건이 생겨남이 있어, 이름이 있게 되었다.

即, 㝢者也. 【97】 [81]
節은 곧 文이라는 것이다.

喪, 㣼(仁)之耑(端)也. 【98】 [82]
상례는 인애의 시작이다.

恷者, 亡又(有)自盚(來)也. 【99】 ⑧③
求란 있고, 저절로 오는 것이 아니라 구해야 온다는 것이다.

涅聖之胃(謂)聖. 【100】 ⑧④
잘 들을 수 있는 것을 소리라 한다.

鑵可去可遈(歸). 【101】 ⑧⑤
권세는 떠나갈 수도 있고 옮겨 갈 수도 있다.

凡同者迵(通). 【102】 ⑧⑥
무릇 같은 것은 모두 서로 통한다.

豊(禮)不同, 不寡(害)不盇(妨). 【103】 ⑧⑦
예는 같지 않으며, 해를 끼치지 않으며, 강쇄하지 않는다.

凡勿(物)繇(由)望生. 【104】
모든 만물은 '無' 즉 없던 데로부터 생겨난다.

勿(物)各止於其所我行 【105】
만물은 각자 자기가 있어야 할 곳을 얻게 된다.

膚(皆)又(有)之. 【106】
……모두 생기게 된다.(파손으로 해석할 수 없음)

快(決)与信, 器也, 各以谿⑧⑧ 【107】 訂(詞)毀也. 【108】
결단과 믿음은 器皿과 같은 것이다. 말을 함부로 하면 훼손되고 만다.

唐與容與, 夫其行者. 【109】
호칭과 외모는 流傳되는 것이다.

飤(食)與頪⑧⑨與, 疾.⑨⓪ 【110】
'食'과 '色'은 모두 절박한 일이다.

……止之. 【111】
(해석할 수 없음)

……樂𣪠.⑨① 【112】
(해석할 수 없음)

【註解】

1) ‘’자는 ‘繇’자의 이체자이다. 제 104간에서는 ‘繇’자를 ‘’로 쓴다. 아래 부분에 ‘止’를 추가하여 쓴다. ‘由’로 읽는다. ‘繇’자를 ≪尊德義≫는 ‘’로 쓴다.[9]

2) ‘’자는 ‘壬’과 소리부 ‘亡’으로 이루어진 형성자자이며, ‘𡈼’으로 예정할 수 있다. 裘錫圭 案語는 ‘𡈼’자는 ‘望’자와 같은 자이고, ‘亡(無)’로 읽는다 하였다.[10] 제 104간에도 본 구절과 같은 내용이 보인다. ≪郭店楚簡·語叢二≫는 ‘望’자를 ‘’(제2간)으로 쓰고, ≪上博楚簡·孔子詩論≫은 ‘’으로 쓴다.[11]

3) ‘(𠵨)’자는 ‘命’자를 복잡하게 쓴 형태이다. ≪包山楚簡≫은 ‘命’자를 ‘’으로 쓴다.[12]

4) ‘(鯀)’자는 ‘魚’와 소리부 ‘系’로 이루어진 형성자이다. ‘倫’으로 읽는다. 이하에서 ‘鯀’자는 모두 ‘倫’으로 읽는다.[13] ‘倫’은 ‘도리’의 의미이다. ≪禮記·中庸≫의 “今天下車同軌, 書同文, 行同倫.”[14] 구절에 대하여 孔穎達은 “倫, 道也, 言人所行之行皆同道理.”[15]라 하였다.

5) ‘’자를 ≪郭店楚墓竹簡≫ 정리본은 ‘卯’자로 예정하였다. 劉釗의 ≪郭店楚簡校釋≫에서는 이 자를 ‘化’로 예정하고, ‘風俗’의 뜻이라 하였다.[16] 혹은 ‘卯’로 예정하고 ‘謀’로 읽기도 하나,[17] 문자의 형태와 문맥을 고려하여 ‘化’로 해석하기로 한다.

6) 裘錫圭 案語는 ‘(𢊁)’자는 ‘度’나 혹은 ‘序’로 읽어야 한다 하였다.[18] 혹은 ‘文’으로 읽을 수 있다. ≪汗簡≫과 ≪古文四聲韻≫은 ‘閔’자의 古文을 ‘𢊁’로 쓴다. ‘閔’자의 성부는 ‘文’이기 때문에 ‘文’과 통한다. ‘文’은 ‘理’이다. 즉 자연계나 인류사회의 규율과 같은 도리를 말한다.

7) ‘(𢓍)’자는 ‘辵’과 소리부 ‘它’로 이루어진 자로 ‘迱’의 古字이다. ‘迱’자의 소리부가 ‘它’로 ‘地’와 통한

9) ≪楚系簡帛文字編≫, 1074 쪽.
10) ≪郭店楚墓竹簡≫, 200쪽, 注1.
11) ≪楚系簡帛文字編≫, 1069 쪽.
12) ≪楚系簡帛文字編≫, 107 쪽.
13) ≪郭店楚墓竹簡≫, 200 쪽, 注2.
14) ≪禮記·中庸≫: “오늘날 천하의 수레들이 바퀴가 같고, 글의 文字가 같으며, 행동의 도리가 같다.”
15) “倫은 도이다. 사람이 행한 행동의 도리는 모두 같다는 것을 말한다.”
16) 劉釗, ≪郭店楚簡校釋≫, 183 쪽.
17) 陳偉, ≪楚地出土戰國簡冊十四種≫, 245 쪽 참고.
18) ≪郭店楚墓竹簡≫, 200 쪽, 注3.

다. ≪說文解字≫는 '地'자에 대하여 ''자에 대하여 "'土'와 소리부 '也'로 이루어진 형성자이다. 籒文은 '㒸(담장 전)'자를 써서 '(墜)'로 쓴다."[19]라 하였다.

'(𦘦)'자는 '盡'자와 같은 자이고, '다하다'·'끝'의 의미이다. ≪禮記·樂記≫에서는 "及夫禮樂之極乎天而蟠乎地, 行乎陰陽而通乎鬼神, 窮高極遠而測深厚."[20]라 하였고, 王念孫은 이에 대하여 "測, 盡也, 謂盡其深厚. 言禮樂之大, 無所不至, 窮乎高, 極乎遠, 而盡乎深厚也."[21]라 하였다.

8) '(厚)'는 '깊고 두터움'을 말한다. ≪說文解字≫는 '(厚)'자에 대하여 "'㫗'과 '厂'로 이루어진 회의자이다. '厚'자의 고문은 '后'와 '土'를 써서 '(垕)'로 쓴다."[22]라 하였다.

9) "又生又智, 而句好亞生" 구절은 "有生有知, 而後好惡生."으로 읽을 수 있다. ≪禮記·樂記≫에서는 "인간이 태어날 때부터 조용한 것은 천성이다, 사물에 느껴 여러 가지 작용이 생긴 것은 天性의 욕망이다. 마음이 외물에 느껴서 움직이면, 지력이 작용해서 그 외물을 알며, 그렇게 되면 좋고 나쁨의 형체가 생기는 것이다"[23]라 하였다.

10) ''은 '物'로 읽는다.

11) ''자를 ≪郭店楚墓竹簡≫ 정리본은 '䌛'자로 예정하고 있으나, 잘 모르는 자이다. 아마도 음성부가 '臾'가 아닌가 한다. 문맥의 내용을 고려하여 '尾'로 읽기로 한다.[24]

12) ''자를 ≪郭店楚墓竹簡≫ 정리본은 '諺'자로 예정하고 있으나, 裘錫圭는 ''자로 예정하고 '教'자로 읽었다.[25]

13) ''자는 '心'과 소리부 '型'으로 이루어진 형성자이다. 劉釗의 ≪郭店楚簡校釋≫에서는 이 자를 '㓝'으로 예정하고 '形'으로 읽었다.[26]

14) ''자를 ≪郭店楚墓竹簡≫ 정리본은 '家'로 예정하고 있으나,[27] 劉釗의 ≪郭店楚簡校釋≫에서는 '爯'으로 예정하고 '稱(칭호)'의 의미라 하였다.[28]

'爯'자를 ≪郭店楚簡·成之聞之≫는 ''으로, ≪郭店楚簡·魯穆公問子思≫는 ''으로 쓰고, ≪上博

19) ≪說文解字≫: "从土, 也聲. 墜, 籒文地从㒸."
20) ≪禮記·樂記≫: "及夫禮樂之極乎天而蟠乎地, 行乎陰陽而通乎鬼神, 窮高極遠而測深厚."(이른바 禮樂이 그 최고 효용에 있어서 천상에 퍼지고 땅 끝까지 미쳐 음양의 이치와 함께 귀신의 힘과도 같은 경우를 생각하면 예악의 효용은 실로 높고 멀고 깊고 두터운 것이라 할 수 있다.)
21) "測은 盡이다. 매우 깊고 두텁다는 것을 말한다. 예악의 큼이 이르지 않는 데가 없고, 매우 높고 멀어 매우 깊고 두텁다는 것을 말한다."
22) ≪說文解字≫: "从㫗, 从厂. 垕, 古文厚, 从后·土."
23) ≪禮記·樂記≫: "人生而靜, 天之性也; 感於物而動, 性之欲也. 物至知知, 然後好惡形焉."
24) 劉釗, ≪郭店楚簡校釋≫, 184-185 쪽.
25) ≪郭店楚墓竹簡≫, 200 쪽, 注4.
26) 劉釗, ≪郭店楚簡校釋≫, 184 쪽.
27) 李零, ≪郭店楚簡校讀記≫, 158 쪽. 李零 역시 '家'자로 예정하였다.
28) 劉釗, ≪郭店楚簡校釋≫, 184 쪽.

楚簡·子羔≫는 ''으로 쓴다.[29] '家'자를 ≪郭店楚簡·老子乙≫은 ''로, ≪郭店楚簡·五行≫은 ''로 쓰고, ≪九店楚簡≫은 ''로 쓴다.[30] ≪九店楚簡≫의 '家'자와 본 ''자와 같다. 따라서 자형상으로는 '爯'자를 '家'자로 잘못 쓰지 않았다면 '家'로 봐야 옳을 것 같다. 하지만 문장 전후 맥락으로 보아 '爯'으로 인식하는 것이 더욱 옳을 것 같다. 따라서 자형이 유사하기 때문에 '爯'자를 '家'자로 잘못 쓴 것이 아닌가 한다. 본문은 '爯'자로 이해하기로 한다.

15) '(頿)'자는 '美'자의 이체자이다. '(膳)'자는 '善'으로 읽는다. 제 16간의 '(義)'자는 '宜'자로 쓰기도 한다.

16) '(夫)'자는 '天'자를 잘못 쓴 것이다.

17) "天生百物, 人爲貴"는 '인간이 가장 귀하다'는 사상이다. ≪孔子家語·六本≫에서는 "하늘은 만물을 낳고, 그 중 인간이 가장 귀하다."라 하고, ≪孝經·聖治≫에서는 "天과 地의 性 중 사람을 귀한 것으로 여기다."라하고, ≪大戴禮記·曾子大孝≫에서는 "하늘의 탄생과 땅의 이른바 善 중에서 사람이 가장 크다."라 하였다.[31]

18) ''자는 '辵'과 소리부 '䌛'로 이루어진 형성자이다. '由'로 읽는다. '人之道'가 '由中出者'와 '由外入者'로 나눈 개념은 ≪五行≫에서는 "悬(仁)型(形)於内胃(謂)之悳(德)之行, 不型(形)於内胃(謂)之行."[32] 등으로 표현한다.

19) '仁'·'忠'과 '信'은 모두 사람의 내심수양의 덕목이다. 때문에 '人之道' 중 '由中出者'한 것들이다. ≪禮記·樂記≫에서는 "음악은 마음속에 나오고, 禮는 밖에서 생겨나는 것이다. 음악은 내면에서 나오는 것이기 때문에 平靜이 주가 되고, 예의는 밖에서 오는 것이기 때문에 반드시 손발의 움직임이나 복장의 구정들이 주가 된다. 그러나 뛰어난 음악은 반드시 곡절이 평이하고, 중대한 예의는 반드시 그 예법이 간단하다."라 하고, 또한 "仁은 음악에 가깝고, 義는 禮에 가깝다"[33]라 하였다. 따라서 '仁'과 '樂'은 같은 개념으로 '마음속에서 나오는 것(由中出)'한 것이며, '義'와 '禮'는 '외부에서 발생하는 것(自外作)'이라 한 것이다.

20) '悬(仁)生于人我(義)生于道'는 '인은 내심이고 義理는 밖에서 발생한다(仁內義外)'를 가리킨다. ≪郭店楚簡·六德≫에서는 "'仁'은 내심에서 생겨나고, 義는 밖에서 생겨난다."[34]라 하였다.

21) 李零은 〔性生仁, 仁生忠, 忠生信. 信〕을 보충하였다.[35] 참고할 만하다.

29) ≪楚系簡帛文字編≫, 392 쪽.
30) ≪楚系簡帛文字編≫, 678 쪽.
31) ≪孔子家語·六本≫: "天生萬物, 唯人爲貴." ≪孝經·聖治≫: "天地之性, 人爲貴." ≪大戴禮記·曾子大孝≫: "天之所生, 地之所善, 人爲大矣."
32) "'仁'이 내심에서 형성된 것을 '德之行'이라 하고 내심에서 형성되지 않은 것을 '행'이라 한다."
33) ≪禮記·樂記≫: "樂由中出, 禮自外作., 樂由中出, 故靜, 禮自外作, 故文, 大樂必易, 大禮必簡.""仁近於樂, 義近於禮."
34) ≪郭店楚簡·六德≫: "仁, 內也. 義, 外也."

22) 裘錫圭 案語는 '(型)'자는 '形'이나 '刑'으로 읽을 수 있으나 확실치 않다하였다.[36] 李零과 劉釗는 '型'을 '刑'으로 읽었다.[37]
죽간의 '德生禮'라는 개념은 ≪禮記·曲禮上≫의 "道德仁義, 非禮不成"[38]과 유사하다. '禮'는 밖에서 움직이고 '樂'은 안에서 움직이는 것이고, '樂'은 '禮'의 체현이기 때문에 '禮生樂'이라 하였다.
고인들은 '禮樂'을 刑政을 하는데 있어, 통치와 교화의 중요한 도구라는 개념을 가지고 있었기 때문에 '禮樂'과 '刑政'을 같이 제기하였다. ≪禮記·樂記≫의 "禮·樂·刑·政, 이 네 가지의 궁극적인 목표는 동일한 것이다."와 "禮·樂·刑·政, 네 개가 조화를 이루고 바르게 행해지면, 왕도가 갖추어지게 된다."[39]라는 개념은 죽간의 '由樂知刑'과 같은 의미이다.
23) '(尃)'자는 '寸'과 소리부 '甫'로 이루어진 형성자이다. '博'으로 읽는다. ''자는 '虍'와 소리부 '肰'으로 이루어진 형성자이다. '然'으로 읽는다.
24) 하늘을 알아야 사람을 알 수 있다하였다. 즉 '知天'과 '知人'은 같이 논하고 있다. ≪禮記·中庸≫에서는 "친자를 섬기려면 사람을 알지 않으면 안 되고, 사람을 알려면 하늘을 알지 않으면 안 된다."라 하였고, 또한 "귀신에게 그것을 물어본다 하여도 의문이 생기지 않는 것은 하늘을 알기 때문이다. 백대 후에 있으면서 성인이 다시 나온다 하여도 의혹이 나지 않는 것은 사람을 알기 때문이다. 이러한 까닭에 군자는 움직이면 그것이 대대로 천하의 道가 되고, 행하면 그것이 대대로 천하의 법도가 되고, 말하면 그것이 대대로 천하의 準則이 된다."라 하였다.[40]
25) 문장 내용으로 보아 제 31간과 제 97간이 연결되는 내용이다. '(卽度)'은 '節文'으로 읽는다. 유가전적 중에는 '禮'와 '情'의 관계를 논한 문장들이 많은데, 예를 들어, ≪禮記≫ 중에는 아래와 같다.

≪檀弓下≫: "子游曰: '禮有微情者, 有以故興物者. 有直情而徑行者, 戎狄之道也. 禮道則不然, 人喜則斯陶, 陶斯詠, 詠斯猶, 猶斯舞, 舞斯慍, 慍斯戚, 戚斯嘆, 嘆斯辟, 辟斯踴矣.'"
자유가 말하였다. 예는 애통하는 정을 쇠미하게 만드는 것이 있고, 일부러 縗絰같은 것을 만들어 슬픈 마음을 흥기시키는 것이 있다. 만약 자기의 심정이 내키는 대로 곧바로 경솔하게 행하는 자가 있다면 그것은 오랑캐의 도이다. 중국의 예도는 그렇지 않다. 원래 사람의 마음은 기쁘면 陶然해져서 즐거우며, 즐거우면 노래부르고, 노래부르면 몸이 움직이고, 움직이면 춤추고, 춤추면 마음이 앙양되고, 마음이 앙양되면 이윽고 마음이 아프고, 마음이 아프면 탄식하고, 탄식하면 가슴을 두드리고, 가슴을 두드리면

35) 李零, ≪郭店楚簡校讀記≫, 159 쪽.
36) ≪郭店楚墓竹簡≫, 200 쪽, 주 5.
37) 李零, ≪郭店楚簡校讀記≫, 159 쪽. 劉釗, ≪郭店楚簡校釋≫, 181 쪽.
38) ≪禮記·曲禮上≫: "道德仁義, 非禮不成."(道·德·仁·義는 모두 禮가 아니면 이루어지지 않는다.)
39) ≪禮記·樂記≫: "禮樂刑政,其極一也." "禮樂刑政, 四達而不悖. 則王道備矣."
40) ≪禮記·中庸≫: "思事親, 不可以不知人, 思知人, 不可以不知天.", "質諸鬼神而無疑, 知天也; 百世以俟聖人而不惑, 知人也. 是故君子動而世爲天下道, 行而世爲天下法, 言而世爲天下則."

춤춘다.

≪禮運≫: "孔子曰: '夫禮, 先王以承天之道, 以治人之情. 故失之者死, 得之者生.'"

공자가 말하였다. 이른바 예란 先王이 이에 의해 하늘의 도를 깨달았고, 이를 이용해서 사람의 정(희노애락)을 다스린 것이다. 예를 알고 있으면 살아갈 수 있지만, 예를 잃고는 살아갈 수가 없다.

≪禮運≫: "故聖王修義之柄, 禮之序, 以治人情. 故人情者, 聖王之田也."

그런 고로 聖王은 도덕과 예의 예절을 중요한 수단으로 하여 사람의 마음을 알맞게 규제한다. 그렇기 때문에 사람의 심정은 성왕의 활동의 터전인 것이다.

≪禮器≫: "君子之於禮也, 有所竭情盡愼, 致其敬而誠若, 有美而文而誠若."

군자가 예를 행하는 방법에는 여러 가지가 있다. 신에 대하여 혹은 상대방에 대하여 情을 다하고 어디까지나 정중하게 하며, 존경을 바쳐 조금도 거짓이 없는 마음으로 예를 행하는 경우가 있다. 제사나 의식을 아름답고 성대하게 행하여 조금도 거짓이 없는 경우도 있다.

≪禮器≫: "君子曰: '禮之近人情者, 非其至者也."

군자가 말하였다. 예가 인정에 가까운 것은 예의 지극한 것이 아니다.

≪禮器≫: "是故君子之於禮也, 非作而致其情也, 此有由始也."

그런 까닭에 군자는 예에 대하여 자기의 생각으로 지어서 그 情을 극도로 나타내려고 하지 않는다. 이는 예로부터의 유래가 있기 때문이다.

≪曾子問≫: "君子禮以飾情. 三年之喪而吊哭, 不亦虛乎?"

군자는 哀樂의 정을 나타내는 것이므로 부모의 상중에는 부모를 생각할 뿐인데, 그저 형식적인 조문으로 哀哭한다는 것은 허례가 아니겠는가!

≪祭義≫: "敎民相愛, 上下用情, 禮之至也."

백성을 교화할 때 서로 사랑하는 마음으로 하면, 上下가 서로 정으로써 하면 이게 바로 예의 극치인 것이다.

≪樂記≫: "樂勝則流, 禮勝則離. 合情飾貌者, 禮樂之事也."

음악의 감화가 너무 지나치게 강하면 화합이 무질서해지고, 예의의 효과가 너무 강하면 사람들의 마음이 離反한다. 그러므로 適宜하게 사용해서 人情을 상통시키 예법을 익히게 하는 것이 예악의 효용이다.

≪喪服四制≫: "凡禮之大體, 體天地, 法四時, 則陰陽, 順人情, 故謂之禮."

무릇 예의 大體는 천지를 형상하고 四時를 본받고 陰陽을 법칙으로 하고 인정을 따른다. 그러므로 예라고 하는 것이다.

≪坊記≫: "禮者, 因人之情而爲之節文, 以爲民坊者也."

예란 사람의 감정에 따라 절문을 만들어 백성들을 막는 것으로 삼는다.

이 중 ≪坊記≫의 내용은 죽간 '禮因人之情而爲之節文者也'[41]의 내용과 같다.

41) "예란 사람의 정으로 인하여 절문을 삼는다."

26) ‘(里)’자는 ‘理’로 읽고, ‘다스리다(治)’의 뜻이다.

27) “善里(理?)而句(後)樂生”은 곧 “예를 잘 다스린 후에야 樂이 생긴다”라는 것으로 ‘禮’-‘情’-‘樂’의 관계를 말하는 것이다. ≪禮記·樂記≫에서는 “樂이란 불가변적 정이다.”42)라 하였다.

28) ‘(牂)’자는 ‘爿’과 소리부 ‘羊’으로 이루어진 자이다. 劉釗≪郭店楚簡校釋≫은 ‘莊’자로 읽고, ‘莊重하다’·‘嚴肅하다’·‘恭敬하다’의 뜻이라 하였다.43) 사람의 ‘용모’·‘의태’를 가리킨다. ≪禮記·樂記≫에서는 “樂者也, 動於內者也; 禮也者, 動於外者也.”44)라 하였다. 이 중 禮를 ‘動於外’라 하였듯이, 예는 사람의 용모와 의태를 통해서 나타내지는 것이다. ≪禮記·冠義≫에서는 “凡人之所以爲人者, 禮義也. 禮義之始, 在於正容體, 齊顔色, 順辭令. 容體正, 顔色齊, 辭令順, 而後禮義備.”45)라 하였는데, 이 중 ‘容體正, 顔色齊’는 곧 ‘牂(莊)’을 말한다. 이외에도 ≪禮記·樂記≫는 “정중하고 공손하면 禮가 갖춰지게 된다.”라 했고, ≪禮記·祭義≫에서는 “예로서 몸을 다스리면 곧 정중하고 공손하게 되고, 정중하고 공손하면 곧 엄숙하고 위엄을 갖추게 된다.”라 하였다.46)

29) ‘’자는 ‘烏’자의 이체자이다. ≪郭店楚簡·五行≫은 ‘(於)’로 쓴다.47) ≪說文解字≫는 ‘(烏)’자의 고문을 ‘(綽)’와 ‘(於)’로 쓴다.

‘(毫)’자를 劉釗 ≪郭店楚簡校釋≫은 ‘度’로 읽었다.48) ‘度’는 ‘法度’나 ‘度量’의 뜻이다. ‘音樂’의 節奏는 반드시 音律에 맞아야 한다. ≪呂氏春秋·大樂≫에서는 “音樂之所由來者遠矣, 生於度量, 本於太一”49)라 하였다. ‘生於度量’은 곧 ‘生於度’와 같은 개념이다.

30) ‘(妻)’자는 ‘女’·‘屮’와 ‘又’로 이루어진 자이다. ≪說文解字≫는 ‘妻’자의 고문을 ‘(娄)’로 쓰고, 이 자는 ‘肖’와 ‘女’로 이루어진 자이며, 이 중 ‘肖’자는 ‘貴’자의 고문이라 하였다. 금문 중 ‘妻’자를 ≪冉父丁罍≫는 ‘’로 쓰고, ≪鑄叔皮父簋≫는 ‘’로 쓴다.50) 본 구절에서 ‘妻’자는 ‘齊’로 읽는다. ‘齊’자는 ‘莊重하다’나 ‘完備하다’의 뜻이 있다.

42) ≪禮記·樂記≫: “樂者也, 情之不可變者也.”

43) 劉釗, ≪郭店楚簡校釋≫, 189 쪽.

44) ≪禮記·樂記≫: “음악이라는 것은 내심에서 움직이는 것이고, 예라는 것은 밖에서 움직이는 것이다.”

45) ≪禮記·冠義≫에서는 “凡人之所以爲人者, 禮義也. 禮義之始, 在於正容體, 齊顔色, 順辭令. 容體正, 顔色齊, 辭令順, 而後禮義備.(이른바 사람이 사람노릇을 한다는 것이 곧 예의다. 예의의 시작은 용모를 바르게 하고, 안색을 변함없이 하며, 말을 순조롭게 하는데 있다. 용모가 바르고 안색이 변함이 없고, 말이 순하면 곧 예의가 갖추어지게 된다.)”

46) ≪禮記·樂記≫: “莊敬恭順, 禮之制也.(莊敬恭順하면 예가 갖춰지게 된다.)” ≪禮記·祭義≫: “致禮以治躬則莊敬, 莊敬則嚴威.(예로서 몸을 다스리면 곧 莊敬하게 되고, 莊敬하면 곧 嚴威하게 된다.)”

47) ≪楚系簡帛文字編≫, 377 쪽.

48) 劉釗, ≪郭店楚簡校釋≫, 189 쪽.

49) ≪呂氏春秋·大樂≫: “音樂之所由來者遠矣, 生於度量, 本於太一.(音樂의 근원은 매우 요원하다. 度量에서 생겨났으며, 太一(道)을 근본으로 한다.)”

50) ≪金文編≫, 793 쪽.

'(悪)'자는 의미부 '心'과 소리부 '霝'으로 이루어진 자로 '靈'자의 이체자이다. 본 구절에서는 '靈'·'霝'이나 '令'으로 읽는다. ≪廣雅·釋詁≫는 "靈, 善也."라 하였고, 王念孫≪廣雅疏證≫은 "≪書經·多士≫에서는 '丕靈承帝事'[51]라 하고, ≪書經·多方≫에서는 '不克靈承于族'[52]이라 하였는데, 이 중 '靈'자는 모두 '善'의 뜻이다. ≪鄘風·定之方中≫의 '靈雨旣零'[53] 구절에 대하여 鄭玄은 '靈'은 '善'의 의미다라 하였다. 또한 ≪尙書·盤庚下≫의 '弔由靈'[54] 구절에 대하여 ≪傳≫은 '霝'은 '善'을 뜻이다. ≪正義≫는 이러한 설명은 ≪爾雅·釋詁≫에 의한 것이라 하였다. ≪爾雅≫는 '靈'자를 '令'자로 쓴다. 즉 '靈'과 '令'자는 음이 같고 뜻이 같다."[55]라 하였다. '아름답다'·'훌륭하다'의 뜻이다.
'(戚)'은 '슬프다'·'悲哀'의 의미이다.

31) ''자는 '來'와 소리부 '母'로 이루어진 자이며, '每'자의 이체자이다.[56] '繁' 혹은 '煩'으로 읽는다. '번다하다'·'번잡하다'는 뜻이다.[57]
''자는 '言'과 소리구 '丏'으로 이루어진 '訶'자가 아닌가 한다. '丏'자를 ≪唐虞之道≫는 ''(27간)으로 쓴다.[58] ≪唐虞之道≫의 ''자를 ≪郭店楚墓竹簡≫ 정리보은 '完'자로 예정하고 있으나, 裘錫圭 案語는 '萬'자로 예정할 수 있고, '萬'자로 읽는다 하였다.[59] 그러나 형태로 보아 '丏'자가 옳을 것 같다. '丏'·'萬'자는 '慢'자의 음과 통한다. '慢'자는 '방자하다'·'절제하지 못하다'의 뜻이다.
옛사람들은 '禮'와 '樂'은 반드시 절제가 되어야지 지나쳐서는 안 된다고 여겼다. ≪禮記·樂記≫에서는 "큰 음악은 반드시 용이한 것이고, 큰 예절은 반드시 간략한 것이다"[60]라 하였다. '樂'이 일단 지나치면 '流'하고, '淫'하고, '慢'하게 되며, 반드시 슬픔에 이르게 된다. 따라서 '樂極生悲(음악 혹은 즐거움이 극에 달하면 필히 비애가 생긴다)'라는 개념도 같은 개념이다. '樂'이 '霝'(美善)하다는 것은 '禮'나 '樂'이 지나침을 의미한다.

32) '(易)'은 ≪易經≫을 가리킨다. 본 구절은 ≪易經≫은 '天道'와 '人道'를 모아 놓은 것이다라는 뜻이다.

33) '(恃)'자는 '心'과 '寺'로 이루어진 형성자이다. 裘錫圭 案語는 '志'나 혹은 '詩'로 읽는다 하였다.[61]

---

51) "하나님의 일을 크게 잘 받들다."
52) "종족들을 잘 보호해 주지 못하다."
53) "좋은 비가 부슬부슬 내리네."
54) "천명을 잘 따르다."
55) 王念孫≪廣雅疏證≫: "靈者, ≪多士≫云: '丕靈承帝事', ≪多方≫云: '不克靈承于族', 皆善也. ≪鄘風·定之方中≫篇: '靈雨旣零', 鄭箋云: '靈, 善也.' 又≪盤庚≫'弔由靈.' 傳云: '霝, 善也.' ≪正義≫以爲≪爾雅·釋詁≫文. 今≪爾雅≫靈作令, 則靈令同聲同意."
56) ≪楚系簡帛文字編≫, 59 쪽.
57) 劉釗, ≪郭店楚簡校釋≫, 189 쪽.
58) ≪楚系簡帛文字編≫, 801 쪽.
59) ≪郭店楚墓竹簡≫, 160 쪽, 注 33.
60) ≪禮記·樂記≫: "大樂必易, 大禮必簡."

34) 裘錫圭는 본 구절은 ≪書≫에 관한 내용이라 하였다.[62] 李零은 〔≪書≫, ㅁㅁㅁㅁ〕을 보충하였다.[63]

35) ‘(忞)’자는 ‘心’과 소리부 ‘女’로 이루어진 자로 ‘怒’자의 고문이다.

36) ‘(昚)’자는 ‘愼’자의 고문이다. ≪說文解字≫는 ‘(愼)’자의 고문을 ‘’으로 쓴다. 금문 중 ≪邾公華鐘≫은 ‘’으로 쓴다.[64]

37) ‘(恙)’자는 ‘心’과 소리부 ‘牂’으로 이루어진 자이다. 제 33간의 ‘牂’자와 같은 의미로 쓰인다. ‘莊’으로 읽는다.

38) ‘(頟)’자는 ‘頁’과 소리부 ‘色’으로 이루어진 자로 ‘色’의 번체자이다. ≪語叢一≫의 제 50간과 제 20간에서는 각각 ‘’·‘’으로 쓴다.[65]

39) ‘’자는 ‘聲’으로 읽는다. ‘(臭)’자는 ‘嗅’로 읽는다. 갑골문은 ‘臭’자를 ‘自(鼻)’와 ‘犬’인 ‘’으로 쓴다.

40) ‘(蟲)’자는 ‘蟲’과 소리부 ‘本’으로 이루어진 자로, ‘本’의 번체자이다. 혹은 ‘(畚)’으로 쓰기도 한다.[66]

41) ‘(卯)’자는 제 3간에도 보인다. ‘化’로 예정하고, ‘風俗’의 뜻으로 해석하기로 한다.[67]

42) ‘(絧)’자는 ‘糸’와 소리부 ‘司’로 이루어진 자로 ‘紿’자의 이체자이다. ‘始’로 읽는다. ‘紿’자의 상고음은 ‘dəɣ(之)’이고, ‘始’자는 ‘stʰjiəɣ(之)’로 서로 통한다.

43) ‘’자는 ‘䞓’자로 예정할 수 있으며 ‘色’자의 이체자이다. 혹은 ‘(頟)’으로 쓴다.[68]

44) ‘(䛐)’자는 ‘攴’과 소리부 ‘司(台)’로 이루어진 자이다. 裘錫圭는 ‘治’나 ‘司’로 읽는다 하였다.[69] ‘주관하다’는 뜻이다.

45) 裘錫圭는 ‘’자는 ‘睪’자의 간략형이거나 혹은 문맥으로 보아 ‘鼻’자를 잘못 쓴 것이라 하였다.[70] 여기에서는 ‘鼻’의 의미로 쓰인다.

46) ‘(志)’자 아래 합문부호 ‘-’가 있다. 裘錫圭는 ‘志, 心䛐’이나 혹은 ‘志, 心之䛐’로 읽어야 한다고 하였다.[71] 앞 구절의 형식이 ‘之’를 쓰지 않기 때문에 본 구절은 ‘志, 心䛐’로 이해할 수 있다.

---

61) ≪郭店楚墓竹簡≫, 200 쪽, 注6.
62) ≪郭店楚墓竹簡≫, 200 쪽, 注7.
63) 李零, ≪郭店楚簡校讀記≫, 160 쪽.
64) ≪金文編≫, 714 쪽.
65) ≪楚系簡帛文字編≫, 811 쪽.
66) ≪楚系簡帛文字編≫, 543 쪽.
67) 劉釗, ≪郭店楚簡校釋≫, 183 쪽.
68) ≪楚系簡帛文字編≫, 811 쪽.
69) ≪郭店楚墓竹簡≫, 200 쪽, 注8.
70) ≪郭店楚墓竹簡≫, 200 쪽, 注9.
71) ≪郭店楚墓竹簡≫, 200 쪽, 注11.

47) ‘(亡)’자는 ‘無’로 읽는다.

48) ‘(爲)’자는 ‘僞’로 읽는다.

49) ‘(爲)’자는 ‘인위적으로 하다’·‘故意로 억지고 하다’의 뜻으로 쓰인다. 본 구절에서는 모두 ‘僞’의 의미로 쓰인다.

50) 본 구절에서 ‘(正)’자는 ‘政’으로 읽는다.72)

51) ‘(肰)’자는 ‘虍’와 소리부 ‘肰’으로 이루어진 자로 ‘然’으로 읽는다. 본 구절에서는 ‘正確(정확하다)’ 혹은 ‘合適(적합하다)’의 의미로 쓰인다.

52) “正其肰而行怠安尒也” 구절은 “政其然而行, 治安尒也”로 읽을 수 있다.73) 제 67간에도 같은 내용이 보인다. 즉 ‘정치란 정당해야 그 안에 다스림이 있다’라는 뜻이다. 劉釗의 ≪郭店楚簡校釋≫에서는 ‘怠’는 ‘治’로, 安은 ‘焉’으로, ‘尒’는 ‘爾’로 읽었다.74)

53) ‘(正)’은 ‘政’으로 읽고, ‘政事’나 ‘政治’의 의미다. ‘(虘)’자는 ‘且’로 읽는다.75)

54) “正不達虘生虖不達其肰也” 구절은 “政不達, 且生乎不達其然也”로 읽을 수 있다.76)

55) 裘錫圭은 ‘=’자는 ‘學’자와 ‘教’자의 합문이며, 본 구절은 ‘學, 教其也’로 읽어야 한다 하였다.77)

56) ‘(型)’자는 ‘形’으로 읽는다. 뒷부분에 문자가 누락되어 전체적인 의미 파악이 어렵다. 劉釗는 제 62→24간으로 연결되는 내용으로 보고 ‘型’자를 ‘刑’자로 해석하고 이 ‘刑’이 ‘德’에서 나왔다는 의미로 해석하였다.78) 참고할 만하다.

57) ‘’자를 李零은 이 자의 왼쪽부분이 ‘敢’자의 일부형태와 같다하고, ‘嚴’으로 읽었다.79) 잠시 이를 따르기로 한다.

58) 제 59간과 내용이 같다. ‘(怠)’자는 ‘治’로 읽는다.

59) ‘(訴)’자를 裘錫圭는 ‘察’자로 읽었다.80) ≪語叢四≫의 제 8간의 ‘(數)’자의 왼쪽 부분과 유사하다. 초간에서 의미부가 ‘丵’인 경우는 ‘察’·‘淺’·‘竊’로 읽는다.

60) “(憍民旣)”는 “化民氣”로 읽을 수 있고 民情에 따라야 한다는 뜻이다. ≪孔子家語·禮運≫에서는 “이른바 천도를 달성하려면, 큰 보배와 같은 인정에 따라야 한다.”81)라 했다.

---

72) 劉釗, ≪郭店楚簡校釋≫은 부사인 ‘마땅히(當)’이란 의미로 보고 있으나,(192 쪽) 전후 문장 내용으로 보아 ‘政’으로 해석하는 것이 옳은 것 같다.
73) ≪郭店楚墓竹簡≫, 200 쪽, 注13.
74) 劉釗, ≪郭店楚簡校釋≫, 192 쪽.
75) ≪郭店楚墓竹簡≫, 200 쪽, 注13. 그러나 李零 ≪郭店楚簡校讀記≫(160 쪽)와 劉釗 ≪郭店楚簡校釋≫(192 쪽)은 ‘文’으로 읽고 있다. 문자의 형태로 보아 ‘且’로 읽는 것이 옳을 것 같다.
76) ≪郭店楚墓竹簡≫, 200 쪽, 注13.
77) ≪郭店楚墓竹簡≫, 200 쪽, 注14.
78) 劉釗, ≪郭店楚簡校釋≫, 181 쪽.
79) 李零, ≪郭店楚簡校讀記≫, 161 쪽.
80) ≪郭店楚墓竹簡≫, 200 쪽, 注15.

61) ‘(至)’자는 ‘識’로 읽는다. ‘표지’·‘표시’라는 뜻이다.

62) “亡勿(物)不勿(物), 虗(皆)至安(焉), 而亡非⺒(己)取之者” 구절은 ‘物’과 ‘性’의 관계를 이야기하는 것이 아닌가 한다. 즉 ‘格物致知’와 같은 것이다. 喜怒哀樂과 같은 七情六欲의 性은 모두 사물에 따라 움직이고, 사물에 이르면 감정을 느끼게 되고, 감정을 느끼면 흥이 일게 되는 것이다. ≪禮記·樂記≫에서는 “人心之動, 物使之然也.”[82]·“人生而靜, 天之性也; 感於物而動, 性之欲也. 物至知知, 然後好惡形焉”[83]·“夫物之感人無窮, 而人之好惡無節, 則是物至而人化物也.”[84]라 하였다. 따라서 ≪禮記·大學≫은 “物格而後知至”[85]라 했다. ≪郭店楚簡≫의 ≪性自命出≫에서도 “凡人唯(雖)又(有)眚(性), 心亡奠志, 走(待)勿(物)而句(後)⿰(作), 走(待)兌(悅)而句(後)行, 走(待)習而句(後)奠. 憙(喜)惹(怒)依(哀)悲之既(氣), 眚(性)也. 及其見於外, 則勿(物)取之也.”(제1-2간)[86], “好亞(惡), 眚(性)也. 所好所亞(惡), 勿(物)也.”[87], “凡眚(性)爲宔(主), 勿(物)取之也. 金石之又(有)聖(聲), □□□□□□唯(雖)又(有)眚(性), 心弗取不出.”[88]이라 하였다.

63) ‘’자는 李零은 ‘亡’으로 읽고, 제 111간과 연결되는 내용으로 보고 “悲亡其所也, 無非是【73】止也【111】”로 읽고 있다.[89] 즉 ‘비애와 죽음과 같은 슬픔이 있다면 이는 빠른 시일 내에 그치도록 해야 한다’로 해석할 수 있다. 그러나 현재는 확실히 알 수가 없기 때문에 정리본에 따라 배열하기로 한다.

‘亡’자를 일발적적으로 ‘’으로 쓰고, ‘作(乍)’자는 ‘’·‘’으로 쓴다. ‘’자는 자형으로 보아 ‘屮’와 ‘乍’로 이루어진 형성자 ‘苲’일 가능성이 높으나, ‘乍’와 ‘亡’의 자형이 비슷하여 잘못 쓸 수도 있다. 전체적인 문맥으로 보아 ‘屮’와 ‘亡’으로 이루어진 ‘芒’자일 가능성이 높다.

---

81) ≪孔子家語·禮運≫: “所以達天道, 順人情之大竇.”

82) “사람 마음의 움직임은 物이 그렇게 한 것이다.”

83) “사람의 마음은 태어 날 때부터 조용하고 침착한 것이며 그것이 천성인 것이다. 그러나 마음은 외물에 느끼고 움직여 가지가지로 작용하는 것이며 그것은 인욕인 것이다. 마음이 외물에 느끼거나 움직이면 知力이 작용해서 그 외물을 알며 그렇게 되면 好惡의 정이 발생하게 된다.”

84) “이른바 물질이 사람을 변화시키는 것이 무궁무진하니 사람의 호오(好惡)의 절도가 없게 되면 사람은 물건에 지배되어 天理가 없어지고 인욕이 왕성해진다.”

85) “물의 이치를 궁구한 후에야 마음의 지식이 지극해 진다.”

86) “사람은 모두가 동일한 ‘性’을 가지고 있다. 그러나 마음(心)이 사람의 의지를 결정할 수 있는 것은 아니다. 물질과 접촉을 한 후에 작용이 일어나는 것이고, 즐거움이 있어야 행하여지는 것이며, 습관이 되고 난 후에 정해지는 것이다. 즐거움·노함·애석함과 슬픔 등의 정신(勢)은 곧 ‘性’이다. 이 ‘性’은 물질과 접촉을 한 후에 외부로 발현되어지는 것이다.”

87) “이른바 좋아하고 싫어함은 곧 외계의 물질에서 비롯된 것이다. 선함과 선하지 않음 또한 ‘性’이다.”

88) “이른바 ‘性’이 주체가 되는데, 물질은 ‘性’을 취하여 발현되어진다. (이 과정에서 ‘心’은 중요한 관건이다.) 金石 악기가 만약에 두드리지 않는다면 소리를 내지 못하는 것과 같이, 사람에게는 비록 ‘性’이라는 것이 있지만, 마음(心)이 없으면 ‘性’이 취해지지 않는다.”

89) 李零, ≪郭店楚簡校讀記≫, 162 쪽.

64) 李零은 '(弗)'을 '費'자로 읽었다.[90]

65) '(逧)'자는 '辵'과 소리부 '谷'으로 이루어진 형성자이다. 劉釗는 '逧'자를 '御'로 읽고, '(𢜩)'자는 '寇'자로 추정하고, 전체적으로 ≪孫子≫"'窮寇勿追(궁극한 적은 쫓지 않는다)" 구절의 뜻에 가깝다 하였다.[91] 그러나 李零은 '　'자는 '迲'자의 이체자이고, '　'자는 '家'자와 관계가 있는 자라 하였다.[92]

그러나 지금은 확실히 알 수가 없다.

66) 李零은 〔厚于仁薄〕 네 자를 보충하였다.[93]

67) 裘錫圭는 '不尊' 두 자를 보충해야 한다 하였다.[94] 李零은 [別君] 두 자를 보충하였다.[95] 裘錫圭의 주장에 따라 해석하기로 한다.

68) "[厚於仁薄]於義罙(親)而[不尊]; 父, 又(有)罙(親)又(有)隮(尊); ……隮(尊)而不罙(親)." 구절은 ≪禮記·表記≫의 "厚於仁者薄於義, 親而不尊; 厚於義者薄於仁, 尊而不親."[96]의 내용과 같다.

69) "父, 又(有)罙(親)又(有)隮(尊)" 구절은 ≪孝經·士≫의 "고로 모친은 사랑하는 마음으로 모시고, 군주는 존경하는 마음으로 모시고, 부친은 이 모두를 가지고 모셔야 하는 것이다."[97] 내용과 비슷하다.

70) '人亡能爲'의 문장은 앞 구절이 파손되어 구체적인 뜻은 알 수 없으나, '(爲)'는 '僞'로 읽는 것이 아닌가한다.

71) '(𢡺)'자는 '心'과 '祭'聲으로 이루어진 형성자로 '察'로 읽는다.

72) 裘錫圭 案語는 '(𢡺)'자를 '察'로 읽고, '(埶)'자는 '勢'나 혹은 '藝'로 읽어야 한다하였다.[98] '勢'자는 '勢力'의 의미이며, '聖'은 '聲'의 의미로 쓰인다.

73) '(㝉)'자는 '賓'자의 이체자이다. ≪說文解字≫는 '賓'자에 대하여 "이른바 존경하는 자이다. 의미부 '貝'와 소리부 '㝉'으로 이루어진 형성자이다. 고문은 '(賨)로 쓴다."[99]라 하였다. '(青㢝)'는 '淸廟'로 읽는다. 종묘를 가리킨다. '(㢝)'자는 '廟'자의 이체자이다.[100]

90) 李零, ≪郭店楚簡校讀記≫, 161 쪽.
91) 劉釗, ≪郭店楚簡校釋≫, 197 쪽.
92) 李零, ≪郭店楚簡校讀記≫, 162 쪽.
93) 李零, ≪郭店楚簡校讀記≫, 160 쪽.
94) ≪郭店楚墓竹簡≫, 200 쪽, 注16.
95) 李零, ≪郭店楚簡校讀記≫, 161 쪽.
96) ≪禮記·表記≫: "厚於仁者薄於義, 親而不尊; 厚於義者薄於仁, 尊而不親."(인은 두터우나 의에 薄하면 친하나 존경하지 않고, 의에 두터우나 인에 薄하면 존경하니 친해지지는 않는다.)
97) ≪孝經·士≫: "故母取其愛, 而君取其敬, 兼之者父也."
98) ≪郭店楚墓竹簡≫, 200 쪽, 注16.
99) ≪說文解字≫: "所敬也. 从貝, 㝉聲. 賨, 古文."
100) ≪楚系簡帛文字編≫, 821 쪽.

‘(虔)’자는 ‘文’으로 읽는다. ‘겉치레·장식’의 뜻이다.

74) ‘(𡚁)’자는 ‘好’의 이체자이다. ‘아름답다’는 뜻이다. ≪上博楚簡·紂衣≫는 ‘’로 쓰고, ≪孔子詩論≫은 ‘’로 쓴다.[101]

75) “多𡚁者, 亡𡚁者也” 구절은 ≪老子≫의 “세상 사람들은 모두 아름답게 보이는 것을 아름다운 것으로 여기고 있지만, 그것을 추한 것일 수도 있다. 모두가 선하게 보이는 것을 선한 것으로 믿지만 그것은 선하지 않는 것일 수도 있다”(제2장)[102] 내용과 같다.

76) ‘(婁)’는 ‘數’로 읽고, ‘(聿)’은 ‘盡’으로 읽는다.[103]

77) “㤅(愛)膳(善)之胃(謂)𢀩(仁)” 구절은 ‘사랑하는 마음과 선한 마음을 인이라 한다’는 뜻이다. ‘’자는 ‘心’과 소리부 ‘旣’로 이루어진 형성자로 ‘愛’로 읽고, ‘’자는 ‘肉’과 소리부 ‘善’으로 이루어진 형성자로 ‘善’으로 읽는다. ≪說苑·貴德≫에서는 공자의 말을 인용하여 “큰 어짐이라 하는 것은 가까운 데를 보살펴 그 사랑이 먼 곳까지 미치게 하는 것이다. 그 사람이 서로 화목하지 못하는 곳까지 이를 수 있는 일이라면 小仁을 버리고 大仁을 택해야 한다. 大仁은 그 은혜가 四海에 미치지만 小仁은 그저 처자에서 끝나기 때문이다.”라 하고, ≪說苑·談叢≫에서는 “인이 있는 곳이면 천하 백성이 모두 이를 사랑하는 것이다.”[104]라 하였다.

78) ‘(槷)’자는 ‘臬(말뚝 얼, niè)’자와 같은 자이다. 본래는 ‘과녁’·‘표적’이라는 뜻이나 본 구절에서는 ‘법도’의 뜻으로 쓰인다.

79) ‘(峙)’자는 ‘土’와 소리부 ‘寺’로 이루어진 형성자이며, ‘詩’로 읽는다.[105]

80) ‘(又)’자는 ‘有’로 읽는다. ‘有’는 ‘物’의 생김을 말한다. ≪老子≫는 “명칭이 있는 것은 만물의 모체다.”[106]라 하였다.

81) 裘錫圭 案語는 ‘(卽)’은 ‘節’이나 ‘或’으로 읽고, ‘(虔)’자는 ‘度’나 혹은 ‘序’로 읽는다 하였다.[107] 본문은 문맥의 고려하여 ‘(卽)’자는 ‘節’로 읽고, ‘’자는 ‘文’으로 읽기로 한다.

82) “喪, 𢀩(仁)之耑(端)也”는 ‘喪禮는 인의 극단이다’라는 뜻이다. ≪禮記·禮器≫에서는 “喪禮는 忠의 극단적인 표현이다. 의복과 기물의 갖춤은 仁의 극치이다.”[108]라 하였다. ‘仁’은 즉 ‘愛人’이다.

83) “求者, 亡又(有)自逨(來)也”는 “求란 저절로 오는 것이 아니라 구해야 온다는 것이다.”라는 의미가

101) ≪楚系簡帛文字編≫, 1012 쪽.
102) ≪老子≫: “天下皆知美之爲美, 斯惡已. 皆知善之爲善, 斯不善已.”
103) ≪郭店楚墓竹簡≫, 200 쪽, 注19.
104) ≪說苑·貴德≫: “夫大仁者, 愛近以及遠, 及其有所不諧, 則虧小仁以就大仁. 大仁者, 恩及四海, 小仁者, 止於妻子.” ≪說苑·談叢≫: “仁之所在, 天下愛之.”
105) 劉釗, ≪郭店楚簡校釋≫, 183 쪽.
106) ≪老子≫: “有名, 萬物母.”
107) ≪郭店楚墓竹簡≫, 200 쪽, 注20.
108) ≪禮記·禮器≫: “喪禮, 忠之至也. 備服器, 仁之至也.”

아닌가 한다.

(悈)'자는 '心'과 소리부 '求'로 이루어진 형성자로 '求'로 읽고, '자는 의미부 '止'와 소리부 '來'로 이루어진 자로 '來'로 읽는다.

84) "(浧聖之胃聖)" 구절은 "盈聽之謂聲"으로 읽을 수 있다.[109]

85) ''자는 의미부 '金'과 소리부 '雚'으로 이루어진 형성자이다. 劉釗의 ≪郭店楚簡校釋≫에서는 '鑵'을 '권세'의 뜻인 '權'으로 읽었다.

''자는 ≪郭店楚墓竹簡≫ 정리본은 '䢼'자로 예정하였다. 劉釗는 이 자를 '遷'로 예정하고 '徙'자의 고문이라 하였다.[110] ≪說文解字≫는 '(辿)'자에 대하여 "'옮기다(迻)'의 의미. '辵'과 소리부 '止'로 이루어진 형성자이다. '徙'자자는 혹은 '彳'을 써서 '(征)'로 쓴다. '徙'자의 고문은 '(屎)'로 쓴다."[111]라 하였다. ≪包山楚簡≫은 '徙'자를 ''로 쓴다.[112] 형태상으로 보아 劉釗의 주장이 옳다. ≪郭店楚簡·六德≫은 '䢼'자를 ''로 쓰고, ≪上博楚簡·孔子詩論≫은 ''로 쓴다.[113]

86) '(迵)'자는 '辵'과 소리부 '同'으로 이루어진 형성자로, '通'의 이체자이다.

87) ''자를 ≪郭店楚墓竹簡≫ 정리본은 '弆'로 예정하였으나, 가운데 부분 '丰'이 소리부가 아닌가 한다. 李零은 '豐'자로 읽었다.[114]

''자를 ≪郭店楚墓竹簡≫ 정리본은 '㚔'자로 예정하고 있으나, 이 자는 '布'로 예정할 수 있다. '布'자는 '殺'자의 고문이다. ≪說文解字≫는 '(殺)'자의 고문을 '(𢼛)'·'(㪇)'·'(布)'로 쓴다. ≪禮記·禮運≫에서는 "故禮之不同也, 不豐也, 不殺也."[115]라 하였다.

88) ''자를 裘錫圭 案語는 '澹'자의 이체자라 하며, '譫(헛소리 섬, tà,zhé,zhàn)'자로 읽었다.[116] '헛소리'·'실없는 소리'·'잔소리'의 뜻이다.

89) ''자를 ≪郭店楚墓竹簡≫정리본은 '穎'자로 예정하고 있으나, 裘錫圭는 '䫩'로 예정하고 '色'으로 읽었다.[117] '頁'과 소리부 '色'으로 이루어진 자로 '色'의 번체자이다. ≪語叢一≫의 제 38, 50간, 20간에서는 각각 '(䫩)'·''·''으로 쓴다.[118]

109) 李零, ≪郭店楚簡校讀記≫, 159 쪽
110) 劉釗, ≪郭店楚簡校釋≫, 183 쪽.
111) ≪說文解字≫: "辿, 迻也. 从辵, 止聲. 征, 徙或从彳. 屎, 古文徙."
112) ≪楚系簡帛文字編≫, 156 쪽.
113) ≪楚系簡帛文字編≫, 129 쪽.
114) 李零, ≪郭店楚簡校讀記≫, 159 쪽.
115) "그런 고로 귀천의 차이가 있는 경우에 예는 같지 않으며, 검소한 것을 좇아서 할 경우에는 풍부하게 하지 않으며, 융숭하게 해야 할 곳에는 강쇄하지 않는다."
116) ≪郭店楚墓竹簡≫, 200 쪽, 注21.
117) ≪郭店楚墓竹簡≫, 200 쪽, 注22.

90) '(疾)'자는 '맹렬하다'·'급박하다'의 뜻이다.

91) '([illegible])'자는 '아직 인식할 수 없는 자다.

118) ≪楚系簡帛文字編≫, 811 쪽.

② 《語叢二》

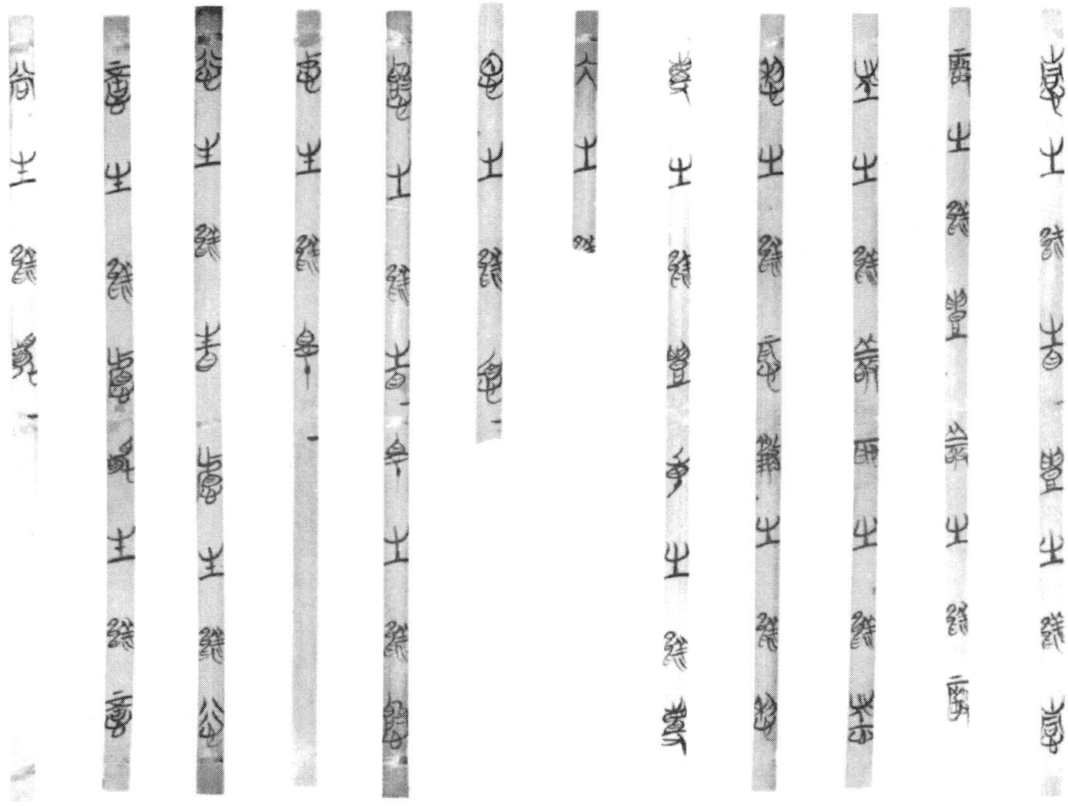

一三 一二 一〇 九 八 七 六 五 四 三 二 一

一三 一四 一五 一六 一七 一八 一九 二〇 二一 二二 二三 二四

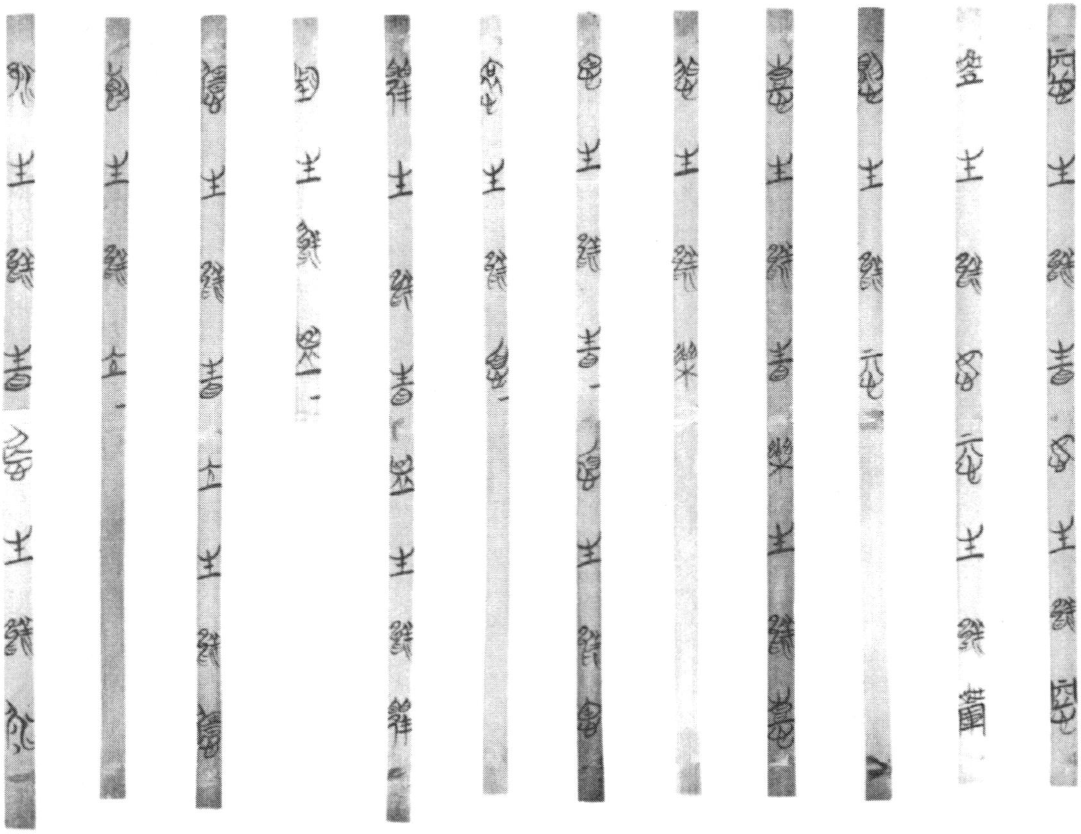

三六 三五 三四 三三 三二 三一 三〇 二九 二八 二七 二六 二五

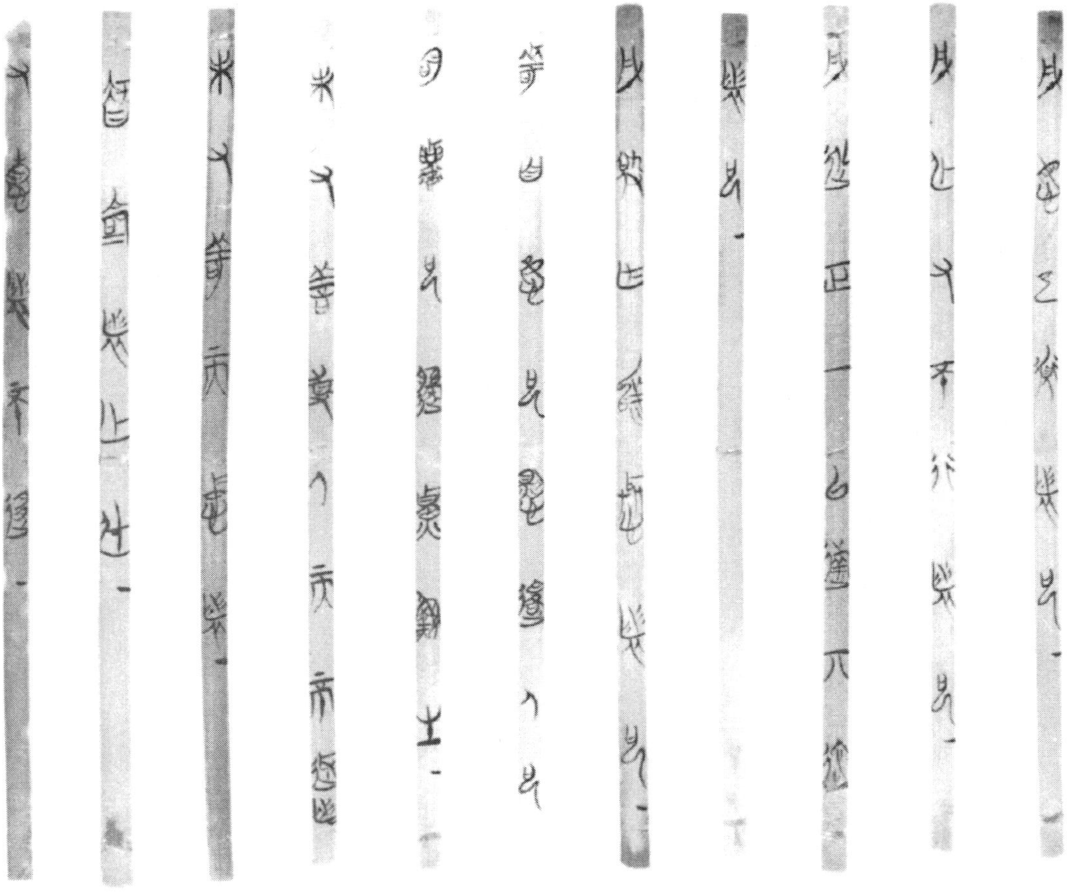

三八 三九 四〇 四一 四二 四三 四四 四五 四六 四七 四八

五四 五三 五二 五一 五〇 四九

【語叢二】

≪語叢二≫는 유가문헌이다. 竹簡은 모두 54매이고, 문자는 모두 344자이며, 길이는 15.1-15.2센티미터이고, 세 곳을 묶은 흔적(編線)이 있다. 分段 부호와 句讀 부호는 짧은 가로선으로 되어 있다. 篇章 부호와 重文·合文 부호는 없다.

내용은 격언어구를 형식으로 되어 있으며, 性理論에 관한 것이다. ≪性自命出≫과 내용이 유사하다. ≪性自命出≫에서 언급하고 있는 '性'과 '情'의 관계에 대하여 좀 더 상세하게 기술하고 있다.

≪語叢二≫는 인간의 情, 愛, 欲, 智, 慈, 惡, 喜, 慍, 懼, 强, 弱 등 열한 가지 '情'은 '性'을 근원으로 하고 있으며, 이 '情'에서 파생해 나온 제2의 정감은 다시 행위의 규범을 거쳐 '道'가 된다고 하였다. "사랑은 性에서 나고, 親은 사랑에서 나고, 忠은 親에서 난다."[119]라 하였다. '親'에서 나온 '忠'은 六德('聖·智·仁·義·忠·信) 중의 하나이며, 인간에 대한 일종의 도덕적 요구에 해당된다.

이밖에도 '欲'의 다섯 가지 '情'과 여기에서 파생한 정감에 대해서도 서술하고 있다.

또한 사자성어 중의 하나인 "悲生於樂"[120]가 언급되어 있다.

[原文] [語叢二]

情生於眚(性),① 豊(禮)生於情,② 【1】 厰(嚴)生於豊(禮),③ 敬生於厰(嚴) 【2】, 㠯(望)生於敬, 恥生於㠯(望) 【3】 ④, 悡生於恥,⑤ 㲋生於悡. 【4】 ⑥

情感은 천성에서 나오고, 예의는 정감에서 나오고, 위엄은 예의에서 나오고, 공경은 위엄에서 나오고, 책망은 공경에서 나오고, 부끄러움은 책망에서 나오고, 원한은 부끄러움에서 나오고, 불만은 원한에서 나온다.

𠭁生於豊(禮), 專生於𠭁.⑦ 【5】

節文은 예에서 나오고 博識함은 節文에서 생긴다.

大生於……⑧ 【6】

大는 (性에서 나왔다.)

怨生於㥑(憂).⑨ 【7】

원한은 근심에서 생긴다.

---

119) "㤅(愛)生於眚(性), 睪(親)生於㤅(愛), 忠生於睪(親)."(仁愛는 천성에서 나와 이루어지고, 親情은 仁愛에서 나와 이루어지고, 忠信은 親情에서 나와 이루어진다.)(제 8-9간)

120) "슬픔은 즐거움에서 생긴다"(悲生於樂)(제 29간). "즐거움 끝에는 슬픈 일이 생긴다"(樂極生悲).

㤅(愛)生於眚(性), 䇂(親)生於㤅(愛),[⑩] 【8】 忠生於䇂(親). 【9】

仁愛는 천성에서 나와 이루어지고, 親情은 仁愛에서 나와 이루어지고, 忠信은 親情에서 나와 이루어진다.

忩(欲)生於眚(性), 慮生於忩(欲),[⑪] 【10】 悟生於慮,[⑫] 静生於悟,[⑬] 【11】 尙生於静.[⑭] 【12】

욕망은 천성에서 나와 이루어지고, 모략은 욕망에서 나와 이루어지고, 배반은 욕망에서 나와 이루어지고, 쟁탈은 배반에서 나와 이루어지고, 편애는 쟁탈에서 나와 이루어진다.

㤐(念)生於忩(欲),[⑮] 伓生於念,[⑯] 【13】 㥩生於伓.[⑰] 【14】

탐욕은 욕망에서 나오고, 배반은 탐욕에서 나오고, 불안은 배반에서 나온다.

㥶生於忩(欲),[⑱] 吁生於㥶[⑲] 【15】 忘生於吁[⑳]. 【16】 [㉑]

속임은 욕망에서 나오고, 詭辯은 속임에서 나오고, 광란은 궤변에서 나온다.

浸生於忩(欲),[㉒] 恧生於浸,[㉓] 【17】 逃生於恧 【18】

침범하는 것은 욕망에서 나오고, 부끄럽게 생각하는 것은 침범에서 나오고, 도망가는 것은 부끄럽게 생각하는데서 나온다.

返生於忩(欲),[㉔] 㣈生於返.[㉕] 【19】

조급함은 욕망에서 나오고 거역함은 조급함에서 나온다.

智生於眚(性), 卯生於智,[㉖] 【20】 敓生於卯,[㉗] 㱽生於敓 【21】, 從生於㱽.[㉘] 【22】

지혜는 천성에서 나오고, 변화는 지혜에서 나오며, 희열은 변화에서 나오며, 좋아하는 것은 희열에서 나오며, 순종은 좋아하는데서 나온다.

子生於眚(性),[㉙] 易生於子[㉚] 【23】, 希生於易, 容生於希.[㉛] 【24】

자애로움은 천성에서 나오고, 和易는 자애로움에서 나오고, 정직은 和易에서 나오고, 관용은 정직에서 나온다.

惡生於眚(性),[㉜] 忞(怒)生於惡, 【25】 乘生於忞(怒),[㉝] 惎生於𨌒(乘),[㉞] 【26】 㥶生於惎.[㉟] 【27】

증오는 천성에서 나오고, 분노는 증오에서 나오고, 강함을 다투고 지려 하지 않는 것은 분노에서 생기고, 질투는 업신여기기 때문에 생기고, 상해는 질투하여 미워하는데서 생긴다.

憙(喜)生於眚(性),[36] 樂生於憙(喜)【28】, 悲生於樂.[37]【29】
환희는 천성에서 나오고, 쾌락은 환희에서 나오고, 슬프고 마음이 아픈 것은 쾌락에서 생긴다.

恩生於眚(性), 㥑(憂)生于恩,[38]【30】 㥞(哀)生於憂.[39]【31】
원한은 천성에서 나오고, 우수는 원한에서 나오고, 비애는 우수에서 나온다.

瞿生於眚(性),[40] 監生於瞿,[41]【32】 望生於監.[42]【33】
두려움은 천성에서 생기고, 탐욕은 두려움에서 생기고, 원한은 탐욕에서 생긴다.

彊生於眚(性),[43] 立生於彊,[44]【34】 剆生於立.[45]【35】
강인함은 천성에서 나오고, 성취는 강인함에서 나오고, 결단은 성취에서 나온다.

䏌生於眚(性),[46] 㤩(疑)生於休[47]【36】, 北生於㤩(疑).[48]【37】
연약함은 천성에서 나오고, 의심이 많은 것은 나약함에서 나오고, 실패는 의심이 많은데서 나온다.

凡悔,[49] 已衜(道)者也.【38】
계략은 이미 道이다.(문맥을 이해할 수 없어 잠시 임의적으로 해석한다.)

凡𠨭,[50] 又(有)不行者也.【39】
무릇 자기 의견을 견지하는 사람은, 모두 통하지 않는 것이 있다.

凡𨒅(過)正一, 以遊(失)其迱(它)【40】者也.【41】
잘못을 지적하여 바르게 잡으면 다른 것을 잃어버린 것이다.

凡敓, 乍(作)於譽者也.[51]【42】爭,[52] 自忍也.[53] 惻, 退人也.【43】名, 婁也.[54] 繇(由)鼑鯀生.[55]【44】
무릇 희열은 모두 칭찬에서 일어난다. 허풍 떨고 큰 소리 하는 사람은 스스로 즐거워하고, 악독함은 사람을 멀리 떠나게 한다. 命名은 여러 가지가 있다.

未又(有)善事人而不返者.【45】未又(有)爭而忠者.【46】智(知)命者亡𠨭.【47】
善으로 사람을 대하여 보답을 받지 못하는 사람은 없으며, 궤변하지 않는 자는 忠實되며, 천명을 아는 자는 자기 의견만을 고집하지 않는다.

又(有)悳(德)者不逡.[56] 【48】
덕행이 있는 사람은 자기의 信心을 바꾸지 않는다.

悷(疑)取再. 【49】
의심하면 여러 차례 선택하게 된다.

毋(毋)遊(失)虐(吾)埶此埶得矣.[57] 【50】
나의 세력과 이익을 잃지 말아야, 세력과 이익을 곧 얻는다.

少不忍伐大埶.[58] 【51】
작은 것을 참지 않으면 큰 세력을 손상시키게 된다.

其所之同, 其行者異. 【52】 又(有)行而〈而〉不邎(由),[59] 又(有)邎(由)而 【53】 不行. 【54】
목표가 같으나 수단이 같지 않을 수 있다. 실행하더라도 인도하지 않는 것이 있고, 인도하더라도 실행하지 않는 것이 있다.

【註解】

1) '(眚)'자는 '性'자의 이체자이다. '靑(情)生於眚(性)'은 ≪性自命出≫(제3간)에도 보인다.
2) '禮生於情'은 '예는 사람의 감정에서 생긴다'는 것이다. ≪禮記·坊記≫에서는 "예란 사람의 감정에 따라 절문을 만들어 백성들을 막는 것으로 삼는다'"121)라 하였다.
3) '(厰)'자는 '厂'과 소리부 '敢'으로 이루어진 형성자로 '嚴'자의 이체자이다. 금문 중 ≪士夫鐘≫은 ''으로 쓴다.122) '위엄'이라는 뜻이다. ≪說文解字≫는 '(嚴)'자에 대하여 "'긴급하게 명령을 내리다'의 의미. '吅'과 '厰'聲으로 이루어진 형성자이다. 고문은 '(𠑹)'으로 쓴다."123)라 하였다. ≪郭店楚簡·五行≫은 ''으로 쓴다.124)
4) '(𡈼)'자는 '望'자의 이체자이다. 본 구절에서는 '책망'의 뜻으로 쓰인다. ≪史記·外戚世家≫의 "景帝以故望之"125)라는 구절에 대하여 司馬貞은 ≪索隱≫에서 "'望'자는 '責望하다'의 뜻으로 원망함을 말한다."126)라 하였다. '(𢘽)'자는 '心'을 추가하여 쓰고 있다. 책망은 사람의 심리적인 것과 관련이

121) ≪禮記·坊記≫: "禮者, 因人之情而爲之節文, 以爲民坊者也."
122) ≪金文編≫, 76 쪽, 560 쪽.
123) ≪說文解字≫: "教命急也. 从吅, 厰聲. 𠑹, 古文."
124) ≪楚系簡帛文字編≫, 126 쪽.
125) "경제는 그래서 원망하였다."

있기 때문에 '心'을 추가한 것으로 보인다.

5) '(㤅)'자는 '𢡃'자와 같은 자이다.[127] ≪說文解字≫는 '(𢡃)'자에 대하여 "'원망하다'의 뜻. '心'과 소리부 '黎'로 이루어진 형성자이다. 혹은 '태만하다'의 뜻이다."[128]라 하였다.

6) ''자는 '攴'과 소리부 '兼'으로 이루어진 자로 '㪠'자로 예정할 수 있다. 裘錫圭는 이 자에 대하여 '兼'자를 잘못 쓴 자로 '廉'으로 읽는다 하였다.[129] '廉'자는 '慊'자와 통한다. '원한'·'불만'의 뜻이다.[130]

7) 裘錫圭는 '(㡯)'자는 '度'나 '序'로 읽을 수 있다 하였다.[131] 그러나 '閔'자의 古文으로 보고 '文'으로 읽기도 한다.[132] '節文'은 예의에 관한 규정이다. 혹은 '文'은 禮樂제도의 화려한 문식적 꾸밈을 가리킨다. ≪禮記·樂記≫에서는 "禮減而進, 以進爲文; 樂盈而文, 以反爲文."[133]이라 하였다.

'(尃)'자는 '博'으로 읽는다. '광범위하고 보편적이다'라는 뜻이다. ≪論語·雍也≫에서는 "君子博學於文, 約之以禮, 亦可以弗畔矣夫!."[134]라 하였다.

8) "大生𢇍……" 구절은 파손되어 내용을 잘 알 수 없으나, '於'자 다음 자는 문맥으로 보아 '眚(性)'일 가능성이 있다.

9) 裘錫圭는 '(𢙍)'자는 '慍'으로 읽는다 하였다.[135] '원한'의 뜻이다. ''자는 '憂'자의 이체자이다.

10) '𡦹(親)生於𢜔(愛)'는 '친정은 仁愛에서 나온다'는 뜻이다. ≪禮記·哀公問≫에서는 "弗愛不親, 弗敬不正. 愛與敬, 其政之本與."[136]라 하고, ≪禮記·祭義≫에서는 "立愛自親始."[137]라 하였다.

11) '(㣖)'자는 '心'과 '𠔌(谷)'으로 이루어진 형성자이다. '欲'으로 읽는다.

'(慮)'자는 '꾀하다'·'도모하다'의 뜻이다.

12) '(倍)'자는 '心'과 소리부 '音'로 이루어진 형성자로 '倍'로 읽는다. '背叛하다'의 뜻이다. ≪禮記·大學≫에서는 "上老老而民興孝, 上長長而民興弟, 上恤孤而民不倍, 是以君子有挈矩之道也."[138]라 하

126) ≪索隱≫: "望, 猶責望, 謂恨之也."
127) ≪楚系簡帛文字編≫, 919 쪽.
128) ≪說文解字≫: "𢡃, 恨也. 从心, 黎聲. 一曰怠也."
129) ≪郭店楚墓竹簡≫, 205 쪽, 注 1.
130) 劉釗, ≪郭店楚簡校釋≫, 201 쪽.
131) ≪郭店楚墓竹簡≫, 206 쪽, 注 2.
132) ≪楚系簡帛文字編≫, 994 쪽.
133) "예의를 행하는 열의가 결여 되었을 때에는 예의가 형식에 머물러서 정신을 잃고, 음악에 억제가 결하며 방종에 떨어져 조화를 잃는다."
134) "군자가 문에 대하여 널리 배우고 요약하기를 예로써 한다면, 또한 도에 어긋나지 않을 것이다."
135) ≪郭店楚墓竹簡≫, 206 쪽, 注 3.
136) "사랑하지 않으면 친하지 않고, 친하지 않으면 바르지 못한 것이다. 사람과 공경은 정치의 근본이 되는 것이다."
137) "사랑의 세움은 친정에서 시작되는 것이다."
138) ≪禮記·大學≫: "윗자리에 있는 사람이 늙은이를 늙은이로 모시면 백성들 사이에 효성스러운 기풍이 일어나고, 윗자리에 있는 사람이 年長者를 연장자로 받들면 백성들 사이에 우애하는 기풍이 일어나고, 윗자리에

였다.

13) 裘錫圭는 ‘(靜)’자는 ‘爭’으로 읽었다.[139]

14) 裘錫圭는 ‘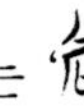(尙)’자는 ‘黨’자로 읽었다.[140] ‘偏私(두둔하다, 사정을 봐주다)’의 뜻이다.

15) ‘(念)’자는 ‘心’과 소리부 ‘含’으로 이루어진 형성자이다. ≪郭店楚墓竹簡≫정리본은 ‘念’으로 읽고 있다. 하지만 본 구절에서 ‘念’자는 ‘貪’으로 읽는 것이 아닌가 한다. ‘탐욕’이라는 의미이다.

16) ‘(伓)’자는 ‘倍’자의 初文으로 ‘負’로 읽는다. ‘배반하다’의 의미이다. ‘(念)’은 ‘탐욕하다’의 뜻이다.

17) ‘’자를 ‘冢’자의 이체자가 아닌가 한다.[141] ‘冢’자를 ≪包山楚簡≫은 ‘’으로, ≪望山楚簡≫은 ‘’으로 쓴다.[142] 본 구절에서는 ‘憧’으로 읽는다. ‘(憧)’자에 대하여 ≪說文解字≫는 “‘마음이 정해지지 않다’라는 의미”[143]라 하였다.

18) ‘(楥)’자는 ‘諼’자로 읽는다. ≪說文解字≫는 ‘(諼)’자에 대하여 “‘속이다’의 의미. ‘言’과 소리부 ‘爰’으로 이루어진 형성자이다”라 하였고, ≪廣雅·釋詁二≫에서는 “‘諼’은 ‘기만하다(欺)’의 뜻이다”라 하였다.[144]

19) ‘(吁)’자는 ‘訏’자로 읽는다. ≪說文解字≫에서는 ‘(訏)’자에 대하여 “‘속이고 기만하다’의 의미. ‘言’과 소리부 ‘于’로 이루어진 형성자이다”[145]라 하였다.

20) ‘(忘)’자는 ‘妄’자로 읽는다. ‘망령되다’·‘광란하다’의 뜻이다.

21) ≪郭店楚簡書法選≫은 ≪語叢三≫의 7쪽과 8쪽에서 죽간 13간과 15간을 바꾸어 예정하였다.

22) ‘(濡)’자는 ‘浸’자와 같은 자이다.[146] ‘侵’으로 읽는다. ‘침범하다’는 뜻이다. ≪說文解字≫는 ‘浸’자를 ‘濅()’으로 쓴다. ≪說文解字注≫는 ‘濅’자는 예서에서 ‘浸’으로 쓴다 하였다.

23) ‘’자는 ‘心’과 ‘而’로 이루어진 형성자이다. ‘恧(부끄러울 육, nǜ)’자는 ‘부끄럽다’는 뜻이다.

24) ‘’자를 ≪郭店楚墓竹簡≫정리본은 ‘退’자로 예정하였다.[147] ‘及’자의 이체자가 아닌가 한다.[148] 李零은 ‘急’으로 읽었다.[149]

있는 사람이 孤兒를 긍휼히 여기면 백성들이 배반하지 않는다. 그러한 까닭에 군자는 尺度로 살펴보는 방법을 가지고 있는 것이다.”

139) ≪郭店楚墓竹簡≫, 206 쪽, 注 4.

140) ≪郭店楚墓竹簡≫, 206 쪽, 注 5.

141) 劉釗, ≪郭店楚簡校釋≫, 204 쪽.

142) ≪楚系簡帛文字編≫, 815 쪽.

143) ≪說文解字≫: “意不定也.”

144) ≪說文解字≫: “諼, 詐也. 从言, 爰聲.” ≪廣雅·釋詁二≫: “諼, 欺也.”

145) ≪說文解字≫: “訏, 詭譌也. 从言, 于聲.”

146) ≪楚系簡帛文字編≫, 940 쪽.

147) 劉釗, ≪郭店楚簡校釋≫, 204 쪽. 劉釗는 ‘逮’로 예정하고 ‘隸(방자할 퇴{느슨할 대})’자로 읽었다.

148) ≪楚系簡帛文字編≫, 282 쪽.

149) 李零, ≪郭店楚簡校讀記≫, 171 쪽.

25) ‘’자를 李零은 ‘察’자로 읽고,[150] 劉釗 ≪郭店楚簡校釋≫은 ‘察’로 예정하고 ‘logo’자로 읽었다.[151] 전후 문맥으로 보아 ‘㥄(해칠 잔)’으로 읽기로 한다. ≪集韻≫은 ‘㥄(해칠 잔)’은 ‘忮(해칠 기 zhì)’의 의미라 하였다. ‘해치다’·‘거역하다’·‘고집스럽다’·‘사납다’의 뜻이다.

26) ‘’자를 ≪郭店楚墓竹簡≫은 ‘卯’자로 예정하고 있으나, 초간에 자주 보이는 자로 ‘化’자로 예정할 수 있다. ‘변화하다’·‘순조롭다’·‘모방하다’의 뜻으로 쓰인다. ≪呂氏春秋·仲夏紀·大樂≫에서는 “天下泰平, 萬物安寧, 皆化其上.”[152]이라 하였다.

27) ‘(敓)’자는 ‘攴’과 소리부 ‘兑’로 이루어진 형성자로 ‘悅’로 읽는다. ‘희열’의 뜻이다.

28) ‘(㚤)’자는 ‘好’자의 이체자이다.[153]

29) 裘錫圭는 ‘(子)’자는 ‘慈’로 읽는다 하였다.[154] ‘子愛’는 ‘慈愛’의 뜻이다.

30) ‘(易)’는 ‘온화하고 상냥하다(和易)’의 ‘易’이다. ≪禮記·樂記≫에서는 “君子曰: 禮樂不可斯須去身. 致樂以治心, 則易直子諒之心油然生矣.”[155]라 하였는데, 이 중 ‘子’자는 ‘慈子諒’의 뜻이다.

31) ‘(希)’자는 ‘肆’로 읽는다. ‘肆’는 ‘정직하다’는 뜻이다.[156] ≪說文解字≫는 ‘(希)’자의 고문을 ‘(𢑏)’로 쓰고 籒文을 ‘(㣇)’로 쓰고 음은 ‘弟’와 같다하였다. ≪周易·繫辭下≫의 “其言曲而中, 其事肆而隱” 구절에 대하여 李鼎祚는 “肆, 直也”라 하였다.[157]

32) ‘(惡)’자는 ‘증오하다’의 뜻으로 쓰인다. ≪論語·里仁≫에서는 “唯仁者, 能好人, 能惡人”라 하였다.[158]

33) ‘(乘)’자는 ‘勝’으로 읽는다. ‘勝’은 ‘초과하다’·‘강하다’의 뜻이다. ≪說文解字≫는 ‘(乘)’자의 고문을 ‘(㞋)’으로 쓴다.

34) ‘(惎)’자는 ‘心’과 소리부 ‘亓(其)’로 이루어진 형성자로 ‘忌’로 읽는다. ‘미워하다’·‘질투하다’의 뜻이다. ≪小爾雅·廣言≫에서는 “‘惎(해칠 기, jì)’는 ‘忌(꺼릴 기, jì)’也”[159]라 하였다. ‘’자는 ‘車’와 소리부 ‘乘’으로 이루어진 형성자이다. ‘乘’은 ‘업신여기다’의 뜻이다.

35) ‘(惻)’자는 ‘賊’자로 읽는다.[160] ‘해를 입히다’의 뜻이다.

150) 李零, ≪郭店楚簡校讀記≫, 171 쪽.
151) 劉釗, ≪郭店楚簡校釋≫, 205 쪽.
152) “천하가 태평하면 만물이 편안해지고 모두 위로부터 감화를 받는다.”
153) ≪楚系簡帛文字編≫, 1012 쪽.
154) ≪郭店楚墓竹簡≫, 206 쪽, 注 6.
155) “예악은 잠시라도 몸에서 떼어 놓아서는 안 된다. 음악을 익히고 그에 의해 마음을 편안하게 갖도록 노력하면 정직하고 양순한 기분이 자연히 솟아나오는 것이다.”
156) ≪郭店楚墓竹簡≫, 206 쪽, 注 6.
157) ≪周易·繫辭下≫: “其言曲而中, 其事肆而隱.”(그 말은 간곡하여 들어맞고 그 일은 정직하면서 은밀하다.) 李鼎祚: “肆, 直也.”(‘肆’은 ‘정직하다’의 뜻이다.)
158) ≪論語·里仁≫: “唯仁者, 能好人, 能惡人.”(오직 인한 자만이 능히 사람을 좋아할 수 있고 싫어할 수 있다.)
159) ≪小爾雅·廣言≫: “惎, 忌也.”

36) ‘(憙)’자는 ‘心’과 소리부 ‘壴(喜)’로 이루어진 자로 ‘喜’로 읽는다.

37) “悲生於樂”은 “즐거움이 극에 달하면 슬픔이 생긴다(樂極生悲)”의 뜻이다. ≪性自命出≫에서는 “至樂必悲”(제29간)[161]라 하였다.

38) ‘(恩)’자는 ‘慍(성낼 온, yùn,wěn)’자와 같은 자이다. ‘원한’의 뜻이다. ‘(㥑)’자는 ‘憂’자와 같은 자이다.

39) ‘’자는 ‘心’과 소리부 ‘哀’로 이루어진 형성자이다. ‘哀’로 읽는다. ‘(㥑)’자는 ‘憂’자와 같은 자이다.

40) ‘(瞿)’자는 ‘懼’로 읽는다.

41) ‘(監)’자는 ‘懢(즐길 람, lán)’으로 읽는다. ‘탐욕’의 뜻이다.

42) ‘(望)’자는 ‘怨望하다’의 뜻으로 쓰인다.

43) ‘(𢣪)’자는 ‘心’과 소리부 ‘畺’으로 이루어진 형성자로 ‘强’으로 읽는다. ‘강대하다’·‘굳세다’의 뜻이다.[162]

44) ‘(立)’은 ‘공적’이나 ‘성취하다’의 뜻이다. ≪廣雅·釋詁三≫에서는 “‘立’은 ‘이루다(就)’의 뜻이다”[163]라 하였다.

45) ‘(𠜸)’자는 ‘斷’자의 古文이다.[164] ‘결재하다’나 ‘결정하다’의 뜻이다. ≪說文解字≫는 ‘斷(㫁)’자의 고문을 ‘(㔷)’이나 ‘(剸)’으로 쓰고, 또한 ‘叀’자는 ‘叀’자의 고문이라 하였다.

46) ‘(𣳾)’자는 ‘(休)’자의 변형체이다.[165] ≪說文解字≫는 ‘休’자에 대하여 “‘물에 빠지다’의 의미. ‘水’과 ‘人’로 이루어진 회의자이다. 음은 ‘溺’자와 같다”[166]라 하였다. ‘休’자는 ‘溺’자와 같은 자이다.[167] 段玉裁 ≪說文解字注≫는 “‘休’자는 ‘물에 빠지다’의 의미의 본자이다. 古今 이체자이다.”[168]라 하였다. 본 구절에서는 ‘弱’으로 읽는다.

47) ‘(㤂)’자는 ‘心’과 소리부 ‘矣’로 이루어진 형성자로 ‘疑’로 읽는다.

48) ‘(北)’자는 ‘敗北’의 ‘北’의 뜻으로 쓰인다.[169]

49) ‘(悔)’자는 ‘悔’나 ‘謀’자로 읽는다.[170]

---

160) ≪郭店楚墓竹簡≫, 206 쪽, 注 7.
161) “기쁨(樂)이 극에 달하면 반드시 슬픔이 생겨나는 것이다.”
162) ≪郭店楚墓竹簡≫, 206 쪽, 注 9.
163) ≪廣雅·釋詁三≫: “立, 就也.”
164) ≪郭店楚墓竹簡≫, 206 쪽, 注 8.
165) ≪楚系簡帛文字編≫, 944 쪽.
166) ≪說文解字≫: “沒也, 從水從人. 讀與溺同.”
167) ≪郭店楚墓竹簡≫, 206 쪽, 注 9.
168) ≪說文解字注≫: “此沈溺之本字也. 古今異字耳.”
169) ≪郭店楚墓竹簡≫, 206 쪽, 注 9.

50) ''자를 '咎'로 해석하기도 하나, 문맥이 통하지 않는다. 劉釗는 '𠀁'자로 예정하고 '必'자로 읽었다.[171] ≪唐虞之道≫는 '𠀁'자를 ''로 쓰고, '必'로 읽는다. '반드시 자신의 의견을 견지하다'의 뜻이다. 형태상 차이가 있으나, 잠시 劉釗의 주장에 따라 해석하기로 한다.

51) '(�)'자는 의미부 '心'과 소리부 '與'로 이루어진 형성자이며, '與'로 읽는다. 본 구절에서는 '칭찬하다'의 뜻으로 쓰인다.

52) '(𢘋)'자는 '雩'나 '嘩'로 예정할 수 있고 '華'로 읽는다.[172] '華'자는 '譁'자와 통하며, '과장하다'·'허풍치다'의 뜻이다.

53) '(㤅)'자는 '心'과 소리부 '晏'의 생략형으로 이루어진 형성자이며, '安'으로 읽는다.

54) '(婁)'자는 '數'로 읽는다. '婁'자를 ≪包山楚簡≫은 ''로 쓰고, ≪上博楚簡·容成氏≫는 ''로 쓴다.[173]

55) ''자는 '辵'과 소리부 '䌛'로 이루어진 자이다. '由'로 읽는다.

''자를 ≪郭店楚墓竹簡≫ 정리본은 '眞'로 예정하고 있으나, 劉釗는 '鼻'자로 예정하였다.[174] ≪郭店楚簡·五行≫은 ''로 쓰고, ≪語叢一≫은 ''로 쓴다.[175]

본 구절은 의미가 분명치 않다.

'䌛'자는 ≪語叢一≫의 제 3간에도 보인다. '倫'으로 읽는다.

56) '(迻)'자는 '移'자와 같은 자이다. ≪說文≫은 "'迻'자는 '옮기다'의 뜻이다."[176]라 설명하였다.

57) '(埶)'자는 '埶'자를 간략하게 쓴 형태이며, '勢'로 읽는다.[177]

58) '(少)'자는 '小'로 읽는다. '(伐)'자는 '무너지다'·'패하다'의 뜻으로 쓰인다.

"少不忍伐大埶" 구절은 "少不忍伐大勢"로 읽을 수 있다.[178] ≪論語·衛靈公≫에서는 "감언이설은 도덕을 손상시키고, 작은 일을 참지 못하면 큰일을 그르칠 수 있다."[179]라 하였다.

59) ''자는 '而'자를 잘못 쓴 자이다.

170) ≪郭店楚墓竹簡≫, 206 쪽, 注 10.
171) 劉釗, ≪郭店楚簡校釋≫, 205 쪽.
172) ≪郭店楚墓竹簡≫, 206 쪽, 注 11.
173) ≪楚系簡帛文字編≫, 1015 쪽.
174) 劉釗, ≪郭店楚簡校釋≫, 206 쪽.
175) ≪楚系簡帛文字編≫, 357 쪽.
176) ≪說文≫: "迻, 遷徙也."
177) ≪郭店楚墓竹簡≫, 206 쪽, 注 12.
178) ≪郭店楚墓竹簡≫, 206 쪽, 注 12.
179) ≪論語·衛靈公≫: "巧言亂德, 小不忍則亂大謀."

③ ≪語叢三≫

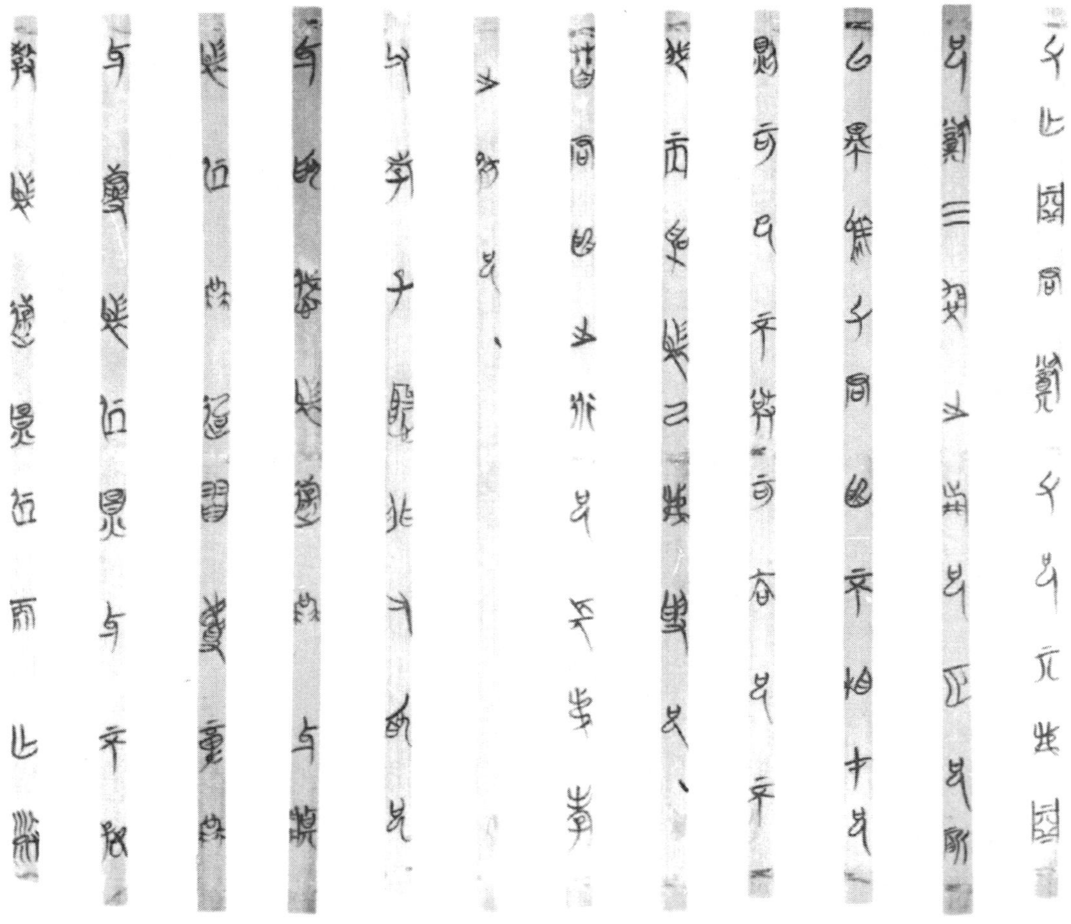

一 二 三 四 五 六 七 八 九 一〇 一一 一二

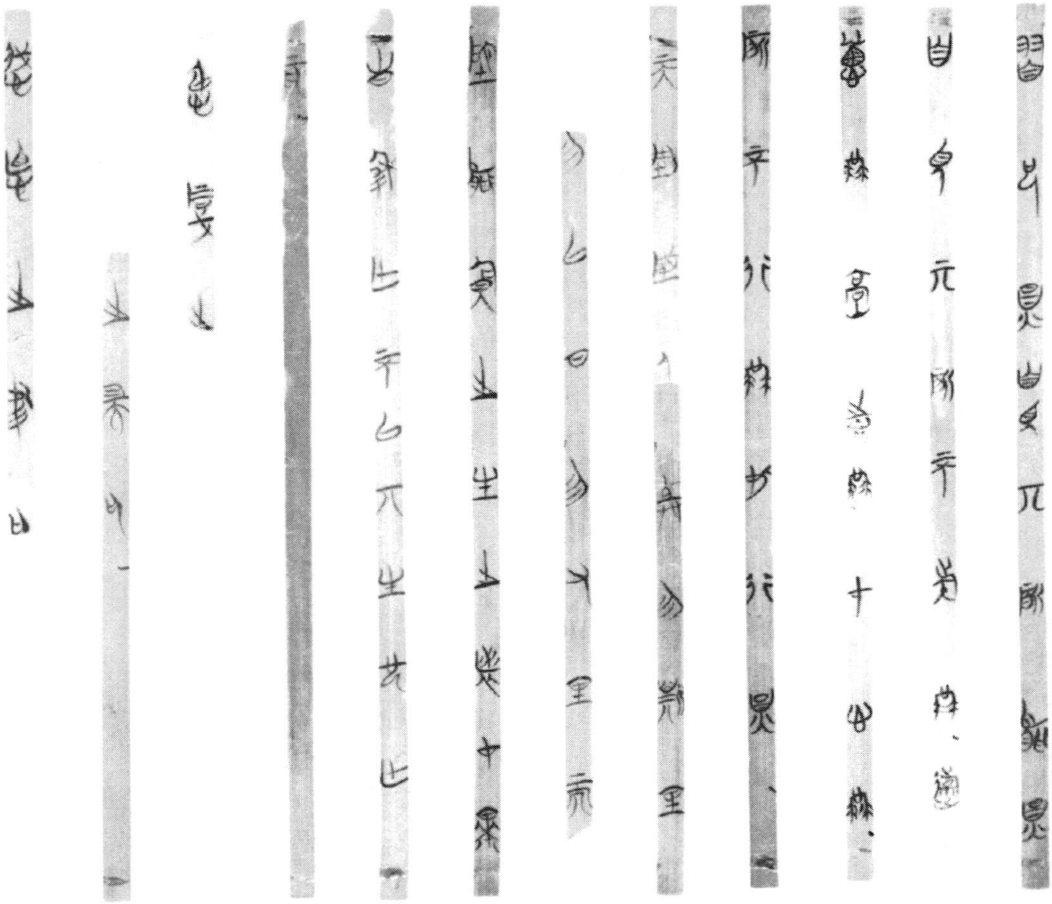

一三 一四 一五 一六 一七 一八 一九 二〇 二一 二二 二三 二四

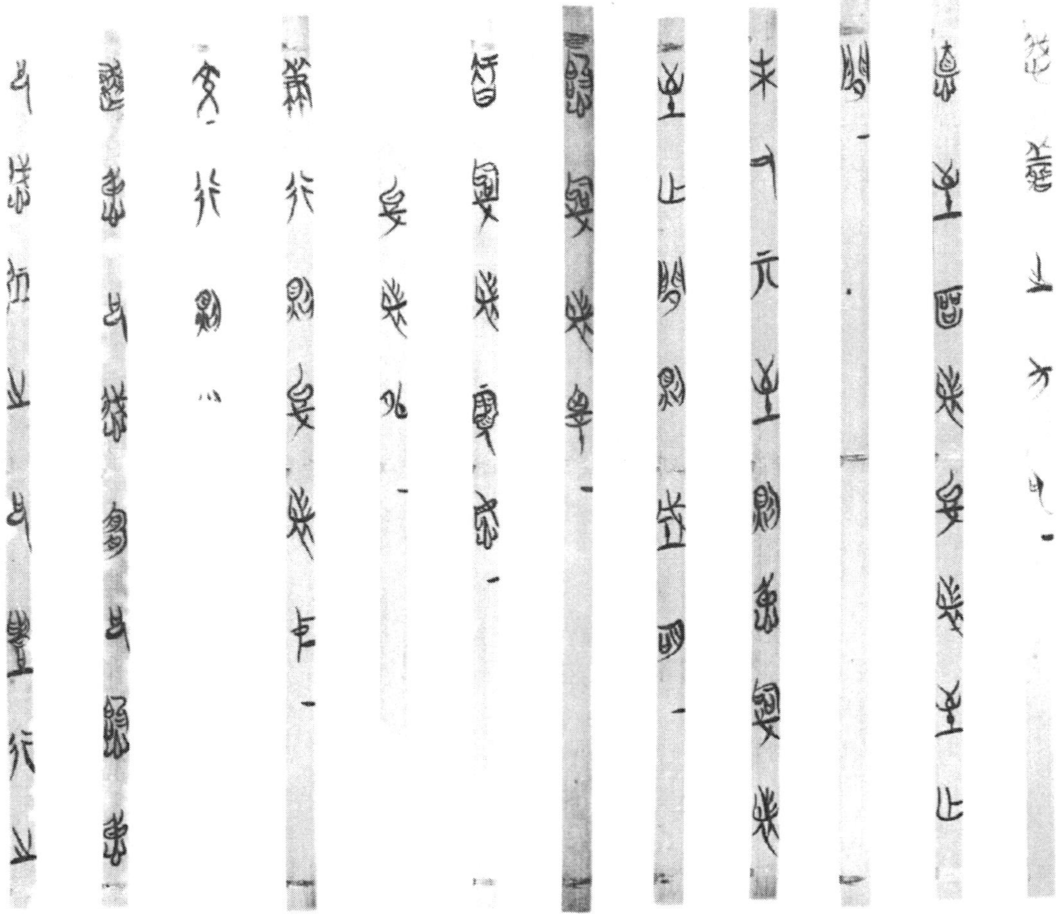

二五 二六 二七 二八 二九 三〇 三一 三二 三三 三四 三五 三六

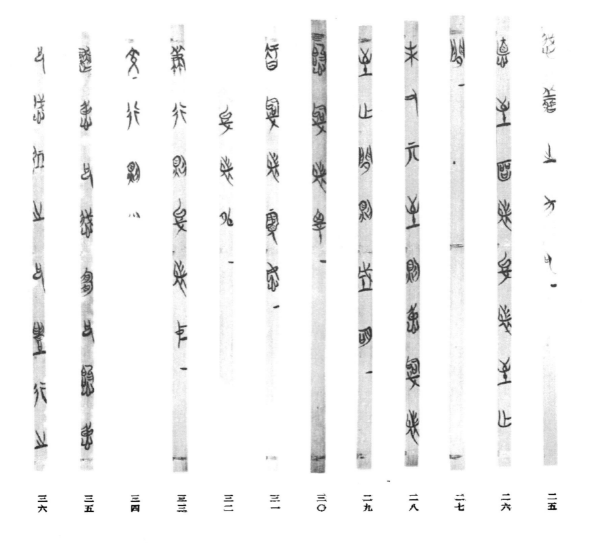

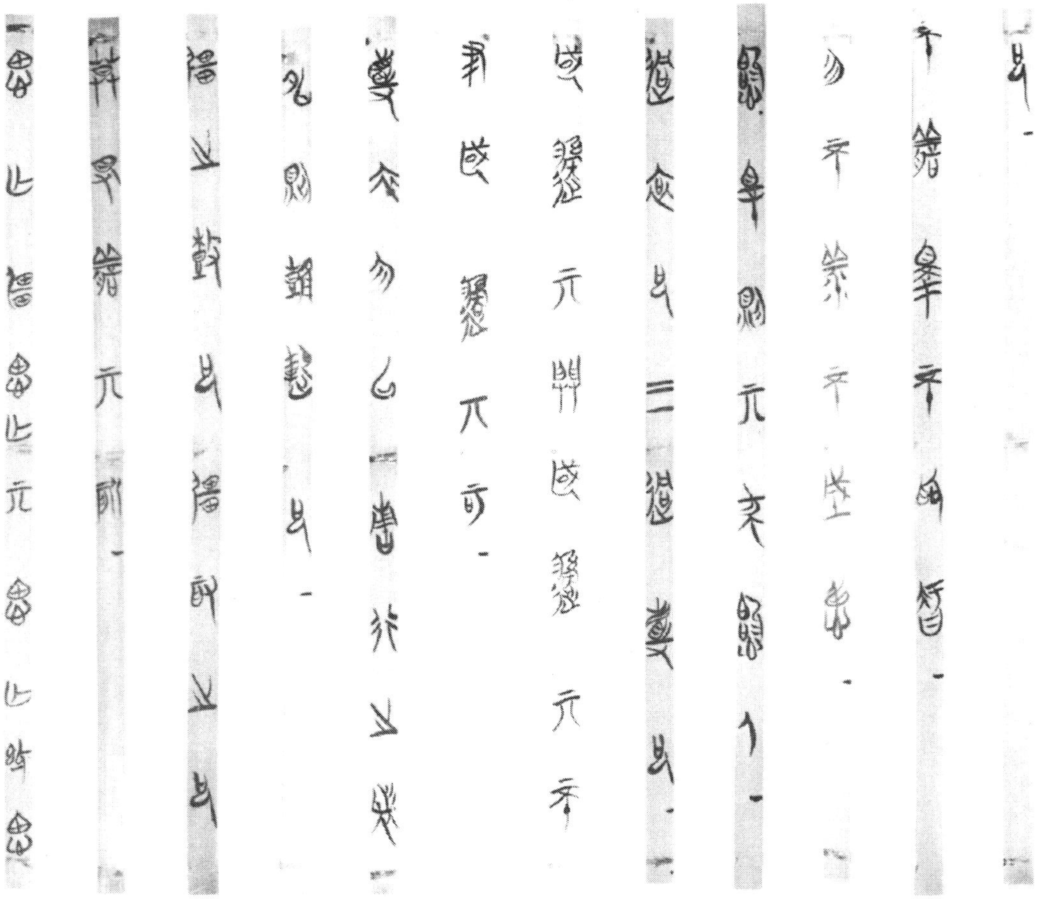

三七 三八 三九 四〇 四一 四二 四三 四四 四五 四六 四七 四八

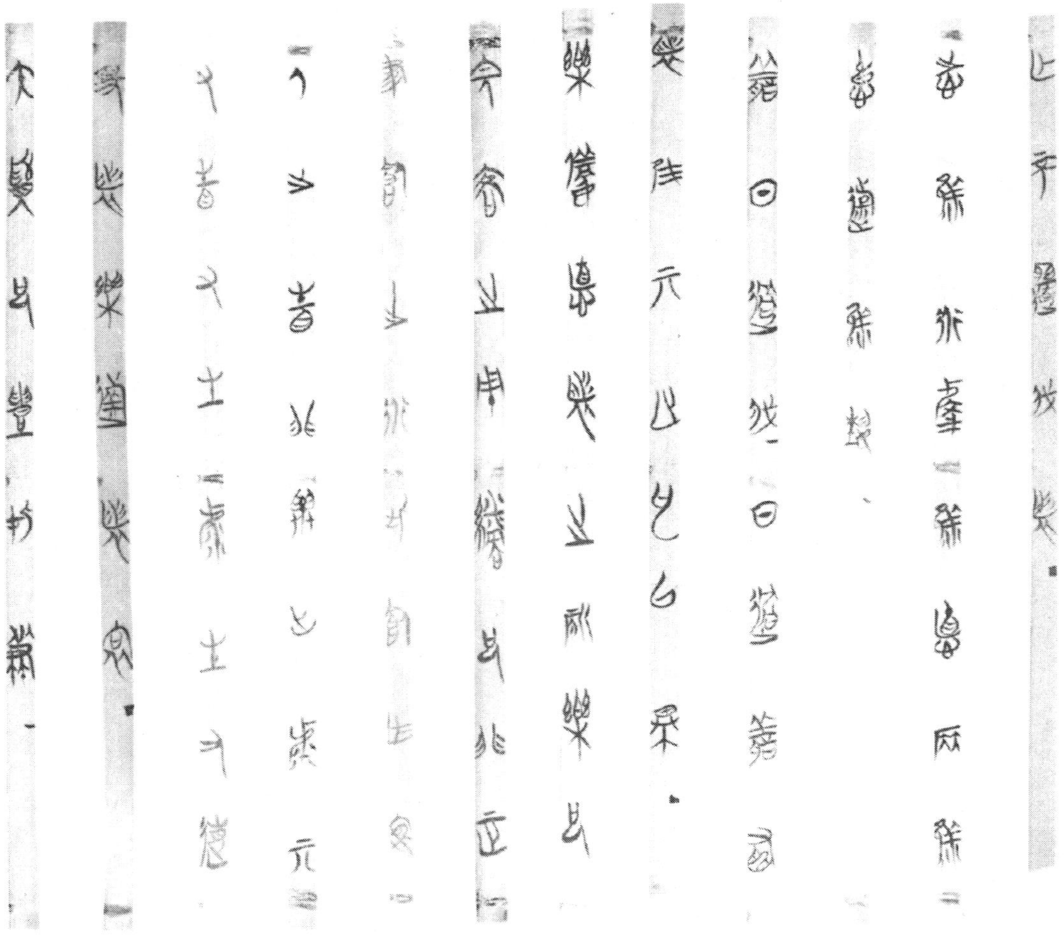

四九 五〇 五一 五二 五三 五四 五五 五六 五七 五八 五九 六〇

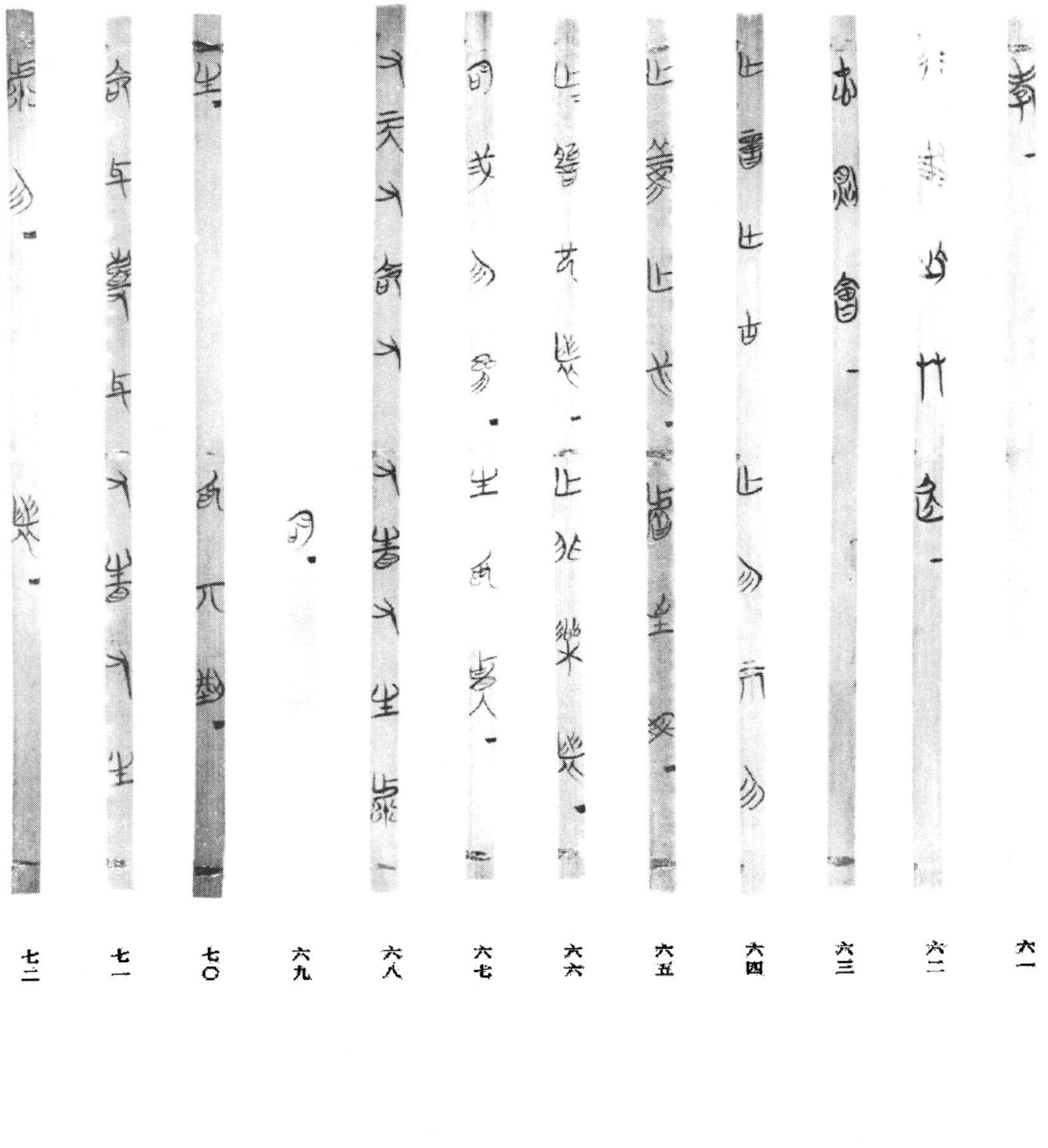

六一 六二 六三 六四 六五 六六 六七 六八 六九 七〇 七一 七二

【語叢三】

≪語叢三≫은 儒家문헌 중의 하나이다. 모두 72枚이고, 죽간의 양쪽 끝은 반듯하고 가지런하게 다듬어져 있다. 죽간의 길이는 17.6-17.7센티미터이며 세 곳을 묶은 흔적이 있다. 分段 부호와 句讀 부호는 모두 짧은 가로 선이나 작은 흑점으로 되어 있다. 重文부호는 두 개의 짧은 가로 선을 사용하고, 편호는 없다.

64간부터 72간 까지는 위 아래로 두 문장으로 나누어 서술하였다.

내용은 君臣, 父子, 孝悌, 仁義, 損益, 德 등에 대하여 서술하고 있다.

"아버지는 악함이 없고 임금은 마치 아버지와 같다."[180]고 하여 임금과 아버지의 관계를 언급하였고, 君臣 관계는 고정불변의 관계가 아니라, 친구를 선택하는 것과 같이 자유로운 것이라 하였다.

父子 관계는 "아버지에게는 효도를 하고 아들에게는 자애를 베풀어야 한다"[181]라 하였다. 자기의 육친을 사랑할 수 있는 자가 다른 사람을 사랑할 수 있다[182]라 하여 박애사상을 서술하고 있다.

또한 善을 행하는 사람과 사귀고 왕래하면 이익이 있고, 배우기 싫어하는 사람과 사귀면 해가 있다 하였다. 다른 사람에게 자기의 능력을 과시하면 害가 있게 되고, 다른 사람에게 자기의 부족함을 폭로하면 유익하게 된다는 '손해와 이익(損·益)'의 道에 대해서도 언급하고 있다.

또한 '喪'과 '愛'는 모두 仁의 표현형식이며, '善'과 '德'은 모두 義의 표현형식이라 하였다. ≪論語·子罕≫ 중의 공자 '四毋'에 대한 내용도 보인다.[183]

父亡亞(惡). 君猷(猶)父也, 其弗亞(惡)【1】也, 猷(猶)三軍之旃也,① 正也【2】

아들에게 있어 아버지에게 惡할 수가 없으며, 신하에게 있어 임금은 아버지와 같아, 역시 惡 할 수가 없다. 임금은 신하에게 있어 마치 삼군을 지휘하는 旗幟와 같이 따라야할 목표이다.

所以異於父, 君臣不相才(在)也【3】.② 則可已; 不敓(悅), 可去也; 不【4】我(義)而加者(諸)己, 弗受也.【5】

군신관계는 부자관계와 달라서 군신관계는 부자관계처럼 서로 의존하지 않는다. 서로 좋아하면 되고, 좋아하지 않으면 떠나면 된다. 의롭지 못한 언행을 신하에게 강요하면 신하는 받아들이지 않아도 된다.

180) "父亡亞(惡). 君猷(猶)父也."(제1간)

181) "父孝子慐(愛)."(제8간)

182) "慐(愛)睪(親)則其竻(方)慐(愛)人."(제40간)

183) "子絶四. 毋意, 毋必, 毋固, 毋我."(공자께서는 네 가지 일을 전혀 하지 않으셨다. 자기 마음대로 경정하지 않고, 틀림없이 그렇다고 단언하지 않고, 고집하지 않았고, 아집을 부리는 일을 하지 않았다.)

𧸧(友), 君臣之衍(道)也. 長弟,[③] 孝【6】之紡(方)也.【7】
서로가 친구로서 대하는 것이 군신지간의 올바른 도이다. 어른을 존경하고 어린이를 사랑하는 것은 효의 표준이다.

父孝子㤅(愛), 非又(有)爲也.【8】
아버지에 효도하고 자식을 사랑하는 것은 인간의 정감이 자연스럽게 드러난 것이지 가식적으로 한 것이 아니다.

牙(與)爲悳(義)者遊, 益. 牙(與)㽵(莊)【9】者处(處), 益.[④]
인의를 행하는 사람과 교유하면 유익하다. 莊重한 사람과 교유하면 유익하다.

𨑒習度章,[⑤] 益.【10】
예악제도를 개도하거나 배우는 것은 유익한 것이다.

牙(與)𧹞者处(處), 員(損).[⑥]
교만한 자와 함께 있으면 손실이 있다.

牙(與)不好【11】教者遊, 員(損).[⑦]
배우기를 좋아하지 않는 사람과 만나는 것은 손실이다.

处(處)而亡𪊘【12】習也, 員(損).[⑧]
평소에 거처하지만 배움에서 초월하지 않으면 손실이다.

自視(示)其所能, 員(損).[⑨]【13】自視(示)其所不族,[⑩] 益.
스스로 그 능력을 나타내면 손실이고, 스스로 그 부족함을 나타내면 이롭다.

遊【14】㥯,[⑪] 益. 嵩志,[⑫] 益. 才(在)心, 益.【15】
편안함에 노닐면 이익이 있고, 心地가 고상하면 이익이 있고, 마음에 기탁이 있으면 이익이 있다.

所不行,[⑬] 益. 𠀠行,[⑭] 員(損).【16】
행하지 않는 바가 있으면 유익하고, 반드시 행하고자 하면 손해이다.

天型成,[15] 人與勿(物)斯里(理?).[16]【17】……勿以日勿又里而[17]【18】……陸(地)能貟(均)之生之者,[18] 才(在)櫐(早).[19]【19】

하늘의 법칙이 형성되면, 사람과 사물은 곧 잘 다스려 진다. 사물이 햇빛을 받고, 잘 자라면 땅은 만물을 균등하게 잘 길러내고, 많은 것이 만들어 질 것이다.

[又(有)眚(性)又(有)生虖生. 又(有)㦁【58】]春秋[20]亡不以其生也亡【20】耳【21】[21]

性이 있고 生長이 있는 것을 '生'이라 한다. 오랜 세월이 지나면 生長하지 않은 것이 없지만, 결국은 모두 사라지게 된다.

㤅(仁), 厚之□□.[22]【22】

인이 두터운 ……이다.

□, □之耑(端)也.[23]【23】

喪, 인의 시작이다.

㦤(義), 悳(德)之聿也.[24]【24】

의는 덕의 발전이다.

㦤(義), 膳(善)之方也.[25]【25】

의는 선의 방향 혹은 법칙이다.

悳(德)至區者,[26] 㦸者[27]至亡【26】閒(間).[28]【27】

덕이 작고 미세한 것으로 발전하면, 통치는 곧 미세한 것에까지 미치게 된다.

未又(有)其至, 則㤅(仁)治者[29]【28】[莫得膳(善)其所.【47】][30] 至亡閒(間)則成名.[31]【29】

만약 덕이 세세한 곳으로까지 발전하지 않으면, '인'으로 다스리는 지위는 改善될 수 없다. 통치가 세세한 곳까지 미치게 되면 이름을 얻게 된다.

㤅(愛)治者㝅(親).[32]【30】

사랑으로 통치하면 백성은 믿고 따르게 된다.

智治者貭(寡)悔(謀).[33]【31】

지혜로 통치하면 후회를 免할 수 있다.

……𢦏者卯.[34] 【32】
……로 통치하며, 변화되는 것이다.

秉行則𢦏者中.[35] 【33】
정직하게 시행하면, 통치는 곧 바르게 된다.

交行則……[36] 【34】
사귐에 있어, 사귐을 행하며, …….

喪, 𢖶(仁)也.[37] 𢘍(義), 宜也.[38] 㤅(愛), 𢖶(仁) 【35】 也. 𢘍(義), 処(處)之也.[39] 豊(禮), 行之 【36】 也.[40] 【37】
상례는 인이고, 宜는 적합함이다. 사랑은 인이며, 義는 그것을 자세히 고려해야 하는 것이며, 禮는 바로 그것을 시행해야 하는 것이다.

不膳(善)睪(擇), 不爲智. 【38】
선택을 잘 하지 못하면 지혜롭다 할 수 없다.

勿(物)不葡(備), 不成𢖶(仁). 【39】
사물은 준비되지 않으면 인을 이루지 못한다.

㤅(愛)睪(親)則其蚄(方)㤅(愛)人.[41] 【40】
육친을 사랑하는 것이 곧 다른 사람을 사랑하는 것으로 변한다.
迵哀也. 三迵, 度也.[42] 【41】
통곡은 슬픔이다. 여러 번 통곡하는 것은 節度(절차)가 필요하다.

或繇(由)其闢(避?), 或由其不 【42】 肁(進?), 或繇(由)其可. 【43】
혹은 피하는 것으로부터 하기도 하고, 혹은 나아가지 않는 것으로 부터 하고, 혹은 할 수 있는 것으로부터 한다.

度衣(依)勿(物)以靑(情)行之者 【44】
文은 사물에 의거하여 그것을 정으로서 행하는 것이다.

卯則𡙟𡰥(犯)也.[43] 【45】
교화되면 범하기 어렵다.

𤳳(强)之𡗗(封)也, 𤳳(强)取之也.[44] 【46】
강한 나무가 기둥이 되는 것은 그것이 강한 속성을 지니고 있기 때문에 취해진 것이다.

莫得膳(善)其所.[45] 【47】

思亡𤳳, 思亡其,[46] 思亡約,[47] 思 【48】 亡不𨗨(由)我者.[48] 【49】
생각은 끝이 없으며, 생각은 시간적 제한이 없으며, 사악함이 없다. 생각은 義로부터 나오지 않는 것이 없다.

志於衍(道), 𢛳於悳(德),[49] 𠩺於 【50】 𢚩(仁),[50] 遊於埶(藝). 【51】
道에 뜻을 두고, 德을 좋아하고, 仁과 더불어 살며, 藝에 노닌다.

膳(善)日過我,[51] 我日過膳(善), 臤(賢) 【52】 者隹(唯)其止也以異. 【53】
매일 善을 나에게 주면 나도 매일 사람들에게 선을 베푼다. 단지 현자는 이른바 통달하는 것이 다를 뿐이다.

樂,[52] 備(服)悳(德)者之所樂也.[53] 【54】 [得者樂遊(失)者哀. 【59】][54]
예악은 덕을 겸비한 사람들이 즐기는 것이다. 禮樂을 얻은 사람은 희열을 느끼고, 잃은 사람은 슬픔을 느끼게 된다.
𡧍(賓)客之用𢃼(幣)也,[55] 非正.[56] 【55】
빈객들이 쓰는 禮品과 제품은 널리 구하는 것이 아니고 자원하여 바친 것이다.

𦘕(進?)飤(食)之衍(道),[57] 此飤(食)乍安,[58] 【56】 [行𦘕(盡)此𠬢(友)矣. 【62】][59] 人之眚(性)非與止虖(乎)其 【57】 [孝. 【61】] [60]
음식 먹는 도를 행해야 하고, 남에게 음식을 만들어 주는 것, 이것을 행하면 朋友之道를 다하는 것이다. 사람의 性은 다른 것에 있는 것이 아니라, 단지 효에 있을 뿐이다. 性이 있고, 성장이 있는 것을 生이라 한다.

得者樂,[61] 遊(失)者哀.[62] 【59】

大䝭也,[63] 豊(禮)北兼.[64] 【60】
孝.【61】
行聿(盡)此双(友)矣.【62】[65]
얻으면 즐겁고, 잃으면 슬퍼진다. 재물은 헌납해야 하며, 예는 반드시 겸손해야 한다.
효이다.
행위는 친구의 道를 다해야 한다.

忠則會.[66] 【63】
충성은 곧 和合하는 것이다.

亡(毋)啻(意),[67] 亡(毋)古(固),【64上】 亡(無)義(我), 亡毋(母)必【65上】[68]
意圖하지 말고, 고집하지 말고, 주관적인 태도를 갖지 말고, 반드시 해야 한다는 독단을 하지 말라.

亡(毋)勿(物)不勿(物) 【64下】 虐(皆)至安(焉) 【65下】
物이 아닌 것과 物이 없는 모든 것은 다 연유가 없는 것은 없다.

亡亡繇(由)也者.【66上】
이유가 없는 일은 하지 말아야 한다.

亡非樂者【66下】
음악을 부정하지 말아야 한다.

名弍勿(物)參[68] 【67上】
먼저 이름이 있고, 다음에 물건을 부르게 된다.

生爲貴.[69] 【67下】
'生'은 귀한 것이다.

又(有)天又(有)命,[70] 又(有) 【68上】 [命有性, 是謂【69上】][71] 生【70上】[72]
天道가 있고, 天命이 있고, (天命이 있고, 性情이 있는 것을) 生이라 한다.

又(有)眚(性)又(有)生, 虖(乎)【68下】 名【69下】

천성이 있고 생명이 있는 것은 이름을 칭할 수 있다.

生爲其型[73] 【70下】
生이 形이 되는 것이다.

命与度与 【71上】 虖(乎)勿(物).[74] 【72上】
名과 文을 '物'이라 부른다.

又(有)眚(性)又(有)生.[75] 【71下】 者 【72下】
性이 있고, 生이 있는 것은 (名이라 한다.)

【註解】

1) '(猷)'자는 '犬'과 소리부 '酋'로 이루어진 자이다. ≪郭店楚簡·老子丙≫은 ''로 쓴다.[184]
''자는 '兄'과 소리부 '勻'으로 이루어진 형성자이다. '軍'의 이체자이다.[185] ≪郭店楚簡·老子丙≫은 '車'와 '勻'聲인 ''으로 쓴다.[186]
'(旌)'자는 '㫃'와 소리부 '井'으로 이루어진 형성자이다. '旌(기 정, jīng)'으로 읽는다.
2) '異'자는 초간에서 매우 다양한 형태로 쓴다. ''자 이외에 ''·''·''·'' 등으로 쓴다.[187]
'(才)'자는 '在'로 읽는다. '依存하다'의 뜻이다. '(在)'자는 '土'와 소리부 '才'로 이루어진 형성자이다.
3) ''자는 '友'의 이체자이다. ≪語叢三≫제 62간에서는 ''로 쓴다.
'(長弟)'는 '長悌'로 읽는다. '어른을 존경하고 어린이를 사랑한다'는 뜻이다.
4) ''자는 ≪郭店楚墓竹簡≫ 정리본은 '牙'자로 예정하고 있으나, '与'로 예정할 수 있다. '(嗌)'자는 '口'와 소리부 '嗌'으로 이루어진 형성자이다. '嗌'으로 읽는다. '(𤖼)'자는 '莊'자의 고문이다. ≪說文解字≫는 '莊'자의 고문을 '(𤖼)'으로 쓰고, 금문 중 ≪趞亥鼎≫은 ''로 쓴다.[188]
5) '(㠯)'자는 '辵'과 '口'와 '己'聲로 이루어진 형성자로 '起'자의 이체자가 아닌가 한다. ≪說文解字≫는 '(起)'자의 고문을 '(记)'로 쓴다. '계발하다'·'개도하다'의 뜻으로 쓰인다. ≪論語·八佾≫에서는

184) ≪楚系簡帛文字編≫, 864 쪽.
185) ≪楚系簡帛文字編≫, 1183 쪽.
186) ≪楚系簡帛文字編≫, 1183 쪽.
187) ≪楚系簡帛文字編≫, 238 쪽.
188) ≪金文編≫, 33 쪽.

"子曰: '起予者商也! 始可與言詩已矣."[189]라 하였다.

(習)'자는 '배우다'·'연습하다'의 뜻이다. ''자는 초간에서 자주 쓰이는 자이다. '文'·'序'·'度'의 의미로 쓰인다. 본 구절에서는 '文'의 의미로 쓰인다.

6) ''자를 劉釗의 ≪郭店楚簡校釋≫에서는 '曼'자로 예정하고 '慢'으로 읽었다.[190] '교만하다'의 뜻이다. 李零은 '𧷸(과감할 해, xiè)'자로 예정하고 '褻(더러울 설, xiè)'로 읽는다 하였다.[191] '曼'자를 ≪郭店楚簡·老子乙≫은 ''으로 쓰고, ≪上博楚簡·性情論≫은 ''으로 쓴다.[192] 자형상으로 '曼'자의 이체자일 가능성이 더 높다.

7) ''자를 ≪郭店楚墓竹簡≫은 '教'로 읽고 있는데, 裘錫圭는 '學'으로 읽어야 한다고 하였다.[193]

8) ''자는 '攵'과 소리부 '巤'로 이루어진 '𢿫'이며, '躐(뛰어넘을 렵, liè)'으로 읽는 것이 아닌가 한다.[194] '초월하다'의 뜻이다. ≪九店楚簡≫은 '巤'자를 ''으로 쓴다.[195]

9) '(視)'자는 '(見)'자와 다르다.[196] '視'자는 '示'로 읽는다.

10) '(族)'자는 '足'으로 읽는다.[197]

11) '(𢡱)'자는 '心'과 소리부 '𦯬(屎)'로 이루어진 형성자이며, '佚'로 읽는다. ≪說文解字≫는 '(𦯬)'자에 대하여 "'똥'의 의미. '艸'와 '胃'의 생략형으로 이루어진 회의자."[198]라 하였다.

12) '(嵩志)'는 '심지가 고상하다'의 뜻이다.

13) 李零은 '所不行'앞에 '有'자가 빠진 것으로 보고 있다.[199]

14) '(𠁥)'자는 초간에서 자주 보이는 자이다. '必'로 읽는다.[200] ≪論語·子罕≫에서는 "子絶四. 毋意, 毋必, 毋固, 毋我."[201]라 하였다.

15) '(天型)'은 '天刑'으로 읽는다. '하늘의 법칙'을 가리킨다. ≪國語·周語下≫에서는 "上非天刑, 下

189) ≪論語·八佾≫: "子曰: '起予者商也! 始可與言詩已矣."(공자가 말하였다. 나는 개도하는 자가 卜商이다. 이제 너와 더불어 시경을 논할 수 있겠구나.)
190) 劉釗, ≪郭店楚簡校釋≫, 212 쪽.
191) 李零, ≪郭店楚簡校讀記≫, 149 쪽.
192) ≪楚系簡帛文字編≫, 277 쪽.
193) ≪郭店楚墓竹簡≫, 213 쪽, 注1.
194) 劉釗, ≪郭店楚簡校釋≫, 212 쪽.
195) ≪楚系簡帛文字編≫, 897 쪽.
196) ≪楚系簡帛文字編≫, 789 쪽.
197) 李零, ≪郭店楚簡校讀記≫, 150 쪽.
198) ≪說文解字≫: "𦯬, 糞也. 从艸, 胃省."
199) 李零, ≪郭店楚簡校讀記≫, 150 쪽.
200) 李零, ≪郭店楚簡校讀記≫, 150 쪽.
201) "공자께서는 네 가지 일을 전혀 하지 않으셨다. 자기 마음대로 경정하지 않고, 틀림없이 그렇다고 단언하지 않고, 고집하지 않았고, 아집을 부리는 일을 하지 않았다."

非地德, 中非民則方非時動而作之者, 必不節矣."[202]라 하였다.

16) ‘(斯)’자는 ‘則’자나 ‘乃’자의 용법과 같다.[203]

‘(里)’는 ‘理’로 읽는다. ‘다스리다’의 뜻이다. ≪廣雅·釋詁一≫은 “‘理’는 ‘순조롭다(順)’의 의미”[204]라 하였다.

17) ‘(勿)’은 ‘物’로 읽는다. ‘(里)’는 ‘理’로 읽는다.

18) ‘(貟)’자는 ‘貝’와 소리부 ‘匀’으로 이루어진 형성자 ‘貪’자의 이체자이다. ≪郭店楚墓竹簡≫은 정리본은 ‘均’으로 읽고 있으나, 裘錫圭 案語는 ‘含’으로 읽어야 한다 하였다.[205]

19) ‘(槑)’자는 ‘早’자의 이체자이다.[206] 劉釗≪郭店楚簡校釋≫은 ‘早’자를 ‘造’로 읽었다.[207] ‘造’는 ‘產生하다’의 뜻이다.

20) ‘’자는 ‘米’와 소리부 ‘虍’로 이루어진 형성자로 ‘呼’로 읽는다. ‘’자는 알 수가 없는 자이다. 李零은 ‘閱(검열할 열, yuè)’로 읽고, ‘지나다’·‘겪다’의 의미가 아닌가하였다.[208] ‘(春秋)’는 ‘세월’을 가리킨다. 잠시 李零의 주장에 따라 해석하기로 한다. ‘春’자를 ≪包山楚簡≫은 ‘’으로 쓰고, ≪郭店楚簡 六德≫은 ‘’으로 쓰고, ≪語叢一≫은 ‘’으로 쓴다.[209]

21) 李零과 劉釗는 20간과 59간을 연결되는 내용으로 보고 있으나,[210] 21간에 ‘耳’자 한 자만 있기 때문에 굳이 연결되는 내용으로 볼 필요가 없을 것 같다.

22) ‘’자는 ‘厚’의 이체자이다. ≪郭店楚簡·成之聞之≫는 ‘’로 쓴다.[211]

23) 李零은 [喪, 仁]을 보충하였다.[212] ≪語叢一≫의 “喪, 悬(仁)之耑(端)也”[213](제98간) 구절과 일치한다.

24) ‘(聿)’자는 ‘盡’으로 읽는다. ‘盡’자는 또한 ‘進’자와 음이 통한다.[214] ‘발전하다’·‘진보하다’의 뜻이다. 금문 중 ≪中山王壺≫는 ‘盡’자를 의미부 ‘皿’과 소리부가 ‘聿’인 ‘’으로 쓴다.[215]

202) ≪國語·周語下≫: “上非天刑, 下非地德, 中非民則方非時動而作之者, 必不節矣.(위로는 천법에 적합지 않고, 아래로는 地利에 맞지 않고, 가운데로는 民意에 부합치 않고, 사방으로는 절령에 따라 일을 하지 않아 법도에 어긋나고 있다.)”
203) 王引之≪經傳釋詞≫: “斯, 猶則也; 猶乃也.”
204) ≪廣雅·釋詁一≫: “理, 順也.”
205) ≪郭店楚墓竹簡≫, 213 쪽, 注2.
206) ≪楚系簡帛文字編≫, 644 쪽.
207) 劉釗, ≪郭店楚簡校釋≫, 214 쪽.
208) 李零, ≪郭店楚簡校讀記≫, 150 쪽.
209) ≪楚系簡帛文字編≫, 68 쪽.
210) 李零, ≪郭店楚簡校讀記≫, 148 쪽. 劉釗, ≪郭店楚簡校釋≫, 219 쪽.
211) ≪楚系簡帛文字編≫, 522 쪽.
212) 李零, ≪郭店楚簡校讀記≫, 148 쪽.
213) “상례는 인애의 시작이다.”
214) ≪郭店楚墓竹簡≫, 213 쪽, 注 3.

25) ‘(方)’은 ‘방향’ 혹은 ‘법도’·‘법칙’의 뜻이다.

26) ‘(區)’는 ‘작다’·‘섬세하다’라는 뜻이다. ≪關尹子·一字≫의 “吾道如處暗, 夫處明者不見暗中一物, 而處暗者能見明中區事.”216) 구절 중 ‘區’자는 ‘세밀하다’의 뜻이다.

27) ‘(𢦔)’자는 ‘戈’와 소리부 ‘厶’로 이루어진 형성자이며, ‘治’자로 읽는다. ‘통치하다’·‘다스리다’의 뜻이다.

28) ‘(亡閒)’은 ‘無間’으로 읽는다. ‘틈이 없다’는 뜻으로 ‘극히 미세한 것’을 말한다. ≪文選·揚雄·解嘲≫에서는 “大者含元氣, 細者入無間.217)이라고 하고, 李善은 “無間言至微也.218)라 하였다.

29) ‘(𢦔司)’자는 ‘戈’·‘厶’와 소리부 ‘司’로 이루어진 형성자이다. ‘(𢦔)’자의 이체자이다.219) ‘治’로 읽는다. ‘통치하다’·‘다스리다’의 뜻이다.

30) ‘所’는 ‘지위’·‘위치’를 뜻한다. 李零과 劉釗는 제 28→47→29간으로 이어지는 내용으로 보았다.220)

31) “至亡閒(間)則成名”은 “至無間則成名”으로 읽는다. ‘덕이나 다림이 섬세하여 세세한 곳까지 미쳐야 성공할 수 있고 이름을 얻게 된다.’는 뜻이다.

32) ‘(亲)’자는 ‘親’자의 初文이다. 혹은 ‘’이나 ‘見’자를 추가하여 ‘’으로 쓴다.221)

33) ‘’자는 ‘雨’와 ‘頁’로 이루어진 자로, ‘寡’자의 이체자이다.222) ≪郭店楚簡 緇衣≫는 ‘’로 쓴다.223) ≪毛公鼎≫은 ‘宀’과 ‘頁’을 써서 ‘’로 쓴다.224) ‘(悔)’자는 ‘謀’의 이체자이다. ‘悔’로 읽는다.225)

34) ‘(𢦔)’자는 ‘(𢦔司)’자와 같은 자이다. ‘治’로 읽는다. 파손된 부분이 있어 정확한 의미를 알 수 없다. ‘’자를 ≪郭店楚墓竹簡≫은 ‘卯’자로 예정하고 있으나, ≪語叢一·二≫에도 보이는 자로 ‘化’로 예정할 수 있다. ‘敎化하여 변화시키다’의 뜻이다. 裘錫圭는 문장의 전후 내용으로 보아 ‘別’의 의미로 쓰이는 것이 아닌가 하였다.226)

35) ‘(兼)’자는 ‘廉’으로 읽는다. ‘청렴하다’의 뜻이다. ≪國語·晉語二≫에서는 “里克曰: ‘弑君以爲廉, 長廉以驕心, 因驕以制人家, 吾不敢.”이라 하였고, ≪睡虎地秦簡·語書≫에서는 “智(知)而弗敢論,

215) ≪金文編≫, 345 쪽.
216) ≪關尹子·一字≫: “吾道如處暗, 夫處明者不見暗中一物, 而處暗者能見明中區事.”(나의 도는 마치 어두운 곳에 있는 것과 같다. 이른바 밝은 곳에 있는 사람은 어두움 속에 있은 어떤 물건을 볼 수 없지만, 그러나 어두운 곳에 있는 사람은 밝은 곳의 자그마한 사물도 볼 수 있다.)
217) ≪文選·揚雄·解嘲≫: “大者含元氣, 細者入無間.”(큰 것은 원기를 머금고, 섬세한 것은 미묘한 이치에 들어간다.) 李善: “無間言至微也.”(無間이란 미묘한 사물의 이치를 말한다.)
218) 李善: “無間言至微也.”
219) ≪郭店楚墓竹簡≫, 213 쪽, 注 4.
220) 李零, ≪郭店楚簡校讀記≫, 149 쪽. 劉釗, ≪郭店楚簡校釋≫, 216-217 쪽.
221) ≪楚系簡帛文字編≫, 794 쪽.
222) ≪郭店楚墓竹簡≫, 213 쪽, 注5.
223) ≪楚系簡帛文字編≫, 691 쪽.
224) ≪金文編≫, 529 쪽.
225) ≪郭店楚墓竹簡≫, 213 쪽, 注5.
226) ≪郭店楚墓竹簡≫, 213 쪽, 注6.

是卽不廉殹(也).”라 하였다.[227]

36) ‘(交)’자 아래 중문부호 ‘-’가 있다. 李零은 이 구절을 “‘交: 交行則□〔者□〕”로 읽었다.[228]

37) “喪, 𢝊(仁)也”의 구절은 ≪語叢一≫의 “喪, 𢝊(仁)之耑(端)也”[229]의 내용과 같다.

38) “義, 宜也” 구절 중 ‘義’자와 ‘宜’의 음은 같다. 같은 음으로 뜻을 풀이한 聲訓 방법을 사용하고 있다. ≪釋名·釋言語≫에서는 “‘義’는 곧 ‘적합함(宜)’이다.”[230]라 하였다.

39) “悉(義), 处(處)之也” 중의 ‘’자는 ‘凥’로 예정할 수 있다. ‘凥’는 ‘고려하여 처리하다’·‘자세히 조사하여 처리하다’의 뜻이다.≪呂氏春秋·有始覽≫에서는 “平也者, 皆當察其情, 處其刑.”[231]이라 하였다.

40) “豊(禮), 行之也” 구절은 ‘禮節’에 대한 설명이다. 예절이란 곧 예의 바르게 타인에게 행동으로 옮기는 것을 말한다.

41) ‘’자를 ≪郭店楚墓竹簡≫은 ‘𧉮’자로 예정하고 있는데, 이 자는 ‘殺’자의 이체자이다. 이 자는 ≪語叢一≫ 제 103간에도 보인다. 이 자는 ‘布’로 예정할 수 있다. ‘布’자는 ‘殺’자의 고문이다. ≪說文解字≫는 ‘(殺)’자의 고문을 ‘(㣿)’·‘(敊)’·‘(布)’로 쓴다.

劉釗 ≪郭店楚簡校釋≫은 ‘殺’로 읽고, ‘덜다’·‘쇠하다’로 풀이하고 있는 반면, 李零은 ‘施’로 읽었다.[232] 李零의 주장을 따르기로 한다.

42) ‘’자는 ‘辵’과 소리부 ‘同’으로 이루어진 형성자이다. 裘錫圭는 ‘慟(서럽게 울 통, tòng)’으로 읽었다.[233] ‘’자는 ‘度’로 읽는다.[234]

43) ‘’자를 정리본은 ‘卯’로 예정하고 있으나, ‘化’로 예정하기로 한다. ‘(𪎂)’자는 ‘難’자를 잘못 쓴 것이다.[235] ‘(𣥠)’자는 ‘止’와 소리부 ‘帆’으로 이루어진 자로 ‘犯’으로 읽는다.

44) “疆(强)之鼓(尌)也, 疆(强)取之也” 구절은 ≪性自命出≫중의 “剛之梪也, 剛取之也. 柔之約, 柔取之也.”(제 8-9간)[236]와 내용이 같다. ≪荀子·勸學≫에서는 “强自取柱, 柔自取束.”[237]이라 하였다.

227) ≪國語·晉語二≫: “里克曰: ‘弑君以爲廉, 長廉以驕心, 因驕以制人家, 吾不敢.(이극이 말하였다. 태자를 위해 군주를 죽이면 정직하다는 얘기를 들을 수 있을 것이오. 그리되면 이를 과장해 교오한 마음을 키우게 되고 교오함 마음으로 부자지간을 제지코자 할 것이오. 나는 감히 이같이 할 수가 없소.)” ≪睡虎地秦簡·語書≫: “智(知)而弗敢論, 是卽不廉殹(也).(불법적인 행위를 알면서도 감히 논죄하지 않으면 이는 정직하지 못한 것이다.)”

228) 李零, ≪郭店楚簡校讀記≫, 148 쪽.

229) “상례는 인애의 시작이다.”

230) ≪釋名·釋言語≫: “義, 宜也.”

231) ≪呂氏春秋·有始覽≫: “平也者, 皆當察其情, 處其刑.”(천지 형성의 도리를 살피고자 한다면 응당히 만물의 실질적인 정황을 살피고 만물의 형체를 자세히 살펴보아야 한다.) ‘刑’은 ‘形’의 뜻이다.

232) 劉釗, ≪郭店楚簡校釋≫, 217 쪽. 李零, ≪郭店楚簡校讀記≫, 148 쪽.

233) ≪郭店楚墓竹簡≫, 213 쪽. 注 7.

234) ≪郭店楚墓竹簡≫, 213 쪽. 注 7.

235) ≪郭店楚墓竹簡≫, 213 쪽. 注 8.

236) “강한 나무가 세워지는 것은 그 강한 속성으로 인한 것이며, 부드러운 것이 묶을 수 있는 것은 그 부드러움으

45) 제 28→47→29 간이 연결되는 내용으로 해석하기로 한다.[238]

46) '(亓)'자는 '其'의 이체자이다. '期'로 읽는다.

47) ''자를 ≪郭店楚墓竹簡≫ 정리본은 '絇'자로 예정하고 있으나, 이 자는 '糸'와 소리부 '牙'로 이루어진 '紆'자로 예정할 수 있다. '邪'로 읽는다.[239]

48) '(我)'는 '義'로 읽는다.[240]

49) '(㚖)'자에 대하여 李零은 '甲'자 古字이며 '狎'자로 읽는다 하였다.[241] 혹은 '豦'자의 이체자가 아닌가 하며, '據'로 읽는다. '(豦)'자를 금문은 ''·''로 쓴다.[242]

50) 李零은 '(𠩺)'자는 '比'자로 읽는다 하였다.[243] ≪論語 述而≫에서는 "子曰: 志於道, 據於德, 依於仁, 遊於藝."[244]라 하였다.

51) '(過)'자는 '건네주다'의 뜻이다. ≪論衡·定賢≫에서는 "郵人之過書, 門者之傳敎也, 封完書不遺, 敎審令不誤者, 則爲善矣."[245]라 하였다.

52) '(樂)'은 '禮樂'을 가리킨다.

53) ''자는 '女'와 소리부 '備'로 이루어진 형성자로 '服'으로 읽는다.

"樂, 服德者之所樂也."는 '예악이란 덕을 겸비한 자들이 즐길 줄 안다'라는 뜻이다. 예악이란 덕이 없으며 문란해 질 수 있다.

≪禮記·樂記≫에서는 "禮와 樂을 모두 얻으면 德을 갖추고 있다하는 것이다"·"天子가 음악을 하는 것은 諸侯가 덕을 갖추고 있는 것을 감상하기 위한 것이다"·"樂이란 이란 덕의 상징이다."[246]라 하였다.

54) 제 54간과 59간은 서로 연결되는 내용이다.

55) '(㝐)'자는 '賓'자의 初文이다.

로 인한 것이다."

237) "사물이 강하면 기둥감으로 선택되고, 약하면 다발로 묶이게 된다.."

238) ≪郭店楚墓竹簡≫, 213 쪽. 注 8.

239) 李零, ≪郭店楚簡校讀記≫, 149 쪽.

240) 李零, ≪郭店楚簡校讀記≫, 149 쪽.

241) 李零, ≪郭店楚簡校讀記≫, 150 쪽.

242) ≪金文編≫, 669 쪽.

243) 李零, ≪郭店楚簡校讀記≫, 150 쪽.

244) ≪論語 述而≫: "子曰: 志於道, 據於德, 依於仁, 遊於藝.(공자가 말하였다. 도에 뜻을 두고, 덕에 근거를 두고, 인에 의지하고, 六藝에 노닐어야 할 것이다.)"

245) 論衡·定賢≫: "郵人之過書, 門者之傳敎也, 封完書不遺, 敎審令不誤者, 則爲善矣.(문서를 전달해 주는 역참과 교령을 전달해 주는 문지기와 같다. 이들이 봉함한 문서를 잃어버리지 않고, 교령을 실수 없이 정확하게 전달한다면 이는 매우 훌륭한 일이다.)"

246) ≪禮記·樂記≫: "禮樂皆得, 謂之有德." "故天子之爲樂也, 以賞諸侯之有德者也." "樂者, 所以象德也."

‘(緋)’자는 ‘糸’와 ‘口’와 소리부 ‘㡀’로 이루어진 자로, ‘幣’로 읽는다. ‘幣(예물)’이란 禮品과 제사 때의 祭品을 가리킨다. ≪禮記·禮品≫에서는 “賓客이 폐물을 이용하는 것은 義의 지극함이다”[247]라 하였다. ‘㡀’자를 ≪上博楚簡·孔子詩論≫은 ‘’로 쓴다.[248]

56) ‘正’자는 ‘徵’자로 읽는다. ‘요구하다’의 뜻이다.

57) ‘(聿)’자는 ‘盡’자의 음성부와 같다. ‘進’으로 읽는다.

‘(飤)’자는 ‘人’과 ‘食’으로 이루어진 자로, ‘食’자의 이체자이다. ‘進食’은 ‘음식을 먹다’의 뜻이다.

58) ‘(飤)’은 ‘음식을 사람에게 먹이다’의 뜻이다.

‘(乍)’자는 ‘作’자의 이체자이다.

‘(安)’자는 ‘焉’으로 읽는다.

59) ‘(聿)’자는 ‘盡’으로 읽는다. ‘(双)’자는 ‘友’의 이체자이다. ‘’자로 쓰기도 한다.

60) ‘’자는 알 수가 없는 자이다. 李零은 ‘閱(검열할 열, yuè)’로 읽고, ‘지나다’·‘겪다’의 의미가 아닌가하였다.[249] ‘(春秋)’는 ‘세월’을 가리킨다.

61) ‘导’자는 ‘得’의 고문이다. ≪說文解字≫는 ‘得’자의 고문을 ‘(㝵)’으로 쓴다.

62) ‘(遊)’자는 ‘辵’과 소리부 ‘羍’로 이루어진 형성자로 ‘達’자의 이체자가 아닌가 한다. ‘達’자는 ‘達’과 같은 자이다. 본 구절에서는 ‘失’로 읽는다. 고문자에서 ‘大’ · ‘失’ · ‘矢’邊은 혼용되어 사용되기 때문에 ‘迭’자를 ‘达’로 쓰기도 한다. ≪說文解字≫는 ‘(達)’에 대하여 “‘큰 길이기 때문에 서로 길에서 만나지 못하다’의 의미이다. ‘辵’과 소리부 ‘羍’로 이루어진 형성자이다. ≪詩經≫은 ‘왔다갔다하며 서로 바라보네.’[250]라 했다. ‘達’자는 ‘大’를 써서 ‘𨑨(达)’로 쓰거나 ‘迭’로 쓴다.”라 하였다. 따라서 ‘迭’ · ‘達’ · ‘达’와 ‘失’은 서로 통한다.

63) ‘’자를 ≪郭店楚墓竹簡≫정리본은 ‘大’자로 예정하고 있으나, 裘錫圭 案語는 ‘內’자로 보고 있다.[251] ‘納’으로 읽는다. ‘바치다’의 뜻이다.

‘(賜)’자는 ‘貝’와 소리부 ‘爲’로 이루어진 자이며, ‘貨’자와 같은 자이다. ≪說文解字≫에서는 ‘賜’자에 대하여, “‘재물(資)’의 의미. ‘貝’와 소리부 ‘爲’로 이루어진 형성자이다. 혹은 이 자는 ‘貨’자의 고문자이다라 한다. ‘貴’자의 음과 같다”[252]라 하였다. ≪禮記·月令≫에서는 “納貨賂”라 하고, ≪呂氏春秋·仲秋記≫는 “入貨賂”라 하였다.[253]

247) ≪禮記·禮品≫: “賓客之用幣, 義之至也.”
248) ≪楚系簡帛文字編≫, 727 쪽.
249) 李零, ≪郭店楚簡校讀記≫, 150 쪽.
250) ≪說文解字≫: “行不相遇也. 從辵, 羍聲. ≪詩≫曰: 挑兮達兮. 达, 達或從大. 或曰迭.”
251) ≪郭店楚墓竹簡≫, 214 쪽, 注12.
252) ≪說文解字≫: “賜, 資也. 從貝, 爲聲. 或曰: ‘此古貨字.’ 讀若貴.”

64) ‘(扎)’자는 ‘才’와 소리부 ‘匕’로 이루어진 자로 ‘必’로 읽는다. ‘(秉)’자는 ‘廉’으로 읽는다. ‘청렴하다’는 뜻이다.

65) 제 61간과 제 62간은 제 56간과 관련이 있는 내용이지만, 내용 이해를 위하여 잠시 정리본의 순서대로 나열하였다.

66) ‘(會)’는 ‘會合하다’의 뜻이다.

67) ‘(啻)’자는 ‘意’자와 같은 자이다. 徐灝≪注箋≫은 “‘(意)’자와 ‘(意)’자는 실제로 같은 자이다. ‘意’자의 籀文을 ‘(㥣)’로 쓴다. 去聲과 入聲이 전환된 것이다. ‘心’과 소리부 ‘啻’로 쓴 자가 正字이다. ‘意’자는 小篆에서 변한 형태이다.”[254]라 하였다. ≪說文解字≫는 ‘意’자에 대하여 “‘차다’의 의미. ‘心’과 소리부 ‘啻’로 이루어진 형성자이다. 주문에서는 생략하여 ‘㥣’로 쓴다.”[255]라 하였다. ≪論語·子罕≫에서는 “子絶四, 毋意, 毋必, 毋固, 毋我.”[256]라 하였다. ‘思惟하는 데는 추측이나, 고집이나, 주관적인 것이나, 독단적인 것을 버려야 한다’는 뜻이다.

68) “名弍勿(物)參”은 “名二物三”로 읽는다. 먼저 이름이 있고 난 후에 물건을 부르게 된다는 뜻이다. 形名과 事物의 관계를 가리킨다. ≪尹文子·大道上≫에서는 “形以定名, 名以定事, 事以檢名. 察其所以然, 則刑名之與事物, 無所隱其理矣.”[257]라 하였다. 죽간에서 ‘名’은 ‘性’ 혹은 ‘生’과 같은 의미이며, ‘物’은 ‘形’·‘明’과 ‘文’이 이에 해당된다.

69) “生爲貴”는 ‘生은 소중한 것이다’라는 뜻이다. ≪老子≫에서는 “夫唯無以生爲者, 是賢於貴生”라 하고, ≪荀子·彊國≫에서는 “人知貴生樂安而棄禮義, 辟之, 是猶欲壽而歾頸也, 愚莫大焉.”이라 하고, ≪呂氏春秋·仲春紀第二·貴生≫에서는 “聖人深慮天下, 莫貴於生.”이라 하였다.[258] 모두 ‘生을 귀하게 여긴다’는 내용이다.

70) ‘(天)’은 ‘자연’을 가리킨다. ‘(命)’은 천명이나 운명을 가리킨다.

---

253) ≪禮記·月令≫: “納貨賂.”(뇌물을 헌납하다.) ≪呂氏春秋·仲秋記≫: “入貨賂.”(뇌물을 헌납하다.)

254) 徐灝≪注箋≫: “意·意實一字, 故意之籀文作㥣, 去入一聲之轉, 當从心·啻聲爲正, 意乃小篆變體耳.”

255) ≪說文解字≫: “滿也. 从心, 啻聲. 㥣, 籀文省.”

256) “공자께서는 네 가지 일을 전혀 하지 않으셨다. 자기 마음대로 경정하지 않고, 틀림없이 그렇다고 단언하지 않고, 고집하지 않았고, 아집을 부리는 일을 하지 않았다.”

257) ≪尹文子·大道上≫: “形以定名, 名以定事, 事以檢名. 察其所以然, 則刑名之與事物, 無所隱其理矣.(형태로써 명칭을 확정할 수 있고 명칭으로써 사물을 확인할 수 있고 일로써 명칭을 검증할 수 있다. 그래서 그 형체와 명칭의 原流를 살펴보면, 즉 形名을 사물과 대응해보면 그 도리가 모두 드러나게 되는 것이다.)”

258) ≪老子≫(제75장): “夫唯無以生爲者, 是賢於貴生.(오직 삶 때문에 행동하지 않는 사람이 삶을 귀중히 여기는 사람보다 현명한 것이다.)” ≪荀子·强國≫: “人之貴生樂安而棄禮義, 辟之, 是猶欲壽而歾頸也, 愚莫大焉.(본디 사람에게는 삶보다 더 귀중한 것이 없고, 안정보다 더 즐거운 상태는 없안. 그러한 삶을 보양하고 안정됨을 즐기는 방법으로는 예의보다 더 위대한 것은 없다. 사람들은 삶이 귀중하고 안정됨이 즐겁다는 것을 알면서도 예의를 버리는데, 그것은 마치 오래 살려고 하면서도 자기 목을 자르는 것과 같다. 어리석음이 이보다 더 클 수가 없다.)” ≪呂氏春秋·仲春紀第二·貴生≫: “聖人深慮天下, 莫貴於生.”(聖人은 천하에 대해 심려하지만 그러한 가운데서도 삶보다 더 귀하게 여기는 것은 없다.)

71) 제 69간의 【上】 은 원래 잔실되어 보이지 않는다. 李零은 제 69간 【上】 부분을 '命有性, 是謂' 구절을 보충할 수 있다 하였다.[259]

72) '(生)'은 생명을 가리킨다.

73) '型'은 '形'으로 읽는다.

74) '(命)'은 본 구절에서 '名'으로 읽는다. ≪廣雅·釋詁三≫에서는 "'命'은 '名'의 뜻이다"[260]라 하였다. ''은 '文'으로 읽는다.

75) '(勿)'은 '物'로 읽고, 물질의 '實體'를 가리킨다. ≪語叢一≫의 제 96간은 "又(有)生(乎)名"[261]이라 하였다. 본 구절과 연관이 있는 내용으로 보인다.[262]

259) 李零, ≪郭店楚簡校讀記≫, 149 쪽.

260) ≪廣雅·釋詁三≫: "命, 名也."

261) "물건이 생겨남이 있어, 이름이 있게 되었다."

262) ≪郭店楚墓竹簡≫, 214쪽, 注 14.

④ ≪語叢四≫

一三 一二 一一 一〇 九 八 七 六 五 四 三 二 一

一三 一四 一五 一六 一七 一八 一九 二〇 二一 二二 二三 二四

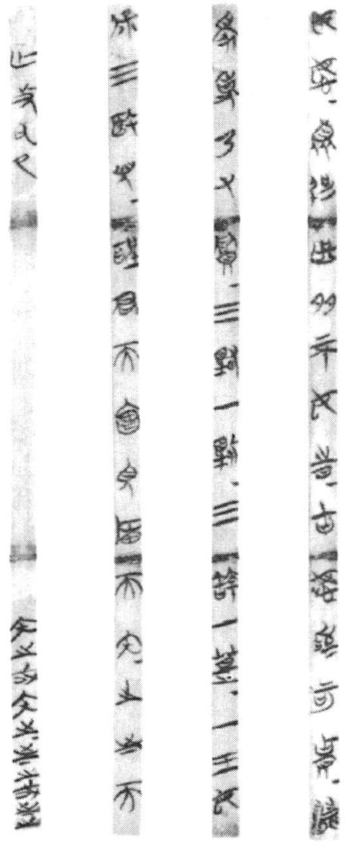

二五 二六 二七 二七背

【語叢四】

≪語叢四≫의 내용이 儒家 문헌인가 아니면 道家 문헌인가에 대하여 의견이 분분하다.

유세(遊說)의 道와 지혜와 계략의 중요성에 관한 내용을 포함하고 있기 때문에 戰國시기의 法家나 縱橫家의 사상으로 보는 학자도 있다.

모두 27枚이며, 양쪽 끝은 편평하게 다듬어져 있다. 길이는 15.1-15.2㎝이며, 두 곳에 묶은 흔적이(編線) 있는데, 거리는 6-6.1㎝이다.

다섯 곳에 分段 부호가 있고, 篇章 부호는 두터운 가로획으로 되어 있고, 句讀 부호는 짧은 가로 획을 쓰며, 重文과 合文 부호는 두 개의 짧은 가로 획을 사용하고 있다.

내용 중 앞 3장은 말을 할 때 주의해야 점에 대하여 언급하고 있다.

"가는 말이 다른 사람을 상하게 하면, 오는 말이 자기를 상하게 한다."[263]라고 言語는 절도(분수)가 있어야 한다 하였다. 또한 과분한 말을 하면 다른 사람을 상하게 할 것이고, 과분한 말을 들으면 또 자기를 상하게 한다 하였다.

말(언어)을 할 때는 장소를 주의해야 하며, 조심스럽게 해야 하며, 벽에 귀가 있으니 조심하지 않으면 후환을 부를 수도 있다 하였다.

또한 말은 착하게 해야 한다고 강조하였다. "말이 선하면, 종세토록 족하다."[264]라 하였다. 사람은 하나의 독립된 개체가 아니며, 인간관계가 중요하게 고려되어야 하기 때문에, 사람은 반드시 자신의 언행을 제약해야 한다 하였다.

이외에도 遊說의 도에 대한 기교도 서술하고 있다. 예를 들어, 내심을 상대방에게 드러내지 않아야 한다 하였다.

문장 구조는 비유 형식을 사용하기도 하는데, 권세를 잡은 자들이 안목을 넓혀 어진 이를 임용하고 널리 친구를 사귀어야, 통치자와 피통치자 사이는 두개의 굴러가는 수레바퀴처럼 각자 서로 방해하지 않고 정상적으로 앞으로 달릴 수 있다 하였다.

친구를 사귀는 것과 계책이 뛰어난 臣下의 중요성에 대해서도 언급하였다. 임금에게 계책이 뛰어난 신하가 있으면 국토가 침략 당하지 않을 것이며, 선비에게 계책이 뛰어난 친구가 있으면 말씨가 자신감이 생긴다고 하였다.

인재·지혜와 계략은 시기가 적절해야 한다 하였다.

李零의 ≪郭店楚簡校讀記≫에서 ≪語叢四≫ 대신 ≪說之道≫라 하였다.[265] ≪郭店楚簡≫은 ≪語叢四≫는 ≪語叢一·二·三≫과는 文體와 문장 구조형식이 다르다.

263) "往言剔(傷)人, 䜌(來)言剔(傷)吕(己)."(제 2간)
264) "言之善, 足以終殜(世)."(제 3 간)
265) 李零, ≪郭店楚簡校讀記≫, 44 쪽.

1

言以司(詞),① 寈以舊.② 非言不醻,③ 非悳(德)亡復.④ 言【1】而狗(苟),⑤ 𤖨(牆)又(有)耳.⑥ 往言剔(傷)人, 𨀤(來)言剔(傷)㠯(己).⑦【2】言之善, 足以終殜(世).⑧ 參殜(世)之福(富?), 不足以出芒(亡).⑨【3】

언어는 단어를 통해서 표현하는 것이고, 정감은 오랫동안 유지되는 것으로 표현되어지는 것이다. 응수(應酬)되지 않는 말이 없고, 보답하지 않는 덕이 없다. 만약에 말을 함부로 하면 말하는 사람은 마음을 쓰지 않았다 해도 듣는 사람은 주의를 하고 있어 벽에 귀가 있는 것과 같은 것이다. 가는 말이 사람을 다치게 하면 오는 말이 자신을 다치게 한다. 말이 선하면 종세토록 안락하고, 만약에 말을 조심하지 않으면 三世의 福이 있다 해도 도망쳐야 하는 일을 감당해 내지 못한다.

【註解】

1) '(司)'자는 '詞'로 읽는다. 그러나 李零≪郭店楚簡校讀記≫는 '始'로 읽었고,[266] 陳偉≪郭店竹書別釋≫은 '殆'로 읽고, 다음 구절의 '舊'자를 '咎'로 읽었다.[267] 본 구절은 언어에 관한 내용이기 때문에 '詞'의 의미로 해석하기로 한다.

2) '(寈)'자는 '情'으로 읽는다.[268] '정감'의 뜻이다. '(舊)'자를 '久'로 읽는다. 그러나 陳偉≪郭店竹書別釋≫은 '咎'로 읽었다.
만약에 '始'와 '久'로 읽는 경우와 '殆'와 '咎'로 읽는 경우를 해석하면 아래와 같다.

'始'-'久'
유세는 언어로 시작하는 것으로 상대방의 정감을 움직여야 그 효과가 오래 유지될 수 있는 것이다.
'殆'-'咎'
상대방과 대화를 할 때 위험이 있을 수 있고, 감정이 상처를 받을 수 있다.

그러나 이러한 해석은 너무 의의적 해석이기 때문에 취하지 않기로 한다. 본 구절은 단순한 언어와 정감에 관한 언급으로 이해하기로 한다. 따라서 '司'를 '詞'로 읽고 '舊'자는 문자 그대로 해석하기로 한다. '말이란 단어를 통해서 표현해지고, 감정이란 이전부터 형성된 축적물이다'라는 뜻이다.

3) '(非)'는 '靡'로 읽는다. '靡'는 '無'의 뜻이다. '(醻)'자는 '貝'와 소리부 '𠷎'로 이루어진 형성자로, '酬'로 읽는다.[269]

266) 李零, ≪郭店楚簡校讀記≫44 쪽.
267) 陳偉, ≪郭店竹書別釋≫, 230-231 쪽.
268) ≪郭店楚墓竹簡≫, 218 쪽, 注1.
269) ≪郭店楚墓竹簡≫, 218 쪽, 注2. 裘錫圭는 '酬'나 혹은 '讎'로 읽는다 하였다. '讎'자로 해석하자면, '말을 하면 이에 대응하는 말이 반드시 있다'라는 뜻이다.

4) ‘(亡)’은 ‘無’로 읽는다. ‘’자는 ‘辵’과 소리부 ‘复’으로 이루어진 ‘復’자이다. ‘復’자와 같은 자이며, ‘報’로 읽는다.

5) ‘(而)’자는 ‘如’의 용법으로 쓰인다. 王引之≪經傳釋詞≫(卷七)는 “‘而’는 ‘猶’와 같다. ‘若’과 ‘如’는 音聲이 같다. 그러므로 ‘如’의 의미로 쓰이고, ‘若’의 의미로 쓰인다.”270)라 하였다.

‘(狗)’자는 ‘犬’과 소리부 ‘句’로 이루어진 형성자이다. ‘苟’로 읽는다.

6) ‘(牖)’자는 ‘爿’과 ‘𩫖’으로 이루어진 ‘墉’자의 이체자이다. ≪說文解字≫는 ‘(墉)’자에 대하여 “‘성의 담’이라는 뜻. ‘土’와 소리부 ‘庸’으로 이루어진 형성자이다. ‘墉’자의 고문은 ‘(𩫖)’으로 쓴다.”271)라 하였다. ‘담장’의 뜻이다. ≪詩·小雅·小弁≫에서는 “君子無易由言, 耳屬於垣.”이라 하였다. 또한 ≪管子·君臣下≫에서는 “古者有二言: ‘牆有耳.’ ‘伏寇在側.’”이라 하고, ≪大戴禮記·曾子制言≫는 “鄙夫鄙婦相會於牆陰. 可謂密矣. 明日則或揚其言矣.”라 하였다.272)

7) ‘(迼)’자는 ‘辵’과 소리부 ‘𡉚’으로 이루어진 형성자이다. ≪說文解字≫는 ‘徃(往)’자의 고문을 ‘(迬)’으로 쓴다. ‘(𣥠)’자는 ‘止’와 소리부 ‘來’로 이루어진 형성자이며, ‘來’자의 이체자이다. 혹은 의미부 ‘辵’을 써서 ‘’·‘’로 쓰기도 한다.273)

‘(𫸩)’자는 ‘傷’자의 이체자이다. 혹은 의미부 ‘戈’를 써서 ‘’으로 쓴다.274)

8) ‘(殜)’자 ‘歺(歹)’과 소리부 ‘枼’로 이루어진 형성자이다. ‘世’로 읽는다.

9) ‘’자는 ‘福’으로 읽는다. “參殜(世)之福(富?), 不足以出芒(亡)”은 “參世之福, 不足以出亡.”으로 읽을 수 있다.275) ‘말을 신중하고 조심스럽게 하지 않는다면 삼대에 걸쳐 쌓은 복이 있이 있다 해도 도망쳐야 하는 화를 감당치 못할 것이다’는 뜻이다. 즉 말로서 사람을 상하게 하면 그 화를 막을 수 없다는 뜻이다.

‘’자는 ‘屮(艹)’와 소리부 ‘亡’으로 이루어진 형성자로 ‘亡’으로 읽는다.276)≪荀子·榮辱≫에서는 “말로 사람에게 상처 주는 것이 창(矛戟)으로 상처를 주는 것보다 더 깊다.)”277)라 하였다.
‘出芒’은 ‘出亡’으로 읽고 ‘도망치다’·‘달아나다’의 뜻이다.

270) 王引之≪經傳釋詞≫(卷七): “而, 猶若也. 若與如古同聲, 故而訓爲如, 又訓爲若.”
271) ≪說文解字≫: “墉, 城垣也. 从土, 庸聲. 𩫖, 古文墉.”
272) ≪郭店楚墓竹簡≫, 218 쪽, 注 3.
273) ≪楚系簡帛文字編≫, 524 쪽.
274) ≪楚系簡帛文字編≫, 750 쪽.
275) 李零, ≪郭店楚簡校讀記≫, 46 쪽. 陳偉, ≪郭店竹書別釋≫, 232 쪽.
276) 劉釗, ≪郭店楚簡校釋≫은 ‘芒’으로 읽고, ‘칼끝’(鋒芒)·‘서슬’이라는 뜻으로 해석하였다.(226 쪽)
277) ≪荀子·榮辱≫: “傷人以言, 深於矛戟.”

2

口不誓(愼)而[10]Ⓟ(戶)之[11]閟(閉),[12] 亞(惡)言復[13]己而死無日.[14] 【4】

말을 신중히 하지 않는 것은 집안에 문단속을 하지 않은 것과 같다. 악한 말은 자기에게 되돌아와 죽음을 당할 날이 멀지 않다.

【註解】

10) ‘’자는 ‘誓’의 이체자이며,[278] ‘愼’으로 읽는다. ‘(而)’자는 제 2간에서와 같이 ‘如’의 용법으로 보기도 한다.[279]

11) “口不誓(愼)而床(戶)之閟(閉).”는 아래 세 가지 경우로 해석한다.

첫째, “戶之閉”를 ‘만약에 말을 신중하게 하지 않아 다른 사람에게 해를 입힌다면 문을 닫고 거절당한다.’는 뜻으로 해석하는 경우이다.[280]

둘째, ‘而’자를 ‘如’의 의미로 해석하고, ‘之’자는 ‘不’자의 誤字가 보는 경우이다. ‘말을 신중히 하지 않는 것은 집안에 문단속을 하지 않은 것과 같다’라는 뜻으로 해석하는 경우이다.[281]

셋째, ‘愼’자는 ‘順’으로 읽고, ‘床(戶)之閟(閉)’를 ‘입을 다물고 말을 하지 않다’로 해석하는 경우이다.[282] 이 구절을 다음 문장과 연결되는 내용으로 보고, ‘말을 거스리게 되면 입을 다물고 말을 하지 말아야 한다. 그렇지 않으면 악한 말을 하게 되면 자신에게 그 화가 되돌아와 죽을 날이 멀지 않게 된다.’로 해석한다.

전체적인 문장 내용을 고려하여 잠시 두 번째 주장에 따라 해석하기로 한다.

‘(床)’자는 ‘戶’자의 고문이다.[283]

12) ‘(閟)’자는 ‘門’과 소리부 ‘必’로 이루어진 형성자로 ‘閉’로 읽는다. ≪說文解字≫는 ‘閟’자에 대하여 “‘문을 닫다’라는 뜻이다”[284]라 하였다.

13) ‘’자는 ‘辵’과 소리부 ‘复’로 이루어진 ‘逿’자이다. ‘復’자와 같은 자이며, ‘報’으로 읽는다.

14) ‘(無日)’은 ‘날짜가 없다’라는 뜻으로 시간이 아주 빠름을 말한다.

3

凡敓(說)之道,[15] 級者爲首.[16] 旣得其級,[17] 言必又(有)及 【5】 之.[18] 及之而不可, 必度以訛,[19] 毋(毋)命

278) 張守中, ≪郭店楚簡文字編≫, 40 쪽

279) 劉釗, ≪郭店楚簡校釋≫, 226 쪽.

280) 李零, ≪郭店楚簡校讀記≫, 46 쪽.

281) 劉釗, ≪郭店楚簡校釋≫, 226 쪽.

282) 陳偉, ≪郭店竹書別釋≫, 232-233 쪽.

283) ≪楚系簡帛文字編≫, 990 쪽.

284) ≪說文解字≫: “閟, 閉門也.”

(令)智(知)我.⑳ 皮(彼)邦芒(亡) 【6】 𤕌(將),㉑ 流澤而行. 【7】 ㉒

遊說의 道는 먼저 상대방이 조급해 하는 관건을 파악하는 것이 급선무다. 급선무를 파악했으면, 또한 그것에 대하여 계속해서 언급하여야 한다. 만약에 언급하려고 했던 기회를 잡지 못했다면, 필히 상대방에 들키지 않도록 숨기고 화제를 계속 이끌고 나가, 나의 의도를 상대방이 알지 못하도록 한다.

만약에 그 국가가 곧 망할 것 같고 장래성이 없으면, 곧 유유히 그곳을 빠져 나가야 한다.

【註解】

15) ‘(敓)’자는 ‘攴’과 소리부 ‘兌’로 이루어진 형성자로 ‘說’로 읽는다.285) ‘遊說(유세하다)’의 ‘說’이다.

16) ‘(級)’자는 ‘糸’와 소리부 ‘及’으로 이루어진 형성자이며, ‘急’으로 읽는다.286) ≪睡虎地秦簡·爲吏之道≫에서는 “나라의 급한 일 처리는 체제와 관건을 장악하는데 있다”287)라 하여 ‘急’자는 ‘관건’이나 ‘요점’의 의미로 쓰인다. ≪說苑·談叢≫에서는 “말 한마디가 틀리면 네 필의 말로도 쫓을 수 없고, 한마디가 관건을 잡지 못하면 네 필의 말로도 이를 수 없다.”288)라 했다.

유세를 할 때는 관건과 요점을 잘 파악한다. 즉 상대방의 심리와 상대방이 필요하고 급한 것이 무엇인가를 잘 알아야 한다는 것이다. ≪荀子·非相≫에서는 “談說하는 방법이 있다. 근엄하고 장중한 태도로 임하고, 바르고 성실한 마음으로 처하고, 굳고 강한 의지를 가지고, 분별하게 깨우쳐주고, 비유하여 일컬어서 밝혀주고, 和氣있게 말을 보내고 보배롭고 진귀하게 여기며, 귀하고 신묘하게 여긴다. 이와 같이 하면 언제나 담설을 받지 않을 사람이 없을 것이다. 비록 사람이 말하지 않아도 귀하게 여기지 않을 사람이 없을 것이다. 이것을 능히 귀한 것을 귀하게 여긴다라고 하는 것이다. 전하기를 이르기를 오직 군자는 능히 이 귀한 것을 귀하게 여긴다고 했는데, 이것은 말하는 기술을 이른 것이다.”289)라 하였고, ≪說苑·善說≫에서는 ≪鬼谷子≫를 인용하여 “행위가 선량하지 못한 사람을 고쳐 주기란 어렵다. 그러나 설득해도 실천하지 않고 말을 해도 따라 주지 않는 것은 그 언변이 명확하지 않기 때문이다. 논리가 명확한데도 그가 행동해 주지 않는 것은 논리의 견지가 굳세지 않았기 때문이며, 굳세게 밀고 나갔는데도 효과가 없다면 이는 그의 마음속에 있는 선을 격동시키지 못하였기 때문이다. 논리에 맞고 명확하며 지속적이며 견고하게 하면서 또한 그의 마음 속 선까지 적중시켜 그 언어가 신기하고 진기하며 밝고 분명하여 마음속을 움직이듯 설득력을 가졌

285) ≪郭店楚墓竹簡≫, 218 쪽, 注 5.

286) ≪郭店楚墓竹簡≫, 218 쪽, 注 5.

287) ≪睡虎地秦簡·爲吏之道≫: “邦之急, 在體級.”

288) ≪說苑·談叢≫: “一言而非, 四馬不能追; 一言不急, 四馬不能急.(말 한마디가 틀리면 네 필의 말로도 쫓을 수 없고, 한마디가 관건을 잡지 못하면 네 필의 말로도 이를 수 없다.)”

289) ≪荀子·非相≫: “談說之術, 矜莊以莅之, 端誠以處之, 堅强以持之, 分別以喩之, 譬稱以明之, 欣驩, 芬薌以送之; 寶之, 珍之, 貴之, 神之. 如是, 則說常無不受, 雖不說人. 人莫不貴, 夫是之謂能貴其所貴. 傳曰: ‘唯君子爲能貴其所貴.’ 此之謂也.”

으면서도 실행을 얻지 못하는 경우란 하늘 아래에서 내 듣지 못하였다. 바로 이런 것을 善說이라 하는 것이다."[290]라 하였다. 여기서의 '그의 마음속 선까지 적중시키다 (中其人之所善)'과 '능히 마음속을 움직이다(能入於人之心)'은 바로 죽간 문장의 '急者爲首'의 '急者'이다.

17) "旣得其級"은 유세를 할 때 상대방으로부터 상대방의 의도가 어떤 것인가를 서로 대화를 통하여 파악하는 것을 말한다.

18) "言必又(有)及之"은 상대방의 의도를 파악하였으면 상대방의 마음을 움직일 수 있도록 설득해야 함을 말한다. 즉 앞에서 ≪說苑≫이 말한 '그의 마음속 선까지 적중시키다(中其人之所善)'과 '능히 마음속을 움직이다(能入於人之心)'과 같은 것이다.

19) '(虔)'자를 裘錫圭는 案語는 '且'로 읽었다.[291] 그러나 이 자는 '閔'자의 古文으로 ≪古文四聲韻≫에 보인다. 여기에서는 '文'으로 읽는다.[292] '숨기다'·'감추다'의 뜻이다. ≪論語·子張≫에서는 "小人之過也必文."이라 하고, ≪廣雅·釋詁二≫에서는 "'文'은 '꾸미다(飾)'의 뜻이다."[293]라 하였다.

'(訛)'자는 '過'로 읽는다. '訛'자의 고음은 'ŋwa'(疑紐歌部)이고, '過'는 'kwa'(見紐歌部)로 운부가 같고 성부는 같은 계열이다.

20) '(母)'자는 '毋'로 읽는다. '母'와 '毋'자는 원래 고문자에서 같은 자이다.[294]

"母命智我"은 "毋令知我"로 읽을 수 있다. 자신의 의도를 알아차리지 못하도록 하는 것을 말하다. '令'자는 사역동사의 용법으로 쓰인다.

21) '(皮)'자를 ≪郭店楚墓竹簡≫ 정리본은 '被'로 읽고 있으나, 문맥 내용으로 보아 '破'로 읽기로 한다.[295]

'(芒)'자는 '亡'으로 읽는다. ''자는 '將'으로 읽는다. "芒𥩠"은 "亡將"으로 나라가 망할 것 같이 장래성이 없음을 말한다.

22) '(流澤)'은 연면사로 '끊이지 않고 물이 흐르는 모양'의 뜻이다.[296] 여기에서는 '유유히 사라지다'의 형용사의 용법으로 쓰인다.

이 문장은 문맥상 윗 문장과 잘 연관되지 않지만, 망할 나라에게는 유세하지 말라는 충고인 것 같다.

290) ≪說苑·善說≫: "鬼谷子曰: 人之不善而能矯之者, 難矣. 說之不行, 言之不從者, 其辯之不明也; 旣明而不行者, 持之不固也; 旣固而不行者, 未中其心之所善也. 辯之, 明之, 持之, 固之, 又中其人之所善, 其言神而珍, 白而分, 能入於人之心, 如此而說不行者, 天下未嘗聞也. 此之謂善說."
291) ≪郭店楚墓竹簡≫, 218 쪽, 注 5.
292) 陳偉, ≪郭店竹書別釋≫, 234 쪽.
293) ≪論語·子張≫: "小人之過也必文."(소인은 잘못을 덮어 숨기려 한다.) ≪廣雅·釋詁二≫: "文, 飾也."
294) 容庚, ≪金文編≫, 813 쪽. "毋與母爲一字."
295) 陳偉, ≪郭店竹書別釋≫, 234 쪽.
296) 陳偉, ≪郭店竹書別釋≫, 234 쪽.

4

数(竊)鉤(鈎)者戜(誅),㉓ 数(竊)邦者爲者(諸)侯,㉔ 者(諸)侯之門, 義士【8】之所廌(存).㉕【9】

갈고리를 훔친 자는 죽임을 당하고, 나라를 훔친 자가 제후가 되는 것은 제후의 집안에 인의의 선비가 있기 때문이다.

【註解】

23) '(数)'자 중의 소리부 '丵'은 초간에서 '察'·'淺'·'竊'자 등으로 읽는다.[297] '竊'의 의미로 쓰이고 있다. '(戜)'자는 '誅'자의 이체자이다.[298]

25) '(廌)'자는 '薦'자와 통하고, '薦'자는 '荐'자와 통한다. 본 구절에서는 '存'으로 읽는다. ≪莊子·胠篋≫에서는 "彼竊鉤者誅, 竊國者爲諸侯. 諸侯之門, 而仁義存焉."[299]이라는 구절과 같다.

5

車敳(弼)之䒬(醢)酭(盍),㉖ 不見江沽(湖)之水.㉗ 佖婦禺夫,㉘【10】不智(知)其向(鄕)之小人·君子.㉙ 飤(食)韭亞(惡)智(知)㉚終其蒙.㉛【11】

수레 바퀴의 물고기는 강호의 물을 볼 수 없다. 필부필부는 무지하고 우매하여 마을의 소인과 군자도 가리지 못하며, 매일 매일 부추의 잎만 먹을 줄 알고 평생을 마친다.

【註解】

26) ''자는 의미부 '攵'과 소리부 '曷'로 이루어진 자로 '蓋'로 읽는다.[300] ≪郭店楚簡·緇衣≫제 40간에서의 '(敱)'자와 같다. 음성부가 '曷'로 '蓋'자와 통한다 했다.[301] ≪上博楚簡·紂衣≫는 이 자에 해당되는 자를 ''로 쓴다. 李零은 이 자는 의미부 '車'·'攴'과 소리부 '曷'로 이루어진 자라 하였다.[302] ≪禮記·緇衣≫는 '軾(수레 앞턱 가로나무 식, shì)으로 쓴다. '車蓋'는 수레 위의 우산모양의 가리개이다. 그러나 李零과 陳偉는 '바퀴자국'이라는 의미의 '轍'로 읽었다.

'(䒬)'자는 '艹'와 '土'와 소리부 '必'로 이루어진 자이다. ''자는 '酉'와 소리부 '有'로 이루어진 자이다.

"車敳之䒬酭, 不見江沽之水."의 의미에 대하여 의견이 분분하다.

297) ≪郭店楚墓竹簡≫, 218 쪽, 注7.
298) ≪郭店楚墓竹簡≫, 218 쪽, 注7.
299) "그 갈고리를 훔친 자는 죽임을 당하고, 나라를 훔친 자가 제후가 되는 것은, 제후의 집안에 인의가 있기 때문이다."
300) ≪郭店楚墓竹簡≫, 218 쪽, 注 218.
301) ≪郭店楚墓竹簡≫, 136 쪽, 注 101.
302) 李零, ≪上博楚簡三篇校讀記≫, 48 쪽.

첫째, '[illegible]'자를 '轍'로 읽고, '莖酭'을 '醯醢'로 읽는 경우이다. '수레바퀴 자국의 엎질러진 국물을 어찌 호수 물에 비교하겠는가!'라는 뜻으로 해석한다.[303]

둘째, '莖酭'를 '蔽翳'로 읽고 '수레를 가리다'의 뜻으로 이해하는 경우이다. '수레의 덮개를 가리면 밖을 바라볼 수 없어 세상(강호의 물)을 재대로 볼 수 없다'라는 뜻으로 이해한다.[304]

셋째, '莖酭'를 '鮒鰌'로 읽고 '작은 물고기'로 뜻으로 이해하여. '작은 물고기가 큰 강을 물은 보지 못한다.'라는 뜻으로 해석하는 경우이다.[305]

≪莊子·外物≫에서는 "내가 어제 이곳에 오는데 도중에 나를 부르는 자가 있었다. 내가 돌아다보니 수레바퀴 자국 가운데의 붕어였다. 내가 붕어에게 물었다. 붕어야 너는 무얼 하고 있는 거냐? 붕어가 말하였다. 저는 동해의 물길 속에 노닐던 놈입니다. 선생께서 한 말이나 혹은 되박의 물이 있거든 제게 부어 살려 주세요. 내가 말했다. 그러지 내 남쪽으로 가지 오나라와 월나라의 임금을 설복시켜 서강의 물을 끌어다가 너를 마중하도록 하겠다. 괜찮겠느냐? 붕어는 성이 나서 얼굴빛이 변하여 말하였다. 저는 제가 늘 필요한 물을 잃고 있어서 당장 몸 둘 곳이 없는 것입니다. 저는 한 말이나 몇 되박의 물만 있으면 사는 것입니다. 선생께서 말씀대로 하다가는 차라리 저를 건어물전에 가서 찾는 편이 낳겠습니다."[306]라 하였다. 이 내용을 참고하고, 다음 문장 역시 이와 관련이 있는 내용이기 때문에, 본문은 '바퀴 속의 작은 물고기'로 해석하기로 한다.

27) '[illegible](沽)'자는 '湖'로 읽는다.

28) '[illegible](佖)'자는 '匹'자로 읽는다. "佖婦禺夫"는 평범한 남녀라는 "匹夫匹婦"와 같은 뜻이다. '匹夫'는 혹은 '獨夫'와 같은 의미로 '용감은 하나 지모가 없는 사람'을 폄하하는 뜻으로 쓰이고, '匹婦'는 '匹夫'와 같이 '무지하고 우매하고 경멸한 의미'를 내포하고 있다.

29) '[illegible]'자는 '鄕'으로 읽는다. '[illegible]'은 합문 '小人'이다.

30) '惡智'는 '不知'의 의미로 '우둔하다·우매하다'의 뜻이다.

31) '[illegible]'자를 劉釗는 '葉'자로 예정하고 '우매한 사람은 부추의 잎만 먹는다.'라 해석하였다.[307] 李零은 '葉'자를 잘못 쓴 자이고 '世'로 읽으며, '어리석은 자는 평생 동안 부추만 먹을 줄 알지 아무것도 모른다.'로 뜻으로 이해하였다.[308] 陳偉는 '飤(食)韭'를 '鳲鳩(뻐꾸기)'로 읽고 '우매하고 평범한 사람'을 비유하고 있다 하였다.[309]

303) 李零, ≪郭店楚簡校讀記≫, 46 쪽.
304) 劉釗, ≪郭店楚簡校釋≫, 228 쪽.
305) 陳偉, ≪郭店竹書別釋≫, 222-223 쪽.
306) ≪莊子·外物≫: "周昨來, 有中道而呼者. 周顧視車轍中, 有鮒魚焉. 周問之曰: '鮒魚來! 子何爲者邪?' 對曰: '我, 東海之波臣也. 君豈有斗升之水而活我哉?' 周曰: '諾. 我且南遊吳越之土, 激西江之水而迎子, 可乎?' 鮒魚忿然作色曰: '吾失我常與, 我无所處. 吾得斗升之水然活耳, 君乃言此, 曾不如早索我於枯魚之肆!'"라 하였다.
307) 劉釗, ≪郭店楚簡校釋≫, 229 쪽.
308) 李零, ≪郭店楚簡校讀記≫, 46 쪽.
309) 陳偉, ≪郭店竹書別釋≫, 237 쪽.

전체적인 문맥으로 보아 李零의 주장이 옳은 것 같다.

6

曓(早)[32]與[33]臤(賢)人,[34] 是胃(謂)𡨄(訣)行.[35] 臤(賢)人不才(在)昃(側),[36] 是【12】胃(謂)迷惑. 不與智怋(謀)是胃(謂)自惎(認).[37] 曓(早)與[38]智怋(謀)是【13】胃(謂)童(重)基(惎).[39]

일찍이 현인들과 가까이하면 豫見을 할 수 있고 보조에 맞춰 행동할 수 있고, 현인이 옆에 없게 되면 곧 미혹되고 혼란에 빠지게 된다. 계략을 미리 예측할 수 없으며 자기가 속임을 당하고, 미리 계략을 알 수 있다면 기본을 두텁게 할 수 있는 것이라 한다.

【註解】

32) ‘(曓)’자는 ‘日’과 소리부 ‘棗’로 이루어진 자로, ‘早’자의 이체자이다. ≪語叢≫에서 ‘’·‘’로도 쓴다.[310]

33) ‘(與)’는 ‘교류하다’·‘왕래하다’의 뜻이다.

34) ‘(臤)’자는 ‘賢’의 이체자이다. 王筠의 ≪句讀≫에서는 “고문자에서는 ‘言’을 쓰지 않는 ‘臤’자를 직접 ‘賢’자로 썼다. 후에 ‘貝’가 추가되었다.”[311]라 하였다. 혹은 ‘子’를 추가하여 ‘’으로 쓰기도 한다.[312]

35) ‘’자를 ≪郭店楚墓竹簡≫ 정리본은 ‘𡨄’자로 예정하고 ‘訣’으로 읽는다 하였다.[313] 劉釗의 ≪郭店楚簡校釋≫은 ‘寑’으로 예정하고, ‘浸’의 의미로 해석하고, ‘점차적으로 따라 행동하다’의 뜻이라 하였다.[314] 그러나 ≪郭店楚簡≫에서 ‘補’자를 ‘’·‘’로 쓰는데, 이 중 ‘甫’자는 ‘’자의 아래 오른쪽 자부와 같다. 따라서 이 자는 ‘宀’과 소리부 ‘浦’로 이루어진 형성자로 ‘𡪍’자로 예정할 수 있다. 본 구절에서는 ‘輔’로 읽는 것이 아닌가 한다.[315] ‘輔行’은 ‘현인을 도와 보조를 맞춰 행동하다.’의 뜻이다.

36) ‘(昃)’자는 ‘日’과 소리부 ‘仄’으로 이루어진 형성자이다. ‘側’으로 읽는다.

37) ‘(惎)’자는 ‘心’과 소리부 ‘亓(其)’로 이루어진 형성자이다. ‘欺’자로 읽는다.

38) “不與智怋(謀)”와 “曓(早)與智怋(謀)” 구절 중의 ‘與’자는 ‘預’로 읽는다. ‘미리 예견하여 간여하다’의 뜻이다. ≪史記·屈原賈生列傳≫에서는 “하늘의 이치는 예측할 수 없고, 도는 심원하여 미리 꾀할 수 없고, 더디고 빠르고는 천명이 정할 일, 어찌 그 때를 알 수 있으리.”라 하고, 司馬貞은 ≪索隱≫

310) ≪楚系簡帛文字編≫, 644 쪽.
311) 王筠 ≪句讀≫: “不言從臤者, 古直以臤爲賢, 後乃加貝.”
312) ≪楚系簡帛文字編≫, 600 쪽.
313) ≪郭店楚墓竹簡≫, 218 쪽, 注 10.
314) 劉釗, ≪郭店楚簡校釋≫, 229 쪽.
315) 陳偉, ≪郭店竹書別釋≫, 237 쪽.

에서 "'與'와 '預'의 음으로 읽는다."라 하였다.[316] '與'는 또한 '參與하다'의 뜻과 같다.

39) '(童基)'를 ≪郭店楚墓竹簡≫은 '重惎'로 읽었다. 李零은 '童(重)基(惎)'는 곧 '重欺'로 '속임이 더 심한 것'으로 해석하였다.[317] 그러나 본 구절은 앞 "不與智悔(謀)是胃(謂)自惎(諅)." 구절의 반대되는 내용으로 보인다. '重基'는 문자 그대로 읽는 것이 아닌가한다. '重基' 즉 '厚基(기초를 두텁게 하다)'의 뜻이다. ≪淮南子·太族≫에서는 "故仁義者, 爲厚基者也. 不益其厚而張其廣者, 毁; 不廣其基而增其高者, 覆."[318]라 하였다.

7

邦又(有)巨䧺(雄),[40] 必先與之以爲堋(朋).[41] 唯𢘹 【14】 之而弗亞(惡),[42] 必𦘔(盡)[43]其古(故).[44]

나라 안에 巨雄이 있으면 반드시 먼저 그들과 친분관계를 맺어야 한다. 비록 그들을 비난을 할지라도 싫어하지 말며, 그 계략들을 다 쓰도록 유도해야 한다.

【註解】

40) '(䧺)'자는 '鳥'와 소리부 '厷'으로 이루어진 자로 '雄'자와 같은 자이다. '巨雄'은 원래 큰 새를 가리킨다. 죽간 문장중의 '巨雄'은 나라 안의 '姦雄'을 가리킨다. 즉 모략이 있으면서, 포부가 있고 큰 사업을 하고자 하는 사람을 가리킨다. 그러나 죽간은 문맥으로 보아 간웅이 아니라 賢才인 영웅을 가리키는 것 같다.

41) '(堋)'자는 '土'와 소리부 '朋'으로 이루어진 자로 '朋'으로 읽는다.

42) '(唯)'자는 '雖'자의 용법으로 쓰인다.

'(𢘹)'자는 '難'으로 읽는다. ≪釋名·釋言語≫에서는 "'難'은 '꺼리다(憚)'의 의미. 사람들이 이른바 미워하고 꺼리는 것을 말한다."[319]라 하였다. "唯𢘹之"를 裘錫圭 案語는 "雖難之"로 읽었다.[320] '큰 인재가 난감하게 할지라도 이를 싫어하지 말고, 이 인재가 가지고 있는 모든 계략을 모두 다 나라를 위하여 바칠 수 있도록 유도하라.'는 뜻이다.

43) '(𦘔)'자는 '盡'으로 읽는다.

44) '古'는 '故'로 읽는다. 즉 '계략'·'책략'의 뜻이다.

316) ≪史記·屈原賈生列傳≫: "天不可與慮兮, 道不可與謀. 迟數有命兮, 惡識其時?(하늘의 이치는 예측할 수 없고, 도는 심원하여 미리 꾀할 수 없고, 더디고 빠르고는 천명이 정할 일, 어찌 그 때를 알 수 있으리.)" 司馬貞≪索隱≫: "與, 音預也."

317) 李零, ≪郭店楚簡校讀記≫, 46 쪽.

318) "인의는 기초를 두텁게 하는 것이다. 기초를 두텁게 하지 않은 채 넓이만 늘려 나간다면 결국 부러지고, 기초를 넓히지 않은 채 높이만 증가시키면 뒤집어진다."

319) ≪釋名·釋言語≫: "難, 憚也, 人所忌憚也."

320) ≪郭店楚墓竹簡≫, 218 쪽, 注12.

8

肀(盡)之而忾(疑),㊺ 必鋊鋊㊻ 【15】其罨. 女(如)牆(將)又(有)敗, 鮌(雄)是爲割(害).㊼

모든 방법을 다 사용하였으나, 巨雄의 의심을 받게 되면 천천히 그들을 떠나야 한다. 만약 그들과 계략을 꾸몄으나 실패하면 巨雄은 버림을 받을 것이다.

【註解】

45) '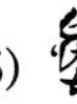'자는 '心'과 소리부 '矣'로 이루어진 형성자이다. 이 자를 '疑'[321]나 혹은 '俟(기다릴 사 sì,qí)'로 읽는다. 만약에 '疑'로 읽는다면 부정적인 의미로 '최선을 다했으나 의심을 받게 되면 유연히 떠나야 한다'의 뜻으로 이해할 수 있고, 만약에 '俟'로 읽는다면 긍정적인 의미로 '최선을 다하고 기다린다면 좋은 결과를 얻는다'로 이해할 수 있다.

46) ''자는 잘 알지 못하는 자이다. 陳偉는 '受'자를 잘못 쓴 자라 하였다.[322]

''자 아래 부호가 보이지 않지만, 합문 부호나 혹은 중문 부호가 있는 것으로 보인다. ≪郭店楚墓竹簡≫은 합문 부호로 보고 '鋊鋊'로 예정하였다. 劉釗는 "鋊鋊其罨"을 "裕裕其遷"으로 '유유하게 떠나다'의 뜻으로 해석하였다.[323] 그러나 陳偉은 ''은 '金谷(穀)'의 합문으로 보고, "必鋊-"은 "必受金谷"으로 읽었다. 또한 '其 罨'을 그 다음 구절에 속하는 것으로 보았다. 전체적으로 '만약에 최선을 다하고 기다린다면 금전이나 양식의 대가를 받을 것이다'로 해석하였다. 현재로서는 확신할 수 없으나 ''을 '金谷'의 합문으로 보고, 현인이 금전적 대가를 바란다는 내용이 전체적인 내용과는 어울리지 않기 때문에 劉釗의 주장에 따라 해석하기로 한다. ≪禮記·曲禮上≫은 交友의 도에 대하여 "현자는 친해져도 공경함을 잃지 않으며, 두려워하나 사랑하며, 사랑하나 그의 악한 것을 알며, 미워하나 그의 선한 것을 알며, 재물을 축적해서는 흩어 쓸 줄 알며 편안한 곳을 편안하게 여기지만 옮겨야 할 때 능히 유유히 옮긴다."[324]라 하였다. '安安而能遷'은 혹은 "必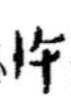鋊鋊其罨"와 관련이 있을 수 있다.

47) '(割)'을 '害'로 읽을 수 있고, 문자대로 '割'로 해석할 수 있다. '버림을 받다'의 뜻이다.

9

利木侌(陰)者, 不折 【16】其槐.㊽ 利其渚者,㊾ 不賽(塞)其淥(溪).㊿

나무 그늘을 이용하는 사람은 그 가지를 꺾지 않는다. 샘에 물을 모아 그것을 이용하는 사람은 그

321) 李零, ≪郭店楚簡校讀記≫, 45 쪽.
322) 陳偉, ≪郭店竹書別釋≫, 238 쪽.
323) 劉釗, ≪郭店楚簡校釋≫, 230 쪽.
324) ≪禮記·曲禮上≫: "賢者狎而敬之, 胃而愛之, 愛而知其惡, 憎而知其善. 積而能散, 安安而能遷."

물의 원천을 막지 않는다.

【註解】

48) ‘’자를 ‘𣝗’자로 예정하여 오른쪽 아랫부분에 자부 ‘虫’이 있는 것으로 보고 있는데, 자부 ‘只’에 수식 점이 추가되었다. 이 자는 ‘枳’자이며, ‘枝’로 읽는다.[325]

49) ‘(渚)’자는 ‘瀦(웅덩이 저, zhu)’로 읽는다. ‘웅덩이’라는 뜻이다. ≪管子·五輔≫에 “導水潦, 利陂溝, 決潘渚, 潰泥滯, 通鬱閉, 愼津梁, 此謂遺之以利”[326]라 하였다.

50) ‘(溪)’는 ‘溪’자의 이체자이다. ≪韓詩外傳≫에서는 “신이 듣기에, 음식을 먹는 자는 그 음식 그릇을 훼손하지 않으며, 그 나무 그늘을 이용한 자는 나무를 베지 않는다.”[327]라 하였다.

10

善叓(使)其下,[51] 若【17】 𧉧蟲(蚈)之足,[52] 衆而不割(害),[53] 割(害)而不僕(仆).[54] 善事其上【18】者, 若齒之事䏣(舌),[55] 而終弗譖(憒).[56]

부하들을 잘 거느리면 百足을 가진 벌레와 같아서 다리를 베어도 다 베기 어렵고 잘라도 넘어지지 않는 것과 같다. 윗사람을 잘 섬기는 사람은 마치 혀가 이빨을 감싸듯 시종 다툼이 생기지 않는다.

【註解】

51) ‘’자는 초간에서 ‘變’ 혹은 ‘事’·‘使’·‘史’·‘吏’의 의미로 쓰인다. 본 구절에서는 ‘使’로 읽는다.

52) ‘(𧉧蟲)’을 裘錫圭는 ‘蚈蚿’으로 읽고 百足을 가진 벌레라 하였다.[328] ≪集韻≫에서는 “‘蚿’은 벌레의 이름이다. 다리가 백 개이다”[329]라 하였다.

53) ‘(割=)’는 ‘割割’의 重文이다. ‘자르다’의 뜻이다.

54) ‘’자는 ‘臣’과 ‘菐’聲인 형성자로 ‘僕’자의 고문이다. ‘仆’로 읽는다. ‘넘어지다’의 뜻이다. ≪說文解字≫는 ‘(僕)’자의 고문을 의부 ‘臣은 써서 ‘(蹼)’으로 쓴다.

≪太平御覽≫에서는 “百足의 벌레는 잘리어도 넘어지지 않는다”[330]라 하였다.

55) ‘(䏣)’자는 ‘肉’과 소리부 ‘舌’로 이루어진 형성자이다. ‘舌’자와 같은 자이다.

325) ≪郭店楚墓竹簡≫, 218 쪽, 注 13.

326) “고인 물을 터 이끌고, 못물을 이용하고, 맴도는 얕은 물을 트고, 진흙이 막힌 곳을 트고, 막힌 것을 소통시키고, 나루와 다리를 신중히 하는 것이니, 이를 일러 이익을 남긴다고 한다.”

327) ≪韓詩外傳≫: “臣聞食其食者, 不毁其器. 陰其樹者, 不折其枝.”

328) ≪郭店楚墓竹簡≫, 218 쪽, 注 14 쪽.

329) ≪集韻≫: “蚿, 蟲名. 百足也.”

330) ≪太平御覽≫: “百足之蟲, 斷而不蹶.”

56) ‘(𠸫)’자는 음성부가 ‘臽’이다. 본 구절에서는 ‘陷’ 혹은 ‘愆’으로 읽는다.331)≪說文解字≫는 “‘愆’자는 ‘잘못하다’의 뜻이다”332)라 하였다. 陳偉는 ‘譴(허물 견, qiǎn)’으로 읽었다.333)

11

善□□□57 【19】者, 若兩輪之相迿,58 而終不相敗. 善叓(使) 【20】其民者, 若四峕(時)59一遣一逨(來), 而民弗害也. 【21】

아랫사람을 잘 섬기는 것은 마치 수레바퀴가 서로 나란히 가는 것처럼 서로 침범하지 않고 조화를 이룬다. 그 백성을 잘 통치하는 자는 마치 사계절이 오고 가는 것처럼 천도에 순응하여 그 백성들이 손해를 받지 않는다.

【註解】

57) 李零은 [事其友]로 보충하였다.334)

58) ‘(迿)’자는 ‘辵’과 “㫁’(斷자 古文. ‘叀’은 ‘叀’자의 고문이다)으로 이루어진 형성자이며, ‘轉’으로 읽는다. ≪說文解字≫는 ‘斷(𣃔)’자의 고문을 ‘(𠮮)’과 ‘(㫁)’으로 쓴다.

59) ‘(峕)’자는 ‘時’의 古文이다. ≪說文解字≫는 ‘時’자의 고문을 ‘(峕)’로 쓴다.

12

山亡墬(?)則坨(阤),60 成(城)無蓑則坨(阤).61 士亡双(友)不可.

산이 높은 산등성이가 없으며 쉽게 무너지고, 성을 쌓는데 풀을 넣지 않으면 성은 쉽게 무너지고, 선비는 친구가 없으면 안 된다.

【註解】

60) ‘’자를 ‘墬(?)’자로 예정하였다. 劉釗 ≪郭店楚簡校釋≫은 ‘陸’로 예정하고, ‘阜’, ‘土’와 ‘左’로 이루어진 회의자라 하였다.335) ‘陸’자는 ‘墮’자의 생략형이다. ‘隋’자를 ‘墮’·‘隨’·‘崣’ 등으로 쓰기도 한다. ‘높은 산등성’을 말한다.

61) ‘(坨)’자는 ‘土’와 소리부 ‘它’로 이루어진 형성자로 ‘阤’로 읽는다. ‘붕괴되다’는 뜻이다. ≪方言≫에서는 “‘阤’는 ‘파괴되다(壞)’이다.”라 하고, ≪說文解字≫는 “‘阤’자는 ‘헐리다(小崩)’의 의미이다.”336)

331) ≪郭店楚墓竹簡≫, 218 쪽, 注 17 쪽.
332) ≪說文解字≫: “愆, 過也.”
333) 陳偉, ≪郭店竹書別釋≫, 240 쪽.
334) 李零, ≪郭店楚簡校讀記≫, 45 쪽.
335) 劉釗, ≪郭店楚簡校釋≫, 232-233 쪽.

라 하였다.

13

君又(有)【22】悔(謀)臣, 則壤陸(地)不鈔.⑥² 士又(有)悔(謀)双(友)則言談不【23】甘(?).⑥³

군주나 제후에게 계략이 있는 신하가 있으면 영토가 침략당하지 않으며, 선비에게 계략이 있는 친구가 있으면 변론을 함에 있어 자신감이 있다.

【註解】

62) ‘(壤陸)’는 ‘壤地’로 읽는다. ‘영토’의 뜻이다.

‘(鈔)’자는 ‘金’과 소리부 ‘少’로 이루어진 형성자이며, ‘削’로 읽는다. ‘침략당하다’의 뜻이다.

63) ‘’자는 잘 보이지 않기 때문에 ≪郭店楚墓竹簡≫은 ‘甘(?)’이라 하였다. 裘錫圭 案語는 이 자를 ‘勺’으로 예정하고 ‘弱’으로 읽었다.[337] 陳偉는 ‘約’자로 읽었다. ‘不約’은 ‘궁함이 없다’의 뜻이다. 참고할 만하다.

14

唯(雖)戫(勇)力䎽(聞)於邦,⑥⁴ 不女(如)材. 金玉涅(盈)室, 不【24】女(如)悔(謀). 衆强甚多, 不女(如)旹(時). 古(故)悔(謀)爲可貴.

용맹이 온 나라에 알려지는 것보다 재주를 갖추는 것이 낫고, 금옥이 온 집안에 가득한 것보다 지략을 갖추는 것이 낫다. 강한 힘이 있는 것보다 시기를 적절하게 이용하는 것이 낫다. 그런 까닭에 계략이 가장 중요하다.

【註解】

64) ‘(戫)’자는 ‘勇’자의 이체자이다. ≪說文解字≫는 ‘(勇)’자에 대하여 “‘勇氣’의 뜻. ‘力’과 소리부 ‘甬’으로 이루어진 형성자이다. ‘勇’자를 혹은 의미부 ‘戈’와 ‘用’를 써서 ‘(戚)’으로 쓰고 혹은 의미부 ‘心’을 써서 ‘(恿)’으로 쓴다.”[338]라 하였다.

15

罷(一)【25】豪(家)事,⑥⁵ 乃又(有)貨⑥⁶. 三駄(雄)一䮝(雌),⑥⁷ 三䑗一莲,⑥⁸ 一王母【26】保三毆兒.⑥⁹

한 가정의 일을 다스리는 것은 마치 하나의 준칙이 있는 것과 같다. 즉 한 집안 여자는 세 남자를

336) ≪方言≫: “陁, 壞也.” ≪說文解字≫: “陁, 小崩也.”
337) ≪郭店楚墓竹簡≫, 219 쪽, 注22.
338) ≪說文解字≫: “勇, 气也. 从力, 甬聲. 戚, 勇或从戈, 用. 恿, 古文勇从心.”

돌볼 수 있고, 하나의 계집아이는 세 남자아이를 돌 볼 수 있고, 한 보모는 세 손자를 돌 볼 수 있다.(앞뒤 문맥과 잘 통하지 않아 정확한 의미를 알 수 없어, 임의적으로 해석하기로 한다.)

【註解】

65) ‘(翻)’자는 楚나라 문자 중에서 ‘一’자로 쓰인다. 초간에서 자주 보이는 자다. ‘(豙)’자는 ‘家’의 이체자이다.

66) ‘’자를 ≪郭店楚墓竹簡≫정리본은 ‘貭’로 예정하고 ‘祏(위패 석, shí)’으로 읽었다.[339] 李零은 ‘則’으로 읽었다.[340]

67) ‘(鴕鴕)’는 ‘雄雌’의 이체자이다.

68) ‘(餣莡)’를 정리본은 ‘壺提’로 읽었다.[341] 즉 ‘호리병’과 ‘손잡이’의 뜻이다. 이에 대하여 학자마다 의견이 각각 다르다.

李零은 그릇의 명칭인 ‘餣鍉’으로 읽었다.[342] 劉釗는 ‘弧媞’로 읽고, ‘弧’는 남자아이를 ‘媞’는 여자아이를 가리킨다 하였다.[343] 陳偉는 ‘華實’로 읽고, 꽃과 열매를 가리킨다 하였다.[344]

전후 문장이 집안의 가족 구성에 관한 내용이기 때문에 劉釗의 주장에 따라 해석하기로 한다.

69) ‘(保)’는 ‘抱’로 읽는다.

‘(殹兒)’는 ‘鷖婗’로 읽는다. ‘갓난아이’를 가리킨다. ‘鷖婗’는 ‘鷖彌’로 쓰고, 혹은 ‘嬰兒’로 쓰이기도 한다.

16

聖君而會,[70] 視廇(朝)而內(入).[71]

제왕이나 제후에 순종하려면 그들과 相合해야 하며 그들의 聲色을 보고 기회를 보아 진언해야 한다.

【註解】

70) ‘(聖)’은 ‘聽’으로 읽는다. ‘聖’과 ‘聽’자는 고문자에서 원래 같은 자이다.

71) ‘(廇)’자는 ‘廟’의 이체자이다. 본 구절에서는 ‘貌’로 읽는다. ‘(內)’자는 ‘納’으로 읽는다. ‘간언하다’의 뜻이다.[345]

339) ≪郭店楚墓竹簡≫, 219 쪽. 注 23.
340) 李零, ≪郭店楚簡校讀記≫, 47 쪽.
341) ≪郭店楚墓竹簡≫, 219 쪽, 注24.
342) 李零, ≪郭店楚簡校讀記≫, 45 쪽.
343) 劉釗, ≪郭店楚簡校釋≫, 234 쪽.
344) 陳偉, ≪郭店竹書別釋≫, 242 쪽.

17

內(入)之或內(入)之, 至之或至之,[72] 至而亡及也已.[73] 【27】 · 【27背】

진언한 말은 이미 진언한 것이며, 받아들인 말은 이미 받아들인 말이다. 따라서 한번 진언한 말은 다시 돌이킬 수 없다.

【註解】

72) '(至)'는 '致'로 읽는다. '(及)'은 '따라 잡다'의 뜻이다.

73) '(也已)'는 문미 어기조사이다. ≪郭店楚墓竹簡≫ 정리본은 본 구절은 "內(入)之或內(入)之, 至之或至之之, 至而亡及也已."로 석문하고 있으나, 裘錫圭 按語는 "內(入)之或內(入)之, 至之或至之, 至而亡及也已."로 고쳐 쓰고 있다.[346)]

345) 劉釗, ≪郭店楚簡校釋≫, 234 쪽.

346) ≪郭店楚墓竹簡≫, 219 쪽, 注26.

附錄 - 전체 釋文과 우리말 해석

1. 釋文

1-① 老子 甲

𢇍(絶)智(知)弃卞(辯), 民利百伓(倍). 𢇍(絶)攷(巧)弃利, 覜(盜)㥶(賊)亡又(有). 𢇍(絶)憍(僞)弃慮, 民復(復)季子. 三言以【≪老子≫甲1】
爲貞(史)不足, 或命(令)之或虖(乎)豆(屬). 視索(素)保僕(樸), 少厶(私)寡欲.(19)

江㳁(海)所以爲百浴(谷)王, 以其【≪老子≫甲2】
能爲百浴(谷)下, 是以能爲百浴(谷)王. 聖人之才(在)民前也, 以身後之, 其才(在)民上也, 以【≪老子≫甲3】
言下之. 其才(在)民上也, 民弗厚也, 其才(在)民前也, 民弗害(害)也. 天下樂進而弗詀(厭).【≪老子≫甲4】
以其不靜(爭)也, 古(故)天下莫能與之靜(爭).(66)

辠(罪)莫厚虖(乎)甚欲, 咎莫僉(憯)虖(乎)谷(欲)得,【≪老子≫甲5】
化(禍)莫大虖(乎)不智(知)足. 智(知)足之爲足, 此亙(恒)足矣.(46)

以衍(道)差(佐)人宔(主)者, 不谷(欲)以兵强【≪老子≫甲6】
於天下. 善者果而已, 不以取强. 果而弗癹(伐), 果而弗喬(驕), 果而弗矜(矜), 是胃(謂)果而不强. 其【≪老子≫甲7】
事好長.(30)

古之善爲士者, 必非(微)溺(妙)玄達, 深不可志(識), 是以爲之頌(容): 夜(豫)虖(乎)奴(若)冬涉川, 猷(猶)虖(乎)其【≪老子≫甲8】
奴(若)愄(畏)四哭(隣). 敢(嚴)虖(乎)其奴(若)客, 觀(渙)虖(乎)其奴(若)懌(釋), 屯虖(乎)其奴(若)樸, 坉虖(乎)其奴(若)濁. 竺(孰)能濁以朿(靜)【≪老子≫甲9】

者, 牆(將)舍(徐)清. 竺(孰)能庀(宓)以迬(動)者, 牆(將)舍(徐)生. 保此衍(道)者不谷(欲)竘(尚)呈(盈).(15)

爲之者敗之, 執之者遠 【≪老子≫甲10】
之. 是以聖人亡爲古(故)亡敗, 亡執古(故)亡遊(失). 臨事之紀, 誓(愼)冬(終)女(如)忖(始), 此亡敗事矣. 聖人谷(欲) 【≪老子≫甲11】
不谷(欲), 不貴難得之貨, 孝(教)不孝(教), 復衆之所𧻓(過). 是古(故)聖人能尃(輔)萬勿(物)之自𤈦(然), 而弗 【≪老子≫甲12】
能爲.(64)

衍(道)亙(恒)亡爲也, 侯王能守之, 而萬勿(物)牆(將)自𢡺(化). 𢡺(化)而雒(欲)𠇷(作), 牆(將)貞(鎭)之以亡名之𣳅(樸). 夫 【≪老子≫甲13】
亦牆(將)智(知)足, 智(知)足以朿(靜), 萬勿(物)牆(將)自定. (37)

爲亡爲, 事亡事, 未(味)亡未(味). 大, 少(小)之. 多惕(易)必多難(難). 是以聖人 【≪老子≫甲14】
猷(猶)難(難)之, 古(故)終亡難(難).(63)

天下皆智(知)𢼸(美)之爲𢼸(美)也, 亞(惡)已, 皆智(知)善, 此其不善已. 又(有)亡之相生也, 【≪老子≫甲15】
戁(難)惕(易)之相城(成)也, 長耑(短)之相型(形)也, 高下之相浧(盈)也, 音聖(聲)之相和也, 先後之相墮(隨)也. 是 【≪老子≫甲16】
以聖人居亡爲之事, 行不言之孝(教). 萬勿(物)𠇷(作)而弗忖(始)也, 爲而弗志(恃)也, 城(成)而弗居. 天〈夫〉唯 【≪老子≫甲17】
弗居也, 是以弗去也. (2)

道亙(恒)亡名, 僕(樸)唯(雖)妻(細), 天隍(地)弗敢臣, 侯王女(如)能 【≪老子≫甲18】
獸(守)之, 萬勿(物)牆(將)自賓(賓). (32)

天隍(地)相合也, 以逾甘零(露). 民莫之命(令)天〈而〉自均安. 訂(始)折(制)又(有)名. 名 【≪老子≫甲19】
亦既又(有), 夫亦牆(將)智(知)止, 智(知)止所以不訂(殆). 卑(譬)道之才(在)天下也, 猷(猶)少(小)浴(谷)之與江海(海).(64) 【≪老子≫甲20】

又(有)䉕(狀)蚰〈蚰〉城(成), 先天墬(地)生, 敓繆(穆), 蜀(獨)立不亥(改), 可以爲天下母. 未智(知)其名, 爭(字)之曰道, 虐(吾)【≪老子≫甲21】
㢧(强)爲之名曰大. 大曰䜌(逝), 䜌(逝)曰遠(傳), 遠(傳)曰反(返). 天大, 墬(地)大, 道大, 王亦大. 國中又(有)四大安, 王凥(居)一安. 人【≪老子≫甲22】
法墬(地), 墬(地)法天, 天法道, 道法自肰(然).(25)

天墬(地)之刎(間), 其猷(猶)囨(橐)籊〈籥〉與? 虛而不屈, 達(動)而愈出.(5)【≪老子≫甲23】

至虛, 亙(恒)也, 獸(守)中, 莒(篤)也. 萬勿(物)方(旁)复(作), 居以寡(顧)復也. 天道員員, 各復其堇(根).(16)【≪老子≫甲 24】

其安也, 易枼也. 其未茈(兆)也, 易悔(謀)也. 其霆(脆)也, 易畔(判)也. 其幾也, 易後(散)也. 爲之於其【≪老子≫甲25】
亡又(有)也. 絧(治)之於其未亂. 合抱之木, 生於毫末, 九城(成)之臺甲〈乍(作)〉於累土, 千里之行, 始於【≪老子≫甲26】
足下.(64)

智(知)之者弗言, 言之者弗智(知). 閔〈閟〉其逸(兑), 賽(塞)其門, 和其光, 迵(同)其新(塵), 副(剉)其𨰻(銳), 解其紛,【≪老子≫甲27】
是胃(謂)玄同. 古(故)不可得天〈而〉新(親), 亦不可得而疋(疏), 不可得而利, 亦不可得而害:【≪老子≫甲28】
不可得而貴, 亦{可}不可得而戔(賤). 古(故)爲天下貴.(56)

以正之(治)邦, 以敧(奇)甬(用)兵, 以亡事【≪老子≫甲29】
取天下. 虐(吾)可(何)以智(知)其肰(然)也. 夫天[下]多期(忌)韋(諱), 而民爾(彌)畔(叛). 民多利器, 而邦慈(滋)昏. 人多【≪老子≫甲30】
智(知)天〈而〉敧(奇)勿(物)慈(滋)记(起). 法勿(物)慈(滋)章(彰), 覜(盜)惻(賊)多又(有). 是以聖人之言曰: 我無事而民自福(富).【≪老子≫甲31】
我亡爲而民自𢡺(化). 我好青(靜)而民自正. 我谷(欲)不谷(欲)而民自樸(樸).(57)【≪老子≫甲32】

酓(含)悳(德)之厚者, 比於赤子, 蟲(螝)蠆蟲它(蛇)弗蓋(螫), 攫鳥猷(猛)獸弗扣, 骨溺(弱)菫(筋)秫(柔)而捉【≪老子≫甲33】

固. 未智(知)牝戊(牡)之合芴(朘)惹(怒), 精之至也. 終日虐(乎)而不悥(憂), 和之至也, 和曰禀〈祟(常)〉, 智(知)和曰明. 【≪老子≫甲34】
賹(益)生曰羕(祥), 心叓(使)聢(氣)曰弜(强), 勿(物)壓(壯)則老, 是胃(謂)不道.(55)

名與身管(孰)新(親)? 身與貨 【≪老子≫甲35】
管(孰)多? 旹(得)與貢(亡)管(孰)疠(病)? 甚炁(愛)必大賫(费), 厚(厚)賨(藏)必多貢(亡). 古(故)智(知)足不辱, 智(知)止不怠(殆), 可 【≪老子≫甲36】
以長舊(久).(44)

返也者, 道僮(動)也. 溺(弱)也者, 道之甬(用)也. 天下之勿(物)生於又(有), [有]生於亡.(40)

朱而浧(盈) 【≪老子≫甲37】
之, 不{不}若已. 湍而羣之, 不可長保也. 金玉浧(盈)室, 莫能獸(守)也. 貴福(富)喬(驕), 自遺咎 【≪老子≫甲38】
也. 攻(功)㳄(遂)身退, 天之道也.(9) 【≪老子≫甲39】

1-② 老子 乙

紿(治)人事天, 莫若嗇. 夫唯嗇, 是以景(早)[備], 景(早)備(服)是胃(謂)…… 【≪老子≫乙 1】
不=克=, 則莫智(知)其亘〈亟(極)〉, 莫智(知)其亘〈亟(極)〉可以又(有)或(國). 又(有)或(國)之母, 可以長…… 【≪老子≫乙2】
長生舊(久)視之道也.(59)

[爲]學者日益, 爲道者日員(損). 員(損)之或員(損), 以至亡爲 【≪老子≫乙3】
也, 亡爲而亡不爲.(48)

㡭(絶)學亡憂(憂), 唯與可(呵), 相去幾可(何)? 光(美)與亞(惡), 相去可(何)若? 【≪老子≫乙4】
人之所禝(畏), 亦不可以不禝(畏).(20)

人態(寵)辱若纓(驚). 貴大患若身. 可(何)胃(謂)態(寵) 【≪老子≫乙 5】
辱? 態(寵)爲下也. 得之若纓(驚), 遊(失)之若纓(驚), 是胃(謂)態(寵)辱辱(若)纓(驚). 何謂貴大患 【≪老子≫乙 6】
若身? 虐(吾)所以又(有)大患者, 爲虐(吾)又(有)身, 汲(及)虐(吾)亡身, 或可(何)患? 故貴爲身於 【≪

老子≫乙 7】
爲天下, 若可以厇(託)天下矣. 㤅(愛)以身爲天下, 若可(何)以法(寄)天下矣.(13) 【≪老子≫乙8】

上士昏(聞)道, 堇(勤)能行於其中. 中士昏(聞)道, 若昏(聞)若亡. 下士昏(聞)道, 大芺(笑)之. 弗大 【≪老子≫乙 9】
芺(笑), 不足以爲道矣. 是以建言又(有)之. 明道女(如)孛(費). 遲(夷)道如類, 進 【≪老子≫乙 10】
道若退. 上悳(德)女(如)浴(谷). 大白女(如)辱, 往(廣)悳(德)女(如)不足. 建悳(德)女(如)偷質貞(眞)女(如)愉. 【≪老子≫乙 11】
大方亡禺(隅). 大器曼(慢)城(成). 大音祗(希)聖(聲). 天象亡坓(形). 道……(41) 【≪老子≫乙 12】

閟(閉)其門, 賽(塞)其逸(兌)終身不𤧚(侮). 啓其逸(兑), 賽其事, 終身不逨.(52)

大城(成)若 【≪老子≫乙 13】
夬(缺), 其甬(用)不幣(敝). 大浧(盈)若中(盅), 其甬(用)不寡(窮), 大攷(巧)若仳(拙), 大城(辯)若詘,(45)

大植(直) 【≪老子≫乙 14】
若屈. 喿(燥)勳(勝)蒼(滄), 靑(淸)勳(勝)然(熱). 淸淸(靜)爲天下定(正).(45)

善建者不拔, 善保(包)者 【≪老子≫乙 15】
不兑(脱), 子孫以其祭祀不屮(撤). 攸(修)之身, 其悳(德)乃貞(眞). 攸(修)之豪(家), 其悳(德)乃舍(餘). 攸(修) 【≪老子≫乙 16】
之向(鄕), 其悳(德)乃長. 攸(修)之邦, 其悳(德)乃奉(豐). 攸(修)之天下其德乃溥. 以家觀 【≪老子≫乙 17】
豪(家), 以向(鄕)觀向(鄕), 以邦觀邦, 以天下觀天下. 虗(吾)可(何)以智(知)天下然? 以此☑.(54) 【≪老子≫乙 18】

1-③ 老子 丙

大(太)上下智(知)又(有)之, 其即(次)新(親)譽之, 其既(次)愄(畏)之, 其即(次)柔(侮)之. 信不足, 安 【≪老子≫丙 1】
又(有)不信. 猷(猶)虗(乎)其貴言也. 城(成)事遂(遂)社(功), 而百眚(姓)曰我自肰(然)也. 古(故)大 【≪老子≫丙 2】

道癹(廢), 安有息(仁)義. 六新(親)不和, 安有孝孳(慈). 邦豪(家)緍(昏)亂安又(有)正臣.(18) 【≪老子≫丙 3】
執大象, 天下往. 往而不害, 安坪(平)大. 樂與餌, 怤(過)客止. 古(故)道之出言, 【≪老子≫丙 4】
淡可(呵)其無味也. 視之不足見, 聖(聽)之不足餌(聞), 而不可既也.(35) 【≪老子≫丙 5】

君子居則貴左, 甬(用)兵則貴右. 古(故)曰兵者非君子之器, 不 【≪老子≫丙 6】
得已而甬(用)之. 銛纏爲上, 弗媺(美)也. 敚(美)之, 是樂殺人. 夫樂殺, 不可 【≪老子≫丙 7】
以得志於天下. 古(故)吉事上左, 喪事上右. 是以卞(偏)牆(將) 【≪老子≫丙 8】
軍居左, 上牆(將)軍居右, 言以喪豊(禮)居之也. 古(故)殺人衆, 【≪老子≫丙 9】
則以依(哀)悲位(莅)之, 战勳(勝)則以喪豊(禮)居之.(31) 【≪老子≫丙 10】

爲之者敗之, 執之者遊(失)之. 聖人無爲, 古(故)無敗也, 無執, 古(故)無因也. 【≪老子≫丙 11】
新(愼)終若訂(始), 則無敗事喜(矣). 人之敗也, 亘(恒)於其叡(且)城(成)也敗之. 是以聖 【≪老子≫丙 12】
人欲不欲, 不貴難(難)得之貨, 學不學, 复衆之所兆(過). 是以能補(輔)購(萬)勿(物) 【≪老子≫丙 13】
之自肰(然), 而弗敢爲.(64) 【≪老子≫丙14】

2) 太一生水

大(太)一生水, 水反補(輔)大(太)一, 是以城(成)天. 天反補(輔)大(太)一, 是以城(成)陛(地). 天陛(地)復相補 【≪太一生水≫1】
也, 是以城(成)神明. 神明復相補(輔)也, 是以城(成)会(陰)昜(陽). 会(陰)昜(陽)復相補(輔)也, 是以城(成)四時. 四時 【≪太一生水≫2】
復補(輔)也, 是以城(滄)倉(沧)然(熱). 倉(滄)然(熱)復相補(輔)也, 是以城(成)溼澡(燥). 溼澡(燥)復相補(輔)也, 城(成)戢(歲) 【≪太一生水≫3】
而止. 古(故)戢(歲)者, 溼澡(燥)之所生也. 溼澡(燥)者, 倉(滄)然(熱)之所生也. 倉(滄)然(熱)者. 四時 【≪太一生水≫4】
之所生也, 四時者, 会(陰)昜(陽)之所生也. 会(陰)昜(陽)者, 神明之所生也. 神明者, 天陛(地)之所生也. 天陛(地) 【≪太一生水≫5】
者, 大(太)一之所生也. 是古(故)大(太)一贇(藏)於水, 行於時, 逈而或(又)□□□□ 【≪太一生水≫6】
購(萬)勿(物)母, 罷(一)块(缺)罷(一)浧(盈), 以忌(紀)爲購(萬)勿(物)經. 此天之所不能殺, 陛(地)之所 【≪太一生水≫7】
不能釐, 会(陰)昜(陽)之所不能城(成). 君子智(知)此之胃(謂)…… 【≪太一生水≫8】

下, 土也, 而胃(謂)之𨻸(地). 上, 㷉(氣)也, 而胃(謂)之天. 道亦其志(字)也. 青(请)昏(問)其名. 以【≪太一生水≫10】
道從事者, 必㤲(託)其名, 古(故)事城(成)而身長. 聖人之從事也, 亦㤲(託)其【≪太一生水≫11】
名, 古(故)𫝀(功)城(成)而身不剔(傷). 天𨻸(地)名志(字)並立, 古(故)怂(過)其方, 不思相□□□□【≪太一生水≫12】
於西北, 其下高以㢦(强). 𨻸(地)不足於東南, 其上□□□□□□□【≪太一生水≫13】

天道貴溺(弱), 雀(削)城(成)者以益生者, 伐於㢦(强), 責於□, 是古(故)不足於上【≪太一生水≫9】
者, 又(有)余(餘)於下. 不足於下者, 又(有)余(餘)於上.【≪太一生水≫14】

3) 緇衣

夫子曰: 好媺(美)女(如)好茲(緇)衣. 亞(惡)亞(惡)女(如)遊(巷)白(伯), 則民臧〈咸〉放(服)而型(刑)不屯(頓). ≪寺(詩)≫【≪緇衣≫1】
員(云):『愳(儀)型(刑)文王, 萬邦乍(作)孚.』

子曰: 又(有)郞(國)者章好章亞(惡), 以視民厚, 則民【≪緇衣≫2】青(情)不紿(忒). ≪寺(詩)≫員(云):「情(靖)共尒立(位), 好氏(是)貞(正)植(直).」

子曰: 爲上可腟(望)而智(知)也, 爲下【≪緇衣≫3】可頪(類)而等(志)也, 則君不㤥(疑)其臣, 臣不惑於君. ≪寺(詩)≫員(云):「弔(淑)人君子, 其義(儀)不【≪緇衣≫4】弋(忒).」≪尹奡(誥)≫員(云):「隹(惟)尹(伊)躬(尹)及湯, 咸又(有)一悳(德).」

子曰: 上人㤥(疑)則百眚(姓)賊(惑), 下難【≪緇衣≫5】智(知)則君倀(長)褮(勞). 古(故)君民者, 章好以視民谷(欲), 慬(謹)亞(惡)以桼(御)民浧(淫), 則民不賊(惑). 臣事君,【≪緇衣≫6】 言其所不能, 不訇(詞)其所能, 則君不褮(勞).『大顕(雅)』員(云): "上帝板板, 下民卒担(疸)."『少(小)顕(雅)』員(云): "非其【≪緇衣≫7】止之共唯王恙(邛)."

子曰: 民以君爲心, 君以民爲體. 心好則體安之, 君好則民谷(欲)【≪緇衣≫8】
之. 古(故)心以體瀍(廢), 君以民芒(亡). ≪寺(詩)≫員(云): "佳(誰)秉宬(國)城(成), 不自爲貞, 卒褮(勞)百眚(姓)." ≪君酉(牙)≫員(云): "日𡲬(暑)雨, 少(小)民【≪緇衣≫9】佳(惟)日悁(怨), 晋冬旨(耆)滄, 少(小)民亦佳(惟)日悁(怨)"

子曰: 上好𢝬(仁), 則下之爲【≪緇衣≫10】𢝬(仁)也爭先. 古(故)倀(長)民者, 章志以卲(昭)百眚(姓), 則民至(致)行异(己)以敓(悅)上.【≪緇衣≫11】≪寺(詩)≫員(云): "又(有)共(梏)悳(德)行, 四方𢚩(順)之."

子曰: 垔(禹)立三年, 百眚(姓)以𢝬(仁)道, 剴(豈)必【≪緇衣≫12】聿(盡)𢝬(仁)?≪寺(詩)≫員(云): "城(成)王之孚, 下土之弋(式)." ≪郘(呂)型(刑)≫員(云): "一人又(有)慶, 壛(萬)民贎(賴)【≪緇衣≫13】之."

子曰: 下之事上也, 不從其所以命, 而從其所行. 上好此勿(物)也,【≪緇衣≫14】下必又(有)甚安者矣. 古(故)上之好亞(惡), 不可不誓(愼)也, 民之檏(表)也. ≪寺(詩)≫【≪緇衣≫15】 員(云): "虩(赫)虩(赫)帀(師)尹, 民具介贍(瞻)."

子曰: 倀(長)民者, 衣備(服)不改, 頌(容)又(有)祟(常), 則民悳(德)【≪緇衣≫16】弌(一). ≪寺(詩)≫員(云): "其頌(容)不改, 出言又(有)丨(章), 利(黎)民所讀(望)."

子曰: 大人不新(親)其所臤(賢), 而【≪緇衣≫17】信其所戔(賤), 䜴(教)此以遊(失), 民此以緮(變). ≪寺(詩)≫員(云): "皮(彼)求我則, 女(如)不我得. 執我【≪緇衣≫18】敎(仇)敎(仇), 亦不我力." ≪君迪(陳)≫員(云): "未見聖, 如其弗克見, 我既見, 我弗迪聖."

子【≪緇衣≫19】曰: 大臣之不新(親)也, 則忠敬不足, 而䡅(富)貴已𨑜(過)也. 邦豖(家)之不寍(寧)【≪緇衣≫20】也, 則大臣不台(治), 而執(褻)臣怋(託)也. 此以大臣不可不敬, 民之蕝(蕝)也. 古(故)【≪緇衣≫21】君不與少(小)悔(謀)大, 則大臣不惂(怨). 𥛚(祭)公之寡(顧)命員(云): 毋以少(小)悔(謀)敗大【≪緇衣≫22】愭(圖), 毋以卑(嬖)御息(塞)妝(莊)句(后), 毋以卑(嬖)士息(塞)大夫・卿事(士).

子曰: 倀(長)民者䜴(教)之【≪緇衣≫23】以悳(德), 齊之以豊(禮), 則民又(有)懽(歡)心, 䜴(教)之以正(政), 齊之以型(刑), 則民又(有)娩(免)心.【≪緇衣≫24】古(故)孳(慈)以忢(愛)之, 則民又(有)新(親), 信以结之, 則民不伓(倍), 共(恭)以位(莅)之, 則民【≪緇衣≫25】 又(有)愻(遜)心. ≪寺(詩)≫員(云): "虗(吾)夫夫共虘(且)竉(儉), 林(靡)人不斂." ≪呂型(刑)≫員(云): "非甬(用)臸(臻), 折(制)以型(刑),【≪緇衣≫26】隹(惟)乍(作)五瘧(虐)之刑曰法."

子曰: 正(政)之不行, 教之不城(成)也, 則型(刑)罰不【≪緇衣≫27】足恥. 而雀(爵)不足懽(勸)也. 古(故)上不可以執(褻)型(刑)而𨍅(輕)雀(爵). ≪康弄(誥)≫員(云): "敬【≪緇衣≫28】明乃罰." ≪呂型(刑)≫員(云): "翻(播)型(刑)之迪."

子曰: 王言女(如)絲, 其出女(如)緍, 王言女(如)索; 【≪緇衣≫29】 其出女(如)紼(緈). 古(故)大人不昌(倡)流. ≪寺(詩)≫員(云): "誓(愼)尒出話, 敬尒愄(威)義(儀)."

子曰: 可言 【≪緇衣≫30】 不可行, 君子弗言, 可行不可言, 君子弗行. 則民言不阸(危)行, 不阸(危) 【≪緇衣≫31】 言. ≪寺(詩)≫員(云): "㝚(淑)誓(愼)尒止, 不侃(諐)于義(儀)."

子曰: 君子道人以言, 而埜(禁)以行. 古(故)言 【≪緇衣≫32】 則慮(慮)其所終, 行則𩒨(稽)其所幣(敝), 則民誓(愼)於言而慬(謹)於行. ≪寺(詩)≫云: "穆穆 【≪緇衣≫33】 文王, 於卄(緝)遟(熙)敬止."

子曰: 言從行之, 則行不可匿. 古(故)君子𩕢(顧)言 【≪緇衣≫34】 而行, 以城(成)其信, 則民不能大其媺(美)而少(小)其亞(惡). ≪大虽(雅)≫員(云): "白珪之石, 尚可 【≪緇衣≫35】 𥕢(磨)也, 此言之砧(玷), 不可爲也." ≪少(小)頣(雅)≫員(云): "躳(允)也君子, 𡐦(廛)也大城(成)." ≪君奭≫ 【≪緇衣≫36】 員(云): "昔才(在)上帝, 𢧢(割)紳觀文王悳(德), 其集大命于氒(厥)身."

子曰: 君子言又(有)勿(物), 行又(有) 【≪緇衣≫37】 𨒅(格), 此以生不可敓(奪)志, 死不可敓(奪)名. 古(故)君子多𦖞(聞), 齊而獸(守)之, 多志, 齊而 【≪緇衣≫38】 新(親)之, 精智(知), 𨒅(略)而行之. ≪寺(詩)≫員(云): "㝚(淑)人君子, 其義(儀)弌(一)也." ≪君連(陳)≫員(云): "出內(入)自尒帀(師)于(虞), 【≪緇衣≫39】 庶言同."

子曰: 句(苟)又(有)車, 必見其殼(蓋), 句(苟)又(有)衣, 必見其幣(敝), 人句(苟)又(有)行, 必見其城(成), 句(苟)又(有)言, 必𦖞(聞)其聖(聲). 【≪緇衣≫40a40b】 ≪寺(詩)≫員(云): "備(服)之亡懌(斁)."

子曰: ㄙ(私)惠不𡒊〈壞(懷)〉悳(德), 君子不自窗(留)女〈安(焉)〉. ≪寺(詩)≫員(云): "人之好我, 【≪緇衣≫41】 旨(示)我周行."

子曰: 唯君子能好其駜(匹), 少(小)人剴(豈)能好其駜(匹). 古(故)君子之友也 【≪緇衣≫42】 又(有)向(鄉), 其亞(惡)又(有)方. 此以後(邇)者不賊(惑), 而遠者不恷(疑). ≪寺(詩)≫員(云): "君子好𢿞(逑)."

子曰: 【≪緇衣≫43】 𨌤(輕)𢇍(絶)貧戔(賤), 而厚𢇍(絶)𩓎(富)貴, 則好𢝀(仁)不𩒨(堅), 而亞(惡)亞(惡)不紝(著)也. 人唯(雖)曰不利, 𧆣(吾)弗信 【≪緇衣≫44】 之矣. ≪寺(詩)≫員(云): "𠈇(朋)友卣(攸)𦗢(攝), 𦗢(攝)以愄(畏)義(儀)."

子曰: 宋人又(有)言曰: 人而亡亙(恒), 不可爲【≪緇衣≫45】卜箁(筮)也. 其古之遺言䡰(與)? 龜䇭(筮)猷(猶)弗智(知), 而皇(況)於人虐(乎)?≪寺(詩)≫員(云): "我龜既猒(厭), 不我告猷." 二十又三【≪緇衣≫46】

4) 魯穆公問子思

魯穆公昏(問)於子思曰: "可(何)女(如)而可胃(謂)忠臣." 子思曰: "恒爯(稱)【≪魯穆公問子思≫1】
其君之亞(惡)者, 可胃(謂)忠臣矣." 公不敚(悅), 咠(揖)而退之. 城(成)孫弋見, 【≪魯穆公問子思≫2】
公曰: "向(嚮)者䖒(吾)昏(問)忠臣於子思, 子思曰: '亙(恒)爯(稱)其君之亞(惡)者, 可胃(謂)忠【≪魯穆公問子思≫3】
臣矣.' 募(寡)人惑安(焉), 而未之得也." 城(成)孫弋曰: "㤅(噫), 善才(哉), 言虐(乎)4)!【≪魯穆公問子思≫4】
夫爲其君之古(故)殺其身者, 嘗又(有)之矣. 亙(恒)爯(稱)其君之亞(惡)者,【≪魯穆公問子思≫5】
未之又(有)也. 夫爲其[君]之古(故)殺其身者, 交彔(祿)雀(爵)者也. 亙(恒)【≪魯穆公問子思≫6】
[稱其君]之亞(惡)[者, 遠]彔(祿)雀(爵)者[也, 爲]義而遠彔(祿)雀(爵), 非【≪魯穆公問子思≫7】
子思, 䖒(吾)亞(惡)昏(聞)之矣."【≪魯穆公問子思≫8】

5) 窮達以時

又(有)天又(有)人, 天人又(有)分. 詧(察)天人之分, 而智(知)所行矣. 又(有)其人, 亡其【≪窮達以時≫1】
殜(世), 唯(雖)臤(賢)弗行矣. 句(苟)又(有)其殜(世), 可(何)慬(難)之又(有)才(哉). 舜叻(耕)於鬲(歷)山, 匋(陶)笞(拍)【≪窮達以時≫2】
於河固(湖), 立而爲天子, 堣(遇)尭(堯)也. 卲(皐)繇(陶)衣胎(枲)蓋(褐), 冒(帽)裎(絰)冡(冢)慬(巾),【≪窮達以時≫3】
斁(釋)板筥(築)而差(佐)天子, 堣(遇)武丁也. 郘(呂)𡈼(望)爲牂(臧)桼(棘)灋(津), 戰(守)監門【≪窮達以時≫4】
桼(棘)陸(地), 行年七十而賭(屠)牛於朝訶(歌), 遷(遷)而爲天子帀(師), 堣(遇)周文也.【≪窮達以時≫5】
完(管)寺(夷)䖒(吾)㺵(拘)繇(囚)弃(梏)縛, 斁(釋)杙(械)栚(柙)而爲者(諸)侯相, 堣(遇)齊逗(桓)也.【≪窮達以時≫6】
白(百)里逗(轉)賣(鬻)五羊, 爲故(伯)敊(牧)牛, 斁(釋)板(鞭)桎(箠)而爲朝(朝)卿, 堣(遇)秦穆.【≪窮達以時≫7】

孫雪(叔)三躲(斥)郋(期)思少司馬, 出而爲命(令)尹, 堣(遇)楚臧(莊)也. 【≪窮達以時≫8】
初滔(沉)酭(鬱), 後名昜(揚), 非其悳(德)加. 子疋(胥)前多社(功), 後翏(戮)死, 非其智【≪窮達以時≫9】
懷(衰)也. 驥(驥)馰(厄)張山, 騹空(塞)於卲來(來), 非亡體(體)壯(狀)也, 穿(窮)四海(海), 至千【≪窮達以時≫10】
里, 堣(遇)告(造)古(父)也. 堣(遇)不堣(遇), 天也. 童(動)非爲達也, 古(故)穿(窮)而不【≪窮達以時≫11】
[怨, 隱非]爲名也, 古(故)莫之智而不哭(吝). [芷蘭生於幽谷, 非]【≪窮達以時≫12】
[以無人]嗅(嗅)而不芳. 無茖(㨯)菫(瑾)愈(瑜)缶(寶)山, 石不爲[開, 非以其]【≪窮達以時≫13】
善伓(倍)㠯(己)也. 穿(窮)達以旹(時), 悳(德)行弌(一)也. 譽(譽)皇(毁)才(在)仿(旁), 聖(聽)之弋(忒), 母(毋)之白【≪窮達以時≫14】
不釐(釐), 穿(窮)達以旹(時), 學(幽)明不再, 古(故)君子惇(敦)於恆(反)㠯(己). 【≪窮達以時≫15】

6) 五行

五行: 急(仁)型(形)於内胃(謂)之悳(德)之行, 不型(形)於内胃(謂)之行. 義型(形)於内胃(謂)之悳(德)之【≪五行≫1】
行, 不型(形)於内胃(謂)之行. 豊(禮)型(形)於内胃(謂)之悳(德)之行, 不型(形)於内胃(謂)之【≪五行≫2】
行, 智形於内胃(謂)之悳(德)之行, 不型(形)於内胃(謂)之行. 聖型(形)於内胃(謂)之悳(德)【≪五行≫3】
之行, 不型(形)於内胃(謂)之{悳(德)之}行.

悳(德)之行五, 和胃(謂)之悳(德), 四行和胃(謂)之善. 善, 人【≪五行≫4】
道也. 悳(德), 天道也. 君子亡审(中)心之惪(憂)則亡审(中)心之智, 亡审(中)心之智則亡审(中)心【≪五行≫5】
之悅, 亡审(中)心之悅則不安, 不安則不藥(樂), 不藥(樂)則亡悳(德).

五行皆型(形)于内而時行【≪五行≫6】
之, 胃(謂)之君子. 士又(有)志於君子道, 胃(謂)之時(志)士. 善弗爲亡近, 悳(德)弗【≪五行≫7】
之(志)不城(成), 智弗思不得. 思不淸不𢡺(察), 思不倀(長)[不得, 思不淸]不型(形), 不型(形)不安, 不安不藥(樂), 不藥(樂)【≪五行≫8】
亡悳(德).

不急(仁), 思不能清. 不智, 思不能倀(長). 不急(仁)不智, 未見君子, 惪(憂)心【≪五行≫9】
不能惙惙, 既見君子, 心不能兌(悅). "亦既見止(之), 亦既詢(覯)止(之), 我心則【≪五行≫10】
悅." 此之胃(謂)也. 不急(仁), 思不能清. 不聖, 思不能翌(輕). 不急(仁)不聖,【≪五行≫11】
未見君子, 惪(憂)心不能柊(忡)柊(忡), 既見君子, 心不能降.

急(仁)之思也清, 淸【≪五行≫12】
則戔(察), 戔(察)則安, 安則悃(溫), 悃(溫)則兌(悅), 兌(悅)則㥽(戚), 㥽(戚)則新(親), 新(親)則炁(愛), 炁(愛)則玉色, 玉色則型(形), 型(形)則急(仁).【≪五行≫13】

智之思也倀(長), 倀(長)則得, 得則不亡(忘), 不亡(忘)則明, 明則見臤(賢)人, 見臤(賢)人則玉色, 玉色則型(形), 型(形)【≪五行≫14】
則智.

聖之思也翌(輕), 翌(輕)則型(形), 型(形)則不亡(忘), 不亡(忘)則聰, 聰則𦖞(聞)18)君子道, 𦖞(聞)君子道則玉音, 玉音則型(形), 型(形)【≪五行≫15】則聖.

"叏(淑)人君子, 其義(儀)翟(一)也". 能爲翟(一), 肰(然)句(後)能爲君子, 訢(愼)其蜀(獨)也.【≪五行≫16】

"瞻望弗及, 淯(泣)涕女(如)雨". 能逕沱(池)其羿(羽), 肰(然)句(後)能至哀. 君子訢(愼)其獨也.【≪五行≫17】

君子之爲善也, 又(有)與司(始), 又(有)與冬(終)也. 君子之爲悳(德)也,【≪五行≫18】
又(有)與司(始), 亡(無□)與終也. 金聖(聲)而玉晨(振)之, 又(有)悳(德)者也.

金聖(聲), 善也, 玉音, 聖也. 善, 人【≪五行≫19】
道也, 悳(德), 〈天〉道也. 唯又(有)悳(德)者, 肰(然)句(後)能金聖(聲)而玉晨(振)之. 不聰不明, [不明不聖], 不聖不【≪五行≫20】
智, 不智不急(仁), 不急(仁)不安, 不安不樂, 不樂亡悳(德).

不𢈕(變)不兌(悅), 不兌(悅)不㥽(戚), 不㥽(戚)不新(親), 不新(親)不炁(愛), 不炁(愛)不急(仁).

不悳(直)不遙(肆), 不遙(肆)不果, 不果 【≪五行≫21】
不柬(簡), 不柬(簡)不行, 不行不義.

不賿(遠)不敬, 不敬不嚴, 不嚴不障(尊), 不障(尊)不共(恭), 不共(恭)亡豊(禮).

未尙(尝) 【≪五行≫22】
𦖞(聞)君子道, 胃(謂)之不聰. 未尙(尝)見臤(賢)人, 胃(謂)之不明. 𦖞(聞)君子道而不智(知) 【≪五行≫23】
其君子道也, 胃(謂)之不聖. 見臤(賢)人而不智(知)其又(有)悳(德)也, 胃(謂)之不智. 【≪五行≫24】

見而智(知)之, 智也. 𦖞(聞)而智(知)之, 聖也. 明明, 智也. 虩(赫)虩(赫), 聖也. “明明才(在)下, 虩(赫)虩(赫) 【≪五行≫25】
才(在)上”, 此之胃(謂)也.

𦖞(聞)君子道, 聰也. 𦖞(聞)而智(知)之, 聖也. 聖人智(知)而〈天〉 【≪五行≫26】
道也. 智(知)而行之, 義也. 行之而時, 悳(德)也. 見(賢)人, 明也. 見而智(知)之, 【≪五行≫27】
智也. 智(知)而安之, 息(仁)也. 安而敬之, 豊(禮)也. 聖, 智(知)豊(禮)藥(樂)之所𣪊(由)生也, 五 【≪五行≫28】
行之所和也. 和則𧮣(樂), 𧮣(樂)則又(有)悳(德), 悳(德)則邦𡩋(家)𡐦. 文王之見也女(如)此. “文 【≪五行≫29】
王在上, 於昭于而〈天〉”, 此之胃(謂)也.

見而智(知)之, 智(知)也. 智(知)而安之, 息(仁)也. 安 【≪五行≫30】
而行之, 義也. 行而敬之, 豊(禮)也. 息(仁), 義豊(禮)所𣪊(由)生也), 四行之所和也. 和 【≪五行≫31】
則同, 同則善.

顔色伀(容)佼(貌)悃(温)𡗊(變)也. 以其宙(中)心與人交, 兑(悦)也, 宙(中)心兑(悦)𨑛(播). 𨘗(遷) 【≪五行≫32】
於兄弟, 𢽎(戚)也. 𢽎(戚)而信之, 新(親)也. 新(親)而筥(篤)之, 悉(愛)也. 悉(愛)父, 其稽(繼)悉(愛)人, 息(仁)也.

宙(中)心 【≪五行≫33】

詖(辯)肰(然)而正行之, 植(直)也. 悳(直)而遂(遂)之, 逘(肆)也. 逘(肆)而不畏勥(强)語(禦), 果也. 不【≪五行≫34】
以少(小)道萬(害)大道, 柬(簡)也. 又(有)大辠(罪)而大豉(誅)之, 行也. 貴貴, 其𡕒(等)障(尊)臤(賢), 義也.【≪五行≫35】

以其外心與人交, 遠也. 遠而𦝼(莊)之, 敬也. 敬而不卸(懈), 嚴也. 嚴而畏【≪五行≫36】
之, 障(尊)也. 障(尊)而不喬(驕), 共(恭)也. 共(恭)而專(博)交, 豊(禮)也.

不柬〈柬(簡)〉, 不行. 不匿, 不𢇍(察)【≪五行≫37】
於道. 又(有)大辠(罪)而大豉(誅), 之柬〈柬(簡)〉也. 又(有)少(小)辠(罪)而亦(赦)之, 匿也. 又(有)大辠(罪)而弗大【≪五行≫38】
豉(誅)也, 不行也. 又(有)少(小)辠(罪)而弗亦(赦)也. 弗亦(赦)也, 不𢇍(察)於道也.

柬〈柬(簡)〉之爲言猷(猶)練【≪五行≫39】
也, 大而晏者也. 匿之爲言也猷(猶)匿匿也, 少(小)而訪〈訬(軫)〉者也. 柬〈柬(簡)〉, 義之方也. 匿,【≪五行≫40】
㤅(仁)之方也. 勥(强), 義之方. 矛(柔), 㤅(仁)之方也. "不勥(强)不梂, 不勥(剛)不矛(柔)", 此之胃(謂)【≪五行≫41】
也.

君子集大城(成). 能進之爲君子, 弗能進也, 各止於其里. 大而【≪五行≫42】
晏者, 能又(有)取安(焉), 少(小)而軫者, 能又(有)取安(焉)疋膚膚達者君子道, 胃(謂)之臤(賢). 君【≪五行≫43】
子智(知)而與(擧)之, 胃(謂)之障(尊)臤(賢), 知而事之, 胃(謂)之障(尊)臤(賢)者也. [前, 王公之障(尊)臤(賢)者也]後, 士之障(尊)臤(賢)者也.【≪五行≫44】

耳目鼻口手足六者, 心之所𨓚也. 心曰唯, 莫敢不唯, [心曰]如(諾), 莫敢不如(諾), [心曰]【≪五行≫45】
進, 莫敢不進, [心曰]後, 莫敢不後, [心曰]深, 莫敢不深, [心曰]溥(淺), 莫敢不溥(淺). 和則同, 同則善.【≪五行≫46】

目而智(知)之胃(謂)之進之. 𠕋〈喻〉而智(知)之, 胃(謂)之進之. 辟(譬)而智(知)之, 胃(謂)之進之.【≪五行≫47】

幾而智(知)之, 天也. "上帝賢〈臨〉女(汝), 毋貳尒心", 此之胃(謂)也.

大陛(施)者(諸)其人, 天也. 其【≪五行≫48】
人陛(施)者(諸)人, 𢡺(狎)也.

𦖞(聞)道而兌(悅)者, 好𢝊(仁)者也. 𦖞(聞)道而畏者, 好【≪五行≫49】
義者也. 𦖞(聞)道而共(恭)者, 好豊(禮)者也. 𦖞(聞)道而𦊐(樂)者, 好悳(德)者也.【≪五行≫50】

7) 唐虞之道

湯(唐)吳(虞)之道, 𡨦(禪)而不𡊄(傳). 堯(堯)𡕘(舜)之王, 利天下而弗利也. 𡨦(禪)而不𡊄(傳), 聖之【≪唐虞之道≫1】
盛也. 利天下而弗利也, 𢝊(仁)之至也. 古昔臤(賢)𢝊(仁)聖者女(如)此. 身窮不䎽(困), 𡿋(沒)【≪唐虞之道≫2】
而弗利, 竆(窮)𢝊(仁)歖(矣). 北(必)正其身, 肰(然)后(後)正世, 𦔻(聖)道備歖(嘻). 古(故)湯(唐)吳(虞)之□□【≪唐虞之道≫3】
也.
夫聖人上事天, 𤕝(教)民又(有)𢍜也, 下事𨺩(地), 𤕝(教)民又(有)新(親)也, 旹(時)事山川, 𤕝(教)民【≪唐虞之道≫4】
又(有)敬也, 新(親)事且(祖)𥨪(廟), 𤕝(教)民孝也, 大斆(學)之中, 天子𡨦(親)齒, 𤕝(教)民弟也. 先聖【≪唐虞之道≫5】
牙(與)後𦔻(聖), 考後而𨒅(追)先, 𤕝(教)民大川(順)之道也.

堯(堯)𡕘(舜)之行, 𢙣(愛)𡨦(親)𨻰(尊)臤(賢). 𢙣(愛)【≪唐虞之道≫6】
𡨦(親)古(故)孝, 𢍜臤(賢)古(故)𡨦(禪). 孝之𣁋(方), 𢙣(愛)天下之民. 𡨦(禪)之𣶂(傳), 世亡𢤎(隱)直(德). 孝, 𢝊(仁)之免(冕)也.【≪唐虞之道≫7】
𡨦(禪), 義之至也. 六帝興於古, 𧆦(咸)采(由)此也. 𢙣(愛)𡨦(親)𣄼(忘)臤(賢), 𢝊(仁)而未義也. 𢍜臤(賢)【≪唐虞之道≫8】
遺𡨦(親), 我(義)而未𢝊(仁)也. 古者吳(虞)𡕘(舜)笞(篤)事𡧍(瞽)寞, 乃戈〈弋(式)〉其孝, 忠事帝堯(堯), 乃〈弋(式)〉其臣.【≪唐虞之道≫9】
𢙣(愛)𡨦(親)𢍜臤(賢), 吳(虞)𡕘(舜)其人也. 𠷎(禹)𦈡(治)水, 膉(益)𦈡(治)火, 后稷𦈡(治)土, 足民𦍲(養)囯. 因陻【≪唐虞之道≫10】
卩(節)虖(乎). 脂膚血𣱵(氣)之靑(情), 𦍲(養)眚(性)命之正, 安命而弗宎(夭), 𦍲(養)生而弗敡(傷), 智因𠆤

【≪唐虞之道≫11】
明豊(禮), 㚆(夔)守樂孫(順)民教(教)也.

咎(皋)采(陶)内用五型(刑), 出弋〈弋(式)〉兵革, 辠(罪)涇(輕)柭(法)也. 虞【≪唐虞之道≫12】
用𢤄(威), 㝈(夏)用戈, 正不備(服)也. 㤅(愛)而正之, 吳(虞)㝈(夏)之絧(治)也. 𧼮(禪)而不連(傳), 義互(恒)絕, 夏【≪唐虞之道≫13】
絧(治)也. 古者𡋡(堯)生於天子而又(有)天下, 聖以堣命, 㤵(仁)以逢(逢)旹(時), 未尝堣(遇)賢. 雖【≪唐虞之道≫14】
並(傍)於大旹(時), 神明均從, 天陸(地)右(佑)之. 從(縱)㤵(仁)聖可與, 旹(時)弗可秉(及)歖(嘻). 夫古者【≪唐虞之道≫15】
𡕩(舜)佢(居)於艸(草)茅之中而不𢝊(憂), 身爲天子而不喬(驕). 佢(居)艸(草)茅之中而不𢝊(憂), 智(知)命【≪唐虞之道≫16】
也. 身爲天子而不喬(驕), 不㙛(專)也. 浗(求)虖(乎)大人之興, 敚(美)也. 今之弋〈弋(式)〉於直(德)者, 未【≪唐虞之道≫17】
年不弋〈弋(式)〉. 君民而不喬(驕), 卒王天下而不矣(疑). 方才(在)下立(位), 不以仄夫爲【≪唐虞之道≫18】
巠(輕), 秉(及)其又(有)天下也, 不以天下爲重. 又(有)天下弗能益, 亡天下弗能員(損). 亟(極)㤵(仁)【≪唐虞之道≫19】
之至, 利天下而弗利也𧼮(禪)也者, 上直(德)受(授)臤(賢)之胃(謂)也. 上直(德)則天下又(有)君而【≪唐虞之道≫20】
世明, 受(授)臤(賢)則民興教(教)而𧊒(化)虖(乎)道. 不𧼮(禪)而能𧊒(化)民者, 自生民未之又(有)也,【≪唐虞之道≫21】
之正者, 能以天下𧼮(禪)歖(嘻).

古者𡋡(堯)之與𡕩(舜)也, 昏(聞)𡕩(舜)孝, 智其能羧(養)天下【≪唐虞之道≫22】
之老也, 昏(聞)𡕩(舜)弟, 智知其能紿(事)天下之長也, 昏(聞)𡕩(舜)丝(慈)虖(乎)弟【≪唐虞之道≫23】
爲民宔(主)也. 古(故)其爲宖(瞽)寞子也, 甚孝, 秉(及)其爲𡋡(堯)臣也, 甚忠, 𡋡(堯)𧼮(禪天)下【≪唐虞之道≫24】
而受(授)之, 南面而王而〈天〉下, 而甚君. 古(故)𡋡(堯)之𧼮(禪)虖(乎)𡕩(舜)也, 女(如)此也.

古者聖(聖)人廿(二十)而【≪唐虞之道≫25】
冠, 卅(三十)而又(有)家, 五十而絧(治)天下, 七十而至(致)正(政). 四枳(肢)朕(倦)陸(惰), 耳目聰明衰, 𧼮

(禪)天下而【≪唐虞之道≫26】
受(授)臤(賢), 退而羧(養)其生. 此以智(知)其弗利也. ≪吳(虞)䦔(詩)≫曰: '大明不出, 萬(萬)勿(物)㕁(皆)訇(暗). 聖【≪唐虞之道≫27】
者不才(在)上, 天下北(必)壞. 紿(治)之至, 羧(養)不喿(肖), 亂之至滅臤(賢). 忎(仁)者爲此進, 【≪唐虞之道≫28】
……如此也. 【≪唐虞之道≫29】

8) 忠信之道

不譌(訛)不宩(謟), 忠之至也. 不惎(欺)弗智(知), 信之至也. 忠庲(積)則可罤(親)也, 信庲(積)則可信也. 忠【≪忠信之道≫1】
信庲(積)而民弗罤(親)信者, 未之又(有)也. 至忠女(如)土, 螐(化)勿(物)而不軰(伐), 至信女(如)旹(時), 北(比)至而不结. 忠人亡【≪忠信之道≫2】
譌, 信人不伓(背). 君子女(如)此, 古(故)不㞷(誑)生, 不伓(背)死也.

大舊(久)而不兪(渝), 忠之至也. 匋(陶)而者(處)尙(常), 信【≪忠信之道≫3】
之至也. 至忠亡譌, 至信不伓(背), 夫此之胃(謂)此〈也〉. 大忠不兑(悅), 大信不异(期). 不兑(悅)而足羧(養)者, 墬(地)也. 不异(期)【≪忠信之道≫4】
而可螱(要)者, 天也. 妃(配)天墬(地)也者, 忠信之胃(謂)此〈也〉. 口叀(惠)而實弗从(從), 君子弗言尒, 心疋(疏)而貌【≪忠信之道≫5】
罤(親), 君子弗申(施)尒. 古(故)行而鯖(爭)兑(悅)民, 君子弗采(由)也. 三者, 忠人弗乍(作), 信人弗爲也.

忠之爲【≪忠信之道≫6】
衍(道)也, 百工不古(楛), 而人羧(養)㕁(皆)足. 信之爲衍(道)也, 羣勿(物)皆城(成), 而百善)㕁(皆)立. 君子其它(施)也【≪忠信之道≫7】
忠, 古(故)緣(蠻)罤(親)尃(傳)也, 其言尒信, 古(故)但(亶)而可受也. 忠, 忎(仁)之實也. 信, 峩(義)之异(基)也. 氏(是)古之所【≪忠信之道≫8】
以行虖(乎)閔(蠻)嘍(貉)者, 女(如)此也. 【≪忠信之道≫9】

9) 性自命出

凡人唯(雖)又(有)眚(性), 心亡奠志, 走(待)勿(物)而句(後)复(作), 走(待)兑(悅)而句(後)行, 走(待)習而句(後)【≪性自命出≫1】

奠. 憙(喜)惹(怒)依(哀)悲之槩(氣), 眚(性)也. 及其見(現)於外, 則勿(物)取之也. 眚(性)自命出, 命【≪性自命出≫2】
自天降. 衍(道)司(始)於青(情), 青(情)生於眚(性). 司(始)者近青(情), 終者近義. 智情者能【≪性自命出≫3】
出之, 智(知)宜(義)者能內(入)之. 好亞(惡), 眚(性)也. 所好所亞(惡), 勿(物)也. 善不善性也.【≪性自命出≫4】
所善所不善, 埶(勢)也.

凡眚(性)爲宔(主), 勿(物)取之也. 金石之又(有)聖(聲)也. 弗鉤(扣)【≪性自命出≫5】
不鳴也. 唯(雖)又(有)眚(性), 心弗取不出.

凡心又(有)志也, 亡(無)與不可, 心之不可【≪性自命出≫6】
蜀(獨)行, 猷(猶)口之不可蜀(獨)言也. 牛生而倀(長), 鴈(雁)生而戟(伸), 其眚(性)使然, 人【≪性自命出≫7】
而學或叓(使)之也.
凡勿(物)亡不異也者. 剛之梪(樹)也, 剛取之也. 柔之【≪性自命出≫8】
約, 柔取之也. 四海(海)之內, 其眚(性)弌(一)也. 其甬(用)心各異, 𡥈(教)叓(使)肰(然)也.

凡眚(性)【≪性自命出≫9】,
或𢿜(動)之, 或逆(逆)之, 或交之, 或萬(厲)之, 或出(絀)之, 或羕(養)之, 或長之.

凡𢿜(動)眚(性)【≪性自命出≫10】
者, 勿(物)也, 逆(逆)眚(性)者, 兌(悅)也, 交眚(性)者, 古(故)也, 萬(厲)眚(性)者, 宜(義)也, 出眚(性)者, 埶(勢)也, 羕(養)眚(性)【≪性自命出≫11】
者, 習也, 長眚(性)者, 衍(道)也.

凡見者之胃(謂)勿(物), 快於吕(己)者之胃(謂)兌(悅), 勿(物)【≪性自命出≫12】
之埶(勢)者之胃(謂)埶(勢), 又(有)爲也者之胃(謂)古(故). 義也者, 群善之蕝(蕝)也. 習也【≪性自命出≫13】
者, 又(有)以習其眚(性)也. 衍(道)者, 群勿(物)之衍(道).

凡衍(道), 心述(術)爲宔(主). 衍(道)四述(術), 唯【≪性自命出≫14】

人衍(道)爲可衍(導)也. 其參(三)逑(術)者, 衍(道)之而已. 時(詩)·箸(書)·豊(禮)·樂, 其司(始)出皆生【≪性自命出≫15】

於人. 時(詩), 又(有)爲爲之也. 箸(書), 又(有)爲言之也. 豊(禮)·樂, 又(有)爲𡰥(擧)之也. 聖人比其【≪性自命出≫16】

頪(類)而侖(論)會之, 雚(觀)其之〈先〉逡〈後〉而逆(逆)訓(順)之, 體其宜(義)而卽(節)度(文)之, 里(理)【≪性自命出≫17】

其青(情)而出內(入)之, 肰(然)句(後)復以𢽳(教). 𢽳(教), 所以生悳(德)于宙(中)者也. 豊(禮)复(作)於青(情)【≪性自命出≫18】,

或𦦔(興)之也, 堂(當)事因方而折(制)之. 其先後之舍(敍)則宜(義)道也. 或舍(敍)爲之【≪性自命出≫19】

卽(節)則度(文)也. 至頌(容)宙(貌), 所以度(文)卽(節)也. 君子媺(美)其青(情), 貴其義, 【≪性自命出≫20】

善其卽(節), 好其頌(容), 樂其衍(道), 兑(悅)其𢽳(教), 是以敬安(焉). 拜, 所以□□□【≪性自命出≫21】

其譴度(文)也. 幣帛, 所以爲信與諓(徵)也, 其訇(詞)宜(義)道也. 芙(笑), 憘〈憙〉之淺澤也. 【≪性自命出≫22】

樂, 憘〈憙〉之深澤也.

凡聖(聲)其出於情也信, 肰(然)句(後)其內(入)拔(撥)人之心也敂.【≪性自命出≫23】

聒(聞)芙(笑)聖(聲), 則羴(鮮)女(如)也斯憙(喜). 昏(聞)訶(歌)謠(謠), 則舀(陶)女(如)也斯奮. 聖(聽)瑟(琴)𤦡(瑟)之聖(聲),【≪性自命出≫24】

則誖(悸)女(如)也斯𢣪(歎). 雚(觀)䞴(賚)武, 則齊(懠)女(如)也斯复(作). 雚(觀)卲(韶)頣(夏), 則免(勉)女(如)也【≪性自命出≫25】

斯僉(儉). 羕(咏)思而勤(動)心, 胃(喟)女(如)也, 其居卽(次)也舊(久), 其反善復訇(始)也【≪性自命出≫26】

訢(愼), 其出內(入)也訓(順), 訇(始)其悳(德)也. 奠(鄭)衛(衛)之樂, 則非其聖(聽)而從之也.【≪性自命出≫27】

凡古樂龍(隆)心. 益(溢)樂龍(隆)指, 皆𢽳(教)其人者也. 䞴(賚)武樂取, 佋(韶)頣(夏)樂情.【≪性自命出≫28】

凡至樂必悲, 哭亦悲, 皆至其情也. 依(哀)·樂, 其眚(性)相近也, 是古(故)其心【≪性自命出≫29】

不遠. 哭之𢾊(動)心也, 𣿰(浸)𣩵(殺), 其剌(烈)䜌(戀)䜌(戀)女(如)也, 𢙍(戚)肰(然)以終. 樂之𢾊(動)心也, 【≪性自命出≫30】
濬深䞣(鬱)舀(陶), 其剌(烈)則流女(如)也以悲, 條(悠)肰(然)以思.

凡𢝊(憂), 思而句(後)悲; 【≪性自命出≫31】
凡樂, 思而句(後)忻. 凡思之甬(用), 心爲甚. 𪓐(歎), 思之方也, 其聖(聲)弁(變)則心從之, 【≪性自命出≫32】
其心弁(變)則其聖(聲)亦肰(然). 𧫷(吟)游(流)依(哀)也, 喿(噪)游樂也, 湫啾)游(流)聖(聲), 𧇾(嚱)游(流)心也. 【≪性自命出≫33】
憙(喜)斯慆, 慆斯奮, 奮斯羕(咏), 羕(咏)斯猷, 猷斯迮. 迮, 憙(喜)之終也. 𢙐(慍)斯𢝊(憂), 𢝊(憂)斯戚(戚), 戚(戚) 【≪性自命出≫34】
斯𪓐(歎), 𪓐(歎)斯𡨄(辟), 𡨄(辟)斯通(踊). 通(踊), 𢙐(慍)之終也. 【≪性自命出≫35】

凡學者隶〈求〉其心爲難. 從其所爲, 𧗊(近)得之壴(矣), 不女(如)以樂之速也. 【≪性自命出≫36】
唯(雖)能其事, 不能其心, 不貴. 求其心又(有)爲(僞)也, 弗得之壴(矣). 人之不能以爲(僞)也, 【≪性自命出≫37】
可智(知)也. 不怂(過)十𦥯(擧), 其心必才(在)安(焉), 𧧌(察)其見(現)者, 青(情)安遊(失)才(哉)? 𧥤(恕), 【≪性自命出≫38】
宜(義)之方也. 宜(義), 敬之方也. 敬, 勿(物)之即(節)也. 篙(篤), 𢚩(仁)之方也. 𢚩(仁), 眚(性)之方也. 眚(性)或(又)生之. 忠, 信 【≪性自命出≫39】
之方也. 信, 青(情)之方也. 青(情)出於眚(性). 𢟪(愛)頪(類)七, 唯眚(性)𢟪(愛) 爲近𢚩(仁). 智頪(類)五, 唯 【≪性自命出≫40】
宜(義)衍(道)爲忻(近)忠. 亞(惡)頪(類)參(三), 唯亞(惡)不𢚩(仁)爲忻(近)宜(義). 所爲衍(道)者四, 唯人衍(道)爲 【≪性自命出≫41】
可衍(導)也.

凡甬(用)心之喿(躁)者, 思爲甚. 甬(用)智之疾(亟)者, 患爲甚. 甬(用)青(情)之 【≪性自命出≫42】
至者, 依(哀)樂爲甚. 甬(用)身之弁(變)者, 兑(悦)爲甚. 甬(用)力之𦘔(盡)者, 利爲甚. 目之好 【≪性自命出≫43】
色, 耳之樂聖(聲), 䞣(鬱)舀(陶)之𣱼(氣)也, 人不難爲之死. 又(有)其爲人之𨒅(節)𨒅(節)女(如) 【≪性自命出≫44】
也, 不又(有)夫柬(簡)柬(簡)之心則采(彩). 又(有)其爲人之柬(簡)柬(簡)女(如)也, 不又(有)夫亙(恒)怡之

志則縵. 人之攷(巧)【≪性自命出≫45】
言利討(詞)者, 不又(有)夫詘詘之心則流. 人之說(悅)肰(然)可與和安者, 不又(有)夫慖(奮)【≪性自命出≫46】
狌(作)之靑(情)則忢(侮). 又(有)其爲人之快女(如)也, 弗牧不可. 又(有)其爲人之㝥(淵)女(如)也,【≪性自命出≫47】
弗杈(輔)不足.

凡人㥾(僞)爲可亞(惡)也. 㥾(僞)斯叜(吝)壴(矣), 叜(吝)斯慮壴(矣), 慮斯莫與之【≪性自命出≫48】
結壴(矣). 新(愼), 㥯(仁)之方也. 肰(然)而其怢(過)不亞(惡). 速, 悔(謀)之方也, 又(有)怢(過)則咎. 人不新(愼)斯又(有)怢(過), 信壴(矣).【≪性自命出≫49】

凡人靑(情)爲可兌(悅)也. 句(苟)以其靑(情), 唯(雖)怢(過)不亞(惡), 不以其靑(情), 唯(雖)難不貴.【≪性自命出≫50】
句(苟)又(有)其靑(情), 唯(雖)未之爲, 斯人信之壴(矣). 未言而信, 又(有)𡢃(美)靑(情)者也. 未𦥯(敎)【≪性自命出≫51】
而民亙(恒), 眚(性)善者也. 未賞而民懽(勸), 含(貪)福(富)者也. 未型(刑)而民愄(畏), 又(有)【≪性自命出≫52】
心愄(畏)者也. 戔(賤)而民貴之, 又(有)悳(德)者也. 貧而民聚安(焉), 又(有)衍(道)者也.【≪性自命出≫53】
蜀(獨)処(處)而樂, 又(有)內䇲(策)者也. 亞(惡)之而不可非者, 達於義者也. 非之【≪性自命出≫54】
而不可亞(惡)者, 筥(篤)於㥯(仁)者也. 行之不怢(過), 智(知)道者也. 昏(聞)道反上, 上交者也.【≪性自命出≫55】
昏(聞)衍(道)反下, 下交者也. 昏(聞)道反㠯(己), 攸(修)身者也. 上交近事君, 下交得【≪性自命出≫56】
衆近從正(政), 攸(修)身近至㥯(仁). 同方而交, 以道者也. 不同方而交, 以故者也.【≪性自命出≫57】
同兌(悅)而交, 以悳(德)者也. 不同兌(悅)而交, 以猷者也. 門內之紿(治), 谷(欲)其【≪性自命出≫58】
𢈔(宛)也. 門外之紿(治), 谷(欲)其折(制)也.

凡兌(悅)人勿㥹(吝)也, 身必從之, 言及則【≪性自命出≫59】明㪯(擧)之而毋㥾(僞).

凡交毋刺(烈), 必貞(使)又(有)末.

凡於路(略)毋愄(畏), 毋蜀(獨)言. 蜀(獨)【≪性自命出≫60】
処(處)則習父兄之所樂. 句(苟)毋(無)大害, 少枉內(入)之可也, 已則勿復言也.【≪性自命出≫61】

凡悥(憂)患之事谷(欲)牪(任), 樂事谷(欲)後. 身谷(欲)青(靜)而毋遣(羨), 慮谷(欲)囦(淵)而毋愇(僞),【≪性自命出≫62】
行谷(欲)恿(勇)而必至, 宙(貌)谷(欲)壯(莊)而毋果(拔), 谷(欲)柔齊而泊, 憙(喜)谷(欲)智而亡末,【≪性自命出≫63】
樂谷(欲)睪(懌)而又(有)志, 悥(憂)谷(欲)僉(儉)而毋惛, 惹(怒)谷(欲)浧(盈)而毋𠩄(希),【≪性自命出≫64】
進谷(欲)孫(遜)而毋攷(巧), 退谷(欲)潯而毋巠(輕), 谷(欲)皆𡕒(文)而毋愇. 君子執志必又(有)夫往(廣)往(廣)之心, 出言必又(有)【≪性自命出≫65】
夫柬(簡)柬(簡)之信, 賓客之豊(禮)必又(有)夫齊齊之頌(容), 祭祀之豊(禮)必又(有)夫齊齊之敬,【≪性自命出≫66】
居喪必又(有)夫𢑚(戀)𢑚(戀)之依(哀). 君子身以爲宔(主)心.【≪性自命出≫67】

10) 成之聞之

君子之於𡥈(教)也, 其道(導)民也不𡨦(浸), 則其𣸈(淳)也弗深俟(矣). 是古(故)亡虖(乎)其身而【≪成之聞之≫4】
廌(存)虖(乎)其訂(辭), 唯(雖)𦟝(厚)其命, 民弗從之俟(矣).

是古(故)畏(威)備(服)型(刑)罰之婁(屢)行也,【≪成之聞之≫5】
䌛(由)𠮷(上之)弗身也. 昔者君子有言曰: 戰與型(刑)人, 君子之述(墜)悳(德)也. 是古(故)【≪成之聞之≫6】
𠮷(上)句(苟)身備(服)之, 則民必有甚安(焉)者.

君均(袀)𡔝(冕)而立於𡉚(阼), 一宮之人不𨏈(勝)【≪成之聞之≫7】
其敬. 君衰𦃃(絰)而居立(位), 一宮之人不𨏈(勝)𢒼𠧗, 㔾田𦊆田𠀤……【≪成之聞之≫8】
一軍之人不𨏈(勝)其㪉(勇). 𠮷(上之)句(苟)昌之, 則民鮮不從俟(矣).

唯(雖)肰(然), 其廌(存)也不𦟝(厚),【≪成之聞之≫9】
其重也弗多俟(矣). 是古(故)君子之求者(諸)㠯(己)也深. 不求者其𠀠(本)而𢻱(攻)者(諸)其【≪成之聞之≫10】

末, 弗得㑥(矣).

是[故]君子之於言也, 非從末流者之貴, 窮(窮)㵔(源)反呑(本)者之貴.【≪成之聞之≫11】
句(苟)不從其繇(由), 不反其呑(本), 未有可得也者.

君上卿(享)城(成)不唯呑(本), 工□□□.【≪成之聞之≫12】
戎(農)夫柔(務)飤(食)不强, 耕糧弗足㑥(矣). 士城(成)言不行, 名弗得㑥(矣). 是古(故)君子【≪成之聞之≫13】
之於言也, 非從末流者之貴, 窮㵔(源)反呑(本)者之貴. 句(苟)不從其繇(由),【≪成之聞之≫14】
不反其呑(本), 唯(雖)强之弗內(入)㑥(矣).

上不以其道(導), 民之從之也難. 是以民可【≪成之聞之≫15】
敬道(導)也, 而不可弇(掩)也, 可馯(御)也, 而不可掔(牽)也. 古(故)君子不貴㡯(庶)勿(物), 而貴與【≪成之聞之≫16】
民又(有)同也.

智而比卽(信), 則民谷(欲)其智之逑(遂)也. 福而(分)賤, 則民谷(欲)其【≪成之聞之≫17】
福之大也. 貴而罷(一)纕, 則民谷(欲)其貴之上也. 反此道也, 民必因此厚也【≪成之聞之≫18】
以復(覆)之, 可不新(愼)虍(乎)?

古(故)君子所復之不多, 所求之不□(〈遠〉), 戠(察)反者(諸)吕(己)而可以【≪成之聞之≫19】
智(知)人. 是古(故)谷(欲)人之炁(愛)吕(己)也, 則必先炁(愛)人, 谷(欲)人之敬吕(己)也, 則必先敬人.【≪成之聞之≫20】
是古(故)凡勿(物)才(在)疾之. ≪君奭≫曰: "唯彭(冒)不單爯(稱)悳(德)", 害(曷)? 言疾也. 君子曰: 疾之,【≪成之聞之≫22】
行之不疾 , 未又(有)能深之者也. 娩(免)之逑(遂)也, 强之工(功)也 ; 陳之弇(淹)也, 訂(詞)之工也.【≪成之聞之≫23】
是以智(知)而求之不疾, 其法(去)人弗遠㑥(矣), 敵(勇)而行之不果, 其㤥(疑)也弗枉(往)㑥(矣).【≪成之聞之≫21】

古(故)君子之立(莅)民也, 身備(服)善以先之, 敬新(愼)以肘(守)之, 其所才(在)者內㑥(矣).【≪成之聞之≫3】

民筥(孰)弗從. 型(形)於中, 發(發)於色, 其𥛓(蕩)也固矣(矣), 民筥(孰)弗信? 是以上之亙(恒)【≪成之聞之≫24】
柔(務), 才(在)信於衆. ≪詚(說)命≫曰: "允帀(師)淒(濟)悳(德)" 此言也, 言信於衆可之以【≪成之聞之≫25】
淒(濟)悳(德)也. 聖人之眚(性)與中人之眚(性), 其生而未又(有)非之. 節於而也,【≪成之聞之≫26】
則猷(猶)是也. 唯(雖)其於善道也, 亦非又(有)譯婁(數)以多也, 及其専(溥)長而𠪚(厚)【≪成之聞之≫27】
大也, 則聖人不可由與墠(憚)之. 此以民皆又(有)眚(性)而聖人不可莫(慕)也.【≪成之聞之≫28】

≪君奭≫曰: "壤(襄)我二人, 毋又(有)合才(在)音"害(曷)? 道不說(悅)之司(詞)也. 君子曰: 唯又(有)其亙(恒)而【≪成之聞之≫29】
可, 能終之爲難. "槁木三年, 不必爲邦羿(旗)"害? 言𡨦(陳)之也, 是以君子貴【≪成之聞之≫30】
城(成)之. 䎽(聞)之曰: 古之甬(用)民者, 求之於㠯(己)爲亙(恒). 行不信則命不從,【≪成之聞之≫1】
訐(信)不㥀(著)則言不樂. 民不從上之命, 不信其言, 而能念(含)悳(德)者, 未之【≪成之聞之≫2】
又(有)也.

天徵大祟(常), 以里(理)人侖(倫). 折(制)爲君臣之義, 㥀(著)爲父子之新(親), 分【≪成之聞之≫31】
爲夫婦之支(辨). 是古(故)小人變(亂)天祟(常)以逆大道, 君子詞(治)人侖(倫)以川【≪成之聞之≫32】
天悳(德).

≪大𡕒(禹)≫曰: "余才(玆)宅(度)天心"害(曷)? 此言也, 言余(舍)之此而宅(度)於天心也. 是古(故)【≪成之聞之≫33】
君子簟(簟)𥫗(席)之上, 壤(讓)而受幼, 朝廷之立(位), 壤(讓)而凥(處)戔(賤). 所宅(度)不遠矣(矣).

少(小)人【≪成之聞之≫34】
不緹(逞)人於刃(仁), 君子不緹(逞)人於豊(禮). 𣛭(津)梁靜(爭)舟, 其先也不若其後也. 言【≪成之聞之≫35】
語睪(嗥)之, 其勑(勝)也不若其已也. 君子曰: 從允懌(釋)怹(過), 則先者余(舍), 𨸏(來)者信.【≪成之聞之≫36】
唯君子, 道可近求, 而可遠遣(措)也. 昔者君子有言曰"聖人天悳(德)"害(何)?【≪成之聞之≫37】
言新(愼)求之於㠯(己), 而可以至川(順)天祟(常)矣(矣). ≪康靠(誥)≫曰"不還不夏(憂), 文王复(作)罰,【≪成之聞之≫38】

型(刑)茲(玆)亡懇(赦)”害(曷)？此言也，言不靃(敦)大祟(常)者，文王之型(刑)莫厚安(焉)【≪成之聞之≫39】
古(故)君子新(愼)六立(位)，以巳(祀)天祟(常).【≪成之聞之≫40】

11) 尊德義

奝(尊)悳(德)義，明虖(乎)民侖(倫)，可以爲君．濉(沮)忿繕(戀)，改愽(惎)勳(勝)，爲人上者之柔(務)也.【≪尊德義≫1】

賞與坓(刑)，祡(禍)福之羿(基)也，或(有)前之者矣．雀(爵)立(位)，所以信其肰(然)也．正(征)欽(陷)，所以【≪尊德義≫2】
攻(攻)□㘞．坓(刑)罰，所以□舉(擧)也．殺㦻(戮)，所以敘(除)㔾(犯)也．不繇(由)其道，不行．𢜣(仁)爲可新(親)【≪尊德義≫3】
也，義爲可奝(尊)也，忠爲可信也，學爲可嗌(益)也，季(教)爲可頪(類)也.

季(教)非改道也，敎(教)之也.【≪尊德義≫4】
學非改侖(倫)也，學巳(己)也．堣(禹)以人道詞(治)其民，傑(桀)以人道亂其民．傑(桀)不易【≪尊德義≫5】
堣(禹)民而句(後)亂之，湯不易傑(桀)民而句(後)詞(治)之．聖人之詞(治)民，民之道也．堣(禹)【≪尊德義≫6】
之行水，水之道也．戚(造)父之馯(御)馬，馬[也]之道也．句(后)禝(稷)之埶(藝)隉(地)，隉(地)之道也．莫【≪尊德義≫7】
不又(有)道安(焉)，人道爲近．是以君子，人道之取先.
𢧢者出所以智(知)【≪尊德義≫8】
㠯(己)．智(知)㠯(己)所以智(知)人，智(知)人所以智(知)命，智(知)命而句(後)智(知)道，智(知)道而句(後)智(知)行．繇(由)豊(禮)智(知)【≪尊德義≫9】
樂，繇(由)樂智(知)依(哀)．又(有)智(知)㠯(己)而不智(知)命者，亡智(知)命而不智(知)㠯(己)者．又(有)【≪尊德義≫10】
智(知)豊(禮)而不智(知)樂者，亡智(知)樂而不智(知)豊(禮)者．善取，人能從之，上也.【≪尊德義≫11】

{十之方靜，百之而句(後)葡(服).} 善者民必福(富)，福(富)未必和，不和不安，不安不樂.【≪尊德義≫27】
善者民必衆，衆未必詞(治)，不詞(治)不川(順)，不川(順)不坪(平)．是以爲正(政)者季(教)道之【≪尊德義≫

12】
取先. 含(教)以豊(禮), 則民果以𢀩(勁)含(教)以樂, 則民𠤎(淑)(德)淸𤖅(壯). 含(教)【≪尊德義≫13】
以支(辯)兌(說), 則民埶(勢)陵(陵)倀(長)貴以忘(妄). 含(教)以埶(藝), 則民埜(野)以靜(爭). 含(教)以只(技),【≪尊德義≫14】
則民少以叜(吝). 含(教)以言, 則民詔(訏)以㝈(寡)信. 含(教)以事, 則民力𤸰(嗇)以面利.【≪尊德義≫15】
含(教)以懽(權)悔(謀), 則民湯昆(昏), 遠豊(禮)亡新(親)悬(仁). 先=(先之)以悳(德), 則民進善安(焉).【≪尊德義≫16】

行此𢽾(敏)也, 然句(後)可逾也. 因亙(恒)則古(固), 𢽾(察)迡(曲)則亡避(僻), 不党(黨)則亡【≪尊德義≫17】
悁(怨), 让思則□□. 夫生而又(有)𢦒(職)事者也, 非含(教)所及也. 含(教)其正(政),【≪尊德義≫18】
不含(教)其人, 正(政)弗行矣. 古(故)共是勿(物)也而又深安(焉)者, 可學也而不可矣(疑)也.【≪尊德義≫19】
可孝(教)也而不可迪其民, 而民不可𣥂(止)也. 𡕒(尊)悬(仁)・新(親)忠・敬壯(莊)・𨗈(歸)豊(禮),【≪尊德義≫20】
行矣而亡𢡺(違), 羕心於子俍(諒), 忠信日益而不自智(知)也.

民可史(使)道【≪尊德義≫21】
之, 而不可史(使)智(知)之. 民可道也, 而不可𢏚(强)也. 桀不胃(謂)其民必亂, 而民又(有)【≪尊德義≫22】
爲亂矣. 爰不若也, 可從也而不可及也.
君民者𠳋(治)民復豊(禮), 民余(除)𡧊(害)智, (知),【≪尊德義≫23】
𡨦(罷)𤯔(勞)之𥫱(軌)也. 爲邦而不以豊(禮), 猷(猶)𢍅(所)之亡適也. 非豊(禮)而民兌(悅),【≪尊德義≫24】
𡉚(在)此少(小)人矣. 非侖(倫)而民備(服), 殜(世)此亂矣. 𠳋(治)民非還(懷)生而已也,【≪尊德義≫25】
不以旨(嗜)谷(欲)𧉮(害)其義. 𥫱(軌)民𢚧(愛), 則子(慈)也, 弗民𢚧(愛), 即𢦏(讐)也. 民五之方各(格),【≪尊德義≫26】
十之方靜, 百之而句(後)葡(服).
善者民必福(富), 福(富)未必和, 不和不安, 不安不樂.【≪尊德義≫27】

爲古(故)衒(率)民向(鄕)方者, 唯悳(德)可. 悳(德)之流, 速𧮮(乎)楷(置)𨛭(郵)而連(傳)【≪尊德義≫28】

命. 其載也亡(無)厚安(焉), 交矣而弗智(知)也, 亡. 悳(德)者, 叡(且)莫大虐(乎)豊(禮)樂.【≪尊德義≫29】
古(故)爲正(政)者, 或侖(論)之, 或羕(養)之, 或繇(由)忠(中)出, 或埶(設)之外, 侖隸(列)其頪(類)【≪尊德義≫30】
安(焉).

訂(治)樂和忞(哀), 民不可或(惑)也. 反之, 此往矣. 坓(刑)不隸(逮)於君子, 豊(禮)不【≪尊德義≫31】
隸(逮)於小人. 攻□往者復, 依惠則民材(財)足, 不時則亡懽(勸)也. 不【≪尊德義≫32】
炁(愛)則不新(親), 不□則弗褱(懷), 不釐則亡愄(畏), 不忠則不信, 弗恿(勇)則【≪尊德義≫33】
亡復. 慮(咎)則民悭, 正則民不叓(吝), 龏(恭)則民不悁(怨). 均(均)不足以坪(平)正(政), 脊(埒)【≪尊德義≫34】
不足以安民, 敨(勇)不足以沬(侮)衆, 専(博)不足以智(知)善, 快(決)不足以智(知)侖(倫), 殺【≪尊德義≫35】
不足以勳(勝)民.

下之事上也, 不從其所命, 而從其所行. 上好是勿(物)也,【≪尊德義≫36】
下必又(有)甚安(焉)者. 夫唯是, 古(故)悳(德)可易而𢻱(施)可迪(轉)也. 又(有)是𢻱(施), 少(小)【≪尊德義≫37】
又(有)利, 迪(轉)而大又(有)憲(害)者, 又(有)之. 又(有)是𢻱(施), 少(小)又(有)憲(害), 迪而大又(有)利者, 又(有)之.【≪尊德義≫38】
凡違(動)民必訓(順)民心, 民心又(有)恒, 求其羕(永). 童(重)義集(集)釐(理), 言此章也.【≪尊德義≫39】

12) 六德

……此. 可(何)胃(謂)六悳(德)? 聖, 智也, 忎(仁), 宜(義)也, 忠, 信也. 聖與智憙(就)壴(矣). 忎(仁)【≪六德≫1】
與宜(義)憙(就)壴(矣), 忠與信憙(就). 乍(作)豊(禮)樂, 折(制)坓(刑)灋(法), 孝(教)此民尒(黎), 史(使)【≪六德≫2】
之又(有)向也, 非聖智者莫之能也. 新(親)父子, 和大臣, 帰(歸)四㖏(鄰)【≪六德≫3】
之央(殃)虐(禍), 非忎(仁)宜(義)者莫之能也. 聚人民, 貢(任)隉-(土地), 足此民尒(黎)【≪六德≫4】
生死之甬(用), 非忠信者莫之能也. 君子不弁(變), 女(如)衍-(道, 導)人之……【≪六德≫5】

君子女(如)谷(欲)求人衍(道)□□□□□□□□□□□□□□□□□□【≪六德≫6】

□□□□□□□繇(由)其衍(道), 唯(雖)堯求之弗得也. 生民【≪六德≫7】
斯必有夫婦・父子・君臣, 此六立(位)也. 又(有)銜(率)人者, 又(有)從人者;【≪六德≫8】
又(有)叓(使)人者, 又(有)事人者又(有)𢽟者, 又(有)學者. 此六戠(職)也. 既又(有)【≪六德≫9】
夫六立(位)也, 以貢(任)此六職也. 六戠(職)既分, 以裕六悳(德). 六悳(德)者【≪六德≫10】

唯(雖)才(在)中茆(茅)之宙(中), 句(苟)臤(賢)□□□□□□□□□□□□□□□【≪六德≫12】
……賞慶安(焉), 智(知)其以又(有)所遠(歸)也. 材(裁)【≪六德≫11】
此新(親)遠(就)遠近, 唯其人所才(在). 得其人則舉(擧)安(焉), 不得其人則止也.【≪六德≫48】

□□□□□□□□□□□者(諸)父兄, 貢(任)者(諸)子弟, 大材埶(藝)者【≪六德≫13】
大官, 少(小)材埶(藝)者少(小)官, 因而它(施)彔(祿)安(焉), 史(使)之足以生, 足以死, 胃(謂)【≪六德≫14】
之君, 以宜(義)史(使)人多. 宜(義)者, 君悳(德)也. 非我血䏎(氣)之新(親), 畜我女(知)其【≪六德≫15】
子弟, 古(故)曰: 句(苟)淒(濟)夫人之善也(施), 𢡺(勞)其臓腑之力弗敢嘼(憚)也,【≪六德≫16】
危其死弗敢丞(愛)也, 胃(謂)之[臣], 以忠叓(事)人多. 忠者, 臣悳(德)也. 智(知)可【≪六德≫17】
爲者, 智(知)不可爲者, 智(知)行者, 智(知)不行者, 胃(謂)之夫, 以智銜(率)人多.【≪六德≫18】
智也者, 夫悳(德)也. 能(一)與之齊, 終身弗改之壴(矣). 是古(故)夫死又(有)宔(主), 終【≪六德≫19】
身不𡦹(嫁), 胃(謂)之婦, 以信從人多也. 信也者, 婦悳(德)也. 既生畜之,【≪六德≫20】
或(又)從而孝(敎)悔(誨)之, 胃(謂)之聖. 聖也者, 父悳(德)也. 子也者, 會埻(惇)長材【≪六德≫21】
以事上, 胃(謂)之宜(義), 上共(恭)下之宜(義), 以奉(奉)䄷=(社稷), 胃(謂)之孝, 古(故)人則爲【≪六德≫22】
人也, 胃(謂)之𢉖(仁). 𢉖(仁)者, 子悳(德)也.

古(故)夫夫・婦婦・父父・子子・君君・臣臣, 六者客(各)【≪六德≫23】
行其戠(職), 而𡳿(訕)諺(諂)亡繇(由)迮(作)也. 雚(觀)者(諸)時(≪詩≫)・箸(≪書≫)則亦才(在)壴(矣), 雚(觀)者(諸)【≪六德≫24】
豊(禮)・樂則亦才(在)壴(矣), 雚(歡)者(諸)≪易≫・≪春秋≫則亦才(在)壴(矣). 新此多也, 畬(欽)此多【≪六德≫25】
頧(美)此多也, 衍(道)宔止.

𢉖(仁), 內也. 宜(義), 外也. 豊(禮)樂, 共也. 內立父・子・【≪六德≫26】
夫也, 外立君・臣・婦也. 紅(疏)斬布實(絰), 丈(杖)爲父也, 爲君亦肰(然). 紅(疏)衰(縗)【≪六德≫27】

齊戊(牡)柭(疏)實(絰), 爲昆弟也, 爲㝃(妻)亦肰(然). 䢅(袒)字(〈免〉), 爲宗族也, 爲䨿(朋)𠬝(友)【≪六德≫28】
亦肰(然). 爲父𢇍(絶)君, 不爲君𢇍(絶)父. 爲昆弟𢇍(絶)㝃(妻), 不爲㝃(妻)𢇍(絶)昆弟. 爲【≪六德≫29】
宗族瑟(殺)䨿(朋)𠬝(友), 不爲䨿(朋)𠬝(友)瑟(殺)宗族. 人又(有)六悳(德), 參(三)新(親)不𢧢(斷). 門內【≪六德≫30】
之紉(治)紉(恩)𡦼(弇)宜(義), 門外之紉(治)宜(義)斬紉(恩). 𢝊(仁)頪(類)䒽(蒙)而速, 宜(義)頪(類)𢍒(持)【≪六德≫31】
而𢇍(絶). 𢝊(仁)䒽(蒙)而𢼸(更), 宜(義)强而柬(簡). 𢼸(更)之爲言也, 猷(猶)𢼸(更)𢼸(更)也, 少而【≪六德≫32】
㝵(遼)多也. 𢓊(抒)其志, 求𢽾(養)新志-(之志), 害(蓋)亡不以也. 是以𢼸(更)也.

男女【≪六德≫33】
卞(别)生言(焉), 父子新(親)生言, 君臣宜(義)生言84). 父聖子𢝊(仁), 夫智婦信, 君宜(義)【≪六德≫34】
臣宜〈忠〉. 聖生𢝊(仁), 智衒(率)信, 宜(義)㥁(使)忠. 古(故)夫夫・婦婦・父父・子子・君君・臣臣, 此六者客(各)【≪六德≫35】
行其戠(職), 而𡱵(訕)諺(諂)蔑(無)𢇁(由)亡〈乍〉也. 君子言信言(焉)尒(爾), 言𢢽(誠)言(焉)尒(爾), 𢧜(設)外【≪六德≫36】
內皆得也. 其返(反), 夫不夫, 婦不婦, 父不父, 子不子, 君不君,【≪六德≫37】
臣不臣, 緍(昏)所𢇁(由)迮(作)也. 君子不帝(啻)明𣈤(乎)民𢼸(微)而已, 或以智(知)【≪六德≫38】
其弌(一)壴(矣). 男女不卞(别), 父子不新(親). 父子不新(親), 君臣亡宜(義). 是古(故)先王之【≪六德≫39】
𤕝(教)民也, 司(始)於孝弟. 君子於此弌(一)𢿎(偏)者亡所𣽃(廢).

是古(故)先【≪六德≫40】
王之𡥈(教)民也, 不史(使)此民也㥑(憂)其身, 遊(失)其𢿎(偏). 孝, 𣎵(本)也. 下攸(修)𠀠(其)【≪六德≫41】
𣎵(本), 可以𢧢(斷)𡱵(訕). 生民斯必又(有)夫婦・父子・君臣. 君子明𣈤(乎)此【≪六德≫42】
六者, 肰(然)句(後)可以𢧢(斷)𡱵(訕). 衍(道)不可𢕥(偏)也, 能獸(守)弌(一)曲安(焉), 可以緯(諱)【≪六德≫43】
其亞(惡), 是以𢧢(斷)𡱵(訕)速. 凡君子所以立身大𣽃(法)參(三), 其睪(繹)之也【≪六德≫44】

六, 其籅(衍)十又二. 參(三)者迵(通), 言行皆迵(通). 參(三)者不迵(通), 非言行也.【≪六德≫45】
參(三)者皆迵(通), 肰(然)句(後)是也. 參(三)者, 君子所生與之立, 死與之瀊(敝)也.【≪六德≫46】

……人民少者, 以攸(修)其身, 爲衍(道)者必繇(由)【≪六德≫47】
……生古(故)曰: 民之父母新(親)民易, 叓(使)民相親憅(難).【≪六德≫49】

13) 語叢

13-① 語叢 一

凡勿(物)繇(由)𡧍(亡)生.【≪語叢 一≫1】

又(有)天又(有)𠴫(命), 又(有)勿(物)又(有)名.【≪語叢 一≫2】
天生鯀(倫)人生化.【≪語叢 一≫3】

又(有)命又(有)𡕒(文)又(有)名, 而句(後)【≪語叢 一≫4】
又(有)鯀(倫).【≪語叢 一≫5】

又(有)𡍮〈地〉又(有)型(形)又(有)𦘒(盡), 而句(後)【≪語叢 一≫6】
又(有)厚.【≪語叢 一≫7】

又(有)生又(有)智(知), 而句(後)好亞(惡)【≪語叢 一≫8】
生.【≪語叢 一≫9】

又(有)勿(物)又(有)繇(由)又(有)𦃞(尾), 而句(後)【≪語叢 一≫10】
諺(教)生.【≪語叢 一≫11】

又(有)天又(有)命, 又(有)𡍮〈地〉又(有)𡕗(形)【≪語叢 一≫12】

又(有)勿(物)又(有)容, 又(有)家〈㝅〉又(有)名.【≪語叢 一≫13】

又(有)勿(物)又(有)容, 又(有)𦘒(盡)又(有)厚.【≪語叢 一≫14】

又(有)顓(美)又(有)膳(善).【≪語叢 一≫15】

又(有)㤅(仁)又(有)智, 又(有)義又(有)豊(禮).【≪語叢 一≫16】
又(有)聖又(有)善.【≪語叢 一≫17】

夫〈天〉生百勿(物), 人爲貴, 人【≪語叢 一≫18】
之道也, 或繇(由)中出, 或【≪語叢 一≫19】
繇(由)外內(入).【≪語叢 一≫20】

繇(由)中出者, 㤅(仁)・忠・信. 繇(由)……【≪語叢 一≫21】

㤅(仁)生於人, 我(義)生於道.【≪語叢 一≫22】
或生於內, 或生於外.【≪語叢 一≫23】

……生悳(德), 悳(德)生豊(禮), 豊(禮)生樂, 繇(由)樂【≪語叢 一≫24】
智(知)型(刑).【≪語叢 一≫25】

智(知)㠯(己)而句(後)智(知)人, 智(知)人而句(後)【≪語叢 一≫26】
智(知)豊(禮), 智(知)豊(禮)而句(後)智(知)行.【≪語叢 一≫27】

其智(知)尃(博), 肰(然)句(後)智(知)命.【≪語叢 一≫28】
智(知)天所爲, 智(知)人所爲【≪語叢 一≫29】,
肰(然)句(後)智(知)道, 智(知)道肰(然)句(後)智(知)命.【≪語叢 一≫30】

豊(禮)因人之情而爲之,【≪語叢 一≫31】
卽(節)度(文)者也.【≪語叢 一≫97】

善里(理)而句(後)樂生.【≪語叢 一≫32】

豊(禮)生於牂(莊)樂生於亳(度).【≪語叢 一≫33】
豊(禮)妻(齊)樂悪(靈)則戚, 樂𣪠(繁).【≪語叢 一≫34】
豊(禮)悪(靈)則訝(慢).【≪語叢 一≫35】

≪易≫所以會天道人道【≪語叢 一≫36】
也.【≪語叢 一≫37】
≪詩≫所以會古含(今)之恃(志)【≪語叢 一≫38】
也者.【≪語叢 一≫39】
≪春秋≫所以會古含(今)之【≪語叢 一≫40】
事也.【≪語叢 一≫41】
≪豊(禮)≫交之行述也.【≪語叢 一≫42】
≪樂≫或生或敎者也.【≪語叢 一≫43】
……者也.【≪語叢 一≫44】

凡又(有)血旣(氣)者, 虐(皆)又(有)憙(喜)【≪語叢 一≫45】
又(有)忞(怒), 又(有)昚(愼)又(有)壯(莊), 其豊(體)【≪語叢 一≫46】
又(有)容又(有)顔(色), 又(有)聖(聲)又(有)臭(嗅)【≪語叢 一≫47】
又(有)未(味), 又(有)旣(氣)又(有)志. 凡勿(物)【≪語叢 一≫48】
又(有)𣎵(本)又(有)化, 又(有)終又(有)絧(始).【≪語叢 一≫49】
容䒳(色), 目𤔲(司)也. 聖(聲), 耳𤔲(司).【≪語叢 一≫50】
也. 臭(嗅), □〈鼻〉𤔲(司)也. 未(味), 口𤔲(司).【≪語叢 一≫51】
也. 旣(氣), 容𤔲(司)也. 志-(志, 心)𤔲(司).【≪語叢 一≫52】

義亡(無)能爲(僞)也. 【≪語叢 一≫53】
臤(賢)者能里(理)之.【≪語叢 一≫54】

爲(僞)孝, 此非孝也, 爲(僞)弟,【≪語叢 一≫55】

此非弟也, 不可爲(僞)也,【≪語叢 一≫56】
而不可不爲也. 爲(僞)之,【≪語叢 一≫57】
此非也, 弗爲(僞), 此非也.【≪語叢 一≫58】

正(政)其肰(然)而行悤安尒也.59】
正(政)不達, 虘(且)生虖(乎)不達.【≪語叢 一≫60】

其肰(然)也. 斆-(學, 敎)其也.【≪語叢 一≫61】

其生也亡爲虖(乎)其型(形)【≪語叢 一≫62】
智(知)豊(禮)肰(然)句(後)智(知)型.【≪語叢 一≫63】

型非敔(嚴)也.【≪語叢 一≫64】

上下膚(皆)得其所之胃(謂)信.【≪語叢 一≫65】
信非至齊也.【≪語叢 一≫66】

政其肰(然)而行怠(治)安.【≪語叢 一≫67】

詧(察)天道以愋(化)民氣(氣).【≪語叢 一≫68】

父子至(識)上下也.【≪語叢 一≫69】

兄弟至先後也.【≪語叢 一≫70】

亡勿(物)不勿(物), 膚(皆)至安(焉), 而【≪語叢 一≫71】

亡非忌(己)取之者.【≪語叢 一≫72】
悲芒(亡)其所也, 亡非是【≪語叢 一≫73】
……之弗(費)也.【≪語叢 一≫74】

者(?)迩(御)寇不逮從一衍(道).【≪語叢 一≫75】
□□者㦂肰(然)不肰(然).【≪語叢 一≫76】

厚田仁薄於義罕(親)而【≪語叢 一≫77】
丕尊, 父, 又(有)罕(親)又(有)障(尊);【≪語叢 一≫78】
……障(尊)而不罕(親).【≪語叢 一≫79】
長弟, 罕(親)道也. 맏(友)君臣,【≪語叢 一≫80】
毋(無)罕(親)也.【≪語叢 一≫81】
不障(尊)厚於義, 専(博)於息(仁)【≪語叢 一≫82】

人亡能爲(僞). 【≪語叢 一≫83】
又慘(察)膳(善), 亡爲膳(善). 【≪語叢 一≫84】
慘(察)所智(知), 慘(察)所不智(知). 【≪語叢 一≫85】
埶(勢)与聖爲可慘(察)也. 【≪語叢 一≫86】
君臣・朋督(友), 其睪(擇)者也. 【≪語叢 一≫87】
寅(賓)客, 青(淸)簞(廟)之虔(文)也. 【≪語叢 一≫88】
多㚷(好)者, 亡㚷(好)者也. 【≪語叢 一≫89】
婁(數)不⿱聿皿(盡)也. 【≪語叢 一≫90】
夬(缺)生虖(乎)未得也. 【≪語叢 一≫91】
㤅(愛)膳(善)之胃(謂)㤅(仁). 【≪語叢 一≫92】
㤅(仁)㦒(義)爲之楻(臬). 【≪語叢 一≫93】
備之胃(謂)聖. 【≪語叢 一≫94】
㞢(詩)𨘢(由)敬乍(作). 【≪語叢 一≫95】
又(有)生虖(乎)名. 【≪語叢 一≫96】
喪, 㤅(仁)之耑(端)也. 【≪語叢 一≫98】
怺(求)者, 亡又(有)自𡉄(來)也. 【≪語叢 一≫99】
浧(盈)聖之胃(謂)聖. 【≪語叢 一≫100】
鑵(權)可去可遷(徙). 【≪語叢 一≫101】
凡同者迵(通). 【≪語叢 一≫102】
豊(禮)不同, 不㚏(豐)不布(殺). 【≪語叢 一≫103】
凡勿(物)𨘢(由)望生. 【≪語叢 一≫104】
勿(物)各止於其所我行 【≪語叢 一≫105】

虘(皆)又(有)之. 【≪語叢 一≫106】

快(決)与信, 器也, 各以澹(譫). 【≪語叢 一≫107】
訶(詞)毀也. 【≪語叢 一≫108】

䖒與容與, 夫其行者. 【≪語叢 一≫109】

飤(食)與䫝(色)與疾. 【≪語叢 一≫110】

……止之. 【≪語叢 一≫111】

……樂跂. 【≪語叢 一≫112】

13-② 語叢 二

情生於眚(性), 豊(禮)生於情, 【≪語叢 二≫1】
厰(嚴)生於豊(禮), 敬生於厰(嚴), 【≪語叢 二≫2】
朢(望)生於敬, 恥生於朢(望), 【≪語叢 二≫3】
恝((鬏))生於恥, 𣪊(慊)生於恝(鬏). 【≪語叢 二≫4】

虔(文)生於豊(禮), 専(博)生於虔(文). 【≪語叢 二≫5】

大生𪏽…… 【≪語叢 二≫6】
恩(慍)生於憂(憂). 【≪語叢 二≫7】
㤅(愛)生於眚(性), 睪(親)生於㤅(愛), 【≪語叢 二≫8】
忠生於睪(親). 【≪語叢 二≫9】

忩(欲)生於眚(性), 慮生於忩(欲), 【≪語叢 二≫10】
悟(倍)生於慮, 静(爭)生於悟(倍), 【≪語叢 二≫11】
尙(黨)生於静.(爭) 【≪語叢 二≫12】

貪(貪)生於忩(欲), 伓(負)生於念(貪), 【≪語叢 二≫13】
豖(憧)生於伓(負). 【≪語叢 二≫14】

椄(諼)生於忩(欲), 吁生於椄(諼). 【≪語叢 二≫15】
忘生於吁(訏). 【≪語叢 二≫16】

浸(侵)生於忩(欲), 恧生於浸(侵). 【≪語叢 二≫17】,
逃生於恧. 【≪語叢 二≫18】
彶(急)生於忩(欲), 察(㥘)生於彶(急), 【≪語叢 二≫19】

智生於眚(性), 化生於智 【≪語叢 二≫20】,

敓(悅)生於化，𡚸(好)生於敓(悅).【≪語叢 二≫21】，
從生於(好)𡚸.【≪語叢 二≫22】

子(慈)生於眚(性)，易生於子(慈).【≪語叢 二≫23】，
肆(肆)生於易，容生於肆(肆).【≪語叢 二≫24】

惡生於眚(性)，忞(怒)生於惡，【≪語叢 二≫25】
乘(勝)生於忞(怒)，惎(忌)生於乘(乘)，【≪語叢 二≫26】
惻(賊)生於惎(忌).【≪語叢 二≫27】

憙(喜)生於眚(性)，樂生於憙(喜)【≪語叢 二≫28】，
悲生於樂.【≪語叢 二≫29】

恩(溫)生於眚(性)，悳(憂)生于恩，【≪語叢 二≫30】
悢(哀)生於憂.【≪語叢 二≫31】

瞿(懼)生於眚(性)，監生於瞿(懼)，【≪語叢 二≫32】
望生於監.【≪語叢 二≫33】
彊(强)生於眚(性)，立生於彊(强).【≪語叢 二≫34】，
剸(斷)生於立.【≪語叢 二≫35】

𢘇(溺)生於眚(性)，恔(疑)生於休(溺).【≪語叢 二≫36】
北(背)生於恔(疑).【≪語叢 二≫37】

凡悔(謀)，已衜(道)者也.【≪語叢 二≫38】

凡朼(必)，又(有)不行者也.【≪語叢 二≫39】

凡𨒪(過)正一，以遊(失)其迱(它)【≪語叢 二≫40】
者也.【≪語叢 二≫41】
凡敓(悅)，乍(作)於惥(與)者也.【≪語叢 二≫42】
嘩(譁)，自𡧊(安)也.惻，退人也.【≪語叢 二≫43】

名，婁(數)也．䌛(由)鼻鯀(倫)生．【≪語叢 二≫44】

未又(有)善事人而不返者．【≪語叢 二≫45】
未又(有)嘩(譁)而忠者．【≪語叢 二≫46】
智(知)命者亡杺(必)．【≪語叢 二≫47】

又(有)悳(德)者不迻(移)．【≪語叢 二≫48】
懝(疑)取再．【≪語叢 二≫49】
母(毋)遊(失)虐(吾)埶(勢)，此埶(勢)得矣．【≪語叢 二≫50】
少不忍伐大埶(勢)．【≪語叢 二≫51】

其所之同，其行者異．【≪語叢 二≫52】
又(有)行帀〈而〉不䌛(由)，又(有)䌛(由)而【≪語叢 二≫53】
不行．【≪語叢 二≫54】

13-③ 語叢 三

父亡亞(惡)．君猷(猶)父也，其弗亞(惡)【≪語叢 三≫1】
也，猷(猶)三軍之旃也，正(旌)也【≪語叢 三≫2】
所以異於父，君臣不相才(在)也．【≪語叢 三≫3】
則可已，不敚(悅)，可去也，不【≪語叢 三≫4】
我(義)而加者(諸)己，弗受也．【≪語叢 三≫5】

晉(友)，君臣之衍(道)也．長弟(悌)，孝【≪語叢 三≫6】
之紡(方)也．【≪語叢 三≫7】

父孝子慼(愛)，非又(有)爲也．【≪語叢 三≫8】

与(與)爲羛(義)者遊，益．与(與)牂(莊)【≪語叢 三≫9】
者处(處)，益．逞(起)習度(文)章，益．【≪語叢 三≫10】
牙(與)曼(慢)者处(處)，員(損)．与(與)不好【≪語叢 三≫11】
學者遊，員(損)．处(處)而亡䜩(躐)【≪語叢 三≫12】
習也，員(損)．自視(示)其所能，員(損)．【≪語叢 三≫13】
自視(示)其所不族(足)，益．遊【≪語叢 三≫14】

慮(佚), 益. 嵩志, 益. 才(在)心, 益.【≪語叢 三≫15】

所不行, 益. 北(必)行, 員(損).【≪語叢 三≫16】
天型(刑)城(成), 人與勿(物)斯里(理).【≪語叢 三≫17】
……勿(物)以日勿(物)又里(理)而【≪語叢 三≫18】
……陸(地)能貪(含)之生之者, 才(在)\u{7F1E}(造).【≪語叢 三≫19】

又(有)眚(性)又(有)生虖(呼)生. 又(有)\u{8FB5}(閱).【≪語叢 三≫58】

春秋亡不以其生也亡【≪語叢 三≫20】
耳【≪語叢 三≫21】
\u{5FC2}(仁), 厚之□□.【≪語叢 三≫22】
圓, 𡆠之耑(端)也.【≪語叢 三≫23】
𦏴(義), 悳(德)之𦘦(盡)也.【≪語叢 三≫24】
𦏴(義), 膳(善)之方也.【≪語叢 三≫25】

悳(德)至區者, 𢦏(治)者至亡(無)語叢 三≫26】
閒(間).【≪語叢 三≫27】

未又(有)其至, 則\u{5FC2}(仁)\u{7F6B}(治)≪語叢 三≫28】
莫得膳(善)其所.【≪語叢 三≫47】
至亡閒(間)則城(成)名.【≪語叢 三≫29】

既(愛)\u{7F6B}(治)者\u{4E93}(親).【≪語叢 三≫30】
智\u{7F6B}者賈(寡)悔(謀).【≪語叢 三≫31】
……𢦏(治)者化.【≪語叢 三≫32】
兼(廉)行則𢦏(治)者中.【≪語叢 三≫33】
交-(交: 交)行則……【≪語叢 三≫34】
喪, \u{5FC2}(仁)也. 𦏴(義), 宜也. 既(愛), \u{5FC2}(仁)【≪語叢 三≫35】
也. 𦏴(義), 凥(處)之也. 豊(禮), 行之【≪語叢 三≫36】
也.【≪語叢 三≫37】

不膳(善)罤(擇), 不爲智.【≪語叢 三≫38】
勿(物)不甫(備), 不城(成)急(仁).【≪語叢 三≫39】
既(愛)罤(親)則其布(施)既(愛)人.【≪語叢 三≫40】
迵(慟)哀也. 三迵(慟), 度(度)也.【≪語叢 三≫41】
或邎(由)其闢(避), 或由其不【≪語叢 三≫42】
聿(進), 或邎(由)其可.【≪語叢 三≫43】
度(文)衣(依)勿(物)以青(情)行之者【≪語叢 三≫44】
卯則韺(〈難〉)麲(犯)也.【≪語叢 三≫45】
疆(强)之鼓(封)也, 疆(强)取之也.【≪語叢 三≫46】

思亡疆, 思亡其(期), 思亡紆(邪), 思【≪語叢 三≫48】
亡不邎(由)我(義)者.【≪語叢 三≫49】

志於衍(道), 豦(據)於悳(德), 厌(比)於【≪語叢 三≫50】
急(仁), 遊於執(藝).【≪語叢 三≫51】

膳(善)日過我, 我日過膳(善), 臤(賢)【≪語叢 三≫52】
者隹(唯)其止也以異.【≪語叢 三≫53】

樂, 備(服)悳(德)者之所樂也.【≪語叢 三≫54】
得者樂遊(失)者哀.【≪語叢 三≫59】
宔(賓)客之用綼(幣)也, 非正(徵)【≪語叢 三≫55】

聿(進)飤(食)之衍(道), 此飤(食)乍安(焉),【≪語叢 三≫56】
行聿(盡)此双(友)矣.【≪語叢 三≫62】
人之眚(性)非與止虖(乎)其【≪語叢 三≫57】
孝.【≪語叢 三≫61】
內(納)賂(貨)也, 豊(禮)礼(必)兼(廉).【≪語叢 三≫60】
忠則會.【≪語叢 三≫63】

亡(毋)啻(意), 亡(毋)古(固),【≪語叢 三≫64上】
亡(無)義(我), 亡毋(母)必【≪語叢 三≫65上】.

亡(毋)勿(物)不勿(物) 【≪語叢 三≫64下】
虐(皆)至安(焉) 【≪語叢 三≫65下】
亡亡繇(由)也者. 【≪語叢 三≫66上】
亡非樂者 【≪語叢 三≫66下】
名弍勿(物)參 【≪語叢 三≫67上】
生爲貴. 【≪語叢 三≫67下】

又(有)天又(有)命, 又(有) 【≪語叢 三≫68上】
命宥囲, 㞢謂 【≪語叢 三≫69上】
生 【≪語叢 三≫70上】

又(有)眚(性)又(有)生, 虖(乎) 【≪語叢 三≫68下】
名 【≪語叢 三≫69下】

生爲其型(形) 【≪語叢 三≫70下】

命与(與)度(文)与(與) 【≪語叢 三≫71上】
虖(乎)勿(物). 【≪語叢 三≫72上】
又(有)眚(性)又(有)生 【≪語叢 三≫71下】
者 【≪語叢 三≫72下】

13-④ 語叢 四

言以司(詞), 青(情)以舊(久). 非(靡)言不讎(酬), 非惪(德)亡(無)復. 言 【≪語叢 四≫1】
而(猶)狗(苟), 牆(墉)又(有)耳. 往言剔(傷)人, 坴(來)言剔(傷)吕(己). 【≪語叢 四≫2】
言之善, 足以終殜(世). 參殜(世)之福, 不足以出芒(亡). 【≪語叢 四≫3】

口不誓(愼)而戻(戶)之〈不〉閟(閉), 亞(惡)言復己而死無日. 【≪語叢 四≫4】

凡敓(說)之道, 級(急)者爲首. 既得其級(急), 言必又(有)及 【≪語叢 四≫5】
之. 及之而不可, 必度(文)以訛(過), 母(毋)命(令)智(知)我. 皮(破)邦芒(亡) 【≪語叢 四≫6】
𦡱(將), 流澤而行. 【≪語叢 四≫7】

數(竊)鉤(鉤)者豉(誅), 數(竊)邦者爲者(諸)侯, 者(諸)侯之門, 義士【≪語叢 四≫8】
之所扂(存). 【≪語叢 四≫9】

車㪊(蓋)之荎(鮒)酭(鰌), 不見江沽(湖)之水. 佖婦禺夫,【≪語叢 四≫10】
不智(知)其向(鄉)之少-(小人)・君子. 飤(食)非(韭)亞(惡)智(知)終其葉(世).【≪語叢 四≫11】

㬰(早)與臤(賢)人, 是胃(謂)簠(輔)行. 臤(賢)人不才(在)戾(側), 是【≪語叢 四≫12】
胃(謂)迷惑. 不與(預)智悔(謀)是胃(謂)自惎(欺). 㬰(早)與(預)智悔(謀)是【≪語叢 四≫13】
胃(謂)童(重)基.

邦又(有)巨鴋(雄), 必先與之以爲塱(朋). 唯(雖)戁(難)【≪語叢 四≫14】
之而弗亞(惡), 必聿(盡)其古(故).

聿(盡)之而悏(疑), 必忭(受)鋊鋊.【≪語叢 四≫15】
其瞏(遷). 女(如)牆(將)又(有)敗, 鴋(雄)是爲割(害).

利木侌(陰)者, 不折【≪語叢 四≫16】
其枳(枝). 利其渚者, 不賽(塞)其溪(溪). 善史(使)其下, 若【≪語叢 四≫17】
蚈(蚈)蝨(蚤)之足, 衆而不割-(割, 割)而不僕(仆). 善事其上【≪語叢 四≫18】
者, 若齒之事䑛(舌), 而終弗噾(陷).

善事因亙【≪語叢 四≫19】
者, 若兩輪之相㨗(轉), 而終不相敗. 善史(使)【≪語叢 四≫20】
其民者, 若四峕(時)一遣一坴(來), 而民弗害也.【≪語叢 四≫21】

山亡墜(墮)則㐌(阤), 城(成)無蓑則㐌(阤). 士亡双(友)不可.

君又(有)【≪語叢 四≫22】
悔(謀)臣, 則壤陛(地)不鈔(削). 士又(有)悔(謀)双(友)則言談不【≪語叢 四≫23】
勺(約).

唯(雖)㦲(勇)力䎽(聞)於邦, 不女(如)材. 金玉浧(盈)室, 不【≪語叢 四≫24】

女(如)悔(謀). 衆强甚多, 不女(如)峕(時). 古(故)悔(謀)爲可貴.

鼴(一)【≪語叢 四≫25】
豪(家)事, 乃又(有)貨(則). 三駄(雄)一鮏(雌), 三䒷(弧)一䓞(媞), 一王母【≪語叢 四≫26】
保三嫛(嫛)兒(婗).

聖君而會, 視廟(貌)而內(納).

內(入)之或內(入)之, 至(致)之或至(致)之, 至(致)而亡(無)及也已. 【≪語叢 四≫27】·【≪語叢 四≫27背】

2. 해석

≪老子甲≫

1)

【甲1】~【甲2】

지모를 단절하고 교묘한 말 재주를 버리면 백성의 이익은 백배로 좋아진다. 교묘함을 단절하고 탐욕을 버리면 도적은 사라진다. 허위를 단절하고 사사로운 걱정을 없애면 백성은 다시 어린아이의 세계와 같은 천진하고 소박한 상태로 돌아간다. 이 세 가지 내용(글)으로는 설명해도 부족하기 때문에, 더욱 더 잘 알려주고자 설명을 덧붙여 알아듣게 하는 말이 있어야 한다. 즉 본시의 바탕(素)을 드러나게 하면서 소박함을 그대로를 지니며, 사사로움을 줄이고 욕망을 적게 가져야만 하는 것이다. (19)

【甲2】~【甲5】

강과 바다가 모든 계곡의 왕이 될 수 있는 이유는 그것은 능히 百谷보다 낮은 자리에 있기 때문이다. 그래서 모든 계곡의 왕이 될 수 있는 것이다. 성인은 백성들의 앞에서 백성들 인도할 때 자신의 몸은 뒤에 있게 하고, 백성들 위에 있으면, 반드시 말을 낮추어야 한다. 그러면 백성들 위에 있어도 백성들은 부담을 느끼지 않으며, 백성의 앞에 있어도 백성들은 해로운 것으로 여기지 않는다. 그래서 천하가 그를 즐거이 받들고도 싫어하지 않는다. 그는 또한 남들과 다투지 않기 때문에 천하에는 그와 다툴 자가 없다. (66)

【甲5】~【甲6】

죄는 심한 탐욕 때문에 생기는 것보다 더한 것이 없고, 재앙은 분수에 넘치게 얻으려는 것보다 심한 것이 없고, 화는 만족할 줄 모르는 것보다 더 큰 것이 없다. 그런 까닭에 만족할 줄 앎으로서 만족을 하면 항상 만족을 하게 되는 것이다.(46)

【甲6】~【甲8】

도로써 임금을 보좌하는 사람은 군대로써 천하에 강함을 드러내지 않는다. 보필을 잘하는 사람은 어려움을 잘 해결하여 성공적 결과만을 고려할 뿐이지 강한 힘으로 취하지 않는다. 성공적 결과를 얻고서도 공적을 내세우지 않으며, 성공적 결과를 얻고서도 교만하지 않으며, 성공적 결과를 얻고서도 자만하지도 않는 것은 성공적 결과를 얻었으나 강함을 드러내지 않다라는 말이다. 이렇게 보좌하는 것은 좋은 일이며, 오래 가는 것이다.(30)

【甲8】~【甲10】

옛날 훌륭한 선비는 마음과 몸가짐이 미묘(微妙)하고 유현(幽玄)하고 사리를 통달하여 그의 심오함을 알 수가 없다. 그래서 그 억지로 그 모습을 형용하면 다음과 같다. 조심스러운 행동은 겨울에 냇물을 건너가는 듯하고, 신중한 행위는 사방의 이웃을 모두 두려워하는 듯하고, 위엄있는 모습은 손님 같고, 풀어지는 것은 얼음이 녹아내리는 듯하고, 돈독하기는 樸나무(통나무) 같기도 하고, 혼탁하기는 탁한 물과 같다. 그런데 무엇이 이 탁한 물을 고요함으로 서서히 맑게 할 수 있는가. 무엇이 이 안정된 것을 움직임으로써 서서히 생동하게 하는가. 이러한 도를 보유하고 있는 사람은 언제나 가득 차기를 바라지 않는다.(15)

【甲10】~【甲13】

고의적으로 하는 자는 오히려 실패하고 너무 집착하는 자는 오히려 그것과 멀어지게 된다. 그런 까닭에 성인은 무위하기 때문에 실패가 없고, 집착하지 않기 때문에 잃는 것이 없다. 일을 임함에 있어서의 끝을 시작같이 신중하게 하는 준칙이 있기 때문에 일은 실패하지 않는다. 성인은 탐욕하지 않음을 추구하니, 얻기 어려운 재물을 귀하게 여기지 않는다. 가르침이 없는 것으로 가르치면, 잘못이 있는 백성들은 스스로 돌아오게 된다. 그런 고로 성인들은 만물의 자연스러움에 의한 것이지, 인위적인 행위를 하지 않는다.(64)

【甲13】~【甲14】

도란 언제나 무위(無爲)이지만, 후왕들이 이를 지킨다면 만물은 곧 스스로 조화를 이루게 된다. 만물이 스스로 조화를 이루나 작위(作爲)를 하려는 욕망이 생기면 이름이 없는 소박함에 의하여 진정되어야 한다. 이외에도 또한 스스로 만족할 줄 알아야 하고, 만족할 줄 알고 정숙해지면, 만물은 저절로 안정을 이루게 된다.(37)

【甲14】~【甲15】

무위(無爲)하게 행동하여야 하며, 일없음에 종사하여야 하고, 맛없음의 맛을 보아야 한다. 큰일을 작게 취급하고, 많은 일을 적은 일로 처리하며, 많은 일들은 쉽게 여기면 곤란한 일이 많이 생기게 된다. 그래서 성인은 어려운 일을 어려운 일로 보기 때문에 결국에 어려운 일이 없게 된다.(63)

【甲15】~【甲18】

세상 사람들은 아름다움을 아름다움이라고 알 고 있지만, 이것은 추한 것 일수도 있다. 모두가 선한 것이라고 알고 있는 것도 선하지 않을 수도 있다. 본래 유와 무는 서로 생기고, 어려운 것과 쉬운 것도 서로 형성되며, 긴 것과 짧은 것도 서로 형체를 이루고, 높은 것과 낮은 것은 서로 채워지기도 하고,

소리는 서로 조화를 이루며, 앞과 뒤는 서로 따르게 된다. 그런 까닭에 성인은 무위(無爲)하게 일에 처신하며, 말하지 않는 가르침을 행하는 것이다. 만물을 움직이더라도 억지로 시작하지 않으며, 하고 나서도 은혜로 내세우지 않고, 공로를 이루고도 그곳에 머무르지 않는다. 그곳에 머물지 않기 때문에 (공로가) 떠나는 법도 없다.(2)

【甲18】~【甲20】

도란 언제나 이름이 없고, 소박하며 비록 미세하게 보이지만, 천하는 감히 그를 신하로 부릴 수 없다. 만약에 후왕들이 그것을 잘 지키면 만물은 스스로 탐복하여 복종하게 된다. 하늘과 땅이 서로 화합하여 달콤한 이슬을 내리게 할 것이고, 백성들은 아무도 명령하지 않아도 고루 편안해지게 된다. 처음에 제도를 만듬에 명분이 있게 되었으니, 이미 명분이 생기게 되었다면, 또한 장차 그칠 것을 알아야 한다. 그칠 것을 알아야 위태롭지 않게 된다. 도가 천하에 있음을 비유하자면, 작은 계곡과 강해(江海)의 관계와도 같다.(32)

【甲21】~【甲23】

어떤 혼돈된 상태에서 이루어진 것이 있는데, 천지보다 먼저 생겨났다. 아무 소리도 없이 寂廖하며, 홀로 존재하여 바뀌지도 않으니, 천하의 母體라 할 수 있다. 나는 아직 그 이름을 알지 못하겠으나, 문자로는 道라 칭하고, 나는 이를 억지로 大라 명명하기로 한다. 大는 끊임없이 흘러가고, 끊임없이 흘러가는 것은 돌고 돌아가지 않는 곳이 없다. 끊임없이 돌고 돌아 다시 제자리로 돌아오는 것이다. 하늘도 크고, 땅도 크고, 도도 크고 왕 또한 크다. 세상에는 이 네 가지 위대한 것이 있는데, 왕도 그 중에 하나를 차지한다. 그런데 사람은 땅을 법도로 삼고, 땅은 하늘을 법도로 삼고, 하늘은 도를 법도로 삼으며, 도는 자연을 법도로 삼는다.(25)

【甲23】

하늘과 땅은 마치 풀무같다고나 할까? 텅 비어 있으면서도 다함이 없으며, 움직일수록 바람은 더욱 세 진다.(5)

【甲24】

虛靜에 이르게 되면 永恒에 이르게 되고, 中庸을 지키면 돈독함에 이르게 된다. 이렇게 되면 만물은 다함께 흥하게 되고 제자리로 반드시 돌아가게 된다. 천도는 돌고 돌아 근원으로 되돌아간다.(16)

【甲25】~【甲27】

안정되어 있을 때에는 유지하기 쉽고, 아직 드러나지 않은 것은 도모하기 쉬우며, 허약한 것은 쪼개기가 쉽고, 작은 것은 흐트러뜨리기가 쉽다. 아직 있지 않았을 때 그것을 해야 하며, 아직 혼란이 생기기 전에 다스려야 한다. 【甲아름드리 나무도 터럭만한 작은 새싹에서 생겨나며, 아주 높은 누각도 한 삼태기의 흙을 쌓아 만든 것이며, 천리 길도】 한걸음부터 시작한 것이다. (64)

【甲27】~【甲29】

아는 사람은 말이 없으며, 말을 하는 자는 알지 못하는 것이다. 耳目口鼻 등의 구멍을 막고, 身體의 門을 닫고, 빛을 조화롭게 하고, 속세와 함께 하며, 봉우리의 끝을 무디게 하며, 갈등을 해소하는 것을 玄同(道와 하나가 되는 상태, 玄妙한 어울림)이라 한다. 그러므로 가까이 할 수 없고 또한 멀리할 수도 없다. 이는 또한 이롭게 할 수도 없고, 해롭게 할 수도 없으며, 귀하게 할 수도 없고, 또한 천하게 할 수도 없다. 그렇기 때문에 천하의 귀한 것이 된다.(56)

【甲29】~【甲32】

올바름으로 나라를 다스리고, 기이함으로 군대를 지휘하며, 일 삼음이 없는 것으로 천하를 얻는다. 내가 어떻게 그런 줄 아는가? 무릇 천하에 忌諱가 많으면 백성이 배반하는 경우가 많아지며, 백성들이 예리한 무기를 많이 가지면 가질수록 나라는 더욱 더 혼란해진다. 사람이 지략을 많이 쓸수록 기괴한 물건이 더욱 많이 생겨나게 된다. 법으로 재정해야할 물건들이 많을수록 도적이 많아진다. 그래서 성인들이 이렇게 말하였다. 내가 일을 만들어 내지 않으니 백성이 저절로 부유해지고, 내가 인위적으로 일을 처리하지 않으니, 백성이 저절로 순화되고, 내가 고요함을 좋아하니 백성이 저절로 端正해지게 되며, 내가 욕심을 내지 아니하니 백성이 저절로 순박해진다.(57)

【甲33】~【甲35】

덕이 중후한 자는 마치 어린아이와 같다. 고슴도치・전갈・살모사・뱀 등도 물지 않고, 사나운 새나 맹수도 덤벼들지 않고, 뼈도 약하고 근육도 부드럽지만, 쥐는 힘이 세고, 양수의 교접을 알지 못하면서도 저절로 발기하는 것은 정기의 지극함이다. 온종일 울어도 목이 메이지 않는 것은 조화로움의 극치이다. 조화로움은 恒常이라 하고, 조화를 아는 것을 밝다고 하는 것이다. 억지로 生을 취하면 재앙이 따르게 되고, 마음이 기를 억지로 하는 것을 강하다고 하고, 만물이 억세지면 늙어지는데, 이러한 것을 도가 아니라 한다.(55)

【甲35】~【甲37】

이름과 몸 중에 어느 것이 더 가까운가? 몸과 재물 중에 어느 것이 더욱 중요한가? 얻는 것과 잃는 것 중에 어느 것이 더 근심스러운가? 지나치게 아끼면 반드시 크게 쓰게 되고, 많이 간직하게 되면 반드시 많이 잃게 된다. 그런고로 족함을 알아야 욕되지 않으며, 멈출 줄 알아야 위험하지 않으며, 이렇

게 하여야 길고 오래 갈 수 있다.(44)

【甲37】

순환하는 것은 도의 움직임이다. 약함은 도의 쓰임이다. 천하의 만물은 有에서 생겨났지만, 그 有는 無에서 생겨난 것이다.(40)

【甲37】~【甲39】

모아서 가득 채우는 것은 채우기를 그만 두는 것보다 못하다. 다듬어서 날카롭게 하면 오래 동안 유지할 수 없다. 금은보화가 방안에 가득차면 지킬 수 없다. 부귀하면서도 교만하면, 스스로 허물을 남기게 된다. 공을 이룬 뒤에 물러나는 것이 곧 하늘의 도이다.(9)

≪老子乙≫

【乙1】~【乙3】

사람을 다스리고 하늘을 섬기는데, 아끼는 것보다 더 좋은 것은 없다. 오직 아낄 줄 알 기 때문에 미리 순리에 따를 수 있다. 미리 순리에 따르는 것을 『덕을 두텁게 쌓는 것이라고』 한다. 『덕을 두텁게 쌓으면 이기지 못할 것이 없고』 이기지 못할 것이 없으니 극에 달함을(능력의 한계를) 알지 못하는 것이며, 극함에 달하지 않기 때문에 나라를 가질 수 있다. 나라를 잘 다스릴 수 있는 모체를 가지고 있어야 장구할 수 있으며, 『이는 굵은 밑뿌리를 굳게 박는 것이라 한다.』 이것은 오래 살고 오래 볼 수 있는 長生久視의 道인 것이다■.(59)

【乙3】~【乙4】

학문을 하는 자는 날마다 (교만함이) 더 하지만, 도를 행하는 자는 (교만함이) 갈수록 줄어들고 줄어드니 결국은 무위에 이르게 된다. 무위하면 하지 못하는 것이 없다.(48)

【乙4】~【乙5】

배움을 끊으면 걱정이 없다. 공손한 대답과 공손치 않은 대답의 차이는 얼마나 있는가? 미와 추함은 얼마나 차이가 있는가?

뭇 백성들이 두려워하는 人君 또한 두려워하지 않을 수 없다.(20)

【乙5】~【乙8】

총애를 받거나 모욕을 당하거나 모두 놀란 것 같이 대하고, 존귀함과 큰 우환을 내 몸 같이 귀하게 여겨라. 그렇다면 총애와 모욕은 무엇인가? 총애는 항상 욕이 되기 마련이니, 그것을 얻어도 놀란 것처럼 하고, 그것을 잃어도 놀란 것처럼 해야 하는 것이다. 이것을 이른바 총애를 받거나 욕을 받거나 늘 놀란 것 같이 하라는 것이다. 존귀함과 큰 환란을 내 몸 같이 귀하게 여겨라하는 것을 무엇을 말하는 것인가? (무엇을) 내 몸과 같이 하라는 것인가? 나에게 큰 걱정이 있는 까닭은 내가 내 자신을 의식하기 때문이며, 내가 내 자신을 의식하지 않으면 나에게 어떤 걱정이 있겠는가? 그런 고로 천하를 위하는 것보다 자기 자신을 귀하게 여기는 자에게 천하를 맡길 수 있고, 제 몸을 바쳐 천하 위하기를 좋아한다면 어찌 천하를 맡길 수 있겠는가?(13)

【乙9】~【乙12】

上士는 도를 들으면 진심으로 행하려하는데 만 힘쓰고, 中士는 도를 들으면 마치 들은 것 같기도 하고 안 들은 것 같이 행동하고, 下士가 도를 들으면 웃어 버린다. 만약에 그들이 조소하지 않는다면 물러나는 道와 같고, 훌륭한 도는 마치 골짜기와 같다.

매우 하얀 색은 오염되게 보이고, 큰 덕은 마치 부족한 듯 보이고, 건실한 덕은 구차한 덕처럼 보이고, 본질이 참된 사람은 게으른 것처럼 보이고, 큰 모는 모퉁이가 없고, 큰 그릇은 늦게 이루어지고, 큰 음악은 소리가 잘 들리지 않고, 큰 형상은 모습이 없는 듯하다"라 했다. 그런 고로 道가 매우 크며, 이름이 없다. 오직 도만이 잘 시작하고, 유종의 미를 거둘 수 있다.(41)

【乙13】

오관의 문을 닫고 오관의 구멍을 막으면 평생이 고달프지 않으며, 욕망의 문을 열고 일을 충실하여 그 일을 이루려고 하면 평생이 순조롭지 않다.■ (52)

【乙13】~【乙15】

크게 이루어진 것은 마치 모자라는 것 같으나 그 쓰임은 끝나지 않는다. 크게 가득 찬 것은 마치 텅 빈 듯하나 아무리 써도 궁핍하게 되지 않는다. 크게 교묘한 것은 마치 서툰 듯 하고, 크게 언변이 좋은 것은 마치 어눌한 듯하고, 크게 곧은 것은 마치 굽은 것 같다.■ (45)

【乙15】~【乙18】

자주 움직이면 추위를 이기고, 안정되면 더위를 이긴다. 맑고 고요하면 천하를 바르게 할 수 있다.(45) 잘 세운 것은 뽑을 수 없고, 잘 안은 것은 마음을 닦으면 그 덕이 오래 가고, 나라를 닦으면 그 덕이 풍성해지고, 천하를 닦으면 [그 덕이 널리 미친다. 집안의 덕으로 집안을 드러내 보이고], 마을의 덕으로 마을을 드러내 보이고, 나라의 덕으로 나라를 드러내 보이고, 천하의 덕으로 천하를 드러나 보이게 한다. 천하가 그러함을 내 어찌 아는가? 이는 곧 앞에서 언급한 도로서 아는 것이다. 마을의 덕으로 마을을 드러내 보이고, 나라의 덕으로 나라를 드러내 보이고, 천하의 덕으로 천하를 드러나 보이게 한다. 천하가 그러함을 내 어찌 아는가? 이는 곧 앞에서 언급한 도로서 아는 것이다.(54)

≪老子丙≫

【丙1】~【丙3】

가장 좋은 군주가 아래 있는 백성을 다스리는 경우는 (임금이) 있는 것만 아는 것이고, 그 다음에는 사랑하고 존경하는 경우이고, 그 다음은 두려워하는 것인데, 가장 나쁜 것은 모욕하는 경우이다. 믿음이 부족하기 때문에 불신이 생기는 것이다. 군주는 유연히 대처하고 말을 조심스럽고 신중하게 한다. 공을 세우고 일이 잘 이루어져도 백성들은 모두가 우리 자신이 자연히 그렇게 된 것이라고 말하게 된다. 그런고로 大道가 사라지고 어찌 인의가 생겨나겠으며, (지지와 지혜가 생겨난 후 큰 속임이 생기게 되었다.) 육친이 화목하지 않아 효도와 자애가 있게 되었고, 나라가 혼란하게 되자 정직한 신하가 생겨나게 되었다.(18)

【丙4】~【丙5】

성인이 도를 준칙으로 하면 천하가 그에게로 돌아오게 되고, 돌아오되 해치지 않으면, 태평은 크게 성하게 되는 것이다. 음악과 음식은 지나가는 과객을 멈추게 할뿐이지만, 道를 말로써 표현하면, 담백하여 맛이 없고, 보아도 보이지 않고, 들어도 들리지 않으나 쓰임은 다함이 없다.(35)

【丙6】~【丙10】

군자가 평시에 거처할 때에는 왼쪽을 귀히 여기고, 무기를 사용할 때에는 오른 쪽을 중히 여긴다. 그런 고로 무기는 군자의 기물이 아니고, 부득이한 경우에만 사용하게 되는데, 사용할 때는 편안하고 깨끗한 마음으로 쓰는 게 제일 좋지 이를 찬미해서는 안 된다. 찬미하는 자는 살인을 즐기게 될 것이고, 사람을 죽이는 것을 즐기는 자는 왼쪽에 위치하고 上장군이 오른쪽에 위치하는 것은 喪禮에 따른 것이다. 그런 고로 살인을 많이 했다는 것은 곧 애통한 마음으로 임했다는 것이고, 전쟁에서 승리하였다고 해도 상례로 처리해야 하는 것이다.(31)

【丙11】~【丙14】

고의적으로 하는 자는 오히려 실패하고 너무 집착하는 자는 오히려 그것과 멀어지게 된다. 그런 까닭에 성인은 무위하기 때문에 실패가 없고, 집착하지 않기 때문에 잃는 것이 없다. 일을 임함에 있어서의 준칙은 끝을 시작같이 신중하게 하기 때문에 일은 실패하지 않는다. 일반 백성들의 실패는 항상 거의 성공할 단계에서 실패하고 만다. 그런고로 성인은 탐욕이 없는 것을 하려고 하며, 얻기 어려운 재물을 귀하게 여기지 않는다. 가르침이 없는 것으로 가르치면, 잘못이 있는 백성들은 스스로 돌아오게 된다. 그런 고로 성인들은 만물의 본성을 따를 뿐이지, 스스로 옳다고 여기지 않는다.(64)

2) 太一生水

(1) 【1】~【8】

大一이 물(水)을 탄생시켰지만, 물은 역으로 大一을 도와 하늘(天)을 낳고, 하늘은 반대로 太一을 도와서 땅(地)을 낳았다. 하늘과 땅은 또한 서로 도와 神明(천지 精神)을 생성하고, 神明은 또한 서로 도와서 음양(陰陽)이 만들어 졌다. 음양은 또한 서로 도와서 사계를 생성하고, 사계는 또한 서로 도와 춥고 더움이 만들어 졌다. 춥고 더움이 또한 서로 도와 건습이 생성되었으며, 건습이 서로 도와 해(年歲)가 생성된 후에야 비로소 끝이 났다.

歲(세월)는 습조(습하고 건조함)에서 나온 것이고, 습조는 滄熱(춥고 더움)에서 나온 것이며, 춥고 더움은 〔四時에서 생성 된 것이다.〕 사시는 음양에서 나온 것이며 음양은 신명에서 생성된 것이다. 신명은 천지에서 나왔으며 천지는 大一에서 생성된 것이다. 그러므로 大一은 물에 숨겨져 있으며, 사시에 맞춰 운행하고, 순환하여 처음으로 다시 돌아간다. 이것은 만물의 母體가 된다. 해와 달이 교대로 한번 기울고 한번 차면서, 만물의 本源이 되어 영원히 변하지 않게 된다. 따라서 천지는 능히 太一을 쇠퇴하게 할 수 없으며, 땅은 능히 太一을 매몰시키지 못하며, 음양은 능히 종결시키지 못하게 한다. 이러한 규칙을 아는 군자는 바로 성인이며, ……

(2) 【10】~【13】

아래(下)를 흙(土)이라 하고, 이는 곧 땅이라 말한다. 위(上)는 기(氣)로, 이는 곧 하늘이라 말한다. 道를 문자로 표현하면 地와 天이다. 이 이름(天地)들이 무슨 작용을 하는가 하고 물어보면 다음과 같다. 道에 종사하는 사람들(道家者)이 천지라고 假託한 그 '道'에 의지하기 때문에 일을 능히 이루어지게 할 수 있고, 오래 살 수 있다. 聖人이 일을 할 때에도 이 天地라고 이름을 假名한 '道'에 기탁하기 때문에 하는 일들을 모두 이룰 수 있고, 신체가 상해를 입지 않는다. 天地는 그 名分과 문자가 각각 존재하지만, 단지 이름을 가탁하는 방법 중에 하나일 뿐이니, 이를 天과 地와 완전히 같은 것으로 여기지 말아야 한다.

따라서 하늘(天)은 西北 지역이 낮고 부족하기 때문에, 동남 지역이 높고 강하며, 땅은 東南 지역이 약하고 부족하기 때문에 서북 지역이 높고 강하다. 이는 곧 서북 지방이 부족하면 동남 지역이 여유가 있고, 동남지역이 부족하면, 서북 지역이 여유가 있는 것과 같다.

【9】【14】

하늘의 도는 약함을 귀하게 여겨, 강한 것을 쇠약하게 하며 새로이 탄생하는 사물에게 도움을 주게 된다. 그래서 강한 것을 타박하고 강한 것을 질책하여 약한 것을 도우며 위가 부족하면 아래를 풍요하게 하고 아래가 부족하면 위를 풍요롭게 증익시킨다.

3) 緇衣

(1) 【1】~【2】

공자가 말하였다. 좋은 일을 좋아하는 것을 치의편이 좋아했었던 것 같이 하고, 악한 일을 미워하기를 항백(巷伯)이 미워하는 것과 같이 하면, 백성이 모두 복종하여 형벌을 집결(가할) 할 필요가 없다. ≪시경·대아·문왕≫에서 말하기를 "문왕을 본받으면 온 세상이 곧 믿고 따른다."라 했다.

(2) 【2】~【3】

공자가 말하였다. 나라를 가진 자는 좋은 것을 밝히고, 나쁜 것을 밝힘으로써, 백성에게 후덕함(厚)을 보여 주여야 한다. 그래야 백성의 정이 변하지 않는다. ≪시경·소아·소명≫에서 이르기를 "그대의 직위를 조용히 하고 공손히 하며, 정직한 사람을 좋아하라(그러면 신이 네 소원을 듣고 축복을 크게 내려 주리라)."했다.

(3) 【3】~【5】

공자가 말하였다. 군주(상급자)는 공명정대하고 투명하여 다른 사람이 보면 바로 알 수 있어야 하며, 신하(하급자)는 각자의 등급에 따라 자신의 직분을 충실히 하여 바로 알 수 있게 끔 해야 한다. 그래야만이 군주는 신하를 의심하지 않고, 신하는 그의 군주를 잘 이해할 수 있게 된다. ≪詩經·鳲鳩≫에서는 "정숙한 군자의 언행은 한결 같네."라 고 했고, ≪尙書≫는 伊尹이 太甲(商湯의 孫)에게 말하기를 "나 이윤과 탕은 모두 한결같은 덕이 있다."라고 했다.

(4) 【5】~【8】

공자가 말하였다. 윗사람(군주)이 의심이 있으면 백성은 의혹되고, 아랫사람이 이해하지 못하면 군주가 수고로울 것이다. 백성에게 임금 노릇하는 자는 좋아하는 것을 밝힘으로써 백성이 원하는 것을 드러내야 하며, 미워하는 것을 신중하게 드러내어 백성의 음란한 것을 막아야 백성이 미혹되지 않는다. 신하가 군주를 섬김에 있어, 할 수 없으면(할 수 없다고) 말하며, 할 수 있는 일은 사양하지 않아야 군주가 수고롭지 않다. ≪詩經·大雅·板≫은 "하늘(군주)이 자주 바뀌면 백성이 곧 고생하네."라 하였고, ≪詩經 · 小雅 · 巧言≫은 "공경한 마음을 갖지 아니하면, 오직 군주만이 수고롭게 되네."라고 했다.

(5) 【8】~【10】

공자가 말하였다. 백성은 군주로써 마음을 삼고, 군주는 백성으로써 身體를 삼는다. 마음이 좋으면 신체가 편안해지며, 군주가 좋아하는 것 또한 백성도 원하게 된다. 마음은 몸이 좋지 않으면 상하게 되는 것과 같이 군주는 백성으로 인하여 망할 수도 있는 것이다. ≪시경≫은 "누가 국가의 정무를 주관하는가? 자기 자신이 정직하지 못하면 백성은 더욱 수고스럽게 된다."라고 했고, ≪상서·군아≫는 "여름에 덥고 습하면 백성들은 매일 매일 원망을 하고, 겨울 내 추우면 백성은 또한 매일 매일 원망을 하게 된다."라고 했다.

(6) 【10】~【12】

공자가 말하였다. 윗사람이 仁을 좋아하면, 아래 있는 사람은 '仁'을 실천하기를 먼저 힘쓴다. 그런고로 백성을 다스리는 자가 仁을 좋아하는 의지를 드러내 백성에게 환히 나타나게 한다면, 백성들은 자신의 행동을 이룸으로써 그 윗사람을 기쁘게 한다. ≪詩經·大雅·抑≫에서는 "바른 덕행을 실행하면 사국이 여기에 순응한다."라고 했다.

(7) 【12】~【14】

공자가 말하였다. 禹가 등극한지 삼년 만에 백성들은 인을 실천하였다. 그렇다고 어찌 백성 모두가 어진 자였겠는가? ≪詩經·大雅·下武≫에서 말하기를 "성왕의 참됨과 믿음성은 부하 백성들에게 모범이 되었네."라고 했고, ≪尙書·呂刑≫은 "군왕 한사람이 미덕이 있으면, 만민 모두가 이익을 받네."라고 했다.

(8) 【14】~【16】

공자가 말하였다. 아랫사람이 윗사람을 섬기는 것은 그 명령하는 바를 좇지 않고 그 행하는 바로 좇는 것이다. 윗사람이 그 물건을 좋아하면 아랫사람은 반드시 더욱더 심하게 좋아한다. 그런 까닭에 윗사람이 좋아하고 싫어하는 것을 신중하지 않을 수 없으며, 이는 곧 백성의 榜樣이 되기 때문이다. ≪詩經·小雅·節南山≫에서 말하기를 "지위가 높은 師尹, 백성이 모두 지켜보고 있네."라 했다.

(9) 【16】~【17】

백성을 다스리는 자는 의복을 예법에 어기지 않고, 행동거지는 항상 규칙에 따라 행동해야만이 백성들의 덕도 한결같다. ≪詩經·小雅·都人士≫에 말하기를 "언제나 의젓한 그 모습이 예법에 어긋나지 않고, 말 또한 법도에 맞으니 백성이 모두 그를 믿고 따르네."라고 했다.

(10) 【17】~【19】

공자가 말하였다. 대인들이 어진 사람을 친하게 여기지 않고 천한 바를 믿으면, 교화하는 것을 잃게 되고 백성은 이로 인하여 변하게 되는 것이다. ≪詩經·小雅·正月≫에 말하기를 "그가 처음에 나를 찾을 때 행여 얻지 못할까 걱정하더니, 나를 얻고 나선 원수를 대하듯 믿지 아니하네."라고 했고, ≪尙書·陳君≫은 "성인의 도를 보지 못할 땐 영원히 보지 못할 듯하더니, 성인의 도를 보고 나서는 오히려 성인의 도를 따르지 않네."고 했다.

(11) 【19】~【23】

공자가 말하였다. 대신들이 친하지 않는다면, 충성과 공경하는 마음이 부족하고 부귀가 이미 지나치기 때문이다. 국가가 안녕하지 않으면 대신들은 나라를 다스릴 수가 없으며 간신들이 중임을 맡게 된다. 그런 까닭에 대신은 공경하지 않을 수 없는데, 이는 백성들의 儀表이기 때문이다. 그런고로 군주는 小臣과 일을 도모하지 않고, 대신과 일을 도모하기 때문에 대신들이 원망하지 않는다. ≪祭公之顧命≫이 말하기를 "小臣의 계략을 가지고 대신의 계획을 망치지 말고, 嬖御(폐어, 비천한 출신으로 왕의 총애를 받는 사람)의 사람으로서 莊后(장후)를 버리지 말고, 폐어의 사로써 장사・대부・경사를 미워하지 말아야 한다."고 했다

(12) 【23】~【27】

백성을 다스리는 자는 덕으로써 가르치고, 예로써 정제(整齊)를 시키면 백성들은 즐거운 마음으로 따르게 되고, 정령(政令)으로써 가르치고, 형벌로써 정제(整齊)를 시키면 백성들은 달아나게 된다. 그런고로 군주는 백성을 자식을 사랑하는 마음으로 사랑하면 백성들과 친해지고, 믿음을 가지고 맺으면 백성은 배반하지 않으며, 공손한 마음으로 임하면 백성은 또한 순종하는 마음을 갖는다. ≪시경≫에서 말하기를 "우리의 대부 모두가 공경하고 절검하니 검소하지 않은 자 없네."라고 했고, ≪呂刑≫은 "善意적인 다스림을 쓰지 않고, 형벌을 만들어 백성을 다스리고, 오직 오학의 형벌을 만들어서 법이라고 했다."라고 했다.

(13) 【27】~【29】

공자가 말하였다. 정치가 행해지지 않고 가르침이 이루어지지 않으면, 형벌도 부끄러운 것이 못되며, 작록(爵祿)은 권할 것이 못된다. 그런고로 윗사람은 형벌을 더럽히고 벼슬을 가볍게 여겨서는 안 된다. ≪강고≫가 말하기를 "공경하여 형벌을 밝게 하라」고 했고, ≪여형≫은 「형벌은 도리에 맞게 선포되어야 한다."고 했다.

(14) 【29】~【30】

공자가 말하였다. 왕의 말이 실과 같으나 일단 나오면 이는 '綸(굵은 실 윤, lún)'과 같고, 왕의 말이 絃과 같으면 일단 나오면 이는 '불(紼)'(관을 묶는 굵은 새끼줄)과 같다. 그런고로 대인은 헛소리를 하지 않는 것이다. ≪詩經·大雅·抑≫에서 "그대의 행동을 조심하고 삼가서, 위엄있는 의태(儀態)를 공

경토록 하라."라 했다.

(15) 【30】~【32】

공자가 말하였다. 말만하고 행동으로 옮기지 못할 것은 군자는 말하지 않으며, 행동만 하고 말하지 못할 것 또한 군자는 행하지 않는다. 백성들의 말은 그 행동보다 넘어서지 않고, 행동은 말을 넘어서지 않는다. ≪詩經·大雅·抑≫에 말하기를 "그대의 행동을 조심하고 삼가서 그 위엄 있는 의표에 허물이 없이 하라."고 했다.

(16) 【32】~【34】

공자가 말하였다. 군자는 말로써 사람을 인도하고, 행동은 항상심을 잃지 않는다. 그런 까닭에 말은 반드시 그 끝나는 바를 신중하게 여기고, 행동은 반드시 그 폐단이 되는 바를 생각한다. 그러면 백성은 말을 조심하고 행동을 삼갈 것이다. ≪詩經·大雅·文王≫에서 말하기를 "깊은 덕을 지닌 문왕이여 끊임없이 존경하소서."라고 했다.

(17) 【34】~【37】

공자가 말하였다. 말한 바에 따라 행해야 하는데, 그 행위는 은닉하기 힘들다. 그런고로 군자는 말을 적게 하고 행동으로써 그 믿음이 이루어지도록 한다. 그렇게 하면 백성은 그 아름다운 것을 크게 하고(과장하지 않고), 그 악한 것을 작게(축소) 할 수 없다. ≪大雅·抑≫은 말하기를 "흰 구슬은 흠집(허물)을 갈면 되지만, 말은 흠집(허물)을 어떻게 할 수가 없다네."라 했고, ≪小雅·車攻≫은 "진실로 군자이고 정말 큰일 이루시겠네."라고 했고, ≪君奭≫은 "옛날의 하나님은 문왕의 덕행을 신중하게 관찰하시어 천명이 그대 몸에 내리셨네."라고 했다.

(18) 【37】~【40】

공자가 말하였다. 말은 징험(徵驗)이 있어야 하고, 행동은 법칙이 있어야 한다. 이렇게 생활하면 뜻을 빼앗을 수 없고, 죽어도 이름을 빼앗지 못하게 된다. 고로 군자는 많이 듣고 이를 바르게 해서 지켜나가며, 많이 인식하고 바르게 해서 가깝게 하며, 깊이 이해하고 간략히 해서 행하여야 한다. ≪曹風·鳲鳩≫에서 말하기를 "어진 군자는 행동거지가 한결같네."라고 했고, ≪상서 · 군진≫에서 말하기를 "대중의 의견을 좇아서 행하면 모든 사람의 의견이 일치한다."라고 했다.

(19) 【40】~【41】

공자가 말하였다. 수레가 있으면 반드시 수레의 덮개가 있는 것이고, 의복이 있으면, 반드시 옷의 수 무늬를 볼 수 있으며, 사람에게 행위가 있다면 반드시 그 결과를 볼 수 있고, 말이 있다면 반드시 그 소리를 들을 수 있다. ≪詩經·周南·葛覃≫에서 말하기를 "의복을 입으니 아름답네."라고 했다.

(20) 【41】~【42】

공자가 말하였다. 사사로이 은혜를 베풀고 덕으로 돌아오지 않는다면 군자는 그 곳에 편안하게 머무르지 않는다. ≪小雅·鹿鳴≫에서 말하기를 "나를 좋아하는 사람은 나를 큰 길로 인도하네."라고 했다.

(21) 【42】~【43】

공자가 말하였다. 군자는 친구를 능히 좋아할 수 있지만, 소인은 어찌 그 친구를 좋아할 수 있겠는가? 그런고로 군자는 누구를 좋아함에도 준칙이 있으며 남을 싫어함에도 반드시 그 무리를 선택하는 도리가 있다. 그런 까닭에 군자 주위에 있는 인재들은 미혹되지 않으며, 멀리 있는 자들이 그를 의심하지 않는다. ≪周南·關雎≫에서 말하기를 "군자는 그의 친구를 좋아하네."라 했다.

(22) 【43】~【45】

공자가 말하였다. 빈천한 친구와 절교하기를 쉽게 하고, 부귀한 친구와 절교하기를 쉽게 하지 못하는 것은 어진 이를 좋아하는 마음이 굳지 못하고 악을 미워하는 것이 뚜렷하지 않기 때문이다. 설사 어떤 이가 이익을 위한 것이 아니라고 말하여도 나는 그것을 믿지 못하겠다. ≪大雅·旣醉≫에서 말하기를 "친구 사이가 굳건히 유지되는 것은 인격과 위엄이 함께 하기 때문이네."라 했다.

(23) 【45】~【19】

공자가 말하였다. 송나라의 어떤 사람이 말하기를 "사람이 항상심이 없으면 복서(卜筮)할 것이 없다."고 했다. 이는 아마 예부터 전해 내려오는 말이 아니겠는가? 이러한 사람은 귀서(龜筮)도 알 수가 없는 것인데, 하물며 사람은 어찌하겠는가. ≪小雅·小旻≫에서 말하기를 "거북이도 싫증이 나서 나에게 길흉을 알려 주지 않네."라고 했다.

4) 魯穆公問子思

노목공이 자사에게 "어떠한 사람을 충신이라 말할 수 있습니까?"라고 묻자, 자사는 "항상 임금의 죄와 허물을 지적하는 사람을 충신이라 할 수 있습니다."라고 했다. 노목공은 기분이 좋지 않았고, 자사는 예를 갖추어 물러났다. 成孫弋이 노목공을 알현하러 왔을 때, 노목공이 "내가 조금 전에 자사에서 어떠한 사람을 충신이라 할 수 있는가?고 물었더니, 자사가 대답하기를 '항상 임금의 죄와 허물을 지적하는 사람을 충신이라 할 수 있습니다.'라고 했다. 나는 이해할 수 없고, 지금까지도 이해가 되지 않는다."고 成孫弋에게 말하자, 成孫弋은 "아! 이 말은 정말 훌륭합니다!"라고 했다.

성손익이 계속해서 말했다. "임금을 위한다는 이유로 생명을 바치는 자는 있었지만, 임금의 죄와 과실을 지적하는 자는 일찍이 없었습니다. 임금을 위한다는 이유로 생명을 바치는 자는 직위와 봉록을 탐내고자 하는 것이고, 임금의 죄와 과실을 지적하는 자는 직위와 봉록을 탐내는 사람이 아닙니다. 道義를 지키면서 지위와 봉록에 뜻이 없는 자는 子思 이외에는 나는 다른 사람을 알지 못합니다."

5) 窮達以時

(1) 【1】~【7】

하늘이 있고 땅이 있고, 하늘과 사람은 분별이 있다. 하늘과 사람의 분별을 살펴보면 어떻게 행동해야 할지를 알 수 있다. 비록 현인이라고 하더라도 적당한 시기를 만나지 못한다면 聞達하기가 어렵다. 그러나 적절한 시기를 만나게 된다면 어떠한 곤란도 만나지 않을 것이다. 虞舜이 역산에서 밭을 갈며 황하 주변을 다스리다 천자가 된 것은 우연히 요임금을 만났기 때문이다. 卲繇(皐陶)가 삼 옷을 입고 망건을 쓰고 석판을 쌓다가 천자를 보좌하게 된 것은 우연히 武丁을 만났기 때문이다. 呂望은 棘津에서 노예로 棘地에서 문지기 일을 하다가, 72 세의 나이에 朝歌(地名)에서 푸줏간을 하다가 천자의 스승으로 천거되었던 것은 周文王을 만났기 때문이다. 管夷吾가 꽁꽁 묶인 채 檻車에 갇혔다가 수갑과 형틀을 풀고 諸侯의 仲父가 될 수 있었던 것은 우연히 齊나라 桓公을 만나게 되었기 때문이다. 百里奚가 스스로 다섯 마리의 양가죽을 팔고 秦伯을 위해 소를 방목하다가 채찍을 버리고 卿大夫로 등용될 수 있었던 것은 우연히 秦나라 穆公을 만났기 때문이다.

(2) 【8】~【15】

孫叔敖가 세 번이나 期思의 少司馬를 사직하고, 令尹에 임명된 것은 우연히 楚 莊王을 만났기 때문이다. 처음에는 때를 만나지 못해 벼슬에 나아가지 못했다가 후에는 명성을 얻을 수 있었던 것은 덕행을 높이 갖추어서가 아니다. 伍子胥가 전에는 공로가 컸으나 후에는 죽임을 당했는데, 이는 그의 지혜가 쇠한 까닭은 아니다. 驥이라는 준마가 張山에서 곤궁에 처하고, 騹이라는 준마가 卲來에 갇히게 된 것은 그가 지니고 있는 形狀(재질)이 없었던 것이 아니다. 四海를 넘나들고, 천리를 달릴 수 있었던 것은 우연이 아니라 造父를 만났기 때문이다. 때를 만나고 안 만나고는 하늘(天)에 달려 있다. 행동에 옮긴다고 반드시 聞達하는 것이 아니기 때문에 궁하다고 해서 원망할 필요가 없고, 은둔한다 해서 명성을 얻지 못하는 것이 아니기 때문에, 세상이 알지 못한다 해서 한탄하지 않는다. 무릇 향기로운 난초는 울창한 숲 속 깊은 산에서 나서 사람들이 알아보지 못한다고 해서 향기를 뿜지 않는 일은 없다. '瑾瑜'이라는 옥을 寶山에서 캘 수 없는 것은 돌이 그 옥을 품안에 간직한 채 내놓지 않으려 하는 것이 아니다. 항상 자기 자신에서 구해야 한다. 困窮과 通達한 것은 모두 時機에 의해 결정되는 것이다. (하지만 그렇다고 모두 천시에 의지하는 것만은 아니다). 덕행은 언제나 시종일관 같아야 한다. 칭찬과 훼방은 언제나 가까운 곳에 있으니, 讒毁한다해도 그대로 받아들이고, 굳이 그것을 변명하고 벗어나려 하지 말아야 한다. 困窮과 通達은 다만 일시적인 것이고 결코 영원하지는 않는다. 따라서 군자는 (곤궁해졌을 때도 궁색하게 굴지 않고, 근심이 있어도 뜻을 약하게 하지 않으며, 마음에 미혹됨이 없어야 하며), 항상 자기 자신에서 구해야 한다.

6) 五行

(1) 【1】~【4】

오행은 다음과 같다.

'仁'이 내심에서 형성된 것을 "德之行"이라 하고 내심에서 형성되지 않은 것을 "행"이라 한다. '義'가 내심에서 형성된 것을 "德之行"이라하고, 내심에서 형성되지 않은 것을 "행"이라 한다. '禮'가 내심에서 형성된 것을 "德之行"이라하고, 내심에서 형성되지 않은 것을 "행"이라 한다. '智'가 내심에서 형성된 것을 "德之行"이라하고, 내심에서 형성되지 않은 것을 "행"이라 한다. '聖'이 내심에서 형성된 것을 "德之行"이라하고, 내심에서 형성되지 않은 것을 "행"이라 한다.

(2) 【4】~【6】

'德'을 행함에는 다섯 가지 덕목(仁義禮智聖)이 있는데, 이 다섯 가지가 서로 조화가 이루어진 것을 '德'이라 한다. 네 가지 덕목(仁義禮智)이 서로 조화가 이루어진 것을 '善'이라 한다. '善'이 사람의 원칙이라면, '덕'은 하늘의 원칙에 해당된다. 군자가 내심에 憂慮가 없으면 내심에 지혜가 없으며, 내심이 지혜가 없으면 내심에 喜悅이 없게 되며, 내심에 喜悅이 없으면 내심이 安適하지 못하며, 내심이 안적하지 못하면 내심에 쾌락이 없게 되며, 내심에 쾌락이 없으면 '德'이 없게 되는 것이다.

(3) 【6】~【9】

五行(仁義禮智聖)이 내심에 형성되어 자주 실행에 옮기는 자를 君子라 하고, 선비(士)가 군자의 天道에 뜻을 두고 있는 자를 志士라 한다. '善'이란 행하지 않으면 접근되어지지 않으며, '德'은 그것에 뜻을 두지 않으면 이룰 수 없으며, '智慧'는 사고하지 않으면 얻어지지 않으며, 사려가 깊지 않으면 자세히 관찰할 수 없으며, 사려를 오래하지 않으면 형성되지 않으며, 형성되지 않으면 안적(安適)할 수 없으며, 안적하지 못하면 즐겁지 아니하며, 즐겁지 아니하면 덕을 잃게 되는 것이다.

(4) 【9】~【12】

仁愛하지 않으면 사려가 세밀하지 않으며, 지혜롭지 않으면 사려가 오래가지 않으며, 인애하지 않고 지혜롭지 못하면 군자를 보지 못해도 마음이 두근두근 걱정되지 않으며, 군자를 본다 해도 기쁘지 아니한다. ≪詩經·召南·草蟲≫에서 "뵙게 만 된다면 만나기만 한다면, 이 마음 기쁘겠네."라고 한 말이 곧 이 의미이다. 인애하지 않으면 사려가 세밀하지 않으며, 성명(聖明)하지 않으면 사려를 경쾌하게 할 수 없다. 만약에 인애하지 않고 성명하지 않으면, 군자를 보지 않아도 걱정하는 마음이 두근두근 하지 않으며, 군자를 보고 난 후에도 마음을 놓지 못하게 된다.

(5) 【12】~【13】

仁愛에 사려가 깊고 세밀하여야 한다. 세밀하면 자세하게 관찰할 수 있고, 관찰할 수 있으면 안적할 수 있고, 안적할 수 있으면 온화하고, 온화하면 기쁨을 누릴 수 있고, 기쁨을 누릴 수 있으면 친척처럼 가까워 질 수 있고, 가까워 질 수 있으면 친숙해지고, 친숙해지면 사랑할 수 있고, 사랑할 수 있으면 玉色같이 용모가 온화해지고, 온화해지면 내심에 형성되고, 내심에 형성되면 곧 그것이 仁愛인 것이다.

(6) 【14】

지혜의 思慮는 오래해야 하는데, 오랫동안 사려하면 얻을 수 있고, 얻을 수 있으면 잊지 않고, 잊지 않으면 명확하게 되고, 명확하게 되면 현인을 만날 수 있으며, 현인을 만날 수 있으면 용모가 온화해지고, 온화해지면 내심에 형성되고, 내심에 형성되면 총명해 질 수 있는 것이다.

(7) 【15】

聖明(비범하고 총명함)한 사려는 경쾌하고 탄력성이 있으며, 경쾌하고 탄력성이 있으면 내심에 형성되고, 내심에 형성되면 곧 잊지 않으며, 잊지 않으면 총명해지고, 총명해지면 군자의 도를 들을 수 있고, 군자의 도를 들을 수 있으면 聖明하고 현덕해지고, 玉音이 내심에 形成되면 곧 聖明해진다.

(8) 【16】

≪詩經·曹風·鳲鳩≫는 "현명한 군자, 그 儀態는 始終一貫 한결같네."라고 했다. 능히 始終一貫해야 군자가 될 수 있다. 군자는 시종일관 오직 덕에 집중한다.

(9) 【17】

≪詩經·邶風·燕燕≫은 "바라봐도 보이지 않으니 눈물이 비 오 듯 하네."라고 했다. 능히 (제비들이)끊임없이 날개 짓을 한 후에야 비통의 극치에 닿을 수 있듯이

(10) 【18】~【19】

군자가 善을 실현함에 있어 시작도 끝도 항상 '善'과 같이 하여야 한다. 군자가 德을 실현함에 있어 시작과 끝이 항상 '德'과 더불어 있어야 한다. 金聲으로 시작하여 玉音으로 끝나야 德이 있는 자인 것이다.

(11) 【19】~【21】

金聲은 善이고, 玉音은 聖이다. 善은 人道이고, 德은 天道이다. 德이 있는 사람만이 金聲으로 시작하

여 玉音으로 끝을 맺을 수 있는 것이다. 귀가 총명하지 않으면 눈도 밝지 않으며, 총명하지 않으면 지혜롭지 못하며, 지혜롭지 않으면 仁愛하지 않으며, 仁愛하지 않으면 安適하지 않으며, 安適하지 않으면 즐겁지 않으며, 즐겁지 않으면 德이 없게 되는 것이다.

(12) 【21】

변화하지 않으면 기쁘지 않으며, 기쁘지 않으면 가까이 할 수 없고, 가까이 할 수 없으면 친해질 수 없으며, 친해질 수 없으면 좋아할 수 없고, 좋아할 수 없으면 仁愛할 수 없다.

(13) 【21】~【22】

솔직하지 않으면 호방하여 구애됨이 없을 수 없으며, 호방하지 않으면 결단력을 가질 수 없으며, 결단력이 없으면 실행할 수 없고, 실행할 수 없으면 정의롭지 못할 것이다.

(14) 【22】

疏遠하지 않으면 敬畏할 수 없고, 경외하지 않으면 위엄이 없고, 위엄이 없으면 尊敬할 수 없고, 존경할 수 없으면 禮義가 없게 되는 것이다.

(15) 【22】~【24】

군자의 道理를 들어보지 않은 자를 귀가 총명하지 않다고 하고, 賢人을 보지 않은 자를 눈이 날카롭지 않다고 한다. 군자의 도리는 들어 봤으나 군자의 도리를 이해하지 못하는 자를 聖明하지 않다하고, 현인을 봤으나 賢德을 알지 못하는 자를 聰明하지 않다한다.

(16) 【25】~【26】

보면 알 수 있는 것을 智慧라하고, 들으면 알 수 있는 것을 聖明이라 한다. 총명하고 명확하게 아는 것은 智慧롭다 하고, 위엄 당당한 것을 聖明하다 한다. ≪詩經·大雅·大明≫에서 "총명하고 지혜로운 자가 아래에 있고, 위풍당당한 자가 위에 있도다."라고 한 말이 바로 이를 말한다.

(17) 【26】~【30】

군자의 도리를 듣는 것은 총명하고 지혜로운 것이다. 듣고 깨달을 수 있는 것은 聖明이다. 聖人은 天道를 깨달을 수 있다. 天道를 깨닫고 실행할 수 있는 것을 義라 한다. 실행함에 시기적절함을 德이라 한다. 賢德한 사람을 볼 수 있는 것을 明察이라 한다. 보고서 이해할 수 있는 것을 智慧라 한다. 賢人을 이해하고 안적할 수 있음은 仁愛다. 안적하게 할 수 있고 그를 공경하는 것이 禮이다. 聖은 지혜와 예절과 樂의 근원이며, 또한 五行의 합체이다. 和合하면 快樂하고 쾌락하면 덕이 있게 되고, 덕이 있는 국가는 흥하게 된다. 문왕이 바로 이렇게 했다. ≪詩經·大雅·文王≫에서 “하늘에 계신 문왕, 하늘에서 빛나도다.”라고 한 말이 이를 가리킨다.

(18) 【30】~【32】

보고 깨달을 수 있는 것을 지혜라 한다. 깨닫고 安適할 수 있는 것을 仁愛라 한다. 안적하고 실행하고 있는 것을 義라 한다. 실행하고 공경할 수 있는 것을 禮라 한다. 仁愛는 義와 禮의 근원이며, 仁義禮智의 調和이다. 調和되면 곧 同合이 되고 同合이 되면 善이 된다.

(19) 【32】~【33】

안색과 용모는 온화하고 평이하여야 한다. 衷心으로 사람과 교제한다면 喜悅을 느낀다. 衷心의 기쁜 마음을 전파하고 형제에게 전해주면 가깝게 된다. 가깝게 되고 성심을 다하면 친하게 된다. 친해지고 돈독해지면 깊이 사랑하게 된다. 부친을 사랑하는 마음으로 타인을 사랑하면 이게 곧 仁愛이다.

(20) 【33】~【35】

마음이 分明하고 正道로서 행하는 것을 正直이라 한다. 정직하면서 이를 실천하면 호방하고 구애됨이 없는 것이다. 호방하면서 强暴함을 두려워하지 않는 것을 용맹하며 果敢하다고 한다. 작은 道로 大道를 해치지 않는 것을 굳세고 간결하다 한다. 大罪를 엄한 법으로 대처하는 것을 정당하게 행했다 한다. 존귀한 것을 존귀하게 여기는 것은 賢人을 존경하는 것과 같고 이를 곧 義라 한다.

(21) 【36】~【37】

만약에 진심된 마음이 아닌 것으로 다른 사람과 교제하면 곧 疏遠해진다. 소원하면서 莊重하면 敬畏하게 된다. 경외하면서 느슨해지면 威嚴이 생기게 된다. 엄격하면서 두려움이 생기게 하면 존경심이 생기게 된다. 존경을 받으면서도 교만하지 않으면 겸손하면서도 공경을 받게 된다. 겸손하고 공경을 받게 되면 이게 곧 禮이다.

(22) 【37】~【39】

剛簡하지 않으면 실행할 수 없다. 친근함을 隱匿하지 않으면 道를 明察할 수 없다. 大罪가 있어 重刑으로 다스림을 剛簡(강하고 간결함)이라한다. 작은 죄가 있어 능히 사면해 준 것은 친근을 은닉한 것이다. 대죄가 있으나 중형으로 다스리지 않으면 행하기가 어렵고, 소죄가 있으나 용서해 주지 않으면 道를 明察할 수 없다.

(23) 【39】~【42】

簡이란 간결하고 숙련된 것을 말하는 것으로 큰 것에서 작은 것을 이루었음을 말하는 것이고, 匿이란 親近을 隱匿하는 것으로 작은 것에서 많은 것을 이루었음을 말한다. 簡은 義의 표현이고, 匿은 仁의 표현이고, 剛은 義의 표현이고, 柔는 仁의 표현이다. ≪詩經·商頌·長髮≫에 "다투거나 조급하지도 않고, 강하거나 부드럽지 않네."라고 한 말은 곧 이를 가리킨다.

(24) 【42】~【44】

군자는 金聲과 玉音 혹은 강함과 부드러움 모두를 집대성한 자이다. 능히 전진하여 군자가 될 수도 있으며, 만약에 군자가 될 수 없으면 각각이 도달한 곳에 머물게 된다. 크면서 작은 것을 취할 수도 있고, 적으면서도 많은 것을 취할 수도 있다. 군자의 도를 쉽게 이루는 것을 '賢'이라 하고, 군자가 현인을 이해하고 이를 추천하는 것은 尊賢(현인을 존경함)이라하고 현인을 이해하면서 이를 따르는 것을 尊賢하는 사람이라 한다.

(25) 【45】~【46】

耳目鼻口手足 등 여섯은 마음이 이들을 다스린다. 마음만 먹으면 무엇이든 할 수 있는 것이 마음(心)이다. 마음이 하고자 한다면 하지 않을 수 없고, 마음이 앞으로 나아가고자 한다면 앞으로 나아가지 않을 수 없고, 후진하고자 한다면 후진해야 하며, 깊고자 한다면 깊게 해야 하고, 얕게 하고자 한다면 얕게 하고자 하는 것이 곧 마음이다. 耳目鼻口手足이 仁義와 화합하고 마음과 합치가 된다면 이게 곧 善이다.

(26) 【47】~【48】

눈으로 살펴 비교하여 이해할 수 있는 것을 道를 향해 앞으로 나아간다고 한다. 명시하고 깨달아 아는 것을 道를 향하여 나아간다고 한다. 비유하여 능히 알 수 있는 것을 道를 향하여 나아간다고 한다. 미세한 징조로도 이해하는 것을 天이라 한다. 따라서 ≪詩經·大雅·大明≫에서 "하느님은 너를 감시하고 있으니 너의 마음을 변하지 않도록 하라."고 한 말은 곧 이를 두고 하는 말이다.

(27) 【48】~【49】

하늘이 사람에게 내려 준 것을 천성적이고 자연적이라 한다. 사람이 다른 사람에게 내려준 것을 습성이라 한다.

(28) 【49】~【50】

도를 듣고 기뻐하는 자는 인을 좋아하는 자라하고, 도를 듣고 경외하는 자를 의를 좋아하는 자라하고,

도를 듣고 공경하는 자를 예를 좋아하는 자라하며, 도를 듣고 기뻐하는 자를 덕을 좋아하는 자라 한다.

7) 唐虞之道

(1) 【1】~【4】

堯舜의 도는 禪讓하였고, 계승을 하지 않았다. 堯舜의 왕은 천하에 유익을 꾀했을 뿐, 스스로의 이익을 취하지 않았다. 선양하고 계승하지 않는 것은 聖의 최고 경지이고, 천하를 이롭게 하나 자기를 이롭게 하지 않는 것은 仁의 극치이다. 옛 현인과 성자는 이렇게 행하였다. 자기가 곤궁에 처했으나 곤란해 하지 않고, 손해를 입으나 오히려 자기를 이롭게 하지 않는 것이 바로 仁을 다하는 것이다. 반드시 먼저 자신의 몸을 바르게 한 후에 천하를 다스려야 한다. 이렇게 해야 聖道가 갖추어지게 되며, 이게 곧 唐虞의 [道인 禪讓이다(?)].

(2) 【4】~【6】

무릇 성인은 위로는 하늘을 섬기고, 백성을 존경하는 마음을 갖도록 교화하였고, 아래로는 땅을 섬기고, 백성을 사랑과 화목으로 교화하였다. 항상 산천을 섬기고 백성을 공경하도록 교화하였고, 친히 조상의 사당을 섬겨 백성들로 하여금 효를 배우게 하였다. 太學에서 천자는 長者를 존경하고, 백성은 형제간에 우애가 있도록 하였다. 앞 성인과 뒤 성인 중 앞 성인은 고찰하고 뒤 성인을 존경하여 백성으로 하여금 大順의 도를 가리킨다.

(3) 【6】~【12】

堯舜은 부모를 사랑하고 賢者를 존경하였다. 부모를 사랑하였기에, 孝한 것이고, 현자를 존경하였기에 禪讓한 것이다. 孝의 근본적인 도리는 천하의 백성을 사랑하는 것이며, 禪이 실행은 세상에 덕이 밝혀 드러내지는 것이다. 仁은 孝의 禮帽(조정에 나갈 때 쓰는 관)와 같은 것이다. 禪은 義의 목표이며, 고대에 六帝가 일어나게 된 것은 모두 이러한 이유 때문이다. 가족을 사랑하나 현인을 소홀히 하는 것은 仁이나 義는 아니다. 현인을 존중하나 오히려 가족을 소홀히 하는 것은 義이나 仁은 아니다. 옛날 虞舜이 오로지 瞽瞍를 섬긴 것은 효를 행한 것이고, 堯를 섬긴 것은 신하의 의무를 행한 것이다. 가족을 매우 사랑하는 자는 곧 현인을 존중한다. 虞舜이 곧 이러한 사람이다. 㝢(禹)는 물을 다스리는 직무를 맡았고, 膉(益)은 불을 다스리는 직무를 맡았고, 后稷(稷)은 토지를 다스리는 직무를 맡았었다. 이들은 모두 백성의 생존의 필요를 만족시키기 위해서였다. 이러한 것은 모두 피부, 근육, 피, 氣의 실제적 상황을 근거로 하여, 생명의 정기를 양성하고, 생명을 사랑하고 보호하여 죽지 않도록 하고, 신체를 보양하고 손상하지 않도록 하였고, 백성을 지혜롭게 하여 예의를 알게 하였다. 愄(夔)가 음악을 관장하였고, 백성을 다스리고 교화하였다.

(4) 【12】~【22】

皐陶는 다섯 가지 형벌로 다스렸고, 무기를 가지고 출병하였고, 가벼운 법으로 다스렸고, 虞는 위엄으로 다스렸고, 夏는 무기로써 불복종하는 자들을 다스렸다. 백성을 사랑으로 다스렸는데, 虞夏의 통치 방법이 곧 이와 같았다. 禪讓하고, 계승하지 않고, 의가 장구하고 【끊이지 않으니, 이게 곧 夏의】 통치였다. 옛날 堯는 천자로 태어나 天下가 있었던 것은 聖明을 천명으로부터 받은 것이고, 인과 사랑이 적절하게 때에 맞아 방해를 받지 않았다. 천지신명의 뜻을 따르니 천지가 保佑하였다. 설사 仁과 聖이 도울 수 있을지라도, 時機에는 미치지 못한다. 옛 舜왕이 신분이 비천하여 초가집에 살았지만, 근심이 없었고, 임금이 되어서는 교만하지 않았다. 초야만 있었지만, 근심이 없었던 것은 천명을 안 것이고, 임금이 되어서는 교만하지 않은 것은 또한 방종하지 않은 것이다. 大人이 흥하게 되기를 바라는 것은 아름다운 일이다. 현재 德者를 본받고, 항상 덕을 행하기를 멈추지 않는다면, 군주와 백성은 교만하지 않게 되니, 결국엔 천하는 다스리는데 의심을 받지 않게 된다. 비록 낮은 위치에 있는 필부라 할지라도 가볍게 여기지 않으며, 몸이 천하를 다스리는 위치에 있다 해도 천하 다스리는 것만을 가장 중요한 것으로만 여기지 않는다. 그런 고로 천하를 다스리는 자가 이익을 취하지 않기 때문에 천하를 다스리지 않는 경우가 있다 하여도 결코 손해가 나지 않는 것이다. 따라서 인의 최고는 禪讓이니, 즉 천하를 이롭게 하고 자기를 이롭게 하지 않는 것이다. 禪讓이라는 것은 바로 위에 있는 자가 덕을 갖추고 있어, 그 직위를 현자에게 양보하는 것을 말한다. 위에 있는 자가 덕이 있으며, 천하에는 곧 主宰자가 있게 되며, 세상은 昌明하게 된다. 지위를 물려받은 현자는 백성이 교화하고 흥성하게 하여 大道를 이룰 수 있다. 禪讓하지 않고 백성을 교화하였다는 사례는 이제까지 없었다.

(5) 【22】~【25】

고대 堯가 舜에게 禪讓한 것은, 순이 孝하다는 것을 듣고, 천하의 노인들을 돌볼 수 있음을 알았고, 舜이 형제간에 우애가 있다는 것을 듣고, 천하의 長者를 섬길 수 있음을 알았고, 순이 어린 자들에게 자비심이 있다는 것을 듣고, ……그가 백성의 주체가 되게 할 수 있다는 것을 알았기 때문이다. 그런 고로 瞽瞍의 아들이라는 것은 곧 지극한 효의 실행이며, 요의 신하를 겸하게 되었다는 것은 곧 지극한 忠의 실행이며, 요가 천하는 순에게 선양하고, 왕이 되고 천하를 다스리게 하는 것은 지극한 君主의 도를 실행한 것이다. 堯가 순에게 천하를 禪讓한 것이 바로 이와 같은 것이다.

(6) 【25】~【29】

고대 성인은 20세에 관을 하고 30세 때 가정을 가지고 50세에 천하를 통치하고, 70세에 사직을 청원하여 물러났다. 四肢가 권태해지고, 귀와 눈의 총명함이 쇠퇴해지면, 천하를 현자에게 禪讓하고 물러나 養生하여야 한다. 이는 자신이 이득이 되지 못함을 알기 때문이다. ≪虞詩≫에서 '해와 달이 나오지 않으면 만물이 모두 가리어지고, 성인이 위에 오르지 않으면 천하는 필히 폐하고 만다.'라고 했다. 治의

극치는 불초소생을 길러주고, 亂의 극치는 현자를 폐하게 하는 것이다

8) 忠信之道

(1) 【1】~【3】

거짓이 없고 의문이 없는 것이 忠의 극치이다. 기만함이 없고 총명(교묘)함이 없는 것이 信의 극치이다. 忠을 쌓으면 사람들과 친근해 질수 있고, 신을 쌓으면 사람들에게 신임을 얻을 수 있다. 임금 된 자가 忠信을 쌓았는데도 백성들과 친해지지 않고 신임을 얻지 못한 적은 일찍이 없었다. 지극한 忠은 흙과 같으니, 만물을 회생하게 하면서도 자만하거나 교만함이 없다. 지극한 信은 時節과 같으니 순서에 따라서 행하지만 멈춤이 없다. 忠人은 위배됨이 없고, 信人은 배반함이 없다. 군자는 이와 같으니 또한 생을 기만하지 않고 죽음을 두려워하지 않는다.

(2) 【3】~【5】

오랜 시간이 지나도 영원히 변하지 않는 것이 忠의 극치이다. 의심이 없고 최상을 분별할 수 있는 것이 信의 극치이다. 지극한 忠은 거짓이 없고, 최고의 신은 배반하지 않는다는 말이 이를 두고 하는 말이다. 큰 忠은 말의 설명이 필요없으며, 큰 믿음은 약속이라는 것이 필요 없다. 설명이 필요 없는 큰 충이면서 족히 만물을 양성할 수 있는 것은 곧 땅(地)이다. 약속이 없으면서도 그 약정을 지켜낼 수 있는 것은 곧 이는 하늘(天)이다. 따라서 天地의 규칙을 모범으로 삼는다고 하는 忠信은 바로 이를 두고 하는 말이다.

능히 만물을 기르는 것이 땅이라 말할 수 없고, 기약할 수 있는 것이 하늘이라 약정할 수 없다. 天地를 본받았다는 것은 忠信을 이와 같이 말한 것이다.

(3) 【5】~【6】

입으로는 좋게 말하면서 실제로는 하지 않는 것, 군자는 이와 같이 말하지 않는다. 마음으로는 소원하면서 겉으로는 친근한 척 하지 않는 것, 군자는 이와 같은 일을 하지 않는다. 그러므로 교묘하게 속여서 백성에게서 기쁨을 취하는 것, 군자는 이와 같은 방법을 취하지 않는다. 이 세 가지(口, 心, 行)를 행함에, 忠人은 속임이 없으며, 信人은 거짓이 없다.

(4) 【6】~【9】

忠의 道는 모든 職人들이 거칠고 나쁜 것이 없는 훌륭한 물건을 만들어 내게 하여 사람들은 살면서 필요한 물건들을 모두 갖추게 된다. 信의 道는 만물이 이루어지게 하여, 모든 좋은 일이 생기게 된다. 군자가 忠을 베풀게 되면, 남방 소수 민족인 蠻族과도 친근하게 귀화될 수 있다. 군자가 말에 믿음이 있게 행하면, 그 말이 전해오다가 바뀌어도 상대방은 의심 없이 받아들인다. 따라서 忠은 仁의 실제적

含意이며, 信은 義의 최고 목표이다. 그런 고로 예부터 忠信이 능히 蠻貊과 주변 소수민족에게도 행해져야하는 것도 바로 이러한 이유이다.

9) 性自命出

(1) 【1】~【5】

사람은 모두가 동일한 '性'을 가지고 있다. 그러나 마음(心)이 사람의 의지를 결정할 수 있는 것은 아니다. 물질과 접촉을 한 후에 작용이 일어나는 것이고, 즐거움이 있어야 행하여지는 것이며, 습관이 되고 난 후에 정해지는 것이다. 즐거움・노함・애석함과 슬픔 등의 정신(勢)은 곧 '性'이다. 이 '性'은 물질과 접촉을 한 후에 외부로 발현되어지는 것이다. '性'은 또한 '命'으로부터 나온 것이며, '命'이란 곧 하늘에서 내려진 賦命이다. '道'는 '情'에서 시작된 것이며, 그 '情'은 또한 '性'에서 나온 것이다. 그 시작은 '人情'을 근본으로 하는 것이지만, 그 궁극적인 목적은 곧 '義'를 세우고자 하는 것이다. 그래서 人情을 통달한 자만이 능히 人情을 발흥시킬 수 있는 것이며, 사람의 '義'를 통달한 자만이 곧 능히 人情을 거두어들일 수 있다. 좋아하고 싫어함은 '性'이다. 이른바 좋아하고 싫어함은 곧 외계의 물질에서 비롯된 것이다. 선함과 선하지 않음 또한 '性'이다. 이른바 선하고 선하지 않음은 곧 情勢에서 비롯된 것이다.

(2) 【5】~【6】

이른바 '性'이 주체가 되는데, 물질은 '性'을 취하여 발현되어진다. (이 과정에서 '心'은 중요한 관건이다.) 金石악기가 만약에 두드리지 않는다면 소리를 내지 못하는 것과 같이, 사람에게는 비록 '性'이라는 것이 있지만, 마음(心)이 없으면 '性'이 취해지지 않는다.

(3) 【6】~【8】

이른바 '心'에는 '志(意志)'가 있어, 만약에 그것이 없다면 사람은 언행을 할 수 없다. 사람이 맥없이 할 수 없는 것은 곧 입이 스스로 말을 할 수 없는 경우와 마찬가지다. 소가 천성적으로 크며, 기러기가 날 수 있는 것은 그 '性(본성)'이 하게 한 것이다. (사람은 본시 천성이 같기 때문에)학습을 통해서만이 그렇게 할 수 있게끔 되는 것이다(서로 구별이 되어지는 것이다.)

(4) 【8】~【9】

모든 물질은 서로 다르지 않은 것이 없다. 강한 나무가 세워지는 것은 그 강한 속성으로 인한 것이며, 부드러운 것이 묶을 수 있는 것은 그 부드러움으로 인한 것이다. 천하 모든 이의 속성은 하나이나 心志가 서로 다름은 교육이 그렇게 만든 것이다.

(5) 【9】~【10】

이른바 (사람의) 천성은 감동되어지기도 하고, 迎合되어지기도 하고, 교류하게하기도 하고, 높아지게 하기도 하고, 나타내어지기도 하고, 길러지기도 하고, 增益되어지기도 한다.

(6) 【10】~【11】

이른바 본성을 움직이는 것은 物이고, 성에 순한 것은 기쁨이고, 성에 적절하게 교류하는 것은 도리이고(故意), 성을 단련하는 것은 道義이고, 성을 발현하게 하는 것은 勢이고, 성을 양성하는 것은 습속이고, 성을 增益시키는 것은 道이다.

(7) 【12】~【14】

이른바 世間에 나타내어지는 것은 物이고, 자기 자신에 따르는 것을 悅이라 하고, 物의 情勢를 勢라 하고, 인위적으로 하는 것을 故라고 한다. 義라는 것은 모든 선의 徵表이며, 習이라 하는 것은 성을 修養하는 것이고, 도란 만물에 내재되어 있는 고유의 規則을 말한다.

(8) 【14】~【23】

이른바 道는 마음의 느낌이나 체험(心術)이 중심이 된다. 도는 네 가지의 經術이 있는데, 그 중에서 人道(禮樂이나 治民의 道)만이 民衆을 敎導할 수 있고, 나머지 셋은 단지 道일 따름이다. ≪詩≫·≪書≫·≪禮≫·≪樂≫은 본래 사람에서 시작된 것이다. ≪詩≫는 사람이 특정한 목적을 위하여 만들어낸 것이고, ≪書≫는 사람이 특정한 생각이나 이유 때문에 말로 표현한 것이고, ≪禮≫와 ≪樂≫ 또한 역시 특정한 목적을 위한 행동거지를 나타낸 것이다. 聖人들은 ≪詩≫·≪書≫·≪禮≫·≪樂≫을 각종 人倫 관계에 따라 비교 고찰하여 論議하고 조합하였다. 즉 그 先後 질서를 審察하여 그 발전과 연변을 알아냈고, 그 의리를 체득하여 규장을 제정하였으며, 그 人情을 條理있게 정리하여 발현하거나 수습할 수 있게 하였다. 그런 연후에 다시금 백성을 敎化한다. 교화는 백성으로 하여금 마음속에서 德과 善한 心志가 생겨나도록 하는 것이다. 禮는 人情에서 비롯된 것이며, 또한 人情을 근본으로 하여 발흥하게 하는 것이다. 事理에 따라서 혹은 사람의 신분에 의거하여 禮가 갖추어지게 되는 것이며, 그의 本末과 輕重·先後 등의 질서는 義道에 맞게 생겨나는 것이다. 질서의 예절 규범은 곧 節度다. 容貌를 단아하게 하는 것은 風度나 儀表가 예의 규범에 맞게 하기 위해서다. 군자는 禮의 情을 가꾸어 아름답게 하며, 禮의 義理를 尊貴하며, 예의 절도를 愛慕하며, 儀容을 좋아하고 禮의 道에서 安樂하며, 服禮의 가르침을 좋아하기 때문에 서로 능히 공경한다. 參拜할 때 그 용모를 悅順하는 것 또한 禮儀의 규범이다. 幣帛은 이른바 예의의 信物이며 表徵이기 때문에 그 폐백을 饋贈할 때 사용하는 辭令을 도의에 맞게 하여야 한다. 웃음은 깊지 않은 기쁨의 윤택을 함유하고 있지만, 樂은 深厚한 기쁨의 윤택을 내포하고 있다.

(9) 【23】~【27】

이른바 소리는 모두가 진심어린 사람의 감정에서 나오며, 그래야 또한 사람의 마음을 깊이 감동시킨다. 사람이 웃는 소리를 들으면 확연히 기뻐하듯, 歌謠를 들으면 기쁨이 넘쳐난다. 琴瑟의 소리를 들으면 마음이 경건해지고 감동이 되듯, ≪賚≫와 ≪武≫를 들으면 행동이 엄숙해지고, ≪韶≫와 ≪夏≫를 들으면 성실하고 겸손한 마음이 발동된다. 心思를 읊어야 만이 다른 사람의 마음을 감동시키고 감탄하게 할 수 있다. 그런고로 ≪賚≫·≪武≫·≪韶≫·≪夏≫와 같은 古典 음악은 사람의 가슴 속에 오랫동안 남게 되고, 이러한 음악은 사람의 근본인 善에 진실로 復歸하게 되며, 또한 사람에게 온화한 情操를 陶冶하게 하여 감상하는 자들에게 그 德을 행하게 하는 것이다. 鄭衛와 같은 음란한 음악은 사람들이 입으로 부정을 하면서도 실제로는 이를 듣고자 하는 것이다.

(10) 【28】

古代의 正樂은 사람의 마음을 유익하게 하여 예의를 尊崇하게 하나, 淫濫한 음악은 사람들로 하여금 향락에 빠지게 한다. 그래서 음악은 사람을 교화하는 작용을 한다. ≪賚≫과 ≪武≫의 음악은 武王이 천하를 통치함을 노래한 것이고, ≪韶≫와 ≪夏≫의 음악은 사람의 진정한 감정을 읊은 것이다.

(11) 【29】~【31】

기쁨(樂)이 극에 달하면 반드시 슬픔이 생겨나는 것이고, 우는 것(哭) 또한 슬픔에서 비롯된 것으로 이 기쁨과 슬픔 모두는 그 감정이 극치를 이룬 결과인 것이다. 哀와 樂은 인간의 본성이기 때문에 哀樂이 발현되는 마음은 유사하다. 곡(哭)의 마음이 발동되면 점점 슬픈 마음이 극에 달하게 되고 그러한 마음이 계속 이어졌다가, 애절하고 슬픈 마음을 지닌 채 끝난다. 기쁨(樂)의 마음이 발동되어 그 기쁨의 마음이 극에 달하면, 오히려 슬픈 마음이 생겨나게 되어 사람을 울적하게 만든다.

(12) 【31】~【35】

사람의 心思가 울적하면 곧 슬픔(悲)이 생기고, 心思가 즐거우면 곧 기쁨(喜)이 생기는 것으로 사람의 생각은 마음의 작용이 가장 중요한 것이다. 탄식은 心思의 表象으로 마치 소리가 변하면 마음도 따라 변화하기 때문에 마음이 변하면 그 소리 또한 변하는 것과 같다. 앓는 소리는 슬픔(哀)의 표출이며, 떠들썩한 소리는 기쁨의 표시이다. 衆人의 소리는 心聲의 표시이며, 노래하는 소리는 내심의 표시이다. 사람은 원래 즐거우면 기쁨이 생기고, 즐거우면 노래 부르고, 노래 부르면 몸이 움직이고, 움직이면 춤추게 되고, 춤추면 기쁨이 극에 달하게 된다. 사람이 노여움이 있으면 슬퍼지고, 슬픔이 더하면 애통하게 되고, 애통한 마음이 더하면 탄식하고, 탄식이 더하면 가슴을 두들기게 되고, 가슴을 두들기는 것을 더하면 몸부림을 치며 슬퍼하는데, 몸부림치며 슬퍼하는 것은 기쁘지 않은 감정의 극단이다.

(13) 【36】~【42】

이른바 무릇 배우고자 하는 자가 성현(聖賢)군자들이 지니고 있는 덕성까지 파악하기란 쉽지 않다. 성현군자의 행동거지를 따라 그 언행을 행함은 이미 내심이 德性에 상당히 접근한 것이지만 음악을 통한 敎化의 감화가 성인의 마음을 가장 신속하게 깨달을 수 있는 것이다. 비록 성인군자의 언행을 본받고자 하나 성인과 똑같은 內心 덕성을 갖출 수 없다 해도 이를 너무 마음에 둘 필요는 없다. 그러나 만약에 진실되고 성실한 마음으로 성인의 내심덕성을 추구하지 않는다면 영원히 구할 수 없다. 사람은 그 진면목을 假飾하거나 숨길 수 없는데, 이는 內心을 다른 사람이 알아차릴 수 있기 때문이다. 사람이 똑같은 잘못을 여러 차례 되풀이 하지 말아야 하는데, 만약에 그런다면(되풀이 한다면) 그의 심태는 이미 그 잘못과 똑 같다. 어떤 사람의 행동거지를 자세하게 살펴보면 어찌 그 사람의 진실된 내심 상태를 파악하지 못하겠는가?

용서한다는 것은 義道의 準則이다. 義道는 敬愛의 준칙이다. 공경하는 마음(敬愛)은 또한 만물을 대할 때 반드시 갖추어야 할 원칙이다. 敦厚는 仁心의 準則이며, 仁心은 人性 道理의 準則이며, 仁心은 또한 人性에서 생겨난다. 忠誠은 믿음(信實)의 準則이며, 믿음(信實)은 진실된 內心의 규칙이다. 人心의 진실(情)은 또한 人性에서 생겨난 것이다. 愛는 일곱 가지가 있는데, 그중 人性에서 나온 愛가 가장 仁에 가깝다. 智는 네 가지가 있는데, 그중 義道가 가장 忠誠에 가깝고, 미워하는(惡) 마음은 세 가지가 있는데, 그 중 不仁을 싫어하는 마음이 가장 義道에 가깝다. 道는 네 가지가 있는데, 그 중 人道(禮樂治民)만이 民衆을 교화할 수 있다.

(14) 【42】~【47】

이른바 사람의 마음이 躁急함에 있어 思慮할 때가 가장 심하고, 智慧가 가장 급하게 필요할 때는 곧 患亂이 있을 때이다. 감정을 사용함이 가장 극치에 달하는 것은 悲哀와 歡樂을 느낄 때가 가장 심하다. 몸이 가장 적극적으로 力行하는 것은 마음에 기쁨이 있을 때가 가장 심하다. 온 힘을 다함은 이익이 있을 때 가장 열심이다. 眼目의 기쁨을 추구하고, 귀의 듣기 좋은 음악만을 좋아하고, 心思가 울적하게 되면 사람을 가장 쉽게 죽음에 이르게 한다. 만약에 사람의 행실 태도가 節度가 있으나 진실된 마음이 없다면 실질적이지 못하고 꾸밈만이 있다. 사람은 質朴하고 성실한 마음을 지니고 있으나, 꾸준히 노력하지 않는 마음이 없다면 반드시 태만하고 만다. 사람이 말수가 좋아 말하기 좋아하나 순박하고 성실한 마음 자세가 없다면 방종해지고, 기쁜 마음으로 다른 사람과 잘 어울리나 열심히 노력하고 분투하는 마음 자세가 없다면 남에게 모욕을 당한다. 사람이 방자하고 안일한 생활 습관을 가지고 있으나 노력하여 학습하지 않으면 안 되며, 또한 어떤 사람이 비록 성실하고 돈후한 품성을 소유하고 있다고 하나 스스로 항상 보완하는 자세를 갖추지 않으면 안 된다.

(15) 【48】~【49】

虛僞는 응당히 싫어해야 한다. 虛僞는 사람을 쉽게 경거망동하게 하고, 경거망동한 행위는 사람을 쉽게 거만하게 만든다. 거만한 사람은 다른 사람이 가까이 하여 사귀려하지 않는다. 謹愼은 仁의 원칙이다. 仁者는 매사에 신중하고 성실하기 때문에 설사 잘못이 좀 있다해도 다른 사람이 그를 미워하지 않는다. 신속하게 처리함은 計策이 준칙이다. 만약에 과실이 있다면 다른 사람에게서 책망을 듣게 된다. 사람이 일을 처리할 때 신중하지 않으면 쉽게 잘못을 하게 되는 것은 필연한 사실이다.

(16) 【50】~【59】

이른바 진실 되고 성실한 사람은 다른 사람들을 기쁘게 한다. 만약에 성실하고 진심으로 일을 처리하다가 설사 잘못이 발생한다 해도 다른 사람이 그를 미워하지 않는다. 성실하게 일을 처리하지 않으면 그 일을 어렵게 완성하였다 하여도 다른 사람들이 가치 있다고 하지 않을 것이다. 만약에 성실하고 진실 된 사람이면 그 일을 아직 실천하지 않았지만 다른 사람들이 믿는다. (군자) 반드시 말로써 설명하지 않아도 그를 믿는 것은 그가 아름다운 性情을 지니고 있기 때문이다. 군자들이 백성들을 인도하지 않아도 항상 善한 마음을 지니고 있는 것은 마음이 善하기 때문이다. 賞賜를 하지 않음에도 백성들이 성실하게 일하는 것은 풍요로운 마음을 지니고 있기 때문이다. 형벌을 가하지 않아도 백성들이 敬畏하는 것은 마음 속에 이미 경외한 마음이 자리 잡고 있기 때문이다. 비록 지위가 낮다해도 백성들이 그를 존경하는 것은 德이 있기 때문이다. 가난하나 백성들이 그를 옹호하고 따르는 것은 그가 道義를 지니고 있기 때문이다.

혼자 있어도 항상 기쁨이 넘쳐나는 것은 禮의 道義를 深通하고 있기 때문이다. 그를 비록 미워하나 그를 비평할 수 없음은 그가 義理를 잘 알고 있기 때문이다. 그를 비평한다해도 그를 미워할 수 없음은 그가 仁義를 준수하는 사람이기 때문이다. 행동에 과실이 없는 사람은 道를 아는 사람이다. 도를 듣고 위에 있는 사람의 언행을 성찰하는 것은 윗사람과 교왕하기를 좋아하는 사람이고, 도를 듣고 아랫사람의 언행을 성찰하는 것은 아랫사람과 교류하기를 좋아하기 때문이다. 도를 듣고 자기 자신의 언행을 반성 고찰하는 사람은 修身하기를 좋아하는 사람이다. 이와 같이 윗사람과 교류하면 군자를 섬기는 도리에 가까워지고, 이와 같이 아랫사람과 교류하면 백성의 지지를 받을 수 있는바 이는 政治의 道에 가까워 질 수 있다. 道로서 수신하면 仁에 가까워진다. 자신의 立身處世와 같은 생각을 가지고 있는 사람과 교류하는 것은 道를 기본으로 하기 때문이고, 志向이 같지 않음에도 교류를 하는 것은 道義상 필요하기 때문이다('故'를 기본으로 하기 때문이다). 자기가 좋아하는 것을 좋아하는 사람과 교류하는 것은 피차의 德行品性이 근사하기 때문이다. 자기와 기호가 같지 않은 사람과 교류하는 것은 공통적으로 계략을 세워 함께 圖謀해야 하기 때문이다. 가정을 다스림은 관대하고 온유함을 원칙으로 하고, 나라를 다스림은 檢束하고 단속함을 원칙으로 하여야 한다.

(17) 【59】~【60】

다른 사람을 칭찬할 때 인색하지 말아야 하며, 또한 행동으로 직접 보여주어야 한다. 말로 다른 사람에게 승낙 한 것은 조금도 거짓 없이 행동으로 실천해야만 후회가 없다.

(18) 【60】

다른 사람과 교류를 할 때는 너무 지나쳐서는 안 되고, 언제나 솔직담백하게 끝까지 변함없는 모습을 보여주어야 한다.

(19) 【60】~【61】

부름을 받고 外事에 관여하는 일이 있게 되는 경우엔 두려워 할 필요는 없으나, 그렇다고 독단적으로 일을 처리해서는 안 된다. 혼자 있을 때는 부모 형제에게서 이른바 열심히 일하는 태도를 배워야 한다. 만약에 큰 피해가 없지 않다면, 원망할 일이 조금 있다 해도 상관이 없다. 그리고 지난 후일 다시 자꾸 꺼내어 언급하지 말아야 한다.

(20) 【62】~【67】

憂患의 일이 있으면 주동적으로 任하고, 즐거운 일이 있으면 먼저 가서 그것을 누리지 말아야 한다. 立身은 먼저 淸靜하여야하고 남에게 죄를 지어서는 안 되며, 생각(思慮)은 심사숙고해야하지 거짓된 마음이 있으면 안 되며, 행동은 용감하게 끝까지 밀어 붙어야 하며, 용모는 단정하고 莊重하게 하되 거만하지 말아야 하며, 마음(心志)은 온화하고 엄숙하며 담담하여야 하며, 기쁨(喜)이 있을 때는 지혜롭되 천박하지 말아야 하며, 즐거움(樂)이 있을 때는 기쁨을 가지되 의지력이 있어야 되며, 근심(憂)이 있을 때에는 겸허하되 분노하지 말고, 화나는 일이 있을 때에는 화가 끝까지 찰 때까지 참아야지 남에게 발산을 해서는 안 되며, 앞으로 나아갈 때는 공손하여야지 虛僞가 있어서는 안 되며, 물러날 때는 순서 절차에 맞춰 나아가되 輕慢하지 말아야 하며, 하고 싶은 일을 할 때는 예의에 맞게 하여야 하지 虛僞가 있어서는 안 된다.

군자는 志向을 갖되 원대한 포부를 가져야 하며, 말을 할 때는 정성이 담긴 마음으로 하여야 하며, 賓客을 맞이할 때는 공경스런 용모로 맞이하며, 제사를 지낼 때에는 엄숙하고 공경한 자세로 임해야 하며, 喪을 당한 기간에는 애틋한 哀情의 마음이 있어야 한다. 군자는 자신의 儀容行止를 예의에 맞게 행동하고 內心은 언제나 嚴敬하고 端正하여야 한다.

10) 成之聞之

(1) 【1】~【3】

듣기에 고대의 백성을 다스리는 자들은 언제나 자기 자신에게서 구했다. 즉 자신의 행위가 信用이 없으면, 백성은 명령을 듣지 않으며, 신용을 보여주지 않으면, 백성에게 말을 듣지 않는다. 백성이 천자의 명령에 복종하지 않고 그 말한 것을 신임하지 않는데도, 道德을 마음에 품고 있는 자는 여태껏 없었다. 때문에 군자가 백성을 잘 살피고, 솔선수범하며, 근면공경하게 절조를 잘 지켜야 만이, 백성을 위로하고 민심을 깊이 헤아릴 수 있다.

(2) 【4】~【5】

군자의 교화는 만일 백성을 은연중에 감화시킬 수 없다면, 백성에 대한 교화는 깊지 않을 것이다. 그래서 솔선수범 하지 않고 단지 입으로만 가르친다고 한다면, 설령 끊임없이 政令을 말한다고 해도 백성은 듣고 따르지 않을 것이다.

(3) 【5】~【7】

그런 고로, 威服(협박하여 복종하게 함)과 형벌을 빈번하게 사용하는 것은 윗사람이 솔선수범하지 않는 까닭이다. 옛날에 군자가 말하기를 전쟁과 형벌은 군자가 덕행을 손상시키는 것이라 했다. 그래서 윗사람이 만일 몸소 법을 행하지 않는다면 백성들은 반드시 본래보다 더 나빠질 것이다.

(4) 【7】~【9】

군주가 아랫사람과 똑같은 祭服을 입고 왕의 자리에 서 있으면 궁중에 있는 사람들은 모두 각별히 공손하고 존경할 것이다. 군주가 상복을 입고 正位에 서 있으면 궁중에 있는 사람들은 모두 더욱 슬퍼할 것이다. 군주가 투구를 쓰고 갑옷을 입고 군 앞에 서 있으면, 장군과 병사들은 각별히 용감할 것이다. 위에 있는 사람이 만일 잘 이끈다면 곧 백성의 복종하지 않음이 매우 적을 것이다.

(5) 【9】~【11】

비록 이와 같을 지라도 군주가 백성에 대한 배려가 충분하지 않으면 그 위엄과 명망은 높지 않을 것이다. 그래서 군자는 자신에게서 구하고자 하는 바에 대해서는 심각해야 한다. 근본적인 것은 붙잡지 못하고 단지 지엽적인 문제에만 주의를 기울인다면 얻어지는 것은 없을 것이다.

(6) 【11】~【12】

그러므로 군자는 언론에 대하여서는 말류의 지엽적인 문제에 대한 관심을 중요하게 여기는 것이 아니고, 근원을 찾아 캐묻는 것을 중시해야 한다. 만일 그 원인을 묻지 않고 그 근본을 추궁하지 않는다면 얻어지는 것은 없을 것이다.

(7) 【12】~【15】

군주가 가만히 앉아 남의 성과를 누리고, 근본적인 것을 붙잡지 못한다면 이루어지는 것은 없을 것이다. 농부가 양식을 생산함에 있어서 열심히 경작하지 않으면 양식은 족하지 않을 것이다. 선비가 말을 하고 행동하면서도 그것을 실천하지 못한다면 명성을 얻을 수 없을 것이다. 그러므로 군자는 언론에 대하여서는 말류(근본정신이 쇠퇴해 버린 유파)의 지엽적인 문제에 대한 관심을 중요하게 여길 것이 아니라 근원을 찾아 캐묻는 것을 중요시해야 한다. 만일 그 원인을 묻지 않고 그 근본을 추궁하지 않는다면 비록 그것을 듣고 따르도록 강요할지라도 백성들은 받아들이지 않을 것이다.

(8) 【15】~【17】

위에 있는 사람이 그 덕을 행하지 않고 백성을 복종하게 하고자 한다면, 많은 어려움이 따를 것이다. 그러므로 백성들을 원활하게 敎導해야지 엄폐해서는 안 된다, 말을 타고 부리는 것 같아야지 가축을 끄는 것 같아서는 안 된다. 그러므로 군자는 衆物들을 중히 여기지 않고, 백성과 함께 생각하고 행동하며, 같은 목표를 향해 노력하는 것을 중히 여긴다.

(9) 【17】~【19】

총명하면서 순서를 지킬 줄 안다면, 백성들은 그 총명함이 더욱 진보되길 원할 것이다. 부유하면서 가난한 자에게 돈을 나누어 줄줄 알면 곧 백성들은 그 부유함이 더욱 부유해지기를 원한다. 존귀하나 겸양할 줄 알면 백성들은 그 존귀함이 더욱 늘어나기 원할 것이다. 만일 이 道를 행하지 않는다면, 백성들은 반드시 보복을 가할 것이니 신중하지 않을 수 있겠는가?

(10) 【19】~【20】

그러므로 군자는 이른바 남들이 보복하고자 하는 마음이 많지 않다면, 구하고자 하는 것이 멀지 않을 것이다. 자신의 관찰을 통하여 타인을 알 수 있다. 그러므로 타인이 자기를 사랑하길 바란다면 먼저 타인을 사랑해야 한다. 타인이 자기를 공경하길 바란다면 먼저 타인을 공경해야 한다.

(11) 【22】~【23】~【21】

때문에 "物"의 관건은 전력을 다하는데 있다. ≪尙書・君奭≫의 "武王의 인품을 진심으로 稱頌하다"라는 말은 무슨 의미인가? 전심전력한다는 말이다. 군자가 말하는 전심전력이란, 행위가 전심전력하지 않는다면, 깊이 헤아릴 수 없다. 전력을 다해야 성공할 것이고, 이것은 신념의 견고함을 확실하게 실천하는 것이다. 陳述함이 넓고 깊은 것은 말이 정교하기 때문이다. 때문에 비록 총명하나 전력하지 않으면, 일반 사람이나 마찬가지다. 용감하나 결단력이 없고 머뭇거리면 다시 앞으로 전진 할 수 없다.

(12) 【3】~, 【24】~【28】

그런고로 군자가 백성을 직접 시찰하고, 몸소 선을 행하고, 공경과 근면으로 절조를 지킨다면, 백성을 안위할 수 있고 백성에게 깊이 이해될 수 있다. 이렇게 한다면 백성이 어찌 복종하지 않겠는가? 진심으로 행하고, 즐거운 낯을 하고, 성의를 다한다면 백성이 어찌 믿지 않겠는가? 때문에 천자의 오랜 임무는 백성의 신임을 얻는 것이다. ≪詔命≫에 말하기를 "백성에게 신임을 얻었다면 이미 그 도를 성취한 것이다."라는 말은 무슨 의미인가? 백성에게 신임을 얻었다면 道德을 성취할 수 있다는 말이다.
성인과 일반인의 천성은 모두 뜻이 없었던 것은 아니다. 배우고 유학의 교훈을 받아서 그렇게 된 것이다. 비록 그 善道를 선택할 기회는 많지 않지만, 善道를 선택할 기회가 많은 후에는 성인은 망설이거나 의심을 하지 말아야 한다. 그렇게 되면 백성 역시 천성이 있기 때문에, 성인은 존경을 받지 못한다.

(13) 【29】~【30】, 【1】~【2】

≪尙書·君奭≫에서 말하기를 "내가 오직 말하고자 하는 것은 우리 두 사람을 빼고 당신과 뜻이 맞는 사람이 또 있느냐는 것이다." 이 말은 무엇을 의미하는가? 마음에 내키지 않기 때문에 하는 말이다.
군자는 말하기를: 단지 오래 長久하기만 하면 된다고 하지만 그것을 끝까지 견지하기란 쉽지 않다.
"썩은 나무가 3년이면, 경계를 표지하는 나무로 삼을 수 없다."라는 말은 무엇을 의미하는가? 너무 오래 되어 陳腐한다는 의미이다. 때문에 군자가 중시해야할 것은 최종의 성공이다. 듣는 바로는: 고대의 백성을 다스리는 자들은 언제나 자기 자신에게서 구했다. 즉 자신의 행위가 信用이 없으면, 백성은 명령을 듣지 않으며, 신용을 보여주지 않으면, 백성들은 말을 듣지 않는다. 백성이 천자의 명령에 복종하지 않고 그 말한 것을 신임하지 않는데도, 道德을 마음에 품은 자는 여태껏 없었다.

(14) 【31】~【32】

하늘이 법칙을 정하고 人倫으로 다스린다. 군신간의 義理를 정하고, 부자간의 親情을 세우며, 부부간에 差別을 나눈다. 그런고로 소인은 하늘의 법칙을 어기고 어지럽히며, 군자는 하늘의 덕에 순응하며 人倫을 다스린다.

(15) 【33】~【34】

≪大禹≫에서 말하기를 "내가 하늘의 뜻을 짐작한다." 이 말은 무슨 의미인가? 이 句를 설명하면 나는 이 위치에 있고 하늘의 뜻을 안다. 그래서 군자는 대나무로 엮은 자리에 스스로 겸양하여 작게 하고 낮은 곳에 두어야 하고, 조정에서는 겸양하여 낮은 위치에 자기를 두어야 한다. 이렇게 하는 것은 하늘의 뜻을 알고 그것에 멀지 않게 행하기 때문이다.

(16) 【34】~【36】

소인은 사람에게 仁義를 베풀지 못하며, 군자는 사람에게 그 예의가 있다고 과시하지 않는다. 나루터에서 배에 타는 것을 다투는 것은 그 먼저 타는 사람과 나중에 타는 사람과 같지 않기 때문이다. 말로 논쟁을 하여 한 승리는 차라리 그만두는 것만 못하다. 군자는 말한다. 성실하고, 다른 사람의 과실은 너그럽게 받아들이고, 먼저 과실을 없애야 비로소 다른 사람이 믿기 시작한다.

(17) 【37】~【40】

군자의 道는 가까운 곳에서 구하지만, 먼 곳까지 실행될 수 있다. 이전에 군자가 "성인은 하늘의 덕이다."라고 말한 것은 무슨 의미인가? 조심해서 자기 자신을 성찰하여야 만이 하늘의 常道를 실현시킬 수 있다는 것이다. ≪康誥≫에서 "常道는 준수하지 않기 때문에, 문왕이 형벌을 제정하였고, 봐주거나 용서해주는 것 없이 실행했다."라고 한 말은 무슨 의미인가? 하늘의 常道에 위배되지 않고, 문왕의 형벌은 무겁게 내리지 않았다는 의미다. 때문에 군자는 "六位(君・臣・父・子・夫・婦 의 道)"를 준수해야 하며, 이로써 하늘의 常道를 받들어야 한다.

11) 尊德義

(1) 【1】

德과 義를 존중하고, 인간은 사람이 지켜야 할 도리를 명확히 하여야 군자라 할 수 있다. 분노를 배제하고, 질투와 경계를 없애고, 승리에 집착하는 습관을 고치는 것이 윗사람의 임무이다.

(2) 【2】~【4】

상을 주는 것과 형벌은 재앙과 福祿의 근원이며, 이것은 모두 증명된 사실이다. 작위는 이것을 실현하는 확실한 예이다. 정벌과 함락은 적을 공격하기 위한 것이다. 형벌은 사람의 행위를 구속하기 위한 것이다. 살육은 害를 제거하기 위한 것이다. 이러한 것은 모두 도가 있어야 하며, 이 도를 따르지 않으면 안 된다. 仁은 가까워질 수 있고, 義는 존중할 수도 있으며, 忠은 신임을 할 수 있는 것이고, 배움은 이익이 될 수 있고, 가르침은 유형의 사람을 만들어낼 수 있다.

(3) 【4】~【8】

가르친다는 것은 處世의 道를 고치기 위함이 아니며, 그 處世의 道를 전하여 주기 위함이다. 배움은 또한 인간의 倫理를 고치기 위함이 아니며, 자기 스스로 인간의 倫理를 배울 수 있도록 하기 위함이다. 禹임금은 人道로써 그 백성을 다스렸고, 桀임금은 人道로써 그 백성을 혼란시켰다.

桀임금은 결코 禹임금이 백성을 다스리는 것을 바꾸지 않아 혼란스럽게 된 것이 아니고, 湯임금 역시 桀임금이 백성을 다스렸던 것을 바꾸지 않고 나라를 통치했던 것이다. 성인이 백성을 다스리는 것은 백성의 도를 이용한 것이고, 禹가 물을 다스린 것은 물의 이치를 이용한 것이고, 造父가 말을 부린 것은, 말의 이치를 이용한 것이며, 后稷이 나무를 심은 것은 땅의 이치를 이용한 것이다. 이처럼 모두는 각각의 도리가 없는 것이 없다. 사람의 도는 사람과 가장 밀접한 것이기 때문에, 군자는 사람의 도를 가장 먼저 이용해야 하는 것이다.

(4) 【8】~【11】

관찰하고 표현하는 것은 자신을 알기 위함이고 자기를 아는 것은 다른 사람을 알기 위함이며, 다른 사람을 아는 것은 천명을 알기 위함이다. 천명을 알고 난 후에야 비로소 하늘의 이치를 알 수 있으며, 하늘의 이치를 안 후에야 비로소 어떻게 행동해야 할 것인가를 알 수 있다. 禮로 즐거움을 알고, 즐거움으로 말미암아 비애(슬픔)를 안다. 자신을 알면서 천명을 모르는 것은 천명을 알지 못하여 오히려 자신을 모르는 것이다. 禮를 알고 있으나 즐거움을 모르는 것은 즐거움을 알지 못하여 오히려 禮를 모르는 것이다. 선택을 잘하여 사람이 잘 따를 수 있게 하는 것이 곧 최상의 선택이다.

(5) 【27】,~【12】~【16】

(위에 있는 사람이 선행을 베풀면, 백성은 반드시 부유하게 될 것이다. 하지만 부유하다해서 반드시 화목한 건 아니다. 화목하지 않으면, 불안정하고, 불안정하면 기쁘지 않게 된다.) 군자가 선을 행하면 백성은 반드시 많이 모일 것이나, 많이 모인다고 해서 반드시 질서가 있는 것이 아니다. 질서가 잡히지 않는다는 것은 순조로운 방향으로 가지 않는 것이며, 순조롭게 가지 않는다는 것은 평온치 않다는 것이다. 그러므로 집권자는 반드시 백성을 가르치고 인도하는 것을 가장 중요한 임무로 삼아야 한다.

백성에게 禮儀를 가르쳐 주면 백성은 곧 과감하고 강력해질 것이다. 백성에게 禮樂을 가르쳐 주면 백성은 곧 아름답고 선한 품덕과 참신한 재능을 갖출 것이다.

백성에게 論辯을 가르쳐 주면 백성은 곧 기세등등하여 연장자나 귀인보다 더 능가해져서 곧 기세등등하고 오만해질 것이다. 백성에게 六藝의 道를 가르쳐 주면 백성은 곧 상스럽게 다툴 것이다. 백성에게 技能을 가르쳐 주면 백성은 곧 도량이 좁아져 탐하며 인색해질 것이다. 백성에게 言辭를 가르쳐 주면 백성은 곧 궤변하고 믿음이 없어질 것이다. 백성에게 일을 가르쳐 주면 백성은 곧 열심히 경작하여 이익만을 추구할 것이다. 백성에게 지혜와 모략의 임기응변을 가르쳐 주면 백성은 곧 음란하여 혼미해질 것이다.

이와 같이 되면, 禮儀를 멀리하고 仁義와는 疏遠하게 될 것이다. 하지만 만약에 먼저 德으로 백성을 가르쳐 인도한다면, 백성은 善으로 나아갈 것이다.

(6) 【17】~【21】

이런 禮節을 행한 연후에 더욱 진일보 할 수 있다. 常道를 의지하면 견고해질 수 있고, 曲解를 올바르게 고찰하면 邪惡함을 없앨 수 있으며, 백성을 편애하지 않으면 원망하지 않게 된다.

태어나면서 아는 것은 가르침으로 한 것이 아니다. 정확한 이치를 가르쳐 주어야 하는데, 가르침이 그 본인(根本)이 아니면 정확한 도리를 실행할 방법이 없다. 그러므로 모든 대상에 대하여 심도있게 교육을 시켜야 한다. 이렇게 해야 모든 대상은 모두 가르침을 받을 수 있고, 의심이 없게 된다.

가르칠 수 있지만, 백성을 깨우쳐 인도할 수는 없으며, 곧 백성의 거동을 저지할 수는 없다. 仁義를 존중하고 忠信과 친해지고, 장중함을 경애하고, 禮儀를 귀중히 여기면서 이것을 실행하고 빠뜨리지 아니하고 자애하고 선량한 마음을 수양한다면, 자기 자신이 모르는 사이에 忠信의 마음은 날로 커질 것이다.

(7) 【21】~【23】

백성을 인도할 수는 있으나, 알게 할 수는 없는 것이다. 백성을 인도할 수는 있으나 강요할 수는 없다. 桀은 백성이 폭동을 일으킬 수 있다는 것을 알지 못했기 때문에 백성은 폭동을 일으켰다. 백성이 만약 강압을 받는다면, 군자는 백성의 의사에 따라야 할 뿐, 제압할 수 없다.

(8) 【23】~【27】

백성을 다스리는 자는 백성을 禮로써 다스려야 한다. 그래야 만이 백성은 불이익을 제거하고, 노고의 대가를 알게 된다. 나라를 다스림에 禮儀로 하지 않으면, 사람들은 어떻게 할 줄 모르게 된다. 禮가 없으면서도 백성이 기뻐하는 것은 모두다 小人이기 때문이다. 倫理가 아닌 것으로 백성을 복종하게 하면 혼란이 있게 된다. 백성의 다스림은 생계만을 위한 것이 아니다. 도락과 욕망으로 인해 道義가 방해를 받지 않도록 해야 된다.

백성을 사랑하면 백성도 아들이 아비를 섬기는 것과 같이 한다, 백성이 만약 다스리는 자의 사랑을 얻지 못한다면 원수처럼 보게 될 것이다.

백성에게 5할을 주면 백성들은 싸우게 될 것이고, 백성에게 10할을 주면 서로 다투게 되지만, 100할을 주면 안정될 것이다. 군자가 선을 행하면 백성은 반드시 풍족해질 것이나, 풍족함이 결코 화목한 것은 아니다. 화목하지 않음은 곧 불안정한 것이 되며, 불안정하면 곧 즐겁지 않게 된다.

(9) 【28】~【36】

이러한 까닭에 백성을 이끌고 常道로 향하고자 할 때, 道德이 있으면 곧 해결된다. 道德의 퍼짐은 郵馬가 전령을 전하는 것 보다 빠르다. 만약 德이 두텁지 않아, 왕래하는 상대방을 이해할 수 없으면 곧 그를 잃게 된다. 그런 고로 德은 禮樂보다 더 중요한 것이 없다.

그러므로 집권자는 그것을 편성하거나, 그것을 양성하거나, 혹은 진심된 마음으로 하도록 하고, 그러한 일들을 하고자 하는 마음을 갖도록 해야 하며, 유형을 배열하고 안배하여야만 한다. "樂"으로 통치하고, “哀”를 조절하면 백성은 미혹되지 않을 것이다. 그러나 반대로 행하면 옳지 않게 될 것이다. 형벌을 군자는 가까이 하지 않으며, 禮儀는 소인이 가까이 하지 못한다. 곧 攻□한 것(공격했던) 적을 귀순시킬 수 있으며, 恩惠한 마음이 있으면 백성의 재물은 풍족하게 될 것이고, 백성이 때를 놓치게 되면 백성은 노력하지 않을 것이다.

군주가 백성을 사랑치 아니하면 백성은 곧 군주를 가까이 하지 아니하며, 군주가 백성을 □하지 아니하면, 백성은 곧 군주를 그리워하지 않는다. 군주의 훈계가 없으면, 백성은 곧 무서워하고 두려워하지 않으며, 군주가 충실하지 않으면, 백성은 신임하지 않는다. 군자가 용감하지 아니하면 백성은 곧 庇護를 받지 못하게 된다. 군주가 백성을 책망하면 백성은 곧 미워하고 원망하며, 군주가 정직하면 백성은 곧 탐하거나 인색하지 아니할 것이며, 군자가 공경하면 백성은 원망하지 않게 된다. 평범한 마음은 공명한 정치를 하기에 족하지 않고, 심중이 불안하면 백성을 위로하기에 족하지 아니하며, 용맹만으로는 중인들을 앞설 수 없다. 해박함만으로는 善道을 알기에 족하지 아니하고, 결단력만으로는 倫理를 알기에 족하지 아니하며, 살육은 백성을 說服할 수 없다.

(10) 【36】~【38】

아랫사람이 윗사람을 섬김은 그의 말을 따르지 않는 것이 아니라 그의 행위를 따르는 것이다. 군자가 만약 어떤 물건을 좋아하면 아랫사람도 반드시 더욱 그 물건을 좋아하게 될 것이다. 이 때문에 德愛는 변화될 수도 있고, 恩惠는 또한 전화될 수 있다. 은혜는 小利에서 大害로 전화될 수 있고, 어떤 은혜는 小害가 大利로 바뀔 수 있다.

(11) 【39】

무릇 백성을 움직이고자 한다면, 먼저 민심에 순응하여야 한다. 백성에게 변치 않는 꾸준한 마음이 있다면, 오랫동안 유지함을 얻을 수 있을 것이다. “義”를 반복적으로 실행하고, “理”를 모으자는 주장이 본 문장의 내용이다.

12. 六德

(1) 【1】~【5】

‘六德’이란 무엇을 일컫는가? 바로 ‘聖’과 ‘智’, ‘仁’과 ‘義’, ‘忠’과 ‘信’을 말한다. ‘聖’은 ‘智’와 가깝고, ‘仁’은 ‘義’에 가깝고, ‘忠’은 ‘信’에 가깝다. ‘仁’은 ‘義’와 가까우며, ‘忠’은 ‘信’과 가깝다. 禮樂을 제정하고, 형법을 규정하며, 백성을 가르쳐 인도하고, 백성에게 앞으로 나아갈 목표가 있게 하는 것은 聖明하고 智慧로운 자가 판별해 낼 수 있다. 부모와 자식을 친밀하도록 하는 것, 대신들을 화목하게 하는 것, 이웃의 재난과 근심을 멈추게 하는 것은 仁義로운 자가 판별해 낼 수 있다. 백성을 모으고, 토지를 임용하고, 일반 백성의 살아생전과 사후에 사용할 물건을 충분히 갖추게 할 수 있는 것은 忠信을 갖춘 자가 판별해

낼 수 있다. 군자는 어떠한 한 무리에만 치우쳐서는 안 되며, 大道로써 정직하게 가야 한다.

(2) 【6】

군자는 人道를 생각하고 추구해야 한다.

(3) 【7】~【10】

……이 도를 행함은 반드시 이 도를 따라야 한다. 만약 이 도를 따르지 않으면, 堯帝가 구한다해도 얻지 못할 것이다. 百姓에게는 夫・婦・父・子・君와 臣이라는 天分이 있다. 이는 곧 "六位"이다. 다른 사람을 인솔하는 자가 있고, 다른 사람을 따르는 자가 있다. 다른 사람을 부리는 자가 있으며, 다른 사람을 또한 섬겨야 하는 자가 있다. 가르쳐야 하는 자와 배워야 하는 자가 있다. 이를 "六職"이라 한다. 무릇 "六位"가 있으니, "六職"을 분별하여 맡는다. "六職"은 각각의 위치에서 六德을 실행되게 한다. 六德은 ……

(4) 【12】~【11】~【48】

비록 재야에 묻혀 있는 자라도 賢德을 갖춘 자가 있다면, 상을 주어야 마땅하다. 그 이유를 알고 귀순할 수 있기 때문이다. 친함과 소원함에 관계없이 오직 그 곳의 위치에 있는 자가 능히 감당할 수 있는 능력이 있는 것인지 제정해야 한다. 현인이 될 만한 사람이면 바로 추천하되, 현인이 될 만한 자격이 없으면 바로 추천하지 않는다.

(5) 【13】~【26】

……父兄이라는 위치에 있게 되고, 子弟라고 하는 위치에 있게 된다. 큰 재능이 있는 자에게는 大官을 담당케 하고, 재능이 적은 자에게는 小官을 담당케 한다. 그리하여 작위와 봉록이 주어진다. 백성으로 하여금 살아있는 동안 풍족케 하고, 죽어도 또한 유감이 없게 하는 자를 "君主"라 부르며, 이 君主는 義와 道를 중히 여기고 백성을 다스린다. 義는 君의 덕이다.

君主와 나는 혈육의 육친 관계가 아니지만, 나를 자식과 같이 양육하므로 말한다: 만약 나의 善德을 더 펼칠 수만 있다면, 온 전신의 힘을 다해 피로하다 해도 두렵지 아니하며, 생명의 위험도 무서워하지 않는 자를 바로 "臣下"라 한다. 이 臣下는 忠信으로써 君主를 섬긴다. 忠信은 신하의 덕이다.

무엇을 할 수 있는가와 무엇을 할 수 없는가를 알고, 어떻게 행할 수 있는지 없는지를 아는 자를 "夫(父親)"라 한다. 총명한 지혜로써 사람을 돌보는 것을 중히 여긴다. 총명한 지혜는 夫의 덕이다.

일단 남편과 함께 살기로 했으면, 평생 동안 변하지 않는다. 그리하여 남편이 죽으면 변함없이 그 신주를 지키며 일평생 다시 개가하지 않는 자를 "婦"라 한다. 믿고 따름으로써 남편에게 복종함을 중시한다. 믿고 따르는 것이 부인의 덕이다.

자녀를 낳아 기르는 것뿐만 아니라 자녀를 교육하는 것, 이를 "聖明"이라 한다. "聖明"은 부친의 덕이다.
자식의 장점과 재능을 알고 돌보는 것을 "義"라 한다. 윗사람은 恭敬하고, 아랫사람은 仁義로 대하면서 지신과 곡신을 받들어 제사를 지내는 것을 "孝"라 한다. 그러므로 사람이 사람 노릇하는 것을 "仁"이라 부른다. 仁은 자식의 덕이다.

고로 夫・婦・父・子・君・臣 등 이 여섯은 각자에게 주어진 그 직분에 따라 행한다면, 터무니없이 훼방하려는 일은 발생될 수가 없다. ≪詩≫와 ≪書≫에 기록되어 있고, ≪禮≫와 ≪樂≫에 기록되어 있으며, ≪易≫과 ≪春秋≫에도 이와 같은 내용이 기록되어 있다. 이런 고로 이러한 경서들을 親히 하고, 이를 가깝게 하고, 이를 미덕의 기준으로 삼아야 한다. 이렇게 한다면 道는 멈춤이 없을 것이다.

(6) 【26】~【33】

"仁"이 家內의 원칙이라면, "義"는 家外의 원칙이다. 하지만 禮樂은 家內外를 구분하지 않는다. 집안의 "位"는 父・子・夫이고, 집밖의 "位"는 君・臣・婦이다.

바느질하지 않은 쪽의 광목을 사용하여 옷을 만들고, 암삼을 사용해 허리띠를 만들며, 암삼을 둘둘 감은 죽간을 사용하여 지팡이를 만들어 낸다. 이것은 부모가 복상 했을 때 입는 상복이며, 君主도 역시 동일하다. 귀를 맞춘 광목을 사용해 옷을 만들고, 대마를 사용하여 허리띠를 만든다. 이것은 형제가 복상 할 때의 상복이며, 처자도 역시 동일하다. 상의를 드러내고 왼팔을 드러내며, 모자를 벗는 것은 종족 중의 친척이 복상 할 때 입는 상복이며, 친구와도 동일하다.

(당일 두 장례가 맞부딪쳤을 때) 부친의 장례를 위해 군주의 장례를 포기해야 한다. 군주의 장례를 먼저 위하여, 부친의 장례를 포기할 수는 없다. 형제의 장례를 위해 처자의 장례를 포기해야 한다. 처자의 장례를 위하여 형제의 장례를 포기할 수는 없다. 부계 친척의 장례를 위해서는 친구의 장례를 면해야 하며, 친구의 장례를 위해 부계 친척의 장례를 면할 수는 없다.

사람에게는 "六德"이 있다. 이 六德은 "三親"간에도 피할 수 없는 것이 있다. 家內에서는 "恩情"으로 "道義"를 가릴 수 있지만, 家外의 治理는 "道義"로 "恩情"을 끊어야 한다. 仁은 '[illegible]'와 같이 끊이지 않지만, 義는 '卉'와 같이 단단하여 끊어질 수 있다. 仁은 유약하고 부드러우며, 義는 굳세고 조솔하다. '[illegible]'이란 세밀하면서도 풍부하고, 작으면서도 많다는 것이다.

장래의 포부를 밝히고 돌봐주고 윗사람을 공경하기를 하고자 한다면 못 할게 없기 때문에 세밀하나 많다는 것이다.

(7) 【33】~【46】

남녀가 구분이 생긴 연후에 부자의 親愛가 생겼고, 부자의 親愛가 생긴 연후에 군자의 義도 생겨났다. 부모가 현명하고, 자식이 仁愛하며, 모친은 믿고 따르고, 군자간 仁義하며 신하는 충성스럽고 믿음직스럽다. 聖明은 仁愛를 낳고, 智慧는 믿고 따르도록 하며, 仁義는 忠信을 다스린다. 그러므로 夫・婦・

父·子·君·臣 이 여섯 가지는 각자의 그 직책을 행하는 것이며, 터무니없는 말로 이를 훼방한 경우는 발생될 수가 없다. 군자는 “信義”만 말하는 것과 “誠”만 말하며, 안팎으로 모두 수확이 있도록 인도한다. 이와 상반되면 남편은 남편답지 않고, 부인은 부인답지 않고, 부친은 부친답지 않고, 아들은 아들답지 않고, 군주는 군주답지 않으며, 신하는 신하답지 않게 된다. 만약 이렇게 되면 혼란스러워 진다.

군자는 백성의 질고를 명백히 알아야 될 뿐만 아니라 또한 어떤 한 측면까지도 알아야 한다. 남녀가 유별하지 않고, 부자가 곧 親愛하지 않게 되고, 부자가 親愛하지 않으면, 군자와 신하 사이에 義가 없어지게 된다.

고로 왕이 백성을 가르치고 인도 할 때 먼저 부모에게 공경하고 형에게 공손히 대하는 것부터 시작해야 한다. 군자는 이러한 면도 소홀히 해서는 안 된다.

고로 왕이 먼저 백성을 가르쳐 인도하여 백성들에게 스스로 근심이 없게 하고, 백성들에게 어떤 한 면이라도 잃지 않도록 해야 한다. 孝는 근본이다. 아래 있는 사람이 이 근본이 확실하면, 훼방과 狂言을 단절시킬 수 있다.

百姓은 곧 夫婦·父子·君臣이다. 군주는 이 여섯 가지를 명확하게 하여야 훼방과 광언을 단절시킬 수 있다. “道”가 편차를 두지 않고, 두루 두루 그 도가 미치게 되면, 그 선치 않음을 감출 수 있으므로, 훼방과 광언을 빨리 단절시킬 수 있다.

무릇 군자의 立身엔 세 가지의 大法이 있고, 세부상황으로는 여섯 가지가 있으며, 그것과 연관 있는 것은 모두 열두 가지가 있다. 세 가지를 모두 통하게 되면, 말과 행실이 모두 통하게 된다. 세 가지가 통하지 않게 되면, 곧 언행이 되지 않는다. 세 가지가 모두 통해야 만이 비로소 정확하게 할 수 있고, 세 가지는 군자와 함께 더불어 존재하며, 군자가 죽으면 함께 없어진다.

(8) 【47】, 【49】

일반 백성은 작은 것으로부터 品德을 수양하며, 이 도를 행하는 자는 반드시 그것으로부터 오게 된다.

그런 고로 百姓의 父母는 백성과 쉽게 친근할 수 있으나, 백성들끼리 서로 친근하게 하는 것은 매우 어렵다.

13) 語叢

13-1 語叢一

【1】

모든 만물은 ‘無’로부터 생겨난다.

【2】~【3】

하늘이 있어 운명이 있게 됐고, 물체가 있어 이름이 있게 됐다. 하늘이 생겨 도리가 생겼고, 인간이 생겨 풍속이 나왔다.

【4】~【5】

운명과 文理와 이름이 있은 다음에 도리 혹은 규율이 있게 된다.

【6】~【7】

땅과 형체와 깊이 들어감이 있은 다음에 두터움이 있게 된다.

【8】~【9】

생명이 있어야 비로소 지식이 있게 되고, 지식이 있은 후에야 좋고 나쁨이 생기게 된다.

【10】~【11】

물질이 있어 시작과 끝이 있게 되고, 그 다음에 교화가 생겨났다.

【12】~【17】

하늘이 있어 운명이 있게 되고, 땅이 있어 형체가 있게 되었다.
물체가 있어 용모가 있게 되고 칭호가 있어 이름이 있게 된다.
물체가 있어 용모가 있게 되고, 깊이 들어감이 있어 두터움이 있게 된다.
美가 있어 善이 있게 된다.
仁이 있어 智가 있게 되고, 義가 있어 禮가 있게 된다.
'聖'이 있어 '善'이 있게 된다.

【18】~【20】

하늘은 만물을 생기게 하였는데 그 중 인간이 제일 귀하다. 인간의 道란 혹은 中(마음속)에서 나가기도 하고, 혹은 外(밖)에서 들어오기도 한다.

【21】

마음속에서 나오는 것은 仁, 忠, 信이다. ……에서

【22】~【23】

仁은 사람에게서 나오고, 義는 道에서 나온다. 혹자는 마음속에서 생기고 혹자는 밖에서 생긴다.

【24】~【25】

〔性은 仁을 낳고, 仁은 忠을 낳고, 忠은 信을 낳고. 信에서〕 덕이 생겼고, 德에서 禮가 생겼으며, 禮에서 樂이 생겼고, 樂으로부터 刑을 알게 된다.

【26】~【27】

자기를 안 후에야 다른 사람을 알 수 있고, 다른 사람을 안 후에야 비로소 禮義를 알 수 있으며, 禮義를 안 이후에야 비로소 어찌 행동해야 할 것인가를 알 수 있다.

【28】

널리 많이 안 후에야 운명을 알 수 있다.

【29】~【30】

하늘이 하는 바를 알아야, 사람이 하는 바를 알 수 있고, 그런 후에야 天道를 알 수 있으며, 天道를 안 후에야 운명을 알 수 있다.

【31】~【97】

예란 사람의 감정에 따라 절제하여 행하는 것이다.

【32】

예를 잘 다스린 후에야 樂이 생긴다.

【33】~【35】

예는 사람의 용모와 행동을 통해서 나오고 악은 법도로부터 나온다. 예가 다 갖추어지고 악이 지나친 것은 바로 슬픔이고, 악이 번성하고 예가 지나친 것은 바로 방자함이다.

【36】~【44】

≪역경(易)≫은 천도와 인간의 도를 모은 것이고; ≪詩≫는 고금의 뜻을 모은 것이며, ≪춘추(春秋)≫는 고금의 일들을 모은 것이며, ≪豊(禮)≫는 인간관계의 행위 질서에 관한 것이며, ≪樂≫은 사람의 마음에서 생겨나거나 혹은 교화에 쓰는 것이며, ≪書≫는 ……것이다.

【45】~【49】

무릇 혈기가 있는 것은 모두 기쁨과 성냄이 있으며, 조심함과 장중함이 있다. 그 형체는 용모가 있고,

표정이 있고, 소리가 있으며, 후각과 미각이 있으며 정신과 의지가 있다. 무릇 물체는 모두 기원과 변천이 있으며, 시작과 끝이 있다.

【50】~【52】

용모는 눈이 주관하고 소리는 귀가 주관하며, 후각은 코가 주관하고 미각은 입이 주관하며 얼굴색은 용모가 주관하고, 의지는 마음이 주관한다.

【53】~【54】

義를 행함에 있어서 가식적이어서는 안 된다.

현자는 능히 다스릴 수 있다.

【55】~【58】

고의로 효를 행하면 그것은 효가 아니다. 고의로 공경함을 행하면, 그것은 공경함이 아니다. 고의로 해서는 안 되지만, 하지 않아서도 안 된다. 고의로 하는 것도 잘못 된 것이지만, 하지 않는 것도 또한 잘못 된 것이다.

【59】~【61】

마땅히 적합한 것으로 행해야 다스림을 얻을 수 있으며, 정치를 함에 있어 '문치'를 할 수 없는 것은 마땅히 해야 할 바를 하지 않았기 때문이다.

【61】~【64】

만약 배운다면 그에게 가르쳐 주어야 한다.

생겨남은 그 근원이 없는가? 그 形態는 ……

예를 안 후에야 형을 알게 된다.

刑은 엄해야 되는 것이 아니다.

【65】~【66】

위아래가 모두 응당히 있어야 할 자리에 있는 것을 信이라 한다. '信'이란 모두 같은 것이 아니다.

【67】~【70】

마땅히 적합한 것으로 행해야 다스림을 얻을 수 있다.

천도를 살펴 그것으로서 民情을 따라야 한다.

부자는 상하관계의 표지이다.
형제는 선후관계의 표지이다.

【71】~【72】
물에 없는 것, 물이 아닌 것 모두는 최고의 극치이지 않은가! 그래서 無(없는 것)와 非(아닌 것)는 모두 자기 자신에 의해 취해지는 것이다.

【73】~【76】
(의미 확실하지 않음)

【77】~【82】
인은 두터우면서 義가 薄한 자는 친해질 수 있지만 (존경하지 않는다). 부친은 친하면서 존경해야 한다. ……존경하되 친해 질 수 없다. 형제사이에 형제 애가 있는 것은 친함의 道다. 친구와 군신사이는 친해지는 것이 아니다. 존경하지 않고 의에 두터우며, 인에는 박하면, (존경하되 친해질 수 없다.)

【83】~【105】
사람은 거짓되어서는 안 된다
善을 살펴서 가식적으로 선을 행하지 않아야 한다.
아는 것도 考察해야 하고 모르는 것도 考察해야 한다.
세력과 성망은 考察할 수 있는 것이다.
군신과 친구는 모두 선택할 수 있는 것이다.
빈객은 종묘의 장식과 같은 것이다.
아름다운 것이 너무 많으면, 아름다운 것이 없어진다.
수는 끝이 없다.
생겨나는 것이 모자라면 얻지 못한다.
인은 사랑하는 마음(愛心)과 착한 마음(善心)이 있는 것을 말한다.
인과 의를 그 기준으로 삼는 것이다.
……갖춘 것을 聖이라 한다.
≪詩經≫은 공경으로 인하여 지은 것이다.
물건이 생겨남이 있어, 이름이 있게 되었다.
節은 곧 文이라는 것이다.
상례는 인애의 시작이다.

求란 있고, 저절로 오는 것이 아니라 구해야 온다는 것이다.[1)]
잘 들을 수 있는 것을 소리라 한다.
권세는 떠나갈 수도 있고 옮겨 갈 수도 있다.
무릇 같은 것은 모두 서로 통한다.
(귀천의 차이가 있는 경우엔)예는 같지 않으며, 풍부하게 하지 않으며, 융숭하게 해야 할 곳은 강쇄하지 않는다.
모든 만물은 '無' 즉 없던 데로부터 생겨난다.
만물은 각자 자기가 있어야 할 곳을 얻게 된다.

【106】
……모두 생기게 된다.(파손으로 해석할 수 없음)

【107】~【108】
결단과 믿음은 器皿과 같은 것이다. 말을 함부로 하면 훼손되고 만다.

【109】
호칭과 외모는 流傳되는 것이다.

【110】
'食'과 '色'은 모두 절박한 일이다.

【111】~【112】
(해석할 수 없음)

13-2 語叢二

【1】~【4】
情感은 천성에서 나오고, 예의는 정감에서 나오고, 위엄은 예의에서 나오고, 공경은 위엄에서 나오고, 책망은 공경에서 나오고, 부끄러움은 책망에서 나오고, 원한은 부끄러움에서 나오고, 불만은 원한에서 나온다.

1) 정확한 의미를 파악할 수 없어 임의적으로 해석함.

【5】~【7】

文은 예에서 나오고 博識함은 문에서 생긴다.

大는 (性에서 나왔다.)

원한은 근심에서 생긴다.

【8】~【9】

仁愛는 천성에서 나와 이루어지고, 親情은 仁愛에서 나와 이루어지고, 忠信은 親情에서 나와 이루어진다.

【10】~【12】

욕망은 천성에서 나와 이루어지고, 계략은 욕망에서 나와 이루어지고, 배반은 욕망에서 나와 이루어지고, 쟁탈은 배반에서 나와 이루어지고, 편애는 쟁탈에서 나와 이루어진다.

【13】~【14】

탐욕은 욕망에서 나오고, 배반은 탐욕에서 나오고, 불안은 배반에서 나온다.

【15】~【16】

속임은 욕망에서 나오고, 詭辯은 속임에서 나오고, 광란은 궤변에서 나온다.

【17】~【18】

침범하는 것은 욕망에서 나오고, 부끄럽게 생각하는 것은 침범에서 나오고, 도망가는 것은 부끄럽게 생각하는데서 나온다.

【19】

방종은 욕망에서 나오고 거역함은 방종에서 나온다.

【20】~【22】

지혜는 천성에서 나오고, 변화는 지혜에서 나오며, 희열은 변화에서 나오며, 좋아하는 것은 희열에서 나오며, 순종은 좋아하는데서 나온다.

【23】~【24】

자애로움은 천성에서 나오고, 和易는 자애로움에서 나오고, 정직은 和易에서 나오고, 관용은 정직에서 나온다.

【25】~【27】

증오는 천성에서 나오고, 분노는 증오에서 나오고, 강함을 다투고 지려 하지 않는 것은 분노에서 생기고, 질투는 지려 하지 않는데서 생기고, 상해는 질투하여 미워하는데서 생긴다.

【28】~【29】

환희는 천성에서 나오고, 쾌락은 환희에서 나오고, 슬프고 마음이 아픈 것은 쾌락에서 생긴다.

【30】~【31】

원한은 천성에서 나오고, 우수는 원한에서 나오고, 비애는 우수에서 나온다.

【32】~【33】

두려움은 천성에서 생기고, 탐욕은 두려움에서 생기고, 원한은 탐욕에서 생긴다.

【34】~【35】

강인함은 천성에서 나오고, 성취는 강인함에서 나오고, 결단은 성취에서 나온다.

【36】~【37】

연약함은 천성에서 나오고, 의심이 많은 것은 나약함에서 나오고, 실패는 의심이 많은데서 나온다.

【38】~【39】

계략은 이미 道이다.(문맥을 이해할 수 없어 잠시 임의적으로 해석한다.)
무릇 자기 의견을 견지하는 사람은, 모두 통하지 않는 것이 있다.

【40】~【41】

잘못을 지적하여 바르게 잡으면 다른 것을 잃어버린 것이다.

【42】~【44】

무릇 희열은 모두 칭찬에서 일어난다. 허풍떨고 큰 소리 하는 사람은 스스로 즐거워하고, 악독함은 사람을 멀리 떠나게 한다. 命名은 여러 가지가 있다.

【45】~【47】

善으로 사람을 대하여 보답을 받지 못하는 사람은 없으며, 궤변하지 않는 자는 忠實되며, 천명을 아는 자는 자기 의견만을 고집하지 않는다.

【48】~【51】

덕행이 있는 사람은 자기의 信心을 바꾸지 않는다.
의심하면 여러 차례 선택하게 된다.
나의 세력과 이익을 잃지 말아야, 세력과 이익을 곧 얻는다.
작은 것을 참지 않으면 큰 세력을 손상시키게 된다.

【52】~【54】

목표가 같으나 수단이 같지 않을 수 있다. 실행하더라도 인도하지 않는 것이 있고, 인도하더라도 실행하지 않는 것이 있다.

13-3 語叢三

【1】~【2】

아들에게 있어 아버지에게 惡할 수가 없으며, 신하에게 있어 임금은 아버지와 같아, 역시 惡 할 수가 없다. 임금은 신하에게 있어 마치 삼군을 지휘하는 旗幟와도 같아 따라야할 목표이다.

【3】~【5】

군신관계는 부자관계와 달라서 군신관계는 부자관계처럼 서로 의존하지 않는다. 서로 좋아하면 되고, 좋아하지 않으면 떠나면 된다. 의롭지 못한 언행을 신하에게 강요하면 신하는 받아들이지 않아도 된다.

【6】~【7】

서로가 친구로써 대하는 것이 군신지간의 올바른 도이다. 어른을 존경하고 어린이를 사랑하는 것은 효의 표준이다.

【8】

아버지에 효도하고 자식을 사랑하는 것은 인간의 정감이 자연스럽게 드러난 것이지 가식적으로 한 것이 아니다.

【9】~【16】

인의를 행하는 사람과 교유하면 유익하다. 莊重한 사람과 교유하면 유익하다.

예악제도를 개도하거나 배우는 것은 유익한 것이다.
교만한 자와 함께 있으면 손실이 있다.
배우기를 좋아하지 않는 사람과 만나는 것은 손실이다.
평소에 거처하지만 배움에서 초월하지 않으면 손실이다.
스스로 그 능력을 나타내면 손실이고, 스스로 그 부족함을 나타내면 이롭다.
편안함에 노닐면 이익이 있고, 心地가 고상하면 이익이 있고, 마음에 기탁이 있으면 이익이 있다.
행하지 않는 바가 있으면 유익하고, 악행은 손해이다.

【17】~【19】

하늘의 법칙이 형성되면, 사람과 사물은 곧 잘 다스려 진다. 사물이 햇빛을 받고, 잘 자라면 땅은 만물을 잘 길러내고, 많은 것이 만들어 질 것이다.

【58】~【20】~【21】

性이 있고 生長이 있는 것을 '生'이라 한다. 오랜 세월이 지나면 生長하지 않은 것이 없지만, 결국은 모두 사라지게 된다.

【22】~【27】

인이 두터운 ……이다.
喪, 인의 시작이다.
의는 덕의 발전이다.
의는 선의 방향 혹은 법칙이다.
덕이 작고 미세한 것으로 발전하면, 통치는 곧 미세한 것에까지 미치게 된다.

【28】~【47】~【29】

만약 덕이 세세한 곳으로까지 발전하지 않으면, '인'으로 다스리는 지위는 改善될 수 없다. 통치가 세세한 것에까지 미치게 되면 이름을 얻게 된다.

【30】

사랑으로 통치하면 백성은 믿고 따르게 된다.

【31】~【34】

지혜로 통치하면 후회를 免할 수 있다.

……로 통치하며, 변화되는 것이다.

정직하게 시행하면, 통치는 곧 바르게 된다.

사귐에 있어, 사귐을 행하며, …….

【35】~【37】

상례는 인이고, 宜는 적합함이다. 사랑은 인이며, 義는 그것을 자세히 고려해야 하는 것이며, 禮는 바로 그것을 시행해야 하는 것이다.

【38】~【41】

선택을 잘 하지 못하면 지혜롭다 할 수 없다.

사물은 준비되지 않으면 인을 이루지 못한다.

육친을 사랑하는 것이 곧 다른 사람을 사랑하는 것으로 변한다.

통곡은 슬픔이다. 여러 번 통곡하는 것은 節度(절차)가 필요하다.

【42】~【43】

혹은 피하는 것으로부터 하기도 하고, 혹은 나아가지 않는 것으로 부터 하고, 혹은 할 수 있는 것으로부터 한다.

【44】~【46】

文은 사물에 의거하여 그것을 정으로서 행하는 것이다.

교화되면 범하기 어렵다.

강한 나무가 기둥이 되는 것은 그것이 강한 속성을 지니고 있기 때문에 취해진 것이다.

【48】~【49】

생각은 끝이 없으며, 생각은 시간적 제한이 없으며, 사악함이 없다. 생각은 義로부터 나오지 않는 것이 없다.

【50】~【51】

道에 뜻을 두고, 德을 좋아하고, 人과 더불어 살며, 藝에 노닌다.

【52】∽【53】

매일 善을 나에게 주면 나도 매일 사람들에게 선을 베푼다. 단지 현자는 이른바 통달하는 것이 다를 뿐이다.

【54】,【59】

예악은 덕을 겸비한 사람들이 즐기는 것이다. 禮樂을 얻은 사람은 희열을 느끼고, 잃은 사람은 슬픔을 느끼게 된다.

【55】

빈객들이 쓰는 禮品과 제품은 널리 구하는 것이 아니고 자원하여 바친 것이다.

【56】【62】【57】【61】【58】

음식 먹는 도를 행해야 하고, 남에게 음식을 만들어 주는 것, 이것을 행하면 朋友之道를 다하는 것이다. 사람의 性은 존재하지 않는 것으로 그치는 것이므로, 효를 행해야 하는 것이다.

【59】【60】【61】【62】

얻으면 즐겁고, 잃으면 슬퍼진다. 재물은 헌납해야 하며, 예는 반드시 겸손해야 한다.

【63】

충성은 곧 和合하는 것이다.

【64上】【65上】

意圖하지 말고, 고집하지 말고, 주관적인 태도를 갖지 말고, 반드시 해야 한다는 독단을 하지 말라.

【64下】【65下】

物이 아닌 것과 物이 없는 모든 것은 다 연유가 없는 것은 없다.

【66上】

이유가 없는 일은 하지 말아야 한다.

【66下】

음악을 부정하지 말아야 한다.

【67上】

먼저 이름이 있고, 다음에 물건을 부르게 된다.

【67下】

'生'은 귀한 것이다.

【68上】【69上】【70上】

天道가 있고, 天命이 있고, (天命이 있고, 性情이 있는 것을) 生이라 한다.

【68下】【69下】

천성이 있고 생명이 있는 것은 이름을 칭할 수 있다.

【70下】

生이 形이 되는 것이다.

【71上】【72上】

命과 文을 '物'이라 부른다.

【71下】【72下】

性이 있고, 生이 있는 것은 (名이라 한다.)

13-4 語叢四

【1】~【3】

언어는 단어를 통해서 표현하는 것이고, 정감은 오랫동안 유지되는 것으로 인하여 실현되는 것이다. 응수(應酬)되지 않는 말이 없고, 보답하지 않는 덕이 없다. 만약에 말을 함부로 하면 말하는 사람은 마음을 쓰지 않았다해도 듣는 사람은 주의를 하고 있어 벽에 귀가 있는 것과 같은 것이다. 가는 말이 사람을 다치게 하면 오는 말이 자신을 다치게 한다. 말이 선하면 종세토록 족하고, 三世의 福도 말로서 사람을 상하게 한 화를 막을 수 없다.

【4】

말을 신중히 하지 않는 것은 집안에 문단속을 하지 않은 것과 같다. 악한 말은 자기에게 되돌아와 죽을 날을 앞당긴다.

【5】~【7】

遊說의 道는 먼저 상대방이 조급해 하는 것을 파악하는 것이 급선무다. 급선무를 파악했으면, 또한 그것에 대하여 계속해서 언급하여야 한다. 만약에 언급하려고 했던 기회를 잡지 못했다면, 필히 상대방에 들키지 않도록 숨기고 화제를 계속 이끌고 나가, 나의 의도를 상대방이 알지 못하도록 한다.

만약에 그 국가가 곧 망할 것 같으면, 곧 그곳을 빠져 나가야 한다.

【8】~【9】

갈고리를 훔친 자는 죽임을 당하고, 나라를 훔친 자가 제후가 되는 것은 제후의 집안에 인의의 선비가 있기 때문이다

【10】~【11】

수레 덮개의 가림으로 수레 밖의 강호의 물을 볼 수 없다. 필부필부는 무지하고 우매하여 같은 마을의 소인과 군자도 가리지 못하며, 매일 매일 부추의 잎만 먹을 줄 알지 그 잎 먹는 것을 멈출 줄 모른다.

【12】~【14】

胃(謂)童(重)基(惎).

일찍이 현인들과 가까이하면 豫見을 할 수 있고 보조에 맞춰 행동할 수 있고, 현인이 옆에 없게 되면 곧 미혹되고 혼란에 빠지게 된다. 謀劃에 참여하지 않으면 자기를 속이는 것이고, 謀劃에 참여하면 더욱 자기를 기만하는 것이다.

【14】~【15】

나라 안에 巨雄이 있으면 반드시 먼저 그들과 친분관계를 맺어야 한다. 비록 그들을 두려워할지라도 싫어하지 말며, 그 계략들을 다 쓰도록 유도해야 한다.

【15】~【16】

모든 방법을 다 사용하였으나, 巨雄의 의심을 받게 되면 천천히 그들을 떠나야 한다. 만약 그들과 謀劃하여 패하면 巨雄이 해를 입힐 것이다.

【16】~【17】

나무 그늘을 이용하는 사람은 그 가지를 꺾지 않는다. 샘에 물을 모아 그것을 이용하는 사람은 그 물의 원천을 막지 않는다.

【17】~【19】

부하들을 잘 거느리면 百足을 가진 벌레와 같아서 다리를 베어도 베어도 다 베기 어렵고 잘라도 넘어지지 않는 것과 같다. 윗사람을 잘 섬기는 사람은 마치 혀가 이빨을 감싸듯 시종 다툼이 생기지 않는다.

【19】~【21】

아랫사람을 잘 섬기는 것은 마치 수레바퀴가 서로 나란히 가는 것처럼 서로 침범하지 않고 조화를 이룬다. 그 백성을 잘 통치하는 자는 마치 사계절이 오고 가는 것처럼 천도에 순응하여 그 백성들이 손해를 받지 않는다.

【22】

산이 가파르고 곧게 뻗어 비탈이 없으면 쉽게 무너지고, 성을 쌓는데 풀을 넣지 않으면 성은 쉽게 무너지고, 선비는 친구가 없으면 안 된다. 군주나 제후에게

【23】~【26】

계략이 있는 신하가 있으면 영토가 침략당하지 않으며, 선비에게 계략이 있는 친구가 있으면 변론을 함에 있어 자신감이 있다.

용맹이 온 나라에 알려지는 것보다 재주를 갖추는 것이 낫고, 금옥이 온 집안에 가득한 것보다 지략을 갖추는 것이 낫다. 강한 힘이 있는 것보다 시기를 적절하게 이용하는 것이 낫다. 그런 까닭에 계략이 가장 중요하다.

한 가정의 일을 다스리는 것은 마치 하나의 준칙이 있는 것과 같다. 즉 한 집안 여자는 세 남자를 돌볼 수 있고, 하나의 계집아이는 세 남자아이를 돌 볼 수 있고, 한 보모는 세 손자를 돌 볼 수 있다.(앞뒤 문맥과 잘 통하지 않아 정확한 의미를 알 수 없어, 임의적으로 해석하기로 한다.)

【27】【27背】

세 손자를 돌 볼 수 있다. 제왕이나 제후에 순종하려면 그들과 相合해야 하며 그들의 聲色을 보고 기회를 보아 진언해야 한다.

진언한 말은 이미 진언한 것이며, 받아들인 말은 이미 받아들인 말이다. 따라서 한번 진언한 말은 다시 돌이킬 수 없다.

參考文獻

【A】

(美)艾蘭, (英)魏克彬, 郭店≪老子≫: 東西方學者的對話. 邢文, 編譯, 北京: 學苑出版社, 2002

【B】

白於藍, 郭店楚簡拾遺, 華南師範大學學報(社會科學版), 2000 (3)

白於藍, 郭店楚簡補釋, 江漢考古, 2001(2)

白於藍, 簡帛書通假字字典, 福州: 福建人民出版社, 2008

【C】

陳初生, 金文常用字典, 西安: 陝西人民出版社, 2004

陳劍, 甲骨金文考釋論集, 北京: 綫裝書局, 2007

陳劍, 說愼//簡帛研究2001(上冊), 桂林: 廣西師;範大學出版社, 2001: 207-214; //甲骨金文考釋論集, 北京, 綫裝書局, 2007

陳劍, 釋〈忠信之道〉的"配"字, 國際簡帛研究通訊, 第2卷第6期, 2002

陳劍, 據戰國竹簡文字校讀古書兩則, 第四屆國際中國古文字學研討會論文集, 香港: 香港中文大學, 2003

崔仁義, 荊門郭店楚簡〈老子〉研究, 科學出版社, 1998

陳斯鵬, 郭店楚墓竹簡考釋補正, 華學(第四輯), 廣州: 中山大學出版社, 2000

陳斯鵬, 郭店楚簡研究綜述, 華學(第五輯), 廣州: 中山大學出版社, 2001

陳斯鵬, 簡帛文獻與文字考論, 廣州: 中山大學出版社, 2007

陳斯鵬, 楚系簡帛中的"由", 中山大學學報(社會科學版), 2010 (6)

陳松長, 郭店楚簡〈語叢〉小識(八則), 古文字研究(第二十二輯), 中華書局, 2000

陳偉, 郭店楚簡〈六德〉諸篇零釋, 武漢大學學報(哲學社會科學版), 1999(5)

陳偉, 郭店竹書〈人雖有性〉校釋, 中國哲學史, 2000 (4)

陳偉, 郭店竹書別釋, 武漢: 湖北教育出版社, 2003

陳偉, 等, 楚地出土戰國簡冊[十四種], 北京: 經濟科學出版社, 2009

陳偉, 新出楚簡研讀, 武漢: 武漢大學出版社, 2010

陳偉武, 郭店楚簡識小錄, 華學, 第4輯, 紫禁城出版社, 2000
陳偉武, 郭店楚簡〈漢語大字典〉所無之字, 中國文字研究, 第三期, 廣西教育出版社, 2002
池田知久, ≪郭店楚簡儒教研究≫, 日本: 汲古書院, 2004.
陳鼓應 主編, ≪道家文化研究≫第三輯, 上海古籍出版社, 1993年.
陳鼓應 主編, ≪道家文化研究≫第六輯, 上海古籍出版社, 1995年.

【D】

東山鋒, 〈忠信之道〉"禹"字補釋, 復旦大學出土文獻與簡帛研究中心http://www,guwenzi,com/SrcShow, asp?Src_ID=3682008 年 3 月 7 日
丁四新, 郭店楚墓竹簡思想研究, 北京: 東方出版社, 2000
丁原植, 郭店楚簡儒家佚籍四種釋析, 臺灣: 古籍出版有限公司, 2000(初版)
董現, 楚文字若干問題的思考, 古文字研究(第二十六輯), 中華書局, 2007
董蓮池, 釋楚簡中的"辨", 古文字研究(第二十二輯), 中華書局, 2000
董蓮池, 說文解字考正, 北京: 作家出版社, 2005
董蓮池, 新金文編, 北京: 作家出版社, 2011
杜維明, 郭店楚簡的價値和意義, 武漢大學中國文化研究院編, 郭店楚簡國際學術研討會學術論文集, 湖北人民出版社, 2000
段玉裁, 說文解字注, 上海: 上海古籍出版社, 1981年
東京大學郭店楚簡研究會, ≪郭店楚簡の思想史的研究≫(第1卷-第6卷), 1999-2003年.

【F】

方勇, 戰國楚文字中的偏旁形近混同現象釋例, 長春: 吉林大學碩士學位論文, 2005
馮勝君, 讀≪郭店楚墓竹簡≫劄記(四則), 古文字研究(第二十二輯), 中華書局, 2000
馮勝君, 論郭店簡≪唐虞之道≫·≪忠信之道≫·≪語叢≫一~三以及上博簡≪織衣≫爲具有齊系文字特點的抄本, 北京: 北京大學博士後研究工作報告, 2004,
馮勝君, 郭店簡與上博簡對比研究, 北京: 綫裝書局, 2007

【G】

高亨 纂著, 董治安, 整理, 古字通假會典, 濟南: 齊魯書社, 1989
高華平, 郭店楚簡中的"道"與"衍", 哲學硏究, 2009 (5)
高明, 涂白奎, 古文字類编, 增訂本, 上海: 上海古籍出版社, 2008
顧史考, 郭店楚簡〈成之〉等篇雜志, 清華大學學報, 2006 (1)
顧史考, 郭店楚簡〈語叢四〉篇韻讀新解三則, 簡帛≫第1輯, 上海古籍出版社, 2006
古文字話林編纂委員會, 編纂, 李圃, 主編, 古文字話林, 上海: 上海教育出版社, 2004

郭店楚簡研究(國際)中心, 古墓新知--紀念郭店楚簡出土十周年論文專輯, 香港: 國際炎黃文化出版社, 2003
郭沫若, 金文叢考, 北京: 人民出版社, 1954, 又, 郭沫若全集考古編, 第五卷, 人民文學出版社2002
郭沂, 郭店楚簡與先秦學術思想, 上海: 上海教育出版社, 2001
(宋) 郭忠恕, 汗簡, 北京: 中華書局, 1983

【H】

韓祿伯, 治國大綱－－試讀郭店〈老子〉甲組的第一部分, 道家文化研究, 第17輯, 三聯書店, 1999
韓同蘭, 戰國楚文字使用狀況調查, 華東師範大學學位論文, 2003
何琳儀, 古璽雜識, 遼海學刊1986年(2)
何琳儀, 戰國古文字典－－戰國文字聲系, 北京: 中華書局, 1998, 9
何琳儀, 郭店竹簡選釋, 簡帛研究二〇〇一, 南寧: 庚西師範大學出版社, 2001
何琳儀, 郭店簡古文二考, 古籍整理研究學刊2002 (5)
何琳儀, 戰國文字通論(訂補), 南京: 江蘇教育出版社, 2003
何琳儀, 徐在國, 釋"某"及相關字, 中國文字, 新廿七期, 藝文印書館, 200?
何琳儀, 程燕, 郭店〈老子〉校釋(甲篇), 簡帛研究(2002·2003合刊), 廣西師範大學出版社, 2005
何有祖, 楚簡釋讀七則, 江漢考古, 2006 (1)
侯才, 郭店楚墓竹簡〈老子〉校讀, 大連: 大連出版社, 1999
洪成玉, 古今字辨正, 首都師範大學學報, 2009 (3)
湖北省荊門市博物館, 荊門郭店一號楚墓, 文物, 1997(7)
湖北省文物考古研究所, 北京大學中文系, 望山楚簡, 北京: 文物出版社, 1995
黃德寬, 徐在國, 郭店楚墓竹簡文字考釋, 吉林大學古籍整理研究所建所十五周年紀念文集, 吉林大學出版社, 1998
黃德寬, 徐在國, 郭店楚簡文字續考, 江漢考古, 1999 (2)
黃德寬, 戰國楚竹書(二)釋文補正上海博物館藏戰國楚竹書研究續編, 上海: 上海書店出版社, 2004
黃德寬, 何琳儀, 徐在國, 新出楚簡文字考, 合肥: 安徽大學出版社, 2007
黃人二, 郭店楚簡〈窮達以時〉考釋, 古文字與古文獻(試刊號), 1999年
黃錫全, 讀郭店楚簡≪老子≫箚記三則, 郭店楚簡國際學術研討會論文集, 武漢: 湖北人民出版社, 2000
黃錫全, 楚簡"䛐"字簡釋, 簡帛研究2001(上冊), 桂林: 廣西師範大學出版社, 2001 (9)
黃錫全, 讀上博楚簡札記. 廖名春編, 新出楚簡與儒學思想國際學術研討會論文集, 清華大學思想文化研究所, 200

【J】

蔣紹愚, 古漢語詞綱要, 北京: 商務印書館, 2007年
荊門市博物館, 郭店楚墓竹簡, 北京: 文物出版社, 1998

【L】

李承律, 郭店楚簡〈唐虞之道〉中的“愛親”考, 長沙三國吳簡暨百年來簡帛發現與研究國際學術研討會論文, 北京: 中華書局, 2005

李承律, ≪郭店楚簡儒教の硏究≫, 汲古書院, 2008.

李家浩, 從戰國“忠信”印談古文字中的異讀現象, 北京大學學報(哲學社會科學版), 1987 (2)

李家浩, 讀≪郭店楚墓竹簡≫璃議, 中國哲學: 第二十輯(郭店楚簡硏究), 瀋陽: 遼寧教育出版社, 1999

李家浩, 著名中年語言學家自選集一一李家浩卷, 合肥: 安徽教育出版社, 2002

李零, 郭店楚簡校讀記, 道家文化硏究(“郭店楚簡”專號)(第十七輯), 北京: 生活·讀書·新知三聯書店, 1999

李零, 郭店楚簡硏究中的兩個問題－－美國達慕斯學院郭店楚簡〈老子〉國際學術討論會感想, 郭店楚簡國際學術硏討會論文集, 湖北人民出版社, 2000

李零, 郭店楚簡校讀記(增訂本), 北京: 北京大學出版社, 2002

李若暉, 郭店老子零箋, 古文字與古文獻(試刊號), 臺灣: 臺灣楚文化硏究會印, 1999,

李守奎, 〈說文〉古文與楚文字互證三則, 古文字硏究(第二十四輯), 北京: 中華書局, 2002

李守奎, 楚簡文字四考, 中國文字硏究(第三輯), 廣州: 庚西教育出版社, 2002

李守奎, 出土楚文獻文字硏究綜述, 古籍整理硏究學刊, 2003 (1)

李守奎, 楚文字編, 上海: 華東師範大學出版社, 2003

李守奎, 郭店楚簡“雎”字蠡測, 古文字硏究(第二十六輯), 北京: 中華書局, 2006

李守奎, 包山卜筮文書書蹟的分類與書寫的基本狀況, 中國文字硏究(第一輯), 鄭州: 第大象出版社, 2007

李守奎·曲冰·孫偉龍, 上海博物館藏戰國楚竹書(－－五)文字編, 北京: 作家出版社, 2007

李松儒, 郭店楚墓竹簡字蹟硏究, 長春: 吉林大學頓士學位論文, 2006

李天虹, 郭店楚簡文字雜釋, (2003-05-31) http;//www,jianbo,org/Zzwk/2003/wuhanhu i/Li t i anhong, htm

李天虹, 釋楚簡文字“虘”, 華學(第四輯), 北京: 紫禁城出版社, 2000

李天虹, 郭店竹簡≪性自命出≫硏究, 武漢: 湖北人民出版社, 2003

李天虹, 楚簡文字形體混同·訛混舉例, 江漢考古, 2005 (3)

李天虹, 釋〈唐虞之道〉中的“均”, 楚地簡帛思想硏究(三), 武漢: 湖北教育出版社, 2007

李學勤, 試說郭店簡〈成之聞之〉兩章, 煙台大學學報(哲學社會科學版), 2000

李學勤, 釋〈詩論〉簡“兎”及從“兎”之字, 淸華大學簡帛講讀班文稿, 2000

李瑩娟, 漢語異體字整理法硏究, 國際雲林科技大學漢學資料國際整理硏究碩士學位論文, 中華民國九五年一月

李運富, 楚系簡帛文字構形系統硏究, 長沙: 嶽麓書社, 1997

李運富, 關於"異體字"的幾個問題, 語言文字應用, 2006 (1)
李運富, 早期有關"古今字"的表述用語及材料辨析, 勵耕學刊, 2007 (2)
梁濤, 竹簡〈唐虞之道〉"孝之殺"的思想史意義[EC] (2006-5-16), 清華大學簡帛研究網 http://www, confucius2000,com/admin/list,asp?id=2445
廖名春, 楚簡老子校釋(七), 武漢大學≪人文論叢≫1999年卷, 武漢武漢大學出版社, 1999
廖名春, 郭店楚簡引〈書〉論〈書〉考, 武漢大學中國文化研究院編, ≪郭店函際學術研討會論文集, 湖北人民出版社, 2000
廖名春, 郭店楚簡〈性自命出〉篇校釋, 清華簡帛研究(第一輯), 清華大學思想文化研究所, 2000
廖名春, 新出楚簡試論, 臺北: 臺灣古籍出版有限公司, 2001
廖名春, 郭店楚簡老子校釋, 北京: 清華大學出版社, 2003
廖名春, 郭店簡從"朱"之字考釋, 出土簡帛叢考, 武漢: 湖北教育出版社, 2004
林素清, 郭店竹簡≪語叢四≫箋釋, 郭店楚簡國際學術研討會論文集, 武漢: 湖北人民出版社, 2000
林素清, 郭店竹簡〈語叢四〉箋釋, 郭店楚簡國際學術研討會論文集, 武漢: 湖北人民出版社, 2000
林素清, 郭店·上博〈緇衣〉簡之比較――兼論戰國文字的國別問題, 謝維揚·朱淵清主編, 新出土文獻與古代文明研究, 上海: 上海大學出版社, 2004
劉樂賢, 讀郭店楚簡劄記三則, 郭店楚簡研究(≪中國哲學≫第二十輯), 瀋陽: 遼寧教育出版社, 1999
劉樂賢, 郭店楚簡雜考(五則), 古文字研究(第二十二輯), 北京: 中華書局, 2000
劉樂賢, 讀郭店簡儒家文獻札記, 古籍整理研究學刊, 2002(5)
劉傳賓, 郭店楚簡研究總論(文本研究篇), 吉林大學博士學位論文, 長春: 2010
劉國勝, 郭店〈老子〉札記, 郭店楚簡國際學術研討會論文集, 武漢: 湖北人民出版社, 2000
劉國勝, 郭店竹簡釋字八則, 武漢大學學報(哲學社會科學版), 1999(5)
劉信芳, 郭店楚簡文字考釋拾遺, 江漢考古, 2000 (1)
劉信芳, 郭店簡文字考釋二則, 臺灣古文字與古文獻(試刊號), 1999
劉信芳, 荊門郭店竹簡老子解詁, 臺北: 藝文印書館股份有限公司, 1999
劉信芳, 楚簡帛通假彙釋, 北京: 高等教育出版社, 2011
劉信芳, 郭店簡〈緫衣〉解詁, 武漢大學中國文化研究院編, 郭店楚簡國際學術研討會論文集, 武漢: 湖北人民出版社, 2000
劉信芳, 郭店楚簡〈六德〉解詁一則, 古文字研究(第二十二輯), 北京: 中華書局, 2000
劉信芳, 郭店楚簡〈語叢〉文字試解(七則), 簡帛研究(第四輯), 南寧: 庚西師範大學出版社, 2001
劉信芳, 郭店竹簡文字例解三則, 中央研究院歷史語言研究所集刊(第71本第4 分), 2000
劉昕嵐, 郭店楚簡〈性自命出〉篇箋釋, 武漢大學中國文化研究院編, 郭店楚簡國際學術研討會論文集, 武漢: 湖北人民出版社, 2000
劉興隆, 新編甲骨文字典, 北京: 國際文化出版公司出版, 1993

劉志基, 戰國出土文獻字頻的初步研究, 華東師範大學中國文字研究與應用中心編, 中國文字研究(第十一輯, 2008年第二輯), 大象出版社, 2008年
劉釗, 郭店楚簡校釋, 福州: 福建人民出版社, 2005
劉釗, 讀郭店楚簡字詞劄記, 武漢大學中國文化研究院編, 郭店楚簡國際學術研討會論文集, 武漢: 湖北人民出版社, 2000
劉釗, 郭店楚簡〈語叢二〉箋釋, 荊門郭店楚簡研究中心編: 古墓新知, 北京: 國際炎黃文化出版社, 2003
劉釗, 出土簡帛文字叢考, 台北: 臺灣古籍出版有限公司, 2004
劉釗, 古文字考釋叢稿, 長沙: 嶽麓書社, 2005
劉釗, 古文字構形學, 福州: 福建人民出版社, 2006
劉釗, 洪躍, 張新俊, 新甲骨文編, 福州: 福建人民出版社, 2009
羅婷婷, 讀〈郭店楚簡〉札記一則, 古漢語研究, 2004 (2)

【M】

馬承源, 上海博物館藏戰國楚竹書(一), 上海: 上海古籍出版社, 2001
馬承源, 上海博物館藏戰國楚竹書(二), 上海: 上海古籍出版社, 2002
孟蓬生, 郭店楚簡字詞考釋, 古文字研究(第二十四輯), 北京: 中華書局, 2002
孟蓬生, 郭店楚簡字詞考釋(續), 簡帛語言文字研究(第一輯), 成都: 巴蜀書社, 2002
馬承源, 上海博物館藏戰國楚竹書(三), 上海: 上海古籍出版社, 2003
馬承源, 上海博物館藏戰國楚竹書(四), 上海: 上海古籍出版社, 2004
孟蓬生, 簡帛文獻語義研究, 簡帛文獻語言研究課題組, 簡帛文獻語言研究, 北京: 社會科學文獻出版社, 2009

【P】

龐樸, 〈語叢〉臆說, 中國哲學(第20輯), 瀋陽: 遼寧教育出版社, 2000
龐樸, 郢燕書說－－郭店楚簡中山三器心旁文字試說, 武漢大學中國文化研究院編, 郭店楚簡國際學術研討會論文集, 武漢: 湖北人民出版社, 2000
龐樸, 天人三式－－郭店楚簡所見天人關係試說, 武漢大學中國文化研究院編, 郭店楚簡國際學術研討會論文集, 武漢: 湖北人民出版社, 2000
龐樸, 郭店楚簡出土十周年回顧－－2003年荊門“郭店楚簡國際學術研討會”主題報告, 荊門職業技術學院學報, 2004 (3)
彭林, ≪六德≫柬釋, 簡帛研究二〇〇一, 南寧: 庚西師範大學出版社, 2001
彭林, 郭店楚簡〈性自命出〉補釋, 郭店楚簡研究(≪中國哲學≫第二十輯), 瀋陽: 遼寧教育出版社, 1999
彭裕商, 郭店楚簡札記四則, 考古與文物, 2008 (5)

【Q】
錢玄·錢興奇, 三禮辭典, 南京: 江蘇古籍出版社, 1998
裘錫圭, 文字學概要, 北京: 商務印書館, 2001
裘錫圭, 古文字論集, 北京: 中華書局, 1992, 8
裘錫圭, 釋"弘"·"強", 裘錫圭古文字論集, 北京: 中華書局, 1992年
裘錫圭, 談談古文字資料對古漢語研究的重要性, 中國語文, 1979 (6); 裘錫圭自選集. 鄭州: 大象出版社, 1994
裘錫圭, 糾正我在郭店〈老子〉簡釋讀中的一個錯誤－－關於"絕偽棄詐", 武漢大學中國文化研究院編, 郭店楚簡國際學術研討會論文集, 武漢: 湖北人民出版社' 2000
裘錫圭, 出土古文獻與其他出土文字資料在古籍校讀方面的重要作用, 中國出土古文獻十講, 上海: 復旦大學出版社, 2004
裘錫圭, 談談上博簡和郭店簡中的錯別字, 中國出土古文獻十講, 上海: 復旦大學出版社, 2004
邱傳亮, 郭店楚墓竹簡異體字研究, 吉林大學博士學位論文, 2013

【R】
饒宗頤, 從郭店楚簡談古代樂教, 武漢大學中國文化研究院編, 郭店楚簡國際學術研討會論文集, 武漢: 湖北人民出版社, 2000
容庚, 编著, 張振林, 馬國權, 摹補, 金文編, 北京: 中華書局, 1985

【S】
山西省文物工作委員會, 侯馬盟書, 北京: 文物出版社, 1976
單育辰, 楚地戰國簡帛與傳世文獻對讀之研究, 長春: 吉林大學博士學位論文, 2010
沈培, 上博簡≪緇衣≫篇"怸"字解, 華學(第六輯), 北京: 紫禁城出版社, 2003
宋華強, 楚簡"龍禱"新釋, 武漢大學簡帛研究中心網站(2006-9-3), http: //wm, bsm, org, cn/show_artide, php?id=412,
蘇建洲, 〈上博〉·〈郭店〉文字考釋三則(2003-2-1), 簡帛研究網 http://www,jianbo,org/admin3/list,asp?id=442,
孫海波, 甲骨文编, 北京: 中華書局, 1965

【T】
湯余惠, 釋"旃", 吉林大學古籍整理研究所建所十五周年紀念文集, 長春: 吉林大學出版社, 1998
湯餘惠·賴炳偉·徐在國·吳良寶, 戰國文字編, 福州: 福建人民出版社, 2005
湯餘, 戰國文字編, 福州: 福建人民出版社, 2005

滕壬生, 楚系簡帛文字編, 增訂本, 武漢: 湖北教育出版社, 2008
涂宗流, 劉祖信, 郭店楚簡先秦儒家佚書校釋, 臺北: 萬卷樓圖書有限公司, 2001
涂宗流, 劉祖信, 郭店楚簡〈緇衣〉通釋, 武漢大學中國文化研究院編, 郭店楚簡國際學術研討會論文集, 武漢: 湖北人民出版社, 2000
湯可敬, ≪說文解字今釋≫, 岳麓書社, 2001.

【W】

王博, 郭店〈老子〉爲什麽有三組, 美國達慕斯大學郭店≪老子≫研討會論文, 1998
王博, 美國達慕思大學郭店〈老子〉國際學術討論會紀要, 道家文化研究(第17輯), "郭店楚簡"專號, 北京: 三聯書店, 199?
王博, 論郭店楚墓竹簡中的"方"字, 簡帛思想文獻論集, 臺北: 臺灣古籍出版社, 2001
王貴元, 〈說文〉古文與楚簡文字合證, 中國文字研究(第二輯), 2008年
王力, 古代漢語, 北京: 中華書局, 1962
王力, 同源字典, 北京: 商務印書館, 1982
王連成, 也談楚簡中的"蘧"字(2006-11-12)簡帛研究網站http: //www, jianbo, org/admin3/list,asp?id=1520
王永平, 郭店楚簡研究綜述, 社會科學戰線, 2005 (3)
王衛峰, 郭店楚簡中的"教", 蘇州大學學報(哲學社會科學版), 2005 (1)
魏啟鵬, 楚簡〈老子〉柬釋, 道家文化研究(第17輯), "郭店楚簡專號", 北京: 三聯書店, 1999
魏宜輝, 試析楚簡文字中的"顯"·"㬎"字, 江漢考古, 2002 (2)
魏宜輝, 楚系簡帛文字形體訛變分析, 南京: 南京大學博士學位論文, 2003
武漢大學簡帛研究中心, 荊門市博物館編著, 楚地出土戰國簡冊合集(郭店楚墓竹書), 北京: 文物出版社, 2011
吳良寶, 湯余惠, 郭店楚簡文字拾零(四篇), 簡帛研究(第四輯), 南寧: 廣西師範大學出版社, 2001
吳振武, ≪古璽文編≫校訂, 長春: 吉林大學博士學位論文, 1984
吳振武, 談齊"左掌客亭"陶璽－－從構形上解釋戰國文字中舊釋爲"亳"的字應是"亭"字, 中國古文字研究會第十八次會議論文, 北京: 2010年10月22曰
武漢大學中國文化研究院, 郭店楚簡國際學術研討會論文集, 武漢: 湖北人民出版社, 2000, 5

【X】

(宋), 夏竦, 古文四聲韻, 北京: 中華書局, 1983
蕭養父, 郭店楚簡的價值和意義, 武漢大學中國文化研究院編, 郭店楚簡國際學術研討會論文集, 武漢: 湖北人民出版社, 2000
蕭毅, 楚簡文字研究, 武漢: 武漢大學出版社, 2010

邢文 編譯, 郭店〈老子〉－－東西方學者的對話, 北京: 學苑出版社, 2002
邢文 編譯, 郭店老子與太一生水, 北京: 學苑出版社, 2005
徐通鏘, 基礎語言學教程, 北京: 北京大學出版社, 2002
徐中舒主編, 漢語古文字形表, 城都: 四川人民出版社, 1981
徐中舒主編, 甲骨文字典, 城都: 四川辭書出版社, 2003
徐在國, 郭店楚簡文字三考, 簡帛研究(第四輯), 南寧: 庚西師範大學出版社, 2001
許抗生, 初讀郭店竹簡〈老子〉, 中國哲學(第20輯), 瀋陽: 遼寧教育出版社, 1999

【Y】

顔世玆, 郭店楚簡淺釋, 張以仁七秩寒慶論文集, 台北: 台灣學生書局, 1999
顔世玆, 郭店楚簡散論(一), 武漢大學中國文化研究院編, 郭店楚簡國際學術研討會論文集, 武漢: 湖北人民出版社, 2000
顔世玆, 郭店楚墓竹簡儒家典籍文字考釋, 經學研究論叢(第六輯), 1999
顔世玆, 郭店楚簡散論(二), 江漢考古, 2000(1)
顔世玆, 郭店楚簡≪六德≫箋釋, 中央研究院歷史語言研究所集刊(第七十二本第二分), 2001
顔世玆, 郭店楚簡散論(三), 大陸雜誌(第101卷第二期), 2000
顔世錢, 讀楚簡箚記二則(2004-3-21)簡帛研究網站 http://www,jianbo,org/admin3/list,asp?id=1124
杨润陸, 論古今字的定稱與定義, 古漢語研究, 1999 (1)
楊澤生, 戰國竹簡研究, 中山大學博士學位論文, 2002
楊澤生, 楚地出土簡帛中的總括副詞, 簡帛語言文字研究(第2輯), 成都: 巴蜀書社, 2006
于省吾主編, 甲骨文字詁林(全四冊), 北京: 中華書局, 1999
袁國華, 郭店竹簡"加"(卲)·"其"·"卡"(卞)諸字考釋, 中國文字(新廿五期), 臺北: 藝文印書館, 1999

【Z】

趙建偉, 郭店竹簡≪忠信之道≫·≪性自命出≫校釋, 中國哲學史, 1999(2)
趙平安, 從楚簡"娩"的釋讀談到甲骨文的"娩妨"－－附釋古文字中的"冥", 簡帛研究2001, 南寧: 廣西師範大學出版社, 2001
張光裕 主編, 郭店楚簡研究(第一卷)文字編, 臺北: 藝文印書館, 1999(1)
張桂光, 〈郭店楚墓竹簡〉釋注商榷, 簡帛研究(第四輯), 南寧: 廣西師範大學出版社, 2001
張世超, 張玉春, 漢語言書面形態學初探, 秦簡文字編, 中文出版社, 1992
張守中·張小滄·郝建文撰集, 郭店楚簡文, 字編, 北京: 文物出版社, 2000
張靜, 郭店楚簡文字研究, 合肥: 安徽大學博士學位論文, 2002
張新俊, 上博楚簡文字研究, 長春: 吉林大學博士學位論文, 2005

張新俊, 楚簡文字研究, 廈門: 廈門大學博士後研究工作報告, 2007
章瓊, 漢字異體字論, 張書岩主編: 異體字研究, 北京: 商務印書館, 2004
張亞初編著, 殷周金文集成引得, 北京: 中華書局, 2001
趙平安, 新出簡帛與古文字古文獻研究, 北京: 商務印書館, 2009
鄭超, 楚國官璽考述, 文物研究(總第二輯), 1986
周波, 戰國時代各系文字間的用字差異現象研究, 上海: 復旦大學博士學位論文, 2008
周法高, 張日昇等編著, 金文話林, 香港: 香港中文大學出版, 1975
周鳳五, 郭店楚墓竹簡〈唐虞之道〉新釋, 中央研究院歷史語言研究所集刊(第70 本第 3 分), 1999
周鳳五, 郭店竹簡的形式特徵及其分類意義, 武漢大學中國文化研究院編, 郭店楚簡國際學術研討會論文集, 武漢: 湖北人民出版社, 2000
周鳳五, 楚簡文字的書法史意義, 古文字與商周文明－－第三屆國際漢學會議論文集文字學組, 中央研究院歷史語言研究所, 2002年
周鳳五, 郭店楚簡識字劄記, 張以仁七秩壽慶論文集, 台灣: 臺灣學生書局, 1999
左松超, 馬王堆漢墓帛書中的異體字和通假字, 第三屆中國文字學國際學術研討會論文集, 臺北: 臺北辛莊輔仁大學, 1992
朱淵清, ≪馬承源先生談上博簡≫, ≪上博館藏戰國楚竹書研究≫, 上海古籍出版社, 2002.

|역주자소개|

최남규崔南圭

대만동해대학 박사(지도교수 周法高, 중국고대언어학, 1994)
중국남경대학 박사(지도교수 莫礪鋒, 중국고대시학, 2000)
중국예술대학 박사(지도교수 黃惇, 중국 서예학, 2005)
현 전북대학교 중어중문학과 교수

주요저서

戰國시대 楚簡과 서예(서예문인화, 2008)
중국고대 金文의 이해 I (서울신아사, 2009)
중국고대 金文의 이해 II(서울신아사, 2010)
상해박물관장전국초죽서 · 공자시론, 치의, 성정론(소명출판, 2012)
중국 戰國시기 楚나라 문자의 이해(학고방, 2012)
중국 고문자연구(학고방, 2015)

郭店楚墓竹簡 곽점초묘죽간

초판 인쇄 2016년 3월 11일
초판 발행 2016년 3월 18일

편　　저 | 荊州市博物館
역　　주 | 최 남 규
펴 낸 이 | 하 운 근
펴 낸 곳 | 學古房

주　　소 | 경기도 고양시 덕양구 통일로 140 삼송테크노밸리 A동 B224
전　　화 | (02)353-9908 편집부(02)356-9903
팩　　스 | (02)6959-8234
홈페이지 | http://hakgobang.co.kr/
전자우편 | hakgobang@naver.com, hakgobang@chol.com
등록번호 | 제311-1994-000001호

ISBN 978-89-6071-569-1 93140

값 : 45,000원

이 도서의 국립중앙도서관 출판시도서목록(CIP)은 서지정보유통지원시스템 홈페이지(http://seoji.nl.go.kr)와 국가자료공동목록시스템(http://www.nl.go.kr/kolisnet)에서 이용하실 수 있습니다. (CIP제어번호: CIP2016006492)